CURSO DE DIREITO PROCESSUAL PENAL

Em conformidade com a Teoria do Direito

Dados Internacionais de Catalogação na Publicação (CIP)
(Câmara Brasileira do Livro, SP, Brasil)

Alencar, Rosmar Rodrigues
Curso de direito processual penal : em conformidade com a teoria do direito / Rosmar Rodrigues Alencar. – 3. ed. rev., atual. e ampl. – São Paulo : Editora Noeses, 2024.

1266 P.
Inclui bibliografia e índice
ISBN 978-85-8310-192-5

1. Direito processual penal - Brasil I. Título.

24-198346 CDU: 343.1(81)

Aline Graziele Benitez - Bibliotecária - CRB-1/3129

Rosmar Rodrigues Alencar

Doutor em Direito pela PUC-SP. Mestre em Direito pela UFBA.
Professor Adjunto da Faculdade de Direito de Alagoas (FDA-UFAL).
Professor Titular do Centro Universitário de Maceió (UNIMA).
Juiz Federal (AL).

CURSO DE DIREITO PROCESSUAL PENAL

Em conformidade com a Teoria do Direito

3ª edição revista, atualizada e ampliada

2024

editora e livraria
NOESES

Fundador e Editor-chefe: Paulo de Barros Carvalho
Gerente de Produção Editorial: Rosangela Santos
Arte e Diagramação: Renato Castro
Revisão: Georgia Evelyn Franco
Designer de Capa: Aliá3 - Marcos Duarte

2024

editora e livraria
NOESES

Editora Noeses Ltda.
Tel/fax: 55 11 3666 6055
www.editoranoeses.com.br

Para Rosiane, Mari, Duda e Tomás.

AGRADECIMENTOS

Esse trabalho não dependeu exclusivamente do seu autor. Muitas pessoas foram decisivas para que fosse engatada a energia para concretizá-lo.

Primeiramente, ao Tácio Lacerda Gama, cujo incentivo foi indispensável à produção deste livro. Desde o primeiro contato travado com o amigo Tácio, orientador de minha Tese de Doutoramento, foi reforçado elo de admiração e de afeto. Não somente pela envergadura intelectual desse grande Professor da PUC-SP, mas, sobremodo, pelo comprometimento, pela lealdade e pela iluminação que proporciona aos seus alunos, na percepção das estruturas centrais do direito.

Ao Afrânio Silva Jardim, querido amigo, por permitir dialogar sobre tantos pontos do direito processual penal. Com ele aprendi e aprendo não somente pela leitura de sua obra, mas também pela forma coerente que elucida as questões jurídicas. A simplicidade, nítida nota de sua bela e longa trajetória, é própria dos sábios.

Agradeço aos que me viram escrever, em todos os lugares, no evolver dessa obra. Alguns poderiam ser coautores, de ideias, de motivação e de alegria, auxiliando em proporcionar o prazer em ler, estudar e produzir: o Tomás, certamente, compartilhando inúmeras vezes meu colo desde a primeira edição e, agora, com sua expectativa no acompanhamento das atualizações. Agradeço ainda mais do que antes, de lá até agora, a quem sou devedor: de tempo, compreensão e carinho, em especial a Duda, Mari, Sônia, Rosiane e Eduardo. Também sou especialmente grato aos que me afagaram, durante a gestação dessa obra: Eliene, Gil, Cris, Ia, Salete, Sandra e tantos outros.

Aos meus alunos, de ontem, hoje e sempre, que tornaram e tornam possível aquecer o conhecimento, esperando que o texto retribua a fertilidade que uma aula proporciona ao Professor.

À Editora Noeses, nas pessoas do Professor Paulo de Barros Carvalho, referencial teórico da estrutura de nossas ideias, e de Sônia de Barros Carvalho. Imensamente grato à fundamental equipe da Editora, em especial à Rosangela Santos, à Semíramis Oliveira e à Georgia Evelyn Franco.

Aos amigos que compõem a Justiça Federal, a Faculdade de Direito de Alagoas (UFAL) e o Centro Universitário de Maceió (UNIMA), pelo indispensável apoio, pelo compartilhamento de experiências que eu não teria sem eles, bem como a todos que, direta ou indiretamente, inclusive nas redes sociais (nossos queridos leitores), contribuíram para a finalização desse texto.

Aos professores e aos amigos, que otimizaram a possibilidade de renovação de conhecimento: Geraldo Prado, Robson Maia Lins, André Nicolitt, Fabiana Del Padre Tomé, Pierre Souto Maior, Nestor Távora, Amilton Bueno de Carvalho, Simone Schreiber, Elyeth Costa Silva Jardim, Alexandre Morais da Rosa, Paulo Machado Cordeiro, Filipe Pimentel, Gina Muniz, Rafaela Jales, Aury Lopes Júnior, Pietro Chidichimo Júnior, Ney Bello de Barros Filho, Madja Moura, Benedito Cerezzo, Fernando Braga, Dirley da Cunha Júnior, Fernando Guerra Filho, Matheus Braga, Eduardo Lopes, Gustavo Albuquerque, Lincoln Pinheiro Costa, Manuel Sabino Pontes, Eduardo Rabenhorst, Pablo Falcão, Rafaela Jales, Rosivaldo Toscano dos Santos Júnior, Eliete Costa Silva Jardim, Kenarik Boujikian, Welton Roberto, Suhed Mansur, Edvaldo de Medeiros, Walter Nunes da Silva Júnior, Diogo Abineder Nolasco, João Paulo Pirôpo, Ryldson Martins, Thiago Bomfim, Cláudia Oliveira,

Vincenzo Carbone, Karoline Mafra, Janaína Matida, Keity Saboya, Edvaldo Brito, Érica Canuto, Marcus Bastos, Martha Guaraná, Paulo Roberto Lyrio Pimenta, Gamil Föppel, Karla Padilha, Alexandra Beurlen, Frederico Wildson da Silva Dantas, Nestor Santiago, Thiago Siffermann, Kelvin Wallace, Bianor Arruda, Beclaute Oliveira, Ronald Pinheiro, André Rocha Sampaio, Gabriel Ivo, Guilherme Madeira Dezem, Américo Bedê Júnior, Humberto Pimentel Costa, Juliana Damasceno, Adriano Soares da Costa, José Carlos Malta Marques, Raimundo Palmeira, George Sarmento, Alberto Jorge Correia de Barros Lima, Elaine Pimentel Costa, Jasiel Ivo, Maria Carvalho, Fábio Roque, Fernando Batista Vasconcelos, Paulo Leão, Bruno Leitão, Luciano Nascimento Silva, Fauzi Hassan Choukr, Rubens Casara, Rômulo Moreira, Manoel Belmiro Neto, Vinícius Assumpção, Marcelo Carvalho, Gustavo Arns, Ricardo Maurício, Isabela Santos, Urbano Felix, Adilson Cunha, Hugo Leonardo Rodrigues Santos, Rodrigo Ferro, Wevisson Santana, Luciano Antônio da Silva, Herval Sampaio, Carlos Sérgio Gurgel da Silva, Andréa Danielli Vieira, Thiago Jordace, Felipe Serejo Castro, Michelle Marie e tantos outros.

NOTA À 3ª EDIÇÃO

É imensa a satisfação de ver chegar ao público a 3ª Edição do *Curso de Direito Processual Penal: em conformidade com a Teoria do Direito*. A obra segue com o propósito de ser um guia ordenador do processo penal, descrevendo as suas estruturas centrais por metodologia rigorosa.

Nesse passo, suprindo lacuna da doutrina nacional, este manual é o único do gênero.

É livro estratégico na organização dos conteúdos do processo penal. Coloca o problema da nulidade como seu eixo central, considerando sua natureza propedêutica, própria dos assuntos de Introdução ao Estudo do Direito. Ademais, realça a sua função de controle do exercício do poder.

A divisão dos assuntos procurou estruturar os temas em tópicos sucintos, com cunho didático, sequenciados em 37 capítulos inseridos em duas óticas do sistema jurídico: a estática e a dinâmica. Além desse dimensionamento, os conteúdos são separados em seis partes.

O Direito Processual Penal sob a lente da Teoria do Direito evidencia a indispensabilidade da Ciência no entendimento do objeto de estudo e na investigação da jurisprudência. O propósito é construir a estrutura de conhecimento necessário à compreensão completa da disciplina.

Cada capítulo é finalizado com a interpretação de um caso concreto do STF ou do STJ. O compromisso com a clareza da exposição e com a atualização deste Curso considera o enfrentamento de problemas que interferem no processo penal moderno com acentuada velocidade.

O conteúdo mais imediato da matéria é igualmente detalhado, com vistas à compreensão integral da disciplina.

A sexta parte do livro se destina à análise do direito processual penal e constitui detalhamento dos fundamentos estudados nos capítulos iniciais. O livro tem o propósito de ser **guia completo dos estudos de direito processual penal**, com amplo trânsito pelas categorias da filosofia e da teoria do direito.

Esta edição foi inteiramente revista, atualizada e ampliada, por meio de rotina de trabalho do autor que objetiva compatibilizar leitura, aulas e pesquisa com sua produção escrita. Sob esses eixos, a obra foi reescrita, relida, reorganizada e examinada sucessivas vezes. A preocupação didática foi reforçada com a inclusão de quadros expositivos da estrutura de cada capítulo, sempre com o permeio da lente interdisciplinar, para a obtenção de máximos resultados, estando de acordo com as repercussões ocorridas no ordenamento jurídico até o mês de abril de 2024:

(1) Lei 14.836/2024 – explicita o princípio do *favor rei* em caso de empate nos colegiados e disciplina o *habeas corpus* de ofício como sucedâneo recursal;

(2) Lei 14.811/2024 – inserção de novos crimes hediondos e equiparados;

(3) Lei 14.752/2023 – regula o abandono do processo pelo defensor;

(4) Lei 14.751/2023 – institui a legislação orgânica nacional das polícias militares e corpos de bombeiros militares;

(5) Lei 14.735/2023 – institui a legislação orgânica nacional da polícia civil;

(6) Lei 14.688/2023 – adequação do Código Penal Militar à Lei dos Crimes Hediondos;

(7) Lei 14.550/2023 – regula medidas protetivas de urgência na Lei Maria da Penha;

(8) Lei 14.541/2023 – disciplina o atendimento à mulher por delegacias especializadas;

(9) Lei 14.532/2023 – classifica o delito de injúria racial como racismo.

(10) ADI 6298, 6299,6300 e 6305 – controle de constitucionalidade das disposições sobre o juiz das garantias;

(11) ADPF 347 – estado de coisas inconstitucional da situação carcerária;

(12) Tema 1167 STJ – requerimento de audiência de retratação nos crimes de violência doméstica;

(13) Súmulas STJ 667 e 668 – *sursis* processual não impede trancamento do processo, e a não hediondez da posse e do porte de arma de fogo de uso permitido adulterada;

(14) ADI 2943, 3309 e 3318 – parâmetros das investigações criminais pelo MP.

O livro consubstancia a entrega, ao público leitor, do que melhor um autor pode oferecer no seu horizonte atual. O que desejo é que a teoria que ora é apresentada se revele fecunda na prática, e confira ao leitor o aquecimento de suas potencialidades.

A cada conclusão de um capítulo, há um enlace com o seguinte.

No entanto, o livro proporciona o estudo separado, ágil e independente, podendo ser adotado em programas de graduação e de pós-graduação em Direito, além de ser útil à atuação profissional de todas as áreas jurídicas e orientação metodológica para resolução de questões, com ênfase pragmática.

A obra, portanto, tem como características centrais:

(1) o detalhamento de 37 casos concretos hauridos do STJ e do STF, em tópicos autônomos, imprimindo, ao estudo teórico, o indeclinável viés prático almejado por estudantes e profissionais da área jurídica: acadêmicos, advogados, pareceristas, membros do Ministério Público, do Judiciário, da Defensoria Pública, delegados de polícia, candidatos a concursos públicos e servidores da área jurídica;

(2) pela estruturação de um sumário simples e objetivo, porém com detalhamento do conteúdo, para a localização rápida dos assuntos;

(3) pela clareza da linguagem, com proposições diretas e simples, objetivando propiciar o acesso a conteúdos mais aprofundados. Para assegurar esse fito, o livro não tem notas de rodapé explicativas de assuntos, incorporando, no nosso vernáculo, todas as referências estrangeiras;

(4) pela apresentação de índice remissivo por assuntos, facilitando o acesso especificado dos temas mencionados no corpo do Curso, bem como viabilizando o estudo e a análise de temas, de forma isolada ou plena;

(5) pela aplicação da jurisprudência contemporânea, com aproximadamente 200 remissões a decisões do STF e do STJ, escolhidas mediante a combinação dos critérios de relevância e de novidade;

(6) pela inclusão de índice por artigos do Código de Processo Penal, permitindo que o leitor encontre, na legislação, a fonte dos argumentos do livro. Nesse ponto, a obra torna possível o seu estudo simultâneo com outras que discorram sobre os artigos da lei.

Registro minha imensa gratidão pela acolhida que foi dada a este *Manual*, bem como pelo carinho e apoio manifestado nas aulas, *Instagram*, *Facebook*, *YouTube* e demais redes sociais.

Espero que este livro continue atendendo às expectativas do nosso querido leitor e que todos possam, de um lado, maximizar suas possibilidades de conhecimento e, de outro, enviar impressões, críticas e sugestões, com vistas ao seu aprimoramento.

Maceió, maio de 2024.

Rosmar Rodrigues Alencar

PREFÁCIO

O amigo Rosmar Alencar tem uma extensa produção acadêmica, materializada em vários livros de indiscutível qualidade. Cada obra tem como destinatário um público diverso. Rosmar tem escrito livros mais teóricos e livros menos densos e destinados aos estudantes de Direito.

Este "Curso", que estou recomendando agora, tem uma característica diferente. A sua primeira parte é, de certa maneira, um resumo didático de sua tese de doutorado, intitulada "Teoria das Nulidades no Processo Penal", aprovada por banca de professores titulares na Pontifícia Universidade Católica de São Paulo. Rosmar, com grande sabedoria e habilidade, transformou um texto acadêmico, mais hermético e sofisticado, em um texto de leitura bem mais acessível àqueles que não têm muita "intimidade" com a chamada "Filosofia da Linguagem".

Na verdade, esta parte inicial do livro transita por uma peculiar Teoria do Direito, dando especial ênfase à norma jurídica, sua interpretação, aplicação e eficácia, sempre focada nas normas que regulam os atos processuais e seus defeitos de invalidação.

O esforço do professor Rosmar em simplificar e resumir esta parte de sua tese de doutorado não logrou, felizmente, afastar o seu embasamento teórico e requintado. Trata-se de algo invulgar e que pode contribuir para novas reflexões pelos processualistas penais.

Em seguida, a obra passa a ter um desenrolar mais tradicional, cuidando de todos os institutos do Direito Processual Penal, como é próprio dos Cursos e Manuais. Neste particular, Rosmar não é "marinheiro de primeira viagem", pois tem obra com esta estrutura já em várias edições, em parceria com o professor Nestor Távora.

Este novo livro encontra-se absolutamente atualizado. O autor tratou das relevantes alterações legislativas mais recentes, sejam alterações da legislação processual penal, sejam alterações no plano do direito material.

Desta forma, o professor Rosmar Alencar foi, em certos aspectos, pioneiro no trato de novos institutos processuais. Ousou fazer doutrina e foi muito bem-sucedido. A obra também não carece de boa atualização jurisprudencial.

Na verdade, o professor Rosmar procura sistematizar o "caos" que, cada vez mais, se constata em nossa legislação processual penal. Realmente fica muito difícil compatibilizar um sistema pautado na "civil law" com institutos indevidamente importados do sistema norte-americano, onde predomina a discricionariedade no processo penal.

O livro cuida de todo o nosso processo penal. É um curso completo de nosso sistema processual, motivo pelo que pode ser adotado pelas Faculdades de Direito de nosso país, sendo relevante salientar, mais uma vez, que ele tem peculiaridades e não pode ser considerado como apenas mais um manual da nossa disciplina. Ele é diferente e, por isso, muito instigante.

Rosmar Rodrigues Alencar é juiz federal e professor adjunto da Faculdade de Direito da Universidade Federal do Estado de Alagoas, tendo, pois, larga experiência no sistema de justiça criminal. Mestre e Doutor em Direito Processual Penal pela Universidade Católica de São Paulo, tem ele uma visão progressista e moderna do nosso Direito e de sua aplicação prática, tendo apurado senso crítico.

Entretanto, o mais importante de tudo é que Rosmar é uma pessoa boa, companheiro e simples, malgrado o seu "bigode machadiano". É amigo e interessado pelo que se sucede com os amigos. Fugindo do aspecto solene que este espaço exigiria, eu afirmo que Rosmar é "gente fina", por isso, querido pelos seus colegas e amigos.

Enfim, seja pela qualidade intrínseca do livro, seja pelas salientadas qualidades do seu autor, somente me cabe recomendar sua leitura aos estudiosos do Direito Processual Penal. Mesmo nós, em final de carreira, logramos proveito com a leitura dos originais da obra.

Por derradeiro, torno pública a satisfação de praticamente encerrar minhas atividades acadêmicas com este prefácio, mais uma vez vinculando o meu nome ao do amigo Rosmar.

Aposentado que estou, pretendo me dedicar menos ao Direito e mais ao convívio com meus familiares, animais e plantas. Na verdade, estou meio desiludido com o nosso sistema de justiça criminal e com as recentes reformas legislativas em nosso processo penal, consoante venho criticando em minha coluna do site Empório do Direito.

Afrânio Silva Jardim

Mestre e livre-docente em Direito Processual Penal pela Uerj.
Professor Associado de Direito Proc. Penal da Uerj (aposentado),
Procurador de Justiça (aposentado) do Ministério Público do E.R.J.

APRESENTAÇÃO

Há livros que nascem com a vocação de se tornarem leituras fundamentais. Em todos eles, é possível observar a presença de algumas características em comum: são sensíveis ao seu tempo e, por isso, oferecem inúmeras respostas a problemas relevantes; são, também, textos que dialogam com os grandes autores do passado e do presente; mas, acima de tudo, são escritos que não se limitam aos caminhos já conhecidos e trilhados; inovam, abrindo ideias mais eficientes para todos que têm a sorte de estar em contato com a sua mensagem. Vejo todos estes atributos neste *Curso de Processo Penal*, do talentoso jurista Rosmar Rodrigues Alencar. Por isso mesmo, estou convicto de que este é um livro que nasceu para se tornar uma referência necessária para todos que querem conhecer o Direito Processual Penal contemporâneo.

Os problemas de hoje são diferentes dos problemas de ontem. Pode haver, aqui e ali, pontos de conexão, mas vivemos uma sociedade complexa que não existia, da forma como é, até há muito pouco tempo. A revolução das redes sociais mudou a comunicação, facilitou de forma inédita o acesso aos conteúdos jurisprudenciais e doutrinários. Temas processuais penais entraram na ordem do dia, transformaram o Direito, a política e projetaram repercussões em muitas dimensões da vida contemporânea, de forma como não acontecia no passado. Por isso mesmo, hoje, a expressão "o que não está nos autos não está na vida" precisa ser entendida com ressalvas. Muito do que faz um argumento ser vencedor está nas ruas e não apenas nos autos.

A estratégia teórica do Professor Rosmar é utilizar a Teoria e a Filosofia do Direito como instrumentos de reflexão e atualização do Processo Penal. Com esses instrumentos ele consegue compreender melhor os problemas do presente e articular as lições dos clássicos a realidades muito diferentes daquelas conhecidas ao tempo em que eles foram escritos. Construções da Teoria, postos a serviço da prática, oferecem uma perspectiva mais eficiente para compreender o Direito de qualquer tempo. Com esta forma de compreender e relacionar autores e textos, ele consegue observar e explicar o aumento de relevância da jurisprudência, as mudanças de sentido dos princípios e as variações na forma de fundamentar decisões. É, por essas e outras razões, um grande mérito ser o primeiro Curso de Processo Penal inteiramente construído com fundamento na Teoria Jurídica.

A coragem e o talento para inovar não impediram o Autor de manter diálogo próximo com outros grandes Autores clássicos e contemporâneos. Entre os Mestres constantemente citados no livro, vemos lições que vão de Luigi Ferrajoli a Afrânio Silva Jardim, passando por Franco Cordero, Julio Maier e muitos outros. Estes Autores, no texto de Professor Rosmar, dialogam com Mestres da Teoria que vão de Hans Kelsen a Lourival Vilanova. Em leituras sempre atualizadas, seja por textos nacionais, seja por pensadores internacionais que debatem e produzem aquilo que de mais moderno está sendo produzido em termos de Teoria e Filosofia do Direito, nos principais centros de cultura jurídica do mundo.

É, também, um livro único na sua forma de composição. Os 37 capítulos se desdobram em muitos tópicos curtos, deixando evidente a grande capacidade analítica e didática do Autor. Esses atributos de submeter cada tema a uma análise, ao mesmo tempo atenta e didática, revela-se também na estratégia de dividir o livro numa parte estática e noutra dinâmica.

Na primeira, expõe os conceitos, classificações, definições que não se alteram com facilidade. Na segunda, as estruturas ganham vida e realidade, com exemplos variados e atuais, permitindo ao leitor perceber como os conceitos são usados nos debates doutrinários, na jurisprudência e, também, nas provas e concursos públicos. É isso que se observa de forma bem didática, ao final de cada capítulo, com uma demonstração sistemática da jurisprudência mais atual sobre o tema.

Sou, por isso, um entusiasta deste Curso, não só porque ele transita com pleno domínio por todos os temas do Processo Penal contemporâneo, mas também porque oferece esse panorama ao seu leitor de forma organizada, com didática e sólida fundamentação teórica.

Preciso dizer, contudo, que não esperava nada menos do Professor Rosmar. Tenho a felicidade de acompanhar de perto a sua trajetória e ver como se tornou um dos mais talentosos e profícuos juristas da sua geração. É bacharel em direito pela prestigiosa Universidade Federal de Alagoas, mestre pela Faculdade de Direito da Universidade Federal da Bahia e doutor, nota 10, pela Pontifícia Universidade Católica de São Paulo. É professor de muitos cursos e já formou gerações de candidatos à magistratura e de magistrados com graus diferentes de experiência. Há alguns anos, exerce o cargo de professor de Direito da Universidade Federal de Alagoas, obtido por concurso público de provas e títulos, com desempenho brilhante. Se esse currículo exemplar já não fosse mais que suficiente para justificar o enorme êxito deste livro, acrescento se tratar de um ser humano sensacional, conhecido e reconhecido entre colegas e alunos, por sua excepcional capacidade de trabalho, sensibilidade para os grandes temas da República e, como todos podem ver agora, generosidade de dispor do seu tempo e talento para oferecer à comunidade jurídica brasileira um arsenal de instrumentos de fácil e eficiente uso para todos os verdadeiramente interessados no Direito Processual Penal contemporâneo.

Felicito o Autor por esta obra monumental e a Editora Noeses pelo privilégio de ser o veículo destas lições que tanto contribuirão para formar estudiosos e elevar o debate sobre os temas processuais penais tão demandados pela sociedade brasileira.

Tácio Lacerda Gama

Professor de Direito da PUC-SP
Presidente do Instituto de Aplicação do Tributo – IAT
Advogado

SUMÁRIO

Terceira Parte

PARÂMETROS DO CONTROLE DOS ATOS PROCESSUAIS PENAIS

II - DINÂMICA DO PROCESSO PENAL

Quarta Parte

PRODUÇÃO NORMATIVA NO PROCESSO PENAL

Quinta Parte
PRAGMÁTICA DO CONTROLE DOS ATOS PROCESSUAIS PENAIS

Sexta Parte

INTRODUÇÃO À ANÁLISE DO DIREITO PROCESSUAL PENAL

I – ESTÁTICA DO PROCESSO PENAL

Primeira Parte

TEORIA DO DIREITO NO PROCESSO PENAL

CAPÍTULO 1
ELEMENTOS ESTRUTURANTES DO DIREITO PROCESSUAL PENAL

1.1 Objeto do processo penal (processo penal e direito processual penal)

O direito processual penal, analisado à luz da terminologia de Carlos Cossio, deve consistir em conduta normativa capaz de interferir, intersubjetivamente, nos limites da liberdade humana.[1] Sob outra lente, cuida-se de estrutura necessária à construção de uma dogmática estratégica, com o cunho de otimizar a organização e a interpretação de conteúdos emanados das fontes estatais.

Esse campo do saber localiza-se na região ôntica cultural do conhecimento humano, é objeto real de estudo, criado pelo homem e baseado em valorações que fundam seus instrumentos primários, inaugurais, na dicção de Paulo de Barros Carvalho.[2]

---

1. COSSIO, Carlos. *La teoría egológica del derecho y el concepto jurídico de libertad.* 2. ed. Buenos Aires: Abeledo-Perrot, 1964. p. 13.

2. CARVALHO, Paulo de Barros. *Direito tributário*: linguagem e método. 5. ed. São Paulo: Noeses, 2013. p. 223-224.

1.1.1 Conceito de direito processual penal

O direito processual penal é disciplina que se insere na ciência do direito. Tem o propósito de reunir e organizar os elementos fundantes e indispensáveis à articulação do complexo de conteúdos espraiados pelo ordenamento jurídico.

Na lente de Afrânio Silva Jardim e Pierre Souto Maior, "o Estado, embora seja uma criação natural da sociedade, atua sobre ela com a finalidade de ordená-la e disciplinar as diversas relações que o homem social trava entre si", com o escopo de proporcionar o bem comum. De tal modo, "cria normas gerais e abstratas de conduta e as impõe imperativamente".[3]

Antes de ser a sistematização de elementos técnicos para lidar com problemas criminais, aquele ramo pertence à ciência do direito e, sob esse sentido, é classificado como dogmática jurídica. Consideradas suas idiossincrasias, o direito processual penal deve se submeter à metodologia apropriada à questão penal.

1.1.2 Teorias sobre a natureza jurídica do processo

Há multiplicidade de acepções do vocábulo processo. Hélio Tornaghi pontua que processo é termo recente, aduzindo que "os antigos usavam a palavra *iudicium*", expressão que seria imprópria, porque não traduzia "toda a operação processual, mas somente o ponto culminante, isto é, o julgamento", não inserindo os atos instrutórios, nem os atos da execução penal. Mais adiante, surgiu a locução *processos iudici*, especialmente na Idade Média.[4]

A doutrina permite o confronto entre as teorias sobre a natureza jurídica de processo, destacando as seguintes, conforme o evolver histórico de amadurecimento da questão.

---

3. JARDIM, Afrânio Silva; AMORIM, Pierre Souto Maior Coutinho de. *Direito processual penal*: estudos, pareceres e crônicas. Salvador: Juspodivm, 2018. p.86.

4. TORNAGHI, Hélio. *Compêndio de processo penal*: tomo I. Rio de Janeiro: José Konfino, 1967. p.39.

1.1.2.1 Teoria do contrato

Influenciada pela *litis contestatio* dos romanos, a doutrina francesa dos séculos XVIII e XIX enxergou, no processo, "um verdadeiro acordo de vontades entre demandante e demandado em aceitar a decisão do magistrado" (teoria contratualista), consoante pontua Fernando da Costa Tourinho Filho.[5]

Em compasso com o que leciona Carlos Alberto Alvaro de Oliveira, no período anterior à integração do direito pela *litis contestatio*, o processo seria "entrevisto como pura relação privada", apesar da possibilidade de obstaculização judicial. Isto é, "o desenvolvimento e a eficácia jurídica do processo" encontrariam sua fonte mais autêntica na vontade das partes.[6]

Nesse contexto, Francisco Wildo Lacerda Dantas pontifica que "o processo era visto como um contrato porque as partes concordavam em aceitar o que viesse a ser decidido na sentença, o que remonta ao vetusto Direito Romano", época em que se impunha, como condição para o início do processo, que se firmasse um acordo prévio (a *conventio*).[7]

1.1.2.2 Teoria do quase contrato

Doutrina descrita na obra clássica do jurista francês Arnault de Guényveau. Considerando que "a resposta do réu e sua aquiescência ao decidido não são espontâneas", entendeu-se que não haveria contrato em sentido próprio, diante da ausência de liberdade em sentido estrito.[8]

---

5. TOURINHO FILHO, Fernando da Costa. *Processo penal*: volume 4. 31. ed. São Paulo: Saraiva, 2009. p.2-6.

6. OLIVEIRA, Carlos Alberto Alvaro de. *Do formalismo no processo civil*. 2. ed. São Paulo: Saraiva, 2003. p.19-20.

7. DANTAS, Franciso Wildo Lacerda. *Teoria geral do processo*: jurisdição, ação (defesa), processo. 2. ed. São Paulo: Método, 2007. p.402.

8. GUÉNYVEAU, H. Arnault de. *Du quase-contrat judiciaire mémoire*. Poitiers: A. Dupre, 1987. p.14.

A carência de uma autêntica autonomia de vontade conduziu à posição de ser um quase contrato, eis que o consentimento não seria totalmente livre em juízo. No magistério de José Eduardo Carreira Alvim, a doutrina derivou do fragmento romano do *in iudicium quase contrahimus*, e seus autores entendiam pela "necessidade de se ver na *litis contestatio* um ato bilateral em si mesmo, pelo qual se atribuía direito a uns e obrigações a outros, e vice-versa".[9]

Sem embargo, Tourinho Filho opõe crítica ao afirmar que os responsáveis pela teoria olvidaram que "a lei é a principal fonte das obrigações", sendo inadequado "comparar o processo a uma gestão de negócios alheios".[10] A questão, no entanto, permite identificar a complexidade das fontes jurídicas selecionadas por um determinado sistema, com vistas à solução dos litígios, máxime na acentuação do grau consenso que se pode inserir.

1.1.2.3 Teoria da relação jurídica

Remonta às ideias de Oskar von Bülow, descritas em livro fundamental de 1868.[11] Ainda se pode anuir que seja a teoria dominante, conquanto não acomode todas as questões de fato passíveis de acontecer. O processo seria caracterizado pelo liame entre dois ou mais sujeitos, com desenvolvimento progressivo.

Francisco Wildo Lacerda Dantas pondera que, apesar da doutrina dominante ter acolhido a teoria esboçada por Bülow, "nem por isso restou pacificada a identificação dos elementos que integram a relação jurídica processual", motivo por que a teoria da relação processual pode ser entendida, em sentidos

---

9. ALVIM, José Eduardo Carreira. *Teoria geral do processo*. 8. ed. Rio de Janeiro: Forense, 2002. p.151.

10. TOURINHO FILHO, Fernando da Costa. *Processo penal*: volume 4. 31. ed. São Paulo: Saraiva, 2009. p.2-6.

11. BÜLOW, Oscar Von. *Teoria das exceções e dos pressupostos processuais*. Tradução: Ricardo Rodrigues Gama. 2. ed. Campinas: LZN, 2005. p.4 *et seq*.

distintos, como linear (entre autor e réu), angular (autor, juiz e réu), triangular (trilateral: autor, juiz e réu) ou angularizável (*actum trium personarum*: a angularização se sujeita ao implemento de condição, com a citação do réu)[12].

1.1.2.4 Teoria da situação jurídica

Para James Goldschmidt, expoente maior dessa corrente, o processo seria procedimento constitutivo de situação que tem o fito de produzir coisa julgada.[13] No dizer de Galeno Lacerda, "a teoria da situação jurídica entende que não existe nenhuma relação jurídica processual entre as partes e o juiz", mas sim "situações jurídicas dentro do processo, de pendência, de expectativa, de ônus"[14].

Cuida-se de ponto de vista que toma a sentença como parâmetro normativo, considerando, sob essa lente, o estado da pessoa interessada frente aos seus direitos. Ovídio Araújo Baptista da Silva anotou que a doutrina do processo como situação jurídica, malgrado recusada pelos processualistas, foi se impondo, com maior relevo, por meio de "categorias peculiares à relação processual e distintas das categorias correspondentes ao direito material, peculiarmente o conceito de ônus processual como categoria equivalente aos atos e negócios jurídicos de direito material"[15].

---

12. DANTAS, Franciso Wildo Lacerda. *Teoria geral do processo*: jurisdição, ação (defesa), processo. 2. ed. São Paulo: Método, 2007. p.402.

13. GOLDSCHMIDT, James. *Principios generales del proceso*: teoria general del proceso. Tradução: Tradução: Santiago Sentís Melendo. 2. ed. Buenos Aires: EJEA, 1961. p.37 (tradução livre).

14. LACERDA, Galeno. *Teoria geral do processo*. Rio de Janeiro: Forense, 2008. p.27-29.

15. SILVA, Ovídio A. Baptista da. *Curso de processo civil*: volume 1: processo de conhecimento. 5. ed. São Paulo: Forense, 2000. p. 20.

1.1.2.5 Teoria da instituição

Esboçada por Jaime Guasp, essa teoria sustenta que o processo teria o sentido de instituição em sentido estrito – conceito que tomado das ciências sociais –, constituído pela disciplina normativa dentro da qual as regras de direito processual têm preponderância sobre as de direito material.[16]

José Eduardo Carreira Alvim esclarece que "as instituições são formas padronizadas de comportamento relativamente a determinadas necessidades". Em outros termos, "a instituição é todo elemento da sociedade, cuja duração não depende da vontade subjetiva de sujeitos determinados".

Aplicado esse conceito ao processo, seria obtida a ideia objetiva, embora imprecisa, consistente na "atuação ou denegação da pretensão", que teve a adesão dos sujeitos intervenientes, com a criação de "uma série de vínculos de caráter jurídico".[17]

1.1.2.6 Teoria da instituição como organização

Eduardo Couture – inicialmente adepto da teoria de Guasp – empregou o vocábulo instituição com o sentido de organização. Em suas palavras, "o processo jurídico é um cúmulo de atos, sua ordem temporal, sua dinâmica, a forma como se desenvolve", comparando-o com os processos físico, químico, biológico e intelectual, em seu desenvolvimento progressivo, em direção a um fim.[18]

Fernando da Costa Tourinho Filho define o conceito de processo proposto pela teoria epigrafada, descrevendo-o como "uma instituição – um complexo de atos, um método,

---

16. GUASP, Jaime. *Derecho procesal civil*: tomo primeiro [introducción y parte general]. Madrid: IEP, 1968. p.34.

17. ALVIM, José Eduardo Carreira. *Teoria geral do processo*. 8. ed. Rio de Janeiro: Forense, 2002. p.154-157.

18. COUTURE, Eduardo Juan. *Fundamentos del derecho procesal civil*. 3.ed. Buenos Aires: Roque Depalma, 1958. p.121-122.

um modo de ação unitário que foi regulado pelo direito para a obtenção de um fim".[19]

1.1.2.7 Teoria do dispositivo

A ênfase da doutrina que explica o processo como dispositivo, recai sobre o seu aspecto pragmático-comunicativo. Enquanto categoria filosófica, o dispositivo permite a identificação de aspectos relevantes, porém não relatados. Rui Cunha Martins explica os fundamentos dessa teoria, enfatizando a necessidade de que o processo não apenas pareça ser acusatório, nublando seus reais aspectos inquisitivos. Diferentemente, é indispensável que seja possível efetivar, para além da mera aparência, o sistema acusatório.[20]

A categoria do dispositivo é elucidada por Geraldo Prado. A sua natureza é entendida como central "a uma nova perspectiva analítica", apta à percepção das "limitações da enunciação dos discursos" para fazer face ao leque fático subsumível à estrutura cognitiva do ser humano. O dispositivo processual teria a utilidade de realçar a importância de elementos que são anteriores ao processo instaurado pela denúncia ou pela queixa, mas que teria efeitos drásticos sobre o imputado, a exemplo da *notitia criminis*.[21]

O conceito de processo, sob essa ótica, deveria encampar as fases investigativas, os espaços de consenso, além de tudo que, na prática, tenha o condão de influenciar a cognição judicial. O propósito, ao cabo, seria de ampliar a eficácia dos direitos fundamentais à fase inquisitiva da persecução penal estatal.

---

19. TOURINHO FILHO, Fernando da Costa. *Processo penal*: volume 4. 31. ed. São Paulo: Saraiva, 2009. p.2-6.

20. MARTINS, Rui Cunha. *O ponto cego do direito*: "the brazilian lessons". 3. ed. São Paulo: Atlas, 2013. p.73.

21. PRADO, Geraldo. *Estudos de direito criminal*. Rio de Janeiro: Lumen Juris, 2023. p.199-201.

1.2 Condicionantes normativos de tempo e espaço

É próprio do conhecimento humano se submeter a dimensões de tempo e de espaço, enquanto critérios condicionantes de sua relação de pertencimento a um sistema de referência (validade). Trata-se de noção fundante, com função genética que constitui parâmetro para a construção dos demais campos do saber.

O tempo e o espaço terão lugar no direito, notadamente por interferir na forma como é conhecida uma questão fático-jurídica:

(1) no seu patamar abstrato e geral, o direito positivo se refere a aspectos relacionados à vigência (tempo) e à demarcação do território de aplicação (espaço);

(2) em sua camada individual e concreta, as deliberações judiciais guardam, no processo de conhecimento, congruência com o princípio da correlação entre petição inicial (denúncia) e sentença, para incidir restritamente ao fato individualizado, temporal e espacialmente.

Cabe ilustrar que, na filosofia de Kant, espaço e tempo são fundamentais ao conhecimento do sujeito, enquanto formas que precedem o entendimento e a experiência (são *a priori*) e o condicionam.[22] O que se verifica na cognição humana é descrita, em forma de estruturação seletora de fatos, no ordenamento jurídico.

Giovanni Reale e Dario Antiseri explicam esse ponto de vista: a partir de Kant, o espaço e o tempo se tornam "modos e funções próprios do sujeito, 'formas puras da intuição sensível como princípios do conhecimento'"[23]. É condicionante da correção do pensamento.

---

22. KANT, Immanuel. *Crítica da Razão Pura*. Tradução: Manuela Pinto dos Santos; Alexandre Fradique Morujão. 5. ed. Lisboa: Fundação Calouste Gulbenkian, 2001. p.51 *et seq*.

23. REALE, Giovanni; ANTISERI, Dario. *História da filosofia*: Antiguidade e Idade Média [volume 2]. Tradução: Ivo Storniolo. São Paulo: Paulus, 1990. p.874-875.

O espaço e o tempo da processual penal, em regra, correspondem à realidade objetiva (empírica e epistêmica). São os casos em que a demarcação temporal de vigência da lei coincide com as datas de promulgação e revogação, bem como o espaço de sua incidência corresponde ao território brasileiro, locus da soberania do País.

No entanto, a regra comporta exceções de duas ordens, que devem ser consideradas pelo intérprete:

(1) **realidade normativa**, quando a legislação prescreve: (a) tempo distinto de operatividade, com a instituição de período de *vacatio legis* (marcos diferenciados para o início ou encerramento da vigência de uma lei, a exemplo do art. 1º, da Lei de Introdução às Normas do Direito Brasileiro – Decreto-Lei nº4.657/1942); (b) extraterritorialidade, com a aplicação da lei brasileira a fatos total ou parcialmente ocorridos em espaço distinto do solo brasileiro (exemplo: arts. 6º e 7º, CP).

(2) **realidade digital**: o espaço e o tempo digital desafiam as noções tradicionais exploradas pela filosofia. São decorrentes da produção intelectual humana, porém desprendida de controle direto, alcançando alguma autonomia. O fato produzido no espaço eletrônico da rede mundial de computadores tem o potencial de estar em todo lugar e pode perdurar por maior ou menor tempo (a exemplo da conduta de intermediar operações com ativos virtuais – art. 171-A, incluído no Código Penal pela Lei nº 14.478/2022). O fato digital também pode ser conhecido de forma progressiva e diferida, com opacidade reduzida. A esse respeito, a advertência de Thomas Vesting tem especial importância porque expõe a ampliação da subjetividade, ao avivar que "além da Inteligência humana, surge uma forma de inteligência artificial sem precedentes na história do homem". Apesar das semelhanças entre elas, em última instância, "produz uma forma

autônoma de criatividade automática cujas possibilidades são infindáveis".[24]

1.2.1 Lei processual penal no tempo

É o art. 2º, do CPP, que regula o tempo no direito processual penal. Nos seus termos, "a lei processual penal aplicar-se-á desde logo, sem prejuízo da validade dos atos realizados sob a vigência da lei anterior". Em virtude dessa previsão, lei processual penal nova (norma geral e abstrata) não cria o dever jurídico de refazimento de atos processuais (norma individual e concreta).

Três teorias explicam as opções que o legislador pode escolher para disciplinar a lei processual penal no tempo:

(1) **teoria das fases processuais**: a lei preconiza que a regra nova não se aplica se o processo estiver, por exemplo, na fase de instrução. O art. 3º, da Lei de Introdução ao CPP (Decreto-Lei nº 3.931/1941), contemplou essa teoria, para estender a vigência da legislação criminal revogada, relativamente aos processos iniciados à época do seu advento;

(2) **teoria da unidade dos atos processuais**: quando a legislação nova exigir o refazimento de todos os atos processuais. Trata-se de opção que se afasta de orientação pragmática fundada em propósito de economicidade (relação custo *versus* benefício). Todavia, pode revelar melhor aderência à restauração de garantias fundamentias, a depender da natureza inquisitiva do modelo suplantado;

(3) **teoria do isolamento dos atos processuais**: fundada no aforismo *tempus regit actum*, é a doutrina contemplada no art. 2º, do CPP. A aplicação da lei processual

24. VESTING, Thomas. *Teoria do direito*: uma introdução. Tradução: Gercélia B. de O. Mendes. São Paulo: Saraiva, 2015. p. 314.

penal é imediata, conservando-se os atos já perfectibilizados. Toda inovação normativa considera o passado, porém somente incide sobre os fatos futuros, ressalvada a possibilidade de disposição pontual em sentido contrário. Significa que os atos concretos de um processo permanecem operando efeitos, mas os atos futuros são fatos a serem selecionados pela regra processual mais recente.

1.2.1.1 Vigência

Vigência tem conceituação própria, que não se confunde com a de validade, nem com a de eficácia.

Nas palavras de Paulo de Barros Carvalho, vigência é ter força para disciplinar, para reger, cumprindo a norma seus objetivos finais. É propriedade das regras jurídicas que estão prontas para propagar efeitos, tão logo aconteçam, no mundo fático, os eventos que elas descrevem. Refere-se a vigência ao intervalo de tempo em que a norma atua, podendo ser plena (passado e futuro) ou parcial (passada, quando há revogação, ou futura, quando houver norma nova).[25]

Nesse contexto, as formas de vigência podem ser definidas, conforme o ponto de vista dos atos processuais alcançados pela norma jurídica de regência, em:

(1) **vigência plena**: quando a norma jurídica se propaga para alcançar atos que lhe são anteriores (retroatividade), contemporâneos (atividade) **e** posteriores (ultratividade). A vigência plena reúne esses três atributos, simultaneamente;

(2) **vigência parcial**: nos casos em que a propagação de efeitos da norma jurídica é demarcada no tempo, afetando atos processuais anteriores à sua edição

25. CARVALHO, Paulo de Barros. *Direito tributário*: linguagem e método. 5. ed. São Paulo: Noeses, 2013. p.451.

(retroatividade), contemporâneos ao tempo em que vigorar (atividade) **ou** com regência futura (ultratividade). Na vigência parcial, há somente um ou dois desses atributos.

Como regra, o direito processual penal adota teoria que se insere no conceito de vigência parcial. Na doutrina, a vigência é assimilada ao conceito de eficácia. Decerto, o assunto é estudado sob a epígrafe da eficácia da lei processual penal no tempo e da **teoria do isolamento dos atos processuais** (art. 2º, CPP). Colocando o assunto sob a luz da teoria do direito, verifica-se que vigência é o atributo do enunciado que está apto a regular condutas, nas palavras de Tácio Lacerda Gama.[26]

Consiste na aptidão de propagação de efeitos, com força para reger fatos futuros. É operatividade. A vigência é termo que, em regra, se refere às normas gerais e abstratas. No entanto, é possível aludir a vigência de normas individuais e concretas, tal como se dá em um processo penal por intermédio dos seus diversos atos processuais. Por exemplo, uma sentença penal que fixa os termos de produção de efeitos jurídicos.

Paulo de Barros Carvalho sintetiza **vigência como atributo de norma válida**, que consiste "na prontidão de produzir os efeitos para os quais está preordenada, tão logo aconteçam os fatos nela descritos, podendo ser plena ou parcial (só para fatos passados ou só para fatos futuros, no caso de regra nova)".[27]

O CPP adota a regra da **imediatidade da aplicação da lei processual penal** (art. 2º, CPP), sem possibilidade emanação de efeitos retro-operantes, ou seja, não deve regular fatos passados. Vale dizer, a vigência da lei processual penal dar-se-á desde logo ou depois de decorrida *vacatio legis* (vacância). No intervalo de vigência, o ato processual penal deve observar o enunciado legal contemporâneo à sua edição.

---

26. GAMA, Tácio Lacerda. *Competência tributária*: fundamentos para uma teoria da nulidade. 2. ed. São Paulo: Noeses, 2011. p.331.

27. CARVALHO, Paulo de Barros. *Direito tributário*: linguagem e método. 5. ed. São Paulo: Noeses, 2013. p.459.

Embora irretroativa a lei processual penal, a regra comporta ressalva, especialmente se contiver aspecto híbrido, de lei penal material, favorável ao imputado (*lex mitior*), que não possa ser cindido. Por exemplo, deve retroagir a alteração legislativa que torna o processamento por um crime, até então dependente de representação, de ação penal de iniciativa pública incondicionada, para extinguir a punibilidade nas hipóteses em que o ofendido não manifestar o desejo de ver o processamento do imputado.

Modificação legislativa desse jaez tem natureza de lei penal benigna e, por tal razão, sua incidência deve alcançar os processos em tramitação e os fatos ocorridos anteriormente à *novatio legis*, com a aplicação conjugada do art. 2º, do CPP, c/c o art. 2º, do CP.

Destoou dessa percepção, o entendimento firmado pelo STF[28] e pelo STJ[29], na alteração promovida pela Lei nº 13.964/2019 relativamente à iniciativa das ações penais por crime de estelionato (art. 171, § 5º, CP), fixando que a lei nova, apesar do seu conteúdo híbrido, é irretroativa quanto aos fatos com **denúncia oferecida** em data anterior a sua vigência.

1.2.1.2 Validade

Centrando o foco na (in) validade, percebe-se que essa noção se reporta a normas jurídicas emitidas a partir de um modelo legal. A invalidade é compreendida pela sua antítese. Necessário, então, definir validade, para que se entenda o seu oposto, a invalidade que, no processo, carece de manifestação expressa do juiz.

Tercio Sampaio Ferraz Jr., alertando para as múltiplas facetas do termo, aduz que quando se está interessado na

28. STF – Primeira Turma – ARE 1432317 AgR – Rel. Alexandre de Moraes – DJe: 10 jul. 2023.

29. STJ – Quinta Turma – AgRg no HC n. 846.046/PE – Rel. Min. Ribeiro Dantas – DJe: 3 nov. 2023.

norma como discurso, é relevante debater a validade como uma qualidade linguística, seja ela sintática, semântica ou pragmática. Essa posição não é mera opção epistemológica, pois a validez das normas jurídicas se relaciona efetivamente com a linguagem convencionada pelo sistema.[30]

De outra vertente, validade das normas é termo plurívoco, com várias acepções. Tácio Lacerda Gama expõe que **validade** pode ser entendida como:

(1) especial forma de existência de uma norma;

(2) **atributo** da norma compatível com aquela que programou a sua criação;

(3) aptidão para vir a ser aplicada por um tribunal;

(4) circunstância de, efetivamente, disciplinar comportamentos; e

(5) compatibilidade da norma do direito positivo com padrões religiosos, racionais ou humanos, em acepção ampla.[31]

Para Paulo de Barros Carvalho, **validade não é atributo que qualifica a norma jurídica**, mas tem *status* de relação. É vínculo que se estabelece entre a proposição normativa e o sistema do direito posto. Cuida-se de **relação de pertença**. Ser norma válida quer dizer que a norma mantém nexo de pertinencialidade com o sistema "S", ou que nele foi posta por órgão legitimado a produzi-la, por meio de procedimento estabelecido para essa finalidade.[32]

---

30. FERRAZ JR., Tercio Sampaio. *Teoria da norma jurídica*: ensaio de pragmática da comunicação normativa. 4. ed. Rio de Janeiro: Forense, 2009. p.1101.

31. GAMA, Tácio Lacerda. *Competência tributária*: fundamentos para uma teoria da nulidade. 2. ed. São Paulo: Noeses, 2011. p.315-316.

32. CARVALHO, Paulo de Barros. *Direito tributário*: linguagem e método. 5. ed. São Paulo: Noeses, 2013. p.450-451.

Esclarecendo o ponto, Tácio Lacerda Gama, pondera que a validade **não é atributo da norma jurídica**. É, a rigor, relação normativa com o sistema jurídico. Vale dizer, validade é verificada pelo **liame sistemático normativo**. Nas suas palavras, haverá validade "quando essa relação é harmônica, existindo compatibilidade com a respectiva norma de competência". Entrementes, ocorrerá invalidade "quando a relação ocorre entre norma e aquela que prescreve a sanção pelo exercício indevido da norma de competência".[33]

1.2.1.3 Distinção entre validade e vigência no CPP

O art. 2º do CPP dispõe que "a lei processual penal aplicar-se-á desde logo, sem prejuízo da **validade** dos atos realizados sob a **vigência** da lei anterior". Como se depreende, o enunciado distingue, corretamente:

(1) o atributo da norma jurídica, isto é, a sua vigência, enquanto lapso temporal de aplicabilidade e de eficácia do dispositivo. A vigência é sempre contemporânea a um fato e deve se situar cronologicamente, eis que adere, preponderantemente, ao caráter diacrônico;

(2) o vínculo indicativo de que a norma jurídica faz parte de um sistema jurídico, ou seja, a validade, que é a relação que evidencia que uma regra está contida em um sistema que deve incidir relativamente a um fato, ainda que passado. Para cada aplicação de norma a um fato, há um sistema jurídico, eis que este é resultado da interpretação (aqui e agora, *hic et nunc*) e é sincrônico.

O art. 2º do CPP refere-se a normas gerais e abstratas (legislação).

33. GAMA, Tácio Lacerda. *Competência tributária*: fundamentos para uma teoria da nulidade. 2. ed. São Paulo: Noeses, 2011. p.330.

1.2.1.4 Sentido forte ou fraco de validade

Riccardo Guastini enxerga validade como uma propriedade das normas em dois sentidos.[34]

(1) O primeiro é o de **validade em sentido forte** (em sentido pleno). Consiste na pertinencialidade, em face de aludir tanto às normas gerais e abstratas (produzidas consoante o devido processo legislativo), quanto às normas individuais e concretas, emitidas pelos juízes em sentenças judiciais (casos concretos). Deveras, aviva o autor que "'validade' significa 'pertinência' a um sistema jurídico (*membership*)", vale dizer, "uma norma válida, dentro de um dado sistema jurídico, é uma norma que responde a critérios de identificação próprios desse sistema". Tais critérios, para identificação das normas, em todo o sistema jurídico (inclusive no processo penal), "jazem nas metanormas em fontes de produção, em critérios de solução das antinomias etc".

(2) O outro sentido apontado por Guastini é o de **validade em sentido fraco**. A validade da norma se refere às normas gerais e abstratas (normas postas abstratamente). Nessa perspectiva, validade significa existência, na trilha kelseniana. No entanto, como o conceito de existência não é suficientemente claro, o autor realça que, "neste contexto uma norma existente é, muito simplesmente, uma norma que foi efetivamente criada, "posta", isto é, formulada e publicada (ou promulgada) por uma autoridade normativa *prima facie* competente.

34. GUASTINI, Riccardo. *Das fontes às normas*. Tradução: Edson Bini. São Paulo: Quartier Latin, 2005. p.271-272.

1.2.1.5 Validade e realismo jurídico

A expressão realismo jurídico refere-se às vertentes do direito escandinavo e norte-americano. Alf Ross é um dos maiores representantes do realismo jurídico escandinavo. Benjamin Natan Cardozo[35] e Oliver Wendell Holmes Jr[36] são representantes do realismo juridico norte-americano. Ambos são realismos jurídicos considerados positivistas, conquanto exista divergência quanto a esta última afirmação.

O **realismo jurídico escandinavo** considera que a essência do direito não é constituída apenas de normas, mas também de fatos, vale dizer, refere-se ao direito em ação, consistente na atividade dos juízes que interpretam e aplicam o direito. A realidade jurídica é, nessa senda, mais dotada de essência factual que de índole normativa, isto é, cuida-se do fato da força incidida pela atividade do juiz-funcionário, bem como no lastro psicológico do acatamento pelos destinatários.

De compasso com Gil Cambule, é essa obediência, justificada pelo aspecto psicológico do realismo jurídico escandinavo que, em regra, torna dispensável que se faça uso da força do direito que, ao cabo, é definido como simples ameaça do uso da força. Sob esse ângulo, distancia-se do positivismo porque o realismo é corrente que não considera o direito como fruto da vontade popular. Antes disso, o direito seria um conjunto de regras dirigidas aos seus destinatários que, a todo tempo, determinam-lhes as respectivas ações.[37]

Reconhecendo característica realista no sistema jurídico, Tácio Lacerda Gama justifica que "na incerteza dos critérios de forma e sentido, só o critério funcional pode oferecer

35. CARDOZO, Benjamin N. *A natureza do processo judicial.* Tradução: Silvana Vieira. São Paulo: Martins Fontes, 2004. p.23.

36. HOLMES, Oliver Wendell. *O direito comum*: as origens do direito anglo-americano. Tradução: J. L. Melo. Rio de Janeiro: O Cruzeiro, 1967. p.71-72.

37. CAMBULE, Gil. *O realismo jurídico escandinavo*: breves notas. Disponível em: https://bit.ly/3b3wKol Acesso em: 04 jan. 2021.

resposta satisfatória: é a possibilidade de ser aplicada por ato do Poder Judiciário que qualifica uma norma como jurídica". O atributo consistente em ser objeto de um processo judicial é "o critério por excelência para saber se uma norma está ou não no ordenamento".[38]

Na senda de Alf Ross, a validade tem por função o poder compulsivo do direito. De forma inversa, a força efetivamente exercida tem por função a validade: "posto que a obediência é fortalecida pelo costume, toda ordem mantida de fato, incluso aquela que se apoia principalmente na mera força, tende a se transformar numa ordem ideologicamente aprovada". Frise-se que o jurista se fundamenta em critério pragmático para apartar as normas válidas das não válidas por intermédio do controle do Judiciário.[39]

Distintamente, o **realismo jurídico norte-americano** segue a premissa consistente na tomada de decisão como primeira etapa da atividade do magistrado, seguida do dever de fundamentá-la mediante adoção de modelos baseados em dedução lógica. Não se vale de ideias metafísicas, porém do pragmatismo, lastreado em atuação de fato (descrição da realidade a partir do olhar cotidiano).

O pragmatismo (com pontos de semelhança com o utilitarismo inglês) é filosofia nacional norte-americana que considera a relatividade da verdade e que esta é obtida a partir do que as pessoas consideram ser bom. De tal forma, o realismo jurídico autoriza o entendimento de que os conceitos jurídicos permitem a escolha do resultado para o caso concreto, dentre as diversas possibilidades que autoriza.

Nesse diapasão, consoante exposto por Arnaldo Godoy, o direito, na concepção realista norte-americana, é muito mais constituído pelas declarações dos juízes (por meio de

---

38. GAMA, Tácio Lacerda. *Competência tributária*: fundamentos para uma teoria da nulidade. 2. ed. São Paulo: Noeses, 2011. p.354.

39. ROSS, Alf. *Direito e justiça*. Tradução: Edson Bini. Bauru: Edipro, 2003. p.83.

julgamentos marcados por diversas influências), do que propriamente formado pela simples aplicação de regras.[40]

1.2.1.6 Eficácia

A eficácia deve ser compreendida relativamente à produção de efeitos atrelados à qualidade de um fato. Os fatos jurídicos, relatados em linguagem competente, podem ser tanto gerais e abstratos, quanto individuais e concretos. Os fatos gerais e abstratos poderão produzir normas gerais e abstratas, mas também deles é possível derivar normas individuais e concretas.

Os fatos jurídicos individuais e concretos dão ensejo à produção de normas individuais e concretas. O inverso também se constata, na construção dos padrões gerais de conduta: a produção de enunciado de súmula vinculante (enunciado geral e abstrato) consiste na abstração da percepção (empírica) de fatos jurídicos individuais e concretos reiterados.

A vigência não se confunde com a eficácia. Uma norma pode estar em vigor e não apresentar eficácia técnica (sintática ou semântica) e, igualmente, não ostentar eficácia social. É possível, de outra vertente, que não esteja em vigor, apresentando, porém, eficácia técnica e eficácia social. Não há de se falar em norma válida e vigente como dotada, ou não, de eficácia jurídica, eis que esta é atinente a fatos jurídicos (e não a normas jurídicas).

De compasso com o escólio de Paulo de Barros de Carvalho, essa fundamentação justifica a eficácia sob esses ângulos. Cabe distinguir.

(1) **Eficácia jurídica**: é tomada como o próprio mecanismo da incidência, isto é, o processo pelo qual, efetivando-se o fato disposto no antecedente, projetam-se os efeitos prescritos no consequente normativo. É denominada causalidade jurídica.

40. GODOY, Arnaldo Sampaio de Moraes. *Introdução ao realismo jurídico norte-americano*. Brasília: Edição do Autor, 2013. p.5-14

(2) **Eficácia social**: é a propriedade que reveste o fato jurídico para irradiar os efeitos que lhe são peculiares, isto é, a relação de causalidade.

(3) **Eficácia técnica**: cuida-se da condição que a regra de direito ostenta, para descrever ocorrência que, uma vez havida no plano do real-social, torne possível a produção de efeitos jurídicos.[41]

O documento normativo pode nascer sem eficácia. De outra órbita, a eficácia pode ser subtraída do texto, por ter se exaurido sua vigência ou por decisão específica que descreva sua nulidade e sua invalidação. Consoante expõe Francesco Carnelutti, é considerada essencial à nulidade a sua capacidade difusiva, isto é, a sua ineficácia.[42] A ineficácia, nesse caso, não integra o conceito de nulidade, mas são efeitos que dele decorre.

1.2.2 Lei processual penal no espaço

O art. 1º, *caput*, do CPP, preconiza que o processo penal será disciplinado, por suas disposições, em todo o território nacional. Em seus incisos, estabelece exceções que se referem a outros diplomas normativos.

Vale dizer, o enunciado inaugural do Código de Processo Penal não decota sua incidência se referindo a espaço nacional ou estrangeiro (**teoria da territorialidade**), mas se reporta ao âmbito de incidência de outros documentos introdutores de normas jurídicas que, respeitados parâmetros de hierarquia, cronologia e especialidade, podem afastar a aplicação do CPP.

De acordo com a literalidade o aludido art. 1º, do CPP, "o processo penal reger-se-á, em todo o território brasileiro, por este Código", estabelecendo as ressalvas que devem ser

41. CARVALHO, Paulo de Barros. *Direito tributário*: linguagem e método. 5. ed. São Paulo: Noeses, 2013. p.460.

42. CARNELUTTI, Francesco. *Lições sobre o processo penal*: volume 3. Tradução: Francisco José Galvão Bruno. Campinas: Bookseller, 2004. p.196-197.

contextualizadas com o sistema constitucional. As exceções à incidência do CPP não afastam a premissa de que juiz brasileiro aplica a lei nacional relativamente a delitos ocorridos em seu território, ainda que, **normativamente**, possa estar autorizado, pelo seu direito positivo, a fazer incidir dispositivo estrangeiro (por exemplo, por *exequatur* de sentença estrangeira, a teor do art. 105, I, "i", CF) ou a processar e julgar fato ocorrido fora do Brasil (**extraterritorialidade** – art. 7º, CP).

As ressalvas à aplicação da legislação processual penal estão descritas no art. 1º, do CPP, que estabelece que o processo penal será regido por seus termos, em todo território brasileiro, à exceção dos fatos:

(1) alcançados por tratados, convenções e regras de direito internacional: são diplomas que devem ter relação com as demais disposições do direito interno, conforme as regras de introdução desses veículos normativos no espaço de soberania nacional;

(2) relativos a prerrogativas constitucionais do Presidente da República, dos ministros de Estado, nos crimes conexos com os do Presidente da República, e dos ministros do STF, nos crimes de responsabilidade: os casos de impeachment são regidos por legislação própria;

(3) da competência da Justiça Militar; e

(4) os processos da competência do tribunal especial, desde que exista legislação especial dispondo de modo diverso: a previsão não pode conflitar com a vedação de tribunal de exceção criado *ex post factum* (art. 5º, XXXVII, CF).

1.3 Interpretação (sentido e substrato do processo penal)

A intepretação do direito processual penal tem no art. 3º, do CPP, um pilar reitor. Na sua literalidade, "a lei processual penal admitirá interpretação extensiva e aplicação analógica, bem como o suplemento dos princípios gerais de direito". Em primeiro lugar, a Constituição: em seguida, a lei, em sentido formal.

Em suma, o substrato é a fonte de conhecimento do direito, o sentido é o sujeito que imprime significado ao repertório de significantes. Nesse terreno, grassam os métodos clássicos de interpretação. Em virtude das múltiplas configurações que um enunciado pode assumir, é reconhecida a utilidade dos critérios interpretativos tradicionais, em compasso com a advertência de Andreas Krell. Os documentos normativos são permeáveis a aspectos de ordem gramatical, histórica, lógica, teleológica, sistemática.[43]

Os dispositivos do direito positivo são significantes direcionados ao conhecimento do destinatário, para a formação do sentido. Os critérios clássicos de interpretação constituem estratégias metodológica para a construção do sentido das normas jurídicas.

De todo modo, a construção do significado deve ser compatível com a proteção dos direitos fundamentais e com a sua finalidade, enquanto direito de primeira geração, protetor da liberdade do indivíduo contra o arbítrio.

A estratégia metodológica ou, simplesmente, os métodos aplicáveis, pelo intérprete, ao substrato processual penal, podem ser nominados, na seguinte ordem:

(1) **interpretação extensiva**: expressamente prevista no art. 3º, do CPP, permite adequar o alcance do dispositivo, orientado por sua finalidade. Também denominada de interpretação ampliativa, deve ser conjugada com critério teleológico que cumpra a função de contenção do arbítrio;

43. KRELL, Andreas. Entre desdém teórico e aprovação na prática: os métodos clássicos de interpretação jurídica. *Revista Direito GV*, São Paulo, v.10, n.1, p.295, jan.-jun., 2014.

(2) **intepretação progressiva**: decorrente da modalidade ampliativa de interpretação, considera a alteração da realidade face o decurso do tempo, para retificar a órbita de incidência de enunciados antigos, tal como ocorre diante de inovações computacionais;

(3) **intepretação analógica**: explicitamente elencada no indigitado art. 3º, do CPP, é metodologia que não se confunde com a interpretação extensiva. Enquanto nesta, o intérprete se alia a cunho finalístico para estender o alcance do enunciado, na interpretação analógica, o jurista se arrima em cláusula permissiva de abertura constante na própria legislação. Por exemplo: o inciso IV, do art. 564 (enunciado exemplificativo da possibilidade de outras nulidades) e o inciso X, do art. 437 (outros casos de dispensa do serviço do júri), ambos do CPP;

(4) **interpretação sistemática**: deve considerar o percurso de formação do sistema a partir dos dispositivos do ordenamento jurídico, relacionados coerentemente. Robson Maia Lins elucida que "a formação do sistema é determinada justamente pelas relações de coordenação e subordinação entre as normas jurídicas de diferenes patamares hierárquicos"[44];

(5) **interpretação gramatical**: enlaçada com os demais métodos, é a estratégia que tem espeque na combinação de sentidos dos vocábulos prescritos no ordenamento jurídico. Esse critério pode ter sentido mais profundo (exegético), máxime se relacionado à história do termo ou da expressão sufragada na legislação e ao fio condutor capaz de revelar uma significação;

(6) **interpretação histórica**: igualmente tem relação com outros métodos, como o literal-linguístico e o

44. LINS, Robson Maia. *Curso de direito tributário brasileiro*. São Paulo: Noeses, 2019. p.38.

sistemático. No entanto, sua ênfase é esclarecer opções do legislador que possam se aproximar ou se distanciar de concepções mais ou menos progressistas no curso da história. Por exemplo: a opção judicial ou legislativa, ideologicamente afinada com o sistema inquisitivo, pode indicar retrocesso;

(7) **interpretação lógica**: a correção do pensamento humano pressupõe a relação entre o sentido (semântica), a estrutura (sintática) e a função (pragmática). O direito não pode conduzir a resultados desproporcionais. Esse método é o critério de permeio entre a interpretação literal e a interpretação sistemática. Tomando de empréstimo as palavras de Carlos Alchourrón, definida "como ciência teórico-descritiva do pensamento", concebida "como disciplina normativa destinada a prescrever como se deve pensar (argumentar, inferir) para fazê-lo corretamente", o objeto da lógica consiste em efetuar uma série de análises com vistas a um "controle de qualidade com relação ao produto da atividade argumentativa"[45];

(8) **interpretação teleológica**: com ênfase no seu aspecto finalístico, é método encontrado no direito positivo, a exemplo do disposto no inciso II, do art. 572, do CPP (em casos específicos, haverá convalidação da nulidade se o ato tiver alcançado seu fim).

1.4 Morfologia do intérprete autêntico (juiz das garantias e juiz da instrução criminal)

O intérprete autêntico é o órgão judicial. É o responsável pela introdução de normas individuais e concretas no sistema de processo penal, *in concreto*. Em sentido mais restrito,

---

45. ALCHOURRÓN, Carlos E. Introducción: concepciones de la lógica. In: *Lógica*. Carlos E. Alchourrón; José M. Mendez; Raúl Orayen (orgs.). Madrid: Trotta, 2005. p.14 (tradução livre).

durante a persecução penal, em juízo ou fora dele, o controle das garantias individuais – que tem no Poder Judiciário o seu tutor e franqueador – pertence ao juiz natural.

Ainda que outros atores concretizem enunciados do direito positivo, é o juiz que será o vértice da aplicação normativa, no patamar regulador. Por exemplo, todos têm o poder (faculdade) de efetuar a prisão de quem estiver cometendo em uma infração penal (arts. 301; 302, I, CPP), porém a questão deve ser submetida ao crivo judicial (art. 310, CPP), a ser levado a cabo pelo juiz competente (juiz das garantias).

A competência de um órgão judicial (juiz natural) é distribuída segundo o objeto do juízo: (1) ao juiz das garantias, cabe deliberar sobre as matérias do art. 3º-B, do CPP, até o momento que antecede o oferecimento da denúncia; (2) ao juiz da instrução, compete a cognição processual (conhecimento da prova *stricto sensu*) e a prolação da sentença (julgamento).

A bifurcação do juiz natural, contudo, foi declarada inaplicável a determinadas situações, considerando aspectos peculiares do **procedimento** ou a natureza do **delito**.

Deveras, o STF atribuiu interpretação conforme à primeira parte do *caput*, do art. 3º-C, do CPP, elucidando que os enunciados relativos ao juiz das garantias não incidem nos casos de: (1) processos de competência originária dos tribunais, os quais são regidos pela Lei nº 8.038/1990; (2) processos de competência do tribunal do júri; (3) violência doméstica e familiar; e (4) infrações penais de menor potencial ofensivo.[46]

1.5 Sistema processual penal de referência (acusatório, inquisitivo e híbrido)

Em uma primeira aproximação, sistema é o designativo de um conjunto de elementos, com elos de comunicação que formam uma estutura coerente e um traço comum que

46. STF – Pleno – ADI 6298/DF – Rel. Min. Luiz Fux – 24 ago. 2023.

possibilita classificá-lo como um conjunto, identificando suas relações de pertencimento. Essa definição, aplicada ao direito processual penal, auxilia na identificação nominativa que a doutrina costuma distinguir um sistema como acusatório, inquisitivo ou híbrido.

No magistério de Robson Maia Lins, o sistema jurídico é formado, em seu patamar mais elevado, pelas normas jurídicas, contextualizadas e interligadas, enquanto "significações construídas a partir dos textos positivados, tanto pelo aplicador quanto pelo jurista".[47] Classificar o sistema haurido do direito positivo tem a função de orientar a interpretação e de identificar os princípios que conformam o seu regime jurídico.

Com essa percepção, Fernando Braga Damasceno toma da ideia de **sistema jurídico**, o subsídio para estruturação do estudo do direito, na "busca de um método" e na demarcação do "ponto de partida", que sejam, por hipótese, mais adequados ao "conhecimento das normas".[48]

Do substrato (ordenamento jurídico) ao sentido (sistema normativo), há um espaço um tanto arbitrário para classificá-lo em uma das categorias propostas. Por exemplo, o STF, examinando o art. 3º-A, do CPP, afirmou sua constitucionalidade, mas lhe atribuiu interpretação conforme. O substrato do dispositivo preconiza que "o processo penal terá estrutura acusatória, vedadas a iniciativa do juiz na fase de investigação e a substituição da atuação probatória do órgão de acusação".[49]

Da leitura desse enunciado, não se depreende qualquer incompatibilidade com o texto constitucional. Contudo, na visão da maioria dos membros da Suprema Corte, foi necessário "assentar que o juiz, pontualmente, nos limites legalmente

---

47. LINS, Robson Maia. *Curso de direito tributário brasileiro*. São Paulo: Noeses, 2019. p.36-37.

48. DAMASCENO, Fernando Braga. *Direito probatório (stricto sensu)*: da valoração da prova. São Paulo: Tirant lo Blanch, 2023. p.26-27.

49. STF – Pleno – ADI 6298/DF – Rel. Min. Luiz Fux – 24 ago. 2023.

autorizados, pode determinar a realização de diligências suplementares, para o fim de dirimir dúvida sobre questão relevante para o julgamento do mérito". Em poucas palavras, reconheceu-se que o sistema brasileiro é acusatório, mas peculiar, diante desse autorizativo para agir *ex officio*.

Com essa advertência, é possível alinhar três sistemas, conforme o seu **princípio reitor** preponderante, definindo o seu todo pela porção de maior ênfase (sinédoque).

Esse aspecto foi objeto de detida análise de Geraldo Prado, resultando em primoroso trabalho de pesquisa que os distingue, a partir do qual podem ser delimitadas as características de cada um:

(1) **sistema inquisitivo**: tem por função predominante "a realização do direito penal material", ou seja, "o poder de punir do Estado (ou de quem exerça o poder concretamente) é o dado central, o objetivo primordial". Nesse sistema, os fins justificam os meios, eis que o valor que tutela é o do resultado condenatório. Por outro lado, não é valiosa a obediência a regras do jogo, previamente constituídas. Em suma, é realçada "a prevalência do interesse de punir sobre o de tutelar os direitos fundamentais do réu", indepentemente da conduta processual do autor da ação penal, em prejuízo das possibilidades defensivas;

(2) **sistema acusatório**: constituído por "normas e princípios fundamentais, ordenadamente dispostos e orientados a partir do principal princípio, tal seja, aquele do qual herda o nome: acusatório". Suas características são inferidas de forma negativa relativamente ao que se insere no sistema oposto. O acusatório se alicerça "na ideia de divisão, entre três diferentes sujeitos, das tarefas de acusar, defender e julgar". Ao juiz, é proibido acusar ou exercer funções próprias do autor da ação penal, tutelando-se sua imparcialidade. Todavia, algumas características

comumente atribuídas a esse sistema, como traços distintivos, são repelidas por Geraldo Prado: "o dever de fundamentar a decisão não reduz ou amplia a acusatoriedade da base processual, como provam o júri". Igualmente não o mitiga a "possibilidade de o acusado responder preso ao processo";

(3) **sistema híbrido**: misto, eclético ou acusatório-formal, é o sistema que tem aparência acusatória, porém semântica inquisitiva, notadamente quando as caraterísticas inquisitórias são sufientes a contaminar a estrutura acusatória, com desvio de finalidade. Geraldo Prado adverte, a propósito, que o intérprete deverá acautelar-se para realizar o enquadramento do sistema de referência por meio de "exame das categorias do processo levando em conta a dupla perspectiva".[50] Nesse plexo de alternativas, insere-se o sistema inquisitivo reformado, mencionado por Julio Maier, caracterizado "pela relativização dos fins da persecução penal estatal". O jurista exemplifica observando "que a meta absoluta de obter a verdade histórica está atualmente subordinada a uma série de valores do indivíduo, que impedem que seja alcançada através de certos métodos indignos para pessoa humana".[51]

1.6 Aplicação a caso concreto

O STF entendeu que a desistência da oitiva de testemunha arrolada por uma das partes não se subordina à concordância da outra. A ideia de comunhão da prova ou aquisição da prova seria a razão invocada pela parte para, à luz do

50. PRADO, Geraldo. *Sistema acusatório*: a conformidade constitucional das leis processuais penais. 4. ed. Rio de Janeiro: Lumen Juris, 2006. p.104-107.

51. MAIER, Julio B. J. *Derecho procesal penal argentino*: 1a fundamentos. Buenos Aires: Hammurabi, 1989. p.118 (tradução livre).

sistema acusatório, sustentar a necessidade da anuência da parte adversa.

No entanto, o suposto princípio probatório da comunhão da prova não compõe o elenco de características do sistema acusatório. Ficou assentado no acórdão que "a desistência quanto à produção do depoimento de testemunha ou informante arrolado pela parte independe de concordância da parte contrária ou de homologação do julgador, até o momento da produção da prova".

O § 2º, do art. 401, do CPP, prevê o poder da parte de "desistir da inquirição de qualquer das testemunhas arroladas", ressalvando, somente, o disposto no seu art. 209.

No entendimento da Corte Suprema, "o princípio da unidade da prova aplica-se somente após a produção da prova e não aos momentos de requerimento e aquisição". Ou seja, "se o depoimento de testemunha arrolada pela acusação também é de interesse defensivo, deve constar no rol ofertado quando da resposta à acusação, porque o poder de desistir da testemunha até o início da produção é unilateral da parte que arrolou (CPP, art. 400, § 2º), dispensada a concordância da parte adversa (defesa ou acusação) ou de homologação do julgador".

Em arremate, o STF avivou não configurar cerceio de defesa "a negativa jurisdicional ao pedido formulado pela parte adversa, após a desistência da produção de prova testemunhal, para oitiva como prova do Juízo", sublinhando que "a atividade probatória do julgador é excepcional, vedada a substituição da parte".[52]

1.7 Conclusão e próximo capítulo

A identificação dos elementos fundantes do direito processual penal é o primeiro ponto de referência ao entendimento.

52. STF – Segunda Turma – HC 225205 AgR – Rel. Min. Gilmar Mendes – Dje: 18 mai. 2023.

São os primeiros contornos, condicionantes da interpretação da produção de normas jurídicas. No capítulo seguinte, serão analisadas as suas fontes, providência indispensável à redução da contingência judicial.

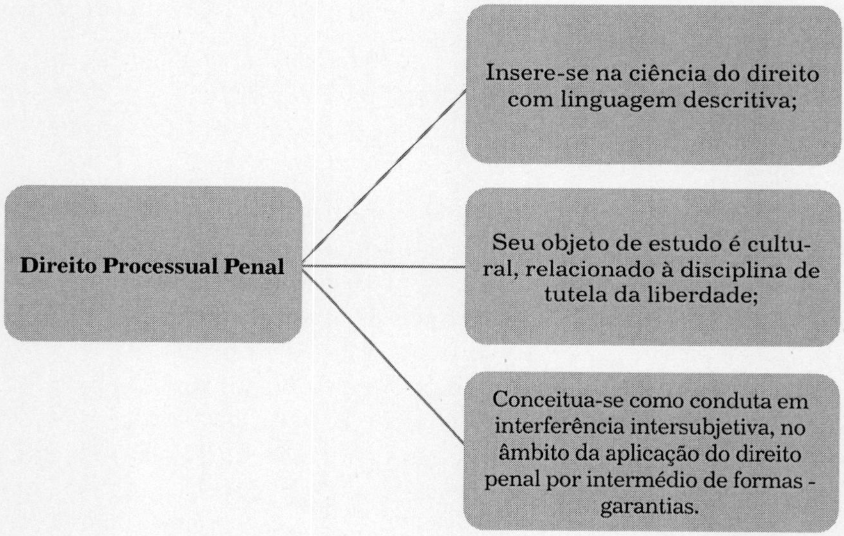

CAPÍTULO 2

FONTES DO DIREITO PROCESSUAL PENAL

2.1 Conceito de fonte do direito

Fonte é o ponto de início que justifica o **conceito de direito**. Somente é direito o que está enraizado, base reconhecida no ordenamento jurídico. A expressão é polissêmica, como descreve Edvaldo Brito. No plano semântico, fonte poderá significar:

(1) a "gênese do fenômeno jurídico";[53]

(2) a justificativa acerca do fenômeno jurídico;

(3) os fatores ideais e os fatores reais informadores da elaboração do direito positivo (fontes materiais); e

(4) as formas através das quais o direito positivo se manifesta (fontes formais).

2.2 Classificação das fontes do direito

Dentre as fontes do direito, a **fonte de produção** (material) é constituída por órgãos que receberam a outorga do

53. BRITO, Edvaldo. *Direito tributário*: imposto, tributos sinalagmáticos, contribuições, preços e tarifas, empréstimo compulsório. São Paulo: Atlas, 2015. p.6.

poder de legislar. É responsável pela emissão de textos de regulação de conduta humana ou de estruturação estatal.

Por outro lado, o produto legislado é a **fonte de cognição** (formal ou de conhecimento) que dá ao juiz condições para exercer seu papel central, na função de intérprete dos casos concretos. Na esteira do que leciona Gabriel Ivo, "a norma jurídica não é algo pronto, dado pelo ordenamento jurídico, e sim o resultado de um labor ingente de criação promovido pelo intérprete".[54]

As fontes formais servem à atividade cognitiva do juiz que, no caso concreto, deve construir a norma jurídica:

(1) a disposição abstrata é fonte de conhecimento do direito cujo destinatário é o órgão judicial;

(2) a sentença é dirigida ao autor e ao réu.

Nas palavras de Hans Kelsen, "nenhuma norma sem uma autoridade que a estabeleça, nenhuma norma sem um destinatário (ou destinatários da norma)".[55]

2.2.1 Classificação das fontes materiais segundo a natureza principal ou secundária da produção do direito

As **fontes materiais** ou **de produção**, segundo a identificação da competência para legislar, subdividem-se em:

(1) fontes materiais típicas (natureza principal): somente os órgãos do Poder Legislativo;

(2) fontes materiais atípicas (natureza secundária): o Poder Judiciário:

(a) na edição de sua Súmula Vinculante pelo STF (nível geral e abstrato); ou

54. IVO, Gabriel. *Norma jurídica*: produção e controle. São Paulo: Noeses, 2006. p.XL.

55. KELSEN, Hans. Teoria geral das normas. Tradução: José Florentino Duarte. Porto Alegre: Sergio Antonio Fabris, 1986. p.38.

(b) na produção de sentenças (nível individual e concreto).

2.2.2 Classificação das fontes formais segundo o grau de generalidade e de abstração da norma jurídica

As **fontes formais** ou **de conhecimento** dependem da identificação dos documentos que constituem direito positivo estatal. Classificam-se, consoante duas classes de normas jurídicas:

(1) gerais e abstratas; ou

(2) individuais e concretas.

Nesse passo, a classificação epigrafada será dividida em:

(1) **fontes formais ou de cognição de primeiro grau**: a Constituição, a legislação e a Súmula vinculante (art. 103-A, CF), eis que inseridas na categoria das normas abstratas e gerais;

(2) **fontes formais ou de cognição de segundo grau**: a sentença, o acórdão e as decisões judiciais, porquanto são parâmetros reconhecidos para sucessivas interpretações, na solução de litígios e no cumprimento de julgados. São incluídas na classe das normas individuais e concretas.

Ambas as categorias são fontes de **cognição imediata.**

Fazendo uso dessa classificação, Antonio Cintra, Ada Grinover e Cândido Dinamarco discernem as fontes da norma processual em abstratas e concretas. Na linha dos autores, "as fontes abstratas da norma processual são as mesmas do direito em geral, a saber: a lei, os usos e costumes e o negócio jurídico, e, para alguns, a jurisprudência". Os juristas apontam, como fonte abstrata da norma processual, as disposições de ordem constitucional, cujos preceitos criam e organizam tribunais, fixam competência ou ditam diretrizes de organização judiciária.

Sob outro prisma, "as fontes concretas da norma processual são aquelas através das quais as fontes legislativas já examinadas em abstrato efetivamente atuam no Brasil".[56]

2.2.3 Classificação das fontes formais segundo a natureza da cognição

As fontes do direito podem ser organizadas conforme o critério hierárquico e de prioridade na aplicação em:

(1) **fontes de cognição imediata**: são as que devem ser aplicadas em primeiro lugar (**fontes primárias**). Por exemplo: a Constituição, as leis e a jurisprudência vinculante. As aparentes antinomias devem ser solvidas de acordo com as regras do próprio sistema, nessa ordem:

(a) critério hierárquico;

(b) critério cronológico (art. 2º, § 1º, LINDB);

(c) critério da especialidade (art. 2º, § 1º, LINDB);

(2) **fontes de cognição mediata**: são as supletivas, subsidiárias ou secundárias, que incidem na ausência de disposição no plano da expressão do ordenamento jurídico, a exemplo da possibilidade de aplicação dos **costumes** no processo penal, inseridos no rol de **fontes secundárias**.

Alf Ross tece crítica ao dualismo da classificação em **fontes primárias** e **fontes supletivas**. Explica o jusfilósofo escandinavo que "a definição real do conceito de fonte do direito depende da teoria sobre a natureza do direito que se considere". Independentemente disso, porém, "há um requisito necessário: que as distintas fontes confluam a um mesmo critério para a determinação do conceito de direito".[57]

---

56. CINTRA, Antonio Carlos de Araújo; GRINOVER, Ada Pellegrini; DINAMARCO, Cândido Rangel. *Teoria geral do processo*. 19. ed. São Paulo: Malheiros, 2003. p.93-94.

57. ROSS, Alf. *Teoría de las fuentes del Derecho*: una contribución a la teoría del

2.2.4 Classificação das antinomias

O sistema prevê critérios de solução de conflitos normativos, conhecidos por antinomias. Os critérios de solução estipulados pelo próprio ordenamento dão ensejo à bifurcação em antinomia verdadeira e antinomia aparente.

Daí a sua classificação em:

(1) **antinomia autêntica** ou **verdadeira**: a que não é resolvida por norma deduzida do próprio sistema, a partir dos critérios hierárquico, cronológico ou da especialidade. Por exemplo: o confronto entre os arts. 311 e 316, do CPP, todos com redação da Lei nº 13.964/2019. Estão no mesmo patamar (lei ordinária), foram produzidas na mesma data e são de mesmo grau de generalidade. Enquanto o primeiro dispositivo veda a decretação de prisão *ex officio* pelo juiz, o segundo fala na possibilidade de nova decretação, independentemente de provocação;

(2) **antinomia inautêntica** ou **aparente**: quando o conflito entre duas normas é solvido pela construção de uma terceira norma jurídica, a exemplo de quando uma lei nova não revoga expressamente a mais antiga, porém dispõe sobre o assunto integralmente (revogação tácita). Nessa situação, pode se entender revogado tacitamente (além de inconstitucional), o art. 156, *caput,* e inciso II, do CPP, pelo seu art. 3º-A, inserido pela Lei nº 13.964/2019, que proíbe a atuação probatória do juiz em substituição ao órgão da acusação. Todavia, o STF vincou que remanesce a possibilidade de atuação judicial de ofício na hipótese de sobejar dúvida relevante sobre o mérito, atribundo interpretação conforme ao art. 3º-A, do CPP, embora

---

derecho positivo sobre la base de investigaciones histórico-dogmáticas. Tradução: José Luis Muñoz de Baena Simón; Aurelio de Prada García; Pablo López Pietsch. Madrid: CEPC, 2007. p.357-358.

reconhecendo a derivação do seu teor do texto constitucional, que contempla o sistema acusatório.[58]

Norberto Bobbio pontifica que o **princípio da coerência** do ordenamento jurídico, sustentado que é pelo positivismo jurídico, "consiste em negar que nele possa haver antinomias, isto é, normas incompatíveis entre si". Nas suas palavras, aquele postulado deve ser "garantido por uma norma, implícita em todo ordenamento, segundo a qual duas normas incompatíveis (ou antinômicas) não podem ser ambas válidas, mas somente uma delas pode (mas não necessariamente deve) fazer parte do referido ordenamento". As antinomias podem ocorrer quando há interferência na coerência do ordenamento jurídico, quando da incidência de normas diversas, em seus âmbitos de validade **espacial**, **temporal**, **pessoal** e **material.**[59]

A propósito, Hans Kelsen pondera que "existe um conflito entre duas normas, se o que uma fixa como devido é incompatível com aquilo que a outra estabelece como devido e, portanto, o cumprimento ou aplicação de uma norma envolve, necessariamente ou possivelmente, a violação da outra". Dessa ilação, o autor discerne a possibilidade de conflitos normativos em:

(1) **antinomia bilateral**: quando "o cumprimento ou aplicação de cada uma das duas normas envolve, necessariamente ou possivelmente, uma violação da outra"; e

(2) **antinomia unilateral**: se "apenas o cumprimento ou aplicação de uma das duas envolve uma violação da outra".[60]

Cabe ponderar que essa possibilidade é admitida no plano dos enunciados, do ordenamento jurídico. Do ponto de vista do sistema, pressupõe-se a impossibilidade de produção de

58. STF – Pleno – ADI 6298/DF – Rel. Min. Luiz Fux – 24 ago. 2023.

59. BOBBIO, Norberto. *O positivismo jurídico*: lições de filosofia do direito. Tradução: Márcio Pugliesi; Edson Bini; Carlos E. Rodrigues. São Paulo: Ícone, 2006. p.203.

60. KELSEN, Hans. *Teoria geral das normas*. Tradução: José Florentino Duarte. Porto Alegre: Sergio Antonio Fabris, 1986. p.157.

normas inconciliáveis entre si. Em outros termos, no fio condutor de Norberto Bobbio, "a compatibilidade de uma norma com seu ordenamento (isto é, com todas as outras normas) é condição necessária para a sua validade".[61]

Por fim, Hans Kelsen distingue que o conflito normativo pode, ainda, ser total ou parcial:

(1) **antinomia total**: quando uma norma impõe uma conduta determinada e a outra veda essa mesma conduta;

(2) **antinomia parcial**: se o conteúdo de uma norma só diverge em parte do conteúdo na outra disposição.[62]

2.3 Fontes materiais do direito processual penal

As fontes de produção do direito são também, em larga medida, fontes materiais do direito processual penal.

Pode-se apartar:

(1) de uma vertente, as fontes de produção (materiais) que se referem aos órgãos do Poder Legislativo; e

(2) de outra, as emitidas pelo Poder Judiciário (art. 103-A, CF).

Ambos os ângulos devem estar em compasso com a competência material da União para legislar sobre processo (art. 22, I, CF).

2.4 Fontes de cognição do direito processual penal

Como se infere, as fontes de conhecimento não se resumem aos dispositivos do CPP. Além da legislação

61. BOBBIO, Norberto. *O positivismo jurídico*: lições de filosofia do direito. Tradução: Márcio Pugliesi; Edson Bini; Carlos E. Rodrigues. São Paulo: Ícone, 2006. p.203.

62. KELSEN, Hans. *Teoria geral das normas*. Tradução: José Florentino Duarte. Porto Alegre: Sergio Antonio Fabris, 1986. p.157.

infraconstitucional, a Constituição de 1988 contém prescrições processuais penais, bem como os instrumentos convencionais internacionais ratificados pelo Brasil. Em acréscimo a esses diplomas normativos, a jurisprudência é, identicamente, fonte de conhecimento do direito processual penal, máxime no tocante aos enunciados da Súmula Vinculante, expedidos pelo STF. Também pode ser fonte dessa natureza, a jurisprudência de tribunais internacionais aos quais o Brasil tenha aderido por tratado ou convenção, a exemplo da jurisprudência da Corte Interamericana de Direitos Humanos (CIDH).

O ordenamento jurídico produzido deve ser claro na descrição do que deve ser considerado direito vigente (fonte formal de conhecimento).

A par das fontes diretas, outras são inseridas, de forma subsidiária, pelo ordenamento jurídico. São as fontes indiretas ou supletivas (de **cognição mediata**), que consistem:

(1) nos princípios gerais do direto; e

(2) nos costumes.

2.4.1 Os costumes e as fontes digitais de cognição

Por outro prisma, na órbita dos **costumes**, fonte subsidiária, parece ser inevitável incluir as **fontes digitais**, enquanto objeto da **cultura computacional**, que constitui a produção de normas, eis que o direito processual penal está inserido nesse campo comunicacional em interconexão sistemática. A fonte digital seria, portanto, uma derivação dos costumes (art. 4º, Lei de Introdução às Normas do Direito Brasileiro –LINDB; arts. 391; 781, CPP).

Nessa toada, Thomas Vesting explica a lógica de interconexão linear que envolve a cultura escrita e a computacional, permeada pela abundância de imagens digitais. Na sua dicção, "já há algum tempo, o sistema jurídico encontra-se manifestamente em um amplo processo de conversão para um modo operacional inédito de estabilidade dinâmica" (autopoiese). Consoante aduz, atualmente, "a produção de dados do sistema jurídico depende em uma medida nunca antes vista de sobreposições, formais híbridas e 'acoplamentos estruturais' com outros sistemas sociais"[63].

A demarcação do que pode constituir o direito processual penal é a tarefa mais fundamental, a fim de evitar o contingente, o casuísmo, a acidentalidade.

Na ponderação de Georg von Wright, "o problema ontológico das normas é, essencialmente, a questão sobre o que significa dizer que existe a norma para esse ou para aquele efeito".[64] Nesse contexto, os fatos são contingentes, enquanto as normas, em matéria penal, não devem ser.

Apesar da liberdade jurídica intrínseca ao órgão autêntico kelseniano,[65] essa deve ser circunscrita por elementos necessários e essenciais que constituem seus vetores. Consistem em postulados nucleares que devem permear a ordenação das fontes estatais, especialmente:

(1) a dignidade da pessoa humana;

(2) a presunção de não culpabilidade;

(3) *favor rei*; e

(4) *in dubio pro reo*.

Guilherme Madeira Dezem segue essa mesma orientação ao dizer que "o costume pode ser considerado como fonte do processo penal, desde que seja para garantir direitos ao acusado". De acordo com o garantismo penal, que deve ser

---

63. VESTING, Thomas. *Teoria do direito*: uma introdução. Tradução: Gercélia B. de O. Mendes. São Paulo: Saraiva, 2015. p. 314-315.

64. WRIGHT, Georg Henrik von. *Norm and action*: a logical enquiry. London: Routledge & Kegan Paul,1963. p.107 (tradução livre).

65. KELSEN, Hans. *Teoria geral das normas*. Tradução: José Florentino Duarte. Porto Alegre: Sergio Antonio Fabris, 1986. p.38.

sobreposto "à visão da eficácia, é possível o reconhecimento do costume como fonte do direito para beneficiar o acusado".[66]

2.4.2 Fontes de cognição *lato sensu* e *stricto sensu*

Norma não se confunde com texto legal, nem com enunciado de jurisprudência. Definido o supedâneo para a formulação da norma jurídica, sua emissão pode partir de fragmentos de textos abstratos e gerais, compreendidos isolada ou conjuntamente. A base empírica que constitui o ordenamento jurídico deve passar pelo crivo de sua validade.

Na senda de Riccardo Guastini, os enunciados são atos de linguagem. Eles são atos disciplinados por normas jurídicas, notadamente por normas de segundo grau, ou metanormas, em torno da produção do direito. Tais atos são regrados por, pelo menos, dois modos diferentes:

(1) por **metanormas de competência**, que conferem a um certo sujeito a função, a competência, a autoridade, ou o poder de produzir normas jurídicas nos lindes de certa matéria. As metanormas de competência são fontes de conhecimento para a atuação de fontes de produção (**fontes de cognição em sentido amplo**);

(2) por **metanormas de direito processual**, que disciplinam condutas e os processos por meio dos quais a competência normativa deve ser exercida.[67] As metanormas de direito processual são fontes de conhecimento da matéria (**fontes de cognição em sentido estrito**).

Nessa toada, um ato normativo é revestido de validade quando realizado de acordo com as metanormas que ditam seu procedimento no ambiente do sistema jurídico. A imunização da validade de um ato normativo ocorrerá se – e apenas

---

66. DEZEM, Guilherme Madeira. *Curso de processo penal*. São Paulo: RT, 2015. p.57.

67. GUASTINI, Riccardo. *Das fontes às normas*. Tradução: Edson Bini. São Paulo: Quartier Latin, 2005. p.277-278.

se – tiver sido editado em compasso com a regra de competência, bem como observado o rito estatuído pelas metanormas da disciplina de processo criminal.

Esse raciocínio tem cabimento não só para identificar legislação válida como fonte de cognição do direito processual penal, como também para delimitar os **enunciados emitidos pelo Poder Judiciário** que podem servir como parâmetro para a formulação de normas jurídicas, a exemplo do art. 103-A, da CF.

2.5 Hierarquia das fontes do direito processual penal

É possível, em acréscimo, estruturar uma **hierarquia dos valores**, no sistema processual penal. Considera-se, para tanto, a necessidade de sua estrutura jurídica ser orientada por aquele axioma, na lição de Paulo de Barros Carvalho.[68]

O critério para a estratificação de valores deve pressupor, consoante Johannes Hessen, experiência prévia e vivência,[69] para ser encampado pelo legislador, segundo a escolha dos bens jurídicos mais relevantes. Desse proceder, deve resultar sua documentação em enunciado de direito positivo.

A título de exemplo, vale avivar que não se justifica aplicar enunciado da Súmula Vinculante em detrimento do texto constitucional, diante do **princípio da hierarquia**. Igualmente, não deve ser aplicado se contrariar os limites constitucionais de sua produção, sujeitando-se a controle de constitucionalidade (art. 103-A, § 2º, CF).

No elenco de fontes aplicáveis, o CPP contempla os costumes em disposições esparsas (arts. 391; 781, CPP). Aliás, a Lei de Introdução às Normas do Direito Brasileiro (LINDB) é enfática ao ditar que "quando a lei for omissa, o juiz decidirá

---

68. CARVALHO, Paulo de Barros. *Direito tributário*: linguagem e método. 5. ed. São Paulo: Noeses, 2013. p.223.

69. HESSEN, Johannes. *Filosofia dos valores*. 3. ed. Tradução: L. Cabral de Moncada. Coimbra: Arménio Amado, 1967. p.38-39.

o caso de acordo com a analogia, os costumes e os princípios gerais de direito" (art. 4º, Dec.-lei nº 4.657/1942).

A observância de uma **hierarquia das fontes** tem o propósito de auxiliar na redução da subjetividade do juiz diante da vastidão de casos concretos. A admissão de princípios gerais de direito deve ser supletiva, subsidiária, secundária. Em outros termos, somente assim deve ser quando não há lei resolvendo uma questão, porquanto se cuida de fonte indireta de cognição do direito processual penal.

Diante de ordenamento jurídico tão eclético, necessário se valer do **postulado da coerência** para se interpretar os enunciados de modo a construir um sistema delimitado, integrado e sem contradições. O axioma da hierarquia e os demais cânones devem ser aptos à contenção de conflitos normativos. Por exemplo, o confronto entre Constituição e legislação deve ceder lugar à prevalência da primeira.

No entanto, problemas existem que envolvem, por exemplo, diplomas normativos internacionais (art. 1º, I, CPP), cujo conteúdo é afeto a direitos humanos. Quando não há aprovação de tratado pelo *quorum* qualificado para a edição de emendas constitucionais, o STF o considera como de *status* superior à legislação interna, porém inferior à Constituição.

Essa qualificação, dada àquele documento convencional, foi denominada de **norma supralegal**, a exemplo do art. 7, item 5, da Convenção Americana de Direitos Humanos de 1969 (Pacto de São José da Costa Rica), que previa, antes da sufragação da audiência de custódia no CPP (art. 310, *caput*), a imediata apresentação de todo preso à autoridade judiciária.[70]

Também a incidência da jurisprudência não é isenta de dificuldades. O confronto entre Súmula comum e Súmula Vinculante demonstra que, no plano concreto, é tênue a linha distintiva, eis que a primeira, embora não tenha previsão para inovar o ordenamento jurídico, finda por ter esse efeito em

70. STF – Primeira Turma – HC 157306 – Rel. Luiz Fux – publicado em: 01 mar. 2019.

razão da persuasão natural judicial que provoca. Identificar tais fontes de cognição do direito processual penal e sistematizá-las de forma coerente são providências necessárias à funcionalidade do sistema.

Por outro viés, os diversos dispositivos do Código de Processo Penal devem passar pelo filtro constitucional, aplicando-se:

(1) a **teoria da recepção** para os enunciados anteriores à Constituição; e

(2) o **controle de constitucionalidade** para os enunciados posteriores ao advento daquela.

A hierarquia é pressuposto do fundamento de validade do sistema. Se todas as fontes se situassem no mesmo nível, seria sem sentido falar naquele lastro de pertença com alusão aos elementos de sua estrutura. Daí ser o princípio da hierarquia, um axioma.

Em compasso com o que pontua Paulo de Barros Carvalho, cuida-se de um **princípio ontológico do direito**. Se assim fundamentados, estarão credenciados os instrumentos introdutores de normas para, com exclusividade, inovar e regular a ordem jurídica. Serão divididos, ainda de acordo com o critério hierárquico, em:

(1) **instrumentos primários**: quando promovem "o ingresso de regras inaugurais no universo jurídico brasileiro", a exemplo da lei;

(2) **instrumentos secundários**: que se referem às demais regulações de condutas que, de outra ótica, devem ter "juridicidade condicionada às disposições legais, quer emanem de preceitos gerais e abstratos, quer individuais e concretos". Destarte, esses meios introdutores supletivos, "não possuem, por si só, a força vinculante capaz de alterar as estruturas do

mundo jurídico-positivo".[71] Exemplo: Resolução nº 357/2020 do CNJ que descreve critérios para o uso de videoconferência e realização de audiências digitais.

2.6 Abertura principiológica

Há enunciados que são veículos para a introdução de normas jurídicas (princípios), que têm a função de base para construção de outras normas (regras). Por exemplo, o art. 5º, inciso IV, da CF (princípio constitucional do devido processo legal), o art. 3º, do CPP, e o art. 4º, da LINDB (princípios gerais de direito). Como os princípios são sempre dependentes de um sujeito para escrevê-los previamente, correto dizer que o leque de princípios é tanto maior quanto a capacidade do intérprete de sacá-los .[72]

2.7 Fatores condicionantes das fontes do direito

Na lição de Norberto Bobbio, o positivismo jurídico tem alicerce no **princípio da preponderância** de uma dada fonte do direito (a lei) sobre todas as outras. Duas condições são necessárias para o funcionamento desse sistema:

(1) a existência de várias fontes, isto é, o ordenamento jurídico deve ser um ordenamento complexo; e

(2) que essas fontes não estejam num mesmo plano, impende afirmar, que o ordenamento seja estruturado de forma hierárquica, com suas fontes colocadas em patamares diferentes, com valores organizados de forma não tão rudimentar, quando verificadas regras que ditam uma ordem de subordinação hierárquica entre as fontes.[73]

---

71. CARVALHO, Paulo de Barros. *Direito tributário*: linguagem e método. 5. ed. São Paulo: Noeses, 2013. p.223-224.

72. IVO, Gabriel. *Constituição estadual*: competência para a elaboração da Constituição do estado-membro. São Paulo: Max Limonad, 1997. p.96.

73. BOBBIO, Norberto. *O positivismo jurídico*: lições de filosofia do direito. Tradução: Márcio Pugliesi; Edson Bini; Carlos E. Rodrigues. São Paulo: Ícone, 2006. p.162-163.

2.8 Critérios para a identificação das fontes do direito

Uma fonte material (ou de produção) de normas jurídicas é identificada de acordo com a delimitação da regra atribuidora de competência. O enunciado tem, como fonte material, o órgão com competência ou com atribuição para expedi-lo.

Vale distinguir, sob outro ângulo:

(1) a norma jurídica tem, como fonte material, o órgão que a aplica, isto é, que realiza a sua incidência;

(2) o enunciado é a fonte de conhecimento para a produção da norma jurídica, assim como a lei é a fonte de cognição para a prolação da sentença.

Como se depreende, a noção de fonte jurídica envolve graus, ou seja, depende da ótica de sua definição. Julio Maier esclarece que, por fonte do direito, deve se entender, genericamente, "a identificação da forma institucional de onde emana o direito vigente". Cuida-se de expressão metafórica fundamental para indicar de onde "acudir em busca das normas jurídicas, das expressões linguísticas e conceituais que as conformam".[74]

Vale frisar o magistério de Tácio Lacerda Gama. A identificação das fontes deve considerar duas ordens diferentes:

(1) a primeira delas é relativa ao órgão que produz a base ou as bases empíricas que fundamentam uma etapa normativa subsequente (fontes materiais);

(2) a segunda é referente ao objeto sobre o qual incide a atividade de emissão de normas jurídicas (fontes formais).[75]

Contornando o nascedouro do direito, Julio Maier adverte ser pernicioso estender desmesuradamente a abrangência

---

74. MAIER, Julio B. J. *Derecho procesal penal argentino*: 1a fundamentos. Buenos Aires: Hammurabi, 1989. p.152-153 (tradução livre).

75. GAMA, Tácio Lacerda. *Competência tributária*: fundamentos para uma teoria da nulidade. 2. ed. São Paulo: Noeses, 2011. p. LV.

da expressão fonte de direito para, por exemplo, considerar também todo elemento que entra em jogo num caso jurídico, inclusive não normativo, tais como exposição de motivos de uma lei e métodos de reconstrução histórica. Isso porque tais técnicas dão ao texto excessiva plasticidade que acaba por tornar imprecisos os seus limites.[76]

De outro giro, Antonio de Araújo Cintra, Ada Pellegrini Grinover e Cândido Rangel Dinamarco explicam que são chamadas de fontes formais "os meios de produção ou expressão da norma jurídica". Incluem-se em tais meios "a lei (em sentido amplo, abrangendo a Constituição), os usos e costumes e o negócio jurídico". Como salientam os autores, "é controvertida a inclusão da jurisprudência entre as fontes de direito".[77]

A doutrina das fontes tem o objetivo de descrever, pormenorizadamente, a genética do direito e, dessa forma, identificar o que pertence ao sistema jurídico e o que lhe é estranho. Debruça-se sobre o mapa genealógico das normas, sua genética ou genética das normas (**nomogênese**). Fora desse âmbito, a aplicação de uma regra pelo juiz será arbitrária e deve ser expelida pelo organismo jurídico.

Tácio Lacerda Gama define como **sanção nomogenética** "a reação do sistema de direito positivo contra produção ilícita de normas jurídicas. Normas criadas sem fundamento de validade ajustam-se às normas sancionatórias de competência", a exemplo das que preveem "inconstitucionalidade, ilegalidade, nulidade, erro de fato, erro de direito como vícios que impedem a aplicação da norma, limitando a sua eficácia ou vigência de forma singular – *erga singulum* – ou plural – *erga omnes*".[78]

---

76. MAIER, Julio B. J. *Derecho procesal penal argentino*: 1a fundamentos. Buenos Aires: Hammurabi, 1989. p.153 (tradução livre).

77. CINTRA, Antonio Carlos de Araújo; GRINOVER, Ada Pellegrini; DINAMARCO, Cândido Rangel. *Teoria geral do processo*. 19. ed. São Paulo: Malheiros, 2003. p.92.

78. GAMA, Tácio Lacerda. *Competência tributária*: fundamentos para uma teoria da nulidade. 2. ed. São Paulo: Noeses, 2011. p.LV.

A fonte de produção é a que se reporta à competência para expedir os enunciados abstratos processuais penais, sejam eles, por exemplo, que:

(1) informam, diretamente, o que deve ser considerado nulidade;

(2) tornam possível, indiretamente, concluir que um ato processual penal deve ser considerado viciado. Essa possibilidade é de espectro mais amplo, carreando todos os enunciados gerais e abstratos que traçam forma e conteúdo de atos processuais penais.

Alf Ross aponta uma incoerência acerca dos critérios de identificação das fontes jurígenas. Isso porque a concepção dominante considera a lei como fonte do direito porque é ela "expressão de uma vontade especialmente qualificada". Por tal motivo, seria contraditório apresentar fontes subsidiárias como "a natureza da coisa, a equidade, o direito livremente conhecido e coisas similares". Tais referências consistiriam, nas palavras do autor, em "fatores sociológicos que determinam a criação judicial do direito" ou "ideais ético-políticos". O autor propõe evitar a contradição indicada, seja conciliando as fontes com o "conceito de direito", seja harmonizando as fontes com o uso da teoria da autorização.[79]

2.9 Inconstitucionalidade e ilicitude como fontes do direito

A inconstitucionalidade e a ilicitude deflagram reações do sistema. Haverá produção normativa de controle quando, por exemplo, for maculado o devido processo legal (art. 5º, LIV, CF). A regra de competência coloca o juiz como centro de produção de normas individuais e concretas.

79. ROSS, Alf. *Teoría de las fuentes del Derecho*: una contribución a la teoría del derecho positivo sobre la base de investigaciones histórico-dogmáticas. Tradução: José Luis Muñoz de Baena Simón; Aurelio de Prada García; Pablo López Pietsch. Madrid: CEPC, 2007. p. 359.

Vale lembrar, com Ada Pellegrini Grinover, Antonio Magalhães Gomes Filho e Antonio Scarance Fernandes, que "a atipicidade constitucional, no quadro das garantias, importa sempre uma violação a preceitos maiores, relativos à observância dos direitos fundamentais e das normas de ordem pública".[80]

Da constatação de inconstitucionalidade, deve advir a incidência de uma plêiade de normas de controle, para restaurar o equilíbrio do sistema. *Lato sensu*, a inconstitucionalidade é fato gerador de nulidade, seja do ponto de vista abstrato, seja sob o ângulo concreto.

Tácio Lacerda Gama, sob outro viés, explica que é atributo comum, do gênero nulidade, "a sanção pelo descumprimento da norma de competência". Nas palavras do jurista, o ato de criação de norma pode ser reputado como uma conduta regulada juridicamente, pelo que também é possível que tal conduta seja entendida por "lícita ou ilícita, conforme tenha sido praticada segundo a norma que prescreve a licitude – norma de competência – ou segundo aquela que estabelece os efeitos da ilicitude – norma sancionatória da competência".[81]

2.10 Produção normativa e controle

A produção normativa pode decorrer de fato jurídico lícito ou de fato jurídico ilícito. A reação jurídica do sistema ao ilícito compõe o controle da produção normativa, que pode ser descrito em quatro etapas:

(1) emissão do ato jurídico processual;

(2) verificação de adequação ao esquema jurídico (padrão);

---

80. GRINOVER, Ada Pellegrini; GOMES FILHO, Antonio Magalhães; FERNANDES, Antonio Scarance. *As nulidades no processo penal*. 12. ed. São Paulo: RT, 2011. p.24.

81. GAMA, Tácio Lacerda. *Competência tributária*: fundamentos para uma teoria da nulidade. 2. ed. São Paulo: Noeses, 2011. p. 357.

(3) declaração da atipicidade, quando se verificar desatendimento do modelo jurídico; e

(4) decretação da consequência jurídica cabível.

A atividade de produção de norma nulificadora é um exercício de controle. É perceptível quando se vê que deve haver, inicialmente, a constatação da validade do enunciado de referência à aplicação do direito pelo juiz, eis que aquele é emitido por fonte de produção que deve respeitar os ditames constitucionais. Nesse caso, trata-se de controle de constitucionalidade.

Outro aspecto do controle é alusivo à tipicidade do ato processual penal. Cuida-se de controle de juridicidade, em que o ato processual penal é a expressão documentada da incidência, perfeita ou imperfeita, de norma jurídica processual penal, também formada a partir de enunciados reconhecidos como parte do ordenamento jurídico.

Os enunciados que versam sobre matéria processual penal ensejam a construção de normas que são dirigidas, com predileção, a um destinatário estatal: o juiz. Pode-se entender que a fundamentação da produção das normas depende daquele órgão, imanente à estrutura do sistema.[82]

Na linha de Kelsen, se "uma norma é 'dirigida' a uma pessoa", de maneira alguma deve significar "outra coisa senão que a conduta de um indivíduo, uma conduta humana, é devida. Não é o ser humano como tal, na totalidade de sua existência, e sim uma certa conduta humana, à qual a norma se refere".[83]

Há, portanto, necessidade de que o juiz construa, conceitualmente, as normas jurídicas, sempre tendo como ponto de partida enunciados, que podem ser múltiplos, único, ou fragmentados. Só não lhe é dado sacar a norma jurídica de forma

82. COSSIO, Carlos. *La teoría egológica del derecho y el concepto jurídico de libertad*. 2. ed. Buenos Aires: Abeledo-Perrot, 1964. p.14 *et seq* (tradução livre).

83. KELSEN, Hans. *Teoria geral das normas*. Tradução: José Florentino Duarte. Porto Alegre: Sergio Antonio Fabris, 1986. p.12.

metafísica, sem base empírica. Esse procedimento, que se impõe como limite à validez, será descrito nos tópicos seguintes, destacando a importância do silogismo à atividade de verificação de conformação jurídica dos atos processuais penais.

Pontes de Miranda pondera que o intérprete (juiz) deve procurar, quando da aplicação da regra, "não o conteúdo dos sinais ópiticos ou sonoros", enquanto emissões verbais, porém, "com o auxílio deles, o que se neles contém, mais ou menos o que se perdeu ou se argumentou no trabalho de expressão". Arremata distinguindo que, "em vez de início em si, apenas é a lei a forma intermédia, durável, mas dúctil, para conservar o dado, ainda que isto o deforme". Sua aplicação social depende de comunicação pela linguagem, com o permeio de quatro fatores:

(1) o dado (norma viva);

(2) o julgado (lei aplicada);

(3) o veículo social (jurisprudência, costume – art. 3º, CPP);

(4) a permanência individual (ditame do legislador).[84]

2.11 Subsunção normativa

A atividade do juiz deve se utilizar da subsunção. O questionamento em torno da valia da subsunção e do silogismo para tomada de decisões é só parcialmente procedente. Na verdade, a relevância da subsunção é a de ser útil como base da fundamentação. Serve de sustentação à própria norma jurídica concretizada.

Em outros termos, a conclusão judicial de que um ato jurídico processual penal necessita de controle pode ser compreendida sem o perpassar das premissas silogísticas, porém,

84. PONTES DE MIRANDA. *Sistema de ciência positiva do direito*: introdução à ciência do direito: tomo II. 2. ed. Campinas: Bookseller, 2005. p.103.

a motivação que ensejou aquela conclusão deve ser explicitada de forma lógica, expressando os conceitos que estruturam os atos subsuntivos.

Para essa ilação, toma-se como lastro teórico o escólio de Aurora Tomazini de Carvalho. Conforme expõe, para fazer incidir uma norma, migra-se de uma realidade peculiar, que "nada mais é do que um sistema articulado de símbolos num contexto existencial":

(1) em primeiro lugar, deve-se verificar "a ocorrência de um acontecimento, interpretando os suportes factuais a que tem acesso";

(2) em seguida, impende indagar que tipo jurídico aquele fato se amolda. Havendo o enquadramento do conceito do elemento factual ao conceito do tipo adequado, o intérprete estará "realizando, assim, a subsunção do conceito de fato ao conceito da hipótese normativa".[85]

2.11.1 Premissa maior

A premissa maior do silogismo que integrará a documentação de norma jurídica processual penal consiste na descrição do aspecto e da figuração fática. Constitui fato normado, com sua qualificação jurídica, em tese. Note-se que a premissa maior toma como referência recorte da realidade que, por sua vez, pode ter sido consequência jurídica de norma anterior.

No que se refere àquela primeira configuração, em abstrato ou em tese, o exame deve-se subdividir em:

(1) quanto ao primeiro subaspecto: é a verificação do atendimento das regras que relacionam os enunciados emitidos com os órgãos com competência para produção de enunciados abstratos (fontes materiais);

---

85. CARVALHO, Aurora Tomazini de. *Curso de teoria geral do direito*: o construtivismo lógico-semântico. 3. ed. São Paulo: Noeses, 2013. p.482.

(2) no que tange ao segundo exame: concerne ao preenchimento das condições que fundam a validade dos enunciados para propiciar cognição do direito processual penal (fontes formais).

Tome-se, como exemplo, a regra de conexão do art. 76, inciso I, do CPP. Ela reúne os casos de **conexão intersubjetiva**. Exige sempre mais de um sujeito, afinal é intersubjetiva, no sentido de relacionar, necessariamente, mais de um autor na prática de mais de uma infração penal.

Aquele **tipo jurídico** do inciso I, portanto, divide-se em três subespécies:

(1) **conexão intersubjetiva por simultaneidade**: quando, sem prévio ajuste, várias pessoas aglomeradas deliberam cometer delitos, ao mesmo tempo;

(2) **conexão intersubjetiva concursal**: se várias pessoas combinam, previamente, praticar delitos, embora em lugar e tempo diferentes;

(3) **conexão intersubjetiva por reciprocidade**: na hipótese de várias pessoas perpetrarem crimes umas contra as outras.

Para incidir a síntese abstrata, é necessária uma hipótese de fato. Não é o fato em si, mas o que se fala sobre o fato: uma narrativa, que pode ser a petição inicial, por exemplo, para justificar a conexão.

Serão formados, por exemplo, dois conceitos:

(1) o conceito da conexão intersubjetiva concursal;

(2) o conceito inferido da narrativa de mais de um delito, imputado a mais de um sujeito, em situação em que os imputados acordaram cometer vários crimes, em tempo e lugar diferentes, para dificultar o controle dos órgãos de segurança pública.

Esses dois elementos fazem parte da premissa maior do silogismo que desaguará na consequência jurídica cabível.

Cabe avivar que o conceito jurídico-processual é distinto do dispositivo de lei. De modo similar, o conceito do fato narrado não se confunde com o fato que se esvaiu logo depois de ocorrido no plano da vida.

Nessa toada, Gustavo Badaró aduz que o tipo legal do ato processual "não se confunde, necessariamente, com um artigo do CPP". É ele "mais do que a hipótese de fato prevista na norma. Assim, o art. 352 estabelece os requisitos do mandado de citação. Todavia, outro dispositivo legal, o art. 357, prevê a forma de cumprimento de tal mandado". Note-se que "a citação somente será válida se cumprir o tipo legal, que engloba ambos os artigos".[86]

2.11.2 Premissa menor

A premissa menor deve retratar o conceito obtido a partir do ato processual devidamente vertido em linguagem jurídica. Conforme explicação de Aurora Tomazini de Carvalho, nesse aspecto, terá lugar a constatação da ocorrência de um acontecimento, com a interpretação dos suportes factuais a que se tem acesso.[87]

Na premissa menor, portanto, é cabível inserir o conceito da prova carreada, para colmatar a subsunção silogística. Nela reside o *locus* para formulação de juízo verificacionista, ou seja, de veracidade, com arrimo, por exemplo, em provas, em documentação.

---

86. BADARÓ, Gustavo Henrique. *Processo penal*. 3. ed. São Paulo: RT, 2015. p.783.

87. CARVALHO, Aurora Tomazini de. *Curso de teoria geral do direito*: o construtivismo lógico-semântico. 3. ed. São Paulo: Noeses, 2013. p.482.

2.11.3 Conclusão silogística

O silogismo vazado em premissas tem função fundamentadora. Não é atividade singela, mas que exige demarcação conceitual plúrima, sucessivas vezes, máxima na sentença condenatória. Definitivamente, não se cuida de subsunção automática ou superficial.

Cada caso pressupõe uma **subsunção efetivamente nova**, na arguta observação de Karl Engisch. O órgão judicial se depara com problematicidades: saber se a narrativa a ser objeto de subsunção se distingue, sob qualquer aspecto, dos demais fatos semelhantes enquadrados no padrão normativo. O juiz, que deve estar vinculado ao princípio da igualdade diante das partes, deve enfrentar, racionalmente, "a penosa questão de saber se a divergência é essencial ou não".[88]

Por exemplo, na nulidade do processo, o juiz não deve decretá-la sem fundamentação. A subsunção há de ser descrita, com o detalhamento do percurso da (in) adequação conceitual do tipo jurídico (premissa maior) e de seu confronto (empírico) com o ato jurídico atípico (premissa menor).

Ali reside a norma jurídica abstrata, no último está o campo da facticidade jurídica. O modelo subsuntivo ocorre com a conformação de **camadas conceituais**, por meio de um raciocínio comparativo, analógico, entre conceitos: vai-se da camada abstrata à concreta.

A fundamentação que dá supedâneo à incidência e concretização da norma abstrata nulificadora é, sob esse enfoque, enunciado probatório, tendente a aferir, **juridicamente**, a verdade do fato alegado. Cuida-se de condição para o sucesso da constituição do fato jurídico saneador, bem como para a imposição das consequências jurídicas correlatas. Completa-se o ato de controle por meio da produção do descritor,

---

88. ENGISCH, Karl. Introdução ao pensamento jurídico. Tradução: J. Baptista Machado. 9. ed. Lisboa: Fundação Calouste Gulbenkian, 2004. p.97.

situado no âmbito da premissa menor, e com o perfazimento da conclusão.[89]

2.12 Função da linguagem formal

A identificação das fontes depende de linguagem que cumpra sua função comunicativa de normas jurídicas aos seus destinatários. Quando não se tem material enunciativo uniforme, é preciso se convencionar para viabilizar o entendimento no nível da linguagem do discurso jurídico.

Em face de terminologia diversificada e ambígua, é indispensável o uso competente da linguagem jurídica para a delimitação dos efeitos normativos. A fixação desses pontos de partida se insere no aspecto estático do sistema jurídico, cuja ênfase é no aspecto do fundamento de validade das normas abstratas e gerais que servirão de programa necessário à elaboração de normas jurídicas que estipulam consequências jurídicas.

A formalização da linguagem evidencia que se reconhece que há, no plano do ser dos enunciados abstratos, da jurisprudência e da doutrina, dúvidas acerca dos significados dos termos escolhidos para designar fenômenos processuais penais. Como exemplos:

(1) a distinção entre **prova penal** (art. 155, CPP) e **elementos informativos** (art. 3º-B, XV, CPP), aquela expressão destinada à fase processual e a última, à fase investigativa; e

(2) a locução **sentença definitiva** como critério espaço-temporal para aplicação de regras de conexão ou de continência (modificação de competência), com a permissão de avocação do processo pelo juiz competente, até o instante imediatamente anterior à

89. CARVALHO, Paulo de Barros. Direito tributário: *fundamentos jurídicos da incidência*. 9.ed. São Paulo: Saraiva, 2012. p.150; CARVALHO, Aurora Tomazini de. *Curso de teoria geral do direito*: o constructivismo lógico-semântico. 3. ed. São Paulo: Noeses, 2013. p.537-538.

prolação de julgado com resolução do mérito, embora pendente de recurso, ou seja, antes do trânsito em julgado (art. 82, CPP).

A necessidade de uma linguagem rigorosa, tanto para classificar os institutos processuais, como para demarcar seus elementos internos, parte da ideia de que formas (ou fórmulas) são garantias. Isso significa dizer que, uma vez bem definidas as molduras, será possível comunicação eficiente. Ao cabo, tende-se a conferir concreção à previsibilidade, em compasso com o modelo de processo penal estabelecido na Constituição.

2.13 Linguagem como instrumento do sistema

O fundamento para o uso de uma linguagem como instrumento envolve dois eixos de ignição:

(1) o primeiro retrata a importância da diferenciação dos conceitos;

(2) o segundo espelha a noção de jogo da linguagem;

Diferença é conceito fértil que se relaciona com a noção de sistema, de forma, de linguagem e de comunicação. Com efeito, a teoria dos sistemas está alicerçada em um preceito sobre essa noção.

Niklas Luhmann toma a disparidade entre sistema e meio, para conservá-la: "quando se escolhe outra diferença inicial, obtém-se então como resultado outro corpo teórico". Daí que, ao invés de começar sua fundamentação com uma unidade, a teoria dos sistemas inicia sua fundamentação com a diferença. A classificação de um instrumento processual penal, como a sentença, pode, nessa direção, ser entendida como teoria que retrata o início do trabalho formulador da estrutura das normas envolvidas, começando pela diferenciação, pelo apartamento de distinções.[90]

90. LUHMANN, Niklas. *Introdução à teoria dos sistemas*. Tradução: Ana Cristina Arantes Nasser. 2. ed. Petrópolis/RJ: Vozes, 2010. p.297.

Nesse contexto, a noção de **jogo de linguagem** é o segundo argumento para se defender o convencionalismo linguístico. O acerto dos sentidos dos termos utilizados é compreendido como condição de possibilidade de respeito às formas. Como vetor de sobreposição, está a finalidade de proteção das garantias individuais constitucionais.

Ludwig Wittgenstein, em sua segunda fase (filosofia analítica), confere maior relevo para esse aspecto pragmático do discurso jurídico. Pragmático porque o jogo de linguagem permite um raciocínio **possibilista**, com alternativas mais ou menos abertas que poderão concretizar a consequência jurídica que se segue à classificação de um fenômeno processual penal.

Com o propósito de esclarecer o jogo de linguagem, Wittgenstein destaca o processo de manejo de palavras cujas denominações são relacionadas com o seu uso cotidiano. É possível identificar, com esse proceder, pontos comuns, obtidos pelo estudo comparativo da legislação, da doutrina e da jurisprudência, com esteio em postulado fundantes, como o da coerência e o princípio da **concordância prática**. Consoante assevera o filósofo, existem processos linguísticos:

(1) na praxe do uso da linguagem, "uma parte grita as palavras, a outra age de acordo com elas"; e

(2) na instrução da linguagem, "o aprendiz dá nome aos objetos. Isto é, ele diz a palavra quando o professor aponta para a pedra". Até o aprendizado da linguagem materna pode ser enquadrado na noção de jogo de linguagem, porquanto deve ser compreendida como "a totalidade formada pela linguagem e pelas atividades com as quais ela vem entrelaçada".[91]

A linguagem adequada possibilita formalidades para assegurar melhores condições para a comunicação normativa

---

91. WITTGENSTEIN, Ludwig. *Investigações filosóficas*. 5. ed. Tradução: Marcos G. Nontagnoli. Bragança Paulista: Universitária São Francisco; Petrópolis: Vozes, 2008. p. 18-19.

em temas problemáticos. Niklas Luhmann elucida que essa comunicação pode ser obtida por intermédio de uma simbiose com três diferentes seleções:

(1) a escolha da informação;

(2) a eleição da ação de comunicar; e

(3) a seleção procedida por meio do "ato de entender (ou não entender) a informação e o ato de comunicar".[92]

Nesse campo, releva que a pragmática das normas processuais penais obedeça às regras estruturais internas de autoprodução normativa, que encontra na motivação das decisões jurídicas a sua fundamentação e coroamento, assentada em justificação positivista.

Na linha de Norberto Bobbio, a doutrina juspositivista é lastreada "no princípio da prevalência de uma determinada fonte do direito (a lei) sobre todas as outras", com distribuição de valor maior ou menor, de compasso com a subordinação das fontes umas às outras.[93]

A identificação das fontes pode envolver casos fáceis e casos difíceis. Não há imunidade contra hipóteses complicadas, cinzentas, gríseas. O êxito ou a frustração da comunicação depende não somente da situação de fato e do sujeito cognoscente, mas também da linguagem utilizada na forqueadura:

(1) narrativa daquele cenário fático; e

(2) descrição dos enunciados aplicáveis.

A propósito de interferências como essa, Niklas Luhmann pondera que "a escrita modifica radicalmente o conceito de comunicação, ao desacoplar o próprio acontecimento

---

92. LUHMANN, Niklas. *Introdução à teoria dos sistemas*. Tradução: Ana Cristina Arantes Nasser. 2. ed. Petrópolis/RJ: Vozes, 2010. p.81-82.

93. BOBBIO, Norberto. *O positivismo jurídico*: lições de filosofia do direito. Tradução: Márcio Pugliesi; Edson Bini; Carlos E. Rodrigues. São Paulo: Ícone, 2006. p. 162-163.

comunicacional". O autor anota, ademais, que "o ato de comunicar e o ato de entender ficam separados no plano espacial e no temporal".[94]

Como se pode concluir, é importante que sejam definidos os contornos do sistema de processo penal, relativamente às fontes de sua autoprodução normativa (*autopoiesis*), delimitando melhor as consequências jurídicas hauridas de programas normativos preestabelecidos. Observe-se que o sistema é, nesse trilho, autopoiético, porquanto traça as estruturas de suas fontes (constitucional, legislativa e jurisprudencial), bem como os modos aceitáveis de reprodução.

Por sua vez, a **redução da complexidade** do sistema pode ser alcançada pela abstração classificatória que se ajuste ao postulado da coerência. O positivismo jurídico é regido por esse postulado e por outros que diminuem os problemas de conflitos normativos, tal como a prevalência de uma fonte do direito (constitucional, legislativa) sobre as demais.

Essa situação só é possível quando presentes duas condições:

(1) a primeira consiste na existência de várias fontes no ordenamento jurídico (característica própria dos ordenamentos complexos);

(2) a segunda é a de que tais fontes não estejam no mesmo plano, isto é, que o ordenamento deve ser também hierarquicamente estruturado (não paritário), com fontes situadas em planos diferentes, cada uma com seu valor hierárquico.

Ditas essas balizas, constata-se que a ordenação do processo penal representa, sob essa perspectiva, uma redução fenomenológica. Ademais, vê-se que o sistema carece de regras,

94. LUHMANN, Niklas. *Introdução à teoria dos sistemas*. Tradução: Ana Cristina Arantes Nasser. 2. ed. Petrópolis/RJ: Vozes, 2010. p. 314.

de uma linguagem, para ter funcionamento de modo a cumprir seu papel maior, que é o de proteger a liberdade.

Considerando a incapacidade de trabalhar com toda complexidade do meio, o sistema precisa definir estruturas aptas a minimizar a complexidade. Os variados estímulos provenientes do meio processual penal são filtrados pelas formas, pela classificação, para viabilizar trabalho que atribua ao direito a qualidade que justifica sua existência, que é a previsibilidade limitadora da contingência e tutora da liberdade.

2.14 Fontes constitucionais do processo penal

A Constituição de 1988 contém conjunto de enunciados com conteúdo criminal que pode ser classificado como núcleo do direito processual penal. Referentemente às atipicidades, o único dispositivo que comina, diretamente, nulidade, é o inciso IX, do seu art. 93, que averba, em sua primeira parte, que "todos os julgamentos dos órgãos do Poder Judiciário serão públicos, e fundamentadas todas as decisões, sob pena de nulidade".

Todas as outras disposições constitucionais que preconizam, de forma mais precisa (regras) ou de maneira mais vaga (princípios), são capazes de possibilitar a cognição de nulidades por via indireta. Isso porque, malgrado o texto não diga, imediatamente, o que é um ato processual atípico, ele indica como deve ser o ato processual penal (típico), viabilizando concluir, mediatamente (por inferência), pela atipicidade de atos que se desviem do modelo constitucional preconizado.

2.14.1 Fonte-princípio

O enunciado constitucional abstrato pode ter cariz mais vago. Nessa hipótese, o dispositivo será fonte de conhecimento de **norma-princípio**.

O significado de norma-princípio pode ser complementado por enunciado infraconstitucional, de conteúdo mais imediato. Nesse caso, o dispositivo será fonte de cognição de **norma-regra**.

É por esse motivo que se fala de **adscrição** de regras a princípios constitucionais. As regras são normas que se formam ao redor do princípio como ramificações que colmatam previsões abertas (nesse passo, as regras seriam principiológicas).

Flavio Meirelles Medeiros pontifica, de forma análoga que, "na interpretação, é indispensável o conhecimento dos princípios norteadores da norma. Eles estão 'na escrita como o álcool no vinho'". Consoante explica, na interpretação não acontece exatamente "a aplicação do princípio sobre a lei para dela retirar a norma", porém a produção da norma se dá "juntamente com o princípio que a integra", ingressando, na análise, os elementos sistemático e valorativo.[95]

Por exemplo, dois incisos do art. 5º, da Constituição de 1988, informam principiologia que será complementada pela adscrição de regras:

(1) o primeiro é o seu inciso LXII, estatuindo que "a prisão de qualquer pessoa e o local onde se encontre serão comunicados imediatamente ao juiz competente e à família do preso ou à pessoa por ele indicada";

(2) o segundo está no seu inciso LXV, dispondo que "a prisão ilegal será imediatamente relaxada pela autoridade judiciária".

Conquanto ambos os enunciados ensejem normas com âmbitos de incidência mais abertos (natureza preponderantemente principiológica), é possível saber que a prisão não pode ser mantida pela polícia de forma sigilosa (arts. 21; 289-A, § 3º; 306, CPP), como também que não pode ser aplicada sem

95. MEDEIROS, Flavio Meirelles. Princípios de direito processual penal. *Revista Forense comemorativa – 100 anos*, tomo VII [direito processual penal], Afrânio Silva Jardim (org.), Rio de Janeiro: Forense, p.501, 2006.

justificativa legal (art. 93, IX, CF; art. 315, § 2º, CPP). Nem sequer pode ser decretada prisão como antecipação de pena (art. 5º, LVII, CF; art. 313, § 2º, CPP).

Fundando-se nessas disposições, há uma série de artigos que estabelecem melhores contornos para que o juiz efetivamente tome ciência de restrições à liberdade e não permita a manutenção de prisão ilegal. Disposições do Código de Processo Penal, da legislação extravagante e de tratados internacionais preveem comunicação imediata ao juiz competente, com previsão, inclusive, de apresentação *incontinenti* da pessoa detida.

2.14.2 Fonte constitucional da audiência de custódia

Instrumentos internacionais estão incorporados ao sistema jurídico brasileiro. Por exemplo, a primeira parte do item 5, do art. 7, do Pacto de São José da Costa Rica, assegura, a realização de audiência de custódia do preso, garantindo que ele seja, imediatamente, apresentado ao juiz. De acordo com seu teor:

(1) **toda pessoa detida ou reclusa**, isto é, trata-se de direito deferido a quem for incluído em qualquer espécie de regime de cerceamento de liberdade, pouco importando se:

(a) legal (revogável – arts. 3º-B, VI; 316, CPP);

(b) ilegal (passível de relaxamento – art. 5º, LXV, CF; arts. 3º-B, § 2º; 310, I, § 4º; CPP);

(c) provisória ou cautelar: prisão temporária (art. 1º, Lei nº 7.960/1989),[96] prisão preventiva (arts. 311 a 316, CPP), prisão domiciliar (arts. 317; 318; 318-A; 318-B, CPP) ou prisão em flagrante (arts. 301; 302, CPP);

96. STF – Pleno – ADI 3360 – ADI 4109 – Rel. Min. Cármen Lúcia – Rel. p/ Acórdão Min. Edson Fachin – julgado em: 11 fev. 2022.

(d) definitiva, em sede de execução penal (prisão-pena – art. 105, LEP);

(2) **deve ser conduzida sem demora**, sem protelações. Nos termos do § 1º, do art. 306, do CPP, o encaminhamento do preso deve ocorrer dentro de vinte e quatro horas;

(3) à presença de um juiz ou outra autoridade **com atribuição legal para exercer funções judiciais**. Como, no sistema brasileiro, é princípio da jurisdição a indelegabilidade, a conclusão é de que a pessoa presa não pode ser encaminhada à autoridade diversa do juiz.

Esse importante instrumento de controle das prisões tem fundamento de validade:

(1) no indigitado tratado (**fonte convencional**), como forma complementar às disposições constitucionais sobre a prisão; e

(2) no CPP, inserido que foi pela Lei nº 13.964/2019.

Conforme leciona Welton Roberto, é instituto que consiste em **interrogatório de garantia**, vale dizer, em "uma espécie de autodefesa do acusado que sofreu a medida cautelar, a fim de que o magistrado possa, após sua oitiva, decidir pela mantença (devidamente motivada) e/ou pela revogação do ato cautelar".[97]

O tratado, de natureza **supralegal**, posto em permeio à Constituição e à legislação interna, está, nesse contexto, adscrito aos princípios enunciados no art. 5º, da Lei Maior. Melhor seria que o Supremo Tribunal Federal adotasse a tese de que os tratados com conteúdo protetivo aos direitos humanos já tivessem, de per si, *status* equivalente à Constituição.

---

97. ROBERTO, Welton. *Paridade de armas no processo penal*. Belo Horizonte: Fórum, 2011. p. 123.

2.15 Fonte por tipificação direta ou indireta do ilícito processual

O tipo processual retrata o quadro da incidência de norma jurídica. É composto por:

(1) enunciado (fonte de conhecimento): ponto de partida representado pelo texto; e

(2) norma jurídica (produto humano da incidência): aspecto de chegada, que não se confunte com a matéria bruta enunciativa.

Pode haver coincidência de muitos elementos, mas não necessariamente. O tipo processual pode ser construído a partir de dispositivo definido ou de diversos enunciados pulverizados, parcialmente, no ordenamento. Ele é, sob esse enfoque, a figura reitora representativa da incidência eficiente da norma jurídica.

Havendo déficit de subsunção, o resultado será um ilícito. Do ilícito processual, decorre a deflagração de produção normativa, individual e concreta de controle. O ilícito (atipicidade) é também fonte, importando distinguir:

(1) fonte por tipificação direta: quando o tipo processual é inferido de enunciado legal que prescreve a ilicitude (essa inferência será preponderantemente empírica);

(2) fonte por tipificação indireta: se o tipo processual necessitar de conjugação de vários dispositivos ou de raciocínio a *contrario sensu* (a inferência será preponderantemente interpretativa).

A tipificação direta de ilícitos processuais não dispensa que o intérprete examine se, de fato, a incidência de atos processuais diversos foi deficiente (art. 251, CPP).

Na técnica de tipificação direta há duplicação de atividades do juiz:

(1) primeiro deve conferir a atipicidade do ato vergastado;

(2) em seguida, deve checar se o vício se enquadra na *fattispecie* prevista em lei.

Na técnica de tipificação indireta, estipula-se, de forma aberta, o dever jurídico do juiz de sindicar atos processuais defeituosos em geral, conforme critérios legais. Basta, pois, que se verifique a deformidade do ato processual preconizado para que se conclua pela atipicidade, de maneira mediata.

Ambas as formas de tipificação do ilícito são causas de produção normativa (fonte de cognição) que deve ser levada a cabo pelo juiz (fonte de produção), no exercício do controle de juridicidade dos atos processuais.

2.16 Fontes de quadro (abismos e precedentes)

Questão que requer cautela para a identificação da jurisprudência como fonte do direito processual penal é a possibilidade de vácuo entre o concreto (casuístico) e a abstração do enunciado jurisprudencial (síntese sumular, por exemplo).

A formação do precedente é levada a efeito com a abstração das idiossincrasias dos casos concretos.[98]

Eis o abismo que, se não cercado de cautelas procedimentais, pode repercutir na validade do enunciado jurisprudencial. A previsibilidade de resultados, que se pretende seja operada pelo texto sumular, não pode ir ao extremo de permitir a edição de redação para preenchimento de espaço não liberado pela Constituição.

A autorização para a edição de precedente ou de verbete da Súmula Vinculante necessita de limite, para conter discricionariedade. Cuida-se de espaço estrutural do ordenamento

98. ALENCAR, Rosmar Rodrigues. *Efeito vinculante e concretização do direito*. Porto Alegre: Sergio Antonio Fabris, 2009. p. 87-88.

jurídico reservado ao preenchimento por disciplina normativa de quadro, enquanto âmbito autorizado ao Legislativo ou ao Judiciário pela Constituição.

Em outras palavras, a **fonte de quadro** deve obedecer ao princípio da proporcionalidade.

Esse preenchimento de espaço envolve todos os enunciados criados para regrar assuntos que a Constituição não estabeleceu limites ao órgão emissor, seja no caminho de ordenar, seja no de proibir, observado o **postulado da ponderação**. Tal distinção tem o condão de possibilitar a constatação de maior ou de menor liberdade para o órgão competente emitir enunciados (liberdade jurídica).

O que exceder àqueles limites estará suscetível de controle de constitucionalidade, o que estiver dentro do permitido não admitirá controle, porque inexistirá ofensa à Lei Maior. É o que enfatiza Robert Alexy, ao avivar que, "como o controle judicial-constitucional é exclusivamente critério da constituição, segue forçosamente que lá, onde inicia o espaço estrutural, cada controle judicial-constitucional termina".[99]

Daí ser plausível concluir que, para a construção de súmulas vinculantes e de outros precedentes que se sagram fontes de conhecimento do direito processual penal, o Judiciário atua não só como órgão capaz de resolver conflitos. A atuação estrutural é tendente a ordenar a respeitabilidade de direitos humanos fundamentais, funcionando como Estado-legislador.[100]

Nesse sentido, cabe exemplificar que o sistema processual penal que se compatibiliza com a Constituição dá os contornos da atuação do juiz (princípio acusatório). De um lado,

99. ALEXY, Robert. Direito constitucional e direito ordinário. Jurisdição constitucional e jurisdição especializada. Tradução: Luís Afonso Heck. *Revista dos tribunais Revista dos tribunais*, São Paulo, a.91, n.799, p.40, mai. 2002.

100. TAVARES, André Ramos. *Manual do Poder Judiciário brasileiro*. São Paulo: Saraiva, 2012. p.38.

não é permitido, ao juiz ou ao tribunal, substituir a atividade probatória do órgão da acusação (princípio da inércia) e, de outro, deve ele agir de ofício para salvaguardar os direitos individuais fundamentais do imputado. Cuida-se do sistema acusatório sufragado constitucionalmente (princípio da obrigatoriedade). Não se confunde com o sistema adversarial norte-americano (acusatório puro, incompatível com a CF/1988), que poderia sugerir a possibilidade de acordos entre as partes sobre a prova, sem vinculação de sua produção ao texto legislado ou sem a presença do juiz.

A construção do enunciado jurisprudencial exige transcendência subjetiva. Equivale a uma abstratividade a partir de situação concreta. Deve-se considerar a advertência de João Maurício Adeodato de que a abstração dos particularismos é inerente à conduta humana, mormente diante da complexidade do sistema. Há, destarte, um risco de rompimento do fio condutor que se levou ao enunciado do precedente. Adeodato destaca que aí reside a função da norma, qual seja, a de "reduzir a complexidade para garantir expectativas de condutas futuras, controlar no momento presente o futuro, já que este é incontrolável".[101]

2.17 Fontes híbridas. Emprego de algemas

Existirá fonte híbrida ou **fonte múltipla**, quando se verificar **redundância normativa** de regulamentação de um assunto: pela lei, pela jurisprudência e por decreto.

O verbete n° 11, da Súmula Vinculante, comina a nulidade da prisão ou do ato processual para hipóteses de uso abusivo de algemas. Nos seus termos, deve o juiz reconhecer o defeito. Em seguida, prevê a consequência de invalidação de atos processuais viciados e contaminados por força do princípio da concatenação, *ex vi* do § 1°, do art. 573, do CPP.

---

101. ADEODATO, João Maurício. *Ética e retórica*: para uma teoria da dogmática jurídica. 3. ed. São Paulo: Saraiva, 2007. p.271-272.

Na dicção sumular, "só é lícito o uso de algemas em casos de resistência e de fundado receio de fuga ou de perigo à integridade física própria ou alheia, por parte do preso ou de terceiros, justificada a excepcionalidade por escrito, sob pena de responsabilidade disciplinar, civil e penal do agente ou da autoridade e de nulidade da prisão ou do ato processual a que se refere, sem prejuízo da responsabilidade civil do Estado".

Esse enunciado incorre em **sobreposição material** ou **sobreposição normativa**: já havia disciplina legal proibindo excessos quanto ao emprego de força. Igualmente, também incide em inconstitucionalidade de ordem ritual.

Deveras, a forma como emitido aquele enunciado desrespeitou o procedimento disposto no art. 103-A, e parágrafos, da Constituição Federal, nos termos do acrescido pela Emenda Constitucional nº 45/2004. Isso porque não houve sucessão de casos reiterados sobre o assunto, nem controvérsia jurisprudencial.

Criou-se, portanto, uma distância entre a realidade empírica e a expressão dessa fonte de conhecimento do direito processual penal.

Na esfera do **uso de força**, que deve ser sempre jungida ao **princípio da vedação do excesso** (princípio da razoabilidade ou da proporcionalidade):

(1) a Lei nº 13.060/2014 disciplina o uso de meios não letais, considerados instrumentos de menor potencial ofensivo;

(2) o Código de Processo Penal Militar, em seu art. 234, *caput*, prevê o uso de força e algemas somente quando indispensável;

(3) o Decreto nº 8.858/2016 estabelece limites, sufragados na Constituição e em documentos como o Pacto de São José de Costa Rica e as Regras de Bangkok, que estabelece o uso de algemas em situações muito

excepcionais, considerada a vulnerabilidade das pessoas presas, máxime das mulheres.

2.18 Fontes jurisprudenciais reconhecidas pelo ordenamento jurídico brasileiro

Os enunciados sumulares não vinculantes, do STF e do STJ, estipulam inovações no ordenamento jurídico consistentes em requisitos para o conhecimento de recursos. A legislação, por outro lado, estatui disposições que referem à jurisprudência dominante ou às súmulas em geral como parâmetro para juízo de admissibilidade e de mérito recursal.

Por exemplo, além do CPC, a Lei nº 13.964/2019 modificou o CPP, para imprimir redação ao § 2º, do seu art. 315. Em compasso com o inciso VI, daquele parágrafo, considera-se não fundamentada a decisão que "deixar de seguir enunciado de súmula, jurisprudência ou precedente invocado pela parte, sem demonstrar a existência de distinção no caso em julgamento ou a superação do entendimento".

Essas constatações autorizam deduzir que existem fontes jurisprudenciais reconhecidas pelo sistema jurídico nacional. Como aduz Antônio Alberto Machado, "a jurisprudência reforçou ainda mais o seu *status* de fonte formal do direito com a adoção das súmulas vinculantes, cujos enunciados são obrigatórios e, portanto, vinculam formalmente o Poder Judiciário, a administração direta e indireta em todos os níveis, bem como os administrados em geral".[102]

Decerto, a jurisprudência, em situações particulares, pode constituir fonte de conhecimento do direito processual penal. O CPP, aliás, admite interpretação analógica (art. 3º) e a lei processual civil possui vários artigos mencionando a relevância da súmula como parâmetro de julgamento de recursos.

102. MACHADO, Antônio Alberto. *Curso de processo penal*. 6. ed. São Paulo: Atlas, 2014. p.35.

A título de exemplo das disposições do CPC que usam como base a súmula ou o precedente para a tomada de decisões de natureza variada, citem-se os arts. 311, II; 332, I e IV; 489, § 1º, V e VI; 496, § 4º, I e IV; 521, IV; 927, II e IV, § 2º; 932, IV, "a", V, "a"; 955, parágrafo único, I; 966, § 5º; 988, III; 1.035, § 3º, I.

2.19 Aplicação a caso concreto

A identificação das fontes de conhecimento do direito processual penal é condição à produção normativa. Fora desse círculo, haverá arbítrio. As fontes de cognição são diversificadas, mas devem ser encampadas pelo Estado, para que a decisão se imunize, no plano do discurso jurídico.

O STF sufragou a variabilidade das fontes do direito, mas todas dentro dos limites do ordenamento jurídico estatal. Em esforço de síntese, é inconstitucional a atuação de órgão que interfira no centro de atribuições de outro.

Aduziu a Corte que o direito penitenciário "compreende um conjunto de regras e princípios que não estão reunidos em um único estatuto, mas emergem de diversas fontes: Constituição Federal, Lei de Execução Penal - LEP, Tratados Internacionais, os Códigos Penal e de Processo Penal, leis estaduais e atos administrativos emanados dos órgãos superiores de Política Penitenciária".

Embora a execução da pena seja uma atividade mista, "os órgãos judiciários têm papel preponderante na condução do processo judicial".[103] Como exemplo, o CNJ editou recomendação aos tribunais e magistrados para adotar medidas preventivas contra a propagação da COVID-19, nos sistemas de justiça penal e socioeducativo, por intermédio da Recomendação nº 62/2020.

---

103. STF – Primeira Turma – RE 1224396 AgR-segundo – Rel. Min. Alexandre de Moraes – publicado em: 18 jun. 2020.

2.20 Conclusão e próximo capítulo

A identificação das fontes e dos seus níveis tem a importância de preparar o traçado dos limites do sistema processual penal. A produção de normas obedece a um conjunto de disposições que, gradual e hierarquicamente, identifica órgãos com competência para emiti-las.

No próximo capítulo, será abordada essa diferença, para bem precisar o que deve se entender por sistema. Da correta fixação dessa definição, depende toda a metodologia usada na interpretação do direito processual penal. O ponto inicial é o ordenamento, reunião de enunciados reconhecidos como direito estatal, enquanto o ponto de chegada é o sistema.

FATORES CONDICIONANTES

- Existência de várias fontes do direito;
- Hierarquia das fontes;
- Preponderância de uma das fontes.

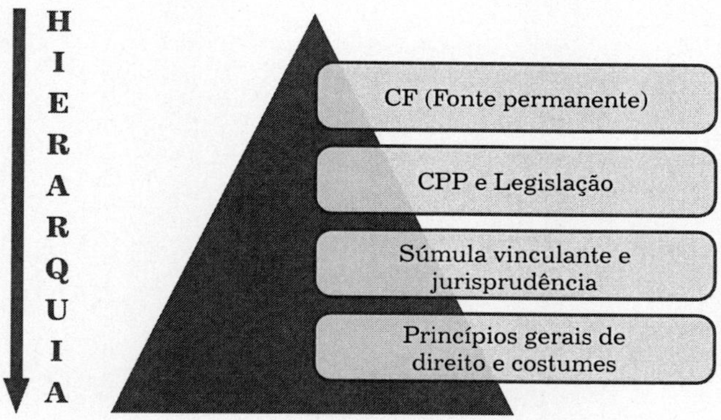

Fontes do CPP (art. 3º do CPP).

CAPÍTULO 3

PRINCÍPIOS PROCESSUAIS PENAIS

3.1 Sentido e alcance do conceito de princípio

Princípio é vocábulo caracterizado pela vaguidade. Trata-se de uma extensa classe que pode abranger conteúdos diversos. Princípio significa causa primeira, início, começo, fonte. No direito, o seu sentido é metafórico, ou seja, cuida-se de eixo comum, ponto de convergência, base a partir da qual se ramificam regras.

No plano do sistema, princípio é norma jurídica. Norma jurídica é gênero. Regras e princípios são espécies. Aquelas são mais precisas. Os últimos são fundamentos finalísticos. Para ser princípio é necessário que a sua incidência seja abrangente, compatível com várias regras.

Em outras palavras, o pressuposto básico é o de que princípio é categoria de norma jurídica. Aliás, não deve haver norma que não resulte de base empírica, seja ela direta (princípio deduzido de um enunciado constitucional ou legal, sem necessidade de maior formulação interpretativa) ou indireta (princípio decorrente da ideia depreendida de mais de um enunciado ou de fragmentos de enunciados do ordenamento jurídico).

3.2 Princípios constituídos a partir de base empírica direta

Os princípios documentados em enunciados do ordenamento jurídico são os formulados sob base empírica direta. O percurso de interpretação dos princípios se apresenta como:

(1) **princípio-enunciado**, por tipificação direta. Para ser aplicado, deverá incidir e assumir configuração de norma jurídica, partindo de enunciado constitucional ou legal que o contemple expressamente.

(2) **princípio-norma**, construído por textos fragmentados ou por compreensão do sistema. A incidência é indispensável ao seu reconhecimento, em forma de norma jurídica. A sua intepretação exige interferência mais elaborada.

Sob outra ótica, é possível dizer que, havendo base empírica para a produção da norma, o percurso terá ignição no princípio-enunciado e será encerrado no princípio-norma.

3.3 Princípios constituídos a partir de base empírica indireta

Os princípios podem ser inferidos de combinações de enunciados do ordenamento jurídico. Além daqueles depreendidos diretamente, outros decorrem de interpretação do conjunto, de forma indireta.

Por exemplo, o princípio acusatório, no texto constitucional, é depreendido de regras que são comuns à estrutura acusatória. No CPP, o princípio em tela foi expressamente estampado no seu art. 3º-A, ao estatuir a estrutura acusatória, apesar da mitigação de sua amplitude pelo STF, que lhe atribuiu interpretação conforme para dizer que o juiz tem a faculdade de, pontualmente e nos limites legalmente autorizados, "determinar a realização de diligências suplementares, para o fim de dirimir dúvida sobre questão relevante para o julgamento do mérito". Sob esse enfoque, encontra sua **base empírica direta**, de conteúdo híbrido (legal e jurisprudencial).[104]

Em outras palavras, constituem lastro positivo indireto as noções e os fragmentos tomados de vários dispositivos, sejam estes aproveitados por inteiro ou parcialmente, porém sempre contextualmente.

É preciso cautela para a construção de princípios que limitem a consequência de desfazimento dos efeitos dos atos processuais defeituosos. A incidência deve passar pelo filtro constitucional e ser coerente com o texto legislado. A conjugação com a proporcionalidade pode ser útil à limitação do arbítrio na conduta de sacar um princípio.

3.4 Princípios constitucionais do processo penal

São encontrados explícita ou implicitamente nos dispositivos normativos de natureza constitucional. De tal forma, podem decorrer de literalidade expressa e integral de um dispositivo da Constituição ou de fragmentos de seu texto que, por interpretação sistemática, permitam inferir sua positividade.

3.4.1 Princípio da dignidade humana

O princípio em tela deve ser densificado. Para tanto, a ênfase deve recair na constatação de que "a identidade humana não possui um sentido em si, mas ela só existe dentro de um elo de reciprocidade, que une um sujeito ao outro". Com essa percepção, Eduardo Rabenhorst arremata que é o outro que confirma a identidade do seu semelhante.[105]

Sob essa vertente, a dignidade do ser humano deve compor a relação que se desenvolve entre os sujeitos do processo

---

104. STF – Pleno – ADI 6298/DF – Rel. Min. Luiz Fux – 24 ago. 2023.

105. RABENHORST, Eduardo. *Dignidade humana e moralidade democrática*. Brasília: Brasília Jurídica, 2001. p.47.

penal. Trata-se de aspecto central da intersubjetividade, que se caracteriza pela bilateralidade essencial do direito, como explicado por Machado Neto.[106] Para equilibrar o liame entre o imputado e a atuação estatal punitiva, a dignidade humana é, a um só tempo, o piso e o teto que deve ter a função de limitar o poder de arbítrio.

Há um cerne indevassável de igualdade e de respeito ao ser humano que não deve ser objeto de violação. Além desse aspecto nuclear de consideração que respeite o ser humano enquanto tal, a dignidade humana é cânone de interpretação e argumento preferencial diante da imposição de escolhas limítrofes.

Não sem razão, André Nicolitt, embasado em ampla pesquisa, expõe a função do princípio da dignidade humana no processo penal. O sistema de direitos fundamentais ganha, com esse postulado, unidade de sentido e concordância prática. O propósito de densificar sua normatividade é possibilitar, de um lado, obediência e, de outro, exigência.[107]

José Joaquim Gomes Canotilho pontifica que se deve buscar "o princípio material subjacente à ideia de dignidade da pessoa humana" (*dignitas-hominis*), consoante o projeto espiritual do indivíduo. Objetiva-se proteger o homem contra a sua aniquilação, em sentido amplo, reconhecendo o *homo noumenon*, compreendido o "indivíduo como limite e fundamento". O jurista português descreve sugestão de densificação normativa da Constituição, conforme o contexto jurídico-cultural que interpreta, com ênfase em sua integração pragmática, por meio da "teoria de cinco-componentes (Podlech)", com estrutura que articula o seguinte conteúdo:

(1) sufragação da integridade física e espiritual do ser humano, enquanto "dimensão irrenunciável da sua individualidade autonomamente responsável";

---

106. MACHADO NETO, A. L. *Compêndio de introdução à ciência do direito*. São Paulo: Saraiva, 1988. p.169.

107. NICOLITT, André. *Manual de processo penal*. 7. ed. Belo Horizonte: D'Plácido, 2018. p.127-128.

(2) proteção da identidade e da integridade da pessoa pelo "livre desenvolvimento da personalidade";

(3) "libertação da angústia da existência da pessoa" pelos meios de "socialidade, dentre os quais se incluem a possibilidade de trabalho, emprego e qualificação profissional e garantia de condições existenciais mínimas através de mecanismos providenciais e assistenciais";

(4) contemplação da "garantia e defesa da autonomia individual" por intermédio da "vinculação dos poderes públicos a conteúdos, formas e procedimentos do estado de direito"; e

(5) o realce da "dimensão da igualdade-justiça dos cidadãos, expressa na mesma dignidade social e na igualdade de tratamento normativo", vale dizer, "igualdade perante a lei e através da lei".[108]

A dignidade humana permeia toda a tessitura normativa processual penal. Por exemplo, a nulidade *lato sensu* é categoria jurídica que está na base das garantias individuais (art. 1º, III, CF), a exemplo do direito de imagem do imputado e do respeito das regras sobre o tratamento que lhe deve ser conferido (art. 3º-F, parágrafo único,[109] CPP). O resguardo às formas tem, em primeiro lugar, compromisso com o princípio constitucional da dignidade humana. A aplicação do *jus puniendi* é de ser precedida de funcionamento regrado da estrutura estatal e deve obedecer à tessitura jurídica estabelecida.

A centralidade do princípio da dignidade humana autoriza inseri-lo na categoria de **postulado** (princípio dos princípios). Essa importância pode ser constatada, por exemplo: (1) no teor do art. 11, da Resolução-CNJ nº 348/2020, estabelecendo

---

108. CANOTILHO, J. J. Gomes. *Direito constitucional e teoria da constituição*. 3. ed. Coimbra: Almedina, 1998. p.227; 244-245.

109. STF – Pleno – ADI 6298/DF – Rel. Min. Luiz Fux – 24 ago. 2023.

procedimentos que concretizam a proteção nuclear da dignidade humana no âmbito criminal, ao conferir tratamento constitucionalmente adequado às pessoas autodeclaradas parte da população LGBTQIA+ privadas de liberdade; e (2) em ser alçada, na Lei nº 14.735/2023 (Lei Orgânica Nacional das Polícias Civis), a princípio institucional básico a ser observado pela polícia civil, a proteção da dignidade humana e dos direitos fundamentais no âmbito da investigação criminal.

3.4.2 Princípio da presunção de inocência

A Constituição e as leis podem conter dêiticos que evidenciam o seu alicerce. Por exemplo, a nível constitucional, o princípio da presunção de inocência ou de não culpabilidade está tipificado, de forma explícita. É assim que o inciso LVII, do seu art. 5º, prescreve que "ninguém será considerado culpado até o trânsito em julgado de sentença penal condenatória". Trata-se de **postulado** autêntico, **sobreprincípio** que não se restringe à natureza de regra de tratamento, mas que possui contorno de vetor interpretativo de todo o processo penal.

Em compasso com o magistério de Walter Nunes da Silva Júnior, a presunção de inocência em sentido amplo é gênero que comporta subdivisão. Nessa toada, a relação semântica entre o princípio da **presunção de inocência** e o **princípio da não culpabilidade** é gradativa, com modificação de seu âmbito consoante o avanço da persecução penal. Em outros termos, sobre o sentido mais largo da presunção de inocência recaem interferências redutoras, conforme "as fases de investigação, do processo de conhecimento e de execução, estabelecendo standards ou níveis de prova". No que diz respeito à defesa do imputado, "o princípio da presunção de não culpabilidade significa que o acusado não tem o dever de provar a sua inocência", cabendo à acusação "o ônus de demonstrar a culpabilidade e que para condenar o acusado, o juiz deve ter como base a plena convicção da culpa do agente" e, por outro lado, considera-se adequada "a absolvição por insuficiência de provas, a dúvida a esse respeito (*in dubio pro reo* ou *favor rei*), distinção que há de ser considerada na interpretação e feitura das novas normas do processo criminal".[110]

3.4.3 Princípio do contraditório

Nos termos do art. 5º, inciso LV, da CF "aos litigantes, em processo judicial ou administrativo, e aos acusados em geral são assegurados o **contraditório** e **ampla defesa**, com os meios e recursos a ela inerentes". Dois princípios estão entabulados em um único enunciado. Apesar da proximidade, não se confundem.

O contraditório é princípio que se aplica a todos os litigantes, independentemente da qualidade do sujeito processual. É elemento essencial aos atos processuais, considerando que um dos caracteres centrais da processualidade é a dialética, o debate e o direito ao confronto de argumentos.

O cabimento de sua incidência deve ser entendido de forma extensa, diante de se cuidar de garantia fundamental de primeira dimensão. Destarte, a aplicação do princípio pode ser invocada a partir do sentido que possa ser dado a "processo judicial ou administrativo". Não o violam, contudo, prestações de urgência, devidamente justificadas, quando necessária à tutela da jurisdição criminal.

A dicção constitucional evidencia que a órbita do contraditório não é restrita e que, quanto ao processo, procedimento ou ato, poderá ser de três ordens: **prévio**, **concomitante** ou **diferido**. É plausível anuir, portanto, que ele incidirá, por exemplo, em maior ou menor extensão, conforme a natureza do ato, procedimento ou processo, em casos de:

(1) investigações preliminares: o contraditório durante o inquérito, embora restrito (contraditório mitigado)

110. SILVA JÚNIOR, Walter Nunes. *Os princípios da presunção de inocência e do devido processo legal no direito processual criminal.* Natal: OWL, 2023. p.515.

e controvertido, é constatado na possibilidade de intervenção do advogado e nos casos de agente de segurança pública investigado por fato relacionado ao uso de força letal (art. 14-A, CPP – esta previsão, por questão de isonomia, deveria ser estendida a todos os investigados em idêntica situação de fato, evitando-se privilégio incompatível com a Lei Maior);

(2) medidas cautelares de qualquer natureza que, no entanto, serão postergadas no caso de risco de frustração de sua eficácia;

(3) produção de provas, recursos e atos procedimentais ou processuais que envolver interferência na esfera jurídica da parte adversa.

O princípio do contraditório é um dos pilares centrais das garantias processuais, mantendo relações de coordenação com outras disposições reitoras e de subordinação relativamente às regras de estatura infraconstitucional. É conformador do processo penal e dos seus atos constitutivos (prévios), contemporâneos (atuais) e prospectivos (futuros).

José Joaquim Gomes Canotilho explica que sua dimensão vai além dos princípios gerais do processo judicial, relacionando, além do próprio princípio do contraditório, outros relevantes **princípios informadores do processo judicial,** que constituem expressão da dialética processual, a exemplo da garantia da audiência do arguido, do princípio da notificação das decisões penais, do direito de escolher defensor e da assistência obrigatória do advogado em certas fases do processo penal.[111]

3.4.3.1 Contraditório pericial

A previsão legal de contraditório durante a realização da perícia tem estrutura apropriada a processo penal instaurado

111. CANOTILHO, J. J. Gomes. *Direito constitucional e teoria da constituição*. 3. ed. Coimbra: Almedina, 1998. p. 268-269.

a partir do oferecimento da denúncia ou da queixa. Algumas disposições do CPP, tendentes a assegurar o contraditório, encontram baixa aplicação na prática forense. Exemplo é o § 3º, do seu art. 159, que faculta "ao Ministério Público, ao assistente de acusação, ao ofendido, ao querelante e ao acusado a formulação de quesitos e indicação de assistente técnico".

Como no inquérito policial não há, de fato, a atuação de partes, restará prejudicado o contraditório, com a conseguinte produção de prova, que lastreia a materialidade, de forma unilateral, pelo Estado. O contraditório posterior, no curso do processo, dificilmente terá efetivas condições de restituir a garantia prejudicada pela não participação defensiva contemporaneamente à realização da prova técnica.

A seu turno, o Estatuto da OAB passou a prever a prerrogativa do advogado de assistir o imputado que o houver constituído no curso da investigação preliminar. Sublinhe-se que o inquérito policial ou qualquer outra investigação preliminar não deixará de ostentar sua natureza inquisitiva em razão daquela disposição.

A comparação entre o processo e o inquérito revela que este é unilateral, sem partes. Não há dialeticidade, nem contraditório no sentido estrito. Não deve ser atribuído maior valor aos elementos da investigação, ainda que haja intervenção de advogado, diante da ausência de um juiz imparcial, elemento imanente estrutural à produção de normas concretas.[112]

Sem embargo, o causídico poderá, no curso da investigação preliminar, apresentar razões e quesitos. De outro lado, o ordenamento jurídico passou a reconhecer, no bojo do Estatuto da OAB, a aplicação do regime das nulidades processuais penais às investigações preliminares, averbando ser absoluta a consistente no óbice ao exercício da advocacia oposto pela autoridade encarregada das investigações.

---

112. COSSIO, Carlos. *La teoría egológica del derecho y el concepto jurídico de libertad*. 2. ed. Buenos Aires: Abeledo-Perrot, 1964. p.22.

Decerto, no inciso XXI, do art. 7º, da Lei nº 8.906/1994, ficou assentado que é prerrogativa do advogado "assistir a seus clientes investigados durante a apuração de infrações, sob pena de nulidade absoluta do respectivo interrogatório ou depoimento e, subsequentemente, de todos os elementos investigatórios e probatórios dele decorrentes ou derivados, direta ou indiretamente".

A propósito, Aury Lopes Júnior e Ricardo Gloeckner advertem que a assertiva de que o inquérito policial não se subsome ao controle de legalidade, "equivale a uma declaração de presunção absoluta de sua regularidade, o que não é confirmado pela teoria processual muito menos pela sua prática". O fato de ser o inquérito objeto de aquisição pelo processo penal (extensibilidade jurisdicional), não afasta a necessidade de verificação de sua validade, notadamente porque aquelas peças são utilizadas como "fundamento decisório".[113]

3.4.3.2 Contraditório nas medidas cautelares

O princípio do contraditório é expressão da estrutura do procedimento cautelar (sintática). A percepção sobre o fato objeto da incidência deve considerar enfoques diversos. Proporciona maiores chances de **redução de danos**, com limitação do espectro de dúvidas sobre a questão. Embora com cognição mais estreita, o pedido de medida cautelar deve se arrimar em conteúdo que demarca o seu mérito, restrito que deve ser à plausibilidade e à urgência.

Ouvir a parte contrária é providência estrutural à dialética processual. Cânone geral de otimização da concretização do direito, o contraditório está expressamente previsto no art. 282, § 3º, do CPP. Se não houver risco à eficácia da cautelar, a parte contrária deve ser ouvida previamente. Igualmente, nos casos de urgência. Decerto, não teria sentido lógico notificar o imputado sobre o pedido de prisão preventiva contra

---

113. LOPES JR, Aury; GLOECKNER, Ricardo Jacobsen. *Investigação preliminar no processo penal*. 5. ed. São Paulo: Saraiva, 2013. p.344-345.

ele formulado, seja pela urgência, seja pela possibilidade de evadir-se.

No magistério de André Nicolitt, "o contraditório é a organização dialética do processo através de tese e antítese legitimadoras da síntese, é afirmação e negação". O rito, constituído por atos processuais, tem desenvolvimento "de forma bilateral (bilateralidade dos atos processuais), possibilitando às partes manifestar-se sobre cada ato do processo".[114]

3.4.4 Princípio da ampla defesa

Próxima do contraditório, a ampla defesa tem, contudo, alcance diferenciado, por se destinar à tutela dos direitos do imputado. A cláusula em epígrafe, cujos destinatários são os **acusados em geral** no seu sentido mais amplo, está positivada no mesmo inciso LV, do art. 5º, da CF, e tem seu conteúdo preenchido por uma plêiade de possibilidades, quais sejam:

(1) a **autodefesa**, com as garantias, deferidas ao imputado de:

(a) poder comparecer aos atos processuais (**direito à presença** – art. 399, *caput*, CPP);

(b) ter a oportunidade de ser ouvido (**direito à audiência** – arts. 187; 400, CPP); e

(2) a **defesa técnica** (realizada por advogado – arts. 396-A; 403, CPP), que pode se dar em forma:

(a) de **defesa dilatória** (tendente à postergação); ou

(b) de **defesa peremptória** (tendente ao encerramento).

A lição de Walter Nunes da Silva Júnior é ilustrativa acerca do alcance do princípio da ampla defesa, indo ao encontro

114. NICOLITT, André. *Manual de processo penal*. 7. ed. Belo Horizonte: D'Plácido, 2018. p.800.

do cânone hermenêutcio de que as garantias fundamentais devem receber interpretação ampliativa de seu sentido. Nas palavras do jurista, "a palavra não foi utilizada no seu sentido técnico-jurídico, de modo que ela abrange o investigado e, especialmente, ao preso, seja ele definitivo ou provisório." Em esforço de síntese, a garantia constitucional, portanto, se aplica à persecução penal, de modo que alcance, inclusive, a fase investigativa.[115]

Cabe ilustrar que a ampla defesa deve ter densidade apta a outorgar ao imputado os intrumentos necessários para enfrentar contexto em que as suas chances de decisão meritória absolutória sejam reduzidas. A defesa somente será ampla quando não se limitar à feição meramente formal ou decorativa.

Sob essa ótica, é intuitivo que o réu intente os meios possíveis para refutar o mérito ou para dilatar o procedimento. Não pode, contudo, agredir o aparato estatal. Porém, não é seu dever informar vícios processuais. Ao revés, é dever do juiz prover a regularidade dos atos processuais. O art. 251, *caput*, primeira parte, do Código de Processo Penal, aliás, é expresso nesse sentido. Também os funcionários da Justiça e o Ministério Público (art. 127, CF) são corresponsáveis pelo cumprimento dessa função.

Fazendo raciocínio analógico com o polêmico **direito de fugir** do réu,[116] é possível sustentar que o acusado que deu causa à nulidade absoluta, ou que silenciou a respeito de nulidade dessa natureza no momento processual oportuno, pode averbá-la a qualquer tempo, até porque uma de suas características, reafirmada doutrinariamente, é a possibilidade de reconhecimento de ofício pelo juiz.

---

115. SILVA JÚNIOR, Walter Nunes da. *Curso de direito processual penal*: teoria (constitucional) do processo penal. 3. ed. Natal: OWL, 2021. p.517.

116. MAHON, Eduardo. Presunção de inocência: fuga é direito constitucionalmente reconhecido. *Consultor jurídico (Conjur)*, 25 jan. 2008. Disponível em: https://bit.ly/2Xatn6M Acesso em: 30 dez. 2023.

3.4.4.1 Ampla defesa no inquérito policial

A ampla defesa, em regra, é rechaçada no ambiente do inquérito policial. No entanto, o art. 14-A, do CPP, preconiza que quando a investigação criminal envolver o uso de força letal atribuída à profissional de segurança pública, o funcionário público, indiciado e citado, poderá constituir defensor (advogado). Caso não o faça, a autoridade deverá intimar a instituição à qual estiver vinculado o servidor. Tratando-se de imputado policial militar ou bombeiro militar, a garantia de assistência jurídica é reforçada pelo art. 18, inciso XI, da Lei nº 14.751/2023.

A escolha ou designação do responsável pela defesa do investigado deve obedecer à ordem legal (art. 14-A, §§ 1º ao 6º, CPP):

(1) primeiramente, é direito do funcionário constituir advogado particular de sua confiança, importando sublinhar, contudo, que é proibida, aos policiais e militares, a advocacia em causa própria, o que poderia causar desequilíbrio entre interessados e partes, em face das vantagens que a função de segurança pública poderia proporcionar (conflito de interesses reconhecido pelo STF);[117]

(2) se o imputado não constituir advogado particular, à Defensoria Pública caberá a assistência do funcionário;

(3) não disponível Defensor Público, a instituição deverá indicar profissional de advocacia, devidamente inscrito no convênio PGE/OAB, onde houver.

A previsão legal poderia contemplar os demais investigados, e não somente os profissionais de segurança pública com atuação letal, a fim de se atender ao princípio isonômico.

117. STF – Pleno – ADI 7227 – Rel. Min. Cármen Lúcia – DJe 28 mar. 2023.

Lembrando advertência de José Boanerges Meira, "o que não se olvida é que, sem o contraditório, o devido processo legal inexiste. Não se pode imaginar a validade de qualquer fase procedimental se ausente tal garantia". Na concepção do autor, "inclui-se a fase investigatória marcada por atrocidades, as quais poderiam ser evitadas se o investigado fosse chamado a conhecer o que contra ele foi apurado e, efetivamente, pudesse oferecer sua contraprova".[118]

A visão de **processo como dispositivo** (com aspectos relatados e não relatados), exposta por Geraldo Prado[119], reconhece a importância de entender que direitos fundamentais devem ser protegidos antes da instauração do processo penal condenatório *stricto sensu* (com o oferecimento da petição acusatória). Decerto, elementos colhidos na investigação têm interferido, gravemente, na esfera da liberdade dos investigados, sem que lhe sejam assegurados meios mais eficazes para a exposição de razões de defesa.

A cautela na outorga de possibilidades de contraditório e ampla defesa nesse âmbito deve recair sobre os efeitos jurídicos que poderão ser atribuídos aos elementos de informação coletados. Vale frisar, embora seja necessário espaço dialético no inquérito, não se deve olvidar que ele é mais estreito que aquele constituído pelo *actum trium personarum*, em cujo vértice está a autoridade judicial. Em suma, as consequências jurídicas dos elementos probatórios da investigação criminal devem sofrer, apesar da outorga de contraditório e ampla defesa, a limitação gizada no art. 155, *caput*, do CPP.

3.4.4.2 Ampla defesa no processo penal condenatório

A ampla defesa reúne uma plêiade de regras que colima assegurar a **presença** e a **audiência** do réu, seja sob a ótica da

---

118. MEIRA, José Boanerges Meira. *Inquérito Policial*. Belo Horizonte: Fumec/Faculdade de Ciências Humanas; Mandamentos, 2009. p.33.

119. PRADO, Geraldo. *Estudos de direito criminal*. Rio de Janeiro: Lumen Juris, 2023. p.201.

autodefesa, seja sob a luz da **defesa técnica**. Por outro lado, a argumentação para antecipar a prova não deve se supedanear em elementos em tese ou abstratos (art. 366, CPP). Depois de instaurado o processo penal condenatório, incidem sucessivas regras com o objetivo de conferir eficácia à ampla defesa. Por exemplo, os enunciados legislativos que regulam as comunicações processuais e as manifestações do acusado e do seu defensor concretizam, ao cabo, a previsão abstrata do art. 5º, inciso LV, da CF.

3.4.4.3 Ampla defesa na fase dos recursos

Os poucos recursos criminais capitulados em sede constitucional são insuprimíveis, enquanto direitos e garantias individuais: eles são inatos à defesa (a ela inerentes) e, dessa maneira, complementam o inciso LV, do art. 5º, da CF, constituindo-se em **cláusula pétrea** (art. 60, § 4º, IV, CF).

Dessa constatação, pode-se concluir que é vedada a supressão ou a transformação de **recurso constitucional**, em ação autônoma de impugnação. Vale dizer, não se deve admitir propostas de modificação tendente a tornar em **ações autônomas de impugnação**: o recurso extraordinário (art. 102, III, CF), o recurso especial (art. 105, III, CF) e o recurso ordinário (art. 102, II; 105, II, CF).

O teor do enunciado nº 708, da Súmula, do STF, retrata concretização da **obrigatoriedade da defesa técnica**, essencial ao princípio da ampla defesa. Sua razão, aliás, encontra similar na legislação processual penal que regula a apresentação da **resposta preliminar à acusação** (art. 396-A, § 2º, CPP). Nos termos daquele verbete, "é nulo o julgamento da apelação se, após a manifestação nos autos da renúncia do único defensor, o réu não foi previamente intimado para constituir outro".

Sua aplicação é restrita aos casos de cabimento de apelação (art. 593, CPP). A ciência do advogado do réu a respeito do dia do julgamento é providência indeclinável. Caso renuncie ao mandato, de conformidade com o § 3º, do art. 5º, da Lei nº

8.906/1994, o causídico renunciante continuará durante os dez dias seguintes à notificação da **renúncia ao mandato**, a representar o mandante (acusado), salvo se for substituído antes do término desse prazo.

Se a renúncia formulada pelo defensor do acusado é capaz de produzir efeitos antes da data do julgamento da apelação, é indispensável a intimação do réu para constituir outro. Não se desincumbindo o réu, deve o Poder Judiciário nomear defensor dativo ou intimar a defensoria pública.

Essas providências têm lugar, inclusive, antes do oferecimento de razões ou de contrarrazões ao recurso. O procedimento visa a garantir o contraditório e a ampla defesa. Se não for observado perante o juiz sentenciante, deve ser suprido pelo órgão de segundo grau de jurisdição.

3.4.5 Princípio da igualdade

A igualdade é vocábulo com semântica de outorga de oportunidades equivalentes aos sujeitos processuais. É regra de tratamento dirigida às partes que, no processo penal, pode consistir na proibição de concessões desproporcionais diante de situações idênticas. Mas também é cânone que tem, no legislador, o seu destinatário.

Igualdade e isonomia se aproximam, mas não se confundem. A igualdade é o primeiro degrau que deve ser observado, seja pelo legislador, seja pelo juiz, para evitar resultados injustos ou desproporcionais. Por exemplo, a legislação deve ser geral, sem inserção de peculiaridades ou diferenciações onde não haja justificativa plausível. Nesse diapasão, os prazos devem oferecer possibilidades equivalentes aos diversos sujeitos processuais.

Propondo esboçar os rudimentos do princípio da igualdade, Celso Antônio Bandeira de Mello aduz que ele “interdita tratamento desuniforme às pessoas”. Tem por função precípua "dispensar tratamentos desiguais. Isto é, as normas legais nada mais fazem que discriminar situações, à moda que as pessoas compreendidas em uma ou em outras vêm a ser colhidas por regimes diferentes".[120] Exemplo de aplicação do princípio da igualdade seria a previsão legislativa de assentos em patamares equivalentes destinados às partes, no tribunal do júri e nas audiências em geral.

3.4.6 Princípio da isonomia

Com estrutura similar à igualdade, o princípio da isonomia se distingue do primeiro a partir da necessidade de enfrentamento do segundo degrau da igualdade, consistente no surgimento de diferença que pode justificar a outorga de tratamento discrepantes aos sujeitos processuais. Em poucas palavras, é a previsão legislativa que distingue uma parte da outra em virtude da necessidade de equilibrar as diferenças que constituem óbice a um resultado igual, em um patamar subsequente à igualdade em seu estado bruto.

Por exemplo, à defensoria pública é outorgado prazo em dobro para atuar na assistência jurídica dos réus necessitados (art. 134, CF; arts. 44, I; 89, I; 128, I, LC n 80/1994). Identicamente em dobro, são contados os prazos concedidos aos defensores dativos (art. 5º, § 5º, da Lei nº 1.060/1950). Distintamente, os prazos do Ministério Público e dos acusados assistidos por advogados são contados de forma singela.

3.4.7 Princípio da paridade de armas

O significado da paridade de armas tem órbita peculiar cuja incidência visa a colmatar os espaços não alcançados pela igualdade e pela isonomia. Com efeito, seguindo as pegadas

120. MELLO, Celso Antônio Bandeira de. *Conteúdo jurídico do princípio da igualdade*. 3. ed. São Paulo: Malheiros, 2001. p.12.

de Welton Roberto, entende-se que a paridade de armas deve ir além do princípio da isonomia.[121]

A isonomia é estática, enquanto a paridade de armas compõe a dinâmica das possibilidades defensivas relativamente aos poderes da acusação.

Nesse eixo, a introdução do **juiz das garantias** tende a tornar mais efetiva a paridade de armas, diante da sua competência para salvaguardar direitos individuais fundamentais até o momento do **oferecimento da denúncia** (não do seu recebimento, eis que o inciso XIV, do art. 3º-B, do CPP, foi declarado inconstitucional). De tal modo, o contorno cognitivo do **juiz da instrução** teria a pretensão de melhor preservar a sua imparcialidade. O magistrado, independentemente da apontada divisão de competência (conforme o objeto do juízo, em juiz das garantias e juiz da instrução), não deverá substituir a atuação probatória do órgão da acusação (art. 3º-A, CPP). O STF, contudo, em sede de controle de constitucionalidade, ressalvou a possibilidade de atuação judicial supletiva, pontual e excepcional, em caso de dúvida relevante sobre o mérito da ação penal condenatória.[122]

Conferir **paridade de armas** à defesa e à acusação é um dos modos de equilibrar a investigação preliminar que, ao cabo, pode se estender à prestação jurisdicional, ainda que se entenda que os elementos de informação não devem servir de lastro a juízo de condenação. À expansão das técnicas especiais de investigação estatal, devem corresponder: (1) a oposição de limites constitucionais à produção de **provas invasivas**, entendidas com as que exigem intervenção corporal, e de **provas que demandam atividade do imputado** (cooperação que seria incompatível com o *nemo tenetur se detegere*, por ser vedado compelir alguém a se autoicriminar); (2) a participação efetiva da defesa; e (3) o controle pelo Poder Judiciário.

---

121. ROBERTO, Welton. *Paridade de armas no processo penal*. Belo Horizonte: Fórum, 2011. p. 52 *et seq*.

122. STF – Pleno – ADI 6298/DF – Rel. Min. Luiz Fux – 24 ago. 2023.

No magistério de Geraldo Prado, "o 'princípio da paridade de armas' resulta ser princípio inerente à persecução penal, sob pena de se tornar ineficaz se reservado exclusivamente ao clássico processo iniciado por denúncia ou queixa, ignorando a investigação". E complementa seu sentido avivando que "se ao investigado é assegurado o direito de acesso à investigação, desde que o exercício deste direito não configure obstáculo à apuração da notícia crime", bem como se ao Ministério Público "é garantido orientar e participar de investigações criminais, pois é o destinatário primeiro das informações colhidas pela autoridade policial", não menos exato é que "a vítima como interessada na solução do caso também é detentora deste 'direito de acesso' por igualdade de razões e simetria de posições".[123]

3.4.8 Princípio do devido processo legal

O devido processo legal é diretriz essencial, descrita na cláusula que reza que "ninguém será privado da liberdade ou de seus bens sem o devido processo legal" (art. 5º, LIV, CF). É o quadro onde a forma se convola em matéria. Fundamentos do processo civil não podem ser incorporados ao processo penal, especialmente quando o propósito for a evitação do controle de vícios.

Esse problema tem repercutido na doutrina, com autores defendendo a superação da nulidade relativa, como forma de conter a discricionariedade, violadora do devido processo legal (*due process of law*) em sentido material. A objeção a essa categoria decorre do fenômeno, indesejável, apontado por Ricardo Jacobsen Gloeckner: "o sistema de nulidade brasileiro se caracteriza pela relativização de limites ao poder estatal".[124]

123. PRADO, Geraldo. *Estudos de direito criminal*. Rio de Janeiro: Lumen Juris, 2023. p.189.

124. GLOECKNER, Ricardo Jacobsen. Una nuova teoria della nullità: costruzione di un nuovo sistema di principi alla luce della strumentalità costituzionale della procedura penale. *Diritto e Giustizia Minorile* [rivista giuridica trimestrale], São

De fato, o *jus puniendi* não pode ser exacerbado por disposições relativizadoras, eis que tal significa ampliar demasiadamente os contornos fixados para o exercício da competência de um órgão jurisdicional, resvalando em inconstitucionalidade.

Paulo Silas Taporosky Filho e Edson Luiz Facchi Junior afirmam que "forma é contenção do exacerbo. É a definição de um limite de poder. É o procedimento previamente previsto, a fim de evitar surpresa aos jogadores. Forma é garantia". Para os autores, "todo e qualquer ato que viole e desrespeite as regras do jogo gera prejuízo e deve ser declarado nulo, sendo desnecessária a sua efetiva demonstração", arrematando que seria imprestável o conceito de nulidade relativa, em face de ser "conceito do processo civil".[125]

Em linha similar, Alberto Binder observa que a fórmula expressa uma técnica normativa específica. Isto é, para garantir o cumprimento de princípios constitucionais processuais, são estabelecidos requisitos para os atos processuais ou para sua sequência. Essas condições legais são formas processuais. Em outros termos, "quando não se cumpre uma forma (com o descumprimento de um requisito legal ou com o rompimento de uma sequência necessária) a atividade processual se torna inválida ou defeituosa". A objeção do autor se põe relativamente à jurisprudência sobre nulidades, sendo esta uma espécie de termômetro de verificação do grau de efetividade dos princípios constitucionais, que não devem estar apenas reconhecidos, mas também garantidos.[126]

Paulo Silas Taporosky Filho e Edson Luiz Facchi Junior criticam o uso da nulidade relativa, justificando ainda que ela

---

Paulo, anno 3, n.1, p.66, gennaio-marzo 2015 (tradução livre).

125. TAPOROSKY, Paulo Silas; Edson Luiz, FACCHI JUNIOR. Superando a nulidade relativa no processo penal. *Empório do direito*, 12 jul. 2015. Disponível em: https://bit.ly/3hCekvV Acesso em: 02 jan. 2021.

126. BINDER, Alberto M. *El incumplimiento de las formas procesales*: elementos para uma crítica a la teoría unitaria de las nulidades en el processo penal. Buenos Aires: Ad-Hoc, 2000. p.56 (tradução livre).

causa consequências graves, "levando a condenações injustas, com argumentos pífios e utilitaristas". Acrescentam que "a proteção do réu é pública, pois públicos são os direitos fundamentais que o tutelam". Nessa perspectiva, a afronta a direitos do imputado, por interferir em interesse público, conduziria, sempre, à nulidade absoluta".[127]

A simplificação, todavia, pode tornar ainda mais difícil a tarefa de balizar os critérios para a aplicação de efeitos jurídicos aos múltiplos vícios passíveis de ocorrer em um devido e justo processo. A construção de categorias com lastro em fundamentos lógicos e semânticos pode se adequar melhor à imposição de limites e à contenção da contingência.

Se a dogmática não é perfeita, pior poderá ser não ter esse instrumento à disposição. O problema maior parece se situar não na classificação unitária das nulidades, mas no órgão que desvirtua sua aplicação. Essa constatação decorre, inclusive, dos que propõem aboli-la.

Alberto Binder, inclusive, verbera que "o nível de adequação de um sistema processual aos princípios do Estado de Direito não se mede somente pela incorporação desses postulados à ordem normativa, senão pelo grau que são garantidos". O jurista argentino explica que, salvo os princípios que são cumpridos de um modo cabal (o que não é corrente nem comum), "o nível e a força dessa garantia se descobrem através da jurisprudência sobre nulidades". Essa jurisprudência conflita com o sistema de garantias e assinala "o nível de cumprimento dos princípios próprios de um processo penal adequado ao regime constitucional".[128]

---

127. TAPOROSKY, Paulo Silas; Edson Luiz, FACCHI JUNIOR. Superando a nulidade relativa no processo penal. *Empório do direito*, 12 jul. 2015. Disponível em: https://bit.ly/3hCekvV Acesso em: 02 jan. 2021.

128. BINDER, Alberto M. *El incumplimiento de las formas procesales*: elementos para una crítica a la teoría unitaria de las nulidades en el proceso penal. Buenos Aires: Ad-Hoc, 2000. p.57 (tradução livre).

Sem embargo, um ponto é convergente entre a doutrina que sustenta superação da classe de nulidade relativa e a que propõe uma classificação unitária e compatível com o devido processo legal: o objetivo de não transigir com a efetividade dos direitos fundamentais.

Cabe enfatizar, o mau uso da categoria de defeitos processuais penais, rotulada de nulidade relativa, não deve significar a imprestabilidade das distinções. A simplificação incorre no excesso de reduzir todos os vícios possíveis à aplicação direta ou indireta do texto constitucional quando, na realidade, muitos enunciados podem ensejar construção de normas que regram atos com elementos não afetos a direitos fundamentais, mas que sejam direitos processuais dos sujeitos envolvidos.

Nem por isso poderá significar que tais atos fiquem imunes a controle, pois as formas colimam contornar o atuar estatal, sejam elas constitucionais ou infraconstitucionais, devendo cumprir a finalidade de previsibilidade do sistema.

Daí o pressuposto firmado de que os princípios tendentes à convalidação de vícios só devem ter lugar para os casos de prejuízos não presumidos, isto é, para hipóteses de nulidades relativas, cuja classificação deve se dar de maneira normativamente rigorosa. Trata-se de elemento imanente ao devido processo legal.

Estendendo a cláusula do devido processo legal à fase investigativa, Walter Nunes da Silva Júnior elucida que a restrição da "processualização da persecução criminal" ao "processo de conhecimento" objetivou conter o arbítrio e conferir eficácia à presunção de inocência. No entanto, adverte que, no inquérito policial, há produção de prova – coletada ou não na cena do crime – e que nem sempre haverá sua renovação na fase processual, apesar da "redação superficial do art. 155, *caput*, do CPP". Com isso, o jurista arremata "a importância em assegurar a participação do investigado, por meio de sua defesa técnica, na apuração preliminar, momento crucial da produção de provas", ainda que se contraponha que a autoridade policial atua com parcialidade e tenha o dever de "desproteger os inocentes", além de "sofrer o patrulhamento do Ministério Público". Nessa linha de percepção, vivifica que "não faz mais nenhum sentido, por exemplo, dizer que a nulidade da investigação ou mais especificamente do inquérito policial não contamina o processo."[129]

3.4.9 Princípio da fundamentação das decisões judiciais

Princípio constitucional processual, as decisões judiciais devem ser fundamentadas (art. 93, IX, CF). Como decorrência, entende-se como inconstitucional os efeitos prisionais automáticos, que vedem em absoluto a concessão de liberdade ou que imponham consequências desproporcionais sem justificativa.

A decisão judicial opera efeito jurídico similar a uma antonomásia, eis que nela é incorporada a suma histórica do processo, por intermédio de argumentos que retratam o fato, a prova e o direito. É parâmetro de controle, mormente por meio dos recursos.

3.4.10 Princípio da vedação da prova ilícita

De conformidade com o LVI, do art. 5º, da CF, "são inadmissíveis, no processo, as provas obtidas por meios ilícitos". É categoria normativa capaz de afastar a realidade objetiva dos fatos para garantir a estrutura civilizatória que atribui valor ao devido processo para fins condenatórios. Em linha de síntese, somente é valioso punir em compasso com o direito posto. A prova ilícita deve ser objeto de controle, com seu expurgo do processo nos casos de inclusão indevida nos autos.

---

129. SILVA JÚNIOR, Walter Nunes. *Os princípios da presunção de inocência e do devido processo legal no direito processual criminal*. Natal: OWL, 2023. p.468-474.

3.4.11 Princípio da publicidade

A publicidade tem seu fundamento de validade no art. 93, IX, da CF. É, aliás, princípio a ser observado pela administração pública (art. 37, *caput*, CF). É dirigida aos atos do processo. Não deve se aplicar ao inquérito policial ou a qualquer outra investigação com o sentido de expor o investigado à curiosidade pública. Nada obstante, os atos da investigação preliminar não devem ser sigilosos em relação ao imputado ou à sua defesa.

Somente se impõe o sigilo de atos durante o tempo em que tramita investigação penal, quando estritamente necessário ao êxito da diligência. Por exemplo: não faz sentido tornar acessível ao investigado, requerimento ao juiz de permissão de captação de sinais sonoros e um ambiente porque a ciência prévia ao seu cumprimento prejudicaria o resultado probatório.

Em suma, o sigilo é garantia do imputado contra exposição de sua imagem e de sua identidade. Por outro lado, a publicidade é direito do réu contra persecução penal secreta. Nessa toada, a Lei nº 14.735/2023 elenca, no inciso II, do seu art. 4º, que é princípio institucional básico a ser observado pela polícia civil, a discrição e preservação do sigilo necessário à efetividade da investigação e à salvaguarda da intimidade das pessoas.

3.4.11.1 Direito à informação e publicidade

Fazem parte dos valores em jogo também os assegurados pelos incisos XIV, XXXIII e LX, do art. 5º da Constituição:

(1) o primeiro reza que "é assegurado a todos o acesso à informação e resguardado o sigilo da fonte, quando necessário ao exercício profissional";

(2) o seguinte expressa que "todos têm direito a receber dos órgãos públicos informações de seu interesse particular, ou de interesse coletivo ou geral, que serão prestadas no prazo da lei, sob pena de responsabilidade, ressalvadas aquelas cujo sigilo seja

imprescindível à segurança da sociedade e do Estado"; e

(3) o último estatui que só quando for exigido pela defesa da intimidade ou pelo interesse social, a lei poderá restringir a publicidade dos atos processuais.

O inciso IX, do art. 93, da Constituição, além de preconizar a fundamentação judicial e a publicidade, prossegue prevendo a possibilidade de "limitar a presença, em determinados atos, às próprias partes e a seus advogados, ou somente a estes, em casos nos quais a preservação do direito à intimidade do interessado no sigilo não prejudique o interesse público à informação".

O direito à informação e o princípio da publicidade encontram limites na intimidade, que deve ser assegurada à pessoa do imputado. Tratando-se de inquérito policial, a regra é que vigore o sigilo, não a publicidade. O sigilo é direito cujo sujeito ativo é o investigado. É que a Constituição refere à publicidade de atos processuais, não dos atos do inquérito.

Ademais, a publicidade não pode ser desvirtuada por meio de sua aplicação opressiva, em afronta aos direitos do seu destinatário. Nesse passo, Simone Schreiber lembra que "o valor 'verdade', ainda que não possa ter sua importância apequenada, devendo ser compreendido como um dever ético, é passível de questionamentos". A narrativa da versão é construída a partir da percepção dos fatos, com permeio da "subjetividade dos jornalistas que redigem a notícia". Nesse diapasão, a jurista sublinha que é preciso "desmistificar o papel que a imprensa se atribui de mediadora desinteressada a serviço unicamente da cidadania e democracia, para que se possa compreender a forma como o fato criminal é tratado na mídia.[130]

---

130. SCHREIBER, Simone. *A publicidade opressiva de julgamentos criminais*: uma investigação sobre as consequências e formas de superação da colisão entre a liberdade de expressão e informação e o direito ao julgamento criminal justo, sob a perspectiva da Constituição brasileira de 1988. Rio de Janeiro: Renovar, 2008. p.408.

3.4.11.2 Direito de acesso aos autos da investigação pelo advogado

O sigilo dos autos de investigação não pode ser usado em prejuízo do imputado. O enunciado nº 14, da Súmula Vinculante do STF é conducente a essa ilação, eis que verbera que "é direito do defensor, no interesse do representado, ter acesso amplo aos elementos de prova que, já documentados em procedimento investigatório realizado por órgão com competência de polícia judiciária, digam respeito ao exercício do direito de defesa".

A propósito, o Estatuto da OAB garante ao advogado, no seu art. 7º, o direito de "examinar, em qualquer instituição responsável por conduzir investigação, mesmo sem procuração, autos de flagrante e de investigações de qualquer natureza, findos ou em andamento, ainda que conclusos à autoridade, podendo copiar peças e tomar apontamentos, em meio físico ou digital" (inciso XIV).

Para ter acesso à investigação criminal, basta ao advogado apresentar-se afirmando estar agindo no interesse do representado (investigado ou indiciado). O art. 7º-B, da mesma Lei nº 8.906/1994, prevê, como crime, a violação de prerrogativas do advogado.

O controle da licitude dos elementos de informação deve, conforme ensina Geraldo Prado, "estabelecer o mecanismo de prospecção e preservação das provas que deverão estar disponíveis para as partes". Se o sigilo privar a parte de controlar a higidez probatória, será cabível "a aplicação da sanção processual mencionada". A forma de utilizar o *carried in the dark* (prova obtida por método oculto) consiste, por exemplo, na inserção de meios desconhecidos pelo sujeito afetado (*unfair surprise* – surpresa injusta), "que ignorava seu modo de aquisição (a fonte de provas)".[131]

---

131. PRADO, Geraldo. *Prova penal e sistema de controles epistêmicos*: a quebra da cadeia de custódia das provas obtidas por métodos ocultos. São Paulo: Marcial Pons, 2014. p.53.

Vale dizer, em virtude da essencialidade do elemento afetado pela conduta que fere a regra de indispensabilidade do advogado à administração da justiça (art. 133, CF), o controle de nulidade deve reconhecer o caráter absoluto do vício impeditivo de seu acesso aos autos da investigação. A reação do sistema, por conseguinte, deve levar à invalidação dos atos contaminados pelo procedimento defeituoso.

3.4.11.3 Publicidade dos julgamentos

A publicidade dos atos e dos julgamentos está elevada à categoria de princípio disposto no art. 93, inciso IX, da Constituição de 1988. Além desse *status*, o texto da Lei Maior cominou a nulidade, de forma expressa. A publicidade é elemento essencial à emanação de efeitos jurídicos válidos.

Perante o juiz singular, a publicidade se dá com a **entrega em mão do escrivão** (art. 389, CPP) ou, nos processos eletrônicos, com a inserção do ato nos autos virtuais, mediante a lavratura do respectivo termo. Os julgamentos devem ser, como regra, abertos ao público, sem incidência de sigilo, ressalvadas as exceções legais. Protege-se o imputado contra julgamentos secretos.

A intimação é ato subsequente à publicação (arts. 387, VI; 392, CPP), não se confundindo com esta (arts. 390; 391, CPP).

A nulidade por falta de observância da regra de publicidade ou do sigilo deve incidir sobre eventual efeito produzido pelo julgamento afetado. A publicidade, mitigada em maior ou menor grau, integra o próprio julgamento.

Isso significa dizer que a deliberação judicial realizada a portas fechadas restará inteiramente maculada. Haverá sua nulidade absoluta e, de conseguinte, supressão dos efeitos eventualmente produzidos.

Se o julgamento se der pelo juiz singular, a nulidade recairá não sobre a sentença em si, haja vista que esta é proferida, muita das vezes, solitariamente. Se houver violação à publicidade da sentença, tal como o seu cumprimento sem que antes tenha sido entregue ao escrivão ou ao diretor de secretaria, ou mesmo sem sua inserção nos autos eletrônicos, a sentença pode não ser classificada como nula absolutamente, porém, os efeitos produzidos antes da sua publicação serão eivados de nulidade absoluta, devendo decorrer a invalidação.

No júri, as decisões dos jurados são tomadas em sala especial, sem a presença do público (art. 485, § 1º, CPP). A sentença do juiz presidente, todavia, malgrado prolatada individualmente, deve ser lida em plenário para que produza seus efeitos jurídicos, antes de encerrada a sessão de instrução e julgamento (art. 493, CPP).

Outro exemplo de limitação ao princípio da publicidade é a tomada de decisão ou o julgamento realizado por colegiado de primeiro grau, instaurado como precaução contra riscos à integridade de magistrado, em processos que apuram crimes imputados a organizações criminosas, nos termos do art. 1º da Lei 12.694/2012.

3.4.12 Princípio do juiz natural

O juiz natural é princípio que enfeixa múltiplas previsões no direito positivo, a começar pela Lei Maior. Nos seus termos, ninguém será processado nem sentenciado senão pela autoridade competente (art. 5º, LIII, CF). O princípio sob análise tem seu fundamento de validade nesse eixo, a partir do qual deriva a justificativa das demais regras de estatura menor.

É princípio consitucional relacionado à função jurisdicional, cuidando-se, como analisado por Afrânio Silva Jardim e Pierre Souto Maior, de disposição vinculada "à garantia individual consagrada em quase todas as constituições dos povos cultos que mais de perto reflete a preocupação do Estado na proteção e manutenção de uma ordem verdadeiramente democrática".[132]

---

132. JARDIM, Afrânio Silva; AMORIM, Pierre Souto Maior Coutinho de. *Direito processual penal*: estudos, pareceres e crônicas. Salvador: Juspodivm, 2018. p.91-92.

Aplicando-o ao direito processual penal, a questão irá envolver etapas que seguem do nível mais abstrato ao concreto. Necessário combinar critérios de repartição da competência ínsita ao exercício jurisdicional, para estabelecer, em degraus, a justiça (matéria), o foro (local), o juízo (órgão) e o juiz (identidade física).

Nesse patamar, a legislação considera aspectos inerentes ao critério material (elementos do delito) e ao funcional (morfologia processual). Este último é o campo em que a competência do magistrado poderá se subdividir conforme o objeto do juízo (*res deducta in judicio*), de forma que o juiz natural poderá ser composto dupla função, a saber:

(1) o juiz das garantias: quando no exercício do rol exemplificativo de competências do art. 3º-B, durante a investigação preliminar. Essa função cessa com o **oferecimento** da denúncia ou da queixa, de acordo com deliberação do STF em sede de controle de constitucionalidade;[133]

(2) o juiz da instrução: competente para a condução do processo penal condenatório, entendido, restritamente, como existente a partir do apresentação da peça acusatória perante o julgador.

Note-se que o que há de comum é que ambos os juízes devem ser pré-constituídos, ou seja, investidos previamente, consoante regras do direito positivo. Aliás, é peremptoriamente vedado tribunal de exceção, em conformidade com o que prescreve o inciso XXXVII, do art. 5º, da CF. A propósito, Franco Cordero leciona que do princípio do juiz natural deriva três conceitos: (1) os ofícios judiciários são instituídos por lei; (2) ninguém pode ser julgado por órgão instituído sucessivamente ao fato; e (3) entre os juízes previamente constituídos vigora uma enumeração taxativa de competência, que exclui soluções arbitrárias.[134]

---

133. STF – Pleno – ADI 6298/DF – Rel. Min. Luiz Fux – 24 ago. 2023.

134. CORDERO, Franco. *Procedura penale*. 7. ed. Milano: Giuffrè, 1983. p.240-241 (tradução livre).

3.4.13 Princípio da indeclinabilidade da jurisdição

Afrânio Silva Jardim e Pierre Souto Maior explicam os princípios da função jurisdicional, advertindo sobre as divergências terminológicas. Dos mais evidentes estão os princípios da inevitabilidade (jurisdicionalidade) e da indeclinabilidade (inafastabilidade).[135]

O princípio da inafastabilidade ou da indeclinabilidade da jurisdição tem sede no Constituição. Consubstancia-se na regra de que a lei não poderá excluir do Poder Judiciário lesão ou ameaça a direito (art. 5º, XXXV, CF).

É inconstitucional, por exemplo, suprimir do órgão judicial o exame da proporcionalidade de prisão cautelar. Legislação que proíbe em absoluto, ao magistrado, a concessão de liberdade provisória, finda por excluir do Judiciário lesão ou ameaça a direito nuclear do ser humano.

3.4.14 Princípio da vedação a compelir alguém à autoincriminação

Na fase preliminar, a produção de elementos de informação com o desacatamento do modelo jurídico de que ninguém deve ser compelido a se descortinar, deve ser objeto de controle. Também, na fase processual, é vedado constranger o réu a se revelar, a se descobrir para se autoacusar.

A falta de ciência do indiciado ou do réu acerca do seu direito de permanecer em silêncio, implica, nesse âmbito, a vedação a obrigá-lo a se autoincriminar, e deve ser reconhecida por norma jurídica declaratória de ilicitude.

Haverá prova ilícita se tomada sem essas cautelas.

---

135. JARDIM, Afrânio Silva; AMORIM, Pierre Souto Maior Coutinho de. *Direito processual penal*: estudos, pareceres e crônicas. Salvador: Juspodivm, 2018. p.91-92.

Como pontifica Maria Elizabeth Queijo, "os poderes instrutórios do juiz não são ilimitados", devendo "zelar pelo respeito aos direitos do acusado, entre eles o *nemo tenetur se detegere*". A vedação a obrigar alguém a se revelar se insere "no direito à defesa e na cláusula do devido processo legal", além de compor a eficácia do respeito à dignidade da pessoa humana.[136]

A prova não deve ser ordenada quando consistir em violação a essa norma jurídica. Na senda de José Joaquim Gomes Canotilho, é forçoso anuir que o *nemo tenetur se detegere* está entre os **princípios-garantia** que se traduzem "no estabelecimento direto de garantias para os cidadãos e daí que os autores lhes chamam 'princípios em forma de norma jurídica' (Larenz)". A eles é outorgada "uma densidade de autêntica norma jurídica e uma força determinante, positiva e negativa", considerando-se "o legislador estreitamente vinculado na sua aplicação".[137]

O desacato ao *nemo tenetur se detegere* se cuida de **ilegitimidade** e **ilicitude em sentido estrito**, por violar, a um só tempo, norma processual e norma substancial.

O elemento essencial que compõe o ato que deve assegurá-lo é estipulado constitucionalmente e por tratado internacional. Decerto, o direito de ficar calado, bem como suas derivações têm respaldo na alínea "g", do item "2", do artigo 8º, do Pacto de São José da Costa Rica (art. 5º, § 2º, CF).

A norma jurídica da atipicidade correlata à violação do direito ao silêncio e ao direito à não autoincriminação deve conter expresso reconhecimento de nulidade. A formatação lógica da documentação normativa deve compor estrutura dúplice, unida por relação de implicação.

---

136. QUEIJO, Maria Elizabeth. *O direito de não produzir prova contra si mesmo*: o princípio 'nemo tenetur se detegere' e suas decorrências no processo penal. 2.ed. São Paulo: Saraiva, 2012. p.480-482.

137. CANOTILHO, J. J. Gomes. *Direito constitucional e teoria da constituição*. 3. ed. Coimbra: Almedina, 1998. p. 1093.

3.4.14.1 Direito ao silêncio

A ausência de comunicação do direito ao silêncio ao imputado implica atipicidade do ato que deve ser precedido dessa formalidade. O direito de ciência do preso migra da Constituição Federal de 1988, em compasso com seu art. 5º, inciso LXIII, que determina que ele deve ser "informado de seus direitos, entre os quais o de permanecer calado, sendo-lhe assegurada a assistência da família e de advogado".

O direito de ficar calado deve ser assegurado ao indiciado ou réu em sua plenitude. É certo que o imputado pode optar por falar, negando o fato ou confessando. Mas ele não pode ser compelido a colaborar com a investigação ou com o processo. O exercício da garantia ao silêncio pelo agente não pode ser interpretado em seu desfavor.

Nenhum prejuízo deve recair sobre o acusado que se mantiver calado ou que escolher não comparecer ao seu interrogatório. Significa dizer que o seu conteúdo limita qualquer consideração subjetiva (na intelecção judicial sobre o fato) ou objetiva (nas razões de decidir descritas na sentença penal), tendente a prejudicar o imputado que exercer aquele direito.

Antônio Alberto Machado lembra que a redação anterior do art. 186 do CPP, dispunha sobre certa presunção de culpa, deduzida do silêncio do réu. Era uma equiparação à confissão tácita ou à admissão da veracidade dos fatos consignados na denúncia ou queixa, o que é inadmissível em direito de natureza criminal. Como aduz o autor:

(1) o direito de ficar calado "é uma garantia assegurada até mesmo em tratados internacionais de direitos humanos, como é o caso do Pacto de San José da Costa Rica, em seu art. 8º, § 2º, letra 'g', resguardada essa prerrogativa dos acusados";

(2) ademais, "é uma 'tradicional manifestação' do princípio do *nemo tenetur se detegere* e representa relevante conquista liberal, edificada a duras penas

como uma espécie de dique contra a tortura e contra todos os métodos truculentos de interrogatório".[138]

3.4.14.2 Proibição de condução coercitiva do imputado para o seu interrogatório

A primeira parte do *caput*, do art. 260, do CPP, que prevê a condução coercitiva do imputado para o seu interrogatório, não foi recepcionado pela Lei Maior. Dois argumentos conduzem a essa conclusão:

(1) a Constituição de 1988 assegura o direito ao silêncio ao imputado (art. 5º, LXIII); e

(2) no rito do júri, o acusado,

(a) se preso, tem direito a pedir dispensa de comparecimento à sessão plenária de julgamento (com requerimento assinado por ele e seu defensor – art. 457, § 2º, CPP); e

(b) se solto, pode ser julgado pelo tribunal popular sem sua presença (art. 457, *caput*, CPP).

Veja-se que o comparecimento é imposto pelo ordenamento jurídico quando a realização da prova depende da presença do imputado. Mas cabe ponderar que a previsão não pode significar um dever, ao indiciado ou réu, de comportamento violador do princípio de que ninguém deve ser compelido a se autoincriminar.

Na assertiva de Maria Elizabeth Queijo, "é inegável que o princípio *nemo tenetur se detegere* representa barreira à atividade investigatória e probatória ilimitada por parte do Estado".[139]

---

138. MACHADO, Antônio Alberto. *Curso de processo penal*. 6. ed. São Paulo: Atlas, 2014. p.494.

139. QUEIJO, Maria Elizabeth. *O direito de não produzir prova contra si mesmo*: o princípio 'nemo tenetur se detegere' e suas decorrências no processo penal. 2.ed. São Paulo: Saraiva, 2012. p.479.

Como o interrogatório demanda **conduta ativa** do imputado, a conclusão lógica é a de que ele tanto não pode ser compelido a falar, quanto que a sua ausência deve ser entendida como manifestação do direito ao silêncio, não devendo ser conduzido coercitivamente para aquele ato.

Situação diversa seria conduzi-lo quando necessário seu reconhecimento, por se cuidar de **prova passiva**, sem necessidade de atuação da pessoa apontada como agente, salvo a simples presença, nos termos da segunda parte do art. 260, do CPP. Ainda assim, para que tal condução possa ocorrer sem incidência de nulidade, deve ser o imputado, previamente, intimado, como se depreende daquele enunciado.

É de ver que ainda que no caso de situações passivas, como no caso de condução para obrigá-lo a ser fotografado, ele estaria, ainda que em menor grau, colaborando para a formação de sua própria culpa. Haverá dissonância com o sentido do princípio *nemo tenetur se detegere*.

Significa dizer que é bastante questionável sustentar a condução coercitiva do indiciado ou do acusado para qualquer ato probatório, independentemente se de cariz ativo, passivo, invasivo ou não invasivo. Ele pode, *verbi gratia*, esconder o rosto e não ser forçado, física ou piscologicamente, a apresentá-lo. Sob outra ótica, essa atitude do réu teria o efeito de suprimir o valor do meio probatório.

É possível, entrementes, o manejo de formas substitutivas, como o uso de medidas cautelares probatórias. O fundamento seria o de evitação de coerção sobre a conduta do investigado ou réu. Por exemplo: a representação da autoridade policial pela apreensão de material genético ou pelo uso de imagens que permitam conferir a higidez da cadeia de custódia do vestígio.

A condição de regularidade da providência, passiva ou ativa, é a de não infligir lesão ao núcleo de dignidade do investigado, indiciado ou réu.

3.4.14.3 Condução coercitiva para o reconhecimento do imputado

A condução coercitiva para o reconhecimento do imputado (art. 226, CPP) desperta, ademais, um outro problema, que é o seu **direito de resistência**. Não se adequa com a ordem constitucional levar o imputado, *manu militari*, à presença de alguém para ser submetido a qualquer ato de prova contra a sua vontade e os seus interesses.

3.4.15 Princípio da obrigatoriedade da ação penal

Encravado no inciso I, do art. 129, da CF, o princípio da obrigatoriedade orienta a atuação do Ministério Público. Preconiza que é uma de suas funções institucionais "promover, privativamente, a ação penal pública, na forma da lei". O art. 257, inciso I, do CPP, prescreve que a forma da ação pública é a prescrita no Código, reprisando o teor do enunciado constitucional.

Plexo de denso significado, o princípio da obrigatoriedade tem alcance que excede aos limites da promoção da ação pública. Como obtempera José Antonio Paganella Boschi, "o citado princípio é demais amplo elastério, pois rege, em verdade, a ação de todos os agentes estatais envolvidos com a persecução penal", ou seja, "abrange a ação de todos os integrantes do processo penal, policiais, não policiais e jurisdicionais".[140]

Na trilha inaugurada por Afrânio Silva Jardim, o princípio da obrigatoriedade da ação penal é alçado a "polo metodológico do sistema processual penal vigente", especialmente porque se projeta sobre "vários institutos processuais que com ele se relacionam ou interligam". Por meio de "método técnico-jurídico", é possível constatar que o princípio da obrigatoriedade deita suas raízes em outros, derivados do aparato normativo do sistema. Cuidando-se de princípio reitor,

140. BOSCHI, José Antonio Paganella. *Ação penal*: as fases administrativa e judicial da persecução penal. Porto Alegre: Livraria do Advogado, 2010. p.130-131.

nota-se que são consectários dele os princípios da indisponibilidade e da indivisibilidade da ação penal pública (embora, sob outro olhar, seja possível cindi-la). Projeta-se, aliás, sobre os principais institutos do direito processual penal, máxime no **controle** do arquivamento do inquérito policial (art. 28, *caput*, § 1º e § 2º, CPP), da omissão na proposta de suspensão condicional do processo, da ação penal privada subsidiária da pública e do aditamento da inicial nos casos que comporta *mutatio libelli* (art. 384, CPP).[141]

Deveras, o princípio da obrigatoriedade, de *status* constitucional, deve permear todo o sistema de direito processual. Está apto para incidir, inclusive, nos casos em que se reservam, às partes, espaços consensuais. O Ministério Público, em suma, não está autorizado a agir livremente, sem que observe a ordem jurídica que a Constituição lhe compele a defender (art. 127, CF). Daí que, somente quando expressamente autorizado por lei (e lei em sentido formal, compatível com a CF!), o *Parquet* tem o **dever-poder** de celebrar acordo de não persecução penal (art. 28-A, CPP), sempre atento aos pilares das garantias individuais.

3.4.16 Princípios informadores do júri

De acordo com o inciso XXXVIII, do art. 5º, da Lei Maior, "é reconhecida a instituição do júri, com a organização que lhe der a lei", assegurados os princípios a seguir que, pela sua natureza tópica, somente podem ser aplicados em favor do acusado.

3.4.16.1 Plenitude de defesa

O grau de defesa deve ser mais extenso que a ampla defesa, sendo ínsita ao júri a plena oralidade (sustentação oral – art. 477, CPP). É incompatível com o princípio em tela a realização de júri pelo meio digital ou por sistema de mutirão.

141. JARDIM, Afrânio Silva. *Direito processual penal*. 11. ed. Rio de Janeiro: Forense, 2002. p.112-120.

No período pandêmico (COVID-19), cogitou-se do uso de um sistema virtual integral ou parcial. Neste caso, o júri semipresencial teria o propósito de viabilizar dimensionamento de tempo e proteção da saúde das pessoas envolvidas. O que não se deve anuir é com a restrição de garantias nevrálgicas à dignidade humana e a um julgamento justo.

O Estado deve se estruturar para organizar sessões presenciais, preparadas para evitar riscos de contaminação. Ambientes mais amplos, arejados e abertos, com as cautelas de distanciamento e de limitação do número de pessoas, podem ser pensados para evitar que o procedimento complexo desenvolvido na sessão plenária ocorra por intermédio de meios eletrônicos, em prejuízo dos imputados.

Decerto, destoa dos valores do processo penal democrático, o sacrifício de direitos centrais do acusado, bem como o uso da razoável duração do processo em seu desfavor (art. 5º, LXXVIII, CF). Na constatação de João Paulo dos Santos Melo, "a interpretação do elemento tempo razoável deve ser sistêmica". É importante "conjugá-lo com outros preceitos de igual fundamentalidade como devido processo legal, contraditório, ampla defesa e segurança jurídica".[142]

3.4.16.2 Sigilo das votações

Descrito no inciso XXXVIII, alínea "b", do art. 5º, da CF, com o princípio em epígrafe, objetiva-se assegurar o exercício do sistema da convicção íntima pelos jurados (art. 483, §§ 1º e 2º, CPP). Com o propósito de garantir racionalidade a esse sistema da certeza moral do julgador, a decisão de pronúncia deve obedecer a critério rigoroso (art. 413, CPP), para somente remeter a júri processo com conteúdo probatório que permita, em tese, condenação de acordo com os limites sistemáticos.

---

142. MELO, João Paulo dos Santos. *Duração razoável do processo*. Porto Alegre: Sergio Antonio Fabris, 2010. p.209.

Para contrabalançar o parco controle depreendido do sigilo das votações (art. 487, CPP), não deve, antes, ser pronunciado quem deveria ser absolvido pelo juiz singular, considerada, inclusive, a hipótese de insuficiência de provas (art. 386, VII, CPP).

3.4.16.3 Soberania dos veredictos

Compreendida como a supremacia do verdadeiramente dito pelos jurados, a soberania do verdadeiramente dito pelos jurados (art. 5º, XXXVIII, "c", CF) é a garantia que proíbe a reforma do mérito do julgamento absolutório por órgão técnico (tribunal *ad quem*) para, por exemplo, o tribunal de justiça condenar o réu.

Note-se que o tribunal de segundo grau pode modificar o veredicto condenatório transitado em julgado, para absolutório, em caso de revisão criminal (art. 621, CPP). O inverso não é verdadeiro: a absolvição pelo júri enseja, depois de decorridos os prazos recursais, coisa julgada materialmente soberana.

Por outro viés, permite-se a anulação do julgamento, condenatório ou absolutório (em menor extensão, pois os recursos são inerentes à ampla defesa), a teor do art. 593, inciso III, do CPP. O que não é constitucional é invocar a soberania dos veredictos para decretar prisão automática do réu condenado pelo júri, por decisão não transitada em julgado.

A soberania dos veredictos é garantia de primeira dimensão, tutora da liberdade, cuja exegese deve ser estrita em favor do imputado, com vistas a coibir que decisões absolutórias do júri sejam suplantadas, em seu mérito, por órgão diverso do órgão popular. Mesmo as condenatórias não se modificam facilmente pelo tribunal *ad quem* (tribunal de justiça ou tribunal regional federal), ressalvados os casos estritos de revisão criminal (art. 621, CPP).

Sob essa luz, entende-se inconstitucional o art. 492, inciso I, alínea "e", do CPP, que institui, às avessas, a possibilidade de prisão automática de condenação de primeira instância. A definição da questão aguarda decisão a ser tomada em ação direta de inconstitucionalidade, pendente de julgamento no STF.[143]

3.4.16.4 A competência para o julgamento dos crimes dolosos contra a vida

Trata-se de competência mínima. A legislação outorga-lhe competência para julgar outros crimes, se incidir regra de conexão (art. 76, CPP) ou de continência (art. 77, CPP). Na decisão de admissibilidade da acusação, o juiz deve pronunciar o réu pelo crime doloso contra a vida e, por força da conexão ou da continência, remeter os demais delitos ao tribunal popular. Tratando-se de competência fixada na Constituição (art. 5º, XXXVIII, "d", CF), esta deve prevalecer sobre regras de diplomas normativos de menor estatura. Nesse sentido, o STF vincou, na sua Súmula Vinculante de nº 45, que "a competência constitucional do tribunal do júri prevalece sobre o foro por prerrogativa de função estabelecido exclusivamente pela Constituição Estadual".

3.4.17 Princípio da razoável duração do processo

Uma das maiores tensões que enfrenta o magistrado na atividade de condução do processo é o confronto entre a sua duração razoável e o respeito às garantias fundamentais individuais. O processo penal deve ser célere o suficiente para minimizar seus efeitos negativos, especialmente à pessoa que se situa em seu lado passivo.

A exposição à persecução penal ofende o *status dignitatis* do imputado, máxime em virtude das **cerimônias degradantes** impostas (*degradation ceremony*). A instauração de investigação preliminar por órgão estatal, mesmo não sendo processo, já é suficiente para colocar o acusado em *streptus judicii* (escândalo decorrente do processo). Tais aspectos são

---

143. STF – ADI 6783/DF – Decisão Monocrática – Rel. Min. Luiz Fux - 15 abr. 2021.

basilares à necessidade de um processo que não incorra em delongas injustificadas.

A Constituição de 1988, a partir da Emenda Constitucional nº 45/2004, passou a assegurar a todos, em seu art. 5º, LXXVIII, "a razoável duração do processo e os meios que garantam a celeridade de sua tramitação". O sujeito ativo da garantia é tanto o investigado, como o litigante em geral, seja no processo administrativo (inquérito policial, por exemplo), seja no judicial (processo penal). O intento de um processo célere, todavia, não pode impor mitigação às formas estatuídas pelo próprio órgão estatal.

3.4.17.1 Duração do processo e forma procedimental

É possível verificar desatendimento às formas processuais estatuídas na legislação por diversos atores jurídicos. Na doutrina, tornou-se comum sustentar, em nome de um instrumentalismo não adequado ao embate entre *jus puniendi* e *jus libertatis*, que o formalismo não é útil, devendo ser examinado, caso a caso, se a nulidade provocou prejuízo ou se o ato atingiu o seu fim.

Na jurisprudência, por sua vez, o fenômeno da relativização das nulidades absolutas passou a considerar necessária a demonstração de prejuízo sofrido pela parte para possibilitar o reconhecimento e a aplicação das consequências ao vício processual. Todavia, é de ver que ninguém deve ser obrigado a fazer ou não fazer algo senão em virtude de lei formal, compatível com a Constituição. Não há na lei o dever, atribuído à parte, de comprovar prejuízo.

3.4.17.2 Excesso de prazo frente à razoável duração do processo

Melhor seria a existência de parâmetros firmes quanto ao ferimento do **princípio da razoável duração do processo** (art. 5º, LXXVIII, CF). O excesso prazal, geralmente, determina o relaxamento da prisão do acusado.

O mecanismo protetivo explícito, deferido aos imputados contra a mora processual penal, é o instituto da prescrição (art. 61, CPP; arts. 107; 109, CP). Como a ocorrência da prescrição depende de decurso longo de tempo, prejudicada fica a consolidação do direito a uma razoável duração para o encerramento do processo penal.

Não raras vezes, o legislador acresce obstáculos à prescrição, como o fez a Lei nº 13.964/2019, preconizando não correr o prazo prescricional na pendência de acordo de não persecução penal. Instituiu, desse modo, nova **causa impeditiva de prescrição**, de duvidosa constitucionalidade, por seguir na contramão da garantia à razoável duração do processo (art. 116, IV, CP; art. 28-A, CPP)

Ao estudar o princípio da duração razoável do processo, André Nicolitt externa preocupação com a natureza difusa dessa tutela, enfatizando a necessidade de se atribuir maior efetividade a essa norma. Trata-se de princípio construído a partir de enunciado constitucional e de convenção internacional (art. 8, "1", Pacto de São José da Costa Rica).

O jurista pondera que "a duração do processo é um conceito vago e indeterminado que não se confunde com o mero descumprimento de prazo processual. Em que pese tal fato, cabe ao Judiciário interpretar o conceito e dar efetividade ao mandamento constitucional".[144] A produção de tal norma-princípio, para cumprir o escopo enunciado no ordenamento jurídico, é atribuição do Poder Judiciário.

Conquanto nem todo elastério prazal deva produzir contraste com o princípio da duração razoável do processo, caso se concretize o malferimento, essa atipia deve ser catalogada como nulidade absoluta. João Paulo dos Santos Melo anota que "um processo com prazo razoável não significa um processo rápido", eis que contrariaria sua essência, indicativa de que "além da tempestividade, a tutela jurisdicional deve estar

144. NICOLITT, André. *A duração razoável do processo*. 2. ed. São Paulo: RT, 2014. p.135

pautada na segurança jurídica que advém do cumprimento aos preceitos do contraditório e da ampla defesa", que exigem tempo para a sua concretização.[145]

Por outro lado, não sendo o caso do transbordamento temporal se subsumir àquele cânone, a falta é hipótese de nulidade relativa, mormente quando o termo for alusivo a **prazo impróprio** e quando o acusado não estiver preso. De todo modo, importa avivar que o tempo razoável está cristalizado no rol de garantias fundamentais. Como tal, o **princípio da celeridade** somente deve ser interpretado *favor rei*, opondo-o ao arbítrio estatal.

Diante do desvirtuamento concreto dessa garantia (art. 5º, LXXVIII, CF), vem a calhar a advertência de Amilton Bueno de Carvalho e de Salo de Carvalho. Como identificam, "o discurso da celeridade (dromologia processual), da informalização (minimização dos procedimentos) e da criação de modelos de justiça penal consensual (privatização do processo penal)", na realidade, consistem em "tendências político-criminais que fundam as reformas legislativas, sendo, através de burlas de etiqueta, apresentadas como efeitos do modelo garantista acusatório, mascarando, consequentemente, sua potência inquisitiva".[146]

3.5 Principiologia das nulidades

Sob a lente estrutural, os princípios são normas jurídicas que incidem quando da aplicação do preceito secundário da norma jurídica consequente que decorre de outra, primeira, que reconhece o defeito processual e o classifica como nulidade relativa. Os princípios visam, como regra, à evitação da consequência jurídica normal.

---

145. MELO, João Paulo dos Santos. *Duração razoável do processo*. Porto Alegre: Sergio Antonio Fabris, 2010. p.209.

146. CARVALHO, Amilton Bueno; CARVALHO, Salo de. *Reformas penais em debate*. Rio de Janeiro: Lumen Juris, 2005. p.92.

Toda vez que o legislador tiver a pretensão de mitigar direitos constitucionais fundamentais por meio de imposição principiológica àquelas categorias de nulidade, deve o juiz se valer das técnicas de controle de constitucionalidade.

Se a nulidade for absoluta, não há lugar para a aplicação de princípios que autorizem a convalidação de atipicidades, toda vez que tal proceder implicar menoscabo a direitos fundamentais. Em outros termos, princípios convalidadores não respaldam a perpetuação de nulidades categorizadas como absolutas, ressalvadas as regras de calibração em favor do acusado, que desviam a consequência normativa.

Para o adequado cumprimento das formas, sob bases constitucionais, indispensável que o sistema seja compreendido criticamente, colorindo as balizas classificatórias, para que a plêiade de direitos fundamentais dispostos na Constituição de 1988 não seja objeto de relativização com seu baixo controle. Os limites a direitos e garantias individuais de *status* constitucional não devem dispensar cognição.

Rômulo Andrade Moreira escreveu sobre a afirmação autoritária – e fonte da abusiva **relativização das nulidades** – de que "parte dos advogados especializou-se em apontar nulidades 'porque não possuem condições de enfrentamento do mérito'". Colocando as coisas em seu devido lugar, o autor lembrou que "a formalidade inserta em uma norma processual penal não pode ser desconsiderada em nenhuma hipótese". Não se cuida de "mero formalismo", porém "de uma exigência legal e constitucional de cumprimento obrigatório, até como uma garantia para o acusado", assegurando-lhe a "satisfação de direitos humanos fundamentais".[147]

---

147. MOREIRA, Rômulo Andrade. Apontar nulidades é buscar ganho fácil, disse o juiz. *Empório do direito*, 31 mai. 2015. Disponível em: https://bit.ly/38ROikB. Acesso em: 02 jan. 2021.

3.5.1 Âmbito de incidência e objeto de aplicação

Rigorosamente, princípio de um objeto do conhecimento seria somente o que tivesse aplicação geral, comum, enquanto eixo do qual emana regras ou que lhe conforma o sentido, em face de seu *locus* privilegiado na estrutura de determinado campo do saber humano. No entanto, não raramente os princípios são manejados com o sentido de justificativa para a incidência ou a não incidência de determinada norma, com repercussão no alcance de seus efeitos jurídicos.

Nessa toada, parte dos princípios que informam as atipicidades processuais penais têm, na **nulidade relativa**, o seu objeto de aplicação. Essa categoria admite **relação** com a norma jurídica principiológica apta a mitigar a consequência jurídica de invalidação. A consequência jurídica decorrente da classificação do vício como nulidade relativa, também será documentada por meio de construção de outra norma jurídica.

Esse efeito jurídico pode se apresentar como invalidação, saneamento ou convalidação. Haverá convalidação quando cabível a incidência de uma terceira norma jurídica, caracterizada como princípio, de forma a evitar o efeito desconstitutivo da norma jurídica consequente.

3.5.2 Princípios informadores das nulidades processuais penais

Os princípios que informam as nulidades não se aplicam aos casos de inexistência jurídica ou de nulidade absoluta, ressalvados os casos de possibilidade de maior proteção ao direito do imputado e nas hipóteses de cânone de natureza genérica, a exemplo do princípio da concatenação (consequencialidade ou interdependência).

3.5.2.1 Instrumentalidade das formas

A instrumentalidade, no processo penal, é do direito penal. A forma (o processo penal) é substância (art. 5º, LIV, CF).

A questão é de ponto de vista, eis que os fins não podem justificar os meios quando a questão envolver direito individual fundamental (liberdade).[148]

Contudo, tanto na legislação (arts. 566; 572, II, CPP), quanto na jurisprudência, tem sido reiterada a ideia de instrumentalidade do processo, sob a influência do processo civil. Essa interpretação inverte a hierarquia do ordenamento jurídico que tem, no ápice, a Constituição.

A **instrumentalidade do processo**, na lição de Cândido Rangel Dinamarco, deve estar comprometida com o cumprimento da Constituição, podendo ser dividida em:

(1) **instrumentalidade em sentido negativo**: há um repúdio ao exame da instrumentalidade exclusivamente pelo seu ângulo interno, a fim de que não se torne somente um meio de culto inútil à forma;

(2) **instrumentalidade em sentido positivo**: autoriza "abertura do sistema para a infiltração dos valores tutelados na ordem político-constitucional e jurídico-material".[149]

Em poucas palavras, o filtro das regras processuais penais deve ser realizado a partir daquele núcleo garantidor disposto na Constituição. As formas podem ser mitigadas para tornar mais eficaz o direito fundamental processual penal, nascido dos direitos de primeira geração, positivados no art. 5º da Constituição de 1988.

O princípio da instrumentalidade das formas decorre de mais de uma base empírica direta enunciativa:

---

148. ROSA, Alexandre Morais da; ALENCAR; Rosmar Rodrigues. No processo penal, a instrumentalidade é do direito material. *Conjur*, 23 ago. 2019. Disponível em: https://bit.ly/2Mr77DE Acesso em: 02 jan. 2021.

149. DINAMARCO, Cândido Rangel. *A instrumentalidade do processo*. 4. ed. São Paulo: Malheiros, 1994. p.311.

(1) a primeira é a do art. 566 do CPP, que disciplina que "não será declarada a nulidade de ato processual que não houver influído na apuração da verdade substancial ou na decisão da causa";

(2) a segunda é assentada no art. 572, inciso II, do CPP, que reza, sufragando o princípio da finalidade, ao estampar que serão convalidadas as nulidades ali apontadas que, praticadas de outra forma, não impeçam o alcance do objetivo colimado pelo ato processual defeituoso.

Ricardo Gloeckner pontua, a propósito, que o princípio da instrumentalidade das formas é "consolidado na Itália, inclusive sob forma de sanatória geral". Ao seu lado, o desenvolvimento de conceitos como "'mera irregularidade e 'nulidade relativa' contribuem sensivelmente para um sistema cada vez mais capaz de contribuir para um regime de nulidade absoluta mais limitado".[150]

Com efeito, a preocupação do autor é coincidente com a que ora se expõe.[151] A divergência, todavia, é quanto à inconveniência de se abandonar a distinção de classes, haja vista a sua utilidade para o controle do arbítrio quando da aplicação das consequências jurídicas. Tratar toda espécie de vício, desde a mais ínfima (a exemplo da falta de advertência à testemunha sobre o dever de falar a verdade) até a mais grave (tal como a condenação penal imotivada) é descurar de que, na realidade, nem todo ato processual viciado necessariamente repercute em direito da parte ou afeta obrigatoriamente enunciado constitucional.

Tirante esse distanciamento, exata é assertiva de Ricardo Gloeckner de que "um sistema de nulidade destinado a preservar os direitos fundamentais não admite banalização, nem

---

150. GLOECKNER, Ricardo Jacobsen. Una nuova teoria della nullità: costruzione di un nuovo sistema di principi alla luce della strumentalità costituzionale della procedura penale. *Diritto e Giustizia Minorile* [rivista giuridica trimestrale], São Paulo, anno 3, n.1, p.66, gennaio-marzo 2015.

151. ALENCAR, Rosmar Rodrigues. *Teoria da nulidade no processo penal*. São Paulo: Noeses, 2016. p.153-154.

pode ser considerado (como para boa parte da doutrina desatenta com as garantias constitucionais) mero ritualismo".[152]

De tal modo, a instrumentalidade afirmada doutrinariamente merece receber **interpretação conforme a constituição**, devendo ser declarada como inconstitucional toda norma que autorizar o menosprezo da concretização dos direitos fundamentais em prejuízo do *jus libertatis* do imputado.

3.5.2.2 Prejuízo (pas de nullité sans grief)

Dos princípios que decorrem de base empírica enunciativa direta no nível **infraconstitucional**, o que inaugura as disposições sobre o tema, é o de que não há nulidade sem prejuízo, vazado no art. 563, do CPP. Sem distinguir a espécie de vício, declara que "nenhum ato será declarado nulo, se da nulidade não resultar prejuízo para a acusação ou para a defesa".

Calha ponderar que o princípio epigrafado tende a deferir **subjetivismo judicial**. Finda por conferir ao juiz poder, um tanto aberto, para dizer os casos de nulidade, bem como para deliberar pela (não) invalidação. Permeia essa possibilidade a noção de demonstração de prejuízo ao direito da parte.

O sistema processual brasileiro adota técnica não uniforme, incrementando o risco de **antinomia**:

(1) primeiramente, o CPP prevê o princípio *pas de nullité sans grief* (art. 563);

(2) em seguida, arrola casos de nulidades no seu art. 564, com o indicativo de pretensa taxatividade;

(3) todavia, essa taxatividade é flexibilizada quando o seu inciso IV declara ocorrer nulidade também diante de atipicidade concernente à omissão de elemento

---

152. GLOECKNER, Ricardo Jacobsen. Una nuova teoria della nullità: costruzione di un nuovo sistema di principi alla luce della strumentalità costituzionale della procedura penale. *Diritto e Giustizia Minorile* [rivista giuridica trimestrale], São Paulo, anno 3, n.1, p.66, gennaio-marzo 2015.

essencial de ato processual. Tal **cláusula de abertura** finda por tornar o rol do apontado art. 564, exemplificativo;

(4) o CPP, ao cabo, permite a ampliação da discricionariedade judicial, perfilando configuração inquisitória.

A relação entre a espécie de sistema processual e o regime jurídico das nulidades é bem próxima. Um sistema acusatório deve prevê controle dos vícios processuais, enquanto um sistema inquisitório se inclina por ser refratário a ele.

Adonella Presutti explica o cenário italiano sob a vigência do vetusto Código de Processo Penal de 1930 (*Codigo Rocco*), que serviu de inspiração para o CPP brasileiro de 1941 (consoante explicitamente declara sua Exposição de Motivos). Segundo adverte, o rol fechado de casos de nulidades circunscreveria a possibilidade de reconhecimento pelo juiz, com o escopo de coibir o retardamento da marcha processual. No entanto, a possibilidade de abertura para a verificação de outros casos de nulidade tem o poder de ensejar o extremo oposto, tornando quase que absoluto o poder do órgão judicial. Permite-se, assim, a discricionariedade no uso completo dos "atos que atingiram seu objetivo, sem prejuízo dos direitos das partes".[153]

3.5.2.3 Interesse na alegação

O princípio do interesse para a averbação da nulidade também deve ser restrito aos casos de nulidades relativas, delimitando a incidência da norma depreendida do enunciado do art. 565 do CPP. Decerto, para os casos de nulidade absoluta, irrelevante o comportamento da parte.

O fato de a defesa do acusado ter concorrido, de qualquer modo, para o vício do ato processual penal, não alija a responsabilidade dos órgãos da persecução penal de velar para que

153. PRESUTTI, Adonella. *La declaratória delle nullità nel regime delle impugnazioni penali*. Milano: Giufrè, 1982. p.12 (tradução livre).

o procedimento se desenvolva regularmente (art. 251, CPP), máxime respeitando o núcleo duro principiológico constitucional do processo acusatório. Aliás, a estrutura acusatória é albergada, expressamente, pelo art. 3º-A, do CPP, que, todavia, recebeu interpretação conforme a constituição, pelo STF, estabelecendo permissão ao juiz de, pontualmente, atuar de ofício para dirimir dúvida sobre questão relevante para o julgamento de mérito.[154]

3.5.2.4 Oportunidade (momento oportuno)

O princípio da oportunidade ou da preclusão temporal tem alcance delimitado pelo art. 572, inciso I, do CPP, que se reporta às nulidades descritas em seu *caput* (art. 564, III, "d", "e", segunda parte, "g", "h"). De acordo com o seu teor, serão convalidadas as nulidades que não forem arguidas, em tempo oportuno, nas hipóteses indicadas em lei. Como se vê, quis o legislador que a ideia de **momento oportuno** fosse arrimada nos estritos lindes do direito positivo.

Para colmatar a questão, o CPP estatui os termos finais para que as nulidades sejam alegadas em seu art. 571. A redação não demarca da melhor forma o objeto a que se dirige, pois a nulidade poderá sempre ser arguida, diante da impossibilidade de contenção da **liberdade-fato** da parte. O que o ordenamento jurídico pode é delimitar as consequências jurídicas aplicáveis em face da objeção de nulidade formulada a destempo (**liberdade jurídica**).

Outro problema é que os momentos referidos pelo supradito art. 571 estão, em sua maior parte, desprovidos de eficácia, em razão da alteração superveniente da legislação a qual remetem os seus incisos I, II, III, V e VI. Será necessário ao intérprete fazer uma injunção a partir desses enunciados, de forma analógica (art. 3º, CPP), para depreender quando irá incidir a **preclusão temporal**.

154. STF – Pleno – ADI 6298/DF – Rel. Min. Luiz Fux – 24 ago. 2023.

A analogia, no entanto, não poderá criar regra em prejuízo do direito do imputado, haja vista que, para tanto, é necessário o respeito à estrita legalidade (art. 5°, II, CF). A legislação, por sua vez, deve estar de acordo com a Constituição. Do art. 571, do CPP, permanecem com integridade, no plano da expressão dos enunciados do direito positivo, os incisos IV, VII e VIII. De todo modo, o filtro constitucional deve ter lugar para evitar que nulidade absoluta ou inexistência jurídica se submeta àqueles marcos fatais.

Da (in) observância do **momento oportuno** para alegar a nulidade, decorre o uso de expressões com sentido idêntico ou similar pela jurisprudência, nem sempre de forma apropriada. Por exemplo: (1) **nulidade de algibeira** é locução que tem o sentido metafórico de alegação tardia da nulidade que poderia ser avivada em fases prematuras do procedimento; (2) **dever de mitigar o prejuízo** (*duty to mitigate the loss*) é expressão que se relaciona com a boa-fé processual (lealdade), instituto este positivado no CPC, a partir da ideia de cooperação entre as partes. São derivações da regra preclusiva que não são necessárias ao sistema de processo penal e que colocam o **comportamento do imputado** como fator de relevo capaz de desfavorecer o seu direito de defesa.

Antonino Galati adverte que a noção de relevância do comportamento da parte, com vistas ao obstar o reconhecimento de nulidade, é restrita aos casos de **nulidade relativa**. Segundo o processualista, é verdade que "também em termos de nulidade absoluta, a ordem em alguns casos dá relevância ao comportamento das partes", a exemplo da nulidade absoluta sanável, em face da existência de dispositivo específico nessa direção. No entanto, no silêncio da lei, "não se diz que a relevância deva ser atribuída ao comportamento da pessoa que causa uma nulidade absoluta".[155] A aludida **nulidade absoluta sanável**, citada por Antonino Galati, seria algo semelhante

155. GALATI, Antonino. *Il comportamento delle parti nel regime delle nullità processuali penali*. Milano: Giufrè, 1970. p.166-167.

ao conceito de **regra de calibração**, cuja função é a de afastar o normal efeito jurídico de invalidação, para conferir justeza ao sistema (regulagem).

Antonio do Passo Cabral pondera que "o processo penal vem se transformando, nas últimas décadas, num jogo desleal em que a defesa tenta de qualquer maneira anular o processo ou algum ato específico, ávida para que o trâmite do procedimento retorne a fases anteriores". Daí explica o autor que, no campo da boa-fé, cooperação e relativização das nulidades, não anui com a "má-fé, em que se vê diariamente o silêncio proposital para aguardar fases posteriores e, p. ex., arguir a nulidade por meio de *habeas corpus* no Supremo Tribunal Federal muitos anos depois do ato viciado ter sido praticado".[156]

É cediço que é vedado à parte atuar agressivamente contra as instituições estatais, o que é bem diferente de qualquer conduta omissiva estratégica ao exercício do direito de defesa. Ao não atentar para esse discrímen, o ilustre jurista deixa de salientar aspectos de repercussão da atipicidade processual:

(1) para exemplificar, cabe sublinhar que a nulidade violadora da regra de **imparcialidade** do julgador (art. 5º, LXI, CF), prejudica, absolutamente, a eficácia de direito individual do imputado; e

(2) o entendimento do jurista reduz a importância do dever de observância de suas atribuições, que têm os órgãos da persecução penal estatal. Juiz e Ministério Público devem fiscalizar a licitude do procedimento, velando pela regularidade dos atos e atuando corretivamente para fazer valer a Constituição (art. 129, I, CF; art. 3º-A, CPP);

(3) em último plano, a exigência contida naquele cânone de direito privado (dever de mitigar o prejuízo exigido do réu) é similar a vedar ao imputado a intuição

156. CABRAL, Antonio do Passo. Nulidades no processo moderno: contraditório, proteção da confiança e validade prima facie dos atos processuais. 2. ed. Rio de Janeiro: Forense, 2010. p.361.

humana de resistir, de se esquivar da dor (hedonismo), de buscar evitar o aprisionamento, por meios não somente absolutos, de mérito (**defesa peremptória**), mas, inclusive, por instrumentos postergatórios (**defesa dilatória**).

3.5.2.5 Anuência (aceitação dos efeitos do ato atípico)

O princípio da anuência está expresso no inciso III, do art. 572, do CPP. Serão convalidadas as nulidades referidas no seu *caput* (art. 564, III, "d", "e", segunda parte, "g", "h", CPP), quando houver aceitação, pelo interessado, dos efeitos do ato processual produzido em desacordo com o padrão legal. Essa norma jurídica não deve incidir quando implicar transação sobre direitos indisponíveis (art. 5º, CF).

3.5.2.6 Convalidação

O art. 568, do CPP, estatui o princípio da convalidação quando dita que "a nulidade por ilegitimidade do representante da parte poderá ser a todo tempo sanada, mediante ratificação dos atos processuais". O texto estabelece uma faculdade sanatória, realçando a necessidade de descrição do consequente normativo que deve se seguir ao vício processual e ao suprimento de fato:

(1) inicialmente, deve existir ilegitimidade do representante da parte, a exemplo dos atos realizados por advogado sem mandato;

(2) diante dessa constatação, mais um elemento de fato deve ser somado ao primeiro, com a ratificação dos atos anteriores pelo legítimo representante da parte (advogado com procuração); e

(3) logo depois, compete ao juiz descrever a situação fática e declarar a **convalidação** dos atos anteriores.

As hipóteses que autorizam a convalidação se relacionam com outros princípios estudados acima, com esteio no art. 572, incisos I a III, do CPP (preclusão temporal, finalidade e anuência). Para as nulidades que não comportarem a convalidação, o CPP preconiza o refazimento do ato processual penal (**saneamento**), seja total (**renovação**), seja parcial (**retificação**), a teor do seu art. 573, *caput*.

A expressão saneamento é uma daquelas que suscitam dúvidas quanto ao seu significado e efeitos. Examinando o Título I, do Livro III, do CPP, pode-se concluir que o legislador não foi uniforme quanto ao teor e à função que pretendeu atribuir ao verbo **sanar**. A dificuldade persiste diante de não ter sido usado o vocábulo **convalidar** para diferenciar situações concretas. Também a ambiguidade do próprio termo **nulidade** é um fator de imprecisão.

Por exemplo, pode-se dizer que a expressão "estará **sanada**", do art. 570, primeira parte, do CPP, foi empregada de forma imprópria (no lugar de "será **substituída**"), quando assevera que "a falta ou a nulidade da citação, da intimação ou notificação estará sanada, desde que o interessado compareça, antes de o ato consumar-se, embora declare que o faz para o único fim de argui-la".

De outro prisma, os termos convalidação e saneamento são muitas vezes usados como sinônimos. Não obstante, entende-se ser útil distingui-los, para precisar as consequências jurídicas dos vícios.

Na doutrina, Gustavo Badaró faz uso dos vocábulos convalidação e sanatória (particípio: sanada) com o mesmo significado. No entanto, o processualista exemplifica, como caso de **sanatória**, a **ratificação,** prevista no art. 568 do CPP.[157]

Note-se, no entanto, que a **ratificação** de atos praticados por representante ilegítimo da parte é, a rigor, **novo ato** processual, com efeito retro-operante relativamente a atos

157. BADARÓ, Gustavo Henrique. *Processo penal*. 3. ed. São Paulo: RT, 2015. p.805.

processuais anteriores com atipia. A convalidação, nessa toada, é ato processual diverso, de controle sobre os efeitos de outro, anterior, viciado. O defeito sempre terá existido e será classificado conforme os critérios teóricos.

3.5.2.7 Verdade substancial

A interpretação da instrumentalidade das formas não deve resvalar naquele sentido negativo descrito por Cândido Rangel Dinamarco,[158] ou seja, não deve ter o objetivo de autorizar o alcance da verdade substancial a todo custo, eis que não é de valia para o Estado punir de qualquer maneira.[159]

É indispensável o respeito às regras do jogo.

Não é sem razão que se admite o julgamento antecipado da lide penal *favor rei*, mesmo antes dos momentos próprios de absolvição sumária (art. 397, CPP). O mesmo não é correto para o caso de condenação, sendo imprescindível o perpassar pelas fases e formas gizadas nas leis de processo.

Daí a necessidade de que o art. 566, do CPP, receba **interpretação conforme a Constituição**. O seu teor, expressando que "não será declarada a nulidade de ato processual que não houver influído na apuração da verdade substancial ou na decisão da causa", somente poderá incidir se não refutar os direitos e garantias individuais fundamentais, a exemplo do devido processo legal.

3.5.2.8 Confinamento ou da conservação dos atos processuais

Outro princípio decorrente de base empírica direta é o do confinamento da nulidade processual ou princípio da conservação dos atos processuais penais. Nos termos do art. 567, do

---

158. DINAMARCO, Cândido Rangel. *A instrumentalidade do processo*. 4. ed. São Paulo: Malheiros, 1994. p.311.

159. JARDIM, Afrânio Silva. Garantismo no processo penal: breve e parcial reflexão. *Revista Eletrônica de Direito Processual – REDP*, Rio de janeiro (UERJ), a.8, n.14, p.10, jul.-dez. 2014.

CPP, "a incompetência do juízo anula somente os atos decisórios, devendo o processo, quando for declarada a nulidade, ser remetido ao juiz competente".

A exemplo da maioria dos princípios, ele deve ter seu âmbito de incidência jungido às nulidades relativas e às irregularidades. Não deve ser admitida sua aplicação contra direito fundamental constitucional do acusado. Para tal restrição, exige-se lei, enquanto fonte de cognição do direito processual penal.

Aliás, os defeitos decorrentes de ferimento de regra de competência, seja ela absoluta ou relativa, são objeto de crítica doutrinária que defende o não aproveitamento de qualquer ato processual produzido[160]. Afinal, "ninguém será processado nem sentenciado senão pela autoridade competente" (art. 5º, LIII, CF).

O legislador constituinte não discerniu a tipologia da incompetência. Também o CPP não consigna a diferença, mandando aplicar indistintamente o princípio do confinamento dos atos processuais. Diante da colidência do art. 567, do CPP, com a CF, deve-se concluir pela sua não recepção.

3.5.2.9 Causalidade, extensivo da consequencialidade ou da concatenação

O CPP traz expresso o princípio em tela no seu art. 573, § 1º. Dispõe que "a nulidade de um ato, uma vez declarada, causará a dos atos que dele diretamente dependam ou sejam consequência". É também denominado de **princípio do efeito expansivo.**

É considerado, por parte da doutrina, como qualidade da deformidade processual. Conforme destaca Julio Vivaldi, característica da nulidade "é a natureza extensiva de seus efeitos. A ineficácia do ato declarado nulo não somente o afeta",

---

160. GRINOVER, Ada Pellegrini; GOMES FILHO, Antonio Magalhães; FERNANDES, Antonio Scarance. *As nulidades no processo penal*. 12. ed. São Paulo: RT, 2011. p.42 *et seq*.

mas também atinge "todas as atuações relacionadas com dito ato e que lhe sucedem".[161]

3.5.2.10 Restrição processual à decretação da ineficácia

No § 2º, do art. 573, o CPP estampa que "o juiz que pronunciar a nulidade declarará os atos a que ela se estende". Veja-se que a restrição processual à decretação da ineficácia (**modulação** de efeitos) é de abrangência geral. Aplica-se, sem limitações, à nulidade *latu sensu*. Isso porque sua incidência, geralmente, não implica decote de direito fundamental individual inserto no núcleo constitucional de processo penal.

3.5.2.11 Eficácia do ato viciado

O princípio em tela decorre de fragmentos de vários enunciados, bem como do viés pragmático do processo. Com efeito, a regra é a de que os atos processuais, mesmo os gravemente viciados, sejam aptos à produção de efeitos até que advenha atividade normativa específica que os subtraia (**princípio do controle expresso da ilicitude**). Trata-se de norma que incide em todos os casos de atipia, da inexistência à irregularidade.

Ao lado desse princípio, os diversos artigos que regulamentam técnicas preclusivas (art. 571, CPP), bem como a **convalidação**, a **substituição** e a **conservação** de atos processuais penais defeituosos militam na faixa da necessidade de um dizer expresso do juiz acerca da atipicidade. A partir daí, cabível a imposição de consequências jurídicas, para, por exemplo, tornar sem efeito um ato processual atípico.

3.5.2.12 Economia processual

Outros princípios de formatação indireta podem ser construídos, mas sempre com o cuidado de evitar afastar a finalidade de garantia das formas. É o caso do princípio da economia

---

161. VIVALDI, Julio E. Salas. *Los incidentes y en especial el de nulidad procesal*. 2. ed. Santiago: EJC, 1981. p.100 (tradução livre).

processual que, contextualmente, pode ser fruto da injunção de dispositivos do CPP (arts. 158, parágrafo único, 394-A; 461, 798-A, III) e da legislação extravagante (art. 71, Lei nº 10.741/2003), com o **princípio da celeridade** disposto expressamente na Constituição de 1988, mediante tipificação direta do **princípio da duração razoável do processo.** São garantias fundamentais da pessoa imputada (art. 5º, LXXVIII, CF).

Adonella Presutti destaca a dificuldade de adotar um critério de plena atuação do **princípio da economia processual.** Na sua dicção, com ele haverá maior risco, não remoto, de "administração arbitrária de soluções desiguais", o que "leva a se duvidar da confiabilidade do método que suprime o valor da legalidade".[162]

A noção de economia processual representa a relação entre ótimos resultados e mínimo dispêndio. Sua incidência não deve relativizar as garantias constitucionais, bem como não devem ser utilizados argumentos econômicos que suprimam o elemento nuclear da dignidade humana e do estado de inocência. Por exemplo, a audiência de custódia não pode ser suprimida ou substituída por meios virtuais, sob a justificativa econômica. É da sua essência ser presencial e de ser um direito do imputado (arts. 287; 310, CPP).

No entanto, problemas de saúde pública podem constituir justificativa excepcional para ser ordenada audiência de custódia por videoconferência. Ademais, o risco de contágio, com colocação de pessoas em risco de morte, foi o motivo de ser permitida sua realização por meios digitais.

Nessa toada, o STF explicou que a pandemia provocada pela COVID-19, "não afasta a imprescindibilidade da audiência de custódia, que deve ser realizada, caso necessário, por meio de videoconferência", em face da inexistência de lei em sentido formal vedando o uso da tecnologia. Ainda, de acordo com a Suprema Corte, esse ato processual, "sob a presidência

162. PRESUTTI, Adonella. *La declaratória delle nullità nel regime delle impugnazioni penali.* Milano: Giufrè, 1982. p.12 (tradução livre).

do Juiz, com a participação do autuado, de seu defensor constituído ou de Defensor Público, e de membro do Ministério Público", permitiria balancear "as medidas sanitárias de restrição decorrentes do contexto pandêmico com o direito subjetivo do preso de participar de ato processual vocacionado a controlar a legalidade da prisão".[163]

3.6 Princípios da jurisdição

Rigorosamente, dizem respeito à jurisdição (poder uno, função indivisa), não à competência (divisão de tarefas, para otimizar a prestação da primeira). São princípios que têm supedâneo na primeira dimensão de direitos individuais fundamentais, isto é, são garantias que foram instituídas em favor do indivíduo (imputado) contra o poder de arbítrio do Estado.

Há princípios da jurisdição que decorrem, mais proximamente, do texto constitucional e, por essa razão, são, antes, princípios constitucionais, a exemplo dos princípios do juiz natural, da inevitabilidade e da indeclinabilidade da jurisdição, examinados acima. Importa, por ora, o estudo dos demais princípios, de predominância infraconstitucional.

3.6.1 Princípio da jurisdicionalidade (inevitabilidade da jurisdição)

É princípio que expressa a ideia de que a jurisdição é cogente. No escólio de Afrânio Silva Jardim e Pierre Souto Maior, não é dado a ninguém "se furtar ao poder imperativo do Estado que monopolizou a justiça e proibiu a composição privada coativa dos conflitos de interesses".[164] Consiste em princípio que decorre da conjugação dos princípios

163. STF – Segunda Turma – HC 186421 – Rel. Min. Celso de Mello – Rel. p/ Acórdão Min. Edson Fachin – publicado em: 17 nov. 2020.

164. JARDIM, Afrânio Silva; AMORIM, Pierre Souto Maior Coutinho de. *Direito processual penal*: estudos, pareceres e crônicas. Salvador: Juspodivm, 2018. p.91-92.

constitucionais da inevitabilidade e da indeclinabilidade da jurisdição. É possível, contudo, que sofra interferência pelas possibilidades consensuais que podem incidir, nos estritos termos do ordenamento jurídico.

Nesse diapasão, deve-se ressalvar que o princípio da inevitabilidade da jurisdição criminal comporta **mitigação** diante do leque de possibilidades de conciliatórias que tenham o efeito de alijar a incidência das disposições processuais penais. Decerto, o ordenamento jurídico admite conciliação e mediação por intermédio das Câmaras Privadas ou dos Centros Judiciários de Solução de Conflitos e Cidadania (CEJUSC) que, de acordo com o contexto, pode repercutir no âmbito penal (art. 167, § 1º, CPC, c/c o anexo I, 1.1, "I", da Resolução-CNJ nº 125/2010). Cuida-se de hipótese em que a lei processual penal recebe influxo de disposições processuais civis, em autêntica relação de coordenação e de subordinação, entre diplomas normativos diversos, porém reduzidos a uma estrutura formal autorizativa, para usar a dicção de Lourival Vilanova.[165] Por exemplo, a conciliação em torno de crédito tributário, homologada no âmbito de um daqueles órgãos, pode ter o efeito de extinguir a punibilidade pelo delito tributário correlato ou constituir óbice ao desenvolvimento válido e regular do processo criminal.

A necessária submissão à jurisdição ou princípio da jurisdicionalidade consiste, na dicção de Rubens Casara, na principal garantia processual do cidadão, com ênfase no seu direito de liberdade. O jurista explica que "a exigência do exercício da função jurisdicional para a concretização do poder de punir assegura ao Poder Judiciário a posição de garante de todos os direitos e das demais garantias materiais e processuais".[166] Nessa esteira, Jacinto Coutinho explica que "o processo se coloca entre o crime e a eventual punição, justo porque a decisão,

---

165. VILANOVA, Lourival. *Causalidade e relação no direito*. 2. ed. São Paulo: Saraiva, 1989. p.70.

166. CASARA, Rubens R. R. *Prisão e liberdade*. São Paulo: Estúdio, 2014. p.18.

para ter a legitimidade de aceitação, precisa refletir, em forma de fundamentação, o conhecimento necessário angariado no seu bojo". Daí que "o processo é imprescindível (***nulla poena sine judicio***), tanto quanto a jurisdição é necessária (***nulla poena sine judice***)".[167]

3.6.2 Princípio da inércia

Expresso na máxima de o juiz não procederá de ofício, no conhecido brocardo *ne procedat iudex ex officio*, derivado do **princípio acusatório** (art. 129, I, CF). O juiz há de ser provocado, no sistema descrito no art. 3º-A, do CPP. Trata-se de regra geral que se aplica de forma mais ampla na fase investigativa e, em especial, na proibição de decretação de prisões provisórias de ofício.

No entanto, o princípio da inércia comporta exceções:

(1) na tutela de garantias fundamentais da liberdade, protetiva dos direitos do imputado, o juiz deve atuar de ofício, a exemplo do dever de prover a regularidade do processo (art. 251, CPP) e de conceder *habeas corpus ex officio* (art. 5º, LXV; art. 649, CPP);

(2) na atuação substitutiva probatória restrita a dirimir ponto relevante ao julgamento do mérito da demanda penal condenatória.[168]

3.6.3 Princípio da substitutividade da jurisdição

Compreende-se como **princípio da substitutividade da jurisdição**, a função do juiz de se colocar no lugar das partes,

167. COUTINHO, Jacinto Nelson de Miranda. Antígona: mas a tirania (...) tem o privilégio de fazer e dizer o que lhe apraz. *Direito e psicanálise*: interseções e interlocuções a partir de "Antígona", de Sófocles. Jacinto Nelson de Miranda Coutinho (org.). Rio de Janeiro: Lumen Juris, 2014. p.208-209.

168. STF – Pleno – ADI 6298/DF – Rel. Min. Luiz Fux – 24 ago. 2023.

atendendo ao propósito pacificador do processo penal. Permeiam sua interpretação, dentre outros cânones, o princípio da inafastabilidade e o princípio da indelegabilidade.

3.6.4 Princípio da indelegabilidade da jurisdição

Como observado por Afrânio Silva Jardim e Pierre Souto Maior, o princípio da indelegabilidade da jurisdição estaria compreendido no ditame reitor do juiz natural (art. 5º, LIII, CF).[169] Ao juiz não é autorizado atribuir suas tarefas centrais aos funcionários, nem a outro juiz. A ressalva, relativamente aos servidores, são os chamados atos ordinatórios, sem feição decisória.

No que concerne às cartas precatórias, há delegação parcial de um juiz a outro, **restritamente ao ato** que compõe o sequenciado processual. Por exemplo, o ato de oitiva da testemunha caberá ao juiz deprecado, com competência jurisdicional no local de residência do depoente. No entanto, **não há delegação da jurisdição em sentido estrito** porque o juiz processante não tem competência nos limites territoriais do juízo de destino da carta.

3.7 Principiologia recursal

Princípio recursal é a norma que constitui seu elemento nuclear, informando o conteúdo e a órbita de incidência das regras de todos os recursos. Enquanto alicerce, a identificação de sua natureza formata o seu regime jurídico.

3.7.1 Delimitação da noção de princípio recursal

Como conclusão da demarcação do seu conceito, **não** se inserem no âmbito restrito de princípio recursal:

169. JARDIM, Afrânio Silva; AMORIM, Pierre Souto Maior Coutinho de. *Direito processual penal*: estudos, pareceres e crônicas. Salvador: Juspodivm, 2018. p.91-92.

(1) **duplo grau de jurisdição**: inaplicável, *stricto sensu*, às decisões que comportam recursos lineares, com seu trâmite perante órgãos do mesmo tribunal. Também não há duplo grau, no sentido estrito (vertical), nas ações originárias ajuizadas perante o STF;

(2) **variabilidade**: entendimento doutrinário que sustenta que, no prazo recursal, a parte recorrente tem o poder de reforçar razões recursais já apresentadas. O fracionamento do recurso é um ponto de vista que não tem aderência à noção de norma geral informadora de outras regras. Aliás, essa possibilidade esbarraria na preclusividade da conduta processual exaurida (preclusão consumativa);

(3) **dialeticidade**: a dialeticidade é expressão do princípio constitucional do contraditório e, por tal razão, não é categoria distinta ou específica aos recursos;

(4) **complementariedade**: compreende a noção de que as partes podem complementar o recurso anteriormente interposto se a decisão recorrida for objeto de retratação do juiz *a quo*. Essa alternativa, no entanto, não se estreita com o conceito de princípio, por mais de uma razão:

(a) em primeiro plano, a possibilidade de impugnação da retratação judicial decorre, diretamente, das hipóteses de cabimento recursal consignadas no direito positivo (por exemplo: a correção da pronúncia, em razão do óbito da vítima de homicídio tentado, reabre o prazo recursal);

(b) em um segundo patamar, a inércia do Ministério Público não o socorre do trânsito em julgado *favor rei*, impedindo, por exemplo, a devolução do prazo à acusação, em função de decisão integradora de embargos de declaração opostos pelo réu, sem modificação do mérito da sentença condenatória;

(5) **suplementariedade**: trata-se de noção que também não se acomoda à noção de princípio, tanto em razão da sua limitada utilidade, quanto porque não constitui ponto comum que constitua derivação de regras jurídicas. Em poucas palavras, é um conceito desnecessário em virtude de sua parca aplicação. Quase sem exemplos, a doutrina busca explicar a suplementariedade com a possibilidade de mais de um recurso contra a mesma decisão (*verbi gratia*, recurso extraordinário e recurso especial interpostos contra o mesmo acórdão). Entrementes, cada impugnação tem seu parâmetro e alcance próprio (relativamente a cada capítulo da decisão), sem que seja necessário invocar o vocábulo em tela.

3.7.2 Princípios informadores dos recursos

Com o propósito de acurar o rigor da definição de princípio, o seu rol restaria mais enxuto e funcional.

3.7.2.1 Voluntariedade

Somente se caracteriza como recurso, a impugnação que tem, em seu elemento conceitual, ato volitivo, ou seja, a manifestação da parte, seja por meio de petição recursal, seja por termo, na forma da lei. Sob esse quadro, excluem-se do conceito os impropriamente chamados recursos de ofício (art. 574, CPP).

3.7.2.2 Taxatividade

Estreitamente vinculado à legalidade estrita, somente lei pode criar recurso atrelado à hipótese de cabimento. Dizer que o recurso é disciplinado pelo princípio da taxatividade é alijar casos de criação analógica de recorribilidade. O art. 2º, do CPP, admite a interpretação analógica e, de forma derivada, a analogia. Porém, a matéria de controle recursal, por se ligar à demarcação temporal dos limites subjetivos e objetivos da coisa julgada, é incompatível com espaços ambíguos que nublem as hipóteses de preclusividade das decisões.

Todavia, a taxatividade dos recursos tem sido abrandada pelos tribunais, notadamente nos casos de maior extensão do recurso em sentido estrito (art. 581, do CPP), seja em razão de previsão legal extravagante, seja em virtude de modificação legislativa que não corresponda ao seu elenco tradicional:

(1) exemplo da primeira situação é o parágrafo único, do art. 294, CTB, que, nos crimes de trânsito, prevê o cabimento de recurso em sentido estrito contra a decisão que decretar a suspensão da habilitação para dirigir veículo ou medida cautelar nesse sentido, bem como contra a que indeferir o correlato requerimento do Ministério Público;

(2) exemplo da segunda situação, é o entendimento do cabimento de recurso em sentido estrito contra decisão que não receber o aditamento ministerial de mutatio libelli, por considerá-lo petição com natureza de denúncia ou queixa (art. 581, I, c/c o art. 2º, do CPP).

3.7.2.3 Unicidade

Também denominado de princípio da unirrecorribilidade ou da singularidade recursal. Para cada decisão, é cabível somente um recurso. Nos casos em que um único documento decisional comportar mais de um recurso, a unicidade também é afirmada com base na noção de capítulo de sentença.

Vale dizer, para cada capítulo ou fundamento decisional será manejado um único recurso específico. Dessa forma, é possível haver mais de um recurso contra uma única decisão, seja porque manejados por sujeitos processuais diversos, seja porque lastreados em fundamentos distintos. Por exemplo, contra um acórdão de tribunal de justiça, são interponíveis recurso especial e recurso extraordinário, cada qual com seu lastro normativo.

3.7.2.4 Eficácia favor rei

A eficácia recursal *favor rei* é princípio reitor de um leque de subprincípios que conformam a proteção do imputado, a partir do núcleo constitucional do processo penal.

3.7.2.4.1 Preclusividade progressiva

No direito processual penal, a coisa julgada se opera de forma desequilibrada relativamente aos polos ativo e passivo do processo. A preclusividade é progressiva, em desfavor do autor da ação penal.

Com efeito, a conduta da acusação tem maior peso, em duplo sentido:

(1) se o *Parquet* não recorrer, total ou parcialmente, de uma decisão, deixando escoar o prazo, consolida-se o trânsito em julgado em favor do réu, ainda que este tenha, por exemplo, oposto embargos de declaração;

(2) se o Ministério Público recorrer para, por exemplo, aumentar a pena do réu, a decisão poderá lhe ser a este favorável, para absolvê-lo, transcendendo o objeto do recurso.

Nas ações privadas de natureza exclusiva ou personalíssima, o rigor é ainda mais preclusivo, prevendo a legislação hipóteses de perempção, em face de comportamento desidioso do querelante (art. 60, CPP).

3.7.4.2.2 Non reformatio in pejus

Por outro lado, o recurso exclusivo da defesa não lhe pode prejudicar, também sob dupla perspectiva:

(1) reformatio *in pejus* direta: o tribunal não pode retificar decisão condenatória para exasperar a pena, se o *Parquet* não interpôs recurso nesse sentido. Aliás,

também não pode reconhecer nulidade absoluta contra o réu se não fustigada pela acusação;

(2) reformatio *in pejus* indireta: o julgador, em um segundo julgamento subsequente à invalidação do primeiro, não pode aplicar pena maior, se o MP não tiver impugnado especificadamente a sanção aplicada. Em outras palavras, a pena do primeiro julgamento se torna teto para o segundo (efeito prodrômico da sentença).

3.7.4.2.3 Pessoalidade

A pessoalidade é entendida como o princípio que contempla apenas a parte que recorreu, para que possa ser beneficiada pelo recurso, ressalvada hipótese de aplicação de efeito extensivo em situações incindíveis. Por exemplo: em caso de coimputados, apenas um réu recorreu e o tribunal declarou a inexistência do fato que, evidentemente, não pode subsistir em relação ao corréu que não interpôs recurso.

3.7.4.2.4 Intranscendência

A intranscendência é princípio que decorre do *favor rei*. Consiste no dever que tem a acusação de nominar, em seu recurso, todos os acusados nos casos em que há incindibilidade da situação de fato. Por exemplo, em crime de coautoria necessária, de compor associação criminosa (art. 288, CP), se absolvidos os réus com fundamento na inexistência do fato (art. 386, I, CPP), o *Parquet* não pode pleitear que o fato exista somente em relação a um deles. Daí que se a acusação interpuser recurso pedindo a condenação de apenas um dos imputados absolvidos por inexistência do fato, deixando de incluir o nome do outro, apesar da identidade fática, o recurso restará prejudicado porque não pode receber efeito transcendente para alcançar réus não incluídos no pedido recursal. Em outros termos, o fato não pode existir para um acusado e, ao mesmo tempo, não existir para o outro não incluído no recurso ministerial.

3.7.4.2.5 Fungibilidade

O princípio da fungibilidade dos recursos (art. 579, parágrafo único, CPP) preconiza que o erro no ingresso de um recurso no lugar do outro não deve ser óbice ao seu andamento, desde que: (1) a escolha equivocada do recurso não seja grosseira (existência de boa-fé); e (2) o prazo para a interposição do recurso adequado não tenha sido extrapolado (obediência à tempestividade recursal).

3.7.4.2.6 Conversibilidade

O endereçamento do recurso a órgão colegiado incompetente autoriza a incidência do princípio da conversão (ou da conversibilidade). Consiste no dever jurídico dirigido ao órgão incompetente para julgar a impugnação, de efetuar a remessa do recurso àquele com competência para julgá-lo, retificando o seu recebimento equivocado.

3.7.4.2.7 Colegialidade

Trata-se de princípio que garante que o recurso seja levado a julgamento por órgão plúrimo, composto por mais de um membro, fracionados ou plenos. Apesar da possibilidade de julgamentos monocráticos pelos membros dos tribunais, a colegialidade há de ser assegurada por meio de previsão de impugnação, geralmente denominada de agravo (inominado, interno ou regimental).

3.8 Principiologia das medidas cautelares pessoais

A aplicação das medidas cautelares diversas da prisão deve se submeter ao regime jurídico positivado no CPP. Além dos parâmetros de plausibilidade e de urgência, as articulações da disciplina normativa permitem inferir normas de maior amplitude, que alicerçam as demais, de alcance mais restrito.

Deve-se conferir interpretação conforme a Constituição, por exemplo, ao § 5º, do art. 282, do CPP, para que tenha aderência ao **princípio acusatório**, contemplado na CF e, expressamente, no art. 3º-A do CPP. A este, aliás, o STF atribuiu o sentido de que o juiz possa agir de ofício, supletivamente às partes, porém **nos limites estritamente autorizados por lei**, para dirimir **questão relevante ao julgamento de mérito**. Logo, o permissivo de atuação *ex officio* do julgador, no exercício de seu poder cautelar, não alcança a possibilidade de imposição de medidas cautelares mais severas ao imputado sem provocação do legitimado. Por outro lado, esses poderes do magistrado são admitidos na tutela das garantias fundamentais (art. 3º-B, *caput*, CPP)[170].

Sem embargo, as medidas cautelares recebem o influxo do **princípio da estrita legalidade** para que se entenda que o rol de suas espécies deva ser compreendido como **taxativo**, isto é, *numerus clausus*. Não há óbice, contudo, a que as hipóteses sejam sufragadas em mais de um diploma legal.

A principiologia consiste na elaboração de cânones que informam determinado tema. O sentido de princípio pode ser mais estrito, para significar somente as normas jurídicas com alcance forte. Em sentido amplo, princípio pode conotar argumento, com o objetivo de sustentar um ponto de vista.

Mais de um princípio pode ser sacado pelo intérprete ao cuidar da pragmática da aplicação de medidas cautelares.

3.8.1 Princípio da fungibilidade cautelar

As medidas cautelares não podem ser impostas de ofício pelo juiz. Na dicção de Fritz Baur, "há obrigatoriedade de ser proposto determinado pedido no procedimento de medida cautelar". É cediço que o órgão judicial "não atua de ofício, mas tão somente por petição". De outro giro, "ao autor da

---

170. STF – Pleno – ADI 6298/DF – Rel. Min. Luiz Fux – 24 ago. 2023.

petição compete expor e demonstrar plausivelmente os fatos com base nos quais é para ser decretada a medida cautelar".[171]

No entanto, havendo requerimento de providência mais severa, o magistrado poderá dosar a imposição da cautela e aplicar a menos gravosa que a requestada pela parte ou que tenha sido objeto de representação da autoridade policial, desde que inserida na esfera jurídica do que foi solicitado.

Ainda é possível ao juiz fixar medida cautelar diversa, porém equivalente à solicitada e mais ajustada ao caso concreto. A escolha da providência não pode desaguar em arbítrio, devendo ser justificada a incidência da fungibilidade (art. 93, IX, da CF).

Também o juiz não está autorizado a aplicar medida cautelar mais gravosa que a solicitada, em respeito ao princípio *ne procedat iudex ex officio*.

3.8.2 Princípio da substitutividade

Uma medida cautelar pode ser substituída por outra.

Trata-se de princípio que decorre da **fungibilidade** e da **instrumentalidade** das cautelares.

Mas vai além, pois pode indicar a necessidade de maior rigor cautelar, com a **cumulatividade** de várias providências ou, diversamente, a **substitutividade** pode ser incidida quando não for mais necessária uma medida de maior limitação, para ter lugar cautelar menos gravosa.

Frederico Marques aponta que a instrumentalidade é um dos traços característicos da medida cautelar, eis que "ela é meio e modo de garantir a efetividade de providências definitivas que constituem objeto do processo principal". Pode ser bipartida em:

---

171. BAUR, Fritz. *Estudos sobre tutela jurídica mediante medidas cautelares*. Tradução: Armindo Edgar Laux. Porto Alegre: Sergio Antonio Fabris, 1985. p.100.

(1) **instrumentalidade hipotética** ou de **primeiro grau**, quando "a concessão de medida cautelar sempre depende de ser provável a hipótese de dever conceder-se a providência definitiva, que tal medida antecipada procura assegurar, em prol daquele que a pede em caráter provisório";

(2) **instrumentalidade qualificada** ou de **segundo grau**, ao se considerar que a função jurisdicional tem o fito de incidir normas jurídicas, enquanto a medida cautelar deve constituir "meio predisposto e adequado para a melhor consecução da providência definitiva", sendo conhecida como o instrumento do instrumento, relacionado à finalidade do processo.[172]

3.8.3 Princípio da homogeneidade

A aplicação de medida cautelar não deve exceder à qualidade e à quantidade referentemente ao que é previsto a título de pena. Em outros termos, a medida cautelar não deve ultrapassar o *quantum* da pena cogitada e possível de ser fixada no caso concreto.

Por exemplo, um processo por crime com pena não excedente a quatro anos, geralmente, nos casos de condenação, conduz à substituição da pena privativa de liberdade por pena restritiva de direito (arts. 43; 44, CP). Logo, se necessária medida cautelar, essa deve ser alternativa à prisão, com supedâneo na homogeneidade que deve informar a relação entre cautela e pena.

Esse tema constitui objeto de percepção de Fritz Baur, quando procura saber sobre a relação entre a medida a tomar e o direito material. O jurista pondera que "a consequência jurídica, que dimana do direito material, representa o limite

---

172. MARQUES, José Frederico. *Elementos de direito processual penal*: volume IV. 2. ed. Campinas: Millennium, 2003. p.12-13.

extremo daquilo que é adjudicável por meio da medida cautelar". Em outros termos, a providência cautelar a ser tomada deve configurar um *minus* e um *aliud* relativamente à aplicação da sanção depreendida do direito substancial.[173]

3.8.4 Princípio da finalidade

As medidas cautelares devem estar atreladas a, pelo menos, um propósito. Seu objetivo não é o de aplicar castigo, pena ou sanção em sentido estrito. Para cada providência do art. 319, do CPP, o legislador vincou um fim, à exceção do recolhimento domiciliar noturno (inciso V) e da monitoração eletrônica (inciso IX) que, apesar da omissão, devem estar justificadas em um objetivo definido.

Vale dizer, a monitoração deve ter por fim assegurar o cumprimento de outra cautelar, daí a dedução de que sua aplicação pode ser cumulada, por exemplo, com a medida de proibição de frequência a determinados lugares, com o cunho de evitar risco de novas infrações (inciso II). O recolhimento domiciliar, de outro turno, deve estar fundado em objetivo haurido do inciso I, do art. 282, do CPP, tal como a necessidade de maior controle do imputado, para garantir a aplicação da lei penal, evitando-se a prisão e assegurando que permaneça exercendo suas atividades laborativas.

Exemplos de finalidades descritas nos incisos do art. 319, do CPP: a internação provisória tem o fito de fazer face ao risco de reiteração delitiva (inciso VIII), objetivo comum à medida de suspensão do exercício da função pública ou de atividade de natureza econômica, a ser imposta quando houver justo receio de sua utilização para a prática de infrações penais (inciso VI).

---

173. BAUR, Fritz. *Estudos sobre tutela jurídica mediante medidas cautelares*. Tradução: Armindo Edgar Laux. Porto Alegre: Sergio Antonio Fabris, 1985. p.99.

3.8.5 Princípio da provisionalidade

Consiste na natureza *rebus sic stantibus* das medidas cautelares. É princípio que não se confunde com a provisioriedade (*rectius*: temporariedade; em sentido diverso da prisão temporária!). Decerto, a noção de **provisioriedade** significa duração limitada no tempo, cujo termo máximo de operatividade de efeitos é advento do trânsito em julgado da sentença penal condenatória.

O princípio da **provisionalidade**, distintamente, tem o sentido de subordinação da decisão às condicionantes que justificaram a decretação da medida cautelar. Desaparecidas as razões que a justificaram, deve ser revista a decisão que impôs a cautelar. Evidentemente que, da provisionalidade, decorre a temporariedade da medida. Porém, são institutos diversos.

Miguel Tedesco Wedy, em seu magistério, elucida que se deve entender a **provisionalidade** com o "caráter temporário e precário das medidas cautelares pessoais", com destaque para a "necessidade de uma efetiva situação cautelanda". É medida de traço situacional, cuja duração depende, por exemplo, da subsistência dos "motivos pelos quais ela foi concretizada, ou seja, enquanto existir a ameaça à instrução processual ou à aplicação da lei penal".[174]

3.9 Princípios gerais do direito

Os princípios gerais do direito são normas jurídicas que têm âmbito de aplicação estrutural, isto é, compõem o repertório estrutural cujo método de incidência utilizado pela doutrina designa como interpretação sistemática. O percurso que permite sacar um princípio geral do direito deve fidelidade ao pensamento lógico, como forma de viabilizar raciocínio correto a partir dos elementos descritos, positivamente, no ordenamento jurídico estatal.

---

174. WEDY, Miguel Tedesco. *Eficiência e prisões cautelares*: Porto Alegre: Livraria do Advogado, 2013. p.68.

Vincenzo Manzini adverte que os princípios gerais do direito "não constituem os princípios de um suposto direito natural ou racional ou filosófico ou comum, mas sim regras de direito positivo". Eles podem resultar, alternativamente, "de uma formulação escrita" ou "através de um processo de abstração e generalização", por meio do qual se remonta aos princípios superiores a que estão sujeitos os enunciados do direito positivo. Exemplifica com casos que a ordem jurídica permite inferir a falta de parcialidade do juiz ou a vedação à tomada de declarações de alguém como testemunha.[175]

Flavio Meirelles Medeiros, em estudo que aborda a noção de **princípios gerais do direito** enquanto fonte subsidiária do direito processual penal, pondera que sua extensão é dotada de variabilidade, isto é, "alguns são 'mais gerais que outros'. Existem, portanto, princípios de diferentes configurações:

(1) os que possuem amplitude reduzida ao direito processual penal;

(2) outros pertencem ao direito processual em geral, repercutindo tanto no instrumental civil como no penal;

(3) aqueles que se estendem sobre todo o direito público; e, finalmente,

(4) os que tem valência em todo o direito positivo.[176]

3.9.1 Princípios transcendentais

Na seara dos princípios gerais do direito, têm aplicação os **princípios transcendentais**, que informam o pensamento da humanidade, fundados na filosofia aristotélica e com

175. MANZINI, Vicenzo. *Trattato di diritto processuale penale italiano*: volume primo. 3. ed. Torino: Unione Tipografico; Torinense, 1949. p.114 (tradução livre).

176. MEDEIROS, Flavio Meirelles. Princípios de direito processual penal. *Revista Forense comemorativa – 100 anos*, tomo VII [direito processual penal], Afrânio Silva Jardim (org.), Rio de Janeiro: Forense, p. 502-503, 2006.

validade universal (filosófica). Classificam-se como pressupostos de correção do raciocínio e do pensamento lógico. Para a aplicação ao direito, deve ser descrito o significado de cada elemento que conforma a tríade <identidade, não contradição e terceiro excluído>.

3.9.1.1 Identidade

Cada disposição deve ser uma classe (**unidade**) para que corresponda conduta igual (**mesmidade**).

3.9.1.2 Não contradição

Uma regra não pode fomentar e outra desestimular uma mesma conduta (**coerência**). Nas palavras de Giovanni Reale e Dario Antiseri, "não se pode negar e afirmar dois predicados contraditórios do mesmo sujeito no mesmo tempo e na mesma relação".[177]

3.9.1.3. Terceiro excluído

Evita-se um termo médio de sentido produzido pela mescla de fragmentos de textos conflitantes, sem propósitos uniformes (**integridade**).

3.9.2 Princípio da proporcionalidade

Enquanto princípio geral do direito, a proporcionalidade orienta a exigibilidade e a escolha da medida cautelar com aderência à situação concreta. Está positivada expressamente nos incisos I e II, do art. 282, do CPP, que estabelece os vetores da necessidade (urgência) e adequação (plausibilidade) como subprincípios que devem ser constatados e descritos na decisão.

---

177. REALE, Giovanni; ANTISERI, Dario. *História da filosofia*: Antiguidade e Idade Média [volume 1]. Tradução: Ivo Storniolo. São Paulo: Paulus, 1990. p.216-217.

A proporcionalidade pode ser expressa pelo designativo de razoabilidade ou ideia de proibição de excesso. O princípio é composto pelos vetores: (1) da exigibilidade-necessidade; (2) da conformidade-adequação; e da (3) ponderação-justa medida.

3.10 Aplicação a caso concreto

O STF invocou o princípio da economia processual para reconhecer a urgência de produção de prova testemunhal, diante do "justo receio do perecimento da prova". Ponderou que tal poderia ocorrer em razão:

(1) do esquecimento dos fatos pela testemunha;

(2) do risco de que não possam ser localizadas;

(3) da imprevisibilidade do momento em que o processo retomaria seu curso, diante da fuga do réu;

(4) de ser medida de economia processual, em razão da existência de testemunhas em comum com outro réu;

(5) de prejuízo ao paciente, ante a nomeação da Defensoria Pública para assisti-lo;

(6) da possibilidade de reiteração, em juízo, da inquirição de testemunhas, observando-se o contraditório e a ampla defesa;

(7) da regra de que não haverá declaração de nulidade quando não demonstrado o efetivo prejuízo causado à parte *(pas de nullité sans grief)*;

(8) de não caber falar na existência, mesmo que remota, de constrangimento ilegal ao direito de locomoção do paciente.[178]

---

178. STF – Primeira Turma – HC 165581 – Rel. Min. Alexandre de Moraes – publicado em: 11 mar. 2019.

O julgado deu valor maior ao direito da acusação de produzir a prova (art. 129, I, CF), que aos postulados da presunção da inocência e da ampla defesa (art. 5º, LVII e LV, CF). Entretanto, acenou com a possibilidade de renovação probatória (reinquirição).

3.11 Conclusão e próximo capítulo

Os princípios são normas jurídicas que podem assumir a função de calibragem do sistema. O preenchimento de conteúdo correto de cada uma dessas normas de maior vaguidade depende da observância do texto constitucional, mediante controle contínuo, seja por via difusa, seja pelo meio concentrado.

A relação entre os elementos constitutivos de uma teoria da nulidade e a teia principiológica que informa a sua incidência é fundamental à delimitação de seu âmbito de imponibilidade e ao controle dos atos processuais penais. É o que será visto no próximo capítulo.

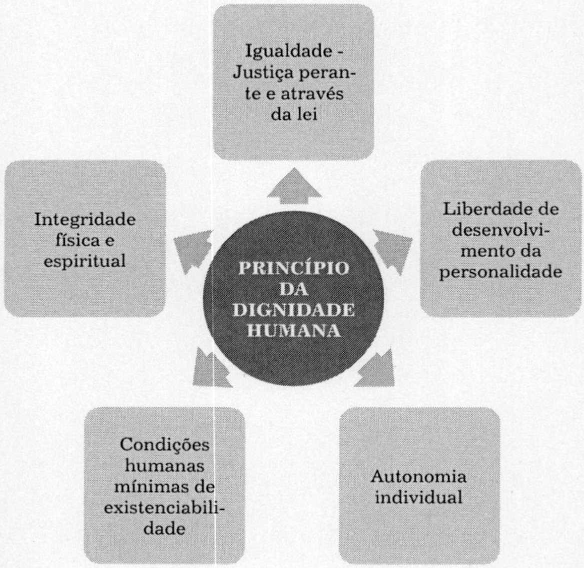

CAPÍTULO 4

RELAÇÃO ENTRE PRINCÍPIOS E REGRAS

4.1 Adscrição normativa

A noção de **adscrição de regras a princípios** é colhida de Robert Alexy[179] por ser útil à interpretação das normas processuais penais. Suas disposições estão intimamente ligadas à proteção de direitos fundamentais, individuais, cuja efetividade pode ser alcançada por meio da relação entre princípios constitucionais e regras infraconstitucionais.

Adscrição tem significado de complemento, de acréscimo escrito, expressando imbricação entre normas de graus diversos. No nível relacional, pode-se dizer que há regras que estão adscritas a princípios, em complemento a estes. Relação desse jaez é vista entre o princípio da ampla defesa e as regras de citação do acusado para se defender. Estas estão adscritas àquele.

As normas processuais penais, produzidas a partir dos enunciados e de fragmentos da Constituição,[180] podem ser levadas a efeito de forma direta ou indireta:

---

179. ALEXY, Robert. *Teoría de los derechos fundamentales*. Madrid: Centro de Estúdios Políticos y Constitucionales, 2002. p.68-72.

180. GUASTINI, Riccardo. *Distinguiendo*: estudios de teoría y metateoría del derecho. Barcelona: Gedisa, 1999. p.99.

(1) **diretamente** quando o dispositivo constitucional é, por si só, suficiente para a produção da norma jurídica;

(2) **indiretamente** quando a construção da norma depende de complemento por meio de interpretação de enunciados infraconstitucionais.

4.2 Espaços de quadro

É importante a delimitação do núcleo processual penal sediado na Constituição, eis que destinado a proteger os direitos fundamentais individuais. Vale gizar que nem todo dispositivo do ordenamento jurídico é complementar à Constituição. Existem regras que preenchem espaços necessários ao funcionamento do processo penal, que estão dentro do âmbito do que a Constituição libera. Eis a regulamentação dos **espaços de quadro**.

Dando suporte a essa fundamentação, Robert Alexy aparta as normas disciplinadas diretamente pela Constituição e as normas que são a ela adscritas. Considera, para tal conclusão, que existem regras infraconstitucionais que concretizam princípios constitucionais, como forma de complementação, tornando-os mais precisos, haja vista a forma difusa como posta pelo texto constitucional.[181]

A título de exemplo de disposições que **não complementam a Constituição**, podem ser citados os enunciados que dispõem sobre:

(1) a tomada de compromisso dos jurados no rito do júri;

(2) o encerramento do inquérito policial por relatório da autoridade policial;

(3) a certificação de atos processuais pelos servidores; e

181. ALEXY, Robert. *Teoría de los derechos fundamentales*. Madrid: Centro de Estudios Políticos y Constitucionales, 2002. p.68-72.

(4) a necessidade de tomada de compromisso pelos peritos, como forma prévia ao exame de corpo de delito.

Disciplina legal como essas não se caracterizam como extensão do regramento constitucional, estando no espaço para a colmatação das disposições processuais pelas chamadas **leis de quadro**.

4.3 Preenchimento dos espaços do sistema

Com estabelecimento de um método padrão à produção normativa processual penal, é possível conferir previsibilidade de resultados, com diminuição da discricionariedade judicial, sem ser necessário destoar dos fundamentos positivistas que reconhecem no Estado a fonte material de produção do direito. Essa preocupação de limitar o arbítrio não discrepa da que externa Lenio Streck.

Criticando certa ótica atribuída ao positivismo, o ilustre jurista reputa que "negar a possibilidade de que possa existir (sempre) – para cada caso – uma resposta conformada à Constituição, portanto, uma resposta correta sob o ponto de vista hermenêutico (porque é impossível cindir o ato interpretativo do ato aplicativo)", pode ter o sentido de uma espécie de "profissão de fé no positivismo e, portanto, a admissão de discricionariedades interpretativas, o que se mostra antitético ao caráter não relativista da hermenêutica filosófica, incompatível com a existência de múltiplas respostas". De acordo com o que conclui, haverá o risco de outorgar "ao juiz uma excessiva discricionariedade (excesso de liberdade na atribuição dos sentidos)", entendido o direito, tão somente, como um conjunto de normas.[182]

Apropriado contrapor, todavia, que o efeito negativo da subjetividade judicial não parece ser exclusividade de uma

182. STRECK, Lenio Luiz. As súmulas vinculantes em face da hermenêutica filosófica e da jurisdição constitucional. In: *Acesso à justiça e efetividade do processo*. Geraldo Prado (org.). Rio de Janeiro: Lumen Juris, 2005. p.169.

postura específica, seja ela hermenêutica, filosófica ou positivista. O problema parece ser melhor enfrentado e controlado por meio da exposição fundamentada e detalhada de um critério analítico que evidencie as razões e os passos para a tomada de uma decisão jurídica. Para tanto, parece ser indispensável a fixação de pontos de partida sustentados em bases empíricas reconhecidas como direito pelo sistema.

A forma de controle da licitude dos atos processuais existirá de forma diferenciada, a depender do fundamento empírico para a produção da norma. Eventualmente, poderá existir relação entre Constituição Federal e legislação infraconstitucional:

(1) de **complementariedade**, identificando o texto constitucional que fundamenta direta ou indiretamente a validade da legislação infraconstitucional; ou

(2) de **preenchimento de espaços** que a Constituição não disciplinou.[183]

Esse *discrimen* deve ser observado, por exemplo, quando do **cálculo normativo** da classe de nulidade processual penal e sua correspondente consequência jurídica. A incidência de princípios que afastem a invalidação só tem cabimento quando viabilize maior eficácia de direito fundamental.

A redução do espaço não abrangido pela programação normativa, de dúvidas interpretativas acerca da nulidade, da prova penal ou do recurso criminal, é alcançada por essa estruturação, em conjunto com as definições dos elementos dos atos processuais convencionados. Desse modo, a implicação entre norma primária (hipótese ou prótase) e norma secundária (tese ou apódose), estreita as possibilidades de múltiplas reações judiciais.

---

183. ALEXY, Robert. Direito constitucional e direito ordinário. Jurisdição constitucional e jurisdição especializada. *Revista dos tribunais*, São Paulo, a.91, n.799, p.41-42, maio 2002.

4.4 Núcleo constitucional do sistema acusatório

A essencialidade de um elemento de um ato processual penal é atestada:

(1) por decorrer de concretização de norma jurídica construída a partir do núcleo processual penal constitucional de proteção aos direitos individuais fundamentais;

(2) por conter cominação em enunciado infraconstitucional, quando dita, por exemplo, que haverá nulidade, mediante técnica de sancionamento direto, induzindo à conclusão de que o elemento essencial afetado deve ser objeto de reconhecimento (cogência).

De todo modo, tais critérios decorrem de **imperatividade** direta ou indireta do texto da Constituição, cuja solução deve trilhar o critério de se atribuir maior eficácia ao direito fundamental. No seu art. 5º, dormita o núcleo do sistema, do qual derivam os parâmetros para a identificação da essencialidade dos atos processuais penais. Desse cânone, infere-se que a nulidade serve de elo entre garantias fundantes e o direito positivo (fundado).

Pontos de coincidência existem entre esse parâmetro e o alvitrado por Jorge Coutinho Paschoal. Entrementes, o autor entende que a distinção entre nulidade absoluta e relativa alicerçada apenas na vulneração de valores fundamentais, é fadada ao fracasso, a exemplo do que já ocorria com a utilização da noção de ordem pública, malgrado reconheça como adequada a identificação da nulidade com a violação de garantias. Reputa que a imperfeição do ato, visto isoladamente, acompanhado de violação ao devido processo legal e com defraudação da ordem constitucional, implicará prejuízo presumido, notadamente por conta do afastamento do padrão legal.[184]

---

184. PASCHOAL, Jorge Coutinho. *O prejuízo e as nulidades processuais penais*: um estudo à luz da jurisprudência do Supremo Tribunal Federal e do Superior Tribunal de Justiça. Rio de Janeiro: Lumen Juris, 2014. p.533-534.

Nesse cenário, o fulcro da incidência da disposição de que não há nulidade sem prejuízo deve ser definido negativamente. Terá lugar toda vez que não estiver em jogo a aplicação de direito constitutivo do núcleo constitucional de direito fundamental. Ou seja, sua incidência é restrita às nulidades relativas, salvo quando o afastamento do modelo jurídico implicar maior eficácia a uma garantia.

Por outro lado, a comprovação de ausência do prejuízo deve ficar nas mãos do juiz e não das partes, como parece induzir o art. 563, do CPP. O sistema acusatório pressupõe demarcação de funções entre os sujeitos processuais da persecução criminal (art. 3º-A, CPP), bem compartidas, sem criação de deveres às partes, senão por intermédio de lei.

4.5 Da verdade a todo custo à desistência da verdade

Geraldo Prado explica que, "no cerne da aplicação concreta das normas jurídicas, no momento de sua real constituição, há uma política do direito que se manifesta". Tal política é depreendida da própria Lei Maior: "a validade jurídica do ato de concretização da norma, espelhada na Constituição da República, está condicionada à compatibilidade entre a disposição constitucional e o comportamento em si mesmo".[185]

Alinhar o problema da adequação do procedimento à certificação da verdade é providência que exige postura comprometida com o sistema acusatório. Os textos refratários à efetividade das garantias fundamentais constitucionais, de cunho inquisitivo, valem-se de formas legais incompatíveis com a Constituição para propiciar negociação ou manipulações extorsivas tendentes à obtenção da verdade a qualquer custo.

185. PRADO, Geraldo. Limite às interceptações telefônicas e a jurisprudência do Superior Tribunal de Justiça. In: *Acesso à justiça e efetividade do processo*. Geraldo Prado (org.). Rio de Janeiro: Lumen Juris, 2005. p.55.

Percebe-se que o sistema atual tem apresentado oscilação entre extremos opostos. A lição da virtuosa **justa medida**, dos gregos, parece distante de ser apreendida, desde o legislador até o juiz que aplica a norma ao caso concreto:

(1) de uma vertente, convive-se com a **ambição de verdade** levada a cabo pelo juiz inquisidor, lembrada por Salah Kahled.[186] É própria de sistemas inquisitivos, com a atuação judicial marcada por postura ativa na produção probatória;

(2) do outro extremo, há **desistência da verdade** e do uso de critérios racionais a sua certificação. Abre-se mão da produção da prova e são usados atalhos como métodos de aplicação de pena, tal como o acordo de não persecução penal (art. 28-A, CPP) ou com outros meios de **suspensão pactuada de garantias fundamentais** (art. 4º, Lei nº 12.850/2013), com pressuposição de reconhecimento de culpa. Esses instrumentos terminam por colocar a confissão no patamar medieval de rainha das provas.

Alberto Binder obtempera que o limite legal, historicamente, não foi suficiente para opor rédeas aos excessos estatais, mormente quando consideradas as manipulações e distorções interpretativas. Conforme leciona, "as possibilidades de distorção e manipulação não foram evitadas simplesmente com previsões legislativas". Dessa maneira, são produzidos outros limites que, em alguns casos, exigem permissão judicial expressa ou procedimentos com requisitos especiais e maiores formalidades. Consoante pontua, "este segundo nível de limites demonstra a desconfiança que existe, em um Estado de Direito, na atividade de aquisição de informação". Por motivos históricos, pelo conceito de **dignidade humana** e pela memória da arbitrariedade, limites dessa natureza são

186. KHALED JR, Salah H. *Ambição de verdade no processo penal*: desconstrução hermenêutica do mito da verdade real. Salvador: Juspodivm, 2009. p.22 *et seq*.

construídos: serão mais estritos quando a atividade probatória afetar o imputado em sua intimidade.[187]

André Nicolitt, relacionando **verdade** e **exercício do poder**, pontifica que "o sistema inquisitivo caracterizava-se principalmente pelo fato de o mesmo órgão (juiz) reunir as funções de acusação e julgamento, mantendo-se em uma posição de superioridade frente ao acusado" que, por sua vez, estava "despido de garantias e envolto em um procedimento secreto, escrito e, em regra, sem contraditório".[188]

Todo o arcabouço que oferece os contornos da persecução penal deve se respaldar no núcleo duro das regras processuais penais. Com essa expressão, Walter Nunes da Silva Júnior aponta que os direitos fundamentais configuram a "estrutura central do processo penal", razão pela qual sustenta uma **teoria constitucional**.[189]

4.6 Proteção dos direitos humanos pela estrutura de garantias

O ápice do sistema é o repertório das garantias constitucionais. O que deve informar a interpretação de todos os enunciados que compõem o ordenamento jurídico é o **princípio acusatório** (art. 129, I, CF; art. 3º-A, CPP), fundamentado, notadamente, na imparcialidade do julgador, no contraditório, na ampla defesa, na motivação das decisões judiciais, na publicidade dos atos processuais, na coisa julgada e, sobretudo, na **presunção de inocência** (art. 5º, LVII, CF). A construção

187. BINDER, Alberto M. *El incumplimiento de las formas procesales*: elementos para uNa crítica a la teoría unitaria de las nulidades en el proceso penal. Buenos Aires: Ad-Hoc, 2000. p.81.

188. NICOLITT, André Luiz. *As subversões da presunção de inocência*: violência, cidade e processo penal. Rio de Janeiro: Lumen Juris, 2006. p.72.

189. SILVA JÚNIOR, Walter Nunes da. *Curso de direito processual penal*: teoria (constitucional) do processo penal. Rio de Janeiro: Renovar, 2008. p.10-11.

da estrutura do sistema converge à finalidade de um processo penal comprometido com a **proteção dos direitos humanos**.

André Nicolitt aviva que "a caminhada na consolidação e realização dos direitos humanos além de difícil é longa. As mudanças são paulatinas e por vezes quase imperceptíveis". Por esse motivo, "pode-se pensar que a existência de instrumentos internacionais e de organismos internacionais de promoção de direitos humanos é algo inútil". É absurdo "imaginar, em função da baixa efetividade, que as próprias declarações e proclamações de direitos seriam dispensáveis em face da inutilidade".[190]

Essa percepção foi destacada por Alberto Binder, com atenção para as questões em torno da verdade. Na esteira do autor, a função dúplice da verdade repercute, por um lado, sobre o conjunto de garantias e, por outro, afeta o regime probatório, consistente no conjunto de regras processuais que disciplinam o modo como se reúnem informações no bojo do processo. Destarte, salienta que três são os eixos desse sistema de garantias:

(1) os atributos da conduta que deve ser julgada;

(2) as condições a respeito das quais deve o fato ser apreciado; e

(3) os lindes para a seleção do objeto de prova e para a atividade probatória, que carrearão, ao processo de verificação, os resultados da cognição judicial (regime da prova ou juridicidade da atuação probatória).

O jurista argentino elucida, ademais, que "o regime da prova não está a serviço da busca da verdade, senão que lhe constitui um óbice".[191]

---

190. NICOLITT, André. *A duração razoável do processo*. 2. ed. São Paulo: RT, 2014. p.27.

191. BINDER, Alberto M. *El incumplimiento de las formas procesales*: elementos para una crítica a la teoría unitaria de las nulidades en el proceso penal. Buenos Aires: Ad-Hoc, 2000. p.75.

Nesse diapasão, o sistema normativo é o mecanismo de reação ao acatamento ou à violação à Constituição e às regras que regulamentam o procedimento penal. A verdade alcançada não justifica meios ilícitos.

Na dicção de André Nicolitt, "a opção constitucional pela verdade não o é por qualquer verdade, senão uma verdade alcançada com respeito às garantias individuais, dentre elas, a dignidade, o contraditório e a ampla defesa". Com efeito, o constituinte não sufragou a ideia de uma verdade absoluta, obtida por qualquer artifício, porém "por uma verdade mínima ou relativa, uma verdade possível e limitada pelos procedimentos e as garantias da defesa".[192]

4.7 Controle da verdade pelo procedimento

A adequação do processo deve se dar por meio das regras procedimentais previamente estatuídas no interior do sistema. A busca pela verdade a todo custo ofende os fundamentos do Estado Democrático de Direito, notadamente as garantias individuais constitucionais do imputado.

A relativização de nulidades processuais (máxime as tradicionalmente classificadas pela doutrina como absolutas), verificada na prática dos tribunais, não se afina com a proteção da liberdade. O sentido dado à relativização pela praxe jurisprudencial é, indevidamente, o de **flexibilização**, incompatível com a necessidade de órbita bem definida dos direitos do imputado.

A semântica da noção de **relativização** deveria ser outra. Trata-se de vocábulo que tem o sentido de colocar algo em relação com outros elementos. Os artigos e incisos da CF, nesse contexto, não são interpretados isoladamente, mas relacionados com os demais dentro de um pensamento sistemático.

Pontes de Miranda dedicou várias páginas do seu "Sistema de ciência positiva do direito" à explicação da relatividade.

---

192. NICOLITT, André Luiz. *As subversões da presunção de inocência*: violência, cidade e processo penal. Rio de Janeiro: Lumen Juris, 2006. p.75-76.

O conceito pressupõe relação das dimensões de tempo e de espaço de um sistema orgânico, isto é, do momento e do âmbito da incidência normativa, para permitir equilíbrio jurídico.

Nesse contexto, tudo seria relativo e interativo. Não o mesmo que flexível!

Nas palavras de Pontes de Miranda, "onde quer que haja organismos, o que mais importa conhecer é o complexo 'organismo *x* meio'". Elementos de um organismo jurídico não escapam a essa percepção: "estão sempre, e necessariamente, em relação mediata ou imediata com o conjunto dos outros elementos. A interação é o fato perene do mundo. Como, pois, limitar a aplicação do relativismo?"[193]

A reação do sistema de nulidades à violação do procedimento é um mecanismo de controle da juridicidade do procedimento, com vistas à obtenção da finalidade do processo penal, protetora da garantia fundamental da liberdade. De tal modo, quando aquele sistema deixar de cumprir a função para o qual foi destinado, por conseguinte, a eficácia da garantia fundamental resta comprometida.

Quando violado esse ritual, deve o órgão competente iniciar a atividade normativa que lhe é dirigida pelo ordenamento jurídico. Se o órgão é de grau de jurisdição superior, essa função é, inclusive, de natureza pedagógica.

Ainda uma vez, a conclusão que aqui se chega, pertinente aos limites do poder punitivo, guarda compatibilidade com as colocações de Alberto Binder. Segundo assenta, as regras sobre a produção probatória devem ser "limites à pesquisa da verdade e, como tal, cumprem, exclusivamente, uma função de garantia, é dizer, protegem o cidadão de eventual abuso de poder na coleta de informação".[194]

---

193. PONTES DE MIRANDA. *Sistema de ciência positiva do direito*: introdução à ciência do direito: tomo I. 2. ed. Campinas: Bookseller, 2005. p.96-97.

194. BINDER, Alberto M. *El incumplimiento de las formas procesales*: elementos para uNa crítica a la teoría unitaria de las nulidades en el proceso penal. Buenos Aires: Ad-Hoc, 2000. p.77.

Ricardo Gloeckner adverte que "um modelo que opta por restringir o alcance da busca pela verdade encontrará regras mais rigorosas no tratamento da produção da prova assim como na condução e averiguação dos requisitos de validade dos atos judiciais". A relativização de regras processuais não é adequada à Constituição de 1988, sendo, ao contrário, "característica central do modelo inquisitorial".[195]

4.8 *Deficit* de eficácia de garantias fundamentais pela discricionariedade judicial

Sob a lente da nulidade, é evidenciado o vínculo que há entre as garantias fundamentais e o direito positivo delas derivado.

A **relativização de nulidades**, no entanto, é admitida pelos tribunais, mitigando distinções classificatórias. A redução de limites entre as categorias de vícios amplia as possibilidades de atribuição de significado aos textos de direito positivo, desaguando em sistema assimilável ao inquisitivo, máxime pela superinterpretação, isto é, pela maior dimensão da atividade de aplicação do direito no caso concreto.

Como consequência final, a dispensa da qualificação diferenciada dos atos processuais penais atípicos abre espaço para a flexibilização das garantias que deveriam ser objeto de custódia judicial, a exemplo da ampliação do alcance do art. 563, do CPP, que sufraga o *pas de nullité sans grief* (não há nulidade sem prejuízo).

Segundo Jorge Coutinho Paschoal, a afirmação concreta de que inexistiu prejuízo equivale a, quase sempre, proceder a "suposição calcada em dado fluído, ainda mais quando se conjectura a ausência de prejuízo com base em um ato que não foi praticado, que não existiu, fazendo-se a análise por meio de prognóstico". Conforme leciona, "a ausência de prejuízo é que deve ficar comprovada". Daí, se alegado o defeito,

195. GLOECKNER, Ricardo Jacobsen. *Nulidades no processo penal*: introdução principiológica à teoria do ato processual irregular. Salvador: Juspodivm, 2013. p.214.

incumbe ao órgão julgador dirimir a questão assumindo a carga da argumentação: "a parte não precisa comprovar nada, não tendo o ônus de demonstrar o prejuízo". Com efeito, "em alguns casos, o prejuízo mostra-se evidente, sobretudo nas hipóteses em que são cominadas", na legislação, os casos específicos de nulidade: "de todo modo, a imperfeição do ato sujeito ao regime das nulidades, como regra, sempre acarretará um prejuízo, que comprometerá a boa solução da causa".[196]

Com esse proceder, desconstrói-se o arcabouço que pretendeu classificar as nulidades. Evita-se o traçado de um regime previsível de controle das atipicidades processuais. Ao cabo, cai-se no espaço da discricionariedade judicial extremada, com correlato déficit de garantias individuais centrais.

Havendo menor âmbito de critérios para a atuação judicial nulificadora, argumentos de toda ordem podem ingressar para evitar o desfazimento de atos viciados, restringindo-se os direitos fundamentais do imputado, por via transversa não reconhecida pelo sistema. De tal sorte, olvida-se que o processo penal é disciplinado por regras que se incluem entre aqueles direitos de primeira geração, destinadas à proteção do indivíduo contra o arbítrio estatal.

Como obtempera Geraldo Prado, as políticas adotadas pelo Judiciário, que podem ser entendidas como válidas "no campo da restrição e/ou suspensão do exercício de direitos, liberdades e garantias fundamentais" estão previamente ditadas pela CF/1988, ainda quando ela mesma "reclame reserva de lei para regular a aplicação dos mecanismos de limitação a direitos". A política que faz o Poder Judiciário é, assim, "a política da própria Constituição, expressa na defesa intransigente dos direitos fundamentais e dos princípios republicanos e democráticos".[197]

---

196. PASCHOAL, Jorge Coutinho. *O prejuízo e as nulidades processuais penais*: um estudo à luz da jurisprudência do Supremo Tribunal Federal e do Superior Tribunal de Justiça. Rio de Janeiro: Lumen Juris, 2014. p.533-534.

197. PRADO, Geraldo. *Limite às interceptações telefônicas e a jurisprudência do Superior Tribunal de Justiça*. 2. ed. Rio de Janeiro: Lumen Juris, 2006. p.11.

Dividir a nulidade em quatro categorias (inexistência, nulidade absoluta, nulidade relativa e irregularidade) é útil à efetividade do controle da juridicidade da persecução penal, conferindo maior eficácia à proteção do direito de liberdade. O ato de classificar as atipicidades considera nulidade como vício processual, bem como que a gravidade pode ser de maior ou menor grau.

4.9 Limites à interpretação no sistema de garantias

Delimitar o objeto é pressuposto à incidência de uma norma jurídica. A sua classificação indicará o padrão a seguir na edição da norma implicada. A definição de uma categoria jurídica funciona como limite e deve se coadunar com a Constituição.

A formulação desse padrão, interior ao sistema, parte dos enunciados do ordenamento jurídico. O sistema é construído a partir da interpretação do ordenamento, do direito positivo. A incidência da norma é realizada sem que perca a base empírica textual.

Pode-se dizer que a interpretação é um vai e vem.

No entanto, a senda desse vai e vem deve encontrar seu nascedouro e seu ponto de chegada nos textos ou nos fragmentos dos textos que compõem o ordenamento jurídico vigente. Não se resume no texto, porém nada pode ir além do limite elástico do mesmo texto. E deve se considerar que os textos entram em relação, horizontal e verticalmente, a exemplo da ligação das leis com o fundamento constitucional de validade do sistema.

A classificação produzida e reproduzida é, dessa sorte, fruto de interpretação das fontes de cognição do direito processual penal. Nada além ou fora dos textos reconhecidos como direito vigente. Sob esse prisma, a linguagem jurídica é apresentada em graus diversos:

(1) de um lado, a **linguagem prescritiva** do direito positivo, sob filtro constitucional, substancial. Essa advertência comunga com o sustentado por Alberto Binder. Para interpretar adequadamente o direito positivo, deve se reconhecer "a necessidade de chamar a atenção sobre a importância de analisar a dimensão substancial do sistema de garantias";[198]

(2) de outro, a **metalinguagem** ou **linguagem descritiva** da ciência jurídica.

De todo modo, o direito existe onde há linguagem, a exemplo do que observou Gregorio Robles, considerando que a afirmação de que direito é texto pode significar muitas coisas. Consoante expõe, ao afirmar que direito é texto, pode-se querer dizer:

(1) em primeiro lugar, que o direito se manifesta ou se aparenta como texto;

(2) em segundo, que a essência do direito é ser o texto; e

(3) por fim, que o direito existe como texto, e se não é assim não existe.[199]

4.10 Aplicação a caso concreto

No STJ, são encontrados casos que ilustram a aplicabilidade do critério relacional entre princípios e regras.

Em julgado envolvendo acusados de crimes sexuais contra crianças (art. 215-A, CP), foi dito que, a teor do art. 5º, §§ 1º e 3º, da Lei 11.419/2006, "a intimação eletrônica considera-se realizada no dia em que efetivada a consulta eletrônica",

---

198. BINDER, Alberto M. *El incumplimiento de las formas procesales*: elementos para una crítica a la teoría unitaria de las nulidades en el processo penal. Buenos Aires: Ad-Hoc, 2000. p.84.

199. ROBLES, Gregorio. *El derecho como texto: cuatro estudios de teoría comunicacional del derecho*. Madrid: Civitas, 1998. p.42.

ocorrida em até dez dias, "contados da data do seu envio, sob pena de considerar-se realizada automaticamente na data do término do prazo".

A decisão ainda destacou, a partir de precedente da própria Corte Superior, que aquelas **regras** são aplicáveis ao Ministério Público, em consonância com os **princípios da igualdade das partes** e do **devido processo legal**".[200]

Apesar de não ter expressado o fenômeno da adscrição normativa, a ementa do acórdão explicita a relação, de ordem vertical, que existe entre os textos de princípios e regras.

4.11 Conclusão e próximo capítulo

A Constituição é o parâmetro, sintático e semântico, de ordenação dos enunciados infraconstitucionais. Há regras que consistem em extensão dos princípios. A legislação que atua como *longa manus* da Constituição deve se circunscrever ao que foi por esta ordenado, permitido ou vedado. Há enunciados processuais penais que não se relacionam, semanticamente, com o texto constitucional, situando-se no campo liberado ao legislador.

Esse critério, que visa a fechar os espaços estruturais do sistema, possibilita classificar melhor um fenômeno jurídico. O caráter complementar à Constituição, relacionado às garantias constitucionais fundamentais, possibilita previsibilidade e efetividade dos atos processuais penais.

Com o encerramento deste capítulo, foram reunidos conteúdo e estrutura, necessários ao estudo do direito processual penal. A teoria deve ter cunho teleológico, com vistas à tutela da liberdade. A partir do próximo capítulo, serão analisados os institutos processuais penais, a começar pela persecução estatal preliminar.

---

200. STJ – Quinta Turma – AgRg nos EDcl no AREsp 1637160/MS – Rel. Min. Joel Ilan Paciornik – DJe 10 jun. 2020.

NÚCLEO CONSTITUCIONAL (Sistema acusatório)	- Disposições centrais do processo penal (art. 5º, CF); - Direito positivo fundado a partir da afirmação de garantias fundamentais (essência); - A nulidade (absoluta) é o gancho restaurativo, elo constituído entre a garantia fundante e o direito positivo fundado.

CAPÍTULO 5
ORDENAMENTO E SISTEMA

5.1 Ordenamento e sistema no processo penal

A diferença entre ordenamento e sistema é um dos pilares para a construção das normas jurídicas. Parte-se da premissa de que o ordenamento está no nível dos enunciados. É ordenamento jurídico todo o corpo textual posto pelos órgãos estatais e que não estejam revogados expressamente. Cuida-se da matéria bruta, ainda pendente de interpretação.

O assunto não é isento de controvérsias.

Paulo de Barros de Carvalho compreende que ordenamento jurídico é um sistema, malgrado com discurso distinto da ciência do direito. O ordenamento é empregado como sinônimo de ordem positiva, direito posto e direito positivo. O consagrado jurista pondera que o ordenamento consiste em um domínio heterogêneo, realçando que:

(1) embora tome "as variações terminológicas como precioso recurso para a construção da descritividade própria do discurso científico", não vê como se refutar "a condição de sistema a um estrato de linguagem tal como se apresenta o direito positivo";

(2) independentemente do tecido de linguagem de que se cuide, o ordenamento jurídico terá, "necessariamente, aquele mínimo de racionalidade inerente às entidades lógicas, de que o ser sistema é uma das formas";

(3) sob essa perspectiva, pouco importa "se o teor da mensagem é prescritivo, interrogativo, exclamativo ou meramente descritivo", haja vista que "o material bruto dos comandos legislados, mesmo antes de receber o tratamento hermenêutico do cientista dogmático, já se afirma como expressão linguística de um ato de fala, inserido no contexto comunicacional que se instaura entre enunciador e enunciatário".[201]

Em linha similar, Gregorio Robles pontua que o ordenamento jurídico não pode ser visto como algo destinado primordialmente à resolução dos conflitos, correspondente às decisões dirimentes, embora também complete ou transforme o sistema. A análise do ordenamento jurídico deve ser feita a partir da ideia de ser ele uma totalidade dotada de determinada estrutura.[202]

De todo modo, para que o ordenamento possa se amoldar ao pensamento sistemático, é necessário um conceito de sistema capaz de, cumprir "uma função significativa na ciência jurídica", tomadas as palavras de Claus-Wilhelm Canaris.[203]

Há necessidade de fechamento e de certa rigidez na produção normativa, a fim de que a abertura não seja demasiada ao ponto de autorizar arrefecer o controle e o respeito aos direitos fundamentais. A ideia axiológica do sistema apontada por Canaris é correta para o processo penal se, e somente se,

---

201. CARVALHO, Paulo de Barros. *Direito tributário*: linguagem e método. 5. ed. São Paulo: Noeses, 2013. p.217-218.

202. ROBLES, Gregorio. *As regras do direito e as regras dos jogos*: ensaio sobre a teoria analítica do direito. Tradução: Pollyana Mayer. São Paulo: Noeses, 2011. p. 34.

203. CANARIS, Claus-Wilhelm. *Pensamento sistemático e conceito de sistema na ciência do direito*. Tradução: Antonio Menezes Cordeiro. 3. ed. Lisboa: Fundação Calouste Gulbenkian, 2002. p. 280.

for apto a conferir maior eficácia para o núcleo processual penal de garantias.

Ao contrário, sendo utilizado o argumento de abertura valorativa para possibilitar limitações à defesa do imputado, com redução de possibilidade de um processo justo, haverá incompatibilidade de conteúdo das normas jurídicas constituídas com os direitos individuais.

Para o processo penal, cuja finalidade de sobreposição é de ser entendida como de proteção à liberdade, o respeito às formas é bastante caro. Essa adequação é **condição de racionalidade**, se confrontado esse atributo com os riscos de equívocos que o julgador pode incorrer ao deliberar sobre a verdade processual.

Elucidando esse viés, Rubens Casara lembra que o processo penal surgiu "como resposta à exigência de racionalidade da aplicação do direito material". O conjunto de suas disposições é autêntico anteparo contra a falibilidade do ser humano. Como instrumento, o processo criminal é essência, enquanto garantia de provimento penal correto.[204]

Daí a preferência por um sistema mais seletivo e rigoroso, diferentemente de um sistema aberto.

Esse ponto de vista é contraposto aos fundamentos de Karl Larenz, para quem o sistema interno não é

> um sistema fechado em si, mas um sistema 'aberto', no sentido de que são possíveis tanto mutações na espécie de jogo concertado dos princípios, do seu alcance e limitação recíproca, como também a descoberta de novos princípios; seja em virtude de alterações da legislação, seja em virtude de novos conhecimentos da ciência do Direito ou modificações na jurisprudência dos tribunais.[205]

---

204. CASARA, Rubens. Interpretação retrospectiva: sociedade brasileira e processo penal. Rio de janeiro: Lumen Juris, 2004. p. 100.

205. LARENZ, Karl. *Metodologia da ciência do direito*. Tradução: José Lamego. 5. ed. Lisboa: Fundação Calouste Gulbenkian, 2009. p.693.

O fito do processo penal deve convergir com a evitação de excessos punitivos. Isso não conduz necessariamente a retroceder a uma **jurisprudência de conceitos**, porém a propor um procedimento formal para classificar as atipicidades e para extirpá-las do processo penal por meio da incidência eficiente de normas jurídicas.

Deve-se conferir, ao sistema, o papel de mecanismo eficaz para outorgar previsibilidade. Daí que, para o direito processual penal comprometido com valores constitucionais, as conclusões de Juarez Freitas podem ser acatadas, ainda que com algumas reservas. Concordando com Canaris, o autor pondera que "a decisão jurídica transcende à esfera da lógica formal e subsuntiva em termos dedutivos". Acrescenta que o formalismo não é sufragado pelo fenômeno jurídico, "ao menos em toda a sua complexidade e extensão", porquanto "a dialeticidade é sinal inerente ao sistema jurídico". Sob essa luz, a elaboração de silogismos depende da "eleição ou hierarquização das premissas". A escolha "é que ocupa o lugar de destaque, diferentemente do que sucede na atuação do raciocínio sob prisma lógico-formal".[206]

Conquanto se possa anuir que, como regra, à decisão jurídica preceda a fundamentação, cabe objetar que o procedimento decisório, mormente em matéria criminal, não pode correr o risco de resvalar em arbítrio. A atribuição de valores às premissas, sem critério previamente estabelecido pode, por exemplo, justificar a manutenção de ato processual viciado que, ao cabo, tenha o efeito de menoscabar direitos individuais.

O alvitre de um **sistema operativamente fechado**, embora com possibilidade de influência regrada do meio, é fundamentada a partir da necessidade de se conferir limites ao poder punitivo estatal.

---

206. FREITAS, Juarez. *A interpretação sistemática do direito*. São Paulo: Malheiros, 1995. p. 36-37.

Opta-se pela noção de que o **ordenamento jurídico** é o conjunto de enunciados linguístico-jurídicos postos, em sua forma primária, que servem de ponto de partida para a construção de normas.

Nessa toada, é possível apresentar as distinções que devem ser usadas na interpretação do processo penal. A noção de ordenamento irá compreender:

(1) as fontes de sua produção: Poder Legislativo que enuncia leis, Poder Judiciário que emite Súmula Vinculante; e

(2) o resultado dessa produção (fontes de cognição de primeiro grau): enunciados linguísticos-jurídicos de natureza legislativa, geralmente de caráter geral e abstrato, com linguagem predominantemente prescritiva ou, quando indicativa, que requer construção prescritiva, por estabelecer finalidades deônticas, inferidas dos modais proibido, obrigatório e permitido.

De outra vertente, a noção de **sistema jurídico** deverá ser entendida como descrição escalonada do ordenamento jurídico em sua forma normativa. Significa dizer que é o resultado da interpretação dos enunciados linguístico-jurídicos de forma organizada, com pretensão de completude e coerência, inclusive com definição precisa de sua forma de produção.

O sistema é constituído pelo resultado das interpretações, tarefa comumente desempenhada pela ciência do direito, com linguagem predominantemente descritiva da formação das normas jurídicas. O delineamento das normas guarda fidelidade com a ideia de sua produção, estabelecendo os limites para a sua autoprodução.

5.2 Diferença entre ordenamento e sistema

A interpretação das normas do sistema deve ser apresentada em forma de incidência documentada. Com esse procedimento, passa-se pela interpretação do estado enunciativo do ordenamento para um outro, o sistemático-normativo, cuja coerência e unidade são indispensáveis.

Na esteira do que averba Claus-Wilhelm Canaris, "as características do conceito geral do sistema são a ordem e a unidade". Para o autor, "a função do sistema na Ciência do Direito reside, por consequência, em traduzir e desenvolver a adequação valorativa e a unidade interior da ordem jurídica". Com esse proceder, o pensamento sistemático ganha sua justificação que deriva, mediatamente, dos "valores jurídicos mais elevados".[207]

Do lado do ordenamento jurídico se situam todos os enunciados (constitucionais, legislativos, jurisprudenciais). Do lado do sistema, estão as normas jurídicas que são formuladas considerando uma ideia de **tipo jurídico total**, com atendimento aos ditames constitucionais.

Se os enunciados podem se apresentar eventualmente contraditórios, porque o ordenamento jurídico nem sempre atende a critérios mais rigorosos, o sistema necessita de justificativa retórica, fundamentadora, evitando antinomias e buscando respeitar princípios garantidores.

Por exemplo, em sede de nulidades, a separação entre ordenamento e sistema é visualizada com nitidez. Nota-se que o regramento disposto no Código de Processo Penal (arts. 563 a 573) não se vale de critérios terminológicos uniformes. Muito menos se verifica harmonia quando se cotejam aqueles enunciados com os dispostos pela jurisprudência dos tribunais superiores. Na tentativa de sistematizar, a ciência jurídica envida esforços para construir classificações, de forma a melhor definir as linhas conceituais gizadas nos dispositivos abstratos e gerais.

---

207. CANARIS, Claus-Wilhelm. *Pensamento sistemático e conceito de sistema na ciência do direito*. Tradução: Antonio Menezes Cordeiro. 3. ed. Lisboa: Fundação Calouste Gulbenkian, 2002. p.280-281.

Sob a luz teórica, o princípio acusatório constitucional (arts. 5º, LIV a LVII; 129, I, CF), tradicionalmente chamado de **sistema acusatório**, não se acomodaria integralmente ao pensamento sistemático. Melhor seria adequá-lo à noção de alicerce, de base, ou seja, principiológica. A propósito, a previsão do art. 3º-A, do CPP, ilustra a ideia de proximidade da expressão "estrutura acusatória" à definição de princípio, decotado pelo STF na interpretação conforme a Constituição que deu a esse dispositivo para estatuir modo normativo permissivo de atuação de ofício do juiz para dirimir, supletivamente às partes, dúvida sobre questão relevante de mérito.[208]

Vale o confronto com o estudo de Juarez Tavares, que explicita que "a teoria geral de sistemas é, no fundo, uma teoria estruturalista, pois busca fundar o método científico na determinação das chamadas tipologias estruturais". A função a ser levada a cabo é retratada no **papel unificador** que deve orientar a atividade especulativa: "o elemento caracterizador dessa tipologia é representado pela noção de sistema, que simboliza a organização dentro de um processo de informação". Inserida no círculo regulativo está a norma jurídica, enquanto pensamento catalizador da comunicação do justo e do injusto, que orienta a tomada de decisões jurídicas.[209]

PROCESSO PENAL	
ORDENAMENTO	**SISTEMA**
- Enunciados legislativos (CPP, leis) e jurisprudenciais com efeitos erga omnes (súmulas vinculantes, decisões em ADI) - Diacrônico - Histórico - Aberto - Matéria em estado bruto	- Direito processual penal - Normas (produto da interpretação) - Sincrônico - Atual - Operacionalmente fechado.

208. STF – Pleno – ADI 6298/DF – Rel. Min. Luiz Fux – 24 ago. 2023.

209. TAVARES, Juarez. *Teoria do injusto penal*. 2. ed. Belo Horizonte: Del Rey, 2002. p.54.

5.3 Função do sistema

A **conexão** entre enunciados e normas jurídicas deve ser considerada para viabilizar a formação jurídica do sistema. A interligação dos dispositivos deve ser identificada. De forma análoga, o sistema deve ser caracterizado por sua **conectividade**, enquanto instrumento apto à regulação e capaz de ser útil ao controle da complexidade.

Karl Larenz explica que as normas jurídicas "não estão desligadas umas das outras, mas estão numa conexão multímoda umas com as outras". A interpretação de toda norma jurídica deve levar em conta "a cadeia de significado, o contexto e a sede sistemática da norma, a sua função no contexto da regulamentação em causa". Aponta o autor, aliás, que "o ordenamento jurídico no seu conjunto, ou pelo menos grande parte dele, está subordinado a determinadas ideias jurídicas directivas, princípios ou pautas gerais de valoração, a alguns dos quais cabe hoje o escalão de Direito Constitucional". A função do sistema é a de justificar "as decisões de valor que subjazem às normas, unificá-las, e, deste modo, excluir na medida do possível as contradições de valoração".[210]

A noção sustentada por Karl Larenz é a de um sistema aberto, seja ele externo ou interno. O seu pensamento é conceitual-abstrato: retrata um sistema composto por conceitos gerais abstratos, alicerçado em regras da lógica formal. Volvendo sua estrutura teórica ao processo penal, aquele sistema externo não é vocacionado à função de limitar problemas que surgem pela falta de balizas para a produção de normas fundamentadoras de atos processuais penais.

De fato, tanto os argumentos de Larenz quanto os de Canaris têm proximidade com ideias da **tópica jurídica**, que são bem apropriadas para conferir efetividade a normas constitucionais destinadas a maximizar a efetividade de direitos sociais.

---

210. LARENZ, Karl. *Metodologia da ciência do direito*. Tradução: José Lamego. 5. ed. Lisboa: Fundação Calouste Gulbenkian, 2009. p.621.

No que toca à área criminal, a ampliação demasiada da indução de princípios, notadamente quando desapegada das diretrizes da legalidade, pode dar ensejo à interpretação limitativa dos direitos fundamentais.

Daí a preferência por um sistema operativamente fechado, semelhante ao que alvitra Niklas Luhmann, baseado na noção de *autopoiesis*. A alimentação de informações pelo sistema jurídico, provenientes do meio e de outros sistemas, deve ocorrer de maneira controlada, por acoplamento estrutural e de acordo com os procedimentos reconhecidos estatalmente.[211]

Trata-se de concepção que difere da de Karl Larenz. No entanto, existem pontos comuns com os propósitos descritos pelo jusfilosófo:

(1) os elementos de um sistema devem se basear em separação e generalização, a partir dos fatos-tipo que são objeto de uma regulação jurídica;

(2) os conceitos devem ser ordenados, agregando ou subtraindo notas particulares, com maior ou menor grau de abstração;

(3) objetiva-se garantir, em amplo espectro, "não só a clareza, mas também a segurança jurídica; porque, nos quadros de um tal sistema, se ele fosse 'completo', poder-se-ia dar a toda a questão jurídica uma resposta, por via de uma operação lógica de pensamento"; e

(4) esse sistema tende a garantir "a ausência de contradição lógica de todas as consequências dele derivadas e com isso, segundo parece, a 'cientificidade' da Jurisprudência, no sentido do conceito cientificista de ciência".[212]

---

211. LUHMANN, Niklas. *Introdução à teoria dos sistemas*. Tradução: Ana Cristina Arantes Nasser. 2. ed. Petrópolis: Vozes, 2010. p.111-113.

212. LARENZ, Karl. *Metodologia da ciência do direito*. Tradução: José Lamego. 5.

5.4 Diacronia do ordenamento jurídico

A utilidade na distinção entre ordenamento e sistema é depreendida também da aplicação das noções de sincronia e de diacronia, com vistas à percepção de que o sistema tem índole preponderantemente sincrônica, enquanto o ordenamento jurídico segue mais o perfil diacrônico.

Decerto, o ordenamento jurídico engloba uma série de textos enunciativos, nem sempre coerentes entre si e muitas das vezes emitidos em épocas históricas diferentes.

Ferdinand de Saussure explica o cariz histórico da linguística diacrônica, o que pode ser assimilado à característica preponderante do ordenamento jurídico. Cuida-se de um método que distingue duas perspectivas, uma prospectiva e outra retrospectiva. A primeira deve acompanhar o curso do tempo, enquanto a segunda deve fazer o mesmo em direção inversa. A diacronia pressupõe sucessão e substituição de elementos no curso do tempo.

De maneira diversa, a característica sincrônica apontada para o sistema alude à simultaneidade restrita ao conjunto de seus elementos, à estruturação de princípios que mantém nexos entre si, em um estado atual. A sincronia requer maior abstração que a diacronia, pelo que é atividade mais difícil que esta última, de índole mais histórica. Na dicção de Saussure, "a linguística sincrônica se ocupará das relações lógicas e psicológicas que unem os termos coexistentes e que formam sistemas, tais como são percebidos pela consciência coletiva".[213]

O ordenamento jurídico posto pode ser definido como conjunto harmônico de dispositivos produzidos por força da atividade legislativa estatal. Nesse aspecto, há sincronia quando se considera que o ordenamento é um conjunto harmônico

---

ed. Lisboa: Fundação Calouste Gulbenkian, 2009. p.621-622.

213. SAUSSURE, Ferdinand de. *Curso de linguística geral*. Tradução: Antônio Chelini; José Paulo Paes; Isidoro Blikstein. 27. ed. São Paulo: Cultrix, 2006. p.106-116.

de enunciados e há descrição de sua estática quando se refere ao resultado da produção. No entanto, para sua formação, o ordenamento decorre de procedimento formal estabelecido na lei. Esse procedimento revela sua característica dinâmica, cuja formação deve obedecer aos limites de produção fixados ao longo da sua evolução. A alusão à evolução é reveladora da natureza diacrônica do ordenamento jurídico.

Sob a perspectiva dogmática e estática, a análise do direito é diacrônica. **Diacronia** é a descrição evolutiva da língua, com considerações históricas.

Sob tal ângulo, Gregorio Robles leciona que se deve levar em conta que

> qualquer tratado de Dogmática Jurídica opera de igual modo, ainda que sua análise seja uma investigação de significados, posto que o tratadista expõe a matéria tratada à luz do material expresso em regras e que estima vigentes em um determinado momento. Neste sentido, como consequência do corte metódico produzido, a dinamicidade desaparece, sendo apenas possível contemplá-la em sua forma estatizada, isto é, como uma diacronia que pertence ao passado e que, em seu conjunto, nos proporciona um esquema sincrônico sobre o qual trabalhar.[214]

Para melhor compreensão da distinção, calha volver para o tratamento dado às nulidades pelo CPP. No Título I, do seu Livro III, são encontradas disposições com diversas influências, mormente do direito privado, a teor do artigo inaugural que sufraga o *pas de nullité sans grief*, de inspiração francesa. Nos termos do mencionado texto, "nenhum ato será declarado nulo, se da nulidade não resultar prejuízo para a acusação ou para a defesa" (art. 563).

A transcrição *ipsis litteris* desse artigo quer evidenciar que se trata de matéria bruta. Dentro dessa concepção, o artigo não é norma jurídica *stricto sensu*. Para que o seja, é necessária atividade interpretativa e conformadora do juiz, diante de

---

214. ROBLES, Gregorio. *As regras do direito e as regras dos jogos*: ensaio sobre a teoria analítica do direito. Tradução: Pollyana Mayer. São Paulo: Noeses, 2011. p.34.

caso concreto. O significado e a extensão da norma devem ser inferidos em consonância com o núcleo processual penal encampado na Constituição, sendo indispensável adequar a norma à matéria penal, limitando os resquícios típicos de direitos disponíveis, de índole civil.

Enquanto o artigo faz parte do ordenamento jurídico, a norma se considera inserta no sistema, devendo se respaldar nas estruturas que justificam sua produção. O texto do CPP é, nesse diapasão, o esteio material que serve como fonte, desde que sua leitura seja feita à luz da Lei Maior.

Como exemplo de diacronia do ordenamento jurídico, o art. 564, do CPP, traz um elenco de casos de nulidades, com pretensão de taxatividade, para limitar a criação de hipóteses pelo juiz. Na prática, representa um esboço de ordenamento elaborado a partir da ideia de desconfiança no julgador de primeira instância, máxime porque delimita os defeitos de atos processuais penais que poderiam ser objeto de controle.

Note-se que o CPP, fruto de um momento histórico, tem o juiz de primeiro grau como seu destinatário central. Não há praticamente alusão a nulidades de atos de processos de competência dos tribunais, ressalvada a previsão de *quorum* de julgamento. As modificações legislativas, a sucessão de constituições brasileiras e a evolução jurisprudencial explicitam o cariz diacrônico do ordenamento jurídico.

A baixa sistematicidade é, igualmente, verificada na aleatoriedade dos casos descritos no art. 564, inciso III. Nessa sede, são contempladas várias hipóteses específicas de júri, uma de julgamento nos tribunais e onze aplicáveis tanto ao júri quanto aos demais processos criminais.

Embora dê a entender que se intenta um rol taxativo para limitar a sindicabilidade das nulidades pelo magistrado, o aludido art. 564, em seu inciso IV, traz uma cláusula de abertura, ao dizer que também ocorrerá nulidade "por omissão de formalidade que constitua elemento essencial do ato". A sua vez, o inciso V inserido àquele dispositivo, compreende como nulidade a falta de fundamentação de decisão judicial, conquanto isso já se cuide de direito positivado na Constituição (art. 93, IX, CF).

A tentativa de coerência dessas disposições pode ter lugar não no âmbito do ordenamento jurídico, mas com a construção do sistema. O ecletismo da redação do Código de Processo Penal evidencia, destarte, a necessidade de se apartar o ordenamento (matéria-prima de trabalho do juiz) e o sistema (resultado do labor interpretativo, comprometido com os postulados positivistas).

5.5 Sincronia do sistema jurídico

O sistema pode ser definido como descrição das normas jurídicas que são construídas a partir do ordenamento posto. Considerando que deve constituir uma teia harmônica, reputa-se que o sistema é de natureza preponderantemente sincrônica.

Considerando ser a sincronia o estudo de termos coexistentes em um estado da língua, Gregorio Robles explica que se exclui, metodicamente, a diacronia do interior do sistema, No seu magistério, "isso não significa negar a dinamicidade, que é evidente. O modelo operativo deve ser necessariamente sincrônico, de tal maneira que atue o método *hic et nunc*".[215]

A sincronia revela o instante em que são produzidas normas jurídicas. O escalonamento dessas normas em princípios e regras representa o **aspecto estático** do sistema; enquanto a previsão de sua produção com respeito às suas próprias diretrizes – seu modo autopoiético – revela o seu **aspecto dinâmico**. Caso se parta do ponto de vista de sua formação paulatina a partir da experiência jurídica, fundada na observação, será possível identificar caráter diacrônico, malgrado em menor escala.

Na explicação de Niklas Luhmann, *autopoiesis* significa "determinação do estado posterior do sistema, a partir

215. ROBLES, Gregorio. *As regras do direito e as regras dos jogos*: ensaio sobre a teoria analítica do direito. Tradução: Pollyana Mayer. São Paulo: Noeses, 2011. p.34.

da limitação anterior à qual a operação chegou". Vale dizer, "somente por meio de uma estruturação limitante, um sistema adquire a suficiente direção interna que torna possível a **autorreprodução.**

Assim, uma estrutura constitui a limitação das relações possíveis no sistema, mas não é o fator produtor, a origem da *autopoiesis*".[216]

Do diacronismo ao sincretismo do sistema, ingressa a classificação das atipicidades como o procedimento útil à concreção da atividade judicial a partir da abstração levada a cabo pela ciência jurídica. Na prática, têm-se:

(1) o sistema abstrato, fruto da interpretação em um dado instante; e

(2) a aplicação concreta das formas dispostas em tese naquele sistema, através do controle da higidez dos atos processuais.

O sistema, valendo-se das classificações e estruturas conceituais que informam seu funcionamento, aponta como devem ser emitidos os atos processuais penais, para que se atenda à **tipicidade global**. São considerados os enunciados pela atividade normativa do intérprete. O sistema confere contorno às formas, possibilitando uma sincronia das fontes do direito, organizando a apresentação difusa dos enunciados do ordenamento jurídico.

Sem embargo, é de ver que a definição de sistema não é uniforme, havendo Tercio Sampaio Ferraz Jr. apontado várias de suas concepções possíveis e alertado que não iria dar uma palavra final sobre o assunto, porém uma abertura de linhas a respeito.[217] A noção de sistema deve se circunscrever

---

216. LUHMANN, Niklas. *Introdução à teoria dos sistemas*. Tradução: Ana Cristina Arantes Nasser. 2. ed. Petrópolis: Vozes, 2010. p.111-113.

217. FERRAZ JR, Tercio Sampaio. *Conceito de sistema no direito*: uma investigação histórica a partir da obra jusfilosófica de Emil Lask. São Paulo: RT, 1976. p.4.

à postura normativa e aos fins protetivos do processo penal. Vale dizer, defende-se um conceito de sistema mais próximo do perfil positivista.

Carlos Alberto Alvaro de Oliveira, relativamente aos modelos que compõem o sistema positivo de direito, obtempera que "a forma em sentido estrito é o invólucro do ato processual, a maneira como deve este se exteriorizar". Cabe frisar a distinção apontada pelo autor:

(1) a **forma *stricto sensu*** consiste no "conjunto de signos pelos quais a vontade se manifesta", bem como "nos requisitos a serem observados na sua celebração"; e

(2) a **forma *lato sensu*** inclui "também as condições de lugar e tempo em que se leva a efeito o ato processual". Como tais condições não são intrínsecas ao ato processual, são melhor definidas como circunstâncias que, "por delimitarem os poderes dos sujeitos processuais e organizarem o processo, integram o formalismo processual, mas não a forma em sentido estrito".[218]

É de ver que são tecidas críticas ao conceito positivista de sistema, fundadas na "unilateralidade de sua concepção", como ilustra Tercio Sampaio Ferraz Jr. Essa concepção descreve o sistema como "um conjunto de proposições e conceitos formalmente encadeados segundo os graus de generalidade e especificidade".[219] Nada obstante, entende-se que esse conceito é apropriado aos fins norteadores da aplicação de normas de conteúdo criminal, embora, como qualquer outro, não seja isento de problemas.

Com efeito, o conceito de sistema filiado à linha positivista, é apto a justificar a necessidade de controle de atos processuais penais, máxime quando cotejado com a noção de

218. OLIVEIRA, Carlos Alberto Alvaro de. *Do formalismo no processo civil*. 2. ed. São Paulo: Saraiva, 2003. p.5.

219. FERRAZ JR, Tercio Sampaio. *Conceito de sistema no direito*: uma investigação histórica a partir da obra jusfilosófica de Emil Lask. São Paulo: RT, 1976. p.36.

forma que os deve informar. Confere ao juiz a engrenagem que possibilita, metaforicamente, a produção de normas que objetivam higienizar o procedimento. O plano dessa atividade é sincrético, construindo uma ponte que parte do sistema abstrato ao plano concreto de operatividade normativa processual penal, não se resumindo ao aspecto meramente enunciativo do ordenamento jurídico.

5.6 Microssistemas no sistema de processo penal

A existência de um microssistema se baseia na referência de um sistema mais abrangente. Nessa ordem, o sistema jurídico é o de maior amplitude, sendo seguido pelo sistema constitucional e, logo após, pelo sistema de processo penal.

Nesse ambiente, podem ser justificados outros espaços demarcados, tais como os **microssistemas**: do juiz das garantias (arts. 3º-B ao 3º-F,[220] CPP), da investigação preliminar (arts. 4º ao 23, CPP), das provas (arts. 155 ao 250, CPP), das nulidades processuais penais (arts. 563 ao 573, CPP), bem como dos recursos e das ações autônomas impugnativas (arts. 574 ao 667, CPP).

Das estruturas parciais possíveis, o microssistema das atipicidades compõe o conjunto de mecanismos de controle dos atos processuais penais.

No ordenamento jurídico, há dispositivos de ordens variadas que informam como devem ser emitidas normas jurídicas para edição de atos processuais penais típicos, bem como, *a contrario sensu*, como devem ser produzidas normas nulificadoras, diante da constatação da atipicidade e, seguidamente, da figura reitora que ordena sua classificação.

O microssistema das nulidades processuais é formado a partir de alicerces sensíveis, ou seja, de textos abstratos emanados dos órgãos estatais. A noção de **processualidade**,

---

220. STF – Pleno – ADI 6298/DF – Rel. Min. Luiz Fux – 24 ago. 2023.

aventada por Rui Cunha Martins, contribui para a percepção de um sistema jurídico e, dentro dele, de um microssistema de atipicidades. Na dicção do jurista, "processualidade significa movimento e conexão – de elementos e de tempos".[221]

O **movimento** e a **conexão** fundamentam a superação de abismo entre o plano abstrato enunciativo, o plano abstrato sistemático e o plano concreto processual. A produção das normas processuais é justificada mediante a observância das regras estipuladas no sistema e, no caso de reconhecimento de atipicidade, também com acatamento da classe de defeito processual.

5.7 Consistência estrutural do sistema

De um modo geral, pode-se dizer que a doutrina reconhece dificuldades no tratamento das nulidades. Em estudo publicado em 1944, José Luis Sales deixou assentado que a teoria das nulidades é das mais complexas e importantes do processo penal, bem como que o seu tratamento lógico e científico é por demais áspero, sem falar que lida com conflito entre interesses gerais e particulares e com a tensão entre **celeridade** e **garantia.**[222]

Um microssistema deve ser dotado de consistência estrutural, de coerência classificatória e de um procedimento previamente conhecido. Parte-se do conhecimento dos enunciados à cognição jurídica. A simbiose é constitutiva de normas jurídicas. É assim no que se refere aos temas divididos conforme um dado eixo comum (ação penal, provas, nulidades, sentença, procedimentos, recursos e assim por diante).

Não é, pois, sem razão, que inúmeros esboços tenham sido feitos tomando como referência teórica a noção de sistema.

---

221. MARTINS, Rui Cunha. *O ponto cego do direito*: "the brazilian lessons". 3. ed. São Paulo: Atlas, 2013. p.66.

222. SALES, José Luis. O problema das nulidades no processo penal. *Revista Forense comemorativa – 100 anos*, tomo VII [direito processual penal], Afrânio Silva Jardim (org.), Rio de Janeiro: Forense, p. 189-190, 2006.

Lourival Vilanova, para definir o direito em geral, aviva que é ele um sistema de normas diretivas da conduta humana, cuja não observância é sancionada. Nesse enfoque, as normas que o compõem são dotadas de uma organização no emprego da coação. Esclarece o autor que "o outro ângulo, complementar ao primeiro, reside em considerar o direito o sistema da conduta humana que efetiva as prescrições primárias (deveres e sanções, espontaneamente cumpridos). E, mais, as secundárias, que compulsoriamente, através da prestação jurisdicional, efetivam as primárias".[223]

A valia do tratamento sistemático tem a finalidade de justificar a estrutura da produção das normas jurídicas no processo penal. Trata-se da necessidade de conter as dificuldades e a complexidade da interpretação do ordenamento jurídico.

A propósito, ainda José Luis Sales, pesquisando sobre os sistemas *lato sensu* que visam a colocar termo às controvérsias que circundam as nulidades, constatou a existência de um número bastante amplo deles, que disputam a preferência dos juristas:

(1) **sistema do absolutismo da lei**: que fulmina com nulidade a menor inobservância do preceito legal (*quidquid fit contra legem nullum est*);

(2) **sistema da equidade**: profundamente arbitrário, que deixa ao juiz o poder de manter ou anular o ato viciado;

(3) **sistema da finalidade da lei** ou **sistema do prejuízo**: haurido do brocardo do prejuízo (*pas de nullité sans grief*);

(4) **sistema da distinção das formas**: consistente na regra de proclamação das infrações formalmente declaradas em lei;

223. VILANOVA, Lourival. *Causalidade e relação no direito*. 2. ed. São Paulo: Saraiva, 1989. p. 65.

(5) **sistema da má-fé**: toma por parâmetro a presença de dolo direcionado ao alcance de um objetivo não permitido; e

(6) **sistema eclético**: caracterizado por reunir elementos dos sistemas anteriores.[224]

Sob essa ótica, a noção de sistema anda junto com a formulação de uma classificação de referência. Por exemplo, enquanto mais precisas a conceituação dos elementos dos atos processuais e a sua relação com contornos bem estabelecidos, maior consistência estrutural terá o microssistema das atipicidades processuais penais. A produção normativa da nulidade e da invalidação será mais previsível, com redução da contingência.

5.8 Abstrativização da jurisprudência no sistema

A atividade do Poder Judiciário pode assumir duas funções:

(1) a primeira, concreta, de definir o teor e o alcance do texto legislado, produzindo normas jurídicas individuais e concretas. Nessa toada, pode, por exemplo, classificar uma atipicidade e sancionar o ato processual defeituoso. A produção dessa norma estipula o sentido e a extensão dos enunciados postos.

(2) a segunda função é apta a conferir foros abstratos às normas jurídicas individuais e concretas para o fim de resolução de casos vindouros. É o que se dá com o procedimento disciplinado no art. 103-A, da Constituição de 1988, ao prever a forma de aprovação de enunciados da Súmula Vinculante, do STF.

224. SALES, José Luis. O problema das nulidades no processo penal. *Revista Forense comemorativa – 100 anos*, tomo VII [direito processual penal], Afrânio Silva Jardim (org.), Rio de Janeiro: Forense, p.190-194, 2006.

O problema da **transubjetivização da jurisprudência** no sistema brasileiro, inserida a questão da **abstrativização do controle difuso**, entretanto, não se resume aos verbetes vinculantes. Na praxe forense, as decisões judiciais têm assumido papel importante na construção de noções basilares para o reconhecimento e saneamento de atipicidades.

De certo modo, a produção normativa se situa em um espaço jurídico ambíguo:

(1) o primeiro, **idealista**, haja vista que, primordialmente, é a lei que introduz os enunciados que autorizam a aplicação das normas nulificadoras e de invalidação dos atos processuais;

(2) o segundo, **realista**, pois sufraga a construção de normas atributivas de significado ou que dão coerência ao texto, ao lado de outras que colmatam lacunas aparentes.

Esse campo de aplicação e de interpretação das enunciações linguísticas se arrima na linguagem enquanto instrumento de comunicação e de funcionamento regular do sistema. Há um mínimo comum que pode auxiliar na construção pragmática de uma classificação.

Porém, os rótulos classificatórios, com os respectivos conteúdos linguísticos, não são suficientes para explicar como os tribunais vêm enfrentando o reconhecimento de nulidades processuais caso a caso.

A título de exemplo, veja-se a denominada **relativização das nulidades processuais**. Segundo sua prática, a demonstração de prejuízo deve ser exigida, inclusive, para as nulidades tradicionalmente denominadas de absolutas. O Supremo Tribunal Federal, aliás, vez por outra reitera que não há, no processo penal, nulidade ainda que absoluta, quando não tenha sido demonstrado prejuízo concreto à parte que suscita o vício.[225]

225. STF – Primeira Turma – HC 184709 AgR – Rel. Min. Roberto Barroso – publicado em: 15 jul. 2020.

Aparentemente, em leitura não comprometida com os princípios garantistas, essa interpretação encontra algum respaldo na redação do Código de Processo Penal, cujo art. 563 é demasiadamente amplo ao verberar que "nenhum ato será declarado nulo, se da nulidade não resultar prejuízo para a acusação ou para a defesa". Há, desse modo, indesejável diminuição da previsibilidade do sistema.

5.9 *Autopoiesis* normativa

No contexto de uma crescente atividade de produção de enunciados pelo Poder Judiciário, com pretensão de completar ou mesmo de suplantar o direito legislado, calha opor limites à *autopoiesis*, viabilizando controle. A afirmação seria redundante se não fosse a verificação de intensa formulação de disposições, sumulares ou contidas em precedentes judiciais, que representam inovações no direito positivo.

O ordenamento jurídico, por dicção constitucional, admite verbetes de Súmula Vinculante (art. 103-A). O direito positivo confere *status* de parâmetro de julgamento recursal aos precedentes judiciais e à jurisprudência. Às súmulas não vinculantes e aos precedentes em geral, são atribuídas qualidades que, a princípio, seriam próprias da legislação, como se depreende do § 2º, do art. 315, do CPP.

Diante do risco de exacerbação da emissão de enunciados pelo Poder Judiciário, releva anotar ser necessária a imposição de melhores balizas à produção de normas jurídicas. Em outros termos, é indispensável que os textos ejetados pelos órgãos estatais observem rigorosamente os ditames das regras que lhes conferem competência ou atribuição para tal proceder.

A fonte preponderante de produção das normas que identificam as nulidades processuais penais e que determinam, conforme requisitos previamente estabelecidos, a sua invalidação é a legislativa. A fonte jurisprudencial deve ser complementar e excepcional, com o fito de conferir completude e coerência ao sistema. De toda sorte, deve-se ter em vista, seguindo escólio de Tercio Sampaio Ferraz Jr., que a vinculação de uma norma deve ser entendida "no sentido de que estão reguladas as variações de sua possibilidade de imposição dentro de um âmbito determinado".[226]

Em outros termos, a quebra de consequencialidade normativa nulificadora encontra limites no texto da Constituição que delineia o modelo de processo penal limitador do direito punitivo estatal, especialmente quando se vê ampliação demasiada do espaço aleatório, com aumento do poder discricionário judicial ao desconsiderar a linguagem formal, conceitual, dos elementos identificadores de um ato processual viciado.

O limite à *autopoiesis* normativa é, portanto, não só a lei processual penal, mas o núcleo de proteção dos direitos individuais processuais penais dispostos na Constituição. O aumento do arbítrio, por força da relativização das nulidades, acaba por afetar a eficácia das garantias fundamentais, porquanto, ao final, as nulidades, enquanto elementos de um sistema de controle, visam a conferir efetividade aos direitos individuais, cuja concretização se dá pela previsão de formas construídas por linguagem própria.

5.10 Hierarquia dos enunciados normativos

O processo (procedimento) envolve um trajeto e situações inesperadas, refratárias à preservação de uma estrutura estática. Com efeito, a produção de normas individuais e concretas, na sequência da persecução penal estatal, retrata sucessão de modificações operadas no sistema jurídico.

No entanto, a emissão de normas deve observância ao caráter estático da estrutura, respeitando as regras que ditam a forma de criação e o critério hierárquico fundamentador da validade dos enunciados.

---

226. FERRAZ JR., Tercio Sampaio. *Teoria da norma jurídica*: ensaio de pragmática da comunicação normativa. 4. ed. Rio de Janeiro: Forense, 2009. p.133.

Hans Kelsen justifica o **princípio hierárquico**, esposando que a análise do fenômeno jurídico, que explicita o caráter dinâmico do sistema normativo, bem como a função da norma fundamental, expõe uma particularidade do direito, qual seja, "o direito regula a sua própria criação, na medida em que uma norma jurídica determina o modo em que outra norma é criada e também, até certo ponto, o conteúdo dessa norma". Aliás, "como uma norma jurídica é válida por ser criada de um modo determinado por outra norma jurídica, esta é o fundamento de validade daquela".[227]

Na senda da **conectividade** alvitrada por Rui Cunha Martins, o processo deve ser dotado de densidade: "sendo incrementada pelos desafios colocados por cada conjuntura histórica concreta, é também, em paralelo, o produto autopoiético forjado no quadro da própria dinâmica intrínseca à condição processual".[228] A produção de normas jurídicas deve migrar de uma base empírica enunciativa, tomada, total ou parcialmente, de um ou mais artigos de lei ou da Constituição.

Também pode haver produção com esteio em um ou mais enunciados de súmulas. Fragmentos de atos normativos podem, do mesmo modo, servir de lastro para a edição de normas jurídicas. Para diminuir o risco de escolha equivocada de base empírica para a produção da norma, deve-se obediência ao critério hierárquico e ao conceito de direito.

Chama-se de **validade** a noção de pertença de uma norma a um sistema, cuja unidade é estruturada a partir de seu fundamento, denominada norma fundamental. A hierarquização dos enunciados é realizada por derivação a partir do supedâneo que lhe confere esteio. Identificar a validade é o primeiro passo para se formular norma jurídica processual penal com incidência perfeita.

---

227. KELSEN, Hans. *Teoria geral do direito e do Estado*. Tradução: Luís Carlos Borges. 4. ed. São Paulo: Martins Fontes, 2005. p.181.

228. MARTINS, Rui Cunha. *O ponto cego do direito*: "the brazilian lessons". 3. ed. São Paulo: Atlas, 2013. p.66.

Como o direito estatal, sob essa perspectiva, só o pode ser de acordo com a *autopoiesis* regrada pela estrutura do próprio sistema, a delimitação do que é considerado enunciado pertencente ao ordenamento jurídico, bem como a sua estruturação hierárquica são condições para a emissão de normas.

Hans Kelsen elucida, a propósito, que "a relação entre a norma que regula a criação de outra norma e essa outra norma pode ser apresentada como uma relação de supra e infraordenação, que é uma figura espacial da linguagem". De maneira que se pode formular a ilação de que a norma que ordena a criação de outra é a norma situada no plano superior, enquanto que a norma constituída segundo essa disciplina é caracterizada como norma inferior.[229]

Se é certo, como dizem Ada Pellegrini Grinover, Antonio Magalhães Gomes Filho e Antonio Scarance Fernandes, que, "da fixação das regras legais para a realização dos atos processuais resulta, em princípio, que somente aqueles atos praticados em conformidade com o modelo legal são considerados válidos perante o ordenamento e aptos a produzirem efeitos desejados",[230] não menos exato é que a identificação da efetiva genética dessas regras ao sistema jurídico vigente é procedimento prévio indispensável à correta produção de normas jurídicas.

Eis a expressão do critério hierárquico, na senda kelseniana: "a ordem jurídica, especialmente a ordem jurídica cuja personificação é o Estado, é, portanto, não um sistema de normas coordenadas entre si, que se acham, por assim dizer, lado a lado, no mesmo nível, mas uma hierarquia de diferentes níveis de normas".[231] Como o ordenamento jurídico é matéria

229. KELSEN, Hans. *Teoria geral do direito e do Estado*. Tradução: Luís Carlos Borges. 4. ed. São Paulo: Martins Fontes, 2005. p.181.

230. GRINOVER, Ada Pellegrini; GOMES FILHO, Antonio Magalhães; FERNANDES, Antonio Scarance. *As nulidades no processo penal*. 12. ed. São Paulo: RT, 2011. p.19.

231. KELSEN, Hans. *Teoria geral do direito e do Estado*. Tradução: Luís Carlos Borges. 4. ed. São Paulo: Martins Fontes, 2005. p.181.

bruta nem sempre organizada, necessárias a estruturação dos enunciados e a verificação do respeito às formas de criação.

Daí que, por exemplo, o reconhecimento de atipicidade depende:

(1) em primeiro lugar, da verificação da incidência deficiente da norma jurídica que ensejou a produção do ato processual penal eivado de vício;

(2) em segundo lugar, da justificação da declaração de atipicidade, que deverá atentar para a correta identificação do lastro enunciativo que autoriza a efetivação de controle judicial do ato viciado. Por derradeiro, a classificação da atipicidade fará surgir, como uma codificação programática, o dever de formulação de norma jurídica consequente.

5.11 Sistema e acoplamento estrutural

A noção de estrutura é imanente à de sistema. A estrutura fundamenta a produção de normas jurídicas. A cada momento de produção de normas jurídicas, forma-se distinta estrutura, que se realimenta da produção por ele mesmo ordenada. A estrutura do sistema é constituída pelos elementos necessários à sua autoprodução.

Na esteira de Luhmann, "as estruturas são somente relevantes no presente, e só podem ser usadas pelo sistema colocado em operação".[232] A criação de entidades normativas no âmbito do sistema só tem validade imunizada contra reações quando observadas e exauridas as suas disposições estáticas e dinâmicas, vigentes na atualidade.

Seguindo o que pontifica Hans Kelsen, as configurações do sistema podem ser visualizadas como:

232. LUHMANN, Niklas. *Introdução à teoria dos sistemas*. Tradução: Ana Cristina Arantes Nasser. 2. ed. Petrópolis: Vozes, 2010. p.113.

(1) **tipo estático**, que se refere ao sentido das normas jurídicas, para verificação de sua vinculatividade, ou seja, "um sistema de normas cujo fundamento de validade e conteúdo de validade são deduzidos de uma norma pressuposta como norma fundamental" (sistema estático de normas); e

(2) **tipo dinâmico**, caracterizado "pelo fato de a norma fundamental pressuposta não ter por conteúdo senão a instituição de um fato produtor de normas, a atribuição de poder a uma autoridade legisladora". Em outros termos, consiste em "uma regra que determina como devem ser criadas as normas gerais e individuais do ordenamento fundado sobre esta norma fundamental".[233]

O sistema se comunica de acordo com seus próprios códigos linguísticos, sendo, nessa trilha, **operativamente fechado**. No entanto, sua estrutura é dotada de espaços para uma abertura diferenciada, viabilizando incorporar, por acoplamento estrutural, elementos externos.

Ainda assim, essa interferência do meio deve ser regrada e controlada por **encerramento operativo**, de forma a atender aos ditames para a produção válida de novas normas, preenchendo espaços estruturais deixados ao legislador ordinário pelo constituinte.

Sob esse ângulo, Niklas Luhmann sustenta que o sistema não é propriamente uma unidade, mas uma diferença. O princípio da diferenciação entre o sistema e o meio deve ser capaz de fazer com que ele tenha sua própria unidade. O sistema, para ser organizado e reconhecido como tal, deve ser dotado de fechamento. Nas palavras do sociólogo,

> o encerramento operativo traz como consequência que o sistema dependa de sua própria organização. As estruturas específicas

233. KELSEN, Hans. *Teoria pura do direito*. Tradução: João Baptista Machado. 5. ed. São Paulo: Martins Fontes, 1997. p. 218-219.

> podem ser construídas e transformadas, unicamente mediante operações que surgem nele mesmo.[234]

Note-se que o acoplamento estrutural, tornado possível pela linguagem, é noção tomada para explicar a indigitada operatividade sistemática. Funda-se na *autopoiesis*. A relação desse sistema com o meio é verificada, por exemplo, na influência jurisprudencial para a construção de enunciados abstratos que servem à produção posterior de normas processuais penais.

Todavia, o **acoplamento estrutural** que influencia o sistema jurídico posto deve ter limites. A necessidade de contenções deve, inclusive, ser oposta à jurisprudência, para que esta não construa enunciação com pretensão de generalidade que mitigue direitos fundamentais.

Traçadas essas bases, questão é que se assiste, não raramente, a acoplamento do sistema jurisprudencial ao sistema legislado. A preocupação é com a produção de enunciados jurisprudenciais que, ao largo da Constituição e da Legislação, forma o que se denomina precedente judicial ou súmula, com aplicação efetiva a casos futuros pelas Cortes superiores e pelos demais órgãos do Poder Judiciário.

O acoplamento estrutural da jurisprudência à legislação acontece normalmente pela produção de enunciados contidos em novas leis que observam o comportamento dos tribunais em face de espaços ainda não regulamentados. A produção de enunciados por via legislativa, desse modo, parte de atitude empírica do legislador relativamente às decisões judiciais sobre questão não legislada.

Há um acoplamento peculiar da jurisprudência ao sistema que, a par da Constituição e da legislação vigente, emana súmulas vinculantes, súmulas não vinculantes (com acatamento natural por parte dos juízes e mesmo por força de lei

---

234. LUHMANN, Niklas. *Introdução à teoria dos sistemas*. Tradução: Ana Cristina Arantes Nasser. 2. ed. Petrópolis: Vozes, 2010. p. 111.

que ordena sua observância), precedentes (referidos e observados pelos órgãos que os editam e pelos que estão em instância inferior) e mesmo outros julgados. A crise de identificação de fontes vigentes é constatável, inclusive, na jurisprudência do Supremo Tribunal Federal, dando ao sistema uma estrutura mais complexa e, por decorrência, mitigando sua função de controle da efetividade das garantias.

5.12 Acoplamento do prejuízo construído pela jurisprudência

Exemplo de acoplamento jurisprudencial é a sedimentação de enunciado abstrato, reiteradamente repetido, cujo teor desconsidera a classificação entre nulidades absolutas e relativas, para dar um viés transcendente ao *pas de nullité sans grief*. Com efeito, a Suprema Corte proclama exigir, em regra, a "demonstração de prejuízo concreto à parte que suscita o vício, independentemente da sanção prevista para o ato", eis que "não se decreta nulidade processual por mera presunção".[235]

Ampliou-se, dessa maneira, o leque de incidência do art. 563, do CPP. Interpretação isolada poderia concluir pela correção da orientação emanada do Supremo Tribunal Federal. No entanto, duas indagações centrais calham diante dessa apontada generalização.

(1) Como justificar a ilação diante do que dispõe a Constituição Federal a respeito da garantia ao contraditório e à ampla defesa com os meios e recursos a ela inerentes?

(2) Como o acusado demonstrará **prejuízo concreto** relativamente ao vício de um ato processual?

Ao que parece, uma simples condenação já seria dos piores prejuízos que o réu poderia enfrentar, diante de um processo sem respeito às diretrizes legais.

---

235. STF – Primeira Turma – HC 172728 ED – Rel. Min. Roberto Barroso – publicado em: 02 abr. 2020.

Sob essa perspectiva, o art. 563, do CPP, só deveria ser aplicado se sua leitura fosse compatível com a Constituição. A demonstração do prejuízo deve ficar a cargo do Judiciário, mediante decisão fundamentada que indique que a prática do ato, violador da forma, não afetou o direito individual por ela tutelado.

A exigência de um prejuízo concreto é dicção que está no campo da interpretação. Não está expressa no texto legal referido e é limitativa de direito fundamental. Por isso, forçosa a conclusão de que a jurisprudência tem inovado o ordenamento jurídico, em detrimento de garantias individuais do imputado.

A prova concreta do prejuízo pode até ser reputada **prova diabólica** ou de dificílima produção. Nessa linha, pode-se sustentar que a forma de **acoplamento jurisprudencial** que se vê no âmbito da Suprema Corte é irregular e incompatível com o núcleo constitucional de direito processual penal brasileiro. Cuida-se de proceder que compromete a engrenagem do sistema como um todo, considerando que necessita de fechamento, tal qual um quebra-cabeça ou como um jogo de xadrez.

Como adverte Luhmann, "nunca se deve perder de vista que o acoplamento estrutural é compatível com a *autopoiesis*, e que, por conseguinte, há possibilidades de influir no sistema, desde que não se atente contra a *autopoiesis*". O autor explicita, desse modo, a necessidade de lindes para transformações regradas a partir das irritações do sistema provenientes do meio.[236]

A finalidade do processo penal de servir como escudo contra investidas irregulares contra a liberdade do imputado, fica comprometida com a introdução de enunciados jurisprudenciais por meio de procedimentos não reconhecidos pelo direito positivo. Ainda que a doutrina aponte a necessidade de se pensar democraticamente o processo penal, de modo a conciliar a mínima intervenção e a máxima precisão e eficácia, é preciso não transigir com as garantias individuais.

---

236. LUHMANN, Niklas. *Introdução à teoria dos sistemas*. Tradução: Ana Cristina Arantes Nasser. 2. ed. Petrópolis: Vozes, 2010. p.132.

Em via similar, Alberto Binder aduz que refletir sobre a eficácia do processo penal pode significar:

(1) por um lado, "pensar na persecução penal, como atividade organizada do Estado para acabar com a impunidade, é dizer, para estabelecer um programa punitivo"; e

(2) por outro, "colocar à disposição das vítimas os instrumentos necessários para que elas sejam gestoras eficientes de seus próprios interesses".

No entanto, Binder prossegue grifando que "nada disso significa – nem deve significar – debilitar o sistema de garantias". O autor procura compatibilizar a eficácia do sistema punitivo, com a imperiosidade de oposição de limites ao direito criminal como condição de legitimidade do poder.[237]

É de ver que o sistema tem sido interpretado no sentido de inserir a vítima na relação processual. Nessa toada, constata-se, de um lado, a tendência de ser admitida a inclusão de pretensão indenizatória no âmbito do processo penal. De outro flanco, é perceptível a ampliação dos poderes do ofendido, por meio da assistência à acusação para, por exemplo, pleitear prisão cautelar e aumento da pena aplicada ao acusado.

5.13 Acoplamento do *ne bis in idem*

Em situação distinta da anterior, ainda é deficiente o reconhecimento do *ne bis in idem* ou *non bis in idem* no sistema, embora tenha sido acoplado por convenção internacional. Deveras, o art. 8, item 4, do Pacto de São José da Costa Rica, veda o **risco duplo** (*double jeopardy rule*), ao destacar que "o

237. BINDER, Alberto M. Tensiones político-criminales en el proceso penal. In: *Comentários pontuais às reformas processuais civil e penal*. Afrânio Silva Jardim; Pierre Souto Maior Coutinho de Amorim (orgs.). Rio de Janeiro: Lumen Juris, 2011. p.17 (tradução livre).

acusado absolvido por sentença transitada em julgado não poderá ser submetido a novo processo pelos mesmos fatos".

A tendência, indevida, de se evitar a declaração de nulidades prossegue com outros argumentos.

É cediço que ninguém pode ser processado duas vezes pelo mesmo fato, diante do dogma-garantia da coisa julgada, especialmente em processo criminal. No entanto, julgados do Supremo Tribunal Federal[238] aceitaram uma segunda persecução penal, depois do trânsito em julgado do primeiro julgamento absolutório, quando modificado o título que se deu a concorrência para a prática da infração penal (como autor ou como partícipe).

Evidenciando tal acoplamento jurisprudencial indevido, Keity Saboia traz à baila à noção de **núcleo central do acontecimento concretamente imputado** ou **identidade nuclear do fato**, que, ao final, tem sua descrição nos acontecimentos relevantes consignados na petição acusatória e que serão objeto da prova. A autora pondera que "não se pode aceitar, por exemplo, que em face de um único fato, compreendido como situação histórica concreta, haja imputação de homicídio doloso, e posteriormente, após a absolvição com sentença transitada em julgado, seja ajuizada ação por homicídio culposo". Explica que "tanto na forma de homicídio doloso como na de culposo, o núcleo central do acontecimento concretamente imputado ao acusado permanece inalterado, qual seja, o de provocar a morte de uma pessoa".[239]

O STJ, a sua vez, acolheu a impossibilidade de renovação da denúncia, pelo mesmo fato, embora com supedâneo em título diverso de autoria ou de participação do agente. Na decisão, mencionou o instituto da **coisa julgada soberana** e

---

238. STF – Primeira Turma – HC 64158 – Rel. Min. Rafael Mayer – julgado em: 07 nov. 1986; STF – Primeira Turma – HC 82980 – Rel. Min. Carlos Britto – julgado em: 17 mar. 2009.

239. SABOYA, Keity. *Ne bis in idem*: história, teoria e perspectivas. Rio de Janeiro: Lumen Juris, 2014. p.184.

a aplicação do efeito extensivo ao corréu (art. 580, CPP), sem expressar o *ne bis in idem*.

Na ocasião, a Corte Superior frisou que a legislação penal adotou a **teoria monista** do concurso de pessoas, conquanto temperada pelo **princípio da culpabilidade** e pelo **princípio da individualização da pena** (art. 29, CP). Por mais essa razão, é impróprio distinguir as formas de concorrência dos agentes para uma mesma infração penal, para justificar uma segunda ação penal.[240]

5.14 Estrutura acusatória do sistema

Sistema e estrutura são categorias imanentes. O princípio acusatório é contemplado na Constituição de 1988 (art. 129, I) e foi sufragado explicitamente pelo art. 3º-A, do CPP, circunscrevendo a posição de inércia que deve ter o órgão judicial. E o seu art. 3º-B, *caput*, dispôs que o juiz das garantias deve atuar na salvaguarda dos direitos individuais fundamentais. São dispositivos legais que constituem, na dicção da Suprema Corte, derivação da Lei Maior e forma de aperfeiçoamento do "caráter acusatório do processo brasileiro"[241].

A engrenagem do princípio acusatório tem por premissa essa estrutura, da qual o **garantismo penal** é pilar indeclinável. O seu núcleo consiste em plêiade de direitos cujo sujeito passivo é o Estado. Não se compatibiliza com estrutura autoritária que põe o ente estatal como **absoluto**, legitimador de superioridade opressora relativamente aos indivíduos, como pode se inferir da filosofia de Hegel.[242]

Em outros termos, o garantismo penal, na relação jurídico-processual penal, é do imputado, enquanto sujeito débil.

240. STJ – Sexta Turma – REsp 1515845/DF – Rel. Min. Maria Thereza de Assis Moura – DJe 15 set. 2015.

241. STF – Pleno – ADI 6298/DF – Rel. Min. Luiz Fux – 24 ago. 2023.

242. HEGEL, Georg Wilhelm Friedrich. *Fenomenologia do espírito*. Tradução: Paulo Meneses [com a colaboração de Karl Heinz Efken]. 2.ed. Petrópolis: Vozes, 1992. p.267.

A Constituição é o ponto de convergência de proteção e de irradiação dos efeitos necessários à autorregulação do sistema.

A configuração do princípio acusatório indica **oscilação histórica** e, essencialmente, *experiência*. Geraldo Prado, em obra fundamental, anota que, na Grécia antiga, "a ilustração clássica pode ser observada pela forma de expressão da justiça ateniense". Existiam "quatro jurisdições criminais: A assembleia do povo, o Areópago, os Efetas e os Heliastas". Apesar das variáveis entre elas, o autor identifica caracteres acusatórios. Igualmente, observa o pêndulo do sistema inquisitivo romano denominado *cognitio* até o período republicano acusatório da *acusatio* ou da *judicium publicum* ou *quaestio*.[243]

A estrutura acusatória se firma no cumprimento dos ditames constitucionais (art. 3º-A[244], CPP). Os decotes em torno do poder são os traços que permeiam o sistema.

Como lembram Ada Grinover, Antonio Gomes Filho e Antonio Scarance,

> toda vez que houver infringência a princípio ou norma constitucional-processual que desempenhe função de garantia, a ineficácia do ato praticado em violação à Lei Maior será a consequência que surgirá da própria Constituição os dos princípios gerais do ordenamento.[245]

Conferir colorido aos limites para a *autopoiesis* do sistema processual penal é um escopo central que, por sua vez, está diretamente ligado à blindagem das garantias processuais penais. A diretriz é a da que a autoprodução das normas não reduza o controle do devido processo legal. A oposição entre ordenamento e sistema tem o propósito de certificar o equilíbrio da autoprodução normativa.

---

243. PRADO, Geraldo. *Sistema acusatório*: a conformidade constitucional das leis processuais penais. 4. ed. Rio de Janeiro: Lumen Juris, 2006. p.73-76.

244. STF – Pleno – ADI 6298/DF – Rel. Min. Luiz Fux – 24 ago. 2023.

245. GRINOVER, Ada Pellegrini; GOMES FILHO, Antonio Magalhães; FERNANDES, Antonio Scarance. *As nulidades no processo penal*. 12. ed. São Paulo: RT, 2011. p. 24.

Esse enfoque possibilita, conforme a teoria de Luigi Ferrajoli, a manifestação do garantismo como "modelo de 'estrita legalidade', próprio do Estado de direito". Visto a partir de três estratos, nota-se:

(1) em primeiro lugar, que, sob o plano epistemológico, esse modelo "se caracteriza como um sistema cognitivo ou de poder mínimo";

(2) em segundo lugar, vê-se que, "sob o plano político se caracteriza como uma técnica de tutela idônea a minimizar a violência e a maximizar a liberdade"; e

(3) por derradeiro, sob o plano jurídico, é visualizado "como um sistema de vínculos impostos à função punitiva do Estado em garantia dos direitos dos cidadãos".[246]

É perspectiva que também está de acordo com a noção de **controle da autolimitação estatal**. Em compasso com Karl Heinz Gössel, é irretocável a necessidade de sujeição do Estado a suas próprias regras. Decerto, "os recursos contra os abusos de poder partem da autossujeição do Estado através de sua submissão ao direito e à justiça, em especial mediante o reconhecimento de direitos fundamentais que são intangíveis por parte do Estado".[247]

Em outras palavras, a estrutura que conforma o princípio acusatório deve se alicerçar no reconhecimento de que é fácil, e até mesmo comum, que o poder estatal de persecução penal incorra em equívocos que findam por afetar sua compreensão sobre a realidade objetiva. Daí a necessidade de limites jurídicos e de respeito a esses trilhos.

---

246. FERRAJOLI, Luigi. *Direito e razão*: teoria do garantismo penal. Tradução: Ana Paula Zomer Sica; Fauzi Hassan Choukr; Juarez Tavares; Luiz Flávio Gomes. São Paulo: RT, 2006. p.786.

247. GÖSSEL, Karl Heinz. *El derecho procesal penal en el estado de derecho*: obras completas [tomo I]. [Dirigido por Edgardo Alberto Donna]. Santa Fe: Rubinzal-Culsoni, 2007. p.26 (tradução livre).

5.15 Aplicação a caso concreto

A diferença entre ordenamento jurídico e sistema é, por vezes, encampada pela jurisprudência, revelando sua utilidade para justificar racionalmente as decisões. Em sede de *habeas corpus*, o Superior Tribunal de Justiça fez menção ao dever da escolha da via eleita se adequar ao "ordenamento jurídico", notadamente quando houver previsão de recurso para este fim.[248]

Conquanto se discorde da conclusão a que chegou o acórdão, por se entender que o *writ* deve receber interpretação extensiva, com vistas a ser admitido, eis que se trata de direito fundamental, a Corte fez uso correto da expressão "ordenamento jurídico", reportando-se ao plano dos enunciados linguísticos.

Em outro julgado, o STJ expressou interpretação que se insere na órbita sistemática. Ao examinar o cabimento de ação de revisão criminal, a Corte deduziu que a demanda rescisória penal é cabível não somente contra decisões absolutórias próprias, tais como descritas no ordenamento jurídico (art. 621, I a III, CPP), mas que também é admissível revisão criminal contra decisão absolutória imprópria, isto é, contra sentença que aplica medida de segurança (art. 386, VI, parágrafo único, III, CPP).[249]

No entanto, o STJ não avançou, ainda, para admitir a revisão criminal contra decisões absolutórias próprias com a finalidade de modificar o seu fundamento da absolvição para obstar a eventual propositura de ação civil *ex delicto*.

Por exemplo, em vez de absolver por insuficiência de provas (art. 386, VII, CPP), poderia ser reconhecida, categoricamente, a inexistência do fato (art. 386, I, CPP). Nesse caso, a decisão absolutória peremptória possuiria o condão de espraiar os efeitos da coisa julgada criminal para a esfera cível,

248. STJ – Quinta Turma – AgRg no HC 583.372/SP – Rel. Min. Jorge Mussi – DJe 24 jun. 2020.

249. STJ – Sexta Turma – AgRg no REsp 1825281/SP – Rel. Min. Antonio Saldanha Pinheiro – DJe 25 jun. 2020.

tornando possível impedir a tramitação da correlata ação reparatória (arts. 66 a 67, CPP).

5.16 Conclusão e próximo capítulo

A diferença entre ordenamento e sistema tem a função de possibilitar a fundamentação da produção de normas a partir de enunciados postos. O sistema permite a aplicação de teorias que contornam os limites do poder punitivo estatal. O ordenamento, ainda que possa ser visualizado como sistema, tem elementos distintos.

O ordenamento jurídico é repleto de enunciados sobrepostos que precisam de atividade interpretativa. O resultado desse proceder é a incidência de normas constitutivas do sistema, enquanto base de possibilidade de reação contra atos que ofendam a forma estatuída em suas estruturas.

Além da elucidação das conexões sintáticas para disciplinar a produção dessas normas, arrimando-se, notadamente, no critério hierárquico típico do positivismo jurídico, releva vincar a diferença do sistema de direito processual penal, por meio de linguagem formal e de metodologia que deve migrar dos conceitos de seus elementos. É o que se examinará no próximo capítulo.

CAPÍTULO 6

CONCEITO E DEFINIÇÃO NO PROCESSO PENAL

6.1 Conceito e estática jurídica

A análise de questões conceituais para a fixação do significado das normas constitui parte da estática jurídica, tal como Hans Kelsen evidenciou em sua Teoria Pura do Direito.[250] A conformação do sistema, realizada abstratamente, é estática jurídica, assim como o é a classificação dos institutos processuais penais, explicitada por intermédio de definições e justificativas.

Na base metodológica, está a identificação de fontes jurígenas estatais, na linha do **positivismo** de Norberto Bobbio.[251]

Pontes de Miranda pontua que o legislador pode "construir conceitos como o técnico faz máquinas; mas para isso é preciso que o processo seja idêntico". Decerto, "não se constrói máquina, sem se obedecer a leis, a medidas, que reduzem a insignificante coeficiente o elemento de liberdade". Em

---

250. KELSEN, Hans. *Teoria pura do direito*. Tradução: João Baptista Machado. 5. ed. São Paulo: Martins Fontes, 1997. p.32.

251. BOBBIO, Norberto. *O positivismo jurídico*: lições de filosofia do direito. Tradução: Márcio Pugliesi; Edson Bini; Carlos E. Rodrigues. São Paulo: Ícone, 2006. p. 162-163.

outras palavras, a produção legislativa deve ter em vista o menor espaço de arbítrio do intérprete autêntico (juiz). Das sábias lições aos encarregados de fazer as leis, o jurista propõe duas direções:

(1) legislar o mínimo possível;

(2) revelar, o que não se confunde com "fabricar ou inventar arbitrariamente o direito".[252]

Essa filigrana haurida da percepção ponteana é útil para suavizar a objeção daquela postura **crítica** às categorias da **dogmática** jurídica:

(1) com base no perfil crítico, é viável se valer de metodologia **zetética** (*zetein*) tendente a questionar e a propor soluções alusivas a um referente:

(a) pelo exame das coisas (empiria – zetética aplicada); ou, ainda,

(b) pelo estudo de um instituto desligado de qualquer aplicação (analítica – zetética pura), consoante desenvolvido por Tercio Sampaio Ferraz Jr;[253]

(2) com arrimo em postura dogmática, predomina a **abstração**, elevada ao conceito de norma jurídica.

Sob a ótica da crítica, que refuta a importância da construção de conceitos jurídicos abstratos, Evgeny Pachukanis relaciona a superestrutura jurídica como consequência da estrutura política, sendo a norma um instrumento de dominação, situada em permeio à forma jurídica e à forma de mercado. O direito estaria sempre situado em um **plano ideológico**

---

252. PONTES DE MIRANDA. *Sistema de ciência positiva do direito*: introdução à ciência do direito: tomo II. 2. ed. Campinas: Bookseller, 2005. p.104-105.

253. FERRAZ, JR, Tercio Sampaio. *Introdução ao estudo do direito*: técnica, decisão, dominação. 4. ed. São Paulo: Atlas, 2003. p.44-45.

(ou psicológico), perdendo-se a razão de se falar em Estado como **unidade objetiva.**[254]

Sem embargo, entende-se que a delimitação de aspectos fáticos, difusos, tem o crucial propósito de organizar o percurso do pensamento humano. É fundamental para ordenar a convivência, como forma de redução de danos, embora sempre em aperfeiçoamento. A abolição da dogmática precisaria de uma construção que se revelasse mais útil, por exemplo, ao julgamento de uma questão penal.

Elucidar conceito e definição retrata o primeiro aspecto da **estática jurídica**. Difere, portanto, do enfoque dinâmico que será visto mais adiante, eis que este é levado a efeito no plano concreto e com considerações de natureza pragmática, para regular o caso individual referentemente às atipicidades processuais em espécie.

6.2 Conceito e definição

Não são poucos os termos jurídicos que ensejam vários sentidos. Em face da polissemia e de seu uso diversificado, propõe-se seguir uma metodologia apropriada a partir dos conceitos para, em seguida, firmar definições úteis à função de tutela de garantias fundamentais.

No direito, não é raro o uso da metáfora, figura de linguagem muito comum. O sentido de sistema jurídico é metafórico se comparado com o sistema biológico. A ideia de órgão judicial é metafórica, considerando os órgãos do corpo humano. E assim por diante.

Para explicar o percurso do conceito à definição, tome-se o exemplo da nulidade, um dos vocábulos mais polissêmicos. O primeiro teor a ser fixado é considerar nulidade como uma forma de atipicidade (ato processual atípico, deformado ou defeituoso).

---

254. PACHUKANIS, Evgeny Bronislavovich. *Teoria geral do direito e marxismo*. Tradução: Sílvio Donizete Chagas. São Paulo: Acadêmica, 1988. p.40.

Nulidade é termo distinto do conceito de ineficácia.

No processo penal, a ineficácia não decorre, como regra, do ato processual atípico. A atipicidade, por outro lado, para ser considerada nulidade, necessita de declaração judicial nessa direção. De outro lado, a supressão dos efeitos vai depender do desfazimento do ato viciado, por intermédio de decretação judicial de invalidação.

Nessa toada, é viável se falar em um gênero de nulidade que engloba:

(1) **nulidade-fato**, enquanto vício que se classifica conforme a sua gravidade (**suporte fático**);

(2) **nulidade-sanção**, consequente jurídico com aptidão para descontinuar a eficácia de ato, omissão ou fato processual (**preceito**).

Essa estrutura dúplice não é assimilada por Francesco Carnelutti, quando pontua que "nulidade é uma forma agravada de ineficácia, em confronto com a inadmissibilidade", considerado o seu aspecto difuso ou contagioso.[255] De outro turno, a própria expressão nulidade pode significar, com base em senso comum, algo equivalente a nulo, zero ou inexistente.

O termo, aliás, é também, não raras vezes, utilizado como sinônimo de invalidade. Quando inserido no contexto jurídico, não faltam expressões genéricas que, nem sempre com rigor científico, buscam explicar o fenômeno, a exemplo de cassação, tornar sem feito, anulabilidade, nulidade absoluta, nulidade relativa, irregularidade, atipicidade, ato nulo, ato nulificado, inexistência, ato viciado, ato defeituoso, dentre outras.

Em razão do número de rótulos para a designação de fenômeno idêntico, é necessária a definição com contornos mais precisos e que respeite a função protetiva de direitos fundamentais. Objetiva-se colocar o tema no seu devido lugar.

---

255. CARNELUTTI, Francesco. *Lições sobre o processo penal*: volume 3. Tradução: Francisco José Galvão Bruno. Campinas: Bookseller, 2004. p.193-194.

O conceito de nulidade, difuso, carece, por exemplo, de delineamento dos limites de interpretação do art. 563 do CPP, que reza não ser possível declarar nulo um ato, "se da nulidade não resultar prejuízo para a acusação ou para a defesa".

A nulidade é ínsita ao defeito do ato processual, enquanto a declaração lhe é posterior. O CPP expressa o vício com o nome nulidade. Aquele dispositivo não distingue nulidade, absoluta ou relativa. Por outro lado, ao enfatizar a necessidade de prejuízo às partes para que o ato possa ser declarado nulo, o CPP sufraga o entendimento de que a supressão de efeitos do ato defeituoso depende de manifestação judicial expressa e fundamentada.

O conceito possibilita o acesso ao conhecimento por intermédio dos termos escolhidos pelo legislador para comunicar a conduta devida. Consoante preleciona Carlos Cossio, o conceito tem duplo teor axiológico:

(1) **valor esquemático**, pois é um instrumento estrutural do conhecimento humano;

(2) **valor impletivo**, haja vista que tem função de liame cognitivo, de conjunção.[256]

Com efeito, conceito é noção de natureza axiológica, valorativa, seletora de significantes da descrição típica. O conceito legal deve ter seus elementos compatibilizados com os que constituem o núcleo constitucional de processo penal contemplado pela Constituição de 1988. Daí que é cabível distinguir:

(1) o **conceito** é mais abrangente que a definição, sendo dotado de maior **denotação** (extensão);

(2) a **definição** tende a estabelecer limites, dar contornos ao conceito, impor diferenciações e assim agregar mais **conotação** (intenção) a um certo conceito, estabelecendo, inclusive, classes, tal como se dá com

---

256. COSSIO, Carlos. *La teoría egológica del derecho y el concepto jurídico de libertad*. 2. ed. Buenos Aires: Abeledo-Perrot, 1964. p.110-111 (tradução livre).

a distinção doutrinária e jurisprudencial nulidade absoluta e nulidade relativa.

Em outras palavras, definir é operação de natureza lógica, delineadora de limites, fronteiras, lindes que isolam o âmbito de irradiação semântica de um conceito, ideia ou noção, dando-lhe identidade, para que o discurso se desenvolva de forma coerente.

6.3 Regras para definição e classificação

A definição e a classificação de institutos jurídicos devem obedecer a quatro regras, seguindo os passos pontificados por Paulo de Barros Carvalho.

(1) **Proporcionalidade da divisão**, isto é, a extensão do termo divisível deve ser igual ao somatório das extensões dos membros da divisão (em outros termos, a definição não pode suplantar o texto, devendo nele encontrar sua base empírica).

A ideia de proporção, em sentido mais estrito, envolve a noção de **justa medida** e de proibição de excessos. É princípio de maior nível cuja aplicação é precedida dos subprincípios da **exigibilidade** (ou **necessidade**) e **adequação**.

Por exemplo, para classificar e escolher uma medida cautelar, deve ser seguido o procedimento entabulado no art. 282, do CPP, que possibilita a aplicação não excessiva do art. 319, do CPP. Há de ser observado o *principium divisionis*, consoante documentado, de antemão, pelo legislador. Caso contrário, a autoridade judiciária poderá incorrer em abuso de poder (Lei nº 13.869/2019), diante de excesso de **discricionariedade**.

Para limitar a **contingência**, é importante identificar o que se categoriza como **princípio** e o que se inclui no conceito de **regra**. São espécies de **norma jurídica**. Como proclama Ronald Dworkin, "os princípios possuem uma dimensão que as regras não têm – a dimensão do peso ou importância", isto é, "as regras são funcionalmente importantes ou desimportantes". Não podem ser sopesadas, pela ponderação, quando colidem.[257]

(2) **Coerência de critério**, sem mesclar métodos que resultem na criação de um método novo.

Trata-se de postulado muito importante, especialmente se aplicado à prova penal e à sua cadeia de custódia (art. 158-A, CPP), considerando que deve atender ao critério da **não contradição**.

Aliás, deve incidir a regra lógica do **terceiro excluído**, ou seja, não deve ser aceito ponto médio,[258] ou seja, um que possibilite a admissão parcial de exame pericial, para fins condenatórios penais, se o material apreendido estiver corrompido (art. 158-B, II, CPP).

(3) Os membros da definição e divisão devem ser **mutuamente excludentes**, ou seja, sem que se sobreponham e comprometam a utilidade da classificação.

Tal equivale a dizer que os vocábulos devem possibilitar **identidade** (ou **mesmidade**) e **precisão**; e

(4) A divisão classificatória deve cuidar para **não incorrer em saltos**, com a criação de abismos e de pontos não abrangidos, vale dizer, deve ser ininterrupta, atendendo ao postulado da **integridade.**[259]

6.4 Acepções de nulidade na legislação

O termo nulidade não é utilizado pelo legislador de maneira uniforme. O Código de Processo Penal menciona nulidade,

---

257. DWORKIN, Ronald. *Levando os direitos a sério*. Tradução: Nelson Boeira. São Paulo: Martins Fontes, 2002. p.42-43.

258. REALE, Giovanni; ANTISERI, Dario. *História da filosofia*: Antiguidade e Idade Média [volume 1]. Tradução: Ivo Storniolo. São Paulo: Paulus, 1990. p.216-217.

259. CARVALHO, Paulo de Barros. *Direito tributário*: linguagem e método. 5. ed. São Paulo: Noeses, 2013. p.120.

em regra, como defeito, vício, ato processual atípico, tal como se vê nos seus arts. 563 e 564. No entanto, os enunciados são ambíguos, induzindo que a nulidade é também sanção, quando fala em "declaração de nulidade", valendo-se do mesmo rótulo "nulidade" para qualificar o ato processual expurgado. Como exemplo, o art. 567, do CPP, dispõe que "a incompetência do juízo anula somente os atos decisórios", como se a incompetência tivesse o condão de dirigir a atividade de anular, malgrado explique, em sua segunda parte, que o processo deve, "quando for declarada a nulidade, ser remetido ao juiz competente".

A distorção legislativa, aliada à falta de precisão dos predicados eleitos pelo legislador, repercutem na doutrina processual penalista, que evidencia relevantes divergências, mormente quando se vê que não há tomada de consciência quanto à natureza da definição, vale dizer, se **semântica** (sentido), **sintática** (estrutura) ou **pragmática** (função).

6.5 Método do signo como padrão ou esquema

Charles S. Peirce pondera que o pragmatismo considera que há divergências sobre o teor que se atribui aos fatos. Desse modo, explica que os intérpretes:

(1) conferem "sentidos diferentes às mesmas palavras"; ou

(2) tendem a usar "uma palavra sem um sentido definido".[260]

Immanuel Kant explica as condições formais de sensibilidade para o entendimento de categorias, com a aplicação do conceito de **esquema**, compreendido como um método para construção da imagem de um conceito.[261]

260. PEIRCE, Charles Sanders. *Semiótica*. Tradução: José Teixeira Coelho Neto. 4. ed. São Paulo: Perspectiva, 2008. p.193.

261. KANT, Immanuel. *Crítica da Razão Pura*. Tradução: Manuela Pinto dos Santos; Alexandre Fradique Morujão. 5. ed. Lisboa: Fundação Calouste Gulbenkian, 2001. p. 208-209.

A partir das ideias kantianas, Charles S. Peirce busca "um método que determine o significado real de qualquer conceito, doutrina, proposição, palavra ou outro signo. O objeto de um signo é uma coisa; seu significado, outra".[262]

De fato, toda ideia necessita de um padrão organizativo de seus conteúdos ou, nas palavras de Kant, "a ideia tem necessidade de um esquema, isto é, de uma pluralidade e de uma ordenação de partes que sejam essenciais e determinadas *a priori* segundo o princípio definido".[263]

O **pragmatismo** não pretende dizer os significados de todos os signos, porém "estabelecer um método de determinação dos significados dos conceitos intelectuais, isto é, daqueles a partir dos quais podem resultar raciocínios".[264]

Volvendo à nulidade no processo penal, é possível designá-la, no contexto do discurso, como um **predicado**. Predicado é termo. Cuida-se de uma palavra tomada, voluntariamente, para designar objetos e seus atributos, em certo ambiente comunicativo.

A comparação das definições – de nulidade, prova, recurso e outros institutos – seguirá a lógica dos termos ou lógica dos predicados, consistente no estudo da composição interna dos enunciados simples e, no seu interior, na análise dos termos sujeito e predicado que compõem a oração, consoante magistério de Paulo de Barros Carvalho.[265]

---

262. PEIRCE, Charles Sanders. *Semiótica*. Tradução: José Teixeira Coelho Neto. 4. ed. São Paulo: Perspectiva, 2008. p.193-194.

263. KANT, Immanuel. *Crítica da Razão Pura*. Tradução: Manuela Pinto dos Santos; Alexandre Fradique Morujão. 5. ed. Lisboa: Fundação Calouste Gulbenkian, 2001. p. 669.

264. PEIRCE, Charles Sanders. *Semiótica*. Tradução: José Teixeira Coelho Neto. 4. ed. São Paulo: Perspectiva, 2008. p.193-194.

265. CARVALHO, Paulo de Barros. *Direito tributário*: linguagem e método. 5. ed. São Paulo: Noeses, 2013. p.117.

6.6 Acepções de nulidade na doutrina

São muitas as formas de uso do termo nulidade. Visando a controlar e organizar sua aplicação, ao lado do aspecto semântico, serão alinhadas as definições sintáticas e pragmáticas, assim classificadas a partir do cotejo doutrinário.

O objetivo é verificar divergências e coincidências, buscando dar utilidade e reduzir a dificuldade de uniformização do assunto. O ponto de fundamentação constitucional é o pilar de referência para essa atividade.

6.7 Nulidade como sanção jurídica

Eugênio Pacelli entende que nulidade é sanção jurídica, que retira os efeitos do ato nulo ou que lhe limita a eficácia, não integrando o ato. Explica que a declaração de nulidade é "a consequência jurídica da prática irregular de ato processual, seja pela não observância da forma prescrita em lei, seja pelo desvio de finalidade surgido com a sua prática". Nessa linha, "a desconformidade do ato com a forma prevista em lei implica, por primeiro, a sua irregularidade". A nulidade, sob esse ponto de vista, não é em si mesma, isto é, só por conta do ato irregular.[266]

Sob perspectiva semelhante, Paulo Rangel entende por nulidade não o vício que inquina o ato, porém "a sanção que se aplica ao ato viciado, em desconformidade com a lei. A nulidade é a consequência da prática do ato em desconformidade com a lei e não a desconformidade em si". Nessa esteira, chama-se ato nulo aquele que já foi sancionado com o "reconhecimento judicial de invalidade".[267]

Fernando da Costa Tourinho Filho difere dois momentos: a atipicidade enquanto vício do ato processual e a nulidade como sanção. Segundo o jurista, os atos realizados dentro do processo devem ser produzidos conforme a lei, caracterizando

---

266. PACELLI, Eugênio. *Curso de processo penal*. 18. ed. São Paulo: Atlas, 2014. p.898.

267. RANGEL, Paulo. *Direito processual penal*. 22. ed. São Paulo: Atlas, 2014. p.939-941.

a denominada tipicidade do ato processual. De outro lado, a atipicidade do ato processual pode causar-lhe a nulidade (absoluta ou relativa) ou a mera irregularidade. Nessa esteira de raciocínio, "a nulidade é a sanção decretada pelo órgão jurisdicional em relação ao ato praticado com inobservância dos parâmetros normativos. Nulo é o ato imperfeito, defeituoso, atípico, a que se aplicou a sanção de ineficácia".[268]

De outro lado, Renato Brasileiro de Lima compreende nulidade "como espécie de sanção aplicada ao ato processual defeituoso, do que deriva a inaptidão para a produção de seus efeitos regulares". Em outros termos, sustenta que, "como desdobramento natural da fixação de regras para a prática de atos processuais, apenas aqueles realizados em consonância com tal modelo serão considerados válidos perante o ordenamento jurídico e idôneos a produzir os efeitos almejados.[269] É, aliás, concepção sufragada por outros autores.[270]

Assim se manifestam Pedro Dermecian e Jorge Maluly, referindo a nulidade como consequência jurídica da atipicidade.[271] Da mesma forma Jaques Penteado, que aduz que "a nulidade é a sanção jurídica aplicável ao ato que não se construiu segundo o padrão legal estabelecido. A finalidade precípua é a realização da justiça criminal de forma justa, da qual o instrumento é o processo".[272]

No direito processual penal argentino, Gabriel Giulio cataloga nulidade enquanto espécie de sanção processual que recai sobre o ato processual que refoge ao padrão legal. Dentre duas acepções que anui serem possíveis (nulidade como

---

268. TOURINHO FILHO, Fernando da Costa. *Manual de processo penal*. 5. ed. São Paulo: Saraiva, 2003. p.450.

269. LIMA, Renato Brasileiro de. *Curso de processo penal*. Niterói: Impetus, 2013. p.1578.

270. TÁVORA, Nestor; ALENCAR, Rosmar Rodrigues de. *Curso de direito processual penal*. 11. ed. Salvador: Juspodivm, 2016. p.1203.

271. DERMECIAN, Pedro Henrique; MALULY, Jorge Assaf. *Curso de processo penal*. 9. ed. Rio de Janeiro: Forense, 2014. p.721.

272. PENTEADO, Jaques de Camargo. *Manual de processo penal*. São Paulo: RT, 2013. p.331.

ato sancionável e nulidade como sanção), o processualista conclui ser melhor limitar sua abrangência para o fim de ser entendida apenas como sanção.[273]

José Joaquim Calmon de Passos, em trabalho que se insere na teoria geral do processo, com ênfase no processo civil, explicita que, no gênero invalidade, o que se denomina de nulidade pode se traduzir "na retirada da eficácia do ato maculado por sua imperfeição relevante". Como se depreende, o processualista tem concepção que aproxima nulidade de sanção.[274]

6.8 Nulidade como defeito do ato processual

Hélio Tornaghi assimila a noção de nulidade àquela do ato nulo de pleno direito. Segundo essa concepção, "ato nulo é aquele que não produz efeitos até que seja convalidado. Se não for convalidável, se o mal for incurável, não produzirá efeitos nunca". Distinguindo inexistência de anulabilidade, o autor entende que "a eficácia do ato nulo é sujeita a condição suspensiva. Essa é por vezes possível (nulidade relativa) e de outras, impossível (nulidade absoluta)".[275]

Sob a ótica da existência do processo, Afrânio Silva Jardim explica sua relação com os pressupostos processuais, por serem, na realidade, a energia constitutiva do processo e, de conseguinte, dos atos processuais que o formam. De tal modo, somente será possível falar de **pressupostos processuais de existência**. Faltando pressuposto processual, deve decorrer a inexistência do processo, bem como devem ser afetados os atos que o constituem.

Com essa percepção, o jurista refuta a noção de **pressupostos processuais de validade**. Justifica, ademais, que, "em verdade, os atos processuais, mesmo quando praticados contra

---

273. GIULIO, Gabriel H. Di. *Nulidades procesales*. Buenos Aires: Hammurabi, 2005. p.119.

274. PASSOS, José Joaquim Calmon de. *Esboço de uma teoria das nulidades aplicadas às nulidades processuais*. Rio de Janeiro: Forense, 2005. p.125.

275. TORNAGHI, Hélio. *Curso de processo penal*: volume 2. 6. ed. São Paulo: Saraiva, 1989. p.294.

vedação expressa da lei, enquanto não desconstituídos, produzem efeitos jurídicos no processo, efeitos estes que o manto protetor da coisa julgada (no processo penal, só para a acusação) torna perenes". E, mais adiante, classifica como **condição para o desenvolvimento regular do processo** aqueles requisitos que a doutrina geralmente insere no rótulo pressuposto processual de validade. Note-se que a conclusão tem sustentação lógica, mormente quando esclarece que "mesmo quando se invalida o primeiro ato do processo, terá havido relação processual ao menos para o reconhecimento da nulidade *ab initio*". Nessa senda, a condição necessária para que a relação jurídica processual se desenvolva, ainda que defeituosa, "é a inexistência de decisão judicial invalidando algum ato do processo". De outra parte, é condição para que tal desenvolvimento se dê de forma regular, que os atos processuais sejam válidos, assim considerados quando, estando de acordo com a norma, "não podem ter a sua eficácia retirada pela decisão judicial".[276]

Sintetizando o posicionamento de Afrânio Silva Jardim, quanto aos pressupostos processuais, haverá a seguinte distinção:

EXISTÊNCIA E VALIDADE DO PROCESSO PENAL (ART. 395, II, CPP)	
PRESSUPOSTOS PROCESSUAIS → EXISTÊNCIA	CONDIÇÕES PARA O EXERCÍCIO DA AÇÃO PENAL → VALIDADE
• Não permitem a inserção da conduta no sistema jurídico. Não haverá processo. • Passível de ser corrigido, com retificação ou renovação da ação. • É dilatória, por exemplo, a falta de capacidade postulatória. O representante da parte poderá sanar o problema dentro dos limites legais.	• Haverá processo, mas com defeito no seu âmbito de validade. • Impossível de correção. O efeito extintivo é cogente e peremptório. • Exemplo: originalidade da ação penal. A reprodução de ação já proposta, com coisa julgada ou litispendência é óbice intransponível à demanda seguinte ou mais recente.

276. JARDIM, Afrânio Silva. *Direito processual penal*. 11. ed. Rio de Janeiro: Forense, 2002. p.56-67.

Sob outro prisma, discernindo as noções de atos nulos, anuláveis e irregulares, José Frederico Marques aduz que o "ato nulo é um ato atípico, imperfeito e ineficaz". Falta a tal ato formalidade essencial, isto é, não há nele a "adequação ao modelo que a lei traçou, porque, ao contrário disso, o que se verifica é que foi ele praticado em dissonância com a norma processual".[277]

Com pensamento equivalente ao que vê nulidade como defeito, Vicente Greco Filho assenta que se trata de "uma qualificação dos defeitos, mais ou menos graves, do ato e que vão influir no regime jurídico da decretação de sua invalidade". Os efeitos que decorrem da nulidade somente se produzem após o seu reconhecimento judicial.[278] Fernando Capez segue a mesma ideia ao dizer que "nulidade é um vício processual decorrente da inobservância de exigências legais capaz de invalidar o processo no todo ou em parte".[279]

Denilson Feitoza, a seu turno, compreende que "a nulidade é defeito do ato processual ou do processo, que pode ter como sanção a ineficácia". Nesses termos, vê nulidade enquanto "característica, qualidade, do ato processual ou do processo, enquanto a ineficácia é a sanção aplicada pela inobservância da forma prescrita em lei".[280]

Também Ricardo Perlingeiro Silva, sob a ótica processual civil, segue essa senda, destacando que embora se diga que do nulo nada se extrai, tal conclusão carece de plausibilidade, pois são inúmeros casos de atos processuais nulos, porém eficazes.[281] Não há discrepância na argumentação de

---

277. MARQUES, José Frederico. *Elementos de direito processual penal*: volume II. 2. ed. Campinas: Millennium, 2000. p.496.

278. GRECO FILHO, Vicente. *Manual de processo penal*. 8. ed. São Paulo: Saraiva, 2010. p.286.

279. CAPEZ, Fernando. *Curso de processo penal*. 6. ed. São Paulo: Saraiva, 2001. p.603.

280. FEITOZA, Denilson. *Direito processual penal*: teoria, crítica e práxis. 6. ed. Niterói: Impetus, 2009. p.1006.

281. SILVA, Ricardo Perlingeiro Mendes da. *Teoria da inexistência no direito processual civil*. Porto Alegre: Sergio Antonio Fabris, 1998. p.29.

Adrio Giovannoni que, distinguindo a hipótese de inexistência, considera nulidade o ato processual viciado.[282] Identicamente, Augusto Mario Morello, ao defender que toda nulidade, no processo, é sempre relativa.[283]

No âmbito cível, Pontes de Miranda aviva que a nulidade é "a qualidade mais pejorativa que pode ter o ato jurídico, por lhe faltar, no suporte fático, certo elemento de grande relevância, tornando-o deficitário, ou por haver presença de elemento que a tal ponto o corrói", referindo-se ao ferimento de regra jurídica que disponha sobre a forma do ato ou mesmo a ilicitude do seu objeto.[284] Essa concepção se filia à corrente que entende nulidade enquanto espécie de defeito. A sanção é a desconstituição do ato que, em processo penal, compete ao juiz.

Guilherme de Souza Nucci também equipara nulidade a defeito processual. Averba que nulidade é o vício que contamina "determinados atos processuais, praticados sem a observância da forma prevista em lei, podendo levar à sua inutilidade e consequente renovação".[285] Norberto Avena, embora refira às diversas vertentes acerca da definição de nulidade (vício processual, sanção ou vício e sanção), argumenta que nulidade *lato sensu* é eiva que pode atingir um ato processual.[286]

Teresa Wambier cataloga mais aspectos inerentes à vertente da nulidade como defeito, descrevendo que "nulidade é um conceito tipicamente abstrato e diz respeito a um *quid* que

---

282. GIOVANNONI, Adrio. Los vicios formales en la realización del acto procesal. In: *Estudios de nulidades procesales*. Adolfo Alvarado Velloso (org.). Buenos Aires: Hammurabi, 1980. p.76.

283. MORELLO, Augusto Mario. Las nulidades procesales. Hacia una interpretación dinámica funcional. In: *Estudios de nulidades procesales*. Adolfo Alvarado Velloso (org.). Buenos Aires: Hammurabi, 1980. p.157.

284. PONTES DE MIRANDA, Francisco Cavalcanti. *Tratado de direito privado*: parte geral: tomo IV: validade, nulidade, anulabilidade. Campinas: Bookseller, 2000. p.77-78.

285. NUCCI, Guilherme de Souza. *Manual de processo penal e execução penal*. 6. ed. São Paulo: RT, 2010. p.816.

286. AVENA, Norberto. *Processo penal*: esquematizado. Rio de Janeiro: Forense; São Paulo: Método, 2009. p.836.

afeta os atos processuais", comportando, fundamentalmente, três aspectos:

(1) o primeiro consiste na **causa formal da nulidade**, enquanto elemento constitutivo, isto é, "o vício ou o defeito que a produz", sendo, para a autora, o ponto de maior interesse;

(2) o segundo aspecto compreende o **estado de nulidade**, vale dizer, "o que distingue o ato nulo dos demais, atual ou potencialmente", referindo-se "ao modo de ser nulo";

(3) o último se situa na **consequência da nulidade**, vale dizer, no "desaparecimento dos efeitos produzidos pelo ato, ou seja, a ineficácia".[287]

A exposição procedimental da jurista em torno da nulidade, pode ser representada no seguinte quadro:

NULIDADE				
Causa	→	**Estado**	→	**Consequência**

Destacando as dificuldades acentuadas em se definir nulidade, Heráclito Mossin a enxerga como defeito, pela "falta de observância das fórmulas legais capaz de tornar sem eficácia um ou mais atos processuais, o processo ou a relação jurídico-processual".[288]

Também assimilando-a a defeito ou ilícito processual, Tácio Lacerda Gama aventa que nulidade "é expressão geral para nominar ilícitos nomogenéticos no plano dogmático", a partir dos quais jorram as normas jurídicas de controle. O ilícito é constitutivo da genética da produção das normas

287. WAMBIER, Teresa Arruda Alvim. *Nulidades do processo e da sentença*. 6. ed. São Paulo: RT, 2007. p.160.

288. MOSSIN, Heráclito Antônio. *Nulidades no direito processual penal*. 3. ed. Barueri: Manole, 2005. p.61.

jurídicas subsequentes (**nomogênese**). No entanto, o jurista procura estabelecer distinções, classificando o fenômeno. Averba que nulidade "pode ser entendida em sua acepção lata", incluídas as modalidades de ilícitos constitutivos de nomogênese, tanto os formais como os materiais. De outro lado, pondera que, em *stricto sensu*, nulidade é "ilícito na prática de atos processuais, de forma ou conteúdo". Destaca, todavia, o aspecto sancionatório do termo, ao afirmar que, "noutra acepção, pode ser tomado como a consequência ou efeito da ilicitude na criação de normas, daí a possibilidade de, por exemplo, ver-se reconhecida de uma norma, mas se discutir se haverá ou não pronúncia de nulidade".[289]

Ada Pellegrini Grinover, Antonio Magalhães Gomes Filho e Antonio Scarance Fernandes elegem o termo nulidade como qualificador negativo do ato processual eivado de atipicidade (ato nulo). Em outras palavras, os autores entendem nulidade como defeito processual. Pode-se afirmar, nessa esteira, que a nulidade adjetiva o ato processual imperfeito que, "por falta de adequação ao tipo legal, pode levar ao reconhecimento de sua inaptidão para produzir efeitos no mundo jurídico". A invalidade seria o momento seguinte à verificação de nulidade, sempre dependente de reconhecimento judicial expresso.[290]

Há possibilidade de incluir os autores dentre aqueles que enxergam nulidade como motivo da imperfeição do ato processual, bem como expressão das respectivas consequências dessa imperfeição, como apontam Aramis Nassif e Samir Hofmeister, considerando que tal corrente apõe à nulidade dupla natureza.[291] As dificuldades de precisão dos contornos do conceito de nulidade decorrem da ambiguidade da expressão. Como se depreende, a plurivocidade de sentido pode provocar

---

289. GAMA, Tácio Lacerda. *Competência tributária*: fundamentos para uma teoria da nulidade. 2. ed. São Paulo: Noeses, 2011. p.LII.

290. GRINOVER, Ada Pellegrini; GOMES FILHO, Antonio Magalhães; FERNANDES, Antonio Scarance. *As nulidades no processo penal*. 12. ed. São Paulo: RT, 2011. p.20-21.

291. NASSIF, Aramis; NASSIF, Samir Hofmeister. *Considerações sobre nulidades no processo penal*. 2. ed. Porto Alegre: Livraria do Advogado, 2012. p.20.

o uso de termo com funções distintas, inclusive num mesmo texto doutrinário.

A seu turno, Paulo Fernandes e Geórgia Bajer discordam da ideia de nulidade como sanção. Conforme defendem, "os processualistas modernos não dão às nulidades as características de sanções. Para eles nulidade quer dizer ineficácia. Nulidade, modernamente, é o efeito ou consequência da falta de cumprimento das disposições legais. É inexata, portanto, a expressão "sob pena de nulidade", empregada na prática forense. Os processualistas filiam-se à posição que vê nulidade como defeito que precisa ser sopesado para dimensionar sua consequência, apta a retirar do ato ou processo o seu valor e, desse modo, acarretar-lhe a invalidade, no todo ou em parte.[292]

Em certa medida, essa concepção encontra respaldo nas lições consubstanciadas na **Teoria Tridimensional do Direito**, de Miguel Reale, enxergando que os preceitos objetivam a realização do valor-fim do fenômeno jurídico, enfatizando-o como resultado da experiência. O direito processual penal não se afasta dessa concepção, notadamente porque, na persecução penal estatal, o juiz, sendo o órgão a quem compete chancelar a validade ou a invalidade de um ato jurídico, deve observância a um complexo de elementos que informam sua atividade. Como explica o filósofo, a regra jurídica tem o poder de obrigar, "primeiro, em virtude de seu fim ou de sua conformidade com o valor fim do Direito; segundo, por motivo de sua racionalidade ou conformidade racional com as situações objetivas (causas intrínsecas)". Ainda, a regra tem força coercitiva em virtude de "sua proveniência como ordem de uma autoridade legítima". Com essa argumentação, conclui Miguel Reale que não é indo além do sistema jurídico, porém é na mesma ordem jurídico positiva que é possível a integração **fato-valor-norma** "à qual corresponde esta outra: eficácia social, validade ética, validade técnico-jurídica". A legislação posta deve apresentar

292. FERNANDES, Paulo Sérgio Leite; FERNANDES, Geórgia Bajer. *Nulidades no processo penal*. 5. ed. São Paulo: Malheiros, 2002. p.30-31.

tais requisitos, exprimindo o que o autor denomina de "valor racional de justiça", sendo emanada de uma autoridade competente e com "real aplicação por parte dos sujeitos".[293]

Por derradeiro, sob perspectiva crítica que acusa a imprestabilidade da categoria nulidade relativa para o direito processual penal, em face de chancelar o **punitivismo**, Aury Lopes Júnior sublinha que "nulidade mesmo só existirá nos casos de atipicidade insanável e relevante". Daí que o mais importante, segundo o processualista, "é a conjunção dos conceitos de defeito e possibilidade/impossibilidade de saneamento pela repetição". Nessa vertente, sustenta que o nulo é defeito que nega a validade.[294]

6.9 Nulidade como ato jurídico inválido

Ricardo Jacobsen Gloeckner realça quatro concepções de nulidade defendidas doutrinariamente:

(1) como vício do negócio jurídico processual penal;

(2) como sanção processual;

(3) como ato jurídico inválido; e

(4) como tipo processual e constitucional.

O autor opta pela teoria da nulidade enquanto ato jurídico inválido, ou seja, concepção que lhe atribui a mácula da invalidade. Conforme leciona, tal teoria "está associada aos direitos fundamentais do acusado" e "a ineficácia é a consequência que permite o desfazimento do ato afetado pelo vício de validade". Sua conclusão é de que "a nulidade corresponde à inadequação do ato ao modelo normativo". Essa anomalia é equivalente à invalidade que, a sua vez, "precisa ser declarada judicialmente.

---

293. REALE, Miguel. *Fundamentos do direito*: contribuição ao estudo da formação, da natureza e da validade da ordem jurídica positiva. São Paulo: RT, 1940. p.314-315.

294. LOPES JR, Aury. *Direito processual penal e sua conformidade constitucional*: volume II. 3. ed. Rio de Janeiro: Lumen Juris, 2010. p.429.

Como consequência, a retirada dos efeitos do ato inválido constitui-se não no plano normativo, mas empírico".[295]

A distinção de tal concepção (nulidade como ato jurídico inválido) e a outra abordada antes (nulidade como defeito do ato processual) é bastante tênue. A importância da última consiste em determinar proteção maior aos direitos fundamentais em jogo no processo. No entanto, não haveria justificativa para apartar tais teorias, se considerado que ambas pressupõem um vício do ato processual, caracterizado pela nulidade, vale dizer, um defeito, uma mácula.

Por outro lado, equiparar **nulidade** e **invalidade**, como se esta fosse o consequente necessário, mas que depende de ato judicial que a declare, resvala em incoerência lógica. Isso porque, se depende de manifestação judicial, não parece razoável equiparar ambos os momentos que, na realidade, são sucessivos.

6.10 Nulidade como sanção e como defeito

Edilson Mougenot Bonfim, seguindo posição eclética, assenta que a nulidade deve ser entendida sob duplo aspecto, vale dizer:

(1) "como vício ou defeito de que padece o ato processual atípico, isto é, praticado em desconformidade com as prescrições legais"; e

(2) "como sanção imposta judicialmente, invalidando o ato processual e lhe retirando determinados efeitos jurídicos".[296]

De maneira análoga, Julio Fabbrini Mirabete explica que nulidade consiste, "sob um aspecto, vício, sob outro, sanção,

295. GLOECKNER, Ricardo Jacobsen. *Nulidades no processo penal*: introdução principiológica à teoria do ato processual irregular. Salvador: Juspodivm, 2013. p.328-331.

296. BONFIM, Edilson Mougenot. *Curso de processo penal*. 4. ed. São Paulo: Saraiva, 2009. p.589.

podendo ser definida como a inobservância de exigências legais ou uma falta ou falha ou imperfeição jurídica que invalida ou pode invalidar o ato processual ou todo o processo".[297]

Inserindo-se nessa corrente, Lúcio Constantino, depois de conceituar como defeito cuja consequência é prejuízo, assevera que "a natureza da nulidade depende do prisma de visão". Enfatiza assim que se a nulidade for examinada "apenas como vício (qualidade), sua natureza jurídica será de imperfeição". Entrementes, se for apreciada "como efetiva decretação de invalidade (consequência), sua natureza jurídica será de sanção".[298]

6.11 Nulidade como normas em situação pragmática-possibilista

Sob o prisma da lógica e do pragmatismo, Torquato Castro Júnior parte da premissa de que, "se nulificar é negar efeitos, a norma que determina a nulidade poder-se-ia expressar como uma forma inversa do *modus ponens*", sem que contudo se permita uma tautologia, "à diferença do que ocorre com o *modus tollens*".[299]

Cabe abrir um parêntese para lembrar, a partir de estudo de Marisa Ortegoza da Cunha,[300] que:

(1) o ***modus ponens*** ou modo de afirmação é forma lógica assertiva de um consequente; e

---

297. MIRABETE, Julio Fabbrini. *Processo penal*. 14. ed. São Paulo: Atlas, 2003. p.591.

298. CONSTANTINO, Lúcio Santoro de. *Nulidades no processo penal*. 3. ed. Porto Alegre: Verbo Jurídico, 2008. p.29-31.

299. CASTRO JÚNIOR, Torquato da Silva. *A pragmática das nulidades e a teoria do ato jurídico inexistente*: reflexões sobre metáforas e paradoxos da dogmática privatista. São Paulo: Noeses, 2009. p.115-117.

300. CUNHA, Maria Ortegoza da. Lógica, lógicas: uma visão panorâmica. *Caderno Dá Licença*, n. 5., a.6, p.33, dez. 2004.

(2) o ***modus tollens***, modo de negação ou de tolhimento é aquele que refuta o consequente.

A norma que reconhece a nulidade, consoante Torquato Castro, não é uma lei lógica necessariamente verdadeira. Não chega a ser uma tautologia porque a verificação da falsidade do antecedente, na sua relação intermediada pelo condicional, não determina, de forma inexorável, a falsidade do consequente. Eis, neste ponto, o campo **pragmático-possibilista** das nulidades. Isso porque o fato que é objeto de incidência da norma não é o que nasce nulo, porém poderá ser o ato que o tem por suporte. Abordando as nulidades na perspectiva civilista, o ilustre autor segue doutrina que distingue os dois modelos lógicos possíveis para o fim de representar logicamente o fenômeno:

(1) um que corresponde à nulidade enquanto **afirmação de irrelevância** e de *inqualificazione*. É similar ao seu reconhecimento como um defeito que afeta a sua importância jurídica; e

(2) o segundo que dá supedâneo à nulidade enquanto **negação da relevância** do ato jurídico. No lugar da não qualificação, deve caber uma desqualificação. Esse ponto de vista guarda semelhança com a concepção de nulidade como sanção.

Ainda seguindo o que pontifica Torquato Castro, não há que se estranhar a suposição doutrinária de que haveria um aspecto contraditório no segundo modelo, a exemplo da negação da juridicidade de um ato jurídico (ilícito). Isso porque o alegado paradoxo "só se configura se se tiver presente a pressuposição de que o mecanismo das nulidades é determinado por uma única norma. Se o mecanismo funciona por meio de muitas normas distintas, não há paradoxo, o que parece ser o caso".[301]

---

301. CASTRO JÚNIOR, Torquato da Silva. *A pragmática das nulidades e a teoria do ato jurídico inexistente*: reflexões sobre metáforas e paradoxos da dogmática privatista. São Paulo: Noeses, 2009. p.117-119.

Essa perspectiva enfatiza a importância de compreensão da nulidade sob o viés normativo e que pede o enlace entre mais de uma norma jurídica.

6.12 Nulidade como providência saneadora

Fundamentando a noção de que forma é garantia, bem como salientando a necessidade de uma teoria geral das invalidades comprometida com a efetividade dos direitos fundamentais postos na Constituição e com a redução da complexidade, Elmir Duclerc defende a desvinculação dos conceitos de defeito e sanção, como atrelados à nulidade. Isso porque a sanção responde de forma precária à função das formas processuais. O foco, nesse diapasão, deve ser voltado para a atividade judicial, que é ativada pelo sinal de descumprimento de um princípio, de maneira reparadora. Isso quer dizer que só em último lugar terá cabimento a forma sancionadora. Para o processualista, a nulidade é a providência judicial de saneamento que é levado a cabo pelo juiz diante do desatendimento de algum requisito para a prática do ato processual que, ao final, tenha ferido princípio constitucional.[302]

O conceito de saneamento remonta à obra clássica de Galeno Lacerda. O despacho saneador, delimitado pelo jurista, seria um dos marcos mais avançados da aspiração de perfeição da prestação jurisdicional, tendente a "reconhecer e proclamar o direito, com o menor gravame possível". Por seu intermédio, o juiz poderá deliberar sobre questões que afetam o desenvolvimento regular do processo, ordenando "o suprimento oportuno de vícios sanáveis" e extinguindo, "no nascedouro, processos de constituição maculada por defeito irremediável". Apesar de sua vocação apta ao suprimento de vícios enquanto precaução contra a contaminação de atos consecutivos, não deve se outorgar ao despacho saneador a

302. DULCLERC, Elmir. *Direito processual penal.* Rio de Janeiro: Lumen Juris, 2008. p.562-563.

função de "panaceia preclusiva de todos os males do processo. Seria visão exagerada e irreal de seu alcance". Com essa cautela, o jurista aviva que são duas notas que "singularizam o despacho saneador das decisões judiciais sobre nulidades", com "resultado preventivo admirável", realçando que o princípio da economia processual não deve se realizar de modo absoluto. Aquelas duas circunstâncias são a **oportunidade** da decisão e a **compulsoriedade** do ato judicial de inspeção.[303]

6.13 Nulidade como tipo processual e constitucional

Gustavo Badaró, sublinhando que "a tipicidade das formas é uma garantia para as partes e para a correta prestação jurisdicional", vê a nulidade enquanto espécie de atipicidade do ato processual que deve se subordinar ao texto constitucional. Consiste em defeito, vício que, para deixar de produzir efeitos no processo, carece de "pronunciamento constitutivo pelo magistrado".[304]

A argumentação do autor considera a nulidade como atrelada aos tipos processuais e constitucionais protetivos das garantias individuais, mormente quando dá ênfase à tipicidade processual inferida do padrão estabelecido pelo ordenamento jurídico.

6.14 Aplicação a caso concreto

A importância da definição dos conceitos sufragados pelo legislador pode ser depreendida das consequências jurídicas aplicadas pelo STJ quando enfrentou a necessidade da **originalidade** da ação penal.

---

303. LACERDA, Galeno. *Despacho saneador*. Canoa: La Salle; Porto Alegre: Livraria Sulina, 1953. p.6-7.

304. BADARÓ, Gustavo Henrique. *Direito processual penal*: tomo II. 2. ed. Rio de Janeiro: Elsevier, 2009. p.227-229.

A resposta jurídica dependerá de saber se a inexistência de coisa julgada ou de litispendência é **pressuposto processual** ou **condição para o exercício da ação**. Ambas estão situadas no conceito legal gizado no art. 395, inciso II, do CPP, ao preconizar que a petição inicial deve ser rejeitada se ausentes aquelas categorias.

Apreciando questão que envolvia duplicidade de julgamentos somente percebida durante a execução penal, o STJ afirmou que, "em decorrência do efeito preclusivo da coisa julgada material, impede-se a submissão do réu a novo julgamento pelo mesmo fato, em futuros processos". O julgado foi explícito ao dizer que "a originalidade da demanda" consistiria em **requisito necessário para o desenvolvimento válido e regular do processo**, embora tenha verberado, no voto do relator, que a instância de origem não apreciou aquele "pressuposto de validade do processo".[305]

Como visto ao longo deste capítulo, definir que a originalidade é **condição para o exercício da ação penal** tem consequência jurídica insuperável, peremptória e cogente. Cuida-se do dever jurídico, atribuído ao órgão judicial, de obstar o seguimento da demanda posterior quando verificar que esta consiste em reprodução da primeira.

Vale distinguir:

(1) a falta ou o defeito sobre pressuposto processual (sempre de existência) pode ser objeto de retificação ou renovação, desde que corrigido o problema;

(2) a ausência ou o vício sobre condição para o exercício a ação penal é intransponível, determinando sempre a extinção do processo sem resolução do mérito.

---

305. STJ – Sexta Turma – HC 320.626/SP – Rel. Min. Rogerio Schietti Cruz – DJe 22 jun. 2015.

Nesse sentido, é o magistério de Afrânio Silva Jardim.[306]

Quando o STJ incorre em imprecisão, chamando, indevidamente, de pressuposto de validade, a condição **originalidade**, finda por tornar ambígua a solução adotada. O problema persiste, igualmente, quando a Corte Superior não adota qualquer distinção, embora aplique a consequência jurídica que seria cabível.[307] Apesar de correta a conclusão final, a deficiência de contornos do instituto jurídico ou a sua omissão pode desaguar em insegurança jurídica.

6.15 Conclusão e próximo capítulo

A organização de conteúdos jurídicos será tanto mais eficaz quanto mais precisas as definições dos institutos legais. Uma noção de relevo, para o manejo da estrutura normativa, é a de **domínio**. Dominar as categorias compreende saber relacionar os conceitos descritos no ordenamento jurídico e a tecnologia correspondente.

Dessa maneira é possível controlar, por exemplo, a produção probatória, segundo os trilhos legais. O conhecimento do fenômeno jurídico deve se submeter à relação normativa, eis que o fato capaz de aderir à estrutura é aquele que se ajusta, racionalmente, ao esquema ou padrão do sistema.

No próximo capítulo, será definida a nulidade segundo o tripé que fundamenta, cientificamente, a compreensão humana. A estratégia de ordenação e de entendimento desse instituto, como se verá, é igualmente aplicável aos demais assuntos do direito processual penal, eis que podem ser delimitados consoante o ângulo sintático (estrutural), semântico (de sentido) ou pragmático (funcional).

---

306. JARDIM, Afrânio Silva. *Direito processual penal*. 11. ed. Rio de Janeiro: Forense, 2002. p.56-67.

307. STJ – Sexta Turma – HC 425.694/SP – Rel. Min. Sebastião Reis Júnior – Rel. p/ Acórdão Min. Rogerio Schietti Cruz – DJe 11 out. 2019.

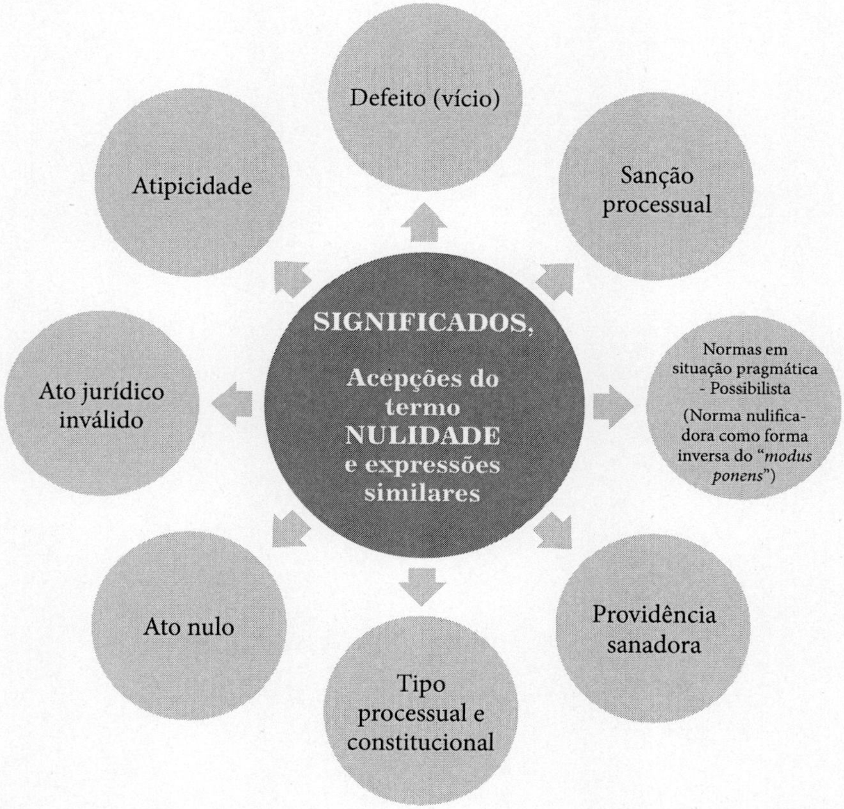
SIGNIFICADOS,
Acepções do termo NULIDADE e expressões similares
Defeito (vício)
Sanção processual
Normas em situação pragmática - Possibilista
(Norma nulificadora como forma inversa do "*modus ponens*")
Providência sanadora
Tipo processual e constitucional
Ato nulo
Ato jurídico inválido
Atipicidade

CAPÍTULO 7
NULIDADE CONFORME AS CIÊNCIAS DA LINGUAGEM

7.1 Linguagem e método

O termo nulidade guarda muitas acepções e funções. É tema que abrange todo o processo penal. O controle do efetivo respeito ao **justo processo** deve permear toda a atuação estatal, desde a investigação preliminar até o encerramento da execução penal.

Nulidade é substantivo, cujo verbo que lhe corresponde é nulificar. Há outro parecido vocábulo, também substantivo, que é a **anulabilidade**, que caracteriza feição possibilista de recair, sobre um ato processual, uma declaração de nulidade, decorrente da ação de anular.

Considerando as diferenças de significados que essas palavras recebem, inclusive quando da aplicação do direito pelos tribunais, a teoria que se forma ao redor do fenômeno é pantanosa.

Não é exagero afirmar que doutrina e jurisprudência não se entendem quando o assunto é nulidade. O diálogo é prejudicado pela incerteza relativa quanto ao sentido das palavras escolhidas para expressar os vícios dos atos processuais penais.

Como se trata de tema complexo, notadamente devido à imprecisão linguística, a metodologia escolhida inclina-se por convencionar, rigorosamente, significados às palavras que designam a nulidade segundo a sua gravidade, assim como os termos que retratam a composição dos atos processuais penais.

Considerando esse objetivo, dois métodos são adotados na interpretação.

(1) O método **dialético**, compatível com o **positivismo jurídico**, eis que o direito está situado na região ôntica cultural, do conhecimento humano. Na senda de Carlos Cossio, "o método adequado para conhecer um objeto cultural é o método empírico-dialético, pois é o que se constitui sobre o ato gnosiológico da compreensão".[308]

(2) O método **positivista**, reconhecendo que a produção de nulidades deve ocorrer dentro dos limites autorizados pelo **ordenamento** e que a ciência jurídica se dedica ao estudo da **norma jurídica**, enquanto categoria central que evidencia **relações**.

Essa percepção é, portanto, condição necessária à visibilidade da relação entre a atipicidade e a sanção correlata. Visa a controlar e prever resultados em um ambiente com pragmática preponderante, com múltiplas possibilidades em tese.

O quadro da norma jurídica é comunicativo. Como a nulidade é tema dotado não só de ambiguidade, mas também de vaguidade e de porosidade, são perceptíveis ruídos que interferem nas respostas judiciais, geralmente ampliando a acidentalidade, com baixo controle.

Na visão indicada por João Maurício Adeodato:

---

308. COSSIO, Carlos. *La teoría egológica del derecho y el concepto jurídico de libertad*. 2. ed. Buenos Aires: Abeledo-Perrot, 1964. p.79 [tradução livre].

(1) a **ambiguidade** da palavra se reporta ao símbolo linguístico que pode guardar dois sentidos, no nível semântico;

(2) a **vaguidade** diz respeito ao termo com amplitude significativa maior, que encampa outros, em uma determinada classe;

(3) a **porosidade** se refere à variabilidade do sentido da palavra, no curso do tempo.[309]

Relevante, desse modo, que o defeito processual seja juridicamente disciplinado, especialmente quando se toma por realidade os enunciados de direito processual penal que, diferentemente do direito penal, não têm sua composição organizada em:

(1) **prótase**, enquanto antecedente que alude à ilicitude; e

(2) **apódose**, compreendida como consequente que imputa a sanção cabível.

Em outras palavras, a aferição de atipicidades processuais penais é difusa e assistemática, sendo necessário um confronto, uma contradição, consoante explica Carlos Cossio, entre:

(1) a **endonorma** (essência **noética**), contida na positividade do direito e representativa do que é devido fazer (**lícito**). No texto do direito positivo, o enunciado é a base para a aplicação do direito. Está no plano da expressão. Pode-se afirmar, ainda, que é o juízo hipotético da conduta devida. A endornorma é monovalente, por conter somente o aspecto da licitude. Os elementos de sua estrutura representam uma constante, qual seja, "dada uma situação coexistencial como fato inicial de uma totalidade sucessiva, deve

---

309. ADEODATO, João Maurício. *Uma teoria retórica da norma jurídica e do direito subjetivo*. São Paulo: Noeses, 2011. p.225-226.

ser, a prestação de alguém, como alguém obrigado, ante a algum titular"; e

(2) a **perinorma** (essência **noemática**), que expressa a intersubjetividade do direito enquanto conduta e a disjunção, decorrente de inferência indireta conclusiva de que foi cometido o **ilícito**. Está em plano mais elevado do pensamento, sendo o juízo hipotético da conduta indevida. A perinorma é bivalente, porquanto expressa uma ilicitude inicial e uma licitude posterior a ser cumprida pelo órgão estatal. É representada pela estrutura que considera que "dado o ilícito, deve ser a sanção ao responsável, imposta por um funcionário obrigado a isso, devido à pretensão da comunidade" (direito positivo). Ou ainda, "dado o ilícito como fato inicial de outra totalidade sucessiva naquela situação coexistencial, deve ser a prestação do funcionário, como alguém obrigado, ante a comunidade pretensora" (ordenamento jurídico).[310]

Por exemplo, no caso de condenação do acusado com abreviação do procedimento ordinário, com a imposição, indevida, de pena privativa de liberdade na audiência de custódia, por ocasião da prisão do réu:

(1) a endonorma está disposta a partir do art. 394, do CPP, relatando como se deve fazer o procedimento;

(2) a perinorma decorre do **salto egológico**, para usar ainda a terminologia cossiana, ou seja, se não foi feito o rito como deveria ter sido realizado, a norma jurídica consistirá na conclusão de que, uma vez "suprimido o procedimento previsto em lei, com diminuição da eficácia da ampla defesa, deve ser nulidade absoluta".

310. COSSIO, Carlos. *La teoría egológica del derecho y el concepto jurídico de libertad*. 2. ed. Buenos Aires: Abeledo-Perrot, 1964. p.194-195; 464-465; 668-669.

É importante, destarte, acomodar as regras do processo penal consoante a lógica jurídica, de acordo com critérios de correção do pensamento humano, considerando:

(1) a escolha e a definição adequada dos vocábulos, tomados do uso comum na jurisprudência e na doutrina, a partir de Ada Pellegrini Grinover, Antonio Magalhães Gomes Filho e Antonio Scarance Fernandes;[311]

(2) fundamentação linguística que contribua com a redução de contingência normativa, em conformidade com o que propõe Paulo de Barros Carvalho, com lastro no **constructivismo** lógico-semântico;[312]

(3) um sistema construído hierarquicamente a partir de fontes bem delimitadas, tomando em Hans Kelsen a ideia de que as normas jurídicas devem ser descritas a partir de conteúdo fundamentador de validade.[313]

Na linha didática de Edvaldo Brito, enquanto instrumento de comunicação, o direito:

(1) é expresso "por proposições prescritivas no ato intelectual em que a fonte normativa afirma ou nega algo ao pensar a conduta humana em sua interferência intersubjetiva";

(2) enuncia proposições descritivas para falar das prescritivas; e

(3) é dotado de "um discurso típico recheado de elementos que constituem o repertório específico que

---

311. GRINOVER, Ada Pellegrini; GOMES FILHO, Antonio Magalhães; FERNANDES, Antonio Scarance. *As nulidades no processo penal*. 12. ed. São Paulo: RT, 2011.

312. CARVALHO, Paulo de Barros. *Direito tributário*: linguagem e método. 5. ed. São Paulo: Noeses, 2013.

313. KELSEN, Hans. *Teoria pura do direito*. Tradução: João Baptista Machado. 5. ed. São Paulo: Martins Fontes, 1997. p.218-219; KELSEN, Hans. *Teoria geral do direito e do Estado*. Tradução: Luís Carlos Borges. 4. ed. São Paulo: Martins Fontes, 2005. p.42-45.

caracteriza o comportamental da fonte que emite a mensagem normativa", bem como "de organização que se incumbe de tipificar a sua *facti specie* a conduta dos demais destinatários (receptores de mensagem) quando na sua interferência intersubjetiva".[314]

7.2 Abordagens de definição de nulidade

O sentido de nulidade e o seu uso estão entre os elementos necessários a uma definição compatível com as ciências da linguagem. Ela deve encontrar respaldo na lógica, isto é, na **semiótica**, na ciência, enquanto correção de pensamento. Trata-se de percepção da existência de níveis linguísticos que norteiam o ponto de vista de quem apresenta uma análise.

Essa elucidação passa pelas perspectivas da **semântica**, da **sintaxe** e da **pragmática**. Como na linguagem adotada por Tácio Lacerda Gama, o percurso para o esclarecimento da nulidade processual penal envolve, respectivamente, o **sentido**, a **estrutura** e a **função.**[315]

Para esse desiderato, propõe-se adoção de **teoria convencionalista**[316] como critério de definição e de uso do vocábulo nulidade, considerando cuidar-se de fator determinante das dificuldades em torno do tema.

7.3 Concepção semântica

A concepção semântica se refere ao **sentido** da norma que define a nulidade processual penal, tal como ela é representada. Nessa esteira, nulidade é norma que descreve ato

---

314. BRITO, Edvaldo. *Limites da revisão constitucional*. Porto Alegre: Sergio Antonio Fabris, 1993. p.16.

315. GAMA, Tácio Lacerda. *Competência tributária*: fundamentos para uma teoria da nulidade. 2. ed. São Paulo: Noeses, 2011. p.XXXVII.

316. ALENCAR, Rosmar Rodrigues. *Efeito vinculante e concretização do direito*. Porto Alegre: Sergio Antonio Fabris, 2009. p.39.

processual eivado de uma qualificação negativa. A sua prática em descompasso com a forma estabelecida em lei é capaz de tornar ineficaz o direito protegido pela norma de regência.

Geneticamente haurido da norma jurídica, o ato processual deve descrever a incidência, a ser dotada de requisitos estruturais, essenciais e acidentais. Em linguagem coloquial e metafórica, o ato processual deve conter o "DNA" da norma jurídica.

Essa ótica da nulidade é o teor pejorativo, isto é, o **desvalor** que recai sobre o ato processual penal, expressando uma imperfeição processual que pode exigir seu refazimento, evidenciando maior ou menor gravidade do defeito.

7.4 Concepção sintática

Pode-se dizer que a concepção sintática é compreendida como a **estrutura** que sustenta, no direito positivo, a norma que descreve a nulidade processual penal. Entendendo nulidade como ato processual eivado de atipicidade que necessita de reconhecimento judicial, tem-se que a concepção sintática definitória de nulidade deve considerar o sujeito processual competente para declarar a existência de ato processual defeituoso, praticado em desconformidade com a Constituição ou com a legislação.

Sob esse ponto de vista, nulidade é a norma processual penal individual e concreta, emitida pelo juiz competente. A sua fundamentação deve passar pela descrição da hipótese abstrata prevista no direito positivo ou em precedentes judiciais. Constando a atipicidade do ato processual por intermédio da norma pressuposta (antecedente, da nulidade processual), o juiz deve declarar, concretamente, a existência do vício, reconhecendo-lhe a nulidade. A produção normativa é expressão da nomogenética. Na constituição da norma jurídica, deve haver vínculo de competência, liame, necessariedade, constrangimento epistêmico-dogmático, para vincular a atuação judicial, limitando a contingência, a acidentalidade e a discricionariedade.

7.5 Concepção pragmática

A concepção pragmática engloba o aspecto da **função** da norma que conclui pela nulidade processual penal. O sistema jurídico prevê criação de norma declaratória de atipicidade e, a partir daí, outras normas se enlaçam com o objetivo de produzir maiores ou menores efeitos.

Gustavo Valverde pondera que quando se está formando a teoria da norma como meio de comunicação, o plano pragmático é o de maior importância, eis que a norma é tomada como relação interativa. Aqui a dogmática jurídica intenta constituir modelos empíricos que dão ênfase ao estudo da decisão jurídica, sendo o direito um feixe de procedimentos para a tomada da decisão. De tal sorte, "a pragmática é um plano semiótico cuja análise é decisiva, sobretudo porque é o plano responsável pela institucionalização das normas jurídicas".[317]

Tercio Sampaio Ferraz Jr. explica que normas jurídicas podem ser compreendidas como **discursos**. Sob esse ângulo da pragmática, normas são "interações em que alguém dá a entender a outrem alguma coisa, estabelecendo-se, concomitantemente, que tipo de relação há entre quem fala e quem ouve". Em outras palavras, o discurso normativo é não só formado por uma mensagem, porém "por uma definição das posições de orador e ouvinte".[318]

Bem apropriado nesse contexto é fazer menção ao Projeto de Código de Processo Penal nº 156/2009, em razão de seu valor teórico, conquanto esteja com sua tramitação encerrada. O seu art. 154 pode ser base empírica para duas normas jurídicas:

(1) a primeira que reconhece a nulidade; e

(2) a segunda que lhe aplica a invalidade.

---

317. VALVERDE, Gustavo Sampaio. *Coisa julgada em matéria tributária*. São Paulo: Quartier Latin, 2004. p.25.

318. FERRAZ JR, Tercio Sampaio. *Teoria da norma jurídica*: ensaio de pragmática da comunicação normativa. 4. ed. Rio de Janeiro: Forense, 2009. p.53.

Deveras, aquele enunciado do Projeto-CPP dispõe que "a declaração de nulidade e a invalidação do ato irregular dependerão de manifestação específica e oportuna do interessado, sempre que houver necessidade de demonstração concreta de prejuízo ao regular e efetivo exercício de direito ou de garantias processuais das partes".

A perspectiva pragmática define nulidade como norma jurídica que, a sua vez, é compreendida como comunicação, discurso comunicativo ou, ainda, conhecimento.[319] Por exemplo, ao reconhecer a atipicidade de um ato processual, o juiz terá a função de produzir duas normas, sendo a última a aplicação da consequência jurídica devida.

A sede de predileção da pragmática das nulidades recai no vínculo de necessariedade entre o antecedente e o consequente normativo. Isso porque nem sempre haverá um desenvolvimento linear entre a norma que descreve a nulidade, reconhecendo-a, e aquela outra norma que, pressupondo a nulidade, faz incidir a invalidação de ato processual defeituoso. Existem exceções no sistema que podem desviar a consequência normal.[320]

Torquato Castro Júnior pontua que nulidade é, pragmaticamente, a negação do que foi proposto no ato jurídico processual.[321] Tal abordagem considera a existência de regras de calibração ou **regulagem** do sistema que, ao cabo, mitigam a causalidade necessária entre norma primária e norma secundária,[322] seguindo a função da causalidade enquanto postulado operacional.

---

319. ADEODATO, João Maurício. *Uma teoria retórica da norma jurídica e do direito subjetivo*. São Paulo: Noeses, 2011. p.21 *et seq.*

320. FERRAZ JR, Tercio Sampaio. *Teoria da norma jurídica*: ensaio de pragmática da comunicação normativa. 4. ed. Rio de Janeiro: Forense, 2009. p.106-107.

321. CASTRO JÚNIOR, Torquato da Silva. *A pragmática das nulidades e a teoria do ato jurídico inexistente*: reflexões sobre metáforas e paradoxos da dogmática privatista. São Paulo: Noeses, 2009. p.234.

322. LEITE, Carlos Henrique Bezerra; PIMENTA, Paulo Roberto Lyrio; PELÁ, Carlos. *A validade e a eficácia das normas jurídicas*. Barueri: Manole, 2005. p.78-79.

Em outras palavras, o reconhecimento da nulidade processual, com a descrição da norma declaratória da desconformidade, depende de vários fatores que, como **regras de calibração**, podem ou não servir de suporte fático para que o juiz construa a norma de invalidação, descrevendo seu espectro de alcance relativamente aos atos processuais.

Esse enfoque pragmático se compatibiliza com a noção de que a relação processual é vínculo que se estabelece entre juiz, autor e réu, sendo apta a criar uma série de relações sucessivas que nascem com a produção normativa de nulidade processual penal. Leva em conta que os órgãos protagonistas da relação processual são centros parciais de imputação. No âmbito do reconhecimento da nulidade, a função da norma que reconhece a nulidade será, na senda de Lourival Vilanova, o estabelecimento de outros deveres positivos ou negativos para os sujeitos processuais envolvidos na relação processual.[323]

7.6 Nulidade na teoria geral do direito

O teórico do direito poderia questionar: como a nulidade, algo que *a priori* <não é> ou <não vale>, pode ser uma norma jurídica?

A perplexidade pode ser aumentada se houver a pretensão de inserir o fenômeno nulificador em um dos planos da teoria do fato jurídico, a saber: **existência**, **validade** e **eficácia**. A polissemia do uso do termo deve ser, igualmente, examinada.

Por ora, importante apartar a noção de nulidade como norma jurídica e nulidade como qualificativo de um ato jurídico. Haverá nulidade se a forma do ato processual decorrer de incidência normativa deficiente. Na sequência, da classificação do vício constitutivo da norma primária, decorrerá a disposição secundária apta a colmatar a estrutura nulificadora.

323. VILANOVA, Lourival. *Causalidade e relação no direito*. 2. ed. São Paulo: Saraiva, 1989. p.191-192.

7.7 Justificação do ato processual no plano jurídico

Não há uniformidade doutrinária quanto ao uso dos termos que designam a tipicidade e a atipicidade no processo penal, com os seus respectivos efeitos.

A título de exemplo, **nulidade** e **invalidade** são vocábulos usados:

(1) como sinônimos, por setor doutrinário que perpassa pelos planos da existência e da validade;

(2) como institutos diversos, pela corrente cujas reflexões recaem sobre os planos da validade e da eficácia.

Examinando requisitos do negócio jurídico na esfera do direito civil, Antônio Junqueira de Azevedo observa a indecisão da doutrina para classificar os elementos daquele fato jurídico de forma a justificar os planos da existência, da validade e da eficácia, relacionando-os com o que designa por elementos essenciais, naturais e acidentais. O processualista alvitra que o negócio jurídico, apreciado nos três planos sucessivos de projeção, tenha sua composição descrita por:

(1) **elementos**: constitutivos da parte mais complexa do negócio jurídico;

(2) **requisitos**: condições impostas para a satisfação das finalidades; e

(3) **fatores**: tudo o que contribui para o alcance do resultado, sem fazer parte do negócio jurídico.[324]

No mesmo sentido, o estudo desenvolvido por Mariana Ribeiro Santiago.[325]

---

324. AZEVEDO, Antônio Junqueira de. *Negócio jurídico*: existência, validade e eficácia. 4. ed. São Paulo: Saraiva, 2014. p.29.

325. SANTIAGO, Mariana Ribeiro. A repercussão da causa na teoria do negócio jurídico: um paralelo com a função social dos contratos. *Revista da Faculdade de Direito UFPR*, Curitiba, n.58, p.150, 2013.

Dessa sorte, Antônio Junqueira de Azevedo arremata obtemperando que são necessários:

(1) elementos para que o negócio jurídico **exista**;

(2) requisitos para que ele seja **válido**; e

(3) fatores para que se torne **eficaz.**[326]

No direito processual penal, a nulidade se refere aos elementos do ato, cuja documentação tem o potencial de dotá-lo com as condições para a produção de efeitos. O cerne da classificação da atipicidade gira em torno da constituição do ato processual e da sua aptidão para atingir as finalidades determinadas pelo ordenamento jurídico.

Dessa maneira, a tripartição sugerida entre elementos, requisitos e fatores não se ajusta perfeitamente ao direito processual penal. Preferível adotar simplesmente elementos, que se limitam a facilitar a classificação do vício para, a partir daí, impingir o ato processual com a sanção de invalidade, caso seja esta a consequência cabível.

Importante registrar, outrossim, a classificação que Marcos Bernardes de Mello faz dos fatos jurídicos. Segundo o renomado autor, ato jurídico *lato sensu* é aquele em que a vontade consciente é o elemento central do seu suporte de fato. Dessa forma, o ato jurídico em sentido amplo se biparte em:

(1) ato jurídico em sentido estrito; e

(2) negócio jurídico.

Nessa esteira, tais atos ainda se classificam em conformidade com a esfera da Ciência Jurídica com a qual se relacionarem, em "atos e negócios jurídicos de direito privado ou público, de direito processual, constitucional, administrativo, civil, comercial e assim por diante".[327]

---

326. AZEVEDO, Antônio Junqueira de. *Negócio jurídico*: existência, validade e eficácia. 4. ed. São Paulo: Saraiva, 2014. p.29-30.

327. MELLO, Marcos Bernardes de. *Teoria do fato jurídico*: plano da validade. 2. ed. São Paulo: Saraiva, 1997. p.2-3.

No processo penal, a divisão das espécies de elementos do ato processual penal pode ser constituída pela seguinte terminologia:

(1) elementos estruturais, cuja falta importa inexistência jurídica;

(2) elementos essenciais, quando a ausência ou o vício implica, em regra, nulidade absoluta; e

(3) elementos acidentais, nos quais a omissão indica, em regra, nulidade relativa ou, ainda, mera irregularidade.

7.8 Nulidade como categoria normativa

Nulidade, como atipicidade, pode se referir ao qualificativo do ato jurídico processual que não se ajustou ao modelo legal ou constitucional. No entanto, sempre envolve uma produção normativa. No direito processual penal, é certo que existem hipóteses abstratas de nulidades, tais quais as do art. 564, do CPP.

Elas servem de pontos de partida da **dogmática jurídica** em torno da construção da norma que, a sua vez, deve se ater aos marcos do direito em vigor. Se examinada a nulidade, enquanto fenômeno jurídico condicionante e elo entre a garantia fundante e o direito, sem a pretensão de aplicação concreta, mediante indagações que objetivam explicar o objeto isolado, por decomposição abstrata, a postura será arrimada em **zetética analítica pura**, na terminologia de Tercio Sampaio Ferraz Jr.[328]

As nulidades, no processo, só existirão, se vertidas em vernáculo, mediante reconhecimento judicial em ato fundamentado. Nulidade é norma jurídica concreta. Sem a descrição do

---

328. FERRAZ, JR, Tercio Sampaio. *Introdução ao estudo do direito*: técnica, decisão, dominação. 4. ed. São Paulo: Atlas, 2003. p.45-48.

vício pelo juiz, reconhecendo a prática de um ato jurídico processual atípico, ela não se constitui.

Essa concepção tem como premissa o fato de o direito se inserir no âmbito da cultura. A região ôntica cultural pede método empírico-dialético para produção da norma jurídica, o que envolve a simbiose de substrato e vivência. Há nexo, conectividade de sujeito a predicado: o juízo é sintético[329] e, sob essa luz, norma jurídica é conhecimento, enquanto expressão de um fenômeno empírico que é o direito.[330] A norma é pensamento, produto do aparato cognitivo humano, em compasso com o egologismo de Carlos Cossio.[331]

Considera-se, ademais, a finalidade precípua do direito processual penal.

Julio Maier, de modo semelhante, aduz que "por ser o direito um fenômeno cultural, a única maneira de compreender seu objeto é esclarecer seu sentido, ou seja, o seu propósito prático-social que cumpre o fim para o qual existe ou é criado".[332]

O método apropriado é tendente a se afastar do objeto de análise para, assim, melhor compreendê-lo. A norma jurídica processual penal, seja a que reconhece a atipicidade, seja a que determina a invalidação, é fruto de outras normas que ditam deveres ao funcionário estatal (juiz).

Há pontos de contato com o constructivismo lógico-semântico, de Paulo de Barros de Carvalho.[333] Ao tratar do

---

329. KANT, Immanuel. *Crítica da Razão Pura*. Tradução: Manuela Pinto dos Santos; Alexandre Fradique Morujão. 5. ed. Lisboa: Fundação Calouste Gulbenkian, 2001. p. 69-70.

330. ADEODATO, João Maurício. *Uma teoria retórica da norma jurídica e do direito subjetivo*. São Paulo: Noeses, 2011. p.178 *et seq*.

331. COSSIO, Carlos. *La teoría egológica del derecho y el concepto jurídico de libertad*. 2. ed. Buenos Aires: Abeledo-Perrot, 1964.p.234-235.

332. MAIER, Julio B. J. *Derecho procesal penal argentino*: 1a fundamentos. Buenos Aires: Hammurabi, 1989. p.37 [tradução livre].

333. CARVALHO, Paulo de Barros. *Direito tributário*: linguagem e método. 5. ed. São Paulo: Noeses, 2013.

fenômeno das nulidades, antes se está estudando competência e procedimento para tomada de decisões judiciais.

Ainda é Julio Maier que anota que o funcionamento do sistema do juiz se dá de forma análoga ao sistema do súdito, haja vista que aquele também é um súdito do direito. O juiz, chamado a decidir um caso, além de avaliar o comportamento dos jurisdicionados e das normas aplicáveis para dar solução ao caso, "investiga também se pode (competência), por qual via (procedimento) e quais fundamentos conferem valor decisório ao ato processual. Para tanto, deve relacionar seu comportamento futuro (antecipado mentalmente) ao conhecimento de enunciados normativos previamente existentes".[334]

7.9 A vontade como elemento relevante da categoria normativa

As vicissitudes em torno do plano da validade dos fatos jurídicos exigem estudo amplo, apto a encampar o fenômeno jurídico como um todo. Sob essa perspectiva, Marcos Bernardes de Mello aduz que nele estão inseridos "todos os atos e negócios jurídicos, em todas as áreas do direito. Não são apenas os negócios jurídicos que podem ser válidos ou inválidos, mas também os atos jurídicos *stricto sensu* e aqueles outros, especiais, como os atos normativos".[335]

Cuida-se de respeitável concepção de validade e de invalidade. Para os propósitos do direito processual penal, cujo sistema é constituído por normas individuais e concretas, a teoria do fato jurídico explica o fenômeno parcialmente. O ponto de vista adotado pelo ilustre jurista alagoano, em torno da noção de validade, é diferente do sentido tomado por Kelsen:[336]

334. MAIER, Julio B. J. *Derecho procesal penal argentino*: 1a fundamentos. Buenos Aires: Hammurabi, 1989. p.46 (tradução livre).

335. MELLO, Marcos Bernardes de. *Teoria do fato jurídico*: plano da validade. 2. ed. São Paulo: Saraiva, 1997. p.3-4.

336. KELSEN, Hans. *Teoria pura do direito*. Tradução: João Baptista Machado. 5. ed. São Paulo: Martins Fontes, 1997. p.219.

(1) na Teoria do Fato Jurídico, a validade ou a invalidade é um efeito ínsito ao fenômeno que satisfaz os requisitos de juridicidade: é imposição que decorre da reação infalível do sistema;

(2) na Teoria Pura do Direito, a atribuição da validade ou da invalidade depende de um ato humano (juiz).

Exemplificando e perfilando a segunda concepção teórica:

(1) nulidade-fato (classe de atipicidade) só haverá, no processo penal, quando for assim declarada pelo órgão competente. Está ela posta em permeio aos planos da **existência** e da **validade**;

(2) nulidade-consequência (classe de sanção) conflui para a afirmação de que, no processo penal, não há produção ou supressão de efeitos jurídicos sem um dizer do juiz a respeito. Consiste em resposta que está situada do plano da **validade** para o plano da **eficácia**.

NORMA JURÍDICA PROCESSUAL PENAL		
Antecedente	Nulidade-fato	Descrição situada entre os planos da existência e da validade.
Consequente	Nulidade-consequência	Descrição situada entre os planos da validade e da eficácia.

Também a invalidação e a convalidação são concebidas com ênfase na noção de norma jurídica. Não há, para o direito processual penal, a operatividade de efeitos jurídicos sem que haja a respectiva documentação. Tal versão em linguagem é o caminho do abstrato ao concreto, vale dizer, o juiz faz incidir dispositivos constitucionais e legais de forma a delinear a hipótese abstrata e descrever a sua concreção.

7.10 Incidência (d)eficiente da norma jurídica

Quanto à eficiência da incidência, a norma jurídica se diz:

(1) **perfeita**, quando sua incidência se verificar de maneira completa, com o preenchimento de todos os seus elementos (estruturais, essenciais e acidentais);

(2) **imperfeita**, na hipótese de norma jurídica que decorrer de incidência deficiente, por falta ou vício daqueles elementos.

Nesse contexto, nulidade é a categoria de atipicidade que se descreve a partir da verificação de ato processual penal lavrado em desacordo com o ordenamento jurídico.

No direito processual penal clássico italiano, Franco Cordero busca rigor no uso dos termos para designação de fenômenos situados no plano da validade. Seu ponto de vista é **normativo**. Explica que, "em um sistema, as regras são o único critério para avaliar legalmente os atos, considerados perfeitos ou imperfeitos na medida em que correspondam ou não ao respectivo modelo legal".[337]

De compasso com a lição de Marcos Bernardes de Mello, o critério para a aferição da existência e da validade do fato jurídico deve se nortear pela noção de formação do **suporte fático**, bipartindo-se na possibilidade de sua:

(1) **suficiência**, quando surge o fato revestido de qualidade jurídica, com o ingresso no plano da existência; ou

(2) **insuficiência**, no caso de óbice ao nascimento da juridicidade do fato.

Por outro prisma, ainda em consonância com os passos do jurista, o suporte fático formado de modo suficiente pode

---

337. CORDERO, Franco. *Procedura penale*. 7. ed. Milano: Giuffrè, 1983. p.841 (tradução livre).

ser deficiente, situando-se no plano da validade ou da eficácia, em virtude de:

(1) carecer de algum **elemento complementar**; ou

(2) imperfeição de algum **elemento nuclear.**[338]

A qualidade da norma jurídica pode ser o parâmetro para classificar o ato jurídico. O grau do vício do ato jurídico processual penal deverá ser mensurado de forma comparativa, por constatação da (in) suficiência dos elementos que o integrem. O reconhecimento deve decorrer de norma individual e concreta que cataloga a atipia, preparando a edição da norma seguinte.

Franco Cordero classifica os fenômenos em torno da nulidade, porém com sentido e terminologia diferentes. Explica que "a invalidez consiste na não correspondência da escritura com o caso em questão e é um fenômeno que ela não permite distinções qualitativas". Sua concepção pressupõe que as formas de invalidez identificáveis na ordem processual italiana consistem na inexistência, na nulidade, na inadmissibilidade da ação (*l'inammissibilità dela domanda*) e na inadmissibilidade das provas (*l'inammissibilità dele prove*). O jurista discerne o que denomina de **invalidade originária** (intrínseca) e **derivada** (extrínseca ou por decorrência).[339]

Enquanto sob o ponto de vista aqui adotado, nulidade é vício e invalidação, sanção, Franco Cordero se vale do vocábulo invalidade para se referir ao gênero da qualidade do defeito processual, enquanto faz uso dos termos inexistência, nulidade, inadmissibilidade da demanda e inadmissibilidade da prova como espécies do primeiro. Atrela, aliás, a gravidade da atipicidade à redução da aptidão do ato processual para produzir efeitos (operatividade). Cuida-se de concepção que parece ser mais apropriada ao direito privado e inadequada ao processo penal.

---

338. MELLO, Marcos Bernardes. *Teoria do fato jurídico*: plano da existência. 7. ed. São Paulo: Saraiva, 1995. p.69-71.

339. CORDERO, Franco. *Procedura penale*. 7. ed. Milano: Giuffrè, 1983. p.849-850.

Na perspectiva do direito processual brasileiro, Ada Pellegrini Grinover, Antonio Magalhães Gomes Filho e Antonio Scarance Fernandes evidenciam a necessidade de ato judicial fundamentado, quando abordam o problema da **ineficácia** dos atos processuais inconstitucionais. Na verdade, a supressão de eficácia deve decorrer do decreto de invalidação e não de forma congênita. No dizer dos autores, "toda vez que houver infringência a princípio ou norma constitucional-processual que desempenhe função de garantia, a ineficácia do ato praticado em violação à Lei Maior será a consequência que surgirá da própria Constituição os dos princípios gerais do ordenamento".[340]

Em casos como tais, os princípios e as regras de *status* constitucional são cogentes para o juiz, que deve se valer da estrutura antecedente-consequente normativo.[341] São cânones, constrangimentos dogmáticos endereçados ao órgão judicial, para que exerça, justificadamente, seu papel tendente a imunizar e controlar atos processuais. O dever de fundamentação migra da Constituição (art. 93, IX) e do CPP (art. 315, § 2º).

7.11 Estrutura da norma jurídica processual

A norma jurídica é constituída pela organização interna das proposições condicionais enlaçadas. Atrelada à proposição antecedente está a que decorre do fato suficiente à incidência. Norma é entendida como unidade de um sistema que, por seu turno, é um todo indiviso. O repertório é a composição do sistema por suas partes e elementos. A estrutura é formada pelas relações do conjunto.

Sobre construir a norma, Paulo de Barros Carvalho delineia que se trata da operação de "tomar os sentidos de

---

340. GRINOVER, Ada Pellegrini; GOMES FILHO, Antonio Magalhães; FERNANDES, Antonio Scarance. *As nulidades no processo penal*. 12. ed. São Paulo: RT, 2011. p.24.

341. KELSEN, Hans. *Teoria pura do direito*. Tradução: João Baptista Machado. 5. ed. São Paulo: Martins Fontes, 1997. p.219.

enunciados prescritivos no contexto do sistema de que fazem parte. A norma é proposição prescritiva decorrente do todo que é o ordenamento jurídico".[342] Nessa realidade, a divisão normativa, intra e internormativa, é ideal e racional. Seu propósito é proporcionar cientificidade e controle. Em termos mais simples, deseja-se possibilitar domínio sobre as técnicas de ordenação do conhecimento jurídico.

Dentre os possíveis significados para a expressão norma jurídica, Ricardo Guastini aviva que ela é habitualmente usada para referir-se aos enunciados do discurso prescritivo. No entanto, sublinha que norma é termo cujo conteúdo não é definido uniformemente, sendo possível indicar três sentidos:

(1) como prescrição geral ou abstrata, bem como preceitos singulares e concretos;

(2) como prescrições em sentido estrito ou como enunciado do discurso legislativo; e

(3) como referência a enunciados ou a significados de enunciados.[343]

Este último teor, enquanto resultado da interpretação do órgão autêntico kelseniano,[344] considera a diferença entre enunciado e norma jurídica.

Sobre o ponto, Paulo de Barros Carvalho adverte que "uma coisa são os enunciados prescritivos, isto é, usados na função pragmática de prescrever condutas". Coisa diversa são as normas jurídicas, "como significações construídas a partir dos textos positivados e estruturadas consoante a forma lógica dos juízos condicionais, compostos pela associação

---

342. CARVALHO, Paulo de Barros. *Direito tributário*: linguagem e método. 5. ed. São Paulo: Noeses, 2013. p.137.

343. GUASTINI, Riccardo. *Distinguiendo*: estúdios de teoría e metateoría del derecho. Barcelona: Gedisa, 1999. p.94.

344. KELSEN, Hans. *Teoria pura do direito*. Tradução: João Baptista Machado. 5. ed. São Paulo: Martins Fontes, 1997. p.394.

de duas ou mais proposições prescritivas".[345] O jurista bem observa que as construções de significados têm de partir de enunciados linguísticos, ainda que exista, de um lado, uma forma direta e imediata de produzir normas jurídicas e, de outro, uma forma indireta e mediata.

Nesse cenário, a nulidade é uma estrutura **internormativa** dúplice (duas normas jurídicas):

(1) a declaração de atipicidade é a documentação da sua primeira parte (antecedente);

(2) o decreto da reação respectiva entifica a segunda (consequente).

Cada norma jurídica envolvida é composta, igualmente, por estrutura proposicional dúplice, de índole **internormativa** (envolve duas proposições, uma **condicionante** e uma **condicionada**, no interior da mesma norma jurídica).

7.12 Percurso descritivo da norma jurídica

Colocada essa noção preliminar, calha revolver à de definição. Definir é estabelecer contornos, limites. A atividade de definir não se esgota na delimitação do sentido e do alcance do conceito genérico. Classificar é, sob essa ótica, também definir, porquanto consiste na atividade de dividir, de demarcar os lindes da matéria bruta contida no conceito.

Para definir corretamente, deve-se atentar que, ao escolher um termo, um nome, ou seja, um predicado, melhor valer de outro diverso para designar fenômeno que não é coincidente com aquele para o qual foi eleita a primeira expressão. De tal maneira, nulidade é um dos termos utilizados pelo ordenamento jurídico para designar defeitos de atos processuais penais.

345. CARVALHO, Paulo de Barros. *Direito tributário*: linguagem e método. 5. ed. São Paulo: Noeses, 2013. p.129.

Os atos processuais concretizam uma ou mais normas jurídicas. A atipicidade consiste na imperfeição do ato processual, cuja declaração é indispensável. Para tanto, o juiz aplica outra norma jurídica, que autoriza tal proceder: uma norma deve ser a semente que justifica o nascimento da outra (**nomogênese**).

7.13 Da prescrição legal à estrutura normativa

A atividade do juiz consistente em velar pela tipicidade dos atos processuais é exercida mediante aplicação de normas jurídicas que, quando incididas, são prescrições direcionadas aos seus destinatários, inclusive ao próprio juiz (art. 251, CPP).

Em apoio a essa constatação, Francesco Carnelutti pontifica que "cada norma jurídica representa um comando hipotético: põe uma determinada situação (exatamente um determinado conflito de interesses) e comanda relativamente a ela". A individualização da norma jurídica depende de constatação de realidade idêntica àquela colocada, para assim "comandar no mesmo modo relativamente a ela; assim o comando hipotético se torna comando real".[346]

Essa verificação de **identidade** ou de **diferença**, relativamente ao contexto colocado pela norma, com outro disposto na causa, retrata o **objetivo do processo** e o **objeto do juízo**. Eis um dos fundamentos que justifica a importância da narrativa técnica e precisa da petição inicial (art. 41, CPP). A descrição típica da imputação, na peça acusatória, deve ser apta a contornar a causa de pedir sobre a qual deverá incidir a cognição judicial. Da petição inicial à sentença, a ponte é a prova (art. 155, CPP).

Presente a identidade entre a situação empírica e a imagem hipotético-normativa, haverá nexo enquanto juízo sintético[347] formado pelos conceitos concreto e abstrato. Cuida-se

---

346. CARNELUTTI, Francesco. *A prova civil*: parte geral: o conceito jurídico da prova. Tradução: Amilcare Carletti. São Paulo: Universitária de Direito, 2002. p.32.

347. KANT, Immanuel. *Crítica da Razão Pura*. Tradução: Manuela Pinto dos Santos; Alexandre Fradique Morujão. 5. ed. Lisboa: Fundação Calouste Gulbenkian, 2001. p. 70.

de incidência de norma jurídica, delimitada pelo conhecimento que, por sua vez, deve ser orientado pelo interesse inferido do objetivo do processo descrito na petição inicial.

O texto legal que serve de lastro à estrutura normativa é muito variável em termos de precisão. Vale dizer, a técnica legislativa não é uniforme, consoante se depreende do confronto entre o direito penal e o direito processual penal:

(1) a norma jurídica proibitiva prevê a conduta delituosa (a infração penal) deduzida de dispositivo dotado de disjunção no plano da expressão (tipo penal incriminador e cominação de penas). A lei penal descreve condutas, revestindo-as de tipicidade; e

(2) o art. 564, do CPP, também entabula previsões de nulidades, embora de forma menos apurada. As hipóteses são mais fragmentadas. As regras que disciplinam a extensão ou a supressão dos efeitos de cada ato viciado declarado inválido muito se afastam da sistemática das normas secundárias que apõem sanções para cada tipo penal.

Examinando a questão penal, Alberto Jorge Barros Lima anota que a conduta criminosa não viola o enunciado do tipo penal. Diversamente, o comportamento injusto imputado ao agente "configura o preenchimento de seu *tatbestand*. A conduta delituosa viola a norma que cria o ilícito, não a norma penal, que concebe o delito, pois o agente realiza exatamente a ação que esta descreve".[348]

Essas particularidades são anotadas, similarmente, pelos processualistas mais clássicos.

Romeu Pires de Campos Barros, em estudo supedaneado nas lições de Francesco Carnellutti, Giovanni Leone e Hélio Tornaghi, procura delimitar a "norma processual penal em seu aspecto descritivo". Para tanto, assenta que "a norma

---

348. LIMA, Alberto Jorge Correia de Barros. *Direito penal constitucional*: a imposição dos princípios constitucionais penais. São Paulo: Saraiva, 2012. p.55-56.

processual penal aparece muito mais desorgânica do que a norma do direito substantivo". A falta de organicidade da norma processual penal decorre de ser esta, muitas vezes, constituída a partir de vários artigos, enquanto a norma penal, no seu duplo núcleo (descrição e sanção), é formada, como regra, por um só dispositivo legal.[349]

Volvendo à declaração de nulidade, constata-se que ela pode se basear:

(1) no elenco de vícios do art. 564, do CPP, cujas molduras para a construção de normas jurídicas reconhecedoras de nulidades necessitam de raciocínios por inferência à norma jurídica que dispõe sobre o ato processual viciado (**tipicidade fechada** e **direta**, embora imprecisa); e

(2) no descumprimento de disposição que direciona a produção de atos processuais, em face do dever de respeito às garantias processuais constitucionais e infraconstitucionais (**tipicidade aberta** e **indireta**).

Deveras, cotejando o texto legal com as possibilidades de normas jurídicas, depreende-se que podem ser adotadas pelo menos duas espécies de procedimento de aplicação, a depender da base enunciativa de referência:

(1) primeiramente, o rol das atipicidades do art. 564, do CPP, descreve genericamente a falta de **fórmulas** ou **termos**, averbando que naqueles casos ocorrerá nulidade. Note-se que se trata de descrição do vício de forma direta, porém genérica, agregando, ao enunciado, a negação;

(2) em segundo lugar, como o elenco não é fechado (taxativo), passa a existir um modo paralelo àquele

349. BARROS, Romeu Pires de Campos. Do fato típico no direito processual penal. *Revista Forense comemorativa – 100 anos*, tomo VII [direito processual penal], Afrânio Silva Jardim (org.), Rio de Janeiro: Forense, p.349, 2006.

> artigo, cuja textura é mais aberta (inciso IV), destinado a constituir descrição de outras atipicidades. Para tanto, a atividade do juiz consiste na verificação de subtração de qualquer elemento constitutivo das formas prescritas na legislação e na Constituição.

Eis a fonte de uma boa parte das controvérsias sobre o tema. Como percebeu Leonardo Costa de Paula, "quando se define o direito pela negação, por consequência a nulidade, tende a se analisar teoricamente a prática pelo aspecto negativo da norma; ou seja, por seu caráter coercitivo", razão pela qual a norma tenderá a ser, necessariamente, vinculada à sanção. A nulidade estaria, de acordo com a concepção do legislador, exercendo a função de apoio à configuração da norma, eis que esta dependeria da sanção. O autor observa, nessa esteira, que "essa concepção está muito aquém do que se espera para efetivar em termos de proteção ao indivíduo o processo penal que espelha um tratamento adequado à Constituição".[350]

Em reforço a esses argumentos, Ricardo Jacobsen Gloeckner aduz que "o limite, no processo penal, assemelha-se à constituição negativa posta pelo interdito, porquanto proibição. A forma representa mais do que um simples ditame sobre o 'como fazer', os limites do não proceder". A forma negativa desses contornos torna possível construir categorias que decorrem do ato atípico. Em outros termos, "a forma como limite indica o inaceitável juridicamente, que não se concretiza numa sequência de atos sugerida ao magistrado". O modo de um ato classificado como atípico é compreendido a partir do padrão ordenado por lei. Daí concluir que "o limite é que constituirá o ato irregular lhe dando as facetas próprias para que seja detectada a disrupção da forma".[351]

---

350. PAULA, Leonardo Costa. *As nulidades no processo penal*: sua compreensão por meio da afirmação do direito como controle ao poder de punir. Curitiba: Juruá, 2013. p.168.

351. GLOECKNER, Ricardo Jacobsen. *Nulidades no processo penal*: introdução principiológica à teoria do ato processual irregular. Salvador: Juspodivm, 2013. p.128.

7.14 Relação entre atipicidade e invalidade

Teresa Arruda Alvim Wambier observou a necessidade de delimitar momentos de aplicação do direito no campo das nulidades. Destacou então as duas etapas desse mister:

(1) "o primeiro diz respeito à verificação da existência do vício e à sua classificação (nulidade ou anulabilidade)";

(2) "o segundo liga-se à decretação do vício, e é nesta etapa que desempenham papel de importância digna de nota os princípios de direto público, como, por exemplo, aquele segundo o qual 'não há nulidade sem prejuízo'".[352]

Ao lado da diferença de termos escolhidos pela processualista civil para a classificação dos vícios processuais, bem como da relevância que dá ao princípio do *pas de nullité sans grief*, a sua conclusão tem importância para o processo penal em razão de destacar a necessidade de duas etapas racionais distintas.

Objetivando não confundir as normas envolvidas na concreção da nulidade e nas possíveis consequências que de tal ato decorrem, é necessário o uso de termos com sentido unívoco. Quanto mais exitosa essa empreitada, melhor será o contorno do âmbito de eficácia do ato processual atingido pela norma declaradora de nulidade.

Duas normas jurídicas, pelo menos, estarão relacionadas quando o magistrado estiver diante de ato processual realizado em descompasso com a forma prevista no ordenamento jurídico:

(1) a primeira que, certificando a atipicidade processual, descreverá a classe da nulidade;

(2) a segunda que, de forma específica, relaciona-se com a perspectiva sancionatória, com a invalidação ou com a convalidação do ato vergastado.

352. WAMBIER, Teresa Arruda Alvim. *Nulidades do processo e da sentença*. 6. ed. São Paulo: RT, 2007. p.502.

Deitadas tais balizas, pode-se dizer que:

(1) nulidade não se confunde com o enunciado legislativo ou constitucional, isto é, a nulidade não se identifica com a matéria bruta descrita no ordenamento jurídico;

(2) nulidade, em seu aspecto primário, é atipicidade descrita em forma de norma jurídica. Só há atipicidade classificada como nulidade ou inexistência, se for reconhecida por juiz competente, por intermédio da aplicação de outra norma jurídica. Esse poder decorre da **regra de competência**.

Note-se que a norma declaratória de nulidade é dotada de antecedente normativo que deve narrar situação de atipicidade de ato processual anterior. Caso tal vício cause lesão a direito fundamental (garantido pela forma do ato processual), a norma descritiva do defeito deve atribuir uma qualificação negativa, reconhecendo a **ineficácia**:

(1) de direito tutelado pelo núcleo constitucional do processo penal; ou

(2) de direitos protegidos por disposições infraconstitucionais.

A norma de invalidade é de natureza distinta daquela que reconhece a atipicidade, porém desta decorre. A invalidade é norma jurídica que tem como antecedente normativo a declaração da espécie de vício processual. É consequente jurídico consistente na invalidação que suprime efeitos do ato defeituoso. Nulidade e invalidade se relacionam como implicação entre norma primária e norma secundária.

Enquanto não exarado o ato processual de controle de nulidade, há validade e eficácia. Consoante explica Franco Cordero, o ato anulável é eficaz e, portanto, perfeito em sua operatividade. Entretanto, seus efeitos são elimináveis com um ato sucessivo, isto é, "dois atos e dois tipos processuais; o segundo funciona como antagonista do primeiro".[353] Em outra dicção, é o órgão central da relação processual que atuando expressamente, suprime os efeitos do ato defeituoso.

7.15 Aplicação a caso concreto

A fertilidade da teoria do direito no controle dos atos processuais penais, para conferir maior racionalidade à decisão judicial, pode ser verificada em acórdão do STJ. Reconheceu-se a nulidade absoluta de auxílio direto de autoridade estrangeira, em território brasileiro (art. 1º, CPP), sem respeito ao devido processo legal.

Em processo penal, os fins não justificam os meios. Vale afirmar, o instrumento é essência.[354]

A Corte Superior examinou caso de cooperação jurídica internacional, decorrente de processo penal instaurado em Paris. O juízo alienígena se manifestou pela necessidade e adequação da prova. Para a sua produção, seria necessária a outorga, pelo STJ, do *exequatur* da decisão do juiz francês, com lastro no art. 105, I, alínea "i", da Constituição.

Como não foi obedecido o procedimento gizado no ordenamento jurídico brasileiro, o STJ declarou a sua nulidade absoluta e a invalidade da tomada de depoimentos, com supressão de seus efeitos.

De acordo com a ementa do julgado, "o ato de delegação da condução e direção de produção de prova oral à autoridade estrangeira, a fim de que esta proceda diretamente à inquirição da testemunha ou do investigado", ofende a soberania nacional e "não encontra qualquer tipo de respaldo constitucional, legal ou jurisprudencial". De tal sorte, "não pode

---

353. CORDERO, Franco. *Procedura penale*. 7. ed. Milano: Giuffrè, 1983. p.844.

354. ROSA, Alexandre Morais da; ALENCAR; Rosmar Rodrigues. No processo penal, a instrumentalidade é do direito material. *Conjur*, 23 ago. 2019. Disponível em: https://bit.ly/2Mr77DE Acesso em: 02 jan. 2021.

produzir efeitos dentro de investigações penais que estejam dentro das atribuições das autoridades brasileiras".[355]

7.16 Conclusão e próximo capítulo

O domínio sobre a aplicação da semiótica ao processo penal permite melhor controlar a higidez normativa, em seus aspectos de efetividade, imperatividade e obediência. Os institutos da disciplina jurídica podem ser conceituados a partir de lente semântica, sintática ou pragmática. Em outras palavras, amplia-se a percepção do sentido, da estrutura e da função normativa. O objetivo é otimizar resultados e possibilitar melhor controle da conformidade constitucional.

No próximo capítulo, serão formuladas deduções que decorrem do que foi dito ao longo deste, com ênfase na necessidade de linguagem formal e na adoção de convenções, para estabelecer o uso de termos com linhas bem demarcadas. Uma definição mais precisa dos elementos relevantes que conformam a estática do processo penal e, a partir dela, também a dinâmica, é o escopo preliminar para o alicerce do processo penal de acordo com a teoria do direito.

NULIDADE (elo entre uma garantia fundante e um direito fundado)

- **Sentido (semântica)**
  - desvalor, aticipidade, conduta indevida (ato ou omissão ilícitos);
  - reação estatal, sanção.
- **Estrutura (sintática)**
  - articulação normativa dúplice (antecedente-consequente; prótase-apódose);
  - constatado o vício deve → ser regulari-zado o ato ou o pro-cesso.
- **Função (pragmática)**
  - sistema de controle de garantias;
  - gancho de reequilíbrio do...

355. STJ – Sexta Turma – RHC 102.322/RJ – Rel. Min. Laurita Vaz – DJe 22 mai. 2020.

CAPÍTULO 8

FORMALISMO NO PROCESSO PENAL

8.1 Teoria convencionalista no processo penal

Para que haja validade do discurso jurídico, é indispensável o compromisso com a coerência no uso dos termos envolvidos. No processo penal, esse distintivo formal é fulcral. Afinal, suas disposições são rédeas do controle do poder estatal em face da liberdade.

A demarcação convencional da linguagem normativa é pressuposto à contenção do espaço de dúvida e de discricionariedade no exercício do *jus puniendi*. As decisões devem ser regidas pela necessariedade da resposta estatal, com maior previsibilidade. Almeja-se a redução de particularidades subjetivas do julgador,[356] com o contorno do que lhe é devido, permitido ou proibido fazer, delimitando melhor a sua liberdade jurídica.[357]

---

356. KANT, Immanuel. *Crítica da Razão Pura*. Tradução: Manuela Pinto dos Santos; Alexandre Fradique Morujão. 5. ed. Lisboa: Fundação Calouste Gulbenkian, 2001. p. 241.

357. COSSIO, Carlos. *La teoría egológica del derecho y el concepto jurídico de libertad*. 2. ed. Buenos Aires: Abeledo-Perrot, 1964. p.480.

Em outros termos, a convenção tem o fito de minimizar o aspecto acidental e outorgar maior caráter de substancialidade aos conceitos aplicados ao processo penal. A organização dos conteúdos depende de método, que é similar à estrutura cognitiva do ser humano.

Por exemplo, fixar a definição de prova penal, com correção lógica, é relevante para atribuir a ela **valor** (art. 155, CPP):

(1) Qual a essência probatória sem a qual não é admissível condenação penal?

(2) O CPP estatui vetores que ditam que a sentença absolutória (art. 386, CPP) é a regra e a condenatória (art. 387, CPP), excepcional.

(3) A partir do conceito de prova, deve ser possível a construção teórica de todas as deduções do instituto: ônus da prova (art. 156, CPP), classificação, iniciativa no princípio acusatório (art. 129, I, CF; art. 24, *caput*, CPP) e formalidades necessárias.

Vilém Flusser alinha fundamentos que são úteis a esse propósito. Toma-se a língua como aquele conjunto dos sistemas de símbolos e define-se a realidade como aquilo que é capaz de ser apreendido e compreendido. Como aviva o filósofo, "toda discussão é uma manipulação de termos e sua validade é restringida a esses termos, conforme foram definidos explícita ou implicitamente".[358]

De tal modo, a adoção da teoria convencionalista para conferir justificação interna aos institutos processuais penais, é um formalismo necessário a fim de que o direito processual penal cumpra seus objetivos. Trata-se de técnica admitida diante da elasticidade do **dêitico** (signo ou significante) que designa o seu vetor.

---

358. FLUSSER, Vilém. *Língua e realidade*. São Paulo: Herder, 1963. p.231.

8.2 Linguagem no processo penal

Ferdinand de Saussure refere duas características primordiais do **signo** que corroboram com a conclusão convencionalista, quando aduz:

(1) como primeiro princípio, a sua **arbitrariedade**: não há um laço natural do signo com a realidade, embora não seja totalmente livre a escolha do seu uso; e

(2) como segundo, o seu **caráter linear:** por ter natureza auditiva, o significante representa uma extensão que é mensurável em uma só dimensão.[359]

A distinção entre as classes de institutos processuais deve ser haurida por intermédio da **linguagem** e da noção de **sistema** como ambiente próprio para regrar sua produção normativa. A produção normativa exige a presença do órgão autêntico que integra a relação jurídica processual, isto é, o juiz. Não há incidência da norma jurídica processual penal decretadora do defeito processual por força própria.

No ponto, é necessário vincar a distinção em torno da **incidência**, verificada no cotejo entre concepções ponteana e kelseniana:

(1) tomando por base o que leciona Adrualdo de Lima Catão, em Pontes de Miranda, "o fato da incidência se dá quando o suporte fático é suficiente, ou seja, quando ocorrem aqueles fatos essenciais à incidência e o fato ingressa no plano da existência". Caso ocorram os fatos requeridos pela norma como indispensáveis à sua aplicação, o suporte fático será suficiente, ocorrendo a imponibilidade de forma infalível, no mundo do pensamento. Há, portanto, "nítida diferença entre

359. SAUSSURE, Ferdinand de. *Curso de linguística geral*. Tradução: Antônio Chelini; José Paulo Paes; Isidoro Blikstein. 27. ed. São Paulo: Cultrix, 2006. p.81-84.

a aplicação do direito, que pode falhar, e a incidência, que é infalível" (daí o caráter lógico da incidência);[360]

(2) de outro lado, na linha de Hans Kelsen, Gabriel Ivo explicita que a incidência se dá "no momento em que o fato jurídico da enunciação é traduzido em linguagem".[361] No processo penal, todo ato vertido nos autos produz efeito, ou seja, é válido e eficaz, ainda que defeituoso, salvo impossibilidade natural de sua operatividade. No que concerne à **imponibilidade**, a teoria kelseniana encontraria, portanto, melhor adequação ao processo criminal que a ponteana.

A linguagem, como constitutiva da realidade no processo, é o instrumento que confere possibilidade de diferenciar. O direito processual penal se baseia, como as demais teorias, na diferença relacionada ao sistema. Niklas Luhmann adverte que o conceito de diferença fundamenta a teoria dos sistemas. Isso em razão de que seu ponto de partida deve decorrer da disparidade entre o sistema e o meio, para que assim seja conservada a sua razão social.[362]

Esse entendimento não é incompatível com os ensinamentos de Ferdinand de Saussure, que vê a língua como uma das manifestações da linguagem, uma parte essencial desta. Elucida, assim, que:

(1) a **língua** é um todo por si e um princípio de classificação, tratando-se de "um produto social da faculdade de linguagem e um conjunto de convenções necessárias, adotadas pelo corpo social para permitir o exercício dessa faculdade nos indivíduos"; e

360. CATÃO, Adrualdo de Lima. *Teoria do fato jurídico*: uma abordagem lógica da decisão judicial. Curitiba: Juruá, 2013. p.196.

361. IVO, Gabriel. *Norma jurídica*: produção e controle. São Paulo: Noeses, 2006. p.42.

362. LUHMANN, Niklas. *Introdução à teoria dos sistemas*. Tradução: Ana Cristina Arantes Nasser. 2. ed. Petrópolis/RJ: Vozes, 2010. p.297.

(2) a **linguagem** é multiforme (com várias formas) e heteróclita (distinta, eclética, incomum e única). Nessa toada, se a faculdade de constituir uma linguagem é natural, a linguagem constituída é convencional, haja vista que um sistema de signos distintos corresponde a ideias distintas.[363]

Nesse diapasão, o sistema de comunicação das normas processuais penais tem sede através do uso de **linguagem normativa**, convencionada, emitindo declarações precisas sobre fatos, tornando-os jurígenos, com a observância das formas procedimentais estatuídas na Constituição e na legislação de regência.

Por exemplo, Alberto Binder explica que "as violações formais são sempre uma chamada de atenção para provocar uma determinada atividade jurisdicional". Nessa direção, "o descumprimento formal é sempre um signo, não uma realidade".[364]

8.3 Relação de fato normada no sistema

A atividade do jurista não se resume, no entanto, a esse cotejo. A produção de atos jurídicos e o necessário controle pressupõem justificação empírica, cuja gênese normativa deve se alicerçar em fontes estatais reconhecidas. Todo o **encadeamento normativo** deve ter justificativa formal. Para toda norma jurídica deve haver uma condição causal suficiente. As relações de fato devem ser normadas, com arrimo em critérios predefinidos pelo sistema, com a necessária publicização das leis e dos atos processuais (arts. 5º, LX; 93, IX, CF).

---

363. SAUSSURE, Ferdinand de. *Curso de linguística geral*. Tradução: Antônio Chelini; José Paulo Paes; Isidoro Blikstein. 27. ed. São Paulo: Cultrix, 2006. p.17-18.

364. BINDER, Alberto M. *O descumprimento das formas processuais*: elementos para uma crítica da teoria unitária das nulidades no processo penal. Tracução: Angela Nogueira Pessôa. Rio de Janeiro: Lumen Juris, 2003. p.76.

Lourival Vilanova expõe, nessa linha de pensamento, que "a hipótese delineia um possível estado de coisas, que pode já se ter verificado, por isso, imodificável ficou, como ponto fixo para relacionar consequências, estas sim, normativamente determinadas". Nota o autor que "tampouco a hipótese traça o que com necessidade factual (física, biológica) ocorrerá". Isso em razão de que, para a hipótese, o que aconteceu, acontece ou acontecerá é tomado como possibilidade, vale dizer, como ponto de referência (relevante axiologicamente), com o fito de condicionar a imbricação de consequências para o comportamento humano. O jurista arremata que "a hipótese fixa o tipo de ocorrência (fato natural ou conduta). O que é normativo é a construção da hipótese: é o sistema jurídico que põe, estatui ou cria normativamente a hipótese".[365]

Por seu turno, o **jogo de linguagem**, lastreado em Ludwig Wittgenstein, fornece apoio ao entendimento de que o convencionalismo é uma realidade na esfera jurídica, aplicável ao processo penal. Para sistematizar os elementos basilares do processo penal, e conferir-lhes tratamento adequado, prevenindo e reagindo às violações das formas procedimentais, com a interrupção de seus efeitos negativos, o convencionalismo se apresenta como condição de possibilidade à proteção das garantias individuais constitucionais.[366]

A linguagem, a diferença e a noção de sistema de comunicação comprometidas com o rigor formal próprio à proteção de garantias fundamentais são adequadas à produção normativa de nulidades que considera o processo penal como um instrumento que tem na proteção da liberdade sua finalidade primeira.

Com efeito, a forma, contornada a partir da pragmática de uma linguagem precisa, cria condições mais apropriadas

---

365. VILANOVA, Lourival. *Estruturas lógicas e o sistema de direito positivo*. São Paulo: Noeses, 2005. p.82-83.

366. WITTGENSTEIN, Ludwig. *Investigações filosóficas*. 5. ed. Tradução: Marcos G. Montagnoli. Bragança Paulista: Universitária São Francisco; Petrópolis: Vozes, 2008. p.18-19.

à comunicação no interior do sistema processual penal que cumpra os ditames do seu núcleo gizado na Constituição.

Segundo Niklas Luhmann, "a comunicação é uma realidade emergente, um estado de coisas *sui generis*", obtida por meio de uma síntese de três operações distintas:

(1) a escolha da informação;

(2) a eleição do ato de comunicar; e

(3) a seleção constituída pelo "ato de entender (ou não entender) a informação e o ato de comunicar".[367]

A divisão do ciclo definitório dos institutos processuais penais decorre de uma redução fenomenológica. O sistema necessita de regras, de uma linguagem, para funcionar de maneira a cumprir seu desiderato: proteger a liberdade, servir-lhe de escudo, de trilhos rígidos fora dos quais não deve ser admitida a sua restrição.

O alicerce da estática jurídica, com o preenchimento do conteúdo dessas classes, encontra, na dinâmica, o aspecto pragmático do discurso jurídico. Toma-se por base duas espécies diversas de normas: "um tipo estático e um tipo dinâmico". Aquilo que resulta da norma, visualizada enquanto algo devido em razão do seu conteúdo inferido em tese, é de ordem estática.[368]

Ludwig Wittgenstein, em sua segunda fase (filosofia analítica), dá destaque para esse viés, sublinhando o processo de uso de palavras cujas denominações são relacionadas com o seu uso cotidiano. O filósofo pondera que, na instrução da linguagem, vê-se que "o aprendiz dá nome aos objetos" ou mesmo que "o aluno repete as palavras que o professor pronuncia", sendo ambos "processos linguísticos semelhantes". Nota desse modo que são jogos de linguagem, tanto esses

---

367. LUHMANN, Niklas. *Introdução à teoria dos sistemas*. Tradução: Ana Cristina Arantes Nasser. 2. ed. Petrópolis/RJ: Vozes, 2010. p.81-82.

368. KELSEN, Hans. *Teoria pura do direito*. Tradução: João Baptista Machado. 5. ed. São Paulo: Martins Fontes, 1997. p.217.

processos, como "a totalidade formada pela linguagem e pelas atividades com as quais ela vem entrelaçada".[369]

Sob outro enfoque, Niklas Luhmann realça a incapacidade de trabalhar com toda complexidade do meio, pelo que o sistema tem que definir estruturas de redução de complexidade. Deveras, o repertório não tem condições de oferecer uma variedade suficiente para dar conta, ponto por ponto, das possibilidades de estímulos que advêm do meio. Daí que o pensamento sistemático impõe que se desenvolva "uma disposição especial para a complexidade, no sentido de ignorar, rechaçar, criar indiferenças, enclausurar-se em si mesmo". A expressão **redução de complexidade** surgiu nesse contexto de relação do sistema com o meio.[370]

8.4 Nulidade e invalidade

Atos processuais são documentações de normas jurídicas. O enunciado é o texto bruto. Enunciado de lei, o artigo de lei, por exemplo. A norma jurídica é o significado, incidido pelo intérprete, a partir do enunciado legal. Os atos processuais são a concreção da incidência das normas jurídicas. De normas jurídicas, outras normas jurídicas decorrem e, dessa maneira, o sistema mantém relações internormativas, isto é, entre normas. Tais relações podem acontecer desde normas gerais e abstratas até outras, individuais e concretas.

A linguagem formal do sistema é condição à compreensão do ato processual como produto comunicativo típico. Caso advenha ato processual defeituoso, devem ser deflagrados mecanismos de reação, pela edição de duas normas

---

369. WITTGENSTEIN, Ludwig. *Investigações filosóficas*. 5. ed. Tradução: Marcos G. Nontagnoli. Bragança Paulista: Universitária São Francisco; Petrópolis: Vozes, 2008. p.18-19.

370. LUHMANN, Niklas. *Introdução à teoria dos sistemas*. Tradução: Ana Cristina Arantes Nasser. 2. ed. Petrópolis/RJ: Vozes, 2010. p.179.

jurídicas, constituídas por relação causal, de competência do órgão judicial:

(1) nulidade, entendida como vício normativamente reconhecido no âmbito processual penal; e

(2) invalidade, compreendida como sanção aplicada ao ato processual declarado nulo.

São duas normas jurídicas que podem ou não manter relação de norma primária à secundária. Porém, ambas as normas são detentoras de estrutura normativa proposicional equivalente a antecedente e consequente normativo.

A primeira norma, de cunho declaratório, deflagra modal deôntico de permissão ou de dever ao juiz para que emita a segunda. Em algumas hipóteses não será editada norma de invalidação (cassação), porém de convalidação.

A segunda norma, de invalidação, deve delimitar seus efeitos que, a partir daí, serão suportados pelos sujeitos processuais, com possibilidade de determinação de emissão de outras normas jurídicas (cessação de operatividade do ato, refazimento, desentranhamento de documentos, dentre outras possibilidades).

8.5 Interpretação sob a ótica do observador e do participante do sistema

Como abordado no tópico anterior, validade pode ser entendida sob várias perspectivas. Dois ângulos do sistema são possíveis:

(1) ponto de vista do participante (legislador ou juiz). O legislador pode promulgar normas gerais e abstratas (exemplo: CPP). O juiz emite normas individuais e concretas quando sentencia. A linguagem é prescritiva;

(2) ponto de vista do observador (o cientista do direito). A doutrina descreve o direito emanado da ordem jurídica, sistematizando-a e analisando seu objeto.

Sob o ângulo **do participante** do sistema, validade é a especial forma de existir do direito, de maneira que o participante não se ocupa da existência das normas jurídica, porquanto sobre o que não existe juridicamente, não há relevância linguística, só cabendo tecer juízos de validade ou de invalidade. Nos autos de um processo penal, a norma não prescinde de manifestação judicial. Não se presumem efeitos sem a descrição da incidência normativa em ato processual.

Já no que concerne à ótica do observador, validade é o atributo da norma consistente em ter sido ela produzida de acordo com as demais que regulam sua formação, notadamente as que disciplinam a competência do órgão e os seus requisitos essenciais. No âmbito do processo penal, a ausência de um dizer do juiz sobre a nulidade e invalidade de um ato processual, confere argumentos para que o observador conclua, descritivamente, pela sua validade.

8.6 Formalismo e garantia

As formas no processo penal são caras às garantias individuais fundamentais. O direito processual penal é, sob tal prisma, **direito individual fundamental de primeira geração**, oponível que é pelo acusado contra o arbítrio do Estado, conferindo ao processo penal o cunho protetor da liberdade, como sua finalidade primeira.

Trata-se de postulado de sobreposição inserido na órbita dos fins do processo penal, compondo a configuração das suas finalidades, ao lado dos escopos de atuação do direito concreto e de pacificação social.

FINALIDADES DO DIREITO PROCESSUAL PENAL		
1ª	**Escudo da liberdade**	As formas são condições para a afirmação da verdade no processo penal e anteparos à aplicação da pena.
2ª	**Atuação do direito penal**	A pena somente pode ser concretizada por meio de processo penal instaurado e conforme o ordenamento jurídico.
3ª	**Pacificação social**	Rigorosamente, o processo penal não proporciona paz. No entanto, é por meio dele que o Estado impede a vingança, substituindo a atuação dos envolvidos na infração penal. Há, de outra vertente, meios de ressarcimento do dano no processo penal, em favor da vítima, bem como a admissão de sua atuação, de forma principal, em ações penais privadas, ou, como assistente do Ministério Público (*ad coadjuvandum*), com a outorga de poderes recursais ao ofendido para fins de aplicação de pena e de imposição de medidas cautelares (prisionais e não prisionais).

A linguagem formal no campo do processo penal tem o condão de conferir previsibilidade, segurança jurídica, com adoção de um modelo apto a servir de guia para a sua condução, limitando as contingências.

Também tem o objetivo de conter abuso de poder. No pensamento de Amilton Bueno de Carvalho, pode-se concluir pela necessidade de se acatar os frisos do ordenamento jurídico. Busca-se coibir, por exemplo, a subversão e o desvirtuamento de garantias fundamentais.

Como adverte o distinto jurista, não é concebível seguir "a ponto de inverter, inclusive, toda a teoria do ônus da prova", a exemplo do "carcinoma teórico do discurso que ambiciona a 'proteção dos direitos da vítima' no âmbito do processo penal".[371]

Tal não significa que o respeito às formas, como tutela das garantias, concorde com a adoção de formalismo exacerbado,

371. CARVALHO, Amilton Bueno. *Direito penal a marteladas*: algo sobre Nietzsche e o direito. Rio de Janeiro: Lumen Juris, 2016. p.20-21.

que deságue no aplauso à forma pela forma. A forma pode ceder quando o fito de tutela da liberdade do imputado for respeitado.

Sergio Demoro Hamilton, diferenciando forma e formalismo abstruso (difícil de compreender, intrincado ou obscuro), tece considerações sobre a importância da primeira para a garantia dos atos processuais. Sob esse enfoque, o direito processual seria direito formal por excelência, com realce para o aspecto exterior que deveria revestir os atos do processo.

Nessa linha, Sérgio Demoro Hamilton aduz que os atos mais relevantes do processo devem obediência "às exigências de forma mais rigorosas que não podem ser postas de lado, conforme o caso, pelo juiz ou pelas partes neles envolvidos no decorrer do processo".[372] A ressalva recai sobre o formalismo despido de utilidade e de conotação técnica que, ao cabo, não tem a vocação que deve ter o enunciado que traça a forma de ato processual penal, qual seja, a de conferir eficácia a direito fundamental que compõe o seu núcleo constitucional.

No entanto, a formalidade dos atos processuais penais não é conceito prestigiado como deveria, notadamente em face de situações excessivas ou abusivas que lhe causaram descrédito. Paulo Fernandes e Geórgia Bajer observam que as obras doutrinárias, em regra, dedicam parco percentual de estudos ao tema nulidades. Nesse compasso, pontificam que "a forma dos atos processuais é garantia do cidadão contra o arbítrio judicial", salientando que "não se pode permitir que a legalidade das formas seja desprezada, ainda que se tenha em linha de conta ter o ato atingido a finalidade colimada".[373]

Gabriel Giulio também adverte sobre tal situação, ao mesmo tempo em que considera a forma, em acepção ampla, como modo de proceder e como providência de sacralização da atividade humana. A forma é, ademais, um dos conceitos

---

372. HAMILTON, Sergio Demoro. *Estudos de processo penal*: 3ª série. Rio de Janeiro: Lumen Juris, 2007. p.45-46.

373. FERNANDES, Paulo Sérgio Leite; FERNANDES, Geórgia Bajer. *Nulidades no processo penal*. 5. ed. São Paulo: Malheiros, 2002. p.24-25.

jurídicos fundamentais do direito processual, sendo, no entanto, meios e não fins em si mesmos. Sublinha o autor que "o desinteresse por delimitar a forma, analisando seu sentido e sua função, resulta sumamente perigoso". A ausência de respeito às formas e ao procedimento, bem como a falta de "mecanismos que autorizem circunscrevê-los implica na perda de certeza do débil frente ao poderoso". As formas são meios e têm sua própria razão de ser. Sob o enfoque cultural, operam como regras técnicas de debate, ou seja, "o par antinômico está configurado pela regra de plena liberdade e de formas preestabelecidas (legal, judicial ou convencionalmente)".[374]

A razão de ser da forma, referida pelo autor argentino, tem relação com o que apontam Ada Pellegrini Grinover, Antonio Scarance Fernandes e Antonio Magalhães Gomes Filho quanto à **dimensão garantidora** das normas constitucionais processuais de natureza criminal. Segundo tal concepção, "não sobra espaço para mera irregularidade sem sanção ou nulidade relativa. A atipicidade constitucional, no quadro das garantias, importa sempre uma violação a preceitos maiores, relativos à observância dos direitos fundamentais e a normas de ordem pública".[375]

8.7 Aplicação a caso concreto

Os lindes formais do ordenamento, destinados à tutela das garantias individuais, não devem ser objeto de negociação. São irrenunciáveis, indisponíveis. Na jurisprudência do STJ, há o reconhecimento da importância do rigor cristalizado na legislação, ainda que não tenha sido expresso em mencionar a teoria do direito e o método convencional.

374. GIULIO, Gabriel H. Di. *Nulidades procesales*. Buenos Aires: Hammurabi, 2005. p.100-102 [tradução livre].

375. GRINOVER, Ada Pellegrini; GOMES FILHO, Antonio Magalhães; FERNANDES, Antonio Scarance. *As nulidades no processo penal*. 12. ed. São Paulo: RT, 2011. p.24.

Em julgamento que envolveu a contagem de prazo recursal, foi dito que, para a sua observância, não haveria que se falar "em excesso de formalismo, pois o acesso à Justiça dá-se na forma disciplinada pelas leis e pela jurisprudência consolidada nos tribunais".

Consiste em garantia que complementa a cláusula do devido processo legal e que também atende ao pressuposto recursal objetivo da observância das formalidades instituídas.

Deveras, a tempestividade é um dos requisitos legais de admissibilidade recursal, impondo-se seu prévio exame relativamente à análise de mérito.

Na hipótese, a Corte Superior reafirmou seus precedentes, rejeitando tese que aduzia rigor excessivo no formalismo em decisão que negou admissibilidade, por intempestividade, a recurso especial.

Decerto, não há cabimento para o seu processamento quando interposto depois de exaurido o prazo de quinze dias.[376]

8.8 Conclusão e próximo capítulo

A linguagem jurídica do processo penal deve ser dotada de função apta a cumprir seus fins. O formalismo e a postura convencional na seleção dos vocábulos que constituem o repertório do sistema têm seu relevo demonstrado pela análise de institutos estruturais e condicionantes da correta aplicação do direito.

Como exemplo, a precisão na definição de conceitos e o método adequado são parâmetros da atividade cognitiva do juiz. São úteis à produção da prova e à afirmação da verdade. Outros elementos fundamentais à teoria do direito devem ser bem demarcados, mormente a vigência, a validade e a eficácia.

376. STJ – Sexta Turma – AgRg no AREsp 1845947/PA – Rel. Sebastião Reis Júnior – DJe 07 jun. 2021.

No próximo capítulo, será iniciado o estudo da lógica de classes, tema apto à contenção de abusos. O exame das categorias dos institutos permite oferecer condições à aplicação de metodologia rigorosa.

PROCESSO PENAL: AMBIENTE SOCIAL COMUNICATIVO

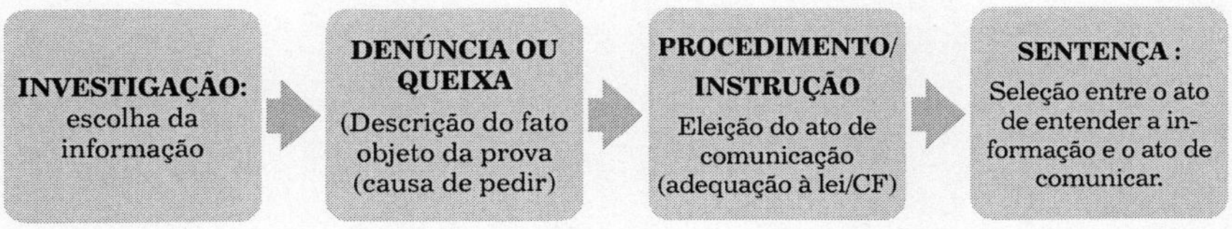

Segunda Parte

LÓGICA DE CLASSES NO PROCESSO PENAL

CAPÍTULO 9
CLASSIFICAÇÕES NO PROCESSO PENAL

9.1 Classificação e noção

Noção é a direção que se dá ao conceito para se chegar à definição, haja vista que o elemento conceitual é difuso. A classificação é a divisão necessária para se avivar os contornos do conceito, tornando possível sua definição. Por exemplo:

(1) a nulidade é conceito que se vale da noção funcional de estabelecer balizas para otimizar a proteção de direitos fundamentais. Daí se inicia a atividade de classificar, desde a inexistência jurídica até a irregularidade, de acordo com a ordem decrescente de gravidade das deformidades;

(2) a prova tem, na sua classificação, o método para delimitar seu conceito. Ela se divide:

(a) quanto ao efeito ou valor, em prova plena e não plena, oferecendo noção para definição de critérios racionais que orientam o que deve ser prova suficiente ao juízo de certeza (***standard*** probatório);[377]

---

377. TÁVORA, Nestor; ALENCAR, Rosmar Rodrigues. *Novo curso de direito processual penal*. 15. ed. Salvador: Juspodivm, 2020. p.800.

(b) quanto ao objeto a se provar descrito na causa de pedir, em prova direta, que consiste na evidência demonstrativa da imputação (prova positiva), e em prova indireta, a qual pode ser elemento estranho, mas que é útil para, por **inferência empírica** (indução), comprovar o objeto da prova (narrativa acusatória, art. 41, CPP) ou o objeto de prova (corpo de delito, art. 158, CPP).

9.2 Percurso da classificação no sistema acusatório

Noção é o conhecimento elementar sobre um objeto de estudo que serve como passagem que envolve a atividade que parte do conceito à definição. Para construir uma classificação, é necessário eleger as noções necessárias à delimitação do conceito e, desse modo, encontrar sua definição. A noção será um critério de divisão, uniforme e necessário.

O conceito deve ter a extensão de tudo que se possa afirmar em relação a seu contorno. Suas notas, que podem ser múltiplas e de diversas ordens, compõem sua amplitude. Voltando a atenção ao conceito de nulidade, pode se constatar que ele é difuso. A sua demarcação pode ser iniciada pela atribuição do sentido de defeito, vício processual ou atipicidade.

Nulidade é o termo que se usa para rotular a incidência imperfeita de norma jurídica que constitui um ato processual penal. Tendo como premissa a noção da gravidade da atipicidade que particulariza o conceito, é possível seguir com a atividade de definir, para, em seguida, apresentar uma classificação.

O terreno pantanoso das classificações das nulidades processuais é fértil para evidenciar as virtudes de um sistema jurídico organizado. Isso porque demonstra que é preciso se ter uma estrutura com alta complexidade, com eleição de seus códigos para a produção normativa de nulidades processuais penais que encontrem respaldo nas expectativas jurídicas dos sujeitos implicados. Busca-se, com essa escolha metódica, a redução de complexidade do ambiente processual mediante a limitação das contingências outorgadas pelas categorias.

A providência tendente a assegurar o apartamento do juiz relativamente ao Ministério Público é uma das características centrais do **princípio acusatório** (art. 129, I, CF; art. 24, CPP). Os elementos que compõem a estrutura devem ser harmônicos. O juiz é o sujeito processual responsável pela descrição e aplicação da classificação. Ele deve detalhar seu percurso.

Metaforicamente, o sistema deve fechar como um quebra-cabeças, apresentando imagem nítida ou, ainda, deve completar a engenharia de um jogo de palavras cruzadas. Ruídos no seu interior prejudicam a produção de normas individuais e concretas e esvaziam os objetivos do quadro teórico acusatório.

Exemplo desse problema é o compromisso do juiz com o combate à criminalidade. Trata-se de contrassenso jurídico-constitucional democrático, como apontou Juliana Damasceno.[378] De fato, causa espécie a nomenclatura escolhida por alguns órgãos do Judiciário, frente ao princípio acusatório e à necessária imparcialidade do juiz, a exemplo de expressão como "vara de combate à criminalidade organizada". O julgador, ao contrário, deve se cercar de limites para impor a pena e não partir para a atividade investigativa, muita das vezes marcada pela unilateralidade violadora do contraditório.

Ao cabo, visa-se a evitar que o magistrado comprometa a sua **imparcialidade**, fulcrada na disciplina do juiz das garantias (art. 3º-B, CPP). Difícil é compatibilizar o autorizativo de iniciativa de produção da prova pelo juiz com a indispensável serenidade.

Afrânio Silva Jardim, comentando sobre o ponto, destacou que "ainda não se encontrou uma posição de equilíbrio entre o princípio dispositivo e o poder instrutório do juiz em prol da verdade real". Nesse estudo, pondera que o princípio

378. SANTOS, Juliana Pinheiro Damasceno e. *Limites constitucionais à iniciativa do juiz no processo penal democrático*. Rio de Janeiro: Câmara Brasileira de Jovens Escritores, 2011. p.134.

do dispositivo, caracterizador da iniciativa das partes na defesa de seus direitos, não pode permitir decisões injustas, o que conferiria poderes probatórios subsidiários.[379]

As classificações devem seguir o padrão acusatório de processo, em compasso com o **garantismo penal**. Como adverte Luigi Ferrajoli, "de todos os elementos constitutivos do modelo teórico acusatório, o mais importante, por ser estrutural e logicamente pressuposto de todos os outros, indubitavelmente é a separação entre juiz e acusação". Essa separação é imposta pelo axioma *nullum iudicium sine accusatione* e consiste na primeira de suas garantias orgânicas. Tal distinção comporta, ademais, a ideia de que o papel de parte, do órgão do Ministério Público, de forma paritária, implica ônus probatório atribuído à acusação.[380]

9.3 Controle da dissonância cognitiva

Niklas Luhmann realça que o procedimento há de ser diferenciado, ou seja, suficientemente complexo. Para esse fim, necessita-se de normas jurídicas específicas da organização, bem como de uma separação de papéis institucionalizada.[381] Enquanto mais sofisticada a classificação no interior do sistema, maior será a possibilidade de otimizar resultados por meio da redução da complexidade do material bruto.

Tal ideia encontra compatibilidade com os fundamentos do sistema acusatório de processo penal, na medida em que este trabalha com a ideia central de bem dividir as funções dos sujeitos processuais, delimitando a **imparcialidade** do juiz para que a produção de normas se dê sem o comprometimento do procedimento.

---

379. JARDIM, Afrânio Silva. *Da publicização do processo civil*. Rio de Janeiro: Liber Juris, 1982. p.112-113.

380. FERRAJOLI, Luigi. *Direito e razão*: teoria do garantismo penal. Tradução: Ana Paula Zomer Sica; Fauzi Hassan Choukr; Juarez Tavares; Luiz Flávio Gomes. São Paulo: RT, 2006. p.522.

381. LUHMANN, Niklas. *Legitimação pelo procedimento*. Tradução: Maria da Conceição Côrte-Real. Brasília: Universidade de Brasília, 1980. p.101.

O enlace entre os arts. 3º-A e 3º-B, do CPP (dispositivos submetidos a controle de constitucionalidade no STF[382]), sufraga técnica que tende a imunizar o processo contra os riscos de **dissonância cognitiva** do juiz da instrução, entendida, na esteira de Aury Lopes Jr[383] e Ruiz Ritter[384], como o conflito violador do princípio da imparcialidade, capaz de ocorrer no plano do juízo sintético do conhecimento do julgador, diante da oposição entre:

(1) os pedidos da fase investigativa: a opinião do juiz que deferiu medidas cautelares contra o imputado (**doxa** ou crença comum); e

(2) o constatado na instrução processual: a ciência de que a prova não se adequa aos critérios de afirmação da verdade acerca dos fatos descritos na petição inicial (**episteme** ou conhecimento verdadeiro).

A diferenciação dos papéis e o distanciamento da função exercida pelo intérprete autêntico, responsável por produzir normas individuais e concretas, são balizas para que o sistema cumpra seu mister de outorgar **previsibilidade** para a emissão de normas jurídicas e assegure ao juiz a possibilidade de conformidade de compreensão correta dos fatos, no curso do processo de conhecimento (**consonância cognitiva**).

9.3.1 Dissonância cognitiva e impedimento do juiz

A inserção do art. 3º-A no CPP atende tanto à Constituição Federal, que sufragou a separação de papéis no processo penal, quanto à estrutura exigida por um sistema racionalmente organizado, com a classificação das funções do **juiz natural**. O

---

382. STF – Pleno – ADI 6298/DF – Rel. Min. Luiz Fux – 24 ago. 2023.

383. LOPES JR, Aury; RITTER, Ruiz. A imprescindibilidade do juiz das garantias para uma jurisdição penal imparcial: reflexões a partir da teoria da dissonância cognitiva. *Revista Duc In Altum Cadernos de Direito*, vol. 8, nº16, p. 57-58, set.-dez. 2016.

384. RITTER, Ruiz. *Imparcialidade no processo penal*: reflexões a partir da teoria da dissonância cognitiva. 2. ed. São Paulo: Tirant, 2019. p.195-196.

STF, todavia, reduziu o alcance normativo do enunciado legal, a partir de premissas como a de que "a mera divisão de competências, à luz das realidades específicas e mediante normas próprias, não presume a parcialidade do juiz, nem impõe seu impedimento para funcionar no processo". Em poucas palavras, em situação concreta, a Corte Suprema considerou que a possibilidade de **vieses cognitivos** e de vício de parcialidade relativamente ao julgamento meritório, face à atuação do juiz na fase investigativa, seria meramente contingente.[385]

Sem embargo, aquele dispositivo, conjugado com o art. 3º-B, do CPP, distribui o **poder jurisdicional** a dois órgãos, cada qual com funções distintas que devem ser exercidas por magistrados com identidades físicas diferentes relativamente ao mesmo objeto da persecução criminal:

(1) o primeiro, o juiz das garantias;

(2) o segundo, o juiz da instrução.

Apesar do posionamento do STF refratário a reconhecer **regra de impedimento** do magistrado que atua na função de juiz das garantias para, consecutivamente, julgar o processo na qualidade de juiz da instrução, cabe ponderar que o óbice é de ordem lógica, que condiciona a correção do pensamento sobre o tema. A divisão de instituída é **matéria de ordem pública** encartada na demarcação da **competência funcional segundo o objeto do juízo**. Esse aspecto seria suficiente para afirmar que o desatendimento da regra é motivo de nulidade absoluta, diante da essencialidade do elemento processual viciado: veda-se que um juiz exerça as duas funções no mesmo caso penal.

9.3.2 Prevenção do juízo e sistema acusatório

A objeção de violação ao princípio do juiz natural, assentada pela Suprema Corte, com esteio nas regras de competência territorial e de prevenção, poderia ser, igualmente,

385. STF – Pleno – ADI 6298/DF – Rel. Min. Luiz Fux – 24 ago. 2023.

contornada. Decerto, a prevenção deve ser compreendida, em um primeiro plano, como do juízo, enquanto órgão que concorre territorialmente com outro a competência *ratione loci*, a partir da releitura do art. 83, do CPP, que prevê a incidência da regra da prevenção quando há "dois ou mais juízes igualmente competentes ou com jurisdição cumulativa".

Com efeito, seguindo os passos de José Frederico Marques, ao lado de outros critérios de modificação ou de fixação da competência penal, a prevenção pode interferir "na competência de juízo, da mesma forma que acontece na competência de foro: nenhuma delas, todavia, constitui título ou razão da competência de juízo, como também sucede com a competência de foro". Juízo, sob essa ótica, seria o órgão local sujeito à prevenção, definido, "*ratione materiae*, ou pela distribuição, ou por ambos devidamente conjugados"[386].

Em um patamar mais elevado, portanto, a prevenção seria do juízo (órgão judicial *lato sensu*) e, somente em segundo plano, do juiz (pessoa física *stricto sensu*). De mais a mais, da prevenção do juízo (competência fixada nos limites do foro do delito, isto é, em razão do lugar) não deriva a conclusão de que a função do juiz da instrução esteja franqueada ao exercício pelo mesmo magistrado que atuou como juiz das garantias. Do princípio da identidade física não se deduz esse alcance e, por outro prisma, não apresenta incompatibilidade com as regras de impedimento.

Retornando ao art. 3º-A do CPP, que prevê a estrutura acusatória e a vedação de iniciativa do juiz na fase de investigação e a substituição da atuação probatória do órgão de acusação, vale destacar que seu teor recebeu interpretação conforme a Constituição pelo STF. Ficou assentado que a aludida proibição "deriva do princípio acusatório" e não exclui a atuação *ex officio* do juiz para suplementar a atividade das partes, restritamente e nos termos da lei, quanto a dúvida

---

386. MARQUES, José Frederico. *Da competência em matéria penal*. Campinas: Millennium, 2000. p.230-231.

sobre questão relevante ao julgamento do mérito. O art. 3º-B, *caput*, do CPP, no mesmo tom de "aperfeiçoar o caráter acusatório do processo penal brasileiro", instituiu o juiz das garantias, avivando que deve ser ele o "responsável pelo controle da legalidade da investigação criminal e pela salvaguarda dos direitos individuais cuja franquia tenha sido reservada à autorização prévia do Poder Judiciário".[387]

O **sistema acusatório** pressupõe a descrição de seus elementos internos, mormente dos que, ligando-se à norma antecedente, têm o fito de servir de apódese normativa (norma consequente), para concretizar o programa antevisto pela prótase (norma antecedente).[388] Trata-se, de um lado, de **estratégia** de otimização de resultados e, de outro, de técnica de contenção de abusos.

A estratégia se coloca em permeio à essência e à matéria:

(1) a essência do conhecimento (**metódica**) está no plano da compreensão e é **analítica**;

(2) a organização da estratégia (**metodologia**) é a condição necessária à ordenação dos conteúdos (**método**);

(3) a classificação é **estratégia**;

(4) a imputação de um fato delituoso é aspecto **material**, conteúdo.

O entendimento correto da narrativa da acusação e das provas que compõem o conteúdo, depende da qualidade do funcionamento da classificação. Esses três níveis de conhecimento seguem as bases expostas por João Maurício Adeodato, em nível de retórica, enquanto filosofia.[389]

---

387. STF – Pleno – ADI 6298/DF – Rel. Min. Luiz Fux – 24 ago. 2023.

388. VILANOVA, Lourival. *Estruturas lógicas e o sistema de direito positivo*. São Paulo: Noeses, 2005. p.293.

389. ADEODATO, João Maurício. *Uma teoria retórica da norma jurídica e do direito subjetivo*. São Paulo: Noeses, 2011. p.144-162.

Aplicando esses pilares à divisão funcional da competência instituída a partir do art. 3º-A, do CPP, é possível concluir que ela tem o propósito de tornar eficaz a estrutura acusatória derivada da constituição:

(1) constitui classificação (juiz das garantias e juiz da instrução);

(2) permite a ordenação dos conteúdos (estratégia de definir a competência segundo o objeto do juízo – art. 3º-B, CPP);

(3) fomenta a cognição livre das pré-compreensões (reduz riscos de dissonâncias cognitivas); e,

(4) demarca o impedimento do juiz de uma função a outra (por ter como parâmetro de referência um determinado fato delituoso ou caso penal).

9.4 Racionalidade dogmática e diálogo crítico

O discurso próprio para fechar o sistema deve ser racional. Com termos convencionados para enfrentar as diferenças e as particularidades, colima-se minimizar frustrações. A estrutura normativa deve ser formalizada, em grau de abstração que, conquanto reconheça complexidade acentuada e contingência própria da modernidade, possibilite coerência argumentativa e situação comunicativa eficaz, alicerçando **controle de expectativas**.

O sistema de nulidades é uma estrutura estratificada de controle de produção normativa no processo penal concreto, com alicerce na teoria do direito. Por ser apto a viabilizar domínio sobre os atos estatais da persecução penal, entende-se possível estabelecer diálogo entre:

(1) a **dogmática jurídica**, cujo modelo de sociedade ou discursivo é de consenso, isto é, busca acomodar os elementos do ordenamento jurídico,

interpretando-os e tornando harmônica a estrutura do sistema (**discurso consensual**);

(2) a **criminologia crítica**, que propõe alternativas à estrutura tradicional, notadamente para apontar o poder estatal como fomentador de discrepâncias sociais e funcionais, retratando o modelo de sociedade de conflito (**discurso conflitual**).

A ênfase da teoria do direito não deve conduzir ao uso do processo penal como instrumento de combate ao crime. Ao revés, o foco na metodologia de controle de produção de normas individuais e concretas deve propiciar um giro que enxerga o processo penal como meio precípuo de opor balizas à sua aplicação aleatória.

Embasando essa perspectiva, Jorge de Figueiredo Dias e Manuel da Costa Andrade observam que a criminologia crítica "representou, tanto na teoria como na prática, uma verdadeira revolução – a começar pela natureza radicalmente nova das questões formuladas". Isso em face das suas questões nucleares se afastarem de objetos como o **delinquente** ou o **crime**, "para se dirigirem, sobretudo, ao próprio sistema de controlo, como conjunto articulado de instâncias de produção normativa e de audiências de reação". O olhar se dirige, de tal maneira, para a fonte de legitimidade da persecução penal estatal e para os critérios de controle das instâncias criminais.[390]

Sob o ângulo estrutural, Tercio Sampaio Ferraz Jr. destaca que o sistema é formado por "um conjunto de objetos e seus atributos (repertório do sistema), mais as relações entre eles, conforme certas regras (estrutura do sistema). Os objetos são os componentes dos sistemas, especificados pelos seus atributos, e as relações dão sentido de coesão ao sistema". A escolha dos termos viabiliza o discurso normativo processual por meio de comunicação normativa eficaz. De tal modo, como

390. DIAS, Jorge de Figueiredo; ANDRADE, Manuel da Costa. Criminologia: o homem delinquente e a sociedade criminógena. Coimbra: Coimbra, 1984. p. 42-43.

explica o autor, "o objeto dos sistemas normativos (repertório do sistema) são normas (especificadas por seus atributos: validade e efetividade). O que dá a coesão do sistema, como um todo, são as relações entre elas".[391]

Seguindo essa orientação, será desenvolvido um cotejo das classificações das nulidades. Após ser demarcado o conjunto de objetos que constituem as diversas espécies de atipicidades processuais, bem como delimitados os seus atributos, serão relacionados os eixos tendentes à unidade processual e à previsibilidade, bem como as reações possíveis.

9.5 Estrutura da relação normativa

A produção normativa requer elucidação de sua estrutura interna. No processo, a documentação de norma jurídica possibilitará melhor comunicação mediante adequada escolha dos termos. A norma jurídica é resultado da interpretação do material bruto (enunciado legal).

A relação entre normas se opera no pensamento do juiz, constituindo-se conhecimento. Em metáfora, cuida-se de amarração de ideias: as normas e proposições normativas são mutuamente dependentes, tal como o acesso a um conteúdo na *Internet* depende da correção do *link*.

Seguindo-se o que apontado por João Maurício Adeodato, o conceito de norma jurídica não será aquele que o confunde com o de lei (Escola da Exegese), nem propriamente uma prescrição escrita (Estado legislativo e executivo). Tampouco norma jurídica será algo que se afaste do monopólio estatal do direito (tal qual o movimento do direito alternativo), como se dá com o sentido de ser ela forma genérica de expressão do direito (Escola Histórica e Escola do Direito Livre). Ao contrário, norma jurídica – que é composta de uma estrutura e de uma função – deve ser entendida a partir de uma base empírica estatal

391. FERRAZ JR., Tercio Sampaio. *Teoria da norma jurídica*: ensaio de pragmática da comunicação normativa. 4. ed. Rio de Janeiro: Forense, 2009. p. 140-141.

que consista em "uma imagem, uma ideia, um significado que se transmite por meio de significantes linguísticos, como textos, gestos (figuras, imagens) ou palavras oralmente pronunciadas". Na perspectiva do autor, considerando a pragmática da norma jurídica, **significado** é palavra que alude a promessas ideais dirigidas ao futuro, enquanto o termo **significante** se refere à tentativa de acordo assentado no passado que, no caso concreto (atual, presente), é invocado.[392]

Em complemento, Alaôr Caffé Alves aponta que a norma jurídica deve ser "resultante do processo hermenêutico que incide sobre o texto literal". Decerto, não se migra da norma jurídica, mas do texto enunciativo para, ao final, alcançar aquela. A **interpretação autêntica** dá origem à norma jurídica, mediante uma decisão consubstanciada em uma escolha pela autoridade competente (órgão jurídico).[393]

9.6 Esboço das relações normativas da nulidade

A partir dessas observações, pode-se anunciar o esboço das relações entre normas jurídicas declaratórias da nulidade. Isso porque, ao menos quatro normas jurídicas estão envolvidas no procedimento que pode ser deflagrado quando se incorre em atipicidade cristalizada em um ato processual.

(1) A primeira é a norma jurídica deficiente (art. 564, CPP), isto é, a documentação de ato processual viciado, por não ter sido observada a forma prescrita em lei.

(2) A segunda norma jurídica é de atribuição exclusiva do juiz que, verificando aplicação deficiente de norma jurídica antecedente (o ato processual atípico),

392. ADEODATO, João Maurício. *Uma teoria retórica da norma jurídica e do direito subjetivo*. São Paulo: Noeses, 2011. p.156-164.

393. ALVES, Alaôr Caffé. Fundamentos dos atos de vontade e práxis linguístico-social no direito. Kelsen e Wittgenstein II. In: *Vilém Flusser e juristas*: comemoração dos 25 anos do grupo de estudos de Paulo de Barros Carvalho. Florence Haret; Jerson Carneiro (orgs.). São Paulo: Noeses, 2009. p.87.

reconhece o vício processual que inquina de nulidade aquele ato.

(3) A terceira, que se relaciona com a segunda como seu necessário consequente, é a declaração de nulidade processual em sentido amplo (atipicidade processual), com a classificação de sua subespécie (inexistência jurídica, nulidade absoluta, nulidade relativa ou irregularidade).

(4) A quarta norma jurídica, que tem como antecedente a descrição da terceira, é a invalidação, ou seja, o juiz, reconhecendo a nulidade (absoluta, por exemplo), declara inválido o ato processual viciado, explicitando a abrangência de seus efeitos e ordenando as providências necessárias). Cumpre observar que, ao invés de aplicar a invalidação (com a declaração de desfazimento do ato viciado e determinação de seu refazimento conforme a legislação), o magistrado pode considerar convalidado o ato, tal como quando declara não ter ocorrido prejuízo para a eficácia de direito fundamental protegido pela forma enunciada violada.

Essas quatro normas se inter-relacionam. A estrutura de cada uma é retratada com a prótase (antecedente) e apódese (consequente).[394] A relação entre elas fica nítida quando se vê que a construção do consequente da primeira norma jurídica será o antecedente necessário da segunda. E assim por diante.

Em outros termos, o consequente de uma norma jurídica servirá de suporte fático para a estruturação do antecedente da norma jurídica seguinte que, por seu turno, também será dotada de uma proposição secundária em seu consequente normativo. O fundamento é nomogenético, ou seja, a base é de programação genética para emissão de normas e proposições fundada em critérios de correção lógica (**genética normativa**).

---

394. VILANOVA, Lourival. *Estruturas lógicas e o sistema de direito positivo*. São Paulo: Noeses, 2005. p.293.

9.7 Teoria das relações

Para fundamentar a relação entre as normas que descrevem o fenômeno jurídico, as teorias das relações e das normas têm aplicação. Ambas se imbricam, máxime pela coincidência sintática que as normas ostentam diante do fato relacional em geral.

Seguindo as pegadas de Paulo de Barros Carvalho, nota-se, na estrutura da norma jurídica, que o operador **dever-ser** (deôntico) pode se apresentar, ao juiz, nas seguintes modalidades:

(1) **permitido**: autorizado a emitir norma para invalidar ou convalidar o ato processual viciado, diante de nulidade relativa (art. 563, CPP);

(2) **obrigatório**: dever do magistrado relaxar a prisão em flagrante ilegal (art. 310, I, CPP);

(3) **proibido**: dever do juiz de não julgar o fato que contenha pendência de questão prejudicial alusiva ao estado civil das pessoas (art. 92, CPP).

Esses modais deônticos, em tríplice forma (obrigatório, proibido ou permitido), representam e constituem o **dever-ser modalizado**, que poderá ser:

(1) **intranormativo**: na mesma norma jurídica, entre as duas proposições que a constituem (interproposicional); ou

(2) **internormativo**: entre duas normas jurídicas, ligando a segunda proposição da primeira norma à primeira proposição da segunda.

É possível, de outra banda, um dever-ser neutro e **interproposicional** que atua entre o antecedente e o consequente de cada norma jurídica (seja ela de reconhecimento de ilicitude probatória, seja de exclusão da prova ilícita), tanto da norma geral, quanto da individual. Os modais deônticos são irredutíveis, porém interdefiníveis, já que significa que podem ser delimitados em função do outro, mediante o uso de um conectivo monádico (negador).[395]

No consequente da norma individual e concreta, deve se identificar o operador dever-ser, num dos seus modais (obrigatório, permitido, proibido), interligando dois ou mais sujeitos de direito, em torno do objeto (a prestação jurídica). É a **teoria das relações** explicando a **teoria das normas**, justificando o sistema com a sua legitimação pelo procedimento, consoante os fundamentos expostos por Niklas Luhmann.[396]

Traduzindo a relação normativa por meio de convenção que expressa o sentido de cada termo envolvido, Paulo de Barros Carvalho explica a necessidade de implemento de condições para o irrompimento da relação jurídica. O jurista reserva, então:

(1) o uso do vocábulo **critérios**, para se referir à norma geral e abstrata. Por exemplo, a descrição dos enunciados que prescrevem nulidades processuais no art. 564 do Código de Processo Penal;

(2) a adoção do termo **elementos**, para indicar dados, tanto do antecedente, quanto do consequente de norma individual e concreta. O fato relacional, para se instaurar, depende, ao menos, de dois desses dados, quais sejam:

(a) o elemento **subjetivo**; e

(b) o elemento **prestacional.**[397]

---

395. CARVALHO, Paulo de Barros. *Direito tributário*: fundamentos jurídicos da incidência. 9. ed. São Paulo: Saraiva, 2012. p.206-207.

396. LUHMANN, Niklas. *Legitimação pelo procedimento*. Tradução: Maria da Conceição Côrte-Real. Brasília: Universidade de Brasília, 1980, p.56.

397. CARVALHO, Paulo de Barros. *Direito tributário*: fundamentos jurídicos da incidência. 9. ed. São Paulo: Saraiva, 2012. p.209-210.

Considerando essa perspectiva, relação jurídico-normativa pode ser definida como enunciado linguístico submetido a regras da **lógica dos predicados poliádicos**, compreendidos como predicativos que se referem a mais de um sujeito afetado pelo comando normativo, tais como **fatos de conduta** e **fatos naturais** descritos em forma de linguagem jurídica. Antes de ver vertida em linguagem, a relação permanece no plano dos **eventos**, da ocorrência, sem se tornar um acontecimento.

9.8 Teoria dos predicativos poliádicos

As relações (de fato, ditas puras, isto é, não jurídicas) existem entre os fatos naturais (biológicos, físicos). Já as relações sociais jurídicas ou não jurídicas são constitutivamente **relações normadas**. Para haver juridicidade, deve existir **liberdade**.

Consiste na via de mão dupla, necessária para caracterizar o jurídico. A liberdade pressupõe a não liberdade, no sentido de oposição de lindes, de contornos. Não há condição de possibilidade de liberdade jurídica plena para se fazer tudo, sem limites. A sua característica essencial é a regulação de conduta compartida, em interferência intersubjetiva, a partir da qual se define o espaço do direito, seguindo a metodologia cossiana.[398]

Lourival Vilanova explica que o exercício da liberdade abre espaço para relações jurídicas em sentido largo: "a ninguém é lícito obrigar, ou proibir, esse exercício, justamente porque é um direito de fazer ou de omitir, ou seja, uma permissão bilateral. Mas nem tudo que é objeto do exercício da liberdade é jurídico: não constitui, nem modifica, nem extingue relações jurídicas".[399]

No âmbito do confronto da liberdade jurídica de um sujeito e a de outro, é possível perceber a importância da **teoria**

---

398. COSSIO, Carlos. *La teoría egológica del derecho y el concepto jurídico de libertad*. 2. ed. Buenos Aires: Abeledo-Perrot, 1964. p.299.

399. VILANOVA, Lourival. *Causalidade e relação no direito*. 2. ed. São Paulo: Saraiva, 1989. p.68.

dos predicados poliádicos (teoria das relações). O termo **predicado** é utilizado para indicar o símbolo de propriedades ou de relação atribuíveis a um indivíduo. Não há norma jurídica sem a participação do indivíduo, assim como não há direito sem conduta.

Por exemplo, nulidade processual penal não haverá se o órgão autêntico, o juiz, não se pronunciar sobre ela.

Nesse sentido, as atipicidades processuais penais são passíveis de **anulabilidade**, porque enquanto o ato defeituoso não for objeto do exercício do poder-dever judicial de tornar regular a tramitação processual (art. 251, CPP), permanece aquele válido, com operatividade de efeitos.

A conduta do juiz é indispensável, assim como também é indispensável a existência de partes com esferas de liberdade em interferência recíproca. O enunciado legal constitui um conjunto de símbolos que representa relação atribuível aos sujeitos do processo penal, sendo, portanto, qualificado como predicado poliádico.

Decerto, os predicados podem ser:

(1) **monádicos**: quando aludem isoladamente a um indivíduo; ou

(2) **poliádicos**: quando ligam dois ou mais indivíduos.

Sob a luz dos ensinamentos de Paulo de Barros Carvalho, as duas formas do predicado surgem como:

(1) **propriedade** ou **característica** atribuída a um sujeito; ou

(2) **modo** ou **forma** de uma relação que liga dois ou mais sujeitos.[400]

---

400. CARVALHO, Paulo de Barros. *Direito tributário*: linguagem e método. 5. ed. São Paulo: Noeses, 2013. p.98-99.

9.9 Percurso do sistema abstrato ao sistema concreto

Os elementos das normas individuais e concretas que completam a estrutura do sistema processual penal exercem função de **coesão** da comunicação normativa. A incidência, com a descrição que constitui a interpretação, documentada em linguagem jurídica, ocorre por intermédio de relações jurídicas entre normas e pela atividade do juiz.

Em sede da decisão que reconhece nulidade, por aplicação deficiente das normas que regram o procedimento processual penal, deve-se descrever a relação entre as normas envolvidas, desde a produção de ato processual defeituoso à sua reedição. A versão em linguagem, que descrever a incidência, do plano abstrato ao plano concreto, tem função certificadora (protocolar) e comunicativa, permitindo controle.

Toma-se como premissa que a legislação é o filtro das influências não jurídicas que podem recair na linha de evolução da decisão judicial. A ideia de acatamento ao direito positivo e, a partir dele, de uma classificação escorreita das nulidades processuais, tem o fito de dar ao magistrado condições de operar com um afastamento maior como um estranho relativamente às partes.

A inserção do juiz das garantias no ordenamento jurídico vai ao encontro desse propósito protetor da **imparcialidade** do juiz. O alcance das suas disposições, entrementes, foi restringido em sede de controle de constitucionalidade. Deveras, o STF afirmou que, "embora formalmente concebido pela lei como norma processual geral", a previsão altera substancialmente "a divisão e a organização de serviços judiciários em nível tal que enseja completa reorganização da justiça criminal do país", entendendo ser preciso compatibilizar os arts. 3º-A ao 3º-F, do CPP, com as diversas normas de organização judiciária locais.[401]

---

401. STF – Pleno – ADI 6298/DF – Rel. Min. Luiz Fux – 24 ago. 2023.

Demonstra-se, de um lado, a relevância de rigor metódico para controlar o arbítrio e, de outro, a inconveniência de dotar o juiz, por exemplo, do poder de intuir princípios morais que sejam susceptíveis de consenso para prolatar decisão sobre nulidade e invalidação, fixando-lhe os limites a partir dos diversificados valores que podem estar em jogo.

9.10 Bases para uma classificação das nulidades processuais penais

O método para definir a nulidade tem o fundamento para ramificar sua classificação. A classificação das nulidades equivale à diferenciação interna do sistema. A atividade de classificar, de dividir, de definir, tem como limite o direito positivo, como regras estruturais que devem encontrar base empírica.

A diferenciação do sistema, correspondente à classificação como produto e instrumento de trabalho, é condição prévia para a tomada de decisões.

Niklas Luhmann pondera que "a diferenciação é uma condição prévia indispensável para se chegar a uma elaboração própria de informações, de autonomia restrita, dentro do procedimento, embora ela não possa, por si só, garantir essa autonomia".[402] A classificação tanto propicia diferenciação, como é apta a dar mais nitidez aos limites da autonomia do procedimento judicial criminal. Efeitos do ambiente externo sobre o meio do sistema tornam-se, assim, mais contingenciados e a atividade do juiz mais previsível.

O desenvolvimento de uma classificação das nulidades processuais penais tenderá a ser mais útil a esses propósitos quando a linguagem verbalizada alcançar menos ambiguidade, para melhor servir de trilhos para decisões previsíveis e mais efetivas, relativamente aos direitos fundamentais. As nulidades, compreendidas sob o ponto de vista estático, são

402. LUHMANN, Niklas. *Legitimação pelo procedimento*. Tradução: Maria da Conceição Côrte-Real. Brasília: Universidade de Brasília, 1980, p.61.

as estruturas dispostas no sistema, com a função de orientar a tomada da decisão judicial que decorre da catalogação da espécie de atipicidade.

As estruturas são as bases empíricas que correspondem a enunciados a partir dos quais serão constituídas as normas. As fontes que servem de lastro interpretativo e produtivo dos atos processuais são contornos. Nesse sentido, o sistema há de ser autopoiético, vale dizer, a produção de normas jurídicas deve respeitar suas estruturas (enunciados postos, legislativos ou jurisprudenciais).

O sistema, com repertório suficiente a autorizar a classificação das nulidades, traça os limites da produção e da reprodução de normas jurídicas. A sua enunciação deve possuir complexidade suficiente à proteção dos direitos da liberdade, em conformidade com o postulado da coerência. Deve ter a capacidade de se autorregular. O positivismo jurídico justifica o controle da emissão de normas jurídicas, com o estabelecimento rigoroso das suas fontes.

Tomando como premissa a distinção de que enunciado é fonte empírica para a incidência de norma jurídica, bem como que esta se bifurca em princípios e regras, a conclusão que se pode extrair é a de que o Código de Processo Penal permite interpretação a partir de textos que são frutos de interpretação do conjunto enunciativo de princípios.

No entanto, a adoção de tais princípios só deve ter cabimento quando as **fontes de cognição** de *status* superior não cumprirem a função de tornar completo o sistema de nulidades processuais, a partir dos enunciados produzidos diretamente, primeiramente pelo Poder Legislativo e, secundariamente, pelo Poder Judiciário.

Quanto à função do Poder Judiciário, ela deve se cingir aos limites da Constituição. Deve ser piso e teto da intepretação. Fora de seus lindes haverá **vivência da contradição**, na dicção de Carlos Cossio, passível de reação do sistema jurídico.[403]

---

403. COSSIO, Carlos. *La teoría egológica del derecho y el concepto jurídico de libertad*. 2. ed. Buenos Aires: Abeledo-Perrot, 1964. p.163 *et seq*.

A indesejável atuação *ex officio* da magistratura em matéria penal, contudo, não é incomum.

O ativismo judicial foi reiterado, pelo STF, no julgamento de ação de descumprimento de preceito fundamental, no âmbito da qual se debateu sobre a indevida instauração de inquérito policial por determinação da Presidência da Corte. A incompatibilidade com o sistema acusatório e a inversão hierárquica das fontes de cognição ficaram evidenciadas. Decerto, o STF reconheceu a constitucionalidade do art. 43, do seu Regimento Interno, para ratificar a possibilidade de instauração *ex officio* de investigação preliminar pelo Presidente do Tribunal.[404]

9.11 Aplicação a caso concreto

A prisão provisória pode ser objeto de análise e de classificação conforme a iniciativa para sua imposição. Em um sistema acusatório, não se deve admitir:

(1) decretação de prisão preventiva pelo juiz sem pedido do legitimado (art. 312, CPP), sendo necessário requerimento do MP (ou do ofendido) ou a existência de representação da autoridade policial, com anuência do MP;

(2) redecretação de prisão preventiva (art. 316, *caput*, CPP), sua renovação nonagesimal (art. 316, parágrafo único) ou conversão do flagrante em preventiva (art. 310, II), naquelas condições (de ofício).

Essas conclusões não precisariam de dispositivo legal expresso, se fossem observados os cânones do sistema acusatório constitucional (arts. 5º e 129, I, CF; arts. 3º-A e 24, CPP).

Considerando, ademais, que é indispensável a realização de audiência de custódia, com a presença do Ministério Público (art. 310, *caput*, CPP), também soa incompatível a

404. STF – Pleno – ADPF 572 – Rel. Min. Edson Fachin – DJe-271 de 13 nov. 2020.

conversão da prisão em flagrante em preventiva, apesar do silêncio ou da discordância do representante do *Parquet*.

Vale dizer, a genética do sistema acusatório é incompatível com a produção de norma jurídica que permita conversão da prisão em flagrante, de ofício, em prisão preventiva (**nomogenética**). Decidir de forma contrária é violar o programa do antecedente fático-normativo (suporte fático), diante da incompatibilidade lógica do preceito descrito na decisão.

Em um primeiro momento, o STJ asseverou que o julgador, "mesmo sem provocação da autoridade policial ou da acusação", poderá "converter a prisão em flagrante em preventiva", quando presentes os requisitos do art. 312, do CPP, e na forma do seu art. 310, inciso II, não havendo que se falar em nulidade. A Corte Superior ponderou, ainda, haver "gravidade concreta da conduta delitiva", em razão do recorrente ter sido "apontado como um dos destinatários dos entorpecentes apreendidos com a corré (1.890 gramas de maconha e 607 de crack)".[405]

Como se depreende, não há lastro empírico-normativo para decisão desse jaez dentro das classes que devem compor o sistema acusatório.

Retificando aquela postura, o mesmo órgão do STJ explicou, à luz de decisão do STF no mesmo sentido[406] e em um momento subsequente, que:

(1) a redação atual do art. 282, § 2º, do CPP, estampou que "as medidas cautelares serão decretadas pelo juiz a requerimento das partes ou, quando no curso da investigação criminal, por representação da autoridade policial ou mediante requerimento do Ministério Público"; e

(2) esse enunciado tornou indeclinável, expressamente, o requerimento prévio das partes ou a representação da autoridade policial, para ser admissível a aplicação, por parte do juiz, de qualquer medida cautelar; e

405. STJ – Sexta Turma – RHC 120.281/RO – Rel. Min. Ribeiro Dantas – DJe 15 maio 2020.

406. STF – Segunda Turma – HC 188.888-MG – Rel. Min. Celso de Mello – j. 06 out. 2020.

(3) diante das inovações do Pacote Anticrime, "tornou--se inadmissível a conversão, de ofício, da prisão em flagrante em preventiva".[407]

9.12 Conclusão e próximo capítulo

Foram examinados elementos e teorias com o fito de dar condições a um melhor estudo das articulações normativas dos atos processuais. Uma lente de aumento tem função de ampliar o domínio das categorias que irão compor as classificações, dos diversos temas do direito processual penal.

No próximo capítulo, serão catalogadas as distinções classificatórias no direito positivo, considerando os termos comuns, contemplados pelo ordenamento jurídico. Esse confronto é útil à justificativa de uma regra-matriz das nulidades processuais penais, como sugestão de um prudente instrumento de controle.

PRINCÍPIO ACUSATÓRIO

- funções bem demarcadas de cada sujeito processual;
- separação entre juiz e acusação;
- não há processo penal em sentido jurídico sem acusação formal conforme o direito positivo;
- imparcialidade do juiz e juiz natural;
- inciativa probatória das partes;
- publicidade enquanto vedação de sigilo contra os interesses do imputado;
- contraditório e ampla defesa.

407. STJ – Quinta Turma – AgRg no RHC 137.448/MG – Rel. Min. Ribeiro Dantas – DJe 14 dez. 2020.

CAPÍTULO 10

CLASSIFICAÇÃO DAS NULIDADES PROCESSUAIS PENAIS NO ORDENAMENTO JURÍDICO

10.1 Nulidade no direito positivo

O direito posto pelos órgãos legiferantes se refere ao espaço onde dormitam os elementos constitucionais e legais. É o ordenamento jurídico. A nulidade é prevista nos textos emitidos pelo Poder Legislativo. Também o Poder Judiciário exerce, atipicamente, função legislativa, quando edita Súmula Vinculante.

A tentativa de esboçar uma classificação legislativa das nulidades é, no entanto, de natureza rudimentar. Os textos são carentes de **significado**. São **significantes**. Os seus enunciados dependem de **valor**, que deve ser outorgado pelo intérprete.

Na senda de Carlos Cossio, a **valoração jurídica** é imanente ao direito, **necessária** (essencial), que conduz ao campo dos objetos culturais. Sob esse aspecto, algum (des) valor está cristalizado no texto de direito positivo. Mas a sua concretização, mediante conhecimento por compreensão, está localizada em um setor subjetivo que lhe dá contorno **contingente** (acidental). Afinal todo direito é "uma conduta humana em sua interferência intersubjetiva".[408]

Daí que os seus conteúdos possuem sentido, a direção, o conceito. A importância da classificação legislativa é mais limitada. Trata-se do material bruto de trabalho do intérprete. Não são, a rigor, normas jurídicas, mas são a base empírica a partir da qual elas serão constituídas.

Essa distinção não é incompatível com a definição que dá Kelsen ao conceito de norma.

A norma jurídica é termo que designa um aspecto do conhecimento da conduta, da vivência ou do pensamento humano, podendo estabelecer poderes, permissões e derrogações. A expressão linguística desse termo consiste em uma proposição que pode expressar, em sede prescritiva, um **dever-ser**, categoria esta que é enquadrada como original e que não se define, sendo, por assim dizer, **fundante**.

A tese kelseniana reforça, destarte, a distinção entre enunciado e norma, colocando ênfase na participação do intérprete, como "ato de vontade, cujo sentido é a norma". Vale dizer "constitui o ato do qual se diz figurativamente: que a norma por meio dele se torna 'fabricada'; quer dizer, o ato com que a norma é posta, o ato de fixação da norma".[409]

10.2 Nulidade na Constituição de 1988

A Constituição de 1988 não refere um rol de nulidades cominadas, expressas em seu texto. Em matéria criminal, a única hipótese de nulidade imposta explicitamente é a primeira

---

408. COSSIO, Carlos. *La teoría egológica del derecho y el concepto jurídico de libertad*. 2. ed. Buenos Aires: Abeledo-Perrot, 1964. p.143-145 [tradução livre].

409. KELSEN, Hans. *Teoria geral das normas*. Tradução: José Florentino Duarte. Porto Alegre: Sergio Antonio Fabris, 1986. p.3.

parte do inciso IX, do seu art. 93, que reza que serão públicos todos os julgamentos dos órgãos do Judiciário, bem como fundamentadas todas as suas decisões, podendo a publicidade ser restringida nos casos em que o direito à intimidade do interessado não prejudicar o direito à informação.

A Constituição menciona, simplesmente, **nulidade** *latu sensu*. No entanto, pode-se sustentar a impropriedade da expressão "sob pena de nulidade", embora torne certa a existência de **cominação**.

(1) Primeiramente porque a nulidade não se caracteriza como pena, que pressupõe duração, delonga, termos inicial e final de tempo.

(2) Em segundo lugar, o citado enunciado, malgrado refira à nulidade de forma expressa, indicando se amoldar melhor à categoria de nulidade absoluta, mescla duas técnicas que não facilitam a construção da norma jurídica nulificadora. Vale dizer, adota:

(a) de um lado, a **tipificação indireta** das nulidades (porque não descreve o vício, mas como os atos processuais devem ser praticados); e

(b) de outro lado, a redação sufraga uma forma de **tipificação direta** de natureza demasiadamente aberta (porque comina expressamente a nulidade, para destacar a possibilidade, implícita no texto constitucional, de defeito do ato processual, agregando nulidade enquanto sanção).

Ademais, sugerindo que nulidade é sanção, o enunciado não elucida a classe do vício (defeito), nem evidencia qual efeito deve dele decorrer (extensão da invalidação).

10.3 Nulidade no Código de Processo Penal

O Código de Processo Penal não apresenta uma classificação ordenada, com a divisão criteriosa das nulidades. O termo selecionado pelo legislador de 1941 é, singelamente, **nulidade**. Ao lado deste, faz uso do adjetivo **nulo** e do verbo **anular**. O sentido desses vocábulos, algumas vezes no plural, nem sempre é tomado de maneira uniforme, variando conforme o contexto do enunciado.

10.4 Sistemas de nulidades processuais penais

Duas vertentes se dividem sobre se as espécies de nulidades, capituladas no art. 564 do CPP, seriam rol taxativo ou exemplificativo. Analisando os tipos de vícios, nota-se que a maioria dos defeitos previstos no inciso III, daquele dispositivo legal, alude ao procedimento do júri. Torna-se intuitivo, diante da diversidade de procedimentos processuais penais, que os tipos de deformidades estampados na legislação são *numerus apertus*.

As dificuldades nessa seara são conhecidas da doutrina. Vicente de Azevedo noticia que "costumam as legislações obedecer a dois critérios: ou declaram as nulidades em bloco, ou as declaram especificadamente. No primeiro caso estabelecem as regras, as normas que regem toda a matéria". Vale dizer, para se certificar acerca da validade de dado ato nesse sistema, basta cotejá-lo com os princípios aplicáveis. No que toca ao segundo, "o sistema é, por assim dizer, casuístico; enumera as formas e termos que se devem considerar essenciais".[410]

Sobre o ponto, Ada Pellegrini, Antonio Magalhães Gomes Filho e Antonio Scarance Fernandes lecionam que são três os sistemas possíveis aplicados às nulidades:

(1) **sistema judicial ou aberto**: o primeiro deles é o de que "todo e qualquer vício do ato leva à sua nulidade", com a adoção de maior abertura, e inferência indireta das atipicidades;

410. AZEVEDO, Vicente de Paulo Vicente de. Nulidades no processo penal. *Revista Forense comemorativa – 100 anos*, tomo VII [direito processual penal], Afrânio Silva Jardim (org.), Rio de Janeiro: Forense, p.116, 2006.

(2) **sistema legal ou fechado**: é o que considera nulo o ato processual se, explicitamente, a lei o declarar, relacionando diretamente os vícios possíveis;

(3) **sistema instrumental ou misto**: consiste no "sistema da instrumentalidade das formas, distinguindo-se as irregularidades conforme sua gravidade e segundo o qual não se declara a nulidade se a finalidade do ato foi atingida e se não houve prejuízo para a parte".

De acordo com os renomados autores, "os dois primeiros sistemas estão desautorizados pela moderna ciência processual".[411] Essa conclusão deve ser acomodada ao **aspecto efeitual** da estrutura nulificadora, situada na **nulidade-consequência**, embora faça menção à catalogação dos vícios processuais, haja vista que:

(1) de um lado, a imposição de efeitos jurídicos decorrentes da atipia depende de parâmetros do direito positivo; e

(2) de outro, a reação normativa é que será proporcional à gravidade da violação à garantia individual que, ainda que não descrita em forma sancionadora, não pode deixar de ser reconhecida pelo juiz. Afinal, "a lei não excluirá da apreciação do poder judiciário lesão ou ameaça a direito" (art. 5º, XXXV, CF).

Anota Vicente de Azevedo que ambos os sistemas, o exemplificativo e o taxativo, apresentam desvantagens:

(1) o primeiro esbarra na dificuldade de apresentar "definição de formalidades de ordem pública com tal precisão que não ofereça margem para dúvidas, nem para ampliações exageradas";

---

411. GRINOVER, Ada Pellegrini; GOMES FILHO, Antonio Magalhães; FERNANDES, Antonio Scarance. *As nulidades no processo penal*. 12. ed. São Paulo: RT, 2011. p.26.

(2) já o segundo tem "o inconveniente comum de prever todas as hipóteses".

Com essas observações, alvitra o processualista que "o ideal será combinação de ambos: os primeiros artigos conterão as regras diretoras de toda a matéria; e a enumeração completará taxativamente o pensamento do legislador".[412]

A classificação do sistema em aberto (judicial), fechado (legal) ou misto (instrumental) depende do ponto de vista do intérprete. Não é desnecessário lembrar que a nulidade se desdobra em, pelo menos, duas etapas. Isso seria suficiente para afirmar que é cogente ao juiz, a teor do art. 251, do CPP, o exercício do controle de atos defeituosos, lastreando-se no *canon*: "desatender o modelo jurídico do ato processual penal", que se situa no **aspecto-programa** da norma. Sob essa órbita, o **sistema aberto-judicial** é o que se compatibiliza com o sistema de garantias aplicável às nulidades.

Por outro lado, quanto ao **aspecto-programado**, de imposição de efeitos jurídicos a um ato viciado, que considera a alternativa pragmática dirigida ao julgador de impor invalidação, convalidação ou saneamento, será adequada sua inserção na classe do **sistema misto instrumental**.

10.5 Dualidade normativa

A estrutura das normas em torno do fenômeno da nulidade é dotada de **composição dúplice**:

(1) a antecedente reconhecedora do vício (primeira proposição) e definidora de sua espécie (segunda proposição). Trata-se de **norma-programa**, com papel prospectivo e genético da disposição seguinte (nulidade-fato);

---

412. AZEVEDO, Vicente de Paulo Vicente de. Nulidades no processo penal. *Revista Forense comemorativa – 100 anos*, tomo VII [direito processual penal], Afrânio Silva Jardim (org.), Rio de Janeiro: Forense, p.116-117, 2006.

(2) a seguinte que, descrevendo a conclusão da norma anterior (primeira proposição), declara a constituição ou a desconstituição dos efeitos jurídicos aplicáveis ao tipo do vício (segunda proposição). Cuida-se de **norma-programada**, jungida à primeira (nulidade-consequência).

Diante da possibilidade do ato declarado viciado permanecer nos autos, seja pela convalidação, seja mesmo pela constituição de sua invalidação, é possível dizer que a desconstituição dos efeitos do ato é retratada por outro ato que **constitui uma declaração**.

Deveras, o controle judicial do ato processual penal ilícito é realizado pela construção de outras normas jurídicas que, ao cabo, têm o condão de declarar uma constituição de efeitos jurídicos (convalidação) ou uma desconstituição de efeitos jurídicos (invalidação).

Esse controle é efetivado por meio de edição de normas individuais e concretas, no bojo do sistema de nulidades, de acordo com as regras de competência do Judiciário.

10.6 Aplicação a caso concreto

Para o controle dos atos processuais penais, a jurisprudência tem exigido, genericamente, a comprovação do prejuízo pela parte, ainda que diante de nulidade absoluta ou de incompetência absoluta. Trata-se de um proceder que suprime o uso de balizas na aplicação do tema, além de criar um dever para a defesa do réu sem dicção legal expressa e estrita.

O STJ já asseverou, mais de uma vez, que a sua jurisprudência "admite, mesmo em caso de incompetência absoluta, a possibilidade de ratificação dos atos decisórios praticados por juízo declarado supervenientemente incompetente". Trata-se de afirmação que conflita com os termos da Constituição e do CPP.

De compasso com o julgado, "o argumento por ele mesmo assentado "afasta a constatação de qualquer nulidade absoluta da decisão que ratificou o recebimento da denúncia, antes do julgamento da exceção de incompetência". Acrescenta, justificando, que "nenhum prejuízo restou comprovado ao agravante, tampouco que a denúncia tenha sido recebida em desconformidade com a lei e a jurisprudência".[413]

Decerto, cuida-se de **nulidade-relato**, descrita no art. 564, inciso I, do CPP, adscrita ao art. 5º, inciso LIII, da CF. Enseja norma endereçada ao órgão autêntico (magistrado ou tribunal), com caráter de necessariedade, isto é, não deve ser mitigada por decisão judicial que venha autorizar o processamento ou o sentenciamento por juiz sem competência, ainda que para tanto invoque o art. 563 do CPP.

Na hipótese, o STJ deixou de descrever o que entende por prejuízo, notadamente sua estrutura indicativa de impedimento de debate sobre o devido processo legal, que permita melhores chances de defesa ao imputado.

De outro lado, o art. 567 do CPP não pode se sobrepor à Constituição. De tal sorte, não devem ser aproveitados atos não decisórios emitidos por magistrado absolutamente incompetente.

10.7 Conclusão e próximo capítulo

É perceptível a baixa sistematicidade no produto emanado da atividade legiferante do Estado. O ordenamento jurídico é a primeira fonte estática para a produção normativa. A nulidade recebe, nesse campo, tratamento que não converge com atuação racional. No próximo capítulo, será analisado outro ponto de vista da classificação da nulidade na linguagem prescritiva. A jurisprudência do STF e do STJ será o objeto de estudo e de busca de elementos comuns.

---

413. STJ – Quinta Turma –AgRg nos EDcl no RHC 140991 / SP– Rel. Min. Felix Fischer – DJe 18 mai. 2021.

Composição normativa dúplice (estrutura)	Norma programa (aspecto fato)	Descrição do vício (1ª proposição)	→	Classificação prescritiva (2ª proposição)
↓	Dever-ser (functor)			
	Norma programada (aspecto perfeito)	Descrição da classe (1ª proposição)	→	Prescrição do efeito consequente por (2ª proposição)

Terceira Parte

PARÂMETROS DO CONTROLE DOS ATOS PROCESSUAIS PENAIS

CAPÍTULO 11
REGRAS DE CALIBRAÇÃO NO PROCESSO PENAL

11.1 Conceito de regra de calibração

É denominada de **regulação** ou **calibragem** a incidência que diverge da expectativa consequente, mas que atende aos propósitos do justo processo. Cuida-se de solução pragmática que somente deve ser admitida se proporcionar eficácia maior ou equivalente ao direito fundamental.

Nesse contexto, a calibração decorre de norma jurídica que tem o efeito de desviar a consequência que, normalmente, seria imponível. É chamada regra de regulagem ou de calibração porque, descrita como prescritor de natureza excepcional, visa a controlar a reação normativa, a fim de conferir justeza, justiciabilidade ao sistema jurídico.

Sob a ótica do sistema, visa a outorgar equilíbrio, tal qual um termostato que tem o papel de manter constante a temperatura de uma estrutura. A expressão tem fonte no estudo sobre Pragmática da Comunicação Humana, de Paul Watzlawick, Janet Beavin e Don Jackson.

Os autores explicam a **relação de calibragem** (regulação), a partir de dois pressupostos:

(1) constância; e

(2) âmbito definido.

O sistema comunicativo humano envolve variações que, embora impliquem mudanças, devem representar um efeito equalizador fundamental. A regra de calibração tem, outrossim, função escalonada, tal como o câmbio de marcha de um automóvel, com um eixo estabilizador.

Volvendo para a comunicação humana, os teóricos sugerem os seguintes caracteres, componentes de um sistema:

(1) há "uma calibração do comportamento habitual ou aceitável, as regras de uma família ou as leis de uma sociedade, dentro das quais os indivíduos ou os grupos costumam funcionar";

(2) em um dado nível, o sistema é bastante estável, "pois um desvio na forma de comportamento, fora do âmbito aceito, é contrabalançado", isto é, disciplinado, sancionado ou substituído;

(3) em outro nível, a alteração pode ocorrer a longo prazo, com ampliação de desvios e configuração de outro estado de sistema (função escalonada).[414]

11.2 Relato e cometimento da comunicação normativa

Os aspectos do pragmatismo descritos no tópico anterior foram desenvolvidos por Tercio Sampaio Ferraz Jr.,[415] a partir

---

414. WATZLAWICK, Paul; BEAVIN, Janet Helmick; JACKSON, Don D. *Pragmática da comunicação humana*: um estudo dos padrões, patologias e paradoxos da interação. Tradução: Álvaro Cabral. São Paulo: Cultrix, 2007. p.166.

415. FERRAZ JR., Tercio Sampaio. *Teoria da norma jurídica*: ensaio de pragmática da comunicação normativa. 4. ed. Rio de Janeiro: Forense, 2009. p.104 *et seq*.

dos estudos de Paul Watzlawick, Janet Beavin e Don Jackson. Embora o futuro seja imprevisível, a gama de variáveis de um sistema equilibrado mantem-se em lindes estáveis.[416]

Para auxiliar na elucidação do funcionamento das regras de calibração no processo penal, as conclusões de Tercio Sampaio Ferraz Jr. são valiosas. A gama de relações é interligada em uma **teia normativa**, que deve ser supedaneada em justificação comunicativa, para retratar o equilíbrio sistemático.

O ilustre jusfilósofo diferencia duas formas de configuração da norma jurídica:

(1) o aspecto-relato: dialógico e resultante da relação entre o enunciado e o intérprete;

(2) o aspecto-cometimento: monológico, expressão do sentido dado pelo órgão aplicador.[417]

11.3 Aspecto-relato da norma jurídica

As relações possíveis na comunicação jurídica envolvem aqueles dois aspectos da **mensagem normativa**. Ambos se desenvolvem conforme um fio que vai do antecedente ao consequente, em dado tempo e âmbito do sistema.[418]

Na teoria normativa de Tercio Sampaio Ferraz Jr., o **aspecto-relato** é constituído pela descrição da ação e da condição da ação, devendo conter a narrativa da conduta pressuposta e de suas consequências. É **dialógico**, eis que admite

---

416. WATZLAWICK, Paul; BEAVIN, Janet Helmick; JACKSON, Don D. *Pragmática da comunicação humana*: um estudo dos padrões, patologias e paradoxos da interação. Tradução: Álvaro Cabral. São Paulo: Cultrix, 2007. p.132-133.

417. FERRAZ JR., Tercio Sampaio. *Teoria da norma jurídica*: ensaio de pragmática da comunicação normativa. 4. ed. Rio de Janeiro: Forense, 2009. p.51 *et seq*.

418. WATZLAWICK, Paul; BEAVIN, Janet Helmick; JACKSON, Don D. *Pragmática da comunicação humana*: um estudo dos padrões, patologias e paradoxos da interação. Tradução: Álvaro Cabral. São Paulo: Cultrix, 2007. p.132.

reflexibilidade. Essa descrição não exaure a análise normativa que será completada pela parte seguinte.

Vale dizer, na seara pragmática elucidada pelo jusfilósofo, o comunicador normativo não somente deve expressar a decisão a ser tomada (decisão prévia ou relato), como também deve explicitar como aquela pré-decisão precisa ser entendida pelo seu destinatário, descrevendo, em sobrelinguagem, a informação sobre a informação (cometimento).[419]

As incompatibilidades entre esses aspectos, com prejuízo à imunização normativa e possibilidade de reação dos endereçados, serão examinadas mais adiante, a fim de possibilitar a compreensão das regras de calibração.[420]

11.4 Aspecto-cometimento da norma jurídica

O **Aspecto-cometimento** é composto pela relação de metacomplementariedade, que envolve autoridade e sujeição e que se instaura entre o editor-endereçado (juiz) e o sujeito-receptor. É **monológico**, porquanto deve precisar como ser entendida a mensagem normativa,[421] diante da relação metacomplementar que, entre editor e sujeito, é estabelecida. O que Tercio Sampaio Ferraz Jr. denomina de **metacomplementaridade** tem sua determinação ao nível do aspecto-cometimento do discurso, pelos operadores (functores deônticos). Nas suas palavras, "os operadores normativos têm uma dimensão pragmática além da dimensão sintática, pelas quais, não só é dado um caráter prescritivo ao discurso ao qualificar-se uma ação qualquer, mas também lhe é dado um caráter

419. FERRAZ JR, Tercio Sampaio. *Teoria da norma jurídica*: ensaio de pragmática da comunicação normativa. 4. ed. Rio de Janeiro: Forense, 2009. p. 51-54; 106-107.

420. LEITE, Carlos Henrique Bezerra; PIMENTA, Paulo Roberto Lyrio; PELÁ, Carlos. *A validade e a eficácia das normas jurídicas*. Barueri: Manole, 2005. p.77.

421. TIAGO, Gláucio Gonçalves. *Aquicultura, meio ambiente e legislação*. 2. ed. São Paulo: Annablume, 2002. p.71 *et seq*.

metacomplementar ao qualificar a relação entre emissor e receptor".[422]

11.5 Relações intranormativas e internormativas

As relações **intranormativas** (no interior de uma norma jurídica) e **internormativas** (entre duas normas jurídicas) poderão ser compatíveis ou incompatíveis. Havendo incompatibilidade lógica, poderá ser afetada a efetividade, a imperatividade ou a validade da mensagem normativa, consoante elucidam, na mesma esteira, Carlos Henrique Bezerra Leite, Paulo Roberto Lyrio Pimenta, e Carlos Pelá.[423]

11.6 Controle de imunização normativa

Tercio Sampaio Ferraz Jr. deixa evidenciado que a comunicação não estará imunizada contra as reações do endereçado quando incorrer em incoerências entre o aspecto-relato e o aspecto-cometimento, seja no interior de uma norma, seja na relação entre várias normas jurídicas encadeadas no discurso comunicativo.[424]

Caso o enredo normativo padeça de **defeito de imunização**, restará afetada a possibilidade de **controle** das reações dos destinatários. O problema poderá ocorrer quando não for respeitada a programação de sua edição ou relato, nos níveis seguintes, em compasso com o ensinado pelo jusfilósofo e analisado por outros autores como Carlos Leite, Paulo Pimenta e Carlos Pelá.[425]

---

422. FERRAZ JR, Tercio Sampaio. *Teoria da norma jurídica*: ensaio de pragmática da comunicação normativa. 4. ed. Rio de Janeiro: Forense, 2009. p.105-106.

423. LEITE, Carlos Henrique Bezerra; PIMENTA, Paulo Roberto Lyrio; PELÁ, Carlos. *A validade e a eficácia das normas jurídicas*. Barueri: Manole, 2005. p.77.

424. FERRAZ JR, Tercio Sampaio. *Teoria da norma jurídica*: ensaio de pragmática da comunicação normativa. 4. ed. Rio de Janeiro: Forense, 2009. p.106-107.

425. LEITE, Carlos Henrique Bezerra; PIMENTA, Paulo Roberto Lyrio; PELÁ, Carlos. *A validade e a eficácia das normas jurídicas*. Barueri: Manole, 2005. p.78-79.

(1) Divergência entre o aspecto-relato e o aspecto-cometimento de uma **mesma** norma jurídica: haverá incompatibilidade intranormativa, que reduz a **efetividade**, ferindo a possibilidade de obediência. A emissão de um dever-ser, quando desconectado de seu antecedente, evidencia que a previsão legal não está sendo cumprida.[426] Sob certa ótica, essa distorção causaria **déficit de validade** em menor grau, na medida da possibilidade de controle sobre a relação de pertencimento normativo com um dado sistema de referência.

(2) Conflito entre o aspecto-cometimento de uma norma jurídica e o aspecto-cometimento de **outra** norma jurídica: hipótese de incompatibilidade internormativa, no nível exclusivo dos receptores, que prejudica a **imperatividade**, diante da contradição entre comunicações. Não é lógico dizer que algo é obrigatório e, ao mesmo tempo, afirmar que é proibido.[427]

(3) colidência entre o aspecto-relato de uma norma jurídica imunizante e o aspecto-cometimento de **outra**, imunizada: consiste em incompatibilidade internormativa que interfere na **validade** do discurso, afetando a possibilidade de exigência, em virtude do rompimento do enlace entre normas jurídicas reciprocamente implicadas.[428] Por outro ângulo, a contradição oblíqua entre os aspecto-relato e aspecto-cometimento de normas distintas de um dado sistema de referência, poderia resvalar, embora com menor ênfase, em **déficit de efetividade**.

---

426. RIOS, Josué. *A defesa do consumidor e o direito como instrumento de mobilização social*. Rio de Janeiro: Mauad, 1998. p.156-157.

427. MIGLIORINI, Cloter. O direito como imperativo. *Revista Semina*, Londrina, n.9, a.2 p.108, 1988.

428. MAURÍCIO, Ubiratan de Couto. Caráter normativo (validade) das regras programáticas: um ensaio introdutório. *Revista da ESMAFE – TRF5*, Recife, n.1, a.1, p.273-276, 2001.

Tais argumentos significam dizer que uma vez construída, por exemplo, uma norma declaratória de nulidade de ato processual, o editor-endereçado (juiz), ao transmitir uma mensagem ao destinatário-receptor, descrevendo a norma nulificadora, atuará no sentido de definir posições de tal modo que finda por assumir uma "relação complementar (metacomplementaridade)".[429]

A título de exemplo da aplicação dos fundamentos de Tercio Sampaio Ferraz Jr. ao processo penal, é possível visualizar a descrição dos aspectos normativos que viabilizam controle na estrutura normativa nulificadora de ato jurídico atípico:

(1) a norma declaratória de nulidade é condição de emissão de outra norma que, por sua vez, deve declarar invalidado o ato processual reconhecido como atípico;

(2) a partir dessa segunda mensagem normativa, o juiz pode tanto simplesmente transmitir a mensagem, como pode, além disso, fazer um comentário sobre ela, determinando o refazimento do ato ou, ainda, aplicando o princípio da concatenação, ordenando o desfazimento dos efeitos de todos os atos processuais dependentes do ato defeituoso (**prejudicialidade**).

11.7 Análise da regra de calibração

A compatibilidade discursiva do segundo aspecto normativo depende do enlace descritivo que nasce a partir do primeiro. Havendo ruído comunicativo, poderá advir consequências negativas à efetividade, imperatividade ou validade.[430]

429. FERRAZ JR, Tercio Sampaio. *Teoria da norma jurídica*: ensaio de pragmática da comunicação normativa. 4. ed. Rio de Janeiro: Forense, 2009. p.55-56.

430. LEITE, Carlos Henrique Bezerra; PIMENTA, Paulo Roberto Lyrio; PELÁ, Carlos. *A validade e a eficácia das normas jurídicas*. Barueri: Manole, 2005. p.78-79.

Como frisado, é de Tercio Sampaio Ferraz Jr. a fonte da definição de regra de calibração. O autor aponta que a norma jurídica é caracterizada pela sua **imperatividade**, retratada pela relação de calibração entre o aspecto-cometimento de uma norma jurídica e o aspecto-cometimento de outra norma jurídica (**não contradição** no interior do sistema).[431]

Note-se que o aspecto-cometimento representa o caráter monológico da comunicação que se dá depois de fixado o sentido encontrado no encerramento do caminho iniciado a partir dos enunciados abstratos. No campo destes, dormita o caráter dialógico, diante das alternativas possíveis.[432]

Em forma de síntese, as seguintes noções podem ser solidificadas:

(1) a imperatividade das regras de calibração se encontra na estabilização da definição dos aspectos-cometimento das normas;

(2) calibração é regulagem de enunciados que informam as possibilidades implicadas no espaço da relação normativa, consideradas as variações possíveis;[433]

(3) o fito precípuo é dar racionalidade às decisões jurídicas de invalidação ou de convalidação de atos processuais atípicos naquelas hipóteses que se distanciam do modelo rígido antecedente-consequente;

(4) tal desvio é explicado, por parte da doutrina, como fenômeno da relativização das nulidades processuais.

É nesse espaço que se encontra a **pragmática do discurso normativo**, quando a norma jurídica se adequa à

431. FERRAZ JR, Tercio Sampaio. *Teoria da norma jurídica*: ensaio de pragmática da comunicação normativa. 4. ed. Rio de Janeiro: Forense, 2009. p.131.

432. LEITE, Carlos Henrique Bezerra; PIMENTA, Paulo Roberto Lyrio; PELÁ, Carlos. *A validade e a eficácia das normas jurídicas*. Barueri: Manole, 2005. p.77.

433. FERRAZ JR, Tercio Sampaio. *Teoria da norma jurídica*: ensaio de pragmática da comunicação normativa. 4. ed. Rio de Janeiro: Forense, 2009. p.133.

modificação estatuída por enunciado que sufraga o desvio do consequente que seria geralmente previsível, para lhe atribuir um sentido haurido do leque possibilista. A justificativa é de estabilidade do sistema, assegurando **coerência** e **autoridade** do direito vigente.[434]

NORMA JURÍDICA				
ASPECTOS	**CONTEÚDO**	**EFETIVIDADE**	**IMPERATIVIDADE**	**VALIDADE**
Relato	Descrição da ação e da condição da ação. É dialógica, porque admite reflexividade. Situa-se no nível comunicativo do intérprete. É razão essencial da produção normativa, constituindo-se a informação em estado bruto.	O aspecto-relato deve ser condicionante do aspecto-cometimento, no interior das proposições da mesma norma jurídica.	Normas jurídicas diversas devem respeitar o postulado da coerência, sem incorrer em contradições, possibilitando obediência. Envolve internormatividade.	O aspecto relato de uma norma não deve conflitar com o aspecto cometimento de outra norma.
Cometimento	Descrição metacomplementar e monológica que instaura relação entre o receptor e o emissor da mensagem normativa. É informação sobre informação (sobrelinguagem, interpretação). Situa-se no nível do destinatário, consolidando a juridicidade do sistema. Não admite objeções ou questionamentos.	Se o relato não logra conter a aleatoriedade do cometimento, no nível da mesma norma, haverá inefetividade, em face da desobediência. No nível oblíquo, se houver contradição entre relato e cometimento de normas diversas, é possível enxergar, em menor grau, déficit de efetividade.	A contradição entre prescrições de condutas prejudica a imperatividade. Ocorre no nível do aspecto-cometimento de uma norma e de outra.	A incompatibilidade entre esses aspectos internormativos expõe o discurso à reação dos destinatários. Em menor grau, é possível identificar défit de validade no conflito entre relato e cometimento de uma mesma norma jurídica.

434. FERRAZ JR, Tercio Sampaio. *Teoria da norma jurídica*: ensaio de pragmática da comunicação normativa. 4. ed. Rio de Janeiro: Forense, 2009. p.131.

A **imperatividade** é definida, nesse âmbito, como uma **regulagem** entre duas normas,[435] como uma **calibração** que pode incidir, na relação internormativa, entre "o aspecto-cometimento de uma norma pelo cometimento de outra norma", na toada do magistério de Tercio Sampaio Ferraz Jr. Consiste, pois, em uma "qualidade pragmática do discurso normativo, através da qual a norma se adapta a mudanças e desvios em razão de uma estabilidade conhecida". Consoante os passos do jurista, quando descreve a relação entre norma e sanção:

(1) o discurso normativo é de natureza decisória e "estruturalmente ambíguo, em que o editor controla as reações possíveis aos endereçados ao garantir expectativas sobre as expectativas de reação, determinando as relações entre os comunicadores na forma de uma metacomplementaridade caracterizada como imposição de complementaridade e imposição de simetria";

(2) por outro lado, "o importante para o cometimento normativo não é o cumprimento efetivo do relato (uma norma pode ser desobedecida e, apesar disso, a relação de autoridade permanece), mas a garantia de que reações que desqualificam a autoridade, como tal, estão excluídas da situação comunicativa".[436]

11.8 Regra de calibração no processo penal

A regra de calibração tem natureza de desvio. É exceção à consequência jurídica padrão, que normalmente seria esperada.

Por exemplo, o enunciado nº 160, da Súmula, do Supremo Tribunal Federal, verbera ser "nula a decisão do tribunal

---

435. LEITE, Carlos Henrique Bezerra; PIMENTA, Paulo Roberto Lyrio; PELÁ, Carlos. *A validade e a eficácia das normas jurídicas*. Barueri: Manole, 2005. p.78-79.

436. FERRAZ JR., Tercio Sampaio. *Teoria da norma jurídica*: ensaio de pragmática da comunicação normativa. 4. ed. Rio de Janeiro: Forense, 2009. p.66-67; 131.

que acolhe, contra o réu, nulidade não arguida no recurso da acusação, ressalvados os casos de recurso de ofício". O texto se reporta à hipótese de nulidade absoluta, porém lhe quebra a consequencialidade que decorreria como regra, do aspecto cometimento de outra norma jurídica.

Com raciocínio análogo, incidem, como **regras de calibração**, as hipóteses do art. 572 do CPP. São casos que:

(1) **não desnaturam a natureza absoluta** das nulidades cominadas no seu art. 564, situadas na compleição de relato;

(2) **afetam a consequencialidade normativa** de invalidação, localizadas no aspecto-cometimento.

(3) devem se submeter ao **filtro constitucional**, para que possam ter aplicação.

Apenas a nulidade cominada no inciso IV, do art. 564, do CPP, estampa o conjunto de situações abertas de nulidade relativa, descrevendo, genericamente, "nulidade por falta ou vício de elemento essencial do ato". Trata-se de hipótese vaga, análoga a conceito jurídico indeterminado, que autoriza aquela classificação.

Em outras palavras, consiste em maior aspecto pragmático-possibilista da categoria das nulidades relativas. Ainda assim, a aplicação dos princípios relativizadores não pode descurar das disposições complementares ao texto constitucional, também se sujeitando a **controle de constitucionalidade**.

Não é demais lembrar, aliás, a crítica de Alexandre Morais da Rosa, pontuando que "o regime de nulidades do CPP (arts. 563-573), além de ultrapassado, é confuso. Adota a compreensão mitológica da verdade substancial (CPP, art. 566), mantém dispositivos revogados noutros locais do próprio CPP (art. 564, III, "a", "b", "c", III), bem como indica compreensão civilista, incompatível com o devido processo legal substancial, da ausência de prejuízo – *pas de nullité sans grief* (CPP, art. 563)".[437]

11.9 Fundamentação e estrutura da regra de calibração

O aspecto possibilista normativo pretende designar o desvio da consequência jurídica que seria esperada, considerando o programa colorido em um antecedente normativo.

A aferição da compatibilidade normativa da regra de calibração e a constatação de ausência de ruídos comunicativos dependem de conferência empírica da correção da teoria (aplicação a casos práticos), com testes rigorosos demonstrativos de sua validade. É condição necessária à sua adequação com parâmetros de cientificidade, na linha de Karl Popper.[438]

A regra de calibração, portanto, se caracteriza por ser:

(1) exceção normativa permissiva de construção de norma jurídica secundária ou preceito-tese diverso daquele que decorreria normalmente;

(2) sufragada pelo sistema, que autoriza desviar a consequência que seria necessária (invalidação), por outra que confira regulagem adequada à Lei Maior (convalidação).

Essa técnica torna plausível classificar os vícios de acordo com a gravidade intrínseca do defeito relativamente ao ato violado (ou não realizado) ou, ainda, ao elemento afetado ou omitido. Circunstâncias externas ao ato ou à documentação da incidência da norma jurídica são estranhas à classificação da nulidade enquanto vício processual.

---

437. ROSA, Alexandre Morais da. *Guia do processo penal conforme a teoria dos jogos*. 5. ed. Florianópolis: EMais, 2019. p.582-583.

438. POPPER, Karl. *Lógica das ciências sociais*. Tradução: Estevão de Rezende Martins, Apio Cláudio Muniz, Vilma de Oliveira Moraes e Silva. 3. ed. Rio de Janeiro: Tempo Brasileiro, 2004. p.59; 62-63.

O que for alterar a lógica deôntica da estrutura da norma jurídica não afeta a classe da nulidade. Essa amplitude de possibilidades é assegurada por regras de calibração, para conferir justeza ao resultado normativo, no bojo do caráter pragmático do **cálculo normativo**.

11.10 Regras de calibração de natureza legal

Regra de calibração legal é expressão que se refere a enunciados do ordenamento jurídico. São textos de lei que excepcionam a cogência da invalidação, nos casos de nulidade cominada. Incide, portanto, na hipótese de nulidade absoluta, cuja tipificação do vício é depreendida diretamente do texto (art. 564, I, II, III e V, CPP).

O art. 572 do CPP é exemplo de base empírica que serve à edição daquela espécie de norma, máxime porque intenta alijar a consequência de supressão de efeitos que deveria decorrer do texto legal nulificador. Esse enunciado propõe a convalidação dos defeitos previstos nas letras "d", "e" (segunda parte), "g" e "h", do inciso III, do art. 564, daquele Código.

A classe desses vícios é de nulidade absoluta, não porque diga o texto legal, eis que de fato não distingue as atipicidades, mas porque a lei determina ocorrer nulidade. A cominação é um dos critérios para certificar a essencialidade do ato ou de seu elemento atingido pelo defeito.

Voltando ao art. 572, do CPP, vê-se que ele dita a sanação (*rectius*: convalidação) da nulidade, mediante a aplicação dos princípios da oportunidade, da instrumentalidade das formas e da anuência para os casos do art. 564, inciso III, alíneas "d", "e" (segunda parte), "g" e "h", a saber:

(1) falta de intervenção do Ministério Público em todos os termos da demanda por ele intentada (ação penal pública) e nos da intentada pela parte ofendida, quando se tratar de delito de ação de iniciativa do *Parquet* (ação penal supletiva ou subsidiária da pública);

(2) omissão de concessão de prazos à acusação e à defesa;

(3) não intimação do réu para a sessão de julgamento, pelo tribunal do júri, quando a lei não permitir o julgamento à revelia; e

(4) ausência de notificação das testemunhas arroladas no rol apresentado nos cinco dias que se sucedem à preclusão da decisão de pronúncia.

11.11 Regras de calibração de natureza jurisprudencial

Problema mais delicado é saber se são admissíveis regras de calibração instituídas pelo Poder Judiciário. Vale dizer, nesses casos, o órgão julgador, apreciando caso concreto, dá contornos transcendentes à decisão, a fim de que sirva de parâmetro para o futuro. Trata-se de algo semelhante a um precedente, porém com modo de formulação geralmente muito mais singelo. É, neste ponto, que reside maior complicação.

Essa atividade de emissão de precedentes, de súmulas e de súmulas vinculantes finda por tornar o sistema híbrido, similar a um realismo jurídico, porém muito peculiar. O inconveniente é a dificuldade de se precisar o enunciado vigente e aplicável à hipótese, o que se agrava pela falta de uniformidade de conceitos e de critérios para a edição dos textos. Daí a importância de bem definir as fontes do direito processual penal.

A jurisprudência vem sendo cada vez mais incluída entre as fontes. Todavia, dos enunciados possíveis, o maior destaque é para a Súmula Vinculante. Os critérios de sua edição devem ser observados. Caso contrário, a instituição de regras de calibração por este veículo introdutor de normas deverá estar sujeita a controle de constitucionalidade, do mesmo modo daquelas postas em textos legais.

11.12 Controle de constitucionalidade da regra de calibração

A aplicação da regra de calibração só deve ter lugar se houver compatibilidade com a Constituição de 1988. Cuida-se de norma destinada a manter a estabilidade do sistema, garantindo a estruturação das fontes do direito e a produção normativa em conformidade com seus elementos estruturais.

Exigência prévia à incidência da regra de calibração é a de que não deságue em inconstitucionalidade. Além desse postulado, cabe a ela preservar as qualidades do sistema jurídico. A regra de calibração, portanto, deve se coadunar com o escopo de proteção da liberdade do imputado, finalidade de sobreposição do processo penal.

Essa ótica, por outro lado, é objeto de crítica de Afrânio Silva Jardim, quando entende que há radicalismo liberal quando se valoriza exageradamente o **sistema acusatório puro**, apostando na ineficiência do processo penal. O jurista aduz que sempre entendeu "o processo penal como sendo um instrumento democrático de que se vale o Estado para aplicar a lei penal ao caso concreto, respeitando os valores cunhados pelo processo civilizatório, muitos deles retratados, na Constituição", tais como os direitos fundamentais. Nessa senda, assegura que "punir quem merece ser punido é um valor a ser buscado no processo penal. Entretanto, não é valioso punir a qualquer preço".[439]

Veja-se que, embora com outra argumentação, Afrânio Silva Jardim situa o respeito aos direitos fundamentais, como condição intransponível para o cumprimento da finalidade punitiva do direito criminal. Essa ideia vem ao encontro da necessidade de controle de constitucionalidade de dispositivos infraconstitucionais, especialmente daquelas regras de calibração instituídas para desviar a consequência normativa que seria esperada a partir da constatação de uma nulidade.

---

439. JARDIM, Afrânio Silva. Prefácio. In: MASSON, Cleber; MARÇAL, Vinicius. *Crime organizado*. Rio de Janeiro: Forense, 2015. p.8.

A ilustrada quebra da consequencialidade encontra seu teto no texto da Constituição, que delineia o modelo de processo penal limitador do direito punitivo estatal. Refuta-se, nesse diapasão, a possiblidade de relativização de nulidades absolutas, mormente quando se vê que tal flexibilização, desprovida de critérios objetivos, amplia demasiadamente a contingência, com aumento do poder discricionário judicial, e desconsidera a necessidade de maior rigor na adoção de uma linguagem formal, conceitual, dos elementos identificadores da atipicidade.

O limite à *autopoiesis* normativa do sistema de nulidades não é somente o texto legislativo. Mais importante que a enunciação legislativa é a delimitação do núcleo de proteção dos direitos individuais dispostos na Constituição. A justificativa desse proceder é inferida pelo fato de que o quadro de aleatoriedade acaba por relativizar as garantias fundamentais.

O limite constitucional para a justificação retórica do desvio da consequência jurídica normal é indispensável à relação de pertença da norma individual e concreta produzida no interior do sistema jurídico. Coloca-se o direito processual penal de acordo com imprescindibilidade de contornos punitivos ao Estado, a fim de que sejam respeitadas as regras do jogo democrático.

Essas disposições têm natureza direta ou indireta de normas de primeira geração, consoante o ponto de vista de que servem como escudos que traçam os trilhos para a aplicação do direito penal. A efetividade do direito criminal é alcançada pelo acatamento às formas. Sem respeito às molduras construídas por bases empíricas definidas como direito vigente, cede-se lugar ao indesejado subjetivismo.

O ponto de aproximação entre o defendido por Afrânio Silva Jardim e a estruturação normativa, com supedâneo no constructivismo lógico-semântico, é encontrado na afirmação do jurista, ao dizer não ser constitucional punir a todo custo.[440]

---

440. JARDIM, Afrânio Silva. Prefácio. In: MASSON, Cleber; MARÇAL, Vinicius. *Crime organizado*. Rio de Janeiro: Forense, 2015. p.8-9.

A obediência às normas jurídicas, ainda que no plano mais próximo do teor literal, já seria um grande avanço para o respeito aos direitos dispostos na Constituição de 1988. Todavia, não raras vezes, são vistos subjetivismo exacerbado e produção de normas individuais e concretas sem que sequer sejam encontradas justificativas em fragmento de enunciado legislativo ou constitucional. Cabível então a advertência: a vontade do aplicador não deve suplantar os lindes do sistema.

Sem embargo, note-se que é condição prévia à imposição das regras sancionadoras de um delito, que os órgãos da persecução penal não neguem vigência ao direito que estabelece aquelas premissas.

O respeito ao padrão normativo, como se compreende, não deve ser desprezado, não sendo admissível a construção de regras de calibração que violem direitos fundamentais. Isso significa dizer que, caso não seja observado estritamente o modelo jurídico, deve o sistema entrar em funcionamento para impor medidas de controle aos atos da persecução penal.

O valor da legalidade, alçado ao patamar de axioma por Luigi Ferrajoli,[441] deve ser estritamente atendido para que o procedimento alcance resultados aceitáveis. A reação ao delito é de ser, portanto, implementada por meio de sistema submetido a controle rígido, em face do direito de liberdade que torna peculiar a interpretação do direito processual penal.

Essa ponderação encontra alguma relação com o que Afrânio Silva Jardim averba ao pontificar que o processo penal não pode ser "um obstáculo injustificado à aplicação da lei penal", devendo, todavia, ter sua aplicação condicionada "à proteção dos direitos individuais que, embora históricos, são quase que universais". Para o jurista, "a própria democracia precisa, para a sua manutenção, de que as instituições funcionem de forma eficaz".[442]

---

441. FERRAJOLI, Luigi. *Direito e razão*: teoria do garantismo penal. Tradução: Ana Paula Zomer Sica; Fauzi Hassan Choukr; Juarez Tavares; Luiz Flávio Gomes. São Paulo: RT, 2006. p.521-525.

442. JARDIM, Afrânio Silva. Prefácio. In: MASSON, Cleber; MARÇAL, Vinicius.

O domínio das técnicas de controle de constitucionalidade permitirá compreender que o art. 572 do CPP, não é desprovido de utilidade. Muito pelo contrário, o seu enunciado (plano da expressão) não padece, em si, de inconstitucionalidade, podendo-se considerar, ao menos em parte, objeto de **recepção** pela Constituição de 1988.

Isso porque é possível vislumbrar alguma aplicação constitucional das normas construídas a partir do seu texto bruto. Aliás, na parte que aponta o inciso IV, do art. 564 do CPP, que se reporta a qualquer outro vício que ofenda elemento essencial de ato processual, o enunciado não fere, a princípio, o núcleo de direitos fundamentais da Constituição.

Como o inciso IV, do art. 564 apontado, não consubstancia nulidade cominada em face de sua abertura linguística, a disposição mais se ajusta a casos de nulidade relativa, cujo elemento essencial defeituoso do ato não colide com conteúdo constitucional. A regra de calibração pode incidir de acordo com o permissivo legal, sem ofensa à estrutura estática do sistema.

Por outro lado, toda vez que a aplicação das disposições importar construção de norma que mitigue, sem permissão jurídica vigente, os direitos processuais penais constitucionais, deve o intérprete realizar controle de constitucionalidade, com o objetivo de:

(1) declarar, total ou parcialmente, a constitucionalidade ou a inconstitucionalidade do texto legal que veicula regra de calibração; ou

(2) declarar a constitucionalidade ou a inconstitucionalidade de outro sentido (norma jurídica), aplicando:

(a) interpretação conforme a constituição (declaração de constitucionalidade do sentido normativo); ou

---

Crime organizado. Rio de Janeiro: Forense, 2015. p.9.

(b) nulidade parcial sem redução de texto (declaração de inconstitucionalidade do sentido normativo).

O desvio da consequência jurídica cabível, em face da incidência de regra excepcional de calibragem, só pode acontecer se aquele não importar menor eficácia de direito fundamental protegido pela regra infraconstitucional.

Em outros termos, regra de calibração não deve relativizar nulidade absoluta. Admitir o contrário é incorrer em interpretação incompatível com a Constituição. Veja-se que o objeto de controle é um ato processual penal viciado, que representa a incidência imperfeita de uma norma individual e concreta.

Em suma, a **convalidação** de um ato defeituoso dessa espécie, por meio de incidência de regra de calibração, pode acontecer se, cumulativamente:

(1) a essencialidade afetada não for acompanhada de ordem de nulificação pelo próprio texto legal;

(2) conferir maior efetividade a direito fundamental constitucional; e

(3) não diminuir a eficácia de garantia individual constitutiva do núcleo constitucional do processo penal.

11.13 Aplicação a caso concreto

À luz do positivismo jurídico, é vedada a existência de desarmonia entre normas jurídicas: acerca de um mesmo fato, o sistema não pode fomentar e, a um só tempo, repelir. Caso ocorra situação como essa, haverá *deficit* de imperatividade em virtude das regras conflitantes envolvidas.

Por exemplo, a nível de aspecto-relato (direito positivo), o ordenamento contém contradições a respeito da (im) possibilidade de decretação de prisão preventiva pelo juiz, de ofício, ou seja, sem provocação:

(1) na fase de investigação preliminar, seria vedada ao juiz essa atuação de ofício (preventiva-decretação – art. 311; 312, CPP);

(2) na conversão da prisão em flagrante em preventiva, a teor do art. 310, inciso II, do CPP, seria admitido tal proceder (**preventiva-conversão**);

(3) durante o processo, seria permitido o agir de ofício, diante de seu poder cautelar (**preventiva-decretação** – arts. 311; 312, CPP).

No plano do aspecto-cometimento (sistema), a incompatibilidade de normas deduzidas pela programação desses enunciados é constatada pelo cotejo de julgados diversos. A atuação de ofício do juiz para converter prisão em flagrante em preventiva conflita com a estrutura acusatória (art. 3º-A, do CPP) e é orientação que confronta os limites do art. 311, do CPP, seja na redação que lhe foi dada pela Lei nº 13.964/2019, seja pelo texto anterior.

Se a dicção legal do art. 310 do CPP permite a ilação em favor da preventiva-conversão *ex officio*, certo é que esse programa normativo precisa ser interpretado em conjunto com outros enunciados, por intermédio de calibragem ou de controle de constitucionalidade. Também a **antinomia** do art. 316 do CPP, com texto conferido pelo legislador de 2019, não pode subsistir para que seja admitida **redecretação da prisão preventiva** pelo juiz independentemente da provocação do legitimado a tanto.

O STF, por sua Segunda Turma, vincou essa questão ao se posicionar sobre a impossibilidade "da decretação 'ex officio' de prisão preventiva em qualquer situação (em juízo ou no curso de investigação penal), inclusive no contexto de audiência de custódia (ou de apresentação)". Mas não apenas: na decisão, ficou consignada a necessidade de ser o juiz provocado previamente, pelo Ministério Público ou pela autoridade policial, "mesmo na hipótese da conversão a que se refere o art. 310, II, do CPP".[443]

Com essa decisão, pode se tornar viável reduzir a penumbra sobre **imperatividade do sistema acusatório**, diante de dispositivos com previsões diversas (aspecto relato) e de divergências na sua aplicação (aspecto-cometimento). No caso, efeito jurídico diverso do previsto no art. 310, do CPP deve ter incidência para conferir mais justeza e compatibilidade com a Constituição.

Sob outra lente, vale lembrar que a introdução de espaços de consenso significa exceção à consequência jurídica normal que seria esperada de uma imputação penal. Veja-se, por exemplo, o acordo de não persecução penal (ANPP), que substitui o desenvolvimento do processo penal consoante o trâmite comum e finda por obstar o seu início, com imposição de pena restritiva de direitos.

Nessa perspectiva, o ANPP é hipótese de regra de calibração. A expressão é ambígua, eis que **persecução penal** pode significar inquérito, processo penal e execução. Melhor seria nominá-lo de **acordo de não oferecimento da denúncia**. Como antecedente normativo, contudo, será necessária a ausência de recebimento da petição inicial acusatória do *Parquet*, ainda que relativa a delito anterior à Lei nº 13.964/2019, na senda do que deliberado pelo STJ.[444] O objeto deve ser infração penal com pena inferior a quatro anos (art. 28-A, *caput*, CPP). Também o crime não deve envolver violência ou grave ameaça, atendidos os demais requisitos objetivos e subjetivos gizados em lei.

11.14 Conclusão e próximo capítulo

Foi visto que, no nível do aspecto-cometimento de duas normas jurídicas distintas, não pode haver antinomia.

---

443. STF – Segunda Turma – HC 188.888 – Rel. Min. Celso de Mello – publicado em 15 dez. 2020.

444. STJ – Quinta Turma – HC 607.003-SC – Rel. Min. Reynaldo Soares da Fonseca – Dje 27 nov. 2020.

Consiste em postulado do positivismo jurídico. O enlace de normas que compõem o sistema jurídico pressupõe completude, integridade, coerência do ordenamento jurídico.

A demarcação do conteúdo, estrutura e função do conceito de regra de calibração permite controle nessa órbita. No próximo capítulo, serão estudados os princípios informadores da nulidade. Eles podem se encontrar no setor mais pragmático da norma jurídica nulificadora (regulagem), mas também são vetores de interpretação.

REGRAS DE CALIBRAÇÃO (ATRIBUTOS)

- Não desnaturam a natureza absoluta da nulidade
- Desvia a consequência jurídica padrão
- Deve se submeter a controle de constitucionalidade
- O desvio de consequência pode ser apto à regulagem compatível com a CF
- A exceção da consequência não interfere na classe de nulidade-fato, porém, sim, no preceito tese secundário nulidade consequência

CAPÍTULO 12

TEORIA DA NULIDADE NO PROCESSO PENAL

12.1 Teoria de normas individuais e concretas

A descrição dos aspectos normativos procedida até aqui autoriza a adoção de um **critério unitário** para a efetividade do controle dos atos processuais penais viciados. A atividade, realizada por intérprete autêntico, é de ser desenvolvida de acordo com as regras de produção de normas. A teoria da nulidade no processo penal se constrói em compasso com os elementos que estruturam o sistema e de acordo com as fontes materiais e formais do direito processual penal.

Nesse âmbito, os elementos constitutivos da teoria são as normas individuais e concretas, sejam elas:

(1) as que são objeto de controle, em virtude de incidência deficiente; ou

(2) as que realizam o controle dos vícios, com incidência corretiva e eficiente.

A teoria da nulidade no processo penal há de ser, portanto, uma teoria de normas individuais e concretas cujo órgão competente para produção pertence ao Poder Judiciário.

Importa, portanto, a elaboração de um **cálculo normativo**, isto é, de uma representação abstrata por meio de símbolos que otimizem resultados. Vale dizer, o cálculo normativo deve servir de padrão ao juiz com a competência para controlar a higidez dos atos processuais. O fim é oferecer melhores balizas à redução do espaço de dúvida, sempre sustentando o sistema em bases enunciativas com fundamento de validade na Constituição de 1988.

De tal modo, são pelo menos duas as normas jurídicas envolvidas no fenômeno nulificador, sob essa lente sintática (estrutural):

(1) a primeira que deve reconhecer e classificar a nulidade;

(2) a segunda que, tomando como pressuposto a classificação especificada na norma primária, deve impor a consequência, o efeito jurídico.

Note-se que se trata de incidências sucessivas, que podem ser representadas por:

(1) **antecedente a consequente**: com o recebimento da denúncia (antecedente), deve ser a citação do réu (consequente) – art. 396, CPP;

(2) **prótase a apódose**: se houver excesso de prazo (prótase), a prisão legal se convola em ilegal (apódose) – art. 5º, LXV, CF; arts. 3º-B, § 2º; 310, I; § 4º, CPP. Essa consequência jurídica, contudo, comporta exceção (regra de calibração judicial). Isso porque, no que toca ao prazo máximo de duração do inquérito policial, o § 2º, do art. 3º-B, do CPP, recebeu interpretação conforme a constituição pelo STF, que estabeleceu que "o juiz pode decidir de forma fundamentada, reconhecendo a necessidade de novas prorrogações do inquérito, diante de elementos concretos e da complexidade da investigação". A norma permissiva de dilação prazal do inquérito policial, dirigida ao

juiz das garantias, alcança investigações com indiciado preso, sem o limite peremptório de uma única prorrogação de quinze dias.[445] Calha ponderar que a flexibilização de balizas prazais pode implicar menor eficácia de garantias individuais;

(3) **hipótese (tese fraca) a tese (tese forte)**: requerida captação ambiental lastreada em base empírica (hipótese), deve ser seu deferimento, desde que comprovado inexistir outro meio menos gravoso disponível, e demonstrados elementos razoáveis de autoria de infração penal com pena máxima abstrata superior a quatro anos (tese) – art. 5º, XII, CF; art. 8º-A, I e II, da Lei nº 9.296/1996.

A norma jurídica de controle é desencadeada em razão da possibilidade de incidência imperfeita de outra que lhe precede no curso do procedimento. Todas as normas incididas são documentadas em atos processuais. São os atos processuais que retratam a incidência das normas individuais e concretas no curso da persecução penal.

12.2 Norma jurídica primária

A convenção de que nulidade é o rótulo designativo de defeito, falha ou omissão de ato processual penal, requer que se especifique a gradação do vício, para melhor trabalhar com a questão do controle da licitude ou juridicidade da persecução penal. A abstração de particularidades é necessária para se estabelecer padrões.

Com esse proceder, opta-se pelo número de quatro espécies de vícios, que podem compor o aspecto antecedente da estrutura dúplice, quadripartidos a partir do gênero nulidade (atipicidade ou nulidade-fato):

445. STF – Pleno – ADI 6298/DF – Rel. Min. Luiz Fux – 24 ago. 2023.

(1) a inexistência jurídica;

(2) a nulidade absoluta;

(3) a nulidade relativa; e

(4) a irregularidade.

12.2.1 Inexistência jurídica

Da **inexistência de fato** podem decorrer efeitos jurídicos, conquanto, isoladamente considerada, seja irrelevante para o direito. De outro lado, **a inexistência jurídica** é apta a ingressar no campo da facticidade jurídica, ainda que não seja regulada pelo ordenamento. No entanto, esse tipo de vício, gravíssimo, não dispensa a atividade de controle do ato correspondente.

A falta ou defeito deve recair sobre **elemento estrutural** do processo ou do ato jurídico. O vício constitui óbice a sua configuração mínima, conforme a finalidade para o qual foi editado e para ser assim entendido pelo sistema. Não é critério seguro para a verificação de tal vício o que parte da doutrina aponta como a desnecessidade de **instrumento** e de **momento** para ser reconhecida a inexistência. Volve-se para a noção de elemento estrutural, analisada acima. O defeito de tal porte é indicativo de nulidade-fato.

Para certificação da inexistência do ato processual, os elementos atingidos, subjetivos (intrínsecos ou volitivos) ou objetivos (extrínsecos ou formais), devem ser estruturais à formação (criação) do próprio ato. Não devem ser critérios os aspectos externos à edição do ato, circunstanciais ou efeituais, como o fato de poder ser alegada a todo tempo ou mesmo poder ser levantada oralmente, por meio dos denominados embargos auriculares, equivalente a uma simples advertência verbal ao juiz de que há um vício gravíssimo nos autos.

Exemplos de inexistência jurídica:

(1) a prolação de decisão de prisão preventiva por um não juiz (funcionário ou conciliador), por lhe faltar elemento subjetivo estrutural necessário à constituição do ato (arts. 311 e 312, CPP);

(2) também a sentença condenatória assinada por juiz sob coação física, porque este tem o condão de equiparar a ação perpetrada à ausência de conduta, faltando-lhe elemento subjetivo (art. 387, CPP);

(3) o ato processual praticado por juiz impedido, porque proibido de exercer jurisdição (art. 252, CPP), face à carência de elemento subjetivo, intrínseco;

(4) a sentença condenatória sem parte dispositiva é desprovida de elemento objetivo que impede que tal seja reconhecida como sentença (art. 381, V, CPP).

12.2.2 Nulidade absoluta

A nulidade absoluta representa o vício ou a omissão do ato processual penal que afeta **elemento essencial**, que assim é identificado:

(1) por estar fundamentado na Constituição; ou

(2) por ser acompanhado de cominação de nulidade pela legislação, a exemplo do rol do art. 564, I, II, III e V, do CPP.

O elemento essencial afetado que não encontre ligação com o texto constitucional, nem tampouco venha acompanhado de previsão expressa de nulidade, tem seu âmbito de incidência restrito ao inciso IV, do art. 564, do Código de Processo Penal, aplicável aos casos de nulidade relativa.

A identificação da nulidade absoluta é de ser realizada pelo exame do ato ou da omissão processual, ou seja, diz respeito aos vícios que recaem sobre os elementos objetivos e subjetivos do ato processual penal. A preclusão temporal para a aplicação da consequência não é critério apropriado para a sua caracterização. Há nulidades absolutas que precluem, mormente quando seus efeitos favorecem o imputado. A sua vez, a imponibilidade dos efeitos é aspecto que deve se cingir à incidência da norma jurídica consequente ou secundária.

12.2.3 Nulidade relativa

De maneira análoga à nulidade absoluta, também a nulidade relativa **não** deve ser definida:

(1) pela possibilidade de imposição de efeitos pelo juiz;

(2) pelo fato de poder o julgador realizar o controle independentemente de provocação.

Em regra, o tempo preclusivo para que o magistrado adote as providências concernentes ao saneamento é menor para os casos de nulidade relativa. Porém, esse ponto de vista é de ser aferido quando da construção da norma jurídica secundária, para fins de convalidação, saneamento ou invalidação do ato processual penal viciado, que compõe a norma jurídica secundária.

A nulidade relativa é o vício ou a omissão que atinge elemento objetivo ou subjetivo do ato processual penal de natureza essencial peculiar ou acidental. Para se classificar como nulidade relativa, a atipia referente ao elemento acidental deve poder, em tese, causar prejuízo a direito da parte.

Por outro lado, afetando elemento essencial do ato ou processo, somente será relativa a nulidade, se o vício **não** contiver:

(1) enlace com direito sediado na Constituição de 1988;

(2) cominação de nulidade em lei. Vale dizer, a nulidade relativa deve ser do tipo implícita ou virtual.

A **nulidade tácita** decorre de **tipificação indireta**, rechaçando-se a taxatividade das nulidades. Luis María Desimoni e Ricardo Santiago Tarantini anotam que dentro da classificação das nulidades, são estabelecidas as denominadas **nulidades**

virtuais, implícitas ou **tácitas**. Nessa ótica, "a doutrina entende que são reunidas as espécies de atos que não se encontram taxativamente prescritos por lei, nem tão pouco imbricados dentro das nulidades de ordem geral".[446] Note-se que a ideia de nulidade implícita equivale a de nulidade por tipificação indireta.

Nesse passo, Nelson R. Pessoa reporta-se à constatação de ausência de ordem expressa de imposição de sanção ou de respeito à forma dos atos processuais penais. O autor pontifica que "junto às formas processuais expressas, também existem formas processuais tácitas ou implícitas; de igual maneira, ao lado de nulidades expressamente estabelecidas, identificam-se nulidades implícitas ou tácitas, denominadas de 'silêncios normativos aparentes'".[447]

De outro giro, cumpre lembrar que as nulidades cominadas são comunicações dirigidas ao juiz, razão pela qual não devem ser ignoradas, a fim de que não se suprima a utilidade do texto normativo. Para que o órgão judicial se afaste de um cânon legal deve, necessariamente, valer-se de técnica de controle de constitucionalidade. Sem essa cautela, haverá subjetivismo estranho aos limites do sistema.

Note-se que a expressão nulidade relativa tem conteúdo semântico de **relação**. Porém, esse viés é situado no consequente normativo, na norma jurídica secundária, *locus* em que reside o aspecto possibilista, alternativo, de convalidação ou de invalidação do ato vergastado.

O inciso IV, do art. 564, do Código de Processo Penal, contém cláusula de abertura. Dispõe o enunciado que ocorrerá nulidade em razão de omissão de formalidade que constitua elemento essencial do ato. É aplicável às nulidades não cominadas, que não maculem garantia fundamental constitucional.

Essa é ressalva para que se contextualize a lição de José do Espírito Santo Domingues Ribeiro, no sentido de que "a omissão

---

446. DESIMONI, Luis María; TARANTINI, Ricardo Santiago. *La nulidad en el proceso criminal*: doctrina y jurisprudencia. Problemática del Mercosur. Internacionalización del delito. Buenos Aires: Depalma, 1998. p.32 (tradução livre).

447. PESSOA, Nelson R. *La nulidad en el proceso penal*: estudio de los "silencios normativos aparentes". 3. ed. Santa Fe: Rubinzal-Culzoni, 2013. p.44 (tradução livre).

de formalidade que constitua elemento essencial do ato pode ser suprida a todo tempo desde que renovados os atos porventura já praticados de modo que não traga prejuízo às partes".[448]

Em outros termos, se o vício sobre elemento essencial do ato processual significar violação à Constituição de 1988, a nulidade será classificada como absoluta. Ao revés, se o defeito se restringir a elemento essencial de ato disciplinado por norma jurídica que não colime a concretização do núcleo processual penal constitucional, a nulidade será relativa.

Cada caso tem sua eficiência típica, dependendo de sua diferenciação ser mais ou menos completa, ou seja, planejada legalmente ou depreendida pelo equivalente. A previsão do art. 564, inciso IV, do CPP, contém diferenciação indireta, sendo inferida por padrão ou esquema similar. O elemento objeto de relações admite lugar para o conceito de relevância jurídica.

Na senda de Giovanni Conso, "uma *fattispecie* se distingue de outra pela composição de seu esquema e pela particularidade dos efeitos que lhe são regulares". Além do mais, na segunda configuração (consequência jurídica), a distinção "nem sempre é completa, uma vez que o legislador também pode vincular as mesmas consequências a dois ou mais casos", diante de hipóteses análogas ou previstas de forma alternativa. Cabe gizar: "cada fato jurídico tem sua relevância típica". Logo, "cada caso tem sua eficácia típica". Em outros termos, "não pode haver caso sem efeitos" e, correlatamente, todo efeito deve estar imediatamente conectado ao caso.[449]

12.2.4 Irregularidade

A irregularidade é espécie do gênero nulidade. O elemento do ato processual afetado é acidental ou, sendo possível dizer, acidentalíssimo. O vício dessa espécie há de ser, em tese,

---

448. RIBEIRO, José do Espírito Santo Domingues. *A denúncia e suas nulidades*: teoria, prática e jurisprudência. Rio de Janeiro: Aide, 1992. p.40.

449. CONSO, Giovanni. *I fatti giuridici processual penali*: perfezione ed eficácia. Milano: Giuffrè, 1955. p.150 (tradução livre).

irrelevante a trazer prejuízo para qualquer direito processual. Naturalmente, não deve se referir a direito nuclear constitucional. Caso se identifique que a omissão ou o defeito pode, ao menos em abstrato, causar algum prejuízo a direito da parte, haverá nulidade relativa.

Como exemplo, tem-se a omissão de data da sentença, previsão do art. 381, inciso VI, do CPP. Antes da modificação do Código Penal pela Lei nº 11.596/2007, a ausência do elemento objetivo "data da sentença" dava ensejo à nulidade absoluta do julgado. Isso porque repercutia no *jus puniendi*, eis que era causa interruptiva da prescrição a "sentença condenatória recorrível" (art. 117, IV, CP, redação anterior), constituindo-se elemento de *status* constitucional. Era apta a interromper a prescrição a sentença, cujo parâmetro era a sua data, sendo elemento secundário a sua publicação.

Com o atual texto do inciso IV, do art. 117, o que mais importa é a data da publicação da sentença ou do acórdão condenatórios recorríveis, o que acontece com a inclusão da sentença no sistema ou com a sua entrega, certificada, ao diretor de secretaria ou escrivão. A ausência da data consignada na sentença é mera irregularidade. Verificada pelo próprio juiz, ele deve corrigir o erro material. É nulidade que não implica invalidação. O decurso do tempo, ao contrário, impõe que se pronuncie a convalidação.

12.3 Norma jurídica secundária

A norma jurídica secundária deve seguir, necessariamente, a primeira. A pronúncia de nulidade-fato programa sua categorização. A relação é de implicação modalizada, cuidando-se de dever-ser cujo destinatário é o órgão do Poder Judiciário. A natureza normativa é retratada por esta vinculação, caraterizadora de constrangimento dogmático e epistêmico. Tudo se dá no sistema jurídico processual penal estruturado para produção de normas individuais e concretas.

Essa perspectiva, analítica, tem a vantagem de tornar possível compreender que o juiz não deve ordenar ou suprimir efeitos jurídicos sem fundamentação consistente, nem muito menos sem material empírico, enunciativo, reconhecido como direito pelo sistema, de acordo com as fontes estatais. Tudo deve ser procedido justificadamente, reduzindo o espaço de discricionariedade.

Toda a atividade de controle de juridicidade dos atos processuais penais, sejam procedimentais ou mesmo probatórios, passam pela aplicação de um ou mais dos efeitos possíveis. É de ver que uma reação jurídica pode ser seguida de outras, de acordo com a hipótese, toda vez que se abrir a vinculação para construção de outras normas jurídicas, sempre lastreadas em enunciados ou fragmentos de enunciados pertencentes ao sistema.

12.3.1 Efeitos gerais

Os efeitos gerais são o objeto da segunda norma jurídica, consequente à primeira e que segue a sequência de procedimentos deflagrados pela incidência imperfeita de norma individual e concreta documentada em um ato processual penal defeituoso.

Estão situados no preceito secundário da segunda norma jurídica. O preceito primário desta é a descrição do conteúdo fático do preceito secundário da primeira norma jurídica que, a seu turno, cria a relação de implicação.

<table>
<tr><th colspan="2">NULIDADE
LATO SENSU</th></tr>
<tr><td>Nulidade-fato
(Atipicidade)</td><td>Inexistência
Nulidade absoluta
Nulidade relativa
Irregularidade</td></tr>
<tr><td colspan="2">↓ dever-ser
Obrigatório</td></tr>
<tr><td>Nulidade-consequência
(Efeitos jurídicos)</td><td>Invalidação
Convalidação
Saneamento
Modulação</td></tr>
</table>

Em regra, o ato viciado permanece nos autos. A subtração de seus efeitos, por exemplo, é realizada seguidamente à incidência de uma norma jurídica que representa a sua negação: a declaração de nulidade. Para que haja a retirada do próprio ato, é preciso a imposição de efeitos específicos, a exemplo do que ocorre com a ordem de desentranhamento e de inutilização de provas ilícitas.

12.3.1.1 Invalidação

Validade é relação de pertença ao sistema. O parâmetro para se apurar se um ato deve compor a persecução penal é a constatação da competência ou da atribuição legal do órgão emissor. No processo penal, é o juiz que centraliza a validade dos atos processuais. Se documentados nos autos, são válidos, até manifestação em contrário.

A invalidação é sanção que não expurga o ato em si (materialmente). Significa a produção de um ato que constitui a declaração de invalidade. Subtrai os efeitos jurídicos de outro ato jurídico, que se deu de forma defeituosa. Consiste na certificação que, geralmente, segue atrelada aos casos de inexistência jurídica ou de nulidade absoluta.

Mas também é possível invalidar atos que estejam eivados de nulidade relativa. Mesmo nos casos de irregularidade, o próprio órgão julgador pode aplicar invalidação, porque tem ele o dever de velar pela regularidade dos atos processuais (art. 251, CPP). O que difere, para este último caso, é que o momento oportuno é mais breve, mormente logo em seguida à ocorrência do defeito, após o que deve ocorrer preclusão *pro judicato*.

12.3.1.2 Convalidação

Durante a persecução penal estatal, os atos jurídicos, que ingressam no sistema por meio de normas individuais e concretas, existem e valem até que haja declaração que infirme essa premissa. A relação de pertença ao sistema processual acontece porque resulta estabelecida pela inserção de ato processual por meio de linguagem. Ainda que viciado pela incidência imperfeita de uma norma individual e concreta, a inclusão de um ato depende de pronunciamento para fazer cessar um estado aleatório criado.

Uma vez ocorrendo tal incerteza a respeito da perfeição da incidência de uma norma jurídica individual e concreta, surge para o órgão do Poder Judiciário o dever de pronunciar ou de rechaçar a alegação de nulidade. O silêncio das partes sobre um vício será irrelevante se não for objetada qualquer dúvida acerca da correção de um ato ou uma omissão processual.

A convalidação, ao contrário do que comumente afirmado, não acontece tacitamente. É uma confirmação de produção de efeitos do ato levemente defeituoso, por intermédio de outro ato processual. Mesmo a convalidação só existe, no processo, de forma expressa. É, sob esse prisma, uma norma-sanção, a depender da parte prejudicada ou beneficiada com a superação da possibilidade de desfazimento dos efeitos do ato defeituoso. O que é tácito é o pressuposto de fato para a incidência da norma convalidadora, nas hipóteses de nulidades que admitem tal efeito jurídico, quais sejam, nulidade relativa e irregularidade.

Os casos de convalidação aplicados, excepcionalmente, às nulidades absolutas só têm cabimento por meio de incidência de regras de calibração que venham conferir maior eficácia aos direitos fundamentais centrados no núcleo constitucional de processo penal, a exemplo da abreviação do rito (arts. 397; 414; 415, CPP) ou da quebra do contraditório que implique decisão absolutória.

Por outro lado, quando a cominação de nulidade absoluta não implicar complementação a direito constitucional, também há possibilidade de aplicação de disposições convalidadoras (art. 572, CPP).

Todavia, caso a incidência das regras de calibragem equivalha à mitigação de direito fundamental, deve ser realizado controle de constitucionalidade para que seja afastada a sua incidência em concreto. As técnicas de interpretação conforme a Constituição e nulidade parcial sem redução de texto devem servir para, mantendo o dispositivo para os casos que não causem menosprezo à Constituição de 1988, evitar aplicações não autorizadas pelo sistema.

12.3.1.3 Saneamento

Saneamento é expressão indicativa de sanção dúplice, isto é, da consequência de desfazimento dos efeitos jurídicos do ato defeituoso, acompanhada de aplicação perfeita da norma jurídica documentada em outro ato processual penal.

Dos significados descritos por Galeno Lacerda, o vocábulo pode ter o sentido de ato de inspeção do processo, com o propósito de "sanar vício de forma, de modo a permitir-se a instrução e o julgamento do mérito", uma vez escrutinados os "pressupostos e condições da relação processual". Depois de saneado o processo, a implicação consequente é a de "comando tácito e permissivo da marcha do processo", cujo efeito preclusivo dependerá da "natureza da questão resolvida".[450]

O saneamento pode ser de duas espécies.

(1) **Saneamento iterativo**, **simples** ou ***stricto sensu***: quando é feito pelo mesmo órgão que controla a juridicidade dos atos viciados.

Por exemplo: acolhimento de embargos de declaração (art. 382, CPP), por juiz de primeiro grau que, verificando falta de fundamentação na sua sentença (art. 564, V, CPP), reconhece-lhe a nulidade, para proferir outra em seu lugar.

(2) **Saneamento reiterativo**, **complexo** ou ***lato sensu***: hipótese em que a correção do defeito envolve dois órgãos judiciais, sendo o primeiro o que declara a nulidade e invalidação, enquanto o segundo exerce sua competência para emitir o novo ato processual.

---

450. LACERDA, Galeno. *Despacho saneador*. Canoa: La Salle; Porto Alegre: Livraria Sulina, 1953. p.8-9.

Por exemplo: provimento da apelação pelo tribunal de justiça, com fundamento no art. 593, inciso III, alínea "d", do CPP, anulando julgamento do júri, em razão de condenação sem respaldo manifesto na prova dos autos, ordenando nova sessão no primeiro grau de jurisdição.

12.3.2 Efeitos específicos

A tessitura de princípios aplicáveis às nulidades, representada por uma multiplicidade de normas envolvidas, dá ensejo à imposição de outros efeitos, específicos, que estatuem particularidades. Na prática, é a percepção de que ao juiz são dirigidos outros programas normativos, que devem ser complementados por sua atividade de controle de atos processuais penais viciados.

12.3.2.1 Modulação

O primeiro dos efeitos específicos é sintetizado na expressão modulação de efeitos, cujo sentido é o de demarcação do alcance da invalidação de um ato maculado sobre os demais atos do processo (art. 573, § 2º, CPP).

Por exemplo, o **princípio da conservação** ou **do isolamento dos atos processuais** é expressão da modulação nos casos de decisão de declínio de competência que, todavia, pode impactar, negativamente, sobre os atos decisórios, nos termos do art. 567, do CPP.

Poderá incidir modulação no caso de sentença penal condenatória que, isoladamente, é perfeita em seus aspectos objetivos e subjetivos, mas proferida sem a oferta de resposta preliminar à acusação no momento próprio (art. 396-A, CPP), com supressão do contraditório e da ampla defesa. Em tal hipótese, a declaração de nulidade absoluta recairá, em primeiro lugar, sobre a sentença, eis que é nulidade por decorrência ou extrínseca, sob a perspectiva objetiva (elemento essencial do contraditório prévio). No entanto, o órgão julgador deve apontar os atos atingidos, especialmente a omissão para apresentar aquela peça defensiva (art. 573, § 1º, CPP).

De tal sorte, os atos processuais que, subsequentes àqueles, guardarem relação de causalidade que findem contaminados pela eiva também deverão ser objeto de invalidação (supressão de efeitos específicos). Por outro lado, deve ser mantido o ato cujo isolamento seja possível, em face de relação independente do viciado, a exemplo da juntada posterior de laudo de constatação definitivo de droga (art. 50, § 2º, Lei nº 11.343/2006), relativamente à invalidação dos demais atos a partir da resposta preliminar à acusação (art. 396-A, CPP).

12.3.2.2 Inadmissibilidade

A inadmissibilidade é termo utilizado para fins de exclusão de provas ilícitas. As regras de exclusão (*exclusionary rules*) podem ter por objeto provas já documentadas ou ainda não inseridas nos autos. Neste último caso, aquela disciplina tem o fim de obstar a inclusão de provas ou de peças processuais (art. 157, CPP). Consiste em impedimento a atos aquisitivos ou de obtenção (art. 5º, LVI, CF).

A propósito, é possível contextualizar a teoria dos atos processuais com critérios para a aplicação da inadmissibilidade, fundada na falta de pressupostos processuais ou recursais.

Nesse rumo, Claus Roxin, Gunther Artz e Klaus Tiedemann lecionam que os atos processuais podem se apresentar como:

(1) **atos de causação**: quando provocam um efeito processual imediato;

(2) **atos de obtenção**: no caso de visar à realização de um ato processual por uma outra parte do processo.

Exemplificando a distinção, os autores anotam, quando do estudo dos recursos, que:

(1) ato de causação será a desistência do recurso que acarreta, imediatamente, "a impossibilidade de impugnação (coisa jurídica formal) da sentença";

(2) ato de obtenção consistirá na interposição de um recurso que, a seu turno, "objetiva a atuação do tribunal superior, cuja sentença é visada pelo recorrente". Cuidando-se de atos dessa natureza, deve-se questionar "se o ato processual é aceitável e se está fundamentado", salientando sua **estrutura bipartida**.

Destarte, ao admitir um recurso, o juiz deve verificar:

(a) primeiramente, se o ato processual é admissível, isto é, se pode ser aceito, em geral, contra uma decisão da qualidade daquela, objeto da irresignação;

(b) se os elementos formais foram obedecidos, tais como prazos (art. 575, CPP), forma escrita (art. 578, CPP), previsão legal e motivação (pressupostos recursais objetivos), bem como se o recorrente está legitimado e se tem interesse jurídico (pressupostos recursais subjetivos – art. 574, CPP), "quer dizer, se foi prejudicado pela decisão por ele atacada" (sucumbência – art. 577, parágrafo único, CPP).

Aliás, no âmbito da admissibilidade, é indispensável aferir, ainda, "se as condições processuais estão presentes ou se existem impedimentos processuais" (art. 395, II, CPP), tais como a prescrição da pretensão punitiva (art. 61, CPP) e a ausência de procuração com poderes especiais em caso de crimes de ação penal privada (arts. 39; 44; 50; 55; 59, CPP).[451]

Com essas providências metódicas, são delimitadas as consequências jurídicas que decorrem de atipicidades em sede de inadmissibilidade. Sendo vinculativo o saneamento ou

451. ROXIN, Claus; ARZT, Gunther; TIEDEMANN, Klaus. *Introdução ao direito penal e ao direito processual penal*. Tradução: Gercélia Batista de Oliveira Mendes. Belo Horizonte: Del Rey, 2007. p.227-228.

a invalidação que pode defluir desse proceder, o juiz deverá declarar:

(1) a inadmissibilidade antes da inclusão probatória, indeferindo a sua postulação. Cabe destacar, a ordem deve obstar a documentação de um ato defeituoso e a produção probatória; ou

(2) a nulidade da admissibilidade indevida: nesse caso, haverá efeito retro-operante da inadmissibilidade, cuja consequência será a invalidação do ato aquisitivo (deferimento, indevido, da postulação e produção da prova). O efeito específico que deve se seguir, nessa hipótese, é o de desentranhamento da prova incluída.

A prova, termo com diversos significados, é completada não somente com sua admissão e produção, mas também com sua valoração, na sentença. Esta, por sua vez, deve descrever, retrospectivamente, o percurso probatório, com ênfase na cronologia da cadeia de custódia do vestígio (art. 158-A, CPP).

12.3.2.3 Desentranhamento

O desentranhamento é efeito específico que decorre da nulidade do ato de admissibilidade indevida da prova.

Por exemplo, pode ser ordenado o desentranhamento da prova quando:

(1) reconhecida sua falsidade em incidente específico (art. 145, IV, CPP); e

(2) declarada sua ilicitude depois de sua admissão indevida (art. 157, CPP). Após preclusa essa decisão, poderá ser ordenada sua **inutilização** (art. 157, § 3º, CPP).

Note-se que o uso de dois termos – **inadmissibilidade** e **desentranhamento** – tem a importância de permitir discernir o momento do controle judicial:

(1) caso ocorrido antes da inserção do documento nos autos, a declaração e a classificação da eiva, acompanhada da ordem de inadmissibilidade, têm o condão preventivo de obstaculizar a produção de efeitos jurídicos;

(2) se a pronúncia de inadmissibilidade for posterior à documentação do ato e da prova, será necessária a constituição da invalidade do ato aquisitivo, isto é, a supressão de efeitos jurídicos mediante constituição da declaração de invalidade. Essa deliberação é equivalente à decretação de inadmissibilidade superveniente da prova obtida por meios ilícitos, com a conseguinte ordem de seu expurgo.

12.3.2.4 Inutilização

A inutilização consiste na providência que pode ocorrer posteriormente ao desentranhamento. Depende da preclusão da decisão de desentranhamento e deve restar suficientemente motivada por base empírica (art. 157, § 3º, CPP).

Trabalha-se com a noção de desnecessidade da prova para que seja admitida a sua inutilização. O cuidado que se deve ter é para que a inutilização não finde por legitimar procedimentos com perfis inquisitivos.

Com efeito, deve ser afastada a aplicação de dispositivos legais que autorizem a destruição de elementos de informação sem que haja ciência dos envolvidos na produção correspondente. Inutilização sem contraditório implica prejuízo a direitos fundamentais, notadamente quando quebra a cadeia de custódia da prova (arts. 158-A a 158-F, CPP), dificultando seu controle cognitivo.

Como exemplo de necessidade de contraditório prévio à inutilização dos elementos de informação, cabe citar o teor do *caput*, do art. 9º, da Lei nº 9.296/1996, que assevera que "a gravação que não interessar à prova será inutilizada por decisão judicial, durante o inquérito, a instrução processual ou após esta, em virtude de requerimento do Ministério Público ou da parte interessada".

Para que haja compatibilidade desse enunciado legal com a Constituição, torna-se indispensável conjugar com aquele *caput*, o seu parágrafo único, que estatui que "o incidente de inutilização será assistido pelo Ministério Público, sendo facultada a presença do acusado ou de seu representante legal". Esse proceder que deve soar como um dever de assegurar a oportunidade de participação do imputado. De todo modo, o acompanhamento da inutilização por defensor, seja ele constituído, público ou dativo, é indispensável (arts. 133; 134, CF).

Trata-se de cautela indisponível e imprescindível ao conhecimento válido da prova pelo juiz. Geraldo Prado, a propósito, é enfático ao alertar sobre os riscos da quebra da cadeia de custódia por métodos ocultos. Com efeito, a admissibilidade de uma imputação deve estar limitada, estrutural e funcionalmente, para obstar **distorções inquisitórias**, sendo essencial que o julgador "assuma a função de fiscal da legalidade das práticas investigatórias, dos elementos informativos e da própria fiabilidade da acusação, que não pode ser leviana ou temerária".[452]

12.4 Estrutura da nulidade no processo penal

A nulidade-fato, enquanto vício procedimental ou processual, pode ocorrer durante investigação preliminar, processo penal de conhecimento ou processo penal de execução. Para otimizar resultados, conferindo maior previsibilidade de acordo com a gravidade do defeito, revela-se útil abstrair o conteúdo de cada uma das espécies de atipicidade.

Esse procedimento objetiva apresentar estrutura formal que será comum quando do controle de defeitos processuais.

---

452. PRADO, Geraldo. *Prova penal e sistema de controles epistêmicos*: a quebra da cadeia de custódia das provas obtidas por métodos ocultos. São Paulo: Marcial Pons, 2014. p.51.

Ao seu termo, será possível melhor tutelar direitos fundamentais pelo órgão do Poder Judiciário. A estrutura da norma a ser descrita pelo juiz se apresenta dúplice e deve se formar a partir de base enunciativa geral e abstrata.

Tal lastro linguístico pode se apresentar como proposição afirmativa ou como proposição negativa.

(1) A **proposição afirmativa** descreve a produção de ato procedimental perfeito. Vale dizer, consubstancia a ação e o modo como o ato processual deve ser editado, isto é o seu modelo formal. A norma jurídica individual e concreta que declara a atipicidade a partir de proposição afirmativa, considera um enunciado geral e abstrato implícito. Deve, portanto, dispor que os atos jurídicos da investigação preliminar ou do processo penal em geral, dissonantes da forma jurídica preconizada pelo sistema, devem ser declarados atípicos pelo juiz competente.

Então, ao invés de considerar o vício cominado pela legislação ou por outra fonte formal do direito processual penal, o julgador tutela a forma em geral, reconhecendo sua função para a eficácia de direito fundamental. É forma de **tipicidade indireta**.

(2) O raciocínio difere quando se está diante de **proposição negativa**, pois essa declara expressamente a espécie de defeito de ato procedimental que deve ser reconhecido pelo juiz, ou seja, é o caso de nulidade cominada pelo ordenamento jurídico, representando comunicação ao órgão judicial que, como é cediço, tem o dever de velar pela regularidade do procedimento e pelo respeito aos direitos fundamentais (art. 251, CPP). É modo de **tipicidade direta**.

Conquanto a lei se valha de fórmulas como "é nulo o ato" ou "ocorrerá nulidade", a previsão legislativa do CPP é um tanto genérica, razão pela qual não dispensa o juiz de cotejar o tipo nulificador com o ato procedimental atípico, tal qual ocorre com a proposição afirmativa do ato processual defeituoso.

Para saber se houve um ato jurídico imperfeito, é preciso primeiro aferir se a incidência para a edição desse ato ocorreu de maneira deficiente. A função maior da cominação formal de atipicidade específica é a de lhe reconhecer o caráter de relato de um dever jurídico ao juiz, em virtude de sua qualidade de nulidade absoluta.

12.5 Descrição dos componentes da estrutura nulificadora

O sistema de controle delineado tem aplicação ampla durante toda a atuação penal estatal. Essa sintática deve abranger os atos jurídicos do inquérito policial, do processo penal (condenatório e cautelar) e da execução penal. As variadas formas da persecução penal estatal, ainda que na fase pré-processual, devem cumprir sua função de tutela dos direitos fundamentais do imputado.

O esquema jurídico deve ser uniforme no propósito de detectar desconformidades com o padrão constitucional ou legal, gizado no ordenamento jurídico. Para esse desiderato, cada elemento do enlace normativo deve se situar de acordo com dois aspectos:

(1) descrição do significado do conteúdo de cada componente da estrutura: a norma jurídica tem uma representação constante, que vai de antecedente a consequente, tanto a nível de relação entre proposições (intranormativa), quanto no plano da relação entre normas (internormativa);

(2) representação dessa estrutura por símbolos: cuida-se de uma abstração. Pode ser uma palavra ou um conjunto de letras. Auxilia na percepção da necessariedade normativa, com realce para o seu controle.

Especificando essa duplicidade estrutural, a representação deve descrever:

(1) a **nulidade-fato**: norma jurídica declaratória de atipicidade e de sua classificação (vício processual);

(2) a **nulidade-consequência**: norma jurídica que agrega a constituição de invalidação, saneamento ou convalidação (efeitos jurídicos).

Mais detalhadamente, a estrutura normativa nulificadora [$\mathbf{N}_{nj}$] deve ser constituída por:

(1) norma jurídica reconhecedora de nulidade-fato [$\mathbf{N}_f$], que deve ser composta por duas proposições:

(a) antecedente, que deve declarar o desacordo com o modelo jurídico do ato processual inquinado de imperfeição. Vale dizer, deve descrever a incidência deficiente do enunciado que preconiza a forma do ato procedimental viciado e a incidência eficiente do dever de o reconhecer, a partir de base enunciativa explícita ou implícita. Simbolicamente:

$$\mathbf{A}_{sa} \cdot \mathbf{E}_{esp}$$

Onde:

$\mathbf{A}_{sa}$: atipicidade em sentido amplo;

. : conjunção lógica aditiva "e" (conjuntor);

$\mathbf{E}_{esp}$: espécie de ato jurídico e natureza do elemento defeituoso;

(b) consequente, que deve decretar a classificação da nulidade, especificando sua inserção em uma das categorias admissíveis, considerando a necessidade de conferir eficácia a direito fundamental eventualmente envolvido. Desse proceder, surge o dever de dirimir a dúvida sobre a higidez do ato submetido a controle. Abstraindo por símbolos:

$$\mathbf{N}_{esp} \cdot \mathbf{D}_{imp}$$

Onde:

$\mathbf{N}_{esp}$: espécie de nulidade (inexistência, nulidade – absoluta ou relativa – ou irregularidade);

$\cdot$: conjunção lógica aditiva "e" (conjuntor);

$\mathbf{D}_{imp}$: dever imponível de prosseguir com a produção da norma seguinte;

(2) por norma jurídica delimitadora dos efeitos da declaração da nulidade-consequência [$\mathbf{N}_c$], constituída, igualmente, por duas proposições:

(a) antecedente, que deve descrever a proposição consequente da norma declaratória da categoria de nulidade, realçando o seu juízo de implicação (programa) entre aquela norma e esta, considerando a gravidade do vício. A pragmática possibilista de ampliação ou redução de efeitos, em grau maior ou menor, depende da incidência de outros princípios ou regras de calibragem ou regulação, sem perder de vista as técnicas de controle de constitucionalidade. Substituindo-a simbolicamente:

$$\mathbf{R}_{des} \cdot \mathbf{P}_{var}$$

Onde:

$\mathbf{R}_{des}$: descrição do reconhecimento da nulidade em espécie;

$\cdot$: conjunção lógica aditiva "e" (conjuntor);

$\mathbf{P}_{var}$: variável pragmática, que pode ser a aplicação de princípio ou regra de calibração;

(b) consequente, apta a declarar a constituição de invalidação, de saneamento ou de convalidação. É possível, ainda, fazer incidir a modulação da extensão dos efeitos do ato jurídico imperfeito (art. 573, CPP), sem prejuízo de outros, específicos, previstos em lei. Esse aspecto dependerá, diretamente, do princípio descrito na proposição anterior (programa). No modo simbólico:

$$\mathbf{I} \vee \mathbf{S} \vee \mathbf{C} \cdot \mathbf{M}$$

Onde:

I: invalidação;

v : disjunção lógica alternativa "ou" (disjuntor);

S: saneamento;

· : conjunção lógica aditiva "e" (conjuntor);

C: convalidação;

M: modulação.

Apesar de se dizer que os efeitos da invalidação na fase do inquérito policial não se espraiam para outros atos da investigação preliminar ou do processo penal, essa ilação deve ser colhida com reservas. Isso porque as formas da persecução penal estatal, ainda que na fase pré-processual, devem cumprir sua função de tutela dos direitos fundamentais do imputado. Não deve ser tolerado o desatendimento do modelo jurídico (lei e Constituição) durante o inquérito policial. Também a extensividade dos efeitos jurídicos de ato procedimental da investigação preliminar viciado ao espaço jurisdicional não deve ser fomentada pelo sistema.

12.6 Síntese da teoria da nulidade no processo penal

Para aplicar o direito aos casos de nulidade, a abstração do direito processual ou material envolvido, autoriza um **cálculo normativo**.

Isso foi feito, por partes, no tópico anterior. A síntese da teoria da nulidade no processo penal poderá ser assim representada:

$$\mathbf{N}_{nj} \begin{cases} \mathbf{N}_f : \Leftrightarrow \mathbf{A}_{sa} \cdot \mathbf{E}_{esp} \rightarrow \mathbf{N}_{esp} \cdot \mathbf{D}_{imp} \\ \downarrow \\ \mathbf{N}_c : \Leftrightarrow \mathbf{R}_{des} \cdot \mathbf{P}_{var} \rightarrow \mathbf{I} \vee \mathbf{S} \vee \mathbf{C} \cdot \mathbf{M} \end{cases}$$

Onde:

$\mathbf{N}_{nj}$: estrutura dúplice nulificadora ou nulidade *lato sensu*;

$\mathbf{N}_f$: nulidade-fato ou primeira norma jurídica da estrutura;

$\mathbf{N}_c$: nulidade-consequência ou segunda norma jurídica da estrutura;

$\mathbf{A}_{sa}$: atipicidade em sentido amplo;

$\mathbf{E}_{esp}$: especificação do ato viciado e do elemento afetado;

$\mathbf{N}_{esp}$: espécie da nulidade (inexistência, nulidade absoluta, nulidade relativa ou irregularidade);

$\mathbf{D}_{imp}$: descrição do dever imponível (programa) de produzir a norma seguinte N_f;

$\mathbf{R}_{des}$: descrição da nulidade reconhecida na norma anterior N_c;

$\mathbf{P}_{var}$: aspecto pragmático-possibilista (pode ser princípio ou regra de calibração);

I: invalidação;

S: saneamento;

C: convalidação;

M: modulação;

:⇔ : significa, é verdade ou se somente se;

· : conjunção lógica aditiva "e" (conjuntor);

v: disjunção lógica alternativa "ou" (disjuntor);

→: dever-ser neutro, intranormativo ou interproposicional;

↓: dever-ser modalizado (obrigatório) ou internormativo.

Essa estrutura pode, por fim, ser objeto de mais formalização, com maior simplificação simbólica, sendo equivalente à representação anterior:

$$\mathbf{S}\left\{\begin{array}{l}\mathbf{p} :\Leftrightarrow \mathbf{r}\cdot\mathbf{e} \rightarrow \mathbf{o}\cdot\mathbf{f}\\ \downarrow \\ \mathbf{q} :\Leftrightarrow \mathbf{t}\cdot\mathbf{a} \rightarrow \mathbf{i}\ _{\mathbf{v}}\mathbf{n}\ _{\mathbf{v}}\mathbf{b}\cdot\mathbf{m}\end{array}\right.$$

Onde:

s: estrutura dúplice nulificadora ou nulidade *lato sensu*;

p: nulidade-fato ou primeira norma jurídica da estrutura;

q: nulidade-consequência ou segunda norma jurídica da estrutura;

r: atipicidade em sentido amplo;

e: especificação do ato viciado e do elemento afetado;

o: espécie da nulidade (inexistência, nulidade absoluta, nulidade relativa ou irregularidade);

f: descrição do dever imponível (programa) de produzir a norma seguinte N_c;

t: descrição da nulidade reconhecida na norma anterior N_f;

a: aspecto pragmático-possibilista (pode ser princípio ou regra de calibração);

i: invalidação;

n: saneamento;

b: convalidação;

m: modulação;

:⇔ : significa, é verdade ou se somente se;

· : conjunção lógica aditiva "e" (conjuntor);

v: disjunção lógica alternativa "ou" (disjuntor);

→: dever-ser neutro, intranormativo ou interproposicional;

↓: dever-ser modalizado (obrigatório) ou internormativo.

12.7 Aplicação a caso concreto

O STF considerou que a regra do art. 226 do CPP não é cogente. Em outras palavras, foi dito que o procedimento de reconhecimento de pessoas ou coisas é previsão legal de cumprimento facultativo, enquadrando-a na classe das normas permissivas ou dispositivas. Tal conclusão foi afirmada apesar do *caput*, daquele enunciado, conter verbo que expressa natureza de um dever, com modal obrigatório.

Nos seus termos, "quando houver necessidade de fazer-se o reconhecimento de pessoa, proceder-se-á pela seguinte forma", preconizando procedimento detalhado para evitar indução do reconhecimento (art. 226, I a IV, CPP). O seu inciso II preconiza que "a pessoa, cujo reconhecimento se pretender, será colocada, se possível, ao lado de outras que com ela tiverem qualquer semelhança, convidando-se quem tiver de fazer o reconhecimento a apontá-la".

A locução "se possível", constante do indigitado inciso II, seria o motivo para desqualificar a norma, de obrigatória à facultativa. A utilidade do enunciado, dessa maneira, fica prejudicada. Difícil é precisar os contornos do "se possível", bem como controlar o arbítrio, a discricionariedade. A regra, por outro lado, deveria receber interpretação conforme a Constituição. Ao cabo, com a disponibilidade do procedimento, há redução da eficácia de princípios como o da presunção de inocência, da ampla defesa e do contraditório.

Nos termos da decisão do STF, as formalidades definidas no art. 226, inciso II, do CPP, "não caracterizam providências de natureza obrigatória, mas facultativas, razão pela qual a nulidade decorrente de eventual inobservância exige a demonstração do prejuízo".[453] A aplicação do *pas de nullitté sans grief* ocorreu em desfavor do imputado, paciente do *habeas corpus* que fora denegado. Exigir a demonstração de prejuízo por parte de quem foi reconhecido, por meio informal, autor do delito, é inconstitucional. Afinal, ninguém pode ser compelido a fazer ou a deixar de fazer algo, senão em virtude de lei (art. 5º, II, CF).

A representação estrutural da nulidade, no caso concreto, deve receber a inserção dos conteúdos correlatos para fins de controle de correção do julgamento, a partir do **cálculo normativo**, descrito no tópico anterior.

N_{nj} {

N_f :⇔ reconhecimento em desacordo com o art. 226, CPP · **é essencial colocar o reconhecido ao lado de mais pessoas** → deve ser nulidade absoluta por violar a presunção de inocência · deve ser produzido o consequente normativo de controle *Nc*.

↓ **dever-ser (obrigatório)**

N_c :⇔ reconhecida a nulidade absoluta em N_f · deve ser a inconstitucionalidade da expressão "se possível" (art. 226, II, CPP) → deve ser decretada invalidação do ato aquisitivo do reconhecimento e desentranhada a prova ilícita ou ilegítima.

453. STF – Primeira Turma – HC 163566 – Rel. Min. Marco Aurélio – publicado em: 06 dez. 2019.

12.8 Conclusão e próximo capítulo

Este capítulo teve o objetivo de estabelecer os significados dos diversos elementos que estruturam o sistema de nulidades. Definiu-se a organização sintática daqueles componentes, a fim de ser construído um padrão representativo do fenômeno nulificador. Colima-se um parâmetro de controle, em face da pragmática das nulidades, descrevendo o alcance da função normativa.

A consistência da teoria é aferida pela sua submissão a testes, mediante análise de casos envolvendo conteúdos do direito processual penal. No próximo capítulo, o aspecto sintático será preenchido por corporatura semântica.

NULIDADE ABSOLUTA

- Elemento essencial
  - - Decorrente da CF
  - ou
  - - Derivado de cominação legal
- ↓ Dever-ser
- Consequência jurídica cogente – Incondicionada (constitui a invalidade)

CAPÍTULO 13

PLANO SEMÂNTICO DAS NORMAS PROCESSUAIS PENAIS

13.1 Sentido e valor jurídico

As bases para a formulação do sistema de controle da higidez dos atos processuais penais foram lançadas nos capítulos anteriores, notadamente, com a cristalização dos conceitos de:

(1) atipicidade: gênero que designa defeito do ato processual;

(2) nulidade-fato: equivale à atipicidade, sendo termo que expressa a noção de vício processual, que se classifica em inexistência, nulidade absoluta, nulidade relativa e irregularidade;

(3) nulidade-consequência: programada a partir da classificação anterior, divide-se em invalidação, convalidação ou saneamento;

(4) controle: possibilita constatar a perfeição da incidência normativa;

(5) base enunciativa: ponto necessário para a produção de norma jurídica (princípio ou regra);

(6) regra de competência: condição indispensável à imunização da norma jurídica contra reações do sistema.

Além de ser termo alusivo a um sistema de controle, nulidade é valor que pode expressar um sentido negativo, um desvalor. Nulidade é a designação de defeito que representa a negação de um direito processual ou material.

As disposições sobre procedimento derivam do devido processo legal que, a sua vez, contém elemento axiológico (valor da tutela da liberdade) que deve recair sobre o ato (fato delimitado) que deverá receber tratamento jurídico (norma jurídica). A nulidade é o elo entre a garantia (fundante) e o direito positivo (fundado), com vistas a assegurar a restauração do sistema normativo de processo penal, diante de fato violador do valor atribuído pelo legislador ao procedimento.

A coincidência com a concepção jurídica de Miguel Reale é formidável. Os institutos jurídicos fenomenalizados compreendem **fato**, **valor** e **norma**, devendo a última se ajustar à "experiência fático-axiológica". O jusfilósofo fundamenta que a norma é "uma ponte elástica e flexível entre o complexo fático-axiológico a que visa atender". Em outros termos, "nenhuma norma jurídica conclui ou exaure o processo jurígeno, porquanto ela mesma suscita, no seio do ordenamento e no meio social, um complexo de reações estimativas de novas exigências fáticas e axiológicas".[454]

Em regra, dentro da estrutura escalonada dos enunciados do ordenamento jurídico, o vício repercute em direito fundamental representativo do núcleo constitucional do processo penal, máxime naqueles dispostos no art. 5º da Constituição de 1988. Em outras palavras, nulidade é a subtração do valor protetivo do direito fundamental que deveria ter a aplicação da norma jurídica cuja incidência se deu de forma deficiente.

454. REALE, Miguel. *Filosofia do direito*. 13. ed. São Paulo: Saraiva, 1990. p.564.

Por outro lado, não há direito, assim como não há valor, sem referência a um sujeito, a um titular.[455]

Em consonância com a argumentação de Fabiana Del Padre Tomé, "o direito, como objeto cultural que é, exige inevitável tomada de posição daquele que o interpreta, não havendo como dele se aproximar na condição de sujeito puro, despojado de atitudes axiológicas". O valor, conforme elucida a autora, consiste na "não indiferença de um sujeito em relação a determinado objeto. É ele, portanto, bipolar, de modo que a um valor se contrapõe um desvalor, e o sentido de um exige o outro, num vínculo de implicação recíproca".[456]

Daí a necessidade de se estabelecer uma tomada de posição, considerando-se a contingência de quem tem competência para interpretar os pontos de partida do ordenamento jurídico. A hierarquia normativa deve se relacionar com a hierarquia dos valores. Estes serão mais elevados se reconhecidos como universais. A sua duração no curso do tempo, a exemplo dos direitos humanos, é outro critério para se dar, a um valor, um *status* superior.

Os direitos fundamentais processuais penais referem-se às partes no processo, notadamente aos imputados em geral, em toda a persecução penal, inclusive no curso de investigação preliminar. Essa ilação se afina com o que enfatiza Johannes Hessen, ao dizer que "valor é sempre valor para alguém. Valor – pode dizer-se – é qualidade de uma coisa, que só pode pertencer-lhe em função de um sujeito dotado com uma certa consciência capaz de a registrar". Para o filósofo, não há propriamente valores em si, pois seu sentido depende de referência antropológica: "não é possível eliminar para fora do conceito de valor, ou destruir, o conceito de uma relação para com um certo sujeito". De outra vertente, não se corre o risco

---

455. HESSEN, Johannes. *Filosofia dos valores*. 3. ed. Tradução: L. Cabral de Moncada. Coimbra: Arménio Amado, 1967. p.39.

456. TOMÉ, Fabiana Del Padre. *A prova no direito tributário*. 3. ed. São Paulo: Noeses, 2011. p.294.

de se cair no subjetivismo axiológico, porquanto "a referência a um sujeito não significa o mesmo que subjetivismo".[457]

O desvalor representado pela nulidade do ato processual exige correção. A função do processo é, nesse sentido, de limite ao poder punitivo, expressando o valor da liberdade do imputado. A correção dos seus atos é a forma de tutelar esse valor, só o atingindo se houver respeito ao devido processo legal. Conhecendo-se a necessidade de se proteger o valor liberdade, através de modelos legais de observância necessária, deve-se assegurar reação do sistema contra os atos que não se coadunem com a efetividade daquele direito fundamental.

Karen Jureidini Dias explica, em perspectiva semelhante, que "o direito é feito pelo homem e para o homem, por isso a sua finalidade é buscar a concretude máxima, com o processo de positivação até a eficácia total, atingindo o seu objeto". Nesse procedimento de positivação, a inserção de novas normas jurídicas "é carregada de cunho axiológico, de valor", podendo-se afirmar que "fato, norma e valor influenciam-se e intercambiam-se na produção de novas normas".[458]

Pode-se dizer que, em uma visão mais geral e abstrata, as normas processuais penais protegem o valor liberdade dos imputados, na medida em que significam a necessidade de se seguir um rito estreito, para que o Estado possa ameaçar a liberdade da pessoa apontada como autora de uma infração penal. A deficiência de incidência da norma processual penal afeta, negativamente, o valor do *jus libertatis*, propiciando aumento do espectro punitivo sem o necessário respeito às diretrizes do justo processo.

---

457. HESSEN, Johannes. *Filosofia dos valores*. 3. ed. Tradução: L. Cabral de Moncada. Coimbra: Armênio Amado, 1967. p.47-48.

458. DIAS, Karem Jureidini. *Fato tributário*: revisão e efeitos jurídicos. São Paulo: Noeses, 2013. p.18.

13.2 Significante, sentido e significado

O valor protegido pela norma processual penal tem sua semente lançada com a emissão do enunciado ou dos enunciados que lhe servem de base. Em outros termos, o texto, matéria bruta ou **significante**, disposto no ordenamento jurídico, é representativo de um **sentido**, ainda que difusamente e pendente de melhor definição. Tácio Lacerda Gama pontifica a importância da distinção entre o significante e o **significado**. O significante é mais próximo da noção de texto, o significado, da ideia de norma jurídica.[459] O significante, de certo modo, exerce função valorativa para a constituição do significado.

13.3 Índice, ícone e símbolo

Ferdinand de Saussure formulou distinção do significante, consoante a função por ele desempenhada, em:

(1) **índice** (indicativo, indício);

(2) **ícone** (imagem representativa); e

(3) **símbolo** (convenção cultural).

Segundo anota o linguista suíço, "o laço que une o significante ao significado é arbitrário ou então, visto que entendemos por signo o total resultante da associação de um significante com um significado, podemos dizer mais simplesmente: o signo é arbitrário". No entanto, pondera, no tocante ao símbolo, que este "tem como característica não ser jamais completamente arbitrário; ele não está vazio, existe um rudimento de vínculo natural entre o significante e o significado". Por exemplo, a balança (símbolo da justiça) não poderia ser substituída por um objeto qualquer, como um carro.[460]

---

459. GAMA, Tácio Lacerda. Sentido, consistência e legitimação. In: *Vilém Flusser e juristas*: comemoração dos 25 anos do grupo de estudo de Paulo de Barros Carvalho. Florence Haret; Jerson Carneiro (orgs.). Noeses: São Paulo, 2009. p.233.

460. SAUSSURE, Ferdinand de. *Curso de linguística geral*. Tradução: Antônio Che-

De certo modo, a advertência de Saussure conduz à oposição entre às teses convencionalistas e essencialistas (naturalistas) da linguagem, expostas inicialmente por Platão. No diálogo platônico entre Crátilo e Sócrates, enquanto o primeiro refuta a tese convencionalista, o último pondera que "os nomes são convenções e que exibem as coisas para aqueles que os estabeleceram convencionalmente, conhecendo antecipadamente essas coisas, e que a correcção do nome é esta mesma convenção, e que é totalmente indiferente que tenha sido convencionado como é actualmente atribuído, ou que, pelo contrário, se chame grande àquilo a que agora chamamos pequeno, e pequeno àquilo a que chamamos grande".[461]

Explicando as formas como um **signo** pode se apresentar, a tripartição pode ser explicada, em outros termos, segundo seja:

(1) um índice, tal qual um som ou um sinal, parcial, representativo da possibilidade do signo enquanto referente a um objeto. Por exemplo, um avião tem um som que indica sua proximidade física. No exame de espectrograma de vozes, a voz rouca periciada é índice, embora não suficiente, de que o material fonético apreendido se reporta ao objeto de prova descrito na causa de pedir da ação penal.

(2) um ícone, exemplificado com a imagem que se pode ter de um objeto. Cuidando-se de nulidade, um quadro deformado poderia ser a imagem do fenômeno enquanto vício processual. No caso de um cão, a imagem é de um animal com quatro patas, com as características comuns que o identificam. Sendo a hipótese o espectrograma de vozes, o ícone é o gráfico que expressa o espectro sonoro das vozes submetidas a exame de corpo de delito;

---

lini; José Paulo Paes; Isidoro Blikstein. 27. ed. São Paulo: Cultrix, 2006. p.80-82.

461. PLATÃO. *Crátilo*. Tradução: Maria José Figueiredo. Lisboa: Instituto Piaget, 2001. p.115.

(3) um **símbolo**, que consiste em uma abstração do objeto por meio do vocábulo, ou seja, uma palavra é um símbolo.[462]

Também discorrendo sobre essa diferenciação, Tácio Lacerda Gama observa que "os significantes ou suportes físicos podem ser classificados segundo o vínculo que mantêm com os seus significados". Destarte, o **suporte físico**:

(1) será índice quando sugere uma conexão física mais tênue, tal como a relação entre a fumaça e o fogo;

(2) chama-se ícone quando "o significante reproduz aspectos essenciais do significado", tal qual uma fotografia ou um desenho que imite o objeto;

(3) por seu turno, o nome **símbolo** é o vínculo "estabelecido sem que seja possível justificar a relação entre sentido e referência", mormente porque essa relação se dá por razões culturais.[463]

13.4 Direitos fundamentais de primeira geração

Em compasso com o fito dos enunciados processuais penais, especialmente porque decorrem geneticamente dos direitos fundamentais de primeira geração, pode-se deduzir que eles se amoldam a símbolos, evidenciando o caráter cultural do direito. Os enunciados são convencionais e são ditados pelos órgãos legislativos em virtude de justificativa preponderantemente histórica.

Os direitos processuais penais, expressão dos direitos humanos, do princípio da presunção de inocência e do princípio

---

462. PEIRCE, Charles Sanders. *Semiótica*. Tradução: José Teixeira Coelho Neto. 4. ed. São Paulo: Perspectiva, 2008. p.193-194.

463. GAMA, Tácio Lacerda. Sentido, consistência e legitimação. In: *Vilém Flusser e juristas*: comemoração dos 25 anos do grupo de estudo de Paulo de Barros Carvalho. Florence Haret; Jerson Carneiro (orgs.). Noeses: São Paulo, 2009. p.232-233.

da dignidade humana são tutelados pelo microssistema das nulidades processuais penais. Para se chegar nesse estágio, a experiência histórica contribuiu com a constatação de condenações injustas, torturas, prisões injustificadas ou em condições insalubres, processos sem outorga de direito de defesa, dentre outros.

Fábio Konder Comparato bem expõe a razão de ser dos direitos dessa natureza, a começar pelo fundamento kantiano de considerar todo homem um fim em si mesmo, com a correlata vedação de servir de instrumento para qualquer fim.[464] Não há espaço para discurso jurídico contra a impunidade justificar ferimento às formas processuais. O Estado, por seus agentes estatais, deve cumprir os regramentos que ele mesmo estipulou para afetação da liberdade de seus jurisdicionados.[465]

Vale conferir o que Fábio Konder Comparato aponta como "chave de compreensão histórica dos direitos humanos". Relaciona o autor que "a cada grande surto de violência, os homens recuam horrorizados, à vista da ignomínia que afinal se abre claramente diante de seus olhos". Acrescenta ademais que "o remorso pelas torturas, pelas mutilações em massa, pelos massacres coletivos e pelas explorações aviltantes faz nascer nas consciências, agora purificadas, a exigência de novas regras de uma vida mais digna para todos".[466]

Infere-se, portanto, que os enunciados processuais penais espelham disciplina que muitas das vezes decorrem de tratados internacionais de proteção a direitos humanos, sufragados na Constituição de 1988. Servem de fundamento de validade dos enunciados da legislação infraconstitucional. A interpretação desses dispositivos não é de ser restritiva, sob

464. COMPARATO, Fábio Konder. *A afirmação histórica dos direitos humanos*. 4. ed. São Paulo: Saraiva, 2006. p.31-33.

465. KELSEN, Hans. *Teoria pura do direito*. Tradução: João Baptista Machado. 5. ed. São Paulo: Martins Fontes, 1997. p.218-219; KELSEN, Hans. *Teoria geral do direito e do Estado*. Tradução: Luís Carlos Borges. 4. ed. São Paulo: Martins Fontes, 2005. p.42-45.

466. COMPARATO, Fábio Konder. *A afirmação histórica dos direitos humanos*. 4. ed. São Paulo: Saraiva, 2006. p.37.

pena de subtrair-lhes utilidade. O ato processual penal que viole o sentido do texto do direito positivo, porque documentado a partir da incidência deficiente da norma jurídica que o fundamenta, deve ser alijado, com a aplicação da reação estatal prevista no próprio sistema.

13.5 Proteção de direitos fundamentais pelo conteúdo normativo

Os enunciados legislativos e jurisprudenciais não apresentam uma classificação refinada das atipicidades. Aliás, a característica do plano enunciativo é ser matéria pendente de interpretação, haja vista que se encontra em estado bruto, nem sempre sistematizado. O tratamento nas nulidades pelo CPP é um exemplo dessa situação, pois não discerne nulidade relativa de nulidade absoluta, nem tampouco fala de inexistência jurídica.

No entanto, os enunciados são significantes. São diretrizes para a construção do sentido normativo. A norma jurídica, produzida de acordo com as regras do sistema, encontra na base empírica textual (significante) o seu limite de sentido (significado). A indispensável organização sistemática deve ser alcançada por meio da classificação das atipicidades, com vistas a conferir previsibilidade às consequências jurídicas possíveis. A documentação da linguagem deve ser a justificativa da decisão.

Sobre o assunto, João Maurício Adeodato elucida que os significantes da linguagem "constituem o elo de ligação entre a esfera ideal da mente humana e a esfera real dos eventos. Eles são gerais como o significado ideal que transmitem", porém se incluem "no mundo real como ato de comunicação". No caso normativo, através de textos.[467]

Desse modo, ao classificar as atipicidades faz-se uso de abstração a partir de um liame entre a representação das espécies de vícios, pela experiência processual vivenciada. Esse

467. ADEODATO, João Maurício. *Uma teoria retórica da norma jurídica e do direito subjetivo*. São Paulo: Noeses, 2011. p.38.

proceder acaba por atribuir mais conteúdo aos enunciados que, por seu turno, também são dotados de valor, próprio de sua natureza significante. Mas assim o é porque o texto é posto como parte constitutiva do ordenamento jurídico, em função dos sujeitos destinatários, vale dizer, dos homens.

Em outros termos, a classificação que se apõe à atipicidade tem o efeito de preencher com mais conteúdo, com mais conotação, o significante, sendo uma ponte para a descrição do significado. O resultado desse percurso é a norma jurídica, proporcionando condições, a que o juiz atue como órgão de salvaguarda das garantias individuais fundamentais (art. 3º-B, *caput*, CPP).[468]

A matéria preenchida pela classificação, relacionada a um ato processual penal específico, decorre da estrutura abstrata dos enunciados. Os elementos que lhe informam são organizados pela teoria que o justifica. A produção da norma jurídica de competência do juiz vai dos enunciados reconhecidos como direito estatal e alinhados conforme metodologia que propicia a diferença do sistema relativamente ao ordenamento jurídico. O critério hierárquico tem a aptidão de outorgar maior eficácia constitucional.

13.6 Objeções a uma classificação unitária das nulidades

Há objeções doutrinárias a uma divisão das categorias de deformidades processuais. Aury Lopes Júnior discorda de uma classificação das atipicidades e considera imprestável o art. 564, do CPP, "para qualquer tentativa de definição precisa em termos de invalidade processual", reputando um erro "pretender estabelecer um rol de nulidades cominadas". Isso porque considera ser "extremamente arriscado definir, *a priori*, os casos de nulidade absoluta ou relativa a partir da estrutura do CPP".[469]

---

468. STF – Pleno – ADI 6298/DF – Rel. Min. Luiz Fux – 24 ago. 2023.

469. LOPES JR, Aury. *Direito processual penal e sua conformidade constitucional*: volume II. 3. ed. Rio de Janeiro: Lumen Juris, 2010. p.422.

Com base em perspectiva analítica, é necessário discernir o ponto de vista dos **observadores** (teóricos), daquele outro dos **participantes** (juízes, órgão autêntico kelseniano). Enquanto o observador pode apontar lacunas e a inutilidade do texto, o juiz há de resolver o caso concreto com o material enunciativo que estrutura o ordenamento jurídico.

Michael Moore nota que, depois de Hebert Hart, passou a ser comum distinguir duas figurações sobre o direito:

(1) a primeira é a perspectiva interna relativamente a um determinado sistema jurídico, adotada pelos que participam, efetiva ou indiretamente, como seus atores jurídicos;

(2) a outra é a perspectiva externa do direito em geral, acolhida pelos que dele não participam como seus agentes de produção.

O teórico pode trabalhar a partir de cada uma dessas posturas.[470]

Aury Lopes Júnior está correto ao apontar as deficiências do CPP de 1941 acerca da temática das nulidades processuais penais. No entanto, ao refutar a adoção de critério classificatório para minimizar as dificuldades de aplicação daquele texto, o autor exacerba a posição de observador e deixa de contribuir para que o participante, juiz, possa adotar critério procedimental apto a minimizar a contingência excessiva na atividade de reconhecimento e declaração de invalidades.

Vale repisar que Hebert Hart influenciou essa distinção, muito útil à ampliação da percepção. Uma coisa é a postura do observador (externa ao sistema), outra é aquela do funcionário ou tribunal (interna àquele).

---

470. MOORE, Michael S. Interpretando a interpretação. In: *Direito e interpretação*. Andrei Marmor (org.). Tradução: Luís Carlos Borges. São Paulo: Martins Fontes, 2004. p.41.

Por exemplo:

(1) quando se vai da afirmação de que uma lei concreta é válida porque aprovada conforme o sistema, para outra de que ela "é usada pelos tribunais, funcionários e particulares como a regra última de reconhecimento": migra-se "de uma afirmação interna de direito, enunciando a validade de uma regra de um sistema, para uma afirmação de facto externa que um observador do sistema poderia fazer, mesmo que não a aceitasse";

(2) analogamente, quando se parte da afirmação de que "uma lei concreta é válida" para outra, "de que a regra de reconhecimento do sistema é excelente e o sistema nela baseado merece ser apoiado", passa-se de uma conclusão sobre a validade jurídica para uma outra, externa, de afirmação de um valor.[471]

É de ver que Aury Lopes Júnior aponta críticas coincidentes com as que fazem parte de uma teoria que divide os defeitos processuais em categorias:

(1) primeiramente, o jurista pondera que "o fenômeno da relativização das nulidades (absolutas) do processo civil está sendo utilizado (e manipulado) para, no processo penal, negar-se eficácia ao sistema constitucional de garantias";

(2) em segundo lugar, denuncia que "muitos são os julgados em que se invoca o pomposo (mas inadequado ao processo penal) *pas de nullité sans grief*, desprezando-se que a violação da forma processual implica grave lesão ao princípio constitucional que ela tutela".

471. HART, Herbert L. A. *O conceito de direito*. Tradução: A. Ribeiro Mendes. 5. ed. Lisboa: Fundação Calouste Gulbenkian, 2007. p.119.

Para o autor, "o que importa é que a nulidade deve ser reconhecida, e determinada a eficácia do ato", defendendo que o fito do ato processual, no modo gizado no ordenamento jurídico, é o de conferir "eficácia ao princípio constitucional que ali se efetiva. Logo, a forma é uma garantia de que haverá condições para efetivação do princípio constitucional (nela contido)".[472]

13.7 Interpretação congruente com a finalidade protetiva do direito processual penal

A interpretação dos enunciados processuais penais não é incompatível com a necessidade de uma **linguagem formal**. A forma, como se anunciou, é relevante para se conferir proteção às garantias processuais. Os atos processuais penais são emitidos com base em normas jurídicas. Estas são fruto da interpretação e da incidência que, no processo, é de competência do órgão judicial.

Interpretar pressupõe imponência normativa que, realizada pelo juiz, estabelece a ignição de seu dever jurídico de descrever, em pormenor, o sentido e o alcance dos enunciados. A liberdade jurídica do magistrado é, nesse espaço, um dever-ser existencial, na explicação de Carlos Cossio. Aquela situação é própria a antecipar um projeto de possibilidades, programado pelo pensamento normativo.[473]

Os métodos de interpretação podem ser importantes à tomada da decisão. Seguindo essa perspectiva, arrimada em Karl Larenz, a interpretação é compreendida como atividade que "não deve ser deixada ao arbítrio do intérprete, mas decorrer de modo seguro e comprovável", pelo que "é preciso ter determinados critérios de interpretação com os quais o intérprete se possa guiar. Tais critérios foram desenvolvidos

---

472. LOPES JR, Aury. *Direito processual penal e sua conformidade constitucional*: volume II. 3. ed. Rio de Janeiro: Lumen Juris, 2010. p.423-424.

473. COSSIO, Carlos. *La teoría egológica del derecho y el concepto jurídico de libertad*. 2. ed. Buenos Aires: Abeledo-Perrot, 1964. p.120-121 (tradução livre).

pela metodologia jurídica".[474] Entende-se, nessa linha de raciocínio, que não prescindir dos limites metodológicos é premissa de relevo para se trabalhar com as normas processuais penais de forma comprometida com o núcleo de pedra do direito processual penal constitucional.

Nesse diapasão, norma jurídica, enquanto conhecimento (pensamento racional), é teto (limite) estrutural (metodológico). Para a sua construção, devem ser consideradas as fontes do direito reconhecidas pelo Estado. Assim, estão incluídos os tratados e as convenções, bem como os julgados internacionais (Corte Interamericana de Direitos Humanos – CIDH e Tribunal Penal internacional – TPI) que decorram daqueles diplomas, contemplados pelo texto constitucional (art. 5º, §§ 2º e 4º, CF).

Entrementes, é de ver que a ideia de texto como limite e de métodos para se chegar ao significado aceitável de um enunciado pode ser compatibilizado com a abertura proporcionada pela **hermenêutica filosófica**, desde que contido eventual risco de excessos subjetivistas. Isso porque, como aduz Richard Palmer, "um objeto não tem sentido fora de uma relação com alguém e que a relação determina o significado. Falar de um objeto independentemente de um sujeito que o perceba é um erro conceptual causado por um conceito realisticamente inadequado, quer da percepção quer do mundo".[475] A ilação do autor está em sintonia com o que foi dito acerca dos valores, eis que estes somente são irradiados do enunciado em razão de sua referibilidade a um sujeito que com ele mantém relação.

Diante da contingência existente entre enunciado e intérprete, o rigor metodológico é inferido como o que melhor confere eficácia à Constituição. O conhecimento da estrutura comunicada pelo ordenamento jurídico vigente, é factível, vale dizer, não pode ser ignorado pelos seus destinatários.

---

474. LARENZ, Karl. *Metodologia da ciência do direito*. 5. ed. Tradução: José Lamego. Lisboa: Fundação Calouste Gulbenkian, 2009. p.449-450.

475. PALMER, Richard E. *Hermenêutica*. Tradução: Maria Luísa Ribeiro Ferreira. 13. ed. Lisboa: Edições 70, 2006. p.34.

Por outro lado, a forma autoriza algum espaço de abertura, próprio da linguagem. A limitação dessa plasticidade é viável por intermédio do dispositivo legal ou constitucional, e das relações entre os enunciados reconhecidos como direito vigente.[476]

Como pondera Gregorio Robles, o texto jurídico é um conteúdo aberto, não sendo, a rigor, uma obra encerrada. Nas palavras do autor "a abertura do enunciado normativo consiste em que não se dá de uma vez por todas (como sucede com um romance), senão que se vai gerando e regenerando progressivamente como mecanismo autopoiético que é". O direito em seu ser textual é incompleto: "nunca acabado, senão permanentemente em transformação". Em outros termos, Robles explica que o escrito jurídico (enunciados legislativos, por exemplo) é objeto de reprodução contínua, com nova geração de sentido por meio de decisões diárias que, ao cabo, tomam corpo em novas leis, novas normas ou novas sentenças judiciais.[477]

13.8 Parâmetro textual de controle

Nesse diapasão, o texto legal, constitucional ou enunciativo abstrato é dotado de certa **plasticidade**. Porém é intuitivo que encontre um limite, não podendo a mutação de sentido, por exemplo, ampliar-se ao ponto de igualar as garantias processuais penais àquelas típicas de direitos disponíveis.

As fontes formais, de cognição do direito processual penal, têm função de garantia, de **teto-limite**. Se é possível vislumbrar uma espécie de **limite progressivo** do modelo legal ou plasticidade, não menos exato é que o risco de exageração interpretativa pode ameaçar sepultar a utilidade do texto.

Por outro prisma, a progressividade, muitas das vezes, necessária à sobrevivência do próprio ordenamento jurídico

476. VILANOVA, Lourival. *Causalidade e relação no direito*. 2. ed. São Paulo: Saraiva, 1989. p.70 *et seq.*

477. ROBLES, Gregorio. *El derecho como texto*: cuatro estudios de teoría comunicacional del derecho. Madrid: Civitas, 1998. p.55 (tradução livre).

e inerente à plasticidade da linguagem, é de ser balizada pelo núcleo de garantias fundamentais.

O limite à plasticidade é garantia processual subjacente ao enunciado, cuja validade deve se fundamentar na Lei Maior. As mutações de sentido do dispositivo, por exemplo, não devem chegar ao ponto de autorizar o tratamento tolerante com inconstitucionalidades.

Por exemplo, permitir a relativização das nulidades processuais penais para convalidar atos processuais defeituosos em seus elementos estruturais ou essenciais, é inaceitável forma de flexibilizar garantias individuais. A utilidade classificatória das atipicidades é aferida pela necessidade de regramento das consequências jurídicas a cargo do juiz, reduzindo o espaço da contingência e da discricionariedade, não raramente exacerbado.

Daí que se se pode falar em limite progressivo de um texto legal, em face da evolução interpretativa. De igual modo, deve-se sustentar que o progresso encontra seu limite no teto do teor enunciativo constitucional que o fundamenta. O manejo das fontes de cognição exige exame da origem de sua produção.

Gregorio Robles, embora em perspectiva mais ampliativa, não deixa de considerar a necessidade de critérios e limites à interpretação. Daí ponderar:

(1) de uma vertente, que o direito pode ser contemplado de forma tríplice:

(a) como um sistema ou conjunto de normas;

(b) como um sistema ou conjunto de instituições; e

(c) como um sistema ou conjunto de decisões;

(2) de outra banda que, em qualquer desses casos, "o suporte básico inalterável que dá sentido, seja às normas, seja às instituições, seja às decisões, continuará sendo o ordenamento":

(a) as normas jurídicas são assim consideradas porque pertencem a um ordenamento jurídico específico;

(b) as instituições jurídicas fazem parte de um ordenamento jurídico determinado; e

(c) as decisões guardam relação de pertença com ordenamento jurídico certo, dando lugar a determinados atos jurídicos ou criando novas normas.

Não seria possível, portanto, entender o direito prescindindo da realidade do direito positivo.[478]

13.9 Linguagem formal e hermenêutica no processo penal

Há espaço para se falar em hermenêutica no processo penal. Para tanto, não se quer sugerir uma disciplina diversa, pois a hermenêutica é uma só, comportando subdivisões como hermenêutica clássica, hermenêutica constitucional e hermenêutica filosófica. Objetiva-se evidenciar a possibilidade do uso de métodos tomados não exclusivamente a uma hermenêutica específica, mas também à necessidade do respeito às formas e à postura que atribua valor ao texto enquanto limite.

A linguagem formal para a construção ordenada dos conteúdos não é isenta de expressar um valor, com sentido coincidente, relativamente aos sujeitos que com o texto interagem. Não há incompatibilidade com o raciocínio lógico, muito pelo contrário.

Conferindo plausibilidade a essa afirmação, Ludwig Wittgenstein pontua que "à comunicação por meio da linguagem pertence não só uma concordância quanto às definições, mas também (por estranho que isto possa soar) uma concordância quanto aos juízos. Isto parece abolir a Lógica, mas de facto não o faz". E o filósofo arremata que "uma coisa é descrever

478. ROBLES, Gregorio. *El derecho como texto*: cuatro estudios de teoría comunicacional del derecho. Madrid: Civitas, 1998. p.138-139 (tradução livre).

métodos de medida, uma outra é obter e comunicar resultados de medidas efectuadas". Porém, aquilo que é chamado de "'medir' é também determinado por uma certa constância dos resultados obtidos".[479]

De outro enfoque, a dogmática tem relevo não só material (de método), mas estratégicos (de metodologia). Ela é instrumento importante para a organização dos conteúdos.

Os limites enunciativos, tomados de textos reconhecidos como direito estatal vigente, são os pontos de partida e de chegada para a estruturação das normas jurídicas. O sistema deve explicitar aqueles elementos, com definições delimitadas. São condições de validade da produção normativa e do discurso jurídico.

João Maurício Adeodato, ao se referir aos denominados **constrangimentos dogmáticos**, demonstra a preocupação com um procedimento que anuncie a forma de produção de normas, o que é sobremodo importante para a atividade judicial de controle. Em suas palavras, o sistema dogmático precisa estabelecer normas jurídicas, isto é, positivá-las: "é preciso antes de tudo fixar as regras de base, aquelas que definem quem vai e como vai fixar outras regras para decidir casos individuais. Não pode haver dogmática sem um sistema de regras (supostamente) explícitas". São, destarte, necessárias "as regras máximas, iniciais, do direito positivo".[480]

Nesse quadro, a linguagem formal e a conformidade da classificação dos fenômenos jurídicos são indispensáveis. Variados assuntos precisam de divisão adequada, a exemplo de temas como arquivamento do inquérito policial (art. 28, CPP), competência (art. 69, CPP), prova (art. 155, CPP), medidas cautelares (art. 282, CPP) sentença (art. 381, CPP), nulidades (art. 563, CPP) e recursos (art. 574, CPP).

---

479. WITTGENSTEIN, Ludwig. *Tratado lógico-filosófico. Investigações filosóficas*. 4. ed. Lisboa: Fundação Calouste Gulbenkian, 2008. p.335.

480. ADEODATO, João Maurício. *Uma teoria retórica da norma jurídica e do direito subjetivo*. São Paulo: Noeses, 2011. p.116-117.

O conhecimento dos elementos que estruturam o ato processual penal deve ser comum aos sujeitos processuais, similar ao observado por Wittgenstein, quando aduz que, "uma vez que sabes o que a palavra designa, compreendes a palavra, conheces toda a sua aplicação".[481]

As classes necessitam de identificação de sentido e de alcance. Ada Pellegrini Grinover, Antonio Magalhães Gomes Filho e Antonio Scarance Fernandes comprovam tal ilação ao definir e distinguir os rótulos das atipicidades em "atos inexistentes, irregulares e nulos: nulidade absoluta e relativa".[482] Bem definir a espécie é condição para demarcar e comunicar a consequência jurídica a ser aplicada pelo julgador.

O valor subjacente à classificação, formalizada abstratamente, tem natureza de garantia, notadamente, a liberdade do imputado. Não se pode olvidar que os enunciados infraconstitucionais do processo penal haurem seu fundamento de validade no núcleo constitucional cuja sede de predileção é o art. 5º da Constituição de 1988. O valor da liberdade é objetado à opressão estatal, conhecida histórica que justificou a construção dos direitos humanos fundamentais.

Na lição de Miguel Reale, é um fato de constatação imediata que o ser humano não é capaz de "viver sem atribuir valor às coisas e aos atos e sem neles reconhecer valores positivos ou negativos". Por sua própria natureza racional, a vida humana se desenvolve em uma sucessão de valores.[483] A classificação deve tanto retratar a estrutura formal para produção de normas jurídicas de natureza penal, quanto deve expressar a ideia de proteção do valor liberdade. Se ela não é isenta de

---

481. WITTGENSTEIN, Ludwig. *Tratado lógico-filosófico. Investigações filosóficas.* 4. ed. Lisboa: Fundação Calouste Gulbenkian, 2008. p.344.

482. GRINOVER, Ada Pellegrini; GOMES FILHO, Antonio Magalhães; FERNANDES, Antonio Scarance. *As nulidades no processo penal.* 12. ed. São Paulo: RT, 2011. p.20.

483. REALE, Miguel. *Fundamentos do direito*: contribuição ao estudo da formação, da natureza e da validade da ordem jurídica positiva. São Paulo: RT, 1940. p.304.

pressuposições ideológicas, certo é que seu ponto de partida e seu ancoradouro se situam no texto constitucional.

13.10 Aplicação a caso concreto

O vetor do **princípio da liberdade** (CF, preâmbulo e art. 5º, *caput*) e o **postulado da presunção de não culpabilidade** (art. 5º, LVII, CF) são dois parâmetros nucleares do conteúdo semântico de dispositivos do CPP. Além deles, muitos outros princípios outorgam expectativas futuras na aplicação do direito processual penal, como a ampla defesa e o contraditório (art. 5º, LV, CF).

Os enunciados constitucionais são:

(1) **advertências**;

(2) **constrangimentos dogmáticos**; e

(3) **centros de validade** das decisões concretas.

O art. 392, incisos I ao III, do CPP, tem redação que permite concluir que somente é imperativa a intimação pessoal da sentença ao réu que esteja preso. No entanto, sua leitura deve ser feita à luz daqueles princípios. No processo penal, é assegurada a interposição de recursos, contra as decisões do juiz de primeira instância, pelo próprio réu, pessoalmente (art. 577, CPP). A sua intimação pessoal, independentemente de estar solto ou preso, tem o propósito de garantir aquele direito, expressão da ampla defesa.

Entretanto, na jurisprudência, a ilustrada previsão legal está sendo interpretada de maneira contrária ao princípio do *favor rei*.

O entendimento, inclusive, olvida que a solução adotada finda por evitar um prazo mais ampliado que existiria se fossem exigidas, além da intimação do advogado pela imprensa, também a do réu pessoalmente.

Ademais, a diferença de tratamento devida ao imputado tem foro isonômico (CF, preâmbulo e art. 5º, *caput*), diante da prerrogativa de comunicação processual pessoal com vista dos autos deferida ao Ministério Público.

De acordo com o STJ, "nos termos do art. 392, inciso II, do Código de Processo Penal, a intimação acerca da sentença ou acórdão condenatórios, em se tratando de réu solto, será feita ao advogado constituído através da publicação no órgão de imprensa oficial, sendo desnecessária a intimação pessoal".[484]

Como se depreende, o julgado:

(1) não distingue a existência de postulação leiga perante o juízo de primeiro grau, nos termos do art. 577, do CPP, com a possibilidade de o réu interpor recurso sem seu advogado. Há, inclusive, possibilidade de **colidência de defesas**, ou seja, de conflito entre a **autodefesa** e a **defesa técnica**. Em outros termos, a Corte desconsiderou o fato de que o ordenamento jurídico prevê a possibilidade de divergência entre a vontade de um (que quer recorrer) e a do outro (que não deseja recorrer), independentemente de estar o réu preso ou solto;

(2) generaliza a sistemática da intimação da sentença, para inserir no seu âmbito a expressão "acórdão condenatório", em interpretação extensiva restritiva ao direito à ampla defesa com os recursos a ela inerentes (art. 5º, LV, CF);

(3) afirma ser "desnecessária a intimação pessoal", criando, também indevidamente, norma permissiva limitativa do direito de recurso pessoal do acusado, à míngua de fonte legislativa.

---

484. STJ – Sexta Turma – AgRg no AREsp 1668133/SP – Rel. Min. Laurita Vaz – DJe 29 jun. 2020.

13.11 Conclusão e próximo capítulo

Os enunciados que constituem o ordenamento jurídico destinam-se a uma aplicação. Tratando-se de textos sobre formas processuais, o valor que deles emana é, notadamente, de proteção das garantias. A semântica das disposições processuais penais deve se referir, especialmente, ao imputado. Suas normas constituem a primeira dimensão de direitos fundamentais.

O valor liberdade opõe resistência ao *jus puniendi* e permeia a intepretação das normas jurídicas processuais penais. Esse modo de compreender a semântica dessa disciplina encerra o seu plano estático necessário à definição de um padrão para a produção de normas individuais e concretas.

A ideia é próxima da exposta por Alberto Binder. O autor, em trabalho já clássico, ligou as formas processuais aos princípios de proteção do imputado. Tais princípios, conforme aviva, "conformam uma estrutura (macro) que logo se concretiza em cada caso (micro). As formas fazem esse traslado e, por isso, garantem o cumprimento daqueles princípios". Quando uma forma é violada, há produção de "um aviso, uma advertência sobre o perigo ou a afetação de um princípio". Segundo o jurista, "a teoria da nulidade não tem prestado atenção à diferença entre o risco e a afetação". Distingue, destarte, que a forma é garantia não porque ela assegura o cumprimento do princípio, mas porque favorece sua vigência e gera "as condições de advertência que facilitam sua reparação quando venha a ser violado".[485]

Em outras palavras, a proteção dos valores estampados no núcleo duro de garantias processuais penais, principiologicamente, não é realizada só pela existência de enunciados infraconstitucionais que autorizam a construção de regras.

485. BINDER, Alberto M. *El incumplimiento de las formas procesales*: elementos para uma crítica a la teoría unitaria de las nulidades en el processo penal. Buenos Aires: Ad-Hoc, 2000. p.95 (tradução livre).

Vale dizer, o juiz, ao verificar ferimento a direito, deve desempenhar uma atividade produtiva de normas de verificação, fazendo funcionar, dinamicamente, a estrutura sintática do sistema processual penal.

No próximo capítulo, será analisada a fundamentação da estrutura sintática que define as vias para a produção de normas individuais e concretas durante a persecução penal. É o primeiro passo para o estudo da parte dinâmica da produção normativa. Os elementos que compõem o sistema definem o procedimento para a documentação de atos processuais, sempre tendo a norma jurídica como conceito indispensável à justificação racional da atividade de regulação, **retrospectiva** e **atual**. De forma **prospectiva**, a fundamentação da teoria possibilita controle de expectativas futuras.

INTERPRETAÇÃO		
Piso e teto	**Metodologia**	**Produto**
- texto do direito positivo (CF, leis, súmulas vinculantes)	- métodos clássicos de interpretação - hermenêutica filosófica - identificação de relações	- norma jurídica - sentença judicial - decisões jurídicas

II – DINÂMICA DO PROCESSO PENAL

Quarta Parte

PRODUÇÃO NORMATIVA NO PROCESSO PENAL

CAPÍTULO 14

PLANO SINTÁTICO DAS NORMAS PROCESSUAIS PENAIS

14.1 Competência e relação normativa

O plano sintático é composto por duplo aspecto:

(1) estrutura das normas jurídicas;

(2) estrutura de produção normativa.

Dissecando as articulações entre a engrenagem de emissão de normas e o seu resultado, a sintaxe do sistema jurídico se configura por uma sucessão de camadas:

(1) normas jurídicas delimitadoras de competência;

(2) exercício de competência, mediante aplicação de normas jurídicas;

(3) relação entre documentos normativos de hierarquia diversa;

(4) implicação recíproca entre os elementos de normas jurídicas, por relações intranormativas (no interior

da mesma norma jurídica) ou internormativas (entre normas jurídicas distintas).

Nessa direção, Paulo de Barros Carvalho explica que, no sistema jurídico, "o aspecto sintático se apresenta nas articulações das normas entre si". De tal modo, é de ordem sintática a relação que se dá entre a norma da Constituição e a da lei ordinária. Também pertencem à sintaxe:

(1) "o vínculo entre a regra que estipula o dever e a outra que veicula a sanção"; e

(2) "a estrutura intranormativa e, dentro dela, o laço condicional que une antecedente (hipótese) ao consequente".[486]

14.2 Estrutura e modais lógicos

A estrutura lógica pode ser apresentada de forma ideal. Para tanto, o sentido das normas jurídicas deve ser isolado racionalmente. Sob lente metafórica, a estrutura será o denominador comum de todas as normas jurídicas processuais penais. Da abstração da estrutura extrai-se o que há de identidade essencial ou necessária. O que estiver sujeito à interferências e diferenças, é contingente ou acidental.

Com base em Edmund Husserl, explica-se que "toda essência, seja ela uma essência de cunho material ou uma essência vazia (portanto, puramente lógica), insere-se numa escala eidética, numa escala de generalidade e de especialidade". Note-se que o vocábulo **eidos** tem o sentido de essência, de **nível estratégico**, mais elevado. Na estrutura jurídica, deve-se referir às articulações responsáveis pelo pensamento normativo. Segundo o filósofo, da essência (**eidética**), fazem parte, necessariamente, dois limites, jamais coincidentes:

---

486. CARVALHO, Paulo de Barros. *Direito tributário*: linguagem e método. 5. ed. São Paulo: Noeses, 2013. p.216.

(1) **no sentido descendente**: o pensamento deve chegar "às diferenças específicas mais baixas" ou, igualmente, "às singularidades eidéticas";

(2) **na linha ascendente**: deve-se passar "pelas essências de espécie e de gênero", até alcançar "um gênero supremo".

Entretanto, Edmund Husserl lembra ser preciso:

(1) primeiramente, que sejam apresentadas, com nitidez, as relações de **especialização** e de **generalização**, relativamente a tipos distintos. Vale dizer, deve-se diferenciar "a passagem do material à generalidade no formal lógico puro ou, inversamente, a materialização de um formal lógico";

(2) em seguida, separar a **generalização** de algo absolutamente distinto, que é a **formalização**, eis que esta desempenha outro papel, muito importante, por exemplo, na órbita da análise matemática;

(3) por derradeiro, discernir **especialização** de algo totalmente diferente, que é a **desformalização**, compreendida esta como "enchimento de uma forma lógico-matemática vazia, por exemplo, de uma verdade formal". Em outros termos, "o enchimento das formas lógicas vazias (e não há outra coisa que formas vazias na *mathesis universalis*) é, portanto, uma 'operação' totalmente diferente da especialização autêntica até a diferenciação última".[487]

Quando da caracterização das classes normativas no processo penal, a partir da inserção de conteúdos jurídicos na estrutura previamente identificada, há enchimento de conteúdo na forma lógica constante estipulada para cada categoria. Isto é, ocorre desformalização.

---

487. HUSSERL, Edmund. *Ideias para uma fenomenologia pura e para uma filosofia fenomenológica*: introdução geral à fenomenologia. Tradução: Márcio Suzuki. 2. ed. Aparecida: Ideias Letras, 2006. p.50-51.

A estrutura lógica pode ser examinada mais de perto.

Por exemplo: a norma jurídica que reconhece nulidade absoluta do processo por suspeição do juiz (arts. 101, 564, II, CPP) deve criar um elo, mediante a produção de outra norma jurídica, constitutiva da invalidade. Esse liame é designado como um **dever-ser modalizado**, expressão haurida de autores como Lourival Vilanova.

Nas palavras do jusfilósofo, dever-ser é um **operador diferencial**, próprio da "linguagem das proposições normativas". Como elucida, tenta-se "o experimento linguístico de formular a proposição normativa com algum dos modos da lógica clássica", tripartidos em:

(1) **necessário**: essencial ou devido. Pode ser obrigatório ou proibido, isto é, devido fazer (cogente) ou devido não fazer (vedado);

(2) **contingente**: acidental ou desnecessário (irrelevante); e

(3) **possível**: permitido, facultado ou autorizado (alternativo).

Nesse diapasão, Lourival Vilanova arremata que, "quando a norma de direito impõe obrigação de fazer ou omitir", pode-se "formular a proposição no modal da necessidade". Exemplo: "é necessário que A cumpra ou omita a conduta C". De outra banda, "nas normas permissivas ou facultativas", usa-se o modal facultativo, *verbi gratia*: "é possível que A faça ou omita C".[488]

São casos, aliás, constatados na legislação:

(1) o art. 321, primeira parte, do CPP, preconiza dever jurídico ao juiz de conceder liberdade provisória (modal obrigatório – necessidade), toda vez que estiverem ausentes os requisitos da prisão preventiva.

---

488. VILANOVA, Lourival. *Estruturas lógicas e o sistema de direito positivo*. São Paulo: Noeses, 2005. p.69.

Não há espaço para o arbítrio de não se aplicar a consequência jurídica ali prevista;

(2) a segunda parte daquela disposição, em cotejo com o § 1º, do art. 282, e com o art. 319, prevê a permissão (modal facultativo – possibilidade) de aplicação de medidas cautelares diversas da prisão, de forma isolada ou cumulativa. Há maior espaço de avaliação outorgado à cognição judicial, conquanto não deva agir arbitrariamente, mas dentro dos lindes legais de proporcionalidade (necessidade e adequação).

Tal significa dizer que a consequência jurídica pode se apresentar de forma diversa, oscilando entre os modais permitido e obrigatório, a depender da classificação do fato jurídico processual penal. A classificação não deve ser arbitrária, mas baseada em elementos que compõem a estrutura do procedimento.

O dever-ser modalizado retrata a possibilidade de edição de norma jurídica sancionadora ou consequente. Essa norma jurídica deve ser o resultado representativo de uma daquelas formas deônticas.

De acordo com Tácio Lacerda Gama, há de se distinguir o modal, consoante se cuide de forma deôntica ou alética da norma jurídica, ainda que seja possível estabelecer uma analogia:

(1) **modal deôntico** (**dever-ser**): é "conectivo que vincula duas proposições prescritivas, formando um juízo condicional normativo. A vinculação proporcionada pelo modal deôntico é fruto de um ato de vontade". Divide-se em:

(a) obrigatório (devido): exemplificando, o art. 301, segunda parte, do CPP, aviva o dever jurídico das autoridades policiais e de seus agentes de prenderem quem quer que seja encontrado em flagrante delito (**modal obrigatório**);

(b) proibido (vedado): o parágrafo único, do art. 292, do CPP, estatui ser "vedado o uso de algemas em mulheres grávidas durante os atos médico-hospitalares preparatórios para a realização do parto e durante o trabalho de parto, bem como em mulheres durante o período de puerpério imediato" (**modal proibitivo**);

(c) permitido (autorizado): por exemplo, § 4º, do art. 384, do CPP, dispõe que, sendo aditada a denúncia, "cada parte poderá arrolar até 3 (três) testemunhas, no prazo de 5 (cinco) dias, ficando o juiz, na sentença, adstrito aos termos do aditamento" (**modal facultativo**);

(2) **modal alético** (**ser**): da lógica clássica alética, está situado entre proposições descritivas. Consiste em "conectivo que vincula duas proposições descritivas, expondo, por exemplo, uma lei da natureza".[489] Pode se apresentar, como verbera Fábio Tfouni, não somente como verdadeiro ou falso, mas, na ótica do **quarteto modal aristotélico**, em:

(a) necessário ou contingente;

(b) possível ou impossível.[490]

Como exemplo de modal deôntico proibido, vale citar a **pescaria probatória**, descrita por Alexandre Morais da Rosa. Traduzida para o inglês, a *fishing expedition* seria "a prática relativamente comum de se aproveitar dos espaços de exercício do poder para subverter a lógica das garantias constitucionais". De acordo como jurista, tem-se ampliado o uso de tecnologia com o fito de obtenção de prova por meios ilícitos para, em seguida, forjar sua aparente licitude. Na sua dicção,

489. GAMA, Tácio Lacerda. *Competência tributária*: fundamentos para uma teoria da nulidade. 2. ed. São Paulo: Noeses, 2011. p.L-LI.

490. TFOUNI, Fabio Elias Verdiani. O deôntico como manifestação do alético na psicanálise e no discurso. *Fractal: Revista de Psicologia*, Rio de Janeiro [UFF], v.27, n.3, p. 319, dez. 2015.

"a vedação ao *fishing expedition* pode ser entendida como consequência lógica da garantia contra a autoincriminação – *privilegie against self-incrimination*".[491]

Insere-se no âmbito da pescaria probatória (*fishing expedition*) a emissão de mandado de busca e apreensão genérico ou coletivo, com o fito de autorizar o ingresso da polícia em todas as residências de uma localidade, *a similii* de um cheque assinado em branco.

Explica Lourival Vilanova que "na proposição normativa ou deôntica, o dever-ser (que se triparte nas modalidades O, P, V, obrigatório, permitido e proibido) é constitutivo da estrutura formal, é o operador específico que conduz à proposição deôntica". Caso esteja ausente o conectivo **dever-ser**, desata-se a estrutura normativa, assim como "se desfaz aquela outra estrutura se suprimirmos o concectivo apofântico é". Sob outro prisma, "é sintaticamente correto sobrepor um modal alético a uma estrutura modalmente deôntica. Assim: 'é necessário, é contingente, é possível que dado A, deve-ser B'".[492]

Exemplo de modal alético, sobreposto a uma estrutura com modal deôntico é o parágrafo único, do art. 362, do CPP, ao ditar que uma vez "completada a citação com hora certa, se o acusado não comparecer, ser-lhe-á nomeado defensor dativo". Em outras palavras, é necessário que seja nomeado defensor dativo ao imputado, se este não comparecer depois de concluída a citação com hora certa.

14.3 Estrutura, competência penal e nulidade

A regra definidora da nulidade processual é constituída pelo reconhecimento de atipicidade de ato processual penal e pela classificação dada à atipia. Ao **juiz competente** para

---

491. ROSA, Alexandre Morais da. *Guia do processo penal conforme a teoria dos jogos*. 6. ed. Florianópolis: EMais, 2020. p.675.

492. VILANOVA, Lourival. *Estruturas lógicas e o sistema de direito positivo*. São Paulo: Noeses, 2005. p.70.

processar e julgar a causa, caberá observar os contornos sintáticos dessa norma jurídica, cujo efeito é individual e concreto:

(1) individual porque se reporta, como regra, às partes;

(2) concreto porque a norma é dotada de operatividade, vista pela criação de dever jurídico para o mesmo juiz, que deve produzir outra regra, de invalidação, convalidação ou saneamento.

A concretização da sintática se dá pela fundamentação.

Porém ela retrata possibilidade de controle, demarcado pela **regra de competência**. A competência penal é instituto de divisão do exercício de jurisdição, ou seja, é o modo de repartição de parcela do poder estatal. Sua existência no ordenamento jurídico tem supedâneo em **condições de possibilidade** que, no **plano alético**, envolve três dimensões necessárias:

(1) de espaço: o exercício da competência deve se limitar ao território demarcado;

(2) de tempo: a competência tem operatividade restrita ao seu quadro de vigência (art. 2º, CPP);

(3) de matéria: a ignição da regra de competência depende da sua relação com o conteúdo inserido no centro de imputação do órgão jurisdicional.

Note-se que a competência penal, ainda, deve se circunscrever, no **plano deôntico**, a regras que conformam dois grandes critérios:

(1) **critério material**, cuja referência é a composição do tipo penal (objetivo ou subjetivo):

(a) competência em razão da matéria ou *ratione materiae*: definida pelo conteúdo da infração penal, consoante o objeto material ou o bem jurídico afetado (art. 74, CPP);

(b) competência em razão do lugar ou *ratione loci*: fixada de acordo com local do cometimento da infração ou onde considerada a sua prática (arts. 69, I; 70, CPP); e

(c) competência em razão da função ou *ratione personae*: certificada em compasso com a qualidade do sujeito ativo do delito (art. 69, VII, CPP);

(2) **critério funcional**, cuja base de definição é a morfologia do processo penal:

(a) de acordo com a fase do processo (arts. 74, § 3º, CPP);

(b) conforme o objeto do juízo (delimitação da cognição judicial para o exercício da competência – arts. 3º-B, *caput*[493]; 92; 482; 492, CPP);

(c) consoante o grau de jurisdição (competência recursal – art. 582, CPP).

Reforçando a necessidade de respeito a uma ordenação, estruturada, de divisão racional do poder jurisdicional, cabe trazer à ribalta o que enfatiza João Maurício Adeodato. A jurisdição, o processo e a decisão são elementos da série de procedimentos que se reúnem em prol de uma **concretização dogmática**: "o constrangimento à fundamentação (*Bergründungszwang*) e o problema da legitimidade do direito".[494]

A estruturação das situações de fato em, classes normativas, deve ser compatível com os sinais linguísticos do ordenamento jurídico. Com a descrição de seus elementos lógico-abstratos, tem-se a vantagem de otimizar a percepção do respetivo campo de incidência.[495]

---

493. STF – Pleno – ADI 6298/DF – Rel. Min. Luiz Fux – 24 ago. 2023.

494. ADEODATO, João Maurício. *Uma teoria retórica da norma jurídica e do direito subjetivo*. São Paulo: Noeses, 2011. p.325.

495. VILANOVA, Lourival. *Causalidade e relação no direito*. 2. ed. São Paulo: Saraiva, 1989. p.87.

14.4 Critério pessoal. Regra de competência

A regra que aponta a competência do juiz é pressuposta ao exame da licitude de todos os outros elementos que compõem a formação de um ato. Não sendo competente para o processamento e julgamento da causa, os atos processuais viciados por outro motivo, serão, antes, fulminados em razão de um vício de maior gravidade, qual seja, a incompetência absoluta.

No entanto, a violação da regra de competência impede que o julgador proceda à emissão de normas jurídicas perfeitas ou tendentes a sanear qualquer vício. A solução para o impasse é a remessa dos autos ao juiz competente que, por sua vez, deverá adotar as medidas necessárias para o desfazimento dos efeitos do ato expedido pela autoridade judiciária incompetente absolutamente.

Dois artigos do Código de Processo Penal são ilustrativos dessa regra:

(1) o primeiro é o art. 251, primeira parte, que diz que "ao juiz incumbirá prover à regularidade do processo e manter a ordem no curso dos respectivos atos". É dever do juiz velar pela higidez dos atos processuais penais. Para tanto, deve ser, antes, competente, em atendimento à disposição constitucional que assegura que ninguém será **processado** nem **sentenciado** senão pela autoridade competente (art. 5º, LIII, CF/1988).

(2) o segundo dispositivo é o art. 419, parágrafo único. O seu *caput* estatui que, ao desclassificar a infração penal no rito do júri, se o juiz não for competente para o julgamento, remeterá os autos ao magistrado que o seja. No parágrafo único, arremata o legislador que uma vez "remetidos os autos do processo a outro juiz, à disposição deste ficará o acusado preso". Veja-se que quem se declara incompetente não deve corrigir atos processuais, a exemplo da prisão preventiva decretada por ele de forma indevida (arts. 311 e 312,

CPP). Cabe ao magistrado do juízo de destino deliberar acerca de nulidades processuais penais.

O **critério pessoal** das normas jurídicas emitidas em torno do fenômeno da atipicidade processual penal aponta o juiz responsável pela produção do ato. Tácio Lacerda Gama elucida os limites da ação criativa de normas (**nomogenética**). Aviva o autor que um órgão jurisdicional (participante do sistema jurídico-processual) é quem "decide sobre a licitude ou ilicitude da ação nomogenética".[496]

É o juiz que, realizando uma espécie de controle dos atos processuais penais já produzidos, decide sobre a licitude ou ilicitude da **gênese normativa**, ou seja, resolve se a incidência do ato processual sindicado foi perfeita ou imperfeita. A incidência não ocorre ao acaso, mas por implicação normativa pendente de um atuar do sujeito competente apontado pelo ordenamento jurídico.

O juiz, aferindo a exatidão de elementos de conexão entre a norma antecedente e a outra que decorre dela, descreverá uma conclusão, retratando uma apreciação causalista da produção de normas.

O STJ relacionou juízos antecedente e consequente ao examinar o alcance de apelação contra decisão do júri, fundada na manifesta contrariedade à prova dos autos (art. 593, III, "d", CPP). No inteiro teor do acórdão, consta que o voto do relator, Ministro Ribeiro Dantas, consignou:

(1) relação com "dois juízos distintos feitos pelo magistrado ao se debruçar sobre as provas que embasam uma condenação por crime doloso contra a vida":

(a) o primeiro, antecedente, "analisa a existência das provas, e é isso que deve o Tribunal fazer ao julgar uma apelação fundada no art. 593, III, "d", do CPP";

---

496. GAMA, Tácio Lacerda. *Competência tributária*: fundamentos para uma teoria da nulidade. 2. ed. São Paulo: Noeses, 2011. p.329.

(b) o juízo seguinte, de ordem consequente, alude "ao grau de convencimento pessoal do julgador pelo conjunto probatório existente, a fim de aferir se é adequado ou não para condenar o réu".

(2) ser imperioso, no julgamento de apelação fundada no art. 593, III, "d", do CPP, restrita aos casos de julgamento por crimes dolosos contra a vida, destacar que:

(a) aos juízes togados cabe tão somente o juízo antecedente;

(b) o juízo consequente compete ao júri;

(c) a cognição judicial do apelo se encerra com o primeiro juízo, relativo à certificação em torno da existência das provas, vale dizer:

(c.1) sendo juízo afirmativo da presença de provas (positivo), "a apelação deve ser desprovida, porque não incumbe ao Tribunal prosseguir ao juízo consequente";

(c.2) se negativo esse juízo (antecedente), em face do veredito ser "completamente dissociado das provas (*rectius*: quando não houver prova de algum dos elementos essenciais do crime)", o recurso deve ser provido e a sentença anulada;

(c.3) caso o tribunal exceda tais limites e realize o juízo consequente, haverá afronta à "soberania dos veredictos prevista no art. 5º, XXXVIII, "c", da Constituição da República";

(c.4) se, diferentemente, o tribunal que julgar a apelação "exagerar na postura de autocontenção e não fizer sequer o juízo antecedente, incorrerá em nulidade por negativa de prestação jurisdicional".[497]

497.. STJ – Quinta Turma – AREsp 1803562/CE – Rel. Min. Ribeiro Dantas – DJe 30 ago. 2021.

A aplicação da estrutura relacional pela Corte Superior comprova a fertilidade pragmática da teoria. As normas jurídicas estão enlaçadas e devem ser produzidas conforme estabelecido pela nomogenética do sistema.

Como pondera Tácio Lacerda Gama, "se uma norma existe no sistema jurídico é porque está em relação com outra norma". Vale dizer, "se o participante – órgão jurisdicional – decidir que a norma foi criada de forma lícita, ela, portanto, está em relação com a que prescreveu a sua competência". Por outra vertente, quando o magistrado decide que a criação da norma ocorreu de forma ilícita, tal significar afirmar que "a norma irregular não está em relação com a norma de competência, mas sim com a que sanciona o exercício inadequado da atividade nomogenética".[498]

14.5 Critério espacial. Limites da jurisdição

A jurisdição, conceito fundante e designativo da função judicante típica, é limitada pela competência do órgão jurisdicional. Por ser função, a jurisdição é ontologicamente incindível. Seus contornos de prestação são realizados pelos enunciados que servem de lastro à edição da regra de competência.

No processo penal, o critério espacial das normas individuais e concretas é limitado pelos efeitos que a decisão judicial produz. Por exemplo, em regra, os efeitos da nulificação e da consequência jurídica são **endoprocessuais**, isto é, operam no interior do processo.

14.6 Aspecto espaço-temporal da nulidade

A disciplina legal sobre nulidades disposta no Código de Processo Penal é destinada a regular atipicidades da **persecução penal em juízo**. As nulidades processuais penais em

---

498. GAMA, Tácio Lacerda. *Competência tributária*: fundamentos para uma teoria da nulidade. 2. ed. São Paulo: Noeses, 2011. p.329.

espécie, arroladas no art. 564, daquele Código, são alusivas a omissões de fórmulas ou termos de atos processuais ou à prática de ato processual de forma não autorizada ou proibida pelo ordenamento jurídico. O Título I, do Livro III, do Código, que trata das nulidades, visa a regular vícios ocorridos durante o curso do processo, vale dizer, depois de ter sido oferecida ação penal, perante juiz competente.

Daí que o termo nulidade seria reservado para qualificar atos processuais atípicos, evitando-se sua assimilação à fase de investigação preliminar. A nulidade teria lugar depois de oferecida a ação penal (**aspecto temporal**) e no interior do processo (**aspecto espacial**).

Nessa direção, Renato Marcão enfatiza que "não há nulidade em inquérito policial". Conforme aduz, "o que pode ocorrer, e não raras vezes ocorre, é a prática de irregularidade/ilegalidade". O processualista pontifica que tal forma de compreensão é de abordagem tranquila tanto na doutrina, quanto na jurisprudência. Dessa maneira, eventual irregularidade, "qualquer que seja sua natureza", não é apta a contaminar atos do processo penal. Daí que "não cabe ser arguida após a instauração do processo com vistas a pretender a invalidação deste".[499]

Consiste no entendimento de que, no curso de inquérito policial ou de procedimento extrapolicial similar, não há propriamente nulidade, tal qual pretendeu o legislador do CPP de 1941. No entanto, tal conclusão não chega a afastar a possibilidade de ilicitudes, de defeitos de atos procedimentais que, ao cabo, podem violar direitos fundamentais.

14.6.1 Nulidades na persecução penal estatal e divisão de competência

Ainda que não se use o termo nulidade para qualificar defeitos do inquérito policial, por razões de ordem lógica, pondera-se,

---

499. MARCÃO, Renato. *Curso de processo penal*. São Paulo: Saraiva, 2014. p.999.

todavia, que é possível vício nessa fase, por desatendimento de modelos legais. Violações a direitos fundamentais podem advir no curso da investigação preliminar. Independentemente do nome que se dê, fato é que pode haver ilicitude na investigação.

Em outras palavras, é igualmente possível aplicar o regime jurídico das nulidades processuais penais às ilicitudes que se constatam na investigação preliminar. A extensão dos efeitos das invalidades de atos de inquérito policial, como regra, não se espraia ao processo penal. São defeitos restritos, internos à investigação. Quando o vício afeta a ação ou o processo penal, é possível justificar que o motivo da invalidade decorre da fase investigativa, em virtude de contaminação do suporte da acusação.

De tal maneira, haverá estrutura normativa de atipicidade no inquérito policial de forma similar àquela que se dá no correr do processo penal, seja condenatório, seja de execução penal. A nota distintiva, como se verá, reside no relato normativo dirigido à construção da norma jurídica derivada do reconhecimento da deformidade do ato.

A aproximação de pontos comuns classificatórios é fundamental para assentar as relações entre as estruturas normativas da nulidade e da invalidação, seja no espaço do inquérito policial, seja no do processo penal.

A natureza do vício, em cotejo com a espécie de norma jurídica violada com a prática do ato, é fundamental para o acerto da construção da norma jurídica consequente. O ato procedimental (**persecução penal preliminar**) ou processual (**persecução penal em juízo**) que tenha se afastado dos ditames do ordenamento jurídico, pode confrontar norma penal (**ilicitude**) ou norma processual penal (**ilegitimidade**).

14.6.2 Nulidade em momento anterior e a competência do juiz das garantias

As garantias fundamentais, que poderão estar em jogo em fases anteriores ou posteriores à deflagração do processo penal condenatório, devem se submeter ao feixe de poderes do Judiciário, no seu papel de tutor das liberdades públicas. Decerto, a salvaguarda dos direitos individuais, a teor do art. 3º-B, do CPP, caberá ao juiz das garantias, competência que perdura até o momento do oferecimento da denúncia ou da queixa (condicionante temporal decorrente da declaração de inconstitucionalidade do seu inciso XIV[500]).

Sobre o rol das matérias de sua competência, que programa a imunização das normas individuais e concretas inseridas, no sistema, pelo juiz das garantias (objeto de controle de constitucionalidade), o STF deliberou por:

(1) declarar a constitucionalidade do *caput*, do indigitado dispositivo legal, e a necessidade de adequação dos órgãos do Poder Judiciário;

(2) conferir **interpretação conforme**:

(a) aos incisos IV, VIII e IX, do referido art. 3º-B, "para que todos os atos praticados pelo Ministério Público como condutor de investigação penal se submetam ao controle judicial", (HC 89.837/DF, Rel. Min. Celso de Mello), inclusive atribuindo ao Ministério Público o dever jurídico de encaminhar, sob cominação de nulidade, todos os procedimentos investigativos criminais (PIC), bem como "outros procedimentos de investigação criminal, mesmo que tenham outra denominação, ao respectivo juiz natural, independentemente de o juiz das garantias já ter sido implementado na respectiva jurisdição";

(b) ao seu inciso VI, para prever que o exercício do contraditório, a ser concedido previamente a prorrogações de medidas cautelares prisionais ou alternativas à prisão, será, **preferencialmente**, em audiência pública e oral. A Suprema Corte inseriu **modal**

500. STF – Pleno – ADI 6298/DF – Rel. Min. Luiz Fux – 24 ago. 2023.

permissivo consecutivo ao modo deôntico obrigatório contido nesse enunciado;

(c) ao inciso VII do mesmo art. 3º-B do CPP, para estabelecer que, nos requerimentos de produção antecipada de provas consideradas urgentes e não repetíveis", o juiz das garantias pode deixar de realizar a audiência prevista para o exercício do contraditório e da ampla defesa, quando houver risco para o processo, ou, ainda, postergá-la em caso de necessidade. Releva ponderar, contudo, que o autorizativo, se aplicado, terá o potencial de interferir, negativamente, no valor da prova produzida.[501]

A competência do juiz das garantias, portanto, recebe a interferência de dois aspectos que condicionam a perfectibilidade das normas jurídicas individuais e concretas que pode introduzir no sistema: o **tempo** e o seu âmbito material contornado pelo STF. Em auxílio à compreensão da importância da regra de competência, o sempre lúcido magistério de Tácio Lacerda Gama. Na sua dicção, o atributo comum objeto de controle é a "criação ilícita de normas", pois "se criar norma pode ser entendido como uma ação juridicamente regulada, é possível, também, que essa ação seja considerada lícita ou ilícita, conforme tenha sido praticada segundo a norma que prescreve a licitude – norma de competência – ou segundo aquela que estabelece os efeitos da ilicitude – norma sancionatória da competência".[502]

14.7 Critério espacial em processo penal distinto. Revisão criminal e rescindibilidade

Situação diversa é o critério espacial de um processo penal distinto do processo penal condenatório de referência. Por

501. STF – Pleno – ADI 6298/DF – Rel. Min. Luiz Fux – 24 ago. 2023.

502. GAMA, Tácio Lacerda. *Competência tributária*: fundamentos para uma teoria da nulidade. 3. ed. São Paulo: Noeses, 2020. p.362.

exemplo: revisão criminal arrimada em atipicidade do processo criminal que condenou o imputado por sentença eivada de nulidade absoluta (art. 621, CPP).

A rigor, nos autos da revisão criminal, não há que se falar, tecnicamente, em nulidade. A nulidade absoluta, para existir em um processo penal, há de ser reconhecida antes de sua **preclusão máxima**, que é a formação de **coisa julgada material**. Depois de perfeita a jurisdição, não há como se revolver para declarar nulidade da sentença ou do processo onde ocorreu espacialmente a deformidade processual.

Daí que a sentença penal condenatória transitada em julgado, porém com alguma atipicidade, é melhor classificada como **rescindível**, o que evidencia o seu **critério espacial normativo**.

A classe **nulidade absoluta** não tem lugar na revisão criminal porque:

(1) a uma, foge à sistemática do Código de Processo Penal, que se reporta a saneamento de atos do processo em que ocorreu o vício;

(2) a duas, porque as categorias de vícios não têm a utilidade que se vê no processo penal ainda pendente de definitividade.

Em outras palavras, na revisão criminal, o vício grave, estipulado por lei, é sempre justificativa para a desconstituição dos efeitos do julgado, não lhe sendo aplicáveis os princípios que informam a temática das nulidades processuais penais.

Decerto, não há saneamento de processo penal condenatório já findo. O que ocorre é a subtração de seus efeitos, ou seja, a cassação ou o cancelamento desses efeitos, característica da **rescindibilidade**. Vale lembrar, ademais, que o *habeas corpus* pode, excepcionalmente, ter a aptidão de rescindir um julgado, como espécie de **sucedâneo da revisão criminal**.

14.8 Critério temporal. Intervalo de aplicação

A produção de normas individuais e concretas deve respeitar o intervalo processual penal. Malgrado as divergências, o termo inicial que se deve considerar para a aplicação da disciplina normativa processual penal (critério temporal), é:

(1) na esfera da persecução penal fora do juízo: o termo inicial é a prática de qualquer ato que deflagre a necessidade de salvaguardar direitos individuais (art. 3º-B, *caput*,[503] CPP). Relembre-se que a investigação preliminar pode ser objeto de controle de correção dos atos procedimentais nela praticados. No entanto, os seus efeitos, geralmente, só ultrapassam seus limites para atingir o processo penal quando produzida norma jurídica que tenha por antecedente ou por pressuposto lógico suficiente o vício perpetrado durante a fase investigativa;

(2) no âmbito do processo penal condenatório: o termo *a quo* é ajuizamento da ação penal, cabe dizer, o oferecimento de denúncia ou de queixa, ainda que pendente o seu recebimento (art. 396, CPP);

(3) no âmbito da execução penal: o termo de início é a emissão da guia de recolhimento.

No curso de processo penal condenatório, o termo final (*ad quem*) é o dia em que transita em julgado a sentença penal condenatória de forma completa, passando pelas etapas sucessivas da coisa julgada (**coisa julgada progressiva**, que pode ocorrer, por exemplo: primeiro, para a defesa de um réu; em seguida, relativamente a outros acusados; e, por último, ao Ministério Público ou querelante).

503. STF – Pleno – ADI 6298/DF – Rel. Min. Luiz Fux – 24 ago. 2023.

Por sua vez, o termo de encerramento na fase do processo executivo deve ser considerado o da declaração de extinção de punibilidade, por sentença, a exemplo daquela que reconhece cumprida a pena em sua integralidade.

14.9 Critério material. Dever-ser neutro. Dever-ser modalizado

O critério material é designação que expressa os elementos que são aptos à composição da facticidade jurídica. Fazem parte do critério material da norma jurídica os aspectos necessários à incidência de norma jurídica subsequente.

Por exemplo: o **critério material genérico** representativo da estrutura da atipicidade. Ele pode ser assim formulado: "desatender o modelo jurídico do ato processual penal".

Dessa afirmação, são deduzidas conclusões a partir de métodos diferentes. O **critério material** pode ser formulado a partir de:

(1) **inferência direta**, para as nulidades cominadas: quando a conclusão do vício se dá por técnica subsuntiva aos tipos elencados em lei; ou

(2) **inferência indireta**, para as não cominadas: quando a aplicação do critério material genérico dependerá da aferição da atipicidade processual, mediante exame da incidência da norma jurídica reguladora do ato processual.

Note-se que a incidência da norma, ilustrada pelo critério material genérico de "desatender o modelo jurídico do ato processual penal", pressupõe, antes, a aferição de imperfeição da incidência da norma jurídica, em cotejo com o esquema típico para a prática do ato.

Pode-se dizer que o critério material da norma jurídica de nulificação é composto pelo núcleo da hipótese normativa, do seu antecedente jurídico. Sua formulação básica se dá pela união do **verbo** "desatender" e do seu **complemento** "modelo jurídico do ato processual penal".

De acordo com Lourival Vilanova, "a hipótese delineia um possível estado de coisas. Que pode já se ter verificado, por isso, imodificável ficou, como ponto fixo para relacionar consequências, estas, sim, normativamente determinadas".[504]

Trazendo tal ilação para o âmbito das condições para o exercício da ação penal (art. 395, II, CPP), tem-se que o antecedente normativo é constituído pela previsão da ocorrência de um fato, para dar à demanda tipicidade e aptidão para ser recebida judicialmente (art. 396, CPP). De tal sorte, a ação penal deve evidenciar:

(1) legitimidade *ad causam* (ativa e passiva – arts. 24; 29; 30, CPP);

(2) interesse processual (exemplo: ausência de prescrição – art. 107, IV, CP; art. 61; 397, IV, CPP);

(3) condições de procedibilidade (exemplo: representação nas ações penais públicas condicionadas – art. 24, CPP);

(4) condições de prosseguibilidade (exemplo: cessação de doença mental superveniente – art. 152, CPP);

(5) condições objetivas de punibilidade (exemplo: entrada no território nacional – art. 7º, § 2º, "a", CP).

Por seu turno, necessário se certificar que o ato processual (denúncia ou queixa) assim aconteceu. Preenchidos todos os elementos, o consequente jurídico será o seu recebimento e ordem de citação (art. 396, CPP). Caso contrário, deverá ser rejeitada (art. 395, II, CPP).

---

504. VILANOVA, Lourival. *Estruturas lógicas e o sistema de direito positivo*. São Paulo: Noeses, 2005. p.82.

Se recebida, indevidamente, a denúncia ou a queixa, haverá incidência deficiente da norma jurídica que disciplina o ato processual de admissibilidade.

Àquela **atipicidade** (recebimento em desacordo com o art. 395, II, do CPP), será relacionado um **dever-ser neutro** (que enlaça as proposições antecedente e consequente, em nexo decorrente de imputação lógica) para que o tribunal, por intermédio de *habeas corpus* trancativo (arts. 647 ao 667, CPP), reconheça e classifique a **nulidade absoluta**, enquanto consequente proposicional da norma jurídica primária (art. 564, III, "a", CPP).

A conclusão dessa primeira norma jurídica faz nascer um **dever-ser modalizado** ao tribunal, para que produza outra norma jurídica, cujo antecedente é a descrição da classificação declarada pela primeira norma jurídica. A esse antecedente normativo, liga-se, por dever-ser (axiologicamente neutro), a constituição de declaração da **invalidação** do ato de recebimento da denúncia ilícito.

14.10 Aspecto possibilista-pragmático. Estrutura nulificadora

O discurso normativo, de natureza deôntica, refere possibilidades representadas por prescrições. Tal se aplica independentemente do plano aludido, ou seja, tanto no âmbito da descrição abstrata enunciativa, tanto na esfera da concreção que se dá com a criação de norma individual.

Difere do discurso natural, apofântico, descritivo da realidade.

A indicação de providência normativa possibilista é retratada pelo operador deôntico neutro, **interproposicional**, que impõe a formulação do consequente linear (**intranormativo**, isto é, no interior da mesma norma jurídica).

Por exemplo:

(1) o reconhecimento da nulidade-fato, na **prótase** da estrutura normativa (norma primária), é composta de proposição antecedente, que delineia o vício caracterizador da dissonância com o modelo legal. Liga-se a ela a consequência de classificar a espécie, de acordo com a relevância do elemento afetado pelo vício e a gravidade respectiva;

(2) o leque de possibilidades apresentado ao juiz elenca as classes de atipias, quais sejam, inexistência, nulidade absoluta, nulidade relativa e irregularidade. Alguns tipos de defeitos, que recaem sobre elementos essenciais do ato processual, podem se situar em zona de penumbra que transita, por exemplo, da classe nulidade absoluta para a classe nulidade relativa. Essa situação de alternatividade ocorre em virtude da dificuldade em se apresentar uma definição mais precisa do que seja elemento essencial ou um elemento acidental de um ato.

De outra vertente, a norma jurídica secundária dormita na **apódose**. A natureza constitutiva ou desconstitutiva da norma jurídica secundária é centrada na sua segunda proposição.[505] Liga-se, axiologicamente, à primeira por dever ser neutro. A desconstitutividade ou constitutividade negativa recai sobre os efeitos do ato processual atípico.

Haverá **substitutividade**: os efeitos deste são substituídos pelo de outro ato, formalmente perfeito. Relativamente ao ato viciado, há supressão da sua relação de pertença com o sistema jurídico processual penal. Trata-se de emissão de norma jurídica individual e concreta que tem por objeto a subtração e substituição dos efeitos da norma jurídica individual e concreta sindicada.

---

505. VILANOVA, Lourival. *Estruturas lógicas e o sistema de direito positivo*. São Paulo: Noeses, 2005. p.293.

<table>
<tr><th colspan="4">ESTRUTURA NORMATIVA NULIFICADORA</th></tr>
<tr><td>Prótase
ou norma primária</td><td>Primeira proposição
(declara a atipicidade)</td><td>Dever-ser neutro
→
(intranormativo e interproposicional)</td><td>Segunda proposição
(classifica a nulidade)</td></tr>
<tr><td colspan="4">↓ Dever-ser modalizado
(obrigatório e internormativo)</td></tr>
<tr><td>Apódose
ou norma secundária</td><td>Primeira proposição
(incide a pragmática)</td><td>Dever-ser neutro
→
(intranormativo e interproposicional)</td><td>Segunda proposição
(decreta a sanção)</td></tr>
</table>

Note-se que é possível, em tese, subdividir os modais deônticos em:

(1) **modal deôntico interproposicional** ou **intranormativo** que é o vínculo entre a proposição antecedente de uma norma e a proposição consequente, conforme descrito no quadro; e

(2) **modal deôntico intraproposicional**, responsável por conectar sujeitos ativo e passivo de uma relação jurídica entabulada em uma única norma jurídica. Essa conexão, como obtempera Tácio Lacerda Gama, "pode variar entre permitida, proibida e obrigatória. Daí falar-se em variável relacional, porquanto se trata de um modo de vincular dois sujeitos de direito".[506]

Ademais, é o inciso IV, do art. 564, e o art. 572, do CPP, que abrem espaço para um discurso mais pragmático, cuja contingência pode ser limitada com a inserção de mais conotação a cada classe de atipicidades. Agregar mais conotação é apor mais distinções, tomados como limites o direito positivo

506. GAMA, Tácio Lacerda. *Competência tributária*: fundamentos para uma teoria da nulidade. 2. ed. São Paulo: Noeses, 2011. p.L-LI.

e o *canon* do juiz,[507] para assim melhor selecionar os atos às respectivas categorias jurídicas.

Na esteira de Tácio Lacerda Gama, conotação "é o conjunto de atributos de um conceito ou, também, de características que permitem separar um conceito de outro. A conotação de um conceito é também entendida como sua intenção". Diversamente, denotação é "o conjunto de objetos que se ajustam ao sentido de um termo, também conhecido como extensão de um conceito".[508]

Como descrito no quadro acima, entre o reconhecimento da atipicidade e a definição da classe a que ela pertence, há um dever-ser (neutro valorativamente), que se dirige à autoridade judiciária. A fundamentação da atipicidade reconhecida delimita a providência consequente (função de programa) da primeira norma jurídica da estrutura do fenômeno nulificador.

Tercio Sampaio Ferraz Jr. descreve o que chama de **técnicas de validação** que, de certa forma, encontra similaridade com a estrutura relacional entre as proposições de cada uma das normas jurídicas, bem como entre a prótase (reconhecedora e classificadora da atipicidade) e a apódose (aplicadora de invalidação, convalidação ou saneamento). O autor aviva que uma norma **imuniza** quando:

(1) disciplina a sua edição; e

(2) delimita seu relato.

Na sua lição, "trata-se de duas técnicas, permanecendo a noção de validade a mesma nos dois casos (norma válida é norma imunizada)".[509]

---

507. COSSIO, Carlos. *La teoría egológica del derecho y el concepto jurídico de libertad*. 2. ed. Buenos Aires: Abeledo-Perrot, 1964. p.61 *et seq*.

508. GAMA, Tácio Lacerda. *Competência tributária*: fundamentos para uma teoria da nulidade. 2. ed. São Paulo: Noeses, 2011. p.XLVI-XLVII.

509. FERRAZ JR., Tercio Sampaio. *Teoria da norma jurídica*: ensaio de pragmática da comunicação normativa. 4. ed. Rio de Janeiro: Forense, 2009. p.109.

A explicação dessas duas técnicas encontra pontos comuns com a estrutura lógica da norma jurídica de Lourival Vilanova, eis que o descritor antecedente tem a função de programar a proposição consequente.

Em outros termos, a descrição deve evidenciar uma possibilidade. Como explicita Lourival Vilanova, a hipótese não tem o condão de esboçar o que, "com necessidade factual (física, biológica)" acontecerá. Para o tipo hipotético-normativo, "o que ocorreu, ocorre ou ocorrerá é tomado a título de possibilidade, como possível ponto de referência (axiologicamente relevante) para condicionar a vinculação de consequências para a conduta humana". Cabe especificar:

(1) a hipótese estabelece "o tipo de ocorrência (fato natural ou conduta)";

(2) o que é normativo é a constituição do tipo antecedente: "é o sistema jurídico que põe, estatui ou cria normativamente a hipótese";

(3) sob a lente estrutural, "a hipótese da norma jurídica funciona como descritor. E o descritor assenta no modo ontológico da possiblidade".[510]

Sem embargo, é de ver que Tercio Sampaio Ferraz Jr recorre à distinção entre duas formas de programação, tomadas da cibernética:

(1) **programação condicional**: na decisão é possível estabelecer condições para a tomada de uma resolução futura. Com o implemento dos requisitos previstos no ato antecedente, deve se seguir a deliberação;

(2) **programação finalística**: a decisão a ser exarada deve acontecer com a certificação do alcance dos fins descritos no ato anterior. Libera-se "a escolha

510. VILANOVA, Lourival. *Estruturas lógicas e o sistema de direito positivo*. São Paulo: Noeses, 2005. p.83.

dos meios, de tal modo que, seja qual for o meio escolhido, o fim deve ser atingido".[511]

A pragmática das nulidades processuais penais é evidenciada nesse permeio, notadamente no **aspecto relacional** do modal deôntico presente entre as proposições antecedente-consequente da norma jurídica. Isto é, está situada na relação entre a norma primária e a norma secundária, a exemplo do que se dá quando do reconhecimento de nulidade absoluta e da conseguinte invalidação.

A contingência verificada no plano fático das decisões judiciais sugere imprecisão dos parâmetros para a estruturação das normas em torno da nulificação, o que caracteriza a fertilidade da pragmática.

A inserção do pragmatismo se ajusta ao que Richard Rorty pontifica como sendo "a escolha entre aceitar o carácter contingente dos pontos de partida, e tentar evitar essa contingência". Na perspectiva do filósofo, "aceitar a contingência dos pontos de partida" significa aceitar tanto o passado como o presente da conversação travada entre os semelhantes como "única fonte de orientação". Daí que "tentar evitar essa contingência" implica esperar tornar-se "uma máquina adequadamente programada".[512]

O encontro de pontos comuns para classificar as atipicidades processuais penais e a estruturação normativa plasmada no constructivismo lógico-semântico pode ser apto a delinear balizas diante do âmbito aleatório. Busca-se o estabelecimento de critérios para limitar o cunho possibilista que se abre ao juiz para construir o consequente normativo.

Uma maior extensão de alternativas que o juiz tenha à disposição, interfere na previsibilidade de imposição de

511. FERRAZ JR., Tercio Sampaio. *Teoria da norma jurídica*: ensaio de pragmática da comunicação normativa. 4. ed. Rio de Janeiro: Forense, 2009. p.109.

512. RORTY, Richard. *Consequências do pragmatismo*: ensaios: 1972-1980. Tradução: João Duarte. Lisboa: Instituto Piaget, 1982. p.237.

efeitos jurídicos. Eis o aspecto onde se amplia a pragmática. Como tentativa de contenção do arbítrio, a linguagem deve expressar a descrição bem demarcada das normas jurídicas envolvidas na incidência.

Tal **função definidora** é aludida por Enrique R. Aftalión e José Vilanova, que frisam que as linguagens artificiais, usadas para introduzir definições, têm o "propósito de eliminar a vaguidade e a polissemia que afetam as linguagens naturais". Deve-se lembrar, aliás, "que as definições se referem às palavras e não aos significados das mesmas".[513]

14.11 Fundamentação judicial

A motivação é estrutural à decisão (processo). O seu conteúdo é semântico (sentido). A composição tripartida de um julgado situa a fundamentação na sua sintática. A justificativa é indispensável à produção escorreita dos efeitos desejados pelo órgão judiciário competente (função, comunicação).

Para além de imposição prevista no art. 93, inciso IX, da CF, o dever de verter em linguagem a decisão tomada é condição para a inserção da norma individual e concreta no mundo jurídico. Nesse diapasão, a estruturação das normas depende de explicitação de seus motivos (art. 315, § 2º, CPP).

Com orientação análoga, Ana Carolina Dias anota que a interpretação é um **processo** gerador de **sentido** apto a construir a língua do direito, e realizado no espaço de conversação entre os sujeitos autênticos. Mais estreitamente, a interpretação jurídica "é processo de criação de realidade que ocorre no intelecto do intérprete". O texto legal é objeto de:

(1) apreensão;

(2) compreensão; e

---

513. AFTALIÓN, Enrique R.; VILANOVA, José. *Introducción al derecho*: conocimiento y conocimiento cientificio; historia de las ideas jurídicas; teoria general del derecho; teoria general aplicada. 2. ed. Buenos Aires: Abeledo-Perrot, 1988. p.104 (tradução livre).

(3) edição interpretativa.

Em última instância, a interpretação é "o ato de atribuição de valores aos símbolos", ou seja, consiste em conduta de aposição de significações às palavras.[514]

A necessidade de motivação suficiente, como *conditio sine qua non* para o ingresso da norma individual e concreta no sistema, é apresentada por Fabiana Del Padre Tomé. Deveras, esclarece a jurista que "só haverá motivo se houver motivação, posto ser a linguagem normativa que constitui o fato jurídico desencadeador do liame obrigacional". Essa colocação é central na distinção entre evento e fato, para delimitar o que ganha contorno jurídico: "um evento qualquer, se não relatado na forma prevista pelo ordenamento, é juridicamente irrelevante, não se podendo falar em ato, nem em motivo deste".[515]

A produção de normas jurídicas é materializada em uma decisão que, por seu turno, é precedida de um percurso cognitivo. Os seus elementos devem ser, ao cabo, documentados.

Por exemplo, na sentença, a prova-fato (inicial) deve se transmudar em prova-argumento (final):

(1) **prova-fato**: refere-se aos aspectos representativos da causa de pedir (objeto da prova). A prova-fato é a materialidade real (instrumento do crime e objeto material), ou por ficção jurídica (laudo pericial), que acompanha a narrativa do evento delituoso, ocorrido no passado e que se esvaiu;

(2) **prova-argumento**: a sentença encampa para si todos os elementos do processo, a narrativa e as nulidades. A prova, cuja fonte era elemento empírico

---

514. DIAS, Ana Carolina Carvalho. Os limites à interpretação das normas tributárias: transformação do texto em norma. In: *Vilém Flusser e juristas*: comemoração dos 25 anos do grupo de estudos de Paulo de Barros Carvalho. Florence Haret; Jerson Carneiro (orgs.). São Paulo: Noeses, 2009. p.730.

515. TOMÉ, Fabiana Del Padre. *A prova no direito tributário*. 3. ed. São Paulo: Noeses, 2011.p.327.

de informação, deve ser estruturada em silogismo (argumento).

Aurora Tomazini de Carvalho, a propósito, anota que a decisão jurídica é composta de elementos essenciais, quais sejam:

(1) ***noesis***, que toma como foco o valor em sua subjetividade, sendo o elemento decisório, puramente volitivo; e

(2) ***noema***, que se centra no valor positivado, cuidando-se do conteúdo do que foi decidido. Por exemplo, o valor de proteção da liberdade do imputado descrito como vetor hermenêutico.

É de ver que o ato de aplicação do direito se submete a regras para explicitar a tomada de posição acerca de um ato valorativo. Para tanto, a ilustrada autora pontua que a decisão deve conter:

(1) a **fundamentação do fato**, consistente na indicação de enunciados factuais que influenciaram a convicção do aplicador para conformar o fato jurídico;

(2) a **justificação do fato**, referente a razões para utilização daqueles enunciados factuais e não outros;

(3) a **fundamentação jurídica**, onde se indica a legislação tomada como lastro para a formação da norma aplicada; e

(4) a **justificação jurídica**, atinente a razões para a utilização de determinado enunciado (legislativo, constitucional ou jurisprudencial) e não de outro. Tais elementos possibilitam a reconstrução da valoração da decisão, bem como seu respectivo controle.[516]

---

516. CARVALHO, Aurora Tomazini de. *Curso de teoria geral do direito*: o construtivismo lógico-semântico. 3. ed. São Paulo: Noeses, 2013. p.525.

14.12 Relação e modulação

A extensão dos efeitos da nulidade *lato sensu* varia conforme fatores diversos, em função de relações paralelas (entre dispositivos do CPP) e hierárquica (com a CF). Há uma teia de relações coordenadas no plano abstrato, na linha horizontal e no eixo vertical. Relações oblíquas entre textos é, identicamente, possível.

Esses parâmetros abstratos são diretrizes para a norma concreta. Quando o caso é de **nulidade relativa**, deve ser avivada a necessidade de evidenciar **relações entre normas** que podem arrefecer a necessariedade da supressão de efeitos do ato viciado.

A gravidade, o motivo e o tempo do vício são aspectos que conferem balizas para a delimitação dos efeitos da invalidação (art. 573, §§ 1º e 2º, CPP). O âmbito dessa demarcação deve ser centrado no consequente normativo da norma jurídica secundária.

Outros dispositivos do CPP podem servir de lastro à definição normativa da modulação de efeitos, consistente no exame isolado e consequencial dos atos processuais eventualmente viciados ou afetados pelo vício vergastado. É o caso do seu art. 567, que estatui que "a incompetência do juízo anula somente os atos decisórios, devendo o processo, quando for declarada a nulidade, ser remetido ao juiz competente".

O termo "anula" descrito naquele artigo tem significado de "causar invalidação", sempre pendente de um dizer constitutivo do juiz. Confirmando sua competência, o órgão autêntico que receber os autos deve:

(1) declarar o vício de incompetência do juízo de origem; e

(2) delimitar os contornos dos efeitos da norma jurídica secundária, em seu segundo preceito, suprimindo os efeitos dos atos decisórios afetados pela violação da regra de competência.

14.13 Estrutura normativa do controle da prova

A produção de prova com violação à norma penal incriminadora deve ser regida por controle que não está inteiramente albergado pela relação entre as normas jurídicas de nulidade e de invalidação.

Cabe lembrar, por exemplo, que haverá prova ilícita se o documento for obtido com violação de domicílio, tanto por destoar do art. 5º, inciso XI, da Constituição de 1988, quanto por ser conduta criminosa nos termos do art. 150, *caput*, do CP.

Havendo ferimento à regra jurídica desse jaez, a norma jurídica consequente ao reconhecimento da atipicidade não será de simples invalidação, porém de desentranhamento da prova ilícita, em face da inadequação da produção da prova à norma substancial, de direito penal.

O contorno do sentido de domicílio para fins de incidência da tutela constitucional é condição para a aplicação do efeito jurídico correlato. As garantias devem ser interpretadas extensivamente. Sob essa luz, estariam inseridos na proteção os quartos de hotel, independentemente da destinação transitória ou duradoura da hospedagem. Indispensável ordem judicial, diante da cláusula de reserva jurisdicional não poder receber exegese estrita.

Sobre esse tema, o STJ asseverou ser "lícita a entrada de policiais sem autorização judicial e sem o consentimento do hóspede, em quarto de hotel não utilizado como morada permanente, desde que presentes as fundadas razões que sinalizem a ocorrência de crime e hipótese de flagrante delito".[517]

O julgado indica tautologia e contradição:

(1) tautologia por se fundamentar em algo que já constitui previsão constitucional de dispensa de ordem escrita da autoridade judiciária, porquanto em situação

517. STJ – Sexta Turma – HC 659527/SP – Rel. Min. Rogério Schietti Cruz – DJe 25 out. 2021.

de flagrante delito, para prestar socorro ou desastre, é permitido o ingresso em domicílio sem consentimento do morador e sem decisão judicial;

(2) contradição por descurar da regra hermenêutica de que os direitos fundamentais merecem receber interpretação ampliativa diante de seus espaços de penumbra. Não se compatibiliza com essa diretriz entender que a inviolabilidade domiciliar constitucional incidiria apenas se o quarto de hotel estivesse sendo usado como residência permanente da pessoa.

Como lembra Paulo Bonavides, as garantias constitucionais são, para além de garantias **contra** o Estado, também garantias **no** Estado. Elas devem ser compreendidas com **amplitude**, assim como com "seu valor instrumental de meio defensivo, invariavelmente vinculado a uma prestação do Estado". Em linha de síntese, "não é possível fazê-las eficazes senão num ordenamento que concretize em toda a sua plenitude os postulados do Estado de Direito, sem os quais nem vinga a liberdade nem os direitos humanos têm adequada proteção".[518]

O instituto da nulidade se situa em permeio a esse percurso que deságua na aplicação da regra de exclusão probatória (*exclusionary rules*).

Considerando o todo das etapas da prova, a incidência de controle de nulidade é parcial, incidindo sobre o ato jurídico processual que tenha deferido, indevidamente, a sua produção (inserção nos autos). A operatividade da supressão de efeitos decorrentes da invalidação do ato de admissão (ato aquisitivo, lastreado no princípio da comunhão da prova) tem, por consequência, o expurgo dos elementos ilícitos.

A **inadmissibilidade da prova ilícita** compreende juízo de prelibação rigoroso do qual decorre a norma jurídica de exclusão da prova dos autos. Entrementes, mesmo quando

518. BONAVIDES, Paulo. *Curso de direito constitucional*. 6. ed. São Paulo: Malheiros, 1996. p.489.

acontece situação apta ao desentranhamento do material probatório produzido, tal consequência gizada no § 3º, do art. 157, do CPP, não é automática. Isso em virtude daquele elemento de convicção poder ser utilizado de forma lícita, em favor do imputado ou com objetivo diverso do condenatório.

A base de fato para a incidência de normas é idêntica. O que se distingue é o elemento normativo que interfere na aplicação de consequências jurídicas diferentes. No ínterim desse percurso, há uma plêiade de garantias contra decisões injustas, fora da moldura do devido processo legal protetivo do valor da liberdade.

Na senda de José Joaquim Gomes Canotilho, a concepção de um **justo processo** reconduz a duas teorias sobre o tema: a processual e a substantiva. Na dicção material, o justo processo é baseado na necessidade de uma pessoa ter direito não somente "a um processo legal mas sobretudo a um processo legal, justo e adequado, quando se trate de legitimar o sacrifício da vida, liberdade e propriedade dos particulares". Em acréscimo, o controle a ser levado a cabo pelo Judiciário exige proteção alargada por meio de um processo equitativo e justo, "segundo as condições particulares de cada caso, às dimensões materiais e processuais do processo em seu conjunto".[519]

Como exemplo do campo de possibilidades do controle probatório penal, tem-se o que acontece quando "um meio de prova veicula informação sobre mais de uma infração e a ilicitude verifica-se somente em relação a determinado acusado", como advertem Alexandre Reis e Victor Gonçalves.[520] A prova não deve ser admitida contra o imputado por ela prejudicado quando representar violação ao devido processo legal.

Não é demais lembrar que a Lei nº 13.964/2019 incluiu regra de impedimento do juiz que mantiver contato com a prova

519. CANOTILHO, J. J. Gomes. *Direito constitucional e teoria da constituição*. 3. ed. Coimbra: Almedina, 1998. p. 462-463.

520. REIS, Alexandre Cebrian Araújo; GONÇALVES, Victor Eduardo Rios. *Direito processual penal esquematizado*. 4. ed. São Paulo: Saraiva, 2015. p.269.

ilícita, com o propósito de tutelar o acusado, a fim de garantir a imparcialidade do julgador, sufragando a **teoria da descontaminação do julgado** (art. 157, § 5º, CPP).

O dispositivo, entrementes, foi declarado inconstitucional pelo STF. Entre os argumentos ventilados no julgamento, está o de que o § 5º seria "danoso ao princípio do juiz natural", por não fornecer "critérios claros e objetivos para sua aplicação", interferindo de forma deletéria, na sua definição.[521] Seria possível, conforme avivado, a produção de prova ilícita de forma proposital, pela parte, com o intuito de afastar o julgador que dela conhecesse.

Sem embargo, o exame da atipicidade probatória deve ser baseado em raciocínio analítico.

Elucidando o ponto, cumpre invocar o que já expunha Nicola Framarino Dei Malatesta sobre a necessidade de **exame intrínseco** e de **exame extrínseco** da prova.

Na sua lição, o jurista italiano pondera que, "para a **avaliação concreta** do testemunho e do documento", é necessário se guiar por três espécies de critérios:

(1) objetivos;

(2) subjetivos; e

(3) formais.[522]

Decerto, em toda afirmação pessoal (ou, analogamente, em toda informação que emana de uma **fonte de prova**), é perfeitamente distinguível:

(1) a coisa afirmada (aspecto objetivo);

(2) a pessoa afirmante (aspecto subjetivo); e

521. STF – Pleno – ADI 6298/DF – Rel. Min. Luiz Fux – 24 ago. 2023.

522. MALATESTA, Nicola Framarino Dei. *A lógica das provas em matéria criminal.* Tradução: Paolo Capitanio. 3. ed. Campinas: Bookseller, 2004. p.616-617.

(3) o meio da afirmação (aspecto formal).[523]

É possível relacionar esses critérios com a tríade filosófica de Miguel Reale:

(1) fato (critério objetivo – suscetível à percepção);

(2) norma (critério subjetivo – pressuposto gnoseológico);

(3) valor (critério formal – referente histórico com nexo de implicação com a realidade procedimental).[524]

Quanto à **prova material**, Framarino Malatesta verbera que "o provado não é o mesmo que a prova", sendo possível "tanto sua **avaliação objetiva** (mais comum), quanto sua **avaliação subjetiva** (por padecer de falsidade por obra do homem)".[525]

De outro giro, quando a nulidade é restrita aos atos processuais penais não probatórios, a norma que se enlaça àquela que reconhece a atipicidade processual penal e sua espécie, será, em regra, de convalidação ou de invalidação. Também, para tais afastamentos de modelos normativos, a norma jurídica consequente não se produzirá de forma automática, dependendo da verificação de outros elementos que conduzirão à resposta judicial ao defeito processual.

14.14 Aplicação a caso concreto

O princípio *kompetenz-kompetenz*, de origem germânica, explica que o juiz tem o poder de deliberar sobre sua própria competência. Isso não significa que ele pode decidir o que bem entender, porém que ele tem **liberdade jurídica**[526] para

523. TÁVORA, Nestor; ALENCAR, Rosmar Rodrigues. *Novo curso de direito processual penal*. 15. ed. Salvador: Juspodivm, 2020. p.793.

524. REALE, Miguel. *Filosofia do direito*. 13. ed. São Paulo: Saraiva, 1990. p.122-124; 207.

525. MALATESTA, Nicola Framarino Dei. *A lógica das provas em matéria criminal*. Tradução: Paolo Capitanio. 3. ed./ Campinas: Bookseller, 2004. p.618-620.

526. COSSIO, Carlos. *La teoría egológica del derecho y el concepto jurídico de libertad*. 2. ed. Buenos Aires: Abeledo-Perrot, 1964. p.125.

interpretar as disposições regulatórias da competência, enquanto técnica de compartimentação do poder jurisdicional.

Em caso concreto, juiz federal decidiu determinar busca e apreensão em casa do Congresso Nacional, local de exercício de atribuições parlamentares, cujos membros têm prerrogativa de função junto ao STF.

Dois níveis lógicos se ligam para a explicação da competência do órgão autêntico em situações como essa:

(1) **plano alético** (apofântico, plano do ser e das proposições descritivas). Nesse grau, a competência deve ser firmada considerando a matéria de fato, na qual estão inseridos:

(a) o local do exercício da jurisdição, consoante a divisão de poder entre os órgãos da magistratura;

(b) o local do delito, em compasso com a narrativa;

(c) o tempo da decisão, para aferir questões como vigência da legislação e da investidura do magistrado; e

(d) o tempo do delito, para a escolha da teoria da relação entre o fato delitivo e o mandato ou o cargo, dentre as três esposadas doutrinariamente para a definição da competência por prerrogativa da função:

(i) regra da **contemporaneidade** (perpetuação da competência mesmo depois do encerramento do exercício funcional);

(ii) regra da **atualidade** (enquanto dura o mandato); ou

(iii) regra da **atualidade limitada** (enquanto dura o mandato e somente diante de crime relacionado ao exercício da função, a teor do fixado pelo STF na QO na AP 937).[527]

(2) **plano deôntico** (plano do dever-ser e das proposições prescritivas) que, depois do recorte do aspecto de fato, faz incidir as regras sobre **competência material**:

(a) *ratione materiae*;

(b) *ratione personae*;

(c) *ratione loci*.

A regra de competência implica, necessariamente, aspectos de tempo, espaço e matéria (no plano alético), bem como o aspecto aplicável no plano deôntico.

A percepção de que as casas do Congresso Nacional são essenciais à atividade parlamentar é indicativo de que a decisão do juiz de primeira instância não deve interferir no âmbito espacial. Esses parâmetros podem ser elucidados tomando-se de empréstimo as noções usadas para a definição da competência do juiz federal (art. 109, CF):

(1) **bem** afeto ao Congresso Nacional (patrimônio afetado);

(2) **interesse** do Congresso Nacional;

(3) **serviço** do Congresso Nacional.

Trata-se de configuração estrutural.

Cada um dos aspectos, de per si, é como uma peça de um jogo de quebra-cabeça. Haverá comprometimento da nitidez da imagem quando ausente um de seus elementos sintáticos.

Todavia, por decisão monocrática, foi dito que a hipótese de competência jurisdicional baseada no local em que colhidos os elementos de prova da prática delitiva não foi contemplada

527. STF – Segunda Turma – Pet 7997 AgR – Rel. Min. Ricardo Lewandowski – 27 mai. 2020.

pelo art. 102, inciso I, alíneas "b" e "c", da Constituição. Para decidir, acrescentou-se que:

(1) a "interpretação ampliativa que pretenda eleger tais espaços como *locus* objetivo de foro por prerrogativa de função, independentemente da qualidade do agente investigado e da condição em que ele, em tese, pratica o crime" – aí se inserindo os critérios definidos na QO da AP 937 – exorbitará os lindes da interpretação do STF sobre sua própria competência;

(2) medidas cautelares penais visando às dependências das Casas Legislativas devem ser "submetidas ao crivo da Suprema Corte apenas quando tenham como alvo parlamentares federais cujos atos se amoldem aos critérios definidos por ocasião do julgamento da Questão de Ordem na Ação Penal 937". Em outras palavras, as diligências apenas devem exigir pronunciamento do STF nos casos "em que seja ele o juiz natural para a ação penal que venha a ser aforada para o processamento e julgamento dos mesmos fatos. Afinal, é a 'competência penal originária por prerrogativa de função que atrai para o Tribunal respectivo a supervisão judicial do inquérito policial'".[528]

14.15 Conclusão e próximo capítulo

O olhar sobre a dinâmica da produção de normas individuais e concretas no sistema de processo penal, destaca o seu aspecto sintático como essencial à incidência de normas jurídicas no curso da persecução penal.

A regra de competência é pressuposto lógico antecedente à atuação do órgão jurisdicional.

O **aspecto pragmático-possibilista** das normas deve encontrar apoio na Constituição e na finalidade de escudo que permeia

528. STF – Petição 8664 Piauí – Decisão monocrática – Rel. Min. Rosa Weber – 22 jun. 2020.

os direitos de primeira geração. O meio é essencial ao fim, mormente, quando a liberdade do imputado estiver sob ameaça.

O próximo capítulo terá o objetivo de elucidar a relação entre a semântica e a sintática no bojo do funcionamento do sistema e da produção normativa. Ao final, pretende-se ratificar a importância das formas processuais penais para a proteção das garantias constitucionais.

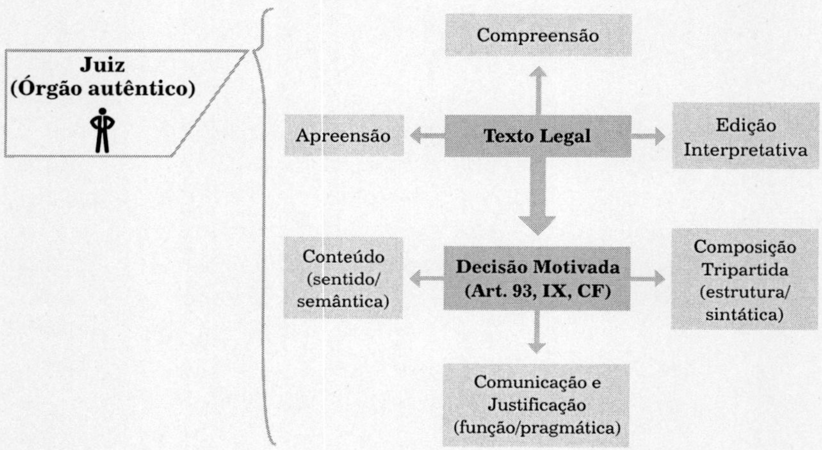

PROVA (Percurso conduzido por juiz)

- Prova-fato
  - fato passado que se esvaiu;
  - marcas materiais (estado bruto) ou na memória base empírica (visível ou latente)
- Prova-procedimento
  - rito
  - meio de prova
  - produção sob contraditório
- Prova-argumento
  - documentação da norma jurídica sobre a prova na sentença
  - é a derradeira etapa probatória
  - valoração fundamentada silogismo

CAPÍTULO 15
PLANO PRAGMÁTICO DAS NORMAS PROCESSUAIS PENAIS

15.1 Pragmatismo no processo penal

O pragmatismo é corrente filosófica relacionada à ética da prática, reunindo elementos à adaptação do conhecimento aos objetivos da vida cotidiana. Trata-se de reflexão sobre como o saber racional está vinculado à ação humana, conferindo-lhe uma finalidade eminentemente prática.[529] Diante de sua fluidez, pretende-se, ao menos, outorgar bases de controle.

Susan Haack relaciona ideias que sugerem que o pragmatismo é averso à teoria. Sob sua égide, busca-se solver questões jurídicas mediante todos os instrumentos disponíveis, a exemplo de textos jurídicos, precedentes, argumentos de política criminal, dentre outros.[530] Nesse sentido, o pragmatismo é expressão do possibilismo.

---

529. NASCIMENTO, Edna Maria Magalhães do. Pragmatismo: uma filosofia da ação. *Revista do GT*: pragmatismo e filosofia americana, v.3, n.1, p.43, 2011.

530. HAACK, Susan. *Perspectivas pragmáticas da filosofia do direito*. Tradução: André de Godoy Vieira; Nélio Schneider. São Leopoldo: UNISINOS, 2015. p.28.

Conforme aduz Charles Sanders Peirce, "o problema da ética é simplesmente definir aquilo que todo homem está deliberadamente preparado para aceitar como o objeto dos seus esforços". O ser humano pode ter o desejo de realizar isto ou aquilo por um dado motivo. No entanto, por que ele desejaria aquele resultado? Ainda que não haja razão ulterior para a ação, o resultado deve ser algo que aparente ser "esteticamente bom; e, além de ser esteticamente bom, é necessário que deva aparentar ser bom para que eu me esforce por ele".[531]

Richard Rorty, a propósito, ponderou que "para os pragmatistas, o padrão de toda a investigação – científica, bem como moral – é a deliberação a respeito dos atractivos relativos de várias alternativas concretas". O autor reconhece, todavia, que "pragmatismo" é palavra ambígua e vaga.[532]

Sem embargo, o leque de opções que o juiz pode tomar, depois de definida uma situação concreta, a exemplo do recebimento da denúncia, pode evidenciar situação eminentemente pragmática. Decerto, recebida a petição inicial, na forma do art. 396, do CPP, o imputado estará qualificado, formalmente, como acusado.

Dessa condição jurídica formal, podem decorrer consequências mais invasivas aos direitos do réu, desde que, logicamente, sejam coligidos requisitos necessários e suficientes. De todo modo, não é valioso, para o Estado Democrático de Direito, punir a todo custo.[533]

O pragmatismo considera a possibilidade de haver contingência, espaço de aleatoriedade. Necessário, portanto, um critério normativo para limitar, na medida do possível, a amplitude possibilista, a acidentalidade.

---

531. PEIRCE, Charles Sanders. Manuscrito 310: 1-14: conferências sobre o pragmatismo. *Cognitio*: Revista de Filosofia. Tradução: Lauro Marques, v.4, n.2, p.230, 2003.

532. RORTY, Richard. *Consequências do pragmatismo*: ensaios: 1972-1980. Tradução: João Duarte. Lisboa: Instituto Piaget, 1982. p.235.

533. JARDIM, Afrânio Silva. Garantismo no processo penal: breve e parcial reflexão. *Revista Eletrônica de Direito Processual – REDP*, Rio de janeiro (UERJ), a.8, n.14, p.10, jul.-dez. 2014.

Richard Rorty contribui para essa compreensão. O filósofo caracteriza o pragmatismo focando na "escolha fundamental com que se confronta a mente reflexiva: a escolha entre aceitar o carácter contingente dos pontos de partida, e tentar evitar essa contingência".[534]

No processo penal, a contingência pode ser reduzida por meio de um procedimento decisório construtivista, que descreva, em pormenor, reação normativa depreendida dos enunciados do direito positivo.

15.2 Alcance e limite do aspecto pragmático

O **contingente** é acidental, aleatório. Opõe-se àquele, no plano alético (apofântico), do mundo do ser, o **necessário**, que é o determinado. A contingência reside no aspecto pragmático. Cuida-se da álea do que não é abrangido pelo que é determinado ou imperioso. Na estrutura normativa, a contingência tem sede no órgão autêntico (juiz), elemento natural do produto cultural jurídico.

A produção de normas individuais e concretas no processo penal é permeada por ampla configuração pragmática:

(1) na jurisprudência, verifica-se diversidade de soluções para casos análogos, com generalização de noções como a de prejuízo (art. 563, CPP);

(2) na doutrina, há dificuldade para encontrar critério unitário para o enfrentamento de problemas ambíguos ou vagos, a exemplo dos conceitos de prova ilícita (art. 157, CPP), de imparcialidade do juiz (arts. 252 a 254, CPP), de nulidade (art. 564, CPP), de recursos (art. 574, CPP), dentre outros.

---

534. RORTY, Richard. *Consequências do pragmatismo*: ensaios: 1972-1980. Tradução: João Duarte. Lisboa: Instituto Piaget, 1982. p.237.

O impasse em torno de uma questão pode ser descrito como **aporia**, com o sentido de percurso sem saída,[535] dúvida insolúvel ou o eterno retorno do mesmo.[536] O vocábulo pode retratar a noção de casos difíceis (*hard cases*), depreendida da obra de Hebert Hart,[537] ou o que, para a mitologia, representa a tragédia.[538]

A classificação de um instituto de direito processual penal tem o objetivo de estreitar o espaço de subjetividade, da contingência dos fatos. A incidência de uma norma jurídica, com a eclosão de relação jurídico-processual (fato normado), lastreia a prática de ato processual penal que, a sua vez, pode ser considerado o ponto inaugural para sucessivos atos que colimam conferir regularidade ao processo e efetivar a proteção dos direitos tutelados pela forma.

Carlos Santiago Nino dialoga com várias concepções de ciência jurídica, dentre as quais a de Alchourrón e Bulygin, para os quais é necessário destacar duas formas de proceder, a fim de possibilitar a sistematização do direito:

(1) a primeira consiste "na tarefa empírica de determinar quais enunciados constituem a base de uma ordem jurídica";

(2) a segunda é a definição das operações lógicas derivadas para aquele desiderato que, a seu turno, compreendem dois passos:

(a) inicialmente, devem ser extraídas "as consequências lógicas dos enunciados que constituem a base do sistema, empregando certas regras de inferência",

535. PLATÃO. *Crátilo*. Tradução: Maria José Figueiredo. Lisboa: Instituto Piaget, 2001. p.91 *et seq*.

536. CARVALHO, Amilton Bueno de. *Direito penal a marteladas*: algo sobre Nietzsche e o Direito. Rio de Janeiro: Lumen Juris, 2016. p.19 *et seq*.

537. HART, Herbert L. A. *O conceito de direito*. Tradução: A. Ribeiro Mendes. 5. ed. Lisboa: Fundação Calouste Gulbenkian, 2007. p.133 *et seq*.

538. SÓFOCLES. Antígona. Tradução: Donaldo Schüler. Porto Alegre: L&PM, 1999. p.34 *et seq*.

permitindo evidenciar as falhas lógicas no sistema, tais como "lacunas, contradições e redundâncias";

(b) após, cabível "substituir a base original do sistema por uma mais econômica, porém equivalente a ela, isto é, por um conjunto menor de princípios que sejam os mais gerais possíveis", sob a condição de que contenham idênticas consequências lógicas relativamente às normas que substituem.[539]

Alchourrón e Bulygin explicam metodologia para sistematizar o direito de forma a reduzir os riscos de lacunas. A sucessão de valorações pode dar ensejo à percepção de lacunas axiológicas, secundárias, derivadas ou de reconhecimento, apesar de se estar diante de um sistema normativo completo, pretensamente sem lacunas normativas.[540] O aspecto pragmático deve encontrar limite na Constituição e nas leis, notadamente na declaração do núcleo dos direitos fundamentais. Exacerbar a aplicação de princípios próprios das nulidades relativas ou de inspiração processual civil tem o efeito de mitigar a efetividade dos direitos fundamentais. Ao cabo, há aumento da subjetividade do julgador, aproximando o sistema do perfil inquisitório, com a inserção de juízos discricionários.

15.3 Refração jurisprudencial ao controle do aspecto pragmático

A título de exemplo, calha citar o desvio de perspectiva reiterado na jurisprudência de que tanto nos casos de nulidade relativa como nos de nulidade absoluta, "aplica-se o princípio *pas de nullité sans grief*, sendo imprescindível a efetiva demonstração de prejuízo".[541] É de ver que a exigência de evi-

539. NINO, Carlos Santiago. *Introdução à análise do direito*. Tradução: Elza Maria Gasparotto. São Paulo: Martins Fontes, 2015. p.273.

540. ALCHOURRÓN, Carlos E; BULYGIN, Eugênio. *Introducción a la metodología de las ciencias jurídicas y sociales*. Buenos Aires: Astrea, 1993. p.166-167 (tradução livre).

541. STJ – Sexta Turma – AgRg nos EDcl no REsp 1465485/PR – Rel. Min. Antonio Saldanha Palheiro – DJe 18 jun. 2019.

denciar o prejuízo, atribuído pelos tribunais, como regra, ao réu, é ônus difícil de se desincumbir.

Além de afirmar esse encargo, o STJ asseverou que "não configura indevida inversão do ônus da prova exigir que a defesa comprove fato impeditivo da pretensão acusatória, nos termos do art. 156 do Código de Processo Penal". A decisão incide em postura que não se adequa ao modelo jurídico do art. 129, inciso I, da CF/1988.

Isso porque o art. 156 do CPP conflita com o sistema acusatório ao retirar do Ministério Público o dever de comprovar a narrativa da denúncia, espancando as dúvidas. Não é a defesa que deve comprovar que não houve o fato ou que há óbice impeditivo à pretensão punitiva. Ao contrário, é o *Parquet* que tem o dever de evidenciar que a acusação é escorreita e livre de percalços que nublem o juízo de certeza.

Veja-se mais um exemplo consistente na falha de gravação de audiência de instrução criminal, mormente a alusiva ao interrogatório do réu. O STJ entendeu que a ausência de registros do interrogatório não seria elemento essencial à defesa do acusado. Considerou-se que o réu se manifestou no sentido de exercer o direito ao silêncio e que o art. 565, do CPP, afirma que a parte não pode alegar a nulidade que tenha causado.[542]

As ilações consignadas no apontado acórdão não encontram ressonância constitucional. No direito, é essencial à produção de efeitos jurídicos a documentação dos atos processuais penais. O STJ findou por alijar o controle das formalidades que devem preceder ao interrogatório (indagação sobre entrevista prévia e reservada com o defensor), bem como daqueles atos que poderiam significar, a partir da vigência da Lei nº 13.869/2019, abuso de autoridade (art. 15, parágrafo único, I), a exemplo do juiz que prossegue com as perguntas,

542. STJ – Quinta Turma – AgRg no AREsp 1011683/RJ – Rel. Min. Reynaldo Soares da Fonseca – DJe 14 jun. 2019.

apesar de manifestação do réu pelo seu interesse em silenciar. O controle depende de registro, seja escrito, seja audiovisual.

Sob essa perspectiva, pode-se realçar que houve baixa aplicação do princípio do devido processo legal. Afrânio Silva Jardim traz argumentos úteis à limitação do poder punitivo estatal, malgrado discorde do que aponta como refinamento da dogmática jurídica, estéril e ultrapassada pela realidade social. O autor propõe revisão de métodos para instrumentalizar melhor prestação jurisdicional, porém destaca a necessidade de uma estrutura processual penal adequada aos dias atuais a partir de análise crítica da Constituição de 1988.[543]

15.4 Formalismo no controle do aspecto pragmático

Em estudo reflexivo sobre o sistema de justiça criminal, Geraldo Prado critica postura inquisitorial apta a centralizar, no Judiciário, o controle, quase que exclusivo, das consequências jurídicas inferidas da ilicitude procedimental. Nesse passo, o jurista refere pesquisa cujo resultado pode ser avaliado, de um lado, "pela difusão de práticas que combinam rigor metodológico e perspectiva crítica"; e, de outro, pela "enunciação de direitos e garantias de um processo penal inacessível a uma parte significativa da população".[544]

O devido processo legal deve compatibilizar o seu contorno formal ao conteúdo material que preenche o mérito do processo penal. Ele deve ser apto a cumprir sua **função de garantia de tutela de direitos fundamentais**, sem distorções. A dogmática teria o fito de sistematizar o controle dos atos viciados, com cautela metódica comprometida com aqueles direitos. Não ficaria limitada ao âmbito do formalismo inócuo,

543. JARDIM, Afrânio Silva; AMORIM, Pierre Souto Maior Coutinho de. *Direito processual penal*: Estudos e pareceres. 13. ed. Rio de Janeiro: Lumen Juris, 2014. p.361.

544. PRADO, Geraldo. Il sistema di giustizia criminale brasiliano e le comunità di tradizione giuridica democratica. *Diritto e Giustizia Minorile* [rivista giuridica trimestrale], São Paulo, anno 3, n.1, p.26, gennaio-marzo 2015 (tradução livre).

mas, antes, tomaria o respeito às formas para conferir maior eficácia às garantias.

Afrânio Silva Jardim pontifica que a cláusula do devido processo legal deve ter significado maior nos dias atuais. O réu não deve ser mais mero objeto das investigações, porém autêntico **sujeito de direito**. Não deve o princípio do justo processo "ser resumido à consagração do princípio do 'Juiz Natural', à vedação de provas ilícitas, ou mesmo à impropriamente chamada presunção de inocência". O que se pretende, é assegurar mais do que todas essas conquistas: "o 'devido processo legal' está vinculado diretamente à depuração do sistema acusatório, mormente quando conjugado com a regra do art. 129, inc. I, do novo texto constitucional".[545]

A demarcação de conceitos e a observância dos trilhos estabelecidos podem ter a função de contenção de arbítrio, constatável na jurisprudência, quando se busca, por exemplo, contornar um procedimento que não observou a legislação, evitando-se o reconhecimento de nulidades.[546]

O devido processo legal deve ser entendido como algo mais abrangente que o cumprimento do rito. As formas legais são cogentes, porém sempre lidas em compasso com o núcleo constitucional.

A análise desses aspectos, eminentemente pragmáticos, tem o condão de expressar a utilidade da dogmática para que o procedimento atinja seus objetivos adequadamente, com a redução da contingência dos pontos de partida e com a prescrição de reações normativas necessárias ao equilíbrio do sistema.

---

545. JARDIM, Afrânio Silva; AMORIM, Pierre Souto Maior Coutinho de. *Direito processual penal*: Estudos e pareceres. 13. ed. Rio de Janeiro: Lumen Juris, 2014. p.362.

546. STJ – Quinta Turma – AgRg no AREsp 1562024/PR – Rel. Min. Ribeiro Dantas – DJe 29 jun. 2020.

15.5 Função da nulidade (aspecto pragmático-possibilista)

Nulificar é termo que pode ser usado com significados diferentes. A função normativa delimita as condições que impelem o juiz à edição de uma norma subsequente. Trata-se de relação sintática implicacional internormativa com propósitos garantistas.

A aludida implicação expressa o aspecto sintático (estrutural).

De compasso com Lourival Vilanova, as possibilidades lógicas combinatórias permitem que "um mesmo antecedente (logicamente a prótase tem o papel sintático de antecedente de uma relação implicacional) tenha vários consequentes". Em termos simbólicos, o mesmo pressuposto fático A pode ser "deonticamente unido a várias consequências normativas C', C'', C'''. O aspecto pragmático é inferido da variação de efeitos que podem ser derivados do antecedente.[547]

No ponto, reside o aspecto de maior pragmática do fenômeno nulificador. É que a apódese da norma jurídica secundária (ligada às condições estabelecidas na proposição secundária da primeira norma jurídica) pode impor efeitos diversos conforme a categoria de nulidade. Decerto, a apódose a ser aplicada em compasso com o grau do vício, pode sofrer variações. A consequência jurídica, escolhida pelo juiz (sujeito imanente à estrutura normativa),[548] será mais ou menos vinculada às condições estipuladas na norma jurídica primária.

Lourival Vilanova adverte que "a dificuldade de selecionar (o critério de seleção, como critério extralógico) faz-se sentir, considerando não só que a Lógica não é suficientemente potente para abranger o conteúdo referencial significativo das proposições jurídicas". Frisando o aspecto possibilista que

547. VILANOVA, Lourival. *Estruturas lógicas e o sistema de direito positivo*. São Paulo: Noeses, 2005. p.293.

548. COSSIO, Carlos. *La teoría egológica del derecho y el concepto jurídico de libertad*. 2. ed. Buenos Aires: Abeledo-Perrot, 1964. p.13.

mitiga a previsibilidade absoluta, o autor aviva que "a conexão entre pressuposto (hipótese ou prótase) e consequência (tese ou apódese) nem é unívoca, nem muito menos biunívoca".[549]

Em outros termos, no esfera jurídico-normativa, **não há univocidade** porque, de um antecedente, é possível inferir consequentes diversos. E **não há biunivocidade** porque os elementos do antecedente não guardam relação de correspondência fechada com os elementos do consequente normativo e vice-versa.

15.6 Invalidação (aspecto restaurativo e constitutivo negativo)

O teor de negação do termo nulidade alvitra o seu condão de refutar o vício e de propugnar a recomposição da higidez processual. A norma de invalidação, atrelada àquela que declara e classifica a atipicidade tem, nesses termos, papel restaurativo, em virtude de expurgar os efeitos jurídicos do ato processual defeituoso.

Devolve-se a regularidade do processo, mediante a edição de novo ato baseado em norma individual e concreta emitida pelo juiz. Esse proceder deve ser atrelado ao reconhecimento da anterior incidência deficiente de norma, individual e concreta, documentada no ato processual penal imperfeito. Há expurgo de suas consequências processuais.

A invalidação implica, portanto, o desfazimento dos efeitos do ato viciado, equivalente à corriqueira expressão "tornar sem efeito". Se o ato apenas se sobrepuser ao rito, é o caso simplesmente de invalidá-lo, a exemplo do que admite como assistente do Ministério Público pessoa que não tem legitimidade para tanto, sem relação com o ofendido. Basta a cassação do ato que o admitiu, sem a necessidade de outro subsequente.

---

549. VILANOVA, Lourival. *Estruturas lógicas e o sistema de direito positivo*. São Paulo: Noeses, 2005. p.293.

15.7 Saneamento (aspecto constitutivo positivo)

A invalidação pode exigir, além da supressão do ato ou de seus efeitos, a sua renovação, com incidência completa da norma jurídica consecutiva. O nome jurídico para designar o desfazimento e o refazimento do ato processual penal, com correção do defeito, é aqui convencionado como saneamento. A invalidação é seguida de edição de novo ato que, por sua vez, ocorre:

(1) na mesma decisão que nulifica o ato processual penal;

(2) com a reabertura de prazos e retorno do processo à fase anterior.

Na doutrina e na jurisprudência há dificuldade em uniformizar o tratamento da matéria.

15.8 Terminologia (convalidação, renovação, substituição, suprimento, ratificação, retificação, preclusão e revisibilidade)

Guilherme Madeira Dezem apresenta diferenciação de termos que classifica como formas de saneamento das nulidades, apartando os que considera não amoldáveis à convalidação, que utiliza como sinônimo de saneamento.

Para o ilustre autor, a absolvição transitada em julgado é causa de **convalidação** geral das nulidades, enquanto a **renovação** e a **substituição** não são formas de saneamento das nulidades, mas de **refazimento**, com renovação. Exemplifica essa possibilidade com o interrogatório do réu, distinguindo, ademais, os seguintes:

(1) **suprimento**: consiste na "complementação do ato nulo, suprindo sua deficiência", que pode incidir nas omissões da denúncia até o momento anterior à prolação da sentença (art. 569, CPP);

(2) **ratificação**: é a medida cabível diante do vício de ilegitimidade do representante, falta de pressuposto processual, que pode ser sanada a todo tempo (art. 568, CPP);

(3) **retificação**: cuida-se de providência aplicada ao ato processual parcialmente nulo (art. 573, CPP); e

(4) **preclusão**: efeito que decorre da falta de alegação oportuna, cabível para nulidades relativas (arts. 571; 572, I, CPP).[550]

Sob outra ótica, segundo o autor, propõe-se que o saneamento tenha dúplice função, suplantando os demais critérios, a saber:

(1) de desfazimento dos efeitos; e

(2) de refazimento do ato processual.

A convalidação não tem lugar de forma tácita e deve ser declarada, constitutivamente, enquanto pendente o processo penal. Para que ocorra convalidação, deve ser reconhecida nulidade-fato, seguida de justificativa para conservação do ato (nulidade-consequência).

Observe-se que a formação de coisa julgada absolutória não se amolda à definição de convalidação, porém consiste em instituto soberano e impeditivo de rediscussão da matéria criminal. A nulidade no processo condenatório só tem possibilidade de ser reconhecida, no curso de seu aspecto temporal, cujo limite é o trânsito em julgado.

Após esse termo, o que pode haver é **revisibilidade** ou **rescindibilidade** da sentença penal condenatória, no bojo de outro processo. A revisão criminal, contudo, não é admissível para a coisa julgada material soberana inerente à sentença de absolvição.

---

550. DEZEM, Guilherme Madeira. *Curso de processo penal*. São Paulo: RT, 2015. p.822-823.

Outrossim, a **renovação** do interrogatório pressupõe expressa declaração do vício que macula o interrogatório anterior. Não deve ser reproduzido o ato sem justificativa, para operar simples substituição. No processo, é indispensável um dizer do juiz acerca da nulidade, a teor do ponto de vista de ser necessária descrição para produção de efeitos jurídicos.

Desfazem-se os efeitos jurídicos do interrogatório viciado (**invalidação**) e renova-se o ato, compondo, destarte, o que é aqui denominado de saneamento. Não há **substituição** tal como ocorre com o comparecimento do acusado que não foi citado. Neste caso, a omissão da citação é substituída pelo comparecimento. Naquele outro, são subtraídos os efeitos do interrogatório viciado, com a sua reprodução.

A distinção entre os termos no processo penal não dispensa a produção de normas, com o resultado de emissão de novo ato. Independentemente de sua nulidade ser total ou parcial, em face de omissão ou vício, sempre será exigido o seu reconhecimento expresso, atrelando-lhe providência sancionadora. Para admitir o suprimento de falta por ato da parte, o juiz deve reconhecer o defeito, classificando-o e declarando constituída a convalidação.

O mesmo raciocínio é aplicável aos casos de ratificação e de retificação, malgrado haja diferença quanto ao elemento viciado de cada um.

A **ratificação** é novo ato processual que visa a conformá-lo ao aspecto subjetivo gizado no modelo legal. O que de fato há é ato processual anterior que, de per si, é viciado por conta da ausência de pertinência subjetiva, como pode ocorrer com a hipótese de denúncia proposta por membro do Ministério Público carente de atribuição para tal mister.

Nesse diapasão, a ratificação da denúncia é equivalente a novo ato. Tanto isso é exato que se considera efetivamente proposta depois de ratificada, exigindo-se novo recebimento, por exemplo, perante o juízo efetivamente competente, sendo este último o marco interruptivo da prescrição (art. 117, I, do CP).

Note-se que na ratificação, aproveita-se a forma objetiva da denúncia (elementos objetivos do ato – art. 41, CPP), em face da adequação ao modelo legal que lhe informa a produção. Porém, ausente o elemento subjetivo deste ato, ela estará carente de forma para ser reconhecida pelo sistema normativo. Sem a subscrição válida pelo autor da demanda, o ato consubstanciado na peça pórtico restará com defeito. Daí que a ratificação encampa os demais elementos e faz externar efeitos válidos à acusação.

Quanto à **retificação**, também há reconhecimento de vício, porém que afeta os elementos objetivos do ato. O ato se compõe de parte objetiva e de parte subjetiva. Ambos justificam sua conformação jurídica e validade (pertinência ao sistema), notadamente quando aperfeiçoada a incidência da norma aplicável. A estrutura das normas envoltas à nulificação deve ser descrita da mesma maneira, reconhecendo o defeito e constituindo a declaração do saneamento.

Por último, o termo **preclusão**, reportado para sustentar a superação da nulidade diz mais respeito à técnica de prosseguimento do processo, sem retrocessos e dilações indevidas, que propriamente à restauração da legalidade dos atos processuais. A preclusão se refere à cessação do direito da parte de impugnar decisões que lhe sejam desfavoráveis, não sendo adequada como declaração conservativa de vícios. As normas aplicáveis a esses não necessitam desse termo, bastando-lhe a convalidação, apta a integrar a norma jurídica consequente, em seu preceito secundário.

15.9 Convalidação (aspecto conservativo)

Convalidação é uma das possíveis consequências jurídicas ligadas a uma nulidade-fato. É ela resultado de relação implicacional por dever-ser modalizado.

No direito, a produção de efeitos jurídicos carece de descrição em forma de linguagem normativa. Mesmo a convalidação depende de declaração. Se o juiz encerra o processo por sentença e esta transita em julgado, não há que se falar, tecnicamente, em convalidação. Se algum vício tiver ocorrido, não passará de evento irrelevante para o processo, se não tiver sido objeto de arguição pela parte ou reconhecido pelo juiz.

Para que haja incidência de consequência jurídica, indispensável a transformação do **evento** em **fato**, por intermédio de manifestação do órgão autêntico. A manifestação judicial terá o condão de conferir, ao ato defeituoso, a garantia de se conservar, sendo técnica de imunização contra incertezas. O dizer do juiz será apto a reconhecer, por meio de norma individual e concreta declaratória, o ato irregular como inserto no plano dos atos válidos, sem acréscimo de conteúdo.

Aurora Tomazini de Carvalho expõe fundamentação que confere justificativa à convalidação como norma jurídica. O fato, para ser jurídico, necessita ser transcrito em linguagem competente que tenha relação de subsunção com a hipótese normativa, isto é, que se enquadre na classe descrita no antecedente da norma geral e abstrata. Em outros termos, "o fato jurídico é aquele traduzido no código do direito positivo, selecionado pelos parâmetros de filtragem do sistema e, por isso, capaz de desencadear efeitos de ordem jurídica".[551]

Veja-se que a irregularidade ou a nulidade relativa se reporta à incidência deficiente de outra norma jurídica. No entanto, se a nulidade não constar no descritor da norma, não haverá relevância do evento irregular, diante da ausência de incidência normativa revestida em forma de linguagem.[552]

Para ser operado o efeito conservativo do ato irregular, como garantia, ele deve ser transcrito. Não é impossível que um processo se desenvolva e seja finalizado ao arrepio da lei e da Constituição, com trânsito em julgado da sentença. Se não

---

551. CARVALHO, Aurora Tomazini. *Curso de teoria geral do direito*: o constructivismo lógico-semântico. 3. ed. São Paulo: Noeses, 2013. p.534.

552. IVO, Gabriel. *Norma jurídica*: produção e controle. São Paulo: Noeses, 2006. p.42.

houver objeção das partes, os vícios podem se perpetuar, sem evidenciar relevância. Exemplo: condenação de pessoa sem relação com o fato, envolvendo elemento de conteúdo racista, embora não explícito. A deflagração de controle demanda que essa questão seja transcrita nos autos pelo órgão autêntico de controle (juiz ou tribunal).

Deveras, a hipótese normativa, abstrata e geral, é uma porta aberta. Necessita da participação humana para ser incidida e tornar jurídico o fato, por meio de vernáculo competente. Não sem razão, Aurora Tomazini de Carvalho aviva que "o evento é um acontecimento de ordem experimental; o fato é um enunciado linguístico sobre uma situação passada, verificada em certas coordenadas de tempo e espaço, é a descrição do evento". Em arremate, sublinha a jurista que "o fato jurídico é o relato do evento em linguagem jurídica, um enunciado linguístico pertencente ao sistema do direito posto, capaz de nele produzir efeitos".[553]

15.10 Aspecto finalístico do processo penal (tutela de garantias)

A sustentação teórica de respeito às formas processuais pode despertar dúvidas sobre se a teoria da nulidade, comprometida com critério linguístico rigoroso, convencional, acabaria por chancelar uma postura refratária às garantias individuais ou que maximizasse o papel seletivo da justiça criminal. No entanto, a tutela das formas, que gira em torno do conceito de nulidade, tem o propósito de atribuir valor aos direitos fundamentais.

A efetividade do processo penal é auferida, nessa perspectiva, pelo cumprimento das formas. Os seus atos devem conferir, nessa perspectiva, operatividade ao *jus libertatis* e aos demais direitos em jogo, considerando que são, sob essa

553. CARVALHO, Aurora Tomazini. *Curso de teoria geral do direito*: o constructivismo lógico-semântico. 3. ed. São Paulo: Noeses, 2013. p.534.

ótica, documentação das normas processuais que se constituem a partir de enunciados legais e constitucionais, ordenados, especialmente, segundo critério hierárquico.

O método deve ter condições de afastar discricionariedade. Buscam-se limites ao decisionismo e à flexibilização, não autorizada, das garantias individuais. Com a previsão de procedimento para a produção de normas jurídicas, adstrito às fontes do direito reconhecidas pelo sistema, será viável o respeito aos direitos dos sujeitos processuais envolvidos, às formas que estruturam o rito e aos limites de produção probatória.

Nesse diapasão, Geraldo Prado destaca três aspectos que refletem tendências contemporâneas:

(1) os papéis atribuídos aos sujeitos do processo;

(2) a estrutura processual de referência; e

(3) a ampliação dos espaços de consenso que implicam atribuição de responsabilidade criminal, ao lado do uso de métodos invasivos de busca de informações.

Nesse contexto de suspensão acordada de garantias, seria indispensável definir o estatuto jurídico dos sujeitos processuais.[554] A alteração parcial do sistema causa risco a sua solidez. Efeitos indesejáveis, previsíveis, mas não previstos, podem comprometer o seu funcionamento.

No ordenamento, os enunciados nem sempre se encontram sistematizados.[555] O sistema jurídico deve ser construído por interpretação atenta aos valores envolvidos, enquanto se organizam melhor as disposições atinentes aos direitos e deveres das partes.

---

554. PRADO, Geraldo. Il sistema di giustizia criminale brasiliano e le comunità di tradizione giuridica democratica. *Diritto e Giustizia Minorile* [rivista giuridica trimestrale], São Paulo, anno 3, n.1, p.29, gennaio-marzo 2015 (tradução livre).

555. CARVALHO, Paulo de Barros. *Direito tributário*: linguagem e método. 5. ed. São Paulo: Noeses, 2013. p.217.

A cultura jurídica pode ser apontada como um dos maiores óbices para dar efetividade ao sistema acusatório, a fim de que este não se limite ao plano declarativo. É necessário, destarte, que o magistrado desempenhe papel de garante dos direitos fundamentais, razão pela qual também é de relevo uma estrutura procedimental que assegure o cumprimento desse mister.

Geraldo Prado, nessa toada, pontifica que "a delicada harmonia entre o estatuto jurídico dos principais personagens do processo e a estrutura processual requerida pela doutrina, considera a constante pressão para reforçar os poderes coercitivos em detrimento das garantias constitucionais de direitos humanos". Dentre os seus pontos sensíveis estão o contraditório e a paridade de armas.[556]

A efetividade do processo penal envolve tensões entre o direito de liberdade e a pretensão punitiva estatal. Novas técnicas de investigação foram introduzidas, a exemplo das descritas na Lei nº 13.964/2019. Com isso, a fase pré-processual ganha importância que não mais se compatibiliza com a ideia de não se submeter a controle de regularidade dos seus atos. A **discricionariedade** e a **dispensabilidade** do inquérito policial não podem ser justificativas para autorizar toda forma de investigação preliminar (arts. 5º ao 7º, CPP).[557]

É verdade que a inserção de espaços de consenso tem driblado as garantias de defesa e de resistência (liberdade). Por exemplo, a barganha e suas derivações, como o acordo de não persecução penal (ANPP), tornaram-se vias alternativas que, a seu turno, têm suplantado o processo penal paritário, eis que, no negócio jurídico processual, o imputado persiste sendo a parte mais debilitada.

---

556. PRADO, Geraldo. Il sistema di giustizia criminale brasiliano e le comunità di tradizione giuridica democratica. *Diritto e Giustizia Minorile* [rivista giuridica trimestrale], São Paulo, anno 3, n.1, p.30, gennaio-marzo 2015 (tradução livre).

557. LOPES JR, Aury; GLOECKNER, Ricardo Jacobsen. *Investigação preliminar no processo penal*. 5. ed. São Paulo: Saraiva, 2013. p.344-345.

15.11 Celeridade e dispensa do laudo toxicológico definitivo

A função pedagógica do sistema de nulidade vem tendo baixa aplicação. A demonstração do prejuízo causado pelo vício, como dever da parte, é exigência difícil de se desincumbir. No mais das vezes, o interessado no reconhecimento do defeito tende a argumentar, em tese, quais os êxitos que poderia ter logrado se tivesse sido respeitada a forma legal, tarefa nem sempre exitosa.

Por exemplo, como imaginar o que poderia ser modificado em uma sentença condenatória fundamentada apenas na constatação provisória da droga, se o julgamento do crime de tráfico tivesse ocorrido após a juntada do laudo de constatação definitivo? O laudo é a documentação da prova que serve de base para eventuais impugnações (art. 50, § 2º, Lei nº 11.343/2006), tais como:

(1) a oposição de dúvida acerca do critério científico para a sua conclusão (art. 159, § 7º, CPP);

(2) a imputação de contradição entre quesitos ou respostas (art. 160, CPP);

(3) a quebra da cadeia de custódia do vestígio por métodos ocultos (art. 158-D, § 4º, CPP);

(4) a arguição de suspeição do perito (art. 280, CPP).

A juntada do laudo após a condenação prejudica o debate em torno dessas questões (ampla defesa e contraditório – art. 5º, LV, CF).

Alguns julgados podem ilustrar a problemática que envolve o laudo toxicológico, cuja superação da alegação da nulidade deve-se aos cânones da instrumentalidade das formas (art. 572, II, CPP) e da celeridade processual contra o réu.

No âmbito da Sexta Turma do Superior Tribunal de Justiça, dois precedentes podem ser cotejados:

(1) um, que taxa o vício relativo ao exame sobre a substância entorpecente de nulidade absoluta; e

(2) outro, que convalida o processo viciado em razão de prolação de sentença condenatória sem a presença do laudo de constatação definitivo no momento próprio.

Na ementa do primeiro acórdão, a Sexta Turma do STJ declara ser "imprescindível o exame toxicológico laboratorial para que se comprove a natureza entorpecente da substância em laudo definitivo cuja ausência gera nulidade absoluta". Entendeu-se que o defeito referido "afeta o interesse público e diz respeito à própria prestação jurisdicional". Salientou que deve ser aplicado "o mesmo entendimento, da necessidade do exame toxicológico, aos casos de cometimento de falta disciplinar de natureza grave, por posse de 'drogas', delito que deixa vestígios, para comprovação da materialidade delitiva". Dessa maneira, foi declarada "nula a decisão do Juízo das Execuções Criminais, que reconheceu a prática da falta grave sem a juntada do exame de constatação da substância apreendida".[558]

Já no segundo precedente, ficou assentado que "o laudo definitivo não se reveste de nota de imprescindibilidade", suprível pelo laudo de constatação provisório "nos casos em que for possível a obtenção do mesmo grau de certeza". Reiterou que a juntada de laudo toxicológico definitivo, mesmo que depois das alegações finais pela defesa, "não enseja a anulação da sentença se o exame apenas corroborou o laudo provisório que, com segurança, já havia identificado a substância apreendida como entorpecente".[559]

A flagrante contradição entre a consequência jurídica aplicada (convalidação) e a categoria do vício considerado

558. STJ – Sexta Turma – HC 406.154/MG – Rel. Min. Maria Thereza de Assis Moura – DJe 04 dez. 2017.

559. STJ – Quinta Turma – AgRg no HC 537.639/SP – Rel. Min. Leopoldo de Arruda Raposo (Des. Conv. do TJ/PE) – DJe 26 nov. 2019.

pelo mesmo órgão jurisdicional (nulidade absoluta) coloca em cheque a efetividade do direito ao contraditório e à ampla defesa, de *status* constitucional. Aliás, o paradoxo revela a genética inquisitória tendente a maximizar a possibilidade de juízos discricionários, sem balizas bem determinadas, com decisionismo que, não raras vezes, pode ser acusado de retirar a utilidade da legislação.

O texto, com redação original de 1941, é material bruto que compõe o ordenamento jurídico e que necessita de cuidadosa interpretação para que se conforme ao sistema jurídico quando da produção de normas individuais e concretas. Os enunciados abstratos devem funcionar como limites, enquanto constrangimentos dogmáticos, indicativos de necessariedade.

15.12 Procedimento legal-constitucional

Ricardo Gloeckner adverte para a disciplina legal "frente às normas constitucionais emergentes do Estado de Direito". O autor aponta a discrepância entre o CPP e a CF. No entanto, considera que "a teoria da nulidade sofre anacronismo e aderência à estrutura inquisitorial", compreendida como "sistematização de poderes que produz uma espécie de ilegalismo congênito nos níveis vertical e horizontal".[560]

A ampla controvérsia sobre os critérios de tratamento da nulidade no processo penal indica distorções, seja sob a ótica dos participantes (jurisprudência), seja sob o ponto de vista dos observadores (doutrina). Ademais, quando se examina a redação legal, nota-se que o legislador não discerniu as categorias do instituto, apenas referindo à nulidade em sentido largo, vezes como vício, vezes como sanção.

---

560. GLOECKNER, Ricardo Jacobsen. Una nuova teoria della nullità: costruzione di un nuovo sistema di principi alla luce della strumentalità costituzionale della procedura penale. *Diritto e Giustizia Minorile* [rivista giuridica trimestrale], São Paulo, anno 3, n.1, p.59, gennaio-marzo 2015 (tradução livre).

O alvitre doutrinário de somente falar em nulidade, dispensando as classes absoluta e relativa, mais se ajusta do que se afasta do texto de 1941. Tirante essa divergência terminológica, Ricardo Gloeckner aviva aspectos que são coincidentes com os objetivos colimados pela estrutura da teoria da nulidade processual penal baseada no constructivismo lógico-semântico.[561]

Segundo pondera o jurista, o processo penal atual é de ser erigido como forma de controle. Ademais, "a legitimidade para a aplicação da pena depende, sobretudo, do respeito pelos preceitos elementares que constituem a 'espinha dorsal' do processo penal". A instrumentalidade do processo deve assumir a "função de garantia contra a arbitrariedade do poder punitivo", solidificando o "princípio da estrita jurisdicionalidade".[562]

O procedimento deve ser visto como moldura indeclinável. A forma legal é a suma da previsibilidade. O juiz é o sujeito passivo das formas estipuladas legislativa e constitucionalmente. A não aplicação de preceitos normativos deve ser justificada com base em técnicas reconhecidas pelo próprio sistema, a exemplo da interpretação conforme a constituição ou declaração de inconstitucionalidade (controle difuso).

Em linha de síntese, frente à necessidade de um processo sem dilações indevidas, é de ver que, para impor pena, os órgãos da persecução penal devem respeitar os limites estruturais de produção normativa, de forma convergente à pragmática de proteção de direitos. Não condiz com a Constituição de 1988, apenas cumprir a legislação de forma rigorosa contra o réu.

---

561. CARVALHO, Paulo de Barros. *Direito tributário*: linguagem e método. 5. ed. São Paulo: Noeses, 2013. p.215-219.

562. GLOECKNER, Ricardo Jacobsen. Una nuova teoria della nullità: costruzione di un nuovo sistema di principi alla luce della strumentalità costituzionale della procedura penale. *Diritto e Giustizia Minorile* [rivista giuridica trimestrale], São Paulo, anno 3, n.1, p.60, gennaio-marzo 2015 (tradução livre).

É certo que o acusado é o destinatário das disposições penais incriminadoras, sujeitando-se, passivamente, às penas. O juiz, a seu turno, é o funcionário que tem o dever legal de velar pelo cumprimento das formas processuais penais que, ao cabo, concretizam as garantias fundamentais. Daí que o direito positivo deve ser aplicado de modo a tornar efetiva a sua função de limite ao poder punitivo.

15.13 Tutela da liberdade pelo procedimento

A nulidade representa vício de forma. Sendo um defeito, com possibilidade de diferentes níveis de gravidade, pode repercutir positiva ou negativamente na eficácia dos direitos envolvidos. É importante, por essa razão, avivar o confronto entre o *jus puniendi* e o *jus libertatis*, verso e anverso do núcleo valioso do ser humano.

Como pano de fundo, o processo deve atender aos ditames do seu regular funcionamento no Estado Democrático de Direito. Isso não quer dizer que o sistema de nulidades visa a proteger direito da sociedade ou da vítima, como, aliás, advertiu Alberto Binder. Na sua dicção, a função principal das nulidades não é a boa ordem processual, a conciliação de interesses das partes ou a proteção dos direitos da sociedade.[563]

É a liberdade, em seu sentido negativo, na senda do pensamento de John Locke,[564] que deve ser escudada pela forma. A liberdade é o bem jurídico tutelado pelo processo democrático. De outra lente, a infração penal se reporta a fato passado, sendo relação jurídica material a ser descrita na petição inicial. Não há relação direta entre o bem jurídico tutelado pela norma incriminadora e o bem jurídico processual penal.

---

563. BINDER, Alberto M. *El incumplimiento de las formas procesales*: elementos para una crítica a la teoría unitaria de las nulidades en el proceso penal. Buenos Aires: Ad-Hoc, 2000. p.70-71 (tradução livre).

564. LOCKE, John. *Segundo tratado sobre o governo civil*: ensaio sobre a origem, os limites e os fins verdadeiros do governo civil. Tradução: Magdala Lopes; Marisa Lobo da Costa. Petrópolis: Vozes, 1994. p.153.

No ato de aplicar a pena, haverá limitação regrada da liberdade, cujo rito deve ter recebido o assentimento democrático. De outra vertente, ao absolver o acusado, o juiz estará tutelando aquele em seu maior grau.

Quando se está diante de processo penal que não implica imposição de pena privativa do direito de ir e vir, a exemplo da persecução penal de pessoa jurídica por crime ambiental ou de acusado de crime com pena restritiva de direito, o bem jurídico tutelado não é a liberdade *stricto sensu*, mas outro, como o patrimônio ou outro direito fundamental, como o é a liberdade de profissão. O processo penal assegura que esses direitos, sufragados constitucionalmente, não sejam limitados senão de acordo com as regras de um procedimento justo.

15.14 A forma e os fins enquanto limites do aspecto pragmático-possibilista

A pragmática do processo penal deve se adequar ao respeito às garantias, balizadas pelas formas compatíveis com a órbita central constitucional do processo penal.

As garantias dispostas na Constituição devem ser **interpretadas extensivamente**, só podendo haver restrição por lei formal, com vistas à tutela da liberdade.

Luigi Ferrajoli aborda aspecto similar do processo penal no direito italiano, sob a epígrafe **princípios normativos** e **perfis de efetividade**. Na sua dicção, o processo penal é "uma série de atividades realizadas pelo juiz independente, nas formas previstas pela lei, e seguida da formulação em contraditório público entre acusação e defesa de um juízo consistente na verificação ou absolvição de um imputado". Essa definição encampa, ainda que por aproximação, todas as garantias processuais.[565]

565. FERRAJOLI, Luigi. *Direito e razão*: teoria do garantismo penal. Tradução: Ana Paula Zomer Sica; Fauzi Hassan Choukr; Juarez Tavares; Luiz Flávio Gomes. São Paulo: RT, 2006. p.675.

O modelo entabulado no direito positivo pode ser afastado se esse proceder aumentar a eficácia do direito fundamental, como se dá com o julgamento antecipado do mérito penal condenatório, por meio de absolvição sumária, em momento anterior, inclusive ao preconizado por lei (art. 397, CPP).

Em outros termos, colocam-se pressupostos exigentes para a obtenção da verdade no processo penal, como também fica evidenciada a relação entre a finalidade protetiva do bem jurídico liberdade, por meio do processo, contribuindo para a sua efetividade o **sistema de reação** ao descumprimento das formas.

A propósito, Alberto Binder pontifica que constitui o tripé conceitual do sistema de garantias, enquanto base de explicação do direito penal e processual penal:

(1) a **teoria do delito**: fixar os requisitos verificáveis do ato punível;

(2) a **teoria do juízo**: estabelecer as condições de verificação;

(3) a **teoria da prova**: regular o ingresso e utilização da informação.

Em compasso com essa argumentação, o **sistema de garantias** funciona sobre a base binomial verificável-verificação, estatuindo condições rigorosas para a aferição da verdade. Daquela estrutura nascem "as principais linhas das garantias processuais ligadas ao princípio da imparcialidade, igual contradição e publicidade". A pedra de toque para o controle do sistema de garantias processuais é o **princípio da centralidade do julgamento**. Todos esses princípios fazem parte de uma **teoria do julgamento**, com o papel de elucidar a engrenagem de seus elementos e facilitar seu desenvolvimento.[566]

566. BINDER, Alberto M. *El incumplimiento de las formas procesales*: elementos para una crítica a la teoría unitaria de las nulidades en el proceso penal. Buenos Aires: Ad-Hoc, 2000. p. 71 (tradução livre).

Cuida-se de ideia igualmente sufragada por Luigi Ferrajoli, que alvitra a necessidade de rigidez como condição de funcionamento das instâncias repressivas do Estado. Nas suas palavras, "o que faz do processo uma operação distinta da justiça com as próprias mãos ou de outros métodos bárbaros de justiça sumária é o fato que ele persegue, em coerência com a dúplice função preventiva do direito penal, duas diferentes finalidades":

(1) a punição dos declarados culpados; e

(2) a tutela penal dos inocentes, que se situa "na base de todas as garantias processuais que circundam o processo e que condicionam de vários modos as instâncias repressivas expressas pela primeira".

Luigi Ferrajoli prossegue arrematando que "a história do processo penal pode ser lida como a história do conflito entre essas duas finalidades". Embora sejam escopos logicamente complementares, são, na prática, contrastantes. Sem embargo, é possível "caracterizar o método inquisitório e o método acusatório com base no apoio que um dá ao outro e vice-versa".[567]

15.15 Pragmática das nulidades processuais penais

Pragmática é palavra tomada para indicar a função, o caráter possibilista e o espaço comunicacional do ato de produção de normas jurídicas. Há um extenso rol de alternativas na praxe judicial que a teoria visa a reduzir, limitando a complexidade ou o caráter de desnecessidade de uma resposta judicial específica.

Essas opções resultam daquela característica, bastante fértil nessa temática. As regras de calibração, que desviam

567. FERRAJOLI, Luigi. *Direito e razão*: teoria do garantismo penal. Tradução: Ana Paula Zomer Sica; Fauzi Hassan Choukr; Juarez Tavares; Luiz Flávio Gomes. São Paulo: RT, 2006. p.556.

o efeito jurídico que, pelo prisma causal, seria esperado, demonstram esse viés. A pragmática tem a utilidade de viabilizar a aplicação de consequência convalidadora de vícios processuais que, ao final, não prejudique a eficácia de direitos fundamentais contemplados na Constituição.

O controle dos atos processuais penais pode servir ao instrumentalismo se, e somente se, adequar-se às técnicas de controle de constitucionalidade. O manejo da linguagem convencional e sua contextualização devem garantir os direitos individuais em jogo no processo penal.

Deveras, a linguagem do sistema ajustada a partir de seu uso, colima a blindagem do núcleo de direitos fundamentais. A classificação de uma categoria processual penal tem o propósito de oferecer previsibilidade de produção de normas individuais e concretas para, ao cabo, tutelar aqueles direitos. Daí ser necessária uma justificativa, retórica, toda vez que seja desviado o efeito esperado, a fim de se evitar incoerências no interior do sistema.

A característica possibilista é, de certo modo, objeto de análise de Niklas Luhmann. Segundo pondera, em oposição ao decurso do procedimento, faz parte de seu caráter "a incerteza do resultado e suas consequências", bem como "a sinceridade das alternativas de comportamento no contexto da atuação e da sua estrutura de motivações". No entanto, adverte que não são as formas já definidas ou as palavras exatas que impulsionam o procedimento, porém "as decisões seletivas dos participantes", que subtraem as alternativas, contêm a complexidade, suprimem a incerteza ou modificam "a complexidade indeterminada de todas as probabilidades numa problemática determinável e compreensível".[568]

Tercio Sampaio Ferraz Jr., a sua vez, aviva que a ótica pragmática da racionalidade autoriza afirmar que esta não se

568. LUHMANN, Niklas. *Legitimação pelo procedimento*. Tradução: Maria da Conceição Côrte-Real. Brasília: Universidade de Brasília, 1980. p.38.

situa "nem em 'formas' (invariáveis, essenciais), nem em 'matérias' (variáveis, contingentes), nem na sua manipulação, nem mesmo em 'premissas' que ocorrem sempre, como componentes estruturais do decurso da discussão". Ao contrário, a racionalidade pragmática se localiza "no tratamento correlacional e regrado de questões e soluções de questões".[569] Decerto, o aspecto pragmático não autoriza discricionariedade sem peias, nem o fenômeno da relativização das nulidades absolutas.

Em outras palavras, as consequências jurídicas impostas normativamente aos vícios processuais decorrem de implicações que somente podem ser evitadas quando possibilitar maior efetividade ao texto constitucional.

As conclusões de Ricardo Gloeckner vão a esse encontro, especialmente quando assevera que "a instrumentalidade constitucional do processo requer controle rígido sobre a forma de execução do processo". Por essa razão, "a questão da nulidade adquire essa relevância" e, como garantia, deve se supedanear na Constituição. Todavia, "sua radicalização significa que toda a nulidade seria uma violação da própria Constituição e, assim, o problema da nulidade se tornaria constitucional".[570]

Sob esse ângulo, deve haver racionalidade funcional das contradições do sistema, para outorgar dignidade no tratamento em função dos direitos humanos. A expressão em destaque é de Alessandro Baratta, ao realçar o papel da criminologia crítica, que se afasta da etiológica (causal) por não se contentar com uma racionalidade como norma para a ação, agregando, diversamente, uma racionalidade como norma do pensamento. Como aduz, a racionalidade, para fundamentação de questões de política criminal, pode significar "um

---

569. FERRAZ JR., Tercio Sampaio. *Teoria da norma jurídica*: ensaio de pragmática da comunicação normativa. 4. ed. Rio de Janeiro: Forense, 2009. p.19.

570. GLOECKNER, Ricardo Jacobsen. Una nuova teoria della nullità: costruzione di un nuovo sistema di principi alla luce della strumentalità costituzionale della procedura penale. *Diritto e Giustizia Minorile* [rivista giuridica trimestrale], São Paulo, anno 3, n.1, p.71, gennaio-marzo 2015 (tradução livre).

critério tecnológico e pragmático pelos termos de 'praticabilidade' e de 'eficácia'".[571]

15.16 Aplicação a caso concreto

O caráter pragmático das nulidades é depreendido, por exemplo, da aplicação do enunciado nº 160, da Súmula, do Supremo Tribunal Federal. O **possibilismo** é retratado na variação que depende de ter sido a decisão favorável ao réu ou ao autor da ação penal condenatória.

Fazendo incidir esse verbete, o STJ aduziu causar "perplexidade a anulação, de ofício", pelo tribunal *a quo*, "das decisões proferidas em sede de mutirão carcerário, quando referidos decisórios não foram objeto de recurso por parte do titular da ação penal, em manifesta afronta à Súmula 160 do STF".[572]

De acordo com o teor sumular, "é nula a decisão do Tribunal que acolhe, contra o réu, nulidade não arguida no recurso da acusação, ressalvados os casos de recurso de ofício". Cabe gizar, a interpretação *favor rei*, torna mais forte a coisa julgada material absolutória, com a correlata preclusão de nulidades absolutas perante o órgão *ad quem*, sempre que não forem objeto de **impugnação específica** (**princípio da eventualidade**). A interpretação sistemática da Lei Maior faz prevalecer, na hipótese, o *jus libertatis* em detrimento do dever de acusar.

15.17 Conclusão e próximo capítulo

A aplicação do construtivismo lógico-semântico ao processo penal tem o fito de oferecer um padrão sintático para a formação da estrutura das normas jurídicas entrelaçadas no

---

571. BARATTA, Alessandro. *Criminologia crítica e crítica do direito penal*: introdução à sociologia do direito penal. Tradução: Juarez Cirino dos Santos. 6. ed. Rio de Janeiro: Revan, 2014. p.212.

572. STJ – Quinta Turma – HC 449.361/PR – Rel. Min. Reynaldo Soares da Fonseca – DJe 25 mar. 2019.

procedimento legal. A primeira norma da estrutura é o parâmetro que servirá de fato para a imposição da consequência jurídica subsequente.

Esse parâmetro tem a função de limite e deve ser ajustado aos direitos fundamentais que constituem o centro de pedra do processo penal na Constituição de 1988. O controle da licitude dos atos depende do respeito à função nomogenética desempenhada pelo juiz.

Como regra, o juiz produz normas individuais e concretas que, a seu turno, abrem espaço para sucessivas emissões de outras normas individuais e concretas. A análise do cabedal de normas jurídicas e de suas características, relacionadas nesse procedimento, será assunto do próximo capítulo.

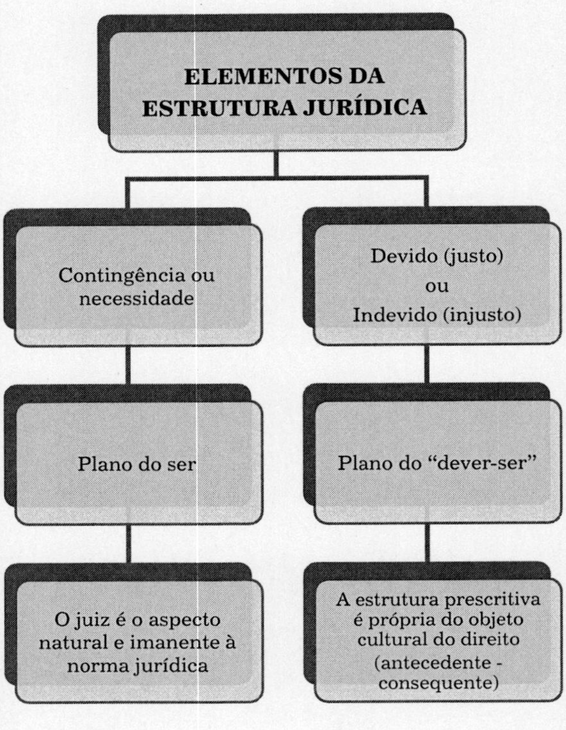

CAPÍTULO 16

TEORIA DA NORMA JURÍDICA NO PROCESSO PENAL

16.1 Estrutura-sede da produção normativa

A estrutura do sistema é uma codificação de produção de normas jurídicas. Dentro de seus canais deve se desenvolver a persecução penal estatal. O resultado normativo há de ser documentado por meio de atos jurídicos processuais ou procedimentais. Esse produto pode ser, num primeiro momento da decisão jurídica, dotado de **abstração** e, num instante subsequente, caracterizado pela **concreção**.

A perspectiva sistemática no direito processual penal, com marcos temporais definidos para a produção normativa, é de relevo. O órgão competente é regido por outras normas. Aquelas, produzidas no curso do processo, normas individuais e concretas. As que disciplinam o atuar do juiz, normas gerais e abstratas.

Ao lado dessa distinção, o enunciado, que deve ser direito vigente e fonte cognitiva do direito processual penal, não coincide com a norma. A norma pode ser produzida com esteio em base empírica constituída por um ou mais enunciados. Também se admite a construção de norma a partir de fragmentos de enunciados.

Nessa linha, há distinção entre norma e enunciado, como forma de melhor otimizar resultados. Trata-se de um dos pontos gríseos no direito, como adverte Riccardo Guastini:

(1) a uma, é duvidoso se o vocábulo norma deve ser utilizado "unicamente para fazer referência a prescrições gerais e abstratas ou, diversamente, também a preceitos singulares e concretos";

(2) a duas, "é duvidoso se o termo norma deve ser usado somente para fazer alusão a prescrições em sentido estrito (é dizer, mandados) ou pode ser estendido a todo enunciado do discurso legislativo"; e

(3) a três, é pouco nítido se a palavra norma deve ser usada para se reportar a enunciados ou, distintamente, a significados de enunciados.[573]

A norma, ademais, é termo usado como gênero, podendo ser regra ou princípio. A delimitação dessas noções tem por finalidade diminuir a imprecisão, tal como ocorre com as dificuldades em torno do sentido do princípio da razoável duração do processo (art. 5º, LXXVIII, CF).[574]

Estrutura-se semanticamente a produção normativa, relacionando essa peculiaridade com as regras que informam a sintática retratada na disciplina da competência dos órgãos responsáveis pela emissão de fontes de cognição do direito processual penal.

A visão tradicional da competência de um órgão judicial como limite da jurisdição deve receber o influxo da **teoria da norma jurídica**. Antes de ser aspecto de divisão de tarefas reunidas na incindível função jurisdicional, a competência é um espaço para e criação, modificação ou extinção de normas jurídicas. Tácio Lacerda Gama obtempera, apropriadamente,

573. GUASTINI, Riccardo. *Distinguiendo*: estudios de teoría e metateoría del derecho. Barcelona: Gedisa, 1999. p.94.

574. NICOLITT, André. *A duração razoável do processo*. 2. ed. São Paulo: RT, 2014. p.135.

que "o exercício da jurisdição é ato que tem como resultado a criação de norma jurídica".[575]

Cuida-se de parâmetro de controle.

Vale realçar que o ponto de vista normativo da competência judicial não é incompatível com o ensinado pela doutrina processual. Maria Lúcia Karam, por exemplo, apresenta explicação que demonstra a íntima ligação entre a função jurisdicional e a atividade normativa. Na dicção da autora, "expressa a jurisdição função do Estado cuja finalidade formal é a interpretação e aplicação das leis, para dirimir conflitos, assegurar a defesa dos direitos legalmente protegidos e reprimir sua violação".[576]

A produção de normas pelo órgão judiciário competente deve estar de acordo com o fim processual penal de sobreposição e de vetor de interpretação destinado à tutela da liberdade. Essa postura, basilar, permite que se dê melhor direção à pragmática, estatuindo trilhos ao caráter variável das consequências jurídicas.

O art. 28-A do CPP prevê o acordo de não persecução penal (ANPP), criando via alternativa para a aplicação antecipada de pena restritiva de direito. Ele é alicerce para imposição de efeitos jurígenos distintos do processo penal tradicional. No entanto, considerando como antecedente mais remoto o delito, o ANPP é desvio da consequência processual que seria esperada, para, em vez de se instaurar o processo penal condenatório, ser imposta sanção antecipada, desde que atendidos os requisitos legais.

De todo modo, o início da produção normativa deve ser uma base textual, cujo significado é dado pelo intérprete. Para se chegar à norma individual e concreta, o juiz exerce atividade de construção de conceitos para viabilizar subsunção.

---

575. GAMA, Tácio Lacerda. *Competência tributária*: fundamentos para uma teoria da nulidade. 2. ed. São Paulo: Noeses, 2011. p.221.

576. KARAM, Maria Lúcia. *Competência no processo penal*. 3. ed. São Paulo: RT, 2002. p.13.

Na teoria de Hans Kelsen, há uma relação "entre o conceito mais geral (abstrato) e o menos geral (abstrato) ou entre o conceito geral (abstrato) e uma representação concreta (conceito individual)". Não há exatamente subsunção entre uma norma inferior e uma norma superior, eis que esta "não é conceito, e sim um objeto concreto do conhecimento ético ou jurídico". Contudo, visto que a norma geral se apresenta em forma de proposição, ela pode conter noções sobre os conceitos embutidos "em outras normas ou representações concretas de fatos típicos individualmente determinados e podem ser subsumidas certas consequências jurídicas individualmente estatuídas como devidas".[577]

16.2 Nomogênese

Tácio Lacerda Gama define nomogênese como o "processo por meio do qual o sujeito competente cria, modifica ou extingue uma norma jurídica num sistema de direito positivo qualquer".[578] Na persecução penal estatal, os atos jurídicos são documentações de normas jurídicas. A incidência deficiente da norma de regência torna o ato processual viciado.

Daí deve ter lugar outra atividade de produção normativa, levada a efeito pelo sujeito competente, no sistema processual penal, para reconhecer a nulidade e estabelecer sua categoria. Nesse sentido, há autorregulação do direito.

16.3 Nomogênese no sistema de persecução penal

Nomogênese do sistema de persecução penal estatal é um procedimento de criação de normas individuais e concretas, conduzido por juiz ou por outro órgão com competência

---

577. KELSEN, Hans. *Teoria geral das normas*. Tradução: José Florentino Duarte. Porto Alegre: Sergio Antonio Fabris, 1986. p.339-340.

578. GAMA, Tácio Lacerda. *Competência tributária*: fundamentos para uma teoria da nulidade. 2. ed. São Paulo: Noeses, 2011. p.LI.

definida. O magistrado realiza a incidência normativa identificando os aspectos do fato com os elementos seletores do direito positivo. Ao final, a incidência opera um recorte sobre a complexidade da realidade.

Destarte, haverá deflagração do funcionamento do sistema de nulidades quando surgir um ilícito nomogenético, isto é, uma atipicidade processual que atesta a incidência imperfeita de norma jurídica individual e concreta arrimada em padrão previsto no ordenamento jurídico.

O sistema processual penal tem a característica comum a toda espécie de estrutura sistemática de relacionar complexidades. Como explica Niklas Luhmann, "por complexidade deve entender-se a totalidade das possibilidades que se distinguem para a vivência real – quer seja no mundo (complexidade do mundo), quer seja num sistema (complexidade do sistema)". Um sistema deve admitir um número limitado de possibilidades, levando-as a cabo.[579]

16.4 Nomogênese do sistema de nulidade

O sistema de nulidades segue essa lógica de redução de complexidade, estabelecendo classificações e regulando a produção de normas. Na esteira do magistério de Tácio Lacerda Gama, nulidade "é expressão geral para nominar ilícitos nomogenéticos no plano dogmático. Pode ser entendida em sua acepção lata, compreendendo todas as modalidades de ilícitos nomogenéticos, assim os formais como os materiais".[580]

A nomogênese deve ocorrer segundo a diferenciação (interna) do sistema, cujo ambiente (externo) é excessivamente complexo. No pensamento de Luhmmann, o todo é incontrolável. Daí que "a sua ordem própria é extremamente valiosa na medida

---

579. LUHMANN, Niklas. *Legitimação pelo procedimento*. Tradução: Maria da Conceição Côrte-Real. Brasília: Universidade de Brasília, 1980. p.39.

580. GAMA, Tácio Lacerda. *Competência tributária*: fundamentos para uma teoria da nulidade. 2. ed. São Paulo: Noeses, 2011. p.LII.

em que reduz a complexidade; e como ação inerente ao sistema só admite, comparativamente, algumas possibilidades".[581]

A definição das linhas divisórias do sistema de nulidades enfatiza que a sua produção normativa deve ocorrer em um procedimento penal. Para que seja constatada a nulidade e aplicada a sanção, o rito viciado deve estar em tramitação, sob o vértice judicial, enquanto figura imanente,[582] e em momento anterior ao trânsito em julgado.

16.5 Tempo e dinâmica do processo penal

Todo procedimento criminal, enquanto sistema comunicativo de decisões, tem termo inicial e final. Na senda de Niklas Luhmann, "os procedimentos são, de fato, sistemas sociais que desempenham uma função específica, designadamente a de aprofundar uma única decisão obrigatória e que, por esse motivo, são de antemão limitados na sua direção".[583]

Exaurido o processo penal condenatório, por exemplo, as disposições que autorizam a produção de normas nulificadoras não são aplicáveis. O tempo processual é o aspecto representativo da existência jurídica dinâmica do processo.

A noção de tempo do processo é explicada por Rui Cunha Martins. Aviva que a **processualidade** consiste em "movimento e conexão – de elementos e de tempos". A ideia de processo é haurida da noção de historicidade, "daí resultando uma dimensão de trajecto que, longe de lhe assegurar a preservação de uma eventual estrutura processual nele residente, o sujeita a um sem número de cruzamentos inesperados". Esse aspecto se bifurca em duas possibilidades:

---

581. LUHMANN, Niklas. *Legitimação pelo procedimento*. Tradução: Maria da Conceição Côrte-Real. Brasília: Universidade de Brasília, 1980. p.39).

582. COSSIO, Carlos. *La teoría egológica del derecho y el concepto jurídico de libertad*. 2. ed. Buenos Aires: Abeledo-Perrot, 1964. p.46 (tradução livre).

583. LUHMANN, Niklas. *Legitimação pelo procedimento*. Tradução: Maria da Conceição Côrte-Real. Brasília: Universidade de Brasília, 1980. p.39.

(1) oportunidade de incorporação de elementos; e

(2) hipótese de postergação de uma deliberação.

Consoante o autor, os dois casos são traduzidos em densidade processual. Inseridos em conjuntura histórica concreta, são produtos da *autopoiesis* forjados "no quadro da própria dinâmica intrínseca à condição processual".[584]

16.6 Controle da condenação e da absolvição imprópria com trânsito em julgado

O controle de eventual ilicitude depois do processo findo é possível por meio de **revisão criminal**, restritamente às hipóteses de sentença condenatória ou absolutória imprópria impositiva de medida de segurança, enquanto decisões de mérito desfavoráveis ao réu.

Não obstante, ao invés de nulidade e da correlata invalidação, esses julgados estarão no plano da rescindibilidade, regrada por enunciados específicos (art. 621, CPP).

16.7 Autorregulação do sistema processual penal

O sistema processual penal possui a função de organizar critérios destinados à produção de normas. A função nomogenética do sistema é autorregulada, ou seja, é a estrutura que possibilita e limita a produção do direito que, inclusive, irá disciplinar o seu próprio funcionamento.

São vários os enunciados que estão no ordenamento jurídico e que são pontos de partida para a emanação de normas jurídicas: definem os órgãos competentes, a forma de edição, de revogação e de invalidação.

---

584. MARTINS, Rui Cunha. O mapeamento processual da "verdade". In: *Decisão judicial*: a cultura jurídica brasileira na transição para a democracia. Geraldo Prado; Rui Cunha Martins; Luis Gustavo Grandinetti Castanho de Carvalho (orgs). São Paulo: Marcial Pons, 2012. p.74.

A estruturação dessas normas, que seguem do abstrato ao concreto, deve obedecer a critérios, a exemplo do **hierárquico** e do **cronológico**. Se é exato que o direito se autoproduz e se autorregula, não menos correto é que devem ser seguidas as regras que o próprio Estado introduziu para o desenvolvimento daquela atividade.

O sistema, sob essa ótica, representa uma forma de **controle** e de **autocontrole**. A licitude e a validade dos atos processuais devem ser certificadas judicialmente (art. 251, CPP). Em noção mais larga, atos jurídicos podem ser realizados pela parte, malgrado a chegada aos autos deva ficar a cargo do magistrado.

Antes de iniciar qualquer atividade nulificadora, o juiz deve observar regras de autocontrole, ou seja, necessário que antes seja competente para poder pronunciar nulidade (vício) e constituir invalidação (sanção).

16.8 *Autopoiesis* do sistema pela jurisprudência

Considerando a Constituição de 1988, o Poder Judiciário brasileiro é apto a produzir enunciados normativos, não só individuais e concretos, mas por vezes abstratos, como ocorre com a edição de verbetes da Súmula Vinculante.

Isso evidencia uma parte da *autopoiesis* do sistema, inovando o ordenamento jurídico, dando à legislação significado e alcance novos ou regulando um caso individual durante um certo tempo. No entanto, vale frisar que a autoprodução de normas, que estabelecem limites à consequencialidade ditada pela nulificação, deve ser feita legislativa e constitucionalmente.

É criticável a postura do STF na sua atividade de produzir normas jurídicas, quando tal ocorre sem alicerce legal ou constitucional. Não é consentâneo com o sistema acusatório e positivista, a criação de direito pelos tribunais sem amparo nos estreitos limites do ordenamento jurídico.

Deveras, não há espaço para um realismo jurídico que confronte o texto constitucional. De tal sorte, entende-se necessário que aquela atividade normativa, da Suprema Corte, migre, necessariamente, de texto de direito positivo. A derivação das normas jurídicas individuais e concretas deve corresponder àquela genética.

16.9 Limites à calibragem judicial

O sistema não autoriza produção de normas sem lastro enunciativo, quanto mais quando possibilite maiores chances para o ato processual atípico não ser objeto de controle. É, portanto, inconstitucional a emissão de normas com natureza de **regras de calibração judiciais** que inovem o sistema para permitir convalidação de nulidades absolutas. Ainda que se pense em disposição da Súmula Vinculante como exceção, é de ver que ela deve se adequar ao gizado no art. 103-A, da Constituição.

Daí que só devem ser admitidas regras de calibragem de cariz legislativo e, ainda assim, que não incorram em inconstitucionalidade. A hermenêutica não pode chegar ao ponto de restringir direitos individuais fundamentais constitutivos do núcleo do processo penal, sem hábil instrumento introdutor de normas jurídicas.

16.10 Produção probatória e verdade mais do que formal

Os limites à produção de normas estatuem as linhas que separam o ambiente e o meio em que se insere o sistema. A sua estruturação visa a colocar marcos para diminuir a complexidade da realidade, filtrada pela norma jurídica, no curso da persecução penal.

A função de autorregulação do sistema jurídico tem o condão de lhe dar **coerência**, **consistência** e **integração**, não admitindo introdução de enunciados sem conformação com seus elementos estruturais.

Em outras palavras, a positivação do direito deve atentar para critérios precisos, a fim de evitar desequilíbrios, a exemplo da ilicitude probatória. Essa cautela tem lugar tanto quando da edição de enunciados gerais e abstratos, como quando de enunciação concreta e individual.

O direito positivo é o quadro de ordenação dos fatos. O objeto da prova deve ser o fato, porém subsumido à norma jurídica. É **fato normado**. Nenhum fato deve ser objeto de juízo positivo se não estiver de acordo com o direito direito positivo (ordenamento jurídico).

O plano de modificação dos enunciados linguísticos do direito positivo é objeto de preocupação de Niklas Luhmann. Como aduz, "numa ordenação jurídica positiva, todo o direito pode mesmo ser alterado, mas não duma só vez". Há restrições para intervenções modificativas em uma decisão única, face ao "volume e interdependência das normas jurídicas em funcionamento". Embora existam alternativas em aberto, "cada arbitrariedade se faz pagar através de suas consequências". Se houver modificação de "conjuntos maiores de normas jurídicas, aumentam as exigências do processo de decisão de tal forma que dificilmente se podem dominar e se alguém quiser fazer reformas tem de se arriscar a dar alguns passos no escuro".[585]

Do procedimento dotado de certo rigor para a obtenção de resultados processuais, nasce a possibilidade de se alcançar uma **verdade**, refratária a sistemas de natureza inquisitiva. A nomogênese bem definida, de um sistema estruturado por elementos consentâneos com a ordem constitucional, é capaz de enfatizar que não deve o Estado aplicar o direito penal sem o respeito ao devido processo legal.

No processo penal, a prova não deve ser suficiente à condenação se resultar, isoladamente:

(1) de confissão do imputado (158, CPP);

---

585. LUHMANN, Niklas. *Legitimação pelo procedimento*. Tradução: Maria da Conceição Côrte-Real. Brasília: Universidade de Brasília, 1980. p.124.

(2) de colaboração premiada (art. 4º, § 16, Lei 12.850/2013);

(3) do silêncio do réu (arts. 186; 198, CPP); ou

(4) de elementos da investigação (155, CPP).

Trata-se da exigência de uma **verdade mais do que formal**, que obstaculiza a aplicação do dogma da **verdade real.**

Rui Cunha Martins adverte para o problema da **instalação obsessiva sobre a verdade**, optando, ao revés, por arquitetar a questão a partir da definição das noções de: (1) processo; (2) sistema processual; (3) verdade, compreendida como elemento de um determinado sistema processual; e (4) modo por meio do qual "esse processo-feito-sistema elege os seus critérios de fundamentação". Em suma, nas palavras do ilustre autor português, a verdade deve ser situada "no seio dos dispositivos processuais".[586]

16.11 Normas gerais e abstratas

A primeira unidade conceitual é a norma geral e abstrata que serve de parâmetro regulador da tipicidade de ato processual penal. Não é ela, propriamente, o dispositivo legal que contém seus elementos mínimos. A norma pode ser produzida a partir daquele enunciado ou de vários enunciados relacionados vertical e horizontalmente.

Essa atividade de criação de normas pode ser visualizada em um círculo que retrata o ambiente, construído com fundamento nos dados brutos do **ordenamento**. Este, por sua vez, pode ser entendido como recorte de uma parcela do sistema social. A linguagem que constitui o direito positivo será a base da interpretação apta a formar os contornos do **sistema jurídico.**

---

586. MARTINS, Rui Cunha. O mapeamento processual da "verdade". In: *Decisão judicial*: a cultura jurídica brasileira na transição para a democracia. Geraldo Prado; Rui Cunha Martins; Luis Gustavo Grandinetti Castanho de Carvalho (orgs). São Paulo: Marcial Pons, 2012. p.72.

O sistema social é o material fático que, reescrito em linguagem jurídica competente, atravessa a **facticidade jurídica**, conformadora do sistema.

É sob essa percepção que Adriano Soares da Costa pondera que o direito, sendo fato, valor e norma, é o todo, conquanto seja possível, "em nível de metaexperiência, decompor o todo em partes, embora o Direito, como objeto mesmo, contenha aquela dualidade de ser e dever-ser, de facticidade e normatividade". O direito positivo, constituído por normas abstratas e gerais, é um dado da experiência.[587]

O trinômio fato, valor e norma é a base de sustentação da teoria tridimensional do direito, de Miguel Reale. No magistério de Álvaro Gonzaga, sua estrutura correlaciona aqueles três fatores, interdependentes. Dessa maneira, "fazem do direito uma estrutura social axiológico-normativa e devem estar referidos ao plano cultural da sociedade onde se apresentam". Nesse cenário, há diferença entre o **normativismo jurídico concreto** de Reale e o **normativismo jurídico puro** de Kelsen.[588]

16.11.1 Relação entre normas

O sistema, no interior do processo penal, interage com o fato jurídico narrado e acompanhado de elementos probatórios. O fato é o evento descrito em forma de linguagem reconhecida pelo sistema da ciência do direito ou do direito positivo. Segue-se da forma abstrata e geral para, ao final, constituir a norma individual e concreta, estabelecida nos moldes previstos nos enunciados dispostos no ordenamento.

Indispensável, para tal concreção normativa, que haja a intervenção do juiz.[589] Hans Kelsen elucida, a propósito,

---

587. COSTA, Adriano Soares. *Teoria da incidência da norma jurídica*: crítica ao realismo linguístico de Paulo de Barros Carvalho. 2. ed. São Paulo: Malheiros, 2009. p.175-176.

588. GONZAGA, Álvaro Azevedo. Teoria tridimensional do direito. In: *Enciclopédia jurídica da PUCSP*: tomo teoria geral e filosofia do direito. São Paulo: PUC-SP, 2017.

589. COSSIO, Carlos. *La teoría egológica del derecho y el concepto jurídico de liber-*

que quando da aplicação do Direito por órgão autêntico, "a interpretação cognoscitiva (obtida por uma operação de conhecimento) do Direito a aplicar combina-se com um ato de vontade em que o órgão aplicador do Direito efetua uma escolha entre as possibilidades reveladas através daquela mesma interpretação cognoscitiva". Valendo-se de tal procedimento, com a edição do ato jurídico, "ou é produzida uma norma de escalão inferior, ou é executado um ato de coerção, estatuído na norma jurídica aplicanda".[590]

A produção de norma geral e abstrata constitui a premissa maior de um silogismo que desaguará, ao cabo, na norma individual e concreta. O feche desse procedimento é retratado em um ato processual penal. O ato pode ser típico, escorreito, ou atípico, eivado de nulidade. Por sua vez, o reconhecimento concreto da nulidade é um outro ato processual, individual e concreto que, a seu turno, deve ser precedido de uma premissa maior consistente em disposição geral e abstrata construída com alicerce em enunciados do ordenamento jurídico.

16.11.2 Do enunciado protocolar ao percurso normativo

O enunciado protocolar constitui liame necessário ao percurso normativo. É necessária a versão da norma em linguagem jurídica. Ao cabo, há sua cristalização em ato processual.

Paulo de Barros Carvalho diferencia que, no plano das normas gerais, tem-se somente "a indicação de classes com as notas que um acontecimento precisa ter para ser considerado fato jurídico (no antecedente)". De tal indicação decorre uma implicação, também com "indicação de classes", porém contendo "as notas que uma relação tem de ter para ser considerada como relação jurídica (no consequente) um enunciado

---

tad. 2. ed. Buenos Aires: Abeledo-Perrot, 1964. p.46 (tradução livre).

590. KELSEN, Hans. *Teoria pura do direito*. Tradução: João Baptista Machado. 5. ed. São Paulo: Martins Fontes, 1996. p.394.

conotativo implicando outro enunciado conotativo".[591] Veja-se que a descrição da norma geral e abstrata irá impor a enunciação da norma individual e concreta (cujo atributo é conotativo).[592]

16.12 Normas gerais e concretas

Admite-se a construção de norma geral (aplicável a todos) e concreta (que produz efeitos no plano da realidade). No direito processual penal é de rara ocorrência a produção de uma norma geral, com efeitos concretos. No entanto, não é impossível que tal se dê, especialmente mediante a admissibilidade de ações coletivas que veiculem matéria penal.

O melhor exemplo dessa viabilidade é a defesa da incidência do **princípio *numerus clausus*** em sede de execução penal, assentado no fundamento republicano da **dignidade da pessoa humana**. De acordo com Rodrigo Roig, o **princípio dos números fechados** impõe uma política de **redução de danos** aos apenados durante a execução da pena. Tal cânone significa que, para cada entrada de um detento no sistema prisional, haja, ao menos, a saída de um outro.[593]

A edição de uma norma geral e concreta se torna, de tal modo, plausível, mormente pela atribuição que tem a defensoria pública de ajuizar ações coletivas, nos termos do art. 4º, inciso VII, da Lei Complementar nº 80/94. Com fundamento neste dispositivo, foi impetrado *habeas corpus* em favor de grupo de detentos (dimensão coletiva). Ainda que se trate da ação individual, a forma como ajuizada pode ensejar produção de norma geral, porém concreta, de competência do órgão do Poder Judiciário.

---

591. CARVALHO, Paulo de Barros. *Direito tributário*: fundamentos jurídicos da incidência. 9. ed. São Paulo: Saraiva, 2012. p.201.

592. GAMA, Tácio Lacerda. *Competência tributária*: fundamentos para uma teoria da nulidade. 2. ed. São Paulo: Noeses, 2011.p.XLVI-XLVII.

593. ROIG, Rodrigo Duque Estrada. *Execução penal*: teoria crítica. São Paulo: Saraiva, 2014. p.89-91.

Naquela demanda constitucional, a Defensoria Pública do Estado do Espírito Santo fundamentou a necessidade de se aplicar o princípio *numerus clausus*, em favor de mais de cem reclusos, para o fim de ser deferida prisão albergue domiciliar.[594] Note-se que a concessão do *writ* deve ser precedida do reconhecimento de nulidade que recaia sobre atos ou omissões no trâmite de execução penal. O desfazimento de imposição de regime mais severo é seguido da emissão de ato para ordenar o regime domiciliar.

Apesar da dificuldade verificada na jurisprudência para dar maior eficácia ao *habeas corpus*, seja ele individual ou coletivo, o STJ deferiu, em alguns casos, o ***writ* genérico**, em favor de presos do sistema penitenciário do Estado de Minas Gerais, como forma de controle da Covid-19, para incluí-los em prisão albergue domiciliar, de acordo com recomendação contida no art. 5º, inciso III, da Resolução nº 62, do CNJ.[595]

16.13 Normas individuais e abstratas

Mais comum é o contorno abstrato que pode receber uma norma individual e concreta, mediante um procedimento de objetivização, transubjetivização ou abstrativização, a exemplo da edição de um verbete de Súmula Vinculante (art. 103-A, CF). Sua construção migra do concreto (casos particulares, reiterados), até o abstrato (enunciação do enunciado, em tese).

Cuidado maior se deve ter com a praxe jurisprudencial de considerar um precedente judicial, individual e concreto, como apto a regular casos futuros. Esse procedimento cria direito abstrato, por exemplo, quando fixa teses em sede de recursos sob rito repetitivo.

---

594. Defensoria Pública (ES). Petição inicial de ação de *habeas corpus* de 28 ago. 2015. Disponível em: http://www.defensoria.es.gov.br Acesso em: 15 set. 2015.

595. STJ – Sexta Turma – HC 575.495/MG – Rel. Min. Sebastião Reis Júnior – DJe 08 jun. 2020.

A reiteração de julgados anteriores, notadamente relativizando nulidades que impuseram restrições a direitos fundamentais, configura, no entanto, atuação inconstitucional do Poder Judiciário. Em outros termos, o efeito abstrato de uma norma individual só é admissível se o procedimento for reconhecido como válido pelo sistema.

16.14 Normas individuais e concretas

O âmbito de predileção da aplicação do processo penal é o das normas individuais e concretas. O objeto de controle cognoscitivo é uma norma individual e concreta. Se já emitida e imperfeita a norma, haverá incidência da teoria da nulidade. A aferição deve acontecer pela sua forma protocolar. Estará, como regra, documentada nos autos por meio de um ato processual penal.

Vale dizer que o meio de controle da nulidade é realizado por norma individual e concreta, que se reporta ao ato atípico, fruto de norma com incidência imperfeita, igualmente individual e concreta, para, em seguida, permitir a edição de outra norma individual e concreta, tendente a suprimir ou a confirmar os efeitos jurídicos da primeira.

Isso não significa afirmar que se dispensam as demais categorias de normas jurídicas eventualmente envolvidas. No entanto, indica que o deslinde de um ato processual acontece com a constatação de um fato que lhe antecede, seguido da aplicação de sua consequência, por meio de um procedimento produtivo do direito.

Paulo de Barros Carvalho põe ênfase na proposição consequente da norma para que seja possível a instauração da relação jurídica consecutiva. Em outros termos, a tese de uma norma jurídica tem o condão de se enlaçar com o antecedente da norma seguinte. Na dicção do jurista, "somente com o enunciado do consequente da norma individual e concreta é que aparecerá o fato da relação jurídica, na sua integridade constitutiva, atrelando dois sujeitos (ativo e passivo), em torno de uma prestação submetida ao operador deôntico modalizado".[596]

A perspectiva kelseniana evidencia a validade da relação entre a norma geral e a individual por meio de uma conclusão lógica (silogismo documentado em decisão concreta). Consoante pondera, além de aplicação, há criação do direito, enquanto processo de continuação de sua produção que se inicia no processo legislativo ou consoante os costumes: "ela é um ato de individualização das normas jurídicas gerais que devem ser aplicadas. E essa individualização apresenta-se necessária porque um caso concreto não pode ser decidido somente por uma norma jurídica geral".[597]

Na esteira do pensamento de Paulo de Barros de Carvalho, é correto acrescentar que, no plano concreto das interações intersubjetivas, haverá, de um lado, a providência de produção de "um enunciado protocolar denotativo", obtido por meio da "redução à unidade de classes de notas (conotação) do antecedente da regra geral e abstrata". Em seguida a essa descrição, surge a implicação de produção de "outro enunciado, também protocolar e denotativo, construído pela redução à unidade das classes de notas (conotação) do consequente da norma geral e abstrata". Estruturando a relação entre o abstrato e o concreto, o jurista distingue, de uma parte, os "enunciados conotativos: antecedente e consequente da norma geral e abstrata"; e, de outra, os "enunciados denotativos: antecedente e consequente da norma individual e concreta".[598]

Por exemplo, a previsão do art. 396, do CPP, descreve as notas seletoras para o recebimento da denúncia e ordem de citação (denotação). A sua vez, ao juiz, especificando o sentido

---

596. CARVALHO, Paulo de Barros. *Direito tributário*: fundamentos jurídicos da incidência. 9. ed. São Paulo: Saraiva, 2012. p.202.

597. KELSEN, Hans. *Teoria geral das normas*. Tradução: José Florentino Duarte. Porto Alegre: Sergio Antonio Fabris, 1986. p.285-286.

598. CARVALHO, Paulo de Barros. *Direito tributário*: fundamentos jurídicos da incidência. 9. ed. São Paulo: Saraiva, 2012. p.201.

da situação tendente à admissão da acusação (conotação), receberá a inicial, cotejando os arts. 41 e 395, do CPP, de tudo fazendo documentar em ato jurídico-processual.

16.15 Aplicação a caso concreto

Na maioria das vezes, o Poder Judiciário não adota uma forma clara de distinção entre enunciado e norma, termos que, inclusive, são manejados como sinônimos A justificação da construção normativa, por fontes materiais e formais é aludida sucintamente em alguns julgamentos. No entanto, é possível verificar a adoção de enfoque compatível com os ditames da teoria do direito, especialmente em ações que envolvem controle de constitucionalidade.

A denominada nulidade parcial sem redução de texto é técnica de controle de constitucionalidade sufragada no ordenamento jurídico e mencionada pelo STJ, ao referir-se à questão submetida ao STF. Na hipótese concreta, a Corte Superior avivou que "não há nulidade na decisão proferida por autoridade competente, nos moldes do determinado na Lei n. 9.296/96, que, embora sucinta, autoriza a interceptação telefônica, apontando dados essenciais legitimadores da medida", quais sejam:

(1) indícios razoáveis da autoria ou participação em infração penal;

(2) prova que não pode ser feita por outros meios disponíveis; e

(3) fato investigado constituir infração penal punida com pena de reclusão.

Referindo-se ao Supremo Tribunal Federal, o STJ realçou que nos autos da ADI 3.450, colima-se "a declaração de inconstitucionalidade parcial, sem redução de texto, do art. 3º da Lei Federal n. 9296/1996", com o fito de "excluir a interpretação que permite ao juiz na fase pré-processual penal, determinar de ofício a interceptação de comunicações telefônicas".

Entrementes – complementou o STJ –, a aludida disposição "estabelece que a interceptação das comunicações telefônicas poderá ser determinada pelo juiz, a 'requerimento' tanto da autoridade policial, na investigação criminal, quanto do representante do Ministério Público, na investigação criminal e na instrução penal". Na hipótese específica, "o juiz não atuou de ofício, mas a 'requerimento' da autoridade policial na investigação criminal, o que é permitido pela lei e acolhido pela jurisprudência".[599]

O controle de constitucionalidade mediante a técnica de nulidade parcial sem redução de texto ou de interpretação conforme a Constituição deixa clara a utilidade de se distinguir:

(1) as fontes de produção (órgão produtor do texto);

(2) as fontes de cognição (base para a interpretação);

(3) o enunciado (fonte de cognição); e

(4) a norma jurídica (produto da incidência e objeto da técnica de nulidade parcial sem redução de texto ou de interpretação conforme a Constituição).

16.16 Conclusão e próximo capítulo

As normas jurídicas mantêm relações entre si. No sistema processual penal, as sucessivas incidências são pontes entre normas gerais e abstratas e normas individuais e concretas.

A teoria da norma jurídica se insere no sistema como sintaxe da produção de normas individuais e concretas. No entanto, o fenômeno processual penal pode envolver normas de naturezas diversas.

A admissão de ação coletiva em matéria penal é um exemplo de que é possível decisão geral, destinada a um grupo, e

599. STJ – Quinta Turma – RHC 114.788/SP – Rel. Min. Leopoldo de Arruda Raposo (Des. Conv. do TJ/PE) – DJe 08 out. 2019.

concreta, ordenando, por exemplo, a soltura por excesso de prazo ou violação da dignidade da pessoa humana no cumprimento de pena. Eis a possibilidade de uma norma geral e concreta reconhecedora de ofensa ao ordenamento jurídico e impositiva de invalidação dos efeitos cerceadores da liberdade.

Outras normas jurídicas estão presentes no processo de positivação do direito, tais como as que decorrem de verbetes da Súmula Vinculante.

O sistema se apresenta como uma **teia normativa**.

Por exemplo, da interpretação do enunciado da Súmula Vinculante, constrói-se norma geral e abstrata que, a seu turno, serve de supedâneo à produção de normas individuais e concretas.

No próximo capítulo, terá lugar o detalhamento do caminho a ser percorrido desde a certificação da pertença de enunciados ao ordenamento jurídico vigente até a documentação da incidência das normas jurídicas individuais e concretas.

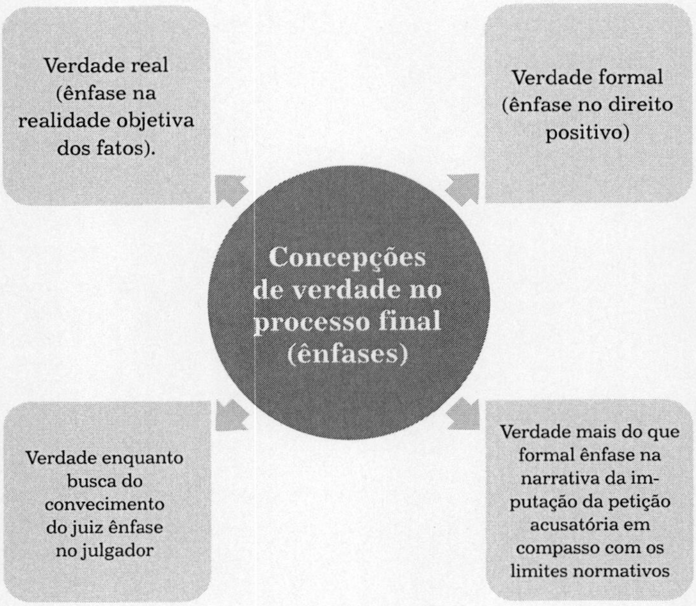

CAPÍTULO 17

PRODUÇÃO NORMATIVA E CONTROLE DOS ATOS PROCESSUAIS PENAIS

17.1 Plano concreto de controle dos atos processuais penais

O âmbito da produção normativa é, preferencialmente, o do processo penal condenatório. Mas o controle deve ocorrer em todas as classes de processo penal, desde a fase preliminar até a execução penal. O juiz é imanente a essa estrutura.[600] A norma produzida nos autos é individual, porque se refere a ato de processo penal específico, e concreta, eis que capaz de emanar efeitos. A **nulidade** e o **recurso** são sistemas de controle.

A nulidade é fenômeno que pode ser dotado de maior plasticidade que aquela desejada pelo legislador do CPP de 1941. O nome que se queira dar às atipicidades não modifica a realidade da existência de um ato jurídico cuja conformação destoe de sua previsão pelo ordenamento jurídico. A relevância da escolha do rótulo tem muito mais a função de conferir fundamentação lógica ao discurso, do que de alterar a substância do ato imperfeito.

---

600. COSSIO, Carlos. *La teoría egológica del derecho y el concepto jurídico de libertad*. 2. ed. Buenos Aires: Abeledo-Perrot, 1964. p.45 (tradução livre).

Explicando o problema da extensão das nulidades, Paulo Cláudio Tovo e João Batista Marques Tovo asseveram que "a nulidade pode ser do processo, do procedimento, de ato processual ou de parte deste", diferenciando que será:

(1) do processo em sua totalidade, tal como se dá com vício que atinge toda a atividade processual, desde o início, como nas hipóteses do art. 564, incisos I (suspeição ou suborno do juiz), II (ilegitimidade de parte) e III (falta de denúncia ou queixa), do CPP;

(2) do procedimento, quando afetada apenas parte da atividade processual (a exemplo da incompetência do juízo que anula somente atos decisórios); e

(3) do ato processual ou de parte dele, no caso de vício que não interfira em outros atos.[601]

Mas as atipicidades podem ter lugar em toda a persecução penal estatal, inclusive na esfera da tutela cautelar, eis que esta também pode ser aplicada de forma contrária à ordem jurídica. Tais atos devem ser sindicáveis. Mesmo os vícios do inquérito policial devem ser submetidos a controle, sendo indevida a simplificação da questão pelo jargão de que os defeitos do inquérito policial não maculam o processo penal.

17.2 Baixo controle de nulidade no processo penal

As dúvidas que circundam as atipicidades não estão restritas ao direito processual penal brasileiro. Para ilustrar, veja-se o que diz João Conde Correia, ao analisar a mesma matéria no direito português:

(1) uma ótica perfunctória e sincrética da teoria da nulidade no processo penal, "colhida nas imagens

601. TOVO, Paulo Cláudio; TOVO, João Batista Marques. *Nulidades no processo penal brasileiro*: novo enfoque e comentário. Rio de Janeiro: Lumen Juris, 2008. p.13.

simbólicas do quotidiano, revela simplicidade doutrinal, limpidez legal e agilidade jurisprudencial";

(2) essa perspectiva apriorística não passa "de uma miragem efêmera, que se desvanece numa análise profunda e científica, para dar lugar a um mundo de incertezas, dúvidas e contradições".

O que se vê, nas palavras do processualista português, é um lugar comum "onde o direito positivo, a doutrina e a jurisprudência se entrecruzam, de forma anárquica, num caos quase insuperável. A aparente solidez do sistema desfaz-se num ápice, mostrando uma crise profunda e insuspeitada", fato que evidencia a "superficialidade da maioria das reflexões sobre o tema".[602]

17.3 Percurso do controle da produção normativa

A incidência imperfeita dos tipos que formatam os atos processuais, faz nascer o dever do juiz de incidir norma jurídica que o compele a declarar a espécie de vício processual. São duas as operações lógicas relacionadas:

(1) a primeira é a subsunção entre conceito **denotativo**, indicativo de **extensão** (norma geral e abstrata), e conceito **conotativo**, representativo de **intenção** (norma individual e concreta);

(2) a segunda operação decorre da implicação da relação jurídica ao fato jurídico.

17.4 Conotação e denotação na produção normativa

Como expõe, analiticamente, Aurora Tomazini de Carvalho, "o aplicador do direito, ao reconhecer que um

602. CORREIA, João Conde. *Contributo para a análise da inexistência e das nulidades processuais penais*. Coimbra: Universidade de Coimbra, 1999. p.13.

acontecimento concreto, verificado em determinado ponto do espaço e em específica unidade de tempo, inclui-se na classe delimitada pelos critérios da hipótese geral e abstrata, realiza a subsunção do fato à norma".[603] A partir daí, há **implicação deôntica**, a ser efetivada pelo juiz.

Nesse campo, conotação e denotação têm a ver com as conexões que se estabelecem entre significante e significado, isto é, com a noção despertada no intérprete através do contato com o termo. A conotação é conexão intencional, enquanto a denotação alude à conexão extensional.

Explicando a temática, Tácio Lacerda Gama aduz que "a pesquisa pela denotação de um conceito seria aquela que busca perceber que elementos se ajustam às palavras. Já aquela, que põe no centro dos seus interesses as características do conceito, seria o campo da chamada semiótica conotativa".[604] E, na dicção de Tárek Moysés Moussallem, "o aumento da conotação implica diminuição da extensão".[605]

É o magistrado quem, inserindo conotação, "imputa a relação jurídica definida de acordo com os critérios prescritos no consequente da mesma norma geral e abstrata, realizando outro ato de subsunção, agora com relação ao vínculo jurídico, que é o fato relacional", como ensina Aurora Tomazini de Carvalho.[606]

Por exemplo, quando o juiz afere que o ato jurídico processual se deu imperfeitamente, enquadrando-o na fórmula

---

603. CARVALHO, Aurora Tomazini de. Interpretação e aplicação do direito. In: *Vilém Flusser e juristas*: comemoração dos 25 anos do grupo de estudo de Paulo de Barros Carvalho. Florence Haret; Jerson Carneiro (orgs.). Noeses: São Paulo, 2009. p.269-270.

604. GAMA, Tácio Lacerda. Sentido, consistência e legitimação. In: *Vilém Flusser e juristas*: comemoração dos 25 anos do grupo de estudo de Paulo de Barros Carvalho. Florence Haret; Jerson Carneiro (orgs.). Noeses: São Paulo, 2009. p. 232.

605. MOUSSALLEM, Tárek Moysés. *Revogação em matéria tributária*. São Paulo: Noeses, 2005. p. 42.

606. CARVALHO, Aurora Tomazini de. Interpretação e aplicação do direito. In: *Vilém Flusser e juristas*: comemoração dos 25 anos do grupo de estudo de Paulo de Barros Carvalho. Florence Haret; Jerson Carneiro (orgs.). Noeses: São Paulo, 2009. p. 269-270.

geral de atipicidade e na específica classe de nulidade, estará percorrendo o caminho que tem, no início, preponderância denotativa e, ao cabo, ênfase conotativa.

17.5 Modificação do mundo jurídico pela (des) afetação da forma dos atos processuais

Para se chegar à conclusão que um ato processual penal é válido, pode-se ter em vista a noção de forma do ato. Sob esse prisma, Francesco Carnelutti idealiza a **forma** nos conceitos de conteúdo (evento) e modo (ação) dos atos:

(1) a **ação** ou o **modo** é compreendido, nesse contexto, como momento formal do ato, e não apenas como o ato em si. Nesse conceito jurídico, "incluem-se tanto a ação positiva quanto a negativa";

(2) quanto ao **evento** ou **conteúdo**, a forma é "não apenas a mudança, mas também a ausência de mudança de um *status*", traduzindo-se como "uma atitude do mundo exterior, qualificada pela diferença, quer com respeito ao que era, quer com respeito ao que teria sido ou podido ser".[607]

Do afastamento da forma, seja ele de conteúdo (evento) ou de modo (ação), decorre a atipicidade.

No direito processual penal, a documentação dos atos processuais é indispensável, como regra, à produção de modificação no mundo jurídico. A declaração da espécie de atipia é ponto de ignição à **internormatividade**.

Declarada, por exemplo, a nulidade absoluta de um ato processual penal viciado em seu conteúdo (evento) e modo (ação), referentes a elemento essencial, estará construída situação apta à emissão da norma de invalidação do ato processual imperfeito, com a delimitação de sua extensão.

607. CARNELUTTI, Francesco. *Sistema de direito processual civil*: volume III – da estrutura do processo. Tradução: Hiltomar Martins Oliveira. 2. ed. São Paulo: Lemos e Cruz, 2004. p.243-244.

17.6 Controle da (in) validade pelo participante do sistema

Contrapondo validade e invalidade, tem-se que a validade, no processo, ocorre com a edição de ato processual pela autoridade judiciária. Ingressando no mundo jurídico, o ato processual penal é, *ipso iure*, válido e eficaz. Para ser coartada a validade do ato eivado de vício, necessária, ao menos, a constituição de duas normas jurídicas, cada qual, a sua vez, dotada de antecedente e consequente proposicional.

Aquela noção de validade se distancia parcialmente da sugerida por João Conde Correia, no contexto português. Para o autor, "o conceito de validade exprime, quer ao nível da linguagem corrente, quer ao nível da linguagem técnico-jurídica, um juízo de valor positivo, significando que determinado ato está conforme ao respectivo esquema ou modelo legal".[608] Essa ótica condiz com a de um **observador** que, face à ausência de nulidade-fato, considera validade com o sentido de identidade e pertencimento do ato sindicado, considerando-o adequado.

Já sob o ângulo do **participante**, o juiz profere decisões válidas ou inválidas.[609] Porém, para que seja reconhecida como inválida, não se prescinde de um ato judicial específico que assim a reconheça. Em outros termos, se a validade dos atos processuais é depreendida à míngua de impugnação específica, tal não se pode dizer da invalidade, que carece de pronunciamento claro e preciso.

Ainda para João Conde Correia, "a noção de invalidade tem um conteúdo negativo, exprimindo um juízo depreciativo, de não conformidade entre o acto praticado e o seu paradigma normativo". Arremata, ademais, que "os dois conceitos têm

---

608. CORREIA, João Conde. *Contributo para a análise da inexistência e das nulidades processuais penais*. Coimbra: Universidade de Coimbra, 1999. p.87.

609. CARVALHO, Paulo de Barros. *Direito tributário*: linguagem e método. 5. ed. São Paulo: Noeses, 2013. p.450-451.

em comum uma atividade humana e um critério para a sua apreciação, mas divergem nos resultados dessa avaliação".[610]

Boa parte das divergências terminológicas, que torna caótico o panorama dos vícios processuais, tem alguma relação com a **distinção de pontos de vista**, notadamente diante da diferença entre intérprete como participante (juiz) ou como observador (teórico). É certo que existe um diálogo entre o sentido do texto conferido pelo participante, daquele dado pelo observador. Em sede de nulidades, esse diálogo é muitas vezes obnubilado por conta das dificuldades de uniformizar a linguagem utilizada para referir os diversos fenômenos.

Entrementes, conforme percebe Tácio Lacerda Gama, "a diferença essencial entre observadores e participantes advém do resultado da sua atividade de interpretação, pois enquanto o sentido construído pelos participantes é prescritivo, consubstanciado em novos textos de direito positivo, o produzido pelos observadores é descritivo". Daí que o que é dito pelo teórico (órgão inautêntico, na terminologia kelseniana) não é apto a se tornar decisão coercitiva e com caráter de coisa julgada.[611]

17.7 Realismo jurídico em confronto com as bases do sistema

A adoção de uma perspectiva análoga ao realismo jurídico, na construção do sistema processual penal, é constatada pela produção das normas jurídicas pela jurisprudência que, de individuais e concretas, são cristalizadas no ordenamento jurídico como enunciados gerais e abstratos.

As classificações dos institutos jurídicos de processo penal apresentam aspectos muito diversos entre si, mas também

---

610. CORREIA, João Conde. *Contributo para a análise da inexistência e das nulidades processuais penais*. Coimbra: Universidade de Coimbra, 1999. p.87.

611. GAMA, Tácio Lacerda. Sentido, consistência e legitimação. In: *Vilém Flusser e juristas*: comemoração dos 25 anos do grupo de estudo de Paulo de Barros Carvalho. Florence Haret; Jerson Carneiro (orgs.). Noeses: São Paulo, 2009. p.248.

evidenciam elementos coincidentes. De outro lado, a comunicação normativa que forma o discurso jurisprudencial é reconhecida pela doutrina que procura adaptar seus termos àquele, embora a ele aponte críticas. Existem mecanismos de controle, a exemplo de recursos (art. 574 e seguintes, CPP), impugnações autônomas (arts. 5º, LXVIII; 102, I, "j", CF; arts. 621; 647, CPP) e revisão de teses, enunciados sumulares e precedentes de jurisprudência (arts. 947, § 3º; 985, II; 986, CPC)

Tercio Sampaio Ferraz Jr. alude à **função de controle** desse discurso normativo. Controlar consiste em "neutralizar, fazer com que, embora conservadas como possíveis, certas alternativas não contem, não sejam levadas em consideração". Elucida o autor que "a uniformização do sentido tem a ver com um fator normativo de poder, o poder de violência simbólica". Cuida-se do poder apto a "impor significações como legítimas, dissimulando as relações de força que estão no fundamento da própria força". O controle decorre da viabilização de que o receptor conserve suas possibilidades de ação.[612]

Há controle, exercido pelas cortes superiores, em relação aos juízes de primeiro grau de jurisdição, sem que imponha coação em sentido estrito. Em outros termos, percebe-se o interesse dos juízes de ter suas decisões conservadas, imunizadas contra impugnações, mediante a observância da comunicação normativa enunciada pelo STF e pelo STJ, não sendo indispensável para tanto a existência da Súmula Vinculante.

Por outro lado, o sentido conferido pelos tribunais à matéria das nulidades contemplada pelo ordenamento jurídico, não extravasa, em regra, os limites do texto do CPP, malgrado a diversidade de fontes que parece ter inspirado sua elaboração.

Paulo Cláudio Tovo, todavia, avalia diferentemente o material legislado. Anota que, "após longa meditação, menos obscura e sem grandes enigmas", dissipou as dúvidas que teve outrora,

---

612. FERRAZ JR, Tercio Sampaio. Interpretação jurídica: interpretação que se comunica ou comunicação que se interpreta? In: *Vilém Flusser e juristas*: comemoração dos 25 anos do grupo de estudo de Paulo de Barros Carvalho. Florence Haret; Jerson Carneiro (orgs.). Noeses: São Paulo, 2009. p.32.

atribuindo-as "mais à exegética consagrada pelos mestres e nos tribunais que ao texto expresso". E conclui que, "relendo refletidamente o texto puro da lei, parece até que os teoristas fizeram sua construção dogmática em cima de outro diploma legal que não o Código de Processo Penal brasileiro".[613]

O pensamento de Paulo Cláudio Tovo a respeito do texto parece proceder apenas em parte. As disposições do CPP são marcas do começo da construção das normas. Esses enunciados devem ser submetidos a filtro constitucional. Ademais, pelo elenco do seu art. 564, nota-se que as nulidades em espécie visavam muito mais ao procedimento do júri, do que a qualquer outra espécie de vício.

Isso sem falar na inspiração processual civilista, não totalmente adequada ao processo cujo objeto veiculado é direito referente à liberdade. Colocando a questão sob essa lente, o que poderia se objetar é a necessidade de técnica de reconhecimento de nulidade e de constituição de declaração de invalidação que se adeque à finalidade maior das formas constitucionais, legais e jurisprudenciais firmadas no campo do direito processual penal.

17.8 Tutela da liberdade como limite à postura realista

Os enunciados que dispõem sobre direito processual penal retratam direitos de primeira geração que, ao final, colimam proteger direitos fundamentais que decorrem do valor liberdade. Enrico Tullio Liebman destaca, a propósito, que "as formas processuais respondem a uma necessidade de ordem, certeza, eficiência e sua observância escrupulosa representa uma garantia de conduta regular e justa do processo e respeito pelos direitos das partes".[614]

---

613. TOVO, Paulo Cláudio. *Nulidades no processo penal brasileiro*: novo enfoque e comentário. Porto Alegre: Sergio Antonio Fabris, 1988. p.13.

614. LIEBMAN, Enrico Tullio. *Manuale di diritto processuale civile*: I. 4. ed. Milano: Giuffrè, 1980. p.201 (tradução livre).

Sem perder de vista essa característica formal protetiva do procedimento previsto em lei, deve ser analisado o espaço situado entre o reconhecimento de uma postura realista e a importância das classificações doutrinárias que visam a dar efetividade aos direitos fundamentais processuais penais. Para tanto, as formas que estruturam o sistema devem ser consideradas pelos tribunais nas decisões que declaram, conformam e modificam o sentido das normas jurídicas.

17.9 Persuasão natural realista

A classificação da nulidade, descrita a partir de decisões judiciais, representa indicativo de postura realista, malgrado inserida em sistema mais próximo do continental (*civil law*). Na praxe forense, os órgãos do Poder Judiciário tendem a acatar, naturalmente, as decisões judiciais do STF e do STJ.

Com efeito, pode-se nominar de **persuasão natural** o reconhecimento, pelos juízes e tribunais, de súmulas não vinculantes e de precedentes, como guias para julgamento de casos futuros. Enquanto a súmula vinculante é cogente tal qual um texto de lei, a súmula não vinculante é preponderantemente persuasiva (súmula persuasiva), assim denominada porque os juízes costumam segui-las, uniformizando decisões, malgrado não seja obrigatório esse proceder.[615]

17.10 Fontes de cognição do realismo jurídico

A comunicação jurisprudencial se torna mais rápida pela inserção do processo digital e sua corolária tramitação linear. Não raras vezes, a fundamentação é o coroamento de uma conclusão tomada antecipadamente, a nível cognitivo, com ênfase muito mais simbólica, como adverte Rosivaldo Toscano.[616]

615. NASCIMENTO, Bruno Dantas. Súmula vinculante. Revista Jus Navigandi, Teresina, a.14, n.2093, 25 mar. 2009. Disponível em: http://jus.com.br/artigos/12519 Acesso em: 5 maio 2015.

616. SANTOS JÚNIOR, Rosivaldo Toscano dos. *Controle remoto e decisão judicial*: quando se decide sem decidir. Rio de Janeiro: Lumen Juris, 2014. p.181.

Outros fatores contribuem para a **automação judicial**, a exemplo da disponibilização de repertórios eletrônicos de jurisprudência, com consulta viabilizada pela indexação de termos, bem como por meio de instrumentos de pesquisa e informativos de jurisprudência.

Para o uso adequado dessas ferramentas, propugna-se ser melhor tomar por premissa que o direito processual penal deva atender ao fito precípuo de proteção de garantias pelas formas processuais. Isso em face de ser ele considerado ramificação de direitos fundamentais constitucionais, sem descurar do seu objetivo de fazer atuar o direito penal.

Daí que o reconhecimento de fontes diversas da legislação para a classificação das formas processuais, mormente de índole jurisprudencial, indicativa de realismo jurídico, deve obediência a limites funcionais constitucionais.

Certo que há discrepância em considerar a jurisprudência como fonte de revelação do direito processual penal. Também nem sempre o Poder Judiciário é catalogado dentre os órgãos que integram as fontes materiais, de produção do direito processual penal, inserto na competência da União para sobre ele legislar.

Decerto, na doutrina, existem, de um lado, autores que não reconhecem a jurisprudência como fonte formal, sequer mediata, do direito processual penal,[617] mas também, de outro, há setor, em franco crescimento, sustentando a jurisprudência como uma de suas fontes.[618]

617. CAPEZ, Fernando. *Curso de direito processual penal*. 6. ed. São Paulo: Saraiva, 2001. p.62; PENTEADO, Jaques de Camargo. *Manual de processo penal*. São Paulo: RT, 2013. p.57; BONFIM, Edilson Mougenot. *Curso de processo penal*. 4. ed. São Paulo: Saraiva, 2009. p.8; LIMA, Marcellus Polastri. *Curso de processo penal*. 8. ed. Brasília: Gazeta Jurídica, 2014. p.55; NUCCI, Guilherme de Souza. *Manual de processo penal e execução penal*. 6. ed. São Paulo: RT, 2010. p.126-127; MARCÃO, Renato. *Curso de processo penal*. São Paulo: Saraiva, 2014. p.88.

618. TOURINHO FILHO, Fernando da Costa. *Manual de processo penal*. 5. ed. São Paulo: Saraiva, 2003. p.57; FEITOZA, Denilson. *Direito processual penal*: teoria, crítica e práxis. 6. ed. Niterói: Impetus, 2009. p.89 (quando inclui o estudo das Súmulas

Hélio Tornaghi já atestava essa possibilidade quando ponderou que "a jurisprudência, em princípio, não é fonte do direito. Quando, porém, o juiz, autorizado por lei, preenche as lacunas da ordenação jurídica de um Estado estabelecendo a regra que depois aplica", é possível dizer que "a jurisprudência cria norma jurídica". No contexto da época, advertia que "não constitui o juiz, neste caso, normas genéricas e abstratas, mas apenas concretas e individualizadas, para o caso pendente".[619]

17.11 Fundamentação teórica do realismo jurídico

Benjamin Cardozo, destrinçando as técnicas de que o magistrado se vale para decidir, realçou que o método da sociologia é frutífero em todos os ramos do direito e que o foco nos seus fins determina o sentido de seu crescimento, ajustando suas regras aos deveres do ofício. O julgador há de ter sempre em mente a concepção finalística de sua função. Isso quer dizer que "a filosofia jurídica da *common law* é, no fundo, a filosofia do pragmatismo. Sua verdade é relativa, não absoluta. A norma que funciona bem gera um direito próprio ao reconhecimento".[620]

Em esteira similar, Oliver Holmes, partindo da premissa de que a consistência de um sistema não se resume ao resultado que esse deve buscar e que a vida do direito decorre da experiência e não do seu aspecto lógico, anota que o direito tem,

---

Vinculantes no tópico das fontes); MACHADO, Antônio Alberto. *Curso de processo penal*. 6. ed. São Paulo: Atlas, 2014. p.35; TÁVORA, Nestor; ALENCAR, Rosmar Rodrigues de. *Novo curso de direito processual penal*. 15. ed. Salvador: Juspodivm, 2020. p.73; MANZANO, Luís Fernando de Moraes. *Curso de processo penal*. 3. ed. São Paulo: Atlas, 2013. p.129 (embora restringindo expressamente à Súmula Vinculante); REIS, Alexandre Cebrian Araújo; GONÇALVES, Victor Eduardo Rios. *Direito processual penal esquematizado*. 4. ed. São Paulo: Saraiva, 2015. p.46; AVENA, Norberto. *Processo penal*: esquematizado. Rio de Janeiro: Forense; São Paulo: Método, 2009. p.6.

619. TORNAGHI, Hélio. *Instituições de processo penal*: volume I. Rio de Janeiro: Forense, 1959. p.89.

620. CARDOZO, Benjamin N. *A natureza do processo judicial*. Tradução: Silvana Vieira. São Paulo: Martins Fontes, 2004. p.74.

na legislação, o seu crescimento essencial, eis que, na forma, o seu crescimento é de natureza lógica. Porém, na substância, vê-se o paradoxo, haja vista que a história dos precedentes evidencia decisões que se sucedem de forma silogística. Daí sustentar o autor "a falência de todas as teorias que consideram o direito apenas pelo seu lado formal" e que "o direito está sempre se aproximando da uniformidade, jamais a alcançando, porém. Está ele continuamente a deduzir novos princípios da vida, por um lado; e por outro, a manter sempre velhos princípios da História, ainda não absorvidos ou abandonados. Tornar-se-á inteiramente uniforme apenas quando cessar de desenvolver".[621]

Com efeito, a edição de norma concreta que resolve um caso paradigma gera a função de servir de parâmetro para casos futuros. Nesses termos, a norma individual e concreta que dá solução ao caso piloto submetido ao Judiciário deve se revestir de forma enunciativa abstrata para que seja aplicada a questões semelhantes.

Advertindo sobre essa questão, Benjamin Cardozo explica que, ao determinar como a norma deve funcionar, não se deve enxergá-la de modo exageradamente estreito, sacrificando o geral ao particular. Vale dizer, não é correto adotar pura e simplesmente as evidentes vantagens de uniformidade e consistência com o fito de se fazer justiça no caso concreto. Com efeito, é mister que o juiz se mantenha "dentro dos limites intersticiais que o precedente, o costume e a longa, silenciosa e quase indefinível prática de outros juízes, ao longo de séculos de *common law*, estipularam para as inovações feitas por juízes".[622]

Deveras, o juiz deve acatar os contornos do texto produzido para que, nos limites do sistema, produza norma jurídica. É o reconhecimento de que a linguagem determina um

---

621. HOLMES, Oliver Wendell. *O direito comum*: as origens do direito anglo-americano. Tradução: J. L. Melo. Rio de Janeiro: O Cruzeiro, 1967. p.55.

622. CARDOZO, Benjamin N. *A natureza do processo judicial*. Tradução: Silvana Vieira. São Paulo: Martins Fontes, 2004. p.75.

fechamento e uma abertura, imprimindo direção à atividade judicial. Daí que a observância à finalidade do processo penal é de relevo à interpretação.

Nesse contexto, são respeitados os limites enunciados no Código sobre nulidades, conforme disposto a partir do seu art. 563. O sentido do texto, conferido pelo intérprete autêntico, deve considerar os lindes impostos pela Constituição, bem como observar a construção de precedentes judiciais, notadamente súmulas sobre o tema.

Ingressa aqui, com algumas adaptações, fundamentos expendidos por Alf Ross, sob a ótica do **realismo jurídico escandinavo**:

(1) primeiramente, o jusfilósofo rejeita a ideia de que o direito deva estar acima do mundo dos fatos. De tal sorte, opõe-se à noção de uma validade *a priori* específica e interpreta a validade de acordo com a forma de fatos sociais;

(2) em segundo lugar, Alf Ross não concorda com a noção de um princípio *a priori* de justiça para servir como guia para a política jurídica (produção de legislação), entendendo esta como inserta no relativismo; e

(3) por último, não anui que o conhecimento jurídico seja um saber normativo específico, compreendido em proposições de 'dever ser'", para adotar interpretação do "pensamento jurídico formalmente em termos da mesma lógica que dá fundamento a outras ciências empíricas (proposições de ser)".[623]

Distanciando-se das ideias de Ross, propõe-se que a teoria do direito, aplicada ao processo penal, deve ter lastro na perspectiva da lógica deôntica, constituída por relações internormativas que sufragam **proposições de dever-ser**. No entanto, tal postura não deve descurar da função do Judiciário

623. ROSS, Alf. Direito e justiça. Tradução: Edson Bini. Bauru: Edipro, 2003. p.20.

de produzir enunciados abstratos a partir de casos concretos a ele submetidos.

Vale dizer, sem desconhecer os fatos da vida, os enunciados hauridos de situações individuais podem ser estruturados normativamente. Para tanto, coletar os elementos internos do sistema que estabelecem regras mais formais para a produção dessas espécies de normas jurídicas, constitui tarefa fundamental, por estabelecer modelos que servirão à tutela de direitos fundamentais.

De tal maneira, tal qual pondera Nelson Saldanha, a adoção da concepção de nulidade e de invalidade como normas jurídicas não menospreza a sua conexão existencial com a vida social. Reconhece-se o papel realista dos tribunais. Nas palavras do autor, "tomado o direito como mera norma, sua realidade se restringe à de umas tantas palavras e de uns tantos preceitos". Na verdade, deve-se perceber que "é a presença de funções reconhecidas", bem como a existência "de uma autoridade capaz de dar efetividade ao direito", que fazem com que este "se sobreponha aos comportamentos particulares".[624]

O direito processual penal que descreve os enunciados que servem de instrumento comunicativo aos juízes, encontra respaldo no conceito de direito vigente defendido pelos realistas, conquanto dele se afaste quando busca uma estrutura lógico-deôntica para cumprir a função de potencializar o resultado de maior efetividade ao sistema de proteção de liberdades fundamentais.

De certo modo, há ponto de contato com a afirmação de Alf Ross de que a teoria não suplanta a prática, notadamente quando se verifica que "somente os fenômenos jurídicos no sentido mais restrito – a aplicação do direito pelos tribunais – são decisivos para determinar a vigência das normas jurídicas".[625]

---

624. SALDANHA, Nelson. *Filosofia do direito*. 2. ed. Rio de Janeiro: Renovar, 2005. p.85.

625. ROSS, Alf. *Direito e justiça*. Tradução: Edson Bini. Bauru: Edipro, 2003. p.60.

Um dos exemplos de que as decisões dos tribunais estipulam os limites da vigência do direito legislado é o conteúdo do enunciado nº 523, da Súmula, do STF, quando comparado com o art. 563, do CPP.

Nos termos daquela proposição, "no processo penal a falta da defesa constitui nulidade absoluta, mas a sua deficiência só o anulará se houver prova de prejuízo para o réu". Calha dizer, contudo, que tal verbete da Súmula é de 03/12/1969. Com a ordem jurídica instaurada pela Constituição de 1988, não é admissível a tolerância de defesa deficiente.

Se à época do enunciado sumular, os quadros de membros do Ministério Público, da Defensoria e de advogados eram muito reduzidos, nos dias atuais não se concebe que acusados sejam processados sem defesa à altura das garantias fundamentais. Daí que o indigitado verbete deve ser considerado superado pela Constituição de 1988.

Sem embargo, é de ver que o texto do mencionado artigo que inaugura o título das nulidades, não as distingue em absolutas ou relativas, rezando que "nenhum ato será declarado nulo, se da nulidade não resultar prejuízo para a acusação ou para a defesa". Partindo dessa disposição, a Corte Suprema agrega elementos que dão direção à norma jurídica que deve ser construída com lastro no enunciado abstrato da Súmula não vinculante.

No entanto, o mesmo STF tem mitigado a distinção em julgados mais recentes, sem seguir rigidamente uma consequência que deve decorrer da espécie de vício. Nesse diapasão, tem reiterado que, para o reconhecimento de eventual nulidade, ainda que absoluta, é necessária a demonstração do prejuízo efetivamente suportado.[626]

Há, desse modo, exacerbação negativa da antinomia que se vê entre o supradito art. 563 e o art. 564, do CPP, eis que

626. STF – Primeira Turma – HC 184709 AgR – Rel. Min. Roberto Barroso – publicado em: 15 jul. 2020.

este é cogente ao gizar que ocorrerá nulidade nos casos que elenca, enquanto o primeiro refuta a possibilidade de declaração de nulidade diante da inocorrência de prejuízo à acusação ou à defesa.

17.12 Limites do direito legislado

Os enunciados formam o ordenamento jurídico. Como pode haver dúvida acerca da hierarquia entre diplomas normativos, bem como **antinomias** de textos, devem ser eles submetidos a exame de **vigência** e de **validade**. A interpretação, baseada em critérios sufragados pela sua própria base empírica, é a via para estruturação das normas que conformam o sistema jurídico. De tal modo, o texto legislado faz parte do seu **alicerce** e **limite**.

17.13 Confronto da legislação com a interpretação dada pelos tribunais

A questão dos limites do direito legislado passa pela diferença entre ordenamento jurídico e sistema. O direito legislado, mormente o CPP, do art. 563 ao 573, contém a fundação da construção das normas, vale dizer, os conceitos legais. Estes são difusos e, por tal razão, pendentes de delimitação.

O texto legal é a matéria bruta enunciativa a partir da qual é desenvolvido o sistema, fruto de interpretação. O equilíbrio do sistema depende de regulagem, de calibragem, para adequar a comunicação normativa. O enunciado é a base primeira de trabalho do intérprete, nascedouro para a experimentação do direito. Já o sistema decorre do produto que se obtém a partir do direito aplicado, isto é, cuida-se de resultado da compreensão, em um momento específico.

Como as divergências em torno das nulidades são muitas, optou-se por seguir método consistente em tentativas de clarificar limites e possibilidades que decorrem da compreensão do texto bruto. Para tanto, interpreta-se o substrato (os artigos do Código), em compasso com o contexto concreto (o ato jurídico processual), sempre fitando a figuração teleológica de conferir efetividade às garantias.

Além desse proceder, a dicção legislativa deve manter relação com precedentes jurisprudenciais. Trata-se de atividade prévia à estruturação das normas jurídicas, especialmente no controle dos atos processuais penais.

17.14 Pragmática comunicativa e racionalidade do discurso jurídico

A compatibilidade entre a natureza da norma jurídica declaratória de atipicidade e a consequente norma jurídica aplicadora de invalidação é indispensável à sustentabilidade do discurso jurídico. A primeira (declaratória de atipicidade) tem consequente classificatório. A norma jurídica sancionatória tem por consequente reação congruente à gravidade da nulidade.

O sistema pressupõe equilíbrio, autorregulação, calibragem.[627] As exceções ao consequente normal pressupõem justeza estrutural. A resposta que foge à normalidade deve objetivar normalizar o sistema.

A correção do pensamento estrutural deve ser acompanhada de imunização da comunicação normativa. Deve haver relação lógica entre os elementos considerados, observando-se os princípios:

(1) da unidade (mesmidade): cuida-se do indispensável contorno que serve de base à derivação correta do raciocínio. Aplicado à prova penal, o princípio da unidade pode ser traduzido, como **identidade**. Fernando Braga Damasceno pontifica, a esse respeito, que

627. WATZLAWICK, Paul; BEAVIN, Janet Helmick; JACKSON, Don D. *Pragmática da comunicação humana*: um estudo dos padrões, patologias e paradoxos da interação. Tradução: Álvaro Cabral. São Paulo: Cultrix, 2007. p.133.

"o princípio da identidade vincula o julgador quando interpreta a prova", pelo que "deve 'zelar' pela fidelidade do 'relato' fornecido pela fonte da prova, ou em outras palavras, deve conter ao máximo a evidência, estabelecendo apenas aquilo que viu e/ou ouviu"[628];

(2) da não contradição (consistência e constância); e

(3) do terceiro excluído (integridade do discurso jurídico, evitando respostas parciais ou híbridas).

Colima-se viabilizar o **controle da racionalidade** da atividade judicial, minimizando o espaço de discricionariedade, de álea, de acidentalidade, de contingência.

Seguindo o que teoriza Tercio Sampaio Ferraz Jr. acerca da situação comunicativa sob o ângulo pragmático, nota-se que aquele controle está relacionado à qualidade do discurso jurídico enquanto decisão, notadamente quando entendido pela sua capacidade de pôr fim a conflitos.[629]

O renomado jurista procura evidenciar que, pragmaticamente, a validade das normas está ligada àquela qualidade, que é aferida pela explicitação dos fundamentos da relação internormativa. A validade e a higidez decorrem da perfeição da relação de pertencimento da norma ao sistema.

Consoante pontifica Tácio Lacerda Gama, quando aquela relação soa harmônica, com compatibilidade com a respectiva norma de competência, existirá validade. Ao revés, haverá invalidade com o exercício irregular da norma de competência: "validade e invalidade são, pois, juízos juridicamente relevantes, presentes no sistema de direito positivo".[630]

---

628. DAMASCENO, Fernando Braga. *Direito probatório (stricto sensu)*: da valoração da prova. São Paulo: Tirant lo Blanch, 2023. p.147.

629. FERRAZ JR., Tercio Sampaio. *Teoria da norma jurídica*: ensaio de pragmática da comunicação normativa. 4. ed. Rio de Janeiro: Forense, 2009. p.105.

630. GAMA, Tácio Lacerda. *Competência tributária*: fundamentos para uma teoria da nulidade. 2. ed. São Paulo: Noeses, 2011. p.330-331.

De certo modo, as decisões dos tribunais se alinham a um perfil pragmático, que é constatado pela ampliação de alternativas com o objetivo de abreviar a solução de processos. Cresce o número de técnicas para resolução de litígios em tempo breve, viabilizando a prestação jurisdicional sem delongas, com o propósito de tornar mais eficiente a estrutura do Judiciário.

O problema que há, nas respostas pragmáticas, é o risco de **desregulação do sistema**, pelo aumento da pressão para além da calibragem admitida pelo critério teleológico. A estrutura acusatória não comporta desvios de consequências fora das linhas demarcadas pelo direito positivo constitucional.

Para a tomada de decisões em torno da liberdade, é indispensável seguir o objetivo do direito processual penal de torná-la eficaz, protegida que é pelos trilhos formais do ordenamento jurídico. Isso porque a condução do processo penal sem atenção à moldura procedimental não constitui bem valioso para o Estado Democrático de Direito,[631] eis que afasta o escopo que os direitos fundamentais de primeira geração devem cumprir.

Voltando à relação entre normas, ainda Tercio Sampaio Ferraz Jr. explica que, quando faz uso da expressão **norma válida**, intende se referir à **relação** entre discursos normativos, seja no seu **aspecto-relato** (a informação transmitida), seja no seu **aspecto-cometimento** (uma informação acerca da informação, elucidando como a informação emitida deve ser compreendida), considerando que tais nuanças são níveis separados do objeto do discurso normativo, para a tomada de decisões. No seu magistério, "validade é uma propriedade do discurso normativo que exprime uma conexão de imunização". A **imunização** é um procedimento racional que torna possível controlar as reações do destinatário,

631. JARDIM, Afrânio Silva. Garantismo no processo penal: breve e parcial reflexão. *Revista Eletrônica de Direito Processual – REDP*, Rio de janeiro (UERJ), a.8, n.14, p.10, jul.-dez. 2014.

precavendo-se das eventuais críticas sobre a ação linguística normativo-comunicativa.[632]

Norteia-se pelo pressuposto de que a norma jurídica (individual e concreta) é fruto de decisão fundamentada que, por sua vez, traça as condições para outra decisão que retrata outra norma jurídica (individual e concreta).

O papel da norma é o de **programa**.

Normas jurídicas são, sob dado ângulo, focos para a ejeção de outras normas jurídicas. A comunicação exarada pelo juiz finda por estabelecer as condições para a derivação de outras normas jurídicas.

A ideia de deixar os aspectos normativos delimitados, de forma estruturada, é a de controlar equívocos. Karem Jureidini Dias adota a concepção de que a validade do fato jurídico consiste na **relação** que depende de quatro aspectos:

(1) primeiramente, "dos vínculos sistêmicos de coordenação e subordinação para a introdução de norma individual e concreta";

(2) em seguida, "da tradução dos suportes fáticos no enunciado do fato jurídico tributário" (assim como – acrescente-se – do fato jurídico processual penal);

(3) em terceiro lugar, "da subsunção do fato ao conceito da hipótese da norma geral e abstrata"; e

(4) por fim, "da coerência intranormativa entre a proposição antecedente e a proposição consequente".[633]

---

632. FERRAZ JR, Tercio Sampaio. *Teoria da norma jurídica*: ensaio de pragmática da comunicação normativa. 4. ed. Rio de Janeiro: Forense, 2009. p.106.

633. DIAS, Karem Jureidini. *Fato tributário*: revisão e efeitos jurídicos. São Paulo: Noeses, 2013. p.324.

17.15 Aplicação a caso concreto

O princípio da ampla defesa descrito na constituição expressa literalidade que indica que os meios e recursos são inerentes a ela. O contraditório não está referido como fundamento recursal, mas sim a ampla defesa, garantia exclusiva do litigante que a exerce, ou seja, do acusado.

Do art. 5º, da CF, é extraída a disposição de que "aos litigantes, em processo judicial ou administrativo, e aos acusados em geral são assegurados o contraditório e **ampla defesa**, com os meios e recursos **a ela** inerentes" (inciso LV).

Um dos pontos relevantes é saber se, das decisões absolutórias do júri, é cabível recurso fundado na alínea "d", do inciso III, do art. 593, do CPP, mormente diante de absolvição arrimada no quesito genérico "o jurado absolve o acusado?" (art. 483, § 2º, CPP), eis que a resposta afirmativa é impeditiva lógica de se saber se, efetivamente, teria sido a "decisão manifestamente contrária à prova dos autos".

O STF debateu o problema, inclinando-se pela impugnabilidade de absolvição a partir de quesito genérico. No entanto, confrontada a questão com a viabilidade de absolvição por clemência, diante do **princípio da soberania dos veredictos** (art. 5º, XXXVIII, alínea "c", CF), a Suprema Corte manifestou-se pela existência de repercussão geral, no Tema 1.087, tendente a averiguar a "possibilidade de Tribunal de 2º grau, diante da soberania dos veredictos do Tribunal do Júri, determinar a realização de novo júri em julgamento de recurso interposto contra absolvição assentada no quesito genérico, ante suposta contrariedade à prova dos autos".[634]

A necessidade de calibração e imunização da indigitada decisão do júri (art. 593, III, "d", CPP) revolve questão pragmática. Mais de um princípio constitucional incide na hipótese. A prevalência, em matéria recursal, é do imputado. O

634. STF – Pleno – ARE 1225185 RG – Rel. Min. Gilmar Mendes – publicado em: 22 jun. 2020.

órgão acusador é já um gigante desde o início da persecução penal. A principal assertiva a enfrentar é de ordem lógica, porquanto não é possível examinar a contrariedade à prova dos autos se a absolvição não for acompanhada de um motivo específico, tal como se dá com o quesito genérico. Por outro lado, o **princípio da íntima convicção** reforça esse arremate.

Na linha da inadmissão do apelo ministerial, há texto clássico de Eliete Costa Silva Jardim.

Consoante escreveu a saudosa Defensora Pública do Estado do Rio de Janeiro, a absolvição alicerçada no quesito genérico se cuida de "absolvição plenamente livre, fundada em quaisquer razões, fáticas ou não, jurídicas ou extrajurídicas, reafirmando o sistema da íntima convicção, a essência e a razão de existir do Tribunal do Júri". De tal modo, são perfeitamente admitidos argumentos supralegais, arrimados em interpretação extensiva ou analógica, desde que em favor do acusado, tal como a tese de clemência. Daí que, contra absolvições fundadas em bases diversas das consignadas no direito positivo, não devem ser acatados recursos do Ministério Público, fundamentados no art. 593, inciso III, alínea "d", do CPP.[635]

17.16 Conclusão e próximo capítulo

A relação entre pragmática e controle depende da regulação do sistema em compasso com suas regras de produção e com os limites de sua variação. A imunização das decisões concretas se subordina aos critérios de fundamentação.

No próximo capítulo, a ênfase do estudo da pragmática recairá no centro de controle do processo penal, que é o sistema de nulidade.

---

635. JARDIM, Eliete Costa Silva. Tribunal do Júri – absolvição fundada no quesito genérico: ausência de vinculação à prova dos autos e irrecorribilidade. In: JARDIM, Afrânio Silva; AMORIM, Pierre Souto Maior Coutinho de. Direito processual penal: estudos, pareceres e crônicas. 15. ed. Salvador: Juspodivm, 2018. p.592.

Como esse sistema mantém relação com todos os demais microssistemas do direito processual penal, a nulidade se revela como o ponto de predileção para o estudo abrangente do processo penal à luz da teoria do direito.

NORMA JURÍDICA (função de programa comunicativo)		
	Aspecto-relato 1ª Informação	→ Comunicação ao juiz (pelo contato com a lei)
	Aspecto-cometimento 2ª Informação sobre a informação	→ Comunicação ao destinatário (através da decisão judicial)

Quinta Parte

PRAGMÁTICA DO CONTROLE DOS ATOS PROCESSUAIS PENAIS

CAPÍTULO 18

PRAGMÁTICA DAS NULIDADES NO CÓDIGO DE PROCESSO PENAL

18.1 Substrato do direito

Acompanhando os passos de Carlos Cossio, as seguintes distinções podem ser alinhadas, no esforço de demarcar os contornos fundantes da pragmática no processo penal:

(1) o direito é um **objeto cultural**:

(a) está situado na região ôntica cultural do conhecimento humano;

(b) trata-se de "conduta humana em interferência intersubjetiva";

(c) enquanto conduta humana, consiste em um objeto da experiência de liberdade;

(d) a intuição unitária do objeto cultural se funda:

(*i*) no substrato (**intuição sensível**): o álibi é exemplo de substrato que, por inferência, pode indicar incompatibilidade da hipótese acusatória, razão pela qual haverá intuição sensível do substrato;

(*ii*) no valor (**intuição emocional**): da alegação do álibi deriva intencionalidade refratária à credibilidade da acusação, em face do que recairá, sobre os ombros do Ministério Público, maior ônus para reafirmar, normativamente e por meio de provas, a hipótese que descreveu na petição inicial (denúncia);

(e) a cultura exige vivência de um sentido e envolve:

(*i*) vida plenária objetivada;

(*ii*) vida plenária vivente;

(2) os objetos culturais são **valiosos**, porém não são os valores;

(3) os **objetos do conhecimento humano** podem ser:

(a) objetos **metafísicos**: sem método específico para seu conhecimento (poderia ser sugestionado o método intuitivo puro: a intuição é uma apreensão não conceitual de um objeto);

(b) objetos **ideais**: acessados pelo método racional-dedutivo, por meio do qual a verdade se bifurca em:

(*i*) verdade apodítica (verdade de razão, por intelecção ou intuição intelectual);

(*ii*) verdade assertórica (verdade de fato, pela experiência);

(c) objetos **naturais**: conhecidos através do método empírico-indutivo (explicação causal);

(d) objetos **culturais**: conhecidos pela intuição sensível (substrato) e pela intuição emocional (valor);

(4) o modo adequado para conhecer um objeto cultural é o uso do **método empírico-dialético**, que envolve intuição sensível e intelectual;

(5) o acesso ao objeto cultural deve ocorrer por compreensão, que vai do substrato ao sentido;

(6) o **substrato** é expressivo e se classifica em:

(a) substrato real (dados brutos);

(b) substrato positivado (sentido vivificado na realidade).

COGNIÇÃO HUMANA (regiões ônticas do conhecimento humano)			
Objeto	**Método de acesso**	**Exemplo**	**Natureza**
Metafísico	Intuitivo puro	– Essência – Ente divino	Valorável
Ideal	Racional-dedutivo	– Números; – Figuras geométricas.	Não valorável
Natural	Empírico-indutivo	– Tempo – Elementos da física	Não valorável
Cultural	Empírico-dialético	– Direito – Arte	Valorável

Nesse cenário do **egologismo**, entre o sujeito e o valor deve estar um liame descritivo, considerando que aquele é a referência do último.[636]

Na órbita do conhecimento jurídico, o substrato é o **direito positivo** (ordenamento jurídico ou direito posto). Consiste no direito legislado, que é constituído pelos enunciados, pelas marcas dêiticas, ou seja, pela grafia de letras que, em conjunto, formam artigos, capítulos e títulos de lei. A noção de enunciado é similar à de texto bruto. É, primordialmente,

636. COSSIO, Carlos. *La teoría egológica del derecho y el concepto jurídico de libertad*. 2. ed. Buenos Aires: Abeledo-Perrot, 1964. p.56-69 (tradução livre).

fonte formal, ou seja, fonte de cognição do direito, a partir do qual são construídas as normas jurídicas.

Por outro ângulo, pode o texto legislado ser considerado uma fonte parcial de produção (fonte material parcial), porquanto as normas jurídicas individuais e concretas migram dos enunciados mediante a atividade do intérprete. Nesse espaço, tem cabimento o exame da linguagem utilizada no Código de Processo Penal, no Título I (das nulidades), do seu Livro III, núcleo do controle das normas processuais penais.

18.2 Pragmática do art. 563 do CPP. Princípio do prejuízo

Os termos utilizados pelo legislador são revestidos de plasticidade tal que podem ensejar a produção de normas de acordo com concepções jurídicas e filosóficas antagônicas. As disposições legais do CPP se aproximam do direito processual civil, ramo este destinado a disciplinar o rito de processos que, quase sempre, versam sobre direitos disponíveis.

Exemplo de artigo que é inspirado no direito processual civil é o art. 563 do CPP. Seu enunciado aduz que "nenhum ato será declarado nulo, se da nulidade não resultar prejuízo para a acusação ou para a defesa".

A pouca adequação dessa disposição ao âmbito penal é demonstrada pela dificuldade que geralmente tem a defesa de comprovar alguma perda ou desvantagem. Aliás, há ampla crítica sobre o significado que os tribunais conferem a prejuízo, destacando que o princípio do *pas de nullité sans grief* não deve ser aplicado de maneira irrestrita ao processo penal, já que o direito em jogo é o *jus libertatis*.

Leonardo Costa de Paula aponta que a criação da **cláusula do prejuízo** é ligada ao Código Napoleônico, cuja intepretação é, não raras vezes, distorcida. A relação que se faz com o iluminismo é constatada pela legitimidade que se procura conferir à técnica de convalidação de vícios, resguardando-se contra o controle de nulidade, em face da "finalidade autoritária que o processo penal assumiu no embate das nulidades". Na prática, visa-se a combater a morosidade processual e a postergação indefinida do processo.[637]

O ônus de provar a ocorrência de lesão a direito não deve ficar a cargo do acusado. Além do processo criminal já implicar consequências nefastas equivalente a uma pena, não há prejuízo maior que ser condenado ou não ter respeitado algum direito fundamental constitucional. No processo penal, forma é **essência-garantia.**

É dever do Ministério Público e, ao cabo, do juiz, expor fundamentadamente que o desatendimento da forma não torna ineficaz direito individual fundamental, considerando, inclusive, a incidência do **princípio do prejuízo evidente**[638] ou da **presunção de prejuízo sufragada legalmente**. Em outras palavras, é vedado que o ato feito em descompasso com o modelo do ordenamento jurídico reduza a eficácia de direito fundamental constitucional protegido pelo texto violado.

André Nicolitt expõe que parte da doutrina conclui que é equívoco metodológico se valer, no processo penal, da denominada **teoria unitária das invalidades** ou de "qualquer teoria geral das nulidades que reproduza conceitos e categorias típicas do direito civil e do processo civil". E a justificativa não discrepa da aventada acima: para se pensar "uma teoria das nulidades para o processo penal não se pode perder de vista a necessária efetividade dos direitos fundamentais consagrados na Constituição".[639]

Em posicionamento semelhante, Aury Lopes Júnior entende que o rol das nulidades cominadas do art. 564 do CPP, é imprestável e de técnica equivocada, apresentando crítica quanto

---

637. PAULA, Leonardo Costa. *As nulidades no processo penal*: sua compreensão por meio da afirmação do direito como controle ao poder de punir. Curitiba: Juruá, 2013. p.52.

638. MANZANO, Luís Fernando de Moraes. *Curso de processo penal*. 3. ed. São Paulo: Atlas, 2013. p.696.

639. NICOLITT, André. *Manual de processo penal*. 5. ed. São Paulo: RT, 2014. p.864.

à categoria nulidade absoluta. De acordo com o que leciona, nulidade absoluta somente ocorrerá se o juiz ou tribunal quiser, "e esse tipo de incerteza é absolutamente incompatível com o processo penal contemporâneo". Acerca da incidência do *pas de nullité sans grief*, aduz que "não é a parte que alega a nulidade que deverá 'demonstrar' que o ato atípico lhe causou prejuízo, senão o juiz, para manter a eficácia do ato, deverá expor as razões pelas quais a atipicidade não impediu que o ato atingisse a sua finalidade ou tenha sido devidamente sanado".[640]

18.3 Pragmática do art. 564 do CPP. Rol exemplificativo. Constrangimentos dogmáticos. Constrangimentos epistêmicos

O legislador do Código de Processo Penal, ao editar o Título I, do seu Livro III, buscou exarar uma **tipicidade fechada** das nulidades em espécie, de forma análoga à legalidade estrita de inspiração iluminista. O seu art. 564, sem distinguir as nulidades em categorias, cataloga um rol de **nulidades cominadas**, ao dizer, em seu *caput*, que "a nulidade ocorrerá nos seguintes casos".

Essa previsão levou parte da doutrina a sustentar a taxatividade das nulidades processuais, de maneira análoga ao Código de Processo Penal italiano (1988) que, contudo, é mais explícito ao dizer, em seu art. 177, que "a inobservância do modelo jurídico, na edição do ato processual, é causa de nulidade apenas nos casos previstos em lei".

Antônio Tovo Loureiro associa o elenco das nulidades do art. 564, do CPP, ao direito francês, em especial ao "legalismo oitocentista", eis que este se plasmou "no adágio *pas de nullité sans texte*, visando à restrição dos poderes dos juízes e a coibição dos abusos perpetrados durante o absolutismo, encontrando seu apogeu no Código Napoleônico". Em compasso com essa cláusula, somente poderiam ser "declarados

---

640. LOPES JR, Aury. *Direito processual penal e sua conformidade constitucional*: volume II. 3. ed. Rio de Janeiro: Lumen Juris, 2010. p.425-426.

nulos os atos para os quais houvesse previsão de nulidade em texto expresso de lei. Tal concepção é indicativa de presunção de validez da lei e de formas institucionais".[641]

Dos autores que enquadram as espécies de nulidades da legislação processual penal brasileira em um rol fechado, *numerus clausus*, Heráclito Mossin, propondo a necessidade de estabilidade da relação jurídico-processual e de segurança das partes, pondera que, "não obstante a forma confusa, complexa e imprecisa" da regulação das nulidades no CPP, "há de se concluir que o emprego do princípio da legalidade lhe é inerente".[642]

O Código de Processo Penal italiano tem enunciados que muito se distanciam dos consignados no brasileiro:

(1) no primeiro, a previsão de legalidade estrita é expressa e há distinção entre nulidades absolutas e relativas;

(2) no segundo, não há menção à legalidade estrita, nem se vê distinção de classes de nulidades.

Ademais, o supradito art. 564 que estampa uma extensa lista de atipicidades e estatui, em seu inciso IV, uma **cláusula de abertura**. Esta disposição, cominando nulidade toda vez que houver "omissão de formalidade que constitua elemento essencial do ato", acabou por chancelar a natureza exemplificativa da relação das atipicidades processuais penais ali dispostas.

Complementando a pouca sistematicidade do rol do aludido artigo, a Lei nº 13.964/2019 incluiu mais um inciso, para expressar, desnecessariamente (porque já estampado no art. 93, inciso IX, da CF), que haverá nulidade por falta de fundamentação das decisões judiciais (art. 564, V, CPP).

---

641. LOUREIRO, Antônio Tovo. O descumprimento das formas processuais penais como maximização do poder de punir: por uma nova teoria das nulidades. *Revista da Faculdade de Direito da Universidade Federal do Rio Grande do Sul* (Porto Alegre: UFRGS), n.26, p.13, dez. 2006.

642. MOSSIN, Heráclito Antônio. *Nulidades no direito processual penal*. 3. ed. Barueri: Manole, 2005. p.77.

Na esteira trilhada por Antônio Tovo Loureiro, a teoria que sustenta o rol taxativo das nulidades processuais penais deve ser abandonada em face de sua perspectiva limitativa das violações das garantias individuais. Em outras palavras, a posição que defende que as hipóteses autorizadoras de reconhecimento de nulidades são apenas as previstas em lei, é incompatível com o **sistema constitucional garantista-acusatório.**[643]

A jurisprudência vem enfrentando questões que envolvem reconhecimento de nulidades que extrapolam os termos do art. 564 do CPP, diante de desatendimento de outros esquemas de atos albergados pelo ordenamento jurídico em geral (textos da Constituição, do Código de Processo Penal, de leis processuais penais especiais e de enunciados jurisprudenciais). Os precedentes judiciais sufragam a distinção entre nulidades absolutas e relativas.

Como a redação do CPP é de natureza aberta e encampa correntes de várias origens, há espaço para a produção de normas jurídicas de nulidade e de invalidação de forma mais pormenorizada e de conformidade com linhas conceituais legais. Existe, de fato, campo para uma melhor definição, atividade que deve ser desenvolvida com prudência pela doutrina e, sobretudo, pelo Poder Judiciário.

Deixando ao largo as discordâncias classificatórias, será seguida exposição que considera os eixos legais comuns da lei e da jurisprudência. Como fonte maior e norteadora da incidência das normas, a Constituição de 1988 conduzirá as conclusões em direção à efetividade dos direitos individuais fundamentais.

A cominação de nulidade do art. 564, do CPP, é **substrato** que indica a natureza cogente do seu enunciado para o órgão autêntico destinatário, contida no verbo "ocorrerá". Cuida-se de disposição que retrata, a um só tempo, relativamente ao juiz:

643. LOUREIRO, Antônio Tovo. O descumprimento das formas processuais penais como maximização do poder de punir: por uma nova teoria das nulidades. *Revista da Faculdade de Direito da Universidade Federal do Rio Grande do Sul* (Porto Alegre: UFRGS), n.26, p.14, dez. 2006.

(1) um **constrangimento empírico-dogmático** (ponto de partida ou substrato); e

(2) um **constrangimento epistêmico-científico** (ponto de chegada ou norma jurídica).

A previsão indica a natureza essencial *ex lege* dos atos processuais produzidos a partir de incidência imperfeita. O inciso IV, daquele dispositivo, corrobora essa ilação ao se referir, sob forma de cláusula de abertura, à "omissão de formalidade que constitua elemento essencial do ato".

Destarte, plausível concluir que os vícios apontados nos incisos I, II, III e V, do art. 564 do CPP, terão natureza de nulidade absoluta, apesar do texto legal não ter aderido à subdivisão das nulidades. Dessa categoria, estão excluídas as atipicidades genéricas acomodáveis ao seu inciso IV (nulidade relativa). De toda sorte, não são relativas as nulidades que constituem vitupério à Constituição.

18.4 Pragmática do art. 565 do CPP. Boa-fé objetiva. Autodefesa. Defesa técnica. Vedação à autoincriminação

Depois de destacar as nulidades em espécie, o diploma legal processual penal prossegue estatuindo limites, ora às partes, ora ao juiz, muitas vezes inspirado em regras que só se amoldam ao direito processual penal se forem tomadas as cautelas necessárias para que a efetividade do direito fundamental objeto da proteção não seja prejudicada. O art. 565 do CPP opõe limite às partes que, por seu turno, deságua em dever do juiz, em sede de prelibação.

Deveras, ao dizer que "nenhuma das partes poderá arguir nulidade a que haja dado causa, ou para que tenha concorrido, ou referente à formalidade cuja observância só à parte contrária interesse", aquele enunciado legal estabelece um dever de **boa-fé objetiva** às partes no direito processual penal. É estéril a previsão de que as partes não possam arguir nulidade: vedar que o interessado aponte defeitos significa tentativa inútil de interferir na liberdade do defensor e do órgão da acusação. A parte tem o poder de fato de sempre manifestar seu ponto de vista, embora possa se sujeitar a consequências, positivas ou negativas, derivadas de sua atuação.

Ademais, é questionável a possibilidade de incidência do art. 565 do CPP em desfavor do acusado, especialmente quando se estiver diante de nulidade de maior grau. Nesse aspecto, a jurisprudência tem se mostrado vacilante, causando incerteza na aplicação do direito (déficit de possibilidade de obediência), em prejuízo à tutela dos postulados do Estado Democrático de Direito.

O acusado tem interesse em obter decisão menos gravosa aos seus direitos e, para esse mister, tem nas mãos o leque de possibilidades que constituem o conteúdo do princípio da ampla defesa (art. 5º, LV, CF).

Cabe frisar que os demais sujeitos processuais (juiz e Ministério Público) são os que têm a incumbência de cuidar para que os atos viciados sejam saneados, em respeito às formas processuais. Não deve, pois, ser debitado na conta do acusado a omissão atribuível aos órgãos estatais.

O art. 565 do CPP, não raramente, é aplicado mesmo a casos que se enquadram no rótulo das nulidades absolutas e de forma contrária aos interesses do acusado. O STJ já afirmou, em julgados recentes, o dever de boa-fé objetiva, sem distinções, no processo penal.

Em um dos julgados, a Corte Superior assentou que, no sistema processual penal, vigoram os princípios da **lealdade**, da **boa-fé objetiva** e da **cooperação entre os sujeitos processuais**, razão pela qual não é lícito à parte "arguir vício para o qual em tese concorreu em sua produção, sob pena de se violar o princípio de que ninguém pode se beneficiar da própria torpeza"[644] (*nemo auditur propriam turpitudinem allegans*).

---

644. STJ – Quinta Turma – AgRg no REsp 1820871/AL – Rel. Min. Ribeiro Dantas – DJe 19 dez. 2019.

Considerando as garantias fundamentais albergadas pelo sistema, alargar a amplitude da incidência do art. 565, do CPP, para o campo das nulidades de natureza absoluta, não é a posição que melhor atende as finalidades do processo penal. Tal postura amplia demasiadamente os limites do texto e cria para o acusado um dever que finda por restringir, sem lei estrita, o *jus libertatis*. Não é esperado do sujeito processual que está no polo passivo de ação penal condenatória que adote postura prejudicial ao seu direito de liberdade. Por outro lado, o Estado-juiz e o Estado-acusação, com toda estrutura que os auxiliam no exercício de suas funções, têm o dever-jurídico de cuidar para que não ocorram atipicidades processuais que firam direitos fundamentais.

Para defender essa ilação, é preciso considerar que a teoria deve estar diretamente ligada à blindagem das garantias processuais penais. Isso quer dizer que a produção das normas que reconheçam vícios processuais não deve constituir convalidação de nulidades classificadas como absolutas, malgrado esteja em voga o fenômeno da relativização das nulidades processuais. Em defesa dessa tendência, Antonio do Passo Cabral argumenta que a invalidação deve ser excepcional, sublinhando o que denomina de "banalização jurisprudencial das nulidades", diante do que considera "anulações de processos em número exorbitante".[645]

Outrossim, há uma relação próxima entre:

(1) a necessidade de não se admitir a convalidação de nulidades absolutas a partir de argumentos como o da boa-fé objetiva aplicável ao acusado; e

(2) o cânone de que nenhum acusado tem o dever de se descobrir (princípio da **vedação à autoincriminação**, descrita na expressão *nemo tenetur se detegere*).

645. CABRAL, Antonio do Passo. *Nulidades no processo moderno*: contraditório, proteção da confiança e validade 'prima facie' dos atos processuais. 2. ed. Rio de Janeiro: Forense, 2010. p.360.

Sobre esse princípio, Maria Elizabeth Queijo destaca que ele se inclui "entre os direitos de primeira geração, que se traduzem por resistência ou oposição perante o Estado. Além de direito, é garantia da liberdade, em especial aquela de autodeterminação do acusado". Elucida a autora, em seguida, que o direito a não se autoincriminar se insere no rol das **liberdades negativas**, haja vista que se garante, por meio dele, que o indivíduo mantenha sua esfera de liberdade, "para não sofrer vulnerações por parte do Estado". Arremata, nessa linha, que "há interesse público em sua proteção", porquanto está dentro da seara do direito de defesa e do devido processo legal, repercutindo, assim, na legitimação da jurisdição.[646]

A legitimidade da produção normativa das nulidades deve ser fiel aos fundamentos do garantismo, entendido como um **modelo de estrita legalidade**, que retrata o Estado de direito. Ferrajoli discerne apropriadamente:

(1) sob o ponto de vista **epistemológico**, o garantismo é qualificado "como um sistema cognitivo ou de poder mínimo";

(2) sob o aspecto **político**, ele "se caracteriza como uma técnica de tutela idônea a minimizar a violência e a maximizar a liberdade"; e

(3) sob o ângulo **jurídico**, o garantismo se apresenta "como um sistema de vínculos impostos à função punitiva do Estado em garantia dos direitos dos cidadãos".[647]

A relativização das nulidades encontra ponto de contato com o que José Carlos Barbosa Moreira escreveu sobre a **lentidão da máquina judiciária**, no seu confronto com a visão

646. QUEIJO, Maria Elizabeth. *O direito de não produzir prova contra si mesmo*: o princípio 'nemo tenetur se detegere' e suas decorrências no processo penal. 2.ed. São Paulo: Saraiva, 2012. p.479.

647. FERRAJOLI, Luigi. *Direito e razão*: teoria do garantismo penal. Tradução: Ana Paula Zomer Sica; Fauzi Hassan Choukr; Juarez Tavares; Luiz Flávio Gomes. São Paulo: RT, 2006. p.786.

panorâmica da Reforma do Judiciário (EC nº 45/2004). Criticamente, o processualista faz três observações:

(1) a primeira consiste em compreender "que não parece razoável sobrepor obsessivamente a tudo mais o açodamento em inventar soluções, às vezes simplistas, para debelar o mal". Isso quer dizer que simplificações de procedimento (tal como a técnica de convalidar atos processuais gravemente viciados, a pretexto de dar ao processo celeridade) carecem de base empírica (mormente a história de violações reiteradas a direitos fundamentais, que determinou a construção de catálogo de direitos humanos);

(2) a seguinte é a de que não são corrigidas as verdadeiras causas das disfunções processuais, a exemplo das que decorrem da "má gestão administrativa de juízos e tribunais"; e

(3) A última é "a de que jamais se logrará construir um sistema de Justiça que concilie de maneira perfeita a rapidez do funcionamento com a preservação de garantias".[648]

18.5 Pragmática do art. 566 do CPP. Verdade real (verdade substancial). Verdade formal. Verdade mais do que formal. Impeditivas de nulidade. Teoria da dissonância cognitiva. Ônus da prova. Postulado da dúvida

Delimitação relevante é a depreendida do art. 566 do CPP. Determina o seu enunciado que "não será declarada a nulidade de ato processual que não houver influído na apuração da verdade substancial ou na decisão da causa". Desta maneira, tal artigo prescreve um óbice ao reconhecimento do próprio defeito processual, vale dizer, opõe um limite à constituição

648. MOREIRA, José Carlos Barbosa. *Temas de direito processual*: nona série. São Paulo: Saraiva, 2007. p.31-32.

judicial de nulidade que, ao final, teria o condão de tutelar a efetividade de direitos protegidos pela regra.

A baixa técnica legislativa é fértil à hibridez conceitual. Caberá ao juiz aferir se há defeito processual (nulidade-fato) e, em seguida, deliberar sobre a supressão de efeitos do ato viciado (nulidade-consequência).

O art. 566 do CPP traz o que Hélio Tornaghi chama de **impeditivas de nulidade**, ou seja, "circunstâncias que obstam a declaração da nulidade ou a anulação", pelo que "para que o juiz possa dar pela nulidade", não basta "a preterição da forma legal. É necessário ainda que não haja impeditiva".[649]

A observação de Hélio Tornaghi não deve autorizar a ilação de que ao juiz seja autorizada a prática de um ato ilegal. Atipicidades não devem ser admitidas no processo, ainda que, em tese, possam indicar ausência de redução do alcance da verdade. Por exemplo, vícios anteriores à audiência de instrução devem ser sanados antes de sua realização. Até seu início, os atos devem ser refeitos, cuidando o juiz para que o processo fique imune a arguições de atipicidades. Se o defeito persistir, a audiência deve ser redesignada.

A suposição de que o citado art. 566 do CPP consagra impeditivas à declaração de nulidade do ato processual viciado, não encontra sustentação a partir de uma interpretação sistemática. O próprio Código de Processo Penal, em seu art. 251, *caput*, primeira parte, atribui ao juiz o dever de prover a regularidade do processo. Não pode o mesmo texto vedar e fomentar matéria idêntica, isto é, proibir o reconhecimento de nulidade e, de outro lado, ordenar o dever de velar pela regularidade dos atos processuais.

Há, nesse confronto, uma **antinomia**.

Daí a necessidade de se precisar o alcance do dispositivo à luz da CF. A redação do art. 566 do CPP faz uso da expressão

649. TORNAGHI, Hélio. *Curso de processo penal*: volume 2. 6. ed. São Paulo: Saraiva, 1989. p.295-296.

nulidade com o significado de invalidade. O legislador não adotou a melhor redação. Aliás, o texto legal indica ter recebido diversas influências, com semelhanças com o direito civil, o direito francês, o direito processual civil e o direito italiano. Sob tal enfoque, compreende-se a diversidade de vertentes que assume o mesmo termo nulidade, tendo, de um lado, a conotação de **atipicidade** no seu art. 564 e, de outro, de **invalidação** nos seus arts. 563 e 566.

O citado art. 566 positiva o **princípio da irrelevância** ou de que não se declara nulidade de ato irrelevante.

Renato Marcão anota que aquele cânone atende aos princípios da celeridade e da economia processual, fincando que "não tem sentido lógico ou jurídico declarar a nulidade e determinar o refazimento de ato processual que tenha se mostrado irrelevante para o julgamento do processo".[650]

Nos termos daquela disposição legal, são obstáculos ao reconhecimento de nulidade (*rectius*: invalidade) de ato processual:

(1) a ausência de influência na apuração da verdade substancial; ou

(2) não haver repercutido na decisão da causa.

Algumas indagações se colocam para serem coletados os fatos processuais passíveis de incidência da norma constituída a partir do art. 566 do CPP:

(1) qual o significado da expressão verdade substancial?

(2) o que é influência na decisão da causa?

(3) sendo o caso de princípio que impede a declaração de nulidade de ato irrelevante, cabe aplicação do art. 566 do CPP, às nulidades absolutas ou seria ele restrito aos vícios de menor ofensividade (nulidades relativas e irregularidade)?

---

650. MARCÃO, Renato. *Curso de processo penal*. São Paulo: Saraiva, 2014. p.984.

A primeira questão envolve a noção de **verdade real** para o processo penal. É comum a afirmação de que no processo penal vigora a verdade real, enquanto, no processo civil, a regra é a da **verdade formal**. Se o teor da verdade real não for bem elucidado, o processo penal pode se inserir na vala do sistema inquisitório, inconstitucional, dando ensejo ao juiz inquisidor, que busca a **verdade substancial** a todo custo, inclusive violando garantias fundamentais.

Embora o conceito de verdade seja noção muito rica e ambígua, é possível delimitar seus lindes para o fim de caracterizar o princípio acusatório, alinhado com a Constituição de 1988 (art. 129, I). Entende-se que a posição de inércia do juiz é a adequada àquela estrutura de processo, descrita no art. 3º-A, do CPP. Qualquer iniciativa do órgão autêntico, sem provocação de interessado legitimado, mesmo depois de oferecida a inicial acusatória, seria prejudicial à imparcialidade, porque revelaria interesse encoberto pela finalidade a que se dirige sua pretensão de conhecimento sobre o fato. No entanto, o STF assentou "a vedação, *a priori*, à iniciativa do juiz na fase de investigação e à substituição da atividade probatória das partes pelo juiz", permitindo-lhe, restritamente aos casos autorizados por lei, agir *ex officio* para dirimir dúvida pontual sobre o mérito do julgamento.[651]

Sem embargo, para elucidar o que quer significar verdade no processo penal, cabe tomar, como ponto de partida, o que escreve Pierre Souto Maior Coutinho de Amorim sobre a atividade probatória das partes e, supletivamente, do juiz. De acordo com o seu magistério, o julgador deve exercer poder instrutório "para buscar seu pleno convencimento, e não com base em fórmulas de 'verdade real' ou 'verdade formal'. Essas expressões foram úteis quando cunhadas, para indicar a diferença de grau da atividade probatória suplementar do juiz civil para o juiz penal". Nas palavras do processualista, "o juiz deve, portanto, na medida do possível, buscar absolver o inocente e condenar o culpado, mesmo que isso o leve produzir

651. STF – Pleno – ADI 6298/DF – Rel. Min. Luiz Fux – 24 ago. 2023.

prova além das produzidas pelas partes". Ademais, caso não logre resolver sua dúvida, outra alternativa não terá "que não a absolvição do réu por insuficiência de provas."[652]

A iniciativa probatória do juiz pode significar comprometimento de sua **imparcialidade**, ainda que assim não perceba, diante de conflito em torno do conhecimento do objeto da prova, na senda da **teoria da dissonância cognitiva** explicada por Aury Lopes Júnior e Ruiz Ritter.[653]

Por outro lado, tem-se que a verdade substancial deve ser compreendida em compasso com as regras sobre ônus da prova no processo penal. A distribuição do ônus probatório não deve ser feita da mesma forma que no direito processual civil, que se baseia na consagrada expressão de que o ônus da prova cabe a quem alega, malgrado a dicção inconstitucional do art. 156, inciso I, do CPP.

No direito processual penal, o ônus probatório deve ser exclusivo da acusação. Cabe ao autor da ação penal condenatória comprovar cabalmente a existência de crime e de sua autoria, bem como comprovar que não houve, por exemplo, situação excludente de ilicitude. Ao réu não cabe provar **causas impeditivas**, **modificativas** ou **extintivas** do direito do autor, eis que isso é próprio do direito processual civil.

O acusado deve, simplesmente, negar o fato, sem trazer fato novo capaz de ampliar o *thema probandum*. Basta que haja dúvida sobre os termos da acusação para que o ônus probatório recaia sobre o autor da demanda condenatória penal. O juiz deve partir do **postulado da dúvida** relativamente a todos

---

652. AMORIM, Pierre Souto Maior Coutinho de. O novo art. 156 do CPP: um museu com grandes novidades. In: *Comentários pontuais às reformas processuais civil e penal*. Afrânio Silva Jardim; Pierre Souto Maior Coutinho de Amorim (orgs.). Rio de Janeiro: Lumen Juris, 2011. p.141.

653. LOPES JR, Aury; RITTER, Ruiz. A imprescindibilidade do juiz das garantias para uma jurisdição penal imparcial: reflexões a partir da teoria da dissonância cognitiva. *Revista Duc In Altum Cadernos de Direito*, vol. 8, nº16, p. 57, set.-dez. 2016; RITTER, Ruiz. *Imparcialidade no processo penal*: reflexões a partir da teoria da dissonância cognitiva. 2. ed. São Paulo: Tirant, 2019. p.173-174.

os pontos da acusação e, de outro giro, o Ministério Público, rigorosamente, não faz prova da inexistência de **fato negativo**, tal como o álibi, porquanto deve, por pressuposto lógico (e redundante), provar o **fato positivo** narrado na exordial.

A esse respeito, Afrânio Silva Jardim exemplifica que, "quando o réu apresenta um álibi, dizendo que no dia e hora do crime se encontrava em lugar distante, não está alegando fato positivo diverso". Na realidade, o acusado está "apenas negando o que lhe é atribuído na denúncia". A existência de "dúvida sobre se ele estava ou não naquele lugar distante, nada mais é do que a dúvida sobre se ele estava no lugar afirmado na denúncia ou queixa. **É intuitivo**". Daí que ao defender esse álibi, "o réu não assume o ônus de provar fato positivo que negue a acusação, permanecendo o autor com o ônus de provar aquilo que originalmente afirmou".[654]

O aspecto intuitivo reportado por Afrânio Silva Jardim é assimilável à **intuição sensível do substrato**, descrita por Carlos Cossio, ao destrinçar a classe dos objetos culturais na qual o direito está incluso.[655]

O STJ referiu ser necessário que o *Parquet* esgote as possibilidades probatórias, citando a **teoria da perda de uma chance**, haurida das regras de responsabilidade civil do direito francês (*perte d'une chance*):[656] significa que o órgão ministerial deve produzir a prova ou justificar sua impossibilidade, bem como que se devem espancar dúvidas sobre o cabimento da absolvição (art. 386, CPP), como descrito por Alexandre Morais da Rosa e Fernanda Rudolfo.[657] Veja-se que a nuança

---

654. JARDIM, Afrânio Silva. O ônus da prova na ação penal condenatória. *Revista Forense comemorativa – 100 anos*, tomo VII [direito processual penal], Afrânio Silva Jardim (org.), Rio de Janeiro: Forense, p.610, 2006.

655. COSSIO, Carlos. *La teoría egológica del derecho y el concepto jurídico de libertad*. 2. ed. Buenos Aires: Abeledo-Perrot, 1964. p.57-58.

656. STJ – Quinta Turma – AREsp 1.940.381-AL – Rel. Min. Ribeiro Dantas – DJe 16 dez. 2021.

657. ROSA, Alexandre Morais da; RUDOLFO, Fernanda Mambrini. A teoria da perda de uma chance probatória aplicada ao processo penal. Revista Brasileira de Direito, Passo Fundo, vol. 13, n. 3, p.467-470, Set.-Dez., 2017.

que pode se inserir, nesse permeio, é uma possibilidade maior de condenação do imputado: o que teria o fito de possibilitar maior prestígio à presunção de inocência, poderia ser desvirtuado, com seu uso contra aquele estado, nos casos em que o *Parquet* lograr "justificar" a adoção exauriente de todas as medidas probatórias. Daí que se entende que não seria necessária a importação daquele instituto, de outro ramo do direito, com o seu traslado para o sistema de processo brasileiro. Decerto, a estrutura do **ônus da prova** seria suficiente para o enfrentamento da questão: ao Ministério Público todo o dever de evidenciar que a acusação formulada é inquebrantável e esgrime de dúvidas. Ao réu, não cabe provar nada: basta alegar, recaindo todo o peso sob os ombros do *Parquet*.

A verdade real ou verdade substancial no processo penal é, sob certo enfoque, uma **verdade mais do que formal**, que deve acatar, estritamente, as formas processuais. Na linha similar à de Salah Khaled,[658] pode-se dizer que a verdade é acidental se confrontada com a imperiosidade de ser respeitado o procedimento legal para sua afirmação por provas.

Para o alcance da verdade, é defeso, por exemplo:

(1) que a confissão supra o exame de corpo de delito (art. 158, *caput*, CPP);

(2) que o silêncio do acusado importe confissão, ou seja, interpretado em seu prejuízo (art. 186, parágrafo único, CPP);

(3) que a confissão seja tomada isoladamente para fins condenatórios (art. 197, CPP); e

(4) que o juiz forme sua convicção condenatória exclusivamente nos elementos informativos colhidos na investigação, ressalvadas as provas cautelares, não repetíveis e antecipadas (art. 156, *caput*, CPP).

---

658. KHALED JR, Salah H. *Ambição de verdade no processo penal*: desconstrução hermenêutica do mito da verdade real. Salvador: Juspodivm, 2009. p.129.

Essas observações vão ao encontro da conclusão a que chegou Afrânio Silva Jardim, ao sugerir que não mais seja usada a expressão princípio da verdade real, porém que seja "substituída por '**princípio da busca do convencimento** ou convicção do juiz", porquanto reputa "hipocrisia falar-se em verdade plena no processo penal. A própria denúncia ou queixa, que fixam o chamado *thema decidendum*, já é um retrato absolutamente parcial da realidade. Parcial e artificial". O que o juiz deve fazer é "se convencer", "buscar obstinadamente tal convencimento".[659]

Com essas constatações, é plausível concluir que a noção de verdade formal é muito mais próxima das regras processuais garantidoras de direitos fundamentais que a ideia de verdade real lastreada na ambição sem adequação ao modelo legal e constitucional acusatório.[660] Em dada medida, a verdade processual que é construída no procedimento judicial criminal retrata a relação que o rito tem com "a verdadeira justiça como objetivo", que se adeque à finalidade de proteção jurídica do procedimento organizado. Nesse diapasão, Niklas Luhmann enfrenta a questão da verdade pelo procedimento, diante das vicissitudes.[661]

Como lembra Francisco das Neves Baptista, "a busca da verdade real não tem utilidade alguma, relativamente à razão de ser do processo penal, de proteção do indivíduo contra o arbítrio da autoridade, motivadora da desigualdade das partes na relação processual".[662] Não é sem razão que Leonardo Costa de Paula defende a necessidade de produção de con-

---

659. JARDIM, Afrânio Silva. Prefácio. In: BAPTISTA, Francisco das Neves. *O mito da verdade real na dogmática do processo penal*. Rio de Janeiro; São Paulo: Renovar, 2001. p.XXI.

660. KHALED JR, Salah H. *Ambição de verdade no processo penal*: desconstrução hermenêutica do mito da verdade real. Salvador: Juspodivm, 2009. p.129.

661. LUHMANN, Niklas. *Legitimação pelo procedimento*. Tradução: Maria da Conceição Côrte-Real. Brasília: Universidade de Brasília, 1980. p.21.

662. BAPTISTA, Francisco das Neves. *O mito da verdade real na dogmática do processo penal*. Rio de Janeiro; São Paulo: Renovar, 2001. p.210.

ceitos e mecanismos de ordem prática, haja vista a função que têm de contribuir para a criação de óbices à tradicional "busca inconsequente da verdade do processo penal". Para tal mister, é preciso "reorientar radicalmente o foco do processo penal", afinando-se com os fundamentos do Estado Democrático de Direito, com a efetiva proteção do imputado.[663]

Por outro lado, a imprecisão do que se entende por nulidade no seio dos tribunais é o termômetro do grau de **garantias processuais penais descobertas**, isto é, sem efetiva proteção.

Como obtempera Niklas Luhmann, o pensamento moderno estruturou metodologicamente o conceito de verdade, mediante positivação do direito, conferindo-lhe processos de decisão. É como se o direito buscasse evitar os perigos da verdade de índole subjetiva, estatuindo fortes pressupostos metodológicos, a fim de alijar ideias preconcebidas. O procedimento jurídico organizado penal tem como objetivo a obtenção da justiça e o conhecimento verdadeiro sobre o fato deduzido em juízo. Seguindo-se essa vertente, "um procedimento constituiria entre os outros papeis sociais, uma estrutura separada, com relativa autonomia, em que seria acionada uma comunicação com o objetivo de decisão certa (orientada para a verdade, legítima, justa)".[664]

Com essas ideias, pode-se concluir que o art. 566 do CPP não tem incidência sobre os casos que sejam classificados como atos processuais eivados de inexistência jurídica ou de nulidade absoluta. Em hipóteses de deformidades graves, ofensivas às garantias fundamentais, tem-se que o ferimento ao devido processo legal ofende os pilares do sistema.

Para os demais defeitos (irregularidade e nulidade relativa), a aplicação do dispositivo será orientada pela aferição

---

663. PAULA, Leonardo Costa. *As nulidades no processo penal*: sua compreensão por meio da afirmação do direito como controle ao poder de punir. Curitiba: Juruá, 2013. p.167-168.

664. LUHMANN, Niklas. *Legitimação pelo procedimento*. Tradução: Maria da Conceição Côrte-Real. Brasília: Universidade de Brasília, 1980. p.23.

da efetividade do direito fundamental protegido pela forma desacatada, em razão da espécie de atipicidade constatada.

A parte final do art. 566 do CPP traz a menção à influência na decisão da causa, como motivo que, se ausente, é impeditivo de reconhecimento de invalidação. Para se chegar à conclusão de que a atipicidade influenciou ou não, negativamente, os termos finais da decisão, o caminho a seguir é o da **abstração**.

Cabe afirmar, só raciocinando **em tese**, o intérprete pode justificar o grau de interferência que a deformidade processual teve para o julgado. Técnicas comparativas, exaradas fundamentadamente, com esteio em princípio da proporcionalidade e com o uso de ponderação podem justificar melhor a decisão pela convalidação do vício. De todo modo, tal procedimento só é adequado às hipóteses de nulidades menos graves, classificadas como relativas ou irregularidades, ou seja, sob a condição de não ofenderem **direito indisponível**.

18.6 Pragmática do art. 567 do CPP. Princípio da *Kompetenz-Kompetenz*. Repertório do sistema. Estrutura do sistema

O enunciado do art. 567 do CPP requer interpretação sistemática, conjugada com a nulidade em espécie gizada no inciso I, do seu art. 564. Dispõe aquele enunciado que a incompetência do juízo determina a anulação apenas dos atos decisórios, devendo o processo, após ser declarada a nulidade, ser enviado ao juiz competente. Para ser esclarecida a forma de aplicação da disposição que reconhece a incompetência do juiz, deve ser seguido um percurso sucessivo de produção normativa.

Deve-se lembrar, para esse propósito, que as nulidades cominadas previstas no art. 564 do CPP são **absolutas**, conquanto nem sempre se veja essa postura na doutrina e na jurisprudência, que apontam como **relativas** aquelas que o art. 572 do mesmo Código refere como **sanáveis**.

Note-se que, antes de ser reconhecida a nulidade dos atos decisórios, há uma decisão prévia, condicionante (programa), que deve fazer incidir a norma que declara a incompetência do juízo. A norma jurídica que decreta a incompetência do juízo servirá de antecedente para a norma seguinte que reconhecerá o defeito processual (nulidade).

Em uma **primeira etapa**, a questão que se coloca é a de saber quem será a autoridade judiciária competente para reconhecer a nulidade (vício) e, a partir daí, aplicar a invalidade a atos processuais defeituosos (sanção).

A autoridade judiciária que tenha se afirmado incompetente não terá mais competência, subsequente, para declarar nulidade e invalidar atos processuais. Esse poder ficará a cargo do juiz ou do tribunal recebedor dos autos que, aceitando a competência, deverá assim proceder. Esse mister decorre do **princípio *Kompetenz-Kompetenz*** que, no direito alemão, diz que todo magistrado é juiz de sua competência.

Isso significa dizer que o julgador ou o colegiado declinado, em uma **segunda etapa** que decorre da incompetência averbada, reconhecendo que é competente para processar e julgar a causa, deve declarar que tal vício é inserido, por exemplo, na classe das nulidades absolutas.

O parágrafo único do art. 419 do CPP segue essa orientação. Tratando-se de desclassificação de infração penal que importe modificação de competência do juízo do júri (incompetência absoluta), e havendo acusado preso, o seu enunciado prescreve que "remetidos os autos do processo a outro juiz, à disposição deste ficará o acusado preso".

Ou seja, quando for o caso de réu preso, o próprio texto legal não ordena a construção de regra de invalidação do ato decisório prisional, porém estatui a necessidade de remessa a outro juiz que deliberará sobre a prisão. Isso porque o juiz que se afirma incompetente não detém mais a competência para construir a norma de invalidação dos atos processuais decisórios. A competência é o pressuposto para se reconhecer a espécie de nulidade e para aplicar a respectiva sanção.

A **terceira etapa** consiste na construção da norma jurídica que decorre do reconhecimento da nulidade e que tem como seu antecedente, justamente o consequente da primeira norma. Então, declarada a nulidade absoluta, a consequência lógica, como regra, é a invalidação dos atos praticados pelo juiz incompetente que lhe remeteu os autos, conclusão essa que é corroborada pelo texto constitucional, que giza, no inciso LIII, do art. 5º, que "ninguém será processado nem sentenciado senão pela autoridade competente".

No entanto, o microssistema das nulidades conduz à solução diversa, instituindo **regra de calibração**, cuja função é estipular exceção à consequencialidade normal da norma, para proporcionar justeza e equilíbrio ao sistema jurídico, enquanto âmbito de comunicação normativa.[665]

Quebra-se a consequência natural para viabilizar solução mais pragmática e que atenda as finalidades do processo penal, sem prejudicar os direitos fundamentais em jogo. Note-se que o defeito por violação da regra de competência continua sendo classificado como nulidade absoluta, embora o CPP não distinga incompetência absoluta daquela outra de ordem relativa. A interferência da regra de calibração deduzida do art. 567 recai sobre a norma jurídica de invalidação, modulando-lhe os efeitos.

O dispositivo sob exame declara, literalmente, que "a incompetência do juízo anula somente os atos decisórios, devendo o processo, quando for declarada a nulidade, ser remetido ao juiz competente". O verbo **anular** é aí tomado com o sentido de **invalidar**. A invalidação que se segue do reconhecimento da incompetência do juízo (defeito classificado como nulidade absoluta) é que tem regramento específico, limitando-lhe os efeitos. Daí a conclusão de que a norma jurídica

---

665. WATZLAWICK, Paul; BEAVIN, Janet Helmick; JACKSON, Don D. *Pragmática da comunicação humana*: um estudo dos padrões, patologias e paradoxos da interação. Tradução: Álvaro Cabral. São Paulo: Cultrix, 2007. p.132-133.

construída com arrimo no art. 567, do CPP, possui natureza de regra de calibragem.

Como se infere, o sistema jurídico comporta variações do modelo "dado antecedente, tem-se o consequente", ou seja, dada a norma jurídica de nulidade absoluta (com antecedente e consequente normativo), tem-se a norma jurídica de invalidação (também dotada de prótase e apódose). As exceções, por vezes, estão no próprio texto da lei (tal como o art. 567, CPP), com fórmulas que desviam a consequencialidade normativa, bem como, por outras vezes, nos precedentes jurisprudenciais, que atribuem nova interpretação para o texto legislado.

Vale dizer, a produção normativa das nulidades processuais penais obedece a essa estrutura: (1) em primeiro lugar, conforme o padrão antecedente-consequente, e consoante os conceitos classificatórios; (2) secundariamente, de acordo com o modelo das regras de calibração,[666] que visam a dar **racionalidade** às decisões jurídicas de invalidação de atos processuais atípicos, nas hipóteses que se distanciam do modelo rígido e que se verificam no fenômeno da relativização das nulidades processuais.

A quebra da consequencialidade normativa nulificadora encontra limites no texto da Constituição. É necessária precaução contra a ampliação do âmbito aleatório, com aumento do poder discricionário judicial, e desatendimento à linguagem formal, conceitual, dos elementos identificadores das nulidades processuais.

Com o uso do método pragmático, a partir das regras de calibragem, o sistema mantém sua **funcionalidade**. Em dada medida, esse leque de possibilidades se amolda ao que pontifica João Maurício Adeodato. O sistema persiste com sua identidade:

(1) tanto em virtude de seu **repertório**, reputado o "conjunto de possibilidades escolhidas como desejáveis

666. FERRAZ JR., Tercio Sampaio. *Teoria da norma jurídica*: ensaio de pragmática da comunicação normativa. 4. ed. Rio de Janeiro: Forense, 2009. p.133.

entre as inúmeras que a complexidade do mundo circundante oferece";

(2) quanto em razão de sua **estrutura**, enquanto "conjunto de regras que garantem o sistema contra a possibilidade de que venham a ocorrer outras alternativas que não aquelas selecionadas no repertório".[667]

No que concerne ao teor e à extensão do referido art. 567 do CPP, STF e STJ têm adotado posição mais restritiva, com exegese limitativa da norma jurídica de invalidação. Decerto, a Corte Suprema brasileira vincou posição tendente a usar regras próprias das nulidades relativas ao vício de incompetência absoluta, ampliando o espectro pragmático.

A sua jurisprudência entendia que, para os casos de incompetência absoluta, somente os atos decisórios seriam anulados. Sendo possível, portanto, a **ratificação** de atos não decisórios ou instrutórios. No entanto, posteriormente, passou a admitir a possibilidade, inclusive, de ratificação dos atos decisórios, pelo juízo competente.[668]

O STJ passou a decidir de acordo com o STF, afirmando que seu entendimento é "assente de que, nos casos de incompetência absoluta, há a possibilidade de ratificação dos atos decisórios pelo Juízo competente".[669]

O posicionamento adotado retrata interpretação redutora da liberdade, por minimizar os efeitos da invalidação de atos processuais em razão da nulidade causada por vício de competência. É equivalente a uma calibragem, porém criada jurisprudencialmente. Finda por limitar o conteúdo do inciso LIII, do art. 5º, da Constituição Federal, que não distingue a

667. ADEODATO, João Maurício. *Ética e retórica*: para uma teoria da dogmática jurídica. 3. ed. São Paulo: Saraiva, 2007. p.89.

668. STF – Segunda Turma – RE 730579 AgR – Rel. Min. Ricardo Lewandowski – publicado em: 30 jun. 2017.

669. STJ – Quinta Turma – EDcl no AgRg no REsp 1853262/AC – Rel. Min. Jorge Mussi – DJe 20 abr. 2020.

natureza da incompetência ao vedar o processamento e o julgamento por juiz incompetente, bem como deixa a possibilidade de invalidação de atos decisórios adstrita à incompetência absoluta do juízo. Exclui a incompetência relativa desse controle, como regra geral.

A criação de mais uma regra de calibração de ordem jurisprudencial, afetando a consequencialidade para a constituição da norma jurídica de invalidação, é demonstrativa de viés realista, bem como da influência que o direito processual civil exerce sobre o penal. Essa interferência não se compatibiliza com a tutela das garantias do imputado.

No caso da incompetência, os posicionamentos refratários à constituição de declaração de invalidade de atos processuais em casos de incompetência relativa, e mesmo na hipótese de incompetência absoluta, podem repercutir negativamente na efetividade dos direitos fundamentais.

Dessa sorte, assimilar o processo civil ao processo penal, sem os cuidados com a diferença do direito material (liberdade *versus jus puniendi*), pode se revelar incompatível com o repertório e a estrutura do sistema.

18.7 Pragmática do art. 568 do CPP. Calibração da capacidade postulatória

Conjugação necessária de dispositivos do CPP é a dos enunciados que preveem:

(1) a nulidade por ilegitimidade de parte (art. 564, II); e

(2) a regulamentação de que essa poderá ser a todo tempo sanada, mediante ratificação dos atos processuais (art. 568).

A redação do art. 564, II, do CPP, não é de melhor técnica. **Nulidade por ilegitimidade de parte** é termo carente de precisão. Engloba questões concernentes à capacidade processual e à legitimidade para a causa (art. 395, II, CPP):

(1) a **capacidade processual** (legitimidade *ad processum*) é pressuposto processual de existência do processo (elemento estrutural dos atos processuais). Pode ser tripartida em:

(a) capacidade de ser parte (como exemplo, tem-se que todo ser humano tem capacidade processual ativa em processo criminal; a passiva, somente os que possuem maioridade penal);

(b) capacidade de estar em juízo (algumas pessoas necessitam de assistência ou de representação para que possam estar em juízo, não lhes sendo permitido a atuação autônoma, tais como os menores para ajuizarem queixa-crime); e

(c) capacidade postulatória (para os advogados e membros do Ministério Público, que representam juridicamente as partes).

(2) a **legitimidade para a causa** (legitimidade *ad causam*) é condição para o exercício da ação penal (elemento essencial).

O art. 568 do CPP é de aplicação restrita à ilegitimidade do **representante** da parte, ou seja, à questão da **capacidade postulatória** (pressuposto processual). Há, no caso, uma disposição institutiva de regra de calibração.

Isso porque, ao assegurar a possibilidade de sanatória, por intermédio de ratificação dos atos processuais, a disposição autoriza quebrar a consequencialidade invalidatória que decorreria da nulidade absoluta. Vale lembrar que um representante legítimo é elemento essencial subjetivo, constitutivo de vários atos processuais.

A restrição do art. 568 analisado é mais limitada, pois alude à **ilegitimidade do representante da parte** e não a todas as hipóteses de **ilegitimidade de parte** (*lato sensu*). Representante da parte é a pessoa que detém capacidade para postular em juízo. Quando o CPP refere a sua ilegitimidade, quer dizer que aponta defeito consistente na ausência ou no vício do mandato judicial outorgado pela parte ao seu advogado. Também pode significar falta de atribuição do membro do Ministério Público.

A lei processual penal aduz que tal ilegitimidade pode ser a todo tempo **sanada**. Saneamento deve se diferenciar de convalidação:

(1) o saneamento exige atividade que produza o ato faltante ou reproduza o ato viciado. A ele se relacionam os verbos sanar (sanatória) e sanear;

(2) a convalidação se contenta com a inércia para o fim de tornar precluso vício, em face da não alegação oportuna e da ausência de prejuízo a direito fundamental protegido pela norma vilipendiada.

O saneamento deve se circunscrever ao teto dos direitos do acusado. Não há como permiti-lo se advier ferimento àqueles. O vício de representação da parte é bastante grave para ser considerado sanado contra as garantias. Tratando-se, por exemplo, de queixa-crime, a dicção do dispositivo não pode ser declarativa de validade do processo penal iniciado com defeito de tal porte, para obstar a decadência ou a prescrição.

Mutatis mutandis, o mesmo raciocínio se aplica à ação penal pública. Tal ilação é decorrência de que as formalidades, no processo penal, são garantias. Primeiramente, garantias da liberdade individual e do direito de defesa. Secundariamente, garantias da segurança social.[670]

Corroborando tal posição, Alberto Binder esclarece que "o ordenamento jurídico é um instrumento de controle social e falar em 'eficiência dos sistemas processuais' pressupõe que esta função pode ser canalizada com êxito através das normas

670. AZEVEDO, Vicente de Paulo Vicente de. Nulidades. *Doutrinas essenciais*: processo penal (Revista dos Tribunais), n.5, p.613, jun. 2012.

jurídicas e outras rotinas que compõem estes sistemas". O autor migra da concepção de que o ordenamento jurídico tem a função de proteger a dignidade humana, sendo sua missão principal a de "impedir um uso desmedido ou arbitrário da coerção penal", daí que, de um lado, existem as normas que dotam o Estado de maior eficiência no exercício da persecução penal e, de outro, as normas que visam a conferir proteção às pessoas contra sanções injustas.[671]

18.8 Pragmática do art. 569 do CPP. Representação como condição de procedibilidade da ação penal pública condicionada

A redação do art. 569 do CPP encerra oposição, sob certa lente, aos ditames da Constituição de 1988. Estabelece que "as omissões da denúncia ou da queixa, da representação, ou, nos processos das contravenções penais, da portaria ou do auto de prisão em flagrante, poderão ser supridas a todo o tempo, antes da sentença final".

Como se infere, a Constituição de 1988 não recepcionou a parte do dispositivo que prevê nulidade por omissões, "nos processos de contravenções penais, da portaria ou do auto de prisão em flagrante". Isso em razão de o art. 129, inciso I, da Lei Maior, dispor que ação penal pública só pode ser iniciada pelo Ministério Público.

O art. 569 do CPP pode ser classificado, também, como regra de calibragem: estatui exceção à consequência de invalidação para caso de nulidade absoluta (defeito grave), descrita no art. 564, inciso III, alínea "a". Cuida-se do caso de falta das fórmulas ou dos termos relacionados à denúncia, à queixa-crime ou à representação. O suprimento de vícios de tal ordem deve respeitar as garantias individuais, mormente os direitos à ampla defesa e ao contraditório.

671. BINDER, Alberto M. *Introdução ao direito processual penal*. Tradução: Fernando Zani. Rio de Janeiro: Lumen Juris, 2003. p.27.

O citado dispositivo legal deve ser objeto de exegese restrita. Não deve autorizar suprimento de omissão da representação a todo tempo, em prejuízo dos direitos do imputado, nos casos de crimes de ação de iniciativa pública condicionada.

Sob outra vertente, o sentido do art. 569 não abrange a própria ausência da representação, entendida como a vontade do ofendido de ver perseguir o agente apontado como autor do delito. Isso porque a indigitada representação é **condição de procedibilidade** dessa espécie de ação penal, sendo obstáculo intransponível ao desenvolvimento válido e regular do processo.

De tal sorte, o art. 569 do CPP deve aludir a omissões menores:

(1) na petição inicial, desde que não diminua a eficácia do direito de defesa;

(2) na representação, nos casos de dúvida sobre a manifestação de vontade ou de validade de seu oferecimento, para colmatar a capacidade processual do ofendido e permitir a atuação dos órgãos estatais de persecução penal.

Tratando-se de omissão que constitua óbice ao ajuizamento da ação ou que se revista de motivo suficiente à rejeição da petição inicial (art. 395, CPP), aquela disposição de regulagem, que prevê o **suprimento** como similar a **saneamento** (prática do ato faltante), não pode ser admitida, em virtude de ser inconstitucional a quebra da forma para ampliar o poder punitivo estatal.

18.9 Pragmática do art. 570 do CPP. Substituição da citação pelo comparecimento do imputado

O CPP nem sempre faz uso uniforme das palavras para designar os fenômenos jurídicos. O seu art. 570, por exemplo, menciona **saneamento** ao referir caso que retrata a prática de conduta processual diversa. Não consiste em sanatória, nem é hipótese de convalidação. Como há desvio da consequencialidade de invalidação que decorreria da nulidade de citação, pode-se compreender aquele artigo como incluído na classe das regras de calibração.

A dicção da sua primeira parte aviva que "a falta ou a nulidade da citação, da intimação ou notificação estará sanada, desde que o interessado compareça, antes de o ato consumar-se, embora declare que o faz para o único fim de argui-la". Desse modo, o dispositivo estipula exceção à consequência de invalidade para o ato nulo absolutamente em face de defeito de comunicação de ato processual que afeta a ampla defesa e o contraditório.

Rigorosamente, haverá novo fato processual, qual seja: o comparecimento do acusado. Cuida-se, portanto, de **substituição** dos efeitos da citação faltante ou defeituosa, pelos efeitos da presença voluntária do réu.

18.10 Pragmática do art. 571 do CPP. Aspecto temporal da arguição de nulidade

O CPP disciplina a oportunidade para a arguição dos vícios. O seu art. 571 prevê vários momentos para que as nulidades sejam averbadas. Como já advieram várias modificações ao longo dos anos, as remissões dos dispositivos elencados se encontram, em parte, defasadas.

De todo modo, o momento para aduzir nulidades deve ser o instante seguinte a sua ocorrência ou a primeira oportunidade para manifestação nos autos. Por outro lado, a doutrina defende a aplicação do princípio da oportunidade restritamente aos casos de nulidade relativa. Já a jurisprudência tem ampliado a incidência desse cânone para casos de nulidade absoluta, imunizando-os contra arguições tardias.

Essa tendência não encontra respaldo na interpretação constitucional das garantias processuais penais. Flexibilizar nulidades absolutas é uma contradição em seus próprios termos. A gravidade do vício do ato processual é congênita, notadamente se afeta elemento essencial, cuja configuração colima escudar direitos nucleares. Descurar desse fundamento significa punir sem atendimento a regras, em descompasso com os fundamentos do Estado Democrático de Direito.

18.11 Pragmática do art. 572 do CPP. Interpretação conforme a constituição dos critérios de oportunidade, finalidade e anuência

Consiste em mais uma autêntica regra de calibração, tendente a limitar os direitos do imputado. As nulidades do art. 564 do CPP devem ser categorizadas como absolutas porque cominadas, expressas e acessadas por inferência direta. As exceções à consequência de invalidação são regulagens do sistema, inerentes à sua função e comunicação (pragmática).

Todavia, boa parte da doutrina depreende do *caput*, do art. 572 do CPP, que as nulidades mencionadas ali são relativas. Ou seja, estariam inseridas nesse invólucro, primeiramente, as atipicidades do art. 564, inciso III, alíneas:

(1) "d" (falta ou atipicidade relativas à intervenção do Ministério Público em todos os termos da ação por ele intentada e nos da intentada pela parte ofendida, quando se tratar de crime de ação pública);

(2) "e" (segunda parte, isto é, defeito ou ausência de concessão de prazos à acusação e à defesa);

(3) "g" (ausência ou defeito de intimação do réu para o julgamento pelo júri); e

(4) "h" (ausência de intimação de testemunhas arroladas para o plenário do júri).

Em segundo lugar, são relativas as nulidades deduzidas por inferência indireta, compreendidas no inciso IV, do art. 564, do CPP (omissão de formalidade que constitua elemento essencial de ato processual penal). Sob o ponto de vista lógico, apenas podem ser inferidas nulidades relativas dessa regra derradeira.

De acordo com o dito texto do art. 572, *caput*, do CPP, há regras impeditivas para suscitar defeitos processuais. Vale dizer, caso sejam alegadas nulidades fora do momento oportuno, os respectivos argumentos não serão objeto de conhecimento, de exame, em face da convalidação do defeito processual. O texto sufraga a **conservação** das atipicidades normativas, declarando que serão "sanadas" (*rectius*: **convalidadas**, porque não se requer refazimento), quando:

(1) não forem arguidas, em tempo oportuno (**princípio da preclusão**);

(2) praticadas por outra forma, o ato tiver atingido a sua finalidade (**princípio da instrumentalidade das formas**); ou

(3) a parte, ainda que tacitamente, tiver aceito os seus efeitos (**princípio da anuência**).

Como elucida Antônio Tovo Loureiro, a função da convalidação consiste na "absorção da falha em virtude da supremacia de algum outro princípio envolvido. Nesta hipótese, abdicar-se-á da falha em nome da proteção ao acusado". De igual modo, aduz o articulista que é possível a admissão do "consentimento da vítima com o ato eivado de vício ou até mesmo suprimento da falha pelo representante do Ministério Público como causas que ilidiriam eventual saneamento ou nulidade".[672]

No entanto, é de se salientar que a convalidação, disposta no supradito art. 572 do CPP, é resposta incompatível com o sistema de garantias constitucionais quando implicar redução de direitos fundantes, garantias constitucionais de primeira geração.

---

672. LOUREIRO, Antônio Tovo. O descumprimento das formas processuais penais como maximização do poder de punir: por uma nova teoria das nulidades. *Revista da Faculdade de Direito da Universidade Federal do Rio Grande do Sul* (Porto Alegre: UFRGS), n.26, p.27, dez. 2006.

18.12 Pragmática do art. 573 do CPP. Extensão dos efeitos da nulidade

O cerne da pragmática das atipicidades, prevista no plano da legislação, está no art. 573, do CPP. Seu enunciado reza que "os atos, cuja nulidade não tiver sido sanada, na forma dos artigos anteriores, serão renovados ou retificados". A imprecisão dos termos usados pelo legislador para aludir à consequência normativa que decorre do reconhecimento de nulidade, é aferida quando comparados os vocábulos:

(1) **sanada** ou **convalidada**;

(2) **renovados**, com o indicativo de reedição total do ato; e

(3) **retificados**, compreendendo o refazimento parcial ou a complementação do ato eivado de atipicidade por outro ato complementador do elemento faltante.

De outro lado, os parágrafos 1º e 2º, daquele dispositivo, expressam a **extensão dos efeitos** da norma de invalidação, explicando, na senda do **princípio da consequencialidade** (concatenação ou interdependência), que "a nulidade de um ato, uma vez declarada, causará a dos atos que dele diretamente dependam ou sejam consequência".

No entanto, a providência não é automática, sempre carecendo de um atuar humano. É o órgão autêntico que tem o papel de descrever, em norma concretizada, a extensão da atipicidade. Deveras, na forma do texto legal, "o juiz que pronunciar a nulidade declarará os atos a que ela se estende".

De tudo o que foi exposto, a primeira conclusão que se forma com a análise das regras de calibração instituídas legislativamente é de que devem ser, via de regra, interpretadas restritamente às nulidades classificadas como relativas e de acordo com o princípio protetor das garantias fundamentais do acusado (*favor rei*).

A exegese estrita dessas disposições, que constroem a dogmática das nulidades processuais penais, é condição para interpretação fundada em **concordância prática**, reforçando a unidade do sistema constitucional, para que não seja negado qualquer valor que faz parte da teia normativa nuclear do processo penal.

Antônio Tovo Loureiro adverte que há "ausência de codificação suficiente de normas teóricas e sistematizantes que consolidem um sistema com base na teoria das nulidades". Na linha do que pondera o jurista, há cinco artigos na lei processual penal que cuidam das disposições gerais para regrar a matéria das nulidades (os arts. 563, 565, 566, 572 e 573), ao passo que os demais discorrem sobre hipóteses (em tese) de reconhecimento de nulidade. Daí arrematar que se criou "um espaço demasiado amplo para a construção dogmática, a qual foi sendo feita de maneira completamente caótica e sem princípios informadores bem definidos".[673]

18.13 Aplicação a caso concreto

Alijar o controle de nulidade, por regra de calibração, deve depender de conformidade constitucional. Por exemplo, o **desvio-padrão** de uma consequência que seria a regular não pode diminuir a eficácia da ampla defesa ou do contraditório. Em outras palavras, a variação da linha normal do sistema não pode extrapolar os lindes da expectativa normativa.

A ordem das oitivas testemunhais deve obedecer à regra de que a prova produzida pelo imputado é a derradeira. O acusado fala por último. Mas não apenas, a ele deve ser outorgado o direito de fazer **contraprova**.

De acordo com o art. 400, do CPP, na audiência de instrução e julgamento, devem ser tomadas as declarações do ofendido, as inquirições das testemunhas arroladas pela acusação e pela defesa, nesta ordem, ressalvado o disposto no art. 222, daquele diploma legal. Este último dispositivo excepciona, da

---

673. LOUREIRO, Antônio Tovo. O descumprimento das formas processuais penais como maximização do poder de punir: por uma nova teoria das nulidades. *Revista da Faculdade de Direito da Universidade Federal do Rio Grande do Sul* (Porto Alegre: UFRGS), n.26, p.17, dez. 2006.

audiência una de instrução e julgamento, o depoimento de testemunha residente em outra sede jurisdicional.

Cabe frisar, no entanto, que os enunciados ilustrados não expressam a possibilidade de inversão da ordem de oitiva legal:

(1) primeiro, as testemunhas da acusação; e

(2) em segundo lugar, as testemunhas da defesa.

Se houver carta precatória, ou uso de sistema de videoconferência, o julgador deve tomar as cautelas para assegurar a ordem de maneira que não sejam feridos o contraditório e a possibilidade defensiva. Não se pode concluir contra o réu a partir de presunção sequer explicitada no texto legal.

O vitupério a esse cânone é nulidade absoluta porque apequena o direito à ampla defesa.

O STJ, contudo, vem reiterando que "a inversão da oitiva de testemunhas ou de vítima e interrogatório não configura nulidade quando a inquirição é feita por meio de carta precatória".

Acrescentou, ainda, na ocasião, que:

(1) nos termos do verbete sumular nº 155, do STF, "é relativa a nulidade do processo criminal por falta de intimação da expedição de precatória"; e

(2) o CPP adota o princípio *pas de nullité sans grief*, pelo que "somente há de se declarar a nulidade se, alegada em tempo oportuno, houver demonstração ou comprovação de efetivo prejuízo para a parte".[674]

18.14 Conclusão e próximo capítulo

As regras de calibração não estão dispostas só no Título I, do Livro III, do CPP. A título de exemplo, pode-se mencionar as exceções à aplicação do seu art. 564, III, "b", que descreve que ocorrerá nulidade quando faltar fórmulas ou

674. STJ – Sexta Turma – HC 574.885/PE – Rel. Min. Nefi Cordeiro – DJe 05 ago. 2020.

termos relacionados ao exame do corpo de delito nos crimes que deixam vestígios.

No entanto, o diploma processual penal admite exceção à regra nos seus arts. 158 e 167, estampando **prova legal relativa**. Vale dizer, diante da impossibilidade de sua realização direta, pode ser feito o exame de corpo de delito por meio indireto (fotografias, por exemplo) ou por prova testemunhal. A possibilidade de suprimento arrefece a imperatividade do exame direto, enquanto resquício do **sistema da prova tarifada**.

No próximo capítulo, serão individualizadas regras de calibração na jurisprudência que integra a estrutura do sistema jurídico. Para tal mister, o ordenamento jurídico será considerado em seu todo, enquanto piso e teto da conformação sistemática. A multiplicidade das fontes jurígenas aumenta a complexidade do ordenamento. Nessa senda, o sistema deve se sofisticar para contribuir para a redução de uma complexidade ainda maior no nível dos fatos, sejam eles naturais ou processuais.

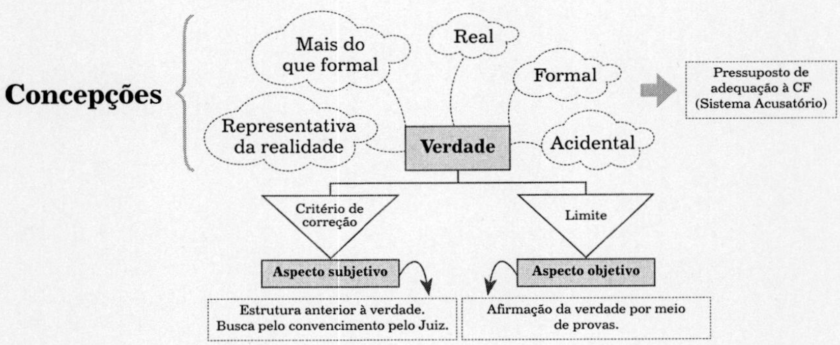

ÔNUS DA PROVA

Bilateral: Distribuição entre as partes (art. 156, I, CPP), isto é, a prova cabe a quem alega.

Unilateral: A prova é incumbência só do Ministério Público, ou seja, à defesa não cabe provar nada. Ao MP compete fazer a prova:
- da acusação e das excludentes; ou
- somente da acusação (forte e irreprochável).

CAPÍTULO 19

PRAGMÁTICA DAS NULIDADES NA JURISPRUDÊNCIA

19.1 Complexidade da ordem jurídica e regra por referência

A verificação empírica do processo decisório sobre nulidades nos tribunais, na atividade de prestação jurisdicional penal, conduz à afirmação, feita por parte da doutrina, de que, para além da lei, também a jurisprudência seria fonte formal, de cognição, do direito processual penal.

Certo que para chegar até esse ponto, o curso histórico se deu paulatinamente. Flavio Meirelles Medeiros, por exemplo, ao discorrer sobre fontes subsidiárias ou supletivas, pondera que jurisprudência e doutrina podem revelar os princípios de direito. No entanto, acrescenta que "daí a dizer que os princípios são os estabelecidos pela jurisprudência ou pela doutrina vai uma grande diferença, pois importa reduzir expressivamente o conteúdo do instituto".[675]

---

675. MEDEIROS, Flavio Meirelles. Princípios de direito processual penal. *Revista Forense comemorativa – 100 anos*, tomo VII [direito processual penal], Afrânio Silva Jardim (org.), Rio de Janeiro: Forense, p.499, 2006.

A partir de casos concretos, os tribunais podem editar normas abstratas, tais como *standards of proof*, entendidas como parâmetros para a aplicação do direito a casos futuros. Pode-se reconhecer, por exemplo, a existência de **regras de calibração de natureza jurisprudencial** que, ao final, têm a finalidade de desviar a consequência da norma concreta declaratória de nulidade, evitando, por exemplo, invalidação de ato processual atípico.

Conceber, de tal modo, a jurisprudência como fonte do direito processual penal, é justificar essa assertiva com esteio em critério de validade que assim a reconheça.

Herbert Hart aviva que "um critério de validade jurídica, ou fonte de direito, é supremo, se as regras identificadas por referência a ele forem ainda reconhecidas como regras do sistema, mesmo que elas estejam em conflito com regras identificadas por referência aos outros critérios". De forma reversa, quando a identificação acontece através de regras por referência àqueles critérios (diversos do critério de validade compreendido como fonte de direito), não serão reconhecidas como autênticas regras caso se constate a existência de conflito com as regras identificadas por alusão ao critério supremo.[676]

REGRAS	
- Do sistema	- Por referência

No caso brasileiro, mormente com o foco no direito processual penal, cumpre lembrar que as normas jurídicas não decorrem de uma única fonte.

Norberto Bobbio, distinguindo os ordenamentos jurídicos em **simples** (normas constituídas de uma só fonte) ou **complexos** (normas derivadas de mais de uma fonte), explica que "a dificuldade de rastrear todas as normas que constituem um

676. HART, Herbert L. A. *O conceito de direito*. Tradução: A. Ribeiro Mendes. 5. ed. Lisboa: Fundação Calouste Gulbenkian, 2007. p.117.

ordenamento depende do fato de geralmente essas normas não derivarem de uma única fonte.[677]

ORDENAMENTO JURÍDICO	
Simples	**Complexo**
- Fonte única	- Mais de uma fonte

19.2 Produção normativa autopoiética e circular

A legislação é a fonte jurígena primordial.[678] Todavia, alguns enunciados emitidos pelo Poder Judiciário podem constituir fonte, base textual também importante para a construção de normas jurídicas nessa temática. Sob certo ponto de vista, essa possibilidade de se valer de precedentes jurisprudenciais, máxime sumulados, é apta a sugerir uma concepção realista. Isso em razão da atividade intensa dos tribunais na intepretação de casos concretos, tomados como trilhos para a resolução de casos futuros.

Ainda na linha de Norberto Bobbio, as fontes do direito são compreendidas como fatos ou atos escolhidos pelo ordenamento jurídico para que haja produção válida de normas jurídicas. Daí que o ordenamento jurídico se torna conhecido quando são arroladas suas fontes. O ordenamento jurídico, desse modo, é apto a regular não só a conduta das pessoas, porém, sobremodo, disciplina a forma por meio da qual se dá a produção normativa. Ou seja, o ordenamento jurídico tem a função de regrar sua produção normativa.[679]

677. BOBBIO, Norberto. *Teoria do ordenamento jurídico*. 10. ed. Tradução: Maria Celeste Cordeiro Leite dos Santos. Brasília: Universidade de Brasília, 1997. p.37.

678. CINTRA, Antonio Carlos de Araújo; GRINOVER, Ada Pellegrini; DINAMARCO, Cândido Rangel. *Teoria geral do processo*. 19. ed. São Paulo: Malheiros, 2003. p.92.

679. BOBBIO, Norberto. *Teoria do ordenamento jurídico*. 10. ed. Tradução: Maria Celeste Cordeiro Leite dos Santos. Brasília: Universidade de Brasília, 1997. p.45.

O sistema é construído a partir dos enunciados existentes no ordenamento jurídico. Sejam artigos de legislação, sejam fragmentos de textos reconhecidos pelo Estado como direito, as normas jurídicas precisam dessa base empírica para a constituição da estrutura sistemática.

A produção das normas deve jorrar da própria experiência normativa, pelo que se diz que o sistema é:

(1) **autopoiético**: somente são produzidas normas de acordo com disciplina existente traçada pelo Estado; e

(2) **circular**: não há emissão de normas que provenham de fora do sistema.

19.3 Estrutura autorreferente e limites à autorregulação

A estrutura do sistema dita o que pode ser reconhecido como fonte, sendo, por assim dizer, autorreferente. O sistema é dotado de elementos internos que o diferenciam, conformando sua estrutura e fixando as regras para a comunicação normativa. Nesse âmbito, em compasso com a Teoria dos Sistemas, as atipicidades processuais penais seguem um esquema estrutural que é dotado de funcionalidade a partir da causalidade, vista esta como um processo decisório que decorre de observação levada a cabo pelo sujeito processual central (juiz).

Com essa ideia, Niklas Luhmann elucida que a *autopoiesis* é "determinação do estado posterior do sistema, a partir da limitação anterior à qual a operação chegou". Decerto, apenas por intermédio de uma **estruturação limitante** é que um sistema passa a ter suficiente direção interna viabilizando a autorreprodução.[680] Esse argumento pode ser útil para dar ao sistema a função de limitar o arbítrio judicial e de reduzir a contingência. Ao cabo, cumpre o papel de elucidar que o direito deve servir à previsibilidade das decisões judiciais.

---

680. LUHMANN, Niklas. *Introdução à teoria dos sistemas*. Tradução: Ana Cristina Arantes Nasser. 2. ed. Petrópolis/RJ: Vozes, 2010. p.113.

A classificação de um instituto jurídico deve ter a função de delinear as relações normativas possíveis. A classe jurídica é um termostato, compreendido, metaforicamente, como um dispositivo de precaução contra excessos no exercício do poder.

Nessa toada, enunciados emitidos pelo Poder Judiciário são fontes do direito processual penal. No entanto, é relevante, para não se incorrer em arbítrio, diferenciar os textos aptos a essa função, no âmbito do STF e do STJ, máxime: súmulas vinculantes e não vinculantes, bem como decisões qualificadas como precedentes judiciais.

A jurisprudência pode, destarte, ter a função de inovar o ordenamento jurídico, dando-lhe **integridade** e **coerência**, bem como pode instituir regulagens (calibragem), conferindo-lhe perfil **pragmático** e **racional**.

Eventual objeção ao reconhecimento da súmula não vinculante como fonte do direito processual penal é refutada tanto em razão do que se observa na praxe forense, quanto pelo exame sistemático da legislação infraconstitucional. O art. 3º do CPP informa que "a lei processual penal admitirá interpretação extensiva e aplicação analógica, bem como o suplemento dos princípios gerais de direito".

19.4 Analogia *legis* e analogia *juris*

A admissão de **aplicação analógica** no direito processual penal permite a incidência de leis processuais comuns toda vez que existir disciplina insuficiente na legislação processual penal. Por exemplo, o STF possui a competência para emitir verbetes sumulares, em razão de seu poder normativo, desaguando na possibilidade de **analogia *juris*** (produção de norma *a simili* de precedente anterior ou de princípio jurídico), além da consagrada **analogia *legis*** (construção de norma à semelhança de dispositivo estampado em lei formal).

19.5 Abstrativização da jurisprudência

Ao decidir casos concretos, o Poder Judiciário exerce, além das finalidades propriamente jurídica e social, o escopo político, de edição de uma norma, em regra, individual e concreta. Essa função, por vezes, toma foros de abstração (**abstrativização** ou **transindividualização** da jurisprudência), para fixar padrões gerais a casos futuros.

Ao dizer o direito acerca do reconhecimento de um fato jurídico e delimitar a respectiva consequência normativa, o órgão jurisdicional poderá operar efeitos abstratos para:

(1) de um lado, fixar o teor e o alcance do enunciado que prevê, por exemplo, a ocorrência de nulidade (já posto no ordenamento jurídico, não implicando novidade nas nulidades em espécie); e

(2) de outro, criar *standard* probatório ou de julgamento, com vistas a inovar e integrar o ordenamento jurídico, cujo conteúdo pode se apresentar, por exemplo:

(a) como texto que estipula a cominação expressa de nulidade – absoluta ou relativa – para determinada atipicidade de ato processual penal (deficiência de incidência da norma jurídica que regula o modelo constitucional ou legal constitutivo da forma protetiva das garantias); ou

(b) como regra de calibração, com o fito de mitigar a consequencialidade normativa de invalidação, que decorreria do reconhecimento do vício processual.

A emissão de fontes de cognição do processo penal, realizada primordialmente pela União (Poder Legislativo, a teor do art. 22, I, da Constituição de 1988), mas também complementada pela atuação do Poder Judiciário, é atividade que retrata a mitigação do sistema continental ao qual o Brasil estaria filiado, na origem.[681] Com efeito, existem, cada vez mais,

681. ALENCAR, Rosmar Rodrigues de. *Efeito vinculante e concretização do direito.* Porto Alegre: Sergio Antonio Fabris, 2009, p.31.

novas características do sistema anglo-saxão na estrutura do *civil law*.

19.6 Ontologia e garantismo

Considerando esse espaço cinzento, Alexandre da Maia intenta fixar o conteúdo da ontologia jurídica relacionada ao garantismo. Para conciliar as perspectivas ontológicas e retóricas, teria lugar uma ética da tolerância, com o objetivo de demonstrar que o Poder Judiciário está situado "numa encruzilhada entre os ditames da lei e as práticas processuais do dia a dia forense, refletindo numa heterorreferência (*alopoiese*) do direito, e, obviamente, quebrando possibilidades ontológicas no direito".

O autor ilustra o citado dilema de aplicação do direito com o confronto entre:

(1) **autorreferência** jurídica (*autopoiesis*): produção do direito de acordo com as fontes estatais; e

(2) **heterorreferência** (*alopoiesis*): inserção de elementos criados pela prática nos tribunais.[682]

Voltando a atenção para o campo processual penal, o direito reconhecido e, por vezes, construído pelos precedentes jurisprudenciais deve desempenhar um papel encartado na *autopoiesis* do sistema jurídico brasileiro.

Isso em razão de súmulas e de precedentes judiciais do STF e do STJ exercerem a função de fontes do direito processual penal, ainda que por referência, gizadas na Constituição (art. 103-A) ou nas leis de processo (art. 315, § 2º, VI, CPP).

A fixação de pontos comuns encontrados na jurisprudência, para a construção de normas processuais penais comprometidas com a efetividade dos direitos, é bastante relevante

682. MAIA, Alexandre da. *Ontologia jurídica*: o problema de sua fixação teórica (com relação ao garantismo jurídico). Porto Alegre: Livraria do Advogado, 2000. p.64.

para se evitar **práticas alopoiéticas** (elementos hauridos de campos localizados fora do sistema).

Caso contrário, o resultado, indesejável e contrário ao garantismo penal, é a construção de enunciados que não se respaldam nas normas que regulam sua produção e, de tal sorte, incompatíveis com a ordem constitucional.

19.7 Súmulas que fixam o sentido e o alcance da nulidade por violação à ordem de quesitação e por falta de quesito obrigatório

Dentre os enunciados de súmulas que delimitam o teor de previsão legal ou constitucional, o verbete sumular de nº 156, da Suprema Corte, dita que "é absoluta a nulidade do julgamento, pelo júri, por falta de quesito obrigatório". Essa ilação decorre da constatação de que há previsão de nulidade por falta das fórmulas ou dos termos relativos aos quesitos e às respectivas respostas (art. 564, III, "k", CPP). Essa regra é complementada pelo parágrafo único, do mesmo artigo, ao dizer que "ocorrerá ainda a nulidade, por deficiência dos quesitos ou das suas respostas, e contradição entre estas".

No art. 490, *caput*, do CPP, de outro modo, está averbado que "se a resposta a qualquer dos quesitos estiver em contradição com outra ou outras já dadas, o presidente, explicando aos jurados em que consiste a contradição, submeterá novamente à votação os quesitos a que se referirem tais respostas". Trata-se de saneamento que, procedido antes do encerramento da votação, consiste em precaução contra a consolidação de nulidade absoluta pela **preclusão máxima** (*pro judicato*), na forma autorizada pelo art. 251, do CPP.

A atividade sumular do STF, no indigitado verbete de nº 156, teve o fito de melhor precisar a abrangência de incidência da disposição que categoriza atipicidade grave. No mesmo compasso, o enunciado nº 162, da citada Súmula, estatui que é absoluta a nulidade do julgamento pelo júri, quando os quesitos da defesa não precedem aos das circunstâncias agravantes. É de ver, contudo, que circunstâncias agravantes e atenuantes não são submetidas à quesitação desde o advento da atual redação do art. 483, do CPP.

Outras súmulas delimitam o significado e afetam a pragmática das nulidades, porém por vezes também instituem novos fragmentos de textos que ensejam diferentes normas jurídicas. Em outras situações, o texto de súmula, por um lado, fixa a noção e a abrangência da lei, bem como, por outro, estabelece regra de calibragem, evitando incidência nos casos que aponta. Hipóteses como essas serão vivificadas nos tópicos seguintes.

19.8 *Standards* sumulares com previsão de nulidade por falta de comunicação de expedição de carta precatória

O enunciado nº 155, da Súmula do STF, cria padrão geral para o caso de falta de intimação da expedição de precatória para a inquirição de testemunha. Seu conteúdo declara que "é relativa a nulidade do processo criminal por falta de intimação da expedição de precatória para inquirição de testemunha".

Em linha semelhante, o verbete sumular nº 273, do STJ, pontua que, "intimada a defesa da expedição da carta precatória, torna-se desnecessária intimação da data da audiência no juízo deprecado".

No rol do art. 564, a hipótese que mais se aproxima do citado vício é a prevista no seu inciso IV, ditando que ocorrerá nulidade quando houver omissão de formalidade que constitua elemento essencial do ato. Como se trata de cláusula de abertura dos casos previstos naquele dispositivo, os referidos enunciados são fontes para a construção de norma jurídica de nulidade, acompanhada de norma secundária de convalidação, de saneamento ou de invalidação.

Todavia, a falta de intimação mencionada pode causar prejuízo inexorável à ampla defesa, o que indica que o teor dos verbetes sumulares não podem se sobrepor à Lei Maior.

19.9 *Standard* sumular que prevê nulidade por ausência de dispositivo legal no edital de citação

O enunciado nº 366, da Súmula, do STF, inova o ordenamento jurídico por criar *standard* específico para servir de base a sua aplicação em casos concretos. Com efeito, o seu enunciado declara que "não é nula a citação por edital que indica o dispositivo da lei penal, embora não transcreva a denúncia ou queixa, ou não resuma os fatos em que se baseia".

19.10 *Standard* sumular que prevê nulidade por citação por edital de réu preso na mesma unidade federativa do juiz processante

Idêntico raciocínio criador é visto no verbete nº 351, do STF, eis que enuncia a nulidade da "citação por edital de réu preso na mesma unidade da federação em que o juiz exerce a sua jurisdição". A exemplo do que se vê na relação de nulidades do art. 564 do CPP, o STF estabelece, por meio da emissão daquele texto, fonte de cognição do direito processual penal tendente a não permitir que se realize citação ficta nos casos em que se tem o dever do Estado de controlar as prisões por ele mesmo aplicadas.

Com a ampliação do sistema de controle eletrônico, é inconcebível não se ter ciência do paradeiro de réu preso, ainda que em outras Unidades da Federação.

19.11 *Standard* sumular que estipula nulidade por participação de jurado impedido no julgamento do júri

A redação sumular nº 206, do STF, declara que "é nulo o julgamento ulterior pelo júri com a participação de jurado que funcionou em julgamento anterior do mesmo processo". O CPP veda a participação do jurado que já tenha atuado efetivamente no mesmo processo, nos casos de novo julgamento do mesmo acusado ou de julgamento de corréu. O seu art. 449, inciso I, reza que não poderá servir o jurado que houver "funcionado em julgamento anterior do mesmo processo, independentemente da causa determinante do julgamento posterior".

Contudo, não há regra específica, dirigida ao órgão judicial, para que se reconheça a nulidade ou a inexistência jurídica do julgamento, tal como disciplina a referida disposição sumular. De todo modo, cria-se caso de proibição de exercício de jurisdição por membro de órgão colegiado (**impedimento do jurado** para funcionar no conselho de sentença).

19.12 *Standard* sumular que preconiza nulidade por falta de intimação da pauta do julgamento de tribunal

O verbete nº 431, da Súmula, do STF, inquina de nulo o julgamento de recurso criminal que é realizado, na segunda instância, sem que haja prévia intimação ou publicação da pauta, ressalvados os casos de *habeas corpus*.

A exigibilidade da comunicação processual deve ser dispensada somente no interesse exclusivo da defesa. Vale dizer, nos casos de *habeas corpus*, com conteúdo urgente afeto à liberdade do paciente, a inserção imediata na pauta, sem intimação do impetrante, apenas não determinará a invalidação do julgamento se o seu resultado for concessivo do *writ*.

19.13 *Standard* sumular que estatui nulidade por falta de intimação para oferecer contrarrazões de recurso contra rejeição da inicial

Também de natureza instituidora de novo *standard* corolário da ampla defesa e do contraditório é a previsão sumular nº 707, da mesma Corte Suprema. Aviva que "constitui nulidade a falta de intimação do denunciado para oferecer contrarrazões ao recurso interposto da rejeição da denúncia, não a suprindo a nomeação de defensor dativo".

A previsão sufraga o reconhecimento de que a persecução penal é capaz de perpetrar graves violações aos direitos do imputado, desde a fase investigativa preliminar, razão pela qual é direito subjetivo do denunciado apresentar resposta ao recurso contra o não recebimento da exordial, objetivando consolidar situação a ele favorável.

19.14 *Standard* sumular que estatui nulidade por falta de intimação para constituir novo defensor

De outra banda, o enunciado nº 708, da Súmula, do STF, dita que será "nulo o julgamento da apelação se, após a manifestação nos autos da renúncia do único defensor, o réu não foi previamente intimado para constituir outro". A disposição pretende dar efetividade ao direito à ampla defesa e ao contraditório, com os meios e recursos a ela inerentes (art. 5º, LV, CF). A lógica é similar à prevista no art. 396-A, do CPP, incidente na fase de resposta preliminar à acusação.

19.15 *Standard* sumular que averba nulidade por falta de intimação do desaforamento

O texto sumular nº 712, do STF, dispõe ser "nula a decisão que determina o desaforamento de processo da competência do júri sem audiência da defesa". Cuida-se de verbete que segue na senda de dar efetividade ao direito à ampla defesa e ao contraditório (art. 5º, LV, CF).

De outro prisma, visa a dar eficácia à regra instituidora da competência territorial para os julgamentos do júri (art. 70, *caput*, CPP). A exceção somente se admite se for assegurada a participação dos envolvidos na decisão (**bilateralidade da audiência**). A Súmula prevê constrangimento dogmático quando relata ao juiz a nulidade por ausência de audiência da defesa.

19.16 Súmulas que instituem regras de calibração

Regra de calibração é expressão designativa do elemento pragmático cujo aspecto teleológico é a pressurização do sistema, em sentido metafórico. A calibragem do sistema jurídico é a contemplação da variabilidade da consequência. Permite-se, desde que de acordo com a ordem constitucional, o desvio da consequência normal que seria esperada da eclosão de um fato jurídico.

Em outro ângulo, pode ser compreendida como exceção à regra geral consistente na ideia de que "dado o antecedente, tem-se o consequente". É o permissivo para, por exemplo, não ser imposta invalidação (nulidade-consequência), quando diante de nulidade absoluta (nulidade-fato).

Quebra-se a sequência da relação internormativa, invadindo-se o campo da retórica para, fundamentadamente, justificar a solução diversa daquela que seria naturalmente prevista segundo a lógica deôntica (dever-ser).

Algumas súmulas têm o papel de regra de calibração, em matéria penal, em temas como os do exame de corpo de delito, da nomeação do curador ao inimputável, da garantia de defesa e concessão de prazos, da motivação das decisões, inclusive do recebimento da peça acusatória, e da prevenção.

19.17 Regra de calibragem sumular sobre exame de corpo de delito

O art. 564, inciso III, alínea "b", do CPP, descreve que ocorrerá nulidade quando faltar fórmulas ou termos relacionados ao exame do corpo de delito nos crimes que deixam vestígios, admitindo, todavia, diante da impossibilidade de sua realização, o seu suprimento pela prova testemunhal.

Corpo de delito tem conceito que se reporta aos instrumentos do crime, seu objeto material e os vestígios encontrados nos limites do local da infração penal.

A noção é restrita:

(1) todo exame de corpo de delito é, *lato sensu*, perícia, a ser realizada na forma dos arts. 159 a 161, do CPP;

(2) mas nem toda perícia é exame de corpo de delito. Por exemplo: o exame de sanidade por doença mental superveniente é um exame pericial a ser realizado nos autos do incidente específico (arts. 149 a 154, CPP), mas não é perícia sobre o corpo de delito.

De outro giro, o exame de corpo de delito passou a encampar, expressamente, o conceito de cadeia de custódia do vestígio (art. 158-A a 158-F, CPP).

Feitas essas pontuações, cumpre lembrar do verbete nº 361, da Súmula, do STF. Sua redação estipula:

(1) em sua primeira parte, ser nulo o exame realizado por um só perito. Esse trecho inicial não se aplica ao perito oficial, mas tão somente ao perito *ad hoc*, eis que a legislação se satisfaz com apenas um *expert* ocupante de cargo público (concursado – art. 159, § 1º, CPP);

(2) na parte seguinte, aquele enunciado considera impedido o *expert* que tiver funcionado, anteriormente, **na diligência de apreensão**. Como se infere, a dicção sumular é de abrangência bem restrita, porquanto a diligência de apreensão é apenas uma das etapas da cadeia de custódia que, ao cabo, irá desembocar no laudo pericial e eventual descarte do material periciado. Por exemplo:

(a) o termo é mencionado no ato de nomeação de peritos para a apreensão de material relacionado a crimes contra a propriedade imaterial (arts. 527; 529; 530-B; 530-C, CPP);

(b) no caso específico de apreensão de drogas, a parte final do enunciado sumular não se aplica em razão de deliberação legal explícita (art. 50, § 2º, Lei nº 11.343/2006).

De outro modo, o dispositivo da Lei de Drogas não alude à **diligência de apreensão** consignada na Súmula, porém à **subscrição do laudo de constatação provisório**, ao ditar que o perito que validar o laudo preliminar "não ficará impedido de participar da elaboração do laudo definitivo".

19.18 Regra de calibragem sumular sobre a nomeação de curador ao inimputável

O verbete nº 352, da Súmula, do STF, contém regra de calibração para evitar a invalidação de ato processual praticado sem nomeação de curador ao acusado dito menor, com idade de dezoito a vinte e um anos. Seu texto aviva que "não é nulo o processo penal por falta de nomeação de curador ao réu menor que teve a assistência de defensor dativo".

O direito processual penal não mais sufraga essa proteção ao jovem adulto.

De toda sorte, vale lembrar que o conteúdo daquele enunciado tende a quebrar a consequencialidade normal da estrutura normativa. A atipicidade mencionada se insere na categoria das nulidades absolutas e o defeito dessa gravidade programa, como reação estatal, a invalidação de todo o processo. Decerto, o art. 564, inciso III, "c", do CPP, prevê nulidade quando faltar fórmula ou termo relativo à "nomeação de defensor ao réu presente, que o não tiver, ou ao ausente, e de curador ao menor de 21 anos".

Embora o aludido enunciado sumular esteja superado no tocante ao jovem adulto, a argumentação permanece válida para hipótese de **réu inimputável por doença mental**, considerando que o art. 151, do CPP, é firme em ordenar o prosseguimento do processo com a presença de curador quando os peritos chegarem à conclusão de que o acusado era, ao tempo da infração penal, irresponsável penalmente.

19.19 Regra de calibragem sumular sobre a garantia de defesa e concessão de prazos

Tem natureza híbrida, porém mais próxima de regra de calibração do que de *standard* editado pelo Judiciário, o texto sumular nº 523, do STF. De acordo com seus termos, "no processo penal, a falta da defesa constitui nulidade absoluta, mas a sua deficiência só o anulará se houver prova de prejuízo para o réu". Releva observar que o significado de nulidade absoluta, adotado no enunciado da súmula em tela, indica ser o de **defeito processual**, enquanto quando fala em "só o anulará", o verbo aponta o sentido de **sanção de invalidação**.

Por seu turno, o art. 564, inciso III, alínea "e", do CPP, exara que ocorrerá nulidade quando faltar fórmula ou termo referente à citação do réu para ver-se processar, ao seu interrogatório, quando presente, e aos prazos concedidos à acusação e à defesa. Faltando prazo para a defesa, haverá ausência desse direito e, portanto, **nulidade absoluta**, a teor da redação sumular supradita. Neste ponto, há apenas definição de noção e de extensão do que já prevê o indigitado dispositivo legal.

Caso haja deficiência de defesa, o enunciado pede que seja evidenciado o prejuízo, seguindo o que averba o art. 563, do CPP. Há criação de regra de calibração, já que tem o objetivo de conservar ato processual cuja emissão não tenha sido acompanhada por defesa eficiente. Assim o é porque o verbete da Súmula tem o intuito de evitar a consequência da invalidação que decorreria da defesa existente, porém mal patrocinada.

19.20 Regra de calibragem sumular sobre a prevenção

Prevenção é nome que designa um dos critérios de fixação da competência territorial, de foro ou de juízo. Por constituir parcela do conteúdo dessa espécie de competência (*ratione loci*), o entendimento corredio é o de que sua natureza é relativa.

Nessa toada, o STF expediu o enunciado nº 706, da sua Súmula, estampando a relatividade da nulidade decorrente da não observância da competência penal por prevenção. Trata-se de **regra de calibração judicial** que comunga do mesmo escopo da **regra de calibração legal** contemplada no art. 567, do CPP, que assenta que "a incompetência do juízo anula somente os atos decisórios, devendo o processo, quando for declarada a nulidade, ser remetido ao juiz competente".

Observe-se que a incompetência não é objeto de distinção do legislador infraconstitucional, nem tampouco do legislador constituinte que, a sua vez, garante juiz competente para que alguém seja processado e julgado, independentemente da natureza da competência (**princípio do juiz natural**).

Considerando tal nuança, a redação sumular nº 706, do STF, quebra a consequência invalidante, quando o vício de competência for atinente à inobservância da prevenção, substituindo-a pela possibilidade de convalidação.

Entrementes, a prevenção deveria ser **regra de impedimento do juiz**, em face da dissonância cognitiva que pode causar o contato prévio com elementos da investigação.[683]

A previsão da prevenção, para fixar a competência para julgamento no juiz que primeiro deliberou sobre questões relacionadas à salvaguarda de direitos individuais, conflita com a estrutura acusatória do processo penal e com a previsão do juiz das garantias (art. 3º-B, *caput*, CPP).[684]

Vale ponderar que há um amálgama em torno da regra da prevenção, objeto da argúcia de José Frederico Marques que, embora envolva a disciplinas da **competência de foro** (*ratione loci*, territorial), tem também relação com a **competência de**

683. LOPES JR, Aury; RITTER, Ruiz. A imprescindibilidade do juiz das garantias para uma jurisdição penal imparcial: reflexões a partir da teoria da dissonância cognitiva. *Revista Duc In Altum Cadernos de Direito*, vol. 8, nº16, p. 56-57, set.-dez. 2016.

684. STF – Pleno – ADI 6298/DF – Rel. Min. Luiz Fux – 24 ago. 2023.

juízo (*ratione materiae*, conjugada com a regra da distribuição)[685]. Destarte, é plausível entender que não há correção lógica em admitir que o mesmo magistrado (identidade física), que tenha atuado na função de juiz das garantias, possa exercer a função de juiz da instrução. Seria violada, ademais, a **competência funcional em razão do objeto do juízo**, matéria de ordem pública, desaguando em nulidade absoluta. A prevenção, sob essa luz, é apresentada em camadas: a primeira remete ao juízo e a segunda, ao juiz. Nessa toada, pela prevenção poderá ser fixada a competência do órgão (juízo *lato sensu*) que, contudo, não elide o impedimento do juiz que exercer qualquer das competências enumeradas no art. 3º-B, do CPP.

Todavia, o STF não reconheceu haver **impedimento automático** do magistrado que exercer a função de juiz das garantias, para também atuar como juiz da instrução:

(1) no tocante ao conhecimento das provas declaradas inadmissíveis, nos termos do § 5º, do art. 157, do CPP: a Suprema Corte entendeu que a disposição fomentaria ferimento à regra do juiz natural, com possibilidade de provocação de ilicitude probatória pela parte interessada no afastamento do magistrado;

(2) quanto ao art. 3º-D, declarado inconstitucional: a remissão às atividades policiais dos arts. 5º e 6º do CPP não tem sentido lógico porque não são atribuições que possam ser exercidas por qualquer juiz. No entanto, o STF acrescentou assertiva sem lastro naquela disposição, declarando que "a previsão de impedimento automático do juiz que funcionou no processo de garantias para atuar na instrução é desproporcional e parte de uma presunção de suspeição absolutamente desarrazoada"[686].

---

685. MARQUES, José Frederico. *Da competência em matéria penal.* Campinas: Millennium, 2000. p.230-231.

686. STF – Pleno – ADI 6298/DF – Rel. Min. Luiz Fux – 24 ago. 2023.

19.21 Aplicação a caso concreto

A construção de normas constitutivas de declaração de nulidade e de invalidação é encontrada na jurisprudência.

No STJ, foi apreciado *habeas corpus*, cuja ementa retrata a relação entre a norma primária reconhecedora do vício e a norma secundária constitutiva da declaração dos efeitos jurídicos decorrentes.

Deveras, a utilidade da exposição metódica da incidência é depreendida em julgado que apreciou equivocado decreto de prisão preventiva baseada em **presunção de fuga**.

Na oportunidade, apontou-se que, para a decretação da prisão preventiva, é indispensável a demonstração da existência da prova da materialidade do crime e a presença de indício suficiente da autoria.

Nos termos do art. 312, do CPP, é ainda necessária a presença do pressuposto híbrido, que deve reunir elementos de *fumus comissi delicti* e *periculum libertatis*, que é o **perigo gerado pelo estado de liberdade do imputado**, incluído pela Lei nº 13.964/2019.

Ficou assentado no acórdão que:

(1) a decisão judicial deve estar "pautada em lastro probatório, que se ajuste às hipóteses excepcionais da norma em abstrato (art. 312 do CPP), demonstrada, ainda, a imprescindibilidade da medida";

(2) não constitui fundamentação válida à custódia cautelar, "a presunção de fuga, decorrente do fato de o paciente não ser localizado para citação", eis que "os conceitos de evasão e não localização não se confundem";

(3) na hipótese concreta:

(a) as deliberações realçaram que "o paciente não foi localizado, presumindo, assim, que estaria foragido";

(b) depois de "diligenciar nos sistemas de informações públicas, o juízo oficiante conseguiu localizar o endereço do paciente e determinou a expedição de carta precatória para citação e prisão do réu"; e

(c) foi verificada a "ausência de informação concreta de que o paciente estaria tentando frustrar a aplicação da lei penal".

Depois de descrita a ilegalidade da prisão em flagrante (nulidade-fato), o STJ fez incidir a consequência do relaxamento da prisão, com a supressão de efeitos (invalidação) do decreto da preventiva (nulidade-consequência), sem se expressar, contudo, dessa maneira. A Corte Superior findou por conceder a ordem *ex officio*, "para revogar a prisão preventiva do paciente, mediante a aplicação de outras medidas cautelares".[687]

19.22 Conclusão e próximo capítulo

A produção de normas jurídicas constitutivas de declaração de nulidade e de invalidação devem se arrimar nas fontes de conhecimento do direito processual penal, incluída a jurisprudência. As fontes se relacionam de um nível a outro, de forma horizontal e vertical.

O ordenamento é objeto de interpretação para a delimitação do sistema. O sistema é constituído por normas que lhe estruturam. As normas regulam a sua *autopoiesis*. A persecução penal estatal é, normativamente, parte do sistema jurídico.

A higidez daquele procedimento conta com mecanismo de reação aos vícios. Para conter a imprevisibilidade e para atender ao núcleo constitucional de processo penal, a atuação do juiz deve se pautar dentro do cerco dos elementos constitutivos do sistema.

687. STJ – Quinta Turma – HC 520.216/DF – Rel. Min. Reynaldo Soares da Fonseca – DJe 27 set. 2019.

No próximo capítulo será necessário avivar a relação desse núcleo constitucional com os enunciados infraconstitucionais. Para esse desiderato, mister fundamentar a questão da ligação de regras a princípios sedimentados na Constituição. Cuida-se de pilar relevante para apartar e ordenar a aplicação das normas processuais penais.

DECISÃO JUDICIAL (Fontes)	
Autorreferentes	**Heterorreferentes**
- Fundamentada na autopoiesis, isto é, nas fontes do próprio sistema. - Decisão conforme o garantismo penal.	- Baseada em fontes estranhas ao direito positivo (autopoiesis), conhecidas como boas práticas. - Há ampliação do espaço de contingência, ou seja, aumenta-se o campo aleatório acidental.

Sexta Parte

INTRODUÇÃO À ANÁLISE DO DIREITO PROCESSUAL PENAL

CAPÍTULO 20

INVESTIGAÇÃO PRELIMINAR

20.1 Conceito de investigação preliminar

A expressão investigação preliminar é redundante. Se o processo penal não deve ser lugar destinado a procedimentos unilaterais, investigativos, logo, toda investigação deve ser anterior ao processo e, por tal razão, preliminar.

De todo modo, trata-se de designativo consagrado.

Investigação preliminar é procedimento para apuração de infração penal, com o propósito de reunir elementos de informação e de conferir autoria e materialidade delitiva para o oferecimento de ação penal. A relação do seu rito com os direitos fundamentais realça a importância que deve ter a sua observância e o seu controle.

No escólio de Geraldo Prado, "a investigação criminal é despida de sua condição de <procedimento menor>". O ponto de equilíbrio teórico e prático torna perceptível o "imenso peso da investigação criminal para a solução de casos penais", que se bifurca, de um lado, "no denominado processo penal consensual (transação penal, cooperação do imputado, plea bargaining etc.)" e, de outro, "no processo penal tradicional, por meio do qual a responsabilidade penal é definida pela combinação de elementos epistêmicos (provas) e legais (dispositivos jurídicos)".[688]

À luz da teoria do direito, investigação preliminar pode ser compreendida sob tríplice eixo:

(1) **ato**: o fato bruto investigativo, com a reunião de elementos de informação, constitui uma porção da realidade, podendo ser explicado como ato-fato de constatação de uma busca, pesquisa, com cariz unilateral;

(2) **procedimento**: a consecutividade de atos, que revelam a característica inacabada do rito direcionado à coleta de elementos;

(3) **norma**: a submissão da investigação a disposições jurídicas contidas no direito positivo representa fato normado, depreendido do pensamento de quem aplica a regulação da disciplina, inserindo normas jurídicas no sistema.

Esse tríplice retrato pode ser depreendido do que leciona José Antonio Paganella Boschi, ao dizer, com ênfase na noção de **procedimento**, que "o inquérito nasce com a investigação e se desenvolve com ela e todas as providências precisam ser registradas, documentadas, formalizadas, instantaneamente nos 'autos' do inquérito", com o intuito de que se possa, ao seu exame, "reconstruir todos os passos percorridos"[689].

Tomada a investigação criminal pelo seu aspecto temporal de **ato** (**fato**), Fauzi Hassan Choukr anota que ela "é o momento da persecução penal anterior", dentro da qual "são produzidos elementos informativos ou provas tendentes a embasar a convicção do titular da ação penal para que atue em Juízo (promova a acusação) ou perante o Juízo (com

---

688. PRADO, Geraldo. *Estudos de direito criminal*. Rio de Janeiro: Lumen Juris, 2023. p.188.

689. BOSCHI, José Antonio Paganella. *Ação penal*: as fases administrativa e judicial da persecução penal. Porto Alegre: Livraria do Advogado, 2010. p.24.

o arquivamento)". O autor também agrega **normatividade** ao conceito de investigação preliminar, quando explica que ela "está submetida a um regime de legalidade estrita e somente pode ser desencadeada diante da existência de um fundamento razoável", que diga respeito ao cometimento de "conduta penalmente relevante, que já foi denominada por 'tipicidade aparente' desenvolvendo-se em momento anterior à formulação da acusação que dá origem ao processo de conhecimento"[690].

Investigação preliminar é gênero de uma série de espécies, quase sempre sem forma procedimental definida na legislação:

(1) inquérito policial (arts. 4º ao 23, CPP);

(2) inquérito policial militar (arts. 9º ao 28, CPPM);

(3) inquéritos parlamentares (art. 58, § 3º, CF);

(4) procedimento investigativo do Conselho de Controle de Atividades Financeiras – COAF (art. 14, Lei nº 9.613/1998).

O rol de investigações é exemplificativo, o que tem dificultado o controle. Nada obstante, o cenário indica a necessidade de uma codificação específica. Poderia ser estendida a previsão de intervenção do investigado contida, restritamente, no art. 14-A, do CPP, com contraditório, malgrado mitigado por não se assimilar, perfeitamente, a natureza do inquérito à de processo.

20.2 Investigações não estatais e controles digitais

Parte-se do pressuposto de que investigar é buscar, pesquisar. O sentido do termo é de unilateralidade que caracterizaria a coleta de informações. A gênese de um inquérito seria, sob essa ótica, predominantemente, inquisitiva. De outro

690. CHOUKR, Fauzi Hassan. *Iniciação ao processo penal*. Florianópolis, 2017. p.225.

lado, o processo deve ter, em sua essência, o contraditório, com bilateralidade.

Nesse contexto, se a investigação tradicional (estatal) já mereceria melhor controle, com legislação específica, que dizer da possibilidade de coleta de dados e de padrões comportamentais por intermédio das redes mundiais de computadores?

Novos modos de fiscalização têm surgido, a exemplo dos que decorrem da ampliação da realidade pelo dígito. A vida digital possibilitou:

(1) ampliação do controle de um número indeterminado de pessoas, a exemplo da identificação de semelhança facial no tempo e a criação de *softwares* que permitem sugerir probabilidades;

(2) carência de controle sobre a atividade estatal ou de agências particulares que, pelo acesso aos dados digitais, logram armazenar dados pessoais que somente poderiam ser acessados com respeito à cláusula de reserva jurisdicional (art. 5º, XII, CF). Há previsão de regulamentação ordenada do espaço digital, como âmbito de proteção de dados e de outros direitos humanos fundamentais. Embora tenha remetido o dever de introduzir normas jurídicas ao legislador infraconstitucional, o inciso LXXIX, do art. 5º, da Constituição, preconiza ser "assegurado, nos termos da lei, o direito à proteção dos dados pessoais, inclusive nos meios digitais";

(3) opacidade probatória digital e desatrelamento do binômio tempo-espaço, tradicional condicionante do conhecimento humano, diante da disponibilização de mídias e dados de forma perene na rede mundial de computadores.

A plataformização da realidade é cenário mais problemático que as investigações estatais. Mecanismos preditivos, com alvitre de prognóstico delitivo em relação a lugar, a pessoa, com base na observação realizada por sistemas via satélite, como o GPS – *Global Positioning System* –, têm o papel de atalhos para imputar a prática de um crime a alguém, às vezes até antes do início do *iter criminis*.

20.3 Polícia, investigação defensiva e policiamento preditivo

A **polícia investigativa** decorre do exercício da função de **polícia judiciária**, dentro dos lindes constitucionais e de forma retrospectiva (art. 144, § 4º, CF), âmbito oficial no qual se insere a **polícia judiciária militar** (art. 4º, XIX, Lei nº 14.751/2023; art. 7º, CPPM).

Nessa perspectiva, ao menos como regra, deve ser considerada inadmissível a apuração das infrações penais por particulares ou *players*, nos espaços físicos ou digitais. Com mais razão, a antecipação investigativa designada como **policiamento preditivo** será inconstitucional por ampliar o alcance do poder punitivo sem adequação às fontes jurígenas estatais e por sua falta de aderência à Lei Maior.

O art. 5º, inciso LXXIX, aliás, realça que "é assegurado, nos termos da lei, o direito à proteção dos dados pessoais, inclusive nos meios digitais". Controles prospectivos, para o futuro, como algoritmos de precaução, fora do âmbito sufragado constitucionalmente para a **polícia ostensiva** (**polícia administrativa**), são formas, igualmente, incompatíveis com a ordem jurídica.

Explicando a **preditividade criminológica**, Geraldo Prado pontifica que "o policiamento preditivo avança sobre as técnicas de investigação não apenas em função da possibilidade de aplicação da inteligência artificial". Vai mais além, como instrumento de controle massificado de pessoas, admitindo, na prática, por exemplo, "que a feição preventiva tradicional das cautelares processuais penais possa ser modificada para dar lugar ao modelo de preventividade do cometimento de delitos, confundindo técnicas e objetivos a ponto de levar o processo penal à encruzilhada entre método de hipervigilância e técnica de garantia da liberdade".[691]

Sem embargo, a ressalva fica reservada à possibilidade de **investigação defensiva**, eis que se cuida de procedimento que, conquanto não sufragado em lei, tem teleologia conducente à ampliação das chances de absolvição. Como pondera Alexandre Morais da Rosa, "no campo das investigações, com alto poder tecnológico, bem assim de casos de alta complexidade, a antecipação defensiva constitui-se em vantagem competitiva".[692]

A investigação defensiva se funda na presunção de inocência. O seu efeito ou valor deve ser restrito à defesa do imputado, sem que possa ser usada reversamente para, por exemplo, atribuir culpa ao agente estatal que possa estar incurso em crime de abuso de autoridade (art. 9º, *et seq*, Lei nº 13.869/2019). É expressão do princípio da paridade de armas. Sob essa perspectiva, Alexandre Cesar dos Santos pontua que a investigação defensiva tem "função proativa na produção da prova", em busca do equilíbrio entre os interessados, no espaço que denomina de justa persecução penal.[693]

20.4 Características do inquérito policial

A identificação de características permite melhor definir o instituto. No entanto, apesar da ausência de nota conceitual em lei, alguns aspectos alvitrados viabilizam ampliação do arbítrio nas investigações preliminares, mormente nos inquéritos policiais.

---

691. PRADO, Geraldo. Notas sobre proteção de dados, prova digital e o devido processo penal. *Conjur*. Disponível em: https://bit.ly/2MqW2T4 Acesso em: 02 jan. 2021.

692. ROSA, Alexandre Morais da. *Guia do processo penal conforme a teoria dos jogos*. 6. ed. Florianópolis: EMais, 2020. p.360-361.

693. SANTOS, Alexandre Cesar dos. *Investigação criminal defensiva*: direito fundamental à produção da prova na persecução penal. Rio de Janeiro: Lumen Juris, 2022. p.177.

Característica é o traço fundante, elemento distintivo ou propriedade peculiar de um objeto do conhecimento. Somente deveria ser designada como característica o que fosse necessário e suficiente à definição do inquérito policial. Afirma-se, no entanto, ser ele:

(1) regido pelo **sigilo**: o sigilo é garantia do imputado contra exposição de sua imagem e de sua identidade;

(2) **escrito**: o direito precisa ser vertido em vernáculo para produzir efeitos. A investigação não pode se desenvolver apenas oralmente. O ambiente digital tem sido sede do inquérito policial, ao lado da órbita material registrada em papel. Trata-se de ampliação de realidade (virtual) que depende de melhor regulamentação, diante da dicção do inciso LXXIX, do art. 5º, da Constituição, que assegura, "nos termos da lei, o direito à proteção dos dados pessoais, inclusive nos meios digitais";

(3) caracterizado pela **discricionariedade**: essa é uma das marcas mais questionáveis do inquérito policial ou de qualquer outro procedimento do sistema de investigação preliminar. Não há, na legislação, previsão de critérios de oportunidade e conveniência, para instauraç ão de qualquer investigação. Se permitido tamanho poder, ele esbarraria no dever, da autoridade policial, de agir jungida à lei. O administrador – inserido, neste conceito, o delegado de polícia – somente deve fazer o que a lei autoriza, na lição de Hely Lopes Meirelles;[694]

Entrementes, tem sido dito que apenas alguns atos são regidos pela legalidade estrita, a exemplo das providências necessárias a:

---

694. MEIRELLES, Hely Lopes. *Direito administrativo brasileiro*. 25. ed. São Paulo: Malheiros, 2000. p.82-83.

(a) isolar o local do delito (art. 6º, I, CPP);

(b) determinar o exame de corpo de delito, inclusive assegurando a cadeia de custódia do vestígio (arts. 6º, VII; 158-B, CPP);

(4) regrado pela **dispensabilidade**: trata-se de um dos problemas centrais da investigação preliminar. Dizer que o inquérito policial é dispensável é liberar, sem rédeas, toda forma de procedimento investigativo, permitindo, inclusive, sua substituição por quaisquer peças de informação que contenham autoria e materialidade da infração penal. Cuida-se de mais uma característica sem estrita previsão legal e que conflita com o fito democrático de contornar o poder punitivo estatal;

(5) dotado de **oficialidade**: o inquérito é conduzido por autoridade estatal, oficial, investida em cargo público. Mesmo a investigação criminal diversa, como a desempenhada pelo detetive profissional, necessita de respeito à legislação para o seu exercício regular (Lei nº 13.432/2017). Não há previsão legal para investigação defensiva, embora o imputado esteja amparado para aparelhar sua defesa de maneira mais ampla, dentro dos lindes do princípio da proporcionalidade;

(6) disciplinado pela **indisponibilidade**: deve haver controle para o encerramento da investigação preliminar. O direito positivo proíbe que o delegado de polícia arquive autos do inquérito policial (art. 17, CPP). O procedimento de seu arquivamento é descrito, meticulosamente, no art. 28, §§ 1º e 2º, do mesmo Código, com interpretação conforme a constituição conferida pelo STF. Em tese, haverá **tríplice controle**: pelo **juiz**, pelo **ofendido** e/ou pela **autoridade policial**, eis que devem ser informados sobre a manifestação ministerial de arquivamento. O investigado, embora favorecido por pronunciamento desse jaez, igualmente deve

tomar ciência do ato do *Parquet*, podendo requerer, por exemplo, a revogação de medidas cautelares. É indispensável, de todo modo, a iniciativa do titular da ação penal pública no sentido de promover o arquivamento do inquérito policial. O raciocínio é idêntico para qualquer tipo de providência conduzida por autoridade policial, a exemplo da verificação preliminar de inquérito ou de procedência de informações (VPI's). O procedimento igualmente incide relativamente aos demais procedimentos investigativos criminais (PIC), independentemente do nome que se lhes dê[695]. Afrânio Silva Jardim e Pierre Souto Maior avivam que da mesma forma que se impõe a figura do **promotor legal** (com atribuição), "para o oferecimento da denúncia, também se o exige para o requerimento de arquivamento, que pressupõe a impossibilidade de exercitar a ação penal". Tocam no ponto dogmático central quando aduzem que "também o juiz há de ter atribuição (não competência) para decidir pelo arquivamento, a qual ficaria subtraída se o Procurador-Geral pudesse arquivar o inquérito ou peças de informação *interna corporis*, de ofício";[696]

(7) normado pela **obrigatoriedade** ou **oficiosidade**: ciente de uma infração penal de ação penal pública incondicionada. O delegado de polícia deve instaurar o inquérito policial, se a tanto for instado ou independentemente de provocação (*ex officio*, por portaria – art. 5º, I, CPP), desde que presentes os requisitos legais concernentes à notícia de um fato delituoso;

(8) permeado pela **autoritariedade** ou **imperatividade**: as deliberações do delegado de polícia, no contorno de suas atribuições, são aptas à produção de efeitos. Por

695. STF – Pleno – ADI 6298/DF – Rel. Min. Luiz Fux – 24 ago. 2023.

696. JARDIM, Afrânio Silva; AMORIM, Pierre Souto Maior Coutinho de. *Direito processual penal*: estudos, pareceres e crônicas. Salvador: Juspodivm, 2018. p.302.

exemplo: as comunicações e chamados a testemunhas a serem ouvidas em um inquérito policial não se submetem à cláusula de reserva jurisdicional. No entanto, havendo interseção com direitos inseridos nessa esfera, o juiz deve ser comunicado ou a ele pedida a providência, para que exerça a competência de salvaguarda de garantias individuais (art. 3º-B, *caput*, CPP).

As consequências que decorrem da atipicidade procedimental no curso de investigação preliminar são, todavia, em regra, de espectro menor. A natureza jurídica da investigação preliminar e, notadamente, a definição do inquérito policial a partir de suas características delineadas doutrinariamente são os pilares que determinam uma limitação maior de efeitos jurídicos diante de um vício.

No entanto, o fato de ser o inquérito policial uma etapa da persecução penal menos ofensiva ao *status dignitatis* do investigado não deve significar ausência no sistema jurídico de tutela invalidadora sobre irritualidades prejudiciais aos direitos individuais da pessoa indiciada.

Certo que as características da discricionariedade e da dispensabilidade do inquérito policial tornam tal instrumento refratário à declaração de nulidades e de contaminação do processo penal correlato. Porém, a limitação de consequência jurídica ao ato viciado da investigação preliminar é mais decorrência da natureza desta do que, propriamente, da ausência de tutela acerca de ilicitudes que ferem direitos fundamentais.

20.5 Atribuição para condução do inquérito policial

A regra atributiva de poder de instauração do inquérito policial é deferida ao delegado de polícia. O controle de nulidade nesse campo é pouco visível, apesar da relevância da questão. Ada Pellegrini Grinover, Antonio Magalhães Gomes Filho e Antonio Scarance Fernandes ponderam que a falta de atribuição da autoridade policial não se insere no art. 564, inciso I, do CPP.[697]

Realmente, as nulidades arroladas no Código de 1941 são atinentes ao processo-crime. Não há referência a inquérito policial, salvo quanto aos elementos que já implicavam, antes da Constituição de 1988, a instauração da ação penal, por meio do processo judicialiforme.

20.6 Investidura e controle da atribuição investigativa

A investidura do funcionário público com atribuição para condução da investigação preliminar oficial é classificada como elemento estrutural ao reconhecimento do instrumento de persecução penal pelo sistema. Se ausente ou viciado, dessa constatação deve decorrer nulidade.

Dentre os exemplos possíveis, haverá nulidade-fato com a instauração e condução de inquérito policial por pessoa diversa do delegado de polícia. Tanto o inquérito policial presidido por particular ou delegado de polícia aposentado, como o inquérito policial dirigido por membro do Ministério Público não chegam a ser revestidos de juridicidade.

De forma semelhante ao raciocínio aplicável aos pressupostos processuais, a investidura do delegado de polícia é elemento estrutural para que se tenha, juridicamente, a instauração de inquérito policial. De tal modo, o vício desse porte deve ser classificado como inexistência jurídica.

Não há, a rigor, inquérito policial nesses casos.

No entanto, fato é que o poder de investigar infrações penais não é exclusivo da polícia. O art. 4º do CPP tem redação antiga que permite abertura demasiada, tornando indeterminada, em alguma medida, a forma de definição da atribuição investigativa.

---

697. GRINOVER, Ada Pellegrini; GOMES FILHO, Antonio Magalhães; FERNANDES, Antonio Scarance. *As nulidades no processo penal*. 12. ed. São Paulo: RT, 2011. p.268.

Consoante dispõe aquela redação, "a polícia judiciária será exercida pelas autoridades policiais no território de suas respectivas circunscrições e terá por fim a apuração das infrações penais e da sua autoria". O parágrafo único, do citado dispositivo, prevê, com pouca técnica legislativa, que "a competência definida neste artigo não excluirá a de autoridades administrativas, a quem por lei seja cometida a mesma função".

A seu turno, a Lei nº 12.830/2013, que veio a lume com o anúncio de dispor sobre a investigação criminal conduzida pelo delegado de polícia, introduziu poucos dispositivos nesse sentido, não agregando regulamentação procedimental, nem definição de atribuições, ressalvada a melhor disciplina do indiciamento.

Diante desse quadro de indefinição, o reconhecimento do vício de atribuição legal se choca com dificuldades de limitação de efeitos jurídicos de elementos de informação coligidos indevidamente. No entanto, o **desvio de finalidade** torna incompatível, logicamente, a manutenção do produto investigativo viciado, por violar, por exemplo, o **princípio do terceiro excluído**, eis que afeta a **integridade** dos elementos de informação, por resvalar em composição normativa híbrida não autorizada pelo ordenamento jurídico.

Vale dizer, a prova colhida com vício de fonte (a exemplo da perícia requisitada por autoridade policial sem atribuição legal – art. 2º, § 2º, Lei nº 13.830/2013) mitiga sua **fiabilidade** e ofusca a **cadeia de custódia da prova** (art. 158-A, CPP).

Cuida-se de hipótese de inexistência jurídica, ou seja, atipicidade que:

(1) decorre da ausência de elemento estrutural (regra de atribuição);

(2) não carece de impugnação ou instrumento específico (não se sujeita à preclusão).

Conquanto **peças de informação** possam, subsidiariamente, servir para lastrear ação penal, por esta se bastar com suporte probatório mínimo, o fato é que a ilegalidade na condução do inquérito policial não deve ser tolerada pelo sistema.

Daí que o juiz pode declarar a atipicidade estrutural de investigação preliminar conduzida por sujeito não oficial quando, por exemplo, tiver sido intitulada de inquérito policial. O órgão judicial, caso assim delibere, produzirá norma declaratória de atipicidade.

Não há necessidade de provocação para que o juiz decida questão que requeira tutela de garantia fundamental do investigado, ainda que na fase do inquérito policial, ante o dever do Judiciário de fazer cessar constrangimento que afete indevidamente o círculo humano central do acusado. Aliás, está expressamente colorido, no direito positivo, o papel do juiz das garantias de salvaguardar direitos individuais (art. 3º-B, *caput*, CPP[698]).

20.7 Controle de prazos do inquérito policial

A **regra geral** do prazo para conclusão do inquérito policial é de **dez dias**, com indiciado preso (com prazo computado a contar da prisão) e **trinta dias**, se o indiciado estiver solto (art. 10, CPP). Esses prazos podem ser prorrogados:

(1) para o investigado preso, incide o § 2º do art. 3º-B do CPP, com interpretação conforme a Constituição dada pelo STF, prescrevendo que o juiz pode decidir de forma fundamentada, reconhecendo a necessidade de **novas prorrogações** do inquérito, diante de elementos concretos e da **complexidade** da investigação. Acrescentou, ademais, que "a inobservância do prazo previsto em lei não implica a revogação automática da prisão preventiva, devendo o juízo competente ser instado a avaliar os motivos que a ensejaram".[699] A decisão ampliou a régua discricionária do magistrado, decotando o espectro do seu controle;

---

698. STF – Pleno – ADI 6298/DF – Rel. Min. Luiz Fux – 24 ago. 2023.

699. STF – Pleno – ADI 6298/DF – Rel. Min. Luiz Fux – 24 ago. 2023.

(2) para o investigado solto, as prorrogações são admitidas sem maiores peias e, conforme costume dos órgãos locais, é admissível tramitação direta dos autos de inquérito entre a autoridade policial e o Ministério Público.

Disposições extravagantes prescrevem **prazos especiais** ao inquérito policial, com afastamento da regra geral (art. 2º, § 2º, da Lei Introdução às Normas do Direito Brasileiro), tais como:

(1) nos casos de aplicação da Lei de Drogas, o cânone regulador é o art. 51, *caput* e parágrafo único, devendo ser concluído no prazo de **trinta dias**, se o indiciado estiver preso, e de **noventa dias**, quando solto, ambos com possibilidade de **duplicação** pelo juiz, depois de ouvido o Ministério Público, mediante pedido justificado do delegado de polícia;

(2) no inquérito policial por crime contra a economia popular, os atos policiais (inquérito ou processo iniciado por portaria) deverão terminar no prazo de **dez dias**, independentemente de preso ou solto o investigado, conforme o § 1º, do art. 10, da Lei nº 1.521/1951. Não há previsão de prorrogação, sendo intuitiva a tendência de sua admissão, na prática forense, com esteio em analogia com as hipóteses da regra geral;

(3) na tramitação de inquérito policial no âmbito da polícia federal, o prazo será de quinze dias com indiciado preso, com possibilidade de prorrogação por mais quinze dias. Se o indiciado estiver solto, o prazo para conclusão será de trinta dias. A prorrogação de que trata o § 2º, do art. 3º-B, do CPP, sufragada de forma consecutiva e justificada por complexidade, embora não prevista, tem indicativo de ser admitida conforme deliberou o STF em sede de controle de constitucionalidade.

O excesso de prazo do indiciado preso deve conduzir à sua soltura. A extrapolação do lapso do indiciado solto não produz consequências imediatas, mas isso não significa dizer que não há repercussão jurídica alguma. Por exemplo, inquéritos policiais estendidos no tempo podem ser objeto de arquivamento forçado (trancamento – art. 3º-B, IX, CPP). Também pode advir prescrição, com a extinção da punibilidade (art. 107, IV, CP).

20.8 Notícia do fato (*notitia criminis*)

Denomina-se notícia do crime o conhecimento de um fato que a autoridade policial entende entabulado em um tipo penal. Na locução *notitia criminis* está, portanto, embutido juízo de valor do delegado de polícia acerca do fato, sobre cujo enquadramento inicial, ao cabo, poderão divergir o Ministério Público, o juiz e a própria autoridade policial , ao deixar de indiciar a pessoa investigada, expondo suas razões no relatório conclusivo da investigação preliminar.

José Frederico Marques explica que "a investigação criminal, em qualquer de suas formas, tem início com a notícia do crime". Na sua dicção, "chama-se *notitia criminis* ao conhecimento espontâneo ou provocado que tem a autoridade pública da prática de um fato delituoso".[700]

Ciente da notícia do fato, a autoridade policial terá o dever de instaurar a investigação preliminar cabível. A notícia do crime se classifica de acordo com a modalidade de tomada de conhecimento da infração penal pelo delegado de polícia. Pode ocorrer de forma provocada ou espontânea. Dessa dupla possibilidade, a *notitia criminis* comportará subdivisão conforme a ênfase da interferência da comunicação do delito na atuação da autoridade policial:

---

700. MARQUES, José Frederico. *Elementos de direito processual penal*: volume I. 2. ed. Campinas: Millennium, 2000. p.143.

(1) notícia do fato de **ciência direta** (*notitia criminis* de **cognição imediata**):

(a) por conhecimento espontâneo: hipótese em que o delegado de polícia fica ciente do fato por intermédio de veículo difuso, sem contornos definidos, a exemplo de matérias jornalísticas, de notícias compartilhadas em redes sociais e de fatos verificados em espaços públicos;

(b) por meio coercitivo: o revestimento da notícia do crime pela condução de pessoa presa em flagrante tem o efeito de instauração do inquérito policial. Uma vez adequada juridicamente, a lavratura do auto de prisão em flagrante inaugurará, *ex lege*, a abertura de inquérito policial, sem necessidade de provocação;

(c) por delação apócrifa (notícia anônima): denominada de *delatio criminis* inqualificada. Diante da vedação do anonimato, a provocação anônima é, em tese, desconsiderada, para classificá-la, por ficção, como notícia do fato espontânea (reputada ausente a provocação da autoridade policial). Será defeituosa a investigação preliminar baseada, **exclusivamente**, em delação apócrifa, diante da vedação ao anonimato (art. 5º, IV, CF). Para afastar o efeito jurídico que decorreria dessa imperfeição, tem-se admitido que a polícia proceda, antes da deflagração da persecução penal preliminar *stricto sensu* (inquérito policial), à **verificação de procedência de informações** (VPI's – art. 5º, IV, CF; art. 5º, § 3º, CPP), como forma de acautelamento veritativa (caráter probatório);

(2) notícia do fato de **ciência indireta** (notícia do crime de **cognição mediata**):

(a) por delação de qualquer do povo (art. 5º, § 3º, CPP): qualquer pessoa pode levar ao conhecimento da autoridade a notícia do cometimento de crime de ação penal de iniciativa pública incondicionada, quando o delegado de polícia poderá, consoante a hipótese, instaurar verificação de procedência de informações – VPI's ou inquérito policial. No direito lusitano, Manuel Valente menciona caso similar de notícia do crime, por meio de comunicação feita pelo cidadão que, a sua vez, pode ser titular ou não titular do direito atingido;[701]

(b) notícia-crime postulatória (art. 5º, II, § 1º, CPP), por meio de provocação de qualquer interessado nos delitos de ação penal de iniciativa pública condicionada (por requisição do *Parquet*, por representação do ofendido) ou de iniciativa privada (requerimento da vítima ou de quem tiver a qualidade para representá-la).

A previsão de que o juiz pode requisitar inquérito policial não guarda consonância com a Constituição, bem como não se coaduna com a estrutura acusatória a indicação de suposto delito ao Ministério Público (art. 40, CPP). Nesse passo, insere-se a possibilidade de instauração ou de requisição de inquérito policial pelo Presidente do STF, conforme o art. 43, § 1º, do seu Regimento Interno (RISTF), em razão de fato sob a órbita de sua competência.

Por outro lado, a notícia do fato em sentido amplo pode chegar ao conhecimento de autoridades diversas da policial, a exemplo de ser dela destinatário o próprio juiz (função anômala do Judiciário, dissonante do princípio acusatório), a Comissão Parlamentar de Inquérito, o defensor público, o representante da OAB ou o Ministério Público. Para o efeito classificatório, porém, tomando como referência a possibilidade de instauração de investigação policial, o sentido da notícia do crime é mais estreito, sendo o delegado de polícia o seu destinatário de referência.

---

701. VALENTE, Manuel Monteiro Guedes. *Teoria geral do direito policial*. 5. ed. Coimbra: Almedina, 2017. p.358-359.

NOTÍCIA DO FATO (*Notitia Criminis*)	
De cognição imediata, direta ou espontânea (não provocada)	**De cognição mediata ou indireta (provocada)**
- Conhecimento direto do fato pela autoridade policial *ex officio*, isto é independentemente de provocação. - Delação anônima denominada de *delatio criminis,* inqualificada ou apócrifa. Trata-se de casos de cognição imediata por ficção jurídica.	- Delação: provocação por qualquer pessoa não relacionada ao fato. - Notícia-crime postulatória: levada ao conhecimento da autoridade policial pela vítima (nos crimes de ação penal pública condicionada a representação e nos de ação penal privada) ou pelo Ministro da Justiça (em crimes de ação penal pública condicionada à sua requisição). - Por requisição do Ministério Público do juiz ou de tribunal a requisição por órgão do judiciário é de duvidosa constitucionalidade - Revestida de forma coercitiva decorrente de condução do autuado à presença da autoridade nos casos de prisão em flagrante.

20.9 Nulidade no inquérito policial

Tal como no processo penal, durante o inquérito policial podem ser praticados atos procedimentais sem respaldo jurídico. Às demais formas de persecução penal fora do juízo pode ser aplicado o mesmo raciocínio. A relação entre normas de ilicitude e de invalidação do ato reconhecido como defeituoso na fase pré-processual tem estrutura similar às normas do processo penal inseridas no sistema de nulidades processuais penais.

Doutrinária e jurisprudencialmente, contudo, prevalece o entendimento de que não há nulidade no inquérito policial, bem como que os vícios deste instrumento de investigação preliminar não são capazes de macular o processo penal.

20.10 Inafastabilidade da jurisdição no controle das investigações

O sistema de preclusões não seria aplicável para imunizar a investigação contra exame de sua higidez legal, agregando a esse argumento o conteúdo do **princípio da inafastabilidade** da jurisdição (art. 5º, XXXV, CF). A regularidade da investigação preliminar cristaliza imperativo de tutela dos interesses do imputado, razão pela qual o juiz deve conduzir o processo de forma a aferir se, no seu curso, não houve cometimento de nulidade.

Consoante leciona Aury Lopes e Ricardo Gloeckner, sendo constatada a atipicidade, o ato viciado do inquérito "deverá ser repetido e excluída a respectiva peça que o materializa, sob pena de contaminação dos atos que dele derivem". Não sendo o ato inquisitorial repetido, "ainda que por impossibilidade, sua valoração na sentença ensejará a nulidade do processo".[702]

A nulidade deve recair sobre o ato que valorou o elemento que deveria ter sido inadmitido na origem.

20.11 Arquivamento por ilicitude do inquérito policial (trancamento)

Malgrado reconhecendo que o sistema de nulidades disciplinado no CPP não foi concebido para o reconhecimento de nulidades no inquérito policial, fato é que é possível, uma vez presentes a situação de fato ilícito, construir:

(1) norma jurídica que declare a ilicitude de procedimento investigativo, cuja instauração, não raras vezes, é reconhecida como ilegal e como ameaça indevida ao direito de liberdade; e

(2) norma consequente de desfazimento dos efeitos, de saneamento ou de declaração de convalidação do ato

702. LOPES JR, Aury; GLOECKNER, Ricardo Jacobsen. *Investigação preliminar no processo penal*. 5. ed. São Paulo: Saraiva, 2013. p.351-352.

procedimental ou do próprio procedimento administrativo de investigação.

Aliás, é nesses casos que se costuma usar a expressão "trancar o inquérito policial" que, impropriamente, visa a retratar o encerramento precoce da investigação preliminar, com seu arquivamento, em virtude do reconhecimento de caracterização de constrangimento ilegal. A rigor, a expressão correta é arquivar. Nas palavras de Afrânio Silva Jardim, "o principal efeito do arquivamento é o de cessar as investigações", ainda que *rebus sic stantibus.*[703] O STF vincou a atribuição do MP de conduzir investigação criminal, máxime quando do uso de arma de fogo por policiais, devendo comunicar imediatamente abertura, término e eventual prorrogação ao Judiciário, mantidas as regras do inquérito policial. A deliberação por investigar, positiva ou negativa, deve ser fundamentada.[704]

Todavia, o art. 3º-B, do CPP, inserido pela Lei nº 13.964/2019, estatui, em seu inciso IX, ser competência do juiz das garantias ordenar "o trancamento do inquérito policial quando não houver fundamento razoável para sua instauração ou prosseguimento". O enunciado recebeu, do STF, intepretação conforme a constituição, ao sublinhar que "todos os atos praticados pelo Ministério Público como condutor de investigação penal se submetam ao controle judicial", agregando dever jurídico ao Ministério Público de encaminhar, sob cominação de nulidade, todos os procedimentos investigativos criminais (PIC), bem como os demais procedimentos de investigação criminal, "mesmo que tenham outra denominação, ao respectivo juiz natural, independentemente de o juiz das garantias já ter sido implementado na respectiva jurisdição".[705]

De todo modo, cabe pontuar que a previsão de trancamento do inquérito policial, consignado no ilustrado inciso IX, do art. 3º-B, do CPP, deve encontrar respaldo na regra de competência do órgão judicial:

---

703. JARDIM, Afrânio Silva. Arquivamento e desarquivamento do inquérito policial. In: *Temas atuais de direito*. Associação do Ministério Público do Rio de janeiro (org.). Rio de janeiro: Liber Juris, 1986. p.21.

704. STF – ADI 2943, 3309 e 3318 – Rel. Min. Edson Fachin – 2/5/2024.

705. STF – Pleno – ADI 6298/DF – Rel. Min. Luiz Fux – 24 ago. 2023.

(1) se a autoridade responsável pelo inquérito policial for, isoladamente, o delegado de polícia, a determinação caberá ao juiz de primeiro grau;

(2) se o Ministério Público tiver anuído com prorrogação do inquérito policial, ele será a autoridade responsável e, por conseguinte, ao tribunal caberá ordenar o seu arquivamento (trancamento).

20.12 Baixo controle da investigação preliminar

As ilegalidades da investigação preliminar não devem ficar imunes à apreciação do Poder Judiciário. Até porque, nos termos do inciso XXXV, do art. 5º, da CF, "a lei não excluirá da apreciação do Poder Judiciário lesão ou ameaça a direito" (princípio da inafastabilidade da jurisdição).

No entanto, é de ver que a investigação preliminar, mormente o inquérito policial, é informado, segundo entendimento tradicionalmente reconhecido, pelas características, aludidas acima, da discricionariedade e da dispensabilidade.

De certo modo, a forma de atuação da autoridade policial, que se baseia nessas características, corre o risco de resvalar em arbítrio. A relevância da forma dos atos procedimentais do inquérito policial ou das investigações criminais em geral, é compreendida mais restritamente.

A possibilidade de exigência da legalidade estrita é reconhecida apenas naqueles casos de imposição cogente de garantias ou de determinada forma legal (art. 158, CPP). Por outro lado, verifica-se, no direito positivo, carência de detalhamento legal dos atos investigativos.

Deveras, não é incomum o uso de modos descritos em diplomas infralegais ou sem previsão no direito positivo, com potencial para ferir gravemente a esfera de garantias dos investigados, tais como:

(1) a criação de Força-Tarefa de Inteligência para o enfrentamento do crime organizado (*task forces*), com lastro no Decreto nº 9.527/2018, com o uso do poder regulamentar autônomo (e aberto) da Presidência da República (art. 84, VI, "a", CF);

(2) o desenvolvimento de investigações, sob o rótulo do vocábulo **operação**, sem prazo para encerramento, com dezenas de fases sucessivas. Diferentemente desse hábito, próprio do **processo penal do espetáculo**[706], existem lindes, apesar de lacônicos, para o inquérito policial.

Nesse contexto de ampliação punitiva, se não é inquérito policial, certo é que os elementos de informação poderão lastrear ação penal ou mesmo ensejar a instauração propriamente dita de inquérito policial, caso não firam outras regras específicas impeditivas de tal finalidade. Ao lidar com essas alternativas, que demandam precisa delimitação para a produção de efeitos futuros, o papel do juiz assume papel pragmático.

20.13 Extensão da inexistência jurídica do inquérito policial

A falta de elemento ou de ato estrutural do inquérito policial deve implicar a subtração dos efeitos jurídicos dos elementos de informação. Por exemplo, o juiz deve considerar que os atos privativos de delegado de polícia não podem ser substituídos por órgãos diversos ou por outros entes não oficiais, explicitando o desatendimento do que preconiza o § 1º, do art. 2º, da Lei 12.830/2013, que regula a investigação criminal conduzida pelo delegado de polícia.

706. CASARA, Rubens R. R. *Estado pós democrático*: neo-obscurantismo e gestão dos indesejáveis. Rio de Janeiro: Civilização Brasileira, 2017. p.72.

É importante que seja definido o alcance da inexistência jurídica do inquérito policial ao processo penal. Há objeção tradicional à aplicação do efeito extensivo daquela ilicitude, mormente porque:

(1) a investigação preliminar é procedimento distinto, que não integra o processo penal, apesar da função de proporcionar base para inferir a existência de justa causa à instauração da persecução penal em juízo (arts. 41; 395, III, CPP);

(2) é sedimentada a concepção de que o inquérito policial não tem a ver, sob os aspectos espacial e temporal, com o processo penal correlato. Por exemplo: exigem-se, não raramente, instrumentos de mandato distintos: um para a fase da investigação preliminar; outro para o processo penal eventualmente iniciado;

(3) conquanto a persecução penal estatal possa ser concebida, holisticamente, como um todo que tem início com a investigação preliminar e encerramento quando finda a execução penal, as fases costumam ser idealizadas separadamente, apesar da continuidade do peso de cerimônias degradantes e da interferência no estado de dignidade do imputado.

Cuida-se de cultura que dificulta o controle. O fato da investigação preliminar não ser função exclusiva da polícia tende a permitir argumentos como o do aproveitamento dos elementos viciados como peças de informação. Estes elementos devem ser reputados ilícitos, no nascedouro, com efeito *ex tunc*.

Em suma, diante de um vício grave, apesar de não existir juridicamente inquérito policial, tem sido admitido o uso das peças de informação como suporte probatório mínimo para supedanear notícia do fato, embora sem valor ou com baixo valor probatório. Isso significa dizer que a inexistência jurídica do inquérito policial não tem sido suficiente para alijar por completo o que se reuniu acerca de uma suposta infração penal.

Por exemplo, em ação penal originária, o STJ assentou várias premissas para rejeitar todas as nulidades esgrimidas pela defesa do imputado, dentre as quais:

(1) ainda que se admitisse que a origem da informação fosse anônima, esse fato tem pouca relevância em razão da existência de averiguação prévia de dados;

(2) a ausência de informação sobre a origem da fonte seria sem importância, quando circunstanciadas as evidências da ocorrência de crime;

(3) no que toca à notícia anônima sobre flagrante delito, a formalização dos informes advindos de fonte humana seria desnecessária e não se coadunaria "com a sistemática vigente, de informações recebidas pelo 'disque-denúncia' ou por outros meios de coleta de elementos informais";

(4) modo de chegada da informação à autoridade policial seria desinfluente, eis que ciente da existência de um crime, em situação de flagrância, seria "seu dever proceder ao exame da veracidade da notícia, inclusive para evitar a perda da oportunidade".[707]

Veja-se que, pela dicção do julgado, tudo seria permitido quando em disputa a suposição da verdade. Mesmo a impropriamente denominada **denúncia anônima** seria admitida, eis que sufragada na Lei nº 13.608/2018, com recompensa financeira para a pessoa que comunicar a ocorrência de infração penal contra a administração pública (art. 4º, parágrafo único), inserindo figura similar ao *whistleblower* norte-americano (**reportante ou "informante do bem"**).

Não se nega a necessidade de controlar novas formas de criminalidade, mais sofisticadas. Contudo, o enfrentamento de delitos como os crimes financeiros, tributários e contra a administração pública, deve ser canalizado por trilhos

707. STJ – Corte Especial – APn 843/DF – Rel. Min. Herman Benjamin – DJe 01 fev. 2018.

reguladores do exercício do *jus puniendi estatal*, evitando-se recaída na vala do "tudo vale". O amplo cardápio de técnicas investigativas, com sucessivas tentativas de inserção de providências invasivas, agiganta o poder investigativo do Estado, prejudicando, gravemente, o seu controle e a sua compatibilidade com o sistema de garantias fundamentais.

20.14 Intervenção do Membro do Ministério Público sem atribuição legal no inquérito policial (princípio do promotor legal)

É necessário fazer uma autocrítica de que também a doutrina tem contribuído para a consolidação do parco controle do inquérito policial e das demais investigações preliminares. O tema da ausência de atribuição legal da autoridade encarregada (delegado de polícia) – que, a rigor, deveria ensejar inexistência jurídica ou nulidade absoluta – é suavizado por renomados autores.

Nessa esteira de baixo controle da investigação criminal, tem-se como exemplo o vício sobre a atribuição do membro do *Parquet*, designado arbitrariamente ou que atua sem respaldo legal no relevante exercício da função de fiscalização externa da atividade policial (art. 129, VII, CF). São atipicidades que deveriam ser fustigadas e corrigidas, sem prejuízo do controle da legalidade da investigação que deve exercer o juiz das garantias, na tutela de direitos individuais cuja franquia lhe cabe (art. 3º-B, *caput*, CPP).

A **teoria do processo como dispositivo** vem ao encontro da percepção de que, mesmo antes da denúncia ou da queixa, há garantias individuais em jogo, máxime no campo dos aspectos não relatados nos autos de inquérito policial, sem descrição ou documentação dos defeitos, simplesmente omitidos.

Geraldo Prado frisa, a esse respeito, que "ser o processo penal um 'dispositivo' que a um tempo contemple a 'busca da verdade', a defesa dos direitos e garantias do imputado e, em harmonia com essas funções, também a atinente ao escopo de assegurar os direitos das vítimas", exige releitura do ordenamento jurídico, com a redefinição, "desde a notícia crime", dos poderes dos atores da persecução penal e de todos os sujeitos envolvidos. Apesar da tradição de se considerar que o processo se inicia com o oferecimento da inicial acusatória, certo é que "a formalização da acusação por denúncia ou queixa é precedida por atos visando o esclarecimento da notícia crime", acrescendo-se que, ao longo do procedimento investigativo, "na maior parte das vezes oficial", garantias individuais são restringidas.[708]

Na vertente oposta, Sérgio Demoro Hamilton defende que "é necessário registrar que a falta de atribuição", do membro do Ministério Público, "na fase do inquérito policial não importa em qualquer nulidade. Reveste-se de caráter de mera irregularidade que não deve projetar-se sobre o processo". Exemplifica o jurista, inclusive, com a designação de promotor de justiça para acompanhar inquérito policial, enquanto um outro membro do Ministério Público, sem se dar conta, "vem a oficiar no procedimento, através da requisição de diligências". Explica ser "evidente que os atos realizados em função da requisição do promotor despido de atribuição são válidos, podendo, inclusive, servir de base para o oferecimento da denúncia".[709]

É verdade que o **princípio do promotor natural** foi tardiamente chancelado pelo STF, com restrição de seus efeitos, diante da sua conjugação com o princípio da unidade, com o princípio da indivisibilidade do Ministério Público e com o princípio da independência funcional (art. 127, CF). Para a Corte

---

708. PRADO, Geraldo. *Estudos de direito criminal*. Rio de Janeiro: Lumen Juris, 2023. p.201.

709. HAMILTON, Sérgio Demoro. Reflexos da falta de atribuição na instância penal. *Revista Forense comemorativa – 100 anos*, tomo VII [direito processual penal], Afrânio Silva Jardim (org.), Rio de Janeiro: Forense, p.423, 2006.

Suprema, o princípio do promotor legal somente pode ser invocado para vedar, por exemplo, designações arbitrárias.[710]

Todavia, calha ponderar que a argumentação tende a dar menor importância à regra fundante que delimita a atribuição de um órgão público, reduzindo o controle da persecução penal. A atribuição é regra abstrata que dá base a disposições concretas.

O Ministério Público e a polícia se situam na estrutura do Poder Executivo. Compõem a administração pública. Não é demais lembrar a clássica lição de Hely Lopes Meireles de que o administrador somente pode fazer o que a lei autoriza. Para ele, as normas devem implicar cogência: em vez de "pode fazer assim", leia-se "deve fazer assim".[711] Vigora o **princípio da legalidade estrita**, com muito mais razão, em matéria criminal.

20.15 Instrumentalidade do direito material na investigação preliminar

Na linha do raciocínio prevalecente, não haverá, sob o aspecto processual, qualquer vício em investigação preliminar capaz de contaminar a instância penal, eis que se trata de mera irregularidade, sem repercussão na relação processual.

Sob certo prisma, essas conclusões se assemelham com os fundamentos do **princípio da instrumentalidade do processo**. Quando levado às últimas consequências, esse cânone justifica o alcance de resultados de direito material, sem dar ênfase ao direito processual. No entanto, é o processo a condição indispensável para que haja concreção da juridicidade das decisões tomadas, com a aplicação do direito material.

Tal visão é tomada da concepção de **processo como instituição jurídica**, de Jaime Guasp. O processo é entendido como

710. STF – Pleno – ADI 5505 – Rel. Min. Luiz Fux – publicado em: 30 abr. 2020.

711. MEIRELLES, Hely Lopes. *Direito administrativo brasileiro*. 25. ed. São Paulo: Malheiros, 2000. p.82-83.

relação jurídica disciplinada normativamente, isto é, essa corrente inclui as teorias da norma jurídica e da relação jurídica. Em compasso com o jurista espanhol, o processo não é instrumento do direito material, mas o inverso: é o direito material que viabiliza os instrumentos necessários ao processo, apesar de não significar que o direito material não exista por si próprio.[712]

Em outros termos, o processo substitui, por **antonomásia**, o direito substancial, tornando possível a propagação de efeitos da matéria penal e constitucional.

Jaime Guasp entende que a preponderância do direito material ou processual relativamente ao processo, fica na dependência do ponto de vista escolhido. Para que ocorra o enlace entre eles, é preciso o acatamento às regras de competência, de imputação, dentre outras, que têm lugar no campo da instituição de conexões entre as diversas disciplinas, consubstanciando, de tal sorte, o processo.[713]

Distintamente, para Sérgio Demoro Hamilton, não havendo ainda processo instaurado, "seria destituído de sentido pretender arguir nulidade com base em irregularidade praticada em simples peça de informação de natureza administrativa e inquisitória". Em outros termos, não haveria, sob essa lente, como cogitar da **instrumentalidade do direito material** para conceber as formas da investigação preliminar como essenciais ao direito de liberdade. O autor, porém, reconhece que "a atribuição, no processo penal, não tem recebido da doutrina a devida atenção, talvez por ser assunto de interesse específico do Ministério Público".[714]

---

712. ROSA, Alexandre Morais da; ALENCAR; Rosmar Rodrigues. No processo penal, a instrumentalidade é do direito material. *Conjur*, 23 ago. 2019. Disponível em: https://bit.ly/2Mr77DE <https://www.conjur.com.br/2019-ago-23/nulidade-prejuizo--processo-penal-instrumentalidade-direito-material>. Acesso em: 02 jan. 2021.

713. GUASP, Jaime. *Derecho procesal civil*: tomo primeiro [introducción y parte general]. Madrid: IEP, 1968. p.34.

714. HAMILTON, Sérgio Demoro. Reflexos da falta de atribuição na instância penal. *Revista Forense comemorativa – 100 anos*, tomo VII [direito processual penal], Afrânio Silva Jardim (org.), Rio de Janeiro: Forense, p.423, 2006.

20.16 Regra de atribuição para a lavratura de auto de prisão em flagrante ou emissão de portaria (peças inaugurais do inquérito policial)

Ada Pellegrini Grinover, Antonio Magalhães Gomes Filho e Antonio Scarance Fernandes apontam a imprecisão do texto do art. 304, do CPP, que contém a expressão "autoridade competente" para aludir ao encarregado do auto de prisão em flagrante, uma das peças inaugurais do inquérito policial. E concluem que a função de presidência do auto de prisão em flagrante é de **natureza administrativa**, tal qual a de condução do inquérito policial. Entrementes, arrematam que "a infringência das normas administrativas que disciplinam a divisão de atribuições entre as diversas autoridades policiais não pode conduzir ao reconhecimento de nulidade". O delegado de polícia não é detentor de jurisdição, mas de simples atribuição.[715]

A distinção entre competência e atribuição, no entanto, não deveria conduzir à admissibilidade de indefinição das atribuições legais das autoridades policiais, eis que se inserem no âmbito da administração pública, cuja atuação é regrada pela legalidade (art. 37, *caput*, CF). Sob essa lente, é plausível sustentar a necessidade de controle baseado na violação de regras de atribuição do delegado de polícia e dos demais órgãos de segurança pública. No ordenamento jurídico, por exemplo, é possível encontrar, ainda que de maneira assistemática, dispositivos que buscam delimitar as atribuições dos órgãos de segurança pública: (1) o art. 3º, *caput* da Lei nº 14.541/2023, prevê que a atribuição de atendimento de todas as mulheres que tenham sido vítimas de violência doméstica e familiar, crimes contra a dignidade sexual e feminicídios, às delegacias especializadas de atendimento à mulher (Deam); (2) o art. 3º, inciso I, da Lei nº 14.735/2023, preconiza a necessidade de legislação dos estados-membros com a definição das competências específicas das unidades da polícia civil.

715. GRINOVER, Ada Pellegrini; GOMES FILHO, Antonio Magalhães; FERNANDES, Antonio Scarance. *As nulidades no processo penal*. 12. ed. São Paulo: RT, 2011. p.268.

Relativamente à não observância da regra de atribuição para instaurar (por portaria ou auto de prisão em flagrante) e, por consequência, de conduzir a aludida investigação preliminar, são duas as situações possíveis:

(1) a primeira, da pessoa sem investidura em função pública de delegado de polícia: haverá inexistência jurídica do auto de prisão em flagrante e, por extensão, do inquérito policial (art. 573, § 1º, CPP);

(2) a segunda, da autoridade policial devidamente investida em seu cargo, mas sem atribuição legal: ocorrerá atipicidade que, segundo se afirma,[716] não será apta a produzir efeitos análogos àqueles próprios da nulidade absoluta ou da relativa, mais se aproximando da simples irregularidade.

20.17 Indiciamento

O indiciamento é ato técnico, administrativo, de atribuição privativa do delegado de polícia. O enunciado que autoriza sua produção normativa concreta é o do § 6º, do art. 2º, da Lei nº 12.830/2013. Prevê que "o indiciamento, privativo do delegado de polícia, dar-se-á por ato fundamentado, mediante análise técnico-jurídica do fato, que deverá indicar a autoria, materialidade e suas circunstâncias".

É ato relevante que determina as consequências jurídicas. É com o indiciamento que se garante ao investigado, com maior chance de êxito, o controle da investigação, mediante a impetração de *habeas corpus* de índole trancativa. Além disso, algumas medidas restritivas impõem, ao menos, a condição de indiciado da pessoa suspeita de ter cometido o delito, para que sejam deferidas de forma plausível, a exemplo do arresto preparatório à hipoteca legal (arts. 134 ao 136, CPP).

---

716. STJ – Quinta Turma – RHC 84.082/RJ – Rel. Min. Felix Fischer – DJe 25 mai. 2018.

A deficiência da incidência das normas que compõem a produção do ato de indiciamento é causadora de ilicitude, cabe dizer, de atipicidade sujeita à invalidação. Basta notar o exemplo do indiciamento que viola o aspecto temporal de sua estrutura normativa, como se dá com o caso do juiz que ordena, ao receber a denúncia, que a autoridade policial proceda ao indiciamento, extravasando, desse modo, os limites do inquérito policial.

Nesse sentido, o STJ tem reiteradamente afirmado a inadmissibilidade de determinação de indiciamento formal do acusado, medida própria do inquérito policial, toda vez que já estiver instaurada a fase judicial, haja vista que ultimada a persecução criminal pré-processual.[717]

Classificado como ato essencial do inquérito policial, em virtude dos graves efeitos e correlatas garantias que dele decorrem, o vício que recai sobre o ato de indiciamento, notadamente com ferimento a regras de atribuição, momento e fundamentação, dá ensejo à produção de norma descritiva do distanciamento dos ditames da Lei nº 12.830/2013.

Havendo a invalidação do indiciamento, o juiz poderá especificar a extensão dos efeitos da declaração da condição de não indiciado, como a cessação de medidas cautelares e mesmo o arquivamento do inquérito policial, se exarada manifestação do *Parquet* nesse sentido, com as providências comunicativas do art. 28, *caput*, e § 1º, do CPP; ou, alternativamente – desde que não violada regra de competência *ratione personae* (observância de foro por prerrogativa de função) –, o juiz das garantias poderá decidir pelo trancamento (*rectius*: arquivamento) do inquérito policial ou das peças de informação, *ex vi* do inciso IX, do art. 3º-B, do CPP.[718]

---

717. STJ – Quinta Turma – HC 306.281/SP – Rel. Min. Reynaldo Soares da Fonseca – DJe 13 abr. 2016.

718. STF – Pleno – ADI 6298/DF – Rel. Min. Luiz Fux – 24 ago. 2023.

Por outra banda, tendo sido ajuizada a ação penal, com a deflagração do processo penal, haverá a suplantação da qualidade de indiciado pela condição de acusado do imputado. É de ver, contudo, que, a depender do motivo da desconstituição do indiciamento, pode o Judiciário estender os efeitos de tal decisão para também alcançar o processo penal, supervenientemente, com a concessão, por exemplo, de *habeas corpus* de oficio (arts. 3º-B, XII; 654, § 2º, CPP).

Cabe avivar que Ada Pellegrini Grinover, Antonio Scarance Fernandes e Antonio Magalhães Gomes Filho consideram que "o reconhecimento da nulidade do auto de prisão em flagrante atinge unicamente o seu valor como instrumento da coação cautelar, não tendo repercussão no processo crime".[719] Apesar de se referir à prisão em flagrante, os argumentos dos autores são adequados para se chegar à mesma ilação diante do indiciamento defeituoso.

20.18 Reprodução simulada dos fatos

O CPP, em seu art. 7º, dispõe que, "para verificar a possibilidade de haver a infração sido praticada de determinado modo, a autoridade policial poderá proceder à reprodução simulada dos fatos, desde que esta não contrarie a moralidade ou a ordem pública". Esse enunciado é específico para o meio de obtenção de elementos de informações intitulado de **reprodução simulada dos fatos.**

Insere-se na categoria de prova nominada (previsão do seu nome jurídico), mas atípica (sem procedimento estipulado em lei). Somente tem guarida no curso de investigação preliminar, e desde que não viole a regra de que ninguém deve ser compelido a se descortinar (**princípio da vedação à autoincriminação**).

---

719. GRINOVER, Ada Pellegrini; GOMES FILHO, Antonio Magalhães; FERNANDES, Antonio Scarance. *As nulidades no processo penal*. 12. ed. São Paulo: RT, 2011. p.268.

20.19 Direito à intimidade e à imagem do imputado

O direito à intimidade é garantia constitucional fundamental que encontra respaldo nos arts. 5º, incisos X, XII e LX, e 93, inciso IX, da Constituição. Cuida-se de liberdade pública, direito de primeira geração que somente pode ser restringido por lei formal e compatível com àquela Lei Maior. A legislação infraconstitucional pode estatuir, dentro dessas condições, limites que não extravasem os lindes sistemáticos.

O inciso X, do art. 5º, da Constituição de 1988, preconiza que "são invioláveis a intimidade, a vida privada, a honra e a imagem das pessoas, assegurado o direito a indenização pelo dano material ou moral decorrente de sua violação". A inviolabilidade da intimidade e da vida privada só pode ser restringida se houver atendimento aos pressupostos impostos pelos enunciados vigentes, com aplicação de critério de **proporcionalidade**.

A deliberação deve ser alicerçada em subcritérios que compõem aquele princípio:

(1) **exigibilidade** (necessidade);

(2) **adequação** (aptidão ao fim proposto);

(3) **vedação do excesso** (proporcionalidade em sentido estrito).

Como aponta Geraldo Prado, deve haver precaução quanto à conservação dos suportes técnicos resultantes da operação que afete a esfera sensível do investigado, em virtude de somente assim ser possível "assegurar à defesa, oportunamente, o conhecimento das fontes de prova". Deveras, "o rastreamento das fontes de prova será uma tarefa impossível se parcela dos elementos probatórios colhidos de forma encadeada vier a ser destruída", pois poderá ser apagada a relação entre um elemento probatório lícito com outro ilícito ocultado.[720]

---

720. PRADO, Geraldo. *Prova penal e sistema de controles epistêmicos*: a quebra da cadeia de custódia das provas obtidas por métodos ocultos. São Paulo: Marcial Pons, 2014. p.79.

Caso sejam descumpridos os mandamentos abstratos e gerais para a efetivação da medida, os elementos de informação apreendidos *in concreto* estarão eivados de ilicitude, em face de violação à regra de direito material. Terá ocorrido, na hipótese, construção deficiente de norma jurídica que permitiu a apreensão à míngua de elemento essencial que visava a proteger a intimidade. A persecução penal, nessa linha, encontra trilhos que devem ser seguidos para que haja validade de restrições a direitos fundamentais.

O vício dessa natureza afeta elemento essencial do ato jurídico-probatório. A atipicidade procedimental, no caso, é correspondente à nulidade absoluta. A consequência jurídica, no entanto, deve ir além da invalidação do ato processual penal representado pela sua documentação nos autos da busca e apreensão, com a descrição de seu resultado. É essencial delinear a incidência deficiente da norma jurídica, seguida de ordem de desentranhamento.

20.20 Direito à inviolabilidade domiciliar

O inciso XI, do art. 5º, da CF, é específico ao gizar que "a casa é asilo inviolável do indivíduo, ninguém nela podendo penetrar sem consentimento do morador, salvo em caso de flagrante delito ou desastre, ou para prestar socorro, ou, durante o dia, por determinação judicial". O Código Penal, aliás, tipifica como crime, em seu art. 150, a conduta de violação de domicílio.

São enunciados que conferem lastro à emissão de normas individuais e concretas, resultados que são do percurso que se inicia da abstração da norma geral deles deduzida. A Lei nº 13.869/2019 prevê, em seu art. 22, norma sancionatória penal para a conduta violadora de domicílio.

O deferimento cautelar de busca e apreensão de bens em domicílio depende de autorizativo legal (arts. 242; 244, CPP) e, como regra, judicial (art. 58, § 3º, CF; art. 243, CPP). A decisão deve ser fundamentada analiticamente, a fim de se evitar ocultação posterior dos modos utilizados para a obtenção de prova deferida sob segredo.

A diligência deve respeitar obstáculos consensuais (consentimento do sujeito passivo) e legais (horário). De modo algum (nem com anuência do morador), o mandado de busca e apreensão pode ser cumprido, em residência, no período de vinte e uma às cinco horas. Nos termos do inciso III, do art. 22, da Lei nº 13.869/2019, comete crime de abuso de autoridade quem "cumpre mandado de busca e apreensão domiciliar após as 21h (vinte e uma horas) ou antes das 5h (cinco horas)".

20.21 Direito ao sigilo

Com teor protetivo ao sigilo, o inciso XII, do art. 5º, da Constituição de 1988, dispõe que "é inviolável o sigilo da correspondência e das comunicações telegráficas, de dados e das comunicações telefônicas, salvo, no último caso, por ordem judicial, nas hipóteses e na forma que a lei estabelecer para fins de investigação criminal ou instrução processual penal.

O afastamento de sigilo deve observar regras rígidas. O destinatário da regra é quem tem o dever jurídico de guardar segredo relativamente ao objeto jurídico protegido pela redação do inciso:

(1) correspondência;

(2) comunicações telegráficas;

(3) dados; e

(4) comunicações telefônicas.

Esses conceitos não completam todo o espaço de ampliação da realidade do dígito, situado entre os elementos sensíveis (palpáveis ou perceptíveis) e ideais (inteligíveis). Seria indispensável a inserção, no direito positivo, de disciplina, vinculada ao princípio da proporcionalidade, sobre os objetos virtuais, passíveis de restrição judicial. Sem essa cautela, deliberações que interfiram em sistemas digitais, como e-mails e mensagens de aplicativos como *WhatsApp*, conflitam com a vedação de interferência nas liberdades públicas, com o uso de analogia, sem lei estrita.[721]

Para afastar o dever de guardar sigilo é necessário o preenchimento de condições legais específicas, de acordo com o diploma de regência (Lei nº 9.296/1996). Caso não sejam observados esses ditames, faltará elemento essencial ao ato constitutivo dos elementos de informação, devendo ser instalado o controle de nulidade.

A conclusão a que se chega encontra respaldo doutrinário em Ada Pellegrini Grinover. Como pondera, "as defesas postas pela Constituição aos direitos fundamentais, as quais consistem no sistema de proteção organizado em prol da segurança da pessoa, da vida e da liberdade humana, assumem dimensão maior exatamente no processo penal". Deveras, não pode o processo penal ser compreendido, tão somente, "como instrumento de persecução do réu", pois deve funcionar, primacialmente, "para a garantia do acusado".[722]

A restrição ao direito ao sigilo, a rigor, só é de ser feita por lei em sentido formal. Há, contudo, espaços que podem não ser abrangidos pelo teor da legislação. É comum, à linguagem, o caráter não suficiente para dirimir todas as dúvidas. Quando a Constituição é mais precisa, maior adequação deve ter a decisão judicial às suas diretrizes. Incide maior controle constitucional relativamente a ela.

Havendo conflito entre valores ou princípios, tem lugar a fixação de critérios, especialmente quando não há, no texto constitucional, **escalação fina dos princípios**. Com efeito, a matéria bruta do art. 5º, da Constituição, não é organizada para apontar hierarquia entre direitos aparentemente

---

721. FERRAZ JR., Tercio Sampaio. *O direito entre o futuro e o passado*. São Paulo: Noeses, 2014. p.51-56.

722. GRINOVER, Ada Pellegrini. *Provas ilícitas, interceptações e escutas*. Brasília: Gazeta Jurídica, 2013. p.39.

opostos, a exemplo da tensão entre o direito à intimidade, o direito à informação e o direito à sigilação.

20.22 Espaço de cognição das garantias fundamentais

Robert Alexy nomina de **espaço epistemológico** o âmbito que pode retratar a atividade de interpretação da Constituição pelo Judiciário. Esse **âmbito de cognição** nasce a partir do regramento de um direito, de modo mais ou menos indeterminado, pela Constituição. É a esfera que precisa de esclarecimento, onde há dúvida sobre limites constitucionais.

Por exemplo, no que toca ao sigilo telefônico, ele foi regulado genericamente (art. 5º, XII, CF). A Constituição remeteu, obrigatoriamente, a imposição de balizas à legislação específica.

O objeto da cognição judicial é o que a Constituição não teve êxito para bem precisar. Isto é, não advém do que a Constituição ordena ou proíbe expressamente, mas "dos limites da capacidade de cognição que a Constituição, por um lado, ordena e proíbe e, por outro, nem ordena nem proíbe". Em outros termos, o espaço epistemológico nasce dos limites de possibilidade do conhecimento do que a Constituição não regulou de maneira clara.[723]

Como se depreende, o texto constitucional funciona como ponto de partida e como limite. No vértice do sistema, está o juiz, imanente à estrutura jurídica[724] e titular da salvaguarda dos direitos individuais (art. 3º-B, *caput*, CPP).

Daí que a interpretação de regras fundamentais não pode autorizar **voluntarismo** ou **discricionariedade** (oportunidade e conveniência). Havendo espaço vago apto à atividade linguística criativa por parte do juiz, é indispensável a adoção

---

723. ALEXY, Robert. Direito constitucional e direito ordinário. Jurisdição constitucional e jurisdição especializada. *Revista dos tribunais*, São Paulo, a.91, n.799, p.40, mai 2002.

724. COSSIO, Carlos. *La teoría egológica del derecho y el concepto jurídico de libertad*. 2. ed. Buenos Aires: Abeledo-Perrot, 1964. p.13.

de procedimento formal para a aplicação do **princípio da proporcionalidade**, máxime a sua terceira etapa (ponderação de valores em jogo ou proporcionalidade em sentido estrito), reduzindo a possibilidade de precarização de direitos fundamentais, não autorizada pelo sistema.

20.23 Arquivamento das investigações preliminares

A investigação preliminar pode ser objeto de encerramento por diversas razões. O procedimento de arquivamento se unificou, independentemente da natureza de ser inquérito policial, procedimento investigativo criminal (PIC), verificação preliminar de inquérito (VPI), termo circunstanciado de ocorrência (TCO) ou outro procedimento com conteúdo investigativo penal, independentemente do nome que se lhe dê.

Em suma, as variáveis se tornaram acidentais quando os autos veiculam investigação delitiva, unificando-os em torno do eixo de controle sobre a documentação preliminar que pode servir de base à denúncia ou queixa. A marca distintiva no controle do arquivamento do inquérito policial e de outros procedimentos investigativos, ficará restrita ao membro do Ministério Público com atribuição para manifestar-se pelo seu arquivamento perante órgão do Poder Judiciário.

20.23.1 Manisfestação do Ministério Público pelo arquivamento de inquérito policial ou de outros procedimentos investigativos criminais

O arquivamento do inquérito policial está regido pelo art. 28, *caput*, § 1º, do CPP. Trata-se de **tríplice controle** que submete a questão a possibilidades preclusivas no âmbito judicial e/ou na esfera ministerial. Uma dessas duas alternativas é suficiente para que o inquérito policial ou procedimento investigativo seja encerrado com homologação (**judicial** ou **administrativa**, conforme o caso), de natureza *rebus sic stantibus*.

Vale dizer, uma vez exarada a manifestação ministerial de arquivamento da investigação criminal, seguida de decisão homologatória judicial ou do órgão revisional do Ministério Público, somente poderá ser **desarquivada** se advier prova substancialmente nova, nos termos do verbete nº 524, da Súmula do STF. A concordância judicial com a manifestação ministerial produz efeitos jurídicos preclusivos, que se sobrepõem à eventual discordância do órgão revisional face à provocação do interessado. O órgão de cúpula do *Parquet* (órgão de revisão e/ou Procurador Geral) poderá deliberar pelo oferecimento de denúncia, mas, para tanto, deverá acostar **prova materialmente nova,** que tenha o efeito de suplantar o encerramento das investigações com o arquivamento homologado em juízo.

Vale frisar, sem embargo, que o controle é tríplice no sentido de poder a questão ser levada ao conhecimento do órgão revisional do Ministério Público por três classes de sujeitos da persecução penal *lato sensu*, a saber:

(1) é necessária a comunicação da manifestação ministerial de arquivamento da investigação preliminar ao órgão competente do Poder Judiciário, na visão de um sistema de freios e contrapesos (*checks and balances*), com exercício de função anômala de controle do inquérito policial pelo magistrado[725];

(2) as providências comunicativas do arquivamento devem ser, indispensavelmente, dirigidas à **vítima** ou ao seu **representante legal.** Nos termos do § 2º, do art. 28, do CPP, "nas ações penais relativas a crimes praticados em detrimento da União, Estados e Municípios, a revisão do arquivamento do inquérito policial poderá ser provocada pela chefia do órgão a quem couber a sua representação judicial"; e

(3) a **autoridade policial** deve ser cientificada do arquivamento. O delegado de polícia se insere entre os

725. STF – Pleno – ADI 6298/DF – Rel. Min. Luiz Fux – 24 ago. 2023.

> legitimados para deflagrar o controle porque tem legitimidade para fustigar ato ilegal que viole direito líquido e certo relacionado ao exercício de suas funções públicas, em casos como o de arquivamento teratológico.

O **imputado** também deve ser informado sobre a manifestação de arquivamento da investigação preliminar. Não será por certo sujeito com legitimidade para controlar o arquivamento indevido do inquérito policial, por não ter interesse jurídico, mas poderá pleitear medidas para ver cessar, por exemplo, medidas cautelares descalçadas de *fumus comissi delicti* a partir do encerramento das investigações.

Na interpretação conforme a constituição que conferiu o STF aos enunciados sobre a manifestação de arquivamento do inquérito policial pelo *Parquet*, ficou dito, quanto ao § 1º, do art. 28, do CPP, que, além do **ofendido** ou de seu **representante legal**, o **magistrado** também poderá submeter a matéria à **revisão da instância competente do órgão ministerial**, quando verificar "patente ilegalidade ou teratologia no ato do arquivamento". Para tanto, sublinhou-se o dever do *Parquet* de submeter sua manifestação de arquivamento ao juiz competente (para os fins de **homologação judicial**), bem como de comunicá-la "à vítima, ao investigado e à autoridade policial", com o encaminhamento dos autos ao Procurador-Geral ou à instância revisional, para fins de **homologação administrativa**.

Assentadas essas questões, é de ver que em alguns órgãos do Judiciário, notadamente os de cúpula, atua o chefe do Ministério Público, a exemplo do Procurador Geral da República ou do Procurador Geral de Justiça, a quem cabe a palavra final ao **promover o arquivamento** com o cunho de definitividade, ao menos *rebus sic stantibus* (Súmula nº 524, STF).

Vale distinguir, portanto, conforme qual seja o órgão do *Parquet* a se manifestar pelo arquivamento do inquérito policial ou de outras investigações preliminares, e qual o órgão do Poder Judiciário no qual aquele atua:

(1) perante o juiz de primeiro grau ou tribunal que não seja órgão de cúpula ou de sobreposição da justiça (por exemplo, o TRF de uma das regiões, o STJ ou um dos TRE´s): o membro do *Parquet* deve se manifestar pelo arquivamento do inquérito policial (investigação preliminar, termo circunstanciado de ocorrência – TCO ou procedimentos investigativos criminais – PIC), com as providências comunicativas ao juiz e aos demais sujeitos indicados no art. 28, *caput*, § 1º, do CPP;

(2) perante tribunal de cúpula ou de sobreposição, da esfera comum federal e estadual (por exemplo, o STF ou o TJ de um estado-membro): o chefe do Ministério Público **promove o arquivamento** do inquérito policial (IP, TCO ou PIC), efetivando as providências comunicativas do art. 28, *caput*, § 1º, do CPP.[726] Aquela manifestação ministerial de arquivamento tem natureza de deliberação final e, ao órgão judicial, caberá somente homologar a decisão ministerial. Todavia, é preciso um mecanismo claro de "controle da não ação penal, da não denúncia" de atribuição do chefe do *Parquet*, questão que foi objeto da argúcia de Afrânio Silva Jardim. Nas suas palavras, o controle do "arquivamento dos procedimentos de investigação criminal se faz ainda mais necessário nos casos em que o indiciado (investigado) tenha direito à competência originária dos tribunais por prerrogativa de função". O distinto processualista enfatiza que "esta necessidade de controle decorre das formas de nomeação dos Procuradores Gerais e do prestígio político que quase sempre desfrutam os ocupantes de cargos públicos do alto escalão do Poder Público". A forma de equacionar o problema seria outorgar ao conselho superior "a última palavra sobre a proposta ou não de ação penal pública, como é próprio do sistema processual

726. STF – Pleno – ADI 6298/DF – Rel. Min. Luiz Fux – 24 ago. 2023.

acusatório". Enquanto inexistente positivação desse controle, a manifestação deve ocorrer perante o tribunal, com o fito de lhe conferir publicidade e transparência, como também "para fixar o termo inicial para eventual ação penal privada subsidiária da pública por parte do ofendido, (cujo cabimento ainda é discutível, embora prevista como garantia fundamental na Constituição da República)". Seria a sufragação de uma **ação penal privada subsidiária ampliada.**[727]

20.23.2 Justa causa como parâmetro de controle da investigação preliminar

A tramitação do inquérito policial, instaurado indevidamente, e o seu arquivamento, a pedido do Ministério Público, é controlável pela noção de justa causa. Trata-se de expressão ampla, dotada de vaguidade.

Em compasso com Fauzi Hassan Choukr, são duas posições que, contemporaneamente, delimitam o seu conceito:

(1) justa causa enquanto "suporte probatório mínimo para lastrear a acusação"; ou

(2) justa causa como "possibilidade (e não mera probabilidade) da ocorrência da condenação".[728]

Em acréscimo, pode-se alinhar que a justa causa é aspecto normativo que opõe à investigação a ideia de ser indevida sua instauração, porque desproporcional ou sem conformidade com parâmetros jurídicos.

---

727. JARDIM, Afrânio Silva. *Reflexões críticas sobre direito e sociedade*. Pierre Souto Maior Coutinho de Amorim [org.]. Belo Horizonte: Dialética, 2021. p.317; 321; 334; JARDIM, Afrânio Silva; AMORIM, Pierre Souto Maior Coutinho de. *Direito processual penal*: Estudos e pareceres. 13. ed. Rio de Janeiro: Lumen Juris, 2014. p.544.

728. CHOUKR, Fauzi Hassan. Justa causa – reflexões em torno da obra de Afrânio Silva Jardim. In: *Tributo a Afrânio Silva Jardim*: escritos e estudos. Marcelo Lessa Bastos; Pierre Souto Maior Coutinho de Amorim [orgs]. 2. ed. Rio de Janeiro: Lumen Juris, 2014. p.288.

O conceito de **justa causa** pode orientar não somente o pleito de arquivamento da investigação preliminar, mas também a rejeição da denúncia (art. 395, III, CPP) e o deferimento de *habeas corpus* trancativo (art. 3º-B, XII, CPP). O STF, aliás, atribuiu interpretação conforme a constituição ao inciso IX do referido art. 3º-B, para pontificar que todos os atos praticados pelo Ministério Público como condutor de investigação penal devem se submeter ao crivo judicial, bem como que todos os procedimentos investigativos criminais (PIC), ainda que tenham outra denominação, devem ser encaminhados ao respectivo juiz natural, independentemente de o juiz das garantias já ter sido implementado na respectiva jurisdição.[729]

A instauração do inquérito policial baseada em fato atípico é ato que viola o art. 5º do CPP. Para ser iniciado o inquérito policial, é indispensável notícia de infração penal revestida de tipicidade. Também é imprescindível que não tenha ocorrido a extinção de sua punibilidade. Deve existir, em tese, delito punível. Caso seja aberto em ferimento a essas disposições, admite-se a propositura de *habeas corpus* para forçar o seu arquivamento.

A justa causa, portanto, deve ser vetor de controle das investigações criminais. Esse ponto de vista foi objeto de estudo específico de Cleopas Isaías Santos. O autor firmou o posicionamento de que "a justa causa deve ser compreendida como parâmetro axiológico-normativo para qualquer ato da persecução criminal que restrinja ou possa restringir direitos fundamentais do imputado", informando todas as fases procedimentais, "desde a instauração da investigação, passando pela decretação de medidas cautelares e meios de obtenção, pelo indiciamento, ação penal até alcançar a sentença condenatória".[730]

De todo modo, o vício de instauração de inquérito policial recai sobre elemento essencial desse ato jurídico. Caso seja

---

729. STF – Pleno – ADI 6298/DF – Rel. Min. Luiz Fux – 24 ago. 2023.

730. SANTOS, Cleopas Isaías. *Justa causa para a investigação criminal*: fundamentos e limites constitucionais da investigação policial no Brasil. Belo Horizonte: D'Plácido, 2022. p.98.

iniciado, a ilicitude deve deflagrar controle sobre suas consequências, relacionadas a ato contrário à liberdade de locomoção, quando haverá o seu **trancamento** que, tecnicamente, é autêntico arquivamento.

Esse encerramento tem cariz retro-operante, isto é, deve ser subtraída a irradiação de efeitos de atos que tenham, eventualmente, afetado o núcleo humano do agente, a exemplo da carga valorativa negativa que emana do indiciamento.

Outrossim, veja-se que a fundamentação do arquivamento dos autos do inquérito policial é correlacionada, a *contrario sensu*, com os pressupostos processuais e as condições para o exercício da ação penal (art. 395, II). Se o caso concreto indicar, hipoteticamente, que a denúncia, se formulada, deverá ser rejeitada, é porque o órgão da acusação deverá pleitear ou promover o seu arquivamento (art. 28, CPP).

A lição de Afrânio Silva Jardim, mais uma vez, é precisa sobre essa questão. O jurista pontifica que, para o regular exercício da demanda penal, é necessário que a acusação não seja temerária ou leviana, devendo ser lastreada em um mínimo de prova para se fazer presente o princípio da obrigatoriedade: "este suporte probatório se relaciona com os indícios da autoria, existência material de um fato penalmente típico e alguma prova de sua antijuridicidade e culpabilidade". Daí que "faltando uma condição para o regular exercício da ação penal, deve o Ministério Público postular o arquivamento sem que esteja violando o tal princípio da obrigatoriedade".[731]

20.23.3 Coisa julgada da decisão de arquivamento do inquérito policial

A rigor, não deveria o arquivamento do inquérito produzir coisa julgada material, porquanto a lei já constitui óbice para qualquer tentativa do Estado em perseguir o agente por

---

731. JARDIM, Afrânio Silva; AMORIM, Pierre Souto Maior Coutinho de. *Direito processual penal*: Estudos e pareceres. 13. ed. Rio de Janeiro: Lumen Juris, 2014. p.488.

fato atípico ou por fato com punibilidade extinta. Instaurar inquérito policial com fundamento em fato atípico ou que já esteja com a punibilidade coartada é vício de gravidade equiparável à sua instauração com violação à coisa julgada material.

Deve incidir o postulado *ne bis in idem*,[732] haja vista ser vedada a dupla persecução penal por fatos e provas idênticos.

Tecnicamente, portanto, falar em coisa julgada material de decisão de arquivamento de inquérito policial é incompatível com a sua estrutura, que não se equipara à do processo penal condenatório, malgrado este se baseie. A cognição em sede de arquivamento de inquérito policial é superficial para que seja considerada coisa julgada.

Como o inquérito não é processo, a formação de coisa julgada material sobre a decisão de seu arquivamento não é adequada à sua natureza.

Decerto, o art. 18 do CPP prevê que, "depois de ordenado o arquivamento do inquérito pela autoridade judiciária, por falta de base para a denúncia, a autoridade policial poderá proceder a novas pesquisas, se de outras provas tiver notícia". Essa possibilidade tem lugar porque se pressupõe que o inquérito é procedimento desprovido da aptidão de gerar coisa julgada.

Os fundamentos de James Goldschmidt acerca da natureza jurídica do processo servem de auxílio a tal conclusão. Segundo o processualista alemão, "o processo é o procedimento cuja finalidade é a constituição da coisa julgada, ou seja, o efeito de que a reclamação do autor seja válida no futuro perante os tribunais como legalmente ou não fundados".[733] O jurista vê o processo como o âmbito contraditório que

---

732. SABOYA, Keity. *Ne bis in idem*: história, teoria e perspectivas. Rio de Janeiro: Lumen Juris, 2014.p.63.

733. GOLDSCHMIDT, James. *Principios generales del proceso*: teoria general del proceso. Tradução: Tradução: Santiago Sentís Melendo. 2. ed. Buenos Aires: EJEA, 1961. p.37 (tradução livre).

consiste na situação jurídica necessária à constituição da coisa julgada. Cotejando esses argumentos com a fase investigativa, soa incompatível admitir coisa julgada em procedimento unilateral, tal como o inquérito policial.

Corrobora ainda a ilação de que coisa julgada material é instituto inconciliável com o inquérito policial, o exame de sua natureza jurídica, no confronto com a pretensão processual como categoria essencial do processo penal. Somente de **forma imprópria** é possível se falar na aplicação daquele instituto, restritamente à homologação judicial da manifestação ministerial de investigação preliminar, nos termos do art. 28, *caput*, § 1º e § 2º, CPP.[734] A **coisa julgada material** somente incidirá se a manifestação ministerial – formulada atecnicamente e homologada pelo Judiciário – contiver declaração de conteúdo de mérito apto a eximir o imputado de responsabilidade criminal, com argumentos como os de excludentes de ilicitude ou de atipicidade.

No dizer de Afrânio Silva Jardim, "o inquérito policial, ainda que estruturado sob a égide do inquisitorialismo, não faz parte do nosso processo penal, mas é um mero procedimento administrativo-investigatório prévio, destinado tão somente a dar lastro probatório mínimo à acusação penal". Ademais, o inquérito policial é regido pela **dispensabilidade**, mormente quando aquela finalidade seja obtida por meio das denominadas peças de informação.[735]

De todo modo, instaurar inquérito policial por fato com punibilidade extinta ou por conduta atípica, ainda que não haja declaração judicial nesse sentido, retrata ferimento de elemento essencial para a perfeição da persecução penal. Daí que é desnecessário e atécnico recorrer-se às **categorias processuais** "declaração de extinção de punibilidade", "declaração de atipicidade do fato" ou "coisa julgada material" em

734. STF – Pleno – ADI 6298/DF – Rel. Min. Luiz Fux – 24 ago. 2023.

735. JARDIM, Afrânio Silva. Reflexão teórica sobre o processo. *Justitia*, São Paulo, a.46, n.127, p.121-122, out.-dez. 1984.

sede de **inquérito policial**. Aliás, haverá déficit de validade da investigação constituída em contexto desse jaez, eis que coisa julgada material é classe que se forma em processo penal devidamente instaurado, que atende aos pressupostos de existência e de validade.

O STF se distanciou dessa orientação.

Em reiterados julgados, a mais alta Corte declarou que é necessária decisão jurisdicional específica quando o pedido de arquivamento se arrima na alegação de atipicidade do fato.

Isso porque, se acolhido o requerimento de arquivamento com lastro naquele fundamento, haverá eficácia de coisa julgada material.

O STF asseverou, por outro lado, que, nas hipóteses comuns:

(1) "o arquivamento de inquérito policial não faz coisa julgada nem causa a preclusão"; e,

(2) diferentemente do que ocorre quando o arquivamento se dá por **atipicidade do fato** (que fica coberto pelo manto da coisa julgada), "a superveniência de novas provas relativamente a alguma excludente de ilicitude admite o desencadeamento de novas investigações".[736]

É mister distinguir:

(1) aquela menção do julgado da Suprema Corte se aplica aos casos de arquivamento por **insuficiência de provas** quanto à aparente legítima defesa. A prova nova autoriza, nessa hipótese, deflagração de uma segunda investigação;

(2) entrementes, se o órgão judicial, ao acolher o pedido de arquivamento ministerial, declarar que o

736. STF – Pleno – HC 87395 – Rel. Min. Ricardo Lewandowski – publicado em: 13 mar. 2018.

imputado agiu em legítima defesa, a questão será incidida pela coisa julgada material se não for objeto de impugnação tempestiva.

A definição de coisa julgada material assume dimensão demasiadamente ampla para qualificar aquela decisão em procedimento que não se qualifica como processo penal. Cuida-se de violação à moldura jurídica que, ao cabo, atendeu a teleologia de tutela da liberdade do imputado. A imunização dessa deliberação ocorre porque as formas guardam genética normativa *favor rei*.

Afrânio Silva Jardim aborda tal questão para assentar que "descabe julgar extinta a punibilidade em inquérito policial". No seu lúcido magistério, "não pode existir uma sentença de mérito onde não há ação, processo e jurisdição". Decerto, o que se tem, em sede de inquérito policial, não é uma sentença (incompatível com o procedimento inquisitorial), porém uma decisão de arquivamento, fundada em requerimento do Ministério Público. Note-se que a prescrição da pretensão punitiva funciona "como causa de decidir e não como objeto da decisão". A atividade do juiz deve se limitar a "examinar se houve prescrição tendo como base a imputação feita pela parte autora, como é próprio do sistema acusatório", não sendo correto que o Judiciário diga qual o delito que teria sido cometido pelo indiciado.[737]

Vale dizer, o juízo exercido no controle da acusação é antecedente à atribuição do *Parquet*, bem como à competência judicial no curso do processo. Não deve o juiz, no controle da investigação criminal e do recebimento da denúncia ou queixa, exarar juízo consequente. Ou seja:

(1) não lhe cabe declarar a extinção da punibilidade durante o inquérito policial ou procedimento investigativo preliminar, diante dos seus limites cognitivos

737. JARDIM, Afrânio Silva; AMORIM, Pierre Souto Maior Coutinho de. *Direito processual penal*: Estudos e pareceres. 13. ed. Rio de Janeiro: Lumen Juris, 2014. p.560-561.

estreitos (a investigação preliminar é **juízo antecedente** ao processo penal);

(2) é vedado ao magistrado retificar a tipificação da denúncia fora do momento próprio da *emendatio libelli* (art. 383, CPP), devendo rejeitar a acusação se equivocada (art. 395, CPP) ou, se recebida, declinar a competência para processamento e julgamento perante outro órgão, sem indicar, na *declinatoria fori*, a infração penal que julgara estar incurso o acusado (a qualificação do fato é **juízo consequente** em relação ao trâmite processual).

20.23.4 Indeferimento do requerimento de abertura de inquérito policial

Embora possa indeferir requerimento de abertura de inquérito policial (art. 5º, § 2º), o delegado de polícia não pode arquivá-lo (art. 17, CPP). Também, não pode arquivar verificação de procedência de informações (VPI) ou TCO, cuja remessa à justiça é cogente, nos termos descritos no parágrafo anterior. Do indeferimento do requerimento de abertura de inquérito policial e de outras investigações policiais, caberá recurso ao respectivo chefe de polícia (diretor de departamento ou secretário de segurança pública).

20.24 Desarquivamento do inquérito policial

Questão delicada é a carência de um sistema mais detalhado para o desarquivamento do inquérito policial, que pode se suceder à incidência do art. 28, *caput*, § 1º e § 2º, do CPP.[738] Decerto, o arquivamento do inquérito policial suscita a aplicação do verbete nº 524, da Súmula, do STF, que preconiza a necessidade de novas provas, como condição para a abertura de novas investigações ou desarquivamento do inquérito policial.

---

738. STF – Pleno – ADI 6298/DF – Rel. Min. Luiz Fux – 24 ago. 2023.

O conceito de **prova nova** é aberto, indeterminado.

Para delimitar a possibilidade de eventual e futuro desarquivamento, divide-se o conceito de prova nova em **prova materialmente nova** (essencial) e **prova formalmente nova** (acidental), cujo *discrimen* seria saber se a questão probatória se funda:

(1) na necessariedade da sua origem (fonte distinta, representativa de sua essência); ou

(2) na contingência de suas circunstâncias (modificação do conteúdo).

O magistério de Afrânio Silva Jardim e de Pierre Souto Maior externa preocupação semelhante, com a lamentação de ausência de regulamentação do arquivamento do inquérito e das peças de informação:

(1) em primeiro lugar, "se o arquivamento do inquérito ou das peças de informação depende de decisão judicial", parece "razoável que o desarquivamento também seja submetido ao crivo do juiz, prevendo-se recurso para o seu indeferimento";

(2) seguidamente, "a exigência de novas provas não esgota os requisitos para o desarquivamento, pois somente terá pertinência quando o arquivamento tiver sido motivado pela insuficiência de prova do fato ou da autoria".[739]

20.25 Investigação de ato infracional

Em consonância com o Estatuto da Criança e do Adolescente – ECA, considera-se ato infracional a conduta descrita como crime ou contravenção penal (art. 103, Lei nº 8.069/90). Para investigar infração atribuída à pessoa com idade igual a doze e inferior a dezoito anos à época da ação ou da omissão, o rito é específico, denominado procedimento judicial para apuração de

739. JARDIM, Afrânio Silva; AMORIM, Pierre Souto Maior Coutinho de. *Direito processual penal*: estudos, pareceres e crônicas. Salvador: Juspodivm, 2018. p.302.

ato infracional, com incidência subsidiária das normas gerais da legislação processual (art. 126; 152; 182, Lei nº 8.069/90).

Cuida-se de **microssistema de controle do desenvolvimento saudável da criança e do adolescente** que impõe divisão do exercício da atribuição investigativa e da competência jurisdicional. Ainda que haja conexão de condutas (art. 76, CPP), concurso de pessoas (continência – art. 77, CPP) ou encontro fortuito de provas (**serendipidade**), é imperioso que o procedimento para apuração de ato infracional seja independente de outra investigação preliminar, cujo objeto seja a conduta de fato imputado à pessoa com dezoito anos ou mais.

A hipótese é de separação obrigatória de processos (art. 79, II, CPP), quando houver conexão ou continência.

Mas não apenas: deve-se isolar a investigação do ato infracional conexo ou cometido em coautoria com pessoa maior, bem como separar o próprio adolescente quando submetido à internação. Aliás, a previsão legal é de que a repartição policial seja especializada, exclusiva, sem contato com aquelas destinadas aos imputados com dezoito anos ou mais (art. 175, § 2º, Lei nº 8.069/90).

Sem embargo, enquanto não conhecida a autoria do fato definido como delito, pode ser instaurado, equivocadamente, inquérito policial. Haverá **serendipidade subjetiva**, ou seja, a **descoberta causal superveniente** de que o suposto sujeito ativo de uma infração penal é, por exemplo, um adolescente. Vale dizer:

(1) é sabido que, para se instaurar inquérito policial, não é imprescindível o conhecimento da autoria do fato definido como infração penal, eis que, não raras vezes, a investigação policial tem por objeto elucidar a autoria de um delito;

(2) o art. 5º, *caput*, do CPP, aponta que o inquérito policial será iniciado nos crimes de ação pública, de ofício ou mediante provocação;

(3) a sua vez, o § 1º, alínea "b", daquele dispositivo, preconiza que, quando iniciado por requerimento do ofendido (*delatio criminis* postulatória), deverá indicar, sempre que possível, "a individualização do indiciado ou seus sinais característicos e as razões de convicção ou de presunção de ser ele o autor da infração, ou os motivos de impossibilidade de o fazer".

Como o inquérito deve ser deflagrado mesmo se não conhecida a autoria do fato, esse proceder finda por permitir que se descortine, somente depois, que o apontado não tinha a idade mínima para ser considerado imputável penalmente.

Haverá defeito de gravidade intensa. Embora não seja cominada nulidade, o caso é de **inexistência jurídica** dos autos da investigação alusivamente ao menor. Cuida-se de falta de pressuposto de existência subjetivo de natureza passiva. Vale lembrar que, em conformidade com o art. 228, da CF, é reconhecida a inimputabilidade penal dos menores de dezoito anos, estando eles sujeitos às normas da legislação especial.

A investigação preliminar instaurada por infração tipificada na legislação penal que, de seu turno, só tem como autor pessoa com menos de dezoito anos, é eivada de vício concernente a **elemento estrutural**. Além do *status* constitucional da regra que estabelece a idade mínima de dezoito anos para a responsabilidade criminal, haverá, naquela situação, violação do procedimento previsto em lei para a apuração de ato infracional, de forma impeditiva ao seu reconhecimento pelo sistema.

Eventualmente, nos casos de divisão de funções entre autoridades policiais com esteio na natureza da infração ou no critério da qualidade do sujeito ativo do delito, pode também ser o caso de descumprimento da regra de atribuição para a condução da investigação.

O entendimento de que o inquérito policial tem natureza meramente inquisitiva pode sugerir que as suas peças de informação podem instrumentalizar procedimento para a apuração de ato infracional. Sob essa ótica, a consequência jurídica não necessariamente teria a aptidão de desconstituir os efeitos dos elementos colhidos contra o adolescente. A justificativa seria a criação de uma regra de calibração (jurisprudencial) tendente a evitar a invalidação daqueles elementos.

Apesar dessa cogitação, é de ver que o inquérito policial não pode ser instrumento utilizado para a investigação de atos infracionais atribuídos a adolescentes. A apuração que tem como sujeito passivo o menor de dezoito anos deve ser objeto de maiores cautelas, mormente aquelas dispostas nos arts. 171 ao 179 da Lei nº 8.069/1990.

Isso significa dizer que não se deve admitir que a apuração de delito atribuído exclusivamente a adolescente seja realizada por inquérito policial quando, de início, já se tenha conhecimento de sua autoria. Caso assim aconteça, a norma jurídica consequente deve determinar o desfazimento dos efeitos dos atos procedimentais e, de conseguinte, o arquivamento dos autos de investigação preliminar, sem prejuízo da apuração do fato com respeito ao Estatuto da Criança e do Adolescente.

20.26 Extensibilidade jurisdicional da investigação e formalismo

Deve ser admitida a sindicabilidade dos atos da investigação preliminar praticados em descompasso com a legislação.

Essa precaução tende a coibir, relativamente aos elementos colhidos na fase pré-processual, a **extensibilidade jurisdicional** dos atos do inquérito policial. Essa expressão consiste na admissão (indevida) de valoração de elementos da investigação preliminar na sentença judicial.

Nesse diapasão, Ricardo Jacobsen Gloeckner expõe crítica ao formalismo judicial e doutrinário, aduzindo que a cisão absoluta entre o inquérito policial e o processo, para o fim de se negar o controle da validade dos atos correspondentes, deve ser revista.[740]

740. GLOECKNER, Ricardo Jacobsen. *Nulidades no processo penal*: introdução principiológica à teoria do ato processual irregular. Salvador: Juspodivm, 2013. p.557-558.

O formalismo, contudo, não parece ser o motivo do equívoco doutrinário e jurisprudencial apontado, corretamente, pelo autor, porquanto, não raramente, o baixo controle dos atos viciados decorre de procedimentos que ficam à margem da estrita legalidade e, portanto, do formalismo.

20.27 Extensão da nulidade da investigação ao processo penal

Caso venha a ser ajuizada ação penal com base em inquérito policial acometido de nulidade, deve ser constituída norma jurídica de controle. A constatação sobre a relevância ou irrelevância do vício da fase investigativa, relativamente aos motivos do art. 395, do CPP, deverá direcionar a qualidade da reação estatal sobre os efeitos do processo penal instaurado.

O objeto do controle poderá ser, portanto, a falta de justa causa para a ação penal, que deveria estar lastreada em suporte probatório mínimo. Nesse caso, haverá nulidade absoluta do processo diante de incidência deficiente (art. 395, III, CPP). Por exemplo, se for recebida denúncia sem base jurídica, por ser ilícita a investigação preliminar, o processo padecerá de nulidade absoluta.

20.28 Identificação criminal do investigado

A qualificação e a identificação do investigado constituem atos procedimentais (arts. 6º, VIII; 41, CPP). Dentre as providências a cargo da autoridade policial, está a de ordenar a identificação do indiciado pelo processo datiloscópico, se possível, e fazer juntar aos autos sua folha de antecedentes.

Entretanto, o ordenamento jurídico prevê outras formas de identificação criminal, toda vez que houver **necessidade** (art. 4º, da Lei nº 12.037/2009), em face da ausência ou deficiência de identificação civil do imputado. A teor do inciso LVIII, do art. 5º, da Constituição, "o civilmente identificado não será submetido a identificação criminal, salvo nas hipóteses previstas em lei".

Exige-se, destarte, lei formal e compatível com a CF. A disciplina infraconstitucional deve se ajustar a critérios vinculados ao princípio da proporcionalidade. Cabe sublinhar, a **identificação criminal** do imputado não deve ter, meramente, o cunho de o constranger. Ademais, a sua dignidade já é afetada, gravemente, pelo procedimento criminal.

A identificação criminal é prevista pela Lei nº 12.037/2009, em casos como o de rasuras do documento de identificação civil, insuficiência ou duplicidade de identificações com nomes diferentes (art. 3º). Quando essencial à investigação, a identificação criminal poderá incluir a coleta de material biológico para a obtenção do perfil genético (arts. 3º, IV; 5º, parágrafo único).

20.29 Identificação genética do investigado

A **identificação genética** é regulada pelo art. 5º-A da Lei nº 12.037/2009 (Lei de Identificação Criminal). A identificação genética deve ser interpretada consoante o vetor da necessidade, volvida aos fins de investigação e controle de infração penal devidamente individualizada. Colocada sob a lente da teoria do direito, a identificação genética poderá ser definida como:

(1) **ato** (ato-fato, ato jurídico ou fato jurídico): consistente na conduta material de delimitar o material a ser submetido a exame (**fato**);

(2) **procedimento**: rito sequenciado de providências reguladas por lei, destacando os limites de intervenção nas liberdades fundamentais (**valor**);

(3) **norma jurídica**: incidência normativa transcrita em forma de argumento, com a avaliação do resultado da identificação (**norma**).

A identificação criminal genética deverá obedecer aos contornos:

(1) **procedimentais** (art. 4º, Lei nº 12.037/2009): a consecutividade de providências deve migrar da demarcação do fato que autoriza, restritamente, a identificação genética. A coleta da amostra biológica, bem como a elaboração do respectivo laudo devem ser realizadas por **perito oficial** – servidor público (art. 9º-A, § 7º, LEP). Cabe destacar:

(a) o art. 9º-A, da Lei de Execução Penal (LEP), estatui que a submissão obrigatória à identificação do perfil genético recai, limitadamente, sobre o **condenado** por crime **doloso** praticado (*i*) com violência grave contra a pessoa, bem como por crime (*ii*) contra a vida, (*iii*) contra a liberdade sexual ou (*iv*) por crime sexual contra vulnerável;

(b) não basta a gravidade do delito ou ser ele inserido no rótulo dos crimes hediondos;

(c) a permissão da coleta de material biológico para a identificação genética é condicionada à tipicidade de fato que se amolde a uma das hipóteses descritas no dispositivo citado, da LEP;

(d) desse modo, deve ser contornada a abertura do art. 3º, inciso IV, c/c o art. 5º, parágrafo único, ambos da Lei nº 12.037/2009. Não basta, à "coleta de material biológico para a obtenção do perfil genético", que a identificação criminal seja essencial às investigações policiais. É indispensável o cumprimento dos demais requisitos legais, diante da **relação normativa horizontal** com do art. 9º-A, da Lei de Execução Penal, com os demais dispositivos que regem a matéria;

(2) **de sigilação** (arts. 5º-A, § 2º; 7º-B, Lei nº 12.037/2009): o armazenamento do material recolhido deve ser feito

em banco de dados de perfis genéticos, gerenciado por unidade oficial de perícia criminal, sob segredo;

(3) **temporais** (para fins de exclusão – art. 7º-A, I e II, Lei nº 12.037/2009): a teor do § 5º, do art. 9º-A, da LEP, a amostra biológica recolhida somente poderá ser utilizada para o único e exclusivo fim de autorizar a identificação pelo perfil genético. São expressamente proibidas as práticas de fenotipagem genética ou de busca familiar. De outro lado, depois de identificado o perfil genético, o material biológico coletado deverá ser imediatamente descartado. Visa-se a impedir a sua utilização para fins diversos. Nos termos da Lei de Identificação Criminal, a exclusão dos perfis genéticos dos bancos de dados deve ter lugar:

(a) na hipótese de absolvição do réu; ou,

(b) no caso de condenação, mediante requerimento, após o decurso de vinte anos do cumprimento da pena. Como se depreende, essa consequência da condenação tem a força de se estender para bem depois do cumprimento da pena. Há desproporcionalidade se cotejado esse efeito com as regras de reabilitação do apenado (arts. 743 a 750, CPP; arts. 93 a 95, CP), bem como com o princípio da dignidade humana (art. 1º, III, CF) e da individualização da pena (art. 5º, XLVI);

(4) éticos (art. 5º-A, § 1º): o armanezamento do material biológico não deve revelar traços somáticos ou comportamentais das pessoas, exceto determinação genética de gênero, em compasso com as normas constitucionais e internacionais sobre direitos humanos, genoma humano e dados genéticos;

(5) **de certificação** (art. 6º): há vedação à menção da identificação criminal do indiciado em atestados de antecedentes ou em informações não destinadas ao juízo criminal, em momento anterior ao trânsito em julgado da sentença condenatória; e

(6) **de conservação** (arts. 5º-A, *caput*; 7º; 7º-B): o art. 9º-A, da LEP, preconiza que a identificação do perfil genético ocorrerá "mediante extração de DNA (ácido desoxirribonucleico), por técnica adequada e indolor, por ocasião do ingresso no estabelecimento prisional".

Sob a ótica da jurisprudência alemã, Klaus Volk explica o valor do exame genético. Considerando a possibilidade, indevida, de seu uso futuro, comparativo, o ponto de vista exposto pelo jurista é relevante. Como pondera, "o resultado negativo de uma análise de DNA exclui com segurança uma prova do fato. Um resultado positivo, no entanto, somente tem valor estatístico e não deve implicar, por si só, uma condenação".[741]

20.30 Identificação multibiométrica do investigado

O ordenamento jurídico prevê a possibilidade de **identificação multibiométrica**, consistente na obtenção de "registros biométricos, de impressões digitais, de íris, face e voz colhidos em investigações criminais ou por ocasião da identificação criminal" (art. 7º-C, § 3º, Lei nº 12.037/2009).

Embora a legislação vede o uso para fins diversos do que prevê seu texto (art. 7º-C, § 8º), a disciplina inserida no § 2º, do seu art. 7º-C, é aberta quanto à justificativa de sua necessidade (exigibilidade) e adequação (aderência) aos fins da investigação (justa medida). Apesar da indeterminação textual, a adequada aplicação dos dispositivos não deve prescindir da incidência dos princípios da proporcionalidade e da presunção de inocência (art. 5º, LVII, CF).

Em outras palavras, não é compatível com o sistema democrático a submissão, generalizada, de todo e qualquer investigado à identificação biométrica, com a implantação de

741. VOLK, Klaus. *Curso fundamental de derecho procesal penal*. Tradução: Alberto Nanzer; Noelia T. Núñez; Daniel R. Pastor; Eugenio Sarrabayrouse. Buenos Aires: Hammurabi, 2016. p.124 (tradução livre).

amplo e massificado sistema de controle de pessoas (art. 7º-C, § 6º, Lei nº 12.037/2009).

Essa possibilidade, contudo, suscita o debate em torno das **externalidades** incidentes na persecução penal estatal. Consiste na transferência da titularidade da tutela do sigilo, dos órgãos estatais a pessoas jurídicas de direito privado que conduzem a gestão de dados pessoais e sensíveis. A terceirização de serviços públicos e a ampliação de realidades digitais são ingredientes que potencializam o gerenciamento dos dados nas mãos de particulares, ainda que sob a contratação do poder público.

Em relação a essa questão, urge que sejam regulados os espaços digitais que têm o domínio dos dados pessoais, biométricos, diante do poder de tais externalidades (provedores, gestores de plataformas etc.), que indicam extravasar os limites do poder estatal, positivado nas regras sobre a **tutela do sigilo**. Sem embargo, são duas as alternativas em face do vício em torno da identificação do imputado:

(1) a ausência de identificação do imputado: haverá ofensa a elemento acidental da investigação criminal. Nesse contexto, não existirá mitigação de direito fundamental do investigado. Cuida-se de **irregularidade** que não deve prejudicar os efeitos jurídicos do procedimento que, a sua vez, será objeto de **convalidação**;

(2) a realização de identificação criminal abusiva (desnecessária), em desconformidade com o padrão de regência: ofende elemento essencial amparado pela Constituição (art. 5º, LVIII). Trata-se de **nulidade absoluta** que deve implicar **invalidação** daquele ato.

No primeiro caso, o elemento afetado é de ordem acidental, afinal o conhecimento acerca da identidade do imputado não é relevante à instauração e ao trâmite da investigação preliminar, diante da notícia do crime e do correlato corpo de delito. Esta, aliás, pode existir com o fito precípuo de revelar a identidade do agente. Daí que o defeito concernente a essa identidade se classifica como irregularidade.

No entanto, é de se salientar que o defeito sobre a identificação ou sobre a qualificação pode assumir contornos que extrapolam os limites do elemento acidental. É a hipótese de indicação de dados que apontam para investigado diverso fisicamente daquele que é efetivamente a pessoa apontada como autora da infração penal. Em casos como esse, há prejuízo para terceira pessoa estranha às investigações, recaindo sobre elemento essencial para a edição de ato de indiciamento.

Como se depreende, tratando-se de defeito de identificação ou de qualificação do agente que não afete terceira pessoa, a atipia deve ser classificada como mera irregularidade. Caso persista dúvida sobre a identidade do autor da infração penal, mantém-se a validade do inquérito.

20.31 Aplicação a caso concreto

O caráter dispensável atribuído ao inquérito policial, possibilita maior discricionariedade à condução da persecução penal estatal pelo órgão acusador. Em vez de ficar vinculado a procedimento legal previamente traçado por lei, o promotor público pode se valer de peças informativas diversas. Essa permissividade obnubila as possibilidades de controle.

O STF reputa que a instauração de inquérito policial, enquanto procedimento de caráter informativo, não constitui formalidade indispensável ao início do processo-crime. Desse modo, a Corte considera que o inquérito policial é de instauração regida pela **dispensabilidade**. No inteiro teor do julgado, foi dito:

(1) ser irrelevante "o fato de a denúncia em desfavor da paciente haver sido respaldada nos elementos do procedimento investigatório instaurado para investigar o cometimento da lesão corporal, sem que houvesse prévia instauração de inquérito visando apurar, de forma específica, a prática de denunciação

caluniosa". Está inclusa na prática de denunciação caluniosa, nos termos do art. 339, do CP, com redação dada pela Lei nº 14.110/2020, a conduta de "dar causa à instauração de inquérito policial, de procedimento investigatório criminal, de processo judicial, de processo administrativo disciplinar, de inquérito civil ou de ação de improbidade administrativa contra alguém, imputando-lhe crime, infração ético-disciplinar ou ato ímprobo de que o sabe inocente".

(2) ser viável a peça acusatória se a acusação é acompanhada de "elementos suficientes a demonstrarem a justa causa".[742]

Como se infere, a sucinta disciplina legal em torno das investigações preliminares, deixa vácuos que carreiam juízos discricionários para o interior do sistema de justiça criminal.

20.32 Conclusão e próximo capítulo

O estudo do sistema de investigação preliminar torna identificável a necessidade de um código das investigações, com demarcação de problemas como o do limbo da regra de atribuição da autoridade encarregada.

Doutrina e jurisprudência podem ter contribuído para a sedimentação de abertura normativa demasiada e para o baixo controle das investigações preliminares. No próximo capítulo, serão analisados fundamentos da ação penal condenatória, com realce para o seu controle jurídico.

742. STJ – Primeira Turma – HC 153559 – Rel. Min. Marco Aurélio – Publicado em: 09 mar. 2020.

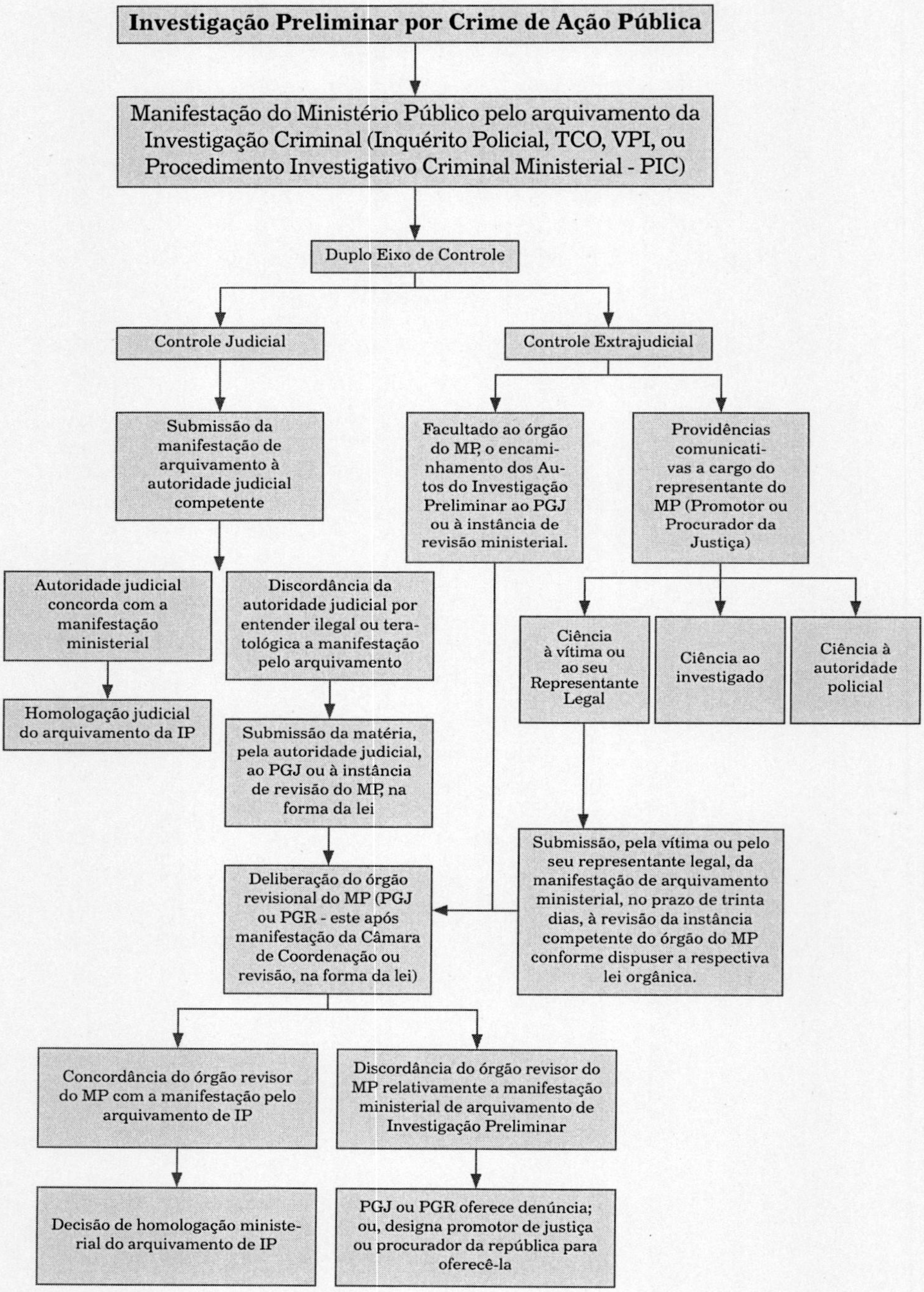
Investigação Preliminar por Crime de Ação Pública
Manifestação do Ministério Público pelo arquivamento da Investigação Criminal (Inquérito Policial, TCO, VPI, ou Procedimento Investigativo Criminal Ministerial - PIC)
Duplo Eixo de Controle
Controle Judicial
Controle Extrajudicial
Submissão da manifestação de arquivamento à autoridade judicial competente
Facultado ao órgão do MP, o encaminhamento dos Autos do Investigação Preliminar ao PGJ ou à instância de revisão ministerial.
Providências comunicativas a cargo do representante do MP (Promotor ou Procurador da Justiça)
Autoridade judicial concorda com a manifestação ministerial
Discordância da autoridade judicial por entender ilegal ou teratológica a manifestação pelo arquivamento
Ciência à vítima ou ao seu Representante Legal
Ciência ao investigado
Ciência à autoridade policial
Homologação judicial do arquivamento da IP
Submissão da matéria, pela autoridade judicial, ao PGJ ou à instância de revisão do MP, na forma da lei
Deliberação do órgão revisional do MP (PGJ ou PGR - este após manifestação da Câmara de Coordenação ou revisão, na forma da lei)
Submissão, pela vítima ou pelo seu representante legal, da manifestação de arquivamento ministerial, no prazo de trinta dias, à revisão da instância competente do órgão do MP conforme dispuser a respectiva lei orgânica.
Concordância do órgão revisor do MP com a manifestação pelo arquivamento de IP
Discordância do órgão revisor do MP relativamente a manifestação ministerial de arquivamento de Investigação Preliminar
Decisão de homologação ministerial do arquivamento de IP
PGJ ou PGR oferece denúncia; ou, designa promotor de justiça ou procurador da república para oferecê-la

CAPÍTULO 21
AÇÃO PENAL

21.1 Conceito de ação

Ação é a atuação preambular da parte em juízo. Ao agir, por intermédio da petição inicial, o autor da demanda documentará sua ação penal. Com o seu ajuizamento perante um juiz, o processo será deflagrado. Desse modo, a relação entre ação e processo é de antecedente a consequente.

A inicial acusatória consistira em denúncia, quando promovida a ação penal pelo Ministério Público (art. 24, CPP), ou queixa-crime, quando ajuizada a demanda penal condenatória pelo ofendido ou seus sucessores processuais (arts. 30; 31, CPP). A petição inicial é a materialização do agir processual.

O conceito de ação alcançou o presente estado da arte, com autonomia destacada do direito material em jogo, não sem intenso debate.

Como pontua Hélio Tornaghi, os privatistas supunham que a ação era o próprio direito substancial, confundindo relações jurídicas distintas. Dentre as fases em torno do conceito de ação:

(1) Windscheid, em um primeiro trabalho, vincou, sob a órbita do direito civil, que a palavra *actio* significava, entre os romanos, o mesmo que o termo direito

significa. Os romanos qualificavam a *actio* pela pretensão de direito material (ação pessoal, ação real, prescrição da ação), enquanto "tendência do direito subjetivo de sujeitar a si a vontade alheia";

(2) Muther polemizou as ideias de Windscheid, avivando que "a *actio* do direito romano não era o direito do autor contra o réu e sim o direito do autor contra o Estado, isto é, o direito que tem o autor de exigir do Estado que faça justiça";

(3) em um segundo estudo, Windscheid argumentou que "não negava a existência da *actio* neste sentido, mas que aquela *actio* de que falou Muther é um direito (subjetivo) processual, do campo do direito (objetivo) processual". Essas ideias complementam as anteriores, eis que, enquanto Windscheid analisou "a relação existente entre titular do direito e titular do dever", Muther examinou "a relação entre o autor e o Estado e a relação entre o Estado e o réu", supondo que também "essa (a jurisdição) fosse um direito";

(4) Wach adotou essa concepção como ponto de partida, porém se afastou dela por reputar que "o que há é um único direito, do autor, contra o Estado, e contra o adversário, um direito bifronte";

(5) já Chiovenda e Weissmann compreenderam "a ação um direito com uma só frente: contra o adversário, embora por intermédio do Estado", enquanto "interruptor da corrente com que o autor fulmina o réu". Em outras palavras, o Estado-juiz estaria situado em permeio à relação linear entre o autor e o réu. Sob esse olhar, "a ação seria um daqueles direitos consistentes no poder de modificar uma situação jurídica de outrem sem que esse possa impedi-lo", ou seja, a ação seria um direito potestativo.[743]

743. TORNAGHI, Hélio. *Compêndio de processo penal*: tomo II. Rio de Janeiro: José Konfino, 1967. p.438-440.

Retornando ao período de autonomia do conceito de ação, Pontes de Miranda distingue que a ação (com conteúdo material) tem seu desenvolvimento "principalmente por meio de 'ação' (remédio jurídico processual), isto é, exercendo-se a pretensão à tutela jurídica, que o Estado criou". Cabe avivar, "a ação nada tem a ver com a pretensão à tutela jurídica".[744]

Na esteira de Enrico Tullio Liebman, "o direito de ação adquiriu uma fisionomia suficientemente precisa: é um direito subjetivo diverso do direito substantivo, porque vertido contra o Estado". Não há direito de deferimento da prestação requerida na petição inicial. Consiste em "um direito de iniciativa e de impulso, com o qual se põe em movimento o exercício de uma função pública, da qual se espera obter a proteção da própria razão".[745]

Sem embargo, tem lugar a advertência de Franco Cordero: "o conceito de ação não é o mesmo no processo penal e no civil". A fórmula "ação penal" tem conteúdo de referência "a uma disciplina normativa (obrigatoriedade, irretratabilidade, eficácia impeditiva circunscrita a certa situação), a qual vale em igual medida para a instrução". Em linha de síntese, "exercer a ação significa instaurar o processo".[746]

Vale realçar, na esfera criminal, exercer a ação tem sentido (semântica) e função (pragmática) de instaurar o processo penal, diante da estrutura (sintática) que relaciona os seus atos e a seus efeitos. A questão é, de ponto de vista, relacional: se a ênfase do conceito de ação penal for semântica (de conteúdo e sentido), a ação deve ser a ignição (demanda) indispensável ao surgimento do processo.

---

744. PONTES DE MIRANDA. *Tratado das ações*: tomo 1. Campinas: Bookseller, 1998. p.200-124.

745. LIEBMAN, Enrico Tullio. *Manuale di diritto processuale civile*: I. 4. ed. Milano: Giuffrè, 1980. p.134 (tradução livre).

746. CORDERO, Franco. *Procedura penale*. 7. ed. Milano: Giuffrè, 1983.p.38-39.

21.2 Terminologia

A sequência de fenômenos que desaguam no início do processo penal segue do conceito à dinâmica dos atos processuais:

(1) **direito de petição**: a ação penal é uma forma de expressão de uma classe mais abrangente que é o direito subjetivo à tutela jurisdicional (art. 5º, XXXIV, "a", CF). Por exemplo, o *habeas corpus* (art. 5º, LXVIII e LXXVII, CF; arts. 647; 648, CPP) e a revisão criminal (arts. 102, I, "j"; 105, I, "e", CF; art. 621, CPP) se fundamentam em vitupério a direito, seguindo-se do requerimento da reação estatal judicial prevista no ordenamento jurídico;

(2) **direito subjetivo público**: a previsão de ação penal no ordenamento jurídico institui possibilidade de exigência de resposta judicial (art. 24, CPP). Nesse sentido, a ação deve corresponder a um titular, a um sujeito. As suas regras se situam em ramo do direito público;

(3) **ação processual**: é o agir do seu sujeito ativo em juízo, por meio de petição inicial (art. 41, CPP). É autônoma relativamente ao seu conteúdo. O conteúdo veiculado na petição consiste na ação de direito material, subtraída dos envolvidos pelo monopólio jurisdicional estatal. Daí a designação de também ser, sob o prisma semântico, direito subjetivo público autônomo;

(4) **processo**: o processo é o resultado subjetivo (relação jurídica triangular – art. 363, CPP) e objetivo (procedimento concatenado de atos processuais – art. 394 e seguintes, CPP) que decorre da propositura da ação. Sob essa lente, a ação processual é exercida e se exaure nesse exato instante. Seguidamente, haverá processo, *lato sensu*, quando entregue a petição inicial ao juiz. Francesco Carnelutti faz uma anologia do processo à produção de um filme, em três estágios:

(a) o primeiro contém os elementos do processo (sua estática);

(b) no segundo, estão as "relações pelas quais os elementos do processo estão ligados" (cinemática processual);

(c) a terceira consiste na mecânica do processo, com o estudo de seus atos e da sua movimentação (procedimento).[747]

21.3 Classificação da ação penal condenatória

As classes de ação penal condenatória são sedimentadas na doutrina.

Apesar da ênfase na demanda condenatória, outras ações penais existem, como a ação de reabilitação, a ação de revisão criminal e a ação de *habeas corpus*. Além dessas ações, genuinamente criminais, existem demandas civis e constitucionais, com conteúdo penal, a exemplo das ações de mandado de segurança, reclamação constitucional e embargos de terceiro.

A classificação mais elaborada é a da ação penal condenatória. O critério da divisão tradicional é a legitimidade ativa, em conformidade com a iniciativa preconizada por lei, repartindo-se em **ação penal de iniciativa pública** e **ação penal de iniciativa privada**.

A ação penal será de iniciativa pública (art. 24, CPP; art. 129, I, CF), quando o seu titular for o Ministério Público (art. 100, § 1º, CP). Subdivide-se em ação penal pública incondicionada, condicionada e subsidiária da pública.

Nos casos em que o titular for o ofendido ou a pessoa com qualidade para representá-lo (cônjuge, companheiro, ascendente, descendente ou irmão, nesta ordem – art. 100, § 2º, CP),

---

747. CARNELUTTI, Francesco. *Lições sobre o processo penal*: volume 3. Tradução: Francisco José Galvão Bruno. Campinas: Bookseller, 2004. p.15.

a demanda criminal será de iniciativa privada (art. 30, CPP), tripartindo-se em ação penal privada exclusiva, personalíssima e subsidiária da pública.

21.3.1 Ação penal pública incondicionada

Inserem-se na classe das ações de iniciativa penal pública **incondicionada,** as demandas relativas às infrações penal que o direito positivo inexigir qualquer requisito à propositura. Identifica-se pela inexistência de menção legal à necessidade de implemento de condição à sua deflagração (art. 100, *caput*, CP), ou pela dicção expressa de lei penal prescrevendo que os delitos nela contidos são de ação de iniciativa pública incondicionada (art. 26, Lei nº 9.605/1998).

21.3.2 Ação penal pública condicionada

Os delitos de ação penal pública **condicionada** se subordinam a requisitos entabulados na lei penal. Também podem se deduzir condições ao início da demanda penal de outras fontes do direito, a exemplo daquelas cristalizadas em Súmula Vinculante. Contudo, em linhas gerais, a ação penal pública condicionada poderá ser condicionada à representação do ofendido ou à requisição do Ministro da Justiça.

A **representação da vítima** é manifestação do ofendido de ver o agente do delito submetido à persecução penal estatal. Não lhe é exigido rigor formal, embora a Lei dos Juizados preveja, para os casos de crime de menor potencial ofensivo (art. 98, CF), o seu exercício em audiência (art. 75, Lei nº 9.099/1995).

A verificação do desejo do ofendido ou do seu representante de processar o sujeito ativo do delito, preenche a **condição de procedibilidade**, requisito imprescindível ao início da ação penal pública condicionada.

Por exemplo, nos crimes de estelionato, como regra, é necessária representação do ofendido, ressalvadas as hipóteses de ação penal pública incondicionada descritas nos incisos do § 5º, do art. 171, do Código Penal, que compreende o estelionato cometido contra a administração pública (direta ou indireta), criança, adolescente, pessoa maior de setenta anos ou incapaz.

É incabível a **retratação da representação** depois de **oferecida** a denúncia (art. 25, CPP). Contudo, tratando-se de crime de ação penal pública condicionada instituída pela Lei Maria da Penha, a **renúncia** ao direito representação tem lugar até a data do **recebimento** da denúncia, em audiência especialmente designada para esse fim (art. 16, Lei nº 11.340/2006), que tem o objetivo de confirmar a retratação (não a representação!), pelo que, nos termos do Tema-STJ nº 1167, "não pode ser designada de ofício pelo juiz". Vale dizer, "sua realização somente é necessária caso haja manifestação do desejo da vítima de se retratar trazida aos autos antes do recebimento da denúncia".

De outro lado, destoando da regra geral, vale lembrar que a celebração de composição civil, nos juizados especiais, tem como efeito jurídico a **renúncia** ao próprio direito de representação (art. 74, parágrafo único, Lei nº 9.099/1995). Nessa hipótese, é vedada a retratação da renúncia à representação, consequente jurídico do acordo reparatório cível.

Note-se que a retratação da representação tem efeito normativo diverso da renúncia ao próprio direito de representar. São funcionalmente distintos: (1) a retratação não extingue a punibilidade, mas permite que esta aconteça pela decadência, desde que não ocorra, no interregno de seis meses, a retratação da retratação; (2) a renúncia é irretratável e opera, de plano, a extinção da punibilidade, que decorre do óbice oposto pelo citado parágrafo único, do art. 74, da Lei dos Juizados Especiais.

Por sua vez, a **requisição do Ministro da Justiça** deve consistir em manifestação formal e irretratável do órgão para determinados crimes (art. 7º, § 3º, "b"; 100, § 1º; 145, parágrafo único, CP). A requisição é ato administrativo irrevogável.

A **eficácia objetiva** é efeito jurídico comum a ambas as condicionantes legais aptas a incidirem nas infrações penais de ação penal pública condicionada. Vale dizer, os institutos da representação e da requisição são permissivos que têm como destinatários os órgãos de persecução penal estatal: autorizam a investigação do fato (aspecto objetivo) pela polícia judiciária, independentemente de quem seja o seu autor (aspecto subjetivo). Por exemplo, revelada coautoria durante a investigação, não será preciso o complemento da representação ou da requisição para que se ultimem os atos do inquérito policial ou para que o Ministério Público promova a demanda criminal.

21.3.3 Ação penal privada exclusiva

A ação penal de iniciativa privada **exclusiva** se distingue por poder ser ajuizada pelo ofendido, por seu representante legal ou pelos seus sucessores processuais (cônjuge ou companheiro, ascendente, descendente ou irmão – art. 100, § 4º, CP). Tem lugar nos casos de o titular ser a vítima ou a pessoa com qualidade para representá-la (art. 30, CPP; art. 100, § 2º, CP).

A regra é a de que os delitos de iniciativa privada sejam inseridos nessa categoria, caracterizada pela possibilidade de legitimidade sucessiva e de sucessão processual. Por exemplo, são de iniciativa privada exclusiva casos como os de crimes contra a honra, a teor do art. 145, do Código Penal.

21.3.4 Ação penal privada personalíssima

O distintivo que torna uma ação penal privada **personalíssima** é o de somente poder ser ajuizada pela vítima. Não se admite sucessão de qualquer espécie. Nos casos de óbito do ofendido, a exemplo da ação penal pelo crime do art. 236, parágrafo único, do Código Penal, a punibilidade do querelado estará extinta.

21.3.5 Ação penal privada subsidiária da púbica

Cuida-se de garantia individual que nasce com o abuso do órgão estatal acusador, ao violar seu dever de obediência aos prazos legais (art. 5º, LIX, CF). A ação penal privada **subsidiária da pública** é demanda supletiva. Suas regras e características, apesar da iniciativa privada, são próprias da ação penal pública. Tem lugar nas hipóteses de inércia do Ministério Público.

É preciso a ausência de qualquer providência do *Parquet*. Se houver pleito de arquivamento da investigação preliminar, não será o caso de ação privada substitutiva da pública, eis que exercido o dever do Estado-acusação, no lapso legal.

Afrânio Silva Jardim propõe que se institua controle sobre a promoção de arquivamento de investigações criminais formulada pelo Ministério Público. Nesses casos, seria aberto prazo para o ajuizamento de ação penal privada subsidiária da pública. Haveria, portanto, ampliação do sentido e do alcance da **ação penal privada supletiva**, para lhe conferir maior eficácia enquanto garantia fundamental. Seria outorgar mais conteúdo semântico à dicção do inciso LIX, do art. 5º, da CF/1988, que assegura a admissão de "ação privada nos crimes de ação pública, se esta não for intentada no prazo legal".[748]

21.4 Características da ação penal pública

As características têm a função de bases de interpretação. Como estão em camada de menor nível que os princípios que informam todo o processo penal, podem ser designadas como subprincípios. A ótica que indica o propósito das características de equilibrar juridicamente o microssistema da ação penal pública é pragmática, ou seja, de justificação da validade do discurso jurídico.

748. JARDIM, Afrânio Silva. *Reflexões críticas sobre direito e sociedade*. Pierre Souto Maior Coutinho de Amorim [org.]. Belo Horizonte: Dialética, 2021. p. 334.

A demanda principal é a ação penal pública condenatória. É regra geral inferida do art. 100 do Código Penal. Nessa ordem, as suas características, na esteira abalizada de Hélio Tornaghi, são:

(1) **oficialidade**: eis que a ação pública é "ato próprio de ofício de um órgão do Estado, no Brasil, órgão do Poder Executivo: o Ministério Público". O *Parquet* tem "as funções de promover e fiscalizar a execução da lei" (arts. 127; 129, I, CF/1988; art. 257, I, II, CPP);

(2) **obrigatoriedade**: a ação penal pública será promovida com esteio na **legalidade**. Cuida-se de disposição cogente, pelo que "não fica ao arbítrio do Ministério Público mover ou não mover a ação". Entrementes, "consistindo a ação (condenatória) em pedir ao juiz que aplique pena em alguém por fato tipicamente antijurídico e culposo, a ação somente poderá ser promovida se houver prova do fato" e elementos de autoria, sem que incida qualquer hipótese de rejeição da petição inicial (arts. 395; 397, CPP);

(3) **indesistibilidade**: dois dispositivos informam a característica de **indisponibilidade** da ação penal. O Ministério Público é proibido de desistir da ação ajuizada, bem como do recurso interposto (arts. 42; 576, CPP). Para Hélio Tornaghi, "obrigatoriedade e indesistibilidade são formas de uma só realidade jurídica: a indisponibilidade. Renunciar à ação pública ou dela destir acarretaria a consequência de dispor da punição, o que não é dado a esse órgão do Estado e sim a outros". Assim, o Presidente da República pode dispor da punição, por intermédio dos institutos da graça ou do indulto. O Congresso Nacional pode editar *novatio legis* com *abolitio criminis* (lei supressiva de incriminação), com a consequente cessação da execução e dos efeitos penais de sentença penal condenatória (art. 2º, CPM, com redação da Lei

nº 14.688/2023). O Ministério Público não tem direito de disponibilidade sobre a ação penal (denúncia) já proposta.[749]

21.5 Características da ação penal privada

A distinção da ação penal privada relativamente à ação penal pública é feita por oposição de características. Como lembra Guilherme Madeira Dezem, há características que são "comuns a todas as ações penais, como é o caso do princípio da intranscendência", eis que a demanda penal, pública ou privada, não pode ter o efeito de alcançar pessoa diversa do sujeito ativo do delito.[750]

Na senda de Fernando da Costa Tourinho Filho, são características próprias da ação de iniciativa privada:

(1) **oportunidade** ou **conveniência**: haja vista que "exprime o exercício facultativo da ação penal pelo seu titular". Nas palavras do jurista, de um lado, o princípio da legalidade rege a ação pública e a atuação de seu titular; de outro, "pelo princípio da oportunidade, que vigora na ação privada, o seu titular, que é o ofendido ou seu representante legal, promove a ação penal se quiser";

(2) **disponibilidade**: o *jus accusationis* foi outorgado ao ofendido, sem que o Estado lhe conferisse o poder de punir. A disponibilidade é característica larga, com semântica que defere ao particular a conveniência de exercer ou não o direito subjetivo público de demandar. Como explica o autor, "mesmo que venha promover a ação penal, poderá a todo instante dispor

---

749. TORNAGHI, Hélio. *Curso de processo penal*: volume 1. 8. ed. São Paulo: Saraiva, 1991. p.41-42.

750. DEZEM, Guilherme Madeira. *Curso de processo penal*. São Paulo: RT, 2015. p.201.

do conteúdo material do processo, quer perdoando o ofensor, quer abandonando a causa, dando lugar à perempção. Perdão e perempção, nos crimes de exclusiva ação penal privada, são, também, causas de extinção da punibilidade". A extensão da disponibilidade é ampla ao ponto de admitir o perdão do querelado "até mesmo depois de proferida a sentença condenatória" e "desde que a sentença não haja transitado em julgado" (art. 106, § 2º, CP);

(3) **indivisibilidade**: de compasso com o art. 48 do CPP, a queixa-crime contra qualquer dos autores do delito obrigará o processo de todos. Nesse âmbito, o Ministério Público deverá velar pelo cumprimento do preceito. Fernando da Costa Tourinho Filho anota que este princípio não é exclusivo da ação penal privada, mas que se aplica à ação penal pública por decorrer do princípio da legalidade. O Ministério Público "é obrigado a oferecer denúncia contra todos os partícipes do crime, salvo se em relação a algum deles houver algum empecilho à propositura da ação penal, como, por exemplo, extinção da punibilidade pela morte".[751]

A questão colocada pelo ilustre processualista é de ponto de vista, isto é, a indivisibilidade que Tourinho Filho considera, na ação penal pública, é derivada da sua obrigatoriedade, diferentemente do que ocorre na demanda criminal de índole particular, regida pelo princípio da oportunidade.

Sob essa ótica, a indivisibilidade, enquanto característica autônoma, é restrita à ação penal privada. Se não atendido esse ditame, haverá extinção da punibilidade de todos os agentes, inclusive de quem tenha sido incluído na queixa. É o que se conclui pela dicção dos arts. 49 (**extensão da renúncia**) e 57 (**renúncia tácita**) do CPP.

751. TOURINHO FILHO, Fernando da Costa. *Processo penal*: volume 1. 19. ed. São Paulo: Saraiva, 1997. p.409-411.

Não há essa extensão da indivisibilidade à ação penal pública. Se não houver elementos empíricos contra todos os investigados, o Ministério Público poderá cindir, denunciando alguns. No entanto, por decorrência da legalidade estrita, presente base probatória, haverá **indivisibilidade derivada** da característica da obrigatoriedade da ação penal pública.

21.6 Pressupostos processuais

A doutrina costuma distinguir os pressupostos processuais em duas espécies:

(1) pressupostos processuais de existência;

(2) pressupostos processuais de validade.

Pontes de Miranda, ao tratar dos pressupostos objetivos, essenciais e não essenciais, pontua a distinção de três situações jurídicas:

(1) **inexistência**: se não há "pressuposto objetivo essencial, a relação jurídica processual não existe". Vale dizer, não se constituiu, pelo que não haveria que se falar em ilícitos processuais. O jurista exemplifica com hipóteses como a dedução da matéria em juízo ser "não penal", "falta da pretensão à tutela jurídica abstrata", "falta de 'caso concreto'" e ausência "de procedimento inicial essencial à formação da relação jurídica processual";

(2) **existência e nulidade**: tal como a "falta de documento que deve acompanhar o pedido como prova e qualquer caso de extinção do processo", sem resolução do mérito (art. 395, CPP);

(3) **existência e improcedência da ação**: quando há "falta ou falsidade do fundamento (em geral)".[752]

---

752. PONTES DE MIRANDA. *Tratado das ações*: tomo 1. Campinas: Bookseller, 1998. p.200-201.

A rigor, somente seriam pressupostos processuais os de **existência**. A expressão pressupostos de **validade** indicaria uma contradição em seus próprios termos.

Decerto, os **pressupostos processuais de validade**, tais como a ausência de litispendência e a ausência de coisa julgada, são mais próximos da categoria denominada **condição para o exercício da ação penal**.

A propositura de demanda em ofensa aos pressupostos implica formação deficiente de processo, porém com o correlato dever judicial de extingui-lo, sem resolução do seu mérito, mediante indeferimento da exordial (não recebimento – art. 395, CPP). Isto é, a falta de elemento estrutural, notadamente a ausência de pressupostos processuais (de existência ou pressupostos processuais *stricto sensu*), implica inexistência jurídica, como consequente normativo posterior ao reconhecimento daquela atipicidade.

21.7 Capacidade postulatória

No direito processual penal, existem atos que podem ser praticados por pessoa não habilitada juridicamente. Admite-se a postulação leiga, por dicção constitucional (art. 5º, LXXVII; art. 654, CPP) ou por força legal (art. 577, CPP).

Os exemplos dessa possibilidade são: (1) o ajuizamento de ação de *habeas corpus*; (2) a interposição de determinados recursos perante o juiz singular (primeira instância), tais como o recurso em sentido estrito (art. 581, CPP), o agravo em execução penal (art. 197, LEP) e a apelação (art. 593, CPP).

A garantia ao direito de recorrer é o motivo pelo qual se justifica a **intimação pessoal acerca do teor da sentença** ao acusado (**autodefesa**), ao lado da do seu advogado (**defesa técnica**). Não obstante a petição recursal dispensar subscrição do causídico, é necessária posterior apresentação de razões recursais pelo mesmo.

Sobre o ponto, Américo Bedê Júnior e Gustavo Senna lecionam que, na falta de apresentação de razões recursais pelo réu, a solução compatível com a CF "é a do juiz intimar o acusado para que tome ciência da inércia de seu advogado e constitua outro para o oferecimento. Sendo defensor dativo, o juiz deverá substituí-lo". Se a inércia for do acusado, o magistrado, "ainda em observância ao princípio da ampla defesa, e recordando que não pode haver acusação sem técnica, deverá nomear defensor para o ato (*ad hoc*).[753]

Ainda que o réu esteja em liberdade, a sua intimação pessoal deve ser entendida como providência indispensável, conferindo, ao art. 392, incisos I e II, interpretação conforme a constituição, amparada em critério sistemático e no princípio da ampla defesa que, a sua vez, tem, no recurso, um dos seus elementos essenciais (art. 5º, LV, CF).

Os demais atos da defesa exigem a subscrição por advogado, incluídos os atos do **assistente do Ministério Público** e do **assistente da defesa** (art. 5º, *caput*, CF; arts. 268; 271, CPP). Não sendo sujeito com essa habilitação, faltará pressuposto subjetivo para a existência jurídica do ato praticado.

Diferentemente da condição da ação, que não admite correção superveniente, a possibilidade de suprimento é da índole do pressuposto de existência. Se a hipótese for tendente a conferir maior eficácia ao direito fundamental de ampla defesa, deve-se oportunizar ou mesmo adotar as providências necessárias para que o defeito, relativo ao pressuposto faltante, seja saneado, com sua implementação ulterior.

Note-se, todavia, que o suprimento é obtido por meio de saneamento, aplicável, por exemplo, para o caso de resposta preliminar à acusação (art. 396-A, CPP), assinada, indevidamente, por um não advogado.

---

753. BEDÊ JÚNIOR, Américo; SENNA, Gustavo. *Princípios do processo penal*: entre o garantismo e a efetividade da sanção. São Paulo: RT, 2009. p.196-197.

Analiticamente, o juiz, constatando peça processual privativa de advogado feita por quem não o seja, em prejuízo à ampla defesa, deve:

(1) reconhecer a nulidade em sentido amplo (defeito de incidência de norma jurídica), emitindo a proposição antecedente da primeira norma jurídica;

(2) classificar o vício como inexistência jurídica, exarando a proposição consequente da primeira norma jurídica;

(3) descrever a classificação de inexistência jurídica declarada na proposição antecedente da segunda norma jurídica (implicada por dever-ser modalizado); e

(4) declarar a desconstituição de qualquer efeito daquele ato, ordenando seu refazimento por profissional habilitado (advogado).

21.8 Condições para o exercício da ação penal

As condições para o exercício da ação penal constituem requisitos ao reconhecimento da correção do desenvolvimento regular do processo. São elementos essenciais. Diferem dos pressupostos processuais porque estes se dirigem à **existência jurídica** do processo, conquanto o posicionamento majoritário se incline por incluir os **pressupostos de validade**, a exemplo da ausência de coisa julgada e da ausência de litispendência.

Nada obstante, há justificativa para que os pressupostos de validade (não os de existência!) ganhem enquadramento na condição da ação designada por **originalidade**. Eles não se diferenciam, funcionalmente, da categoria denominada de **condição para o exercício da ação penal** que, a seu turno, conduz ao impedimento peremptório de prosseguimento da ação, sem possibilidade de correção ulterior, consoante lecionam Afrânio Silva Jardim e Pierre Souto Maior.[754]

754. JARDIM, Afrânio Silva; AMORIM, Pierre Souto Maior Coutinho de. *Direito processual penal*: estudos, pareceres e crônicas. Salvador: Juspodivm, 2018. p.118-119.

Existem controvérsias sobre se as condições da ação geralmente invocadas no processo civil são aplicáveis ao processo penal condenatório:

(1) o **interesse processual**, interesse legítimo ou interesse de agir é uma das condições, inferidas do direito processual civil, que mais enseja debate. José Frederico Marques anota, contudo, que "a ausência de interesse de agir torna inepta a acusação, por faltar, em tal hipótese, justa causa para a *persecutio criminis*". Como aduz, o CPP não é bem claro a respeito, por não descrever, em seu texto, o legítimo interesse como condição para o exercício da ação penal. De todo modo, é fácil demonstrar que o interesse de agir "se encontra imanente ao sistema legal", sendo requisito "instrumental e secundário", derivado "da necessidade de tutelar-se o interesse substancial e primário em que descansa a pretensão".[755] Contornando a noção de interesse, três elementos são destacados em seu conteúdo:

(a) sob o aspecto **interesse-necessidade**, ele sempre será constatado, eis que não há imposição de restrição penal que não se dê por procedimento penal com a intervenção do juiz, figura imanente à estrutura normativa, em compasso com o descrito por Carlos Cossio;[756]

(b) o item **interesse-adequação** padece do mesmo problema, diante da indistinção essencial da ação penal condenatória, ou seja, para todo pedido de aplicação de pena, será necessária demanda condenatória criminal;

755. MARQUES, José Frederico. *Elementos de direito processual penal*: volume II. 2. ed. Campinas: Millennium, 2000. p.199.

756. COSSIO, Carlos. *La teoría egológica del derecho y el concepto jurídico de libertad*. 2. ed. Buenos Aires: Abeledo-Perrot, 1964. p.16.

(c) o **interesse-utilidade** tem parca exemplificação com a proximidade da prescrição que fatalmente acontecerá (prescrição virtual – arts. 107; 109, CP; arts. 61; 397, IV, CPP), revelando a inocuidade da prestação jurisdicional criminal;

(2) a **possibilidade jurídica do pedido** não mais é contemplada, nos termos do CPC. Difícil exemplificar hipótese de pedido juridicamente impossível no direito processual penal, haja vista que se admite, como regra, pedido genérico de condenação. Ademais, quando formulado pedido condenatório por fato que não é infração penal, não é necessária aquela condição para justificar a rejeição da demanda. Por outro lado, o fato atípico conduz à improcedência do pedido, bastando o julgamento antecipado do processo penal quando iniciado com esse vício;

(3) a **legitimidade para a causa** ativa e passiva (*legitimatio ad causam*) é referida pelo art. 564, inciso II, do CPP. Note-se, contudo, que a ilegitimidade de parte consignada nessa disposição é mais abrangente e pode se apresentar como:

(a) **ilegitimidade para o processo**. Pressuposto processual de existência é a capacidade processual, de estar em juízo, que se define, na dicção de José Frederico Marques, por ser alguém sujeito "capaz de direitos e obrigações", isto é, "dotado de capacidade jurídica".[757] Francesco Carnelutti explica que "os sujeitos jurídicos são necessariamente dois e cada um deles é elemento de um par". Geralmente será um ser humano, em cada um dos polos da relação processual. No entanto, há exceções, como o Ministério Público (parte ativa da ação penal pública) e a pessoa jurídica (parte passiva na ação penal por crime am-

757. MARQUES, José Frederico. *Elementos de direito processual penal*: volume II. 2. ed. Campinas: Millennium, 2000. p.22.

biental). Aliás, "o sujeito jurídico é o homem ou organização (*universitas*) de homens, à qual ou às quais pertençam o interesse e a vontade correspondentes à relação jurídica (a cada uma delas)".[758] Da ausência de capacidade processual, decorre a ilegitimidade *ad processum*, cujas modalidades são:

(*i*) ilegitimidade para ser parte no processo penal (por exemplo, um menor não poderá ser réu em processo penal – ilegitimidade *ad processum* passiva, embora possa ser parte ativa);

(*ii*) ilegitimidade para estar em juízo (quando a parte padecer de limitação para atuar sozinha, tal como o caso de inimputabilidade por doença mental, e não se fizer acompanhar de representante legal); e

(*iii*) ilegitimidade para postular tecnicamente (advogado, defensor e membro do Ministério Público). Como aponta José Frederico Marques, as partes, mesmo que possuam "plena capacidade de estar em juízo", geralmente não podem "realizar pessoalmente os atos com que se instaura e se desenvolve a relação processual, nem tampouco expor suas próprias razões em juízo";[759]

(b) **ilegitimidade para a causa** (*ilegitimatio ad causam*), que se divide em:

(*i*) ilegitimidade ativa: o Ministério Público não tem atribuição para oferecer denúncia em crimes cuja iniciativa para propositura seja privada; e

758. CARNELUTTI, Francesco. *Sistema de direito processual civil*: volume I – introdução e função do processo civil. Tradução: Hiltomar Martins Oliveira. 2. ed. São Paulo: Lemos & Cruz, 2004. p.81;84.

759. MARQUES, José Frederico. *Elementos de direito processual penal*: volume II. 2. ed. Campinas: Millennium, 2000. p.22.

(*ii*) ilegitimidade passiva: a ação penal deve ser movida contra o sujeito vinculado ao delito que constitui causa de pedir. Destarte, será ilegítima a pessoa que se revista da qualidade de testemunha da infração penal quando tiver sido incluída, por equívoco no polo passivo da demanda.

21.9 Originalidade como condição para o exercício da ação penal

Afrânio Silva Jardim aparta a noção de pressuposto daquela outra de condição da ação. Segundo leciona, é inadequada e contraditória, sob o ponto de vista lógico, a expressão "pressupostos de validade do processo", porquanto o vocábulo "pressuposto" seria, já de antemão, designativo da **existência** para, somente depois, ser cogitado o plano seguinte (**validade**). Por outro lado, aponta ser mais confusa ainda a ideia de **pressuposto negativo** para qualificar a ausência de litispendência como critério de validade do processo penal. Para melhor classificar o fenômeno, o jurista elucida que a **originalidade** é o conceito adequado, enquanto condição para o exercício da ação penal (art. 395, II, CPP).[760]

Em outros termos, a ação não pode ser reprodução de outra já proposta ou julgada, tal como uma cópia. Na sua obra clássica com Pierre Souto Maior, Afrânio Silva Jardim reitera que "o mesmo direito de ação não pode ser exercido simultaneamente (litispendência), ou mesmo, sucessivamente (se houver coisa julgada material). Vale dizer, não litispendência e não à violação da coisa julgada". Caso seja ajuizada a demanda, não se pode negar a existência de processo ou mesmo a validade do processo já formado pelos seus elementos estruturais presentes. O que irá faltar é uma condição da ação

---

760. JARDIM, Afrânio Silva. A originalidade como condição para o regular exercício do direito de ação. *In*: *Direito processual penal*: estudos, pareceres e crônicas. Afrânio Silva Jardim; Pierre Souto Maior Coutinho de Amorim (orgs.). 15. ed. Salvador: Juspodivm, 2018. p.115-119.

para que se desenvolva validamente o processo penal. A reprodução da ação já movida "tem a ver com o direito de ação e não com o processo", caracterizando-se autêntico exercício abusivo da ação que, por outro lado, também pode acontecer quando estiver carente a demanda de prova mínima.[761]

21.10 Justa causa para o exercício da ação penal

A justa causa não vem alinhada no inciso II, do art. 395, do CPP, porém no seu inciso III. Ou seja, o legislador considerou que a justa causa para a ação penal é instituto diverso das conhecidas **condições para o exercício da ação penal**.

Na realidade, a justa causa pode funcionar, concretamente, como condição para o exercício da ação ou como pressuposto processual. O critério para tal constatação é a admissibilidade ou não de suprimento ulterior do vício mediante a renovação da demanda.

Na lição de Francesco Carnelutti, "os pressupostos referem-se ao que deve existir antes do ato, na pessoa que atua ou na coisa sobre a qual se atua, com o fim de que o ato seja jurídico, isto é, de que derivem dele efeitos jurídicos". Ainda, consoante leciona:

(1) os **elementos** de um ato processual são os requisitos que aludem ao que deve nele existir com o fim de que possa desenvolver sua juridicidade;

(2) as **circunstâncias** reportam-se "ao que deve existir fora do ato, isto é, da pessoa que atua ou da coisa que atua, com o fim de que possam derivar efeitos jurídicos"; e

(3) os **pressupostos** comportam a distinção em três espécies:

(a) capacidade;

761. JARDIM, Afrânio Silva; AMORIM, Pierre Souto Maior Coutinho de. *Direito processual penal*: estudos, pareceres e crônicas. Salvador: Juspodivm, 2018. p.118-119.

(b) legitimação; e

(c) idoneidade do objeto.

Em arremate, Francesco Carnelutti acentua que a **capacidade**, enquanto pressuposto, compreende a "existência no agente das qualidades necessárias para o exercício do poder ou para o cumprimento do dever, em que o ato se resolva".[762]

A simbiose desses elementos pode ser abarcada pela noção de **justa causa**. Afinal, cuida-se de termo de maior vagueza. O fenômeno que, se ausente, tende à rejeição da denúncia ou da queixa (art. 395, III, CPP) pode ser compreendido, pelo menos, sob dúplice aspecto:

(1) se a falta de justa causa é constatada pela carência de **suporte probatório mínimo** para a propositura da ação penal, mais se amolda à categoria **pressuposto processual**;

(2) por outro lado, se ela for entendida como similar à **insignificância da infração penal** reveladora da ausência de **proporcionalidade** do ajuizamento da ação penal, melhor se adequa à classe **condição para o exercício da ação penal**. Como leciona Ronald Pinheiro Rodrigues, o princípio da insignificância é "um meio de restringir a interpretação do magistrado, de forma a se aplicar o direito penal somente nos casos em que haja lesões significativas ao bem jurídico".[763]

Na visão de Gabriel Divan, a justa causa deve relacionar-se a elementos que exijam "a intervenção política em seu grau mais agudo (político-criminal)", em face dos instrumentos igualmente "mais agudos desse grau (o sistema jurídico-penal),

---

762. CARNELUTTI, Francesco. *Instituições do processo civil*: volume I. Tradução: Adrián Sotero de Witt Batista. Campinas: Servanda, 1999. p.510.

763. RODRIGUES, Ronald Pinheiro. *A formulação histórica do princípio da insignificância e a reincidência como obstáculo ao seu reconhecimento pelos tribunais brasileiros*. Rio de Janeiro: Lumen Juris, 2019. p.114.

no cenário de um Estado Democrático de Direito, de legitimidade punitiva e da natureza garantista da atuação estatal.[764]

O vício em torno da justa causa para ação penal é grave. Cuida-se de defeito sobre elemento essencial de ato processual, com tipificação direta de nulidade gizada no art. 564, inciso II, do CPP.

Ainda sobre os contornos da justa causa, Afrânio Silva Jardim e Pierre Souto Maior explicam que o seu exame deve ser normativo (questão de direito), submetido à valoração cognitiva (método empírico-dialético). O problema fático, de constatação dos elementos de prova, em estado bruto (questão de fato), é coisa distinta, que está situada previamente àquela valoração.[765]

Pode-se dizer que justa causa (normativa) se inclui na região ôntica humana dos objetos culturais, na esteira de Carlos Cossio.[766]

A definição de justa causa se ampara em um **valor esquemático** (estrutural, estratégico) para a cognição judicial (avaliação normativa, cognição). Deve permitir, desse modo, o acesso a um **valor impletivo** (relacionando a tipicidade material que segue da narrativa da petição inicial à cognição decorrente da síntese empírico-estrutural).

Destarte, o conteúdo da justa causa, subsumido à cognição estimativa do juiz, possui valor normativo e deve ser aferido de compasso com os seguintes parâmetros:

(1) constitucionalidade (lastro de validade do sistema);

(2) legalidade (conduta revestida de tipicidade, antijuridicidade e culpabilidade);

---

764. DIVAN, Gabriel Antinolfi. *Processo penal e política criminal*: uma reconfiguração da justa causa para a ação penal. Porto Alegre: Elegantia Juris, 2015. p.543.

765. JARDIM, Afrânio Silva; AMORIM, Pierre Souto Maior Coutinho de. *Direito processual penal*: estudos, pareceres e crônicas. Salvador: Juspodivm, 2018. p.775-777.

766. COSSIO, Carlos. *La teoría egológica del derecho y el concepto jurídico de libertad*. 2. ed. Buenos Aires: Abeledo-Perrot, 1964. p.110-111.

(3) racionalidade metodológica (concordância prática dos elementos estruturais para o correto escrutínio do conteúdo do caso); e

(4) proporcionalidade (proibição do excesso).

21.11 Condições de procedibilidade à ação penal

As condições de procedibilidade são requisitos especiais para o exercício da ação penal. Se ausentes, cabível a rejeição da inicial. Subdividem-se em condições de procedibilidade:

(1) de **natureza legal**, tais como a representação do ofendido ou a requisição do Ministro da Justiça, nas ações penais públicas condicionadas (art. 24, CPP);

(2) de **natureza jurisprudencial**, a exemplo da necessidade de encerramento da constituição do crédito tributário na esfera administrativa, nos termos do enunciado nº 24, da Súmula Vinculante, do STF.

21.12 Condições de prosseguibilidade e causas objetivas de punibilidade

Interferem no desenvolvimento do processo penal. São exigíveis mesmo antes da propositura da ação, em perspectiva, para, diante da falta de seu implemento, obstaculizar a investigação criminal, ou conduzir à rejeição da demanda, se oferecida denúncia ou queixa, evitando-se constrangimento indevido. Se superveniente à instauração do processo, a ausência de uma das condições em epígrafe leva à sua suspensão, com a inauguração de crise de instância.

Subdividem-se em:

(1) **condições de prosseguibilidade**, a exemplo da necessidade de restabelecimento da sanidade mental do acusado para hipótese de doença mental

superveniente ao fato a ele imputado (art. 152, § 2º, CPP); e

(2) **causas objetivas de punibilidade**, tal como a necessidade de ingresso no território nacional do réu para fazer valer condenação penal, a teor do art. 7º, II, § 2º, "a", do Código Penal, e art. 180, da Lei de Falências (sentença que decreta a falência, concede a recuperação judicial ou concede a recuperação extrajudicial, *conditio sine qua non* à aplicação de pena por de crime falimentar).

O prosseguimento do processo sem o implemento dessas condições essenciais é motivo de nulidade absoluta.

21.13 Petição inicial acusatória

A petição inicial acusatória é peça técnica de relevo para o exercício efetivo do contraditório e da ampla defesa no processo penal condenatório. Dos elementos indicados no CPP, podem ser deduzidos, de forma direta (art. 41) ou indireta (art. 395), aqueles que consubstanciam a essência dos direitos fundamentais do imputado. Os casos do art. 397, do CPP, a sua vez, devem levar ao julgamento do mérito favorável ao denunciado, por meio de absolvição sumária.

O enunciado do art. 41, do CPP, dispõe sobre os requisitos da denúncia ou da queixa-crime, ditando que deve ela conter:

(1) a exposição do fato criminoso, com todas as suas circunstâncias;

(2) a qualificação do acusado ou esclarecimentos pelos quais se possa identificá-lo;

(3) a classificação do crime; e, quando necessário,

(4) o rol das testemunhas.

De modo indireto, são inferidos elementos da petição exordial da dicção do art. 395, do CPP, que preconiza seu não recebimento:

(1) se inepta;

(2) quando faltar pressuposto processual ou condição para o exercício da ação penal; bem como

(3) se ausente justa causa.

Isso significa dizer que também são elementos da denúncia:

(1) a aptidão para deflagrar processo penal com respeito às garantias fundamentais;

(2) a presença de pressupostos processuais e de condições para o exercício da ação penal; e

(3) a constatação de conteúdo que dê substância à justa causa, consistente em ser acompanhada por suporte probatório mínimo, evidenciar plausibilidade de condenação e estar de acordo com parâmetros racionais.

Esses elementos são essenciais, notadamente porque a falta de um torna deficiente ou inexistente irremediavelmente a possibilidade de ser exercido o direito ao contraditório e à ampla defesa pelo denunciado.

Como é tradição no direito brasileiro a afirmação de que o réu se defende dos fatos e não da capitulação legal dada a eles pelo autor da ação penal condenatória (*emendatio libelli* – art. 383, CPP), a classificação da infração penal tende a ser considerada elemento acidental da petição inicial. É de ver, contudo, que essa solução mitiga os direitos do acusado.

Como aduzem Simone Schreiber e Thiago Amaral, "a defesa do réu não se restringe à refutação dos fatos que lhe são imputados ou das circunstâncias em que tenham ocorrido". Abrange, igualmente, controvérsias a respeito do tipo penal no qual se subsomem os fatos, aspecto que pode e deve ser explorado pela defesa, no curso do processo, "especialmente na petição de alegações finais".[767]

De outro giro, tem natureza acidental a previsão de apresentação de **rol de testemunhas**, na petição inicial (art. 41, CPP). A lei explicita que esse elemento é regido pelo critério da necessidade da produção de prova oral, incumbência do órgão acusador, consoante as disposições sobre ônus da prova (art. 156, CPP).

Os vícios que não comprometem o direito fundamental ao contraditório e à ampla defesa, bem como que não afetam a autenticidade da petição inicial não induzem atipicidade relevante, capaz de determinar a invalidação do ato. É o caso, por exemplo, da falta de assinatura do membro do Ministério Público, taxada de mera irregularidade, quando for induvidosa a apresentação da denúncia por ele, a partir da constatação de que lançou, nos autos, cota consignando o oferecimento da denúncia em separado.

Sob prisma diverso, uma diversidade de situações pode se acomodar à cláusula que dita que a denúncia ou queixa-crime deve conter a **exposição do fato criminoso**, com **todas as suas circunstâncias**. Deveras, é cediço que o fato deve se ajustar ao conceito de crime, respeitando sua **tipicidade**. Ademais, existem circunstâncias da infração que podem se revelar essenciais ao direito de defesa.

Afrânio Silva Jardim, com o foco na questão do ônus probatório, leciona que a dicção do art. 41, do CPP, "impõe ao autor da ação penal condenatória uma imputação ao réu de conduta típica, ilícita e culpável, com suporte mínimo na prova do inquérito ou peças de informação". No processo penal acusatório, contenta-se com a oposição simples do réu à pretensão ministerial, mediante "pura negativa dos fatos da acusação ou através de negativa qualificada por afirmação

767. SCHREIBER, Simone; AMARAL, Thiago Bottino. *Direito processual penal 1*. 3. ed. São Paulo: Saraiva, 2010. p.69.

de fatos excludentes daqueles que lhe são imputados na peça acusatória".[768]

Essencial indicar os documentos a que se refere a acusação, especialmente nos processos digitais, com inclusão de plúrimos elementos digitais. O carreamento excessivo de peças de informação eletrônicas pode evidenciar abuso do direito de acusar e, correlatamente, falta de justa causa para o exercício da ação penal.[769]

21.14 Aditamento à petição inicial

Luiz Orlando e Cyrdemia Botto ilustram que "um dos requisitos primordiais da peça acusatória é a indicação do 'lugar da infração'. A lacuna a respeito constitui imperdoável omissão, pois a denúncia deve ser clara e precisa" (art. 41, CPP).[770] Situação que não atenda a esse critério é caso de rejeição da petição inicial. Se recebida por lapso, há o autorizativo de suprimento (art. 569, CPP).

Vale afirmar, haverá lugar para aditamento:

(1) em se cuidando de ação penal privativa do ofendido, a queixa-crime "poderá ser aditada pelo Ministério Público, a quem caberá intervir em todos os termos subsequentes do processo" (arts. 45; 46, § 2º, CPP). Esse aditamento é excepcional e restrito a pontos técnicos, não se permitindo emenda pelo *Parquet* que insira fato novo ou corréu;

---

768. JARDIM, Afrânio Silva. O ônus da prova na ação penal condenatória. *Revista Forense comemorativa – 100 anos*, tomo VII [direito processual penal], Afrânio Silva Jardim (org.), Rio de Janeiro: Forense, p.612, 2006.

769. TRF1 – 12ª Vara da Seção Judiciária do DF – Ação Penal 0001238-44.2018.4.01.3400 – Sentença – Juiz Federal Marcus Reis Bastos – 7 mai. 2021.

770. ORLANDO, Luiz Antonio; BOTTO, Cyrdemia da Gama. *Das nulidades no processo penal*. São Paulo: APMP, 1992. p.384.

(2) na ação pública, o aditamento pode ser de duas ordens:

(a) **aditamento originário**: antes da angularização da relação processual pela citação (art. 363, CPP); ou

(b) **aditamento superveniente**, com possibilidade de:

(*i*) *mutatio libelli*, inaugurando nova instrução em consonância com o devido processo legal (art. 384, CPP). Para tanto, o juiz não deve instar o órgão acusador a cumprir seu papel, para ser fiel ao sistema acusatório, a exceção do autorizativo para, com o processo condenatório instaurado, dirimir dúvida relevante sobre questão de mérito (art. 3º-A, CPP).[771] Cabe ao julgador, portanto, indeferir a petição inicial. Se suprido o defeito, ele receberá a acusação;

(*ii*) imputação alternativa subjetiva: inclusão de correú, em concurso de agentes (art. 29, CP; art. 77, CPP);

(*iii*) imputação alternativa objetiva: a **imputação alternativa objetiva superveniente restrita**, na esteira de estudo clássico de Afrânio Silva Jardim,[772] implica acrescer, por meio de aditamento, circunstância ou qualificadora descrita em tipo penal derivado que, confrontado com a petição inicial, permite aplicação alternativa. Por exemplo, a inclusão de rompimento de obstáculo no crime de furto (art. 155, § 4º, CP), por ocasião da incidência do art. 384, do CPP. Embora o § 5º, do art. 384, do CPP, prescreva que o juiz deve ficar adstrito aos termos do aditamento, não há sentido lógico em impedir que o juiz acolha a pretensão

771. STF – Pleno – ADI 6298/DF – Rel. Min. Luiz Fux – 24 ago. 2023.

772. JARDIM, Afrânio Silva; AMORIM, Pierre Souto Maior Coutinho de. *Direito processual penal*: estudos, pareceres e crônicas. Salvador: Juspodivm, 2018. p.286-288.

> punitiva fundada no tipo simples de furto, tal qual descrito na denúncia, alijando a qualificadora trazida à ribalta pelo aditamento.

Volvendo ao art. 569, do CPP, José do Espírito Santo Ribeiro pondera que "suprir é complementar. Ratificar significa confirmar um ato já existente".[773] É pressuposto ao suprimento, desse modo, a existência jurídica da peça processual referida. Caso se trate de falta da própria inicial acusatória, com o início equivocado do processo penal (hipótese de rara ocorrência), inexistirá juridicamente processo.

A falta da denúncia ou da queixa implica, além de sua inexistência fática, a inexistência jurídica do processo penal que tenha sido indevidamente deflagrado. As omissões na denúncia ou na queixa (arts. 564, III, "a"; 569, CPP) são nulidades graves, considerada a importância da petição inicial ao exercício da defesa ampla e à eficácia de princípios como os do devido processo legal e do estado de inocência.

A previsão de suprimento dessas omissões deve ser limitada:

(1) por **regras preclusivas** (prescrição da pretensão punitiva e decadência do direito de representação e do direito de queixa – arts. 38, parágrafo único; 61; 397, IV, CPP);

(2) pelo **princípio da obrigatoriedade da ação penal pública** (art. 129, I, CF), enlaçado ao sistema acusatório. Como aviva Diogo Nolasco Pereira, a obrigatoriedade permanece hígida. Essa constatação persiste mesmo diante das tentativas de mitigação desse relevante postulado, conduzidas pela inserção de instrumentos consensuais de difícil compatibilidade com o sistema de garantias fundamentais, a exemplo da colaboração premiada (art. 4º, § 4º, Lei nº 12.850/2013), do acordo

---

773. RIBEIRO, José do Espírito Santo Domingues. *A denúncia e suas nulidades*: teoria, prática e jurisprudência. Rio de Janeiro: Aide, 1992. p.39.

de não persecução penal (art. 28-A, CPP) e da transação penal (art. 76, Lei nº 9.099/95);[774]

(3) pelo **princípio da indivisibilidade da ação penal privada** (arts. 48 e 49, CPP);

(4) pelo **princípio do *favor rei*** (art. 386, CPP);

(5) pelo **princípio do *ne bis in idem***, a teor do item "4", do artigo 8º, do Pacto de São José da Costa Rica;

(6) pelas **disposições que regem a *emendatio libelli* e a *mutatio libelli*** (arts. 383; 384, CPP); e

(7) pela **vedação de atuação de ofício do órgão judicial**, nos termos da estrutura acusatória do processo penal, ressalvado o permissivo ao juiz de dirimir dúvida relevante sobre o julgamento meritório (art. 3º-A, CPP).[775]

O art. 569 do CPP permite um desvio da consequência normal à nulidade absoluta contornado por esses parâmetros. Contudo, o dispositivo não é, propriamente, uma regra de calibração, eis que finda por autorizar o suprimento da omissão na petição inicial, mediante a prática de outro ato que a complemente, "a todo tempo, antes da sentença final".

Sob outra ótica, aquele enunciado converge com os princípios da economia processual e da razoável duração do processo. É necessário lembrar, todavia, que sua interpretação não pode resvalar em inconstitucionalidade para, por exemplo, suplantar direitos e garantias do imputado.

Decerto, a sua localização, na Constituição, está vincada no art. 5º, inciso LXXVIII, cujo teor sinaliza que, a todos, "são assegurados a razoável duração do processo e os meios que

---

774. PEREIRA, Diogo Abineder Ferreira Nolasco. *Justiça penal negociada*: uma análise do princípio da obrigatoriedade da ação penal pública. Rio de janeiro: Lumen Juris, 2019. p.146.

775. STF – Pleno – ADI 6298/DF – Rel. Min. Luiz Fux – 24 ago. 2023.

garantam a celeridade de sua tramitação". Cuida-se de direito de primeira dimensão que deve ser compreendido como limite ao poder punitivo estatal e interpretado em favor da liberdade do imputado.

21.15 Aplicação a caso concreto

O STJ reconheceu ser inepta denúncia que não individualiza a conduta dos imputados. Conforme sua orientação, o trancamento do processo penal "é medida de exceção, possível somente quando inequívoca a inépcia da denúncia" ou diante de "ausência de justa causa".

No caso específico, a Corte Superior destacou ser "inepta a denúncia, quanto ao delito de fraude ao caráter competitivo da licitação, porquanto a exordial acusatória não individualiza a conduta dos recorrentes, limitando-se a afirmar que seriam presidentes da comissão permanente de licitação do município".

Além de extinguir o processo penal com relação ao delito de frustração do caráter competitivo de licitação (art. 337-F, CP), ora tipificado no Código Penal, no capítulo que cuida dos crimes em licitações e contratos administrativos, o STJ determinou, por consequência lógica, a concessão da ordem "para trancar o ilícito de associação criminosa".[776]

21.16 Conclusão e próximo capítulo

A tecnologia da petição inicial é central às demais deduções no curso de um processo penal. A narrativa consiste na programação dos limites normativos concretos: da prova penal à sentença. Nada deve estar fora dos lindes da denúncia ou da queixa, sob pena de ofensa a princípios sensíveis, como o contraditório, a ampla defesa e a dignidade da pessoa humana (arts. 5º, LV, e 1º, III, CF). No próximo capítulo, será

776. STJ – Sexta Turma – RHC 118.439/MG – Rel. Min. Nefi Cordeiro – DJe 14 ago. 2020.

complementado o estudo da ação em sentido amplo, com a ação civil *ex delicto*, considerando a possibilidade de produção de efeitos civis decorrentes da sentença penal.

<table>
<tr><th colspan="2">QUESTÕES PRÉVIAS AO EXAME DO MÉRITO</th></tr>
<tr><th>PRESSUPOSTOS PROCESSUAIS</th><th>CONDIÇÕES PARA O EXERCÍCIO DA AÇÃO PENAL</th></tr>
<tr><td>- Legitimidade para o processo sob tríplice perspectiva:
✓ Legitimidade para ser parte;
✓ Legitimidade para estar em juízo (sem necessidade de representação ou assistência);
✓ Capacidade postulatória (capacidade processual sob a ótica do advogado, MP ou Defensor);
- Competência criminal do juízo, ao menos relativa.
- Investidura do juiz.
- Existência de petição inicial acusatória (elemento estrutural).
OBS: o critério adotado considera os seguintes parâmetros:
✓ Os pressupostos processuais devem ser sempre de existência e de natureza positiva (considera-se equivocado classificar um pressuposto como negativo ou como de validade).
✓ A divisão entre pressupostos objetivos e subjetivos depende do ponto de vista.</td><td>- Interesse processual.
- Legitimidade para a causa (legitimatio ad causam ativa e passiva).
- Possibilidade jurídica do pedido.
- Originalidade (inexistência de coisa julgada e litispendência).
- Condições de procedibilidade a determinadas ações (representação da vítima, requisição do Ministro da Justiça).
- Condições de prosseguibilidade
(superveniente, quando do surgimento de crise de instância por doença mental advinda depois do delito – art. 152, CPP; ou no caso do art. 366, CPP, após citado o réu por edital).
- Condições híbridas que interferem na procedibilidade ou prosseguibilidade do processo a exemplo do disposto na Súmula Vinculante 24 STF.
- Causas objetivas de punibilidade (art. 7º, § 2º, CP; art. 180, Lei 11.101/2005).</td></tr>
</table>

CAPÍTULO 22

AÇÃO CIVIL EX DELICTO

22.1 Conceito

A disciplina legal da ação civil decorrente da infração penal está localizada, impropriamente, no CPP. Na dicção de Rômulo Andrade Moreira, "a ação civil para ressarcimento do dano causado pela infração penal (crime ou contravenção) pode ser interposta antes, durante ou depois da ação penal respectiva".[777]

Não se trata de matéria criminal, embora seja um recorte jurídico sobre o fato penal. Consiste na ação processual que veicula pedido reparatório pelos danos causados pelo fato delituoso. Para o seu êxito, deve ficar avivado o nexo causal.

Em outras palavras, o fato que constitui conduta típica, antijurídica e culpável e que será objeto de incidência de disposição de natureza penal, é a mesma base empírica que poderá receber tratamento cível, inclusive com a aplicação das regras do CPC.

A ação civil *ex delicto* é demanda cujo conteúdo meritório, previsto na legislação, deve descrever fundamentos para

777. MOREIRA, Rômulo Andrade. *Direito processual penal*. Rio de Janeiro: Forense, 2003. p.9.

o pedido de reparação dos danos sofridos pelo lesado em decorrência de conduta que se revela, a um só tempo, infração penal e ilícito cível.

Vale destacar seus elementos:

(1) é demanda processual que reveste o direito de petição ao Poder Judiciário;

(2) está positivada no CPP, sob forma **intelectiva** (para exigir condenação civil) e **excutiva** (para realizar a reparação com base no título executivo penal);

(3) tem conteúdo que deve descrever fundamentos (fato ilícito com dano e nexo causal ou sentença penal condenatória) para o pedido de reparação de danos;

(4) o fato comum às demandas civil e penal é o mesmo esteio para a aplicação das disposições jurídicas cíveis e criminais.

Na clássica lição de Araken de Assis, é fundamental, para o enfrentamento e adequação da solução de "antigo problema, situado em revolta e estreita confluência entre o penal e o civil, empreender a distinção nítida dos mundos fático e jurídico".[778]

Dessa percepção derivam duas faces de idêntica realidade fática:

(1) é possível separar, em tese, o fato e a norma jurídica, no campo cível e no penal, conforme o recorte metodológico correspondente (o fato é uno, porém, sobre ele, recaem disposições diversas do conhecimento humano);

(2) considerada a simbiose descrita por Carlos Cossio, enquanto **vivência da contradição** entre o fato e a positividade do direito, haverá unicidade da conduta (direito), diante da qualidade de pensamento que tem a norma

778. ASSIS, Araken de. *Eficácia civil da sentença penal*. 2. ed. São Paulo: RT, 2000. p.13.

jurídica (supera-se a dualidade entre fato e norma, mas uma norma jurídica será penal e a outra cível).[779]

22.2 Independência das instâncias e adesão civil

A ação civil tem estrutura autônoma e destacada da ação penal condenatória. Há independência entre as instâncias, momento de propositura e resultados hauridos em cada uma daquelas esferas. Esse aspecto recebeu tênue influxo com a previsão de duas situações que interferiram nessa independência que, até então, era mais nítida:

(1) nos juizados especiais, a reparação cível pode ser efetivada no âmbito criminal, mormente por meio do instituto da composição civil (art. 74, da Lei nº 9.099/1995); e

(2) a previsão de fixação dos danos cíveis na sentença penal condenatória antecipa a cognição de acertamento mínimo do *quantum* reparatório (art. 387, IV, CPP). Trata-se de possibilidade de **adesão** ao processo penal, admitindo-se cúmulo objetivo de pedido a ser levado a cabo pelo assistente do Ministério Público.

Araken de Assis apontou que "naquele caráter autônomo da ação civil se depara benfazeja opção assegurada à vítima". Ademais, "em razão direta do princípio da autonomia, o ajuizamento da demanda reparatória não se adscreve ao início da ação criminal. É inteiramente livre a vítima para ajuizá-la logo ou aguardar o pronunciamento da justiça repressiva".[780]

O ofendido pode, de um lado, intervir no processo penal, como assistente do Ministério Púbico (art. 268; 387, IV, CPP),

---

779. COSSIO, Carlos. *La teoría egológica del derecho y el concepto jurídico de libertad*. 2. ed. Buenos Aires: Abeledo-Perrot, 1964. p.247-248; MURICY, Marília. *Senso comum e direto*. São Paulo: Atlas, 2015. p.78-79.

780. ASSIS, Araken de. *Eficácia civil da sentença penal*. 2. ed. São Paulo: RT, 2000. p.65-66.

similar a uma **parte adesiva civil**, a fim de defender a formação de um título executivo. Além desse, outros poderes têm sido deferidos à vítima (impropriamente porque tende a inserir a vindita no processo penal, frustrando a promessa de pacificação). Maria Auxiliadora Minahim explica que a **vitimologia** deseja "que seja feita justiça às vítimas, resgatando-as da invisibilidade em que foram colocadas". Essa direção é diversa da **vitimodogmática**, enquanto estudo da contribuição da vítima para o crime.[781]

Por outro lado, o ofendido pode promover, como autor, ação civil em razão da infração penal. Na esteira de Maria João Antunes, cuida-se de pleito "correspondente ao pedido de indenização de perdas e danos emergentes da prática do crime", a ser formulado pelo lesado. Aliás, "por lesado entende-se a pessoa que sofreu danos ocasionados pelo crime, ainda que se não tenha constituído ou não possa constituir-se assistente, o que é significativo da autonomia das figuras".[782]

22.3 Interdependência entre a coisa julgada cível e a coisa julgada penal

A distinção entre a declaração continda na sentença e a coisa julgada foi objeto de acurada percepção de Ovídio Baptista.

Conquanto exista uma distinção sutil, não há completa separação.

Seguindo Liebman e Pontes de Miranda, Ovídio Baptista anota que "a coisa julgada não é uma eficácia da sentença, mas uma qualidade que aos efeitos se ajunta para torná-los imutáveis", sob a condição de que a afirmação seja restrita somente à eficácia declaratória.[783]

---

781. MINAHIM, Maria Auxiliadora. *Autonomia e frustração da tutela penal*. São Paulo: Saraiva, 2015. p.101.

782. ANTUNES, Maria João. *Direito processual penal*. 2. ed. Coimbra: Almedina, 2018. p. 56.

783. SILVA, Ovídio A. Baptista da. *Sentença e coisa julgada*: ensaios e pareceres. 4. ed. Rio de Janeiro: Forense, 2003. p. 74.

Em suma, a **coisa julgada** é a qualidade de imutabilidade que recai sobre a eficácia declaratória contida em uma sentença, seja ela civil ou penal.

Embora sejam relações jurídicas autônomas, pode haver interdependência entre a ação penal condenatória e a demanda cível indenizatória, mormente porque a definição penal pode ter o efeito de repercutir no desfecho do pedido de direito civil.

Analogamente, pode haver colidência entre as eficácias declarativas de uma sentença penal e de uma sentença cível, a exigir uniformização posterior.

Araken de Assis pontifica que a opção assegurada à vítima, de ajuizar a ação cível antes, durante ou após o encerramento da ação penal, "nem remotamente tranca ulterior contágio da demanda civil pendente com o juízo entrementes emanado da esfera penal, que atuará como fato superveniente". O jurista alerta para "casos de reflexo grave e condicionante do pronunciamento do juiz civil, como, por exemplo a absolvição baseada na inexistência do fato".[784]

Haverá **subordinação temática** da ação cível reparatória em face da sentença absolutória penal que reconhecer:

(1) **inexistência do fato** (art. 386, I, CPP). Como reza o art. 66, do CPP, "não obstante a sentença absolutória no juízo criminal, a ação civil poderá ser proposta quando não tiver sido, categoricamente, reconhecida a inexistência material do fato". Inversamente, declarado, no âmbito penal, não ter ocorrido o fato, o juiz cível ficará subordinado a essa afirmação;

(2) **negativa de autoria** (art. 386, IV, CPP). Quando refutada a qualidade de partícipe ou réu, negando que o imputado tenha concorrido, de qualquer forma, para a prática da infração penal (art. 29, CP);

784. ASSIS, Araken de. *Eficácia civil da sentença penal*. 2. ed. São Paulo: RT, 2000. p.66.

(3) **excludente de ilicitude real** (art. 386, VI, CPP). Sobre essa razão, o CPP explicita, em seu art. 65, que "faz coisa julgada no cível a sentença penal que reconhecer ter sido o ato praticado em estado de necessidade, em legítima defesa, em estrito cumprimento de dever legal ou no exercício regular de direito".

SUBORDINAÇÃO TEMÁTICA DA SENTENÇA ABSOLUTÓRIA	
Coisa julgada criminal que produz efeitos na esfera civil	**Coisa julgada criminal que não produz efeitos civis**
- Constitui preliminar a ser alegada em contestação nos autos do processo civil (é óbice a nova cognição judicial sobre o fato). - São os casos de absolvição por ✓ negativa de autoria ✓ inexistência do fato ✓ excludente de ilicitude real e estrita - A declaração de absolvição fundada nesses motivos deve-se basear em juízo de certeza.	- Não impede a tramitação válida e regular do processo civil reparatório isto é não é apta a tolher a possibilidade de sucessiva cognição judicial cível. - São os casos de absolvição, fundados em algum elemento de dúvida.

Vale dizer, naqueles casos, se a demanda cível for ajuizada deverá ser extinta sem resolução do mérito, com base na preliminar de coisa julgada. A coisa julgada criminal de absolvição assim fundada produz, igualmente, coisa julgada cível, porquanto a coisa julgada penal é prevalente, preponderante em relação à esfera cível (**comunicabilidade entre os juízos penal e civil**).

Com efeito, na dicção do art. 935, do Código Civil, a responsabilidade civil é independente da criminal, não se podendo questionar mais sobre a existência do fato, ou sobre quem seja o seu autor, quando estas questões se acharem decididas no juízo criminal".

Focando na absolvição lastreada no art. 386, incisos II, IV e VI, do CPP, vê-se que são hipóteses que espancam qualquer dúvida sobre a ausência de responsabilidade penal do imputado, deixando claro não haver, igualmente, fato indenizável, residual ou subjacente, porquanto o ilícito civil estará desprovido de, pelo menos, um dos seus elementos conceituais, a saber:

(1) **suporte fático**;

(2) **nexo causal**;

(3) **antijuridicidade**.

De conformidade com o art. 186, do Código Civil, "aquele que, por ação ou omissão voluntária, negligência ou imprudência, violar direito e causar dano a outrem, ainda que exclusivamente moral, comete ato ilícito". Daí que se o juiz penal afirmar, peremptoriamente, a falta de um requisito que, igualmente, conforma o conceito de ilícito civil, haverá **coisa julgada dupla** (coisa julgada criminal que faz coisa julgada no cível).

22.4 Sistemas de reparação civil decorrente do delito

O sistema reparatório cível *ex delicto* é identificado por meio da aferição da interferência recíproca entre as ações penal e civil. A classificação se subordina à relação mais ou menos nítida dos respectivos pedidos. De acordo com esses contornos, a função de ressarcimento poderá se inserir, total ou parcialmente, em um os seguintes modelos:

(1) **sistema da separação entre o juízo cível e o juízo penal**, com demandas distintas em juízos com competências definidas e diferentes;

(2) **sistema da solidariedade**, também chamado de híbrido ou sistema da confusão, no qual há cúmulo de demandas, cível e penal, no juízo criminal;

(3) **sistema da livre escolha**, que deriva da opção que a parte pode exercer, em face de norma com modal permissivo, de ajuizar a ação reparatória, autonomamente, no juízo cível, ou cumulada com a ação cível.

22.5 Espécies de ação civil *ex delicto*

Conforme a existência de título executivo prévio, constituído na órbita penal, a ação civil decorrente da infração penal poderá ser:

(1) ação reparatória de execução, demanda executiva cível ou execução cível da sentença penal condenatória transitada em julgado. Haverá possibilidade de excussão imediata do valor mínimo do dano, fixado naquela decisão, em face da mitigação do sistema separatista pelo sistema da confusão (sistema híbrido ou da solidariedade), com a possibilidade de cumulação parcial de pretensão cível no bojo da ação penal, na forma do art. 387, IV, do CPP (art. 63, parágrafo único, CPP);

(2) ação reparatória de conhecimento ou ação de ressarcimento do dano, com outorga de suspensão facultativa deferida ao juiz cível pelo prazo estatuído no CPC, enquanto se aguarda o desfecho da ação criminal (art. 64, parágrafo único, CPP). Pode ser movida após o encerramento da demanda penal que não tenha o condão de produzir efeitos na esfera civil (art. 67, CPP).

22.6 Competência para a ação civil *ex delicto*

A ação reparatória em razão do delito tem competência prevista no art. 53, inciso V, do CPC. De acordo com o seu teor, é competente o foro, compreendido como o lugar para processar e julgar a ação civil de reparação de danos causados pela infração penal:

(1) do domicílio do autor da ação (ofendido);

(2) do local do fato (infração penal e ilícito cível).

Consiste em critério para a demarcação da competência civil *ratione loci*, "para a ação de reparação de dano sofrido em razão de delito ou acidente de veículos, inclusive aeronaves". Tem natureza relativa, em face de se cuidar de competência territorial, passível de modificação nos termos do art. 54 do CPC.

O juízo do local do domicílio do demandante (vítima do ilícito) ou do fato poderá ser estadual ou federal conforme se verificar ou não elemento de conexão com as matérias do art. 109 da CF (competência *ratione materiae*).

22.7 Efeitos civis da sentença penal

A condenação penal transitada em julgado torna certo o dever de reparar o dano, dentre outros efeitos previstos nos arts. 91, 91-A e 92, do CP, além de outros elencados na legislação extravagante. Os efeitos podem ser, nessa toada, genéricos e específicos. São irradiados do título executivo judicial que é a sentença criminal condenatória transitada em julgado. Deles decorre a possibilidade de exigência deferida aos titulares ou legitimados (art. 68, CPP).

A propósito, o percurso para a efetivação da perda de bens enlaça aspectos normativos, de antecedente a consequente:

(1) **em instante prévio ao início do processo**, podem ser adotadas medidas preparatórias, relacionadas ao futuro efeito da sentença condenatória, em perspectiva:

(a) o sequestro de bens é providência acautelatória de uma posterior e eventual perda de bens declarada na sentença penal condenatória (**aspecto antecedente**);

(b) essa medida preparatória executiva decorre da possibilidade futura de imposição do efeito geral da condenação penal de tornar certa a obrigação de indenizar o dano causado pelo delito (art. 91, I, CP);

(2) **em momento consecutivo**, com o trânsito em julgado da sentença penal condenatória, na qual tenha

sido declarada a perda em favor da união, ressalvados os direitos de terceiros de boa-fé (**aspecto consequente**):

(a) dos instrumentos do crime, desde que consistam em coisas cujo fabrico, alienação, uso, porte ou detenção constitua fato ilícito;

(b) do produto do crime ou de qualquer bem ou valor que constitua proveito auferido pelo agente com a prática do fato criminoso;

(c) de bens ou valores **equivalentes** ao produto ou proveito do crime quando estes não forem encontrados ou quando se localizarem no exterior (art. 91, § 1º, CP). Consoante preconiza o § 2º, do art. 91, do CP, as medidas assecuratórias previstas na legislação processual poderão abranger bens ou valores equivalentes do investigado ou acusado **para posterior decretação de perda**.

Como situação de fato depreendida da verificação de condenação por infrações às quais a lei comine pena máxima superior a 6 (seis) anos de reclusão (**aspecto antecedente**), o Código Penal prevê o efeito jurídico de perda de bens por estimativa (**aspecto consequente**).

Nesse passo, constatada a condenação descrita no art. 91-A, *caput*, do CP, o juiz poderá, desde que respeitados os princípios da demanda (pedido expresso do MP, acompanhado de provas, com indicação da diferença patrimonial apurada – art. 91-A, § 3º, CP) e da irretroatividade da lei mais gravosa:

(1) decretar a perda, como produto ou proveito do crime, dos bens correspondentes à diferença entre o valor do patrimônio do condenado e aquele que seja compatível com o seu rendimento lícito (**perda alargada de bens** ou **perda por estimativa**);

(2) declarar o valor da diferença apurada e especificar os bens cuja perda for decretada;

(3) declarar perdidos em favor da União ou do Estado, os instrumentos utilizados para a prática de crimes por organizações criminosas e milícias.

As regras sobre as medidas assecuratórias e perda de bens devem ter incidência restrita, em relação à órbita temporal dos fatos ocorridos posteriormente à vigência de cada qual:

(1) da **perda pelo equivalente**, aos fatos ocorridos após a operatividade da Lei nº 12.694/2012 (art. 91, CP);

(2) da **perda por estimativa ou alargada**, aos fatos acontecidos depois da vigência da Lei nº 13.964/2019 (Lei Anticrime – art. 91-A, CP).

A sua vez, o art. 92 do CP prevê outros efeitos da sentença penal condenatória. Tal como os efeitos descritos acima, dependem de fundamentação explícita. Vale dizer, não são efeitos automáticos.

Embora não expresso na lei penal, é intuitivo, como derivação do princípio acusatório, que a imponibilidade desses efeitos exijam, assim como nos casos de perda de bens, requerimento do titular da ação penal.

Com esses contornos, na sentença penal condenatória, poderão ser aplicadas:

(1) a perda de cargo, função pública ou mandato eletivo;

(a) quando imposta pena privativa de liberdade por tempo igual ou superior a um ano, nos crimes praticados com abuso de poder ou violação de dever para com a administração pública (art. 92, I, "a", CP); ou

(b) quando for estabelecida pena privativa de liberdade por tempo superior a quatro anos nos demais casos (art. 92, I, "b", CP).

(2) a incapacidade para o exercício do poder familiar, da tutela ou da curatela nos crimes dolosos sujeitos à pena de reclusão cometidos contra outrem igualmente titular do mesmo poder familiar, contra filho, filha ou outro descendente ou contra tutelado ou curatelado;

(3) a inabilitação para dirigir veículo, quando utilizado como meio para a prática de crime doloso.

A perda do cargo decorrente de condenação por crime de tortura é consequência jurídica necessária (automática), que deve incidir com o trânsito em julgado, por dicção legal expressa (art. 1º, § 5º, Lei nº 9.455/1997). No entanto, para a produção de seus efeitos, não se prescinde do ato exoneração, cuja expedição é dever da autoridade designada pelo direito positivo.

22.8 Aplicação a caso concreto

De acordo com a jurisprudência do STJ, reiterada em hipótese concreta, "a sentença penal condenatória, não transitada em julgado, não possibilita a excepcional comunicabilidade entre o juízo cível e o criminal" (art. 935, CC).

Em outras palavras, é necessária oposição entre a **coisa julgada penal** e a ação cível reparatória em tramitação, para poder se concluir pelo óbice à tramitação da demanda civil *ex delicto*, diante de situações como negativa de autoria ou inexistência do fato.

Na ementa do acórdão, consta que houve superveniente trânsito em julgado de sentença penal condenatória imposta ao sujeito ativo do delito, relativamente ao trâmite da ação civil *ex delicto* ajuizada pela vítima.

No seu inteiro teor, foi dito que se impôs, ao recorrente, no processo penal em que foi acusado, pena por crime de homicídio culposo. A Corte Superior entendeu por "prejudicada a tese da inexistência do título executivo judicial para propositura da ação civil *ex delicto*".

O título passou a existir com o seu trânsito em julgado, inclusive depois de reafirmado em sede de revisão criminal.

No voto do relator do acórdão, ficou avivado que "o pedido de revisão da condenação foi requerido pelo próprio recorrente na ação revisional", sob a alegação de que "a condenação foi contrária à evidência dos autos, além de ter sido descoberta nova prova a qual daria conta da inocência do requerente".

Entretanto, complementou o relator que, "diante do reconhecimento definitivo no juízo criminal da autoria e da materialidade delitiva", reiterada na revisional, ficou "prejudicada a tese de ausência de título executivo judicial para propositura da ação civil *ex delicto*."[785]

Deveras, a revisão criminal é ação cuja admissibilidade pressupõe trânsito em julgado do provimento rescindendo (art. 621, CPP). O título executivo (sentença penal condenatória) tem fonte legal própria, autônoma (art. 515, VI, CPC). A decisão judicial penal condenatória, coberta pela coisa julgada, tem em comum o fato de poder arrimar tanto a ação de revisão, quanto a ação civil *ex delicto* de execução.

Entretanto, no julgado sob análise, o argumento era reverso, pretendendo o reconhecimento da não existência de título executivo hábil à ação civil *ex delicto*, o que não se verificou.

22.9 Conclusão e próximo capítulo

A ação civil *ex delicto* é demanda cível com disciplina processual penal. A repercussão dos efeitos jurídicos da sentença criminal transitada em julgado sobre o destino daquela justifica seu exame metódico.

---

785. STJ – Quarta Turma – AgInt nos EDcl no AgInt no REsp 1659952/RS – Rel. Min. Antonio Carlos Ferreira – DJe 14 ago. 2020.

Há possibilidade de interferência recíproca de regras sobre prescrição da ação cível enquanto pendente a ação penal (art. 200, CC), bem como entre a ação rescisória (art. 966, CPC) e ação de revisão criminal (art. 621, CPP), consoante a natureza da decisão final transitada em julgado (arts. 386; 387; 397, CPP) e eventual conflito de resultados.

No próximo capítulo serão descritas as estruturas da jurisdição e da competência, temas centrais que envolvem o estudo da divisão do poder entre os que exercem a função do sujeito processual imanente à produção das normas jurídicas.

CAPÍTULO 23

JURISDIÇÃO E COMPETÊNCIA

23.1 Conceito

Jurisdição é poder estatal, uno e indiviso enquanto potência. Tem objetivo civilizatório, de pacificação, considerando dever a ser exercido por um terceiro imparcial, desinteressado, órgão autêntico central e imanente à estrutura normativa individual e concreta.

Nessa ótica, o juiz se substitui à atividade das partes. Após a eclosão do delito, o Estado intervém. Encerra-se a relação jurídica de direito material e alvorece a relação jurídica processual. É sob esse ângulo que se justifica a terceira finalidade do processo penal, consistente em proporcionar pacificação social.

Antes desse escopo, o direito processual penal tem o objetivo de tutelar a liberdade (direito de primeira dimensão) e de proporcionar a atuação do direito penal objetivo, substitutivamente.

Giuseppe Chiovenda conferiu colorido a essa característica da jurisdição, enquanto função judicial para fazer valer a previsão legal. Cuida-se de atuação supletiva à atividade das partes. A **substitutividade da jurisdição** significa dizer que "o juiz assume o lugar, para sempre, de todos", exercendo sua cognição, nos termos do direito positivo.[786]

De outro prisma, **competência** é delimitação do exercício de poder estatal, consoante critérios definidos constitucional e legislativamente. Da conjugação da competência (conteúdo) com a jurisdição (continente), pode-se deduzir que é vedado tribunal de exceção ou julgamento com regras estabelecidas *a posteriori* (art. 5º, XXXVII, CF).

No magistério de Ada Pellegrini Grinover, aplicado à órbita criminal, lastreado no princípio da obrigatoriedade (art. 129, I, CF), "a função jurisdicional, própria do Estado, não pode estar subordinada a preceitos de ordem privada". Cabe distinguir, "a relação jurídica que se forma no processo é autônoma, diversa da de direito material: seus sujeitos são o juiz, o autor e o réu, em uma relação de natureza triangular".[787]

23.2 Espécies de jurisdição

A jurisdição é exercida, tipicamente, pelo Poder Judiciário (jurisdição ordinária). Contudo, é de ver que também pode ser exercida por outros Poderes, a exemplo do *Impeachment*, enquanto processo conduzido na órbita do Poder Legislativo (jurisdição extraordinária – art. 86, CF).

23.3 Critérios estruturais da competência penal

As articulações descritas acima evidenciam um tronco comum que, a sua vez, pode ser bifurcado em:

(1) **critério material**: o referencial é a estrutura analítica da infração penal, que é constituída, em abstrato,

---

786. CHIOVENDA, Giuseppe. *Principii di diritto processuale civile*. 2. ed. Napoli: Casa Tipografico; N. Jovene, 1923. p.54;249 (tradução livre).

787. GRINOVER, Ada Pellegrini. *As garantias constitucionais do direito de ação*. São Paulo: RT, 1973. p.10-11.

por um tipo objetivo (objeto material; objeto ou bem jurídico; lugar) e por um tipo subjetivo (sujeito ativo; sujeito passivo; elemento subjetivo – dolo ou culpa). Dessa percepção, de ordem eminentemente estrutural (sintática), nasce a subdivisão em:

(a) competência em razão da **matéria** (*ratione materiae* – art. 69, II, III e V, CPP);

(b) competência em razão do **lugar** ou do **território** (*ratione loci* – art. 69, I, IV, VI, CPP);

(c) competência em razão da **pessoa** ou da **função** (*ratione personae* – art. 69, VII, CPP);

(2) **critério funcional**: o referencial é o conjunto de elementos do processo que, a sua vez, pode ser apresentado em sua morfologia (fase; grau recursal; objeto de cognição judicial ou objeto do juízo). Subdivide-se, também à luz da sintática (estrutura), em:

(a) competência conforme a **fase do processo** (procedimento bifásico do júri – arts. 406; 422, CPP);

(b) competência de acordo com o **grau recursal**: cada órgão possui atribuições originárias ou recursais, consoante estabelecido na Constituição e nas leis de processo (arts. 5º, LV; 102; 105; 108; 109, CF);

(c) competência segundo o **objeto do juízo**: a legislação pode contornar o alcance da cognição de acordo com compartimentação do conteúdo da demanda penal. Desse modo, o juiz das garantias tem competência em torno da salvaguarda dos direitos individuais fundamentais, enquanto o juiz da instrução deve apreciar o mérito. Semelhantemente, questão cível pode ser atribuída à jurisdição diversa, excepcionando o **princípio da suficiência da ação penal** para, por exemplo, aguardar a deliberação do juiz cível sobre o estado civil das pessoas antes de dar continuidade ao julgamento penal (arts. 3º-B; 92; 93, CPP).

23.4 Eixos para a organização da competência

A competência é organizada em níveis. De consonância com o art. 69, do CPP, ela será determinada por sucessivos critérios que, no entanto, admitem combinações entre si para a fixação da competência jurisdicional. A ênfase estudada a seguir está situada no critério material que, por sua vez, é dividido em razão do lugar (*ratione loci*), da matéria (*ratione materiae*) e da função (*ratione personae*).

23.4.1 Competência em razão do lugar (*ratione loci*)

O art. 70, do CPP, prevê critério *ratione loci* que, como regra, será o do lugar em que se consumar o delito. A imprecisão que pode recair sobre o conceito do local da infração penal, aliada à necessidade de divisão da competência entre os juízes com igual jurisdição criminal, torna necessária a conjugação de outras regras, mormente a distribuição e a prevenção (art. 69, IV e VI, CPP), que auxiliam na colmatação do parâmetro em tela.

23.4.1.1 Lugar da infração penal

A aplicação do critério *ratione loci* depende da adequação de uma das seguintes possibilidades que definem o que pode ser considerado o *locus* da infração penal em cada hipótese concreta:

(1) a **teoria da atividade**: entende-se como lugar da infração penal o da conduta delitiva (ação ou omissão). Aplica-se no âmbito dos juizados especiais (art. 63, Lei nº 9.099/1995);

(2) a **teoria do resultado**: nos crimes plurilocais, ocorridos no território nacional, o lugar do delito será onde se consumar, com a constatação de seus efeitos naturalísticos (art. 70, CPP);

(3) a **teoria do esboço do resultado**: aplicável aos casos em que, por interferência humana, a finalização da infração penal não se produziu no lugar da ação ou da omissão, a exemplo do homicídio que não se consumou em uma cidade, por ter sido a vítima socorrida e levada a outro município onde falecera. Fernando Pedroso elucida a questão diferenciando as circunstâncias acidentais do delito (que não repercutem na finalização de seu *iter* porque, de todo modo, ocorreria), daquelas ditas essenciais à sua perfeição. Vale dizer, o resultado já se esboçara e o evento posterior, por aquele motivo, torna-se contingente;[788]

(4) a **teoria da ubiquidade**: incidente nos crimes de espaço máximo ou crimes à distância, para infrações penais iniciadas no estrangeiro e consumadas no território brasileiro ou reciprocamente (art. 6º, CP), considerando o lugar da infração penal no Brasil ou no estrangeiro, fixando-se a competência no território brasileiro.

O critério *ratione loci* não se restringe, todavia, ao lugar em que se considera consumado o delito. O legislador prevê outras possibilidades que interferem na definição da competência com base em noção de espaço (territorial).

23.4.1.2 Lugar do domicílio ou residência do réu

De acordo com art. 72, CPP, a competência será definida pelo lugar do domicílio ou residência do réu quando

788. PEDROSO, Fernando de Almeida. Competência penal: princípio do esboço do resultado e crimes qualificados pelo evento. Justitia. São Paulo, v.54, n.158, p.26, abr.-jun. 1992.

desconhecido o lugar da infração, mas com a possibilidade de foro de eleição, consoante escolha do querelante entre o foro do domicílio do querelado ou do local do fato, ainda que conhecido este, nas ações penais privadas (art. 73, CPP). A justificativa para a previsão desse critério de fixação de competência, assim como os demais, deve se nortear pela **melhor possibilidade de defesa do réu**.

23.4.1.3 Lugar do domicílio da vítima

Seu teor está descrito no art. 70, § 4º, CPP. O legislador estabeleceu **hipótese invertida**, de definição da competência pelo crime de estelionato na modalidade de emissão de cheque sem fundos em poder do sacado ou com o pagamento frustrado ou mediante transferência de valores (art. 171, § 2º, VI, CP). Para esses casos, o § 4º, do art. 70, do CPP, passou a estabelecer que a competência será definida pelo lugar do domicílio da vítima. Sendo o caso de **pluralidade de vítimas**, o texto arremata que a competência deverá ser firmada pela **prevenção**.

Trata-se de solução tendente a usar o processo criminal como forma de cobrança de dívidas. Há colisão do enunciado legislativo com o princípio da ampla defesa e do contraditório, outorgado ao imputado (art. 5º, LV, CF). Compelir o acusado a responder a processo em lugar diverso da ocorrência dos fatos ou, se desconhecido esse, da localidade de seu próprio domicílio, pode tender a dificultar as suas possibilidades defensivas.

A aplicação do dispositivo, inserido pela Lei nº 14.155/2021, somente terá incidência constitucional se desconhecido o local dos fatos ou o da residência do réu. De todo modo, a previsão legal indica **superação** dos enunciados nºs 521, da Súmula do STF, e 244, da Súmula, do STJ, que estatuem ser competente o local onde se situa o banco do correntista emissor do cheque, que é o banco sacado. As súmulas haviam definido a competência para essa modalidade de estelionato pelo critério do **lugar da recusa de pagamento**, interpretado como o *locus* da agência bancária do correntista responsável pela emissão do cheque.

23.4.1.4 Distribuição

A regra da distribuição pode se concatenar com outros critérios. A ênfase que a justifica, porém, é o **lugar**, considerando que se aplica quando mais de um magistrado é competente **territorialmente** para processar e julgar o fato. Definida a questão *ratione loci*, a distribuição poderá ser definida entre juízes com a mesma competência em razão da matéria (*ratione materiae*) ou em razão da pessoa (*ratione funcionae*).

Ex vi do art. 75, "a precedência da distribuição fixará a competência quando, na mesma circunscrição judiciária, houver mais de um juiz igualmente competente." É distinta, portanto, a identidade de competência criminal em um mesmo território. Daí o entendimento predominante de ser a distribuição competência de natureza relativa.

23.4.1.5 Prevenção

A competência fixada pela prevenção é de natureza relativa. Cuida-se de disposição subsidiária destinada à fixação de competência (arts. 70, § 4º; 71; 83, CPP). A prevenção se dá quando o juiz exerce cognição sobre a matéria objeto da causa principal, ainda que lhe toque superficialmente, em sede de juízo cautelar. Prevenir é vir primeiro, delibar a matéria, fazendo incursão sobre a existência do fato caracterizador de infração penal.

Decisões como a de decretação de prisão preventiva ou ordenadora de sequestro de bens para superveniente decretação de sua perda na sentença, geralmente, fixam a competência do juiz pela prevenção, naqueles casos de concorrência de competência territorial. Deve-se ao fato do juiz exercer atividade cognitiva.

O teor do enunciado nº 706, da Súmula, do STF, é explícito em taxar de "relativa a nulidade decorrente da inobservância da competência penal por prevenção". Como o ato fixador da competência é mais próximo de acidental que essencial, a nulidade, pelo desacato à regra, é relativa.

Com efeito, quando todos os juízos envolvidos no espaço de penumbra territorial são igualmente competentes quanto à matéria, a violação ulterior da prevenção é vício que não macula inexoravelmente o fundamento nuclear constitucional do direito processual penal. Daí depender de demonstração de prejuízo e de alegação oportuna para ser reconhecido, muito embora possa o magistrado velar, de ofício, pela regularidade dos atos, aplicando o art. 251 do CPP.

A prevenção, enquanto critério subsidiário, seria de duvidosa constitucionalidade se compreendido como definição da competência do juiz (identidade física) e não do foro (local e juízo). Isso em virtude de que o pressuposto de se conhecer primeiramente do fato seria mais apropriada como causa de impedimento para o juiz julgar o mérito da ação penal. Com efeito, calha ponderar que o ato do juiz que implique antecipar sua atividade cognoscitiva é prejudicial à sua indeclinável imparcialidade (art. 5º, LIII, CF). O conhecer previamente é apto a causar dissonâncias prejudiciais ao conhecimento desinteressado do caso penal.

Entretanto, o STF – apesar de haver dialogado com a noção de "**força da prevenção**" enquanto "fator de exclusão da competência do juiz criminal em inúmeros países" – reiterou o entendimento de que a prevenção é regra de fixação da competência do juiz que primeiro tomar conhecimento do fato, não devendo ser mitigada pelas disposições do juiz das garantias.[789]

23.4.2 Competência em razão da matéria (*ratione materiae*)

Consiste em critério que define a competência judicial segundo a **natureza da infração** (art. 74, CPP). É parâmetro relevante para se estabelecer a justiça competente e, no âmbito desta, para se saber qual o órgão judicial relacionado à matéria sob sua competência nas leis de organização judiciária.

789. STF – Pleno – ADI 6298/DF – Rel. Min. Luiz Fux – 24 ago. 2023.

Segundo a **matéria ferida pela infração penal**, é possível ter, em linha de princípio, competência da **justiça comum** (federal e estadual) ou competência da **justiça especializada** (militar e eleitoral).

Quanto à justiça comum, a competência da **justiça estadual** é **residual** (art. 125, § 1º, CF), vale dizer, primeiro, a CF define a competência da justiça federal (art. 109, CF), retirando de sua órbita os crimes falimentares e as contravenções penais (estas últimas apenas podem ser julgadas pela justiça federal, em tese, quando incidir foro por prerrogativa de função – competência do TRF, *ex vi* do art. 108, CF).

Os critérios para a definição da competência da **justiça federal** são as causas que afetarem **bens** (patrimônio definido constitucionalmente), **interesses** (cláusula aberta: pode dizer respeito ao interesse no abastecimento dos cofres públicos) e os **serviços** da União ou dos entes federais sufragados no texto constitucional (fora dos quais estão as sociedades de economia mista, sociedades anônimas).

Um dos critérios para a escolha dos elementos de conexão para a definição da competência criminal é o **resultado** das condutas delitivas relacionadas ao tipo penal, por exemplo, de competência da justiça federal (art. 70, CPP). No art. 109, do CF, há os casos de competência da JF, com interpretação, em regra, restritiva, para processar e julgar: (1) crimes previstos em tratados, desde que com caráter de transnacionalidade; (2) crimes que envolvam disputa sobre direitos indígenas; (3) crimes graves contra a humanidade, desde que a justiça local não cumpra seu papel, com o pedido de deslocamento de competência pelo PGR perante o STJ (art. 109, § 5º, CF).

23.4.3 Competência em razão da prerrogativa de função (*ratione personae*)

A competência em razão da pessoa (*ratione personae*) ou, mais estritamente, em razão da função, cargo ou mandato (*ratione muneris*) é definida, como regra, na Constituição. A doutrina busca classificar as teorias, alinhando justificativas com base em critérios temporais alusivos ao mandato ou ao fato delituoso, para delimitar o sentido e o alcance das disposições sobre o foro por prerrogativa de função.

Nesse diapasão, três são as teorias principais sobre o tema:

(1) **teoria da contemporaneidade**: para a fixação da competência por prerrogativa de foro, a regra aplicável é a da atualidade do cargo contemporâneo ao fato delitivo. Para essa doutrina, a competência do tribunal subsistiria ao encerramento do mandato, função ou cargo;

(2) **teoria da atualidade**: tem o entendimento de que a competência do tribunal somente deve ser mantida enquanto o imputado estiver no exercício do mandato, função ou cargo. Era a regra que estava contida no verbete, ora cancelado, de nº 394, do STF, que prescrevia a competência especial por prerrogativa de função, ainda que depois de cessado o exercício funcional do imputado com prerrogativa de foro;

(3) **teoria atualidade limitada**: restringe o alcance da doutrina anterior, para acrescentar que ao tribunal compete julgar infrações penais comuns cometidas durante a legislatura, desde que relacionados ao exercício da função. Vale dizer, à **prerrogativa de função** foram opostos limites, nem sempre compatíveis com o texto constitucional, para fazer incidir a regra da **atualidade restrita** e exigir, para a definição da competência originária do tribunal constitutivo de foro privilegiado, que: (a) a infração penal tenha sido cometida no exercício do mandato atual; e (b) o delito tenha relação com a atuação funcional da autoridade com prerrogativa de foro.

23.5 Percurso da fixação da competência criminal

Para exemplificar a aplicação desses critérios, vale anotar que a competência para julgar **infração penal** que envolva violência doméstica contra mulher se orienta, sob a ótica material, conforme os seguintes critérios, explicados acima:

(1) primeiramente, incidirá regra de competência em razão da matéria (*ratione materiae*), cabendo à justiça estadual o julgamento do delito, diante da inexistência de interesse que atraia competência da justiça federal;

(2) depois de definida a justiça competente, tem aplicação o critério territorial, sendo competente o juízo do lugar da infração penal, quando este for conhecido (*ratione locci*). Se o delito for do tipo plurilocal, aplica-se a teoria do resultado (art. 70, do CPP);

(3) desconhecido o lugar da infração, incidirá a regra do domicílio ou da residência do acusado (art. 72, CPP);

(4) havendo vários juízes competentes para julgar o delito ou se houver órgão judicial especializado em infração penal com violência doméstica cometida contra mulher, incidirá, sucessivamente, a regra da distribuição.

Diferentemente da questão criminal, as **pretensões de natureza civil**, inclusive as ações de divórcio e de dissolução de união estável, previstas no art. 14-A, da Lei nº 11.340/2006 (Lei Maria da Penha), são da competência do juizado especializado. Os critérios que devem ser considerados, porém, são diversos dos preconizados acima, pela legislação penal.

Para a fixação da **competência civil** aludida (não a criminal!), os parâmetros são os descritos nos incisos do art. 15, do apontado diploma legal, a saber:

(1) regra do domicílio ou da residência da mulher;

(2) critério do lugar do fato em que se baseou a demanda; ou,

(3) foro do domicílio do agressor.

No entanto, é possível que aquele juizado especializado reúna competência de ordem criminal conjuntamente com a de natureza cível, o que pode implicar alguma oscilação no entendimento jurisprudencial sobre a competência penal relacionada com a questão civil.

Nos termos do art. 14, da Lei Maria da Penha, "os Juizados de Violência Doméstica e Familiar contra a Mulher" são "órgãos da Justiça Ordinária com competência cível e criminal". Cuida-se de juízo que enfeixa a competência "para o processo, o julgamento e a execução das causas decorrentes da prática de violência doméstica e familiar contra a mulher".

23.6 Modificações da competência

As regras de modificação de competência objetivam evitar julgamentos conflitantes. A partir da noção de foro prevalente, torna-se possível, de um lado, estabilizar o foro de processamento e julgamento em um juízo atrativo e, de outro, alterar a sua competência para nela incluir delitos que não estariam nela compreendidos.

23.6.1 Conexão e continência

São critérios de modificação de competência, na medida em que subtraem a competência de um órgão em favor do outro, de acordo com condições estabelecidas legalmente.

Trata-se de regramento infraconstitucional (arts. 76; 77, CPP). Dessa maneira, a conexão e a continência não devem ter o poder de modificar competência estatuída na Constituição.

Vale dizer, entende-se que o concurso de jurisdições **com sede constitucional**, não autoriza a **reunião de processos** (arts. 78; 79, CPP).

Em outros termos, a concorrência de incidência dos arts. 102 (competência do STF) e 105 (competência do STJ), da CF, não deve conduzir à conclusão de que, à Suprema Corte, competirá julgar acusados em coautoria. Por exemplo: um réu deputado federal e, outro, governador de Estado-membro, em relação de coautoria delitiva, devem ser julgados, respectivamente, pelo STF e pelo STJ, diante de competências sediadas, igualmente, na CF.

Em outros termos, esse deve ser caso de **separação obrigatória**, ainda que não gizada no art. 79, do CPP, se não se quiser subverter a interpretação para, indevidamente, ser colocado o CPP acima da Lei Maior.

Seguindo os passos do art. 76, do CPP, as regras de conexão podem ser classificadas em:

(1) **conexão intersubjetiva** (inciso I), pela exigência de prática de duas ou mais infrações por duas ou mais pessoas:

(a) reunidas e ao mesmo tempo, mas sem um propósito comum ou ajuste prévio, inserindo-se na esfera da mera coincidência (**conexão intersubjetiva por simultaneidade**);

(b) em concurso de agentes, embora diversos o tempo e o lugar, isto é, com combinação prévia, como estratégia para o êxito da empreitada delitiva (**conexão intersubjetiva concursal**);

(c) umas contra as outras, a exemplo de lesões corporais recíprocas ou de retorsão verbal imediata no crime de injúria (**conexão intersubjetiva por reciprocidade**). O Código Penal prevê extinção de punibilidade para casos de injúria mútua ou de revide imediato (art. 140, § 1º, I e II, CP);

(2) **conexão teleológica** ou **finalística**: quando duas ou mais infrações penais forem perpetradas "para facilitar ou ocultar as outras, ou para conseguir impunidade ou vantagem em relação a qualquer delas";

(3) **conexão probatória** ou **instrumental**: na hipótese da "prova de uma infração ou de qualquer de suas circunstâncias elementares influir na prova de outra infração".

As regras de conexão são somente as estatuídas por lei.

De igual forma, as disposições sobre continência estão situadas, limitativamente, no art. 77 do CPP, que preconiza que será assim determinada quando:

(1) duas ou mais pessoas forem acusadas pela mesma infração (coautoria em contexto de único delito): infração penal cometida em coautoria, necessária ou facultativa, justifica a reunião de julgamentos dos réus envolvidos. Por exemplo: o delito de organização criminosa é necessariamente cometido por quatro ou mais agentes. Para evitar julgamentos conflitantes, os acusados devem ser processados de forma reunida;

(2) no caso de crime formal (art. 70, CP): pressupõe uma conduta e dois resultados. A rigor, são tantos delitos quantos forem os resultados diversos. A lesão corporal mediante um único disparo de arma de fogo pode ferir duas ou mais pessoas. Havendo mais de uma infração penal, diante da produção de mais de uma consumação delitiva, os crimes devem ser processados e julgados reunidamente, em virtude da conduta unitária atribuída a um acusado.

23.6.2 Foro prevalente

O ordenamento jurídico define critérios para o estabelecimento da competência em situação de concorrência entre juízos diferentes, referentemente a delitos em conexão ou continência, criando o conceito de juízo prevalente (foro de atração). Nos termos do art. 78, do CPP, quatro são as balizas gerais para a determinação do juiz competente, em hipóteses de conexão ou continência que, ao menos parcialmente, implica modificação da competência do órgão julgador:

(1) primeiramente, no concurso entre a competência do júri e a de outro órgão da jurisdição comum, prevalecerá a competência do primeiro. Ressalva-se casos de prerrogativa de função estatuída na CF, que afasta a competência do júri, igualmente de status constitucional;

(2) no confronto entre jurisdição de mesma categoria de delitos, primeiramente, preponderará a competência do juízo do lugar da infração, à qual for cominada a pena mais grave. Persistindo a dúvida, prevalecerá a do lugar em que houver ocorrido o maior número de infrações, se as respectivas penas forem de igual gravidade. Não se resolvendo ainda assim, firmar-se-á a competência pela prevenção;

(3) no concurso de jurisdições de diversas categorias, predominará a de maior graduação. A jurisdição de maior grau atrai a competência de delito conexo que seria julgado por juízo de menor grau. No entanto, entre dispositivos constitucionais, que igualmente tratem de competência de órgãos diversos do Poder Judiciário, entende-se que a solução adequada é a separação de processos, para que o CPP não derrogue um dos artigos da CF. Por exemplo, crimes, em concurso de agentes atribuídos a senador (julgado pelo STF – art. 102, CF) e governador (julgado pelo

STJ – art. 105, CF): se for aplicado o inciso III, do art. 78, do CPP, haverá incompatibilidade com o rol de competências do art. 105, da CF; e

(4) no concurso entre a jurisdição comum e a especial, prevalecerá esta. Essa regra, disposta no inciso IV, do art. 78, deve ser relida à luz da CF. Por exemplo, ela não se aplica ao confronto entre a justiça comum e a justiça especializada militar, diante da necessidade de divisão de processos: juiz militar não tem competência para julgar crime comum, embora a Justiça Militar da União tenha competência para julgar civil, que cometa crime militar (arts. 124, *caput*; 125, § 4º, CF). De outro lado, entre a justiça eleitoral e a justiça comum, prevalece a primeira, regra sem maiores divergências quando o concurso é entre a competência da justiça estadual em confronto com a eleitoral, quando esta julgará os crimes comuns conexos. Nos casos de confronto com a competência da justiça federal, o STF, igualmente nesse sentido, declarou a competência da justiça eleitoral para julgar os delitos conexos.[790] Cabível ponderar, todavia, que a solução nessa hipótese de concurso entre a competência da justiça federal e eleitoral deveria ser a de separação de processos, eis que a sede de competência da justiça federal tem assento na CF (princípio da hierarquia).

Se, apesar da conexão ou continência, forem instaurados processos distintos, caberá ao juízo de atração avocar os processos em trâmite perante os outros juízes, salvo se já estiverem com **sentença definitiva**. Essa regra, contida no art. 82, do CPP, refere-se à sentença de mérito, em contraposição à classe sentença terminativa.

Na literalidade do verbete nº 235, da Súmula, do STJ, "a conexão não determina a reunião dos processos, se um deles

---

790. STF – Segunda Turma – Rcl 46733 AgR – Rel. Min. Edson Fachin – Rel. p/ Acórdão Min. Nunes Marques – DJe 26 jul. 2023.

já foi julgado." A reunião a que se refere o CPP é de processos, cabendo sublinhar que, tecnicamente, não há que se falar em conexão ou continência na fase investigativa ou de IP.

23.6.3 Reunião de processos

A reunião de processos consiste na consequência jurídica que decorre do reconhecimento de conexão ou de continência, com o propósito de conferir unidade de julgamento e de evitar deliberações conflitantes.

Cabe ponderar que o legislador não foi coerente quando prescreveu modais deônticos **obrigatório** (art. 79, CPP) e **facultativo** (art. 80, CPP) para os efeitos jurídicos correlatos que denomina, consoante a hipótese, respectivamente, de **reunião** ou de **separação** de processos. Estabeleceu critérios de ordem lógica, finalística, intersubjetiva, material e temporal, que consubstanciam precaução contra julgamentos colidentes, com incompatibilidades.

De compasso com o art. 79, do CPP, "a conexão e a continência importarão unidade de processo e julgamento", ressalvados casos cogentes de separação de processo: (1) entre crime comum e crime militar; (2) em que concorra com ato infracional atribuído a adolescente; e (3) de coimputado não encontrado e citado por edital (art. 366, CPP).

Conforme pontifica José Frederico Marques, "o principal efeito da conexão e continência é a unidade de processo e julgamento: *continentia causae dividi non debet*". A técnica tem o potencial de imprimir "simplificação ao rito processual, celeridade e economia ao *modus procedendi*, e aquela harmonia e uniformidade de apreciação e juízo que constituem garantia de justiça e aumentam o prestígio da função jurisdicional".[791]

---

791. MARQUES, José Frederico. *Da competência em matéria penal*. Campinas: Millennium, 2000. p.379.

23.6.4 Prorrogação da competência

A prorrogação de competência é uma faceta da reunião de processos. Ambas, reunião processos e prorrogação são efeitos jurídicos que podem derivar da conexão ou continência de delitos. A **prorrogação de competência** é um dos aspectos da modificação de competência:

(1) sob o ponto de vista do juiz, que seria competente para julgar infrações penais reunidas nas mãos do magistrado do foro prevalente, da alteração deriva derrogação das regras de competência em razão do lugar e em razão da matéria;

(2) sob a ótica do juiz que se torna competente, seja por ter avocado processos, seja porque os fatos foram incluídos em única petição acusatória, há prorrogação da competência, eis que o magistrado amplia, sob o amparo da legislação, competência para julgar delitos que, originariamente, não teria.

Essa percepção foi objeto dos estudos de Hélio Tornaghi, trazendo à ribalta o exemplo do "juiz singular que seria competente para conhecer de lesões corporais", e que "tem sua competência derrogada se essa infração é conexa com um homicídio enquanto que o Júri ao qual incumbe julgar o último tem a competência prorrogada ao primeiro".[792]

23.6.5 Perpetuação da jurisdição (*perpetuatio jurisdictionis*)

Uma vez reunidos os fatos perante juízo prevalente, com a incidência de regra de conexão ou continência, aplica-se a *perpetuatio jurisdicionis*. Está prescrita no art. 81, *caput*, do CPP. Haverá perpetuação da jurisdição quando se verificar

792. TORNAGHI, Hélio. *Compêndio de processo penal*: tomo I. Rio de Janeiro: José Konfino, 1967. p.328.

reunião dos processos por conexão ou continência: intercorrências supervenientes não alterarão a competência do juiz ou do tribunal. Advindo a modificação da competência do juiz pela conexão ou continência, ele permanece competente para julgar os delitos que, originariamente não seria, mesmo diante de fato superveniente.

Nos termos daquele enunciado de regência, ainda que no processo da sua competência própria. o juiz ou tribunal profira sentença absolutória ou que desclassifique a infração para outra que não se inclua no âmbito de sua competência, deverá continuar competente em relação aos demais processos, relativos aos delitos atraídos por força das regras de conexão ou continência (arts. 76; 77, CPP).

Por exemplo, no caso de um juiz federal ter prosseguido com a instrução criminal (com incidência da identidade física do juiz) referentemente a crimes de tráfico de drogas (um internacional e os demais cometidos no território nacional), deverá ser aplicado o teor do art. 81, *caput*, do CPP. Ou seja, se absolvido o réu pelo crime de tráfico internacional ou extinta a punibilidade ou desclassificado para infração penal de competência estadual, o juiz federal se perpetua na competência para julgar a causa.

Importante confrontar a previsão com a fase de absolvição sumária, do art. 397, do CPP. Nessa etapa, anterior ao início da instrução probatória (art. 400, CPP), a absolvição precoce, a desclassificação ou a extinção da punibilidade relativamente à infração penal que tenha justificado a atração de outras infrações penais que não seriam de competência daquele juiz, devem, diferentemente da regra geral, implicar o declínio de competência para o juiz natural referentemente àqueles delitos.

23.6.6 Separação de processos

A facultatividade da separação de processos (art. 80, CPP) interfere no modal devido para a reunião de processos, consignada no art. 79, do CPP. Cabe explicar, se é obrigatória a reunião de processos, nas hipóteses elencadas no CPP, com ressalvas cogentes, não há sentido lógico em prever cláusula de abertura para, por meio de juízo discricionário, o magistrado deliberar pela separação de julgamentos.

Deveras, a teor do art. 80, do CPP, será **facultativa** a separação dos processos quando, de forma alternativa:

(1) as infrações tiverem sido praticadas em circunstâncias de tempo ou de lugar diferentes;

(2) pelo excessivo número de acusados e para não lhes prolongar a prisão provisória; ou

(3) por outro motivo relevante, o juiz reputar conveniente a separação.

Em esforço de síntese, a possibilidade da parte final do art. 80, do CPP, amplia a contingência judicial, discricionára, eis que "outro motivo relevante", a ser justificado pelo julgador, poderá ter a força de arrefecer a cogência do art. 79, do CPP, explícita no verbo "importarão".

23.7 Aplicação a caso concreto

Em acórdão do STJ, foi dito que, "para a apreciação das medidas cautelares, prevalece o princípio da inafastabilidade da jurisdição". Consoante frisou, "em caso de medidas urgentes, como a interceptação telefônica, não há regra de competência estabelecida por lei, importando apenas a reserva de jurisdição, não havendo que falar, assim, em incompetência do juiz plantonista que autorizou a quebra do sigilo telefônico".[793]

A questão deveria ser fundamentada sob outra luz. Não é o princípio citado, da **indeclinabilidade da jurisdição**, que

793. STJ – Quinta Turma – RHC 103.224/DF – Rel. Min. Reynaldo Soares da Fonseca – DJe 09 abr. 2019.

ampara a competência do juiz plantonista. Como consiste em direito de primeira geração, é indevido invocar o postulado para negar o direito ao juiz natural e a divisão das competências que, por seu turno, deve estar bem contornada, de forma prévia, anterior ao fato.

Caberia à Corte analisar se o juiz plantonista exerceu o poder jurisdicional dentro da órbita reservada às **questões urgentes** que justificariam sua atuação, por dicção legislativa *ex ante*, ou em afronta à vedação de juízos de exceção (art. 5º, XXXVII, CF).

Em outros termos, não há a relação citada com o princípio da inafastabilidade da jurisdição (art. 5º, XXXV, CF). Por outra lente, houve, na hipótese, desvirtuamento da garantia fundamental ao juiz natural.

23.8 Conclusão e próximo capítulo

A delimitação da competência é técnica necessária à definição dos lindes do exercício do poder jurisdicional. Trata-se de regra das regras, autêntico postulado indispensável ao aperfeiçoamento das normas individuais e concretas.

A modificação ou a fixação da competência deve seguir, estritamente, a Constituição e, sob essa condição, cabe ao intérprete autêntico fazer incidir, se cabíveis, as demais regras relacionadas.

No próximo capítulo serão estudados os fundamentos da sistemática de comunicações dos atos processuais. São essenciais à possibilidade de operatividade de efeitos das decisões judiciais contra as pessoas afetadas e fazem parte do amálgama da processualidade.

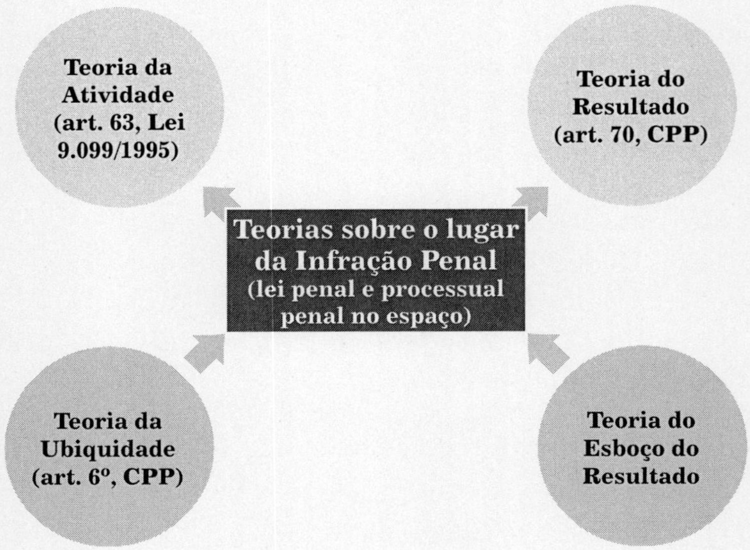

CRITÉRIOS PARA DEFINIÇÃO DA COMPETÊNCIA CRIMINAL SEGUNDO ORDEM DE ANÁLISE OU ESPECIALIDADE INSTITUÍDA POR LEI

- **1. Matéria de fato delituoso**
  - **- comum**
    - federal
    - estadual
  - **- especial**
    - eleitoral
    - militar
- **2. Lugar da infração penal conforme a teoria aplicável**
  - teoria da atividade
  - teoria do resultado
  - teoria do esboço do resultado
  - teoria da ubiquidade
- **3. Domicílio**
  - do imputado
  - da vítima (nos casos do § 4º, do art. 70, CPP)
- **4. Distribuição**
- **5. Prevenção**

CAPÍTULO 24
COMUNICAÇÕES PROCESSUAIS

24.1 Conceito

Comunicação processual é expressão que designa a forma protocolar de envio e de recebimento de mensagem normativa individual e concreta. É pressuposto à exigibilidade do acatamento ao conteúdo de atos documentados no processo, bem como à operatividade de efeitos de decisões e sentenças.

Na análise de Fábio Roque e Klaus Negri, cuida-se de condição necessária ao exercício do contraditório, sob a luz do trinômio da informação (ciência), da reação (participação) e do poder de influência (decisão).[794]

24.2 Classificação

A comunicação processual se divide em citação, intimação e notificação (art. 570, CPP), malgrado nem sempre o direito positivo adote sentido uniforme quando usa esses vocábulos.

As comunicações processuais podem ser de natureza:

---

794. ARAÚJO, Fábio Roque; COSTA, Klaus Negri. *Processo penal didático*. Salvador: Juspodivm, 2018. p.813.

(1) pessoal (por exemplo, a citação por mandado – art. 351, CPP);

(2) ficta (a citação por edital – art. 363, § 1º, CPP);

(3) híbrida (a citação com hora certa – art. 362, CPP).

24.2.1 Citação

É o ato de comunicação processual ao réu (acusado ou querelante), para apresentar resposta ao processo penal instaurado (com denúncia ou queixa-crime recebida pelo juiz). São, portanto, elementos do seu conceito:

(1) constituir ato processual com finalidade de comunicação de uma imputação;

(2) fazer parte de uma estrutura processual, cujo desiderato é cobrir a decisão final com o manto da coisa julgada, com incidência de contraditório e defesa ampla;

(3) ter como destinatário réu em processo penal condenatório;

(4) ser antecedente prévio ao necessário pronunciamento do réu, com dialeticidade oblíqua (**defesa dilatória**) ou dialeticidade direta (**defesa peremptória**). Poderá se apresentar como:

(a) resposta preliminar à acusação (art. 396-A, CPP);

(b) exceção (art. 95, CPP).

Em outras palavras, a citação é providência formal que dá ciência ao acusado sobre os termos da imputação, a fim de que exerça seu direito à ampla defesa. Os elementos do ato citatório são essenciais. É essencial o próprio ato citatório. A forma legal é o trilho pelo qual se deve concretizar o princípio constitucional da **defesa ampla**.

No procedimento comum ordinário, o acusado é citado para responder preliminarmente à acusação, no modo previsto no art. 396-A, do CPP. Devem ser respeitadas as formalidades e a sequência legal tendentes a garantir a vedação à autoincriminação, prestigiando o **contraditório**.

Se tais atos ofenderem a forma constitucional-legal, com incidência deficiente de normas jurídicas que são documentadas por meio de elementos essenciais, deverá ser decretada **nulidade absoluta**. Após, a construção da norma jurídica secundária consignará a constituição de declaração de **invalidação**.

24.2.1.1 Citação na investigação preliminar

Sob as notas conceituais enumeradas acima, pode-se concluir que não tem natureza estrita de citação, a previsão contida no § 1º, do art. 14-A, do CPP, mormente porque alusiva a inquérito policial.

Aplica-se aos funcionários vinculados às instituições do sistema de segurança pública (art. 144, da CF), que venham a ser investigados por delito, consumado ou tentado, relacionado ao uso da força letal e praticado no exercício profissional. A regra incide, inclusive, diante de alegação de excludentes de ilicitude.

O defensor poderá ser constituído pelo investigado ou indicado pela instituição a qual estiver vinculado (art. 14-A, § 2º, CPP), preferindo-se, contudo, a defensoria pública para prestar assistência jurídica ao **agente de segurança pública** hipossuficiente que não tiver advogado particular. Aos policiais e militares, contudo, é vedado advogar em causa própria, diante da existência de conflito de interesses, reconhecido pelo STF em sede de controle de constitucionalidade.[795] Por outra lente, tratando-se de militar, o seu atendimento pelos órgãos públicos deve ser imediato e prioritário, quando em serviço ou em razão do serviço, inclusive se for vítima de delito (art. 18, XI e XXIX, Lei nº 14.751/2023).

---

795. STF – Pleno – ADI 7227 – Rel. Min. Cármen Lúcia – DJe 28 mar. 2023.

Onde não houver Defensoria Pública instalada, a União ou a Unidade da Federação correspondente à respectiva competência territorial do procedimento instaurado, deverá disponibilizar profissional para acompanhamento e realização de todos os atos relacionados à defesa administrativa do investigado (art. 14-A, § 3º, CPP). Essa indicação deve ser precedida de manifestação de que não existe defensor público disponível e os custos devem ser cobertos pelo orçamento da instituição à qual estava vinculado o agente de segurança pública à época dos fatos (art. 14-A, § 4º, § 5º, CPP).

Como se depreende, a indigitada prescrição legal é inconsistente logicamente e faz uso indevido do conceito de citação, que pressupõe processualidade (não inquérito!). Sob a ótica constitucional, o enunciado é anti-isonômico (não prevê correlato direito aos demais acusados em situações análogas).

A disposição deveria, para se adequar ao princípio da isonomia, ser extensiva a todo e qualquer investigado. Conquanto não deva ser chamada de citação, nem seja possível um contraditório pleno sem juiz e sem processo, é salutar a ideia de se conferir maior participação da pessoa que, ao final, sofrerá os efeitos nocivos da investigação criminal.

Dentre os problemas, causados pelo parco controle externo da atividade policial (art. 129, VII, CF), apontados por José Boanerges Meira, verifica-se que o exercício do poder punitivo, por intermédio da "estrutura do atual modelo investigatório brasileiro", faz emergir "sinais de envelhecimento com a adoção de uma culpabilidade presumida".[796] O STF, aliás, avivou o dever do Estado de conferir ao MP os meios necessários ao controle externo das forças de segurança.[797]

O permeio do contraditório, mesmo que limitado, com a comunicação do teor da investigação criminal, de forma isonômica, aos imputados, poderia significar um avanço no sentido de dar eficácia às garantias fundamentais durante a fase preliminar.

796. MEIRA, José Boanerges Meira. *Inquérito Policial*. Belo Horizonte: Fumec/Faculdade de Ciências Humanas; Mandamentos, 2009. p.198.

797. ADI 2943, 3309 e 3318 – Rel. Min. Edson Fachin – 2/5/2024.

24.2.1.2 Citação por mandado

A **citação pessoal** é feita por mandado.

No caso de **carta precatória**, a efetivação da citação ocorre pessoalmente, também por mandado.

Nessa hipótese, o mandado de citação deve ser emitido pelo juízo deprecante. Ao cabo, a citação finda por ser pessoal, embora precedida da carta precatória (deprecata).

Vale dizer, com a expedição de carta precatória, com a finalidade de citar o acusado em jurisdição distinta do juízo processante:

(1) o juiz competente, após receber a denúncia ou a queixa, determinará a citação do denunciado ou querelado que, em razão de residir em jurisdição de outro órgão judicial, ocorrerá por carta precatória;

(2) depois da ordem de emissão da deprecata, será expedido mandado, pelo juízo processante. A carta precatória seguirá ao juízo deprecado, com a finalidade de citar o denunciado. Nela, devem estar inclusos os documentos essenciais a essa comunicação, notadamente, mandado de citação com a cópia da denúncia (contrafé);

(3) recebida a carta precatória pelo juízo deprecado, este deve determinar o seu cumprimento, com a distribuição do mandado de citação, acompanhado de contrafé, a um oficial de justiça da jurisdição de residência do imputado.

Deveras, o art. 351, do CPP, estatui que "a citação inicial far-se-á por mandado, quando o réu estiver no território sujeito à jurisdição do juiz que a houver ordenado". O mandado deve conter os requisitos do art. 352 do mesmo Código.

A citação do réu que estiver fora do território da jurisdição do juiz processante", hipótese de citação por carta precatória (arts. 354 a 356, CPP), que se efetiva, todavia, por mandado (arts. 353; 357, CPP). Identicamente assim se concretiza a citação por carta de ordem (emitida por tribunal, para cumprimento por um juiz a ele vinculado) e por carta rogatória (emitida para citação em legação estrangeira – sede de diplomacia, a teor do art. 369, CPP – ou em território de outro país), caso em que o processo permanecerá suspenso até o seu cumprimento (art. 368, CPP).

A citação do preso também se inclui como espécie de citação por mandado (citação pessoal – art. 360). Igualmente, é tipo de citação por mandado aquela efetivada no funcionário público, com a cautela da notificação a que se refere o art. 359, do CPP.

Por fim, a citação com hora certa é um composto híbrido. Não chega a ser pessoal, mas também não é completamente ficta. Em conformidade com o art. 362, do CPP, se for verificado que o réu se oculta para não ser citado, o oficial de justiça certificará a ocorrência e procederá à citação com hora certa, seguindo-se as regras do CPC. Se completada essa modalidade de citação e o réu não comparecer, "ser-lhe-á nomeado defensor dativo".

24.2.1.3 Citação por ofício

A citação do militar deve ser feita por intermédio de seu chefe, por ofício. Não há previsão de citação por mandado. Caso seja emitido, não se dispensa o ofício ao comandante do militar, responsável por assegurar a efetiva comunicação processual (art. 358, CPP).

24.2.1.4 Citação por edital

A citação por edital não é para o réu que está se ocultando, mas para o **acusado que não foi encontrado**. O seu conteúdo pode ser sucinto, desde que contenha os requisitos essenciais à identificação da demanda e da imputação (art. 365, CPP). Apesar da ambiguidade legislativa, o prazo de dilação deve ser fixado entre quinze e noventa dias (art. 364, CPP).

24.2.1.4.1 Citação por edital do réu preso

O verbete nº 351, da Súmula, do STF, estatui ser "nula a citação por edital de réu preso na mesma unidade da federação em que o juiz exerce a sua jurisdição". Além da necessidade de diligências prévias e tendentes à localização do réu, não atende a critério proporcional admitir citação ficta quando o Estado detiver a custódia do imputado.

Trata-se de enunciado sumular não vinculante da Suprema Corte, cuja aplicação por meio de precedentes é reiterada. A citação por edital é irreal, decorrendo, da falta de cautela em diligenciar o paradeiro do réu, a absoluta presunção de prejuízo para o exercício de sua defesa, em face da possibilidade, em tese, de efetivação de citação pessoal.

Transportando o enunciado aludido para os dias atuais, mormente considerando a existência da Lei nº 12.714/2012, que determina o controle eletrônico do cumprimento de sanções privativas de liberdade, é plausível exigir citação pessoal para todo e qualquer réu preso no território brasileiro, independentemente do Estado do juízo processante ou do lugar onde esteja cumprindo a pena.

No entanto, a jurisprudência não avançou, até o presente estado da arte, ao ponto de considerar absolutamente nula a citação por edital de réu preso em outra unidade federativa.[798] De todo modo, soa inconcebível que o Estado, com ampla teia de procedimentos e controles digitais, não nulifique citação por edital de pessoa sob seu poder.

O direito ao contraditório e à ampla defesa, ao lado de outras disposições que enfatizam a excepcionalidade da citação ficta, conduzem a essa conclusão. A citação por edital de réu preso é vício que afeta elemento essencial do ato de comunicação processual. Como regra, esta deve ser feita ao acusado presente, pessoalmente. Classificado o defeito como nulidade

---

798. STJ – Sexta Turma – HC 363.156/SC – Rel. Min. Nefi Cordeiro – DJe 03 out. 2016.

absoluta, a consequência de invalidação dos efeitos do ato viciado deve ser obrigatória.

24.2.1.4.2 Suspensão do processo do citado por edital

O antecedente normativo da suspensão a que se refere o art. 366 do CPP tem por condicionantes os seguintes elementos:

(1) citação por edital;

(2) não comparecimento do réu;

(3) não constituição de defensor (art. 396, parágrafo único, CPP);

(4) exaurimento de diligências em torno do paradeiro do acusado, comprovando-se a ausência pressuposta no dispositivo legal.

Com o decurso do prazo de dilação, a providência consecutiva (consequente normativo) consistirá na suspensão:

(1) do processo;

(2) do curso do prazo prescricional.

A regra tem conteúdo híbrido, mas não admite cisão (princípio do terceiro excluído ou da evitação de termo médio). É irretroativa, isto é, não se aplica o art. 366, do CPP, aos fatos anteriores à vigência de sua redação.

24.2.1.4.3 Revelia no processo penal

Há, no processo penal, **revelia-fato**, enquanto **contumácia**.

O revel é o acusado que não atende ao chamado da justiça. Esse é o fato sobre o somente deve incidir regra compatível com a Constituição. Há revelia enquanto rebeldia. O processo segue sem a presença do acusado (art. 367, CPP), mas não se dispensa a defesa efetiva (a defesa não deve ser meramente decorativa!). Em outros termos, não é admissível, em processo penal, que a defesa técnica apresente resposta genérica, com negação aberta da acusação (negativa geral), sem impugnar suficientemente a imputação, nos termos do art. 396-A do CPP.

No processo penal, não se admite revelia-consequência. Em outras palavras, não deve ser aplicado qualquer efeito jurídico contrário ao réu em função de seu não comparecimento ou da ausência de conduta processual.

Pelo contrário, a Constituição e a legislação ordinária lhe asseguram o direito ao silêncio, proibindo, por esse motivo, formação de juízo em desfavor do imputado (art. 5º, LXIII, CF; art. 186, parágrafo único, CPP). Caso falte defensor ao réu, deve lhe ser dado um, público ou dativo (art. 396-A, § 2º, CPP).

24.2.2 Intimação

É comunicação processual sobre ato passado. Tem a aptidão de deflagrar o lapso recursal (fluência prazal), para fins de controle. No que couber, devem ser aplicadas as regras atribuídas à citação (art. 370, CPP), com possibilidade, inclusive, de intimação com hora certa e por edital.

24.2.2.1 Intimação do advogado (defensor constituído)

A intimação do advogado poderá se realizar diretamente pelo escrivão (no âmbito da justiça dos estados) ou pelo diretor de secretaria (na esfera da justiça federal).

Por exemplo: o causídico comparece ao fórum e toma ciência de um ato processual, pelas mãos do escrivão, logo que se finaliza uma audiência; ou se dirige ao diretor de secretaria e este lhe comunica formalmente a necessidade de uma providência. Nessa hipótese, haverá emanação de efeitos válidos da intimação do advogado, sem necessidade de qualquer providência ulterior, a teor do § 1º, do art. 370, do CPP.

No entanto, a **regra geral** é a de que a intimação do defensor constituído, do advogado do querelante ou do assistente deva ser efetivada por intermédio do órgão incumbido da publicidade dos atos judiciais da comarca (diário ou imprensa oficial), incluindo, sob pena de nulidade, o nome do acusado.

Somente na hipótese de não haver órgão de publicação dos atos processuais na comarca ou na seção judiciária, é que a intimação do advogado será realizada por mandado, ou por via postal com comprovante de recebimento (missiva ou carta com aviso de recepção ou ainda, aviso de recebimento – A.R.), ou por qualquer outro meio idôneo (art. 370, § 2º, CPP). A parte final do dispositivo legal é cláusula de abertura que prevê, em situação excepcional (ou seja, somente se não for possível a forma preferencial prevista em lei), que a intimação do advogado (não do acusado!) ocorra por qualquer outro meio idôneo, *verbi gratia* a comunicação processual do defensor constituído por aplicativo de mensagens eletrônicas.

24.2.2.2 Intimação do Ministério Público

A intimação do Ministério Público é indispensável ao processo penal e deve ser feita pessoalmente, sem mandado, mas com vista dos autos (carga dos autos, se processo físico, com a entrada dos autos na repartição – art. 41, IV, Lei nº 8.625/1993; art. 18, II, "h", Lei Complementar nº 75/1993). Essa comunicação se perfaz com a entrega dos autos ao promotor ou com o ingresso dos autos na repartição ministerial.

Tratando-se de comunicação eletrônica, ela deve ocorrer por intermédio do sistema, inclusive para o Ministério Público, nos termos do art. 5º, da Lei nº 11.419/2006, considerando o princípio da isonomia e que, no ambiente virtual, a consulta ao sistema é equivalente à comunicação processual pessoal.

Consoante deliberou o STJ, "a intimação eletrônica é considerada como realizada no dia em que o intimando efetuar a consulta eletrônica". Alternativamente, também restará efetivada a intimação quando aquela não for realizada, "no prazo de 10 (dez) dias corridos, contados da data do envio", isto é, "deverá ser considerada como realizada tacitamente no último dia do prazo dos 10 (dez) dias previstos para consulta".[799]

Melhor seria a inserção de novas regras para adequar as comunicações digitais com as prerrogativas dos membros do *Parquet*. Nesse contexto de cultura computacional, *ad legem ferenda*, poderia ser preconizada a intimação da instituição por mandado, com indicação dos dados de acesso ao processo eletrônico, diante de ter se tornado obsoleta a entrega dos autos (físicos) com carga.

A intimação é elemento essencial que precede o ato de intervenção. Se desatendidas suas regras, haverá nulidade absoluta.

Caso o membro intervenha na ação, independentemente do defeito de intimação, haverá **substituição** dos efeitos dessa falta processual por ato processual equivalente, perdendo relevo a necessidade de declaração de nulidade e, consequentemente, a invalidação que poderia ter cabimento.

24.2.2.3 Intimação da Defensoria Pública e do defensor dativo

O defensor público deve ser intimado pessoalmente, por mandado e, se necessário, também com carga dos autos (arts. 44, I; 89, I; 128, I, Lei Complementar nº 80/1994). Se o defensor for dativo (nomeado pelo juiz), sua intimação deve ser feita pessoalmente, por mandado (art. 5º, § 5º, Lei nº 1.060/1950), sem carga dos autos.

24.2.2.4 Intimação das partes em audiência e demais formas de intimação

As partes poderão sair intimadas da audiência, ressalvado direito à intimação pessoal (art. 372, CPP). Além do oficial de justiça, o escrivão ou diretor poderá efetivar a intimação (art. 370, § 3º, CPP).

799. STJ – Quinta Turma – AgRg no REsp 1864972/RJ – Rel. Min. Joel Ilan Paciornik – DJe 23 out. 2020.

A lei, aliás, admite que o despacho exarado no rosto de petição opere efeito substitutivo do mandado a respeito de seu teor (art. 371, CPP). Com a instituição do processo judicial eletrônico, esta forma de intimação tem se tornado de rara aplicação.

24.2.2.5 Intimação nos processos sob segredo judicial

Nos procedimentos sigilosos, as comunicações processuais devem ocultar os nomes dos envolvidos, com codificação que permita o acesso a elas, pelos reais interessados, assegurando a eficácia do contraditório e da ampla defesa.

Nem mesmo a publicação oficial da intimação deve mencionar as iniciais dos nomes e dos sobrenomes dos acusados e vítimas, quando se cuidar de processo penal submetido a segredo de justiça, a exemplo dos que imputam a prática de crimes contra a dignidade sexual. Não raramente, a curiosidade alheia logra identificar a pessoa envolvida pelas iniciais ou abreviaturas. Melhor seria que esse tema fosse objeto de lei específica, evitando a proliferação de atos normativos de menor estatura.

No plano legislativo, a propósito, o parágrafo único, do art. 143, da Lei n.º 8.069/1990 (Estatuto da Criança e do Adolescente), estabelece que "qualquer notícia a respeito do fato não poderá identificar a criança ou adolescente". São vedadas fotografia, referência a nome, bem como menções a "apelido, filiação, parentesco, residência e, inclusive, iniciais do nome e sobrenome".

24.2.2.6 Intimação do réu para a sessão do Júri

A comunicação do dia do julgamento ao réu é indispensável, seja ela, conforme os requisitos jurídicos e factuais, pessoal (arts. 351; 360, CPP), com hora certa (art. 362, CPP) ou por edital (arts. 361; 363, § 1º, CPP). É condição de perfectibilidade do julgamento, considerada a estrutura do direito à plenitude de defesa (art. 5º, XXXVIII, "a", CF).

Se a intimação do réu sobre a data designada à sessão de seu julgamento é indeclinável, o mesmo não se pode dizer de sua presença. Em consonância com as disposições do art. 457, do CPP:

(1) o julgamento não será adiado pelo não comparecimento do acusado solto, do assistente ou do advogado do querelante, que tiver sido regularmente intimado (*caput*);

(2) os pedidos de adiamento e as justificações de não comparecimento deverão ser, ressalvado comprovado motivo de força maior, previamente submetidos à apreciação do juiz presidente do tribunal popular (§ 1º);

(3) se o acusado preso não for conduzido, o julgamento será adiado para o primeiro dia desimpedido da mesma reunião, salvo se houver pedido de **dispensa de comparecimento** subscrito por ele e seu defensor.

O art. 564, inciso III, alínea "g", do CPP, comina nulidade por descumprimento da fórmula que preconiza a **intimação do réu para julgamento**, pelo tribunal do júri, quando a lei não admitir o julgamento sem sua presença.

Aliás, a **intimação do réu sobre o teor da decisão de pronúncia** é igualmente indispensável, como condição à sua preclusão. A legislação afirma que a intimação desse ato, anterior ao início da segunda fase do júri, deve se dar pessoalmente ou, quando ausente o réu pronunciado, por edital (art. 420, CPP). Apesar da omissão pontual, o CPP prevê a comunicação processual com hora certa (art. 362, CPP), aplicável à **intimação da decisão de pronúncia**, por analogia (art. 3º, CPP).

Por outro lado, o direito que o acusado tem de não se fazer presente ao julgamento em sessão plenária é óbice ao reconhecimento de **revelia-consequência**: os **efeitos da revelia** são incompatíveis com o **princípio do estado de inocência** do direito processual penal constitucional (art. 5º, LVII, CF), embora existente **revelia-fato**.

A comunicação processual ao acusado é indispensável, conquanto sua presença seja facultativa. Faltando a ciência do imputado, haverá nulidade absoluta, eis que ínsita à eficácia de direitos individuais. Enquanto a **defesa técnica** é imprescindível, a **autodefesa** é de exercício facultativo, apesar de ser obrigatória a concessão de sua oportunidade. De toda sorte, deverá ser observada a necessidade de se tutelar maior eficácia aos direitos fundamentais envolvidos, mormente os do contraditório, da ampla defesa e da dignidade humana (arts. 5°, LV, CF; 1°, III).

Caso a possibilidade de convalidação de atos viciados (art. 572, CPP) reduza o espectro daqueles direitos fundamentais, o juiz deve fazer incidir controle de constitucionalidade (interpretação conforme a Constituição ou nulidade parcial sem redução de texto).

Por outra banda, a falta de intimação do acusado para a sessão de seu julgamento é nulidade absoluta que pode ter seus efeitos substituídos pelo seu comparecimento espontâneo, ainda que com a postergação da sessão (art. 429, § 2°, CPP). Cuida-se de suplantação dos efeitos do ato viciado por outra conduta processual, autorizada por lei.

Por exemplo, as seguintes hipóteses podem ser constatadas, pelo juiz presidente, somente quando da abertura dos trabalhos do júri:

(1) no primeiro caso, o advogado pode requerer a dispensa do comparecimento do réu à sessão iniciada; ou

(2) na segunda situação hipotética, o acusado pode ter comparecido, voluntariamente, ao plenário de julgamento, solicitando sua realização ou seu adiamento (art. 570, CPP). A sessão deverá ser adiada se deficiente ou ausente a intimação do réu, para assegurar a eficácia de suas chances defensivas.

A existência de uma dessas condutas processuais otimiza os direitos fundamentais do imputado. Toma-se como premissa a indispensabilidade da sua intimação pessoal para a sessão do júri. Ademais, é direito indeclinável do réu a possibilidade de constituir advogado, antes de se assegurar a ele defensor público ou dativo.

Se a sessão se seguir sem esses cuidados, ignorando a falta ou defeito de intimação do acusado para o julgamento, não acompanhado de manifestação específica da defesa ou de comparecimento voluntário do réu:

(1) a nulidade absoluta, declarada e categorizada, determinará a produção de norma jurídica de **invalidação** da **condenação**, sem incidência de norma decorrente do art. 572 do CPP, coibindo-se sua aplicação inconstitucional; ou

(2) deve ser aplicada regra de calibração, com a declaração de **convalidação** da **absolvição**, se o julgamento acontecer em favor do réu prejudicado pela violação da regra de comunicação processual (art. 570, CPP).

24.2.2.7 Intimação das testemunhas para a sessão do júri

As testemunhas arroladas para a sessão do júri são provas cuja essencialidade é determinada pelo requerimento de diligência da parte (art. 422, CPP). É o que se depreende do art. 461 do CPP, embora seu teor averbe o não adiamento do julgamento se a testemunha não comparecer.

Haverá adiamento se uma das partes tiver requerido a intimação da testemunha (por mandado!), declarando não prescindir do depoimento e indicando a sua localização (art. 461, *caput*, CPP).

A base para a inferência de tipificação direta dessa nulidade-fato (absoluta) é a letra "h", do inciso III, do art. 564, do CPP. O vício decorre da falta de intimação das testemunhas arroladas, com aquela nota de indispensabilidade da oitiva na sessão plenária (art. 422, CPP).

A invalidação do julgamento (nulidade-consequência) será cabível se desatendido aquele regramento, apesar de indicado corretamente o local para a intimação do depoente no território sob jurisdição do júri e da possibilidade de sua condução coercitiva (arts. 411, § 7º; 461, § 1º; 535, CPP).

24.2.2.8 Intimação da sentença condenatória

Há diferenças nas formas de intimações de decisões judiciais. a depender de duas condicionantes:

(1) da qualidade do órgão prolator (juiz ou tribunal);

(2) do destinatário da comunicação do teor da sentença ou do acórdão (MP, defensor público, defensor dativo, advogado ou acusado).

Perante o **juiz singular**, de primeiro grau, a intimação da defesa, acerca de decisão ou de sentença recorrível, é realizada de forma dúplice, isto é, ao réu pessoalmente e ao advogado, pela imprensa (art. 392, CPP). A justificativa desse proceder decorre da previsão legal de que tanto o acusado, como o seu defensor podem recorrer isoladamente de *decisum* dessa natureza (art. 577, CPP).

Essa regra não se aplica quando o processo se encontra em segundo grau de jurisdição ou tribunal, porquanto não tem o acusado, relativamente ao seu trâmite nos colegiados, **capacidade postulatória**.

Com efeito, em face da inexistência de postulação leiga pelo réu perante os tribunais, a intimação dos acórdãos e decisões tomadas no âmbito de órgãos colegiados de segunda instância é procedida apenas nas pessoas do defensor público, do defensor dativo ou, pela imprensa, do advogado constituído nos autos (§ 1º, do art. 370, CPP).

Cabe ponderar, no entanto, que há falta de isonomia entre os acusados relativamente aos níveis de jurisdição quando se assegura a postulação leiga recursal apenas perante o juízo de primeiro grau (juiz singular). Sugere-se que a omissão de previsão de intimação pessoal do réu em processos que tramitam junto aos tribunais, originariamente ou em grau recursal, seja submetida a controle de constitucionalidade.

De *lege ferenda*, seria relevante previsão de intimação pessoal do acusado de todas as decisões condenatórias, confirmatórias de condenação ou de aplicação de medida de segurança (absolutórias impróprias), de quaisquer instâncias. Destarte, seria garantido ao acusado o direito a recurso, ainda que sua defesa técnica seja omissa ou tenha *opinio juris* divergente. A intimação pessoal do imputado, em localidade diversa do tribunal, poderia ser viabilizada por cartas de ordem ou precatória, emitidas eletronicamente, tal como previsto para as comunicações processuais do ofendido (art. 232, CPC, c/c o art. 3º, CPP; art. 201, § 3º, CPP).

Por outro lado, independentemente do grau onde se encontrarem os autos, as intimações do defensor dativo, do defensor público e do Ministério Público devem ser feitas pessoalmente, em compasso com a legislação de regência (art. 5º, § 5º, Lei nº 1.060/1950; art. 44, I, Lei Complementar nº 80/1994; art. 41, IV, Lei nº 8.625/1993).

O vício ou a falta de intimação de sentenças e de decisões contra as quais caiba recurso é hipótese de nulidade cominada, absoluta, nos termos da alínea "o", do inciso III, do art. 564, do CPP. A dicção desse enunciado explicita que ocorrerá nulidade quando houver descumprimento de fórmula atinente à "intimação, nas condições estabelecidas pela lei", para ciência das decisões contra as quais se admitam recursos.

A gravidade do aludido vício é estampada pela tipificação direta em lei. Cuida-se de nulidade expressa. A intimação, ademais, é regra adscrita à ampla defesa. Decerto, são assegurados, aos litigantes em geral, o contraditório e a ampla defesa, com os meios e recurso a ela inerentes (art. 5º, LV, CF).

24.2.2.9 Intimação da sentença absolutória

Na sentença que absolve o réu, o Ministério Público tem interesse recursal, porque sucumbente (art. 577, parágrafo único, CPP). A falta de intimação do *Parquet* é, no caso, vício classificado como nulidade absoluta.

No que toca ao acusado, vê-se que ele não tem interesse recursal para impugnar sentença que lhe é favorável, de absolvição, diante da inexistência de sua sucumbência. Embora a omissão da intimação do réu dessa sentença, se insira, igualmente, na categoria de nulidade absoluta (porque a comunicação processual é essencial à ampla defesa), a providência consequente, de invalidação, depende de demonstração de prejuízo e de alegação oportuna. Do contrário, a emissão de norma jurídica declaratória de convalidação será a adequada.

Verificando-se a nulidade absoluta por falta de intimação da parte que poderia recorrer da sentença ou da decisão, o juiz deve reconhecê-la, apontando a essencialidade do elemento afetado e apondo a classificação absoluta da nulidade. Em seguida, deve o magistrado descrever a norma jurídica implicada.

24.2.3 Notificação

É comunicação processual dirigida a sujeito processual com a finalidade de instá-lo a fazer algo. Exemplos:

(1) embora a lei processual não seja expressa, as partes serão notificadas para apresentação de quesitos e indicação de assistente técnico (art. 159, § 3º, CPP);

(2) o réu deve ser notificado para cumprir obrigações acerca da fiança (art. 329, CPP);

(3) notifica-se o funcionário público para comparecer em juízo no dia designado para a audiência (art. 359, CPP);

(4) a apresentação de defesa prévia anterior ao recebimento igualmente será objeto de notificação (art. 514, CPP); e

(5) as partes são notificadas para apresentar razões e contrarrazões a recurso de apelação, em segunda instância (art. 600, § 4º, CPP).

24.3 Substituição da citação pelo comparecimento do imputado

O art. 570 do CPP prevê que o comparecimento do acusado supre o vício de citação. Não se cuida de hipótese de relativização da nulidade absoluta, nem exatamente é caso de saneamento: não é suprimida a documentação da citação irregular, nem é refeito o ato citatório.

O comparecimento do acusado é **fato processual** que substitui a citação ausente ou irregular. Trata-se de incidência de outra norma jurídica, que a legislação processual penal prevê como alternativa ao ato formal de citação. O juiz não determina a produção de um novo ato: apenas reconhece a incidência da norma jurídica que alcança o mesmo objetivo daquela que preconiza a citação.

Sem embargo, a segunda parte do enunciado do citado art. 570 do CPP estatui a possibilidade de **modulação dos efeitos** a serem delimitados pelo órgão judicial, ao verberar que "o juiz ordenará "a suspensão ou o adiamento do ato, quando reconhecer que a irregularidade poderá prejudicar direito da parte".

A legislação, nesta parte, prevê a característica pragmática do tema, criando o dever jurídico do juiz de velar para que direitos fundamentais não sejam preteridos pelo reconhecimento da substituição da citação ausente ou viciada pelo comparecimento do acusado.

24.4 Intimação e coisa julgada

Caso haja certidão de trânsito em julgado, mesmo diante de falta ou de vício de intimação essencial ao direito de recorrer, deve o juiz declarar a constituição de invalidação desse ato, com o conseguinte saneamento consistente na ordem de intimação e devolução do prazo recursal à parte prejudicada. Note-se que se cuida de nulidade absoluta que, nessa hipótese, constitui óbice à formação de **coisa julgada**.

24.5 Cartas (precatória, rogatória e de ordem)

O STF taxa expressamente de "relativa a nulidade do processo penal por falta de intimação da expedição de precatória para inquirição de testemunha". A data de aprovação dessa redação, referente ao enunciado nº 155, da Súmula, da Suprema Corte brasileira, é de 13/12/1963.

De outro lado, o STJ, no verbete nº 273, de sua Súmula, aprovado em 11/09/2002, complementa o procedimento, sob a ótica do juízo de destino, ao dizer que uma vez "intimada a defesa da expedição da carta precatória, torna-se desnecessária intimação da data da audiência no juízo deprecado".

A atipicidade referida diretamente pela redação sumular nº 155, do STF, não se inclui, exatamente, nas hipóteses cominadas pelo art. 564, do CPP. Com efeito, a falta de fórmulas ou de termos concernentes à intimação, nas condições estatuídas em lei, refere-se à "ciência de sentenças e despachos de que caiba recurso" (art. 564, III, "o", CPP).

A ausência de intimação da defesa do acusado, realizada por carta precatória para oitiva de testemunha, é defeito apto a ferir o direito ao contraditório e à ampla defesa, cuja sede é constitucional. Em outras palavras, tal vício é atinente a ato essencial ao direito de defesa. Cuida-se de ausência do próprio ato de intimação.

A justificativa da existência dos enunciados nº 155 e nº 273, das Súmulas do STF e do STJ, pode ser depreendida a partir dos seguintes argumentos, aplicáveis, *mutatis mutandis* à **carta rogatória** (expedida ao exterior ou à legação estrangeira – arts. 368; 369; 784-786, CPP) e à **carta de ordem** (emitida por um tribunal a um juiz a ele vinculado):

(1) a intimação do Ministério Público da expedição da **carta precatória** para oitiva de testemunha é de menor importância porque o *Parquet* se faz presente também no juízo de destino, local onde será intimado da própria audiência, sendo, ademais, instituição regida pelos princípios da unidade, da indivisibilidade e da independência funcional (art. 127, § 1º, CF);

(2) efetivada a intimação da defesa do acusado da emissão de carta precatória para depoimento de testemunha, nasce o dever, para aquela, de acompanhar a tramitação da carta no juízo de destino, tomando, assim, ciência da designação da audiência;

(3) não comparecendo a defesa na audiência designada no juízo deprecado, só haveria nulidade se não efetivada a intimação da expedição da carta precatória, bem como se, em razão da falta, for evidenciado prejuízo, com a reclamação no primeiro momento para falar nos autos; e

(4) se a defesa, ciente da emissão da carta por ter sido intimada no juízo deprecante, não comparecer à audiência designada no juízo deprecado, será nomeado defensor dativo para o ato processual ou intimada a defensoria pública local para este mesmo fim, sendo irrelevante ter havido comunicação processual daquela data marcada.

Malgrado seja este o tratamento dado pelos tribunais, há um óbice intransponível à perfeição do ato de produção da prova testemunhal por carta precatória, a respeito da qual não foi a defesa do réu intimada. A ausência da intimação da expedição de cartas limita, indevidamente, o exercício do contraditório e da ampla defesa (art. 5º, LV, CF).

A essencialidade do ato não condiz com a possibilidade de convalidação da prova produzida ao alvedrio do conhecimento da parte, ainda que perante outro juízo. Relativizar essa nulidade é olvidar a finalidade de controle do instituto.

Flavio Meirelles Medeiros adverte que as nulidades são um dos meios mais importantes do processo penal, porquanto, por intermédio delas, os princípios fundamentais do processo (constitucionais e infraconstitucionais) são tutelados: "este é o instituto que efetivamente assegura a ampla defesa, o contraditório, a imparcialidade do juiz, enfim, a legalidade do processo".[800] Em face da atipicidade aqui abordada lesar princípio constitucional tutor de garantias individuais, mais adequado ao sistema será classificar tal vício como nulidade absoluta.

Ada Pellegrini Grinover, Antonio Magalhães Gomes Filho e Antonio Scarance Fernandes, explicando o citado entendimento jurisprudencial consubstanciado no verbete sumular nº 155, do STF, ponderam que "quando a testemunha deva ser ouvida por precatória, a regularidade de sua inquirição está condicionada à anterior e regular intimação do réu e defensor a respeito da expedição da carta (art. 222 do CPP)". Malgrado não seja "exigência legal, melhor atende ao direito de defesa que o réu e defensor sejam cientificado sobre a data designada para a audiência na comarca deprecada. Havendo réu preso, deve ser requisitado".[801]

Pelo que foi dito até aqui, a proposta é a de rever o teor dos enunciados referidos, especialmente quando o ato deprecado visar a produzir prova. Como o contraditório e a ampla defesa fazem parte da essência do ato, a ausência de intimação deve

---

800. MEDEIROS, Flavio Meirelles. *Nulidades do processo penal*: doutrina, jurisprudência, sistemática. Porto Alegre: Síntese, 1982. p.32.

801. GRINOVER, Ada Pellegrini; GOMES FILHO, Antonio Magalhães; FERNANDES, Antonio Scarance. *As nulidades no processo penal*. 12. ed. São Paulo: RT, 2011. p.152.

ser classificada como nulidade absoluta, devendo se seguir a invalidação do ato.

Note-se que se a defesa do acusado se fizer presente à formação da prova no juízo de destino da carta precatória, tal conduta equivale à **substituição** do ato de intimação pelo comparecimento, não sendo o caso de convalidação, conquanto o efeito seja idêntico.

24.6 Aplicação a caso concreto

O STJ examinou caso de exaurimento do **prazo de suspensão do processo**, baseada no art. 366, do CPP. De acordo com seu entendimento, sumulado no verbete nº 415, aquele lapso deve ser regulado pelo máximo da pena cominada, com observância do artigo 109 e seguintes, do Código Penal. De tal sorte, deve voltar a fluir o prazo da prescrição da pretensão punitiva após escoado o período de suspensão do processo.

Consoante vincou a Corte, "deve o processo ter o seu regular prosseguimento, sob pena de se validar a conduta desidiosa para com o Poder Judiciário, sendo, desnecessária, na hipótese, a citação pessoal".[802]

Por outro lado, debate-se em torno da possibilidade de produção de **provas urgentes**, tal como a testemunhal, que sofre interferência do tempo na memória, durante o período de suspensão do processo do réu citado por edital (arts. 3º-B, VII; 156, I; 225; 366; 473, § 3º, CPP). O decurso do tempo, isoladamente, não deve ser considerado justificativa suficiente à antecipação probatória.[803]

---

802. STJ – Quinta Turma – AgRg no RHC 123.559/RS – Rel. Min. Joel Ilan Paciornik – DJe 30 jun. 2020.

803. STJ – Sexta Turma – AgRg no AREsp 1625486/GO – Rel. Min. Laurita Vaz – DJe 04 ago.2020.

O posicionamento contrário à admissibilidade genérica de oitiva antecipada de testemunha, ampara-se em dois argumentos:

(1) prejuízo à ampla defesa (art. 5º, LV, CF), porquanto a prova será produzida sem a presença do imputado (direito à presença e à audiência; autodefesa e defesa técnica constituída pelo próprio réu);

(2) a referência à prova testemunhal do art. 225, do CPP, expressa a necessidade de perecimento da fonte, ou seja, justificativa para que, ao tempo da instrução, "já não exista", sem alusão à memória ou às **falsas memórias**. Daí o não cabimento de interpretação contra o imputado, diante do princípio do *favor rei*.

Ainda quanto ao art. 225 do CPP, deve-se ponderar que a produção da prova, mesmo que sob a justificativa de ser *ad perpetuam rei memoriam*, tem difícil compatibilidade com o sistema acusatório. Isso porque a antecipação probatória desloca o ato de seu lugar previsto no devido processo legal.

Sob outra vertente, a urgência probatória pode mitigar o direito do imputado de presença e de audiência. O debate em torno da prova é essencial à sua produção e à sua conformidade com o conceito de prova em sentido completo. O tempo e a maturidade, aliás, são relevantes para o desenvolvimento regular do processo penal. Quando essas condições são suplantadas, surge o potencial de se tornar ineficaz a garantia da ampla defesa, bem como de se solapar o princípio do contraditório.

24.7 Conclusão e próximo capítulo

As comunicações processuais são essenciais à eficácia do núcleo constitucional de processo penal, especialmente à perfeição do contraditório e da ampla defesa. No próximo capítulo, esses efeitos serão relacionados às funções desenvolvidas pelos sujeitos processuais, com ênfase nos que compõem a relação jurídica processual.

CLASSIFICAÇÃO DA CITAÇÃO QUANTO À (I)MEDIATIDADE DA COMUNICAÇÃO PROCESSUAL		
Citação própria ou real	**Citação imprópria ou semificta**	**Citação ficta ou presumida**
- Citação pessoal: * direta → por mandado (é a regra geral, também aplicável ao funcionário público e ao réu preso). * indireta → depende de carta (precatória, rogatória ou de ordem), efetuada por mandado de citação incluso.	- Citação do militar → indiretamente porque efetivada na pessoa do comandante - Citação com hora certa → emite-se mandado porém é efetuada em terceira pessoa nos termos da lei	- Citação por edital com efeitos após o prazo de dilação

CAPÍTULO 25
SUJEITOS PROCESSUAIS

25.1 Conceito

Sujeito processual é a pessoa que se situa no processo, em uma das articulações da relação jurídica, entidade normativa.

Como pontifica Robson Maia Lins, "a relação jurídica pertence ao plano do dever ser, vale dizer, pertence ao plano normativo". Contudo, o direito positivo está muito mais próximo do patamar da realidade "através da relação jurídica, dado que, por meio desta, poderia ter maior nível de individualização dos sujeitos envolvidos, dos direitos subjetivos, dos deveres jurídicos e do objeto da relação".[804]

Sob essa base, o sujeito processual deve ser compreendido como vinculado ao exercício de uma função jurídica, no nível da relação. O contorno do plexo de atribuições de cada um deles é indispensável ao andamento válido e regular do processo penal acusatório.

O sujeito processual se localiza em um dos três ângulos da relação jurídica processual, quando poderá ser:

---

804. LINS, Robson Maia. *La mora en el derecho tributario*. Lima: Grijley; São Paulo: Noeses, 2018. p.45 (tradução livre).

(1) **parte**:

(a) autor: Ministério Público (arts. 257; 258, CPP) ou querelante (art. 44, CPP);

(b) réu: acusado ou querelado, incluído o defensor, para prática de alguns atos, de forma autônoma (arts. 259 a 267; 577, CPP);

(c) assistente (arts. 268 ao 273, CPP); ou

(2) **órgão autêntico**: juiz ou tribunal (arts. 251 a 256, CPP);

O sujeito processual, no grau subsequente à relação jurídica central, desempenha funções indispensáveis, em auxílio à condução do processo ou à formação da prova, quando poderão ser:

(1) funcionários da justiça (art. 274, CPP);

(2) auxiliares do juízo:

(a) peritos (arts. 159; 275 a 281, CPP);

(b) intérpretes (arts. 105; 112, CPP); ou

(c) tradutores (arts. 236; 275 a 281; 784, § 1º; 788, V, CPP).

Os sujeitos processuais se submetem a regras de impedimento, de suspeição e de incompatibilidade, conforme o cabimento correspondente. Por outro turno, a testemunha não se classifica como sujeito processual, porém como objeto da prova, eis que é uma pessoa da qual emana informação relacionada à narrativa da causa de pedir.

25.2 Juiz

O juiz, regido pelo princípio da inércia, é o sujeito processual, regularmente investido e imanente à estrutura normativa concreta,[805] que se substitui à atividade das partes para dizer o direito no caso concreto.

---

805. COSSIO, Carlos. *La teoría egológica del derecho y el concepto jurídico de libertad*. 2. ed. Buenos Aires: Abeledo-Perrot, 1964. p.13 (tradução livre).

O julgador deve exercer suas funções nos limites de sua jurisdição e competência, seja como **juiz das garantias** (regrado por dispositivos com eficácia suspensa: arts. 3º-B a 3º-F, CPP), seja como **juiz da instrução**. No dizer de David Metzker, "a atuação do juiz das garantias na fase investigativa nada mais é do que a atuação de qualquer juiz nessa fase": trata-se de divisão funcional, segundo o objeto do juízo.[806]

Como elo estrutural, o juiz imparcial deve ser garante do sistema acusatório (arts. 3º-A; 3º-B, *caput*, CPP)[807]. No magistério equilibrado de Geraldo Prado, "a acusatoriedade real depende da imparcialidade do julgador que não se apresenta meramente por se lhe negar, sem qualquer razão, a possibilidade de também acusar", porém, "principalmente, por admitir que a tarefa mais importante, decidir a causa, é fruto de uma consciente e meditada opção entre duas alternativas, em relação às quais se manteve, durante todo o tempo, equidistante".[808]

A sua imparcialidade se divide em:

(1) **imparcialidade objetiva**: o juiz está no vértice da relação angular, não devendo se inclinar para quaisquer dos lados do triângulo hipotético (art. 5º, LIII, CF). Por exemplo, restará afetada a imparcialidade do juiz se atuar na produção da prova em substituição ao órgão da acusação, a exceção da possibilidade de aplicar normas que lhe autorizam, pontualmente, dirimir eventual dúvida remanescente, restrita ao mérito do julgamento (art. 3º-A, CPP);[809]

(2) **imparcialidade subjetiva**: o órgão judicial estará constrangido dogmaticamente a não permanecer no

806. METZKER, David. *Lei anticrime*: comentários às modificações no CP, CPP, LEP, Lei de Drogas e Estatuto do Desarmento. Timburi: Cia do e-Book, 2020. p.47.

807. STF – Pleno – ADI 6298/DF – Rel. Min. Luiz Fux – 24 ago. 2023.

808. PRADO, Geraldo. *Sistema acusatório*: a conformidade constitucional das leis processuais penais. 4. ed. Rio de Janeiro: Lumen Juris, 2006. p.106.

809. STF – Pleno – ADI 6298/DF – Rel. Min. Luiz Fux – 24 ago. 2023.

processo onde incida interesse seu, de acordo com as regras de impedimento e de suspeição (arts. 252 a 254, CPP). Por exemplo, estará impedido o juiz que tiver atuado, anteriormente, como órgão da acusação ou como testemunha (art. 252, II, CPP).

O inciso I, do art. 564, do CPP, comina com nulidade hipóteses que afetam gravemente a função jurisdicional, quais sejam, a incompetência, a suspeição (inclusive o impedimento e a incompatibilidade) e o suborno (corrupção econômica ou moral).

Ao expressar a nulidade, o legislador apõe rótulo de gravidade máxima. O caso de suspeição (art. 254, CPP) deve tornar nulos todos os atos do processo, como se depreende do art. 101, do CPP. Com maior razão, o impedimento (art. 252, CPP) e a incompatibilidade (art. 253, CPP) devem ter a mesma sorte. O suborno, a corrupção, aliás, é o ápice das espécies de ferimento à imprescindível imparcialidade do julgador.

Por deficiência técnica, o legislador não mencionou no art. 564, inciso I, do CPP, o impedimento e a incompatibilidade. Todas essas situações afetam a garantia à imparcialidade do juiz. De todo modo, a atuação do juiz deve ser e parecer escorreita. Todo jurisdicionado tem direito a um juiz imparcial: *in dubio pro suspecione*.

Ao descrever a *exceptio suspicionis*, Fernando da Costa Tourinho Filho adverte que "a suspeição assenta na falta de imparcialidade do juiz. O juiz deve ser imparcial. Como órgão que proclama o Direito, não se poderia aceitar como justa a decisão proferida por juiz não imparcial", devendo ser "afastado imediatamente da direção do processo".[810]

A incompetência absoluta, conforme jurisprudência reiterada e conjugada com o art. 567 do CPP, determina a invalidação dos atos decisórios. Doutrinariamente, pode-se sustentar a invalidade de todos os atos nessa hipótese (não só

---

810. TOURINHO FILHO, Fernando da Costa. *Processo penal*: volume 2. 19. ed. São Paulo: Saraiva, 1997. p.555.

dos decisórios), porquanto a Constituição de 1988 estampa a garantia de que ninguém será processado nem sentenciado senão pela autoridade competente (art. 5º, LIII).

Com esteio nesse teor, é plausível classificar todo o processo penal conduzido por autoridade incompetente materialmente como viciado e com a chancela de nulidade absoluta. Nos casos de impedimento decorrentes da proibição peremptória do exercício da jurisdição, é plausível classificar processo e atos processuais, conduzidos por autoridade judiciária impedida, como juridicamente inexistentes.

Importa lembrar que, no CPC, há casos de impedimento e de suspeição que excedem à enumeração do CPP. Como as hipóteses de impedimento devem ser estipuladas em rol exaustivo na legislação processual penal (*numerus clausus* – art. 252, do CPP) e os de suspeição são *numerus apertus* (rol exemplificativo), forçoso é aplicar, no que couber e por analogia (art. 3º, CPP), as hipóteses dos arts. 144 (causas de impedimento) e 145 (causas de suspeição), do CPC, a título de situações que devem conduzir à **suspeição** do juiz, no processo penal.

A relevância de manifestação judicial, mesmo em caso de inexistência jurídica, foi averbada pelo STF em precedente antigo. Na oportunidade, a Suprema Corte certificou a possibilidade do juiz declarar **nulos** os atos **inexistentes juridicamente**, em casos de impedimento do juiz. Afirmou-se que a norma inscrita no art. 252 do CPP, "contém rol taxativo de situações excepcionais, cuja concretização atua como verdadeiro obstáculo ao exercício, pelo magistrado, de seu poder jurisdicional". Nesse contexto, os atos emitidos pelo juiz não são apenas nulos. Mais do que isso, revelam-se juridicamente inexistentes.[811]

No entanto, o Supremo Tribunal Federal mitigou a órbita de incidência das regras sobre impedimento do juiz, a partir do argumento de que são *numerus clausus*. É correto que o rol de impedimentos é taxativo.

811. STF – Pleno – HC 67997 – Rel. Min. Celso de Mello – 21 set. 1990.

Contudo, o recorte de sentido atribuído, restritamente, aos incisos I e III, do art. 252 do CPP, incrementa o risco de prestação jurisdicional por juiz desprovido de imparcialidade. Isso porque é possível, em tese, a instituição de hipóteses de impedimento em outros dispositivos da legislação processual penal, a exemplo do obstáculo oposto ao juiz de garantias para julgar o mérito do processo penal.

Cuida-se de **impedimento** arrimado em **demarcação de competência segundo o objeto do juízo**. Não fosse o posicionamento do STF em alijar a possibilidade de se presumir a parcialidade do julgador[812], também poderiam ser inseridas como hipóteses de impedimento do magistrado, os que versam sobre:

(1) a sua atuação como juiz das garantias, com rol de competências descritas no art. 3º-B, considerado o seu papel de salvaguardar direitos individuais fundamentais. Nessa hipótese, o impedimento, restrito a funcionar como juiz da instrução, seria precaução contra o risco de dissonância cognitiva, conforme o magistério de Aury Lopes Jr. e Ruiz Ritter;[813]

(2) o conhecimento da prova ilícita declarada inadmissível, *ex vi* do art. 157, § 5º, incidindo o impedido em casos de: (a) contato com elementos ilícitos; (b) determinação de exclusão de prova ilícita; ou (c) decisão proferida nulificada em grau de recurso porque baseada em elemento vedado.

O STF, contudo, vedou a possibilidade de impedimento automático do juiz, bem como afastou a incidência de impedimento "em decorrência do mero exercício da atividade jurisdicional". Não se limitou, apenas, a declarar a inconstitucionalidade do art. 3º-D, *caput*, do CPP, que fazia remissão a enunciados

812. STF – Pleno – ADI 6298/DF – Rel. Min. Luiz Fux – 24 ago. 2023.

813. LOPES JR, Aury; RITTER, Ruiz. A imprescindibilidade do juiz das garantias para uma jurisdição penal imparcial: reflexões a partir da teoria da dissonância cognitiva. *Revista Duc In Altum Cadernos de Direito*, vol. 8, nº16, p. 57, set.-dez. 2016.

sem relação lógica, que descrevem funções da polícia investigativa e judiciária, que o juiz evidentemente não as exerceria. Mas foi mais além: o STF sublinhou que o acompanhamento do inquérito pelo juiz das garantias não lhe torna, automaticamente, impedido, considerando situações de ordem prática, a exemplo do afastamento em cadeia de juízes que atuam em órgãos com único magistrado. A Corte Suprema rechaçou a premissa de presunção de parcialidade do juiz e declarou a inconstitucionalidade do § 5º, do art. 157, do CPP, alijando a aplicação da regra de que estaria impedido de julgar o mérito, o juiz que viesse a conhecer da prova ilícita declarada inadmissível.[814]

Outrossim, o STF tem avivado que não há impedimento do julgador de órgão colegiado em razão de sua atuação anterior como juiz de primeiro grau, desde que não tenha deliberado sobre o mérito. Mesmo raciocínio é usado para não reconhecer a incidência do art. 252, I, do CPP, quando o cônjuge do juiz tenha atuado como membro do MP no processo e o juiz se limite a nulificar atos produzidos em situação de incompetência absoluta (matéria processual), notadamente se a questão houver sido remetida, posteriormente, a outro juízo. A estrutura imunizante de vícios desta ordem está vincada no entendimento de que "não se registra situação configuradora de impedimento se o magistrado, no curso do procedimento penal, não se pronunciou sobre matéria de fato ou sobre questão de direito, uma e outra concernentes ao mérito da demanda penal". Aliás, acrescenta que "eventual prática de atos de ordenação processual não basta, só por si, para caracterizar hipótese de impedimento do Juiz".[815]

25.3 Defensor

A legislação processual penal usa os termos defensor e advogado de forma indistinta. Não há precisão de contornos.

814. STF – Pleno – ADI 6298/DF – Rel. Min. Luiz Fux – 24 ago. 2023.

815. STF – Primeira Turma – RHC 179272 AgR – Rel. Min. Rosa Weber – DJe 25 jun. 2021.

De todo modo, o exercício da função, independentemente do enquadramento do causídico, é idêntico no processo penal condenatório. Vale dizer, considerando a configuração pragmática, não há diferença entre o defensor e o advogado. Ambos desenvolvem atribuições privativas do defensor *lato sensu*.

É possível, contudo, sugerir diferença entre esses vocábulos, malgrado a semelhança, considerando os aspectos semânticos (de sentido) e sintáticos (de estrutura).

25.3.1 Classificação

De tal forma, o defensor poderá se classificar como:

(1) **defensor público**: pessoa que exerce cargo público, com regime jurídico consignado na Lei Complementar nº 80/1994. Os defensores públicos não são nomeados pelo juiz (são notificados ou intimados!), nem prestam compromisso nos autos, porquanto a investidura por concurso já pressupõe o pleno exercício das atribuições descritas no direito positivo;

(2) **defensor dativo**: é o advogado nomeado para exercício de um *munus* público, pelo juiz, nos autos do processo. Os defensores dativos prestam compromisso e têm regime jurídico descrito na Lei nº 1.060/50 e no art. 22, § 1º, da Lei nº 8.906/94;

(3) **advogado**: é o profissional inscrito na OAB que é constituído pela parte interessada, seja ela acusada (art. 396-A, § 2º, CPP) ou assistente (art. 268, CPP). Seu regime jurídico é o estatuído na Lei nº 8.906/1994. É essencial à administração da justiça e inviolável por seus atos e manifestações no exercício de sua profissão, nos limites da lei (art. 133, CF).

A ampla defesa e o contraditório são princípios constitucionais (art. 5º, LV) que são concretizados, especialmente, pela obrigatoriedade da defesa técnica. Enquanto a autodefesa é faculdade a ser exercida a critério do imputado, a defesa levada a cabo por advogado é indispensável.

Consiste em elemento essencial à perfeição dos atos probatórios e dos atos que dependem de argumentação jurídica. Toda vez que, da falta de um aspecto defensivo, decorrer limitação àqueles direitos fundamentais, deve ter aplicação a atividade normativa de controle da licitude dos atos processuais pelo Judiciário (nulidade absoluta).

25.3.2 Renúncia ao mandato

O mandato é modalidade contratual da qual a procuração é o seu instrumento. A **renúncia ao mandato** é possibilidade restrita ao defensor constituído. O procedimento, que pode ser deflagrado pelo **advogado**, deve assegurar que o direito de defesa não sofra solução de continuidade.

Conforme Damásio E. de Jesus, "se o advogado renuncia ao mandato, é necessário que disso seja cientificado o réu, para que constitua outro".[816] Como se trata de formalidade atrelada à ampla defesa, a falta de notificação ao réu é causa de nulidade absoluta.

25.3.3 Substituição de defensor público e recusa de defensor dativo

Não há que se falar em renúncia ao mandato pelo defensor público, eis que exerce cargo público que tem disciplina própria de formas de **substituição**, entre si, de seus membros.

Igualmente, não tem lugar a renúncia ao mandato por defensor dativo, já que se cuida de *munus publico* a que estão sujeitos os advogados nomeados pelo juiz. É dever legal que, no entanto, pode ser objeto de **recusa justificada** (art. 15, Lei

816. JESUS, Damásio E. de. *Código de processo penal anotado*. 10. ed. São Paulo: Saraiva, 1993. p.173.

nº 1.060/1950). O desatendimento do aludido encargo pelo defensor dativo deve sujeitá-lo a providências correicionais junto à OAB.

A multa prevista no art. 14 daquele diploma legal não deve ser aplicada por mais de um motivo: (1) seja pela defasagem da moeda e dificuldades na escolha de índices de correção; (2) seja porque suprimida a multa para caso de abandono processual, pela Lei nº 14.752/2023, inferindo-se que houve revogação tácita quanto à sanção estipulada ao defensor dativo.

25.3.4 Abandono do processo

Para garantir que o direito à defesa técnica não fique a descoberto, o direito positivo prescreve providências consecutivas ao **abandono do processo** pelo defensor. O abandono do processo pelo defensor implica consequência jurídica distinta de multa, face à alteração promovida no Código, pela Lei nº 14.752/2023.

De acordo com o *caput*, do art. 265, do CPP, o defensor não poderá abandonar o processo sem justo motivo, previamente comunicado ao juiz, sob pena de responder por infração disciplinar perante o **órgão correicional competente**.

A fim de tutelar a garantia à defesa técnica, o § 3º, daquele enunciado, preconiza que, na hipótese de abandono do processo pelo defensor, o acusado será intimado para constituir novo defensor, se assim o quiser, e, na hipótese de não ser localizado, deverá ser nomeado defensor público ou advogado dativo para a sua defesa.

O STJ tem posicionamento firme no sentido de rechaçar "a postura de abandonar o plenário do Júri como tática da defesa".[817] No entanto, não é cabível aplicação de multa, mas o encaminhamento da questão aos órgãos de corregedoria da

817. STJ – Quinta Turma – AgRg no REsp 1821501/PR – Rel. Min. Joel Ilan Paciornik – DJe 04 mai. 2020.

OAB ou da Defensoria Pública, conforme o caso. A supressão da multa pelo legislador tem efeitos retroativos, especialmente para os casos em que imposta sem o respeito ao devido processo legal, ao contraditório e à ampla defesa.[818]

25.3.5 Impedimento do advogado

Compreende a proibição ao exercício dessa profissão. Está vedada a advocacia para os casos de **suspensão** do advogado, **licenciamento** ou **exercício de atividade incompatível**. A violação a essas proibições ofende elemento essencial para a validade do ato processual. Não chega a afetar a estrutura do ato, porquanto não deixa o causídico de ser advogado. O que há é a submissão a uma sanção, diante de uma situação transitória.

Daí não ser classificado como inexistente juridicamente o defeito do ato processual que tenha contado com a participação de advogado naquelas condições. Entrementes, haverá **nulidade absoluta** e, consequentemente, a imposição de norma jurídica de invalidação dos atos contaminados.

Se a decisão de nulificação, em instância *ad quem*, puder prejudicar direito do imputado, necessária será a fustigação expressa e oportuna, pelo órgão da acusação, nos termos do enunciado nº 160, da Súmula, do STF.

25.4 Ministério Público

Além de titular da ação penal pública, outras atribuições compõem a configuração do *Parquet*. O art. 127, da CF, prevê seu mister de defesa da **ordem jurídica**. Compreendida essa expressão como ordenamento jurídico (não como sistema!), o Ministério Público é órgão vinculado estruturalmente ao Poder Executivo, conquanto dele independente, com sua atuação circunscrita aos termos da Constituição e das leis.

---

818. STJ – Quinta Turma – REsp 2108775/PR – Decisão Monocrática – Rel. Min. Daniela Teixeira – 14 dez. 2023.

Não há previsão de poder para inovar o ordenamento jurídico ou para produção de propostas normativas a partir de espaços não disciplinados juridicamente. Ao revés, é seu papel a defesa da legalidade, documentada em previsão que tem o condão de circunscrever o poder ministerial.

De compasso com o art. 127, da CF, o Ministério Público:

(1) é instituição permanente: embora não seja um quarto poder, é peça indispensável à engrenagem do sistema democrático;

(2) é essencial à função jurisdicional do Estado;

(3) incumbe-lhe levar a cabo a defesa:

(a) da ordem jurídica: isto é, do direito positivo;

(b) do regime democrático: mediante um feixe de atribuições direcionadas à sua preservação (o respeito às regras de processo penal está intimamente ligado a esse ponto);

(c) dos interesses sociais e individuais indisponíveis: o que evidencia seu caráter impessoal e protetor dos valores nucleares;

(4) retratando propósito de **uniformidade na diversidade** (de axiomas e de pensamentos), são princípios institucionais do MP:

(a) o princípio da **unidade**: a divisão estrutural dos órgãos ministeriais da União, dos Estados-membros, do Distrito Federal (MPDFT) e em níveis especializados não deve suplantar o aspecto teleológico comum, mediante discurso uniforme. Nesse sentido, um membro (re) presenta a instituição;

(b) o princípio da **indivisibilidade**: a atuação de uma pluralidade de membros, por meio de órgãos diversos, não desnatura o caráter funcional comum, pelo que os membros podem atuar separadamente ou em conjunto, desde que respeitados os limites do ordenamento jurídico;

(c) o princípio da **independência funcional**: deve ser respeitada a diversidade de entendimentos, embora circunscrita aos deveres legais e constitucionais inerentes ao cargo.

A estrutura de cada um desses princípios encerra seu ponto comum na dialética da contradição. Independência e unidade são conflitantes, bem como a indivisibilidade depende de certa elasticidade hermenêutica, sem a qual haverá difícil compatibilidade. Essa textura – principiológica e aberta – é refratária à demarcação dos espaços de atuação do Ministério Público, mormente quando o tema diz respeito ao direito de liberdade.

25.4.1 Intervenção do Ministério Público

Das atribuições ministeriais mais importantes, está o dever de intervir nas ações penais. Aliás, é ele o titular privativo da ação penal pública (art. 129, I, CF). O CPP estabelece nulidade diante da atipicidade relacionada à "intervenção do Ministério Público em todos os termos da ação por ele intentada e nos da intentada pela parte ofendida, quando se tratar de crime de ação pública" (art. 564, III, "d").

Antes de classificar o vício, cabe distinguir duas espécies possíveis:

(1) falta de **intimação** do Ministério Público para intervir na demanda penal; ou

(2) ausência de **intervenção** do Ministério Público, malgrado intimado.

A intervenção do Ministério Público que tenha sido regularmente intimado é que suscita maiores dificuldades.

Necessário conjugar o dispositivo que prevê diretamente o defeito (art. 564, III, "d", CPP) com outras disposições legais. O afastamento das formas implica nulidade e, na sequência, a invalidação do ato viciado.

25.4.2 Intervenção obrigatória adesiva na ação privada supletiva

O art. 29 do CPP prevê a **intervenção obrigatória adesiva** do Ministério Público na ação penal privada subsidiária da pública (art. 5º, LIX, CF/1988). Diz a segunda parte daquele enunciado que caberá ao *Parquet*, nessa **ação penal privada supletiva**:

(1) aditar a queixa-crime;

(2) repudiá-la e oferecer **denúncia substitutiva**;

(3) intervir em todos os termos do processo;

(4) fornecer elementos de prova;

(5) interpor recursos; e

(6) a todo tempo, no caso de negligência do querelante, retomar a ação como parte principal.

Como a **ação penal privada subsidiária da pública** tem por objeto crime que deveria ser processado por iniciativa pública, a intervenção Ministerial é elemento essencial à sua perfectibilidade. Por razão maior, a intervenção do Ministério Público é igualmente essencial referentemente à ação penal intentada por ele próprio.

O legislador adotou, como critério para regulamentar a intervenção, a natureza da iniciativa legal (pública) para a promoção da ação penal, equiparando ação movida pelo particular de modo supletivo com aquela efetivamente ajuizada pelo Ministério Público.

A intervenção é necessária até para garantir que o juiz não tenha sua imparcialidade comprometida com indevida produção probatória de ofício. Ademais, relevante para tutelar a própria ordem jurídica, diante de seu dever constitucional (art. 127, *caput*, CF).

Nesse sentido, Afrânio Silva Jardim, a partir de exame histórico do ordenamento jurídico, asseverou que se pode constatar que "a intervenção do Ministério Público sempre esteve fortemente ligada à natureza da *res deducta in judicio*". Com efeito, "a natureza pública do conflito de interesses e a indisponibilidade da relação material são os dados de que se serve o legislador para outorgar legitimação ao Ministério Público, inserindo-o como sujeito na relação processual".[819]

Ada Pellegrini Grinover, Antonio Magalhães Gomes Filho e Antonio Scarance Fernandes seguem semelhante conclusão, declarando que é inválida "a prova produzida sem a presença das partes". É que o debate probatório com a interveniência dos sujeitos processuais envolvidos é "garantia do processo em geral, extraindo-se de sua inobservância a proibição de utilização das provas produzidas". Daí destacarem os autores que a **presença das partes** como condição de validade das provas não se resume ao exercício do direito de se defender das provas apresentadas contra uma delas. Mais do que isso, arrematam, "tudo quanto for utilizado sem prévia intervenção e participação das partes acaba sendo conduzido a conhecimento privado do juiz".[820]

Doutrinária e jurisprudencialmente, contudo, tem-se distinguido as duas hipóteses de falta de intervenção do Ministério Público:

(1) tratando-se de ação penal intentada por ele (ação penal pública), a ausência de intervenção é causa de nulidade absoluta;

---

819. JARDIM, Afrânio Silva. *Da publicização do processo civil*. Rio de Janeiro: Liber Juris, 1982. p.114-116.

820. GRINOVER, Ada Pellegrini; GOMES FILHO, Antonio Magalhães; FERNANDES, Antonio Scarance. *As nulidades no processo penal*. 12. ed. São Paulo: RT, 2011. p.118.

(2) cuidando-se de ação penal privada subsidiária da pública, a hipótese é de nulidade relativa. A justificativa para tal posição é a disposição legal denominada de **sanatória** por parte da doutrina, disposta no art. 572, incisos I a III, do CPP. Seu enunciado dispõe que as nulidades previstas no art. 564, inciso III, alíneas "d" e "e", segunda parte, "g" e "h", e IV, serão consideradas **sanadas**, de acordo com os princípios da oportunidade, da finalidade e da anuência.

Paulo Cláudio Tovo fundamenta esse entendimento, discernindo:

(1) a primeira parte, da alínea "d", do inciso III, do art. 564, do CPP, não é atingida pela sanatória regrada no aludido art. 572, porquanto "a intervenção do Ministério Público em todos os termos da ação por ele intentada, é igualmente essencial à validade do processo, aliás, por decorrência do próprio princípio do contraditório"; e

(2) tal raciocínio já não se aplica à ação proposta pelo ofendido, nos casos de crimes de ação pública, pois "na hipótese não há quebra do dogma do contraditório".[821]

O texto descrito, do art. 572, do CPP, é amoldável à categoria "regra de calibração". Ele desvia a consequencialidade da lógica normativa gizada no art. 564. É, na realidade, um enunciado à parte que enseja a construção de uma terceira norma jurídica, distinta do antecedente-consequente cominado pelo legislador.

Em outras palavras, a rigor, o defeito, por ferir elemento essencial do ato de intervenção do *Parquet*, é classificado como nulidade absoluta. A criação de uma terceira norma jurídica (de regulagem – art. 572, CPP) amplia a pragmática do consequente alternativo, com incremento de elemento possibilista e tornando aplicável invalidação ou convalidação.

821. TOVO, Paulo Cláudio. *Nulidades no processo penal brasileiro*: novo enfoque e comentário. Porto Alegre: Sergio Antonio Fabris, 1988. p.41.

Diante do teor do art. 127, da Constituição, é plausível questionar a incompatibilidade da aplicação do art. 572, do CPP, na parte que visa a sanar nulidade por falta de intervenção do Ministério Público na ação penal pública ou naquela privada subsidiária da pública.

A essencialidade da intervenção, mesmo nos casos de ação penal privada subsidiária da pública, é depreendida até mesmo do art. 129, inciso I, da CF, que estatui ser função institucional do *Parquet*, "promover, privativamente, a ação penal pública, na forma da lei".

De tal modo, a aplicação de norma jurídica com supedâneo no art. 572, do CPP, para afastar a consequencialidade normativa da nulidade absoluta por falta de intervenção do Ministério Público nas ações penais referidas na alínea "d", do inciso III, do seu art. 564, não se compatibiliza com a Constituição. Deve ser, portanto, declarada nulidade parcial sem redução de texto, ou seja, mantém-se o enunciado, porém afasta-se a norma construída a partir dele, por não ter sido recepcionada.

25.5 Aplicação a caso concreto

O STF reconheceu a suspeição de juiz, sublinhando que "imparcial é aquele que não é parte, que não adere aos interesses de qualquer dos envolvidos no processo", bem como que, "por imposição da presunção de inocência, o julgador deve adotar uma posição de desconfiança em relação à acusação".

Acentuou outros aspectos importantes para vincar a nulidade de julgamento conduzido com violação à garantia do juiz imparcial:

(1) em primeiro lugar, "a imparcialidade é essencial para que a tese defensiva seja considerada, pois em uma situação de aderência anterior do julgador à acusação, não há qualquer possibilidade de defesa efetiva". Isso não significa neutralidade metafísica,

considerando que todo julgador é um ser humano, no contexto de uma realidade;

(2) as circunstâncias particulares da hipótese demonstraram que "o juiz se investiu na função persecutória ainda na fase pré-processual, violando o sistema acusatório", tomando o depoimento do colaborador na mesma data em que homologou o acordo de delação premiada;

(3) ademais, dos trechos daquele depoimento ficou claro que o juiz procedeu à inquirição do colaborador "não apenas para verificar as condições de homologação do acordo, mas sim para verdadeiramente obter e produzir provas de outros coinvestigados";

(4) é vedado ao juiz, sob outra lente, participar das negociações, sendo incorreto que subscreva o próprio termo de colaboração premiada. Vale dizer, o juiz deve manter um espaçamento das partes (**equidistância**), sendo proibido comportamento que possa refletir favoritismo, predisposição ou preconceito (art. 8º, Código de Ética da Magistratura);

(5) a indagação do órgão judicial se evidenciou como dirigida à formulação de um juízo, ainda que prévio, de autoria e de materialidade dos ilícitos atribuídos a um dos delatados, isto é, "o juiz ultrapassou em muito a função de mero homologador dos acordos e atuou verdadeiramente como um parceiro do órgão de acusação na produção de provas que seriam posteriormente utilizadas". O magistrado findou por exercer, indevidamente, funções típicas da acusação; e

(6) diante da confusão da atuação do órgão judicial, com o órgão da acusação, foi reconhecida a ilicitude da prova produzida (art. 157, CPP) que, a rigor, não poderia sequer ser considerada prova, diante da inexistência de autêntico procedimento probatório. Seguidamente, foi decretada a nulidade da sentença

penal condenatória, diante da quebra do princípio da imparcialidade do julgador.[822]

25.6 Conclusão e próximo capítulo

A estrutura acusatória do processo penal pressupõe sujeitos processuais com funções bem contornadas. Eles são elementos do sistema. O juiz é a fonte de produção normativa concreta. A tessitura de regras visa à outorga de um processo justo. No próximo capítulo, será analisado o direito de defesa, com o estudo de sua configuração essencial.

IMPARCIALIDADE	
Objetiva	**Subjetiva**
- refere-se ao conteúdo da demanda - desinteresse pelo resultado da ação	- diz respeito à relação entre os juízes e os demais sujeitos processuais

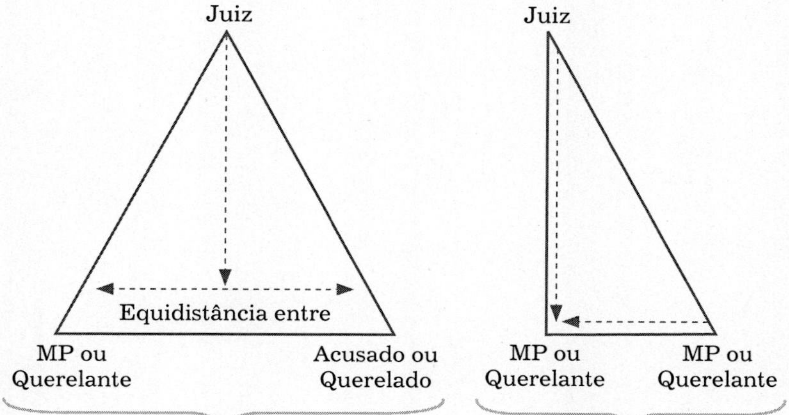

Representação da imparcialidade do magistrado (equitante das partes).

Magistrado parcial, alinhado com os interesses do MP ou Querelante (ou da acusação).

822. STF – Segunda Turma – HC 144.615 – Rel. Min Edson Fachin – Rel. p/ Acórdão Min. Gilmar Mendes – julgado em: 25 ago. 2020.

CAPÍTULO 26

DEFESA DO IMPUTADO

26.1 Conceito

A defesa é uma das expressões da garantia de liberdade, cujo exercício pressupõe tensão, espaço de interseção entre esferas jurídicas de sujeitos distintos. A liberdade exige disciplina normativa sobre aquele âmbito onde os interesses colidem, notadamente diante do poder de arbítrio estatal. Sem a regulação ou a oposição, seria sem sentido falar em liberdade. No seu âmago, está o direito de resistência que, a sua vez, deve estar fundado no direito positivo, fruto do consentimento social, vincado a partir da Lei Maior.

Seguindo os passos de Geovanni Reale e Dario Antiseri acerca da doutrina moral e política de John Locke, é possível avivar que o direito à liberdade e à sua defesa nascem com o Estado e coincidem com a razão, "a qual diz que, sendo todos os homens iguais e independentes", a ninguém deve ser permitido causar prejuízo àquelas garantias. Para tanto, são instituídos limites: além do poder de editar leis, o Estado tem o poder de impô-las e o indivíduo tem o direito de contestar o poder estatal, mormente quando este "atua contrariamente às finalidades para as quais nasceu".[823]

---

823. REALE, Giovanni; ANTISERI, Dario. *História da filosofia*: do Humanismo a Kant [volume 2]. Tradução: Ivo Storniolo. São Paulo: Paulus, 1990. p.522-523.

O direito de liberdade descrito por John Locke é definido como possibilidade de agir ou de não agir. Nesse círculo, está encravada a garantia de defesa, haurido do direito de resistência contra violações à ordem jurídica. Nas palavras do filósofo, a força, em sentido contrário ao poder, somente se justifica "quando um homem é interceptado em seu apelo à lei". Não há guarida para "a força hostil, exceto quando é negado a alguém o recurso legal. Apenas esta força coloca quem a usa em estado de guerra e torna legal a resistência a ele".[824]

Trata-se de direito de primeira dimensão, ao qual corresponde, na lição de André Nicolitt, "um dever de abstenção do Estado": em tal órbita, pode-se "destacar o direito à vida, à liberdade, à propriedade e à igualdade perante a lei", bem como outras garantias processuais, tal como "o *due process of law*, o *habeas corpus* e o direito de petição".[825]

26.2 Conteúdo semântico do direito de defesa

A defesa do imputado, seja fundada no direito natural, seja arrimada no direito positivo, é essencial ao ser humano, enquanto valor atribuído histórica e culturalmente (aspecto semântico – sentido). Compõe o plexo de direitos que migram da dignidade da pessoa humana (art. 1º, III, CF). No texto constitucional, é inferida direta e indiretamente de uma série de dispositivos, desde o princípio da presunção de inocência (art. 5º, LVII; art. 8, "2", Pacto de São José da Costa Rica), até o posicionamento do advogado como imprescindível à administração da justiça (art. 133).

Nessa linha, a garantia de defesa se insere naquele reconhecimento histórico. Como pontifica Jorge Miranda, "os

---

824. LOCKE, John. *Segundo tratado sobre o governo civil*: ensaio sobre a origem, os limites e os fins verdadeiros do governo civil. Tradução: Magdala Lopes; Marisa Lobo da Costa. Petrópolis: Vozes, 1994. p.61;92.

825. NICOLITT, André. *Manual de processo penal*. 7. ed. Belo Horizonte: D'Plácido, 2018. p.100.

direitos fundamentais, ou pelos menos os imediatamente conexos com a dignidade da pessoa humana, radicam no direito natural (ou, se preferir, em valores éticos superiores ou na consciência jurídica comunitária)", de modo que "deverão ser tidos como limites transcendentes do próprio poder constituinte material (originário) e como princípios axiológicos fundamentais".[826]

Nessa senda, Márcio Almeida e Ana Caroline Licar lembram que aqueles direitos são produtos "de um lento processo histórico". Não surgiram de uma forma instantânea ou mágica, "mas como fruto da histórica luta social pela delimitação do poder". Da experiência humana no curso do tempo, adveio a percepção da "necessidade de uma tutela especial sobre certos direitos, considerados bens jurídicos superiores, quando comparado a outros".[827]

Incluídos como expressão da **dignidade da pessoa humana**, a **presunção de inocência** (art. 8, "2", Pacto de São José da Costa Rica) e a **não culpabilidade** antes do trânsito em julgado de sentença penal condenatória (art. 5º, LVII, CF) são postulados comumente considerados sinônimos. Há diferença semântica, como aponta Simone Schreiber. O vocábulo presunção é rico em sentido, abrangendo a ênfase que se deve dar ao ônus da prova no processo penal. De toda forma, como expõe a ilustre jurista, "o princípio da presunção de inocência não se aplica exclusivamente no campo probatório, o *in dubio pro reo* é apenas uma de suas repercussões. A norma constitucional estudada impõe que seja dispensado tanto ao

---

826. MIRANDA, Jorge Manuel Moura Loureiro de. Direitos e deveres fundamentais do homem. In: *Estado, direitos humanos e segurança pública*. Márcio Aleandro Correia Teixeira; Claudio Alberto Gabriel Guimarães; Fabio Mendonça Santiago. São Luís: Edufma, 2017. p.30.

827. ALMEIDA FILHO, Márcio Antônio Pinto de; LICAR, Ana Caroline Neres Castro. Direitos humanos sob o enfoque da Constituição Federal de 1988. In: *Estado, direitos humanos e segurança pública*. Márcio Aleandro Correia Teixeira; Claudio Alberto Gabriel Guimarães; Fabio Mendonça Santiago. São Luís: Edufma, 2017. p.428.

investigado quanto ao réu tratamento compatível com seu estado de inocente".[828]

Fundamental trazer à baila, para a elucidação dessa distinção semântica, relevante ao direito de defesa, o escólio de Walter Nunes da Silva Júnior. Há relação de gênero à espécie. Vale dizer, o princípio da presunção de inocência (*lato sensu*) "é o gênero, do qual são tipos específicos os princípios da presunção de inocência estrito senso e o da presunção de não culpabilidade, que se manifestam na persecução criminal conforme seja a fase da investigação, do processo de conhecimento ou do processo de execução, estabelecendo *standards* ou níveis de prova.[829]

26.3 Conteúdo sintático do direito de defesa

No plano sintático (estrutura), o direito de defesa estabelece diretriz procedimental. Os elementos processuais devem permitir o seu efetivo exercício. Para esse desiderato, sua composição requer a presença de requisitos basilares como:

(1) **tempo**: a previsão de ampla defesa ou de plenitude de defesa é incompatível com condenações urgentes, antecipadas ou com o uso do princípio da celeridade contra o réu. São limitadores da defesa os julgamentos em sistemas de mutirão ou digitais. É inato ao direito de defesa um intervalo de tempo que proporcione não somente o agir eficiente do réu, mas também a maturação da intelecção judicial sobre a narrativa acusatória (art. 5º, LXXVIII, CF; art. 8, "2", "d", Pacto de São José da Costa Rica);

---

828. SCHREIBER, Simone. *A publicidade opressiva de julgamentos criminais*: uma investigação sobre as consequências e formas de superação da colisão entre a liberdade de expressão e informação e o direito ao julgamento criminal justo, sob a perspectiva da Constituição brasileira de 1988. Rio de Janeiro: Renovar, 2008. p.193.

829. SILVA JÚNIOR, Walter Nunes. *Os princípios da presunção de inocência e do devido processo legal no direito processual criminal.* Natal: OWL, 2023. p.431.

(2) **procedimento dialético equilibrado**: o diálogo processual, além de migrar do fundamento de que o réu fala por último, deve possibilitar **contraditório**, com **confronto**, **paralelismo** e **obliquidade** de argumentos. Para o manejo eficaz dos instrumentos inerentes ao contraditório e à ampla defesa, a ordenação de proposições bem formuladas, que relacionem **sujeito** e **predicado**, com o que é **contingente**, pode contribuir para o alcance da pretensão desejada. Deveras, a partir do quadrante lógico de Boécio, é possível anuir que as proposições, em **relação** com as demais da mesma petição (coerência) ou de outras do mesmo processo (compatibilidade), podem se classificar como:

(a) **contrárias**: sujeito e predicado de uma proposição colidem **diretamente** com elementos de outra, que representa negação da primeira;

(b) **contraditórias**: há colisão **oblíqua** entre sujeitos e predicados de diferentes proposições;

(c) **subalternas**: uma proposição, de menor espectro, encontra arrimo em outra de maior amplitude (derivação entre sujeitos e predicados de proposições diversas);

(d) **subcontrárias**: com proposições que têm, comparativamente, âmbitos de amplitude diferentes, no sujeito e no predicado, não permitindo cognição em torno de uma verdade, com base em critério seguro.

Quadrante lógico de Boécio[830]

(3) **equilíbrio no nível da relação processual**: é necessário juiz imparcial, equidistante, na angulação processual. Na dualidade entre juiz das garantias e

830. REALE, Giovanni; ANTISERI, Dario. *História da filosofia*: Antiguidade e Idade Média [volume 1]. Tradução: Ivo Storniolo. São Paulo: Paulus, 1990. p.465-467.

juiz da instrução, este último irá se situar no vértice da relação jurídica, depois de instaurado o processo penal. Aliás, a competência do juiz das garantias cessa com o **oferecimento** da denúncia ou da queixa, rementendo-se as questões pendentes ao juiz da instrução, a teor do § 1º, do art. 3º-C, do CPP, com interpretação conforme a constituição atribuída pelo STF[831]. A atuação dos sujeitos processuais deve retratar relação balanceada. Nessa ótica, não se compatibiliza com a Constituição a figura do assistente do Ministério Público (arts. 268; 270; 272, CPP), máxime sem o correlato assistente da defesa, carente até de previsão legal. Como pontua Amilton Bueno de Carvalho, é preciso banir a atitude de "olhar o penal a partir de outros ramos do direito, especialmente o civil, gerando teratoides inomináveis, ao ponto de se inverter, inclusive, toda a teoria do ônus da prova ou o carcinoma teórico do discurso que ambiciona a 'proteção dos direitos da vítima' no processo penal".[832] Por outro lado, o tratamento isonômico pressupõe poderes distintos conferidos ao acusado. A legitimidade é tripartida entre:

(a) o réu, isoladamente: exerce autodefesa, podendo, por exemplo, apresentar petições recursais, sem a assistência de advogado (art. 577, CPP), acompanhar a produção probatória (direito à presença) e ser interrogado (direito à audiência, a ser ouvido e a ficar calado – art. 5º, LXIII, CF);

(b) o defensor, sozinho: responsável pela defesa técnica, que pode argumentar em favor da liberdade, ainda que contrariamente ao desejo do imputado. Como explica Maria João Antunes,"o defensor em

831. STF – Pleno – ADI 6298/DF – Rel. Min. Luiz Fux – 24 ago. 2023.

832. CARVALHO, Amilton Bueno de. *Direito penal a marteladas*: algo sobre Nietzsche e o Direito. Rio de Janeiro: Lumen Juris, 2016. p.21.

processo penal tem o estatuto de sujeito processual" e "o direito de escolher defensor e de ser por ele assistido em todos os atos do processo constitui uma das garantias de defesa do arguido que o processo penal assegura";[833]

(c) o acusado, representado por seu defensor: essa atuação deve ser conjunta e convergente, a exemplo da entrevista prévia e reservada, quando realizada efetivamente antes da audiência de instrução (art. 8, "2", "d", Pacto de São José da Costa Rica; art. 400, CPP).

26.4 Conteúdo pragmático do direito de defesa

A função da defesa é a de dar potência ao direito de liberdade do réu. As disposições sobre o seu exercício devem receber interpretação *favor rei* e *favor libertatis*. Os espaços ambíguos devem pender para conferir teleologia limitadora do *jus puniendi* do Estado. Como expressão do direito de defesa, podem ser enumerados:

(1) distribuição do ônus da prova compatível com o estado de inocência. Apesar da dicção do art. 156, do CPP, prevendo repartição igualitária do ônus de provar, o princípio da presunção de inocência indica sua inconstitucionalidade. Se o réu tem o direito de silenciar, não há sentido lógico em limitar sua liberdade pelo motivo de não ter se desincumbido do suposto ônus de comprovar sua inocência. Tomando o magistério de Alexandre Morais da Rosa, é plausível asseverar que presumir a inocência é tarefa complexa "em face da mentalidade inquisitória, diante do efeito da dissonância cognitiva", consistente na tendência de confirmação de crenças e de "julgamentos preliminares

833. ANTUNES, Maria João. *Direito processual penal*. 2. ed. Coimbra: Almedina, 2018. p.46.

(heurísticas e vieses), em geral, manipulando-se as informações probatórias com o uso de falácias";[834]

(2) a resposta preliminar à acusação, disciplinada pelo art. 396-A, do CPP: a defesa ampla deve ser fomentada desde o início do procedimento contraditório. O dispositivo preconiza que nela, "o acusado poderá arguir preliminares e alegar tudo o que interesse à sua defesa, oferecer documentos e justificações, especificar as provas pretendidas e arrolar testemunhas, qualificando-as e requerendo sua intimação, quando necessário". Há um campo de subjetividade na expressão "tudo o que interesse à defesa". A interpretação, além de fundada no estado de inocência, deve se basear em critério teleológico: a resposta preliminar deve visar à decisão de absolvição sumária (art. 397, CPP), apesar de poder suscitar questões processuais (art. 395, CPP). Logo, o debate não deve inserir elementos que somente possam ser acolhidos na sentença final (arts. 386; 387, CPP);

(3) enquanto garantia otimizadora das chances absolutórias do imputado (direito de primeira geração), o júri é regido pela plenitude de defesa (art. 5º, XXXVIII, alínea "a", CF), com a descrição, em pormenor, de um procedimento especial (arts. 406 a 497, CPP);

(4) a interposição de recursos por meio de petição recursal ou termo nos autos (art. 577, CPP), além do prazo que deve ser dado para apresentação de razões recursais. É direito exercido perante o juiz de primeiro grau, durante o processamento prévio do recurso em sentido estrito (art. 581, CPP), da apelação (art. 593, CPP) ou do agravo em execução penal (art. 197, LEP). Se houver colisão de interesses em razão da

---

834. ROSA, Alexandre Morais da. *Guia do processo penal conforme a teoria dos jogos*. 6. ed. Florianópolis: EMais, 2020. p.328.

legitimação dúplice, do acusado e do seu advogado, deve-se conferir prevalência à postura que melhor atender à efetividade da liberdade. Por exemplo, entre o desejo de recorrer do advogado e o do réu de não exercer esse direito, deve preponderar o primeiro;

(5) o direito de falar por último, sem prejuízo do direito (não do dever!) de presenciar atos probatórios e de ser interrogado. No âmbito da garantia que tem o acusado de falar por derradeiro, estão cânones impostos pelo conceito de ampla defesa e que devem implicar revisão de dispositivos que impõem segredo na produção da prova, no curso do processo, a exemplo:

(a) da inconstitucionalidade da norma deduzida do art. 191 do CPP, que prevê que os acusados serão interrogados separadamente (princípio da individualidade), quando aquele dispositivo for interpretado no sentido de proibição da presença de um réu quando do interrogatório do outro. Note-se que o teor literal daquele artigo não prevê que um acusado não ouça as declarações do outro como distintamente preconiza o Código de Processo Penal ao cuidar dos depoimentos testemunhais (art. 210, *caput*, CPP);

(b) da apresentação de alegações finais do delatado, em um momento subsequente às do colaborador (art. 403, § 3º, CPP), conquanto a legislação contenha vedação da atuação do corréu como assistente do *Parquet* (art. 270, CPP). O STF, nessa linha, deliberou que a concessão de prazo comum para alegações finais a litisconsortes passivos de uma mesma relação processual penal, em que existam colaboradores e delatados, constitui ofensa ao contraditório e a ampla defesa.[835]

835. STF – Pleno – HC 166373/PR – Rel. Min. Edson Fachin – Rel. p/ Acórdão: Min. Alexandre de Moraes – julgamento em 02 out. 2019.

Como realça Geraldo Prado, é direito da defesa, ter a possibilidade de conhecer a totalidade dos elementos informativos. De tal maneira, será possível "rastrear a legalidade da atividade persecutória". De mais a mais, "o conhecimento integral dos elementos colhidos ao longo da investigação é necessário para a defesa avaliar a correção do juízo do Ministério Público sobre a infração penal supostamente praticada pelo acusado". Com essas cautelas, confere-se a possibilidade, alternativa ou cumulativa, de:

(1) identificar provas ilícitas;

(2) refutar os excessos da persecução penal;

(3) impugnar acusações infundadas; e

(4) preparar a produção da contraprova.[836]

26.5 Aplicação a caso concreto

O STF examinou caso de realização do interrogatório do acusado como primeiro ato da instrução, contrariamente à previsão do art. 400 do CPP, que, a partir de 2008, dita que deve ser ele o último ato da instrução. O interrogatório pode ser explicado como:

(1) **procedimento**: há um rito e um conjunto de disposições que o inserem na categoria de meio de defesa, embora topicamente esteja localizado como meio de prova (arts. 185; 187, CPP), podendo ser considerado, sob essa ótica, instituto híbrido;

(2) **ato**: o interrogatório compõe o concatenado de atos, que representam a sequência procedimental. Visto isoladamente, é ato processual integrante de um todo maior que é o aspecto objetivo do processo (procedimento);

---

836. PRADO, Geraldo. *A cadeia de custódia da prova no processo penal*. São Paulo: Marcial Pons, 2019. p.65.

(3) **norma jurídica**: além da previsão em abstrato, a produção do interrogatório no curso de um processo representa a inserção de norma individual e concreta no sistema processual. Para inexistir patologia no ambiente sistemático, a norma jurídica deve se compatibilizar com a sua estrutura e essência.

Essa visão é devedora da teoria do direito e é apta a identificar inconsistências no julgamento aludido. A primeira afirmação que confronta os lindes constitucionais é a modulação de efeitos da declaração de inconstitucionalidade ou de ilegalidade do interrogatório produzido no início do processo. Violam-se, de uma só vez, a defesa ampla (art. 5º, LV, CF) e o devido processo legal (art. 5º, LIV, CF; art. 400, CPP), direitos constitucionais.

De acordo com o STF, o interrogatório realizado, incorretamente, como primeiro ato de instrução, está sujeito à preclusão, embora eivado de nulidade absoluta, consoante tese estabelecida em julgamento anterior. Na dicção do julgado:

(1) de um lado, "o interrogatório insere-se no escopo da autodefesa, de caráter disponível e, portanto, sujeito à preclusão em caso de inércia"; e

(2) de outro, "não tendo o impetrante deduzido em que medida a decretação de invalidação poderia conduzir a desfecho diverso na ação penal, não há como reconhecer a ilegalidade invocada".[837]

26.6 Conclusão e próximo capítulo

A defesa do imputado é elemento estrutural ao processo penal. Não há processo, em sentido jurídico, sem acusação, bem como não deve haver atribuição de culpa sem processo, nem acusação sem prova, nem prova sem defesa, na esteira

837. STF – Segunda Turma – RHC 143738 AgR – Rel. Min. Edson Fachin – publicado em: 03 set. 2019.

de Luigi Ferrajoli.[838] A defesa é, sob esse ângulo, essencial. No capítulo a seguir, serão analisados pilares para a imposição de prisões cautelares, seguindo-se idêntico raciocínio lógico, supedaneado na finalidade dos direitos de primeira geração tendente a contornar o exercício do poder estatal.

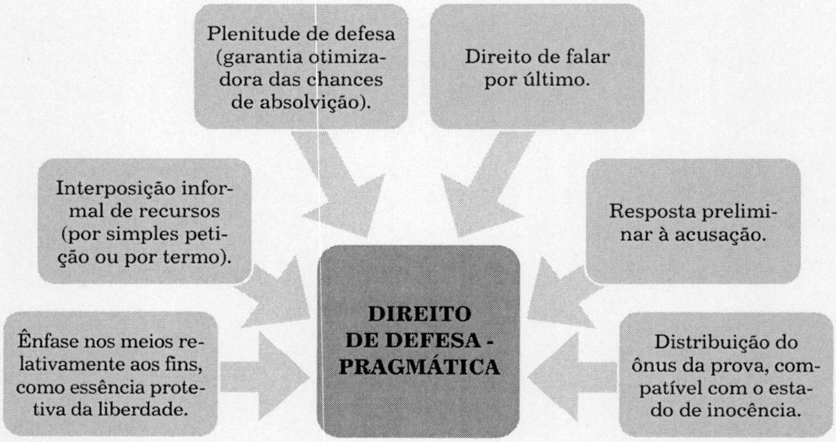

838. FERRAJOLI, Luigi. *Direito e razão*: teoria do garantismo penal. Tradução: Ana Paula Zomer Sica; Fauzi Hassan Choukr; Juarez Tavares; Luiz Flávio Gomes. São Paulo: RT, 2006. p.89-91.

CAPÍTULO 27
PRISÃO PROVISÓRIA

27.1 Medida cautelar e prisão provisória

Dentro do leque de medidas cautelares, está a de natureza prisional, sempre provisória, e ligada, instrumentalmente, ao processo penal condenatório, atual ou futuro. *Ultima ratio* entre as providências acauteladoras, a prisão deve ceder à imposição de restrições menos severas toda vez que estas evidenciarem suficiência e causação de menor dano.

Hélio Tornaghi descreve uma série de considerações que fundamentam a assertiva de que "o uso da prisão provisória deve ser restringido aos casos de absoluta necessidade". Em suas palavras, "chega-se, pela experiência, ao mesmo ponto a que a razão já havia levado – a regra neste assunto tem de ser esta (princípio da necessidade): só prender quando estritamente necessário".[839]

Ao lado dessa providência de urgência, estão as medidas cautelares pessoais restritivas de direitos (alternativas à prisão – art. 319, CPP) e as medidas cautelares patrimoniais assecuratórias

839. TORNAGHI, Hélio. *Curso de processo penal*: volume 2. 6. ed. São Paulo: Saraiva, 1989. p.10.

(arresto, sequestro e hipoteca legal – arts. 125 a 145, CPP), compondo a tríade cautelar (prisional-restritiva-patrimonial).

No magistério de José Frederico Marques, "o pressuposto fundamental da providência cautelar é o *periculum in mora*". Tem caráter provisório e interino, com efeitos que perduram enquanto não emanar do Poder Judiciário "a providência jurisdicional que ela procura garantir e tutelar". Nesse contexto, caso a medida acauteladora não se mostrar imprescindível, diante da constatação de que ausência de perigo ao bem jurídico que nele se objetiva assegurar, não haverá *periculum in mora* (*periculum libertatis*) e "a medida cautelar não deve ser concedida"[840].

As prisões, em sentido largo, são classificadas em duas categorias:

(1) **prisão provisória**: anterior ao trânsito em julgado da sentença penal condenatória, cujo caráter deve ser **cautelar** (art. 283, CPP), aferido conforme os critérios de:

(a) adequação: constatada pela **plausibilidade** do ilícito penal (*fumus comissi delicti*);

(b) necessidade: aferida pela **urgência** da medida (*periculum libertatis*): conforme o magistério de Rubens Casara, o juízo sobre essa condição deve ser "consequência da incidência do princípio da proporcionalidade que condiciona todos os atos estatais".[841]

A título de exemplo, veja-se que são prisões provisórias, com natureza cautelar:

(a) a prisão temporária (art. 1º, Lei nº 7.960/1989);[842]

---

840. MARQUES, José Frederico. *Elementos de direito processual penal*: volume IV. 2. ed. Campinas: Millennium, 2003. p.12-13.

841. CASARA, Rubens R. R. *Prisão e liberdade*. São Paulo: Estúdio, 2014. p.58.

842. STF – Pleno – ADI 3360 – ADI 4109 – Rel. Min. Cármen Lúcia – Rel. p/ Acórdão Min. Edson Fachin – julgado em: 11 fev. 2022.

(b) a prisão preventiva (arts. 311 e 312, CPP);

(c) a prisão para fins de extradição (art. 84, Lei nº 13.445/2017).

(2) **prisão definitiva**: posterior ao trânsito em julgado, com o início do processo de execução penal (prisão-pena – art. 105, Lei nº 7.210/1984; art. 300, CPP).

27.2 Prisão provisória não cautelar

A prisão provisória é medida cerceadora de liberdade que, como regra, deve ter natureza cautelar. Entretanto, há situações de prisões provisórias não cautelares:

(1) **prisão em flagrante**: para prestigiado setor doutrinário, a prisão em flagrante deve ser classificada como **prisão pré-cautelar**, considerada a sua conversibilidade em prisão preventiva, a teor do art. 310, inciso II, do CPP. Sob essa égide, sua natureza seria administrativa, como aponta André Nicolitt.[843] A sua vez, Aury Lopes Júnior explica como o legislador consagrou a pré-cautelaridade: "a instrumentalidade manifesta-se no fato de a prisão em flagrante ser um *strumenti dello strumento* da prisão preventiva".[844]

Afrânio Silva Jardim e Pierre Souto Maior ponderam que o designativo "só serve para afirmar que a prisão em flagrante, sendo 'pré', não é cautelar. Vale dizer, não explicita o que ela é efetivamente".

Sob esse ponto de vista:

(a) a classe "pré-cautelar" se assimila a algo quase-cautelar, indicando erro metodológico, porque

843. NICOLITT, André. *Manual de processo penal*. 7. ed. Belo Horizonte: D'Plácido, 2018. p.813.

844. LOPES JR, Aury. *Direito processual penal*. 16. ed. São Paulo: Saraiva, 2019. p.601.

confunde "a própria prisão com a sua documentação (auto de prisão em flagrante)";

(b) a prisão em flagrante é "um ato jurídico, vale dizer, uma conduta humana que produz efeitos jurídicos vários", pois "não decorrem da vontade do agente, mas estão inarredavelmente previstos na lei".[845]

O instituto prisional em flagrante, à luz da teoria do direito, pode ser compreendido como:

(a) **ato jurídico**, na senda esposada pelos ilustres autores. Enquanto ação de efetuar a prisão em flagrante, não se confunde com sua entificação no auto correspondente (art. 304, § 2º, CPP);

(b) **procedimento**, iniciado com voz de prisão (art. 5º, LXI, CF; art. 301, CPP) e encerrado com a audiência de custódia e demais medidas que compõem sua complexidade. Poderia ser visualizado, impropriamente, como um ato jurídico complexo;

(c) **norma jurídica**, que retrata a alteração do sistema, em seu plano individual e concreto, na medida em que cria e modifica relações jurídicas (a situação prisional do flagranteado).

Sem embargo, cabe colorir que o sistema jurídico indica a subsistência de modalidade de prisão em flagrante que não se enquadra naquele rótulo que sustenta a sua pré-cautelaridade: a prisão em flagrante do parlamentar.

Deveras, nos termos do § 2º, do art. 53, da Constituição, "desde a expedição do diploma, os membros do Congresso Nacional não poderão ser presos, salvo em flagrante de crime inafiançável. Nesse caso, os autos serão remetidos dentro de vinte e quatro horas à Casa respectiva, para que, pelo voto da maioria de seus membros, resolva sobre a prisão".

---

845. JARDIM, Afrânio Silva; AMORIM, Pierre Souto Maior Coutinho de. *Direito processual penal*: estudos, pareceres e crônicas. Salvador: Juspodivm, 2018. p.385-386.

Vale dizer, o texto da Lei Maior não se compatibiliza com a previsão de conversão da prisão em flagrante em preventiva pelo Poder Judiciário (art. 310, II, CPP), quando o sujeito passivo da restrição da liberdade é congressista. Raciocínio similar deve ser aplicado aos membros das casas legislativas estaduais (**princípio da simetria** ou **do paralelismo**).

Em suma, tratando-se de prisão em flagrante de parlamentar, nos crimes inafiançáveis, não há que se falar em natureza pré-cautelar. A aplicação do art. 310, do CPP, não deve ter lugar. Veja-se que não há congruência sintática na remessa do auto de prisão em flagrante de deputado federal ou senador ao STF para que sejam impostas medidas cautelares diversas da prisão (art. 310, III, § 2º, CPP).

A competência para deliberar sobre o flagrante é da casa legislativa, cuja consequência deverá ser a sua manutenção ou a liberdade plena do parlamentar. A Constituição não autoriza solução híbrida para o congressista.

Julgando caso sobre o ponto, o STF, entrementes, assentou:

> (a) de um lado, que a harmonia e a independência que devem reger "o princípio da Separação de Poderes, as imunidades do Legislativo, assim como as garantias do Executivo, Judiciário e do Ministério Público" são proteções deferidas aos "Poderes e Instituições de Estado contra influências, pressões, coações e ingerências internas e externas e devem ser asseguradas para o equilíbrio de um Governo Republicano e Democrático"; e
>
> (b) de outro, que "o Poder Judiciário dispõe de competência para impor aos parlamentares, por autoridade própria", medidas cautelares do art. 319, do CPP, "seja em substituição de prisão em flagrante delito por crime inafiançável, por constituírem medidas individuais e específicas menos gravosas; seja autonomamente, em circunstâncias de excepcional gravidade".

A solução da Suprema Corte sugere um paradoxo, eis que admite supressão de aspecto da liberdade de membro do Poder Legislativo, sem dicção expressa constitucional estipulando a exceção. Nessa toada, concluiu que "os autos da prisão em flagrante delito por crime inafiançável ou a decisão judicial de imposição de medidas cautelares que impossibilitem, direta ou indiretamente, o pleno e regular exercício do mandato parlamentar e de suas funções legislativas", devem ser enviados, em vinte e quatro horas, à Casa Legislativa, "nos termos do § 2º do artigo 53 da Constituição Federal, para que, pelo voto nominal e aberto da maioria de seus membros, resolva sobre a prisão ou a medida cautelar".[846]

(2) **prisão decorrente de decisão condenatória do júri à pena igual ou superior a quinze anos**: com a Lei nº 13.964/2019, foi introduzida hipótese de prisão automática decorrente de decisão proferida em primeira instância. A previsão é inconstitucional porque suplanta a eficácia do princípio da presunção de inocência (art. 5º, LXVII, CF) e subverte o valor protetivo do princípio da soberania dos veredictos (art. 5º, XXXVIII, "c", CF). São interpretados esses postulados, de índole garantista, contra a finalidade dos direitos fundamentais de primeira dimensão. Não custa lembrar que os direitos individuais foram instituídos, de uma vertente, em favor do imputado (parte mais fraca da relação jurídica processual) e, de outra, contra o poder de arbítrio do Estado (titular do *jus puniendi*).

Nos termos da alínea "e", do inciso I, do art. 492, do CPP, no caso de condenação, o juiz presidente do tribunal do júri "mandará o acusado recolher-se ou recomendá-lo-á à prisão em que se encontra, se presentes os requisitos da prisão preventiva, ou, no caso de condenação a uma pena igual ou superior a 15 (quinze) anos de reclusão, determinará a execução

---

846. STF – Pleno – ADI 5526 – Rel. Min. Edson Fachin – Rel. p/ Acórdão Min. Alexandre de Moraes – publicado em: 07 ago. 2018.

provisória das penas, com expedição do mandado de prisão, se for o caso, sem prejuízo do conhecimento de recursos que vierem a ser interpostos".

Em caso concreto de maior repercussão, decisão monocrática da presidência do STF fez incidir aquele dispositivo, em sede inédita de pedido de suspensão de liminar, citando expressamente que "uma vez atestada a responsabilidade penal do réu, pelo tribunal do júri, deve prevalecer a soberania do seu veredito" (art. 5º, XXXVIII, "c", CF), "com a imediata execução de condenação imposta pelo corpo de jurados", acrescentando a existência de interesse público.[847]

A deliberação conflita com pontos de partida do sistema de direito processual penal, mormente porque:

(1) o seu objeto consistiu em sustar decisão de tribunal de justiça, indicando o exercício de **competência *per saltum***, incompatível com o **princípio do juiz natural**. Em permeio ao percurso ascendente, da matéria situada no art. 492, inciso I, alínea "e", do CPP, estaria a cognição do STJ, competente para solver questões de ordem **infraconstitucional**;

(2) o uso do § 7º, do art. 4º, da Lei nº 8.437/1992, constitui inovação no processo penal, com **interpretação ampliativa**, indevida à limitação da garantia de liberdade. A decisão, ao cabo, restringiu o sentido e o alcance da ação de *habeas corpus* (art. 5º, LXVIII, CF), por impor ordinarização vertical do seu rito e por permitir impugnação, por via oblíqua, à concessão de sua tutela por tribunal *a quo*, colidindo com o **princípio da taxatividade** dos recursos;

(3) a natureza da soberania dos veredictos é de garantia individual. O destinatário de sua proteção é o acusado. Há inversão de **sentido** (semântica) quando invocada

---

847. STF - SL 1504 - Decisão Monocrática - Rel. Min. Luiz Fux - 14 dez. 2021.

com a **função** de justificar (pragmática) a prisão do sujeito ativo do direito material, situado na **estrutura** daquela relação jurídica fundamental (sintática);

(4) de forma similar, o *habeas corpus* é instrumento de tutela imediata da liberdade. A sua exegese deve ser restrita (**sentido**), relativamente ao seu escopo (**função**), proibindo-se, contra o paciente, ampliação do seu rito (**estrutura**).

Sob essa ótica, também seria incompatível com a essência dessa ação constitucional, o teor do enunciado nº 691, da Súmula, do STF, quando aduz não competir, à Corte Suprema, "conhecer de *habeas corpus* impetrado contra decisão do relator que, em *habeas corpus* requerido a tribunal superior, indefere a liminar". Inversamente, sob a referência de uma garantia fundamental constitucional, deveria ser concebida restrição contra modificações ao deferimento da ordem de *habeas corpus* (não contra o seu indeferimento!).

Essa questão é diferente de outra afirmação do STF, consistente na tese de que a "prisão do réu condenado por decisão do Tribunal do Júri, ainda que sujeita a recurso, não viola o princípio constitucional da presunção de inocência ou não culpabilidade".[848] Vale dizer:

(1) o estado de inocência não estará violado se presentes os requisitos da preventiva (art. 312, CPP);

(2) porém, o apontado postulado restará ferido se a prisão provisória for imposta automaticamente, sem a presença daqueles pressupostos.

27.3 Prisão em flagrante

Consiste no cerceio provisório da liberdade de alguém, cabível nas situações de ardência ou de proximidade posterior

848. STF – Primeira Turma – HC 169286 AgR – Rel. Min. Alexandre de Moraes – publicado em: 08 mai. 2019.

ao cometimento de uma infração penal. O vocábulo flagrante, alçado a *status* constitucional (arts. 5º, XI e LXI; 53, § 2º, CF), é termo aberto (vago), com sentido definido pela legislação.

Walter Nunes da Silva Júnior pondera que "a natureza da prisão em flagrante é de ato administrativo tão somente, não possuindo, por conseguinte, natureza jurisdicional". Essa conclusão afasta a possibilidade de "situá-la como medida processual acautelatória com a qual se determina a prisão de alguém, pois ela serve apenas, para a detenção".[849]

Não obstante, esse instituto processual pode ser submetido à análise, sob o olhar da teoria do direito. Seu conceito pode ser demarcado como **ato**, **procedimento** e **norma jurídica**. Nessa ordem, a prisão em flagrante pode ser definida pela sua função (pragmática), pela sua estrutura (sintática) ou pelo sentido que lhe é atribuído (semântica).

(1) **Situação de fato**: consiste em questão fática, bruta, ato jurídico em sentido amplo e antecedente necessário, com a **função** de cercear a liberdade de alguém e de demarcar a extensão das providências subsequentes (pragmática). De acordo com o art. 301 do CPP, qualquer pessoa tem a faculdade de prender em flagrante. A autoridade policial e seus agentes têm o dever de prender.

(2) **Procedimento complexo**: tem início fora da delegacia e se encerra em juízo). São etapas que compõem a **estrutura** da prisão em flagrante (sintática):

(a) voz de prisão com a captura;

(b) leitura dos direitos fundamentais, *a similii* do **Aviso de Miranda** norte-americano (*Miranda Rights*), que consubstancia o direito do autuado de não ser compelido a se autoincriminar, deprendido da máxima *nemo tenetur se detegere* (garantias ao silêncio, a

849. SILVA JÚNIOR, Walter Nunes da. *Curso de direito processual penal*: teoria (constitucional) do processo penal. Rio de Janeiro: Renovar, 2008. p.882.

advogado, a contato com a família, bem como direito à identificação dos responsáveis pela prisão ou por seu interrogatório policial – art. 5º, LXII, LXIII, LXIV, CF);

(c) apresentação à autoridade, com a lavratura do auto de prisão em flagrante, na seguinte ordem (art. 304, *caput*, CPP):

(i) declarações do condutor (assina e recebe uma via do seu depoimento, que consitui o recibo de entrega da pessoa presa);

(ii) oitivas de testemunhas;

(iii) declarações do conduzido (garantindo-se o direito a permanecer calado – art. 5º, LXIII, CF);

(iv) condução ao cárcere (cela provisória; devem ser asseguradas, desde o início do procedimento, as providências comunicativas; a audiência de custódia integra o rito da prisão em flagrante – art. 310, CPP).

(3) **Norma jurídica**: a prisão em flagrante constitui um enlace entre várias normas, que devem ser documentadas em forma de ato jurídico *stricto sensu*. Para simplificar o discurso atributivo de **sentido** ao flagrante delito (semântica), com a documentação em decisão judicial que afere seus requisitos (art. 310, CPP), são tomadas as suas partes pelo todo (metonímia), para defini-lo como norma jurídica, quando, na verdade, a deliberação final carrega para si um conjunto de normas incididas, por antonomásia.

27.3.1 Classificação da prisão em flagrante

As hipóteses de prisão em flagrante situadas no art. 302, do CPP, revelam quatro formas, classificadas, **quanto à previsão hipotética**, em:

(1) **flagrante próprio** (real ou verdadeiro – incisos I e II): quando o agente está cometendo ou acaba de cometer a infração penal;

(2) **flagrante impróprio** (irreal ou quase flagrante – incisos III): quando o sujeito é perseguido, logo após o cometimento do delito, e encontrado em situação que indique ser ele o seu autor;

(3) **flagrante presumido** (fito ou por assimilação – inciso IV): quando, logo depois, o agente é encontrado com instrumentos, armas, objetos ou papéis, que façam presumir ser ele o autor da infração delitiva.

As duas últimas situações revelam casos dotados de vagueza textual, razão pela qual não deveriam permitir sua efetivação sem ordem escrita da autoridade judicial (art. 5º, LXI, CF). Decerto, as hipóteses duvidosas, que permitem plasticidade de interpretação para considerar alguém enquadrado em situação de flagrante delito, devem militar contra a possibilidade da constrição sem mandado judicial.

A prisão em flagrante, em decorrência de seu conceito e do teor do art. 301, do CPP, ainda se classifica, **quanto ao seu modal deôntico**, em:

(1) **flagrante obrigatório**: as autoridades policiais e seus agentes têm o dever de prender quem quer que se encontre em flagrante delito. Essa obrigação tem relação com o serviço do agente de segurança pública, não devendo incidir em momento alheio ao seu trabalho ou no período de folga; ou

(2) **flagrante facultativo**: toda pessoa pode efetuar a prisão de quem estiver em situação de flagrante. Vale dizer, quem quer que seja não está impedido de efetuar a prisão de sujeito ativo de delito, embora não tenha esse dever jurídico.

A prisão em flagrante também se classifica, **quanto à verificação de sua tipicidade**, em:

(1) **flagrante preparado** ou **provocado**: é prisão eivada de vício, sem respaldo em quaisquer das hipóteses do art. 302, do CPP. A conduta aparentemente, delitiva, será atípica porque motivada por ação de terceira pessoa, que se acautela para que a infração não se concretize. Daí o teor do enunciado nº 145, do STF, que prescreve não haver crime, quando a preparação do flagrante pela polícia torna impossível a sua consumação. Vale dizer, se a ação se consumar, a partir de preparação provocativa, haverá crime. Por exemplo: a polícia prepara cenário para cometimento de furto e o agente logra se evadir com a *res furtiva*, cometendo homicídio contra a vítima. Evidentemente, caberá prisão em flagrante;

(2) **flagrante esperado**: trata-se de hipótese de prisão legal, sem mácula. Por exemplo, a polícia pode ter obtido informações sobre a possível prática de uma infração penal e apenas aguarda, nas proximidades, a ação do agente. Verificando o início da conduta delitiva, cabível a constrição em flagrante;

(3) **flagrante forjado**: hipótese em que não há qualquer conduta do flagranteado, a exemplo da inserção de objetos ou instrumentos no automóvel de alguém, por terceira pessoa, com o objetivo justificar a prisão;

(4) **flagrante diferido**: o direito positivo autoriza a postergação da autuação de pessoa que está em flagrante delito, com o propósito de alcançar melhores resultados (ação controlada). Por isso, essa modalidade é também denominada de flagrante postergado ou retardado;

(5) **flagrante por apresentação**: a demarcação conceitual do art. 302, do CPP, *a contrario sensu*, proíbe **prisão em flagrante por apresentação**. A pessoa que

se entrega à polícia não é "encontrada em flagrante". Daí a incompatibilidade da apresentação espontânea com essa espécie de prisão. No entanto, é possível, se presentes as condicionantes legais, a decretação da prisão preventiva (art. 312, CPP).

Outro ponto de vista da divisão do flagrante é relacionada à classificação do delito. Sob essa órbita, a prisão em flagrante se classifica, **quanto à espécie de infração penal**, em:

(1) **flagrante habitual**: relaciona-se com o conceito de crime habitual, aferido pelo núcleo do tipo penal (verbo), a exemplo do delito de exercer, ilegalmente, a medicina (art. 282, CP). Há controvérsias sobre o cabimento de autuação em flagrante para essa categoria de delito. Entretanto, a necessidade de documentação extensa que o comprove é indicativa da inadmissibilidade de prisão flagrante por infração penal habitual;

(2) **flagrante permanente**: para as hipóteses de crimes cuja ação do agente se protrai no tempo. Considera-se crime permanente aquele cuja conduta é perene, tal como a do delito de tráfico de drogas cujo núcleo do tipo é o de ter em depósito (art. 33, Lei nº 11.343/2006). Consiste em flagrante legal, dotado de tipicidade. Afrânio Silva Jardim adverte que a existênvia de "crime permanente não autoriza, por si só, a prisão em flagrante, em qualquer tempo e lugar, de todos os seus autores e partícipes". É indispensável um *plus*, qual seja, "a pessoa de estar na 'cena do crime'". Essa situação, ademais, deve se enquadrar em uma das hipóteses do art. 302, do CPP. As controvérsias em torno do conceito de crime permanente devem ser ponderadas, para que sejam evitadas autuações equivocadas[850];

---

850. JARDIM, Afrânio Silva. *Reflexões críticas sobre direito e sociedade*. Pierre Souto Maior Coutinho de Amorim [org.]. Belo Horizonte: Dialética, 2021. p.317; 321; 334; JARDIM, Afrânio Silva; AMORIM, Pierre Souto Maior Coutinho de. *Direito processual penal*: Estudos e pareceres. 13. ed. Rio de Janeiro: Lumen Juris, 2014. p.223-224.

(3) **flagrante de crime de menor potencial ofensivo**: é lícita a autuação em flagrante por delito dessa natureza. Contudo, a regra é que o seu procedimento complexo não se complete porque a legislação prevê que o flagrante não se imponha se o autuado for imediatamente encaminhado aos juizados ou assumir o compromisso de a ele comparecer. Vale dizer, tem lugar a voz de prisão e condução do flagranteado à delegacia, porém não se lavra o auto de prisão. Nos casos de violência doméstica, é admissível a aplicação de medida cautelar de afastamento do lar (art. 69, parágrafo único, Lei nº 9.099/1995, c/c o art. 12-C, Lei 11.340/2006);

(4) **flagrante fracionado**: é espécie de categoria jurídica que retrata a possibilidade de flagrante em quaisquer das condutas que constituam continuação delitiva. O crime continuado, encartado no art. 71, do CP, retrata política criminal que se afasta da realidade objetiva, constituída por vários crimes, para considerar o seu conjunto como crime único. O flagrante pode ser efetivado toda vez que um dos delitos do conjunto, havido, por ficção normativa, como crime único, estiver sendo perpetrado.

27.3.2 Audiência de custódia

A expressão audiência de custódia tem sentido que realça a sua necessidade. O seu caráter é indispensável à perfeição do ato prisional. O termo **custódia** já era referido por Hélio Tornaghi, quando sublinhava que o vocábulo não expressava, necessariamente, prisão.[851]

A ausência da custódia, enquanto cautela, macula, essencialmente, a prisão efetivada, diante da insuficiência da

851. TORNAGHI, Hélio. *Compêndio de processo penal*: tomo III. Rio de Janeiro: José Konfino, 1967. p.1137.

incidência da norma jurídica que deve completar o ato. O seu arrimo textual deve relacionar os arts. 287, 306 e 310, do CPP.

Julgado do STF destacou a sua natureza indeclinável. Sublinhou que "a superveniência da realização da audiência de instrução e julgamento não torna superada a alegação de ausência de audiência de custódia". O controle de nulidade, pela falta de audiência de custódia, tem função pedagógica.

De acordo com tal decisão, a medida de custódia perderia sua relevância se fosse reputada desnecessária em razão do decurso do prazo de sua realização, ou do início da audiência de instrução. Isso equivaleria transmitir mensagem distorcida aos demais órgãos do sistema criminal, no sentido de que não seria necessária a custódia, que tem finalidades distintas daquela que é própria à instrução.[852]

Trata-se de direito fundamental do imputado que decorre do Pacto de São José da Costa Rica (artigo 7, item 5, da Convenção Americana de Direitos Humanos – CADH), que reza que "toda pessoa detida ou retida deve ser conduzida, sem demora, à presença de um juiz".

Consoante o entendimento do STF, a CADH tem *status* de instrumento supralegal. É termo utilizado para referir a diploma cujo grau é inferior à Constituição, porém superior à legislação infraconstitucional. Em outros termos, os enunciados do Pacto de São José de Costa Rica prevalecem sobre os do CPP, notadamente nos pontos mais favoráveis à proteção da liberdade.[853]

A audiência de custódia deve ser ato integrador de toda e qualquer prisão. A legislação, contudo, dá ênfase a essa necessidade quando a situação é de flagrante delito e nos demais casos que não tenha sido apresentado o mandado para a efetivação de cerceio de liberdade.

852. STF – Segunda Turma – HC 202579 AgR/ES; HC 202700 AgR/SP – Rel. Min. Nunes Marques – Red. p/ o acórdão Min. Gilmar Mendes – julgado em 26 out. 2021.

853. STF – Pleno – MI 7003 AgR – Rel. Min. Luiz Fux – publicado em: 03 out. 2019.

Na hipótese do art. 287, do CPP, há previsão de audiência de custódia para prisão desacompanhada da apresentação do mandado. Na sua dicção, em caso de infração inafiançável, "a falta de exibição do mandado não obstará a prisão, e o preso, em tal caso, será imediatamente apresentado ao juiz que tiver expedido o mandado, para a realização de audiência de custódia".

A seu turno, o art. 310, *caput*, do CPP estabelece que, depois de receber o auto de prisão em flagrante – o que há de ocorrer em lapso que não exceda **a vinte e quatro horas** da realização da prisão –, "o juiz deverá promover audiência de custódia com a presença do acusado, seu advogado constituído ou membro da Defensoria Pública e o membro do Ministério Público". A esse dispositivo legal, o STF atribuiu, em sede de controle de constitucionalidade, interpretação conforme a constituição, para fixar a possibilidade de realização da **audiência de custódia por videoconferência**, restritamente a casos de urgência – e se o meio se revelar idôneo –, devidamente justificadas as razões pelo juiz.[854]

Em compasso com o § 4º daquele dispositivo, transcorridas **vinte e quatro horas** após o decurso do prazo do *caput*, a falta de sua realização, sem motivação idônea, causará a ilegalidade da prisão, passível de relaxamento. De forma similar ao *caput*, do mesmo art. 310, o STF conferiu interpretação conforme a constituição atribuir, para adequá-los à admissibilidade excepcional de audiência de custódia por vídeo conferência e de prorrogação do prazo de sua realização. Nos termos do que ficou assentado, a Suprema Corte estabeleceu que "a autoridade judiciária deverá avaliar se estão presentes os requisitos para a prorrogação excepcional do prazo ou para sua realização por videoconferência, sem prejuízo da possibilidade de imediata decretação de prisão preventiva".[855]

Se fossem decotadas as variáveis consignadas pelo STF, a audiência de custódia deveria ser sempre realizada no **prazo**

854. STF – Pleno – ADI 6298/DF – Rel. Min. Luiz Fux – 24 ago. 2023.

855. STF – Pleno – ADI 6298/DF – Rel. Min. Luiz Fux – 24 ago. 2023.

máximo de quarenta e oito horas contado do momento em que cerceada a liberdade do agente. Há possibilidade, todavia, de incidência de particularidades que decorrem de ambiguidade nos enunciados de regência da matéria e que serão analisadas adiante. É nessa audiência que o órgão judicial decidirá se relaxa a prisão em flagrante (inciso I), converte-a em prisão preventiva (inciso II) ou concede liberdade provisória (inciso III). Para a imposição de medidas restritivas a direito do autuado, é indeclinável a existência de postulação do Ministério Público.

27.3.3 Controle da audiência de custódia

O controle da audiência de custódia e da prisão respectiva deve migrar do conceito do art. 306, *caput* e § 1º, do CPP, quando o caso for de flagrante delito. Nos termos do *caput* daquele dispositivo, "a prisão de qualquer pessoa e o local onde se encontre serão comunicados imediatamente ao juiz competente, ao Ministério Público e à família do preso ou à pessoa por ele indicada".[856]

O § 1º, daquele enunciado, estatui que em até vinte e quatro horas após efetivada a prisão, "será encaminhado ao juiz competente o auto de prisão em flagrante e, caso o autuado não informe o nome de seu advogado, cópia integral para a Defensoria Pública".

O ordenamento jurídico estabelece garantias centrais à pessoa presa. O conteúdo da tutela protetiva é formado pelos direitos à comunicação da prisão em flagrante ao juiz competente, a um advogado ou defensor público e ao relaxamento imediato da prisão ilegal. Com efeito, são regras que buscam possibilitar a concreção de direitos fundamentais capitulados como garantias individuais no art. 5º, da Constituição de 1988, especialmente:

856. STF – Pleno – ADI 6298/DF – Rel. Min. Luiz Fux – 24 ago. 2023.

(1) a comunicação imediata da prisão de qualquer pessoa e do local onde se encontre, ao juiz competente e à família do preso ou à pessoa por ele indicada (inciso LXII);

(2) a informação ao preso sobre os seus direitos, entre os quais o de permanecer calado, sendo-lhe assegurada a assistência da família e de advogado (inciso LXIII); e

(3) o direito do preso de ver o juiz cumprir seu dever de relaxar, imediatamente, a prisão ilegal (inciso LXV).

Em síntese, o acompanhamento de advogado e a ciência do juiz competente a respeito da efetivação de prisão do indivíduo em território nacional servem de supedâneo para a produção das normas jurídicas que reconheçam a aplicação (d)eficiente de seus dispositivos. Aliás, como pondera André Nicolitt, "a comunicação irregular da prisão, como a que se der intempestivamente ou estiver desacompanhada das oitivas, importa ilegalidade e impõe o relaxamento da prisão".[857]

O § 3º, do art. 310, do CPP, entabula consequência jurídica à autoridade que deu causa, sem motivação idônea, à não realização da audiência de custódia no prazo legal de vinte e quatro horas. Nos seus termos, o implicado "responderá administrativa, civil e penalmente pela omissão". É de ver que, para a responsabilidade criminal, é imprescindível tipicidade penal, a exemplo da previsão de deixar de comunicar a prisão em flagrante à autoridade judicial (art. 12, Lei nº 13.869/2019).

O § 4º, do ilustrado dispositivo, por sua órbita, cria a figura ambígua da **prisão ilegal tolerável**, instituto incompatível com o dever fundamental constitucional do juiz competente de relaxar imediatamente a prisão ilegal (art. 5º, LXV, CF). O STF, no entanto, ao conferir interpretação conforme a constituição ao art. 310, *caput* e § 4º, do CPP, sufragou posicionamento que permite a prorrogação excepcional do prazo para a realização da audiência de custódia ou para a sua realização

857. NICOLITT, André. *Lei nº 12.403/2011: O novo processo penal cautelar, a prisão e as demais medidas cautelares*. Rio de Janeiro: Elsevier, 2011. p.64.

por videoconferência, mediante justificativa suficiente de sua impossibilidade.[858]

De compasso com o teor daquele enunciado legal (art. 310, § 4º, CPP), "transcorridas 24 (vinte e quatro) horas após o decurso do prazo estabelecido no *caput* deste artigo, a não realização de audiência de custódia sem motivação idônea ensejará também a ilegalidade da prisão, a ser relaxada pela autoridade competente, sem prejuízo da possibilidade de imediata decretação de prisão preventiva".

Vale dizer:

(1) efetivado o flagrante, contam-se **vinte e quatro horas**. Dentro desse lapso, devem ser efetivadas as comunicações constitucionais e legais, bem como realizada a audiência de custódia;

(2) não realizada a audiência de custódia, haverá situação de ilegalidade precária que, embora possa ensejar responsabilidade administrativa, civil e penal da autoridade causadora da omissão, não é considerada suficiente, pelo legislador, ao relaxamento (prisão ilegal, sem consequência restauradora da liberdade); e

(3) depois de transcorridas vinte e quatro horas após o decurso do prazo do *caput*, isto é, após **quarenta e oito horas** da prisão em flagrante, sem realização da audiência de custódia e sem justificativa idônea, haverá ilegalidade consolidada da prisão e, por conseguinte, deverá ser objeto de relaxamento.

Os atos que compõem a prisão em flagrante são essenciais. Cuida-se de procedimento prisional complexo. A falta de advogado ao indiciado preso ou a omissão da audiência de custódia acarreta desacordo com o modelo descrito no ordenamento jurídico. Consiste em incidência deficiente do enunciado que reza que, havendo prisão, deve ser o paciente

858. STF – Pleno – ADI 6298/DF – Rel. Min. Luiz Fux – 24 ago. 2023.

assistido por advogado, bem como do dispositivo que ordena apresentação, sem demora, do preso ao juiz competente. São vícios que devem constranger o juiz, dogmaticamente, à invalidação da prisão efetivada sem aquelas formalidades legais.

Hélio Tornaghi, abordando a necessidade de comunicação ao juiz competente, descreve possíveis efeitos da prisão ilícita. Conforme seu magistério, "já tendo sido relaxada a prisão pela autoridade policial, o juiz não mais precisará fazê-lo". Contudo, pode decorrer da ilegalidade verificada, "a responsabilidade da autoridade coatora nos casos previstos em lei". E acrescenta que a própria polícia pode tomar providências para apurar crime praticado pelo executor da prisão.[859]

Deveras, a subtração da eficácia do ato prisional ilegal não constitui óbice à aplicação de outras normas jurídicas, a exemplo da incidência de tipos penais delineados na Lei nº 13.869/2019. É, inclusive, possível a decretação, a pedido do Ministério Público, de prisão preventiva do agente que tiver, em seu favor, decisão de relaxamento da prisão em flagrante (art. 310, II, CPP), desde que presentes as condições legais (art. 312, CPP).

27.3.4 Nota de culpa na prisão em flagrante

A nota de culpa é ato procedimental que compõe a prisão em flagrante, como seu elemento acidental. Além da terminologia arcaica (pois não se cogita de formação de culpa antes do trânsito em julgado da sentença penal condenatória), é assim tratada em virtude de não estar disposta na Constituição de 1988 – mas no CPP de 1941. A tal aspecto alia-se o fato de ser a prisão em flagrante cercada de outras cautelas que, em conjunto, conferem efetividade ao direito à ampla defesa do autuado.

Inserida entre as providências comunicativas da prisão em flagrante, a nota de culpa foi alçada, na Constituição de 1824, ao *status* de garantia fundamental. Como explicita Walter

859. TORNAGHI, Hélio. *Compêndio de processo penal*: tomo III. Rio de Janeiro: José Konfino, 1967. p.1220-1221.

Nunes da Silva Júnior, "a Carta Imperial dizia que, quando a prisão em flagrante fosse feita próxima à casa do juiz, caberia a este, ele próprio, expedir nota de culpa à pessoa". O prazo era o mesmo de vinte e quatro horas. À época, "não havia a necessária separação das funções policiais e judiciárias, o que explica dar-se ao juiz a atribuição de expedir a nota de culpa, tarefa que é típica da autoridade policial".[860]

No sistema atual, o preso em flagrante tem direito de ter sua prisão **comunicada imediatamente** ao juiz competente, bem como à sua família ou à pessoa por ele indicada. Com a implementação da estrutura dual acusatória entre juiz das garantias e juiz da instrução, caberá, ao primeiro, ser o destinatário da comunicação aludida, com o recebimento do auto de prisão em flagrante (arts. 3º-A; 3º-B, II, CPP)[861]. Ao preso, é assegurada informação sobre seus direitos, a exemplo do direito ao silêncio, garantindo-lhe assistência da família e de advogado.

Ademais, será devida a identificação dos responsáveis pela prisão ou pelo interrogatório na fase investigativa à pessoa presa. Tais direitos, expressos nos incisos LXII, LXIII e LXIV, do art. 5º, da Constituição de 1988, são complementados pelo Pacto de são José da Costa Rica que, em seu artigo 7, item "5", assegura o direito do preso a ser apresentado, sem demora, à presença de um juiz (audiência de custódia).

Por sua vez, a previsão legal da audiência de custódia, a ser realizada em vinte e quatro horas da prisão em flagrante, deve cumprir o papel de dar maior eficácia aos direitos individuais da pessoa com a liberdade cerceada (art. 310, *caput*, CPP). No magistério de Dirley da Cunha Júnior, essa percepção é fundamental para conferir à Constituição força ativa, tornando direitos e garantias individuais uma realidade democrática.[862]

---

860. SILVA JÚNIOR, Walter Nunes da. *Curso de direito processual penal*: teoria (constitucional) do processo penal. Rio de Janeiro: Renovar, 2008. p.882.

861. STF – Pleno – ADI 6298/DF – Rel. Min. Luiz Fux – 24 ago. 2023.

862. CUNHA JÚNIOR, Dirley da. *Curso de direito constitucional*. 9. ed. Salvador: Juspodivm, 2008. p.49.

Como se depreende, diante do leque de garantias que visam, conjuntamente, a coibir abusos quando da efetivação de prisões, plausível classificar a nota de culpa, afeta à prisão em flagrante, como acidental, cuja consequência invalidadora do ato prisional só terá lugar quando diminuída a eficácia de direitos individuais ou garantias fundamentais correlatas ao dever comunicativo atribuído às autoridades públicas.

Sem embargo, importante sublinhar que nem sempre a nota de culpa foi tida como ato procedimental acidental da prisão em flagrante.

Deveras, o art. 141, § 25, da Constituição de 1946, previa a necessidade de entrega da nota de culpa, como inerente à garantia da plena defesa do acusado. Seu texto era expresso ao assegurar a todos os imputados a "plena defesa, com todos os meios e recursos essenciais a ela, desde a nota de culpa, que, assinada pela autoridade competente, com os nomes do acusador e das testemunhas", deveria ser entregue ao preso em vinte e quatro horas.

Sendo acidental a atipicidade consistente na falta de entrega ou no vício sobre a nota de culpa, a nulidade decorrente do desacordo com o § 2º, do art. 306, do CPP, classifica-se como relativa, devendo o juiz especificar o elemento acidental afetado e, se o caso, fundamentar a existência de prejuízo para o direito de defesa do conduzido em flagrante. Como se depreende, tutela-se o autuado.

Consoante aduzem Luiz Orlando e Cyrdemia Botto, "o auto de prisão em flagrante deve ser lavrado em tempo de poder ser dada a nota de culpa, ao preso, dentro de vinte e quatro horas contadas da prisão". Quanto à deficiência da aludida nota, interessa ao imputado defender-se "em função das irrogações contidas na peça flagratória, que não é integrada pela nota de culpa". Ademais, os vícios do flagrante, de um modo geral, são tidos como incapazes de macular o processo penal, regido que é pela sistemática das nulidades, a teor do CPP.[863]

863. ORLANDO, Luiz Antonio; BOTTO, Cyrdemia da Gama. *Das nulidades no processo penal*. São Paulo: APMP, 1992. p.371-372.

É de ver que a nota de culpa somente não integra o flagrante quando este é visto sob a perspectiva de **ato**, com restrição semântica de seu conceito. Se compreendido como **procedimento**, a sintática estrutural do flagrante constituirá um encadeamento de atos consecutivos e, nesse passo, a nota de culpa o integrará, enquanto elemento de menor essencialidade.

Conclusão semelhante foi dada por Ada Pellegrini Grinover, Antonio Scarance Fernandes e Antonio Magalhães Gomes Filho. Explicam que a nota de culpa é o documento que noticia as razões da custódia, o nome da autoridade que a ordenou, bem como os nomes do condutor e das testemunhas. Tem o fito de possibilitar a constatação da legalidade do cerceio à liberdade. A exigência da nota de culpa opõe obstáculo aos abusos que eventualmente possam ser perpetrados pelos órgãos policiais. Entrementes, "sua inexistência ou irregularidade (como, por exemplo, a falta de menção do motivo da prisão) não acarreta nulidade absoluta do auto de flagrante, dependendo a invalidação de demonstração do prejuízo".[864]

Para esclarecer essa noção de "prejuízo", colhe-se em Vicente de Azevedo a ponderação de que, "em rigor, não haveria necessidade de declarar, na lei, que, onde não há prejuízo não há nulidade. Está implícito, é da lógica e do bom senso, que se nenhum dano causou a omissão ou a irregularidade, não há razão para declarar nulo o ato". Aliás, sendo a nulidade sempre um mal, cabe ao juiz evitá-lo.[865]

27.4 Prisão preventiva

Consiste em prisão provisória cautelar (art. 312, CPP), que exige plausibilidade e urgência. Deve ser fundamentada na tríplice regência <hipóteses de urgência, pressupostos de

864. GRINOVER, Ada Pellegrini; GOMES FILHO, Antonio Magalhães; FERNANDES, Antonio Scarance. *As nulidades no processo penal*. 12. ed. São Paulo: RT, 2011. p.271.

865. AZEVEDO, Vicente de Paulo Vicente de. Nulidades no processo penal. *Revista Forense comemorativa – 100 anos*, tomo VII [direito processual penal], Afrânio Silva Jardim (org.), Rio de Janeiro: Forense, p.114, 2006.

plausibilidade e condição de proximidade>. Seus contornos merecem exegese estrita, considerando que se cuida da medida prisional provisória de predileção do legislador, com amplo leque temporal de imposição.

Nesse passo, o art. 311 do CPP, verbera que, em qualquer fase da investigação policial ou do processo penal, caberá a prisão preventiva decretada pelo juiz, a requerimento do Ministério Público, do querelante ou do assistente, ou por representação da autoridade policial.

27.4.1 Limites à decretação da prisão preventiva

A preventiva se submete a limites rigorosos (arts. 313; 314). Não deve ser banalizada e depende de fundamentação consistente (art. 315, CPP). Sequer pode ser substituída por **prisão domiciliar**, se ausentes as condições legais (arts. 317; 318, CPP).

27.4.1.1 Requisitos alternativos da prisão preventiva (hipóteses)

Os **requisitos alternativos**, identificados como **hipóteses**, constituem o primeiro estágio de constatação de *periculum libertatis*. Nesse âmbito, a prisão preventiva poderá ser decretada:

(1) como **garantia da ordem pública**: é expressão demasiadamente aberta. Levada às últimas consequências, seria toda ofensa ou ameaça de lesão ao direito positivo. Tal amplitude seria inconcebível. Esse espaço difuso de interpretação finda por alargar o poder discricionário e o subjetivismo na sua decretação. Como limite, veda-se a prisão preventiva com base em suposições, conjecturas ou com o único argumento de ser o crime grave ou periculoso o agente; **ou**

(2) como **garantia da ordem econômica**: hipótese instituída para dissipar dúvida sobre o cabimento de

prisão preventiva em crimes que envolvam aspectos financeiros, econômicos ou tributários. A vaguidade da expressão cria problema semelhante ao anterior, ampliando o poder de arbítrio do juiz; **ou**

(3) por **conveniência da instrução criminal**: o vocábulo conveniência é pouco apropriado para restringir a contingência ou o poder de arbítrio estatal. No entanto, é parâmetro menos problemático que os vistos acima. O risco reportado pela semântica da expressão deve recair sobre a prova, por atos tendentes a destruí-la ou a obstruir sua produção, tal como a ação de causar a morte de uma testemunha ou de destruir documentos; **ou**

(4) para **assegurar a aplicação da lei penal**: esse cânone atende melhor aos requisitos da cautelaridade. A finalidade deve ser a de evitar que a sentença final seja inutilmente dada, embora a simples existência do processo penal já se revele como autêntica punição, pelo que a condenação representa, em si, um exaurimento do *streptus judicii*. A verificação de fuga do réu, que não deve ser presumida, é uma das justificativas para o decreto da custódia preventiva com fundamento nessa hipótese.

27.4.1.2 Requisitos cumulativos da prisão preventiva (pressupostos)

Os **requisitos cumulativos** podem ser denominados de **pressupostos**. São constitutivos de *fumus comissi delicti*. Para a decretação da prisão preventiva, é preciso, conjuntamente, a presença de:

(1) **prova da existência do crime**, ou seja, é necessário elemento que se acomode ao conceito de prova do art. 155, CPP, notadamente a prova técnica pericial relacionada à **materialidade** da infração penal. Na

dicção de Roque de Brito Alves, "em matéria criminal, 'prova' é sinônima de 'certeza' geradora de convicção do julgador sobre o fato criminoso, em todos os seus elementos". Rigorosamente, prova-se a afirmativa formulada sobre a existência do fato[866]. Daí que não é permitida prisão preventiva fundada em meros indícios de materialidade ou em presunções de sua ocorrência, sendo indispensável evidência da infração penal; **e**

(2) de **indício suficiente de autoria**: relativamente a esse aspecto, o dispositivo é menos exigente, eis que usa o substantivo em seu singular. O indício pode ser único, porém é preciso seja um indicador de autoria que atenda ao padrão probatório do teor do art. 312, do CPP. Há um campo indeterminado no ato de concluir que o elemento empírico de autoria ou de participação é bastante, o que não se coaduna com os pilares democráticos.

27.4.1.3 Requisito estrutural de controle (condição)

O **requisito estrutural de controle** da prisão preventiva pode ser denominado de **condição.** Representa elemento híbrido, com conteúdo probatório (*fumus comissi delicti*) e temporal (proximidade, contemporaneidade e atualidade). Cuida-se do segundo estágio de certificação do *periculum libertatis*. Na parte final do art. 312, do CPP, após elencar os requisitos cumulativos (pressupostos), o legislador impõe, como condição à decretação da prisão preventiva, o **perigo gerado pelo estado de liberdade do imputado**. Daí ser necessário distinguir:

(1) embora **perigo** seja vocábulo aberto, com considerável vaguidade e permeável a manipulações, é possível estabelecer que ele deve ser situação mais grave

866. ALVES, Roque de Brito. *Dos indícios no processo penal*. Rio de Janeiro: Forense, 2003. p.195.

que o risco, eis que este pode ser definido como perigo do perigo e, portanto, dotado de maior abstração;

(2) é indispensável relacionar o perigo ao estado de liberdade do agente, isto é, deve ser comprovado **nexo causal** depreendido da palavra **gerado**. Desse modo, é proibida prisão preventiva arrimada em conjecturas acerca do perigo. Caso contrário, incidirá critério similar à ideia de **temibilidade** ou de **periculosidade**, justificação indevida de medidas prévias de contenção, antes mesmo da ocorrência do fato.

27.4.2 Iniciativa à prisão preventiva

É vedada a decretação de prisão preventiva pelo juiz sem provocação de um legitimado por lei (*ne procedat iudex ex officio*).

Cabe realçar que, no ambiente do sistema acusatório (art. 3º-A, CPP),[867] é **proibido o agir de ofício do juiz** para:

(1) converter a prisão em flagrante em preventiva (art. 310, inciso II, CPP);

(2) redecretar a prisão preventiva: se expirado o prazo da **revisibilidade nonagesimal**, diante da obrigatoriedade de seu controle a cada noventa dias, é indispensável postulação pela manutenção, renovação ou redecretação da custódia cautelar por parte do legitimado, malgrado a ambiguidade do art. 316, *caput* e parágrafo único, do CPP;

(3) decretar a prisão preventiva, seja na fase investigativa, seja na fase processual.

Em suma, está proscrito, do sistema, o ativismo judicial, máxime para fins de decreto de prisão provisória, independentemente de já existir processo penal condenatório instaurado.

867. STF – Pleno – ADI 6298/DF – Rel. Min. Luiz Fux – 24 ago. 2023.

27.4.3 Mandado de prisão preventiva

O mandado de prisão é providência indispensável à perfeição da imposição da preventiva, tal como se dá com a prisão temporária, cabível exclusivamente no curso do inquérito policial. Apesar de poder ser efetivada a prisão sem que o mandado esteja em mãos do agente público, é viciada em elemento essencial a que for realizada com base apenas na decisão do juiz. A declaração de que se trata de **decisão com força de mandado**, não supre a sua emissão e o seu registro, na forma do art. 289-A, do CPP.

O mandado de prisão é, portanto, o ato de certificação necessário à licitude da prisão preventiva, com requisitos que, além de atenderem a pretensões formais, visam a conferir segurança e autenticidade a um ato que implica grave restrição a direito fundamental. Como consiste em elemento essencial da prisão preventiva, o vício sobre ele se classifica como **nulidade absoluta**, devendo lhe corresponder a invalidação de seus efeitos, com o seu relaxamento.

Se o mandado de prisão for expedido no interregno entre a deliberação com a cláusula ilícita da "decisão com força de mandado" e o seu cumprimento, a nulidade absoluta recairá exclusivamente sobre aquela cláusula (nulidade parcial), não contaminando a prisão que, quando efetivada, já contava com a existência do mandado na forma preconizada pelo CPP.

27.5 Prisão temporária

Muito se escreve sobre a prisão temporária, alertando para sua incompatibilidade com a Constituição:

(1) formalmente, a Lei nº 7.960/1989 foi fruto de conversão de medida provisória, procedimento de duvidosa constitucionalidade em matéria penal;

(2) materialmente, a dicção do art. 1º, daquele diploma legal, é demasiadamente aberta e ambígua na

demarcação dos requisitos dessa medida cautelar prisional.

27.5.1 Limites à decretação da prisão temporária

O cabimento da prisão temporária gira em torno da conjugação dos incisos I, II e III, do aludido enunciado legal. Malgrado a imprecisão semântica, tem sido dito que é sempre necessário que o crime, objeto de inquérito policial, esteja elencado no inciso III, do art. 1º, da Lei nº 7.960/1989, acrescido, alternativamente, por um dos outros dois incisos.

De tal modo, será admissível, em tese, a decretação da prisão temporária:

(1) quando houver fundadas razões, de acordo com qualquer prova admitida na legislação penal, de autoria ou participação do indiciado nos crimes relacionados nas alíneas de "a" a "p" (inciso III); **e**

(2) quando imprescindível para as investigações do inquérito policial (inciso I); **ou**

(3) quando o indiciado não tiver residência fixa ou não fornecer elementos necessários ao esclarecimento de sua identidade (inciso II).

O aspecto delitivo do inciso III consiste no *fumus comissi deliti* para a imposição da medida prisional temporária.

De outro lado, o *periculum libertatis* deve ser justificado por um dos dois outros aspectos (inciso I ou II).

O perigo gerado pelo estado de liberdade do indiciado deve ser fundamentado pela necessidade do **inquérito policial**; ou, pela falta de residência fixa ou de esclarecimentos acerca de sua identidade.

A Lei nº 7.960/1989 fala, especificamente, em inquérito policial (art. 1º, I), bem como em **indiciado** (art. 1º, II), institutos que não são assimiláveis às demais investigações. Logo, prisão temporária, se aplicada, só o deve ser se em curso inquérito conduzido por delegado de polícia.

Walter Nunes da Silva Júnior analisa o sentido do requisito "fundadas razões de autoria ou participação do indiciado". O jurista explica que "o legislador utilizou a expressão indicado" com o significado de "pessoa a quem tenha sido, no inquérito policial, imputada a prática de ilícito". Não seria admitida, sob esse prisma, "uma interpretação literal", com o entendimento de condicionar decretação da temporária à indispensabilidade de "prévio indiciamento da pessoa".[868]

Apesar desse prestigioso escólio, cabe ponderar que a prisão temporária é instituto de marcas autoritárias e de parca densidade constitucional. Por essa razão, a exegese deve ser a mais estrita possível. Melhor será exigir o estado formal de indiciado nos termos do § 6º, do art. 2º, da Lei nº 12.830/2013. Em acréscimo, diante da ambiguidade da cumulatividade ou da alternatividade dos requisitos do art. 1º, da Lei nº 7.960/1989, mais adequado à Lei Maior, entender pela indispensabilidade cumulativa de todas as condições legais.

Aliás, como a prisão provisória deve ser excepcional (*ultima ratio*), o uso da medida temporária não deve ser fomentado, mormente diante de outra custódia cautelar menos gravosa, conquanto também dependente de interpretação conforme a Constituição, que é a prisão preventiva (art. 312, CPP).

Exercendo controle de constitucionalidade, o STF condicionou a prisão temporária a requisitos mais explícitos, cumulativos, embora já fossem inferidos do sistema por amplo setor doutrinário e pelo cotejo de dispositivos sufragados no direito positivo:

(1) a aplicação do art. 1º, da Lei nº 7.960/1989 não deve equiparar a custódia temporária à prisão para

868. SILVA JÚNIOR, Walter Nunes da. *Curso de direito processual penal*: teoria (constitucional) do processo penal. 3. ed. Natal: OWL, 2021. p.652.

averiguações, vedada violação ao direito à não autoincriminação;

(2) são indispensáveis elementos concretos para fazer incidir o inciso I, do citado dispositivo legal, eis que a indispensabilidade da prisão temporária, para o inquérito policial (*periculum libertatis*), não pode ficar vincada em meras conjecturas;

(3) a prisão temporária não se pode fundar, isoladamente, no motivo do indiciado não possuir residência fixa (art. 1º, II, Lei 7.960/1989);

(4) são indeclináveis fundadas razões de autoria e de participação nos delitos do rol do inciso III, do art. 1º, da Lei nº 7.960/1989: para tanto, além de base empírica indicativa do cometimento da infração penal (elementos de informação suficientes), foi declarada a proibição do uso de analogia e de interpretação com aquela finalidade;

(5) a justificativa da prisão temporária deve se arrimar em fatos novos ou contemporâneos ao objeto das investigações;

(6) a cautelar temporária deve se adequar ao art. 282, inciso II, do CPP, isto é, a prisão temporária exige juízo de proporcionalidade, norteado pela sua aderência à gravidade do crime, circunstâncias do fato e condições pessoais do indiciado ou acusado;

(7) por ser providência extrema, não deve ser imposta a prisão temporária se for cabível medida alternativa, diversa da prisão (art. 319, CPP).[869]

---

869. STF – Pleno – ADI 3360 – ADI 4109 – Rel. Min. Cármen Lúcia – Rel. p/ Acórdão Min. Gilmar Mendes – julgado em: 11 fev. 2022.

27.5.2 Execução da prisão temporária

A decisão que decreta a prisão temporária não é executável por si só. O mandado, além de formalidade legal, é garantia contra equívocos e supre o fato de não ser do juiz a atribuição de dar fé aos atos judiciais. Trata-se de elemento essencial, razão pela qual a prisão cumprida sem sua expedição é eivada de nulidade absoluta, porquanto não tem o juiz a intitulada **fé de ofício**. Não é sem razão que o mandado prisional deve ser subscrito não só pelo juiz, mas também autenticado por quem o lavrou e pelo escrivão ou diretor de secretaria.

O § 5º, do art. 2º, da Lei nº 7.960/1989, aviva que "a prisão somente poderá ser executada depois da expedição de mandado judicial". Note-se que a prisão pode ser cumprida sem que o mandado esteja em mãos do executor, mas não o pode se não tiver sido ele emitido.

Decisão judicial prisional com **cláusula de força de mandado** é burla à formalidade essencial estabelecida em lei. Falta-lhe autenticidade consistente na fé pública que é outorgada pelos funcionários que fazem cumprir, por intermédio de seu ofício, as ordens judiciais.

Caso seja a prisão ordenada e cumprida dessa maneira, a solução é a emissão de norma reconhecedora de nulidade absoluta e, seguidamente, de norma desconstitutiva do ato que assim a determinou. Se a prisão já tiver sido efetivada sem mandado, deve-se seguir seu relaxamento, por ilegalidade.

Por outro lado, se o inquérito policial tiver sido concluído, o mandado deve ser devolvido, com ou sem emissão de **contramandado de prisão**. Não é desnecessário frisar, com Aury Lopes Júnior: "não cabe prisão temporária (ou sua permanência) quando já tiver sido concluído o inquérito policial".[870]

870. LOPES JR, Aury. *Direito processual penal*. 16. ed. São Paulo: Saraiva, 2019. p.680.

27.5.3 Nota de culpa na prisão temporária

As cautelas de comunicação da prisão em flagrante são recomendadas para as demais espécies de prisão. No que toca à prisão temporária, a Lei nº 7.960/1989 faz alusão expressa à necessidade de entrega ao preso de uma das vias do mandado de prisão que, a seu turno, terá o valor de nota de culpa. Vale frisar, que a **prisão temporária** é medida decretada judicialmente, porém durante o curso do inquérito policial, em procedimento apartado.

Nos termos do § 4°, do art. 2º, da Lei nº 7.960/1989, uma vez "decretada a prisão temporária, expedir-se-á mandado de prisão, em duas vias, uma das quais será entregue ao indiciado e servirá como nota de culpa".

Como não há aqui um processo penal condenatório formalmente instaurado, a falta ou vício do mandado que tem o valor jurídico de nota de culpa é, *a priori*, classificado como ato ou elemento acidental, com a aplicação dos mesmos argumentos relativos à ausência ou defeito da nota de culpa que deve ser entregue ao preso em flagrante.

Por outro lado, considera-se a necessidade das comunicações constitucionais, bem como a previsão de realização da audiência de custódia em favor de toda pessoa presa. Tais medidas integram a essencialidade do ato constritivo.

27.6 Uso de algemas

O enunciado nº 11, da Súmula Vinculante do STF, é base para produção de mais de uma norma jurídica. Sua primeira parte prescreve o ato procedimental relativo ao uso de algemas. Esse ato deve, depois de realizado, ser documentado, justificadamente. O seu teor preconiza que "só é lícito o uso de algemas em casos de resistência e de fundado receio de fuga ou de perigo à integridade física própria ou alheia, por parte do preso ou de terceiros, justificada a excepcionalidade por escrito".

A parte inicial do enunciado é o **programa** ou norma jurídica antecedente (prótase). Refere-se aos elementos que revestem a tipicidade do ato limitativo da liberdade. O segundo trecho, do verbete da Súmula, relata ameaça de "responsabilidade disciplinar, civil e penal do agente ou da autoridade e de nulidade da prisão ou do ato processual a que se refere, sem prejuízo da responsabilidade civil do Estado".

A declaração das medidas cabíveis (apódose normativa ou norma jurídica consequente) deve ser lida de modo relacional (**programada**):

(1) diante do uso de algemas em desconformidade com o estatuído na Súmula Vinculante, deve ser aplicada a sanção prevista no ordenamento jurídico;

(2) as providências para a imposição das penas devem ser levadas a cabo pelos funcionários dotados desse dever jurídico. A descrição dessa norma, de natureza secundária (consecutiva), representa a bivalência da **perinorma**, descrita por Carlos Cossio. Em sua primeira parte, descreve a situação coexistencial ilícita (*entuerto*). A segunda relata o que é devido pelo órgão do estado (providência lícita decorrente de um dever jurídico).[871]

O enunciado nº 11, da Súmula Vinculante, do STF, é um **tipo híbrido**, eis que prevê a conduta devida de um lado (hipótese) e, de outro, estabelece a resposta, consequencial (tese). O controle do ato procedimental é de ser feito a partir da fundamentação do uso das algemas, a fim de se certificar que não houve excesso ou violação à proporcionalidade.

A norma jurídica permissiva do uso de algemas tem base enunciativa fragmentária que atende a critério teleológico. Ao lado de disposições regulamentares de natureza não legislativa, dois textos legais são de referência obrigatória:

---

871. COSSIO, Carlos. *La teoría egológica del derecho y el concepto jurídico de libertad*. 2. ed. Buenos Aires: Abeledo-Perrot, 1964. p.194-195; 464-465; 668-669.

(1) a Lei nº 13.060/2014 que traça as disposições sobre instrumentos de menor potencial ofensivo (não letais). No seu art. 2º, estabelece o dever dos órgãos de segurança pública de cuidar para que o uso de objetos desse gênero obedeçam aos princípios da legalidade, da necessidade, da razoabilidade e da proporcionalidade;

(2) o Código de Processo Penal Militar, que giza expressamente, na primeira parte do § 1º, do seu art. 234, que "o emprego de algemas deve ser evitado, desde que não haja perigo de fuga ou de agressão da parte do preso". Essa disposição guarda compatibilidade com o aludido enunciado da Súmula Vinculante.

Os textos legais servirão como ponto de partida para a norma jurídica individual e concreta do uso de algemas. Além deles, o Decreto nº 8.858/2016 regulamenta o art. 199, da Lei nº 7.210/1984 (LEP), cumprindo a previsão de disciplinar a matéria. Dentre as diretrizes entabuladas naquele documento normativo, estão:

(1) a promoção da dignidade da pessoa humana;

(2) a proibição de tratamento desumano e degradante (*degradation cerimonies*);

(3) a imposição de medidas não privativas de liberdade para mulheres infratoras (Regras de Bangkok);

(4) o tratamento humanitário dos presos e, em especial, das mulheres em condição de vulnerabilidade.

Nesse diapasão, o CPP dispõe ser vedado "o uso de algemas em mulheres grávidas durante os atos médico-hospitalares preparatórios para a realização do parto e durante o trabalho de parto, bem como em mulheres durante o período de puerpério imediato" (art. 292, parágrafo único). Essa vedação foi regulamentada explicitamente, fazendo-se inserir baliza de controle contra abusos no emprego de algemas, compreendidos nessa órbita o uso de força, os grilhões de tornozelo, as pulseiras metálicas (pulseiras de prata), algemas emergenciais (fita algema) ou outros utensílios não letais com idêntico propósito de contenção.

Por outro prisma, o art. 292, *caput*, do CPP, averba que "se houver, ainda que por parte de terceiros, resistência à prisão em flagrante ou à determinada por autoridade competente, o executor e as pessoas que o auxiliarem poderão usar dos meios necessários para defender-se ou para vencer a resistência, do que tudo se lavrará auto subscrito também por duas testemunhas".

A aplicação desse cânone deve estar de acordo com o princípio da proporcionalidade (exigibilidade, conformidade e justa medida; ou necessidade, adequação e proporcionalidade em sentido estrito). Em outros termos, é vedado o excesso (**princípio da razoabilidade**).

O vício no uso de algemas, a ser retratado em prova (real, digital ou oral), na fundamentação do ato ou no seu aspecto volitivo, deve ser classificado como nulidade absoluta. Sua descrição deve se reportar à ação ou ao conteúdo do seu emprego indevido (norma jurídica primária).

Seguidamente, a norma jurídica secundária terá contorno que dependerá do momento e da circunstância daquele ato.

Para exemplificar, se o uso de algemas for realizado em descompasso com o verbete nº 11, da Súmula Vinculante, do STF, a norma jurídica consequente, poderá ser:

(1) de decretação de invalidação de julgamento do júri, caso a nulidade absoluta tenha ocorrido em plenário (uso de algemas desnecessário, com prejuízo à imparcialidade do julgamento – arts. 474, § 3º; 478, I, CPP); e

(2) de remessa de cópias ao Ministério Público para responsabilizar o agente que impôs o seu uso abusivo.

A redação sumular, ao falar em "nulidade da prisão ou do ato processual ao qual se refere", passa a cominar expressamente a atipicidade. O reconhecimento da nulidade é cogente, e os seus efeitos decorrem do contexto. Deverá incidir, portanto, invalidação do ato processual.

A prisão em si, com formalização, por exemplo, da efetivação da preventiva, pode não ser inválida. A aplicação de algemas não macula a prisão por ordem escrita do juiz, porquanto tal uso não faz parte do seu conteúdo (semântica) ou do seu procedimento (sintática). Entrementes, caso se refira à prisão em flagrante, haverá ilegalidade que deve ensejar relaxamento por intermédio da estrutura normativa de controle.

Beclaute Oliveira Silva inclui a atividade de produção normativa no que nomina de "subsistema das normas jurídicas *stricto sensu*". A categoria indicada pelo ilustre autor pode ser útil à elucidação do controle das algemas. Nesse percurso, pondera que o juiz deve:

(1) primeiramente, considerar, na escolha dos enunciados proposicionais, as "significações que constituem notas sobre o evento ou relatos linguísticos acerca do evento (o fato): antecedente da norma primária";

(2) em segundo lugar, selecionar as "significações que constituem notas sobre a relação entre alguém perante outrem (ambos distintos), implicando uma conduta devida: consequente da norma primária";

(3) seguidamente, aferir "as significações que indicam o descumprimento da conduta devida: antecedente da norma secundária"; e

(4) por último, arrolar as "significações que indicam a atuação do Estado impondo uma sanção ao descumprimento da conduta prevista: consequente da norma secundária".[872]

872. SILVA, Beclaute Oliveira. *A garantia fundamental à motivação da decisão judicial.* Salvador: Juspodivm, 2007. p.96.

27.7 Prisão do advogado

A prisão em flagrante deve ser cercada de cautelas comunicativas que objetivam evitar abuso de autoridade. Ao lado do **interrogatório de garantia**, conhecido como **audiência de custódia** ou **audiência de justificação** (art. 310, *caput*, CPP), outras providências são indeclináveis, notadamente aquelas decorrentes da atividade funcional da pessoa autuada. Caso contrário, a prisão deverá ser considerada ilegal.

É o que se dá com a prisão de advogado que tenha ocorrido por motivo ligado ao exercício do seu mister. A sua prisão em flagrante deve ser comunicada expressamente à OAB, elemento essencial do ato processual cerceador da liberdade (art. 7º, IV, Lei nº 8.906/1994). Não é necessária a efetiva presença do representante do órgão, embora deva ser oportunizada, fazendo constar a documentação comprobatória do atendimento à dicção legal.

Desacatado esse programa normativo, haverá nulidade absoluta da prisão em flagrante, sendo imprescindível sua invalidação (**relaxamento** – art. 310, I, CPP). A incidência deve ser estruturada com a descrição da norma primária que reconhece o vício e declara sua categoria de nulidade, bem como com a formulação da norma secundária implicada, que determina a constituição da invalidação dos efeitos prisionais, sob o invólucro de relaxamento.

27.8 Vedação da prisão cautelar como antecipação de pena

É inconstitucional a execução provisória de pena. Apenas se permite, *favor rei*, a incidência de direitos do apenado ao preso provisório. Por outro lado, o princípio da presunção de não culpabilidade não é incompatível com a prisão de natureza cautelar.

No entanto, quando a prisão processual, cautelar, assume contornos exclusivos de antecipação de pena, sem acatamento ao princípio da proporcionalidade, notadamente ao subprincípio da justa medida (proporcionalidade em sentido estrito), o decreto prisional restará eivado de ilegalidade.

É a hipótese que Rodrigo Ferro adverte como "mau uso das prisões preventivas, esvaziando, assim, sua função original de cautela, dando a ela, pois, o colorido de prisão antecipada".[873]

O CPP prevê que a prisão provisória não pode ter natureza de antecipação de pena. Em conformidade com o § 2º, do seu art. 313, "não será admitida a decretação da prisão preventiva com a finalidade de antecipação de cumprimento de pena ou como decorrência imediata de investigação criminal ou da apresentação ou recebimento de denúncia".

Ainda que fundamentado, o mascaramento de situação que não se ajuste à noção de necessidade cautelar da prisão, cria, para o próprio judiciário, o dever de emitir norma jurídica reconhecedora de nulidade absoluta, bem como de outra tendente ao desfazimento dos efeitos da decisão. Concretamente, haverá nova deliberação judicial, com dois enunciados distintos:

(1) o primeiro consistente na declaração do vício (nulidade absoluta por violar elemento essencial do ato processual);

(2) o segundo decretando a invalidação, desconstituindo a primeira decisão (prisional).

A prisão cautelar não deve subsistir sem os seus requisitos próprios, subsumidos nas expressões *fumus comissi delicti* e *periculum libertatis*. Daí que se convola em ilegal a prisão preventiva mantida mesmo após decisão de absolvição, eis que esta descalça a prisão cautelar de seu primeiro pressuposto.

No contexto do direito argentino, não discrepa Julio Maier, ao assentar conclusão análoga. Consoante justifica, tanto a custódia preventiva, quanto as medidas de coerção impostas ao imputado, "em geral, somente podem ter, como objeto, assegurar ou tornar possíveis os fins do processo penal

873. FERRO, Rodrigo Cavalcante. A presunção de inocência como freio às prisões de caráter cautelar: a garantia de liberdade e a excepcionalidade da prisão. In: *Temas criminais em discussão*. Rodrigo Cavalcante Ferro (org.). Recife: Nossa Livraria, 2015. p.43.

– averiguar a verdade e atuar a lei penal – e ser aplicadas na medida da mais estrita necessidade".[874]

27.9 Aplicação a caso concreto

Estão banidas as prisões provisórias decretadas de ofício pelos órgãos judiciais. Ainda que se trate de prisão preventiva decorrente de conversão do flagrante (art. 310, II, CPP), é exigida a provocação do órgão ministerial.

Em caso concreto examinado pelo STF, foi vincada a impossibilidade da decretação *ex officio* de prisão *preventiva* "em juízo ou no curso de investigação penal", bem como "no contexto de audiência de custódia (ou de apresentação), sem que se registre, mesmo na hipótese da *conversão*" (art. 310, II, CPP), "prévia, necessária e indispensável provocação do Ministério Público ou da autoridade policial".

A Corte sublinhou, ademais, que os arts. 282, § 2º, e 311, do CPP, não deferem ao juiz "a possibilidade de ordenar, 'sponte sua', a imposição de prisão preventiva".[875]

O STJ decidiu, mais de uma vez, pela validação de prisão preventiva-conversão (art. 310, CPP), imposta sem a prévia manifestação do *Parquet*, bem como pela ratificação de imposição de medidas cautelares diversas da prisão, sob a condição de concordância posterior do MP.

Nos termos exarados pela Corte Superior:

(1) não se desconhece que "não é mais possível a conversão *ex officio* da prisão em flagrante em preventiva";

(2) todavia, em certos casos, diante da ausência de manifestação do MP antes da conversão da prisão em

874. MAIER, Julio B. J. *Cuestiones fundamentales sobre la libertad del imputado y su situación en el proceso penal*: análisis doctrinario y jurisprudencial. Buenos Aires: LEA, 1980. p.25 (tradução livre).

875. STF – Segunda Turma – HC 188888 –Rel. Min. Celso de Mello – publicado em: 15 dez. 2020; STF – Segunda Turma – HC 194456 AgR – Rel. Min. Gilmar Mendes – publicado em: 26 abr. 2021.

flagrante em preventiva, "é dada a oportunidade de manifestação posterior, por meio de requerimento ou emissão de parecer, o que afasta a ilegalidade da conversão da prisão de ofício";

(3) na hipótese concreta, "a prisão em flagrante foi convertida em prisão preventiva", subsistindo a ausência de pronunciamento do órgão ministerial pela prisão, "o que configura constrangimento ilegal". Decerto, na audiência de custódia, o MP "pugnou pela concessão da liberdade provisória, mediante aplicação de medidas cautelares diversas da prisão".

(4) nesse contexto, o *habeas corpus* foi concedido, "nos termos do parecer ministerial", para "declarar a nulidade da conversão da prisão em flagrante em preventiva, sem prejuízo da possibilidade da decretação de nova prisão preventiva", ou de aplicação de medidas cautelares alternativas à prisão (art. 319, CPP), desde que observadas as disposições gizadas no art. 311 do CPP.[876] A preventiva-conversão, decretada pelo juiz sem prévio pedido do Ministério Público, é causa de nulidade absoluta da prisão. Não deve ser admitido o suprimento, com anuência posterior do *Parquet*, porquanto não há compatibilidade da aplicação de efeito *ex tunc* de convalidação a atos carentes de elementos essenciais que violam garantias individuais fundamentais.

Permitir o contrário arrefece a função pedagógica da nulidade.

Vale dizer, a recusa de controle sobre prisão provisória imposta *ex officio* emite mensagem normativa equivocada à comunidade jurídica, tendente a sugerir ser possível ao juiz converter prisões em flagrante em preventivas para, somente depois, colher a concordância ministerial.

876. STJ – HC 687.351/MG – Sexta Turma – Rel. Min. Antônio Saldanha Palheiro – DJe 19 out. 2021.

27.10 Conclusão e próximo capítulo

Os contornos dogmáticos da prisão consistem em constrangimentos refratários à sua generalização. A prisão deve ser excepcional, *ultima ratio*. Não cabe seu uso para ampliar a degradação provocada pelas investigações.

Nas palavras de Rubens Casara, nessa área, "em que se dá a gestão do poder penal no mundo-da-vida, as tentativas de racionalização desse poder foram substituídas pelo fenômeno da espetacularização, típico da pós-democracia", denominado de "processo penal do espetáculo".[877]

Em sentido contrário ao que se vê no plano midiático, existem alternativas à prisão no sistema processual penal, a exemplo da previsão de medidas cautelares diversas, com sede no art. 319, do CPP. Esse indicativo legal já deveria ser suficiente a negar juridicidade ao uso prisional como forma de ampliação do constrangimento do acusado, especialmente diante da falta de lastro em critério de necessidade. É esse o assunto que será examinado no capítulo a seguir.

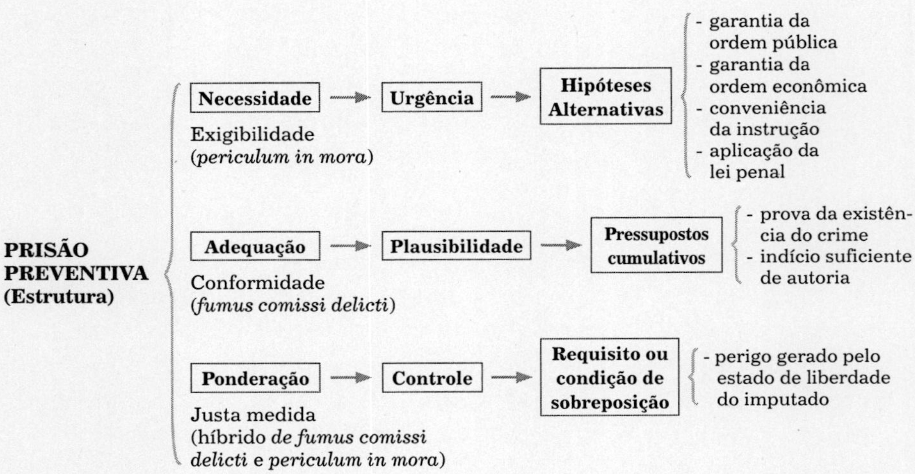

877. CASARA, Rubens R. R. *Estado pós democrático*: neo-obscurantismo e gestão dos indesejáveis. Rio de Janeiro: Civilização Brasileira, 2017. p.75.

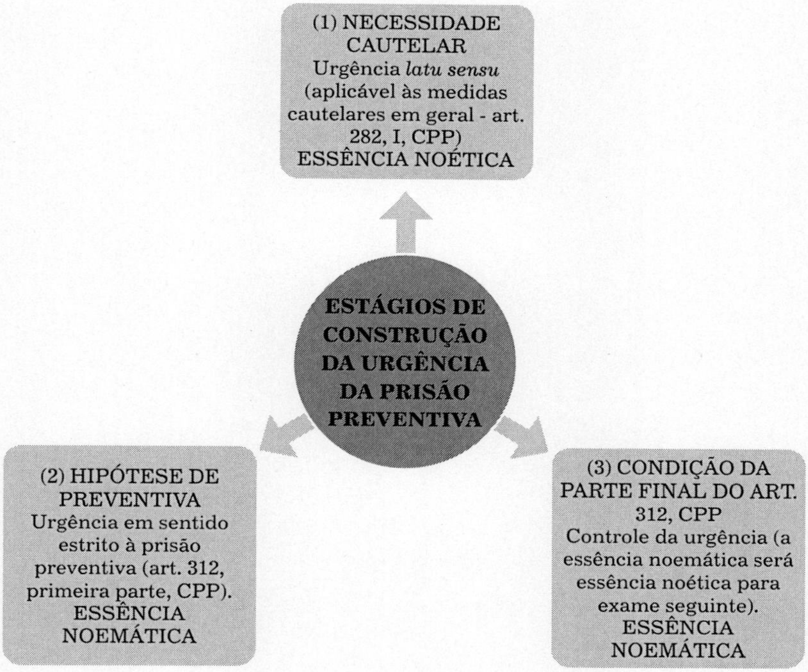
(1) NECESSIDADE CAUTELAR
Urgência *latu sensu* (aplicável às medidas cautelares em geral - art. 282, I, CPP)
ESSÊNCIA NOÉTICA
ESTÁGIOS DE CONSTRUÇÃO DA URGÊNCIA DA PRISÃO PREVENTIVA
(2) HIPÓTESE DE PREVENTIVA
Urgência em sentido estrito à prisão preventiva (art. 312, primeira parte, CPP).
ESSÊNCIA NOEMÁTICA
(3) CONDIÇÃO DA PARTE FINAL DO ART. 312, CPP
Controle da urgência (a essência noemática será essência noética para exame seguinte).
ESSÊNCIA NOEMÁTICA

CAPÍTULO 28

LIBERDADE PROVISÓRIA E FIANÇA

28.1 Cautelaridade e contracautelaridade da liberdade provisória e da fiança

O ponto de vista direciona a inserção da liberdade provisória na categoria geral das medidas cautelares. Sua natureza é, por um lado, cautelar, em virtude de ter a função de vincular o imputado à persecução penal, em grau menor que a prisão. As condições à sua aplicação podem incidir com amplitude mais ou menos extensa.

De outro lado, a liberdade provisória tem viés de **contracautelaridade** quando indica oposição à prisão em flagrante, a partir do preconizado pelo inciso III, do art. 310, do CPP, sendo meio de se alijar a conversão do flagrante em prisão preventiva.

A lição de Sérgio Rebouças vem a esse encontro quando aduz ser a liberdade provisória uma medida de contracautela lidada "à prisão em flagrante licitamente efetuada, em que se põe o preso em liberdade quando ausentes os motivos próprios da preventiva" ou "quando verificada de imediato a provável incidência de causa de exclusão de ilicitude, em todo caso sob o compromisso assumido pelo indivíduo de comparecimento aos atos processuais".[878]

Embora com espectro menor, a fiança anexa à concessão da liberdade provisória tem cariz **cautelar** porque se trata de um modo específico de vincular o investigado ou acusado à persecução penal estatal; e, reversamente, **contracautelar**, eis que se revela como meio menos severo que a providência prisional.

28.2 Liberdade provisória

Encartada na estrutura do juízo cautelar, a liberdade provisória é limitação que deve atender aos parâmetros do art. 282, do CPP. Não deve ser imposta automaticamente pelo só estado de flagrância do autuado e aplicação do art. 310, inciso II, do CPP, ainda que em audiência de custódia. Em poucas palavras, demanda fundamentação específica.

Nesse passo, Matheus Braga frisa a indispensabilidade de controle, ponderando que "o modelo metodológico de decisão cautelar comporta procedimentos gerais no ensejo de conferir racionalidade ao juízo desenvolvido pelo magistrado". A sua estrutura acautelatória "pressupõe uma série de raciocínios escalonados, em que o anterior serve de antecedente lógico do seguinte", realçando daí a relevância da previsibilidade de seu procedimento, com a ordenação de seus "esquemas argumentativos e um método (crono)lógico."[879]

A liberdade provisória pode ser concedida pelo juiz nos termos do art. 310, III, do CPP. É **situação jurídica contracautelar** se compreendida como forma de evitação da prisão. Trata-se de elo que é criado como contraponto ao flagrante.

878. REBOUÇAS, Sérgio. *Curso de direito processual penal*: volume 2. 2. ed. Belo Horizonte: D'Plácido, 2022. p.166.

879. BRAGA, Matheus Andrade. *A decisão cautelar penal*: uma proposta de modelo lógico-racional. Belo Horizonte: D'Plácido, 2022. p.171.

Nas palavras de José Frederico Marques, a liberdade provisória "é, sem dúvida, um dos mais importantes instrumentos que a lei processual contém para assegurar a inviolabilidade da liberdade pessoal do réu, enquanto o processo se desenrola e o procedimento se movimenta".[880]

Será cabível arbitramento de fiança, nos casos em que a liberdade provisória comportar essa caução legal. Alternativamente, pode ser deferida sem imposição de fiança, com ou sem a aplicação de medidas cautelares alternativas à prisão.

Nesse diapasão, a liberdade provisória pode ser, segundo o liame criado:

(1) **com vinculação** (quando atrelada à fiança ou a outras condições legais – arts. 327; 328, CPP); ou

(2) **sem vinculação** (quando deferida sem imposição de qualquer ônus ou dever jurídico ao indiciado ou réu).

É **liberdade provisória vinculada** ao comparecimento obrigatório a todos os atos do processo a que é deferida na forma do § 1º, do art. 310, do CPP. Vale dizer, é cabível quando se verificar, pela leitura do auto de prisão em flagrante, que o agente cometera o delito em situação de excludente de ilicitude.

Terá lugar a concessão de **liberdade provisória não vinculada** na hipótese de crime de trânsito sem vítima fatal e que o condutor tenha lhe prestado socorro integral (art. 301, CTB). Essa modalidade de liberdade provisória equivale à liberdade irrestrita. Não sem razão, Marcellus Polastri Lima sublinha que "o correto é se dizer que a liberdade provisória seja sempre vinculada", eis que tende a subordinar o imputado a imperativos legais, ônus processuais, que o vinculam ao procedimento.[881]

---

880. MARQUES, José Frederico. *Elementos de direito processual penal*: volume IV. 2. ed. Campinas: Millennium, 2003. p.125.

881. LIMA, Marcellus Polastri. *Curso de processo penal*. 8. ed. Brasília: Gazeta Jurídica, 2014. p.770.

Tal consiste a lição clássica de José Frederico Marques, ao explicar que a liberdade provisória tem a função de submeter o aspecto de fato restritivo do processo penal a controle jurisdicional. Na sua dicção, "a liberdade provisória assegura a liberdade pessoal do indiciado ou réu, na *persecutio criminis* ou no processo penal condenatório, mediante restrições e ônus impostos àquele que a obtém". Daí que a sujeição do imputado é a um regime único, de liberdade vinculada.[882]

Outra ótica ainda pode informar o exame da liberdade provisória. Quanto ao seu modal deôntico, ela se triparte em:

(1) **liberdade provisória obrigatória**: no caso de delito de trânsito em que há prestação de socorro pelo agente, além da vedação de prisão em flagrante, a liberdade deve ser, indeclinavelmente, concedida (art. 301, CTB). No escólio de Fernando da Costa Tourinho Filho, também "levando em consideração a minimidade da pena cominada à infração, a liberdade provisória é obrigatória, sem que o indiciado ou réu seja obrigado a prestar fiança ou mesmo se sujeite a qualquer obrigação". O jurista exemplifica com os casos de contravenção penal em que a pena cominada é exclusivamente a de multa.[883] É possível incluir, nessa classe, o delito de uso de drogas, que não contém previsão de pena privativa de liberdade (art. 28, Lei nº 11.343/2006);

(2) **liberdade provisória proibida**: quando a legislação impõe vedação ao juiz. Nesse caso, o Poder Legislativo tende a suplantar o Judiciário. A interferência total de um Poder no outro é inconstitucional, contrariando o sistema de freios e contrapesos (*checks and balances*). Por exemplo, o § 2º, do art. 310, do CPP,

882. MARQUES, José Frederico. *Elementos de direito processual penal*: volume IV. 2. ed. Campinas: Millennium, 2003. p.127.

883. TOURINHO FILHO, Fernando da Costa. *Processo penal*: volume 3. 33. ed. São Paulo: Saraiva, 2011. p.607-608.

dita que o juiz deverá denegar a liberdade provisória, independentemente de sua modalidade, quando verificar que o agente é reincidente ou que integra organização criminosa armada ou milícia, ou que porta arma de fogo de uso restrito. A proibição, porque absoluta, resvala em inconstitucionalidade, pois a deliberação sobre os limites da liberdade é cláusula de reserva jurisdicional;

(3) **liberdade provisória permitida**: no CPP, a regra é que os delitos admitam liberdade provisória. O que é vedado é a fiança, nos casos constitucionais e nas situações mencionadas acima. A liberdade provisória será sempre permitida, em compasso com o preenchimento do programa normativo.

Gustavo Badaró entende que "não há razão em distinguir a liberdade provisória obrigatória da liberdade provisória permitida, como se esta fosse uma faculdade do juiz", em face de não haver "discricionariedade judicial no campo de liberdade". Na esteira do autor, "sempre que presentes os requisitos legais de uma das modalidades de liberdade provisória", surge o dever de concedê-la ao juiz ou à autoridade policial.[884]

A questão oposta pelo ilustre processualista é de ponto de vista:

(1) sob o eixo do **aspecto-cometimento**, no momento em que a autoridade cerra o sentido da norma e o seu destinatário, surge o dever-jurídico referido, diante da aferição das condicionantes legais. Nesse campo de cometimento, pode-se dizer que haverá sempre a liberdade provisória obrigatória ou devida, depois de interpretado o texto legal e fixado seu sentido pelo órgão autêntico;

(2) no entanto, se são confrontadas as classes de liberdade provisória em permitida, obrigatória e vedada,

884. BADARÓ, Gustavo Henrique. *Processo penal*. 3. ed. São Paulo: RT, 2015. p.1042.

com o **aspecto-relato** enunciativo, que é ponto comunicativo de contato entre a autoridade e a norma jurídica que produz, há reflexividade, com viabilidade da tripartição modalizada.

Decerto, o aspecto-relato é dialógico e indica ser possível distinguir os dispositivos legais. Em outros termos, nesse âmbito, é correto subdividir a liberdade provisória, consoante a interpretação prospectiva a ser dada ao enunciado, em devida (obrigatória), vedada (proibida) ou autorizada (permitida).[885]

28.3 Fiança

No direito processual penal, a fiança é instituto que implica a instituição de vínculo do imputado com o inquérito policial ou com o processo penal, mediante depósito de caução, em pecúnia ou em objeto que se possa exprimir em valor monetário.

28.3.1 Classificação da fiança

A fiança se classifica como própria ou imprópria:

(1) **fiança própria** é a que tem como fonte a imposição de prisão em flagrante, sendo disciplinada pelo regime correlato, cautelar, da liberdade provisória (art. 5º, LXIV, CF). Essa relação entre institutos evidencia o nascimento de relação jurídica apta a vincular o acusado ao processo, mediante condições e sanções enlaçadas legalmente;

(2) **fiança imprópria** tem fonte legislativa autônoma e independe de prévia prisão em flagrante. Deve ser aplicada à luz dos arts. 282 e 319, inciso VIII, do CPP.

885. FERRAZ JR, Tercio Sampaio. *Teoria da norma jurídica*: ensaio de pragmática da comunicação normativa. 4. ed. Rio de Janeiro: Forense, 2009. p.51 *et seq.*

Sob outra lente, Gustavo Badaró entende que "no caso de fiança, ou melhor, liberdade provisória mediante fiança, sua natureza foi parcialmente alterada", diante da dupla possibilidade: (1) a primeira, segue sendo possível arbitrar fiança a título de "contracautela da prisão em flagrante (art. 310, *caput*, III)"; (2) a segunda, "a fiança assumiu também a natureza de medida cautelar alternativa à prisão (art. 319, *caput*, VIII), que poderá ser aplicada como medida autônoma".[886]

28.3.2 Fiança própria

A fiança estudada nesse capítulo é a fiança própria, contracautela que se opõe à prisão em flagrante e, portanto, relacionada à liberdade provisória (art. 321, CPP). Liberdade provisória e fiança são institutos que se entrelaçam. Porém, apesar da proximidade, não se confundem.

Vale dizer, é possível deferimento de liberdade provisória, ainda que não seja admitida a concessão da fiança. Por outro lado, se deferida fiança, será instituído regime de liberdade provisória. São consequências jurídicas que têm eixos de conexão, mas se baseiam em condicionantes distintas.

Como lecionam José Herval Sampaio Júnior e Pedro Rodrigues Caldas Neto, a fiança "é providência de cautela, mas, também, de restabelecimento célere do *status libertatis*, pelo que, inclusive, prescinde da prévia ouvida do órgão estatal encarregado de promover a persecução penal em juízo".[887]

O vocábulo fiança tem semântica de confiabilidade, de natureza pessoal. Todavia, o seu sentido é outro no processo penal, de providência caucional. Como regra, os crimes admitem fiança, mas há casos de vedação peremptória da fiança

886. BADARÓ, Gustavo Henrique. *Processo penal*. 3. ed. São Paulo: RT, 2015. p.1027.

887. SAMPAIO JÚNIOR, José Herval; CALDAS NETO, Pedro Rodrigues. *Manual de prisão e soltura sob a ótica constitucional*: doutrina e jurisprudência. 2. ed. São Paulo: Método, 2009. p.398.

(art. 323, CPP), de proibição transitória (impeditivas – art. 324, CPP) e óbices que decorrem da logicidade do sistema.

28.3.2 Vedações à fiança

A **vedação peremptória** ao deferimento de fiança decorre do art. 5º, inciso XLII, da CF. Esse preceito estatui ser a prática do racismo crime inafiançável e imprescritível, sujeito à pena de reclusão, nos termos da lei. A Constituição repudia o terrorismo e o racismo. Trata-se de enunciado que define um dos princípios da República Federativa do Brasil em suas relações internacionais (art. 4º, VIII, CF).

Nesse passo, o art. 323 do CPP dispõe que não será concedida fiança:

(1) nos crimes de racismo;

(2) nos crimes de tortura, tráfico ilícito de entorpecentes e drogas afins, terrorismo e nos definidos como crimes hediondos;

(3) nos crimes cometidos por grupos armados, civis ou militares, contra a ordem constitucional e o estado democrático.

Nesse contexto, por exemplo, é peremptoriamente inafiançável, porque inserida no catálogo dos **crimes hediondos**, a conduta de induzir alguém a suicídio ou a automutilação, por meio da rede de computadores (art. 122, *caput* e § 4º, CP), a teor do inciso X, inserido pela Lei nº 14.811/2024, ao art. 1º, da Lei nº 8.072/1990.

Também inafiançáveis, porque incluídos nesse mesmo regime jurídico, os **crimes equiparados a hediondos** arrolados no parágrafo único, do aludido art. 1º, tal como a infração penal que consta em seu inciso VII (acrescentado pela Lei nº 14.811/2024), que inclui, por exemplo, a conduta descrita no art. 241-B, da Lei nº 8.069/1990, consistente em armazenar vídeo que contenha cena de sexo explícito envolvendo criança ou adolescente, valendo lembrar que não é hediondo o porte ou a posse de arma de fogo de uso permitido com identificação adulterada (Súmula 668, STJ). O regime jurídico processual penal militar (CPPM) não contempla o cabimento de fiança e, nos casos de crimes militares com a mesma identidade típica dos crimes hediondos comuns (art. 1º, VI, inserido à Lei nº 8.072/1990 pela Lei nº 14.688/2023), a inafiançabilidade é expressa.

De outro lado, as **impeditivas da fiança** consubstanciam proibição transitória. De acordo com o art. 324 do CPP, não será igualmente concedida fiança nas seguintes situações:

(1) aos que, no mesmo processo, tiverem quebrado fiança anteriormente concedida ou infringido, sem motivo justo, qualquer das obrigações prescritas ao afiançado (arts. 327; 328, CPP);

(2) em caso de prisão civil ou militar;

(3) quando presentes os motivos que autorizam a decretação da prisão preventiva (art. 312, CPP).

É possível, ainda, relacionar óbices lógicos ao arbitramento da fiança, na esteira de Eugênio Pacelli. Como regra, a fiança é admissível a todos os crimes, à exceção dos casos aludidos de vedações peremptórias (art. 323, CPP) e impeditivas (art. 324, CPP), além dos seguintes obstáculos que decorrem da interpretação do sistema:

(1) quando não for prevista pena privativa de liberdade em abstrato para o delito, eis que não há aderência a juízo de proporcionalidade. Evita-se impor medida cautelar "em processos em que não se chegará a resultados mais gravosos". Consiste em "juízo de ponderação entre a necessidade das cautelares e a efetividade do processo";

(2) nos casos em que "cabível a transação penal, e, ainda, na hipótese de efetiva (proposta e aceita) de suspensão condicional do processo" (arts. 76; 89, Lei nº 9.099/1995);

(3) nas infrações penais culposas, "salvo situação excepcional, em que seja possível a aplicação da pena privativa da liberdade ao final do processo, em razão das condições pessoais do agente".[888]

28.3.3 Modalidades de fiança

A fiança é garantia real, que pode ser prestada pelo **imputado** ou por **terceira pessoa**, por intermédio de diversas formas e com o objetivo de vincular o indiciado ou acusado a obrigações (arts. 327; 328, CPP).

Em consonância com o art. 330, *caput*, do CPP, a fiança será sempre definitiva e consistirá em **depósito** de dinheiro, pedras, objetos ou metais preciosos, títulos da dívida pública, federal, estadual ou municipal, ou em **hipoteca** inscrita em primeiro lugar.

28.3.4 Objetivos da fiança

O valor dado em fiança tem o propósito de reforçar o vínculo do réu com o processo para que cumpra seus deveres, mormente os de arcar com as custas processuais, a indenização do dano causado pelo delito, a prestação pecuniária e a multa. Em caso que envolver violência doméstica, o *quantum* afiançado, se sobejar àquelas despesas, pode ser destinado ao ressarcimento dos custos suportados pelo Sistema Único de Saúde – SUS (art. 9º, § 4º, inserido à Lei Maria da Penha pela Lei nº 13.871/2019). A efetiva satisfação de quaisquer desses créditos fica condicionada à condenação do réu por sentença transitada em julgado, mesmo que depois de consumada a prescrição da pretensão executória, a teor do art. 336, parágrafo único, do CPP (não subsiste se incidir prescrição da pretensão punitiva ou da ação!).

---

888. PACELLI, Eugênio. *Curso de processo penal*. 18. ed. São Paulo: Atlas, 2014. p.591.

Em outros termos, a prescrição da pretensão executória não constitui óbice à satisfação dos créditos constituídos definitivamente a partir do trânsito em julgado da condenação, com o valor prestado a título de fiança.

Como aviva Damásio de Jesus, "vindo o condenado a ser favorecido pela prescrição superveniente à sentença condenatória" (art. 110, § 1º, CP), "forma de prescrição da pretensão punitiva" (art. 109, CP), "ainda assim a fiança satisfará as custas e ficará à disposição para efeito de reparação do dano" (art. 64, CPP).[889]

28.3.5 Arbitramento da fiança

A fiança tem parâmetros de valores fixados no art. 325, do CPP, com diretrizes para arbitramento, proibitivas de excesso (art. 326, CPP). De compasso com o CPP, os limites do valor da fiança se reportam à atribuição da autoridade para estabelecê-la (art. 325, I, II, CPP):

(1) será fixado o *quantum* pela autoridade policial de um a cem salários-mínimos, para fatos tipificados como delitos cujas penas, isolada ou cumulativamente, não excedam ao patamar máximo abstrato de quatro anos de privação de liberdade;

(2) o valor deverá ser arbitrado pelo juiz, entre dez e duzentos salários-mínimos, para os casos de pena abstrata máxima superior a quatro anos, de forma cumulada ou isolada.

A determinação de prestação de valor a menor ou a maior, a título de fiança, deve receber exegese restrita. Somente ao juiz deve ser deferida a competência para dispensar a fiança (art. 350, CPP), reduzir em até dois terços ou aumentá-la em

889. JESUS, Damásio E. de. *Código de processo penal anotado*. 10. ed. São Paulo: Saraiva, 1993. p.213.

até mil vezes, tomando-se em consideração a situação econômica do imputado (art. 325, § 1º, I a III, CPP).

Por outro lado, se o delegado de polícia se exceder no seu mister ou deixar de arbitrá-la quando devido, caberá ao interessado provocar o juiz competente, por petição. Não há que se falar, portanto, em recurso contra a decisão da autoridade policial em torno da fiança, haja vista que aquele é admitido, no sentido estrito, da decisão de natureza judicial (art. 581, V, CPP).

Decerto, na senda exposta por Julio Fabbrini Mirabete, "nas hipóteses em que a autoridade policial não pode arbitrar fiança", ela deverá ser requerida ao juiz em quarenta e oito horas, como dispõe o art. 322, parágrafo único, do CPP. Contra a decisão judicial, caberá recurso em sentido estrito (art. 581, V, CPP), cujo rito poderá permitir ao relator, no juízo *ad quem*, concedê-la.[890]

O ordenamento jurídico, contudo, recorta, em determinadas situações, a atribuição do delegado de polícia, tal como nos casos decorrentes de aplicação judicial de medida cautelar de proteção em face de violência doméstica. Nos termos do § 2º, do art. 24-A, da Lei nº 11.340/2006, em se tratando de prisão em flagrante por crime de descumprimento de **decisão judicial** que defere medida protetiva de urgência, "apenas a autoridade judicial poderá conceder fiança". Cuida-se de incidência de **reserva jurisdicional** que se relaciona com matéria sufragada na Lei Maria da Penha, limitadamente ao crime de descumprimento de decisão que defere medidas protetivas de urgência previstas naquele diploma legal.

28.3.6 Deveres do afiançado

Os deveres do afiançado colimam instituir um liame mais forte entre o imputado e a persecução penal. Como ensina Guilherme Madeira Dezem, "embora muitos qualifiquem como obrigações, o mais técnico é pensar como deveres. Isto

---

890. MIRABETE, Julio Fabbrini. *Processo penal.* 14. ed. São Paulo: Atlas, 2003. p.417-418.

porque obrigações, quando descumpridas, geram o dever de indenizar e o dever não. O dever quando violado, pode gerar outro tipo de sanção".[891]

O acusado, ainda que afiançado, não tem o dever de colaborar com o processo que pode resultar em sua condenação. Todavia, a ele é vedado atuar agressivamente contra o aparato estatal, opondo obstruções ou burlando a prova a ser produzida. Os deveres do afiançado não devem colidir com o direito à ampla defesa.

Nessa perspectiva, seria possível entender que há uma **antinomia parcial** quando o CPP impõe a aceitação ao indiciado ou réu, como condição à subsistência da fiança, do dever jurídico de comparecimento aos atos do inquérito, do processo e do julgamento. No entanto, a previsão é justificada sob a ótica de que a providência seria acautelatória, de reforço do vínculo para a garantia da efetividade da jurisdição. Vale dizer, o legislador dá com uma mão e tira com a outra, fazendo inserir vinculações tendentes a balancear a concessão.

De acordo com o teor do CPP, a fiança, tomada por termo, obrigará o afiançado:

(1) a comparecer perante a autoridade, todas as vezes que for intimado para atos do inquérito, bem como da instrução criminal e do julgamento (art. 327). Esse dever não se reveste de sentido quando cotejado com o direito ao silêncio e com a vedação de condução coercitiva. Há indicativo de inconstitucionalidade e de antinomia. Não obstante, sobeja o dever do afiançado de permanecer em local que permita ser encontrado e receber as comunicações processuais;

(2) a solicitar permissão para mudar de residência à autoridade judicial (art. 328, primeira parte);

891. DEZEM, Guilherme Madeira. *Curso de processo penal*. São Paulo: RT, 2015. p.681.

(3) a comunicar previamente ao juiz quando houver de se ausentar de sua residência por mais de oito dias, indicando o lugar onde será encontrado (art. 328, segunda parte).

Outros deveres do afiançado são deduzidos das hipóteses de quebra da fiança, expostas a seguir (art. 341, CPP).

28.3.7 Quebramento da fiança

A designação de quebra ou quebramento da fiança se relaciona ao desatendimento de condições estipuladas quando de sua concessão, submetida ao critério temporal de duração do processo até o momento imediatamente anterior ao trânsito em julgado da sentença penal condenatória.

As situações de quebra correspondem às de negação das obrigações assumidas pelo afiançado (arts. 327; 328, CPP) ou *ex vi legis* (art. 341, CPP). Há motivo de quebramento da fiança, quando o imputado:

(1) regularmente intimado para ato do processo, deixar de comparecer, sem motivo justo (o direito de resistência à pretensão punitiva pode ser realizado negativamente, diante do direito ao silêncio e de não ser conduzido coercitivamente para o seu interrogatório[892] – art. 260, CPP);

(2) deliberadamente praticar ato de obstrução ao andamento do processo (atuação agressiva contra a persecução penal);

(3) descumprir medida cautelar imposta cumulativamente com a fiança;

(4) resistir injustificadamente à ordem judicial.

---

892. STF – Primeira Turma – Rcl 37844 AgR – Rel. Min. Luiz Fux – publicado em: 07 abr. 2020.

Quebramento de fiança tem conotação de ilícito.

Verificado o desatendimento ao preconizado por lei (arts. 327; 328, CPP), deve ser deflagrado procedimento com outorga do contraditório ao afiançado para que, somente depois de ultimada a possibilidade de justificativa pela falta, seja aplicada a sanção.

É possível discernir os dois aspectos do quebramento da fiança:

(1) **quebramento-fato**: desatendimento às condicionantes para a concessão da fiança;

(2) **quebramento-sanção**: decretação do decote de metade do valor (art. 343, CPP), com sua canalização ao fundo de segurança pública (art. 3º, VII, Lei nº 13.756/2018). Dessa parte são deduzidas despesas, compreendidas as custas e demais encargos (arts. 345; 346, CPP).

A metade que não é alcançada pela quebra é devolvida integralmente ao acusado, com as atualizações devidas. Se absolvido o réu sem motivo para a quebra, o valor deve ser devolvido integralmente a quem o prestou, com as correções legais.

28.3.8 Perdimento da fiança

A perda da fiança é situação restrita à fase de execução penal. Divide-se em uma condicionante (aspecto de fato) e a aplicação do seu correlato efeito jurídico (aspecto normativo):

(1) **perdimento-fato**: o apenado não comparece para cumprir pena restritiva de liberdade. Há uma abertura na legislação que permite entender também perdida a fiança quando ele não comparece para cumprir penas restritivas de direitos, a exemplo da prestação de serviços à comunidade. Entretanto, como se trata de providência limitativa, forçosa deve ser sua exegese estrita, para somente aplicá-la quando a falta de

apresentação do sentenciado se referir a pena de privação da liberdade, definitivamente imposta por sentença transitada em julgado (art. 344, CPP);

(2) **perdimento-sanção**: cuida-se da decretação da canalização da totalidade do valor prestado a título de fiança ao fundo de segurança pública, depois de deduzidas as despesas, como as custas e demais encargos (art. 345, CPP).

28.3.9 Revogação da fiança

O art. 337 do CPP prevê a possibilidade de ser declarada **sem efeito** a fiança ou de ser restituída, diante de situações ali descritas. Melhor seria que mencionasse os casos de revogação da fiança, diante de **fatos processuais** *lícitos* constatados no curso do processo, em momento anterior ao trânsito em julgado. A expressão <sem efeito> é mais apropriada para casos de invalidação (nulificação, cassação).

De acordo com o seu teor, infere-se que as hipóteses de revogação, a serem consignadas em decisão judicial, são:

(1) o fato de "passar em julgado sentença que houver absolvido o acusado" (apesar da letra da lei, medida cautelar não deve sobreviver após a absolvição, não sendo necessária a superveniência do trânsito julgado aludido);

(2) a declaração de extinção da ação penal (*rectius*: do processo penal).

Diante da constatação de uma dessas hipóteses, o juiz deve revogar a fiança e ordenar que o valor seja atualizado e restituído, sem desconto, a quem a tiver prestado.

Se o acusado for condenado, a decisão de revogação da fiança deve ser sucedida da determinação de pagamento das custas, da indenização do dano, da prestação pecuniária e da multa, na forma gizada no parágrafo único, do art. 336 do CPP.

28.3.10 Cassação da fiança

A cassação da fiança consiste na declaração de sua desconstituição por **inidoneidade**. O CPP prevê que cabe recurso em sentido estrito da decisão que julgar a **fiança inidônea** (581, V, CPP). A cassação deve suceder ao reconhecimento de que a fiança é inadequada à hipótese.

São casos de inidoneidade da fiança:

(1) quando se verifica o seu não cabimento à espécie (art. 338, CPP), a exemplo de seu deferimento à pessoa imputada que a tiver quebrado no curso do mesmo processo penal (art. 324, I, CPP);

(2) se o delito é inafiançável, constatado depois da inovação na sua classificação (art. 339, CPP);

(3) quando a fiança não é objeto do necessário reforço (art. 340, parágrafo único).

Trata-se de **sanção** (cassação) a ser imposta como reação a **fato processual ilícito** (inidoneidade). Cumpre realçar, a consequência jurídica da declaração de inidoneidade é a cassação da fiança. Há um ilícito na sua concessão (nulidade), que exige sua declaração e consequente invalidação da decisão que a arbitrou.

28.3.11 Reforço da fiança

O reforço da fiança é o acréscimo de valor que tem o objetivo de aporte complementar ao que fora inicialmente arbitrado. Nos termos do art. 340 do CPP, o reforço da fiança deverá ser exigido quando:

(1) a autoridade tomar, por engano, fiança insuficiente;

(2) houver depreciação material ou perecimento dos bens hipotecados ou caucionados, ou depreciação dos metais ou pedras preciosas;

(3) quando for inovada a classificação do delito.

Se não houver o reforço, o indiciado ou acusado ficará sujeito a outras consequências jurídicas.

Apesar da previsão de recolhimento à prisão no parágrafo único, do art. 340 do CPP, a sistemática das medidas cautelares diversas da prisão indica que não deve ser encaminhado o réu ao cárcere sem antes ser aberto prazo para o recolhimento ou reforço da fiança.

Também é indispensável aferir se estão presentes os requisitos cautelares a fim de ajustar a medida cautelar substitutiva da fiança não recolhida ou reforçada (art. 282, CPP). Em suma, somente será imposta prisão preventiva em último caso (arts. 312; 319, CPP).

28.4 Aplicação a caso concreto

Examinando prisão em flagrante delito de parlamentar, o STF, afastando a incidência da imunidade restrita à conexão com o desempenho da função legislativa, entendeu, nos termos do art. 324, IV, do CPP, por não autorizar a fiança, tomando por base o argumento da presença de motivos que autorizam a decretação da prisão preventiva.

Na ementa do acórdão, consignou que "a presença dos requisitos autorizadores da prisão preventiva afasta a afiançabilidade do crime, permitindo a prisão em flagrante do parlamentar". Acrescentou, ademais, a "necessidade de que a Câmara dos Deputados, nos termos do § 2º, do art. 53, da Constituição Federal, resolva, pela maioria absoluta de seus membros, em votação nominal e aberta, sobre a prisão do parlamentar"[893].

28.5 Conclusão e próximo capítulo

O regime da liberdade provisória, conjugada ou não com a fiança, exerce função dúplice: cautelar (enquanto estabelece vínculos do imputado com a persecução penal) e contracautelar (por ser medida que deve ter preferência sobre as

893. STF – Pleno – Inq 4781 Ref – Rel. Min. Alexandre de Moraes – DJe 14 mai. 2021.

cautelares prisionais). Nesse ambiente, serão estudadas, a seguir, as medidas alternativas que restringem direitos pessoais de forma menos gravosa que as prisionais.

FIANÇA						
CLASSIFICAÇÃO	**VEDAÇÕES**	**MODALIDADES**	**ARBITRAMENTO**	**OBJETIVOS**	**OBRIGAÇÕES DO AFIANÇADO**	**PROVIDÊNCIAS CONSECUTIVAS**
- própria - imprópria	- peremptórias - impeditivas	- Pelo próprio imputado ou por terceira pessoa - Por depósito ou por hipoteca	- Pelo delegado de 1 a 100 salários mínimos - Pelo juiz de 10 a 200 salários mínimos que pode ser majorado em até 1000 vezes, reduzido em até 2/3 ou dispensado.	- reforçar o vínculo do imputado com o processo para que cumpra seus deveres legais - fazer face às custas processuais, à reparação do dano, à prestação pecuniária e à multa	- comparecer aos atos processuais - requerer permissão para mudar de residência - comunicar previamente sua ausência de sua residência por mais de 8 dias, indicando o lugar onde será encontrado	- quebramento - perdimento - revogação - cassação - reforço

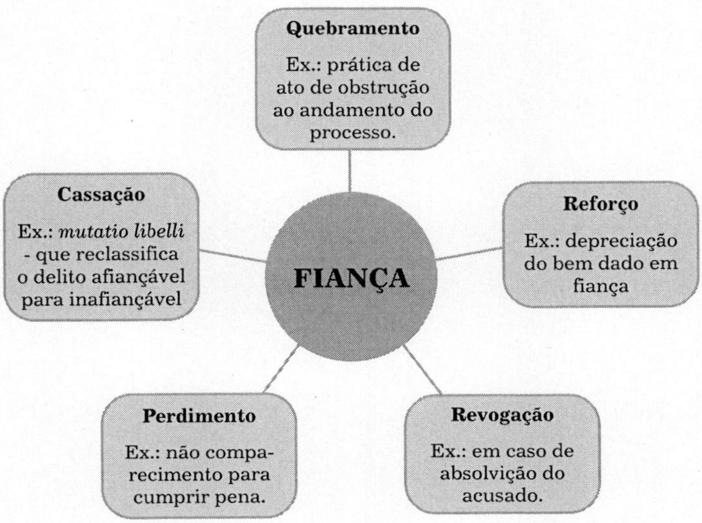

CAPÍTULO 29

MEDIDAS CAUTELARES ALTERNATIVAS À PRISÃO

29.1 Conceito

São designadas como medidas cautelares alternativas à prisão as que estão situadas no art. 319, do CPP. Algumas estão consignadas em legislação especial, a exemplo dos arts. 278-A, § 2º, e 294, parágrafo único, da Lei nº 9.503/1997 (Código de Trânsito Brasileiro – CTB); e do art. 12, III, da Lei nº 11.340/2006.

Constituem espécies do gênero cautelar:

(1) as prisões provisórias (arts. 301 a 318, CPP);

(2) as medidas alternativas ou não prisionais (art. 319, CPP);

(3) as medidas patrimoniais ou assecuratórias (arts. 125 a 144-A, CPP).

A estrutura de uma medida é reconhecida como cautelar quando presente duplicidade vocabular composta:

(1) **necessidade** (*periculum libertatis*): indicativo do cabimento de um provimento de urgência. Fauzi Hassan Choukr enfatiza que deve ser constatada essa condição como imperiosidade cautelar, em face do "risco de fazer com que as medidas cautelares sirvam como instrumento (in)direto do cumprimento de determinadas concepções do fim da pena"[894];

(2) **adequação** (*fumus comissi delicti*): representativa da plausibilidade do pedido ou da representação pelo sujeito legitimado pelo direito positivo.

29.2 Limites comuns às medidas cautelares

Derivado da estrutura comum embutida no binômio necessidade-adequação, o art. 282, do CPP, preconiza que as medidas cautelares devem ser aplicadas em compasso com os requisitos nele descritos. A decisão de imposição de medida cautelar deve ser supedaneada em leitura constitucional, coibindo-se banalização, punitivismo, antecipação de pena e aplicação de presunção de periculosidade.

29.2.1 Juízo de necessidade (urgência)

De acordo com aquele dispositivo, a medida cautelar diversa da prisão deve ser justificada a partir de critério de **necessidade** (art. 282, I, CPP), consoante as hipóteses **alternativas** concernentes:

(1) à aplicação da lei penal;

(2) à investigação ou a instrução criminal; **ou**

(3) à evitação da prática de infrações penais, de incidência restrita aos casos expressamente previstos em lei, quais sejam:

---

894. CHOUKR, Fauzi Hassan. *Iniciação ao processo penal*. Florianópolis, 2017. p.760.

(a) proibição de acesso ou frequência a determinados lugares quando, por circunstâncias relacionadas ao fato, deva o indiciado ou acusado permanecer distante desses locais para evitar o risco de novas infrações (art. 319, II, CPP);

(b) suspensão do exercício de função pública ou de atividade de natureza econômica ou financeira quando houver justo receio de sua utilização para a prática de infrações penais (art. 319, VI, CPP);

(c) internação provisória do acusado nas hipóteses de crimes praticados com violência ou grave ameaça, quando os peritos concluírem ser inimputável ou semi-imputável (art. 319, VII, CPP; art. 26 do Código Penal) e houver risco de reiteração.

29.2.2 Juízo de adequação (justa medida)

O art. 282, do CPP, informa pressupostos que informam todas as medidas cautelares pessoais, inclusive a fiança. O vetor do seu inciso II é parâmetro de cotejo entre todas as providências acautelatórias consignadas no ordenamento processual penal (prisionais e não prisionais), cujo norte é o de que somente se aplique a prisão como derradeira opção (*ultima ratio*).

A **adequação da medida** (art. 282, II, CPP) deve ser lastreada nos requisitos **cumulativos** relacionados:

(1) à **gravidade do crime**: note-se que, nessa expressão, está inserido o **pressuposto** da materialidade do fato (prova da existência de crime), atrelado a seu grau de nocividade para ser possível eleger a medida mais apropriada, da menor à maior restrição da liberdade;

(2) às **circunstâncias do fato**: identicamente, esse elemento de adequação pressupõe a prova do delito, inserindo os seus aspectos circundantes, relevantes ao ajuste da medida a ser imposta; **e**

(3) às **condições pessoais** do indiciado ou do acusado: nesse âmbito se encontra o **pressuposto** da presença de indício suficiente de autoria da infração penal imputada.

A proporcionalidade da cautela, em sentido amplo e ***stricto sensu***, proíbe sua intensificação com esteio em somente uma dessas condições que, em conjunto, devem fundamentá-la.

29.3 Medidas cautelares diversas da prisão

As cautelares alternativas do art. 319, do CPP, têm natureza de medida pessoal, em regra não privativas da liberdade do indiciado ou acusado. Em outros termos, as medidas cautelares distintas da prisão seriam restritivas de outros direitos diversos da liberdade de locomoção. No entanto, toda medida cautelar desse jaez decota, em maior ou menor grau, a liberdade.

Por exemplo: o comparecimento periódico a juízo, ao obrigar o deslocamento ao fórum para justificar atividades, limita a liberdade do imputado de estar em outro lugar ou fazer outra coisa naquele momento. Ainda mais drásticas são a internação provisória e o recolhimento domiciliar noturno, cujo grau de interferência na liberdade do imputado permite o diálogo sobre a admissibilidade de **detração penal**.

Na legislação extravagante, são encontradas medidas cautelares similares às do art. 319, do CPP. A Lei Maria da Penha, por exemplo, elenca, em seu art. 23, medidas protetivas de urgência, que podem assumir feição criminal ou civil, consoante o objeto do processo. A sua aplicação, em sede de cognição sumária após as declarações da ofendida perante a autoridade policial ou da apresentação de razões escritas (art. 19, § 4º, inserido pela Lei nº 14.550/2023), independe da natureza ou da motivação da violência, bem como não se subordina à condição do ofensor ou da vítima (art. 40-A, Lei nº 11.340/2006).

29.3.1 Comparecimento periódico em juízo

Essa medida cautelar está atrelada à justificativa que deve apresentar o imputado, acerca das atividades desenvolvidas no lapso fixado judicialmente. A cautelar tem semelhança com condição aplicável nos casos de suspensão do processo (art. 89, Lei 9.099/1995).

Trata-se de limitação de menor proporção à liberdade do indiciado ou acusado, mas nem por isso deve ser banalizada e aplicada ao arrepio dos trilhos do art. 282, incisos I e II, do CPP. Na visão de Renato Marcão, a medida epigrafada seria "uma espécie de monitoramento que se estabelece, mas que não se confunde com o monitoramento eletrônico", com o dever do imputado de prestar contas "a respeito de suas atividades profissionais e sociais".[895]

29.3.2 Proibição de acesso ou frequência a determinados lugares

A medida cautelar epigrafada é condicionada à constatação de circunstâncias relacionadas ao fato, evidenciando que o indiciado ou acusado deve permanecer distante de determinados locais, com a finalidade de evitar o risco de novas infrações. O risco de reiteração é um dos aspectos da ordem pública que, no art. 282, do CPP, indica urgência descrita no seu inciso I, máxime pela dicção "nos casos expressamente previstos".

29.3.3 Proibição de manter contato com pessoa determinada

Essa vedação, contida no inciso III, do art. 319, do CPP, tem cabimento quando, por circunstâncias relacionadas ao fato, o indiciado ou acusado deva permanecer distante da pessoa ofendida ou de quem indicado em decisão fundamentada

895. MARCÃO, Renato. *Curso de processo penal*. São Paulo: Saraiva, 2014. p.764.

(família da vítima, por exemplo). Apesar da omissão da finalidade no enunciado, está implícito que a medida cautelar em tela tem o fito de precaução contra risco de reiteração delitiva.

29.3.4 Proibição de ausentar-se da comarca

Correlata a essa vedação, a ser instituída por decisão judicial que a acautelatória, é a disposição do art. 320, do CPP. Desde que observada a iniciativa do legitimado, o juiz poderá deliberar por proibir o imputado de ausentar-se do País, com as providências comunicativas às autoridades encarregadas de fiscalizar as saídas do território nacional, intimando-se o indiciado ou acusado para entregar o passaporte, no prazo de vinte e quatro horas.

Essa cautelar deve ter por finalidade assegurar a instrução criminal. O recolhimento do passaporte, porém, pode, eventualmente, não ter o efeito desejado, mormente nos casos de trânsito entre países que, por convenção, admitem o ingresso livre de brasileiros em seu território, independentemente de passaporte.

29.3.5 Recolhimento domiciliar no período noturno e nos dias de folga

O inciso V, do art. 319, do CPP, não faz menção a qualquer finalidade, quando prevê o recolhimento do imputado nos períodos que menciona. No entanto, a partir do art. 282, inciso I, do CPP, é possível inferir que o objetivo necessário à imponibilidade cautelar decorre, de um lado, da necessidade de maior vinculação do imputado com a persecução penal; e, de outro, que lhe seja permitido trabalhar, enquanto providência redutora de danos. Em permeio, estaria presente a base do **princípio da homogeneidade**, assegurando-se o **valor social do trabalho**, uma vez atendidas às condições legais.

29.3.6 Suspensão do exercício de função pública ou de atividade de natureza econômica ou financeira

O afastamento cautelar de função pública exige veículo normativo judicial (art. 93, IX, CF). É inconstitucional a previsão legal que estabeleça o afastamento automático do servidor público de sua função como consequência jurídica do indiciamento pela autoridade policial. Por exemplo, o STF assentou a inconstitucionalidade do art. 17-D, da Lei nº 9.613/1998 (Lei da Lavagem de Capitais).

A previsão em tela inclui a possibilidade de suspensão de atividades próprias da iniciativa privada, como também das entidades de interesse financeiro. Note-se que a hipótese desse inciso somente se aplica se houver necessidade de se evitar risco à reiteração delitiva.

Previsão que pode ser encartada como espécie de suspensão de atividade com potencial econômico, é a suspensão da permissão ou da habilitação para dirigir veículo automotor, ou a proibição de sua obtenção, gizada nos arts. 278-A e 294, do Código de Trânsito Brasileiro (CTB). Essa medida é restrita aos delitos mencionados nesses tipos penais.

29.3.7 Internação provisória

A medida alternativa de internação provisória é privativa de liberdade de agente com déficit cognitivo. É a cautelar correlata aos casos que, ao fim do processo penal condenatório, imponham aplicação de medida de segurança, por ter faltado, ao réu, a capacidade de entendimento ou de autodeterminação. A medida será cabível restritamente, atendido o binômico necessidade-adequação do art. 282, do CPP.

29.3.8 Fiança imprópria

A fiança disposta no inciso VIII, do art. 319, do CPP, é do tipo imprópria, entendida aquela que unicamente cria um liame autônomo do investigado ou do acusado com o inquérito policial ou o processo penal, indepentemente de restrição anterior.

É medida cautelar cuja natureza pode assumir feição patrimonial, especialmente quando o valor ou objeto for depositado pelo próprio imputado (art. 329, parágrafo único, CPP). Contudo, a sua essência preponderante é pessoal, face a sua vinculação às condicionantes da liberdade do imputado.

Essa espécie de fiança não se aplica aos casos de prisão em flagrante, eis que para a evitação da preventiva-conversão, o legislador previu a tradicional fiança própria (arts. 322 *et seq*, CPP). De todo modo, a incidência da fiança autônoma (imprópria) tem remissão de sua disciplina ao que dispõe o CPP sobre a fiança própria (art. 321).

O dispositivo legal prevê, como justificativa de sua aplicação, nas infrações que a admitem: (1) o fito de garantir o comparecimento do indiciado ou acusado a atos do processo; (2) o objetivo de evitar a obstrução do seu andamento; ou (3) em caso de resistência injustificada à ordem judicial. Note-se que as duas últimas finalidades podem constituir, se suficientes os elementos da figura típica, nova infração penal a ensejar prisão em flagrante ou preventiva (para a garantia da instrução criminal – art. 312, CPP).

A respeito do cabimento da fiança imprópria "em caso de resistência injustificada à ordem judicial", Eugênio Pacceli e Douglas Fischer apontam que há vagueza e inconsistência, "a não ser que se refira ao descumprimento de outra cautelar", eis que permitem o sentido ilógico de que "o acusado estará autorizado a não mais cumprir a ordem que descumpriu, a tanto bastando e desde que ofereça prestação de fiança".[896]

896. PACCELI, Eugênio; FISCHER, Douglas. *Comentários ao Código de Processo Penal e sua jurisprudência*. 5. ed. São Paulo: Atlas, 2013. p.678.

29.3.9 Monitoração eletrônica

A monitoração pode ter natureza ativa ou passiva. Por exemplo, será passiva quando o controle for verificado pelo Estado, por meio de tornozeleira ou de chamadas telefônicas ao imputado. Será ativa quando um computador com câmera estiver realizando o controle, com a necessidade de providências a cargo do próprio imputado.

A monitoração não tem finalidade prevista na lei (art. 319, IX, CPP). Entretanto, tem sido sugerido que ela não seja aplicada isoladamente, mas sim que seja auxiliar da fiscalização de outras medidas cautelares. Exemplo: proíbe-se a ausência da comarca e se fiscaliza o cumprimento dessa cautelar pela monitoração eletrônica.

Por outro lado, o art. 8º, da Resolução-CNJ nº 412/2021, estatui finalidades da monitoração que se assemelham aos fins da pena, prescrevendo, *verbi gratia*, que a medida buscará assegurar a realização de atividades que contribuam para a inserção social da pessoa monitorada, tais como estudo, trabalho, atenção familiar, cuidado com a saúde e assistência religiosa.

Deve-se lembrar, todavia, que essa forma de controle interfere gravemente em direitos fundamentais, como na dignidade da pessoa humana, decorrente da exposição e do controle contínuo. Apropriada, portanto, a advertência de Alexandre Morais da Rosa, ao sublinhar que o mecanismo de monitoração eletrônica, "embora possa aparentar perspectiva emancipatória, afinal de contas o acusado estará em liberdade, traz consigo a alteração do modelo de controle social".[897]

29.4 Aplicação a caso concreto

O STF examinou caso em que o juiz de primeiro grau havia decidido pela concessão de liberdade provisória com

897. ROSA, Alexandre Morais da. *Guia do processo penal conforme a teoria dos jogos*. 6. ed. Florianópolis: EMais, 2020. p.473.

fiança ao imputado. O juiz reputou "inexistentes os elementos concretos indicativos de fuga do paciente, de interferência indevida na instrução processual ou de ameaça à ordem pública" (art. 310, III, CPP).

A Suprema Corte, todavia, explicitou que, na dicção dos arts. 325 e 326, do CPP, "a situação econômica do réu é o principal elemento a ser considerado no arbitramento do valor da fiança". Na hipótese concreta, diante da incapacidade econômica do imputado deve ser "aplicável a concessão de liberdade provisória com a dispensa do pagamento da fiança", com sujeição aos deveres legais (arts. 327; 328, CPP), inclusive a outras medidas cautelares, se for o caso (art. 325, § 1º, I; art. 350, CPP).[898]

29.5 Conclusão e próximo capítulo

O regramento das medidas cautelares alternativas tem a função, compartida, de dar, à prisão, o caráter subsidiário, de *ultima ratio*. Embora sejam medidas que implicam restrições menores à liberdade, a exemplo do recolhimento domiciliar no período noturno e nos dias de folga (art. 319, V, CPP), é preciso destacar a gravidade de qualquer limitação de cunho criminal, desde a liberdade provisória (com ou sem fiança) até a prisão.

As medidas cautelares diversas da prisão devem se submeter ao cânone da excepcionalidade. Não devem ser aplicadas de forma generalizada, com o objetivo isolado de vincular o imputado à persecução penal, sem respaldo nas condições do art. 282, do CPP, porém como exceção e de acordo com os ditames do Estado Democrático de Direito. No próximo capítulo, será objeto de estudo a estrutura da prova penal, cujo conceito é o ponto de partida para as demais deduções cognitivas que, igualmente ao tema das cautelares, deve ter, na norma jurídica, o seu pilar central.

---

898. STF – Primeira Turma – HC 137078 – Rel. Min. Rosa Weber – publicado em 24 abr. 2017.

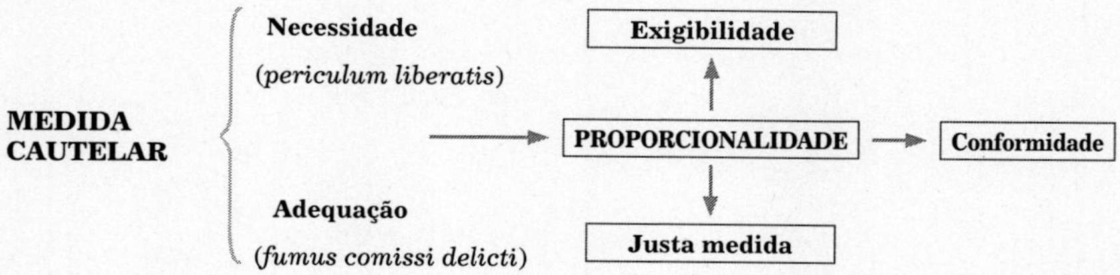
MEDIDA CAUTELAR
Necessidade
(periculum liberatis)
Adequação
(fumus comissi delicti)
PROPORCIONALIDADE
Exigibilidade
Justa medida
Conformidade

CAPÍTULO 30

PROVA PENAL

30.1 Metodologia da prova

Metodologia é estratégia organizada para a acomodação racional de conteúdos com características semelhantes. O uso de uma metalinguagem classificatória é uma metodologia para reunião de elementos comuns.

A metodologia da prova tem o escopo de estabelecer uma estrutura (sintaxe) de seus elementos centrais. Sendo o termo prova plurívoco, a estratégia deve ser a de delimitar as possibilidades de sentido.

Como proposta de convenção doutrinária, a obra de Framarino Malatesta pode ser tomada como ponto de partida.[899]

30.2 Conceito de prova

Prova é elemento empírico sobre fato penal passado, apresentado, pelo legitimado a fazê-lo, ao conhecimento de um juiz, sob eixo contraditório, com o objetivo de influenciar o

899. MALATESTA, Nicola Framarino Dei. *A lógica das provas em matéria criminal.* Tradução: Paolo Capitanio. 3. ed. Campinas: Bookseller, 2004. p.46 *et seq.*

seu convencimento na prolação de decisão em conformidade com o direito positivo.

Dessa estrutura, compreendida como **prova em sentido estrito**, são extraídas as deduções sobre o assunto.

30.3 Acepções da prova

A prova é termo de sentido múltiplo, cabe arrolar:

(1) **fonte da prova**: de onde emana a informação (pessoa ou coisa, sujeito da prova ou marca empírica do delito). Em outros termos, a fonte poderá ser um vestígio (material) ou uma pessoa (memória);

(2) **meio de prova**, que comporta divisão conforme:

(a) a tipologia da prova:

(*i*) **prova nominada** (com *nomen juris*: reprodução simulada dos fatos – art. 7º, CPP) ou **prova inominada** (descrição de conteúdos de mensagens em *smartphone* por certidão de tabelião público);

(*ii*) **prova típica** (com rito legal: reconhecimento de pessoas ou coisas – art. 226, CPP) ou **prova atípica** (de forma livre, a teor do princípio da liberdade probatória: reprodução simulada dos fatos, que tem *nomen juris* previsto em lei, mas não tem rito especificado – art. 7º, CPP);

(b) **procedimento de elaboração** (prova testemunhal – art. 212, CPP);

(3) **resultado da prova**: quando a prova é produzida e vertida em linguagem nos autos (juntada de documentos – art. 234, CPP);

(4) **argumento probatório**: no momento da sentença a prova é constituída sob a forma de silogismo ou entinema, com esteio em parâmetro racional (*episteme* – conforme os critérios legais – arts. 386; 387, CPP).

30.4 Elementos de informação e provas

Já se sabe que inserir uma base empírica em uma categoria depende do atendimento de requisitos de classe. De acordo com a fase de sua formação, aquele elemento pode ter denominação distinta, embora não haja diferenciação no texto do Código de Processo Penal.

No inquérito policial, os **elementos de informação**, colhidos fora da relação jurídica processual, não se tornam **prova penal**, ressalvados os casos que a legislação admite contraditório, **concomitante** (em audiência pública e oral) ou **postergado** (arts. 3º-B, 3º-C, § 3º; 155, *caput*, CPP). No que se refere ao acautelamento dos autos de investigação preconizado pelo § 3º, do art. 3º-C, do CPP, o STF declarou a sua inconstitucionalidade, com redução de texto, e atribuiu interpretação conforme a constituição "para entender que os autos que compõem as matérias de competência do juiz das garantias serão remetidos ao juiz da instrução e julgamento". A Suprema Corte reputou que a previsão é desproporcional e obstaculiza decisões fundamentadas.[900]

As aludidas exceções, nominadas em lei (art. 155, *caput*, CPP), são:

(1) as **provas cautelares**, a exemplo das que resultam de meios de obtenção de provas, como é o caso da medida cautelar de busca e apreensão de documentos (arts. 231 a 238; 240 a 250, CPP);

(2) as **provas irrepetíveis**, tais como os exames periciais, constitutivos de prova técnica (arts. 158 a 184,

900. STF – Pleno – ADI 6298/DF – Rel. Min. Luiz Fux – 24 ago. 2023.

CPP), que não possa ser reproduzida sem redução de sua qualidade;

(3) as **provas antecipadas**, como no clássico exemplo da testemunha com possibilidade iminente de óbito, por problemas graves de saúde, sendo necessária a tomada urgente de seu depoimento, para preservar-lhe a memória (*ad perpetuam rei memoriam*). O perigo concreto de ser frustrada a produção do testemunho é o expresso em lei, devendo ser hipótese de depoente que "houver de ausentar-se, ou, por enfermidade ou por velhice, inspirar receio de que ao tempo da instrução criminal já não exista" (arts. 225; 366, CPP). Aliás, o parágrafo único, do art. 19-A, da Lei nº 9.807/1999, prevê permissivo para antecipação dos depoimentos de pessoas ameaçadas e incluídas em programas de proteção estatal. No entanto, a incidência da antecipação probatória deve ser afastada, fundamentadamente pelo juiz, mediante justificativa de eventual impossibilidade de fazê-lo no caso concreto ou em razão do possível prejuízo que a oitiva antecipada possa trazer à instrução processual, a exemplo da necessidade de que, no ambiente do processo penal condenatório, as testemunhas arroladas pela acusação sejam ouvidas previamente às da defesa.

Com efeito, de acordo com o *caput*, do art. 155, do CPP, "o juiz formará sua convicção pela livre apreciação da prova produzida em contraditório judicial, não podendo fundamentar sua decisão exclusivamente nos elementos informativos colhidos na investigação, ressalvadas as provas cautelares, não repetíveis e antecipadas".

A imperfeição do ato probatório do inquérito policial pode assumir consequências diversas:

(1) tratando-se de ferimento de regra material para a produção probatória, haverá **ilicitude**, em sentido

estrito, com a conseguinte inadmissibilidade do elemento de informação (desentranhamento), depois de nulificado o respectivo ato aquisitivo;

(2) cuidando-se de violação de regra processual ou procedimental, afeta ao colhimento de elemento de informação, o vício se classifica como **ilegitimidade**, combatido com a decretação de invalidação.

De toda sorte, o resultado produzido em forma de ato procedimental probatório será atípico, ilícito *lato sensu*. Esses atos de controle são definidos em etapas inseridas no curso do processo, sob o vértice judicial.

Entretanto, mesmo durante o inquérito policial é possível o controle da colheita de informações ou provas, produzidas por meio ilícito, tanto a cargo da autoridade responsável por sua condução, quanto pelo juiz das garantias (art. 3º-B, VII, XI, "e", XV, XVIII, CPP). Calha sublinhar, quanto ao aludido inciso VII, desse dispositivo, que o STF reduziu o campo de proteção ao contraditório e da ampla defesa no requerimento de produção antecipada de provas, para estabelecer que o juiz pode deixar de realizar a audiência, excepcionando o escrutínio oral, quando houver risco para o processo, ou diferi-la em caso de necessidade. O efeito jurídico consequente é a redução do valor que poderá ser outorgado ao resultado probatório.[901]

30.5 Sujeito da prova

Sujeito é a pessoa ou a coisa da qual emana a informação relativa ao fato que se pretende provar. Está situado na primeira parte do conceito: **prova é elemento empírico**, captado pela experiência, observável. Vale dizer, o sujeito da prova se reporta a objetos visíveis, latentes, digitais ou intelectivos, captáveis pelos sentidos humanos.

901. STF – Pleno – ADI 6298/DF – Rel. Min. Luiz Fux – 24 ago. 2023.

Trata-se de expressão tomada a partir de concepção ampla, pela qual a pessoa ou a coisa aludida pode envolver outros campos do conhecimento humano, considerando a existência de **elementos**:

(1) **sensíveis**: relativos a todo elemento que se submete à modificação no plano da realidade, no mundo naturalístico, por intermédio de raciocínio causal;

(2) **intelectivos**: referentes a direitos ou objetos ideais, não encontrados, como tais, no plano da natureza, mas que são inferidos por dedução ou com base em disciplina legal que os assegura. O acesso ao seu conhecimento acontece por meio de raciocínio dedutivo, a exemplo dos direitos autorais e dos direitos sobre partes ideais de um objeto empírico;

(3) **digitais**: alusivos às ampliações de realidade que não se encaixam nos conceitos anteriores. O dígito não se localiza na empiria simples, nem tão pouco no âmbito ideal. É conceito novo, ainda carente de regramento mais pormenorizado. A Emenda Constitucional nº 115/2022 inaugurou o ápice dogmático à disciplina dos direitos humanos em jogo no âmbito do desenvolvimento tecnológico. De acordo com o inciso LXXIX, inserido no art. 5º, da Constituição, passa a ser "assegurado, nos termos da lei, o direito à proteção dos dados pessoais, inclusive nos meios digitais". O dispositivo deve ser conjugado com o inciso XII, do aludido art. 5º, bem como com a legislação de tutela de proteção de dados. Por outro lado, coloca, como objeto explícito de proteção, a tutela das relações jurídicas situadas na seara virtual, comunicando ao legislador infraconstitucional o seu dever de desenvolver as bases de tutela dos direitos humanos digitais.

No âmbito probatório, o assunto é relevante, sendo urgente a regulamentação da **prova digital** e da correspondente necessidade de preservação de sua cadeia de custódia.

Deve-se prever, por exemplo, a vedação ao perito de realizar o exame sobre a prova digital, pelo que ela deve ser objeto de espelhamento. A sua duplicação é a providência preliminar para, em seguida, o perito trabalhar sobre o conteúdo reproduzido, evitando prejuízo à sua integridade.[902]

30.6 Objeto da prova

A narrativa **sobre fato penal**, a ser depreendida de pessoa ou de coisa, é o objeto a se provar.

Coincide com a *causa petendi* da demanda penal condenatória.

O objeto a se provar é o fato passado, a respeito do qual somente sobram marcas, eis que a infração penal, como regra, deixa de existir após encerrada a ação delitiva.

A causa de pedir é o recorte que pode ser objeto **imediato** do ato de provar (**prova direta**, relacionada ao *thema probandum*) ou que pode ser contornado de forma **mediata** (**prova indireta**, que se reporta ao fato central, por inferência).

Divide-se em:

(1) **causa de pedir próxima**: são os fundamentos centrais ou nucleares, constitutivos da relação normativa material penal. Não é o artigo de lei, mas a descrição de sua subsunção, em hipótese, na denúncia ou na queixa-crime;

(2) **causa de pedir remota**: são os fundamentos circundantes que, embora não sejam fulcrais à aplicação do dispositivo legal, constituem aspectos relevantes à ampla defesa e ao contraditório, a exemplo da descrição dos contornos da ação do agente do delito.

902. STJ – EDcl no Agr REsp 1.039.417/RS – Decisão Monocrática – Rel. Min. Rogerio Schietti Cruz – 03 jun. 2019.

A informação de fato relevante, que depende de meio de prova específico, como uma perícia (art. 158, CPP), é denominado de **objeto de prova**.

Na dicção de Klaus Volk, "todos os fatos nos quais se funda a sentença devem-se provar. Sem embargo, nem sempre devem ser provados: os fatos notórios não necessitam ser comprovados". Os fatos genericamente conhecidos são notórios, considerados os que o denominado homem médio pode, sobre eles, "informar com segurança a partir de fontes confiáveis e sem conhecimentos teóricos especiais".[903]

30.7 Destinatários da prova

O conceito de prova em sentido estrito exige que a prova tenha destinatário certo, necessariamente imparcial. O elemento empírico probatório deve ser **apresentado ao conhecimento de um juiz**.

De tal modo, o **destinatário direto** é o juiz, entendido como pessoa regularmente investida, sem interesse no desfecho do processo e desprovido de conhecimento prévio sobre o fato objeto de narrativa.

As partes estão inseridas na classe dos **destinatários indiretos** da prova.

30.8 Iniciativa da prova

A adequação lógica do elemento probatório depende da correção de sua postulação. A teor do art. 3º-A, do CPP, "o processo penal terá estrutura acusatória, vedadas a iniciativa do juiz na fase de investigação e a substituição da atuação probatória do órgão de acusação". Esse enunciado recebeu interpretação conforme a constituição para excepcionar a hipótese

---

903. VOLK, Klaus. *Curso fundamental de derecho procesal penal.* Tradução: Alberto Nanzer; Noelia T. Núñez; Daniel R. Pastor; Eugenio Sarrabayrouse. Buenos Aires: Hammurabi, 2016. p.317 (tradução livre).

de surgimento de dúvida relevante sobre o mérito da demanda penal condenatória, quando o juiz poderá suplementar a atividade processual das partes.[904]

Em outras palavras, a prova deve ser pleiteada **por um legitimado** e não pode ser determinada de ofício pelo juiz, seja na fase investigativa, seja em substituição do órgão da acusação. No que toca a essa última expressão, poderia ser suscitada dúvida sobre se, no curso do processo penal, o juiz poderia exercer, supletivamente, iniciativa probatória. Entrementes, tal possibilidade há de ser negada porque:

(1) atuação probatória, em sentido estrito, somente deve ter lugar com processo penal instaurado. Antes desse momento, a regra é a de produção de elementos de informação, ressalvadas as exceções legais (art. 155, *caput*, CPP);

(2) a estrutura acusatória decorre do texto constitucional e, na hipótese, faz explícita menção ao processo penal;

(3) apenas se tem órgão da acusação, *stricto sensu*, quando há relação processual instaurada (art. 363, CPP), isto é, após a deflagração do processo penal.

Todavia, ainda se constata posicionamento mais próximo do sistema inquisitivo, evitando o controle de constitucionalidade de dispositivos legais que permitem a atuação probatória de ofício do juiz depois de iniciado o processo penal condenatório, a exemplo do art. 156, inciso II, do CPP. Nesse diapasão, o STJ avivou que, para o desate do processo, "é permitido ao Juiz determinar, de ofício, a produção de provas, caso entenda que elas são imprescindíveis".[905]

---

904. STF – Pleno – ADI 6298/DF – Rel. Min. Luiz Fux – 24 ago. 2023.

905. STJ – Sexta Turma – AgRg no HC 564.148/RJ – Rel. Min. Laurita Vaz – DJe 15 jun. 2020.

30.9 Procedimento probatório (etapas)

A produção da prova deve ocorrer **sob o manto do contraditório**. Deveras, o procedimento probatório é desenvolvido em fases. Constitui a compostura do seu devido processo legal (*due process of law*).

São etapas da prova:

(1) a **postulação**: requerimento por legitimado (vedada a atuação probatória de ofício pelo juiz, ressalvado caso pontual de suplementação essencial ao mérito, consoante deliberação do STF em torno do art. 3º-A, do CPP[906];

(2) a **admissão**: ato aquisitivo (deferimento da petição inicial, com seu recebimento – art. 396, CPP);

(3) a **produção**: com contraditório judicial, assegurando debate e defesa ampla (art. 5º, LV, CF). Há tripartição da bilateralidade da audiência da prova em:

(a) contraditório prévio (ou antecipado), tal como na apresentação de quesitos, pelas partes, aos peritos (art. 159, § 3º, CPP);

(b) contraditório concomitante (ou simultâneo), a exemplo das perguntas formuladas à testemunha (art. 212, CPP), consoante o método do exame direto (*direct examination*) e do exame cruzado (*cross examination*);

(c) contraditório postergado (diferido ou posterior), realizado depois de documentada a prova (art. 232, CPP);

(4) a **avaliação**: julgamento fundamentado, a partir da escolha do resultado do conhecimento de fatos

906. STF – Pleno – ADI 6298/DF – Rel. Min. Luiz Fux – 24 ago. 2023.

e provas sob o prisma de valores (**valoração**), com interseção entre teoria da norma jurídica, teoria da prova e teoria do crime (art. 315, § 2º, CPP). Na esteira de Miguel Reale, **valorar** "é apreciar algo sob prisma de valor", enquanto **avaliar** "consiste em determinar o valor ou a valia de alguma coisa".[907]

O silogismo constitutivo do argumento, como juízo sintético que liga a estrutura teórica aos elementos empíricos, deve se referir às articulações do tipo penal, enquanto conduta, dolosa ou culposa, revestida de tipicidade, antijuridicidade e culpabilidade. Por exemplo, para se verificar o dolo de forma racional e afirmá-lo por provas relacionadas à conduta (**prova do dolo**), deve-se nortear pelo postulado da presunção da inocência (art. 5º, LVII, CF).

Pedro Jorge Costa aviva que o dolo é conceito jurídico, formado com esteio "em razões de índole valorativa, inclusive sociais e jurídicas". Ademais, o dolo, pelo só fato de ser conceito jurídico, pressupõe a escolha de elementos psicológicos relevantes. O contexto deve enfrentar, de um flanco, a impossibilidade de se ter "acesso direto ao cérebro" e, de outro, a necessidade de se "provar os elementos intelectivo e volitivo".[908]

Outrossim, a prova reduzida a argumento na sentença é denominada de **prova em sentido completo**, quando coroado todo o procedimento probatório. Devem ser considerados os constrangimentos normativos que direcionam a atividade cognitiva judicial. Dentre eles, o maior de todos está na garantia do estado de inocência.

Janaína Matida e Rachel Herdy lecionam que o cânone de que o réu deve ser presumido inocente até que se apresente prova em contrário, enquadra-se "no esquema oferecido pelas regras de ônus às inferências probatórias normativas

---

907. REALE, Miguel. *Lições preliminares de direito*. 24. ed. São Paulo: Saraiva, 1998. p.85.

908. COSTA, Pedro Jorge. *Dolo penal e sua prova*. [Coleção Ciência Criminal Contemporânea. v.3. Cláudio Brandão (org.)]. São Paulo: Atlas, 2015. p.297-298.

do julgador". No entanto, apesar do emprego da terminologia das presunções, o estado de inocência deve ser tomado como fundamental. Daí que, "nos casos individuais, por força de regra, o juiz deverá inferir a inocência", em face da ausência ou da insuficiência de prova da culpabilidade.[909]

A atipicidade probatória, se houver, redundará em uma de suas categorias representativas de **nulidade do ato aquisitivo**. A consequência, inadmissibilidade (exclusão ou desentranhamento), invalidação ou convalidação, variará consoante a intensidade do vício.

30.10 Finalidade da prova

Igualmente compondo o devido processo legal, a prova deve ser compreendida conforme critério teleológico ou finalístico. Nessa senda, ela poderá ser, quanto ao valor, uma prova plena (com possibilidade, em tese, de ser usada para fins condenatórios) ou uma prova não plena (inapta a fins condenatórios).

A prova deve ter o propósito de interferir na construção cognoscitiva do juiz, isto é, ela deve ser produzida **com o objetivo de influenciar o seu conhecimento**.

De acordo com o grau de convencimento, a conectividade entre o fato e a estrutura cognitiva judicial poderá ser de:

(1) **juízo de possibilidade**: o nexo entre o cenário fático e os elementos de prova aponta para um limiar de incerteza que não é apto a afirmar a sua veracidade ou a sua falsidade. Os parâmetros legais para a decisão devem tender a reduzir o arbítrio nesse campo. Como exemplos:

(a) o art. 240, § 1º, do CPP, prevê busca e apreensão com esteio na expressão aberta "fundadas razões", e seu § 2º estipula ser possível busca pessoal com

909. MATIDA, Janaína; HERDY, Rachel. As inferências probatórias: compromissos epistêmicos, normativos e interpretativos. *Revista do Ministério Público do Estado do Rio de Janeiro*, Rio de Janeiro, n.73, p.148, jul.-set. 2019.

arrimo em "fundada suspeita". São conceitos que expressam estado que não se aproxima (mas, antes, mantém-se distante) do patamar da certeza;

(b) o art. 312 do CPP estatui a possibilidade de prisão preventiva com lastro em expressões abertas como "ordem pública" e "ordem econômica", embora dite ser necessária prova da existência do crime. Chama a atenção que aquele enunciado se valha, **no singular**, da dicção "indício suficiente de autoria", além da locução "perigo gerado pelo estado de liberdade do imputado";

(2) **juízo de probabilidade**: o nexo entre a descrição da imputação e o contexto empírico-probatório deve representar plausibilidade. Vale dizer, é o exemplo do caso que se insere, em sede de juízo de delibação (aferição de aspecto do mérito), em situação que o juiz singular não condenaria. Em outros termos, a decisão de pronúncia (art. 413, CPP) só deve ser cabível se o juiz da instrução aferir a presença de elementos capazes de viabilizar condenação admitida pelo sistema. Se ausentes, caberá a prolação de sentença de impronúncia, por insuficiência de provas (art. 414, CPP) ou de absolvição sumária (art. 415, CPP);

(3) **juízo de certeza**: o nexo entre a narrativa e os elementos empíricos deve formar imagem nítida do fato imputado, baseado no binômio necessidade-suficiência. Por exemplo: havendo insuficiência da prova apresentada, apesar de atendido o critério da necessidade, a resposta estatal deve ser absolutória (art. 386, CPP). Depois de suplantadas as possibilidades absolutórias, será possível perquirir sobre a preservação de elementos necessários e subjacentes à condenação (art. 387, CPP).

30.11 Conformidade probatória

Seguindo as pegadas do conceito da prova, é de ver que ela deve estar **em conformidade com o direito positivo**, para que seja delimitado o critério de verdade pelo recorte normativo. A relação em torno da prova deve ser um fato normado.

Mesmo o princípio da liberdade probatória encontra fios condutores, fora dos quais devem incidir as regras de sua exclusão (*exclusionary rules*), aplicáveis à prova ilícita.

Sem embargo, como lembra Michele Taruffo, há razões para a adoção de um "otimismo racionalista no plano metodológico". A título de critério de análise, "é necessário situar a determinação verdadeira dos fatos entre os objetivos institucionais do processo". Isso porque "sem esta hipótese é quase impossível explicar racionalmente em que consiste a justiça da decisão".[910]

30.12 Ilicitude probatória

Há autores que não distinguem prova ilícita de prova ilegítima, incluindo-as em um único rótulo, de ilícita, afinal a Constituição de 1988 não difere a atipicidade em função da qualidade material ou processual da norma de regência.

Maria Elizabeth Queijo, discorrendo sobre o tema, aponta que a doutrina, mesmo antes da atual ordem constitucional, considerava que não havia previsão expressa de nulidade de provas produzidas em violação a proibições legais. De conformidade com o ordenamento jurídico em vigor, "a sanção processual cominada para a ilicitude da prova é a sua inadmissibilidade. Não se cuida de nulidade da prova, mas de sua não aceitação no bojo do processo. A rigor, a prova ilícita não pode integrar o processo".[911]

---

910. TARUFFO, Michele. *La prueba de los hechos*. Tradução: Jordi Ferrer Beltrán. 3. ed. Madrid: Trotta, 2009. p.168 (tradução livre).

911. QUEIJO, Maria Elizabeth. *O direito de não produzir prova contra si mesmo*: o princípio 'nemo tenetur se detegere' e suas decorrências no processo penal. 2. ed. São Paulo: Saraiva, 2012. p.440.

Por outro lado, é possível distinguir, quanto ao resultado:

(1) **prova ilícita**, enquanto vitupério ao direito material: por ser vedada, inadmissível, deve ser desentranhada dos autos;

(2) **prova ilegítima**, violadora de regra de processo, com duas possibilidades: deve ser mantida nos autos, mas objeto de controle de nulidade; ou, deve ser excluída integralmente, diante do fracionamento de sua aquisição desde o deferimento de sua produção;

(3) **prova irregular**, que consiste no desacordo com normas procedimentais, sujeitando-se, igualmente, à nulidade integral ou à sua exclusão, em face da incindibilidade do ato aquisitivo fracionado.

A aquisição e valoração da prova em desacordo com o ordenamento jurídico, implica atipicidade do ato aquisitivo da prova, em face de vício sobre elemento essencial. Se o juiz sentenciar, encampando a prova ilícita *lato sensu* (ilícita, ilegítima ou irregular), haverá nulidade absoluta da sentença.

É de ver que a solução de manter a prova ilegítima nos autos, sem a consequência do desentranhamento, é discutível teoricamente, sendo objeto de crítica.

30.12.1 Teoria da inadmissibilidade das provas ilícitas (regra geral de exclusão)

A inadmissibilidade da prova ilícita (*lato sensu*) está inserida na segunda etapa probatória, concernente ao deferimento da prova (ato aquisitivo).

Primeiramente, a prova ilícita não deve ser incluída; caso o seja, indevidamente, caberá sua exclusão, como decorrência da invalidação do ato aquisitivo (eivado de nulidade absoluta, por violar disposições probatórias). Em seguida, como providência consecutiva, determina-se o desentranhamento. A inutilização é mais uma derivação da exclusão da prova.

Textualmente, o CPP aviva, em seu art. 157, *caput*, que são **inadmissíveis**, devendo ser desentranhadas do processo, as provas ilícitas, assim entendidas as obtidas em **violação** a normas constitucionais ou legais. É disposição com fundamento de validade no art. 5º, inciso LVI, da CF, que enfatiza a inadmissibilidade, no processo, das provas obtidas por meios ilícitos.

Cuida-se de positivação da primeira teoria sobre provas ilícitas, que é a de exclusão geral. A inadmissibilidade da prova ilícita aferida diretamente não é suficiente para controlar as provas derivadas, produzida sob forma aparentemente lícita, mas por meio de métodos ocultos[912] ou em razão de fonte ilícita.

30.12.2 Teoria da ilicitude por derivação (doutrina dos frutos da árvore envenenada)

A segunda teoria tem o objetivo de conter abusos ou escamoteamentos quanto à origem ilícita da informação. É também conhecida pela locução da ilicitude por contaminação e se encontra sufragada na primeira parte do § 1º, do art. 157, do CPP, ao enfatizar que são também inadmissíveis as provas **derivadas** das ilícitas.

As duas teorias, em conjunto, ampliam o controle, para não permitir que sejam inseridas provas ilícitas ou com origem ilícita. Ilícitas ou obtidas por meios ilícitos são aspectos indiferentes ao resultado: a consequência jurídica deve ser a inadmissibilidade ou a exclusão probatória.

30.12.3 Teoria da tinta diluída (nexo atenuado)

A primeira teoria limitativa do § 1º, do art. 157, do CPP, que sucede às duas primeiras, é a que põe ênfase na **insuficiência** da **relação de causalidade** entre a ilicitude e o

---

912. PRADO, Geraldo. *Prova penal e sistema de controles epistêmicos*: a quebra da cadeia de custódia das provas obtidas por métodos ocultos. São Paulo: Marcial Pons, 2014. p.45 *et seq*.

resultado probatório. Trata-se da contemplação da doutrina da conexão atenuada no ordenamento jurídico, também conhecida por **mancha purgada** ou **nexo tênue**.

Por exemplo, pode existir uma série de informações obtidas, simultaneamente, pelo engajamento de vários meios probatórios. Ou seja, **concausas** para a obtenção de um resultado informativo mais preciso. Se uma das causas for ilícita, com potencial para contaminar o resultado, é necessário ponderar se a hipótese é de uma causa eficiente e determinante da ciência da informação. É o caso de quando se está diante de uma pista que apenas aponta uma direção difusa à informação sobre o fato delituoso: é possível, então, argumentar que se trata de causa irrelevante, com nexo atenuado.

30.12.4 Teoria da fonte independente

As teorias limitativas dependem, em maior ou menor grau, de motivação judicial. Será menor a necessidade de extensão da fundamentação se os elementos empíricos estiverem à disposição para constatação. Ao contrário, nos raciocínios hipotéticos, em tese, o juiz terá de perpassar por degraus para justificar, em linha prospectiva, a decisão de excluir ou de manter o elemento probatório ilícito nos autos.

Dessa dupla possibilidade, nascem as teorias da fonte independente, que pode ser concreta ou hipotética:

(1) a previsão da teoria da **fonte concretamente independente** está na segunda parte do § 1º, do art. 157, do CPP, que contém permissivo de admissibilidade de provas derivadas que "puderem ser obtidas por uma fonte independente das primeiras";

(2) a teoria da **fonte hipoteticamente independente** (**descoberta inevitável**) decorre do § 2º, do mesmo enunciado legal, que assim a considera quando "por si só, seguindo os trâmites típicos e de praxe, próprios da investigação ou instrução criminal, seria capaz de conduzir ao fato objeto da prova".

30.12.5 Teoria da exceção de erro inócuo

A **teoria da exceção de erro inócuo** (*harmless error* ou erro inofensivo), de inspiração norte-americana (*Case Chapman versus California* de 1967), baseia-se na possibilidade de se argumentar, em favor do acusado em processo criminal, a defesa de erro inócuo, com o objetivo de isentar o réu de pena.

Naquele sistema, foi formulada a regra do *harmless error* para incidir diante da crença da Corte na ausência de ofensividade do erro do réu, para além de qualquer dúvida razoável.[913] Frise-se que não foi invocada a teoria com propósito condenatório, mas para reforçar as chances de defesa do imputado.

Logo, se a alegação de erro inofensivo tiver o propósito de reduzir as chances absolutórias, não haverá, a rigor, similitude com o precedente norte-americano. Ao contrário, a incidência do argumento de erro inócuo restará desvirtuado.

Em caso concreto, o STJ, embora sem mencionar explicitamente a teoria americana, decidiu não haver nulidade em acórdão de tribunal *a quo* que adotou conclusões de decisão nulificada. Há, no entanto, semelhança com a exceção de erro inócuo, manejada em desfavor do imputado, na medida em que a Corte Superior declarou que a decisão condenatória seria a mesma, ainda que sem o uso dos elementos ilícitos descritos no julgado vergastado.

Em suma, o STJ entendeu de pouca relevância o liame entre a decisão impugnada e a remissão feita àquela eivada de nulidade nas razões de decidir. Na oportunidade, foi dito que a referência ao julgado anterior ocorreu "apenas a título de reforço e/ou complemento de argumentação".[914]

---

913. U.S. Supreme Court – Chapman v. California – 386 U.S. 18 (1967) – No. 95 –Decided February 20, 1967.

914. STJ – Quinta Turma – AgRg no REsp 1390734/PR – Rel. Min. Felix Fischer – DJe 21 mar. 2018.

30.13 Nulidade do ato aquisitivo

A nulidade do ato aquisitivo tem incidência depois do deferimento da prova, com sua juntada ao processo. Dela decorre a medida de exclusão da prova, em compasso com a aplicação das teorias sobre provas ilícitas (*exclusionary rules*).

A medida pode ser aplicada, *mutatis mutandis*, antes de iniciado o processo penal, como modo de **redução de danos**.

Afinal, soa sem sentido lógico que a autoridade policial admita a inserção de elementos de informação ilícitos nos autos da investigação preliminar e, somente depois de iniciado o processo criminal, possam ser excluídos da persecução penal estatal.

Tomando conhecimento da ilicitude de elemento de informação, a autoridade policial deve:

(1) indeferir sua juntada aos autos da investigação e remetê-lo ao Ministério Público; ou

(2) caso tenha sido carreado o elemento ilícito, deve relatar a situação de fato e encaminhar os autos do inquérito policial ao juiz das garantias e ao Ministério Público.

Importa trazer ao debate o que Franco Cordero realça sobre o exame da validade da prova pelo juiz (no curso do processo). Como nota o processualista italiano, a questão da validade da prova deve recair sobre o que denomina ato aquisitivo, distinguindo as noções de (in) admissão e de aquisição (pós deferimento).

Na sua dicção, "se tiver sido obtida prova inadmissível ou adquirida de forma inválida uma prova admissível, o juiz – ressalvada eventual convalidação, quando o incidente configurar nulidade sanável – deve abster-se de avaliá-la". Em outros termos, "a previsão de nulidade entra em jogo no instante em que o juiz decide sobre a base de uma prova inadmissível ou admissível, mas invalidamente adquirida". A sentença proferida, com base nesses elementos, será, por definição jurídica, incontornavelmente nula.[915]

---

915. CORDERO, Franco. *Procedura penale*. 7. ed. Milano: Giuffrè, 1983.p.915 [tradução livre].

30.14 Nulidade por quebra da cadeia de custódia da prova penal

A problemática da falta de controle da atividade investigativa também desperta a atenção para o problema enfrentado por Geraldo Prado sobre "a quebra da cadeia de custódia das provas obtidas por métodos ocultos".[916] Por exemplo, a destruição imediata de suportes técnicos e relatórios resultantes de operação sigilosa, pode prejudicar o conhecimento hígido dos fatos.

Essa cautela tem o fito de também enfatizar a necessidade de exposição analítica da construção probatória. O ponto de contato do instituto da cadeia de custódia da prova com o constructivismo lógico-semântico consiste na necessidade de **controle simultâneo**, **sucessivo** e **permanente** das relações que unem os elementos comunicativos, por eixos de conexão (**conectividade**).

CONECTIVIDADE		
Controle	**Cadeia de custódia da prova penal**	**Constructivismo lógico-semântico**
Simultâneo	Identificação da fonte da prova (art. 158-B, I e II, CPP). Todo enlace encadeado da prova depende da identidade (mesmidade) do seu elemento inicial.	A norma jurídica deve ser constituída a partir de enunciado compatível com a Constituição. A sua fonte é o seu fundamento de validade.
Sucessivo	Conservação e documentação cronológica (arts. 158-A e 158-B, III a VIII, CPP). A integridade da prova deve garantir que não esteja corrompida.	Toda norma jurídica depende do programa estabelecido em enunciado normativo anterior, viabilizando o controle de nulidade (relação antecedente-consequente).
Permanente	Armazenamento da prova (art. 158-B, IX e X, CPP), com as cautelas para assegurar o seu controle (fiabilidade).	A descrição da incidência é condição indispensável à operatividade, isto é, à produção de efeitos jurídicos, bem como ao controle.

A realidade e a norma jurídica pressupõem preservação da cadeia de custódia da prova e linguagem jurídica. Rogério

916. PRADO, Geraldo. *Prova penal e sistema de controles epistêmicos*: a quebra da cadeia de custódia das provas obtidas por métodos ocultos. São Paulo: Marcial Pons, 2014. p.51.

Lauria Tucci pondera que a questão envolve o conteúdo probatório de jurisdição de natureza cautelar, embora alerte para a carência de univocidade de entendimento sobre o tema. O preclaro jurista pontua o perigo que representa a perda de correspondência entre o processo e a realidade concreta, pontificando que, "tida a norma como instrumento edificador de uma situação de direito, e a prova como instrumento construtivo de uma situação de fato, surge a cautela (derivada de *calveo*, e, em vernáculo, diligência, previsão, precaução) como instrumento assecuratório da concreção dessa construção".[917]

A explicitação da incidência da norma jurídica, envolvida na formação da prova, deve ser requisito fundamentador das decisões jurídicas. O percurso da prova é extenso se considerados os seguintes estágios:

(1) o seu nascimento, como fato, a exemplo do alicerce empírico ou vestígio deixado pelo cometimento do delito (arts. 158, *caput*, e 158-A, § 3º, CPP);

(2) as etapas que acautelam sua cadeia de custódia (art. 158-A, *caput*, CPP);

(3) o procedimento probatório em juízo, sob duas óticas de exame de suas fases:

(a) postulação (iniciativa – art. 156, CPP), admissão (ato aquisitivo), produção (contraditório e ampla defesa – art. 5º LV, CF) e avaliação (sentença – art. 93, IX, CF; art. 315, § 2º, CPP); ou

(b) admissibilidade (licitude – art. 5º, LVI, CF; art. 157, CPP), relevância (objeto ou causa de pedir – art. 41, CPP), confiabilidade (fiabilidade – arts. 155; 158-A ao 158-F, CPP) e confronto (dialeticidade – art. 5º LV, CF);[918]

917. TUCCI, Rogério Lauria. Do corpo de delito no direito processual penal brasileiro. São Paulo: Saraiva, 1978. p.143-144.

918. HAACK, Susan. *Filosofia das lógicas*. Tradução: Cezar Augusto Mortari; Luiz Henrique de Araújo Dutra. São Paulo: UNESP, 2002. p.63.

(4) a redução analítica da prova, descrita em forma de argumento na sentença, mediante critério racional.

A argumentação, alusiva às provas processuais, pode ser estendida aos elementos informativos do inquérito, com as cautelas necessárias à preservação do contraditório e à oposição de limites à indesejada extensão dos efeitos condenatórios do inquérito policial.

Para coibir vício que afeta gravemente garantias fundamentais constitucionais, o momento de seu reconhecimento não deve se restringir à fase processual penal. Uma vez constatado e classificado o vício da investigação preliminar, estará constituída a condição normativa prévia para a aplicação do consequente normativo.

A invalidação deve recair sobre o ato incorporador do elemento ilícito (ato aquisitivo). Na sequência, deve ser ordenado seu expurgo, de acordo com as regras de exclusão da prova ilícita (art. 157, CPP), a exemplo da teoria da ilicitude por derivação (frutos da árvore envenenada) e das teorias decorrentes (fonte independente, descoberta inevitável e conexão atenuada).

Esse proceder deve incidir, inclusive, no curso do inquérito policial, quando o juiz tem a função de garantidor da juridicidade das formas da investigação. Nesse diapasão, o art. 3º-B, *caput*, do CPP, reza que "o juiz das garantias é responsável pelo controle da legalidade da investigação criminal e pela salvaguarda dos direitos individuais cuja franquia tenha sido reservada à autorização prévia do Poder Judiciário".[919]

30.15 Silogismo e método

Na linha aristotélica descrita por Giovanni Reale e Dario Antiseri, o silogismo é processo substancialmente realizado por **dedução**, porquanto extrai verdades particulares de verdades universais. Entretanto, os filósofos complementam que

919. STF – Pleno – ADI 6298/DF – Rel. Min. Luiz Fux – 24 ago. 2023.

as verdades universais são colhidas por processos de sentidos um tanto opostos, inerentes, todavia, ao próprio silogismo, ou seja, por:

(1) **indução**: quando do particular se encontra o geral. A indução "é um processo abstrativo". Não consiste em um raciocínio, porém em "um 'ser conduzido' do particular ao universal através de uma espécie de visão imediata ou de intuição, que a experiência torna possível";

(2) **intuição**: considerada "a captação pura dos princípios primeiros por parte do intelecto" (intuição intelectiva). Vale dizer, "a possibilidade do saber 'mediato' pressupõe estruturalmente um saber 'imediato'".[920]

30.16 Método abdutivo

A abdução, tomada a partir da obra de Charles Peirce,[921] não deve aplicada ao processo penal por se encravar do lado de fora dos elementos empíricos que possam estar relacionados ao objeto da prova. Isso porque se baseia em hipótese mista que, no processo formal, seria construída em permeio à petição inicial e à inferida por elementos imaginativos. Destarte, supõe-se uma conclusão mais ampla com o propósito de obter uma melhor elucidação (**técnica da melhor explicação**).

No procedimento abdutivo, sobeja maior espaço de dúvida, na esteira de que os paradigmas científicos são falíveis. Cuida-se de um "salto da linha dos fatos para a das suas razões", com base na existência de justificativa para se suspeitar que um dado fato seja verdadeiro. Como explicam Geovanni Reale e Dario Antiseri, esse tipo de argumentação sugere que, "para encontrar a explicação de fato problemático", deve-se

920. REALE, Giovanni; ANTISERI, Dario. *História da filosofia*: Antiguidade e Idade Média [volume 1]. Tradução: Ivo Storniolo. São Paulo: Paulus, 1990. p.216.

921. PEIRCE, Charles Sanders. *Semiótica*. Tradução: José Teixeira Coelho Neto. 4. ed. São Paulo: Perspectiva, 2008. p.6 *et seq*.

"inventar uma hipótese ou conjectura, da qual se deduzam consequências, que, por seu turno, possam ser verificadas indutivamente, isto é, experimentalmente".[922]

Enquanto os métodos intuitivo e indutivo se coadunam com o procedimento dedutivo, o raciocínio abdutivo é método que se lastreia em elementos exoprocessuais, por técnica semelhante à interpretação analógica. Em outros termos, a abdução é método com opacidade incompatível com o *standard* probatório pleno (juízo de certeza).

Exemplo de método abdutivo, subdividido em três momentos:

(1) o órgão acusador parte da **conclusão** de que alguém cometera delito de lavagem de dinheiro, por encontrar ativos lícitos na esfera de sua propriedade (art. 1º, § 1º, I, da Lei nº 9.613/1998);

(2) como elemento veritativo, que compõe a **premissa menor** de sua ilação, a investigação criminal indicou patrimônio do agente incompatível com o histórico de remuneração que aufere como funcionário público;

(3) em analogia a outros casos concretos, o órgão ministerial identifica semelhanças de enriquecimento sem causa e constatações de sua ocorrência por intermédio de delitos financeiros. Forja, por esse percurso, a **premissa maior** de seu silogismo, tendente a afirmar, genérica e indevidamente, que todo aquele que acumula patrimônio rapidamente comete delito de lavagem de capitais.

Note-se que não há, nessa situação hipotética, elementos probatórios suficientes de conduta típica do agente acusado. A **invenção** se tornou, no exemplo dado, o método preponderante para a viabilidade da imputação. Eis a abdução,

922. REALE, Giovanni; ANTISERI, Dario. *História da filosofia*: do Romantismo até nossos dias [volume 3]. Tradução: Ivo Storniolo. São Paulo: Paulus, 1990. p.487.

enquanto analogia a partir de base externa ao caso concreto. A denúncia se revestirá de temeridade, por ser incapaz de conferir juízo de certeza à acusação que o autor da demanda reputa ter ocorrido.

30.17 Controle da prova

O controle da ilicitude ou da ilegitimidade da prova deve ser retrospectiva, atual e prospectiva. Incide sobre **forma** e **conteúdo** do ato processual ou procedimental, notadamente na sua documentação. Como a produção probatória percorre etapas, a aferição de correção deve ser contínua, desde a fonte (base empírica ou sujeito da prova) até o argumento (avaliação da prova consignada na sentença).

Por exemplo, para aferir a consequência jurídica cabível de um depoimento oral tomado sob *vis absoluta* (com violência física ou agressiva) ou sob *vis compulsiva* (com violência psicológica ou moral), é indispensável o perpassar pelo exame da natureza do elemento do ato processual viciado em razão da prática de tortura ou de técnica equivalente.

A prova e os elementos de informação se revestem de vários aspectos, notadamente quando se consideram:

(1) a existência de sua fonte (sujeito da prova);

(2) o seu procedimento (meio e rito); e

(3) o seu resultado (documentação, sob forma linguística).

De tal modo, a fonte e o rito probatório defeituosos estarão encampados na documentação da prova. Haverá **atipicidade**, em virtude do que poderá ser determinada a **invalidação** do ato aquisitivo e, notadamente se for o caso de ferimento de norma substancial, também o **desentranhamento** do resultado produzido.

Walter Nunes da Silva Júnior sustenta "a nulidade das provas obtidas por meio ilícito", diante de violação ao devido processo legal". Obtempera o jurista que o direito de provar não é irrestrito e que o processo penal deve encontrar plausibilidade no respeito aos direitos fundamentais. Dessa forma, não se admitem provas que, malgrado representativas de verdade, sejam resultado de produção em violação a regras de proteção àquelas garantias. Essa conclusão está de acordo com "a mesma ordem de ideias que comandou a virada jurídica no sentido de não conferir validade à confissão tomada sob tortura".[923]

O controle da perfeição da prova (no processo) ou dos elementos de informação (na investigação preliminar) deve se volver ao ato processual ou procedimental. As categorias de atipicidade da prova devem se relacionar com a sua correspondente (in) admissibilidade (**princípio da comunhão da prova**), cuja moldura deve atender aos requisitos gerais dos atos jurídicos.

Franco Cordero analisa a questão de se a produção da prova em violação à lei impõe a **nulidade do ato aquisitivo**. Para tanto, considera a ausência de rol taxativo, bem como o fato de nenhuma disposição estabelecer expressamente a nulidade da aquisição probatória de um documento obtido ilicitamente. Diante do caráter não exaustivo do direito positivo, observa que "o paradigma da nulidade não esgota todas as possíveis imperfeições dos documentos comprobatórios". Às vezes, o ato é defeituoso, diante da lei não conferir, ao juiz, a competência para emiti-lo, apesar de não impor nulidade alguma.[924]

Parafraseando o autor, e pondo ênfase na questão das declarações obtidas por meio de tortura, o ato que cristaliza as informações emanadas da fonte probatória, inserindo-se nos autos, é eivado de atipicidade. A prova ilícita deveria ser inadmissível liminarmente. Porém, sendo produzida com sua versão em linguagem, há necessidade de atividade judicial declaratória da nulidade, para a aplicação das consequências

---

923. SILVA JÚNIOR, Walter Nunes da. *Curso de direito processual penal*: teoria (constitucional) do processo penal. Rio de Janeiro: Renovar, 2008. p.477.

924. CORDERO, Franco. *Procedura penale*. 7. ed. Milano: Giuffrè, 1983. p.911.

jurídicas cabíveis. A luz deve ser, destarte, direcionada à análise do ato jurídico que, por sua vez, atesta incidência defeituosa.

A deficiência estrutural de um ato é nulidade grave. Haverá somente aparência de ato jurídico processual, diante da falta de pressuposto à sua juridicidade. Ademar Raimundo da Silva realça que o processo consiste em um complexo de atos que, representando manifestação da atividade processual de certos sujeitos, classificam-se como processuais, máxime por autorizar nascimento, desenvolvimento, modificação ou extinção da relação jurídico-processual. O sujeito competente ou com atribuição legal é o seu primeiro requisito, sendo estendida a noção aos auxiliares de um dos atores processuais. Nesse diapasão, nem todo ato do processo deve ser considerado ato processual.[925]

A ênfase dessa verificação de correção é no aspecto da qualidade do sujeito que o pratica. Por exemplo, apesar de se poder sustentar que a testemunha, de per si, não pratica atos processuais, o seu depoimento, prestado perante autoridade, finda por conferir, à documentação da sua inquirição, contornos típicos de ato jurídico.

Francesco Carnelutti, a propósito, pondera que "os requisitos dos atos jurídicos distinguem-se em três categorias: pressupostos, elementos e circunstâncias".[926] O vício de vontade ocasionado, no exemplo da tortura, pela narcoanálise ou por procedimento semelhante, afeta a constituição do ato jurídico processual, impedindo sua existência jurídica, ou seja, situa-se na órbita dos seus pressupostos.

Considerando que a prova se completa quando avaliada, em forma de argumento, ou seja, no momento em que valorada na sentença, o controle de julgamento há de ser rigoroso,

---

925. SILVA, Ademar Raimundo da. Atos processuais penais. *Revista Forense comemorativa – 100 anos*, tomo VII [direito processual penal], Afrânio Silva Jardim (org.), Rio de Janeiro: Forense, p.239-240, 2006.

926. CARNELUTTI, Francesco. *Instituições do processo civil*: volume I. Tradução: Adrián Sotero de Witt Batista. Campinas: Servanda, 1999. p.510.

como descrito por Susan Haack.[927] As afirmações, na decisão, devem ser supedaneadas em provas. Mas a prova, ao ser descrita, coincide com o que foi positivado no argumento. Como parâmetros para esse controle, a autora relaciona:

(1) a **admissibilidade**, isto é, não deve ser vedada pelo ordenamento jurídico;

(2) a **relevância probatória**, aferida pela relação entre a narrativa acusatória e o tipo penal que justifica a exigibilidade de conduta diversa da imputada ao réu (relação com o **corpo de delito**);

(3) a **confiabilidade**, da qual se extrai o termo **fiabilidade**, verificada pelo respeito ao devido processo legal (art. 5º, LIV, CF; art. 394, CPP), à cadeia de custódia da prova (art. 158-A, CPP) e ao princípio da imediatidade do juiz (art. 155, CPP). Atribui à **importância** da informação o caráter de peso, qualificado pela **credibilidade**. Como elucida Mirjan Damaška, "a relevância da evidência e seu peso são dois conceitos distintos, embora intimamente relacionados". Enquanto "o primeiro depende apenas do potencial cognitivo da informação", o segundo "também depende da credibilidade do transmissor da informação";[928] e

(4) o **confronto probatório**, com incidência dos princípios do contraditório e da ampla defesa.[929]

A produção da prova durante a instrução processual deve ter, como eixo, o princípio da imediatidade (imediação) que, a seu turno, deve enlaçar outros cânones, como os princípios da

927. HAACK, Susan. *Filosofia das lógicas*. Tradução: Cezar Augusto Mortari; Luiz Henrique de Araújo Dutra. São Paulo: UNESP, 2002. p.61-62.

928. DAMAŠKA, Mirjan. *Evidence law adrift*. EUA: Yale University, 1997. p.55 (tradução livre).

929. HAACK, Susan. *Filosofia das lógicas*. Tradução: Cezar Augusto Mortari; Luiz Henrique de Araújo Dutra. São Paulo: UNESP, 2002. p.63.

concentração dos atos processuais em audiência, da oralidade e da identidade física do juiz.

O controle deve recair não somente sobre o procedimento probatório, mas, sobremodo, sobre a prova enquanto norma jurídica documentada em forma de ato processual (argumento descrito na sentença). A incidência normativa probatória pressupõe que o juiz esteja situado no vértice, embora adstrito ao princípio da inércia, por ser ele imanente à estrutura da norma jurídica.[930] O julgador deve deliberar dentro dos parâmetros normativos disponíveis, como salienta Marília Muricy.[931]

Volvendo ao citado princípio da imediação, Décio Alonso Gomes elucida que ele "consiste na contemporânea e contínua interação comunicacional entre juiz, partes e provas (pessoais), a fim de que o julgador possa conhecer pessoal e diretamente as alegações das partes e o acervo probatório do processo, desde a sua iniciação".[932]

30.18 Meios de prova positivados no CPP

A ordem sequenciada de provas nominadas e com procedimento tipificado no CPP nem sempre atende ao rigor do seu conceito. O decurso do tempo é outro fator que dificulta o apuro técnico do elenco dos meios de prova.

Por exemplo, se outrora o interrogatório foi objeto de debates sobre sua natureza jurídica de meio de prova ou de meio de defesa, atualmente o seu estudo no capítulo das provas penais se justifica especialmente em razão de sua localização tópica.

Como opção metodológica, será seguida a ordem dos meios de prova, conforme positivado no Código, do seu art. 158 ao 250.

---

930. COSSIO, Carlos. *La teoría egológica del derecho y el concepto jurídico de libertad*. 2. ed. Buenos Aires: Abeledo-Perrot, 1964. p.23.

931. MURICY, Marília. *Senso comum e direto*. São Paulo: Atlas, 2015. p.78.

932. GOMES, Décio Alonso. *Prova e imediação no processo penal*. Salvador: Juspodivm, 2016. p.244.

30.18.1 Exame de corpo de delito

Inaugurando o primeiro meio de prova nominado e típico, a prova pericial é **espécie probatória** que impõe a necessidade de conhecimentos específicos, que exorbitam o campo jurídico, de acordo com a área objeto da perícia.

A constatação é, via de regra, realizada, diretamente, pelo próprio juiz (perito dos peritos ou *peritum peritorum*), a teor dos princípios da imediatidade e da identidade física do juiz (relativamente à prolação de sentença). No entanto, pode ser preciso, ao juiz, colmatar a falta de *expertise* em determinado assunto, com auxiliares técnicos.

Os crimes que deixam vestígios são delitos que produzem modificação no plano naturalístico, seja de forma permanente, seja de forma transitória. Existem várias disposições enunciativas no ordenamento jurídico, que visam a orientar a forma de realização do exame pericial e do respectivo laudo.

Pode-se discernir, de um lado, uma disciplina legislativa geral, aplicável, no que couber, a todos os exames e, de outro, uma especial, que tem lugar para determinados exames nominados pela lei. A perícia passa, primeiramente, pela constatação de sua exigência para, em seguida, submeter-se aos critérios legislativos e técnicos necessários à sua conformidade.

Na senda de Danilo Knijnik, "o método pericial envolve a escolha, pelo perito e sua aceitação, pelo julgador, sob contraditório dos interessados, de uma técnica ou, mais amplamente, de um método". Rigorosamente, "numa perícia, sempre estará envolvida a aplicação de uma máxima da experiência técnica, relativa a uma ciência, uma experiência específica ou uma técnica, pelo que o tema vai jungido à utilização do método indutivo".[933]

---

933. KNIJNIK, Danilo. *Prova pericial e seu controle no direito processual brasileiro*. São Paulo: RT, 2017. p.41.

A ausência da perícia, em violação ao enunciado legal que preconiza sua produção, ou sua realização sem observância a critério científico, é atipia sobre elemento essencial, diante da falta de base à aferição da materialidade do delito, tal como prescreve o art. 158 do CPP.

Decerto, quando a infração deixar vestígios, será indeclinável "exame de corpo de delito, direto ou indireto, não podendo supri-lo a confissão do acusado". A vedação de confissão do acusado como forma de suprimento é uma limitação legal, tarifada, isto é, uma dicção inibidora de determinada espécie de prova (**prova legal negativa**).

30.18.1.1 Obrigatoriedade do exame de corpo de delito

A imposição de realização de exames periciais no curso do inquérito policial é exceção à sua propalada característica discricionária, descrita pela doutrina.

Conforme leciona José Frederico Marques, o inquérito policial tem natureza informativa, administrativa e preparatória da ação penal. Embora subordinada à ordem jurídica, com o dever de atuar à luz da legalidade, "tem a polícia, por outro lado, atribuições discricionárias", que não devem ser arbitrárias. A ação da polícia investigativa seria "vária e multiforme", razão pela qual não poderia "ser prefixada em fórmulas rígidas e rigorosas".[934]

De todo modo, há certo consenso de que vigora, na produção do exame de corpo de delito, o princípio da legalidade estrita, ainda que produzido no curso de investigação preliminar.

Melhor seria avivar o maior alcance da legalidade, a fim de abranger os demais atos do inquérito policial e da atividade policial. Decerto, o trilho por meio do qual deve ser conduzida uma investigação criminal está traçado em lei, se forem

934. MARQUES, José Frederico. *Elementos de direito processual penal*: volume II. 2. ed. Campinas: Millennium, 2000. p.164.

considerados dois aspectos depreendidos dos enunciados do ordenamento jurídico:

(1) a estrutura normativa do que é devido (**endonorma** – essência **noética**, pertencente ao intelecto e decorrente da atuação do intelecto); e

(2) a estrutura normativa do que é indevido (**perinorma** – essência **noemática**, inferida da concepção visada pelo pensamento da norma enquanto conduta e disjunção).[935]

O art. 6º, inciso VII, do CPP, estatui, dentre as providências da autoridade policial, o seu dever de ordenar, se for o caso, o exame de corpo de delito, bem como outras perícias.

A produção da prova técnica na fase preparatória não constitui prova em sentido estrito. Rigorosamente falando, o resultado pericial (laudo) seria enquadrado no conceito de elemento de informação, em face da sua produção sem a observância do contraditório prévio ou concomitante.

No entanto, o exame pericial é reconhecido pelo texto da lei processual penal como apto a fundamentar sentença penal condenatória, embora seja de difícil verificação sua suficiência, isolada, para comprovar, além do tipo objetivo penal, a tipicidade subjetiva.

Nada obstante, o Código de Processo Penal autoriza fundamentar a condenação exclusivamente no laudo pericial acostado durante a fase da investigação preliminar, com o fito de justificar a materialidade da infração penal.

O exame técnico está compreendido, como regra, no conceito de prova não repetível (art. 155, CPP).

A prova pericial "é um meio instrumental, técnico-opinativo e alicerçador da sentença", consoante magistério clássico de

935. COSSIO, Carlos. *La teoría egológica del derecho y el concepto jurídico de libertad*. 2. ed. Buenos Aires: Abeledo-Perrot, 1964. p.194-195; 464-465; 668-669.

Adalberto de Camargo Aranha. O caráter **técnico-opinativo** da perícia decorre de somente se justificar "quando há necessidade da emissão de uma opinião especializada sobre um fato, do socorro de alguém que tenha um conhecimento técnico específico":

(1) em primeiro lugar, consiste em "uma pesquisa técnica, científica ou artística, exigindo, portanto, conhecimentos altamente especializados";

(2) seguidamente, essa cognição qualificada é transformada "num juízo de valor sobre o fato observado, formando a opinião técnica".[936]

Partindo dessa premissa, Marcellus Polastri Lima pontua que sobre aquela recai "perigo de perecimento". Vale dizer, "pelo fato de ser em regra colhida no inquérito" e com o intuito de se constatar a materialidade de crime ou contravenção penal, a prova pericial é compreendida como irrepetível, "mantendo seu valor probatório, mesmo colhida sem que tenha o crivo do contraditório".[937]

De sua vez, o art. 158, do CPP, estabelece a indispensabilidade do exame de corpo de delito, quando a infração penal deixar vestígios, não podendo supri-lo a confissão do acusado. O exame pode ser tanto **direto** quanto **indireto**. O laudo deve ser subscrito por um perito oficial ou por dois peritos não oficiais (art. 159, CPP).

São, em regra, formalidades essenciais que, se faltantes, causarão **nulidade absoluta** (art. 564, III, "b", CPP). Nos termos dessa disposição, ocorrerá nulidade por falta das fórmulas ou dos termos seguintes, concernentes ao "exame do corpo de delito nos crimes que deixam vestígios, ressalvado o disposto no art. 167."

---

936. ARANHA, Adalberto José Q. T. de Camargo. *Da Prova no Processo Penal*. 2. ed. São Paulo: Saraiva, 1987. p.136.

937. LIMA, Marcellus Polastri. *A prova penal*: de acordo com a reforma processual penal. 3. ed. Rio de Janeiro: Lumen Juris, 2009. p.131.

Caso se cuide de vício periférico, a aplicação pode ser do inciso IV, do art. 564, do CPP, diante de omissão de formalidade que constitua elemento essencial do ato. Alude esse texto à hipótese de **nulidade genérica**, que não é cominada especificadamente pela lei, razão pela qual admite convalidação, nos termos do seu art. 572.

É de ver que ausente o próprio exame de corpo de delito nos crimes que deixam vestígios, ou viciado tal exame em sua essência, tal defeito provocará, no âmbito do processo, nulidade absoluta (art. 564, III, "b", CPP). Trata-se de **prova legal** (prova legal positiva), resquício da **prova tarifada** e do **sistema da certeza do legislador**.

Porém, a lei ressalva a possibilidade de suprimento pelo exame de corpo de delito indireto ou pela prova testemunhal. Classifica-se, portanto, como **prova legal relativa**, de cariz positivo. Como preleciona Paulo Cláudio Tovo, a ausência de exame de corpo de delito ou de seus instrumentos supletivos "não permite sequer o recebimento da denúncia ou queixa, por falta de um dos pressupostos de persecução penal em juízo".[938]

A Lei nº 9.099/1995 autoriza que a materialidade das infrações penais de menor potencial ofensivo possa ser demonstrada por **boletim médico** ou prova equivalente, tornando prescindível o exame de corpo de delito (art. 77, § 1º).

30.18.1.2 Controle do exame de corpo de delito

Volvendo às investigações preliminares, a ausência do exame e o defeito sobre seu elemento essencial serão hipóteses deflagradoras do dever jurídico do juiz de reconhecer a atipicidade procedimental. Como se trata de forma relativa à prova pericial, notadamente quanto ao seu procedimento, recairá, em regra, o dever de emitir norma jurídica de invalidação.

---

938. TOVO, Paulo Cláudio. *Nulidades no processo penal brasileiro*: novo enfoque e comentário. Porto Alegre: Sergio Antonio Fabris, 1988. p.35.

A produção das normas jurídicas será concretizada, conforme o binômio ilicitude-invalidade. O reconhecimento de atipicidade por falta ou deficiência de incidência da norma jurídica referente ao exame pericial ou por inobservância das regras sobre a cadeia de custódia do vestígio (arts. 158-A ao 158-F, CPP), vai retratar o desacordo com o modelo descrito no ordenamento jurídico. O teor do vício e o comprometimento do direito à prova, enquanto consectários da ampla defesa e do contraditório, podem determinar invalidação do ato aquisitivo da perícia ou a sua convalidação.

Alusivamente à cadeia de custódia da prova penal, Geraldo Prado adverte sobre o grave problema da "supressão indevida de elementos informativos", cujo efeito "impeditivo de emprego das informações remanescentes" é apto a ocasionar a "carência de 'suficiência probatória'". Com efeito, "o material probatório remanescente está afetado pela referida quebra e configura prova ilícita, pois não há como sujeitá-lo, adequadamente, aos procedimentos de comprovação e refutação".[939]

Se, de um lado, os vícios da investigação preliminar não contaminam o processo penal já instaurado, como costumam afirmar; de outro, a pragmática nessa seara é rica em alternativas, sendo possível conceber invalidação do processo criminal, máxime quando se cuidar de prova pericial viciada gravemente. A invalidação do ato aquisitivo da prova ou do elemento de informação, inserido na investigação preliminar, poderá ter o efeito de descalçar a ação penal da necessária materialidade.

Paulo Cláudio Tovo pondera que o exame de corpo de delito deveria ser realizado sob a chancela do contraditório e da ampla defesa. A perícia acompanha a inicial acusatória e sua produção se dá, geralmente, durante a investigação preliminar. No entanto, seria inadequada a sua confecção nessa fase. Isso por se revestir, em essência, da qualidade de meio

---

939. PRADO, Geraldo. *Prova penal e sistema de controles epistêmicos*: a quebra da cadeia de custódia das provas obtidas por métodos ocultos. São Paulo: Marcial Pons, 2014. p.86-87.

de prova, conquanto constituído antecipadamente e sem o efetivo respeito à garantia da **dialeticidade.**[940]

Deve-se distinguir, contudo, dois momentos do procedimento probatório:

(1) antecipação de prova pericial, feita anteriormente à deflagração da ação penal; e

(2) perícia produzida posteriormente ao início do processo penal.

30.18.1.3 Exame de corpo de delito indireto e suprimento pela prova testemunhal

A legislação processual penal admite o exame pericial indireto, bem como o suprimento por prova testemunhal (art. 167, CPP).

O autorizativo de prova pericial que não seja direta deve ser justificado com base em critério de excepcionalidade, com fundamentação suficiente. Cabe dizer, só quando impossível a realização do exame direto, pode ser admitido o exame indireto ou a suplantação por meio de testemunhas.

Não havendo tal declinação de motivos, o exame indireto ou o suprimento por testemunha restará eivado de nulidade absoluta, impondo-se o desfazimento dos efeitos jurídicos do ato aquisitivo, com a consequência absolutória caso já ultrapassado o momento de realização da perícia direta.

O desatendimento de regra concernente à feitura da perícia pode implicar vício sobre elemento essencial ou acidental:

(1) será **essencial** o elemento do ato pericial ou do laudo necessário à fundamentação da acusação, da ampla defesa e da sentença, para submeter uma pessoa à persecução penal estatal na forma de um sistema

940. TOVO, Paulo Cláudio. *Nulidades no processo penal brasileiro*: novo enfoque e comentário. Porto Alegre: Sergio Antonio Fabris, 1988. p.35-36.

acusatório (arts. 93, IX; 129, I, CF). Não pode haver ação penal temerária, sem lastro material da infração penal que deixa vestígios. À luz dessa vertente, é vedada a atuação judicial probatória, no lugar do órgão da acusação. Ressalva-se, todavia, a possibilidade de atuação de ofício do juiz para dirimir dúvida relevante sobre o mérito do julgamento, na senda da interpretação conforme a constituição que o STF atribuiu ao art. 3º-A, do CPP[941];

(2) será **acidental** o elemento que não compuser aquela motivação e que não implicar ineficácia à garantia do contraditório e da ampla defesa. Sob outra lente, será acidental o elemento que não se inserir no conceito de **corpo de delito** (*corpus delicti*), cuja composição compreende: (a) o objeto material da infração descrito no tipo penal (*corpus criminis*); (b) os instrumentos do crime (*corpus instrumentorum*); e (c) os vestígios em relação próxima de tempo e espaço (*corpus probatorium*).

30.18.1.4 Peritos

O art. 159 do CPP reza que "o exame de corpo de delito e outras perícias serão realizados por perito oficial, portador de diploma de curso superior". Basta um perito oficial à perfeição de tal aspecto do ato, que dever ser servidor público concursado integrante dos quadros do órgão estatal com atribuição na respectiva área técnica (por exemplo: Institutos de Criminalística, de Medicina Legal ou de Identificação, a teor do art. 15, da Lei 14.735/2023).

Na ausência de peritos oficiais, a lei exige duas pessoas idôneas, portadoras de diploma de curso superior, preferencialmente na área específica, observada a habilitação técnica relacionada com a natureza do exame.

941. STF – Pleno – ADI 6298/DF – Rel. Min. Luiz Fux – 24 ago. 2023.

Os peritos não oficiais devem prestar compromisso. No entanto, a formalização do termo não é elemento essencial, porém acidental, haja vista que o dever de bem e fielmente desempenhar o encargo decorre da cogência da incriminação da conduta de falsa perícia gizada no art. 342, do Código Penal.

Um ponto sensível quanto aos exames periciais é o tempo de sua realização, ou seja, o momento da persecução penal. Em regra, o exame pericial é procedido durante a investigação preliminar, o que torna rara a verificação de contraditório prévio ou concomitante.

O inconveniente se evidencia pelo fato de constituir o aspecto da materialidade do delito e que, ao final, poderá sustentar a decisão final condenatória (art. 155, CPP). Como o exame pericial é, geralmente, irrepetível, a sua extensibilidade à sentença condenatória penal é uma realidade de difícil compatibilidade com o princípio acusatório, eis que o contraditório em torno do laudo é o postergado, com as limitações a ele inerentes.

30.18.1.5 Perícia realizada por um só perito não oficial

A epígrafe nº 361, da Súmula, do STF, giza que, "no processo penal, é nulo o exame realizado por um só perito, considerando-se impedido o que tiver funcionado, anteriormente, na diligência de apreensão". Essa redação é antiga, sendo importante precisar seu alcance, bastante limitado atualmente. Isso porque o CPP foi alterado para admitir um só perito oficial ou dois não oficiais como condicionantes suficientes à imunização da prova técnica (art. 159, § 1º, CPP).

O enunciado sumular deve ser contextualizado para ter aplicação adstrita à hipótese de perito perito não oficial. Vale dizer, nos seus termos, haverá nulidade se o laudo for subscrito por um único perito *ad hoc*.

O momento do reconhecimento desse defeito pode repercutir na consequência jurídica imponível. O CPP o prevê como nulidade absoluta, cujo efeito normativo necessário é o de saneamento (invalidação da prova pericial e refazimento do exame técnico por um perito oficial ou dois peritos *ad hoc*).

Contudo, seria adequado que o legislador agregasse ao vício previsão de absolvição por insuficiência de provas na hipótese em que o decurso do tempo constituir óbice à higidez da prova. Seria, inclusive, uma precaução contra novo processamento do fato, retrocedendo a estágio anterior, com ofensa ao princípio *ne bis in idem*.[942]

Deveras, a parte autora que prova mal deve suportar o insucesso da demanda. Não se desincumbindo o Estado do dever de elaborar exame pericial com os requisitos estipulados por lei, forçosa deve ser a improcedência do pedido condenatório, sem possibilidade de retorno do processo ao *status quo ante*. O raciocínio deve ter lugar, inclusive, no controle da cadeia de custódia da prova penal (arts. 158-A ao 158-F).

Essa crítica tem lugar *ad lege ferenda*, haja vista que se a acusação, nos termos do CPP vigente, fustigar o vício, terá direito, em tese, à declaração de nulidade do ato aquisitivo do laudo, para que o exame pericial seja refeito (saneamento), malgrado sua essência evidencie sua irrepetibilidade. Também se a alegação de nulidade for levantada pela defesa, o êxito de seu argumento determinará, de igual modo, o desfazimento dos efeitos da inclusão do exame pericial viciado (*exclusionary rule* – art. 157, CPP) e o seu refazimento, muito embora possa não ser encontrada a base empírica conservada, com a mesma qualidade e quantidade.

30.18.1.6 Isolamento da prova pericial submetida à cognição dos jurados

Tocando um outro ponto do problema do aproveitamento de peças do inquérito policial, André Nicolitt explica que os jurados não devem ser destinatários, sequer indiretos, dos elementos de informação da investigação preliminar. Há

942. SABOYA, Keity. *Ne bis in idem*: história, teoria e perspectivas. Rio de Janeiro: Lumen Juris, 2014.p.81 *et seq*.

necessidade de isolar aquelas peças, a fim de que o conselho de sentença não tenha contato com elas, a não ser de forma limitada às provas periciais não repetíveis.

Na dicção do ilustre autor, no procedimento do tribunal popular, "muito embora vigore o princípio da íntima convicção e não seja exigida fundamentação na decisão do júri, o julgamento deste órgão não está dispensado de observar o princípio do contraditório. Desta forma, a decisão dos jurados não pode ser influenciada pelo inquérito policial". Para evitar esse risco, o juiz deve ordenar que os autos da investigação preliminar sejam retirados do processo, mantendo-se, tão somente, as provas técnicas não passíveis de reprodução em juízo.[943]

30.18.1.7 Perícia no trânsito

Volvendo para disposições que tratam de exames periciais específicos, o § 2º, do art. 306, da Lei nº 9.503/1997, dispõe que a verificação da embriaguez "poderá ser obtida mediante teste de alcoolemia ou toxicológico, exame clínico, perícia, vídeo, prova testemunhal ou outros meios de prova em direito admitidos, observado o direito à contraprova".

Para que tal exame se constitua como prova admissível, necessário assegurar eficácia ao princípio de que ninguém pode ser compelido a se autoincriminar (*nemo tenetur se detegere*).

Ademais, exames clínicos devem ser acompanhados pelo advogado do autuado ou, na falta, pela defensoria pública, evitando-se improvisos para se formar, de toda maneira, elemento constitutivo da materialidade do crime, sem a observância das regras de produção probatória.

30.18.1.8 Exame toxicológico

A Lei nº 11.343/2006 contém disposições próprias sobre o exame pericial de constatação da substância entorpecente. Há regramento para a feitura de dois laudos:

---

943. NICOLITT, André. *Manual de processo penal*. 5. ed. São Paulo: RT, 2014. p.181.

(1) o primeiro é o **laudo de constatação provisório** da natureza e da quantidade da substância entorpecente, firmado por perito oficial ou, na sua ausência, por pessoa idônea (art. 50, § 1º). Nesse caso, é suficiente que o laudo toxicológico seja firmado:

(a) por apenas um perito (oficial ou *ad hoc*); ou

(b) na falta, por uma **pessoa idônea** (sem exigência de habilitação específica);

(2) o segundo é o **laudo de constatação definitivo**, cuja lei autoriza a subscrição pelo mesmo perito que lavrou o primeiro (art. 50, § 2º). De acordo com o dispositivo legal, "o perito que subscrever o laudo a que se refere o § 1º deste artigo não ficará impedido de participar da elaboração do laudo definitivo." Do verbo "participar", contido nesse enunciado, infere-se a necessidade de assinatura de dois peritos, oficiais ou não oficiais, quando se cuidar de laudo toxicológico definitivo. O laudo provisório é bastante ao flagrante e à materialidade do delito (não à condenação!). O juiz deve certificar a sua regularidade formal, determinando a destruição da droga e a guarda de amostra necessária à confecção do laudo de constatação definitivo. A inexigibilidade de habilitação específica da pessoa idônea que elaborar o laudo de constatação provisório pode ser compreendida como **regra de calibração** do sistema, instituída exclusivamente pela Lei de Drogas. Cuida-se de permissivo à quebra da consequencialidade de invalidação que deveria decorrer da nulidade absoluta.

Deveras, considerando as disposições gerais dos exames periciais (art. 159, CPP), haveria defeito sobre elemento essencial do ato de admissão de laudo elaborado por pessoa sem habilitação específica. No entanto, vale sublinhar que a Lei de Drogas:

(1) não torna cogente que o laudo provisório siga assinado por dois peritos *ad hoc*, distoando do teor da regra geral consignada no § 1º, do art. 159, do CPP;

(2) não torna impedido de subscrever o laudo definitivo, o *expert* que lavrou o laudo provisório, em dissonância com a senda do verbete nº 361, da Súmula do STF.

Os elementos dos atos processuais ou procedimentais constitutivos da perícia toxicológica são essenciais. Aliás, a realização de cada um dos laudos é sobremodo indeclinável. A falta de qualquer deles, especialmente o definitivo, é defeito classificado como nulidade absoluta, implicando a necessária invalidação. Não é possível ignorar a prescrição legal sem que se apoie em técnica de controle de constitucionalidade.

Todavia, há corrente, no âmbito do STJ, tendente a permitir condenação por tráfico de entorpecentes sem a apreensão da droga. Na prática, o posicionamento se afasta por completo das disposições que preconizam o rito para submeter o acusado a uma sanção penal pela suposta prática dessa espécie de delito.

Sem embargo, prevaleceu entendimento intermediário, assentando:

(1) ser indeclinável, à demonstração da materialidade do crime de tráfico, a apreensão de drogas. Na ementa, ficou ressalvado o ponto de vista minoritário no sentido de que "o laudo de exame toxicológico definitivo da substância entorpecente não é condição única para basear a condenação se outros dados suficientes", mormente quando existentes provas "testemunhal e documental da instrução criminal", eis que militariam no sentido da "materialidade do delito";

(2) que, para a configuração do crime de associação para o tráfico (art. 35, Lei nº 11.343/2006), "é desnecessária a comprovação da materialidade quanto ao delito de tráfico, sendo prescindível a apreensão da droga

> ou o laudo toxicológico". Ou seja, "é indispensável, tão somente, a comprovação da associação estável e permanente, de duas ou mais pessoas, para a prática da narcotraficância".[944]

Essa concepção se alinha com a que põe a finalidade sancionadora do processo penal em primeiro plano, com o risco de se buscar a punição a qualquer custo, sem o acatamento restrito às regras do jogo. Inexigir o laudo é conduta incompatível com os fundamentos do princípio acusatório e do Estado Democrático de Direito. Também a condenação por tráfico baseada somente em laudo de constatação provisório é ofensiva a elemento essencial da persecução penal estatal (omissão de ato essencial), sendo vício capitulado como nulidade absoluta.

Soam incompatíveis com a ordem constitucional, julgados da Suprema Corte que abrandam vícios em torno dos requisitos do laudo toxicógico, conquanto restritivos à ampla defesa:

(1) em um primeiro acórdão, o STF considerou descabido o argumento relativo à nulidade do processo em virtude da "juntada tardia do laudo de exame toxicológico", já que não teria ficado demonstrado o prejuízo sofrido pelo paciente;

(2) em outra decisão, foi dito que não haveria nulidade no laudo de constatação definitivo apócrifo, isto é, sem a assinatura e autenticação pelo perito responsável;

(3) em um terceiro julgamento, asseverou que não haveria nulidade no fato do laudo definitivo de constatação da droga ter sido assinado por apenas um perito oficial.[945]

---

944. STJ – Sexta Turma – HC 432.738/PR – Rel. Min. Maria Thereza de Assis Moura – DJe 27 mar. 2018.

945. STF – Primeira Turma – RE 720801 AgR – Rel. Min. Dias Toffoli – publicado em: 07 mai. 2013; STF – Primeira Turma – HC 147356 AgR – Rel. Min. Luiz Fux – publicado em: 17 nov. 2017; STF – Segunda Turma – HC 128894 – Rel. Min. Dias Toffoli – publicado em: 28 set. 2016.

Sublinhe-se, todavia, que a defesa do acusado findou impedida, na primeira situação concreta, de contestar o laudo definitivo diante de não ter sido acostado no momento próprio. Ficou, portanto, obstada de impugnar os critérios científicos adotados pelo *expert* e de debater eventuais inconsistências na cadeia de custódia da prova (art. 158-A, CPP).

Os dois últimos julgados, respectivamente, representam casos:

(1) de inexistência jurídica, por falta de validação pelo perito; e

(2) de violação à letra da Lei nº 11.343/2006 (art. 50, § 2º), da qual se infere a necessidade de dois peritos, oficiais ou não, para casos de perícia sobre substância tóxica.

30.18.1.9 Exame de potencialidade ofensiva de arma de fogo (exame balístico)

Compõem a noção de corpo de delito os instrumentos do crime, além do objeto material e dos vestígios encontrados no local do crime. Os exames para se constatar se a arma de fogo é apta a disparos (**ofensividade**) e para se saber se o projétil é compatível com a arma apreendida (**balístico**), constituem espécies de exames de corpo de delito.

Por força de dicção do ordenamento jurídico (prova legal positiva), esses exames são de realização obrigatória (art. 158, CPP), máxime se a hipótese implicar decisão penal condenatória.

O STF, contudo, deliberou contrariamente em caso em que o laudo balístico foi juntado *a posteriori*, seguindo linha análoga à permissibilidade de condenação quando acostado tardiamente laudo toxicológico. De acordo com o julgado:

(1) não deve ser acolhida a tese de que a inclusão extemporânea de laudo balístico tenha cerceado o direito de

defesa, quando as instâncias antecedentes apontam que foi possível, plenamente, à defesa contraditá-lo; e

(2) no direito processual penal, "o postulado *pas de nullité sans grief* exige a efetiva demonstração de prejuízo para o reconhecimento de nulidade", o que não teria sido evidenciado na espécie.[946]

30.18.2 Interrogatório

O interrogatório está disciplinado no Capítulo III, do Título VII, do Livro I, do CPP, inserido como **meio de prova nominado** e **típico** (arts. 185 a 196, CPP). Ele consiste em perguntas formuladas pelo juiz, que tem a iniciativa para organizá-las, de acordo com duas etapas (art. 187, CPP). A sua natureza probatória não é isenta de controvérsias.

Pedro Demercian e Jorge Maluly se posicionam no sentido de não haver dúvida de ser o interrogatório um meio de prova, por estar inserido no CPP na disciplina sobre a prova penal. Os autores anotam, contudo, que "também é uma oportunidade que o acusado, em juízo, terá para contraditar a acusação, apresentando-se como verdadeiro meio de defesa".[947]

Sem embargo, há inconsistência em considerá-lo como instrumento probatório sob a lente da necessidade de assegurar a preservação da indevassabilidade do núcleo de **dignidade humana** do acusado.

Essa questão não passou ao largo da percepção de Franco Cordero, quando ponderou os seguintes aspectos colocados na liça do interrogatório:

(1) a pessoa acusada "é um interlocutor natural, na verdade necessário, a tal ponto que o interrogatório – ou

946. STF – Segunda Turma – HC 172965 AgR – Rel. Min. Edson Fachin – publicado em: 23 jun. 2020.

947. DERMECIAN, Pedro Henrique; MALULY, Jorge Assaf. *Curso de processo penal*. 9. ed. Rio de Janeiro: Forense, 2014. p.336.

a emissão de um mandado ou ordem não executada – é uma condição da *vocatio in judicium*, inclusive prescrita", sob a ameaça de nulidade;

(2) a regra deriva:

(a) de um lado, de exigência de civilização (ocorre situação contrária a esse propósito quando alguém é julgado sem conhecer o teor da acusação a que se é chamado a responder – drama de Kafka);

(b) de outro, da "necessidade de provas: culpado ou inocente, o acusado é o depositário de uma verdade cuja emergência no processo seria suficiente para garantir o resultado certo";

(3) contudo, não há como fazer o julgamento certo e verdadeiro se adotadas "ilusões fatais que ocasionalmente surgem para fazer a tortura acontecer", tal como o uso de técnica supostamente segura, indolor e inofensiva – "alguma bruxaria moderna como o *lie-detector* ou a narcoanálise" –, valendo lembrar que os sistemas jurídicos construíram princípios que vedam seu uso;

(4) em arremate, "felizmente para nós o acusado ainda é considerado uma pessoa e, portanto, tem direito à inviolabilidade da alma; assim que esse privilégio cair, devemos nos resignar a uma condição subumana".[948]

Considerando esses aspectos é que cabe realçar o entendimento de que o interrogatório não se qualificaria como prova, sendo antes um dos elementos do repertório do direito de defesa do réu.

Cabe cotejar, a propósito, com a definição apresentada por Juarez Tavares e Rubens Casara, ao descreverem que prova é

948. CORDERO, Franco. *Procedura penale*. 7. ed. Milano: Giuffrè, 1983. p.455-456 (tradução livre).

"um ato ou procedimento que possui seus elementos ou meios próprios para demonstrar a verdade do enunciado".[949]

Afastando-se do conteúdo da noção assim demarcada, o interrogatório se tornou o momento derradeiro em que o acusado tem a garantia de comunicar-se com o juiz.

Ele tem natureza dialógica, vale dizer, de diálogo com o juiz.

30.18.2.1 Formalidades

São formalidades indispensáveis ao interrogatório:

(1) prévias: (a) garantia de entrevista prévia e reservada com o defensor (art. 185, § 5º, CPP); (b) direito ao silêncio, que não pode ser interpretado em desfavor do acusado (art. 186, parágrafo único, CPP);

(2) concomitantes: (a) demarcação das perguntas do juiz aos limites do art. 187, do CPP; (b) interveniência das partes, a fim de que sejam formuladas perguntas pertinentes e relevantes, relacionadas à causa de pedir (art. 188, CPP); (3) posteriores: encerramento e documentação necessária (art. 195).

O interrogatório não é o *locus* apropriado a se extrair a verdade da pessoa que, ao cabo, poderá sofrer os efeitos da pena. Sob essa lente, perguntas para colocar o réu em contradição são indevidas. É certo que o acusado pode, espontaneamente, confessar e delatar, carreando provas contra si mesmo ou em desfavor de corréu. Todavia, não pode recair, sobre o réu, coerção para assim agir. A confissão, aliás, é meio de prova distinto.

Ela pode ser tomada no bojo do interrogatório (art. 199, CPP), mas se distingue deste, tanto pelos seus requisitos (formais e materiais), quanto pela diferença entre os procedimentos (arts. 197 a 200, CPP). Como lembra Mittermaier, "nem

949. TAVARES, Juarez; CASARA, Rubens. *Prova e verdade*. São Paulo: Tirant lo Blanch, 2020. p.27.

toda confissão, qualquer que seja, e qualquer seja sua forma, leva em si desde logo a convicção de sua sinceridade; para ter força, é preciso que reúna certas condições." É exigível, antes de tudo, a demonstração de concordância da causa, bem como "na pessoa do acusado uma atitude de perfeita harmonia inferida da situação de um homem movido pela sua consciência de revelar a verdade".[950]

Como se pode depreender, o interrogatório não tem por cunho precípuo a demonstração da verdade do deduzido na petição inicial que descreve, empiricamente, o enunciado legal. Não se enquadra, portanto, no conceito de prova aludido por Juarez Tavares e Rubens Casara,[951] sendo, antes, instrumento da garantia de autodefesa.

Após sucessivas reformas processuais, o interrogatório recebeu contornos de **meio de defesa**, enquanto ato derradeiro do procedimento comum. Essa percepção é relevante para se concluir que não deve ser o acusado conduzido coercitivamente para ser interrogado, mesmo depois de intimado.

É inconstitucional o art. 260 do CPP, na parte que autoriza coerção sobre o imputado a fim de que compareça ao seu interrogatório. Mesma razão deve ter lugar para obstar a condução coercitiva do investigado na fase preliminar.[952]

30.18.2.2 Vedação de isolamento dos litisconsortes passivos durante os interrogatórios

Como se trata de ato final (art. 400, CPP), é incompatível com a higidez do interrogatório, a sua realização sem que seja permitida a presença do corréu, nas hipóteses de acusados

950. MITTERMAIER, Carl Joseph Anton. *Tratado de la prueba en materia criminal*. 10. ed. Tradução: Pedro Aragoneses Alonso. Madrid: Reus, 1979. p.215 (tradução livre).

951. TAVARES, Juarez; CASARA, Rubens. *Prova e verdade*. São Paulo: Tirant lo Blanch, 2020. p.27.

952. STF – Primeira Turma – Rcl 37844 AgR – Rel. Min. Luiz Fux – publicado em: 07 abr. 2020.

reunidos no polo passivo de uma mesma relação processual, em virtude de coautoria delitiva.

No litisconsórcio, Cândido Rangel Dinamarco adverte que "a comunhão de sortes não é essencial". Porém, o que caracteriza a situação litisconsorcial, é a "presença simultânea de pessoas que, de alguma forma, adquiriram a qualidade de autores ou réus no mesmo processo", mediante a aquisição da qualidade de parte. O ambiente processual lhes é comum diante de serem igualmente "alvo de uma pretensão efetivamente deduzida em juízo".[953]

Tratando-se de mais de um acusado, haverá **liticonsórico passivo** que, em regra, é não unitário (os réus podem ser condenados ou absolvidos de formas diferentes). Ou seja, não se exige decisão final homogênea para todos, ressalvada hipótese de **incindibilidade** fática (p. ex., se ficar apurado que o fato não existiu) ou jurídica (p. ex., quando da ocorrência de prescrição do delito ou *abolitio criminis*).

É inconstitucional conferir ao art. 191, do CPP, o sentido tendente a isolar um imputado quando da prestação das declarações do outro, justamente no último estágio da fase instrutória. Os réus em litisconsórcio estão na mira comum da acusação deduzida em juízo. Aquele proceder destoa dos limites da defesa ampla.[954]

Vale avivar que o teor do ilustrado art. 191 é distinto do art. 210, *caput*, do CPP, eis que este é explícito ao prever a proibição de uma testemunha ouvir o depoimento da outra. De fato, o art. 191 do CPP, apenas estatui a separação das declarações prestadas por cada réu, nos respectivos interrogatórios (princípio da individualidade). Não há limitação ao

---

953. DINAMARCO, Cândido Rangel. *Litisconsórcio*. 7. ed. São Paulo: Malheiros, 2002. p.39-41.

954. COSTA, Lincoln Pinheiro; ALENCAR, Rosmar Rodrigues. Presença do acusado durante o interrogatório de corréu: a (in) constitucionalidade do art. 191 do CPP. *Revista da Escola Superior da Magistratura do Estado de Alagoas*, Maceió/AL, n.2 (eletrônica), p.6-9, 2018.

direito de presença do coimputado. Ademais, tratando-se de litisconsórcio passivo, com um réu colaborador e outro delatado, em termo de colaboração premiada, o último a falar deve ser o delatado, enquanto o colaborador deve se submeter a regime híbrido, semelhante a um assistente do Ministério Público, muito embora o art. 270, do CPP, destaque que o corréu, no mesmo processo, "não poderá intervir como assistente do Ministério Público". De todo modo, é proibida, naquela situação, a aplicação de prazo comum (art. 798, *caput*, CPP).[955]

O STF teve a oportunidade de declarar a nulidade absoluta de condenação de acusado, por decisão monocrática, em virtude de afronta ao art. 400, do CPP. Na hipótese, o interrogatório foi realizado, indevidamente, no início da instrução. Na referida deliberação cautelar, foi reconhecido o prejuízo presumido ao imputado. Ficaram vincadas premissas relevantes, tais como as de que:

(1) o interrogatório judicial "qualifica-se como ato de defesa do réu", que não deve ser compelido "a responder a qualquer indagação feita pelo magistrado processante"; e

(2) a "estrita observância das formas processuais" consiste em "fórmula de salvaguarda da liberdade individual", bem como "representa, no contexto do ordenamento positivo brasileiro, a certeza de respeito aos direitos, prerrogativas e garantias que o sistema normativo confere a qualquer pessoa sob persecução criminal".[956]

Na audiência, da qual faz parte o interrogatório do réu, o respeito recíproco é dever de todos os sujeitos processuais. O art. 400-A do CPP, foi inserido pela Lei nº 14.245/2021, para sublinhar a possibilidade de exigência de comportamento

---

955. STF – Segunda Turma – HC 157627 AgR – Rel. Min. Edson Fachin – Rel. Min. Ricardo Lewandowski – publicado em: 17 mar. 2020.

956. STF – HC 162650 – Decisão Monocrática – Rel. Min. Celso de Mello – Publicado em 25 nov. 2019.

adequado de todos os presentes, tanto das partes, quanto dos atores estatais e defensores.

Mesma regra se aplica à sessão do júri (art. 474-A, CPP).

Em suma, há a obrigação legal de zelar pela integridade física e psicológica da vítima, notadamente nos crimes contra a dignidade sexual, vedado o uso de linguagem ofensiva ou constrangedora.

Quanto ao réu com deficiência auditiva, não deve ser utilizado o designativo surdo-mudo, mencionado no art. 192 do CPP. Cuida-se de expressão com conotação redutora de capacidade, que não é adequada à realidade da pessoa surda (não muda!), que tem aptidão comunicativa.

Aliás, o dispositivo, que descreve formas de perguntas precisa receber releitura. Existem formas de linguagem, inclusive gestuais, apropriadas à comunicação, a exemplo da Língua Brasileira de Sinais (Libras), preservando-se o conteúdo do interrogatório e o respeito ao ser humano.

30.18.3 Confissão

A confissão é meio de prova autônomo *contra se pronuntiatio*, eis que consiste no reconhecimento da verdade de um fato atribuído, de antemão, ao imputado.

A confissão é conceito haurido da derivação do vetusto testemunho do acusado em geral, tomado em seu sentido largo, que se dividia, de acordo com o conteúdo de suas declarações, em: (1) declarações acerca de fato próprio; e (2) depoimento sobre fato alheio. Sob essa perspectiva, Framarino Malatesta elucida que a confissão se insere naquela primeira categoria e que, necessariamente, deve se submeter a condições rigorosas, não se admitindo que, como prova única indicadora de autoria do delito, seja sufiente ao juízo de certeza.[957]

957. MALATESTA, Nicolas Framarino de. *Lógica de las pruebas en materia criminal*. Buenos Aires: General Lavalle, 1945. p.390-392 [tradução livre].

No processo civil, a força probante da confissão é considerada grande, como prova plena. Na lição de Enrico Tullio Liebman, "elemento importante que essa questão contém é certamente dado às afirmações relativas aos fatos relevantes da causa".[958] No processo penal, todavia, por mais de uma razão, o efeito valorativo deve ser restrito e cauteloso.

30.18.3.1 Classificação

Considerando os contornos da **confissão**, esta deve ser: (1) **expressa** (não se admite confissão ficta ou confissão tácita no direito processual penal); (2) **pessoal** (sem prestação de declarações por interposta pessoa, ainda que munida de procuração): (a) procedida perante órgão competente; e (b) tomada de agente capaz (com saúde intelectiva preservada).

A confissão se submete ao livre convencimento do juiz, decotado pela sua característica de **prova legal negativa**. De um lado, o juiz é livre para justificar seu argumento em torno da prova e, de outro, não pode se basear unicamente na confissão para fins condenatórios.

Sob outro prisma, também se infere que a confissão pode ser: (1) **judicial**; ou (2) **extrajudicial**.

Entrementes, como aduz José Frederico Marques, a confissão perante o juiz "é que tem os caracteres de meio específico de prova, ou que se apresenta como prova autônoma". Quando realizada de outra forma, tal como a que "está contida em documento (e então se aplicam as normas sobre a prova documental), ou se operou oralmente, caso em que constitui fato a ser provado em juízo".[959]

Examinada pela ótica da teoria do direito, a confissão pode ser definida como: (1) **ato jurídico**: emana do próprio

---

958. LIEBMAN, Enrico Tullio. *Manuale di diritto processuale civile*: II. 4. ed. Milano: Giuffrè, 1980. p.139 (tradução livre).

959. MARQUES, José Frederico. *Elementos de direito processual penal*: volume II. 2. ed. Campinas: Millennium, 2000. p.396.

imputado, em forma de **fato bruto** que tangencia a facticidade jurídica; (2) **procedimento**: a confissão se submete a requisitos formais e materiais, com regramento específico nos arts. 197 a 200, do CPP, que contorna o **valor da liberdade**; (3) **norma jurídica**: as declarações do confitente são compreendidas no **esquema conceitual** programada pelo legislador e documentadas em forma de argumento na sentença.

30.18.3.2 Valor probatório

No processo penal, contudo, a confissão tem valor contido, que depende de relação com outros elementos probatórios (relativo). Não se lhe nega todo e qualquer valor, mas, diante das interferências psíquicas, subjetivas, exigem-se requisitos formais e conteudístico, para que possa ser avaliado o seu resultado.

Na dicção de Framarino Malatesta, por não ter sido adequadamente considerada, isto é, em compasso com o ponto de vista do imputado (testemunho acerca de sua própria conduta), "chegou-se a reputá-la como uma prova *sui generis* e privilegiada, resultando daí que enquanto alguns tenham exagerado o seu valor probatório, outros, diferentemente, tem negado todo e qualquer valor como prova." Essa constatação evidencia que o método científico não é somente uma questão acadêmica, mas sim um guia para resolver as questões com maior grau de correção.[960]

30.18.4 Declarações do ofendido

O ofendido é o protagonista passivo do delito, seu expectador e que, pela proximidade sensível com o fato, tem o potencial de contribuir com a investigação da infração penal e com a instrução criminal.

---

960. MALATESTA, Nicolas Framarino de. *Lógica de las pruebas en materia criminal*. Buenos Aires: General Lavalle, 1945. p.381 [tradução livre].

A rigor, o ofendido presta declarações, eis que não tem o compromisso de dizer a verdade, embora essa meta seja a desejada. Não lhe é tomado compromisso, nem responde por falso testemunho, malgrado possa incorrer em crime de denunciação caluniosa (art. 339, CP). Não lhe é permitido agredir, verbal ou fisicamente, terceiros.

O ofendido tem interesse em sustentar o seu ponto de vista, diante da relação de direito material (fática), que vivenciou. Não se espera, de forma irrefutável, que seja isento, imparcial, evidentemente. Como decorrência, a vítima deve prestar declarações, sempre que possível e necessário, embora não tenha o dever de jurar afirmar a verdade.

30.18.4.1 Condução coercitiva

É admitida a condução coercitiva da vítima que, injustificadamente, não comparecer. Essa possibilidade decorre do seu dever de prestar declarações, de colaborar com a justiça. Importante lembrar que a condução coercitiva declarada inconstitucional pelo STF foi, restritamente, a do imputado, com o objetivo de ser interrogado.

Sem embargo, no caso excepcional de necessidade de condução coercitiva da vítima, propõe-se que autoridade policial, por precaução, requeira essa providência ao juiz, justificando a relevância de sua presença para a tomada de declarações e comprovando a sua recusa em comparecer voluntariamente. Cuida-se de medida de prudência, mais adequada do que o entendimento de existir um **poder implícito** da autoridade policial responsável pela investigação. A autoridade judicial, por outro lado, pode permitir ou ordenar condução coercitiva do ofendido.

Por outro lado, a presença de defensor ao ofendido deve ser entendida como necessária nas hipóteses de condução coercitiva, diante do risco de ambiguidade da situação, para que sejam tutelados adequadamente os seus interesses. Aliás, se tratando de **crime de racismo**, o art. 20-D, da Lei nº 7.716/1989, inserido pela Lei nº 14.532/2023, é expresso ao prescrever que, "em todos os atos processuais, cíveis e criminais, a vítima dos crimes de racismo deverá estar acompanhada de advogado ou defensor público".

30.18.4.2 Espaço reservado à vítima

Nos termos do § 4º, do art. 201, do CPP, "antes do início da audiência e durante a sua realização, será reservado espaço separado para o ofendido". Essa previsão tem o objetivo de precaução contra novas vitimizações da pessoa ofendida (vitimização secundária ou terciária). Também tem o fito de evitar tentativas de intimidações por parte do imputado. O risco de intimidações de maior gravidade pode indicar a impossibilidade de réu e vítima permanecerem no mesmo recinto.

Duas correntes de entendimento podem surgir sobre o ponto:

(1) a primeira que recomenda que o réu seja retirado da sala de audiências e tome ciência da prova em um momento posterior (contraditório e ampla defesa diferidos no temo) ou que ele assista o que apurado por videoconferência;

(2) a segunda posição indica que a vítima deve ser ouvida por videoconferência (de forma excepcional), preservando o direito à presença do imputado na sala de audiências. Nessa hipótese, a imediação real (pessoal) cede espaço à imediação virtual, de natureza nublada (com maior opacidade) e que pode reduzir a percepção sobre as declarações do ofendido.

30.18.5 Prova testemunhal

O testemunho é meio de prova oral, consistente no depoimento de alguém a respeito de fato captado pelos seus sentidos. Consiste no exame da memória do depoente, cuja constatação cabe à autoridade competente. A prova testemunhal compreende a pessoa, a memória, o depoimento e o registro do testemunho.

30.18.5.1 Recusa e proibição de depor

Toda pessoa poderá ser testemunha (art. 201, CPP). Aliás, consiste em um dever, com ressalvas dirimentes estritas. O depoente pode estar **impedido** por motivos naturais, a exemplo de questão de saúde ou por razões jurídicas.

A **recusa** é ato volitivo da pessoa arrolada como testemunha, consistente na objeção a depor. Quando prevista em lei, tem o efeito de afastar o dever de prestar depoimento. Podem apresentar recusa os **parentes do imputado** nominados no art. 206, CPP, a saber: o ascendente ou descendente, o afim em linha reta, o cônjuge ou o companheiro (mesmo que dissolvido o matrimônio ou a união estável), o irmão e o pai, a mãe, ou o filho do acusado. Entretanto, se não for possível, por outro modo, obter-se ou integrar-se a prova do fato e de suas circunstâncias, o depoimento poderá ser tomado (*rectius*: declarações), sem que se defira o compromisso de dizer a verdade (art. 208, CPP). Essas regras não se aplicam aos parentes do ofendido. Por exemplo, o irmão do ofendido depõe como testemunha, e não pode nem se recusar, nem deixar de prestar compromisso por esse motivo.

A **proibição** de depor tem natureza objetiva e não se confunde com a recusa. Nos termos do art. 207, do CPP, a vedação se dirige às pessoas que, em razão de **função**, **ministério**, **ofício** ou **profissão**, devam guardar segredo, salvo se, desobrigadas pela parte interessada, quiserem dar o seu testemunho.

30.18.5.2 Formalidades e classificação do testemunho

O testemunho se classifica, conforme critérios variados. Quanto ao número de depoentes arrolados por cada parte, relativamente a cada fato, dividem-se numerárias (no rito ordinário, *verbi gratia*, até o número de oito na denúncia) ou extranumerárias (referidas na instrução e requisitada pelo juiz – art. 209, CPP).

O relevo da classificação está no controle dos efeitos jurídicos do depoimento e do seu conteúdo.

Por exemplo, como regra, não se admite testemunhas extranumerárias, com atuação do juiz substitutivamente às partes. Todavia, admite-se que, supletivamente, o magistrado ouça testemunhas além daquelas arroladas pelas partes, diante de dúvida sobre o julgamento do mérito (art. 3º-A, CPP).[961]

Se o depoente nada souber sobre o fato, o depoimento será de nenhum efeito (testemunha inócua). Daí a previsão de que não será computada como testemunha a pessoa que nada souber que interesse à decisão da causa (art. 209, § 1º, CPP). Igualmente não entram no cômputo as pessoas que não se qualifiquem como testemunhas (declarantes ou os que, contraditados, não puderem prestar o compromisso de dizer a verdade – art. 203, CPP).

O procedimento testemunhal exige exame direto e cruzado (*direct* e *cross examination*). Nesse passo, regra geral, o depoimento será **prestado oralmente**, sendo vedado à testemunha trazê-lo por escrito, ressalvada a possibilidade de breve consulta a apontamentos (art. 204, CPP). O testemunho por escrito é admitido em relação à pessoa que não disponha da capacidade de se comunicar oralmente (art. 223, parágrafo único), e aos titulares dos cargos mencionados no § 1º, do art. 221, a exemplo do Presidente da República (conquanto se trate de previsão que colida com a oralidade processual, modo preferencial no sistema acusatória).

O depoimento deve consistir em relato retrospectivo objetivo, ressalvada questão técnica incindível: o CPP preconiza que o juiz não permitirá que a testemunha manifeste suas apreciações pessoais, salvo quando inseparáveis da narrativa do fato (art. 213). Nos termos do art. 212, as perguntas serão formuladas, de forma direta, pelas partes à testemunha. O magistrado deve coibir indagações que induzam a resposta (capciosidade), não tenham relação com a causa (impertinência) ou

961. STF – Pleno – ADI 6298/DF – Rel. Min. Luiz Fux – 24 ago. 2023.

importarem na repetição de outra já respondida (malícia). Admite-se à complementação da inquirição pelo juiz, embora se recomende prudência diante dos termos do art. 3º-A, do CPP.[962]

30.18.5.3 Tomada de declarações sob tortura

A tomada de declarações sob tortura é conduta que se amolda a tipo penal gizado na Lei nº 9.455/1997. A Lei nº 13.869/2019, que dispõe sobre os crimes de abuso de autoridade, tem previsões típicas que permitem confronto com os delitos de tortura.

Além da supressão de efeitos do ato processual probatório, é necessário o desentranhamento das declarações colhidas sob violência. Ademais, tratando-se de infração penal de iniciativa pública incondicionada, a consequência jurídica deve ser a deflagração de persecução penal para apurar e processar tal delito.

A tortura de testemunha torna a prova ilícita, em sentido estrito, porque se cuida de conduta que fere a norma que considera proibido submeter alguém a intenso sofrimento físico ou moral, com o fito da autoridade responsável tomar suas declarações.

O *discrimen* se refere às consequências do defeito da forma do ato: (1) a **ilicitude** da prova (*stricto sensu*) impõe a sua expurgação; (2) a **ilegitimidade** da prova, ofensiva à norma de direito estritamente processual, determinaria a sua invalidação.

Caso seja a prova ilegítima, a solução da **contrariedade a direito** deve se limitar aos autos do processo, com a aplicação das regras sobre nulidade, a exemplo do que leciona Luiz Avolio.[963]

No depoimento tomado sob tortura física, o elemento afetado é a ação do ato processual, isto é, o aspecto volitivo do conteúdo informado. O defeito recai sobre requisito classificado

---

962. STF – Pleno – ADI 6298/DF – Rel. Min. Luiz Fux – 24 ago. 2023.

963. AVOLIO, Luiz Francisco Torquato. *Provas ilícitas*: interceptações telefônicas, ambientais e gravações clandestinas. 4. ed. São Paulo: RT, 2010. p.51.

como elemento estrutural do ato. O vício é de vontade, aspecto substancial do ato processual. Partindo dessas premissas, tem-se que o depoimento tomado sob tortura física (*vis absoluta*) se enquadra em atipicidade sob o rótulo inexistência jurídica.

A tortura, nessas condições, afeta a capacidade do declarante ou do depoente para se manifestar livre e conscientemente. Além de ser inexistente juridicamente, o ato tem repercussões penais, por se tratar de conduta típica, antijurídica e culpável atribuível ao agente público que conduziu a oitiva.

Como lesiona, a um só tempo, a ordem processual e material, a norma jurídica consequente à que reconhece a atipicidade, deve decretar não só sua incapacidade de produção de efeitos jurídicos, mas também ajuntar o efeito de tornar inadmissível a prova obtida por meio ilícito, com o seu desentranhamento e correlata inutilização.

Esse efeito deve ser aplicado quando, por exemplo, for constatado o uso de **narcoanálise** em investigado, acusado ou testemunhas.

Nelson Hungria informa que, nos Estados Unidos, médico-ginecologista havia proclamado a descoberta do **soro da verdade**, mediante emprego de espolamina. O método foi indevidamente aplicado a testemunhas, com o poder de tirar-lhes a vontade livre e a consciência íntegra. Cuida-se de meio que provoca "a perda parcial da resistência psíquica", com a possibilidade de revelar intimidades que nada têm a ver com o caso criminal sob referência. Mesmo que o investigado "se mostre ligado de qualquer modo ao crime, suas declarações, eventualmente verazes, não podem deixar de ser consideradas como extorquidas e, portanto, sem valor jurídico, a não ser que o direito renuncie ao seu fim precípuo de assegurar a valorização da personalidade humana".[964]

---

964. HUNGRIA, Nelson. A prova penal. *Revista Forense comemorativa – 100 anos*, tomo VII [direito processual penal], Afrânio Silva Jardim (org.), Rio de Janeiro: Forense, p.231, 2006.

30.18.6 Reconhecimento de pessoas e coisas

Disciplinado, cuida-se de meio de prova que tem maior aderência à fase investigativa, muito embora admissível, em tese, durante toda a persecução penal. A previsão de descrição prévia da pessoa que vai ser reconhecida, pela pessoa que vai reconhecer, milita em favor do entendimento de que o reconhecimento de pessoas não tem vocação à fase judicial; isto é, a autoridade investigativa deve tomar as cautelas para que esse meio de prova seja construído de maneira escorreita durante a investigação preliminar.

O procedimento de reconhecimento, conquanto meticulosamente escrito nos incisos do art. 226, do CPP, é até mesmo intuitivo: o que se deseja é evitar que um contato prévio do ofendido com a imputado, antes da descrição deste por aquele, seja capaz de frustrar a credibilidade do resultado da prova.

Malgrado as controvérsias, e apesar da ambiguidade do dispositivo na expressão "quando houver necessidade", a regra não deve ser entendida como de aplicação facultativa. Se a natureza da infração penal indicar aspecto da identificação da sua autoria a ser colmatado, o reconhecimento deve ser realizado, para que seja espancada qualquer dúvida sobre quem seja o autor do delito.

O inciso III, do art. 226, do CPP, preconiza que, em caso de **risco de intimidação**, a autoridade deve providenciar para que o reconhecido não veja a pessoa que está a reconhecer. Para cumprir essa regra, pode ser usada sala especial, com vidros opacos, apropriados a essa cautela, que, no entanto, somente pode ser usada na fase investigativa (não no curso do processo judicial!).

Tanto a intimidação, quanto a impossibilidade de o reconhecido ter ciência da fonte do reconhecimento podem reduzir a credibilidade do ato e mitigam o seu valor probatório. Diálogos sobre o reconhecimento têm seguido a tendência de prudência quanto ao seu valor.

Dos cânones que têm sido alinhados, os seguintes merecem realce: (1) ao reconhecimento por fotografia deve ser atribuído valor relativo, com efeito probatório insuficiente à condenação, especialmente quando objeto de sujestionamentos da autoridade investivativa; e (2) a não observância do rito não deve ser suprida por meios probatórios atípicos e alternativos, devido à cogência de suas disposições.

30.18.7 Acareação

É meio de prova oral que tem o objetivo de dirimir divergência entre declarações ou depoimentos já prestados nos autos, isto é, terá cabimento sempre que houver colidência entre declarações, sobre fatos ou circunstâncias relevantes, e será realização com o confronto entre os acareados.

A acareação não é meio de prova autônomo, isto é, que possa ser o único do procedimento. Ela se subordina à prova oral anterior objeto de confronto com outra prova oral. É pressuposto seu que tenham sido produzidos depoimentos contraditórios. Acarear é colocar frente a frente as pessoas que o CPP indica.

O CPP admite a acareação de forma ampla. De compasso com o art. 229, "a acareação será admitida entre acusados, entre acusado e testemunha, entre testemunhas, entre acusado ou testemunha e a pessoa ofendida, e entre as pessoas ofendidas". O texto é muito amplo quando autoriza acareação envolvendo acusados. Isso porque o imputado tem interesse na demanda que suplanta a credibilidade do que menciona.

Apesar da opção do legislador, a eficácia probatória objetiva da acareação tem melhor adequação no confronto entre depoentes, que têm o dever jurídico de dizer a verdade. A acareação entre acusados, embora permitida, pode abrir o flanco para avaliações preponderantemente subjetivas acerca de quem, supostamente, esteja falando a verdade.

O rito da acareação deve partir de sua justificativa como meio restrito à divergência. Apesar do parágrafo único, do art. 229, do CPP, permanecer fiel ao sistema presidencialista, é forçoso adequar a tomada da acareação ao sistema direto e cruzado que vigora para os depoimentos testemunhais, ou seja, o juiz não deve iniciar as perguntas na acareação, cabendo esse papel ao MP ou à defesa, conforme tenha solicitado a sua produção.

30.18.8 Prova documental

Em linha de princípio, os documentos seriam escritos, instrumentos ou papéis (art. 232, CPP). Para fins probatórios, o documento pode ser compreendido de maneira ampla, considerando que o sistema admite a liberdade probatória, para além dos meios de prova nominados e típicos. Incluem-se, no seu conceito, as fotografias e vídeos, embora, *ad legem ferenda*, a regulamentação da prova digital seja uma melhor opção.

A interpretação progressiva da lei admite, portanto, diante da inovação tecnológica, a inserção de outros meios que se reportam a fato passado, ainda que constituídos previamente, com os atributos de **autenticidade** e **verdade**. A autenticidade refere-se à evidência de que emanou de fonte conhecida, confiável. A verdade do documento se reporta à correspondência com o fato passado que lhe serve de lastro. Essas caraterísticas interferem na credibilidade do documento (confiabilidade).

30.18.8.1 Classificação e efeitos jurídicos

Os documentos se classificam, conforme o critério divisor que se adote como: público ou privado; original ou cópia; físico ou eletrônico. A inclusão de outras formas de documento é uma possibilidade que decorre do art. 3º, do CPP (interpretação extensiva e interpretação progressiva).

A classificação esboçada na lei tem o propósito de estabelecer critérios para a demarcação do conteúdo e da forma documental a partir da qual decorrerão efeitos jurídicos.

O documento público tem presunção de legitimidade (presumem-se verdadeiros, autênticos, dotados de fé), mas não só por isso será aceito sem escrutínio criterioso. Por sua vez, o documento particular – embora sem presunção de legitimidade própria dos documentos públicos – não deve ser descartado sem que também se filtrem os seus requisitos aptos a estruturar o convencimento judicial.

Decerto, em tese, no confronto entre um documento público (emitido por um órgão do Estado) e um documento particular (criado por pessoa privada, jurídica ou física), o julgador tende a partir da premissa que o primeiro se reveste de maior fiabilidade. Em concreto, todavia, a **presunção de legitimidade** (autenticidade), inicial, pode se desfazer.

Gustavo Badaró pondera que, "se ao documento público faltar qualquer requisito legal para sua autenticidade, seja pela incompetência do funcionário, seja pela preterição de formalidades legais, equivalerá a documento particular, desde que devidamente assiado". No entanto, acrescenta que "de qualquer forma, tanto o documento eletrônico público quanto o documento eletrônico particular gostam de 'presunção de autenticidade'". O jurista justifica que "o regime dos documentos eletrônicos modifica as regras gerais do CPP, em que somente os documentos públicos presumem-se autênticos". Isso em razão de que "no regime do documento eletrônico a diferenciação não leva em conta a origem de quem o emitiu, mas sim o órgão emissor do certificado digital".[965]

A **cultura computacional**, no entanto, traz um ingrediente de opacidade apto a nublar a autenticidade. A opacidade, em princípio, recai mais sobre os documentos públicos que nos documentos particulares. Isso porque o **dígito** oculta procedimentos que antecedem a assinatura com certificação digital. Calha trazer à baila a argúcia de Thomas Vesting, ao explicar que "a cultura da tecnologia da informação é definida por graduações e faixas de variação, em que fronteiras são

965. BADARÓ, Gustavo Henrique. *Processo penal*. 3. ed. São Paulo: RT, 2015. p.482-483.

também transições, e sistemas encontram-se em uma relação transitiva para com seu ambiente".[966]

Apesar da obsolescência evidente do art. 235, do CPP, forçoso reconhecer que há diferença entre o documento particular e o documento público, mesmo que ambos se nivelem quanto à finalização pela **assinatura digital** com formato virtual, especialmente pela informalidade das relações privadas quando cotejadas com a formalidade do ambiente público. Dessa forma, ao menos *prima facie*, não há como equiparar a presunção de autenticidade (ou de legitimidade) de um e de outro não, eis que integrada pelo que lhe antecedeu física e/ou digitalmente.

Não havendo possibilidade de autenticação na forma tradicional, deve ser autorizado o devido confronto, para assegurar o aspecto veritativo da prova. O dispositivo confere ênfase ao efeito jurídico que se coloca no documento.

Algumas advertências são necessárias:

(1) o documento pode consistir no próprio corpo de delito, enquanto objeto material do crime. Por exemplo, moeda falsa, em que a **falsidade material** se submete à perícia;

(2) o documento pode conter informação falsa, com **falsidade ideológica**. Nesse caso, o contraste será feito por intermédio de testemunhas, e não por perícia, eis que materialmente o documento é verdadeiro na hipótese;

(3) o documento pode se referir ao fato criminoso, sendo útil a evidenciá-lo, sem ser seu objeto material, ou seja, sobre ele não recaiu a conduta criminosa, a exemplo do extrato que evidencia a prática de um crime de estelionato.

---

966. VESTING, Thomas. *Teoria do direito*: uma introdução. Tradução: Gercélia B. de O. Mendes. São Paulo: Saraiva, 2015. p.269.

30.18.8.2 Procedimento de juntada de documentos

As partes têm o direito de apresentar documentos em qualquer fase do processo (art. 223, CPP), assegurando-se o contraditório. Por exemplo, antes da sessão plenária do júri, podem ser juntados documentos desde que ciente a parte adversa com 3 dias de antecedência do julgamento. Se não atendido o lapso legal, é plausível se requerer o adiamento da sessão para data mais próxima, desde que a juntada do documento evidencie relevância, com a outorga do tempo relativamente à data de reagendamento da sessão.

30.18.9 Indícios

A noção de indício pode ser compreendida como prova parcial, indiciária, semiplena ou elementos empíricos incompletos que, para permitir conclusão geral, depende de método indutivo. No magistério de Roque de Brito Alves, o indício, enquanto prova de raciocínio, expressa-se na certeza de um fato indicador (atributivo de autoria ou de materialidade), o qual é "condição ou requisito vital da prova indiciária"[967]. Na forma do art. 239, do CPP, "considera-se indício a circunstância conhecida e provada, que, tendo relação com o fato, autorize, por indução, concluir-se a existência de outra ou outras circunstâncias".

De todo modo, cabe advertir sobre o risco de conferir sentido diverso à noção de indício, o que é inerente ao campo de subjetividade e à relação do elemento encontrado com a intenção do intérprete. Por exemplo, um indício de um crime de roubo (hematoma causado em terceira pessoa) pode ser prova do crime de lesão corporal culposa. A semântica atribuída a um vestígio varia conforme critério teleológico referente à infração penal que se deseja evidenciar.

Com essa percepção, Alexandre Morais da Rosa pontuou que "há certa confusão entre indícios, presunções e

---

967. ALVES, Roque de Brito. *Dos indícios no processo penal*. Rio de Janeiro: Forense, 2003. p.101.

suspeitas". No dizer do processualista, "os indícios são os rastros, provas materiais, vestígios, fatos externos ao caso, que, por indução-dedução, podem auxiliar na verificação da hipótese acusatória". Por outro lado, "as presunções são descabidas em processo penal, salvo a de inocência, e a suspeita é juízo subjetivo, de mera opinião incontrolável".[968]

30.18.10 Presunções

As presunções, enquanto conclusões baseadas em método dedutivo, compreendem as ilações *per saltum*, que podem derivar do maior ou menor grau de confiança que ordenamento jurídico tenha deferido ao juiz para decidir de forma desatrelada à realidade objetiva do fato. Janaína Matida explica, a propósito, que as **presunções legais** opõem constrangimento dogmático à atividade intelectual dirigida à determinação dos fatos, ao passo que as **presunções judiciais** "expressam exatamente a confiança reconhecida aos julgadores para que determinem os fatos a partir das generalizações – das regras ou máximas da experiência".[969]

Em outros termos, as presunções legais ou *legis* são de natureza jurídica ou principiológica, assim caracterizadas quando a lei estatui verdades que podem não corresponder com a realidade empírica (epistêmica), a exemplo da presunção de idoneidade moral decorrente do exercício da função de jurado – art. 439, CPP. De outro lado, as presunções judiciais ou *hominis* consistem em presunções de fato ou comum, consoante livre apreciação do julgador, que se orienta conforme o que comumente acontece, *id quod plerumque accidit*).

---

968. ROSA, Alexandre Morais da. *Guia do processo penal conforme a teoria dos jogos*. 5. ed. Florianópolis: EMais, 2019. p.672.

969. MATIDA, Janaína. *Em defesa de um conceito jurídico de presunção*. Rio de Janeiro: Marcial Pons, 2023. p.214.

30.18.11 Busca e apreensão

A natureza da busca e apreensão é composta, sendo conhecida por seu cariz cautelar probatório. Inserida entre os meios de prova típicos (art. 240, CPP), a busca e apreensão é **meio de obtenção de prova**. Enquanto instrumento, rito ou procedimento, o vocábulo "prova" lhe é adequado, no limbo da vaguidade e ambiguidade do termo.

O seu nítido caráter cautelar é depreendido pelos elementosclássicos inerentes à espécie, quais sejam, a **fumaça do delito** (*fumus comissi delicti*) e o perigo da demora (*periculum in mora*) – ou o perigo de manutenção do estado de liberdade do imputado (*periculum libertatis*), quando associada à necessidade de prisão cautelar.

Sem embargo, importante perceber que a medida probatória de busca e apreensão pode ocorrer até em momento anterior à instauração da investigação criminal ou durante o inquérito policial, bem como diante do processo penal condenatório ou em sede de execução penal, a depender da situação, consoante leciona Gustavo Badaró.[970]

A iniciativa à busca e apreensão é do Ministério Público (requerimento) ou da autoridade policial (*ex officio*, se apresentado o material a ser apreendido; ou por representação ao juiz, ouvido o Ministério Público). O juiz não deve, de ofício, determinar busca e apreensão, máxime durante a investigação criminal, sobejando, porém, a possibilidade de sua atuação supletiva para dirimir dúvida relevante sobre o mérito (art. 3º-A, CPP).[971]

Na hipótese de **crime de racismo**, cometido por intermédio dos meios de comunicação social, de publicação em redes sociais, da rede mundial de computadores ou de publicação de qualquer natureza, a Lei nº 7.716/1989 estatui que o juiz

---

970. BADARÓ, Gustavo Henrique. *Processo penal*. 3. ed. São Paulo: RT, 2015. p.492.

971. STF – Pleno – ADI 6298/DF – Rel. Min. Luiz Fux – 24 ago. 2023.

poderá determinar, ouvido o Ministério Público ou a pedido deste, ainda antes do inquérito policial, sob pena de desobediência, dentre outras providências, o recolhimento imediato ou a busca e apreensão dos exemplares do material respectivo (art. 20, §§ 2º e 3º, I, com redação da Lei nº 14.532/2023). A discordância do *Parquet*, antes da propositura da ação penal, deve constituir óbice ao deferimento da busca e apreensão pelo Judiciário (*ne procedat iudex ex officio*) que, contudo, poderá deflagrar providências de controle com o envio da questão ao órgão revisional do Ministério Público, por analogia ao art. 28, *caput*, do CPP.

Por meio da busca e a apreensão, pode-se procurar um documento e, com a sua apreensão, será produzida prova documental, enquanto aquelas providências prévias serão instrumentos desse objetivo. Pode ocorrer, porém, apreensão sem busca, quando a autoridade policial se depara com objetos ou instrumentos do crime por ocasião do flagrante delito, mediante a sua entrega por parte do autuado. O inverso também verdadeiro. É possível busca sem a apreensão do objeto procurado, com a frustração da diligência.

30.18.11.1 Garantias individuais envolvidas

Na busca e apreensão, garantias individuais estão em jogo, em especial, conforme o caso, a indevassabilidade do direito à intimidade, à inviolabilidade domiciliar e à intangibilidade da pessoa (art. 5º, *caput*, XI, XII, CF). O que há de comum é a intimidade e a proteção de núcleos sensíveis ao ser humano. É plausível ponderar que a pessoa deveria receber maior tutela que o seu patrimônio, o que poderia ser regulamentado por lei.

Decerto, seria melhor que o legislador tivesse delimitado a semântica da locução "**fundadas razões**". Esta expressão finda por dizer tudo e dizer nada ao mesmo tempo. É a justificativa aberta para a busca e apreensão prevista no § 1º, do art. 240, do CPP. Aliás, em dispositivos não recepcionados pela Constituição, o Código autoriza custódia provisória transitória com supedâneo em "fundadas razões para duvidar da legitimidade das pessoas", a exemplo do § 2º, do seu art. 250.

Afinal, que seriam as fundadas razões? Termo aberto que abre espaço para interpretações com preponderância subjetiva.

Quando a hipótese é de busca domiciliar, outro termo apresenta o mesmo problema, qual seja, o de "**fundada suspeita**" (art. 244, CPP). Ao destinatário da interpretação dessas locuções, é entregue ampla seara fértil a interpretações.

30.18.11.2 Situações de dispensa de mandado

A busca domiciliar sem mandado só é autorizada em situação de flagrante delito, para prestar socorro ou em caso de desastre (art. 5º, XI, CF). Por outro lado, o mandado deve ser cumprido apenas durante o dia. O CPP não define o que seja dia: a partir de critério sensitivo, dia é a luz do sol. Deve-se associar o aspecto da luz solar ao horário compreendido entre seis e dezoito horas.

O consentimento do morador é essencial para permitir a busca e apreensão com mandado, em caso de cumprimento no período noturno (o que deve ser evitado!). É relevante ponderar que o uso de uniforme pela polícia ou a menção a ser o agente órgão do Estado confere impressão de exigência ao pedido de consentimento ao morador para ingressar na residência.

Vale dizer, mesmo sendo um pedido, com o consentimento do morador, entende-se não ser recomendado o cumprimento do mandado no período noturno, pois o pedido de um agente fardado é similar a uma ordem, capaz de causar constrangimento.

O art. 241, do CPP, prevê que a própria autoridade judicial realize a busca e apreensão, inclusive de ofício, com dispensa do mandado. Cuida-se de previsão incompatível com a Constituição (princípio acusatório) e que colide com o art. 3º-A do

CPP. Primeiramente, não se admite ordem de pedido de busca pelo juiz sem provocação do interessado, ou seja, sem que a autoridade policial represente ou sem que o Ministério Público requeira a medida. Em segundo lugar, é desproporcional e contrário aos elementos que caracterizam a prestação jurisdição, que o próprio juiz realize a busca, função própria da polícia. Como se infere, o dispositivo cria conflito com a cognição do juiz e o risco de sua dissonância (prejuízo à imparcialidade). Ademais, buscas de apreensões são situações que levam os seus executores a extremo *stress*, incompatível com a necessária tranquilidade que deve ter o juiz para julgar um fato.

30.19 Meios de prova não positivados no CPP

Da liberdade probatória (art. 155, *caput*, CPP) deriva a possibilidade de meios de prova inominados ou atípicos, bem como hauridos da legislação extrapenal (art. 3º, CPP).

30.19.1 Empréstimo probatório

A prova emprestada é meio de prova disciplinada sucintamente no art. 372, do CPC. Não há previsão legal de sua aplicação no processo penal, embora seja possível invocar analogia (art. 3º, CPP) e o cânone da **liberdade probatória** que decorre do princípio da livre apreciação da prova pelo juiz (convencimento motivado) que, no entanto, deve atuar no cerco do sistema jurídico.

No empréstimo probatório, interferências estranhas ao mérito do processo penal em testilha podem reduzir a nitidez da informação e, por consequência, indicar que o seu efeito ou valor seja reduzido. Alguns parâmetros, contudo, têm sido alinhados com o objetivo de balizar a sua aceitação e contornar o risco de arbítrio.

30.19.1.1 Requisitos à prova emprestada

Para ser deferida, seria indispensável à admissibilidade da prova emprestada:

(1) existência de processo penal com denúncia ou queixa oferecida (em sentido contrário, na jurisprudência há decisões aceitando empréstimo de provas em sentido amplo, de um inquérito policial a outra investigação ou processo e vice-versa);

(2) traslado da prova emprestada de um processo a outro (dispensa-se, para tanto, a natureza penal do processo de origem, podendo se tratar, por exemplo, de processo por improbidade administrativa);

(3) mesmas partes (a imposição diz respeito ao mesmo acusado, em virtude de ser possível, no polo ativo, a alternância entre membros do *Parquet* ou a promoção da ação penal por queixa subsidiária);

(4) idêntica causa de pedir ou igual caso penal (o fato objeto da prova deve ser o mesmo, conquanto possam incidir normas distintas sobre ele, a exemplo da civil, da tributária e da civil por improbidade administrativa).

É apropriada a lição de Alexandre Morais da Rosa, expositiva da preocupação com os limites ao empréstimo de provas. Com atenção aos seus efeitos, "a prova emprestada, a saber, a importação de meio probatório não produzido nos autos em que será valorada, terá sempre o estatuto de prova documental, mesmo que se importem depoimentos, cuja reprodução seja impossível, tendo como pressuposto que as partes sejam idênticas". Acrescenta o autor que, embora a princípio admissível, a prova emprestada "pressupõe *fair play* na sua produção e não pode ser confundida com manobra capaz de excluir os julgadores de sua produção, nem com o 'Encontro fortuito' ou *Fishing expedition*".[972]

30.19.1.2 Compartilhamento de informações

O juízo de valor, positivo ou negativo, que se permite fazer sobre a prova depende de uma série de fatores. Traga-se como exemplo o problema do **compartilhamento de informações fiscais**, que ensejou acalorado debate no STF. A interpretação sobre os limites constitucionais à transferência de dados entre os órgãos públicos poderia ter ensejado valoração negativa, para taxar o procedimento de ilegítimo e o resultado probatório ilícito (inconstitucional),

No entanto, sagrou-se vencedor o entendimento pela permissibilidade do aludido compartilhamento. O assuntou desembocou na tese fixada no Tema 990, pelo STF, em sede de recurso extraordinário com repercussão geral, descrita em dois tópicos:

(1) o primeiro definiu ser constitucional o compartilhamento dos relatórios da Unidade de Inteligência Financeira (UIF) e da íntegra do procedimento fiscalizatório da Receita Federal (RFB), que define o lançamento tributário, com os órgãos de persecução penal para fins penais. Para tal mister, não é obrigatória autorização judicial prévia, devendo, contudo, "ser resguardado o sigilo das informações em procedimentos formalmente instaurados e sujeitos a posterior controle jurisdicional";

(2) o segundo item complementou que "o compartilhamento pela UIF e pela RFB, referente ao item anterior, deve ser feito unicamente por meio de comunicações formais, com garantia de sigilo, certificação do

972. ROSA, Alexandre Morais da. *Guia do processo penal conforme a teoria dos jogos*. 5. ed. Florianópolis: EMais, 2019. p.673.

destinatário e estabelecimento de instrumentos efetivos de apuração e correção de eventuais desvios".[973]

Como se depreende, o STF sufragou a possibilidade de **transferência do dever de guardar sigilo**, impropriamente chamada de **transferência de sigilo.**

Nas palavras de Carlos Alberto Hagström, trata-se de expressão cunhada para permitir, inicialmente, o acesso da administração tributária a informações tuteladas pelo sigilo bancário. Passou-se "a falar em 'transferir' o sigilo como argumento para justificar o acesso de outros órgãos, como o MP, a informações da espécie". O autor aduz que a admissão de "intercâmbio de informações" entre os entes administrativos tem sido respaldada no argumento de que "não viola o dever de sigilo, até pelo fato de estarem, todas, obrigadas ao mesmo dever". Entrementes, parece-lhe não ser a melhor solução, porquanto a justificativa da revelação deve estar fincada "nas hipóteses que o ordenamento jurídico – por via legal, jurisprudencial e doutrinária – venha a admitir".[974]

30.19.2 Captações de sinais sonoros, digitais e de imagens

Nos termos da Lei Maior, "é inviolável o sigilo da correspondência e das comunicações telegráficas, de dados e das comunicações telefônicas, salvo, no último caso, por ordem judicial, nas hipóteses e na forma que a lei estabelecer para fins de investigação criminal ou instrução processual penal" (art. 5º, XII, CF). A Lei nº 9.296/1996 é o texto normativo que disciplina a matéria preconizada pela norma ápice.

André Nicolitt expõe reflexões sobre a evolução da tecnologia e sua repercussão nas comunicações contemporâneas. Na época do advento da Constituição, "não era possível

---

973. STF – RE 1055941 – Pleno – Rel. Min. Dias Toffoli – Publicado em 18 mar. 2021.

974. HAGSTRÖM, Carlos Alberto. *Comentários à lei do sigilo bancário*: lei complementar nº 105, de 10 de janeiro de 2001. Porto Alegre: Sergio Antonio Fabris, 2009. p.458-459.

imaginar a forma pela qual a nossa sociedade atual se comunicaria, diante de tantos novos instrumentos tecnológicos, mormente a *internet*".[975]

Nesse contexto, a captação de sinais é expressão tomada como gênero de um leque de possibilidade relativamente ao objeto que possa conter a informação probatória desejada:

(1) acústicos (sinais sonoros ambientais, telefônicos e quejandos);

(2) digitais (simbologia digital, com dados de comunicação); e

(3) imagens (tomadas de ambientes físicos ou virtuais).

Os requisitos rigorosos à perfectibilidade da captação estão descritos na vetusta Lei de Interceptações Telefônicas que passou a englobar captações que vão além da conversação telefônica. Duas são as fontes legais para o deferimento, sempre pelo órgão autêntico (juiz), porém devidamente provocado (não *ex officio* – art. 3°, Lei n° 9.296/1996), por representação da autoridade policial ou por requerimento do Ministério Público:

(1) para as captações de natureza **telefônica** (inclusive as de **dados telemáticos**), o art. 2°, do diploma legal em testilha, estatui **proibição** ao deferimento (inadmissibilidade, vedação) para qualquer das seguintes hipóteses:

(a) inexistirem **indícios razoáveis** da autoria ou participação em infração penal (plausibilidade – *fumus comissi delicti*);

(b) a prova puder ser produzida por outros meios disponíveis, devendo ser a ***ultima ratio*** entre os meios disponíveis (urgência – *periculum in mora*); e

975. NICOLITT, André. *Lei n° 12.403/2011: O novo processo penal cautelar, a prisão e as demais medidas cautelares*. Rio de Janeiro: Elsevier, 2011. p.123.

(c) o fato investigado constituir infração penal punida, no máximo, com pena de detenção (justa medida – proporcionalidade *stricto sensu*).

(2) para as captações de cariz **ambiental** de sinais eletromagnéticos, ópticos ou acústicos (regulamentada somente a partir da Lei nº 13.964/2019), o art. 8º-A, da mesma Lei nº 9.296, estabeleceu como requisitos que constituem **permissão** ao seu deferimento (admissibilidade, autorização):

(a) a prova não puder ser feita por outros meios disponíveis (*ultima ratio*) e igualmente eficazes (urgência – *periculum in mora*); e

(b) existirem **elementos probatórios razoáveis** de autoria e participação (plausibilidade – *fumus comissi delicti*) em delitos cujas penas máximas sejam superiores a quatro anos ou em infrações penais conexas (justa medida – proporcionalidade *stricto sensu*).

Em suma, a Lei nº 9.296/1996 estatui, em forma de **perinorma** (indevido deferir), os parâmetros para a captação telefônica (art. 2º) e, em forma de **endonorma** (devido deferir), os requisitos para a captação ambiental (art. 8º-A).[976]

A técnica eleita pelo legislador no aludido art. 2º, de estipular os casos de vedação, é propícia a se pensar que o deferimento de captações telefônicas é a regra, quando, na realidade, deve ser excepcional. O texto de lei, na hipótese, pode conduzir a esse equívoco, eis que é o **aspecto-relato** da norma ao juiz, narrando a ele um teor proibitivo para casos em que se requer prestação jurisdicional.[977]

Como regra, o resultado das captações não constitui prova no sentido estrito. A captação de sinais é fonte de prova,

976. COSSIO, Carlos. *La teoría egológica del derecho y el concepto jurídico de libertad*. 2. ed. Buenos Aires: Abeledo-Perrot, 1964. p.194-195; 464-465; 668-669.

977. FERRAZ JR, Tercio Sampaio. *Teoria da norma jurídica*: ensaio de pragmática da comunicação normativa. 4. ed. Rio de Janeiro: Forense, 2009. p.51 *et seq*.

entendida como meio de obtenção de elementos que podem levar à produção de outras provas. Todavia, nos casos em que a captação constitua o próprio corpo de delito, será ela mesma a prova *stricto sensu* (arts. 155, *caput*; 158, CPP) que, inclusive, poderá se submeter à perícia (prova técnica).

Independentemente de terem natureza telefônica, telemática ou ambiental (de sinais acústico, ópticos e sonoros), as captações se tripartem em três categorias, conforme o grau de interferência de terceira pessoa e a ciência dos protagonistas da comunicação:

(1) **interceptação**: envolve ao menos três sujeitos, um deles responsável por captar a comunicação, sem o conhecimento dos demais;

(2) **escuta**: envolve ao menos três sujeitos, um deles responsável por captar a comunicação, com o conhecimento de um dos demais protagonistas do diálogo;

(3) **gravação**: envolve dois sujeitos, ambos protagonistas da comunicação que capta o diálogo, com ou sem o conhecimento do outro.

Nas palavras de Luiz Avolio, a gravação clandestina "é uma modalidade de devassa na comunicação diversa da interceptação telefônica, pois enquanto nesta há um terceiro que a executa (o fator terzeitá), naquela é uma das partes que realiza." Ao conceito de gravação clandestina, é irrelevante o conhecimento da outra parte.[978]

A gravação independe, em linha de princípio, de autorizativo judicial. O mesmo não se pode dizer da interceptação e da escuta, que devem ser submetida ao crivo do juiz competente, mediante requerimento ou representação que descreva: (1) com clareza a situação objeto da investigação, inclusive com a indicação e qualificação dos investigados, salvo

978. AVOLIO, Luiz Francisco Torquato. *Provas ilícitas*: interceptações telefônicas, ambientais e gravações clandestinas. 4. ed. São Paulo: RT, 2010. p.257.

impossibilidade manifesta, devidamente justificada (art. 2º, parágrafo único, Lei nº 9.296/1996); e/ou (2) circunstanciadamente o local e a forma de instalação do dispositivo de captação ambiental (art. 8º-A, § 1º, Lei nº 9.296/1996).

30.19.3 Escuta especializada e depoimento especial

A regulação do sistema de garantias destinado à proteção de crianças e de adolescentes é prioritária (art. 227, *caput*, CF). Consiste em tema sensível, objeto de proteção constitucional e de convenções internacionais e de vários diplomas legais, tal como a Lei nº 14.811/2024, que inseriu, no ordenamento jurídico, medidas de prevenção à violência nos estabelecimentos educacionais, bem como regras de incremento punitivo contra abuso, exploração sexual, *bullying* e *cyberbullying*.

Nesse contexto de tutela à criança e ao adolescente, o § 1º, do art. 4º, da Lei nº 13.431/2017, prescreve que eles serão ouvidos sobre situação de violência, por meio de escuta especializada e depoimento especial.

Trata-se de meio de prova que tem pontos de contato com a prova testemunhal e dela deriva, mas com ela não se confunde. Deveras, a escuta especializada e o depoimento especial não se adequam ao conceito e regime jurídico das testemunhas (*stricto sensu*). Essa percepção poderá repercutir em seu valor jurídico, que deve ser relacionado aos demais meios de prova, e avaliado pelo juiz, no percurso do seu substrato (depoimento) e sentido (compreensão) e vice-versa.

Nessa toada, cabe relacionar a legislação especial aos termos do art. 208, do CPP, que proíbe deferir compromisso de dizer a verdade às pessoas com menos de 14 anos. Desse dispositivo, infere-se a qualidade de informantes ou declarantes. Não são regidas pelo regime jurídico do testemunho, salvo de forma parcial.

Com rito que objetiva tutelar as crianças e adolescentes com a suavização do ambiente e a prevenção contra danos secundários, as técnicas se separam conforme o destinatário direto da entrevista ou do depoimento (arts. 7º, 8º, Lei 13.431/2017):

(1) a **escuta especializada** é o procedimento de entrevista sobre situação de violência com criança ou adolescente **perante órgão da rede de proteção**, com relato limitado ao cumprimento de sua finalidade;

(2) o **depoimento especial** é o procedimento de oitiva de criança ou adolescente vítima ou testemunha de violência **perante autoridade policial ou judiciária**.

30.19.4 Outros meios de obtenção de prova

A legislação extravagante pode instituir meios de prova nominados (*nomen juris*) e típicos (com procedimento). Como toda prova (*rectius*: **meio de obtenção de prova**), é necessário que a medida se revista de proporcionalidade referentemente aos seus objetivos. Cuida-se de sinalagma que deve existir entre as garantias individuais e o meio probatório. Tem aplicação, inclusive, para as provas atípicas, sem previsão legal e que podem ser produzidas com esteio na liberdade probatória (art. 155, *caput*, CPP).

A Lei nº 12.850/2013 regula o controle da criminalidade organizada. Das técnicas que enumera como instrumentos de obtenção de prova nos **crimes imputados a organizações criminosas**, e descreve os respectivos procedimentos, podem ser sublinhadas as que não são remetidas à legislação específica, notadamente:

(1) a **ação controlada** (arts. 8º e 9º): autorizativo legal que estende no tempo o momento do flagrante. Não depende, estritamente, de decisão judicial, mas é imprescindível que o retardamento seja comunicado ao juiz competente para, se for o caso, estabelecer limites. Trata-se de diferimento da intervenção policial

ou administrativa relativa à ação praticada por organização criminosa ou a ela vinculada, desde que mantida sob observação e acompanhamento para que a medida legal se concretize no momento mais eficaz à formação de provas e obtenção de informações;

(2) a **infiltração de agentes**, levada a efeito por policiais, em atividade de investigação (arts. 10 ao 14): exige-se representação do delegado de polícia ou requerimento do Ministério Público, após manifestação técnica do primeiro quando solicitada no curso de inquérito policial. Deve ser precedida de circunstanciada, motivada e sigilosa autorização judicial, que estabelecerá seus limites.

Entrementes, é de ver que há aspectos não revelados nesses meios de obtenção de prova, máxime porque, ao investigador, é outorgado um leque de possibilidades imprevisíveis durante a infiltração. De um lado, há diminuição do controle sobre a forma como, prospectivamente, serão coligidos elementos probatórios; de outro, garantias fundamentais podem ser vulnerabilizadas.

O escólio de Geraldo Prado é aclarador ao convergir com essa ponderação. Na lição do jurista, "o caráter manipulável de determinados elementos probatórios e seu potencial de influenciar a convicção judicial revelam-se caminhos tortuosos bastante conhecidos nos círculos de investigação das infrações penais". São percursos que deveriam ser obstados ou nulificados, mormente no Estado de Direito. Em arremate – complementa o autor, sugerindo a inquirição dos agentes infiltrados e outras provas adicionais –, "o que parece ser uma medida meramente protocolar, consistente em adotar providências correspondentes e identificar elementos informativos", na realidade caracteriza uma garantia à fiabilidade probatória.[979]

979. PRADO, Geraldo. *Estudos jurídicos*. São Paulo: Contracorrente, 2018. p.224.

30.20 Aplicação a caso concreto

A necessidade de descrição do percurso da prova, ainda que não dito de forma expressa, acabou sendo acolhido pelo STJ, com ênfase na necessidade de exposição das razões de decidir.

No julgado, foi avivado que:

(1) apesar da decisão de pronúncia ser "um juízo de admissibilidade da acusação, na qual não é exigido prova incontroversa da autoria do delito", ela deve ser fundamentada, "em linguagem sóbria e comedida, a fim de não exercer influência nos jurados", em face da "sua importância para o réu, em respeito aos ditames legais (art. 413 do CPP) e aos preceitos constitucionais (art. 93, IX, da Carta Política)";

(2) há nulidade da decisão que, "ao pronunciar o réu, não descreve as razões de seu convencimento acerca dos indícios de autoria dos crimes e da incidência das circunstâncias qualificadoras dos delitos", especialmente quando, no curso da instrução, "foram ouvidas 25 testemunhas, realizadas duas acareações, diversas perícias e interceptação/quebra de sigilo telefônico".[980]

Em síntese, o juiz não completou o percurso de formação de sentido da prova. Vale dizer, o órgão autêntico deveria ter construído **argumento probatório**, lastreado nos critérios aptos à sua configuração epistêmica.

30.21 Conclusão e próximo capítulo

O conceito de prova é fértil à fixação de parâmetros metodológicos para as sucessivas fases de sua produção e de controle. Se, de um lado, as espécies de prova têm idiossincrasias

980. STJ – Sexta Turma – HC 456.228/PA – Rel. Min. Rogerio Schietti Cruz – DJe 21 nov. 2019.

próprias, de outro, a estrutura guarda identidade e deve respeito a essa essência. No capítulo a seguir, os procedimentos serão o objeto de análise. Trata-se de assunto que tem íntima interseção com a questão probatória e com outros temas centrais do processo penal.

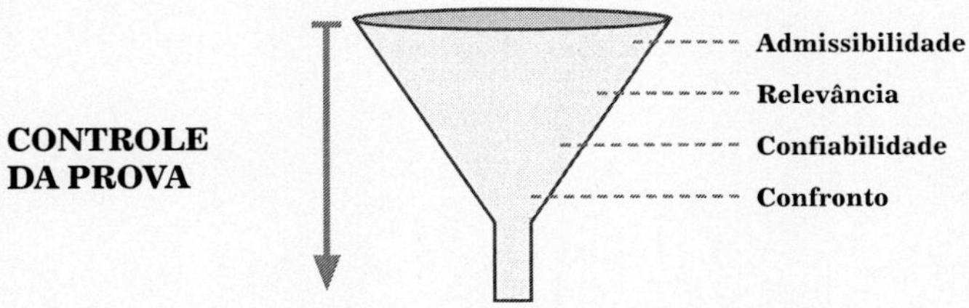

CAPÍTULO 31
PROCEDIMENTOS

31.1 Conceito

Procedimento é o aspecto objetivo do processo. Consiste no enlaçamento e no detalhamento dos atos processuais. Lado outro, o aspecto subjetivo do processo é a relação jurídica processual (art. 363, CPP). A estrutura, racional, deve ser garantidora de parâmetros de controle normativo.

O conceito de procedimento, todavia, não tem contorno preciso. Fredie Didier explica a possibilidade de se "falar do procedimento como um gênero, de que o processo seria uma espécie. Nesse sentido, processo é o procedimento estruturado em contraditório".[981]

Esse último sentido ilustra o sequenciado de atos que podem se situar, no tempo e no espaço, da investigação preliminar (em regra, desprovida de contraditório) ou do processo penal (com contraditório). Afinal, o rito não é aspecto privativo do processo judicial, sendo essencial se pressupor um procedimento para se falar em processo administrativo.

981. DIDIER, Fredie. *Sobre a teoria geral do processo, essa desconhecida*. 3. ed. Salvador: Juspodivm, 2016. p.81.

A distinção entre processo e procedimento pode conduzir à inclusão de atos anteriores ao início do processo, a depender do ponto de vista adotado, face à imprecisão dos lindes desses conceitos. Nesse sentido, poderia até mesmo se falar em procedimento investigativo ou em procedimento do inquérito policial, considerando que o direito positivo prescreve o rito das apurações preliminares.

Sob a lente do CPP, o procedimento poderá ser comum ou especial (art. 394, CPP). Elementos do rito adequado, contudo, poderão ser encontrados, total ou parcialmente, na legislação extravagante, a exemplo do que preconizam: (1) a Lei nº 11.343/2006, sobre o procedimento especial para os crimes de tráfico de drogas; e (2) a Lei nº 9.099/1995, sobre a sequência de atos que compõem o procedimento comum sumaríssimo.

31.2 Procedimento comum

O procedimento comum é a **regra geral**, vale dizer, tem lugar em todos os casos que a lei não indicar procedimento especial.

De acordo com a sanção abstrata máxima possível à infração penal, o rito comum é tripartido. Para a aferição desse patamar, são consideradas as **regras complementares de**:

(1) **exasperação de pena**: causas especiais de aumento da legislação penal, bem como da parte especial e da parte geral, do Código Penal (continuação delitiva, concurso formal e concurso material de delitos – arts. 71; 70; 69, CP, respectivamente); e

(2) **redução de pena**: causas especiais de diminuição da legislação extravagante, assim como da parte especial e da parte geral, do Código Penal (tentativa – art. 14, II, CP).

O procedimento pode ser convertido de uma espécie a outra, considerado critério de proporcionalidade e desde que:

(1) seja adaptado a rito mais amplo que o objeto de conversão, a fim de assegurar direitos individuais (art. 5º, LV, CF); e

(2) não viole regra de competência absoluta (art. 5º, LIII, CF);

(3) não haja manutenção da prisão, por ser proibido juridicamente o excesso prazal (art. 5º, LXV, CF).

31.2.1 Procedimento comum ordinário

O **procedimento comum ordinário** (art. 394, § 1º, CPP): quando tiver por objeto infração penal (ou mais de uma) cuja sanção máxima cominada for **igual ou superior a quatro anos** de pena privativa de liberdade (de forma isolada ou conjunta).

31.2.2 Procedimento comum sumário

O **procedimento comum sumário** (art. 394, § 2º, CPP): quando tiver por objeto infração penal (ou mais de uma), cuja sanção máxima cominada seja **inferior a quatro anos** de pena privativa de liberdade (de forma isolada ou conjunta).

31.2.3 Procedimento comum sumaríssimo

O **procedimento comum sumaríssimo** (art. 394, § 1º, III, CPP): para as infrações penais de menor potencial ofensivo, com pena máxima (de forma isolada ou conjunta) **não superior a dois anos** de privação de liberdade, na forma da Lei nº 9.099/95 (arts. 60; 61).

31.2.4 Aplicabilidade subsidiária aos demais ritos

A disciplina legal preconizada para o **procedimento comum** incide em todos os processos, ressalvada disposição em contrário no CPP ou na legislação especial: é o que dispõe o

§ 2º, do art. 394, do CPP. O legislador, aliás, prescreve, no § 5º, do mesmo dispositivo, a **aplicação subsidiária** do regramento do **procedimento ordinário** aos procedimentos especial, sumário e sumaríssimo.

Fonte de controvérsias, as duas regras, que se complementam embora aparentem **antinomia**, devem ser balizadas por parâmetros do próprio sistema, em camadas:

(1) em primeiro lugar, o **critério hierárquico**, expresso na máxima *lex superior derogat legi inferiori*, mediante controle de constitucionalidade ou de convencionalidade: disposições dos demais ritos que conflitem com normas de *status* constitucional ou convencional superior devem ceder em favor das descritas no rito comum que sejam mais ajustadas ao **núcleo duro** do direito processual penal (catálogo de direitos fundamentais). Por exemplo, a regra do art. 400, do CPP, que prevê o interrogatório como último ato da instrução deve interferir nos demais procedimentos, para derrogar ritos que o prescrevam como ato inicial, adequando-os à **ampla defesa** (art. 5º, LV, CF);

(2) em seguida, o **critério cronológico** (*lex posterior derogat legi priori*), positivado no § 1º, do art. 2º, da Lei de Introdução às Normas do Direito Brasileiro – LINDB (Decreto-Lei nº 4.657/1942): "a lei posterior revoga a anterior quando expressamente o declare, quando seja com ela incompatível ou quando regule inteiramente a matéria de que tratava a lei anterior". Se a revogação é expressa, o dispositivo se torna inaplicável aos casos futuros, respeitando-se o ato juridicamente perfeito; ou seja, a lei processual penal se aplica imediatamente, mas não alcança os atos já praticados, perfectibilizados (sistema do isolamento dos atos processuais – art. 2º, CPP). No caso de **revogação tácita**, diferentemente, a questão envolve interpretação fulcrada nos valores entabulados na

ordem jurídica, aplicando-se a *novatio legis* quando a disciplina mais recente evidenciar incompatibilidade com a mais vetusta ou quando a suplantar. Como o sistema tem aversão ao vácuo, negando a possibilidade de lacuna no ordenamento jurídico, o critério cronológico pode ser conjugado com o hierárquico para reforçar a incidência das disposições da Lei Nova. Exemplos: (a) a inquirição das testemunhas deve ser iniciada pela parte que a arrolou (art. 212, CPP), que formulará perguntas diretas (*direct examination*), seguidas pela parte adversa (*cross examination*) – regra aplicável a todos os ritos, a exceção do júri, cuja disciplina é específica (art. 473, CPP), e cronologicamente idêntica à da legislação que introduziu modificações aos procedimentos; (b) a ampliação das hipóteses de absolvição sumária pela legislação reformadora de 2008 revogou tacitamente a previsão de interponibilidade de recurso de ofício (*rectius*: condição de eficácia da sentença), gizada no art. 574, inciso II, do CPP. Para essa conclusão, são considerados dois fatores: a redação originária do art. 411, do CPP, dispunha, em sobreposição normativa, que seria cabível remessa necessária; e, constata-se tratamento não isonômico com a previsão de reexame obrigatório restrito à deliberação favorável ao réu;

(3) por último, o **critério da especialidade**, traduzido no brocardo *lex specialis derogat legi generali*: as disposições do procedimento comum em geral e do procedimento comum ordinário não incidem nas hipóteses em que se verifique a estabilização da especialidade do procedimento, em virtude do discrímen estar devidamente justificado sob a lente da proporcionalidade (exigibilidade, adequação e justeza). Por exemplo: as regras instituídas pela reforma de 2008, sobre o número e habilitação de peritos (um perito oficial ou dois *ad hoc*), contidas no art. 159, § 1º, do CPP, não

derrogaram, nem ab-rogaram as disposições do art. 50, § 1º e § 2º, da Lei nº 11.343/2006, que preveem que, na falta de perito oficial, pessoa idônea elabore o laudo provisório, bem como a possibilidade do *expert* do primeiro laudo participar da elaboração do laudo definitivo de constatação da droga, subentendendo-se à necessidade de dois peritos (oficiais ou não).

De todo modo, não é demais avivar que a interpretação dos procedimentos deve se apegar aos fundamentos do garantismo penal, fundado em metodologia racional.[982] Sob essa perspectiva, Rubens Casara ensina que "o garantismo parte de matriz iluminista, do conceito de centralidade da pessoa e da diferença entre moral e direito". Em oposição à "fisionomia normativa garantista", localizam-se "práticas antigarantistas", que "desconhecem limites".[983]

31.3 Procedimentos especiais

O procedimento é chamado de especial se o rito diferir de quaisquer dos três casos de procedimento comum. A diferença, portanto, pode ser tênue ou mais significativa, podendo incidir na fase investigativa ou no curso da instrução processual.

31.3.1 Procedimento do júri

O júri é garantia individual cristalizada no art. 5º, inciso XXXVIII, da CF. Sua localização entre os direitos fundamentais de primeira dimensão, é vetor de como deve ser aplicada sua disciplina legal. As garantias constitucionais devem ser interpretadas *favor rei*.

---

982. FERRAJOLI, Luigi. *Direito e razão*: teoria do garantismo penal. Tradução: Ana Paula Zomer Sica; Fauzi Hassan Choukr; Juarez Tavares; Luiz Flávio Gomes. São Paulo: RT, 2006. p.55.

983. CASARA, Rubens R. R. *Interpretação retrospectiva*: sociedade brasileira e processo penal. Rio de Janeiro: Lumen Juris, 2004. p.87.

Em outros termos, o júri deve viabilizar limitação ao *jus puniendi*. O júri não deve ampliar as chances condenatórias: se contra o réu não existir conjunto de provas apto, em tese, à condenação, em compasso com os ditames do ordenamento jurídico, o processo deve ser encerrado em sua primeira fase com: (1) decisão de absolvição sumária (art. 415, CPP); (2) sentença de impronúncia (art. 414, CPP); ou (3) sentença de extinção da punibilidade (art. 61, CPP).

31.3.1.1 Rito escalonado. Significado

O escalonamento do procedimento do júri se relaciona com a cognição judicial, que se sucede em dois níveis: (1) o primeiro, com o juízo de admissibilidade conhecido por *judicium accusationis*, consiste na cognição superficial exercida e consignada na decisão de pronúncia; (2) o segundo com a atuação do juízo meritório propriamente dito, por meio do julgamento pelos jurados na sessão plenária (*judicium causae*).

31.3.1.2 Desaforamento e reaforamento

O desaforamento é decisão modificativa de **competência territorial**, tradicionalmente entendida como de **natureza relativa**, que visa a assegurar a **imparcialidade do júri**, elemento por si só essencial à validade do julgamento.

Essa questão não integra o desaforamento, mas repercute em sua higidez. Nessa linha, a relatividade da competência ensejaria, se viciado algum ato de sua fixação, **nulidade relativa**, diante da acidentalidade da imparcialidade ao desaforamento.

Ademais, cabe lembrar que sobre o desaforamento não recai preclusão máxima, podendo haver, inclusive, **reaforamento** ao juízo de origem quando desaparecerem os motivos que autorizaram o desaforamento e, em acréscimo, surgirem situações implicadoras de nova mudança de foro.

O enunciado sumular n° 712, do STF, dita que "é nula a decisão que determina o desaforamento de processo da competência do júri sem audiência da defesa". Como se infere, está em jogo mais um princípio nuclear do processo penal, que é o da **ampla defesa**, cujo prejuízo é presumido pelo ordenamento jurídico.

Por essas razões, haverá **nulidade absoluta**.

31.3.1.3 Composição do júri

Formado pelo juiz presidente do tribunal do júri e por vinte e cinco jurados (art. 433; 447; 462, CPP). O júri funciona com sete jurados sorteados, que devem tomar assento no conselho de sentença, na sessão plenária de julgamento (art. 469, § 1º; 486, CPP), presidido pelo juiz togado.

31.3.1.4 Investidura dos jurados

A investidura dos jurados envolve uma sucessão complexa de atos administrativos e jurisdicionais, que segue do alistamento anual (art. 425; 426, CPP), passando pela organização da pauta da reunião periódica (art. 429, CPP), sorteio e convocação dos jurados (art. 432; 433, 434, CPP), até o juramento e recebimento das cópias da decisão de pronúncia e demais atos subsequentes (art. 472, CPP).

Ao lado da maior parte dos atos e dos elementos essenciais constitutivos da investidura do jurado, existem elementos acidentais que podem ferir direitos que não decorrem do art. 5º, da Constituição. Há vícios e omissões referentes a elementos acidentais que não impõem a invalidação do ato processual.

Exemplo de ato desse teor é o que resulta do disposto no art. 472, *caput*, do CPP. Seu enunciado ordena que o juiz presidente do tribunal do júri, levantando-se, e, com ele, todos os presentes, exortará os jurados a examinarem a causa com imparcialidade e de conformidade com os ditames da justiça.

Os jurados, a partir daí, deverão responder: "assim o prometo". Caso falte essa formalidade, de natureza acidental, a irregularidade não será capaz de mitigar a imparcialidade, máxime porque tal dever dos jurados não decorre do compromisso declarado, mas dos próprios termos legais.

Cuida-se de **elemento acidental** de um ato jurídico, assim considerado o requisito que não repercute negativamente nas garantias fundamentais cuja forma do ato procedimental visa a conferir proteção. Sob certo prisma, pode-se afirmar que aquele aspecto contingente do ato é regido pela ideia de fungibilidade ou substitutividade, pelo que é admissível, para esse tipo, menor rigor formal.

31.3.1.5 Testemunhas arroladas para a sessão do júri

Após a preclusão da decisão de pronúncia (art. 421, CPP), com o encerramento do **juízo da instrução** do procedimento bifásico do júri, será concedido prazo de cinco dias para: (1) apresentação de rol de testemunhas (em número de cinco, para cada parte e para cada fato); (2) juntada de documentos; e (3) requerimento de diligências necessárias ao julgamento plenário (art. 422, CPP).

Consiste em faculdade que integra o direito constitucional ao contraditório e à ampla defesa, de natureza essencial. Com essa providência, é deflagrada a segunda fase do procedimento escalonado do júri, intitulada de **preparação do processo para julgamento plenário** (juízo de mérito).

Os atos enlaçados, contudo, não são somente jurisdicionais, a exemplo da deliberação judicial sobre provas, diligências e relatório do processo (art. 423, CPP), pois a realização do julgamento é precedida de uma série de medidas que não se inserem em qualquer processo penal, mas que fazem parte da organização periódica do órgão judicial (art. 429, *et seq*, CPP).

Na alínea “f”, do inciso III, do art. 564, do CPP, está descrita nulidade por falta de concessão de prazo para a produção de prova testemunhal da sessão plenária. A falta ou o vício sobre essa fase deve ser classificada, por norma individual e concreta exarada pelo juiz, como **nulidade absoluta**.

31.3.1.6 Publicação da lista geral anual de jurados

A publicação da lista geral anual de jurados é ato administrativo do órgão judicial competente para julgamento dos crimes dolosos contra a vida. Não é ato processual, nem guarda relação de pertença com a jurisdição. Porém, é ato com aptidão de produzir efeitos jurídicos nos processos de competência do tribunal popular, porquanto é do alistamento que serão selecionados os jurados de cada reunião do júri.

São dois os momentos de publicação da lista geral anual de jurados:

(1) a primeira, provisória, a ser publicada até 10 de outubro; e

(2) a segunda, definitiva, com publicação até 10 de novembro.

De compasso com o art. 426, CPP, e seus parágrafos, a lista geral será anualmente completada, cabendo alteração, de ofício ou por reclamação de qualquer do povo, de cariz não jurisdicional, manejável contra a inclusão ou exclusão de jurado da **lista geral anual provisória**. Se a modificação advier na publicação da **lista geral anual definitiva**, será interponível recurso em sentido estrito, igualmente de natureza administrativa (art. 581, XIV, CPP).

31.3.1.7 Organização da pauta

A **organização da pauta** relaciona os processos maduros para julgamento. A ordenação da sequência de sessões do júri é denominada de **reunião**. A reunião periódica do júri poderá ser: (1) ordinária; ou (2) extraordinária.

A **sessão** é o dia de julgamento de um ou mais processos submetidos ao tribunal popular.

A estruturação da ordem dos processos inclusos na reunião periódica é ato administrativo, com efeitos jurisdicionais. A organização da pauta não compõe o sequenciado de atos de qualquer processo concreto, mas pode repercutir em suas consequências jurídicas, notadamente em relação ao momento de julgamento e sua intersecção com questões como a de acusado preso ou proximidade de prescrição.

Daí que o art. 429, do CPP, estabelece ordem de preferência de julgamento dos processos, segundo critério que afete, em maior grau, a **liberdade** do acusado. A enumeração somente poderá ser afastada se justificado motivo relevante:

(1) a prioridade de julgamento é para os réus presos;

(2) se todos estiverem com a liberdade cerceada, primeiramente serão julgados os que contarem mais tempo na prisão;

(3) por derradeiro, se houver igualdade de condições entre eles, serão colocados no início da pauta os precedentemente pronunciados.

31.3.1.8 Audiência pública de sorteio para a reunião do júri

Trata-se de audiência administrativa com efeitos jurisdicionais sobre os processos ordenados na pauta da reunião do júri. Não consiste em ato jurídico processual, eis que não tem relação de pertença com nenhum dos processos prontos para julgamento.

Conforme reza o art. 432, do CPP, após a pauta organizada, devem ser intimados Ministério Público, OAB e Defensoria Pública para, querendo, acompanharem, por meio de representantes, o sorteio dos jurados que atuarão na reunião periódica.

Na audiência pública de sorteio, caberá ao juiz presidente retirar as cédulas até completar o número de vinte e cinco jurados. Ela deverá ser realizada entre o décimo quinto e o décimo dia útil antecedente à **instalação da reunião** (arts. 423, II; 429, § 1º; 433, § 1º; 453, CPP), correspondente ao primeiro dia designado para a sessão do júri.

31.3.1.9 Quorum *de quinze jurados*

O *quorum* para abertura dos trabalhos é previsto no art. 463, *caput*, do CPP, que frisa ser necessário ao menos quinze jurados, para que o juiz presidente declare instalados os trabalhos da sessão, anunciando o processo a ser julgado. Consiste em providência que coroa a publicidade da escolha dos jurados, formada por membros da comunidade.

Além dessa previsão, o art. 564, inciso III, alínea "i", do Código, dispõe que ocorrerá nulidade se desatendida a fórmula legal para a constituição do júri. Essa regra é basilar à lisura da investidura do conselho de sentença. Número inferior ao quantitativo mínimo implica estreito espaço para o sorteio de jurados na sessão plenária, prejudicando a garantia de que o imputado possa ser julgado por órgão judiciário imparcial.

A ciência prévia de quem serão as pessoas que participarão de algum julgamento é, a um só tempo:

(1) forma de garantir a imparcialidade (art. 5º, LIII, CF; arts. 427; 472, CPP); e

(2) expressão de eficácia do princípio da publicidade dos atos do processo (art. 93, IX, CF; art. 495, I, XVII, CF).

Vale lembrar que o denominado **empréstimo de jurados** de uma vara de júri a outra (**salas paralelas**), não deve ser admitido, porquanto não é apto a superar a violação ao princípio da publicidade que deve cercar o **alistamento** (arts. 425; 426, CPP) e os **sorteio dos jurados** (arts. 432; 433; 464; 466; 468; 495, V; 564, III, "j", CPP), que poderão fazer parte da reunião periódica e do conselho de sentença. Em sentido contrário, o STJ tem admitido a tomada de jurados de uma sala a outra, mormente quando objeto de anuência das partes.[984]

984. STJ – Quinta Turma – AgRg no AREsp n. 1.791.869/SP – Rel. Min. Reynaldo Soares da Fonseca – DJe de 15 mar. 2021.

31.3.1.10 Incomunicabilidade dos jurados

O defeito que recai sobre incomunicabilidade, se efetivamente violada, enseja o reconhecimento de nulidade absoluta, com a sua necessária invalidação (arts. 466, § 2º; 497, VII; 564, III, "j", CPP). Deve ser declarada a **dissolução do conselho de sentença** (arts. 481; 497, V, CPP), com a remarcação de data para o julgamento, quando aquele controle se incluir na competência do juiz presidente do tribunal do júri.

Por outro lado, se a questão for levada ao conhecimento do tribunal de segunda instância, por meio de apelação (art. 593, III, CPP), será verificada a consignação em ata (arts. 495, XV; 496, CPP), com produção de prova sobre o fato. Constatada a veracidade do ferimento à incomunicabilidade, será produzida norma jurídica classificatória de nulidade e de invalidação do julgamento.

31.3.1.11 Sorteio e recusas de jurados

O defeito sobre o sorteio de jurados e sobre a tomada de assento no conselho de sentença também afeta a higidez do julgamento (art. 564, III, "j", CPP). É indeclinável que a escolha obedeça aos critérios legais, sem burla ou violação de ditames que colimam garantir procedimento isonômico e justo processo.

As regras que ditam a forma e o número das recusas, justificadas (sem número máximo) ou injustificadas (até o número de três para acusação e três para defesa – arts. 468; 469, CPP), são cogentes. O afastamento dos respectivos modelos jurídicos impõe a deflagração de controle, conforme o devido cálculo normativo da nulidade, seguida de invalidação.

31.3.1.12 Quesitação do júri

No julgamento pelos jurados, são absolutas as nulidades decorrentes da omissão de quesitos, das respostas ou, ainda, a existência de contradição entre quesitos ou entre respostas (arts. 490; 564, III, "k", parágrafo único, CPP). Havendo vício dessa monta, não corrigido de pronto, a nulidade do julgamento é absoluta e total.

Não é possível reconhecimento de nulidade parcial do julgamento, com devolução da matéria decotada ao júri, ressalvada a cisão de julgamentos de mais de um réu ou de mais de um crime (**estouro de urna** – art. 469, § 1º, CPP).

Deveras, nas causas apreciadas pelos jurados, diante da necessidade de ser dirimida dúvida sobre a obediência ao modelo legal de quesitação (art. 483, CPP), é possível uma das seguintes alternativas, consoante a identificação dos requisitos: (1) invalidação do julgamento, totalmente; ou (2) convalidação por inteiro.

Tal providência é de competência do tribunal *ad quem*, hipótese em que se deve seguir com a produção de norma jurídica reconhecedora de nulidade absoluta, acrescida de norma jurídica constitutiva de invalidação, e com a prescrição de renovação do julgamento completo para outra sessão designada no bojo de reunião periódica do júri. Note-se que o tribunal que examina a apelação exerce função adstrita a juízo antecedente, sem interferência no mérito de competência do júri, que constitui o juízo consequente.[985]

A estrutura da quesitação é garantia normativa de delimitação da cognição dos jurados aos fatos afirmados, da pronúncia à sessão do júri. A demarcação do que deve ser objeto de indagação aos jurados é expressão do modelo de **competência funcional pelo objeto do juízo**, haja vista que ao conselho de sentença devem ser quesitados aspectos do **fato**. Ao juiz presidente, caberá a deliberação sobre o **direito**.

Em outros termos, o nexo (juízo) para a formação de cognição é distinto:

(1) os jurados formam pensamento sobre a ocorrência do fato (juízo antecedente) e acerca da antijuridicidade *lato sensu* (juízo consequente);

985. STJ – Quinta Turma – AgRg no HC n. 751.046/RS – Rel. Min. Ribeiro Dantas – DJe 22 ago. 2022.

(2) o juiz presidente constrói seu entendimento a partir da constatação da condenação vincada pelos jurados na quesitação (juízo antecedente) e define nexo esquemático e impletivo sobre a aplicação da pena (juízo consequente).

José Frederico Marques pontifica que a **competência funcional** segundo o critério do **objeto do juízo** é relativamente recente por não ter sido enquadrada em uma **teoria orgânica da competência**. O jurista aviva que "essa competência se resolve em uma distribuição entre juízes diversos, das várias questões que se apresentam para conhecimento e decisão das infrações penais". Destaca, ademais, que, "no tribunal do júri, diversas são as questões sobre que deliberam os juízes populares e o juiz togado que preside o julgamento".[986]

O balanceamento necessário para tornar o julgamento justo envolve três cautelas:

(1) observar o rigor metódico da decisão pronúncia, enquanto piso e limite à sustentação oral em plenário. Em consonância com a segunda parte, do parágrafo único, do art. 482 do CPP, na elaboração da quesitação, o presidente levará em conta os termos da pronúncia ou das decisões posteriores que julgaram admissível a acusação, do interrogatório e das alegações das partes;

(2) considerar que a votação dos jurados acontece com espeque no sistema da convicção íntima;

(3) sequenciar quesitação bem formulada, permitindo aos leigos o entendimento demarcado do fato (unidade), a coerência na descrição (não contradição) e a integridade de questionamento (sem ambiguidade ou meio termo nas perguntas, diante do princípio do terceiro excluído).

986. MARQUES, José Frederico. *Da competência em matéria penal*. Campinas: Millennium, 2000. p.317.

São balizas que derivam da primeira parte, do parágrafo único, do art. 482 do CPP. Decerto, em compasso com o seu teor, os quesitos serão redigidos em proposições afirmativas, simples e distintas, de modo que cada um deles possa ser respondido com suficiente clareza e necessária precisão.

O conselho de sentença deve ser questionado sobre a **matéria de fato**. Não lhe cabe responder à questão jurídica. O art. 482, *caput*, do CPP agrega que ele será indagado se o acusado deve ser absolvido.

Trata-se de quesito genérico que se refere a hipótese de **absolvição própria**, absolvição pura e simples, conquanto sem especificação do motivo. Não se insere nessa questão a absolvição imprópria, que autoriza a aplicação de medida de segurança.

Vale dizer, se os jurados votarem pela absolvição, não terá lugar a imposição de qualquer providência e o réu deve ser posto em liberdade. A interpretação de norma-garantia deve ser favor *libertatis*, pelo que sua exegese é estrita, atribuindo-lhe semântica de absolvição em sentido próprio.

O art. 483 do CPP é fonte de muitas dúvidas. Ele detalha a sintática da quesitação e estrutura dos quesitos. Será uma série de quesitação para cada acusado (na hipótese de litisconsórcio ou concurso de agentes) e para cada infração penal (no caso de concurso de crimes, material ou formal).

As inconsistências ou ambiguidades no regramento da ordem dos quesitos devem ser solvidas com base nos critérios da competência dos jurados e do *favor rei* (**pragmática**: aspecto funcional-comunicativo). A regra de competência é parâmetro que precede a todos os outros, por se tratar de alicerce à introdução de normas jurídicas individuais e concretas no sistema de processo penal.

Os quesitos devem, portanto, ser formulados, pelo juiz presidente, em conformidade com a estrutura legal (**sintática**) e com o conteúdo do caso concreto (**semântica**), seguindo os trilhos do art. 483, CPP.

Dessa maneira, a elaboração da quesitação deve levar em consideração a pronúncia e os aportes carreados pelas partes até a sessão plenária, de acordo com a ordem legal dos quesitos. Veja-se, a título de exemplo, quesitos formulados a partir de acusação hipotética de homicídio doloso qualificado consumado.

(1) **Materialidade do fato**: no dia "z", na rua "x", cidade "y", a vítima "a" recebeu um disparo de arma de fogo, na região da cabeça, que lhe causou a morte?

(2) **Autoria ou participação**: o réu "b" concorreu para o crime, na medida em que pediu a terceira pessoa que matasse a vítima "a"?

Note-se que essas duas primeiras questões estarão definidas previamente, na decisão de pronúncia (art. 413, CPP), cuja função é, na estrutura do rito escalonado, certificadora de competência. Significa dizer que a negativa a essas questões, pelo Conselho de Sentença, implica absolvição, não lhe retirando a competência para o julgamento dos crimes conexos eventualmente inclusos.

Elmir Duclerc adverte que "o quesito relativo à autoria deve ser formulado de maneira a contemplar a efetiva contribuição de cada acusado para a prática delituosa, e sem qualquer referência expressa aos demais corréus, sob pena de pré-julgamento desses últimos".[987] Trata-se de cautela que se insere no contexto da divisão dos quesitos em série, individualizada por acusado e por delito.

(3) **Quesito sobre tentativa** ou **divergência sobre a tipificação da conduta dolosa contra a vida**: tese desclassificatória para reenquadramento do fato em outro tipo penal constitutivo de infração penal de competência do júri. É o § 5º, do art. 483, do CPP, que prevê formulação desse quesito, diante de tese de ocorrência do

987. DULCLERC, Elmir. *Direito processual penal.* Rio de Janeiro: Lumen Juris, 2008. p.519.

crime na sua forma tentada ou de divergência sobre a tipificação da conduta, sem modificação da competência do Tribunal do Júri. Na dicção do Código, o juiz formulará quesito acerca dessas questões, para ser respondido **após o segundo quesito**.

(4) **Quesito desclassificatório para infração de competência de outro juízo**: hipótese em que a nova definição jurídica do fato indica incompetência do júri, por exemplo, face à alteração do seu enquadramento que constitua delito distinto dos crimes dolosos contra a vida, da alçada do juiz singular. Por exemplo, não há tentativa de delito culposo, mas é compatível divergir, quando do fato resultam lesões corporais, se haverá tipificação da conduta como crime de homicídio doloso tentado ou delito de lesão corporal culposa, eis que não há logicidade em pensar um crime de homicídio culposo tentado. É o que preconiza o § 4º, do art. 483, do CPP: uma vez sustentada a desclassificação da infração para outra de competência do juiz singular, será formulado quesito a respeito, para ser respondido **após o segundo ou terceiro quesito**, conforme o caso. Em outros termos, se o caso exemplificado contivesse tese de modalidade culposa do homicídio, por imprudência, haveria necessidade de **quesito desclassificatório**: o acusado deixou de observar dever de cuidado necessário para não causar o disparo ao realizar a limpeza da arma, agindo com imprudência? Se acolhido, haverá modificação da competência do júri para a do juiz singular. Tratando-se de interferência na regra de competência, esse quesito deve se situar: (a) após o segundo quesito quando o delito for consumado; (b) depois do terceiro quesito, se houver tese de tentativa ou sobre o enquadramento do tipo penal, eis que deverá ser inserida mais uma questão, precedentemente à desclassificação para delito de competência do juiz singular, observada a

necessidade de não ocorrer contradição ou violação à lógica da sequência ou de compatibilidade de teses.

(5) **Quesito absolutório genérico**, mediante proposição direta descrita no § 2º, do art. 483, do CPP, com o seguinte teor: o jurado absolve o acusado? Se esse quesito for respondido negativamente, por mais de três membros do conselho de sentença, os jurados terão decidido pela condenação do réu, pelo que deverá prosseguir a votação, com as demais indagações.

Como adverte Fauzi Hassan Choukr, "neste quesito estão implicadas todas as teses defensivas, como as que excluem a tipicidade, a antijuridicidade e a culpabilidade, insertas na mesma proposição". Sua natureza aberta expressa permissão, ao julgador leigo, para "reconhecer a possibilidade de ocorrência de outra causa legal ou supralegal para a absolvição", a exemplo da clemência. Cuida-se de simplificação que não está isenta de "problemas operacionais incontroláveis", porquanto não é raro o caso de "superposição de teses defensivas" capazes de dificultar o entendimento dos jurados, diante de eventual contraditoriedade entre elas.[988]

(6) **Causa de diminuição de pena alegada pela defesa** (art. 483, § 3º, I, CPP). Nessa epígrafe, tem lugar a formulação de quesitos que correspondam às **teses de defesa** que não tenham conduzido à absolvição própria do imputado, tal como: a participação do acusado "b" no crime foi de menor importância?

(7) **Circunstância qualificadora** ou **causa de aumento de pena** reconhecidas na pronúncia ou em decisões posteriores que julgaram admissível a acusação (art. 483, § 3º, II, CPP): o crime foi cometido mediante recurso que dificultou a defesa da vítima "a", pois, teve reduzida a sua capacidade de defesa com o disparo efetuado pelas costas?

988. CHOUKR, Fauzi Hassan. *Iniciação ao processo penal.* Florianópolis, 2017. p.512-513.

Para se adaptar o caso concreto a questões não abrangidas pelo modelo de quesitação do art. 483, do CPP, é a partir desse último padrão de questionamento, que deve ser inserida indagação sobre o excesso doloso ou culposo, relacionado a alguma tese de excludente de ilicitude (art. 23, parágrafo único, CP).

A votação é definida, isoladamente, por quesito, quando se apura o quarto voto vencedor. Pode existir **relação de prejudicialidade** entre as perguntas, pelo que não se deve indagar a seguinte se incompatível com a resposta dada pela maioria àquela que lhe for anterior. A teor do § 1º, do art. 483, do CPP, a resposta negativa, de mais de três jurados, a qualquer dos quesitos referidos nos incisos I e II, de seu *caput*, encerra a votação e implica a absolvição do acusado.

31.3.1.13 Acusação e defesa no júri

Na sessão plenária do júri, as nulidades devem ser alegadas tão logo ocorrerem, com consignação em ata (arts. 495, XV; 571, VIII, CPP). Tal disposição tem cabimento, indistintamente, para os casos de nulidades relativas e de nulidades absolutas, eis que, diante de um procedimento eminentemente oral, a documentação é fundamental ao controle.

As omissões ou defeitos tocantes à concessão de oportunidades e de prazos para o exercício da defesa do réu ou da acusação no plenário do júri são classificados como nulidades absolutas, eis que sempre atingem o direito à ampla defesa (plenitude de defesa – art. 5º, XXXVIII, "a", CF) e ao contraditório (art. 5º, LV, CF).

Exemplos de nulidade absoluta, por interferirem na eficácia de garantia nuclear:

(1) a redução de prazo regulamentar para sustentação oral (art. 477, CPP);

(2) o obstáculo para o Ministério Público poder replicar e para a defesa treplicar (art. 477, CPP);

(3) os limites às sustentações orais (art. 478, CPP).

Essas disposições são incompatíveis com o poder de disposição das partes, em razão de estarem atreladas ao contraditório e à ampla defesa.

Em caso concreto de maior repercussão, o STJ declarou a nulidade de decisão do juiz presidente que estabelecera as regras para a realização do júri, ampliando os prazos para debates orais da acusação e da defesa para seis horas, bem como o tempo para eventuais e sucessivas réplicas e tréplicas.

Na ementa do acórdão, contudo, foi consignada solução intermediária:

(1) diante do rigor formal do rito do júri, não seria admissível que, **unilateralmente**, o juiz de primeiro grau fixasse "prazos diversos daqueles definidos pelo legislador (CPP, art. 477), para mais ou para menos, sob pena de chancelar uma decisão *contra legem*";

(2) de um lado, há precedente da Corte Superior, entendendo que a sustentação oral em plenário por tempo reduzido não implicaria, necessariamente, a conclusão de que o réu esteve indefeso;

(3) de outro, disse que nada impediria que, no início da sessão de julgamento, mediante acordo entre as partes, fosse estabelecida uma divisão de tempo que melhor se ajustasse às peculiaridades da hipótese.

Veja-se que, nessa ocasião, o STJ findou declarando ser possível, mediante acordo entre as partes, a divisão do tempo entre acusação e defesa, da forma que melhor tivesse aderência ao caso concreto, ainda que destoando do art. 477, do CPP. A deliberação da Corte Superior extrapolou os limites cogentes desse dispositivo.[989]

As nulidades absolutas ocorridas na sessão do júri são insanáveis pelo decurso do tempo durante a vida do processo,

989. STJ – Sexta Turma – HC 703.912-RS – Rel. Min. Rogério Schietti Cruz – DJe 30 nov. 2021.

mas precisam ser registradas temporaneamente em ata. Caso contrário, sobejará a inviabilidade de controle. O art. 564, inciso III, alínea "l", do CPP, contempla hipótese de nulidade absoluta pela falta de fórmula alusiva à acusação e à defesa, na sessão de julgamento.

Em outras palavras, a importância de se alegar a nulidade na sessão do júri, assim que acontecer, é a de permitir documentação, com seu registro na ata, para fins recursais, caso o juiz não a reconheça *hic et nunc*. A palavra se esvai durante a sustentação oral. Para evitar que se perca no tempo, ocorrida a violação à garantia, deve-se impugnar e anotar o **protesto** em ata.

31.3.2 Procedimento nos crimes de falência

Na hipótese de infração penal falimentar, a Lei de Falências e Recuperação Judicial prescreve um procedimento especial preliminar, com a possibilidade de o Ministério Público ficar no aguardo de exposição circunstanciada do administrador judicial aludida pelo art. 22, inciso III, do referido diploma legal, com as modificações conferidas pela Lei nº 14.112/2020 para, somente depois, contar o prazo de quinze dias para o oferecimento de denúncia (arts. 186; 187, Lei nº 11.101/2005). Após, a legislação de regência preconiza que o rito a ser seguido é o dos arts. 531 a 536, e 538, do CPP (procedimento comum sumário), independentemente da pena abstrata estipulada para a infração penal.

31.3.3 Procedimento nos crimes de responsabilidade dos funcionários públicos

O rito em epígrafe considera, para incidir, tríplice condicionante: (1) a qualidade de funcionário público do imputado em sentido estrito e a atualidade da função; (2) o enquadramento do fato, em tese, como crime contra a administração pública (malgrado a expressão ambígua "crimes de responsabilidade dos funcionários públicos"); e (3) a qualidade de delito afiançável (espécie que levaria em conta ser o delito menos grave, que permitia, à época do advento do CPP de 1941, responder ao processo em liberdade; com a sistemática atual, porém, os crimes contra a administração pública admitem, *a priori*, fiança).

A partir do art. 513 até o art. 518, o CPP normatiza o procedimento especial que, no entanto, guarda, na prática, tênue diferença do **procedimento comum ordinário**, eis que este será aplicado, na sua inteireza, a partir do **recebimento** da denúncia ou da queixa, na falta de outro cânone em sentido diverso.

O discrímen é restrito à previsão de notificação do denunciado ou querelado, para resposta, no prazo de quinze dias (art. 514, CPP). Significa dizer que deverão ser oportunizadas, nesse rito especial, duas formas de resposta do imputado: (1) a primeira, após oferecida a inicial acusatória e antes do seu recebimento, com matérias úteis ao convencimento do juiz pela sua rejeição (arts. 515; 516, CPP); (2) a segunda, depois de recebida a denúncia ou queixa, nos termos do art. 396-A, do CPP, com conteúdo processual e substancial que possa, inclusive, desaguar em absolvição sumária (art. 397, CPP).

A jurisprudência tem sido refratária a reconhecer nulidades atreladas à ampla defesa, face o desatendimento dessas regras, suplantando formalidades e permitindo fatos substitutivos da defesa preliminar do procedimento especial. Por exemplo, o verbete de nº 330, da Súmula do STJ, estatui ser "desnecessária a resposta preliminar de que trata o artigo 514 do Código de Processo Penal, na ação penal instruída por inquérito policial."

31.3.4 Procedimento nos crimes contra a honra

Nada obstante a epígrafe "do processo e julgamento dos crimes de calúnia e injúria, de competência do juiz singular" (Capítulo III, do Título II, do Livro II, do CPP), a sua designação pelo gênero honra expressa melhor o seu alcance, muito embora a significativa redução da órbita de incidência de suas disposições. Decerto, tanto a Lei Maior, quanto a Lei dos Juizados Especiais decotaram a aplicabilidade dos enunciados que seguem do art. 519 ao 523, do CPP.

Nos casos de crime contra a honra, cuja competência dos juizados especiais criminais seja afastada (art. 61, Lei nº 9.099/1995), incide o procedimento especial em tela. Contudo, deve-se discernir que:

(1) a previsão de audiência conciliatória sem a presença de advogados, antes do recebimento da queixa-crime (art. 520, CPP), conflita com a Lei Maior (art. 133, CF);

(2) a especialidade do rito inclui a possibilidade de um procedimento incidente, quando oposta **exceção da verdade** ou **exceção da notoriedade** (art. 523, CPP);

(3) ressalvadas as modificações consignadas ao procedimento especial para os crimes contra a honra, o art. 519, do CPP, ordena aplicar as regras do procedimento comum (art. 394, *et seq*, CPP).

31.3.5 Procedimento nos crimes contra a propriedade imaterial

Sendo o crime contra a propriedade imaterial, o seu procedimento especial, descrito a partir do art. 524, do CPP, até o art. 530-I, dirige-se a atos anteriores ao processo (tal como a busca e apreensão reportada pelo art. 527, CPP). O procedimento se divide quanto à natureza da ação penal: (1) nos processos iniciados por queixa-crime, aplicam-se os arts. 524 ao 530, conforme dito no art. 530-A, do CPP; (2) nos processos iniciados por denúncia, o rito segue do art. 530-B ao 520-I, do mesmo Código.

De acordo com o art. 525, do CPP, quando o crime contra a propriedade imaterial deixar vestígio, "a queixa ou a denúncia não será recebida se não for instruída com o exame pericial dos objetos que constituam o corpo de delito."

O dispositivo subsequente arremata o obstáculo legal, relativamente à ação penal privada, ao avivar que sem essa base probatória, **não será recebida a queixa**, nem deferida qualquer diligência preliminarmente requerida pelo ofendido (art. 524, CPP). O significado de não receber a queixa é o de sua **rejeição**, com decisão recorrível em sentido estrito, a teor do art. 581, do CPP.

Em ambas as previsões, verifica-se autêntica **condição de procedibilidade da ação penal**.

Se a acusatório, por outro lado, estiver em ordem, o juiz a receberá. Deflagrado o processo, devem ser seguidas as disposições do procedimento comum, ordinário ou sumário consoante a hipótese (art. 394 *et seq*, CPP).

31.3.6 Procedimento de restauração de autos

Em franco desuso está o procedimento em tela, especialmente com a digitalização dos processos, em sistemas computacionais. A legislação de 1941 partia do paradigma dos autos físicos. No dizer de Eugênio Pacelli e Douglas Fischer, cuida-se "do procedimento para restauração de autos que tenham sido extraviados (culposa ou dolosamente) ou então destruídos. A finalidade é recompor fisicamente os autos do processo", viabilizando-se o seu regular processamento.[990]

No entanto, se por hipótese os autos eletrônicos se tornarem inacessíveis os digitais ou, se for preciso confronto com peças processuais, depoimentos e demais provas em seu aspecto físico, o rito, ao menos em tese, poderá ser deflagrado. Melhor seria, *ad legem ferenda*, que a legislação se adequasse, progressivamente, à realidade tecnológica contemporânea.

---

990. PACCELI, Eugênio; FISCHER, Douglas. *Comentários ao Código de Processo Penal e sua jurisprudência*. 5. ed. São Paulo: Atlas, 2013. p.1007.

O procedimento para restauração de autos extraviados está disciplinado entre do art. 541 ao 548, do CPP, e deve correr perante o juiz singular, ainda que o processo esteja em grau de recurso. O seu sequenciamento prevê duas formas de restauração:

(1) a substituição por cópia autêntica do processo ou certidão do processo, se houver, quando terá o valor dos originais; ou,

(2) na falta da mencionada certidão, devem ser tomadas as providências do § 2º, do art. 541, do CPP, com previsão de certificação do estado do processo e citação das partes, para instrução (arts. 542, 543, CPP). Ao cabo, julgados restaurados os autos por sentença, valerão pelos originais (art. 547, CPP).

31.3.7 Procedimento nos crimes de tráfico de drogas

Aos delitos de tóxicos, a Lei de Drogas denomina de **procedimento penal** uma sequência de atos anteriores ao processo penal condenatório, a exemplo de regras sobre a não imposição de prisão em flagrante pelo crime do seu art. 28 (art. 48, § 2º), a destruição de drogas (art. 50, § 4º) e prazos especiais do inquérito policial (art. 51). Ao cabo, preconiza a **aplicação subsidiária do CPP** e da Lei de Execução Penal (art. 48, *caput*, da Lei nº 11.343/2006).

31.3.8 Procedimento das ações penais condenatórias de competência dos tribunais

O julgamento do processo penal, nos órgãos colegiados, pode ocorrer originariamente ou em grau de recurso. As regras que norteiam o procedimento estão dispersas em mais de um diploma normativo, de acordo com a espécie de ação originária ou recurso, na Lei nº 8.038/1990, no CPP, no CPC e nos regimentos internos dos tribunais.

31.3.8.1 Legislação aplicável

Há previsão de atos procedimentais que, contudo, não pertencem ao conjunto processual, a exemplo de prazo para oferecimento de denúncia e competência do relator em torno do procedimento de arquivamento de inquérito policial (art. 3º, I, Lei nº 8.038/1990). O encerramento da investigação criminal nos tribunais deve observar, no que couber, o contido no art. 28, *caput*, § 1º e § 2º, do CPP.[991]

Algumas demandas são disciplinadas por leis específicas, como é o caso do mandado de segurança (Lei nº 12.016/2009). Deve ser, portanto, observada as relações enunciativas horizontais ou verticais. O julgamento pelo tribunal deve observar o *quorum* legal ou regimental (art. 564, III, "p", CPP).

31.3.8.2 Procedimento da ação penal originária no STF

Diante da fragmentação da legislação, o rito consolidado é sufragado, por exemplo, no Regimento Interno do STF (arts. 230 ao 246, RISTF). Nos seus termos, antes do recebimento ou da rejeição da petição acusatória, o denunciado ou querelado deve ser notificado para oferecer resposta escrita no prazo de quinze dias. Há previsão, inclusive, de notificação por edital, com prazo de cinco dias, se não for encontrado o imputado. Sobre o recebimento ou a rejeição da denúncia ou da queixa, a deliberação é colegiada do órgão pleno ou da turma competente, sendo facultada a sustentação oral, pelo tempo máximo de quinze minutos.

31.3.8.3 Quorum *dos tribunais*

A ausência do número mínimo de membros é óbice à realização lícita do julgamento. Enquanto se admite o julgamento monocrático de um recurso, cuja decisão desafia agravo regimental, no órgão colegiado ou fracionário, a atuação judicial não prescinde da presença do piso numérico de

991. STF – Pleno – ADI 6298/DF – Rel. Min. Luiz Fux – 24 ago. 2023.

membros previsto na norma geral e abstrata (**princípio da colegialidade**).

Violado o *quorum*, fica prejudicado o debate que deve conferir respaldo jurídico às decisões colegiadas (arts. 615; 664, parágrafo único, CPP; art. 41-A, Lei nº 8.038/1990). Em outros termos, o julgamento por um órgão desfalcado do número mínimo para funcionamento é viciado por não possibilitar o contraste necessário para que os votos sejam tomados a partir da comparação de argumentos (princípio do contraditório – art. 5º, LV, CF).

Decerto, não raras vezes, algum membro de tribunal retifica voto porque tomou conhecimento do teor do voto de outro membro durante a sessão. Essa possibilidade de retificação, de argumentação, de revisão e de debate fica seriamente prejudicada no órgão colegiado se o julgamento for realizado sem o *quorum*.

Tratando-se de vício que repercute na tomada de decisão, a nulidade deve ser classificada como absoluta, com a necessária produção de norma jurídica de invalidação (art. 93, IX, CF; art. 564, V, CPP).

31.4 Aplicação a caso concreto

Há ambiguidade no dispositivo legal que dispõe sobre as recusas imotivadas das partes, cada qual com a possibilidade de exercer esse direito por três vezes (arts. 468, *caput*, 469, § 1º; 495, XII, CPP). O *caput* do primeiro dispositivo reza que se forem dois ou mais os réus, "as recusas poderão ser feitas por um só defensor".

De acordo com o STF, "a recusa peremptória de jurado (art. 468, CPP), em que as partes não precisam esclarecer os motivos dessa recusa, constitui típico exercício de poder discricionário, que prescinde da necessária justificação lógico-racional, razão por que é incontrastável judicialmente".[992]

Sobre o tema, o STJ deliberou que não deve ser entendida a faculdade de recusa de até três jurados, feita por um

992. STF – Segunda Turma – RHC 126884 – Rel. Min. Dias Toffol – publicado em: 11 out. 2016.

defensor, como eficaz para a defesa como um todo. Sublinhou, na esteira de se assegurar a mais plena defesa e a imperiosidade de um órgão judicial imparcial, que "o direito às três recusas imotivadas é garantido ao acusado, e não à defesa, ou seja, cada um dos réus terá direito às suas três recusas imotivadas, sob pena de violação da plenitude de defesa".[993]

31.5 Conclusão e próximo capítulo

As regras procedimentais são canais essenciais pelos quais devem ser versados os conteúdos de fato (prova) e de direito material (conduta típica, antijurídica e culpável). Os dispositivos que regulam os procedimentos são trilhos indeclináveis à certificação da verdade penal, compreendida como verdade mais do que formal.

O fito é a de tornar possível a redução dos danos potenciais que decorrem da falibilidade do ser humano (juiz). No próximo capítulo, serão analisadas as bases dos procedimentos intercorrentes, que incidem no curso do processo principal, no mesmo rito ou paralelamente.

PROCEDIMENTO COMUM			
Limites/Espécies	**Ordinário**	**Sumário**	**Sumaríssimo**
- O parâmetro é a pena abstrata máxima cominada, ou possível, ao crime. - Incidem as regras de redução ou de aumento de pena, em tese	- Delitos com pena máxima abstratamente cominada **igual** ou **superior** a 4 anos	- Infrações penais com pena máxima abstrata inferior a 4 anos e, geralmente, superior a 2 anos.	- Delitos com pena **igual** ou **inferior** a 2 anos. - Infrações penais de menor potencial ofensivo, em regra, de competência dos juizados especiais criminais

993. STJ – Sexta Turma – REsp 1540151/MT – Rel. Min. Sebastião Reis Júnior – DJe 29 set. 2015.

CAPÍTULO 32
QUESTÕES E PROCESSOS INCIDENTES

32.1 Questão e ponto controvertido

Questão é ponto controvertido. Chama-se questão quando há dúvida sobre uma afirmação consignada nos autos a exigir deliberação judicial. Trata-se de intercorrência que reclama decisão diante de um ponto (afirmação) em colisão, direta ou oblíqua, com outro. Sob essa ótica, é incidente, pois recai no curso do processo penal condenatório.

32.2 Definição e classificação

A noção de **questão** comporta subdivisão, sob três ênfases:

(1) **semântica**: indica controvérsia, com o **sentido** de dúvida sobre uma afirmação ou proposição formulada pelo interessado. A depender da natureza da incerteza, haverá questão prejudicial em sentido próprio ou questão prejudicial em sentido impróprio, consoante descreve Hélio Tornaghi:

(a) as denominadas **questões prejudiciais em sentido próprio** eram, no direito romano, as ações que "versavam sempre sobre questões de estado e este nome lhes advinha, não do fato de condicionarem a solução de qualquer outra, mas da circunstância de valer *adversus omnes* a sentença que as decidia". Proferida a decisão cível sobre tais pontos, ela vincula a decisão penal na parte englobada pelo tipo penal. Deve incidir certeza sobre o estado civil das pessoas. Trata-se de "uma situação jurídica, uma maneira de ser, idêntica em face de qualquer sujeito. Quem é solteiro, é solteiro em todas as relações da vida. Não pode ser solteiro num processo criminal e casado num civil";

(b) as **questões processuais em sentido impróprio** são as questões cíveis que podem exercer influência no desenlace da questão penal, mas que não se reveste da imperiosidade que caracteriza o estado civil das pessoas. Tanto o juízo cível, quanto o juízo penal podem, *incidenter tantum*, deliberar sobre a prejudicial. Hélio Tornaghi dá como exemplo o caso de faltar "ao acusador *legitimatio ad processum*", diante da controvérsia surgida em torno de sua capacidade.[994]

(2) **sintática**: retrata **estrutura** de confronto ou de complementação, que pode advir:

(a) de **argumentos conflitantes** construídos por sujeitos processuais situados em polos ou processos diversos (conceito de questão em sentido amplo, enquanto ponto controvertido). Francesco Carnelutti pondera que "da análise dos conceitos de razão, pretensão e contestação surge outra noção, que é necessário explicar, com o objetivo de entender o mecanismo do processo. Essa noção é a questão", que pode ser compreendida como "ponto duvidoso, de fato ou de direito, e sua noção é correlativa da afirmação". O jurista aviva a relação entre os elementos estruturais que

994. TORNAGHI, Hélio. *Compêndio de processo penal*: tomo I. Rio de Janeiro: José Konfino, 1967. p.265-267.

constituem o conteúdo do processo, sublinhando que "os conceitos de razão e de questão guardam estrita correlação", porquanto "as razões da pretensão ou da discussão transformam-se em questões (do processo) e estas se traduzem em razões (da decisão)";[995] ou

(b) de relação entre **situações de fato ou de direito sob tensão**, constitutivas de **condicionantes de uma decisão**. Esse aspecto constitui o conceito de questão prejudicial que, quando heterogênea, diz respeito aos contornos das regras sobre competência civil; e, quando homogênea, demarcará a competência penal. A delimitação estrutural da competência poderá ser obrigatória (cogente) ou facultativa (contingente ou *incidenter tantum*).

Na órbita estrutural, está o conceito de Julio Fabbrini Mirabete, que define, sintaticamente, questão prejudicial, ao verberar que "é um impedimento, um empecilho ao desenvolvimento normal e regular do processo penal". Também Luís Fernando Manzano, ao explicar que "questão prejudicial é aquela de cuja decisão depende a solução de questão principal posta em juízo".[996]

A identificação da ênfase sintática (**estrutura**) está nos decotes das regras de **competência**. A depender do fato que deve preencher o tipo delitivo, o juiz penal não terá competência plena que lhe autorize prestar a tutela jurisdicional.

Consiste em deliberação de questão que pode ser enquadrada na estrutura da **competência funcional pelo objeto do juízo**, caso seja dividida a atribuição jurisdicional, do mesmo processo (júri) ou de processos distintos (questão prejudicial heterogênea), a juízes distintos. José Frederico Marques

---

995. CARNELUTTI, Francesco. *Sistema de direito processual civil*: volume II – composição do processo. Tradução: Hiltomar Martins Oliveira. 2. ed. São Paulo: Lemos e Cruz, 2004. p.39.

996. MANZANO, Luís Fernando de Moraes. *Curso de processo penal*. 3. ed. São Paulo: Atlas, 2013. p.287.

consigna que, nesse padrão de competência, haverá distribuição das funções jurisdicionais conforme o critério da demarcação das questões a serem deliberadas, ou seja, "em razão de pontos duvidosos de fato, ou de direito, de incertezas em torno de um fato, ou em torno de sua eficácia jurídica".[997]

Mais específica, que retrata competência heterogênea entre juízos civil e penal, é a noção descrita por André Nicolitt, identicamente de ordem sintática (estrutural). O autor realça que "as questões prejudiciais do art. 92 do CPP sequer são julgadas no juízo criminal", eis que são "temas cíveis que interferem no âmbito penal por integrarem elementares ou circunstâncias que influenciam sobre a existência ou a definição do próprio crime".[998]

(3) **pragmática**: é conceito com **função** metodológica de melhor organizar a cognição e a consecutiva declaração do direito na hipótese concreta, em atenção às regras centrais do processo penal, a exemplo da competência criminal, da ampla defesa e do contraditório.

Mirabete confere feição pragmática de função à questão prejudicial quando alude à sua finalidade de "aplicação da lei no caso concreto", considerando que, "se a sua conclusão depende de solução de uma questão jurídica, a questão prejudicial é um obstáculo ao exercício da ação penal".[999]

32.3 Questão prejudicial

A questão é prejudicial quando consiste em elemento de fato a ser definido, prévia e juridicamente, no nível da cognição judicial. A questão prejudicial é a que deve ser pré-julgada para que, em momento subsequente, seja solvida a questão principal, total e abrangente.

997. MARQUES, José Frederico. *Da competência em matéria penal.* Campinas: Millennium, 2000. p.317.

998. NICOLITT, André. *Manual de processo penal.* 7. ed. Belo Horizonte: D'Plácido, 2018. p.668-669.

999. MIRABETE, Julio Fabbrini. *Processo penal.* 14. ed. São Paulo: Atlas, 2003. p.200.

A questão prejudicial se biparte, consoante a matéria que deve ser objeto de exame preliminar, em:

(1) homogênea: se a oposição ou complementação for somente de cariz criminal; e

(2) heterogênea: quando necessita de deliberação judicial prévia de um órgão civil para ser possível resolver a questão penal central.

Hélio Tornaghi explica a noção primária de questão prejudicial com situação hipotética envolvendo Tício. Acusado de bigamia, Tício alega, em sua defesa, "a nulidade de um dos casamentos. A questão de saber se existe realmente crime de bigamia depende da questão acerca da validez dos casamentos". Trata-se de questão prejudicial heterogênea, porque sobre o estado civil das pessoas. Se um dos casamentos "for julgado nulo, estará prejulgada, prejudicada, a controvérsia sobre a bigamia. Por essa razão, a questão (civil) concernente à validez do casamento chama-se prejudicial e a (penal) relativa à bigamia, prejudicada".[1000]

Questão prejudicial não se confunde com **questão preliminar**. Aquela diz respeito ao mérito do processo penal, enquanto a segundo alude a aspectos processuais constitutivos da metodologia que condiciona o exame do mérito.

Na senda de Guilherme de Souza Nucci, "embora as preliminares também necessitem ser conhecidas antes do mérito, elas não possuem valor próprio". Ademais, existem "questões prévias, passíveis de gerar um processo incidente (exceções, impedimentos etc.) e as que podem ser decididas no próprio processo principal (cerceamento de defesa ou acusação, nulidades etc.)".[1001]

1000. TORNAGHI, Hélio. *Compêndio de processo penal*: tomo I. Rio de Janeiro: José Konfino, 1967. p.264.

1001. NUCCI, Guilherme de Souza. *Princípios constitucionais penais e processuais penais*. 2. ed. São Paulo: RT, 2012. p.318.

32.4 Questão prejudicial heterogênea

Questão prejudicial heterogênea (a resolução prévia exigida, para a comprovação da incidência perfeita do tipo penal, é de natureza civil), que se divide em:

(a) **questão prejudicial obrigatória** (art. 92, CPP): somente pode ser apreciada pelo juiz cível, isto é, **deve ser** deliberada por juízo distinto do criminal;

(b) **questão prejudicial facultativa** (art. 93, CPP): **pode ser** julgada pelo juiz penal ou pelo juiz cível.

32.5 Procedimento nas questões prejudiciais heterogênas

O procedimento se distingue conforme se cuide de questão prejudicial obrigatória ou facultativa. A suspensão do processo penal, nesses casos, poderá ser decretada pelo juiz, de ofício ou a requerimento das partes (art. 94, CPP).

No escólio de Franco Cordero, embora "o processo se origine de uma imputação e comine em uma sentença" (enquanto epílogo necessário), pode ocorrer situação apta a "interromper a atividade processual, por constituir um impedimento à decisão". Nessa toada, se insere a questão prejudicial heterogênea obrigatória, também denominada de **absolutamente devolutiva**, por não possibilitar alternativa à resolução de controvérsia civil, a ser dirimida por órgão diverso do juiz criminal.[1002]

(1) A **questão prejudicial heterogêna obrigatória** retrata a **insuficiência da ação penal**: há limitação **peremptória** da competência, oposta ao conhecimento do juiz criminal, quanto à parcela cível do fato deduzido em juízo. Quando a elementar do tipo penal consistir em propriedade seletora cível do estado das pessoas, o juízo cível terá competência exclusiva para decidir

1002. CORDERO, Franco. *Procedura penale*. 7. ed. Milano: Giuffrè, 1983. p.604-605 (tradução livre).

previamente sobre aquela porção da tipicidade penal. Há **devolutividade intransponível** desse ponto controvertido ao juízo civil. Ao juiz criminal falecerá jurisdição para julgar o fato de forma completa. A reignição de sua competência penal plena advirá a partir da certificação do estado civil das pessoas, com o selo da imutabilidade (coisa julgada), pelo juízo cível.

De acordo com o art. 92 do CPP, se a decisão sobre a existência da infração depender da solução de controvérsia, que o juiz repute **séria e fundada**, sobre o estado civil das pessoas, o curso do processo penal ficará suspenso.

A suspensão do processo penal não tem prazo definido porque subordinada a decisão de outro juízo sob o objeto cível. Como previsão correlata, **a prescrição não terá fluência**. Deveras, em consonância com o art. 116, inciso I, do Código Penal, antes de passar em julgado a sentença final, a prescrição não corre enquanto não resolvida, em outro processo, questão de que dependa o reconhecimento da existência do crime.

O processo penal terá seguimento após obtida decisão definitiva com trânsito em julgado na esfera cível, cujo conteúdo vinculará o juiz penal, conforme reza o art. 92, segunda parte, do CPP. É condicão prejudicial ao julgamento criminal, que a controvérsia cível sobre o estado civil das pessoas seja dirimida. De tão relevante é a solução dessa questão, que o CPP estabelece a atribuição do Ministério Público para, quando necessário, promover a ação civil ou prosseguir na que tiver sido iniciada, com a citação dos interessados.

No interregno de suspensão do processo e do curso do prazo prescricional, a legislação autoriza a inquirição de testemunhas e a produção de outras provas consideradas urgentes (art. 92, *caput*, CPP). A relação de subordinação temática com a questão cível pode repercutir no conteúdo probatório antecipado no processo penal, caso se verifique inconsistência depois do julgamento da ação civil. Nessa hipótese, poderá ser determinada repetição da prova penal.

(2) A **questão prejudicial heterogênea facultativa** alude à incompetência **contingente** do juiz criminal, igualmente relacionada ao reconhecimento da existência da infração penal. De acordo com o art. 93, *caput*, do CPP, surgirá nos casos em que a decisão penal depender de prévia deliberação sobre questão cível que seja diversa do estado das pessoas e que não verse sobre direito cuja prova a lei civil limite.

Franco Cordero esclarece que, nos casos de suspensão facultativa, a decisão sobre o delito depende da resolução de controvérsia diversa da penal, que não se reporte ao estado das pessoas, mas que "não seja facilmente resolúvel e o regime civilístico da prova dos fatos relevantes ou do direito controverso não divirja do penalístico". A decisão do juiz cível, nessas situações, será *incidenter tantum* considerando os fins da deliberação criminal.[1003]

O art. 93 do CPP tem incidência nos casos em que a competência cível não se revelar exclusiva, nascendo o modal permissivo da jurisdição penal para abranger ou não questão de cariz cível. Haverá **devolutividade relativa**.

Renato Marcão denomina as controvérsias descritas no art. 93 do CPP, de questões prejudiciais em sentido *lato*.[1004] Como obtempera Luís Fernando Manzano, "ainda que lhe seja recomendável fazê-lo, a lei não lhe impõe o dever de aguardar a solução proferida pelo juízo cível, podendo decidi-la desde logo, incidentalmente".[1005]

Por exemplo, se para aferir a existência do crime de esbulho possessório (art. 161, § 1º, II, CP), for necessária deliberação sobre a posse ou propriedade do bem imóvel alheio,

---

1003. CORDERO, Franco. *Procedura penale*. 7. ed. Milano: Giuffrè, 1983. p.605-606 (tradução livre).

1004. MARCÃO, Renato. *Curso de processo penal*. São Paulo: Saraiva, 2014. p.351.

1005. MANZANO, Luís Fernando de Moraes. *Curso de processo penal*. 3. ed. São Paulo: Atlas, 2013. p.288.

haverá questão prejudicial heterogênea facultativa, que poderá ser definida pelo juízo cível ou criminal.

Nesse caso, a suspensão do processo penal se relaciona com outras condicionantes, a serem sopesadas pelo magistrado.

Sob a condição de existir prévia ação civil para resolver a prejudicial, o juiz criminal poderá suspender o curso do processo, diante de **questão de difícil solução**, que não verse sobre direito cuja prova a lei civil limite. Note-se que, de acordo com esta ressalva (art. 93, *caput*, segunda parte, CPP), sobre esse ponto controvertido não devem incidir restrições rígidas à produção de prova sobre sua existência (diferentemente, portanto, da questão sobre o estado civil das pessoas, que somente se comprova nos termos da lei civil). Suspenso o processo, será possível proceder à inquirição das testemunhas e realização das outras provas de natureza urgente.

Nessa hipótese, o juiz deverá marcar prazo da suspensão. A **incompetência em razão do objeto do juízo** fundada nesse motivo estará situada entre os termos *a quo* e *ad quem* do lapso de paralização do processo penal. Trata-se de incompetência transitória, contingente, cujo lapso poderá ser razoavelmente prorrogado, se a demora não for atribuível à parte (art. 93, § 1º, primeira parte, CPP).

Se o prazo fixado se expirar sem decisão do juiz cível, o juiz criminal deverá ordenar o prosseguimento do processo, retomando sua competência para decidir, de fato e de direito, toda a matéria da acusação ou da defesa (art. 93, § 1º, segunda parte, CPP).

Não cabe recurso da decisão que **indeferir** a suspensão do processo (art. 93, § 2º, CPP), mas poderá caber *habeas corpus* ou mandado de segurança, conforme o parâmetro de cabimento consistir em proteção da liberdade de locomoção ou em direito líquido e certo distinto (art. 5º, LXVIII, LXIX CF).

Ao contrário, se a decisão do juiz **deferir** a suspensão do processo, em virtude da prejudicial, será interponível recurso em sentido estrito, a teor do art. 581, inciso XVI, do CPP.

Para os casos de suspensão facultativa por prejudicial heterogênea contingente, a ação cível deverá existir **antes** do ajuizamento da ação penal. Nesse passo, tratando-se de crime de ação de iniciativa pública, incumbirá ao Ministério Público intervir imediatamente na causa cível, para o fim de promover-lhe o rápido andamento (art. 93, § 3º, CPP).

32.6 Questão prejudicial homogênea

A questão prejudicial homogênea alude a julgamento de um crime que depende da decisão em torno de outra questão penal, a ser solvida pela jurisdição criminal, como acontece na relação entre o delito antecedente e os crimes de receptação (art. 180, CP).

Igualmente, nos crimes de lavagem de dinheiro, há uma relação de prejudicialidade homogênea de direito material relativamente ao crime antecedente. Na literalidade do § 1º, do art. 2º, da Lei nº 9.613/2013:

(1) a denúncia deverá ser "instruída com indícios suficientes da existência da infração penal antecedente"; e

(2) serão puníveis os fatos previstos naquele diploma legal, "ainda que desconhecido ou isento de pena o autor, ou extinta a punibilidade da infração penal antecedente".

A ilustrada previsão legal contempla **justa causa duplicada** para o oferecimento da denúncia por lavagem de capitais. No entanto, a segunda parte do supradito § 1º, do art. 2º, revela uma inconsistência quando, aparentemente, permite condenação do réu sem espancar todas as dúvidas sobre a efetiva configuração da infração penal antecedente.

32.7 Exceções processuais penais

No processo penal, exceção pode assumir duplo sentido: de defesa e de objeção.

O primeiro sentido, de defesa, decorre da exceção ser um meio deferido ao acusado para responder à imputação, provocando a tutela jurisdicional em seu favor com argumentos dilatórios (exceção de incompetência) ou peremptórios (exceção de coisa julgada).

O sentido de objeção, por sua vez, assume nitidez peculiar no processo penal em razão do dever judicial de prover a regularidade dos atos constitutivos do procedimento (art. 251, CPP).

Esse segundo aspecto constitui **perinorma**, cuja **essência noemática** é a de que o juiz tem o dever de aplicar a consequência jurídica corretiva do rito, ainda que *ex officio*, diante do vitupério ao direito positivo que, por seu turno, revela a pretensão de respeito ao devido processo legal.[1006]

Denilson Feitoza aporta em conclusão análoga, ao pontificar que "objeção é defesa que pode ser conhecida de ofício pelo juiz" e que "exceção (em sentido estrito) é defesa que só pode ser conhecida se for alegada pela parte". A distinção não se faz presente no direito processual penal, "pois toda matéria de exceção pode ser conhecida de ofício pelo juiz como objeção", sem ser necessária fustigação das partes.[1007]

32.7.1 Exceção de suspeição

O procedimento da exceção de suspeição é aplicável, no que comportar, aos casos de **impedimento** (arts. 112; 252, 255, CPP) e de **incompatibilidade** (arts. 112; 253 CPP).

1006. COSSIO, Carlos. *La teoría egológica del derecho y el concepto jurídico de libertad*. 2. ed. Buenos Aires: Abeledo-Perrot, 1964. p.661.

1007. FEITOZA, Denilson. *Direito processual penal*: teoria, crítica e práxis. 6. ed. Niterói: Impetus, 2009. p.636.

A suspeição do órgão estatal pode se situar no consequente derivado da violação ao princípio do juiz imparcial. Por sua vez, após certificada a suspeição do juiz, aquele efeito jurídico constitui nulidade absoluta que se torna antecedente normativo à deliberação pela invalidação dos atos processuais (art. 101, CPP).

A suspeição pode ser reconhecida de ofício, diante dos motivos elencados no art. 254, do CPP, em rol exemplificativo. Nessa situação, ela assumirá o sentido e a estrutura de **objeção** (art. 97, CPP), sem necessidade de formação de autos apartados (art. 100, CPP).

Sob o aspecto lógico da consecutividade dos atos processuais, a arguição de suspeição deve preceder às demais (art. 96, CPP). Ela está arrimada na base da função jurisdicional, mais precisamente no elemento nuclear da competência do juiz.

A recusa do juiz deve explicitar seus motivos, em petição que pode ser subscrita na forma leiga (pela própria parte) ou por seu defensor (por procurador com poderes especiais), com a indicação das provas a produzir (documentos ou rol de testemunhas). A exceção de suspeição é providência cujo conteúdo pode conter fato desabonador imputado ao julgador, pelo que o art. 98, do CPP, impõe formalidade especial no instrumento de mandato: não basta a procuração *ad judicia et extra*, porém deve conter o poder especial de apresentá-la, com a declinação das razões.

Cuida-se de formalidade que antecede o rito da suspeição. O juiz, sem embargo, pode espontaneamente reconhecê-la, por despacho (*rectius*: decisão) irrecorrível (art. 581, III, CPP), independentemente da instauração do procedimento. Em seguida, mandará sustar a marcha do processo e juntar aos autos a petição do recusante com os documentos que a instruam. O magistrado suspeito, ao cabo, deliberará pela remessa imediata do processo ao substituto indicado pelo direito positivo.

Note-se que o vértice normativo do processo é o magistrado, na estrutura do *actum trium personarum*. Ele tem a competência para emitir as normas individuais e concretas que, ao cabo, poderão certificar a verdade construída ao longo do processo penal. Se duvidosa é a imparcialidade do juiz, o que deste derivar poderá conter aquela qualidade.

O método cartesiano pode ser fértil para justificar essa conclusão. É preciso sindicar criteriosamente a alegação de suspeição de um juiz criminal, rechaçando qualquer dúvida sobre ela ou a reconhecendo. Em suma, a proposta seria a adoção de uma metodologia rigorosa.

Como traçado em sua filosofia, Descartes ponderou que, ao desejar se ocupar somente da verdade, procurou se afastar da pressuposição de opiniões reputadas verdadeiras e fez exatamente o contrário: rejeitou como “absolutamente falso tudo em que pudesse imaginar a menor dúvida”. O percurso do filósofo era escrutinar se não restaria em sua crença “alguma coisa que fosse inteiramente indubitável”, consciente de que os sentidos podem ser enganosos.[1008]

De todo modo, entende-se que o princípio a reger o controle da imparcialidade do juiz deve ser o de que a dúvida deve militar em prol do reconhecimento de sua suspeição (*in dubio suspicionis*).

O CPP prescreve o rito da exceção de suspeição, aplicável ao juiz de primeiro grau e, **no que couber**, ao representante do Ministério Público (art. 104) e demais funcionários ou auxiliares da justiça (art. 105):

(1) tramitação da arguição de suspeição **perante o órgão *a quo***, *locus* de atuação do excepto:

(a) caso o juiz excepto recuse a suspeição, será a hipótese de determinar a autuação da exceção em apartado;

(b) no prazo de três dias, o magistrado dará sua resposta, acrescentando aos autos da exceção de

1008. DESCARTES, René. *Discurso do método*. São Paulo: Martins Fontes, 2003. p.37.

suspeição suas informações, podendo instruí-la e oferecer testemunhas. A arguição de suspeição do órgão do MP, dos peritos, dos intérpretes e funcionários da justiça, admite produção de provas, no prazo de três dias, após assegurado o contraditório (arts. 104; 105, CPP);

(c) ao final da tramitação perante o juiz excepto, os autos da arguição devem ser remetidos ao órgão que competir o julgamento, no prazo de vinte e quatro horas (art. 100, *caput*, CPP);

(2) tramitação da arguição **perante o órgão *ad quem***, competente para o julgamento da exceção de suspeição:

(a) se reconhecida, preliminarmente, a relevância da arguição de suspeição formulada pelo excipiente, o juiz ou tribunal, ordenará a citação dos exceptos;

(b) ao contrário, a exceção de suspeição pode ser entendida como de manifesta improcedência, quando o juiz ou relator deverá, liminarmente, rejeitá-la (art. 100, § 2º, CPP);

(c) se o excepto reconhecer, nesse grau de tramitação, a procedência da arguição, o processo principal poderá ser sustado a seu requerimento, até que seja julgada a suspeição (art. 102, CPP);

(d) se admitido o seguimento da exceção com a citação da parte contrária, deverão ser marcados dia e hora para a inquirição das testemunhas, quando arroladas;

(e) o § 1º, do art. 100, do CPP, complementa prevendo, após, o julgamento da exceção de suspeição, independentemente de mais alegações.

A decisão que julga a suspeição **não comporta recursos** (arts. 104; 105; 581, III, CPP). É admissível mandado de segurança, enquanto ação autônoma de impugnação. Pelo imputado, se em jogo a higidez de processo que pode conduzir à aplicação de pena privativa de liberdade, será cabível o *habeas corpus*.

É de ver que, como regra, o processo principal não terá sua marcha suspensa enquanto pendente exceção de suspeição, conquanto, se julgada procedente, recairá nulidade absoluta sobre todos os atos e imposição de outras sanções, como o pagamento de custas, pelo juiz, no caso de erro inescusável (art. 101, CPP).[1009]

De outro giro, se evidenciada malícia do excipiente, será devido o pagamento de multa, cujo valor descrito deve ser atualizado conforme os critérios vigentes. Malícia é presença de dolo.

O art. 103 do CPP prescreve o rito da arguição de suspeição de membros de tribunais, segundo as funções de revisor ou relator, verberando que aquele que se julgar suspeito deverá declará-lo nos autos, seguindo-se a remessa dos mesmos ao substituto, consoante a ordem de precedência ou conforme nova distribuição. Além da disciplina do *caput* e de seus parágrafos, as disposições regimentais de cada tribunal orientam o rito da exceção de suspeição, ao lado do regramento gizado nos arts. 98 a 101, do CPP.

Quanto à suspeição dos jurados, a concentração dos atos na sessão plenária do tribunal do júri justifica que sua arguição deva ocorrer oralmente, seguida de deliberação do juiz presidente do tribunal popular (art. 106, CPP). A suspeição aventada será rejeitada se, negada pelo jurado recusado, não for imediatamente comprovada. Tudo deve ser documentado na ata respectiva (arts. 468; 469; 471; 495, XII, CPP).

As autoridades policiais não se sujeitam à exceção de suspeição. Decerto, não cabe esse controle ao Poder Judiciário,

---

1009. STF – Segunda Turma – HC 164.493/PR – Rel. Min. Edson Fachi – Red. p/ Acórdão Min. Gilmar Mendes – DJe: 04 jun. 2021.

ressalvado se provocado em ação própria. O art. 107 do CPP preconiza o dever da autoridade policial de se declarar suspeita se houver motivo legal. Como se infere, o enunciado é deficiente. Não há somente motivos legais de suspeição de um órgão estatal: o rol do art. 254 do CPP é *numerus apertus*, exemplificativo. A atribuição para o controle de casos de suspeição do delegado de polícia e de outras autoridades encarregadas da condução de investigações preliminares, deve ser dos respectivos órgãos administrativos de correição.

32.7.2 Exceção de incompetência de juízo

Nos arts. 108 e 109, está regulada a exceção em tela. O *caput* do primeiro enunciado dispõe que "a exceção de incompetência do juízo poderá ser oposta, verbalmente ou por escrito, no prazo de defesa". Em matéria penal, é cediço que a incompetência pode ser conhecida de ofício. Se o juiz assim o declarar, deve cessar a prática de qualquer ato.

Correlatamente, a nulidade dos atos praticados deve ser conhecida pelo juiz destinatário da remessa dos autos com a decisão declinatória. No CPP, não há diferença entre incompetência relativa (territorial) e absoluta (matéria e função). Também é irrelevante a distinção para fins de oposição de exceção de incompetência.

Se for necessária produção de prova, é preciso autuar em apartado a exceção. Mas note-se: se a parte alega a incompetência do juízo em preliminar de resposta à acusação, o juiz tem o poder de a reconhecer, sem necessidade de autuação em separado. Há entendimento de que a autuação apartada é necessária para fins de controle e recursos. Em caso de recurso, poderá advir a necessidade de formação de autos apartados.

A exceção de incompetência não suspende o processo, nem faz cessar a competência do juiz que se reconhece com jurisdição para a causa. Caberá recurso em sentido estrito se o juiz declara sua incompetência (arts. 581, II, III, CPP). Se ele se afirma competente, caberá HC ou mandado de segurança conforme envolva ou não possibilidade de restrição da liberdade do imputado.

32.7.3 Exceções de ilegitimidade de parte, de litispendência e de coisa julgada

A disciplina da exceção de incompetência é aplicada, *mutatis mutandis* e guardadas as devidas proporções, às demais. A litispendência e a coisa julgada causam a nulidade do processo que reproduziu elementos de causa anterior, pendente ou finda. Ferem condição da ação denominada de originalidade por Afrânio Silva Jardim.[1010] A ilegitimidade de parte é causa de nulidade absoluta (art. 564, II CPP): envolve ilegitimidade *ad causam* (condição para o exercício da ação penal) e ilegitimidade *ad processum* (pressuposto processual).

32.8 Processo incidente

Processo incidente é expressão para designar a formação de autos a partir do surgimento de uma questão em sentido genérico que recai no curso do processo principal e que, por exigir procedimento probatório e contraditório, deve ter tramitação separada, a fim de não ocasionar prejuízo ao seu rito legal.

Seguindo as pegadas de André Nicolitt, "as questões prejudiciais não se confundem com os processos incidentes. Estes em regra dizem respeito a determinados procedimentos comumente processados em apartado ou apenso". Nesses, são debatidos temas relacionados à suspeição, incompatibilidade, impedimentos, competência, litispendência e coisa

---

1010. JARDIM, Afrânio Silva. A originalidade como condição para o regular exercício do direito de ação. *In*: *Direito processual penal*: estudos, pareceres e crônicas. Afrânio Silva Jardim; Pierre Souto Maior Coutinho de Amorim (orgs.). 15. ed. Salvador: Juspodivm, 2018. p.115-119.

julgada.[1011] Portanto, podem se inserir no conceito de processo incidente, questões que demandam autuação distinta.

32.8.1 Conflito de jurisdição (conflito de competência)

O conflito de competência, disciplinado a partir do art. 113, do CPP, acontece no nível da prestação jurisdicional. Dessa constatação, será possível justificar o perfeito cabimento de conflito de competência quando um juiz não suspeito ou não impedido afirmar, indevidamente, sua suspeição ou impedimento. A competência de um juiz não deve ser alijada sem que haja base no direito positivo, seja pelo próprio órgão judicial, seja por juízo diverso. Cuida-se de expressão do princípio do juiz natural (art. 5°, XXXV, XXXVII, LIII, CF).

A jurisdição, enquanto função, tem por fito a aplicação do direito. Os elementos que a caracterizam não devem estar afetados por qualquer mácula. O juiz **substitui** às partes (Chiovenda[1012]), tornando-se o órgão central da atividade estatal de dizer o direito no caso concreto. Os atributos da função do juiz são condicionantes da tutela jurisdicional escorreita.

Da lição de José Frederico Marques, extraem-se os caracteres da jurisdição que, se negados, poderão arrimar o conflito de competência, positivo ou negativo:

(1) a jurisdição se relaciona com uma pretensão. Enquanto essência e substância do poder jurisdicional, a aplicação do direito deve se situar na esfera de competência material;

(2) a jurisdição é "a *longa manus* do legislador", através da qual são produzidas normas individuais e concretas a partir da aplicação das normas gerais e abstratas. Do

---

1011. NICOLITT, André. *Manual de processo penal*. 7. ed. Belo Horizonte: D'Plácido, 2018. p.668.

1012. CHIOVENDA, Giuseppe. *Principii di diritto processuale civile*. 2. ed. Napoli: Casa Tipografico; N. Jovene, 1923. p.54;249.

juiz, exige-se que não se enquadre em hipóteses de suspeição, impedimento ou de incompatibilidade (arts. 252 a 254, CPP);

(3) a substitutividade, referida acima, e "a imutabilidade que podem adquirir os feitos do ato jurisdicional, que é a sentença, através da coisa julgada", constituem, em acréscimo, características fundamentais da jurisdição.[1013]

A competência é construção derivada da função jurisdicional. Em outros termos, a dificuldade de se prestar jurisdição por um único órgão representa uma possibilidade de negação que constitui o elo que justifica a criação de compartimentação de competências.

Sob esse olhar, não é incorreto falar em **conflito de jurisdição**, uma vez que ela é afetada, em sua essência, quando são feridas as disposições de competência que delimitam sua quantidade, distribuída a vários órgãos judiciais, com o cunho de divisão racional de tarefas. Violada a regra de competência, haverá a negação do perfeito funcionamento jurisdicional.

Os motivos do **conflito de competência** poderão coincidir com a fundamentação para **oposição de exceção** pela parte interessada. O art. 109 do CPP realça essa possibilidade, ao dizer que se, em qualquer fase do processo, o juiz reconhecer razão que o torne incompetente, decidirá nesse sentido, exista ou não alegação da parte.

Como se depreende, a distinção entre as duas formas se subordina à **iniciativa** e ao **momento**. A justificativa que alicerça o fundamento de ambas deve encontrar enlace com critério de correção da prestação jurisdicional.

Na cadência do art. 108, do CPP, a exceção de incompetência do juízo poderá ser oposta, verbalmente ou por escrito, no

---

1013. MARQUES, José Frederico. *Elementos de direito processual penal*: volume I. 2. ed. Campinas: Millennium, 2000. p.193-195.

prazo de defesa. Em seguida, não tendo sido apresentada pelo Ministério Público, este será ouvido se o juiz não reconhecer de plano sua competência. Afinal, é ínsito à atividade do juiz poder afirmar sua incompetência (*Kompetenz-Kompetenz*).

O juiz poderá rejeitar a exceção ou admiti-la:

(1) se for aceita a declinatória, o processo será remetido ao juízo competente, onde, "ratificados os atos anteriores", deverá ter seguimento (art. 108, § 2º, CPP). A ratificação dependerá de atendimento às condicionantes do princípio do juiz natural, porquanto ninguém será processado ou sentenciado, senão pela autoridade competente (art. 5º, LIII, CF);

(2) caso recuse a incompetência, o juiz continuará na condução do processo, fazendo tomar por termo a declinatória, se formulada verbalmente.

32.8.2 Conflito de atribuições

Diverso do conflito de competência é o conflito de atribuições. Decerto, o **conflito de atribuições** entre órgãos do Ministério Público não se classifica como processo incidente. Aliás, tem como pressuposto a inexistência de processo penal condenatório, ou seja, não deve haver denúncia oferecida, muito menos instauração de processo criminal. A partir desse momento, poderá surgir **conflito de competência**, entre órgãos do Poder Judiciário de mesma categoria, de idêntico grau de jurisdição.

A crítica original de Afrânio Silva Jardim permanece atual. Deveras, "não compete ao Poder Judiciário dirimir conflito de atribuições entre órgãos da Administração Pública", dentre os quais estão os órgãos vinculados a Ministérios Públicos de unidades federativas diversas. Do ponto de vista lógico, "tais conflitos têm natureza exclusivamente administrativa", razão pela qual deveriam ser deliberados "pela autoridade hierarquicamente superior aos órgãos em testilha".

Nesse âmbito, a fundamentação da "decisão que resolve tais conflitos também tem a natureza administrativa, jamais jurisdicional".[1014]

O STF fixou a competência do Procurador Geral da República para solver conflito de atribuições entre órgãos vinculados a Ministérios Públicos de estados diversos ou entre estes e o Ministério Público da União. Apesar de não existir hierarquia entre eles, a definição da controvérsia em liça se alinhou, ainda que parcialmente, ao respeitado magistério de Afrânio Silva Jardim.[1015]

32.8.3 Restituição de coisas apreendidas

A apreensão de um objeto pode decorrer de diligência de busca, em cumprimento de mandado judicial (arts. 240; 241; 243, CPP) ou em situação de flagrante delito. A fonte da constrição e o momento da persecução penal são os dois critérios que informam a competência ou atribuição para a ordem de restituição.

Quando cabível, a restituição poderá ser ordenada pela **autoridade policial** ou pelo juiz, por meio de termo nos autos, desde que não exista **dúvida** quanto ao direito do reclamante (art. 120, CPP). Caso sobeje incerteza, será necessária produção probatória, impondo-se autuação em separado.

Deveras, *ex vi* do § 1º, do art. 120, do CPP, se for **duvidoso** o direito de quem requer a restituição, o pedido deverá ser autuado em apartado, assinando-se ao requerente o prazo de cinco dias para a prova. Em tal caso, só o **juiz criminal** poderá decidir o incidente.

O art. 118 do CPP dispõe que, antes de transitar em julgado a sentença final, as coisas apreendidas não poderão ser

---

1014. JARDIM, Afrânio Silva. *Direito processual penal.* 11. ed. Rio de Janeiro: Forense, 2002. p.235.

1015. STF – Pleno – ACO 924 – Rel. Min. Luiz Fux 26 set. 2016.

restituídas enquanto interessarem ao processo. O interesse mencionado no enunciado deve ser atrelado aos propósitos do processo de conhecimento condenatório penal instaurado ou a ser deflagrado. O objeto que não tiver relação com o que for deduzido ou deduzível na petição inicial não se conforma ao conceito de conhecimento e, por conseguinte, não haverá interesse em manter sua apreensão.

O elo entre **conhecimento** e **interesse** foi enfrentado por Jürgen Habermas. O conhecimento de uma objetivação "coincide direta e imediatamente com o interesse pelo conhecimento". O filósofo acentua que "o interesse que se encontra na raiz do conhecimento afeta a possibilidade do conhecimento enquanto tal". O conhecimento é direcionado pelo interesse. O interesse é maior se há conhecimento prévio.[1016]

Essa tensão que retrata a **possibilidade de coerção** permeia a disciplina da restituição de coisas apreendidas. O art. 119 do CPP afirma que as coisas que se referem às hipóteses de perdimento do Código Penal não poderão ser restituídas, mesmo depois de transitar em julgado a sentença final, salvo se pertencerem ao lesado ou a terceiro de boa-fé (art. 91, II, CP).

A **possibilidade de controvérsias** e a necessidade de contraditório demarcam o dever jurídico de autuar o **incidente em apartado**, perante o próprio juízo criminal. No entanto, o juiz penal deverá fazer a remessa ao juízo cível, quando constatar dúvida sobre quem seja o verdadeiro dono do objeto. O **debate em torno da propriedade** da coisa amplia demasiadamente os limites da cognição, justificando a modificação de competência.

Se as coisas forem apreendidas **em poder de terceiro de boa-fé**, somente a autoridade poderá deliberar, em autos separados, a fim de que haja debate em torno da questão.

O terceiro de boa-fé será intimado para alegar e provar o seu direito, no prazo de cinco dias, lapso igual e sucessivo ao

1016. HABERMAS, Jürgen. *Conhecimento e interesse*. Tradução: José N. Heck. Rio de Janeiro: Zahar Editores S. A., 1982. p.300; 310.

deferido ao reclamante da coisa para especificar e produzir provas. Em seguida, ambos terão o prazo de dois dias para arrazoar (art. 120, §§ 1º e 2º, CPP).

Podem incidir questões diante da **necessidade de conservação**, bem como da **possibilidade de alienação** da coisa apreendida:

(1) conforme reza o § 5º, do art. 120, cuidando-se de coisas facilmente deterioráveis, perecíveis:

(a) serão avaliadas e levadas a leilão público. O dinheiro apurado deverá ser depositado, garantindo-se a conservação do seu valor; ou

(b) serão entregues ao terceiro que as detinha, se este for pessoa idônea e assinar termo de responsabilidade;

(2) no caso de apreensão de coisa adquirida com os proventos da infração, aplica-se o disposto no art. 133 do CPP, vale dizer:

(a) após o trânsito em julgado, o juiz, *ex officio* ou provocado pelo MP ou interessado, ordenará a alienação e a venda dos bens em leilão público cujo perdimento tenha sido decretado (art. 121, CPP; arts. 91, II; 91-A, CP);

(b) do valor apurado, será recolhido aos cofres públicos o que não couber ao lesado ou a terceiro de boa-fé, com sua canalização ao Fundo Penitenciário Nacional, salvo previsão diversa em lei especial (art. 133, §§ 1º e 2º, CPP);

(3) de todo modo, as coisas apreendidas serão alienadas consoante esse modelo descrito no art. 133, sem prejuízo do previsto no art. 120, do CPP. Aliás, mesmo fora daquelas hipóteses, se os objetos apreendidos não forem reclamados no prazo de noventa dias do

trânsito em julgado da sentença definitiva de condenação ou de absolvição, ou não pertencerem ao acusado, deverão ser vendidos em leilão, depositando-se o saldo à disposição do juízo de ausentes.

O CPP estipula, ademais, a **inutilização** dos instrumentos dos crimes cuja perda for decretada em favor da União, bem como das coisas confiscadas. Como alternativa, havendo interesse de conservação, serão recolhidos a museu criminal (art. 124, CPP). Analogamente, em caso de decretação de perdimento de obras de arte ou de outros bens de relevante valor cultural ou artístico, o art. 124-A, do CPP, prevê a destinação daqueles bens a museus públicos, quando inexistente definição da vítima.

32.8.4 Medidas assecuratórias

A definição da espécie de medida assecuratória é regida pelo critério teleológico. Grosso modo, a medida poderá ser de arresto, sequestro ou hipoteca legal, permeada pela possibilidade cautelar de alienação antecipada de bens. As duas primeiras se aplicam, amplamente, a bens móveis e imóveis. A hipoteca legal, enquanto medida sucessiva ao arresto de bens, incide sobre imóveis, ressalvados os casos especiais de navios e aeronaves que, apesar de móveis, têm regime jurídico permissivo à hipoteca.

As medidas assecuratórias têm **natureza cautelar patrimonial.** De acordo com Alexandre Morais da Rosa, as condicionantes das medidas assecuratórias "demandam a motivação concreta dos requisitos legais, justa causa (próxima e remota)", sendo vedado ao juiz penal, no exercício de seu poder cautelar, afastar-se do rol fechado das medidas positivadas. Consoante elucida o jurista:

(1) na atuação cautelar assecuratória, considera-se que "a condenação pode gerar o dever de indenizar a vítima", bem como a perda dos bens, o confisco alargado ou a canalização do produto do crime em favor do

ente público, pelo que se admite que "o Estado, pela via criminal, promova medidas para garantir o resultado útil do processo mediante arresto, o sequestro e a hipoteca legal";

(2) por outro, as medidas cautelares patrimoniais e reais, além de ficarem adstritas à taxatividade da lei processual penal, "devem partir da presunção de inocência e operar na lógica do processo penal, afastando a incidência do modo de pensar o processo civil".[1017]

32.8.4.1 Arresto

O **arresto** disciplinado no CPP tem o propósito de garantir indenização em razão do dano causado pelo crime. Não deve visar à constrição de instrumentos do crime ou proventos da infração. Pode recair sobre:

(1) **bens imóveis**: consiste em arresto subordinado à condição resolutiva, que tem seu implemento se não for pleiteada a correlata hipoteca legal em quinze dias (arts. 136; 137, CPP);

(2) **bens móveis** (art. 137, CPP), se inexistentes ou insuficientes bens imóveis. Daí sua **natureza supletiva**, isto é, **subsidiária** em face do cabimento prévio de arresto sobre os imóveis;

Dessa configuração decorre que quando o arresto incidir sobre imóvel, ele será **prévio** (porque deve lhe suceder a especialização e inscrição de hipoteca legal). Distintamente, quando o arresto recair sobre bem móvel, terá natureza **subsidiária** (por não ter sido encontrado, em primeiro lugar, bem imóvel)

Na lição de Marcellus Polastri, ambas as modalidades de arresto possuem natureza de medida cautelar, notadamente considerando a referibilidade com a causa principal (autonomia,

---

1017. ROSA, Alexandre Morais da. *Guia do processo penal conforme a teoria dos jogos*. 5. ed. Florianópolis: EMais, 2019. p.422-423.

instrumentalidade e acessoriedade), a aparência, a inaptidão de produzir coisa julgada material (não definitividade), a temporariedade (provisoriedade e revogabilidade) e a urgência.[1018]

José Carlos Barbosa Moreira, em esteira similar, perlustra a "função meramente instrumental" do processo cautelar, relativamente ao processo de conhecimento. Naquele, a tutela é **mediata**, neste último, imediata. A cautelaridade tem supedâneo em juízo **provisório** de **probabilidade.**[1019]

32.8.4.2 Sequestro

O **sequestro** deve abranger objetos em relação com o *iter criminis* (art. 125, CPP). Alcança bens que tenham tomado parte da conduta delitiva (instrumentos usados para ultimar ação ou omissão) ou resultado do exaurimento da infracção penal (proventos ou enriquecimento equivalente).

32.8.4.2.1 Iniciativa e procedimento ao sequestro de bens (regra geral)

A legitimidade para requerer a medida assecuratória de sequestro é, primordialmente, do Ministério Público, nos crimes de ação penal pública. No entanto, em casos específicos, a legislação assegura a iniciativa ao sujeito passivo do delito, reconhecendo-lhe interesse jurídico.

O CPP, em seu art. 125, preconiza o cabimento de sequestro de bens imóveis, adquiridos pelo indiciado **com os proventos da infração**, ainda que já tenham sido transferidos a terceiro. No mesmo sentido, o seu art. 132 estipula a adequação da medida em relação a bens móveis, segundo idênticos parâmetros:

1018. LIMA, Marcellus Polastri. *A prova penal*: de acordo com a reforma processual penal. 3. ed. Rio de Janeiro: Lumen Juris, 2009. p.66-70; 131.

1019. MOREIRA, José Carlos Barbosa. *O novo processo civil brasileiro*: exposição sistemática do procedimento. 24. ed. Rio de Janeiro: Forense, 2006. p.301-302.

(1) para a decretação do sequestro, o conteúdo deve justificar a existência de **indícios veementes** da proveniência ilícita dos bens (art. 126);

(2) a **iniciativa**, segundo o teor literal do art. 127, é deferida ao juiz, de ofício, a requerimento do Ministério Público ou do ofendido, ou mediante representação da autoridade policial. Quanto à legitimação do juiz *ex officio*, entende-se que não encontra consonância com o texto constitucional (princípio acusatório);

(3) o **limite temporal** e **espacial** para o decreto da medida assecuratória em tela é mais elástico: o juiz poderá ordenar o sequestro em qualquer fase do processo ou ainda antes de oferecida a denúncia ou queixa (art. 127);

(4) o sequestro será anotado nos órgãos de registro (art. 128, CPP), autuado em apartado e desafiará **embargos de terceiro**, sob o argumento de ter adquirido com boa-fé (art. 129), ou **embargos do acusado** relativamente aos bens sob o fundamento de aquisição sem o uso de proventos da infração (art. 130, I).

O parágrafo único, do art. 130, dispõe que não poderá ser pronunciada decisão nesses embargos antes de passar em julgado a sentença condenatória.

Entrementes, consoante o postulado da inocência, o enunciado merece leitura que milite, sob outro ângulo, pela insubsistência dos efeitos de qualquer medida acautelatória, inclusive a de sequestro, depois de decisão absolutória ou extintiva de punibilidade, por suplantar a plausibilidade da providência. Mesmo raciocínio é aplicável às demais medidas, apesar da dicção do art. 141 do CPP.

32.8.4.2.2 Iniciativa e procedimento nos casos de crimes contra a fazenda pública

O Decreto-Lei 3.240/1941 sujeita a sequestro os bens de pessoas indiciadas por crimes de que resulta **prejuizo** à **fazenda pública**, desde que se verifique locupletamento em favor do indiciado. Há contornos explícitos à essa providência estatal agressiva:

(1) **limites temporal** e **espacial** ao seu deferimento, tendo incidência dentro e durante inquérito policial ou processo administrativo (procedimentos pré-processuais – arts. 1º; 2º, *caput*);

(2) submissão à **condição resolutiva**: deve ser declarada sua ineficácia se não ajuizada ação penal no prazo de noventa dias da decretação do sequestro (art. 2º, § 1º);

(3) iniciativa restrita a **requerimento** do Ministério Público fundado em **representação** da autoridade incumbida do processo administrativo ou do inquérito policial (art. 2º, *caput*). Note-se que, apesar da limitação, a dicção legal se estende aos órgãos da fazenda pública, legitimando-os, concorrentemente com o *Parquet*, a requerer o sequestro, valendo lembrar, contudo, que, à época do advento do Decreto-Lei em testilha, as funções ministeriais e de defesa da União eram reunidas nas mãos de um único órgão;

(4) conteúdo da postulação atrelado a **indícios veementes** da responsabilidade (art. 3º), com tramitação sigilosa e fundamentação escrita ou reduzida a termo, acompanhado de indicação dos bens que devam ser objeto da medida, mormente os bens doados **após a data do crime** (art. 4º);

(5) da decisão, cabem embargos de terceiro (art. 2º, § 2º).

32.8.4.3 Especialização e inscrição de hipoteca legal

A **especialização e inscrição de hipoteca legal** (arts. 134; 135, CPP) é medida consecutiva ao arresto de bens imóveis. Cuida-se de providência complementar e posterior àquele, que objetiva formalizar e garantir sequela sobre propriedade imóvel gravada de forma ficta. Pressupõe certeza da infração penal e indícios suficientes de autoria:

(1) primeiramente, no ato do delito, os bens do infrator são considerados **hipotecados em tese**, provisoriamente, e de forma ideal, até o limite do que poderá ser, no futuro, o *quantum* indenizatório;

(2) em seguida, os bens devem ser objeto de **especialização**, isto é, o titular do direito à indenização deve requerer e individualizar os objetos sobre os quais possa recair alienação futura;

(3) por derradeiro, sendo exitosa a individualização especificada, deve ser anotada a **inscrição de hipoteca legal** à margem do registro de imóveis, a fim de que se operem, concretamente, os seus efeitos jurídicos gerais (*erga omnes*).

Considerando que o arresto e a hipoteca legal colimam reparação do dano causado ao ofendido, a legitimidade para requerê-los é exclusiva da vítima, de seus representantes ou sucessores. A indenização é **direito individual disponível**, em virtude do que não deve ser reconhecida ao Ministério Público a atribuição para requerê-la. Fica ressalvada a possibilidade de legitimação do *Parquet*, caso o objeto de ressarcimento resvalar na esfera de indisponibilidade (art. 127, CF), quando estiver em jogo interesse público indeclinável.

32.8.4.4 Alienação antecipada

Disciplinada no art. 144-A, *caput* e parágrafos, a alienação antecipada é medida cautelar que se anexa às demais providências com o objetivo de precaução contra o perecimento de bens. Com a observância estrita da legislação, a alienação judicial proporciona a vantagem de conferir segurança ao adquirente, por se tratar de forma de **aquisição originária de bens**, livrando-os de encargos anteriores, que serão debitados à conta do proprietário anterior.

32.8.5 Incidente de falsidade

A falsidade é qualificativo que pode incidir na base empírica probatória. Em outra dicção, falso pode ser o conteúdo emanado de pessoa ou coisa: cuida-se da inexatidão das informações inferidas do sujeito da prova.

A falsidade derivada de uma testemunha (prova oral) se submete à disciplina delitiva do art. 342 do Código Penal. Não cabe instauração de incidente de falsidade diante do crime de falso testemunho.

Nessa toada, o incidente de falsidade é restrito ao objeto probatório documental (art. 232, parágrafo único, do CPP). A função (pragmática) da autuação incidental é a de assegurar **verdade** e **autenticidade** depreendidas dos elementos do documento sindicado.

Adalberto de Camargo Aranha, a propósito, adverte que, no documento, são encontrados dois elementos:

(1) o **comunicativo**, que tem o condão de reproduzir um pensamento ou uma ocorrência; e

(2) o **certificante**, apto a demonstrar que aquela representação é verdadeira.

A falsidade afeta ambos os elementos, em sua função probatória que, nas palavras do ilustre jurista, "é tão só de natureza processual, isto é, instruir e provar a existência do ato e das relações dele derivadas".[1020]

A gravidade da questão, bem como a necessidade de contraditório direcionam a arguição do incidente à autuação em separado do processo penal condenatório. De conformidade com o art. 145 do CPP, uma vez arguida, por escrito, a falsidade de documento constante dos autos, o juiz deverá:

(1) mandar autuar em apartado a impugnação;

(2) ordenar a oitiva da parte contrária que, no prazo de quarenta e oito horas, apresente resposta;

(3) fixar três dias de prazo, sucessivamente, a cada uma das partes, para prova de suas alegações;

(4) determinar as diligências necessárias; e

(5) tomar as providências para que seja desentranhado o documento e remetê-lo, com os autos do processo incidente, ao Ministério Público, quando reconhecida a falsidade por decisão irrecorrível.

Malgrado a cogência do dispositivo em seu relato ao juiz, a atribuição para tomar as medidas necessárias no âmbito do incidente de falsidade é do Ministério Público. Nessa medida, o art. 145 do CPP deve receber interpretação conforme a Constituição (art. 129, I, CF), para vedar ao juiz agir de ofício ou instar o *Parquet* a fazê-lo.

É o órgão ministerial que deve tomar a iniciativa.

Nesse mesmo passo, também merece controle de constitucionalidade a previsão do art. 147, do CPP, cujo **aspecto-relato** comunica ao juiz a possibilidade de, *sponte sua*, isto é, independentemente de provocação, proceder à verificação da falsidade.

1020. ARANHA, Adalberto José Q. T. de Camargo. *Da Prova no Processo Penal*. 2. ed. São Paulo: Saraiva, 1987. p.193.

Tal forma de atuar judicial viola a máxima *in dubio pro reo*: se o juiz tiver dúvida sobre a autenticidade do documento e não dissipada a incerteza pelo titular da ação penal, a sua decisão final deve ser absolutória (art. 386, VII, CPP).

Ainda levando em consideração o fato de se tratar de notícia de grave intensidade (*notitia criminis*), o art. 146, do CPP, exige poderes especiais do procurador que alegar a falsidade documental.

O cariz *incidenter tantum* da arguição de falsidade é incompatível com a formação de coisa julgada material. A teor do art. 148 do CPP, qualquer que seja a deliberação, não haverá coisa julgada em prejuízo de ulterior processo penal ou civil. Ademais, contra a decisão que julga o incidente de falsidade, caberá recurso em sentido estrito (art. 581, XVIII, CPP).

32.8.6 Incidente de insanidade mental

A determinação do incidente de insanidade mental está inserida no leque de competências do juiz das garantias, enquanto órgão de controle da legalidade da investigação criminal e responsável pela salvaguarda dos direitos individuais cuja franquia tenha sido reservada à autorização prévia do Poder Judiciário (art. 3º-B, *caput*, XIII, CPP).

Como disseca José Antonio Paganella Boschi, "a imputabilidade não é pressuposto e sim um dado inerente à culpabilidade, precisamente porque o fundamento moral desta é o livre-arbítrio", possibilitando aferir "a aptidão do homem de preferir, de valorar e de agir de acordo com suas preferências". Relativamente à insanidade mental, a prova é de maior complexidade, considerando que "o cérebro humano ainda é um grande desconhecido". Decerto, nem sempre os especialistas formam consenso sobre a classificação ou diagnóstico de uma situação concreta.[1021]

1021. BETIOL, Giuseppe. *O problema penal*. Campinas: LZN, 2003. p.131; 135.

Exame de insanidade mental é denominação que alude à perícia médica e se insere no rito instaurado para se apurar dúvida sobre a integridade intelectiva do investigado ou acusado (art. 149, *caput*, primeira parte, CPP).

O *expert* terá por encargo periciar o aspecto de culpabilidade do imputado, sob o eixo psicológico normativo. A partir do que expõe Giuseppe Betiol:

(1) sob forma **psicológica** típica da culpabilidade, a capacidade de entender e de querer é "um dos pressupostos de fato que devem ter-se presentes para que possa efetuar-se o juízo de culpabilidade". Cabe afirmar que é preciso um agir do sujeito "com consciência e vontade, isto é, que a sua ação seja dolosa ou negligente, conforme o crime exija a forma dolosa ou a negligência para a sua realização";

(2) pela concepção **normativa** da culpabilidade, a constatação pericial deve se direcionar ao juízo do indiciado ou acusado que, a seu turno, "varia de harmonia com a diversidade dos casos concretos". O objeto sobre o qual recai a *expertise* do médico especialista será a aferição do grau da capacidade do imputado para delinquir.[1022]

O procedimento de certificação de (in) sanidade mental é **incidental** porque demanda autuação em apartado (art. 153, CPP), com formação de número de processo distinto daquele perante o qual surgiu a questão, conquanto lhe tangencie, consoante nexo de **referibilidade**. A separação do procedimento de aferição da saúde intelectiva do imputado visa a delimitar a metodologia que se destaca do mérito central do processo penal condenatório, pendente ou futuro.

A **iniciativa** para a ignição do incidente de insanidade mental poderá ser, *ex officio*, pelo juiz. Afinal, consiste em expressão da tutela de garantias fundamentais atribuída ao órgão autêntico, judicial. Outrossim, o magistrado poderá

1022. BOSCHI, José Antonio Paganella. *Ação penal*: as fases administrativa e judicial da persecução penal. Porto Alegre: Livraria do Advogado, 2010. p.176.

ser provocado, por requerimento do Ministério Público, do defensor, do curador, do ascendente, descendente, irmão ou cônjuge do acusado, a fim de que seja este submetido a exame médico-legal (art. 149, *caput*, segunda parte, CPP). Ademais, o exame poderá ser ordenado na fase investigativa, mormente durante a tramitação de inquérito policial, mediante representação da autoridade policial (art. 149, § 1º, CPP).

Eugênio Pacelli pondera que o rol de legitimados (art. 149, *caput*, CPP) "não é (nem pode ser) taxativo, diante do evidente e emiente interesse público na apuração de tal questão". Daí ser plausível que "qualquer pessoa interessada, sobretudo aquelas sob cujos cuidados ou guarda (ainda que informal) esteja o acusado (ou indiciado), está autorizada a provocar a instauração do incidente de insanidade mental".[1023]

O § 2º, do art. 149, do CPP, atribui ao juiz o dever de nomear curador ao acusado, quando determinar o exame. Cuida-se de providência que confere um *plus* à indispensável assistência jurídica. O imputado fará *jus* à dúplice proteção: do curador nomeado, além do seu defensor. Não tem lugar qualquer analogia com o vetusto enunciado nº 352, da Súmula, do STF, que incidia ao réu com idade entre dezoito e vinte e um anos, cuja redação afirma que "não é nulo o processo penal por falta de nomeação de curador ao réu menor que teve a assistência de defensor dativo".

O processo penal condenatório ficará suspenso quando se cuidar de incidente posterior ao oferecimento da ação penal. A sustação do procedimento, contudo, não deverá prejudicar as diligências pendentes (art. 149, § 2º, CPP). De todo modo, é indispensável o resguardo das garantias do contraditório e da ampla defesa. O exame deve ser realizado com as cautelas do art. 150, do CPP.

Se a conclusão pericial indicar doença mental superveniente à infração penal, o processo ficará suspenso até que o acusado se restabeleça (art. 152, CPP), enquanto o curso da prescrição fluirá normalmente à míngua de previsão legal de sua interrupção ou suspensão (arts. 116; 117, CPP).

1023. PACELLI, Eugênio. *Curso de processo penal*. 18. ed. São Paulo: Atlas, 2014. p.324.

Se a perícia indicar que a insanidade mental é contemporânea ao fato delitivo e que o acusado era inimputável, o processo seguirá até ulterior sentença, com a presença do curador (art. 151, CPP). O critério de constatação pericial é **biopsicológico**.

Vale frisar, como o faz Fernando da Costa Tourinho Filho, que, do critério biopsicológico, decorre a "indeclinável necessidade da fusão dos dois elementos: o biológico, ou etiológico, e o psicológico". Além da constatação do transtorno psíquico ou "em completo estado de ebriedade", deve-se questionar se, "em virtude desse estado ou situação, o agente era inteiramente incapaz de entender o caráter ilícito do fato ou de determinar-se de acordo com esse entendimento".[1024]

Hélio Tornaghi explica que a lei penal brasileira "não considera como causa suficiente de irresponsabilidade a enfermidade mental (*demence*)", porém não a entende desnecessária. Em outras palavras, "a causa biológica é indispensável", no entanto, não se basta isoladamente, porquanto "pode acontecer que o doente mental tenha podido compreender inteiramente o caráter criminoso do fato e dirigir a própria vontade na conformidade do que entendeu" (causa psicológica).[1025]

A petição inicial deverá ser aditada toda vez que a causa de pedir e o correlato pedido não estiverem de acordo com os contornos de **ação penal de prevenção**, consistentes na possibilidade de declaração de absolvição imprópria e aplicação de medida de segurança. Trata-se de microssistema que prestigia o conceito de **periculosidade** da pessoa inimputável, forjado pela Escola do Positivismo Criminológico, como se depreende da leitura de Eugenio Raúl Zaffaroni.[1026]

Note-se que a perigosidade é vocábulo correlato à atuação estatal preventiva. Se considerado o princípio da dignidade

---

1024. TOURINHO FILHO, Fernando da Costa. *Processo penal*: volume 3. 33. ed. São Paulo: Saraiva, 2011. p.85.

1025. TORNAGHI, Hélio. *Compêndio de processo penal*: tomo II. Rio de Janeiro: José Konfino, 1967. p.665.

1026. ZAFFARONI, Eugenio Raúl. *A questão criminal*. Tradução: Sérgio Lamarão. Rio de Janeiro: Revan, 2013. p.91.

da pessoa humana (art. 1º, III, CF), melhor seria que aquela noção fosse banida do sistema e estabelecidos parâmetros mais precisos para a imponibilidade de consequências jurídicas proporcionais às condições do imputado com transtorno psíquico. Sob a lente da consecutividade, medidas de segurança são sanções atreladas ao programa normativo da conduta típica e antijurídica atribuída a agente inimputável.

Ao transitar em julgado, a sentença de absolvição imprópria se torna título para emissão de guia de execução de medida de segurança, nos termos da Lei de Execução Penal. Como verbera o seu art. 171, "transitada em julgado a sentença que aplicar medida de segurança, será ordenada a expedição de guia para a execução".

José Frederico Marques toca esse ponto com precisão, ao descrever crítica ao art. 386, inciso VI, do CPP, na parte que prevê isenção de pena (ausência de culpabilidade). Malgrado "denominada de absolutória, sentença de tal conteúdo é, na realidade, de condenação, ou sentença impropriamente absolutória". Aliás, sequer é adequada a expressão absolvição anômala, eis que, "no dispositivo do julgado, há a imposição de uma *sanctio juris* prevista pela ordem jurídico-penal".[1027]

32.9 Aplicação a caso concreto

Ao examinar hipótese que considerou inserta na disciplina legal das questões prejudiciais heterogêneas de índole facultativa, o STJ frisou que:

(1) apenas existiria "justa causa para a persecução penal", diante da prática do crime previsto no art. 1º, da Lei nº 8.137/1990, "com o lançamento definitivo do crédito tributário", a teor do enunciado nº 24, da Súmula Vinculante, do STF;

(2) concretizado o lançamento definitivo, "a propositura de ação cível discutindo a exigibilidade do crédito

1027. MARQUES, José Frederico. *Elementos de direito processual penal*: volume III. 2. ed. Campinas: Millennium, 2000. p.23.

tributário" não obstaria a continuidade da ação penal pelo "crime contra a ordem tributária, tendo em vista a independência das esferas cível e penal";

(3) no entanto, "a procedência da ação anulatória, mesmo que ainda pendente de recurso, repercute diretamente sobre a constituição definitiva do crédito tributário, enfraquecendo a materialidade delitiva";

(4) de tal sorte, "é recomendável que o juízo criminal aguarde o trânsito em julgado da referida decisão, para dar continuidade ou não à ação penal". Isso porque "a conclusão alcançada pelo juízo cível afetou diretamente o lançamento do tributo, maculando a própria constituição do crédito tributário, razão pela qual mostra-se prudente aguardar o julgamento definitivo na esfera cível";

(5) no caso concreto, conquanto não tenha sido julgado o mérito das demandas anulatórias, houve concessão "de tutela provisória de urgência, para determinar a suspensão da exigibilidade dos créditos tributários" (art. 151, V, CTN);

(6) deveria "ser reconhecida a existência de dúvida razoável sobre a própria materialidade do delito, o que recomenda a suspensão das investigações no juízo criminal, nos termos do art. 93, do CPP";

(7) nessa senda, "apesar de a constituição definitiva do crédito tributário revelar a adequada tipicidade do crime tributário, a procedência da ação anulatória, ainda que pendente de recurso, bem como a suspensão da exigibilidade do crédito tributário, nos termos do art. 151 do CTN, demonstram a plausibilidade de questão prejudicial de competência do juízo cível";

(8) constatada "dúvida razoável sobre a própria materialidade do delito, é prudente suspender o trâmite no juízo penal para aguardar a solução no juízo cível, nos termos do art. 93 do CPP"; e

(9) a sustação "das investigações ou mesmo do processo, em virtude de questão prejudicial, é causa impeditiva da prescrição, nos termos do art. 116, I, do CP, motivo pelo qual fica igualmente suspenso o curso do prazo prescricional".[1028]

A relação do termo investigação com o processo é inapropriada. Investigar é procurar elementos para a formação da opinião delitiva ministerial. Processar implica contraditório por meio de procedimento cognitivo, pela instrução que, a sua vez, deve significar dar ao conhecimento do juiz um fato.

A noção de **lançamento definitivo** descrita na Súmula Vinculante citada pelo julgado é ambígua, considerando que o lançamento, na esteira de Paulo de Barros de Carvalho, somente pode ser compreendido se considerado de forma tríplice como:

(1) ato jurídico administrativo, categorizado como simples, constitutivo e vinculado: seu antecedente é o fato tributário e o seu consequente é "a formalização do vínculo obrigacional";

(2) procedimento, que pressupõe fluxo temporal "na sucessão organizada das ações praticadas";

(3) norma jurídica, caracterizada pelo teor prescritivo que deve se projetar "sobre a região material das condutas intersubjetivas, para discipliná-las".

Consoante leciona o renomado jurista, "é descabida qualquer alegação no sentido de haver diferenças entre os efeitos da liminar e das demais normas individuais e concretas expedidas pelo Judiciário, por tratar-se aquela de decisão provisória". Em outros termos, "se a liminar é o resultado de um ato judicial, introdutor de norma individual e concreta no ordenamento positivo, desde que atinja os requisitos jurídicos para seu acabamento, ingressa no sistema, passando a integrá-lo".[1029]

1028. STJ – Quinta Turma – RHC 113.294/MG – Rel. Min. Reynaldo Soares da Fonseca – DJe 30 ago. 2019.

1029. CARVALHO, Paulo de Barros. *Direito tributário*: linguagem e método. 5. ed.

A provisoriedade ou a definitividade do lançamento dependerá de cada um desses pontos de vista. Se pode ser considerado definitivo como ato ou procedimento, o mesmo não se pode dizer no nível do sistema jurídico.

Dando ao lançamento tributário a ênfase normativa, inserida no seio do sistema, desaparece a sua pretensa definitividade, máxime em matéria de acusação penal (arts. 41; 395, CPP). A acusação é incompatível com as vicissitudes interpretativas, verificadas com a sustação de norma jurídica por decisão judicial, ainda que liminar.

Note-se que não se cuida, sob essa lente, de questão prejudicial heterogênea facultativa. Frise-se, aliás, que para que fosse admitida questão prejudicial dessa natureza, seria indispensável que, **antes do oferecimento da ação criminal**, existisse o processo civil com a questão prejudicial (art. 93, do CPP).

Ademais, não se admite analogia com o propósito de restringir a liberdade do imputado além da lei (art. 3º, CPP). No acórdão analisado, ocorre a própria supressão da tipicidade penal do delito tributário, descalçando a ação penal de justa causa que, sem ela, não poderia ser recebida.

Em suma, à luz da teoria do direito e do teor do enunciado nº 24, da Súmula Vinculante, a hipótese examinada pelo STJ deveria impor a extinção do processo penal (trancamento), por ausência de justa causa e por faltar condição para o exercício da ação penal, de ordem jurisprudencial, narrada no indigitado verbete.

32.10 Conclusão e próximo capítulo

As questões prejudiciais interferem no exame da imputação e, dessa maneira, em direitos nucleares do processo penal. De forma semelhante, os processos incidentes afetam seus pontos centrais, a exemplo da competência do juiz ou da disponibilidade dos bens do imputado.

São Paulo: Noeses, 2013. p.512; 521; 543.

A seguir, será objeto de estudo outro dos elementos estruturais ao encadeamento regular dos atos processuais penais. O aspecto temporal, retratado nos prazos, é condição de possibilidade do exercício de direitos e, sobremodo, essencial a garantias caras, como a do devido processo legal, da ampla defesa e do contraditório (art. 5º, LIV, LV, CF).

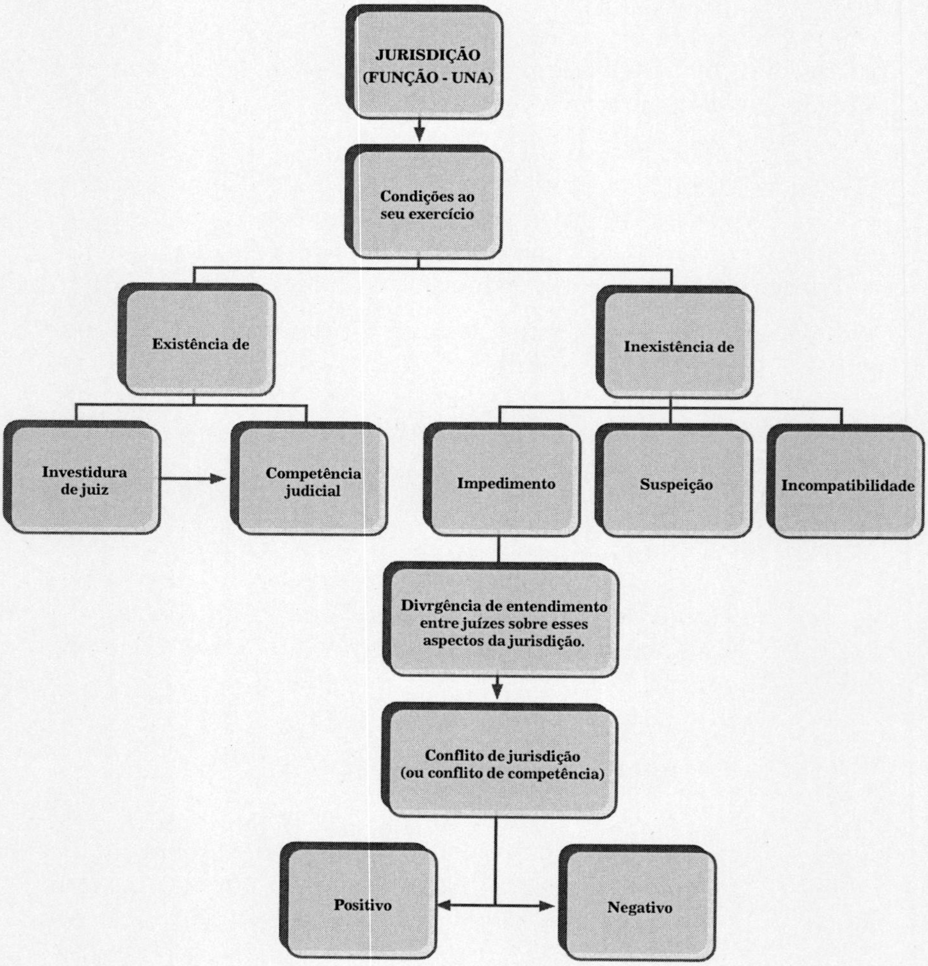

CONFLITO DE ATRIBUIÇÕES ENTRE ÓRGÃOS DO MP

- Entre órgãos do MP estadual → Resolvido pelo PGJ
- Entre órgãos do mesmo MP eleitoral → PRE → (Resolvido pelo Procurador da República na função de Procurador Regional Eleitoral)
- Entre órgãos do MPF → PGR
- Entre órgão do MPE e do MPF → PGR
- Entre órgãos do MP de Estados Deferentes → PGE
- Entre órgãos do MP eleitoral de diferentes Estados → Procurador Geral Eleitoral (o PGE é o PGR no exercício da função ministerial eleitoral).

CAPÍTULO 33

PRAZOS

33.1 Conceito

Prazo é o intervalo prospectivo, em medida de tempo, entre dois termos:

(1) termo inicial (*dies a quo*): marco a partir do qual é contado o lapso temporal, consoante a unidade escolhida pelo legislador (art. 798, § 1º, CPP);

(2) termo final (*dies ad quem*): momento de encerramento da contagem do intervalo gizado em lei (art. 798, § 2º, CPP).

O início do cômputo do prazo é denominado de **fluência** prazal. Antes dela, haverá somente sua **abertura**, mas não sua contagem. Esses vocábulos são úteis para a determinação da preclusão, trânsito em julgado, prescrição e decadência. Também guardam relevância para a outorga de tratamento paritário entre sujeitos processuais.

Hélio Tornaghi explica que "prazo é o lapso de tempo dentro do qual é ordenada, proibida ou facultada a prática de um ato". Os prazos comportam divisão:

(1) **prazo legal** (quando a ordem, proibição ou permissão está na lei), **convencional** (se as partes ajustam lapso) e **judicial** (nos casos em que a legislação deixa ao juiz a marcação do prazo, a exemplo dos arts. 93, § 1º, 116, § 4º e 222, *caput*, do CPP). Note-se que, a rigor, não teria lugar, no processo penal, a fixação de prazo pelo acordo das partes.[1030] No entanto, formas consensuais de modificação prazal, pela vontade das partes homologada judicialmente, têm sido admitidas;[1031]

(2) **prazo peremptório** (aquele que a lei prescreve a prática de um ato em lapso definido), **dilatório** (durante o qual a lei proíbe a prática de ato processual) e **ordenatório** (o que a lei faculta praticar um ato em um dado lapso). É de ver, porém, que os vocábulos peremptório e dilatório podem ser usados com conteúdos semânticos diversos, como o faz o art. 798, do CPP. Hélio Tornaghi pondera que "a expressão 'peremptório' está aí empregada no sentido de fatal, isto é, que se vence necessariamente, sem remissão, sem prorrogação, sem dispensa".[1032]

33.2 Continuidade dos prazos

Os prazos processuais penais fluem ininterruptamente. De acordo com o *caput*, do art. 798, "todos os prazos correrão em cartório e serão contínuos e peremptórios, não se interrompendo por férias, domingo ou dia feriado". Na contagem de prazos em processos com conteúdo penal, a contagem é em dias

1030. TORNAGHI, Hélio. *Compêndio de processo penal*: tomo II. Rio de Janeiro: José Konfino, 1967. p.587-589.

1031. STJ – Sexta Turma – HC 703.912/RS – Rel. Min. Rogerio Schietti Cruz – DJe 30 nov. 2021.

1032. TORNAGHI, Hélio. *Compêndio de processo penal*: tomo II. Rio de Janeiro: José Konfino, 1967. p.587-589.

corridos. Não se aplica o CPC, considerando a regra do art. 3º do CPP, e a existência de disciplina processual penal específica.

A exceção ao fluxo contínuo dos lapsos processuais fica restrita à previsão contida no art. 798-A, *caput* e parágrafo único, do CPP. Esse dispositivo preconiza a suspensão do curso dos prazos nos dias compreendidos entre 20 de dezembro e 20 de janeiro de cada ano, com vedação à realização de audiências e de sessões de julgamento. O enunciado não se aplica aos processos com réu preso, aos procedimentos regidos pela Lei nº 11.340/2006 (Lei Maria da Penha) e aos casos de medidas consideradas urgentes por decisão judicial fundamentada.

33.3 Forma de contagem dos prazos

A contagem não inclui o dia do início, como no Código Penal (art. 10). A teor do § 1º, do art. 798, cuidando-se de prazo processual, "não se computará no prazo o dia do começo, incluindo-se, porém, o do vencimento".

33.4 Documentação e prorrogação dos prazos

A finalização dos prazos será certificada nos autos pelo diretor de secretaria ou escrivão. No entanto, será considerado findo o prazo, ainda que omitida aquela formalidade, se feita a prova do dia em que começou a correr. Por outro lado, se o lapso se encerrar em domingo ou feriado deverá ser considerado prorrogado até o dia útil imediato. Exigem-se dois requisitos: ciência do ato e dia forense para ser considerada perfeita a intimação.

33.5 Suspensão do curso dos prazos

Os prazos não correrão quando houver impedimento do juiz, força maior, ou obstáculo judicial oposto pela parte contrária. Os termos usados pelo legislador são abertos. Daí que problemas no sistema digital podem ensejar a suspensão prazal.

33.6 Termo inicial

Em consonância com o § 5º, o art. 798, do CPP, os prazos correrão: (1) da intimação; (2) da audiência ou sessão em que for proferida a decisão, se a ela estiver presente a parte; (3) do dia em que a parte manifestar nos autos ciência inequívoca da sentença ou despacho. O conceito de termo inicial de abertura do prazo (*dies ad quo*) não se confunde com sua fluência (contagem), que é feita excluindo o dia do começo (no primeiro dia útil seguinte à abertura) e incluindo o dia do final (*dies ad quem*).

33.7 Prazos para o exercício da acusação e da defesa

A falta de obediência à fórmula do ato processual ou ao termo prazal aventada na parte final da alínea "e", do inciso III, do art. 564, do CPP, é hipótese de nulidade absoluta. Cuida-se do defeito relativamente aos "prazos concedidos à acusação e à defesa", expressão do contraditório e da ampla defesa.

Para ser submetido ao regime de controle das nulidades absolutas, o ato objeto de comunicação processual deve ser essencial à defesa ou à acusação. Dessa sorte, os prazos que devem ser concedidos para que seja efetivado o princípio constitucional que assegura um procedimento participativo, bilateral, não podem ser objeto de mitigação, salvo se a supressão implicar maior eficácia à garantia fundamental, em favor do imputado.

De todo modo, haverá **nulidade absoluta**, em face da incidência imperfeita da norma de regência. O que pode ser objeto de desvio é a qualidade da norma jurídica secundária que, como regra, deve ser a de **invalidação**. Porém, a depender do aspecto pragmático de utilidade à efetividade de direito fundamental, poderá ser cabível **convalidação**.

Para exemplificar, a não concessão de prazo ao réu para apresentar resposta preliminar à acusação ou alegações finais é justificada quando seguida de sentença absolutória (arts. 386; 397, CPP) ou de prescrição da pretensão punitiva (art.

61, CPP; art. 107, IV, CP). A antecipação desses atos acaba por otimizar a irradiação dos efeitos do núcleo constitucional do direito processual penal.

O art. 572 do CPP institui disposição tendente a evitar a consequencialidade de invalidação da omissão ou do ato que violou a forma da concessão de prazos à defesa ou à acusação. Segundo aviva, a nulidade do art. 564, inciso III, alínea "e", segunda parte, será considerada sanada quando não for arguida em tempo oportuno (**princípio da preclusão**), quando tiver atingido seu fim, embora praticado de outra forma (**princípio da finalidade**) ou quando a parte tiver aceito seus efeitos, ainda que tacitamente (**princípio da anuência**).

Aquele dispositivo representa traço de **variabilidade** aplicada à norma jurídica secundária, implicada. O art. 572 do CPP é regra de calibragem. Tercio Sampaio Ferraz Jr explica que essa regulagem é um enunciado que admite possibilidades de desvios em nível da relação comunicativa. Nesse âmbito, a **imperatividade** é o fenômeno de estabilização da definição dos aspectos-cometimento das normas envolvidas: "uma norma é vinculante no sentido de que estão reguladas as variações de sua possibilidade de imposição dentro de um âmbito determinado".[1033]

Os princípios citados no art. 572 do CPP, só devem ser aplicados se a interpretação, no nível do aspecto-cometimento da norma, não equivaler à diminuição de eficácia dos direitos do contraditório e da ampla defesa.

Caso contrário, será necessário realizar controle de constitucionalidade da incidência do desvio de consequência pretendido pela supradita regra de calibração, não se admitindo menoscabo às garantias fundamentais processuais penais endereçadas à proteção da liberdade do imputado.

A aferição da essencialidade da concessão de prazos é de ser procedida pelo cotejo com o ato exarado ou que deveria

1033. FERRAZ JR., Tercio Sampaio. *Teoria da norma jurídica*: ensaio de pragmática da comunicação normativa. 4. ed. Rio de Janeiro: Forense, 2009. p.133.

ser realizado. Se o ato previsto no lapso outorgado por lei for **essencial** ao direito de defesa, a sua falta importará **nulidade absoluta**, para se seguir com a providência também normativa de invalidação ou de saneamento.

Porém, se o ato objeto de intimação e de concessão de prazos é **acidental**, a mitigação do direito de concessão de prazo é defeito que recai sobre elemento acidental, classificando-se como **nulidade relativa**.

Veja-se como exemplo a falta de intimação do acusado ausente (citado por edital) acerca da sentença absolutória ou extintiva de punibilidade, contra a qual não se insurgiu o Ministério Público. A providência consequente, neste último caso, será de **invalidação** da certidão de trânsito em julgado, notadamente se presente prejuízo à eficácia de direito fundamental, observado o art. 572, do CPP. Não se verificando redução de eficácia a direito do imputado, a norma jurídica implicada deverá ser de **convalidação**.

33.8 Excesso de prazo para apresentação de petições que constituem atos ou elementos essenciais

No direito processual penal, o excesso de prazo, pela defesa, para apresentar petições como as razões do recurso em sentido estrito (art. 588, *caput*, CPP) ou a resposta preliminar à acusação (art. 396-A), deve ser classificado como irregularidade. São peças essenciais à ampla defesa, de imprescindível apresentação.

O próprio CPP prevê, no caso de falta de resposta preliminar à acusação, que o juiz ordene a intimação do réu para constituir novo defensor ou, na falta ou na inércia do acusado, que lhe seja dado defensor dativo ou intimada a defensoria pública (art. 396-A, § 2º, CPP).

Quanto ao recurso, a petição impugnativa deve ser interposta impreterivelmente no prazo assinalado por lei (arts. 577; 588; 589; 600; 601, CPP). No entanto, na hipótese de extrapolação do lapso de apresentação de razões ou de contrarrazões recursais, estas não devem ser desentranhadas dos autos. A sua manutenção atende ao princípio constitucional da defesa ampla e do contraditório (art. 5º, LV, CF). Assim deve ser para cumprir o **princípio da motivação dos recursos**.

Por outro lado, também as razões do Ministério Público apresentadas fora do tempo legal não devem ser desentranhadas, afinal, não pode o *Parquet* desistir do recurso interposto (**princípio da indesistibilidade** – arts. 42; 576, CPP), não sendo lícita a perpetuação da omissão em apresentá-las.

A extemporaneidade das razões ou das contrarrazões recursais é irregularidade, devendo se seguir, normativamente, a convalidação, descrita nos autos, de acordo com a estrutura representativa do fenômeno nulificador.

Se o recurso, contudo, for julgado sem a fundamentação que deve estar consignada nas suas razões, haverá **nulidade absoluta**, haja vista que: (1) sendo impugnação ministerial, implicaria desistência indevida do recurso; (2) tratando-se do recurso do réu, prejudicada restaria o direito à ampla defesa.

33.9 Aplicação a caso concreto

O STJ tem asseverado que, "em ações que tratam de matéria penal ou processual penal, não incidem as novas regras do Código de Processo Civil – CPC" (art. 219, da Lei 13.105/2015). Isso porque existe "norma específica a regular a contagem do prazo (art. 798 do CPP), uma vez que o CPC é aplicado somente de forma suplementar ao processo penal".[1034]

33.10 Conclusão e próximo capítulo

Os prazos processuais penais têm disciplina específica. Mesmo ações e recursos regidos por lei processual, se tiverem

1034. STJ – Quinta Turma – AgRg no AREsp 1673521/RJ – Rel. Min. Reynaldo Soares da Fonseca – DJe 13 ago. 2020.

conteúdo penal, serão contados na forma do CPP (art. 798). No próximo capítulo, a análise recairá sobre os fundamentos teóricos dos espaços consensuais no processo penal, com ênfase em instrumentos como o acordo de não persecução penal (ANPP) e a colaboração premiada.

Quadro 33. Conceito

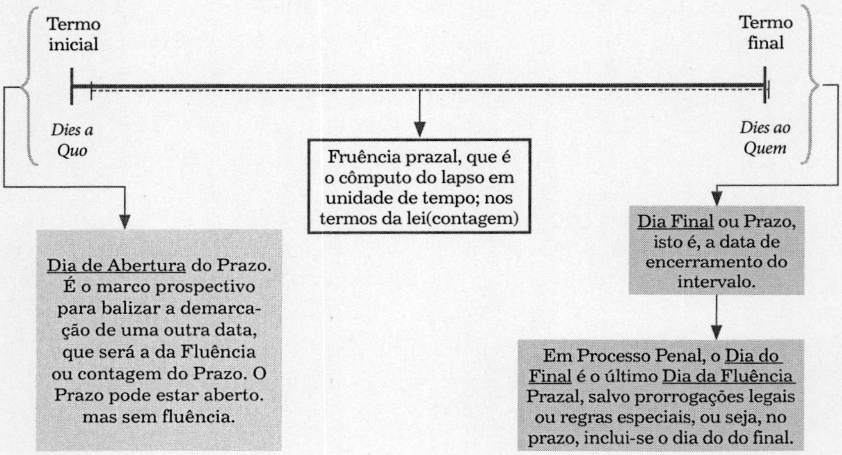

CAPÍTULO 34

CONSENSO NO PROCESSO PENAL

34.1 Expansão dos espaços consensuais

É questionável, sob o olhar constitucional, a inserção de instrumentos de natureza semântica de suspensão pactuada de garantias fundamentais. Decerto, os direitos individuais fundamentais são prescrições indisponíveis.

Os quadros de consenso têm, no encontro de vontades, o seu eixo comum. No entanto, há diferenças de sentido, estrutura e função de cada instituto, com relevo para o momento (tempo) e o espaço (lugar) de celebração.

34.2 Relação entre consenso e verdade

Os meios processuais consensuais se assemelham, parcialmente, à barganha, notadamente quando colocam em jogo a possibilidade do imputado reconhecer culpa.

Nesse passo, o sistema parece oscilar entre:

(1) a busca da verdade real (art. 566, CPP), da qual deriva o risco de degeneração de se conduzir o procedimento sem o respeito ao devido processo legal;

(2) a desistência de se certificar a verdade, com a confissão do imputado e celebração de consenso entre os interessados, retrocedendo ao período que se situava esse meio de prova no patamar de confiabilidade absoluta.

Julio Fabbrini Mirabete lembra, a propósito, que "a confissão era considerada pelos antigos como a prova por excelência": *probatio probatissima* ou "rainha das provas". Atualmente, porém, diante dos limites do direito positivo, "não desfruta de tanto prestígio", nem tem valor decisivo.[1035]

Vale realçar que a resposta penal mediante negócio jurídico processual reduz a eficácia do devido processo legal e, em certa medida, minimiza o valor da verdade.

Atento a essa questão, Diogo Nolasco Pereira anota que os mecanismos negociais, "embora se apresentem como uma alternativa aos problemas do sistema de justiça penal", findam por contrariar "premissas tradicionais que forjaram a ciência do direito processual penal", sobretudo quando tais instrumentos violam "o contraditório, a ampla defesa, a presunção de inocência e o devido processo legal".[1036]

A justa medida seria, sem desistir da verdade, justificá-la com esteio em critério formal rigoroso, para dar-lhe racionalidade. Os instrumentos consensuais conferem valor indevido à confissão, proscrita, desde o medievo, enquanto rainha das provas. No sistema processual do CPP, inclusive, ela não tem valor, isoladamente, para justificar uma condenação (arts. 158; 186, parágrafo único; 197; 198, CPP).

34.3 Composição dos danos cíveis

Regrada pelo art. 74, da Lei nº 9.099/1995, a composição dos danos civis é consenso capaz de ser obtido na audiência de

1035. MIRABETE, Julio Fabbrini. *Processo penal*. 14. ed. São Paulo: Atlas, 2003. p.288.

1036. PEREIRA, Diogo Abineder Ferreira Nolasco. *Justiça penal negociada*: uma análise do princípio da obrigatoriedade da ação penal pública. Rio de Janeiro: Lumen Juris, 2019. p.6.

conciliação que antecede o início do procedimento sumaríssimo, no âmbito dos juizados especiais criminais. Se firmada e homologada pelo juiz, a sentença, irrecorrível, terá eficácia de título executivo. Além do efeito civil, tem o condão de operar a extinção da punibilidade (por **renúncia ao direito** de queixa ou de representação) nos casos de ação penal de iniciativa privada ou de ação penal pública condicionada à representação.

34.4 Transação Penal

Consiste no **dever-poder** do Ministério Público de propor a aplicação imediata de pena restritiva de direitos ou multas, a ser especificada na proposta. Havendo aceitação pelo autor do fato, segue-se a homologação e submissão ao estipulado (art. 76, Lei nº 9.099/1995). Nos termos do enunciado sumular vinculante nº 35, do STF, a homologação da transação penal não produz coisa julgada material e, desatendidas suas cláusulas, retoma-se ao *status quo ante*, "possibilitando-se ao Ministério Público a continuidade da persecução penal mediante oferecimento de denúncia ou requisição de inquérito policial".

A transação penal é o único meio consensual criminal que tem sede na Lei Maior (art. 98, I, CF). Vem a calhar, a propósito, o que pontua Geraldo Prado, quando aviva a "tese da impossibilidade de se renunciar ao exercício de direitos fundamentais, em vista de um conflito instaurado entre o particular e o Estado" (vedação a compelir alguém à autoincriminação – *nemo tenetur se detegere*). O jurista distingue que é a própria Constituição que mitiga aquela garantia, porém **restritamente à transação penal** (art. 98. CF), "em consideração à autodeterminação do acusado", bem como em face de eventual vantagem "que possa concretamente auferir se transacionar."[1037]

1037. PRADO, Geraldo. *Sistema acusatório*: a conformidade constitucional das leis processuais penais. 4. ed. Rio de Janeiro: Lumen Juris, 2006. p.219.

34.5 Acordo de não persecução penal (ANPP)

O acordo de não persecução penal (art. 28-A, CPP) retrata instituto similar à transação penal, com pacto para não oferecimento de denúncia. Na linha do que se disse acima, soa incompatível com a ordem jurídica de tutela de garantias (art. 5º, CF), a introdução de mecanismos consensuais, como do denominado, inapropriadamente, de acordo de não persecução penal (art. 28-A, CPP).

Isso porque:

(1) implica **suspensão pactuada de garantias,**[1038] eis que sobre esses direitos não seria cabível disponibilidade comparável a um negócio jurídico particular;

(2) exorbita os limites permitidos, excepcionalmente, para transação penal, admissível restritamente às infrações penais de menor potencial ofensivo, a teor do art. 98 da Constituição.

Entrementes, o instituto vem sendo aplicado, sem notícia de controle de constitucionalidade. Cuida-se de meio para aplicação antecipada de penas restritivas de direito, desde que a **pena mínima** de privação de liberdade, cominada abstratamente à infração penal, seja **inferior a quatro anos**. O CPP especifica, no § 2º, do seu art. 28-A, os casos que não comportam aplicação do acordo de não persecução penal.

Na sua pendência, ou seja, enquanto não cumprido o ajuste de não propositura de denúncia, não correrá a prescrição (art. 116, IV, CP). Essa previsão vai na contramão do **princípio da razoável duração do processo** (art. 5º LXXVIII, CF), que visa a tutelar o direito do réu a um processo justo, no tempo devido.

Os prazos prescricionais do art. 109, do Código Penal, já representam tempo relevante à resposta penal. Acrescentar

1038. PRADO, Geraldo. Transação penal. 2. ed. Rio de Janeiro: Lumen Juris, 2006. p.68 et seq.

mais aquele tempo em que a prescrição não deve fluir, implica mais dilatação da persecução penal estatal, incrementando providências que ampliam constrangimento sobre o imputado.

Desde a perspectiva de que o acordo de não persecução penal é antecipação punitiva baseada em confissão extraída condicionalmente, a introdução do instrumento é indicativa de lei mais gravosa (*lex gravior*), com conteúdo penal (lei híbrida). **Irretroativa**, portanto (art. 5º, XL, CF; art. 2º, CP).

É possível, contudo, entendimento contrário, para considerá-lo *lex mitior*. A questão é de ponto de vista.

Como se cuida de limitação antecipada de direitos fundamentais, com redução do valor jurídico do devido processo legal e da verdade, a proposta de pena mais branda (**descarcerização**) pode sugerir ser hipótese de lei mais favorável ao imputado.

É o que pondera Vinícius Gomes Vasconcelos, aduzindo, de uma vertente, que "não se pode admitir que decisões importantes como o oferecimento ou não de uma denúncia ou de um acordo sejam relegadas a critérios subjetivos, imprevisíveis e incontroláveis"; e, de outra, que "a partir do momento que os mecanismos de simplificação e aceleração procedimental são estruturados como acordos entre as partes, não há como superar a sua caracterização como negócios jurídicos que dependem da vontade das partes, não substituíveis pelo judiciário".[1039]

Sem embargo, cumpre frisar que é plausível entender que a confissão haurida por intermédio desse instrumento (ANPP) não deve ter valor estranho aos seus lindes. Por exemplo, o resultado confessional obtido não deve ser usado se a homologação do acordo for declarada ineficaz por não ter sido exitosa a colaboração. Vale dizer, não deve ser manejado para fins diversos e, caso tornado sem efeito o negócio jurídico, a confissão restará descalçada de valor jurídico (art. 28-A, § 10, CPP).

1039. VASCONCELOS, Vinícius Gomes de. *Acordo de não persecução penal*. São Paulo: RT, 2022. p.44-45.

34.6 Suspensão condicional do processo

A suspensão condicional do processo (*sursis* processual) está disposta no art. 89, Lei 9.099/1995, sendo cabível, regra geral, nos casos de crimes com pena mínima igual ou inferior a um ano. Consiste em proposta do Ministério Público que é submetida à anuência do imputado, com fixação das condições legais de cumprimento pelo juiz. Tem lugar após o recebimento da denúncia e é expressão do princípio da obrigatoriedade da ação penal. Aceita a proposta mediante as condições estipuladas, segue-se à homologação judicial e fiscalização do cumprimento. A aceitação do *sursis* processual não prejudica análise de pedido de trancamento do processo (Súmula 667, STJ). Após o término do prazo sem causa de revogação, estará extinta a punibilidade.

34.7 Colaboração premiada

Conhecida como delação premiada, tem sido objeto de crítica doutrinária, não obstante os resultados alcançados. Calha a advertência de Allan Jones, Luciano Nascimento e Andrey Silva, sob ótica funcional e sistemática, "a possibilidade de delação mediante benesse cria uma desagregação da solidariedade interna em face da expectativa de ter a pena reduzida".[1040]

34.7.1 Terminologia e estrutura

A colaboração premiada é meio consensual complexo, compreendido como aquele que reúne a combinação de elementos conceituais de outros institutos jurídicos, notadamente a confissão, a delação, enlaçadas a efeito jurídico premial.

34.7.1.1 Colaboração e delação

Os conteúdos semânticos dos vocábulos colaboração e delação podem ser distintos, consoante o sentido que lhes dê o ordenamento jurídico de referência.

1040. SILVA, Allan Jones Andreza; SILVA, Luciano Nascimento; SILVA, Andrey Jonas Andreza. O instituto da delação premiada no combate as organizações criminosas. *Revista do Direito Público*, Londrina, v. 13, n. 1, p. 141-142, abr. 2018.

O vocábulo colaboração é o adotado no direito positivo brasileiro, apesar de tal termo não ser o mais preciso para expressar o que se pretende. Isso porque enquanto a **colaboração** teria semântica mais ampla, admitindo que alguém que não seja coautor do delito aponte os verdadeiros responsáveis, tal qual uma testemunha o faz, a **delação** exige que o colaborador seja coautor do crime.

Em suma, quem juridicamente coopera deve, previamente, estar sendo apontado como autor da infração penal apurada. Considerada a distinção, as disposições da Lei nº 12.850/2013 sufragariam, a rigor, **delação premiada**, embora a expressão positivada seja **colaboração premiada**.

A **sanção premial** é a consequência jurídica prevista em lei, atrelada a casos de cooperação, e que, na hipótese de acordo de colaboração premiada, deve ser descrita em cláusula do negócio processual. Consiste na introdução de previsão modificativa da pena ou do regime de seu cumprimento, nos exatos termos do CP e da LEP. Por exemplo, a eficácia da colaboração do imputado pode autorizar o juiz a reduzir a pena, de um a dois terços.

34.7.1.2 Delação e confissão

Delação pressupõe confissão. O termo de cooperação premiada é elemento de informação que se submete, em sua primeira parte, às regras da **confissão**. Decerto, a delação deve consistir:

(1) na confissão, enquanto conduta do confitente em admitir, contra si mesmo, a autoria de fato definido como delito (prova pronunciada contra si próprio); e

(2) no chamamento de corréu ou coautor de delito (delação de coimputado).

O delator atribui a si mesmo a prática do delito, tal qual um testemunho duplamente qualificado, eis que, de um lado, é autêntico quanto ao fato de ser prestado por um dos protagonistas da infração penal e, de outro, é realizado em desfavor do próprio confitente.

A delação deve apresentar seus requisitos necessários à sua juridicidade. São seus pressupostos aqueles atinentes: (1) ao **componente volitivo livre**; e (2) à **forma** estatuída pelo ordenamento jurídico. Daí que a delação deve ser dotada de: (1) **espontaneidade**; ou (2) **voluntariedade**.

Cabe gizar, a delação não pode ser tomada em situação de fragilidade psicológica do imputado, eis que deve ser isenta de coações. Além desse aspecto central, outros requisitos são necessários à perfeição do ato, quanto à narrativa: (1) a **verossimilhança**; (2) a **clareza**; (3) a **coincidência**; e (4) a **persistência**.

34.7.2 Classificação

O critério unitário de classificação da colaboração premiada é a natureza da fonte jurígena permissiva da aplicação de efeito jurídico mais benéfico ao delator, condicionada ao grau e à eficácia da colaboração. Destarte, quanto à fonte da incidência da sanção premial, duas modalidades de colaboração são encontradas no direito positivo:

(1) colaboração premiada unilateral, cujas consequências jurídicas decorrem diretamente de norma jurídica positivada em lei, face à suficiência de sua incidência, sem qualquer intermediação de negócio jurídico. Exemplos não faltam no ordenamento jurídico brasileiro (art. 25, § 2º, Lei nº 7.492/1986; art. 8º, parágrafo único, Lei nº 8.072/1990; art. 1º, § 5º, da Lei nº 9.613/1998, arts. 13; 14; Lei nº 9.807/1999; art. 41, Lei nº 11.343/2006);

(2) colaboração premiada bilateral, que se caracteriza pela previsão legal de que possa ser firmado acordo entre os legitimados para, depois de atendido o parâmetro de eficácia do ajuste, autorizar o juiz a fazer

incidir minorantes e outros benefícios que estejam estritamente prescritos na legislação. Por exemplo, o acordo de leniência nos crimes de prática de cartel, ao menos de forma assimilada (art. 87, Lei nº 12.529/2011); e o acordo de colaboração premiada nos casos de criminalidade organizada (art. 4º, Lei nº 12.850/2013).

34.7.3 Colaboração premiada nos crimes imputados a organização criminosa

Dentre os vários diplomas legislativos que dispõem sobre a denominada colaboração premiada, a Lei nº 12.850/2013 é a que tem regulamentação mais detalhada. Constam elementos que devem compor o antecedente normativo, bem como as consequências admissíveis que devem incidir como reação à atipia.

A definição de organização criminosa (juízo antecedente) é questão prévia à incidência das demais disposições daquele diploma normativo (juízo consequente). Vale dizer, sem a evidência de que a conduta delituosa tenha relação com agentes cientes dos propósitos de uma organização criminosa, não se deve aplicar a Lei de Controle do Crime Organizado.

Em trabalho pioneiro sobre o tema, bem anterior à inserção do conceito de organizações criminosas no ordenamento jurídico pelo § 1º, do art. 1º, da Lei nº 12.850/2013, Gamil Föppel El Hireche advertiu sobre a dificuldade de sua definição. Em sua abordagem criminológica, o jurista expôs a fragilidade do assunto, notadamente para reunir os aspectos orientadores da composição de seu conceito.[1041]

Em análise à referida obra, Juarez Cirino dos Santos pontificou o seu mérito de "descrever a fenomenologia da lesão

---

1041. EL HIRECHE, Gamil Föppel. *Análise criminológica das organizações criminosas*: da inexistência à impossibilidade de conceituação e suas repercussões no ordenamento jurídico pátrio: manifestação do direito penal do inimigo. Rio de Janeiro: Lumen Juris, 2005. p.145.

dos princípios democráticos do direito penal pelo feixe de institutos repressivos originários do discurso do crime organizado". O prefácio do penalista permanece com valor atual, diante da percepção da subsistência de regras semelhantes na lei ora vigente, com ideologia que consiste em **violação**:

(1) ao "sistema acusatório pela figura do juiz inquisidor";

(2) aos "fundamentos éticos do Estado pela delação premiada";

(3) ao postulado da inocência;

(4) ao "princípio da validade da prova processual, pela admissão de prova nula por flagrante preparado, no caso de agente infiltrado"; e

(5) ao princípio da humanidade da pena, no contexto do regime disciplinar diferenciado (RDD).[1042]

O conceito de organização criminosa está positivado no § 1º, do art. 1º, da Lei nº 12.850/2013. Seus elementos devem estar presentes, enquanto **propriedades seletoras de uma realidade empírica**. Cuida-se de condicionante, enquanto programa autorizativo da imponibilidade das disposições sobre colaboração premiada bilateral, bem como das técnicas especiais de investigação que estejam disciplinadas **exclusivamente** naquele diploma legal.

Nessa toada, somente existirá, juridicamente, organização criminosa quando se constatar:

(1) associação de quatro ou mais pessoas;

(2) estruturação ordenada e caracterizada pela divisão de tarefas, ainda que informalmente;

1042. SANTOS, Juarez Cirino dos. Prefácio. In: EL HIRECHE, Gamil Föppel. *Análise criminológica das organizações criminosas*: da inexistência à impossibilidade de conceituação e suas repercussões no ordenamento jurídico pátrio: manifestação do direito penal do inimigo. Rio de Janeiro: Lumen Juris, 2005. p.XXVII.

(3) objetivo de obter, direta ou indiretamente, vantagem de qualquer natureza;

(4) prática de infrações penais cujas penas máximas sejam superiores a quatro anos, ou que sejam de caráter transnacional.

Desatendida uma dessas notas que devem compor o seu conceito, mormente pela inexistência ou insuficiência de base fática e probatória, não se deve aplicar a Lei de Controle da Criminalidade Organizada. Trata-se de limite dogmático de redução de danos, diante da duvidosa compatibilidade do instituto à luz das garantias fundamentais.

Nessa linha de percepção, Gamil Föppel El Hireche pondera que existem dois discursos, sendo "um oficial, que se refere à proteção de bens jurídicos" e, outro, "sub-reptício, escamoteado, ardiloso, que se refere, essencialmente, ao combate de certas classes sociais". Nas suas palavras, "o sensacionalismo, por parte de certos veículos de imprensa, cumpre um papel de importante engrenagem nestas relações", com forte teor simbólico. Consiste em "discurso do risco e da emergência", com a criação de figuras como os "do grampo ambiental, do agente infiltrado, do juiz inquisidor, da delação premiada", dentre outras "exceções ao processo penal tradicional".[1043]

Importante destacar que o impropriamente chamado **acordo de não persecução penal** do § 4º, do art. 4º, da Lei nº 12.850/2013 (não do art. 28-A, CPP!), é enquadrado como espécie de colaboração premiada para não oferecimento de denúncia, conforme condições e requisitos estipulados na forma legal, pelo que deve conduzir, se aceito, ao arquivamento do inquérito policial, sob o controle descrito no art. 28, *caput* e § 1º, CPP).[1044]

1043. EL HIRECHE, Gamil Föppel. *Análise criminológica das organizações criminosas*: da inexistência à impossibilidade de conceituação e suas repercussões no ordenamento jurídico pátrio: manifestação do direito penal do inimigo. Rio de Janeiro: Lumen Juris, 2005. p.145-146.

1044. STF – Pleno – ADI 6298/DF – Rel. Min. Luiz Fux – 24 ago. 2023.

34.7.4 Controle do acordo de colaboração premiada

As balizas dogmáticas são parâmetros de controle da delação premiada. A perfeição do ato de delação premiada está subordinada à incidência suficiente das normas jurídicas sobre confissão. Havendo atipia processual, o diagnóstico de sua espécie e sua extensão indicarão se o termo de delação premiada estará eivado de nulidade absoluta ou relativa, que poderá ser:

(1) **total** (de todo o negócio processual penal); ou

(2) **parcial** (de cláusulas em descompasso com o direito positivo).

A regra é a de que os vícios nessa seara sejam classificados como nulidade absoluta, em razão da natureza essencial do elemento afetado (garantia fundamental). No entanto, não é impossível caso de inexistência jurídica, a exemplo de delação tomada sob tortura física, com a subtração da própria conduta de confessar.

Caso seja essa a hipótese, o vício maculará todo o termo de delação premiada, implicando a invalidação total do ato jurídico processual. Deveras, a maior gravidade do defeito, capitulado como inexistência jurídica, decorre da supressão da volição espontânea, haja vista ter sido o delator submetido à coação física irresistível.

Por outro lado, tratando-se de vício que recaia sobre cláusula não prevista em lei (a exemplo da previsão de renúncia a prazo recursal por parte do delator – art. 4º, § 7º-B, Lei nº 13.964/2019), deve haver nulidade parcial do termo, com a invalidação da cláusula atípica. As consequências jurídicas passíveis de previsão no termo de delação premiada devem estar sufragadas na legislação de regência.

A Lei nº 12.850/2013 detalha os critérios de controle do acordo de colaboração premiada. Depois da remessa ao juiz, os seguintes **aspectos factuais** (antecedente) devem ser objeto de sua análise:

(1) o termo de colaboração (exame das cláusulas e de sua conformidade com o direito positivo);

(2) as declarações do colaborador (aferição dos critérios para a avaliação da perfectibilidade da confissão);

(3) cópia da investigação (inclusive do procedimento de colaboração, tratativas, registros audiovisuais, documentos e ata de instrução extrajudicial – arts. 3º-B, § 4º; 3º-C, Lei nº 12.850/2013).

Além desses elementos prévios, o juiz deve ouvir sigilosamente o colaborador, acompanhado de seu defensor. Nessa oportunidade, o § 7º, do art. 4º, da Lei nº 12.850/2013, prossegue enfatizando os **aspectos racionais** que devem compor o consequente. Todos os elementos ali previstos devem estar reunidos, para que seja possível decisão de homologação. Com essa cautela, o juiz formará cognição sobre os seguintes elementos:

(1) **regularidade** e **legalidade** do negócio jurídico;

(2) **adequação** dos benefícios pactuados ao ordenamento jurídico, sendo eivadas de nulidade absoluta, por exemplo, cláusulas que violem disposições sobre cumprimento de pena (art. 110, LEP; art. 33, CP) ;

(3) **correção** dos resultados descritos no termo de colaboração aos parâmetros mínimos daquele diploma legal, observado critério de **proporcionalidade**;

(4) **voluntariedade** da manifestação de vontade, especialmente nos casos em que o colaborador está ou esteve sob efeito de medidas cautelares.

34.8 Aplicação a caso concreto

O STJ examinou o alcance do § 1º, do art. 28-A, do CPP. Para fins de admissão de acordo de não persecução penal, a Corte superior vincou que:

(1) a aferição da pena mínima cominada ao delito a que se refere o *caput* do art. 28-A, do CPP, deve incluir as causas de aumento e diminuição aplicáveis ao caso concreto;

(2) as causas especiais de aumento e de diminuição consideradas, para fins de aplicação do acordo de não persecução penal (ANPP), devem estar suficientemente descritas;

(3) os elementos dos itens anteriores não foram constatados na época própria, pelo que se concluiu pela impossibilidade, no cálculo da pena mínima cominada ao crime imputado ao acusado, de "causa de diminuição reconhecida apenas quando do julgamento do recurso especial";

(4) tratando-se de delito de tráfico de drogas, necessário o prosseguimento do processo penal para aferição dos requisitos previstos no art. 33, § 4º, da Lei nº 11.343/2006, "o que obsta a aplicação do benefício";

(5) são incompatíveis com o propósito do instituto do acordo de não persecução penal, a denúncia recebida e o encerramento da prestação jurisdicional na instância ordinária, com a condenação do acusado, cuja causa de diminuição do art. 33, § 4º, da Lei de Drogas, fora reconhecida somente no STJ, com a manutenção da condenação.[1045]

Ney Bello e Ludmila Carvalho Bello pontuam que a leitura da jurisprudência do STJ aponta que a negativa de tratamento mais brando previsto no art. 33, § 4º, Lei nº 11.343/2006, ocorre quando o juiz presume traficância de alto potencial.[1046]

1045. STJ – Quinta Turma – EDcl no AgRg no AgRg no AREsp 1635787/SP – Rel. Min. Reynaldo Soares da Fonseca – DJe 13 ago. 2020.

1046. BELLO FILHO, Ney de Barros; BELLO, Ludimila Carvalho Gaspar de Barros. O delito de tráfico de entorpecentes na jurisprudência do STJ: análise da compreensão dogmática do artigo 33 da Lei nº 11.343/06. In: *Direitos humanos e*

No julgado acima descrito, a negativa de ANPP ficou subordinada a uma espécie de condição resolutiva, consistente no prosseguimento do processo para se aquilatar, no plano probatório, a incidência do privilégio, enquanto causa de redução de pena.

Todavia, duas inconsistências podem ser apontadas no julgado:

(1) nem toda causa de diminuição de pena deve constar da denúncia. Tratando-se de crime tentado (art. 14, II, CP), a descrição incompleta do *iter criminis* deve fazer parte da acusação. No entanto, cláusulas de privilégio, enquanto teses da defesa, não são essenciais à petição acusatória, embora se classifiquem como causas especiais de diminuição de pena;

(2) o ANPP denota não oferecimento de denúncia, pelo que deveria ficar restrito a esse aspecto temporal. A extensão do acordo de não persecução penal não deve se espraiar para momento subsequente à ignição do processo penal.

34.9 Conclusão e próximo capítulo

Os espaços consensuais têm sido objeto de ampliação no processo penal. O fenômeno tende a ser justificado pelo incremento de processos e pela dificuldade de se outorgar, a todos indistintamente, um processo penal com todas as garantias fundamentais.

No entanto, o consenso pressupõe acordos que colidem com a natureza indisponível dos mesmos direitos fundamentais. No capítulo a seguir, as decisões judiciais serão objeto de análise, considerando sua localização no ápice da jurisdição e como meio de operacionalização do sistema de controle dos atos processuais penais.

---

execução penal: estudos em homenagem ao desembargador José de Ribamar Froz Sobrinho. Márcio Aleandro Correia Teixeira; Ariston Chagas Apoliano Júnior; Marcelo de Carvalho Lima (orgs.). São Luís: Edufma, 2018. p.479.

INCIDÊNCIA DA LEI 12.850/2013	Antecedente	- Questão prévia condicionante prejudicial à aplicação da lei (enquadramento da conduta delitiva no conceito de organização criminosa – definição).
	↓ Dever-ser	
	Consequente	- Questão sucessiva (preenchimento dos requisitos legais da medida investigativa cabível (tipicidade processual).

CAPÍTULO 35
DECISÃO JUDICIAL

35.1 Conceito

Na dicção de Bianor Arruda, "a decisão judicial é instrumento de resolução de conflitos utilizado pelo Estado". Tendo nas mãos o monopólio do exercício da jurisdição, o Poder Judiciário deve decidir em compasso com os critérios de funcionalidade do seu sistema de regência.[1047]

Trata-se de norma jurídica individual e concreta, classe kelseneana na qual se insere a sentença, norma jurídica que sintetiza a simbiose objetiva e subjetiva do magistrado no ápice do julgamento processual. Decerto, como pontua Franco Cordero, o ato de decidir, estudado sob o ponto de vista do direito positivo, implica "laborioso exercício dialético", sobre temas cogentes, com o objetivo de, ao cabo, consignar na sentença argumentos a partir do que foi apresentado ao juiz.[1048]

1047. BEZERRA NETO, Bianor Arruda. *O que define um julgamento e quais são os limites do juiz?* Valores, hermenêutica e argumentação: elementos para a construção de uma teoria da decisão judicial. São Paulo: Noeses, 2018. p.1.

1048. CORDERO, Franco. *Procedura penale*. 7. ed. Milano: Giuffrè, 1983. p.953-954.

Consoante pontifica Robson Maia Lins, embora nem sempre listados como instrumentos introdutores, "os atos normativos estabelecidos pelas autoridades judiciais são responsáveis por inserir normas no ordenamento jurídico".[1049]

Na decisão judicial, deve ser documentado o resultado da atividade cognitiva do órgão autêntico, depois da síntese construída pelo encontro da estrutura do saber (teoria) com a empiria probatória.

O julgamento é juízo, compreendido como nexo conceitual duplo, enquanto encaixe do conceito da teoria (sistema abstrato no nível da intelecção) com o conceito dos elementos sensíveis inseridos nos autos (fatos e provas).

A dogmática jurídica é condição de produção de conhecimento organizado no nível do processo. Isso não deve significar objeção à inserção de elementos críticos, mas deve ser capaz de submetê-los à racionalidade. Como pontifica Heleno Cláudio Fragoso, "a dogmática jurídica é a ciência da norma jurídica que visa ao seu perfeito conhecimento sistemático, para permitir a aplicação igualitária e justa do direito".[1050]

Mas não somente.

Thomas Vesting eludida que, em um sentido delimitado pela ciência jurídica, a fórmula autodescritiva **dogmática do direito** – assim como a teoria do direito – "é um efeito de divergência de perspectivas de observadores no sistema jurídico, resultado da diferenciação da *expertise* jurídica no nível da observação de segunda ordem". Dentre os diversos olhares, têm lugar as ideias de nexo, de autoverificação, de vinculatoriedade e de racionalidade.[1051]

1049. LINS, Robson Maia. *Curso de direito tributário brasileiro*. São Paulo: Noeses, 2019. p.68.

1050. FRAGOSO, Heleno Cláudio. *Lições de direito penal*: parte geral. 12. ed. Rio de Janeiro: Forense, 1990. p.14.

1051. VESTING, Thomas. *Teoria do direito*: uma introdução. Tradução: Gercélia B. de O. Mendes. São Paulo: Saraiva, 2015. p.46-49.

Carlos Alchourrón, sob ângulo distinto, aduz que "os problemas sistemáticos (a incompletude e a inconsistência normativa)", como também "as indeterminações linguísticas (ambiguidade, derrotabilidade e vaguidade) tornam necessário o uso de considerações valorativas na tomada de decisões judiciais", que estão presentes tanto na seleção de normas jurídicas empregadas na fundamentação, quanto na identificação dos fatos e provas relevantes.[1052]

35.2 Classificação

Dois sentidos são geralmente atribuídos à expressão **decisão judicial**. Em sentido amplo, é toda deliberação com resolução de **questão**, entendida como **ponto controvertido** submetido à **cognição** de um juiz ou tribunal. Sob esse ângulo, incluem-se na classe decisão judicial:

(1) a **decisão interlocutória** (resolve questão incidente, que recai no curso de um processo, a exemplo do decreto de prisão preventiva – art. 312, CPP). Comporta subespécies:

(a) **decisão interlocutória simples**: compreendida como na deliberação, isolada, a exemplo da prisão provisória supracitada;

(b) **decisão interlocutória mista**: segundo Julio Fabbrini Mirabete, seria sinônima de "decisão com força de definitiva", compreendida como "as que encerram ou uma etapa do procedimento ou a própria relação processual, sem o julgamento do mérito da causa"[1053]. O art. 800, do CPP, prevê expressamente a categoria em tela ao fixar prazo de dez dias para a sua prolação. Subdivide-se em "terminativa" e "não terminativa":

1052. ALCHOURRÓN, Carlos E. *Fundamentos para una teoría general de los deberes*. Madrid: Marcial Pons, 2010. p.172 (tradução livre).

1053. MIRABETE, Julio Fabbrini. *Processo penal*. 14. ed. São Paulo: Atlas, 2003. p.446.

(*i*) **decisão interlocutória mista terminativa**: a decisão terminativa é a que não resolve conteúdo de mérito, contrapondo-se à definitiva, que o aprecia. A palavra "mista" envolve semântica de complexidade, ou seja, de deliberação plúrima, que demarca mais de uma questão em uma única decisão. A rejeição da denúncia, a teor do art. 395, do CPP, estaria incluída nessa classe, eis que além de encerrar a relação processual e o procedimento, tem o potencial de operar uma série de efeitos, que vão da certificação à supressão de eficácia de medidas cautelares.

(*ii*) **decisão interlocutória mista não terminativa**: além de se situar em permeio ao processo (interlocutória), encerra um aspecto do processo, porém dá continuidade a outro (não o põe fim de forma peremptória) e não lhe resolve o mérito (é decisão terminativa). Por exemplo, a decisão de pronúncia (art. 413, CPP);

(2) a **sentença** (deliberação do órgão singular ou de primeiro grau de jurisdição que resolve porção do mérito da demanda ou que põe fim, total ou parcialmente, ao processo, com ou sem resolução do mérito);

(3) o **acórdão** (toda decisão, interlocutória ou final, emitida por tribunal, podendo ter estrutura equivalente à decisão interlocutória ou à sentença).

Em sentido estrito, a decisão judicial é deliberação com conteúdo decisório distinto da sentença. De acordo com a **singularidade**, a **colegialidade** ou o **objeto do juízo** do órgão judicial competente, as decisões judiciais podem ser:

(1) **decisão subjetivamente simples**: proferida por órgão singular;

(2) **decisão subjetivamente plúrima**: prolatada por órgão judicial colegiado (exemplo: acórdão de tribunal – art. 615, § 2º); ou

(3) **decisão subjetivamente complexa**: proferida por mais de um órgão (colegiado heterogêneo), com funções diferentes (distintos objetos do juízo), a exemplo das decisões do júri, tomadas pelos jurados integrantes do conselho de sentença (que julgam os fatos) e pelo juiz presidente (que aplica o direito, proferindo sentença), consoante a competência de cada qual, estatuída em lei – arts. 482; 492, CPP.

Em compasso com o juízo sobre o **mérito** da ação, a decisão poderá ser de duas ordens:

(1) **sentença terminativa**: é decisão que não examina o mérito, embora o encerre total ou parcialmente (art. 395, CPP);

(2) **sentença definitiva**: é decisão que julga o mérito da ação, ainda que pendente o seu trânsito em julgado (arts. 82; 809, § 3º, CPP).

35.3 Fundamentação das decisões judiciais no contexto das garantias fundamentais

Os direitos fundamentais podem permitir restrições, condicionadas à compatibilidade constitucional. Isto é, a validade daquelas limitações deve observar a forma estipulada pela própria Constituição, a exemplo da motivação suficiente das decisões judiciais (art. 93, IX). Em outros termos, não estão autorizadas mitigações a direitos fundamentais baseadas em conclusões que não decorram de base enunciativa reconhecida como fonte do direito processual penal. Interpretações exclusivamente voluntaristas tendem a desprezar esses direitos, resvalando em decisionismo vedado pelo sistema.

A fundamentação judicial é garantia indeclinável, assim como as disposições centrais do art. 5º, da CF, que formam o núcleo de pedra do processo penal. Sob essa lente, é sem plausibilidade lógica compreender que os direitos fundamentais são relativos (flexíveis), para autorizar, indevidamente, incidência parca.

A bem dizer, as garantias constitucionais são indeclináveis, absolutas. Elas somente são relativas no sentido de que admitem relações:

(1) entre aquelas que estão na linha horizontal (em texto de igual *status*); ou

(2) na linha vertical (em documento normativo que lhe complete o sentido ou o restrinja dentro do campo permitido pela Constituição).

O STF tocou, mais de uma vez, sobre a afirmada relatividade das garantias constitucionais:

(1) em uma ocasião, realçou que "na contemporaneidade, não se reconhece a presença de direitos absolutos, mesmo de estatura de direitos fundamentais previstos no art. 5º, da Constituição Federal, e em textos de Tratados e Convenções Internacionais em matéria de direitos humanos". Justificou essa conclusão argumentando que "os critérios e métodos da razoabilidade e da proporcionalidade se afiguram fundamentais neste contexto, de modo a não permitir que haja prevalência de determinado direito ou interesse sobre outro de igual ou maior estatura jurídico-valorativa";[1054]

(2) em outra oportunidade, a Suprema Corte limitou o direito de petição, para não ordenar o envio de pedido de providências ao Ministério Público como, aliás, preconiza o art. 230-B, do seu Regimento Interno. Apesar deste dispositivo estatuir que "o Tribunal

1054. STF – Segunda Turma – HC 93250 – Rel. Min. Ellen Gracie – julgado em: 10 jun. 2008.

não processará comunicação de crime, encaminhando-a à Procuradoria-Geral da República", o STF ordenou o imediato arquivamento da intitulada *notitia criminis*. Note-se que esse proceder excedeu limites que seria compreendido na órbita do princípio acusatório. No julgado, ficou consignado que:

(a) a regra regimental consiste em "especialização do direito de petição, garantido a todos os indivíduos, nos termos do art. 5º, inciso XXXIV, alínea 'a', da Constituição, independentemente do acerto ou desacerto de seu conteúdo";

(b) no entanto, não existem direitos de natureza absoluta, "cabendo ao Judiciário estabelecer restrições quando se revela manifesto o abuso no seu exercício"; e

(c) há evidente "abuso do direito de peticionar quando o autor pretende se valer do Poder Judiciário como órgão de passagem para pleitos contrários às leis e às instituições democráticas".[1055]

A fundamentação, como se depreende, foi descrita de forma a reduzir a eficácia de garantia individual (art. 5º, XXXIV, CF). O teto do ordenamento jurídico não admitiria esse elastério.[1056] Não é tarefa simples detectar excesso no exercício do dever de motivar as decisões judiciais. Os parâmetros lógicos recomendam a proibição de um critério eclético para solver interpretações em torno de direitos e garantias individuais.

A propósito, Paulo de Barros Carvalho preleciona que, no discurso do cientista do direito, usa-se linguagem técnica, "na medida em que as proposições descritivas que emite vêm carregadas da harmonia dos sistemas presididos pela lógica

---

1055. STF – Primeira Turma – Pet 8825 AgR – Rel. Min. Luiz Fux – publicado em: 06 jul. 2020.

1056. CARVALHO, Paulo de Barros. *Direito tributário*: linguagem e método. 5. ed. São Paulo: Noeses, 2013. p.120.

clássica". Ademais, as unidades desse conjunto devem estar organizadas e escalonadas "segundo critérios que observam, estritamente, os princípios da identidade, da não contradição e do meio excluído, que são três imposições formais do pensamento, no que concerne às proposições apofânticas".[1057]

O § 2º, do art. 315, do CPP, descreve contornos, no intento de classificar uma decisão desprovida de motivação. Por exemplo, não se considera fundamentada deliberação judicial que "deixar de seguir enunciado de súmula, jurisprudência ou precedente invocado pela parte, sem demonstrar a existência de distinção no caso em julgamento ou a superação do entendimento" (art. 315, § 2º, VI, CPP).

O controle das decisões que eventualmente conflitem com a Constituição é ponto sensível. Não deve se admitir relativização sem que haja critério rígido no tocante à aplicação das fontes de conhecimento do direito constitucional e processual penal. A afirmação, meramente retórica, de que não há direitos fundamentais absolutos, perde plausibilidade jurídico-sistemática quando é caracterizada pelo desejo do intérprete de, tão somente, justificar o objetivo colimado sem que, contudo, explicite delimitações formais.

Advertindo sobre **motivação criptografada** nas decisões judiciais, que dificultam o controle dos elementos obtidos no inquérito policial e estendidos ao processo, André Sampaio, Marcelo Herval Ribeiro e Amanda Ferreira discorrem sobre a cultura que fomenta esse proceder. A **criptomotivação** mascara os motivos da decisão, dificulta saber suas reais razões e confronta os valores democráticos.[1058]

1057. CARVALHO, Paulo de Barros. *Curso de direito tributário*. 28. ed. São Paulo: Saraiva, 2017. p.39.

1058. SAMPAIO, André Rocha; RIBEIRO, Marcelo Herval Macêdo; FERREIRA, Amanda Assis. A influência dos elementos de informação do inquérito policial na fundamentação da sentença penal condenatória: uma análise das sentenças prolatadas pelas varas criminais de Maceió/AL. *Revista Brasileira de Direito Processual Penal*, Porto Alegre, vol. 6, n. 1, p. 199-201; 205-206, jan./abr. 2020.

35.4 Ausência ou deficiência de fundamentação das decisões judiciais

A omissão ou vício de motivação de decisão judicial é nulidade absoluta, eis que macula elemento essencial do ato processual penal. Haurida à condição de princípio constitucional (art. 93, IX, CF), a deficiência de fundamentação é categoria de defeito cuja cominação de nulidade é expressa constitucionalmente. Reforçando aquela previsão, o inciso V, do art. 564, do CPP, prescreve que ocorrerá nulidade "em decorrência de decisão carente de fundamentação".

Cuida-se de violação grave a um dos pilares do **princípio acusatório**, notadamente porque dificulta a efetividade de outros princípios protetivos de garantias fundamentais, máxime as do contraditório e da ampla defesa. Respeitados os contornos do *favor rei*, a hipótese pode ser sanada por meio de embargos declaratórios, em decisão ou sentença complementar (arts. 382; 619, CPP).

35.5 Inexistência jurídica de sentença penal e limites decorrentes do princípio da correlação (*mutatio libelli* e *emendatio libelli*)

Clássico exemplo doutrinário de inexistência jurídica é o ato processual intitulado de sentença que omite a sua conclusão dispositiva, resolução definidora de qualidade estrutural. É o caso do juiz que fundamenta a condenação e, ao final, não registra o conteúdo declaratório do julgado.

Assim, se o órgão autêntico (magistrado), na sentença penal condenatória, não aplica os dispositivos penais apropriados à espécie e nem dosa a pena, sem sequer declarar a condenação do réu, ausente estará a composição necessária para que o ato possa operar sua finalidade (critério teleológico). Será necessária uma providência corretiva, ainda que, para tanto, não se exija instrumento específico de impugnação, nem se subordine à preclusão temporal.

Terá lugar, na hipótese, atividade de controle de nulidade, programada pela natureza da atipia (inexistência jurídica), com possibilidade de ser conduzida, inclusive, pelo próprio juiz prolator da decisão, *ex officio* (art. 251, CPP).

Entrementes, deverão ser respeitados os limites do princípio do *favor rei*, bem como as descrições fáticas e jurídicas da imputação, dimensionadas pelas regras da *emendatio libelli* (art. 383, CPP) e da *mutatio libelli* (art. 384, CPP).

35.6 Manifestação do MP pela absolvição do réu e inclusão de agravantes não requeridas nas alegações finais (art. 385, CPP)

O juiz deverá estar jungido a lindes preclusivos, caso não seja provocado temporaneamente, pelo órgão ministerial. O art. 385, do CPP, no entanto, prevê regra de duvidosa constitucionalidade e de difícil compatibilidade com o princípio acusatório. De compasso com a sua redação, "nos crimes de ação pública, o juiz poderá proferir sentença condenatória, ainda que o Ministério Público tenha opinado pela absolvição, bem como reconhecer agravantes, embora nenhuma tenha sido alegada".

A jurisprudência tem reiterado que não se pode admitir que o requerimento de absolvição, formulado pelo *Parquet*, vincule o juiz. Isso equivaleria a autorizar a desistência da ação penal pública, confrontando sua disponibilidade, regrada pelo art. 42, do CPP. Também conferiria, ao Ministério Público, demasiada discricionariedade, *a similii* do **sistema acusatório puro** (*adversarial system*). O **princípio acusatório**, depreendido do art, 129, I, em cotejo com os dispositivos processuais penais do art. 5°, da CF, não equipara aquela situação jurídica com a dimensão de arbítrio do sistema adversarial.

De acordo com o art. 127, da CF, o MP é defensor da ordem jurídica (direito positivo ou ordenamento jurídico). É órgão do Poder Executivo que deve atuar jungido à lei. Incompatível com esses limites seria a outorga de disponibilidade da ação penal ao promotor público ou a um único órgão do *Parquet*, sem peias, sem rédeas, sem controle ou isento de freios e contrapesos.

Por mais de uma vez, o STJ frisou que, quando o *Parquet* requer a absolvição do acusado, não há abandono ou disponibilidade da ação penal, tal como se verifica com "o promotor norte-americano, que simplesmente retira a acusação (*decision on prosecution motion to withdraw counts*) e vincula o posicionamento do juiz". Em outros termos, na senda da Corte Superior, a manifestação do Ministério Público pela absolvição não constitui óbice à condenação do réu pela Justiça, embora esta deva agir prudentemente, em compasso com o sistema acusatório.[1059]

Sem discrepar da Corte Superior, o STF reiterou que remanesce o poder do juiz de proferir sentença condenatória, ainda que o Ministério Público tenha opinado pela absolvição. Esse poder, supletivo, não conflitaria com a legítima **vedação** de substituição da atuação probatória do órgão de acusação pelo Poder Judiciário (art. 3º-A, CPP). Na dicção consignada no inteiro teor da corte, "o juiz pode, em hipótese alguma, tornar-se protagonista do processo".[1060]

35.7 Limites à correlação entre a acusação e a sentença (arts. 383; 384, CPP). Interpretação conforme a constituição do art. 385 do CPP

Do que foi dito nos dois tópicos anteriores, pode-se enumerar as bases seguintes:

(1) ao proferir **sentença inexistente juridicamente**, o órgão judicial poderá, de ofício (sem ser provocado), exarar outra em seu lugar, desde que tenha conteúdo mais favorável ao réu ou limitado ao **efeito prodrômico** da primeira (vedação à *reformatio in pejus*

1059. STJ – Sexta Turma – HC 623598/PR – Rel. Min. Laurita Vaz – 05 out. 2021; STJ – Sexta Turma – REsp 2.022.413/PA – Rel. Min. Rogério Schietti Cruz – 15 mar. 2023.

1060. STF – Pleno – ADI 6298/DF – Rel. Min. Luiz Fux – 24 ago. 2023.

indireta), por não poder, sem recurso da acusação, impor pena mais severa ao réu (arts. 61; 386, CPP). Nesse caso, respeitados os **princípio da não surpresa** e do *favor rei*, poderá dar aos fatos capitulação diversa, fazendo incidir a ***emendatio libelli*** (art. 383, CPP);

(2) como a inexistência jurídica favorece o imputado, somente será possível sentença condenatória se o Ministério Público (na ação pública) ou o querelante (na ação privada) impugnar especificadamente. Não o fazendo no prazo recursal, seja por embargos de declaração (arts. 382; 619 e 620, CPP), seja por apelação (art. 593, CPP), haverá consolidação de situação de fato favorável ao réu, a ser reconhecida, expressamente (convalidação, com incidência de regra de calibração *favor rei*);

(3) a ***mutatio libelli*** apenas terá aplicação se pleiteada, no prazo devido, pelo Ministério Público. É de incidência restrita à ação penal pública ou à privada subsidiária e requer contraditório, pelo procedimento gizado no art. 384, CPP, observado o **princípio da correlação** (ou princípio da relatividade);

(4) o **princípio acusatório** impõe, ao art. 385, do CPP, interpretação conforme a Constituição, ao menos para permear prudência na atuação do juiz, evitando atuar como acusador nas hipóteses de requerimento absolutório formulado pelo *Parquet*. Se a inexistência jurídica da sentença (nulidade-fato) tiver como gênese a inércia ou a atuação indevida do Ministério Público, não deverá ser admissível suprimento da atividade da acusação pelo juiz, ressalvadas as hipóteses de teratologia e explícito descumprimento das funções ministeriais gizadas no art. 127, da CF. Vale dizer, o órgão autêntico (magistrado) não deverá atribuir efeito retro-operante para condenar o réu sem postulação temporânea, muito menos deve ser

permitido a ele incluir agravantes sem aquela provocação, ressalvados os casos de arbítrio do membro do Ministério Público, quando a incidência do art. 385, do CPP, estará conforme a constituição e ao sentido atribuído ao art. 3º-A, do CPP, pelo STF.[1061] O STJ, em sentido similar, assentou que o juiz, a partir do **princípio da correlação** (estrutural ao processo de conhecimento, à ampla defesa e à coisa julgada), pode condenar o réu ainda que o Ministério Público tenha requerido a absolvição, avivando que o Poder Judiciário não deve ser mero homologador das pretensões da acusação;[1062]

(5) o Ministério Público não pode desistir da ação penal. Para preservar o juiz contra sua atuação *ex officio*, diante do requerimento do promotor de justiça pela absolvição, poderia ser sugerida providência, *ad lege ferenda* ou por analogia (art. 3º, CPP), de deflagração de controle no âmbito do órgão revisional do próprio Ministério Público. Seria solução similar à prevista no art. 28, *caput*, § 1º e § 2º, do CPP, caracterizada por maior cautela, sem que o membro do *Parquet*, isoladamente, imponha sua vontade e suplante a atividade judicante.[1063] Cabe ponderar que, da maneira como está o texto do art. 385, do CPP, há abertura para soluções extremadas, porque:

(a) de um lado, compelir o juiz a absolver (com arrimo em única manifestação do promotor público ou do procurador da República) parece equivaler à desistência da ação penal, vedada pelo art. 42, do CPP, interpretado à luz do art. 127, da CF;

1061. STF – Pleno – ADI 6298/DF – Rel. Min. Luiz Fux – 24 ago. 2023.

1062. STJ – Sexta Turma – REsp 2.022.413 – Rel. Min. Rogério Schietti Cruz – 15 mar. 2023.

1063. STF – Pleno – ADI 6298/DF – Rel. Min. Luiz Fux – 24 ago. 2023.

(b) de outro, autorizar o magistrado a condenar diante de uma isolada postulação pela absolvição, formulada pelo MP em sede de alegações finais, pode indicar – embora não necessariamente – inclinação à iniciativa judicial de ofício nas ações penais públicas e subsidiárias da pública, conquanto haja pedido condenatório na denúncia ou na queixa-crime supletiva. Esse proceder reduz a amplitude do princípio acusatório, eis que *ne procedat iudex ex officio* (art. 129, I, CF).

35.8 Erro sobre pressuposto subjetivo passivo à sentença

A certidão de óbito falsa, que conduz à declaração de extinção de punibilidade, descalça o aspecto de fato necessário à incidência da norma jurídica que teria o condão de constituir coisa julgada criminal (arts. 62; 683, parágrafo único, CPP).

Cuida-se de vício sobre elemento estrutural do ato, conduzindo à inexistência jurídica. Para haver aplicação da norma jurídica, necessária a autenticidade do suporte fático. O art. 107, I, do Código Penal, estabelece que o que extingue a punibilidade é a morte do agente. O art. 61, *caput*, do CPP, em arremate, estatui que, em qualquer fase do processo, se o juiz reconhecer a extinção da punibilidade deverá declará-la de ofício.

Se a atividade do magistrado incorre em erro sobre a existência do pressuposto de fato, haverá defeito gravíssimo, constitutivo de óbice à inserção de norma no sistema. Não gera coisa julgada, *stricto sensu*, "a decisão que, com base em certidão de óbito falsa, julga extinta a punibilidade do réu".[1064] A ausência de elemento estrutural à cognição judicial conduz à inexistência jurídica, categoria inserta no regime das nulidades. Vale dizer, a ilicitude não deve levar à revogação da sentença juridicamente inexistente, mas à sua invalidação.

1064. STF – Primeira Turma – HC 104998 – Rel. Min. Dias Toffoli – julgado em: 14 dez. 2010.

Sem embargo, a verificação de desídia da acusação deve produzir efeitos em favor do réu (princípio do *favor rei*). Caso se constate que a deliberação extintiva da punibilidade aconteceu de forma açodada, sem as cautelas para a constatação da autenticidade da certidão de óbito falsa, embora fosse possível fazê-lo (erro inescusável do órgão ministerial ou judicial, imperdoável ou erro grosseiro), nascerá preclusão impeditiva de um novo agir do *Parquet* ou da continuidade da persecução penal estatal (princípio do *ne bis in idem*).

Sendo o erro escusável (perdoável ou não grosseiro), autoriza-se a incidência de normas nulificadoras após o **aparente** trânsito em julgado, face à estruturalidade do elemento afetado (cognição judicial). Fosse vício sobre elemento essencial, a categoria cabível seria a nulidade absoluta, porém a coisa julgada fulminaria a possibilidade de controle, o que impediria, em qualquer caso, o restabelecimento do processo, remetendo às partes para o plano da rescindibilidade, mediante revisão criminal, admissível, exclusivamente, em favor da defesa.

35.9 Sentença penal condenatória

A sentença penal condenatória é subsidiária. Sua natureza supletiva decorre da dicção do enunciado do art. 387, do CPP. Não está determinado o dever de condenar o réu, com o uso do verbo "condenará", porém está dito, em seu *caput* e em seus incisos que, ao proferir condenação, o juiz mencionará circunstâncias e aplicará penas, dentre outras providências.

Diferentemente, a redação do art. 386 do CPP, que trata da absolvição do réu, é de índole cogente, ao descrever que o julgador, absolverá o réu, mencionando a causa na parte dispositiva, desde que venha a reconhecer uma das situações que elenca.

A sentença condenatória depende da conjugação de uma pluralidade de argumentos convergentes em torno dos requisitos **necessários** e, sobretudo, **suficientes** à sua incidência. A suficiência das condicionantes necessárias é o aspecto qualitativo que indica limite que se deve transpor para se autorizar a condenação. Tem sido recorrente o uso da expressão *standards of proof* (**régua probatória**) para indicar o elemento suficiente, cuja **meta** deve ser alcançada para se impor efeitos jurídicos desfavoráveis ao réu.

Decisões judiciais exigem estrutura (art. 381, CPP) e aplicação teórica densa, para lhe dar conformidade epistêmica, à luz do construtivismo lógico-semântico, com a observância das bases científicas que informam o seu procedimento (teoria do direito, teoria do crime, teoria da prova, teoria do fato jurídico, teoria da norma jurídica e teoria da decisão).

A descrição, na sentença, deve representar um percurso retrospectivo. Metaforicamente, a fundamentação deve coroar a nitidez de uma imagem de um quebra-cabeça. A motivação deve possibilitar a visão do processo desde a gênese, tal como um espelho retrovisor, tornando possível o controle contra deliberações que excedam o padrão legal-constitucional.

Nem sempre as imperfeições da sentença são aferíveis *ictu oculi*, ou seja, constatáveis pelo exame de sua estrutura (sintaxe), como preveem os arts. 381 e 387, do CPP. Uma vez proferida sentença, os vícios que eventualmente tenham ocorrido no curso do procedimento são por ela absorvidos. Diante desse fenômeno de encampação das nulidades da persecução penal pela decisão final, as impugnações devem ser dirigidas contra a sentença, por intermédio do recurso específico.

Por tal razão, a **atipicidade** da sentença pode ser de ordem intrínseca ou de caráter extrínseco:[1065]

(1) **atipicidade intrínseca**: quando a constatação do vício decorrer de percepção de vícios em seu corpo, por falha na incidência de alguma norma jurídica que conforma sua estrutura (nulidade da sentença em si mesma);

1065. GRINOVER, Ada Pellegrini; GOMES FILHO, Antonio Magalhães; FERNANDES, Antonio Scarance. *As nulidades no processo penal*. 12. ed. São Paulo: RT, 2011. p.197.

(2) **atipicidade extrínseca**: quando o vício ocorrer no procedimento encerrado pela decisão (nulidade da sentença por decorrência).

Esse método para o reconhecimento de nulidades depois de proferida a sentença é, de certo modo, reportado por José Luis Sales. Escorando-se em abalizada doutrina de Luís Osório, Delgado de Carvalho e Carlos Cossio, aquele articulista realça ser comum distinguir as nulidades do processo das nulidades da sentença que, a sua vez, é composta pelos requisitos da estrutura legal, das circunstâncias do caso e da valoração jurídica.[1066]

A atipicidade verificada na sentença penal condenatória é, em regra, classificada como nulidade absoluta. Isso porque os enunciados legais que ditam os requisitos da sentença constituem sua própria estrutura, preenchida com elementos essenciais do ato processual.

A sentença penal condenatória é ato processual que pode ser constituído mediante a incidência de múltiplas normas jurídicas que, isoladamente, são aptas a constituir atos processuais autônomos. A depender do delito objeto de julgamento, diplomas legais especiais podem ter aplicação, sem olvidar que o Código Penal prevê, na parte geral, a forma como deve ser fixada a pena, com procedimento trifásico, disposto a partir de seu art. 59.

Ada Pelegrini Grinover, Antonio Magalhães Gomes Filho e Antonio Scarance Fernandes lecionam que os requisitos essenciais da sentença estão arrolados no art. 381, do CPP:

(1) os incisos I e II exigem o relatório;

(2) o inciso III impõe motivação jurídica;

1066. SALES, José Luis. O problema das nulidades no processo penal. *Revista Forense comemorativa – 100 anos*, tomo VII [direito processual penal], Afrânio Silva Jardim (org.), Rio de Janeiro: Forense, p.203, 2006.

(3) o inciso IV constrange o juiz a indicar os artigos de lei aplicados;

(4) o inciso V, mencionando o dispositivo, abrange a parte decisória; e

(5) o inciso VI prevê a data e a autenticação do ato.

De acordo com os autores, "pequenas omissões da sentença, que não causam dúvida sobre ponto relevante, não implicam nulidade do ato; assim, a não menção à data do crime".[1067] É de ver, todavia, que a data do crime representa aspecto temporal que, no contexto, pode ser essencial ao direito à ampla defesa.

Os incisos I e II, do art. 381, do CPP, falam da necessidade de descrição dos nomes das partes e de exposição sucinta da acusação e da defesa:

(1) o primeiro requisito se satisfaz com a identificação física do réu;

(2) o segundo é preenchido pela lavratura de relatório com a narrativa dos incidentes relevantes do processo.

Faltando o relatório, mas depreendido o histórico da causa pela exposição detalhada na fundamentação, haverá um vício, porém sobre elemento acidental, classificado como nulidade relativa. Dessa nulidade decorrerá constituição de invalidação total da decisão, se a ausência do relatório implicar prejuízo à garantia do contraditório, da ampla defesa e da fundamentação suficiente do julgado.

Por outro lado, embora ausente o relatório, se elementos constitutivos deste puderem ser extraídos da fundamentação da sentença ou da decisão, evidenciando que o juiz apreciou a questão de forma bastante, sem possibilidade de prejuízo

1067. GRINOVER, Ada Pellegrini; GOMES FILHO, Antonio Magalhães; FERNANDES, Antonio Scarance. *As nulidades no processo penal*. 12. ed. São Paulo: RT, 2011. p.197.

para a eficácia de direito do imputado, a consequência normativa da nulidade relativa deverá ser a de convalidação.

Deveras, da nulidade relativa, seguir-se-á a invalidação se resultar prejuízo à eficácia de direito e levantado o vício oportunamente. Por prisma distinto, se o relatório existir, mas localizado na segunda parte da sentença ou de forma mais sucinta do que a esperada, a atipia será classificada como simples irregularidade, com a emanação necessária de norma jurídica individual e concreta de convalidação. Também é mera irregularidade a ausência de data na decisão ou a falta de rubrica em uma de suas folhas.

José Luis Sales justifica a diferença de controle jurídico das atipicidades ocorridas na sentença:

(1) de um lado, a sentença é "um destino que extravasa do mero conteúdo processual, para se afirmar, no mundo jurídico, como a expressão definitiva da vontade da lei no caso concreto";

(2) de outro, à sentença é emprestado "o máximo de prestígio, exigindo-se para a validade, no entanto, um conjunto de fatores cuja inobservância lhe acarretará, em regra, a nulidade".[1068]

Nos juizados especiais criminais, é dispensado o relatório, da sentença penal condenatória. Entretanto, é necessário que o juiz faça constar narrativa, tornando compreensível o julgamento, mencionando os elementos de convicção (art. 81, § 3º, Lei nº 9.099/1995).

A previsão legal é de que a decisão seja proferida em audiência e de que contra as sentenças, dos juizados especiais, seja julgando a causa (condenação ou absolvição), seja rejeitando a inicial ou reconhecendo a prescrição, caberá apelação,

1068. SALES, José Luis. O problema das nulidades no processo penal. *Revista Forense comemorativa – 100 anos*, tomo VII [direito processual penal], Afrânio Silva Jardim (org.), Rio de Janeiro: Forense, p.203, 2006.

no prazo de dez dias, para a turma recursal respectiva (arts. 81, *caput*; 82, § 1º, Lei nº 9.099/1995).

35.10 Decisão de pronúncia

A pronúncia é decisão interlocutória mista não terminativa. É deliberação de conteúdo técnico, da qual emana juízo de admissibilidade para submissão do acusado a júri, com a declaração da competência do tribunal popular para julgar o fato tipificado como crime doloso contra a vida.

A motivação nela constante deve ser o bastante para a certificação do convencimento do juiz sobre a materialidade do fato e a existência de autoria ou de participação, mediante a constatação de **indícios suficientes**. Entretanto, essa fundamentação encontra limites nesses mesmos parâmetros, não podendo adentrar em reconhecimento de culpa do acusado.

A parte conclusiva da pronúncia deve declarar o dispositivo legal que reputar incurso o réu, assim como delimitar as circunstâncias qualificadoras e as causas de aumento de pena (art. 413, e parágrafos, CPP). Pronuncia-se o acusado pelo crime doloso contra vida. Eventual infração penal não dolosa contra a vida é remetida ao júri, por força de regra de conexão (art. 76, CPP).

A pronúncia, enquanto decisão, é ato processual penal do juiz que pode reunir, em seu corpo, outras deliberações, a exemplo do decreto de prisão preventiva. A nulidade da pronúncia pode ser total ou parcial. Nela pode constar aplicação de medida cautelar que se afaste do modelo legal dos arts. 282 e 319, do CPP. A nulidade absoluta pode incidir, portanto, somente sobre este capítulo da decisão, sendo, sob este prisma, parcial.

A pronúncia é constituída pela descrição de incidência de várias normas jurídicas. Do desvio de imponibilidade normativa, pode decorrer:

(1) imperfeição grave (sobre elementos essenciais); e

(2) imperfeição leve (sobre elementos acidentais).

Sendo grave o vício que decorre da incidência deficiente da norma, poderá ser classificado como nulidade absoluta, parcial ou total:

(i) será parcial a nulidade absoluta da pronúncia quando for possível isolar o vício em um dado capítulo, de forma a não contaminar todo o decisório;

(ii) será total quando o defeito macular todos os capítulos da decisão ou quando, embora afetando só um dos seus capítulos, finde por tornar inaproveitáveis todos os capítulos que a constituem.

Dentre os vícios que contaminam gravemente a pronúncia de forma total, sobre elemento essencial, podem ser alinhados:

(a) a eiva sobre a fundamentação, ausente (art. 315, § 2º, CPP) ou deficiente, tal como a que adentra no mérito absolutório ou condenatório (afirmação de existência insofismável de tipicidade, antijuridicidade ou culpabilidade relativamente ao crime contra a vida ou à infração penal conexa), ou que se apresente de forma eloquente (afirmando ser o acusado evidentemente culpado);

(b) o não enfrentamento das teses da defesa tendentes à absolvição sumária ou o seu enfrentamento sem a indispensável neutralidade, a fim de evitar influenciar o ânimo dos jurados no sentido condenatório ou absolutório;

(c) a declaração de condenação do acusado; e

(d) o enfrentamento e a inclusão de matérias próprias da fixação da pena, cuja menção é vedada no bojo dessa decisão, a exemplo da apreciação ou da inserção de causas especiais de diminuição de pena (cláusulas de privilégio vedadas pelo art. 7º, do Decreto-Lei nº 3.931/1941, ressalvada a tentativa, a teor do art. 14, II, CP), de agravantes (arts. 61; 62, CP), de atenuantes (arts. 65; 66, CP), de continuação delitiva (art. 71, CP) e de concurso de crimes material (art. 69, CP) ou formal (art. 70, CP).

Essas questões, se examinadas e descritas pelo juiz na fundamentação da decisão de pronúncia, tendem ao reconhecimento da culpa do acusado, violando gravemente o **princípio da presunção de não culpabilidade** (estado de inocência do imputado). Ao cabo, o excesso afetará a competência constitucional do júri para julgar crimes dolosos contra a vida.

Como decorrência, a decisão de pronúncia não estará caracterizada pelo equilíbrio necessário a evitar influência nos veredictos, bem como resvalará em ferimento à disposição constitucional de competência de órgão do Poder Judiciário. Ademais, como os jurados são pessoas leigas, a pronúncia, que deve servir de parâmetro à acusação na sessão de julgamento plenário, é de ser tecnicamente neutra. Do contrário, violado estará o **princípio da imparcialidade**, depreendido da **estrutura acusatória** constitucional, na senda da interpretação conforme a constituição, que deu o STF ao art. 3º-A, do CPP.[1069]

Outros vícios da pronúncia podem atingir elementos acidentais, caracterizando nulidade relativa ou irregularidade. Sendo nulidade relativa, indispensável será a sua objeção oportuna, bem como a demonstração de que o ato feito por forma diversa da disciplinada no direito positivo, prejudicou a eficácia de direito individual da parte. À pronúncia, é aplicável o art. 381, do CPP, que expõe os elementos basilares da sentença.

Deve-se avivar, por fim, que a pronúncia compõe o procedimento do júri, encravado no art. 5º, inciso XXXVIII, da Constituição. É direito de primeira dimensão que deve tutelar a liberdade do indivíduo contra o poder de arbítrio estatal. Daí que o júri deve ser compreendido como instituto para maximizar as possibilidades absolutórias. De tal sorte, não deve ser pronunciado o acusado contra quem não se reuniu provas viáveis à uma condenação válida (em tese, a nível de raciocínio).

1069. STF – Pleno – ADI 6298/DF – Rel. Min. Luiz Fux – 24 ago. 2023.

Sob a ótica da imperiosa conformidade constitucional, Paulo Thiago Fernandes Dias revela o equívoco na aplicação da noção *in dubio pro societate*. Não há, no ordenamento jurídico, qualquer enunciado ou fragmento que permita deduzir algo como *in dubio contra reum*. Trata-se de postura antidemocrática, autoritária, que afasta o Judiciário da posição que deve assumir na salvaguarda dos direitos individuais.[1070]

A decisão de pronúncia, enquanto decisão de admissibilidade que não fere o mérito condenatório, não transita em julgado. Tecnicamente, sobre ela, não se forma coisa julgada material. Sujeita-se, contudo, à preclusão (art. 421, *caput*, CPP). Havendo morte superveniente à decisão de pronúncia, que tenha decorrido da conduta delitiva classificada como homicídio tentado, será cabível a sua correção (modificação ou retificação da pronúncia), a teor do § 1º, do art. 421, do CPP, desde que não tenha sido suplantada a questão pelo julgamento da causa em sessão plenária.

35.11 Coisa julgada

A coisa julgada é qualidade que incide sobre a sentença e que a torna irrecorrível. Tem natureza de atributo. Não é elemento da sentença, mas a camada que a torna imutável.

Pontes de Miranda expressa que se pretende que a sentença tenha "'força de lei', nos limites da questão decidida. Certo, a coisa julgada, como a lei, tem de ser reconhecida pelo juiz; porém não de ser conhecida". A máxima de que o direito é conhecido pelos tribunais (*iura novit curia*) jamais teria cabimento às sentenças. Todavia, "a força material da coisa julgada, se tem de ser levada em conta pelo juiz, de ofício, precisa ser provada em caso de dúvida".[1071]

1070. DIAS, Paulo Thiago Fernandes. A decisão de pronúncia baseada no in dubio pro societate: um estudo crítico sobre a valorização da prova no processo penal constitucional. Florianópolis: EMais, 2018. p.200-201.

1071. PONTES DE MIRANDA. *Tratado das ações*: tomo 1. Campinas: Bookseller, 1998. p.239.

É instituto sufragado constitucionalmente no art. 5º, inciso XXXVI, que prevê que "a lei não prejudicará o direito adquirido, o ato jurídico perfeito e a coisa julgada". Divide-se em:

(1) **coisa julgada material**: qualidade de não cabimento de recursos que reveste decisão ou sentença resolutória de mérito. Comporta subdivisão em razão de poder ser:

(a) com trânsito em julgado para a defesa: ausente preclusão para a acusação, a situação do réu poderá sofrer os vieses recursais. Caso se forme coisa julgada material sobre a condenação, ainda se admite, em tese, revisão criminal (art. 621, CPP). É de ver que o recurso do Ministério Público reabre a possibilidade de modificação da decisão em prol do imputado, independentemente de provocação, mediante *habeas corpus ex officio* (art. 654, § 2º, CPP). A cada julgamento de recurso do *Parquet*, são renovadas as possibilidades impugnativas do acusado. Dessa peculiaridade, pode-se concluir que, enquanto não houver trânsito em julgado para o Ministério Público, a coisa julgada material igualmente não estará completa para fechar as possibilidades favoráveis ao réu;

(b) com trânsito em julgado para a acusação: nesse caso, a decisão será limite, depois do qual não se permite piorar a situação do réu. Por exemplo, se a sentença transitada em julgado for absolutória própria (art. 386, I, CPP), haverá coisa julgada soberana, coisa soberanamente julgada ou **coisa julgada material soberana**. Contra ela, não será admitida ação de revisão criminal (art. 621, CPP);

(2) **coisa julgada formal**: atributo de não admissão de recursos que distingue a decisão ou sentença sem conteúdo meritório. Por exemplo, a sentença de pronúncia tem trânsito em julgado meramente formal (art. 428, CPP), melhor designado de preclusão. Igualmente capaz de transitar em julgado apenas formalmente, com efeitos endoprocessuais, é a decisão que não recebe a denúncia com esteio em inépcia (art. 395, I,

CPP). De todo modo, na dicção da Lei de Introdução às Normas Gerais do Direito Brasileiro, "chama-se coisa julgada ou caso julgado a decisão judicial de que já não caiba recurso" (art. 6º, § 3º, LINDB).

Na senda de José Carlos Barbosa Moreira, "se a sentença, por qualquer motivo, se torna irrecorrível ainda no primeiro grau de jurisdição, a norma jurídica concreta nela contida recebe o selo da imutabilidade e da indiscutibilidade". E arremata, em perspectiva que se acomoda, notadamente, ao conceito de coisa julgada material *favor rei*, que "a sentença transita em julgado, formando-se – pois que o mérito foi decidido – a coisa julgada material. Com isso, alcança o seu termo normal e definitivo não somente o procedimento de primeiro grau, mas o processo de conhecimento, *tout court*."[1072]

35.12 Duplicidade de sentenças e coisa julgada

A questão da duplicidade de sentenças acerca da mesma *res deducta in judicio* envolve a noção de **coisa julgada material** (art. 5º, XXXVI, CF), além da de **litispendência** (arts. 95, III; 110, CPP).

A coisa referida é o objeto, composto pela causa de pedir e pelo pedido. Coisa, em matéria penal, é o fato delituoso imputável a alguém, enquanto objeto de persecução penal.

A *res in judicium deducta* não pode ser um *bis in idem*. Ademais, na origem, há vitupério à originalidade, compreendida como condição para o exercício da ação penal, na esteira de Afrânio Silva Jardim e Pierre Souto Maior.[1073]

Em outros termos, é vedada a instauração de persecução penal, por mais de uma vez, em razão do mesmo fato, como também não é possível a coexistência de dois julgamentos acerca de idêntica conduta delituosa, sejam eles proferidos em um único processo ou em processos diferentes. Em caso

1072. MOREIRA, José Carlos Barbosa. *O novo processo civil brasileiro*: exposição sistemática do procedimento. 24. ed. Rio de Janeiro: Forense, 2006. p.89.

1073. JARDIM, Afrânio Silva; AMORIM, Pierre Souto Maior Coutinho de. *Direito processual penal*: estudos, pareceres e crônicas. Salvador: Juspodivm, 2018. p.118-119

de instauração concomitante de inquérito policial e procedimento investigativo criminal pelo MP, a duplicidade investigativa se resolve distribuindo-os ao mesmo juiz de garantias.[1074]

Conforme anotou Ivonete Bernardes Lopes, "ocorrendo duplicidade de sentenças condenatórias, isto é, duas condenações proferidas com base no mesmo fato, deve prevalecer a que primeiro transitou em julgado". A sentença que transitou em julgado em primeiro lugar é isenta de vício, enquanto a seguinte, pendente de trânsito em julgado ou que tenha operado esse fenômeno seguidamente, é inquinada "de nulidade por ferir a coisa julgada".[1075]

A atipicidade resultante do duplo julgamento se classifica como nulidade absoluta de uma das sentenças.

Relembre-se que a sentença encampa todas as nulidades eventualmente ocorridas no curso da persecução penal, por **antonomásia**. Isso significa dizer que a prolação da sentença e a coisa julgada que a imuniza são parâmetros para a verificação da ilicitude superveniente. Caso se tratasse de litispendência, sem julgamento de quaisquer dos processos, a base para a declaração da invalidação seria a data da propositura da primeira demanda.

É possível ponderar que a aplicação do **princípio do *favor rei*** orienta que prevaleça a sentença menos lesiva à liberdade do imputado. É critério que deve ter lugar nos casos de certificação de único ou de duplo trânsito em julgado. Afinal, as formas têm lastro na proteção do *jus libertatis*, foram instituídas em seu favor (considerando o fio histórico de sua afirmação[1076]) e assim devem ser interpretadas.

Vale dizer, havendo dúvida acerca de qual disposição aplicar, uma favorável e uma desfavorável ao réu, a primeira terá incidência, ainda que, para tanto, seja afastada a forma legal. Consiste em trilho limitativo ao poder punitivo.

1074. STF – ADI 2943, 3309 e 3318 – Rel. Min. Edson Fachin – 2/5/2024.

1075. LOPES, Ivonete Bernardes Oliveira. *Sentenças, nulidades e recursos no processo penal*: uma abordagem doutrinária sobre a complexidade dos temas. Leme: LED, 2004. p.67.

1076. COMPARATO, Fábio Konder. *A afirmação histórica dos direitos humanos*. 4. ed. São Paulo: Saraiva, 2006. p.37.

No STJ, entretanto, foi dito que deve preponderar, em casos como tais, a primeira decisão consolidada (imutável pelo trânsito em julgado). A deliberação isentou o órgão da acusação de qualquer responsabilidade pela dupla persecução penal, atribuindo-a, de outro lado, à defesa, em acórdão de conteúdo contrário ao acusado. Na ocasião, ficou avivado que:

(1) o maior peso da primeira sentença, qualificada pela imutabilidade, "é reforçada pela quebra do dever de lealdade processual por parte da defesa";

(2) a leitura da segunda decisão, "proferida após o trânsito em julgado da condenação", autoriza a conclusão de que "a duplicidade não foi mencionada sequer nas alegações finais";

(3) o primeiro *decisum* proferido deveria ser mantido porque a absolvição dos réus, na segunda sentença, contrariava sua jurisprudência, consolidada à época.[1077]

Em oportunidade anterior, o STJ havia decidido diferentemente, aplicando o princípio do *favor libertatis* e destacando que:

(1) depois de absolvido por sentença passada em julgado, o réu "não poderá ser submetido a novo processo pelos mesmos fatos" (Art. 8, item "4", da Convenção Americana de Direitos Humanos);

(2) pela mesma conduta de roubo (art. 157, CP), o acusado foi condenado duas vezes (litispendência) e, após duplamente condenado, com penas diferentes, formou-se coisa julgada, pelo que deve incidir "a situação mais favorável ao paciente". Em outros termos, "diante do trânsito em julgado de duas sentenças condenatórias contra o mesmo paciente, por fatos idênticos, deve prevalecer o critério mais favorável em detrimento do critério temporal (de precedência), ante a observância dos princípios do *favor rei* e *favor libertatis*".[1078]

1077. STJ – Sexta Turma – RHC 69.586/PA – Rel. Min. Sebastião Reis Júnior, Rel. p/ Acórdão Min. Rogerio Schietti Cruz – DJe 04 fev. 2019.

1078. STJ – Sexta Turma – HC 281.101/SP – Rel. Min. Sebastião Reis Júnior – DJe

35.13 Aplicação a caso concreto

O STJ enfrentou caso concreto de dupla persecução penal, uma perante o juízo comum, enquanto a outra na justiça castrense. O fato foi reconhecido como idêntico, no mesmo contexto temporal, embora distinto o enquadramento legal consignado nas petições iniciais. A primeira denúncia atribuía, ao imputado, o crime de tortura (Lei nº 9.455/1997). A segunda, o de lesão corporal grave disposto no Código Penal Militar.

A Corte Superior considerou que:

(1) o tribunal de origem compreendeu que os fatos imputados nas denúncias, militar e estadual, eram os mesmos, apesar de não ter acolhido a tese de exceção de coisa julgada (arts. 95, V; 110, § 2º, CPP);

(2) a referência das imputações a tipos penais diversos (art. 209, §§ 1º e § 2º, CPM; art. 1º, I, "a", §§ 1º e 4º, Lei nº 9.455/1997) "não afasta a ocorrência de *bis in idem* quando os fatos atribuídos aos denunciados são rigorosamente os mesmos, pois o réu se defende dos fatos e não da tipificação penal que lhes é atribuída" (*iura novit curia*).

Para a construção do argumento, o STJ se valeu, conquanto de maneira não analítica, do conceito de **identidade de demandas**, avivando existir mesma **causa de pedir nuclear** (*causa petendi* próxima), ao lado de **pedido imediato** (de condenação).

Em acréscimo, também realçou a necessidade de demarcar o conteúdo da **coisa julgada material**, paralelamente à incidência do princípio de que ninguém deve responder duas vezes pelo mesmo fato (*ne bis in idem*) e das disposições depreendidas do regramento da *emendatio libelli* (art. 383, CPP) e da *mutatio libelli* (art. 384, CPP), sintetizadas no **princípio da correlação** entre petição inicial e sentença.[1079]

---

24 nov. 2017.

1079. STJ – Quinta Turma – AgRg no RHC 125.997/MG – Rel. Min. Reynaldo Soares da Fonseca – DJe 18 jun. 2020.

35.14 Conclusão e próximo capítulo

A teoria da decisão judicial consiste em tecnologia organizada para possibilitar a imunização da decisão judicial, no nível do argumento. Na sentença *lato sensu*, deve haver descrição do pensamento normativo correto (cânone judicial),[1080] em compasso com os critérios lógicos de afirmação de fatos por meio de provas.

A imputação ou qualquer solicitação de natureza penal, poderá, na decisão judicial, ser infirmada ou confirmada, sempre por intermédio de seus canais estreitos que devem demarcar, rigorosamente, o poder punitivo estatal. No capítulo que segue, será estudado um dos pilares do sistema de controle das decisões, que são os recursos.

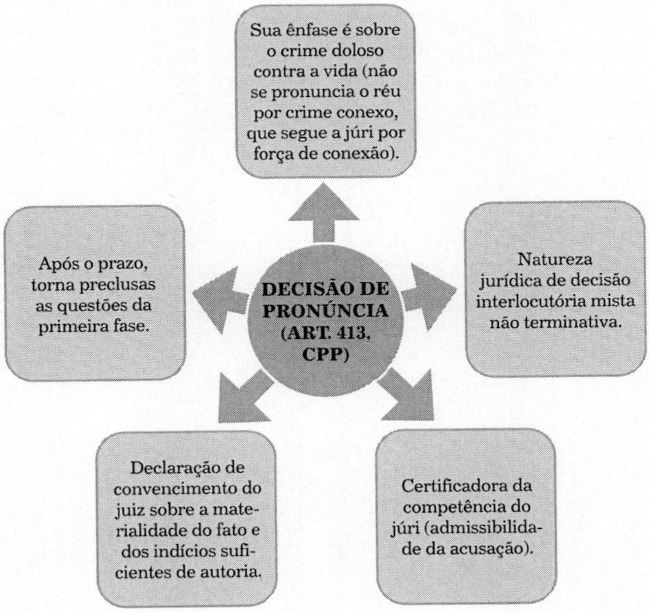

1080. COSSIO, Carlos. *La teoría egológica del derecho y el concepto jurídico de libertad*. 2. ed. Buenos Aires: Abeledo-Perrot, 1964. p.29.

<table>
<tr><th colspan="3">DECISÃO DE PRONÚNCIA
(Modais normativos)</th></tr>
<tr><th>Obrigatório</th><th>Proibido (indevido, vedado)</th><th>Permitido (facultado)</th></tr>
<tr><td>- Declarar convencimento sobre a materialidade do fato e indícios de autoria.

- Pronunciar o réu pelo crime doloso contra a vida.

- Remeter a júri os conexos, se pronunciado o acusado.

- Classificar os fatos conforme a lei (tipicidade).

- Enfrentar teses da defesa e da acusação (fundamentadamente).

- Descrever a tentativa e sua tipificação.</td><td>- Fundamentação exauriente de mérito ou eloquente (afirmativa de culpa).

- Incluir agravantes, atenuantes, causas de diminuição de pena, regras de concurso de crimes (formal ou material), continuação delitiva, concurso de agentes.

- Condenar o réu e/ou aplicar pena.

- Pronunciar o réu pelo crime conexo.

- Não enfrentar teses suscitadas pela parte.

- Pronunciar o réu sem provas viáveis a uma condenação</td><td>- Deliberar sobre a operatividade de medidas cautelares vigentes ou sobre a medida adequada, quando provocado o juiz para aplicar a mais gravosa (note-se que a decisão sobre esse ponto é obrigatória. Facultado é escolher a mais adequada, motivadamente).

- Quase sempre a faculdade outorgada por lei ao juiz assume feição de dever, sendo questão que depende do ponto de vista.</td></tr>
</table>

CAPÍTULO 36
RECURSOS

36.1 Conceito

É o meio processual privativo da parte, voluntário e previsto em lei, com finalidade de reexame de decisão para viabilizar sua invalidação, reforma ou integração. É direito subjetivo público, que decorre da garantia de defesa e do direito de ação, com **função de controle**, fundamentando-se nos princípios da ampla defesa, do contraditório, do devido processo legal e do duplo grau de jurisdição.

A **voluntariedade** e a **taxatividade** são as características que conferem à nota recursal um instrumento processual, distinguindo-o de outros que, embora com finalidade similar, possuem natureza de incidente (meios de resolução de demandas repetitivas) ou de condição à eficácia de uma decisão (exemplo: recurso *ex officio*).

36.2 Dimensão irrenunciável do direito ao recurso

Dos fundamentos do recurso, a textura jurídica da ampla defesa permite inferir que aquele é inerente a esta. Nos termos do inciso LV, do art. 5º, da CF, são assegurados o contraditório e **ampla defesa**, com os meios e **recursos a ela inerentes**. Da sua localização constitucional, infere-se que a garantia ao recurso é **indisponível**.

Logo, o direito recursal não pode ser objeto de transação com o propósito de obstar o exercício uso antes mesmo da prolação da decisão, pois isso significaria **renúncia de direito fundamental**. Nesse sentido, o § 7º-B, do art. 4º, da Lei nº 12.850/2013, sublinha que são nulas de pleno direito, no termo de acordo de colaboração premiada, as previsões de renúncia ao direito de impugnar a decisão homologatória.

36.3 Legitimados à postulação recursal

Os legitimados ao recurso são os ordinários ou gerais, a exemplo do Ministério Público, do réu e do defensor; e os extraordinários ou especiais, tal como o assistente e, em dimensão menor, o sujeito processual adesivo que, em razão de **externalidades**, pode se inserir como legitimado.

Calha particularizar: a plataformização de direitos e a ampliação da subjetividade digital são aspectos que indicam que a pessoa jurídica que exercer a função de provedor na rede mundial de computadores tem legitimidade para impugnar decisões que interfiram no direito ao sigilo que, por lei, tem o dever de tutelar.

Corolária à ampla defesa é a admissão da postulação leiga recursal (art. 577, CPP), embora seja indispensável a defesa técnica, por defensor constituído, público ou dativo, para ofertar as razões da impugnação. Cuida-se de inexigibilidade de rigor formal à interposição de recursos perante o juiz singular, quer por petição recursal, quer por termo nos autos (art. 578, CPP).

Conquanto a órbita do direito à impugnação recursal pelo réu isoladamente (isto é, sem advogado) seja adstrita ao recurso em sentido estrito, à apelação e ao agravo em execução, entende-se cabível interpretação analógica para estendê-lo aos demais graus de jurisdição. Para tanto, as regras de intimação pessoal do réu devem receber hermenêutica ampliativa, com ênfase na prevalência do direito de quem desejar recorrer, nos casos de colidência de vontades entre a defesa constituída e a autodefesa.

36.4 Reexame necessário (recurso *ex officio*)

Na linha do que leciona José Carlos Barbosa Moreira, a remessa obrigatória, com duplo grau de jurisdição, tem em comum com os recursos o fato de acarretar "o prolongamento do processo, até que, não cabendo mais recurso algum, ocorra o trânsito em julgado".[1081]

O reexame necessário consiste em condição legal constitutiva de óbice à formação de coisa julgada e impositiva da realização de atos sequenciados tendentes ao controle do que decidido pelo órgão *a quo*. É impropriamente denominado de recurso de ofício (arts. 574; 746, CPP), cuja função é obstaculizar, incidentalmente e *ex lege*, o trânsito em julgado (art. 564, III, "n", CPP).

À exceção do caso de reexame necessário do indeferimento liminar de revisão criminal (art. 625, § 3º, CPP), que é demanda distinta e autônoma da ação penal condenatória, todos os demais casos de recurso de ofício foram instituídos contra o imputado.

São hipóteses de constitucionalidade duvidosa, em face de seu caráter anti-isonômico.

Deveras, o reexame necessário desequilibra a relação processual. É incompatível com os princípios da igualdade processual e da paridade e armas. Também conflita com a imparcialidade do órgão julgador que, a sua vez, termina por ter de rever todo o conteúdo do julgado recorrido, sem a existência de uma impugnação especificada pelo interessado. Por essas razões, o reexame de ofício colide com o princípio acusatório.

1081. MOREIRA, José Carlos Barbosa. *O novo processo civil brasileiro*: exposição sistemática do procedimento. 24. ed. Rio de Janeiro: Forense, 2006. p.8.

As hipóteses de duplo grau de jurisdição obrigatório, consignadas no direito positivo são encontradas em mais de um diploma normativo.

36.4.1 Hipóteses de reexame necessário no CPP

De acordo com o art. 574, do CPP, incisos I e II, os recursos serão voluntários, excetuando-se os seguintes casos, em que deverão ser interpostos, **de ofício**, pelo juiz:

(1) da sentença que conceder *habeas corpus*: a remessa necessária somente tem lugar quando o *writ* for deferido por juiz singular, de primeira instância. A hipótese não se aplica a casos julgados por tribunal;

(2) da sentença de absolvição sumária, proferida na primeira fase do rito do júri, isto é, que absolve desde logo o réu acusado de crime doloso contra a vida, com fundamento na existência de circunstância que exclua o crime ou isente o réu de pena. A previsão teria sido objeto de **revogação tácita**, em virtude da modificação integral do procedimento do júri pela Lei nº 11.689/2008;

(3) a teor do § 3º, do art. 625, do CPP, o relator que julgar insuficientemente instruída ação de **revisão criminal**, mediante **indeferimento liminar**, dará recurso ao respectivo órgão colegiado. Consiste na única e parca hipótese de recurso *ex officio favor rei*;

(4) consoante o art. 746, do CPP, da decisão de **concessão de reabilitação** (art. 743 a 750, CPP) haverá recurso de ofício.

36.4.2 Hipóteses de reexame necessário na legislação extravagante

De compasso com o art. 7º, da Lei nº 1.521/1951, os juízes recorrerão de ofício sempre nos casos de homologação de

arquivamento de inquérito policial ou de **decisão absolutória** por crimes contra a **economia popular** ou contra a **saúde pública**.

De outro lado, a Lei nº 12.016/2009, que disciplina a ação cível de mandado de segurança que, contudo, pode ser ajuizada com conteúdo criminal, preconiza, no § 1º, do seu art. 14, que uma vez concedida a segurança, a sentença estará sujeita obrigatoriamente ao duplo grau de jurisdição. Essa previsão de remessa necessária somente se aplica às decisões de primeiro grau de jurisdição, ou seja, contra sentença de juiz singular.

36.4.3 Controle da observância do duplo grau de jurisdição obrigatório

A legislação inclui o duplo grau de jurisdição obrigatório como um recurso peculiar, *sui generis*. Considerar o recurso *ex officio* inserido naquele invólucro, todavia, depende dos elementos selecionados para a composição do seu conceito.

Por exemplo, Nestor Santiago entende que o recurso de ofício é dotado de natureza jurídica recursal, porquanto, nas suas palavras, "o que importa para configurá-la é a oportunidade dada pela lei ao Estado-juiz de suscitar o reexame da sentença".[1082]

O recurso de ofício é providência que não se adequa ao **princípio da voluntariedade** dos recursos. Sua natureza recursal constitui **ficção jurídica**, na medida em que é tido por interposto independentemente de provocação ou da vontade da parte, operando tal qual um recurso (voluntário), a consequência de estender o rito (efeito dilatório-procedimental). A sua observância é indispensável ao advento do seu termo, ao fim e ao cabo, com a sedimentação de coisa julgada.

O art. 564, inciso III, alínea "n", do CPP, preconiza a nulidade pela falta da fórmula referente ao "recurso de ofício, nos

1082. SANTIAGO, Nestor Eduardo Araruna. Do recurso ex officio no processo penal. Belo Horizonte: Mandamentos, 2002. p.119-121.

casos em que a lei o tenha estabelecido". Conquanto existam críticas acerca do instituto, dada a sua similaridade com o viés fascista haurido do Código *Rocco* italiano, ainda permanecem em vigor, no plano textual, hipóteses que exigem a remessa necessária, com aplicação de **efeito devolutivo** *ex lege*.

O desacatamento do modelo estabelecido em lei para a incidência das regras sobre o recurso de ofício é classificado como nulidade absoluta. A produção de norma jurídica constitutiva da declaração de invalidação, no entanto, deve recair sobre a certidão de trânsito em julgado exarada indevidamente, em face do seu encerramento anormal.

36.5 Juízo de admissibilidade

Os pressupostos recursais, objetivos e subjetivos, constituem elementos da metodologia de controle de cognição das impugnações dessa natureza. Tem a função de filtro, necessário ao conhecimento metódico e organizado do conteúdo submetido a reexame. Em certa medida, os pressupostos podem se sobrepor aos princípios, às características ou aos efeitos dos recursos.

36.5.1 Pressupostos recursais objetivos

Os pressupostos recursais objetivos são:

(1) **previsão legal**, vinculada ao princípio da taxatividade recursal, com *nomen juris* estampado no direito positivo;

(2) **tempestividade**, relacionada ao princípio preclusivo, ao efeito dilatório-procedimental e ao seu correlato efeito obstativo da coisa julgada. Os prazos são os descritos na legislação (arts. 586; 593; 798, CPP), observadas regras especiais como:

(a) do assistente não habilitado: tem prazo de quinze dias para apelar das decisões do júri, contado após a expiração do lapso ministerial (art. 598, parágrafo único, CPP);

(b) da carta testemunhável: recurso de desobstrução, cujo prazo é computado em horas (arts. 639; 640, CPP);

(3) **motivação**, imbricado com a indesistibilidade recursal que rege o *Parquet* (art. 576, CPP) e com o respeito ao princípio da ampla defesa e indispensabilidade de defesa técnica. Em outros termos, a defesa do réu não pode ser simplesmente decorativa;

(4) **tipicidade procedimental**, considerada a necessidade de aderência às formalidades legais alusivas a cada recurso, com ênfase no dever do órgão judicial responsável pelo seu processamento (art. 575, CPP);

(5) **competência recursal**, aferida pela dicção constitucional ou legal. É questão de ordem pública que, se violada, ocasiona **déficit de validade** da decisão introdutora de norma individual e concreta no sistema;

(6) **sucumbência**, depreendida, objetivamente, da vantagem proporcionada pela interposição do recurso, em confronto com a verificação de encargo a ser suportado face à decisão recorrida (art. 577, parágrafo único). É, em certa medida, pressuposto híbrido, com conteúdo objetivo e subjetivo.

Além dos pressupostos recursais objetivos de ordem geral, nota-se, na linha de **jurisprudência defensiva**, a positivação de outros requisitos prévios e específicos, com função de circunscrever o exame do mérito de impugnações que chegam às barras dos tribunais, a exemplo:

(1) do **prequestionamento** da matéria: efetivo debate de um assunto, nas instâncias inferiores, para poder ser objeto de exame pelo STF (recurso extraordinário) ou pelo STJ (recurso especial) – arts. 941, § 3º; 1.025, CPC. Por

outro lado, o instituto previne julgamento *per saltum*, com supressão do juiz natural (originário ou recursal);

(2) da **repercussão geral**: aplicável restritamente ao recurso extraordinário (STF), é expressão de conteúdo um tanto vago, permitindo-se flanco aberto à discricionariedade para fechar seu significado, ainda que a legislação tenha lhe dado alguns contornos (art. 102, § 3º, CF; art. 1.035, § 1º, CPC)

36.5.2 Pressupostos recursais subjetivos

De outra vertente, os pressupostos recursais subjetivos são:

(1) **legitimidade**: cuida-se de relação de pertinência subjetiva com a pretensão recursal e correlata possibilidade de vantagem jurídica. Pode recorrer quem se qualificar como parte *lato sensu* (arts. 577; 271, CPP).

(2) **interesse**: enlaçado à sucumbência. Da pretensão recursal deriva a aferição do seu tríplice aspecto: necessidade, adequação e utilidade. Quanto ao Ministério Público, o seu interesse recursal, genérico, decorre de sua função de defensor da ordem jurídica (art. 127, CF).

36.6 Juízo de mérito

O julgamento do recurso pode ir além do degrau da admissibilidade e examinar o mérito constituído pelo seu pedido. O pedido é o mérito do recurso. Por exemplo: o pedido recursal de invalidação da sentença é mérito; igualmente, o pedido recursal de absolvição. Não se confunde com o juízo de admissibilidade que afeta as matérias processuais (preliminares) do próprio recurso. Por exemplo, é questão de inadmissibilidade recursal a intempestividade do recurso.

Em termos normativos, é possível se deparar com possibilidades diferentes, ligadas à demarcação dos pressupostos e do fato meritório. A delimitação condiciona a reação normativa (incidência). A norma individual e concreta é, sob essa visão, dúplice (**admissibilidade** e, consecutivamente, **mérito**).

De compasso com Carlos Cossio, a norma jurídica completa se bifurca em:

(1) **endonorma**: conceituação da prestação jurisdicional que, no caso de interposição recursal equivocada, propicia disjunção de possibilidades, diante da previsão do que é devido fazer; e

(2) **perinorma**: noção de sanção, para direcionar uma única resposta estatal, a depender das possibilidades derivadas da descrição da endonorma.[1083]

Nessa toada, a perinorma poderá se apresentar, no seio do juízo de admissibilidade ou do juízo de mérito dos recurso em geral, em conformidade com um dos seguintes quadros:

(a) conhecimento (total ou parcial) e não provimento (total);

(b) conhecimento (total ou parcial) e provimento (total ou parcial).

(c) não conhecimento (total).

36.7 Efeitos recursais

Como todo instituto jurídico, o recurso não foge à regra: de um lado, é consequência jurídica que decorre da prolação de decisão judicial, conjugada com a previsão legal de cabimento de recurso e com o ato de vontade da parte sucumbente; de outro, é fato a partir do qual se desenvolvem consequências

1083. COSSIO, Carlos. *La teoría egológica del derecho y el concepto jurídico de libertad*. 2. ed. Buenos Aires: Abeledo-Perrot, 1964. p.661.

jurídicas imediatas e mediatas. Encartados neste rótulo de possibilidades consecutivas, estão os efeitos recursais.

36.7.1 Efeito devolutivo

Expressão do *tantum devolutum quantum appellatum*, o efeito devolutivo designa a extensão da impugnação delimitada, como regra, na petição de interposição recursal ou, sendo esta aberta, sem demarcação, a devolução da matéria dependerá da extensão das razões do recurso.

36.7.2 Efeito suspensivo

Como regra, o recurso não suspende o curso do processo. O efeito suspensivo recursal, quando cabível, deve recair sobre a operatividade da decisão recorrida. No processo penal, algumas regras são expressa em afirmar a existência ou a inexistência de efeito suspensivo, tal como a do cabimento do agravo em execução penal (art. 197, CPP), que preconiza o seu recebimento sem efeito suspensivo (a ressalva de não aplicação do efeito suspensivo incide sobre o agravo contra a decisão que determina a liberação do internado submetido à medida de segurança, a teor do art. 179, LEP).

O princípio do estado de inocência indica o cabimento de aplicação do efeito suspensivo aos recurso contra as decisões condenatórias, em qualquer grau. A questão é controvertida. O art. 492, inciso I, alínea "e", do CPP, por exemplo, prevê prisão imediata das condenações do júri com penal igual ou superior a quinze anos, caso em que a apelação não teria efeito suspensivo.

Outrossim, invocando argumentos do processo civil, há entendimentos no sentido de que recurso especial e recurso extraordinário não têm efeito suspensivo, por ferirem somente matéria de direito. Essas questões, no entanto, são excedidas pelos mecanismos de controle das decisões em matéria criminal, sobre as quais incide o dever do Judiciário de conceder *habeas corpus ex officio*, tornando forçoso o exame de fato, ao menos nas hipóteses em que seja possível *in concreto*, a exemplo de decisões teratológicas.

36.7.3 Efeito regressivo

Há recursos que têm, em sua estrutura, a possibilidade de aplicação de juízo de retratação. É a lei que expressamente o diz ou o efeito é depreendido de sua própria natureza. O recurso em sentido estrito e o agravo em execução são exemplos de impugnações dotadas de efeito regressivo. Os embargos de declaração não teriam esse efeito; porém, é possível que o possuam na hipótese de contradição insuperável que implica a modificação do *decisum* (efeito infringente).

36.7.4 Efeito translativo

Consiste na possibilidade de um recurso outorgar reexame de questões não abrangidas nos fundamentos da interposição e nas razões recursais. O efeito translativo autoriza maior devolutividade, que excede em extensão o *tantum devolutum quantum apellatum*.

Jungido ao direito constitucional à ampla defesa e ao contraditório (art. 5º, LV, CF), a Súmula nº 160 do STF estatui que "é nula a decisão do tribunal que acolhe, contra o réu, nulidade não arguida no recurso da acusação, ressalvados os casos de recurso de ofício".

Há, no ponto, inovação no ordenamento jurídico, embora se cuide de interpretação consentânea com a outorga de maior eficácia a direito fundamental constitucional, mormente à coisa julgada e ao princípio do *ne bis in idem*. O STF construiu texto que atribui maior precisão para a construção de nulificação de decisões que mitigarem a coisa julgada para a acusação, sem impugnação específica do Ministério Público, do seu assistente ou do querelante.

Note-se que a redação do verbete sumular nº 160, do Pretório Excelso, é mais específica que a alínea "e", do inciso III, do art. 564, do CPP, que preconiza a ocorrência de nulidade quando houver falta de fórmula ou de termo relacionado à "citação do réu para ver-se processar, o seu interrogatório, quando presente, e os prazos concedidos à acusação e à defesa".

36.7.5 Efeito obstativo

Também conhecido como **efeito dilatório-procedimental**. A decisão impugnada por recurso que atende minimamente os seus pressupostos, não preclui ou não transita em julgado relativamente à porção do objeto da interposição. O recurso tem o efeito de óbice ao encerramento do procedimento, estendendo o processo. Daí ser efeito recursal impeditivo do trânsito em julgado.

Por outro lado, o acórdão *ad quem*, que resultar do julgamento do recurso, terá o condão de operar **substitutividade**, especialmente quanto ao mérito apreciado que poderá transitar em julgado em caso de decurso de prazo *in albis*.

Por exemplo, o **efeito obstativo** é depreendido do enunciado sumular nº 160, do STF: se o Ministério Público recorrer contra sentença absolutória e não levantar nulidade absoluta pela falta de interrogatório ou pela falta de concessão de prazos, não poderá o tribunal reconhecê-las de ofício, em face da preclusão em desfavor do *Parquet*. Indispensável seria a arguição explícita de nulidade absoluta por parte da acusação para que se operasse o efeito obstativo de coisa julgada (*rectius*: preclusão). Ausente a provocação, advirá impeditivo preclusivo disposto no indigitado texto sumular, ressalvadas às hipóteses de **reexame necessário** (art. 574, CPP), com o alcance de elementos não impugnados pelo *Parquet* (**efeito translativo**), mas alcançados pelo recurso de ofício.

Ainda podem ser visualizadas situações possíveis, conforme a direção da deliberação judicial:

(1) de um lado, se for reconhecida nulidade em afronta àquela disposição da Súmula, haverá vício sobre elemento essencial do ato de julgamento, notadamente quanto à necessidade de provocação, para a prestação jurisdicional. Dessa sorte, eivado de nulidade absoluta será o julgado do tribunal que tenha reconhecido, contra direito do réu, nulidade absoluta não arguida pelo Ministério Público;

(2) de outro, se o reconhecimento da atipicidade indicar favorabilidade ao imputado, a nulidade deve ser decretada, quando absoluta, mesmo diante da inexistência de impugnação específica.

36.7.6 Efeito extensivo

Situado em permeio aos efeitos translativo e obstativo, está o art. 580, do CPP, que estampa o efeito extensivo. Há possibilidade de aproveitamento dos efeitos de um recurso interposto por um acusado em favor de um corréu que não haja recorrido, excepcionando a **pessoalidade** dos recursos e a **intranscendência** (aspectos derivados do **princípio da eficácia recursal *favor rei***), mormente diante de situação de fato (e de provas) incindível. A teor do citado dispositivo, no caso de concurso de agentes, "a decisão do recurso interposto por um dos réus, se fundado em motivos que não sejam de caráter exclusivamente pessoal, aproveitará aos outros".

36.8 Pontos comuns ao trâmite dos recursos

O direito positivo descreve eixos e articulações que tem incidência geral, ainda que o enunciado seja dirigido, originariamente, a um caso particular. São os dispositivos que possuem a função de preencher lacunas; ou melhor, tem o propósito pragmático de concretizar um princípio em sentido estrito.

36.8.1 Comunicação processual antes de formada relação jurídica processual

É expressão do princípio da ampla defesa e do contraditório o teor do verbete nº 707, da Súmula, do STF. Transcendendo a natureza do processo como relação jurídica, foi estabelecido o entendimento de que "constitui nulidade a falta de intimação do denunciado para oferecer contrarrazões ao recurso interposto da rejeição da denúncia, não a suprindo a nomeação de defensor dativo".

A razão de ser da necessidade de intimação do imputado que não foi citado, sem integrar formalmente a relação jurídica processual, é de três ordens:

(1) a primeira consiste em que, boa parte das vezes, o denunciado tem ciência da investigação preliminar, quando ouvido no inquérito policial, e pretende ver encerrada a persecução penal estatal;

(2) a segunda decorre de que a persecução penal, independentemente da fase em que se encontre, representa séria ameaça à liberdade do imputado, ferindo sua dignidade e expondo-o ao *streptus judicii*;

(3) a terceira é a ótica estrutural (sintática) de existir processo a partir do ajuizamento da ação penal (arts. 41; 395, CPP), isto é, haverá processo com o direcionamento do pedido condenatório ao juiz. Nessa senda, o recebimento da inicial constitui exaurimento da feição objetiva do processo, e a citação, o aspecto igualmente procedimental, mas subjetivo, que se refere ao aperfeiçoamento da relação jurídica processual penal (art. 363, CPP).

É indeclinável o dever de assegurar a notificação do denunciado para fins de apresentação de contrarrazões ao recurso aviado pelo Ministério Público contra a rejeição da denúncia. No escólio de Rogério Lauria Tucci, é expressão da garantia da ampla defesa, "uma das exigências em que se substancia o *due process of law*".[1084] Sem embargo, há uma zona cinzenta relativamente à necessidade de **intimação dúplice** (isto é, do denunciado e do seu defensor), com o objetivo do denunciado apresentar contrarrazões ao recurso do órgão ministerial.

A disposição sumular preconiza a necessidade de sua intimação pessoal, não bastando a nomeação de defensor dativo. Nem sempre o imputado será localizado, podendo ser necessária intimação por edital. Por outro lado, a defesa técnica é sempre necessária para a oferta de contrarrazões. A postulação leiga do acusado é aplicada aos casos de interposição da petição recursal. Ademais, a peça de resposta ao recurso não tem a natureza essencial como a das razões.

Esses argumentos podem sugerir ser caso de nulidade relativa, a ausência de apresentação de contrarrazões pelo denunciado, notadamente porque a exigência é anterior ao ato citatório. Entrementes, está em jogo elemento essencial do recurso, que é a motivação, bem como a regra visa a garantir o princípio da defesa ampla. Daí se inserir na categoria de **nulidade absoluta**.

A decisão de rejeição da denúncia ocorre, como regra, antes mesmo do denunciado constituir advogado (art. 395, CPP). Daí a menção, do texto sumular nº 707, do STF, ao não suprimento da falta de intimação do próprio imputado, diante da resposta apresentada por advogado dativo sem contato com aquele. Ademais, é dotada de relevância a ciência do próprio denunciado, para poder ser entrevistado, previamente, pelo defensor (art. 8, item "2", alínea "d", Pacto de São José da Costa Rica).

Formalmente, não há, antes da citação, litigantes em sentido estrito (litígio, lide, pretensão resistida), momento em que a denúncia poderá ser fulminada em seu nascedouro pelo juiz singular. Esse é o argumento para sustentar a acidentalidade

---

1084. TUCCI, Rogério Lauria. Direitos e garantias individuais no direito processual penal brasileiro. 4. ed. São Paulo: RT, 2011. p.154.

da peça de contrarrazões e da intimação pessoal do denunciado, quando o ato vergastado pelo *Parquet* é a decisão de rejeição da petição inicial. Se a hipótese sob análise for entendida como **nulidade relativa**, somente não incidirá invalidação do processamento recursal se evidenciada a inexistência de prejuízo a direito fundamental ou a falta de alegação oportuna.

Em certa medida, o critério utilizado para se aplicar a disposição, como nulidade relativa, é assimilável à noção de **relevância típica**, informada por Giovanni Conso, dentro da perspectiva do direito italiano. Os casos de nulidade processual penal se distinguem uns dos outros em razão das diferenças de seus requisitos elementares. O processualista ajunta a esse aspecto, denominado de "composição do regime do ato", também as peculiaridades dos efeitos que lhe são ligados.[1085]

36.8.2 Comunicação processual da designação do julgamento recursal

O vício processual concernente à ausência de publicação para fins de intimação do advogado do paciente, para o julgamento de ação de *habeas corpus* por tribunal, atinge **ato acidental**, considerando-se situação em que o provimento requestado tenha sido concessivo, isto é, quando, no interesse da defesa, for dada maior eficácia ao direito fundamental. Nesse contexto, advirá **nulidade relativa**, pela falta de intimação referida no verbete nº 431, da Súmula, do STF.

Como o *writ* constitucional deve ter prioridade referentemente a qualquer outra ação, em face da urgência da pretensão atinente ao direito de liberdade restringido ou ameaçado, não se deve perder tempo com a publicação da pauta quando se avizinha a próxima sessão de julgamento do órgão colegiado para fins de inclusão daquele processo.

1085. CONSO, Giovanni. *I fatti giuridici processual penali*: perfezione ed eficácia. Milano: Giuffrè, 1955. p.150 (tradução livre).

Se houver demora, indevida de todo modo, deve ser publicada a pauta com inserção dos processos de *habeas corpus*. Também será indispensável a comunicação do julgamento quando a decisão puder, em tese, ser denegatória. Nesses casos, haverá nulidade absoluta, com o alijamento do teor final do enunciado nº 431, da Súmula, do STF.

Por outro lado, tratando-se de recurso tendente a reverter condenação do acusado, a falta de intimação da pauta de julgamento ofende gravemente a garantia do contraditório e da **defesa ampla**, com os meios e recursos **a ela inerentes**. Nesta espécie, o vício deve ser classificado como nulidade absoluta.

Vale notar, contudo, que, a depender do conteúdo da decisão objeto do recurso, a omissão da intimação do recorrido pode implicar convalidação (operada no consequente normativo), com a incidência de **regra de calibração**, quando o resultado lhe for favorável.

Veja-se que não se trata de nulidade cominada pelo rol do art. 564, incisos I, II ou III, do CPP, tal como no caso da omissão da publicação da inclusão de julgamento de recurso em sentido estrito contra decisão que tenha rejeitado a denúncia (art. 581, I, CPP). Se o acórdão confirmar o não recebimento da petição inicial, a convalidação dos efeitos do ato viciado terá lugar sobre a apódose normativa (norma secundária). Ao cabo, confere-se eficácia ao princípio *favor rei*.

36.9 Recursos criminais positivados no ordenamento jurídico

Os recursos interponíveis em matéria criminal estão positivados em três espécies de fontes jurídicas: (1) na Constituição, a exemplo do recurso extraordinário; (2) no CPP, em sua maior parte, tal como a carta testemunhável; (3) em outras leis, criminais ou não criminais, *verbi gratia*, o agravo em execução penal (tipificado na LEP) e os embargos de divergência (disciplinados no CPC).

36.9.1 Recurso em sentido estrito

Consiste no primeiro recurso regulado no CPP, caracterizado pela taxatividade, aferida pelo catálogo extenso de hipóteses recursais (art. 581, CPP), que se reportam, sem liame de sistematicidade, a decisões que "são meramente interlocutórias simples, outras interlocutórias com força ou mesmo definitivas", em compasso com a percepção de Marcellus Polastri Lima.[1086]

O recurso em sentido estrito é regido pelo cânone da especialidade, designada pelo seu cabimento no sentido estrito. É dotado de efeito regressivo (juízo de retratação), traço que lhe é marcante, conforme pontua Fauzi Hassan Choukr.[1087] O efeito suspensivo somente incidirá nos casos expressos (art. 584).

É recurso interponível por petição ou oralmente (por termo nos autos), perante o juízo de primeiro grau (prolator da decisão), no prazo geral de cinco dias (art. 586), com apresentação de razões e de contrarrazões consecutivamente após a devida notificação, no prazo de dois dias (art. 588). O seu julgamento caberá ao tribunal *ad quem* (art. 582 – TJ ou TRF), para o qual os autos serão remetidos com ou sem a apresentação de resposta pelo recorrido (art. 589, CPP).

Das suas hipóteses de cabimento, são exemplos as decisões judiciais de: (1) não recebimento da denúncia ou a queixa; (2) incompetência do juízo; (3) procedência das exceções, salvo a de suspeição; (4) pronúncia; (5) deliberação sobre questões relacionadas à fiança; (6) extinção da punibilidade; (7) julgamento de *habeas corpus* por juiz singular de primeiro grau (não contra as decisões de tribunal!); (8) nulidade do processo da instrução criminal, no todo ou em parte; (9) não recebimento da apelação; (10) suspensão do processo, em virtude de questão prejudicial; (11) recusa de homologação à proposta de acordo de não persecução penal do art. 28-A, do CPP.

1086. LIMA, Marcellus Polastri. *A prova penal*: de acordo com a reforma processual penal. 3. ed. Rio de Janeiro: Lumen Juris, 2009. p.1139.

1087. CHOUKR, Fauzi Hassan. *Iniciação ao processo penal*. Florianópolis, 2017. p.684.

Cabe frisar que os casos do art. 581, do CPP, com previsão do recurso em tela contra decisões que se reportam a incidentes da execução penal estão revogados tacitamente (interpretação), e desafiam **agravo em execução** (art. 197, LEP) que, à míngua de procedimento específico, segue o rito do recurso em sentido estrito, por analogia.

De outro giro, o recurso em sentido estrito capitulado no inciso XIV, do art. 581, é exceção à sua natureza jurisdicional: cuida-se de impugnação dirigida contra decisão de inclusão ou exclusão de jurado da lista geral anual. Seu prazo é de vinte dias. Considerando suas peculiaridades e a possibilidade de confronto com outro meio controle sobre a lista anual de jurados, cumpre distinguir:

(1) a **reclamação de qualquer do povo**, deve ser dirigida contra a lista geral anual provisória, até o momento que antecede a publicação da definitiva. É julgada pelo juiz presidente do tribunal do júri (art. 426, § 1º, CPP);

(2) o **recurso em sentido estrito** do inciso XIV, do art. 581, do CPP, deve ser interposto, no prazo de vinte dias (art. 586, parágrafo único, do CPP), contra a lista geral anual definitiva. É julgado pelo presidente do tribunal *ad quem* (art. 582, parágrafo único, CPP).

36.9.2 Apelação

A apelação criminal tem, como regra, sua sede no CPP. Nas palavras de Gustavo Badaró, "a apelação é o recurso ordinário por excelência, visando à reapreciação da matéria de fato e de direito. É cabível, inclusive, quando houver provas novas". Tem por escopo corrigir "*error in iudicando* (reforma da decisão) ou *error in procedendo* (anula a decisão)".[1088]

1088. BADARÓ, Gustavo Henrique. *Processo penal*. 3. ed. São Paulo: RT, 2015. p.492.

É recurso interponível por petição ou oralmente (por termo nos autos), no prazo de cinco dias, com as sucessivas notificações para apresentação de razões e de contrarrazões em oito dias (regra geral) ou em três dias (se procedimento sumário ou sendo a parte assistente – art. 600).

Como leciona Fauzi Hassan Choukr, "a interposição da apelação gera a suspensão da decisão de mérito, o que implica ser inviável o exercício de qualquer 'execução provisória'". E complementa: "a manutenção da necessidade cautelar precisa ser avaliada para que a pessoa permaneça presa durante a tramitação recursal".[1089]

Com efeito, a apelação tem efeito suspensivo quando dirigida contra decisão penal condenatória (princípio da presunção de inocência) e não o tem se apresentada contra sentença absolutória. Não tem, no entanto, efeito regressivo (juízo de retratação). Há expressa previsão de que as razões da apelação possam ser apresentadas, se houver requerimento neste sentido, na instância *ad quem* (arts. 600, § 4º; 601).

As hipóteses de cabimento são distribuídas em três eixos (art. 593): (1) contra sentença que absolve ou condena o réu (inciso I); (2) contra decisão definitiva ou com força de definitiva (hipótese aberta de apelação genérica – inciso II); (3) contra as decisões do Tribunal do Júri (inciso III), quando (a) ocorrer nulidade posterior à pronúncia, (b) a sentença do juiz-presidente for contrária à decisão dos jurados ou à lei expressa, (c) houver erro ou injustiça no tocante à aplicação da pena ou da medida de segurança e (d) a decisão dos jurados for manifestamente contrária à prova dos autos.

Relevante frisar, de outra banda, que recurso com o mesmo nome de apelação consta na Lei nº 9.099/1995, porém com regramento distinto. Interponível, perante o juiz de primeiro grau, exclusivamente por petição, no prazo de dez dias, com razões inclusas e resposta no mesmo prazo, tem seu regramento

---

1089. CHOUKR, Fauzi Hassan. *Iniciação ao processo penal*. Florianópolis, 2017. p.680.

previsto em seu art. 82 e parágrafos. É também mencionado no § 5º, do seu art. 76, sendo cabível contra as sentenças que: (1) homologam transação penal; (2) indeferem a denúncia ou queixa-crime; e (4) deliberam sobre o mérito, extinguindo a punibilidade, absolvendo ou condenando o acusado no âmbito dos juizados especiais criminais. Seu julgamento é de competência da respectiva turma recursal.

36.9.3 Embargos infringentes e de nulidade

É recurso manejável exclusivamente em favor do réu que, sob o mesmo *nomen juris* no CPP, possui dois vetores de interposição contra decisões majoritárias que causem gravame ao réu: um que deve ser oposto contra capítulo da decisão que tenha enfrentado questões de admissibilidade recursal e, outro, que se dirige contra o mérito do acórdão impugnado.

Eugênio Pacelli e Douglas Fischer questionam a razão pela qual a lei fala em embargos infringentes e de nulidade. E são assertivos ao enfatizar que "há um sentido jurídico. Estando em pauta divergência no acórdão acerca do mérito do processo", haverá, tecnicamente, somente embargos infringentes. Porém, "se a divergência disser respeito a nulidades – portanto, a questões processuais –, será hipótese de embargos de nulidade".[1090]

Decerto os embargos infringentes e de nulidade contemplam, em uma única fonte jurígena recursal, dupla hipótese de cabimento (art. 609, parágrafo único), em conformidade com a natureza meritória (embargos infringentes) ou processual (embargos de nulidade) da decisão majoritária desfavorável ao acusado. Por exemplo, são cabíveis embargos infringentes contra acórdão com decisão majoritária de condenação, proferido por órgão colegiado, com voto vencido no sentido absolutório; e caberão embargos de nulidade se a decisão tomada

1090. PACCELI, Eugênio; FISCHER, Douglas. *Comentários ao Código de Processo Penal e sua jurisprudência*. 5. ed. São Paulo: Atlas, 2013. p.1212.

por maioria se reportar à questão processual, acolhendo a preliminar de intempestividade do recurso do réu.

É recurso interposto por petição, com razões inclusas, no prazo de dez dias, seguido de contrarrazões no mesmo prazo, em homenagem ao contraditório. Sua fundamentação é vinculada ao objeto sobre o qual divergiram os membros do tribunal, tomando-se como parâmetro o voto vencido. No escólio de Alexandre Morais da Rosa, os embargos infringentes e de nulidade "é recurso exclusivo da defesa e oponível contra a decisão desfavorável ao acusado, não unânime" (em sede de apelação, de recurso em sentido estrito e de agravo em execução), proferida por órgão de segunda instância. Por outro prisma, "não cabe nas hipóteses de *habeas corpus*, revisão criminal ou mandado de segurança, porque são consideradas demandas impugnativas autônomas". Além do mais, "tem efeito regressivo e suspensivo; se houver empate, prevalece a decisão mais favorável ao acusado".[1091]

O parágrafo único, do art. 41-A, da Lei nº 8.038/1990, e o § 1º, do art. 615, do CPP, na redação da Lei nº 14.836/2024, explicita a cogente aplicação do princípio *favor rei* em qualquer julgamento colegiado de natureza criminal, prescrevendo que prevalecerá a decisão mais favorável ao indivíduo imputado nos casos de empate, fazendo incidir, de forma cogente, o dever jurídico do órgão judicial de proclamar imediatamente o resultado, mesmo diante de hipótese de vaga aberta de membro, pendente de preenchimento, por impedimento ou suspeição, ou ausente por qualquer motivo. Vale dizer, completado o *quorum* exigido – de maioria absoluta –, a deliberação em *pro reo* deve ser anunciada sem demora quando do empate na votação, ainda que o julgamento seja tomado sem a totalidade dos integrantes que deveriam estar presentes.

No STF, somente são cabíveis embargos infringentes (não os de nulidade!), conforme seu Regimento Interno (art. 334,

1091. ROSA, Alexandre Morais da. *Guia do processo penal conforme a teoria dos jogos*. 5. ed. Florianópolis: EMais, 2019. p.888.

RISTF), contra decisão desfavorável ao réu que contenha, em seu favor, o número de votos no sentido absolutório próprio (não no sentido impróprio, de aplicação de medida de segurança!), proporcionalmente ao número de membros do órgão julgador (art. 333, parágrafo único, RISTF). Por exemplo, se os embargos infringentes, perante o STF, forem dirigidos contra decisão do pleno em sua composição completa, são necessários quatro votos absolutórios em sentido próprio (ausente um membro do STF, bastarão três votos favoráveis ao réu); contra deliberação de turma, precisam-se de dois votos naquele sentido *favor rei* (ausente um dos ministros, será suficiente um voto para atender ao parâmetro regimental). Cabível, portanto, o recurso sob análise, em matéria criminal, contra *decisum* da Suprema Corte que: (1) julgar procedente a ação penal originária; (2) julgar improcedente a revisão criminal; e (3) em recurso criminal ordinário, for desfavorável ao acusado (art. 333, I, II V, RISTF).

36.9.4 Embargos de declaração

Os embargos de declaração são oponíveis contra decisão que contiver omissão, contradição, obscuridade ou dúvida. No exemplo de Damásio de Jesus, o tribunal pode sanar uma omissão ou esclarecer uma ambiguidade: "imagine-se réu condenado por dois delitos que apele da sentença, vindo o tribunal, por omissão, a apreciar somente um deles. Opostos e recebidos, deve proceder-se à continuidade do julgamento, decidindo-se a respeito do segundo delito".[1092]

Trata-se de recurso de tramitação linear que consiste em prolongamento do julgamento, à medida em que a decisão dos embargos tem o efeito de integrar a que foi embargada. Uma vez opostos, os embargos de declaração interrompem o prazo para o recurso consecutivo, devolvendo às partes, conforme o caso, a integralidade do lapso legal.

1092. JESUS, Damásio E. de. *Código de processo penal anotado*. 10. ed. São Paulo: Saraiva, 1993. p.412.

São três as fontes legais de cabimento dos aclaratórios em matéria penal: (1) o art. 382, do CPP, que prevê sua oposição, no prazo de dois dias, contra sentença do juiz de primeiro grau; (2) o art. 619, do CPP, que faculta sua apresentação, também no prazo de dois dias, contra acórdão de tribunal; (3) o art. 83, da Lei nº 9.099/1995, que preconiza o prazo de cinco dias para sua oposição contra decisão proferida no âmbito dos juizados especiais criminais (juiz ou turma recursal). Os embargos de declaração não se destinam a modificar a decisão embargada, salvo excepcional efeito modificativo que decorrer, necessariamente do seu acolhimento para sanar omissão ou contradição.

36.9.5 Carta testemunhável

Encravada no art. 639, inciso I, do CPP, a carta testemunhável tem aplicação subsidiária e não tem rito autônomo (art. 645, CPP). É recurso excepcional, apenas cabível quando inexistente outro e dentro dos lindes de sua previsão legal.

Como noticiam Ada Pellegrini Grinover, Antonio Magalhães Gomes Filho e Antonio Scarance Fernandes, "a carta testemunhável é de origem lusitana, encontrando similar no direito inglês, com o '*writ* de procedendo'". Deveras, "tratava-se de instrumento útil para obviar os graves problemas decorrentes de os juízes se ocultarem para não receber os recursos ou de determinarem aos escrivães que não lhes dessem andamento".[1093]

Tal como o agravo regimental (agravo inominado ou agravo interno – arts. 618; 625, § 3º; 638, CPP), a carta testemunhável é um recurso de destrancamento por excelência, **sem efeito suspensivo**. Tem cabimento contra decisão que:

(1) denegar o recurso, ou seja, que não receber a impugnação interposta, perante o juiz singular de origem;

1093. GRINOVER, Ada Pellegrini; GOMES FILHO, Antonio Magalhães; FERNANDES, Antonio Scarance. *Recursos no processo penal*. 6. ed. São Paulo: RT, 2009. p.159.

(2) admitindo embora o recurso, criar obstáculo à sua expedição e seguimento ao juízo *ad quem*.

Diferentemente, "quando a decisão denegar o recurso de apelação, caberá recurso em sentido estrito (art. 581, XV, CPP), e não carta testemunhável", como pontuam Pedro Henrique Demercian e Jorge Assaf Maluly.[1094] Deveras, carta testemunhável é subsidiária e cede à previsão específica.

De todo modo, é indispensável a ciência efetiva da decisão para que tenha início o curso do prazo recursal de quarenta e oito horas, apesar da atecnia do art. 640, do CPP. Após processada, com respeito ao contraditório perante a instância *a quo*, a carta será entregue ao requerente (art. 641, CPP) e, em seguida, por este protocolada perante o órgão recursal competente para julgá-la (art. 643; 644, CPP).

Haverá nulidade absoluta quando não for inserida a carta testemunhável na pauta de julgamento. Decerto, é necessária obediência às regras de publicação do dia da sessão correspondente para o seu exame (art. 639, I, CPP). Caso contrário, incidirá nulidade absoluta. Não ocorrerá atipicidade, porém, se, por exemplo, a inadmissão do recurso contra a qual se interpôs a carta incorrer em evidente intempestividade, a exemplo de ter sido apresentado depois de seis meses da intimação válida do réu e do seu defensor.

Além da intempestividade, outro exemplo seria a manifesta inadequação da carta testemunhável, diante de outro recurso arrolado no direito positivo. Seria o caso da carta testemunhável interposta contra decisão que não recebeu o recurso de apelação (arts. 416; 593, CPP). O recorrente teria inobservado, de forma grave, o art. 581, inciso XV, do CPP, que prevê o recurso em sentido estrito.

Nesses casos, não haverá ferimento ao direito à defesa ampla ou ao contraditório (art. 5º, LV, CF), passível de reparo. A

1094. DEMERCIAN, Pedro Henrique; MALULY, Jorge Assaf. *Curso de processo penal*. 9. ed. Rio de Janeiro: Forense, 2014. p.721.

inadmissibilidade da carta, uma vez preclusa, terá chancelado o trânsito em julgado ou preclusão da decisão ou sentença impugnada pelo recurso trancado na origem de forma devida.

36.9.6 Recurso ordinário constitucional

O recurso ordinário se subdivide em três espécies recursais. De acordo com o texto constitucional, o recurso ordinário poderá ser interposto contra decisões em sede de mandado de segurança, de *habeas corpus* e de ação penal condenatória por crime político. No entanto, as fontes jurídicas se dividem conforme a competência da corte de seu julgamento.

Ao STF, a teor do art. 102, inciso II, da CF, compete julgar, em recurso ordinário, referentemente à matéria penal: (1) o *habeas corpus* decidido em única instância pelos tribunais superiores, se denegatória a decisão (prazo de cinco dias); (2) o mandado de segurança, igualmente decidido em única instância pelos tribunais superiores, se denegatória a decisão (prazo de quinze dias); e (3) o crime político, cuja sentença é de competência do juiz federal, em ação penal condenatória (prazos e rito da apelação criminal – art. 593 *et seq*, CPP; art. 109, IV, CF).

Correlatamente, ao STJ, compete julgar, nos termos do art. 105, inciso II, da CF, em recurso ordinário, restritamente à matéria criminal: (1) os *habeas corpus* decididos em única ou última instância por TRF ou TJ, quando a decisão for denegatória (prazo de cinco dias, como avivado por Denilson Feitoza[1095]); (2) os mandados de segurança decididos em única instância por TRF ou TJ, quando denegatória a decisão (prazo de quinze dias).

Como se depreende da primeira hipótese da competência do STJ, descrita no art. 105, inciso II, alínea "a", e observada por Eugênio Pacelli, o especial consiste em "recurso para reapreciação da matéria veiculada em habeas corpus julgado

---

1095. FEITOZA, Denilson. *Direito processual penal*: teoria, crítica e práxis. 6. ed. Niterói: Impetus, 2009. p.1107.

nas instâncias inferiores, seja em processos de competência originária, seja da competência recursal daqueles tribunais (TJ, TRF)".[1096]

36.9.7 Embargos de divergência

Positivado no art. 1.043, do CPC, os embargos de divergência são aceitos em questões criminais, por analogia (art. 3º, do CPP), considerando a natureza conflitante de decisões colegiadas, de órgãos julgadores do mesmo tribunal, em sede de recurso especial e extraordinário. Com prazo de quinze dias, serão cabíveis embargos de divergência, em duas situações de julgamento de recurso extraordinário ou especial: (1) quando houver divergência relativamente a qualquer outro órgão do mesmo tribunal, sendo os acórdãos, embargado e paradigma, de mérito; e (2) se ocorrer divergência referentemente a qualquer outro órgão do mesmo tribunal, sendo um acórdão de mérito e outro que não tenha conhecido do recurso, embora tenha apreciado a controvérsia.

36.9.8 Recurso especial

Consiste em recurso positivado na Constituição, a ser interposto das decisões dos tribunais que colidam com o direito positivo infraconstitucional, no prazo de quinze dias. Submete-se a duplo juízo de admissibilidade. O primeiro, pela presidência do tribunal *a quo* (realizado pelo presidente ou pelo presidente do TJ ou TRF). Se inadmitido o especial na origem, será interponível **agravo em recurso especial**. Tem a relevante função de "meio de controle difuso da constitucionalidade das leis", consoante anota Eugênio Pacelli.[1097]

1096. PACELLI, Eugênio. *Curso de processo penal*. 18. ed. São Paulo: Atlas, 2014. p.995.

1097. PACELLI, Eugênio. *Curso de processo penal*. 18. ed. São Paulo: Atlas, 2014. p.1004.

O recurso especial é endereçado ao STJ, que tem a competência para julgá-lo quando interposto contra decisão tomada, em única ou última instância, pelos Tribunais Regionais Federais ou pelos tribunais dos Estados, do Distrito Federal e Territórios. Além dos pressupostos gerais de admissibilidade, o cabimento do recurso especial exige que a decisão recorrida: (1) contrarie tratado ou lei federal, ou negue-lhes vigência; (2) julgue válido ato de governo local contestado em face de lei federal (apesar dessa hipótese aparentar-se impertinente à matéria criminal, não é impossível, por exemplo, que um ato do governo local afete a administração penitenciária e, por consequência, direitos dos apenados em conflito com a LEP); (3) der a lei federal interpretação divergente da que lhe haja atribuído outro tribunal. Como aviva Renato Marcão, "para que se possa alegar dissídio jurisprudencial é imprescindível que a decisão confrontada tenha trânsito em julgado", sem o que não será cabível o recurso especial fundado na alínea "c"[1098] (art. 105, III, "a", "b", "c", CF).

Para que o recurso especial seja admitido, devem ser exauridas as possibilidades de recurso perante o tribunal *a quo*, nos termos da disposição sumular nº 207, do STJ. O prazo para interposição de recurso especial em matéria criminal é de quinze dias, tomando-se por analogia a legislação processual civil (art. 3º, CPP).

O recurso especial e o recurso extraordinário são recursos com estrutura similar e com vários pontos de contato. A positivação na CF pode se dizer espelhada. Na tramitação, pode haver relação de prejudicialidade entre um e outro, notadamente quando um capítulo do acórdão se sobrepõe quanto à incompatibilidade com a Lei Federal e a Constituição. Aury Lopes Júnior esclarece que quando, "antes de se violar uma norma constitucional, há o descumprimento direto de um dispositivo infraconstitucional, a tendência é a discussão encerrar-se em

1098. MARCÃO, Renato. *Curso de processo penal*. São Paulo: Saraiva, 2014. p.1064.

sede de recurso especial", máxime se o vitupério à Constituição é oblíquo ou deriva de interpretação de princípio.[1099]

36.9.9 Recurso extraordinário

Resgatando o aspecto histórico dos recursos extraordinário e especial, que têm como parâmetro matéria de direito (constitucional e infraconstitucional, respectivamente), importante trazer à baila o magistério de José Frederico Marques. O jurista rememora que "o recurso extraordinário remédio análogo ao *writ of error* do direito americano, foi instituído para garantir a supremacia da Constituição e das leis federais, através do Supremo Tribunal Federal".[1100] No período reportado, o STF enfeixava os poderes que, atualmente, estão repartidos com o STJ, enquanto recursos que têm, no dizer de Sérgio Rebouças, "a finalidade de resguardo à higidez do sistema, pela garantia de efetividade e da uniformidade de interpretação do direito federal".[1101]

Decerto, conforme o direito vigente, ao STF é cabível recurso extraordinário contra decisões de tribunais que, em sentido amplo, firam direito de *status* constitucional. Passa pelo filtro de duplo juízo de admissibilidade: (1) perante a presidência do tribunal prolator da decisão recorrida (se inadmitir o extraordinário, será cabível **agravo em recurso extraordinário**); e (2) se admitido for, perante a Corte Suprema (juízo de admissibilidade pelo relator e, na sequência, pelo órgão colegiado).

A sua admissibilidade está subordinada ao requisito da repercussão geral das questões constitucionais discutidas no

1099. LOPES JR, Aury. *Direito processual penal*. 16. ed. São Paulo: Saraiva, 2019. p.1080.

1100. MARQUES, José Frederico. *Elementos de direito processual penal*: volume IV. 2. ed. Campinas: Millennium, 2003. p.374.

1101. REBOUÇAS, Sérgio. *Curso de direito processual penal*: volume 2. 2. ed. Belo Horizonte: D'Plácido, 2022. p.663.

caso (art. 102, § 3º, CF), além dos pressupostos gerais e específicos fixados no direito positivo. Ademais, como pontifica Alexandre Morais da Rosa, para a interposição de recurso extraordinário, é necessário, assim como no especial, que a instância seja esgotada.[1102]

O art. 102, inciso III, da CF, prescreve competir à Suprema Corte julgar, mediante recurso extraordinário, as causas decididas em única ou última instância, quando a decisão recorrida: (1) contrariar dispositivo constitucional; (2) declarar a inconstitucionalidade de tratado ou lei federal; (3) julgar válida lei ou ato de governo local contestado em face da Constituição. (4) julgar válida lei local contestada em face de lei federal. No acórdão recorrido, deve constar capítulo definidor do julgamento que colida com um desses parâmetros. Em compasso com a Súmula nº 602 do STF, nas causas criminais, o prazo de interposição de recurso extraordinário é de dez dias. No entanto, sem declarar expressamente o cancelamento do enunciado sumular, decisões da Corte Suprema têm deliberado pelo prazo de quinze dias para a interposição do extraordinário, nos termos da legislação processual civil (art. 2º, CPP).[1103]

36.9.10 Agravo regimental

O agravo em epígrafe é recurso que tem a função de conferir eficácia ao princípio da colegialidade. É interponível contra decisão monocrática (proferida por membro de órgão colegiado), em regra, no prazo de cinco dias, aplicável em matéria criminal na senda de corredio entendimento jurisprudencial.[1104] Como todo recurso, deve ser observada a dialeticidade (ampla defesa), com notificação da parte contrária para

---

1102. ROSA, Alexandre Morais da. *Guia do processo penal conforme a teoria dos jogos*. 5. ed. Florianópolis: EMais, 2019. p.888.

1103. STF – Pleno – ARE 1461942 AgR – Rel. Min. Luís Roberto Barroso – DJe 07 dez. 2023.

1104. STF – Pleno – ADI 6298/DF – Rel. Min. Luiz Fux – 24 ago. 2023.

apresentar suas contrarrazões, e encaminhamento da questão a julgamento pelo órgão pleno ou fracionário competente. Por essa razão, o agravo regimental é recurso de destrancamento, conduzindo ao processamento do recurso obstado pela negativa de seguimento ou pelo julgamento monocrático.

36.10 Aplicação a caso concreto

O STF afastou a alegação de repercussão geral relativa à controvérsia sobre suposta violação aos princípios do contraditório, da ampla defesa (art. 5º, LV, CF), dos **limites da coisa julgada** (art. 5º, LVII, CF; art. 315, § 2º, CPP) e do devido processo legal (art. 5º, LIV, CF), em razão de depender de prévia análise da aplicação de disposições infraconstitucionais.

Invocando esse precedente (Tema-RG 660), a Corte Suprema frisou que sua jurisprudência "é firme no sentido da inexistência de repercussão geral da discussão acerca dos pressupostos de admissibilidade de recursos de competência de Cortes diversas, por não se tratar de matéria constitucional" (Tema-RG 181).[1105]

Trata-se de filtro de admissibilidade de recursos, em conjunto com a incidência de pressupostos objetivos específicos ao recurso extraordinário, na camada do seu juízo de prelibação.

Essa ideia conflita com os fundamentos de ampliação das chances da defesa nos casos de recurso com conteúdo penal.

36.11 Conclusão e próximo capítulo

O sistema de controle do processo penal tem, como um dos seus instrumentos centrais, o recurso, com estruturação em teoria e em espécies recursais. As impugnações recursais situadas na Constituição compõem a sintática da ampla

1105. STF – Segunda Turma – HC 228454 AgR – Rel. Min. Gilmar Mendes – DJe 21 ago. 2023.

defesa. Por serem inerentes a esta, não devem ser objeto de supressão (art. 60, § 4º, CF).

Sem embargo, o controle dos atos processuais penais não se resume aos recursos, abrangendo, também, as ações autônomas de impugnação. Essas podem ter, além do aspecto pragmático finalístico de cada demanda, a função de sucedâneo recursal. É o que será visto no próximo capítulo.

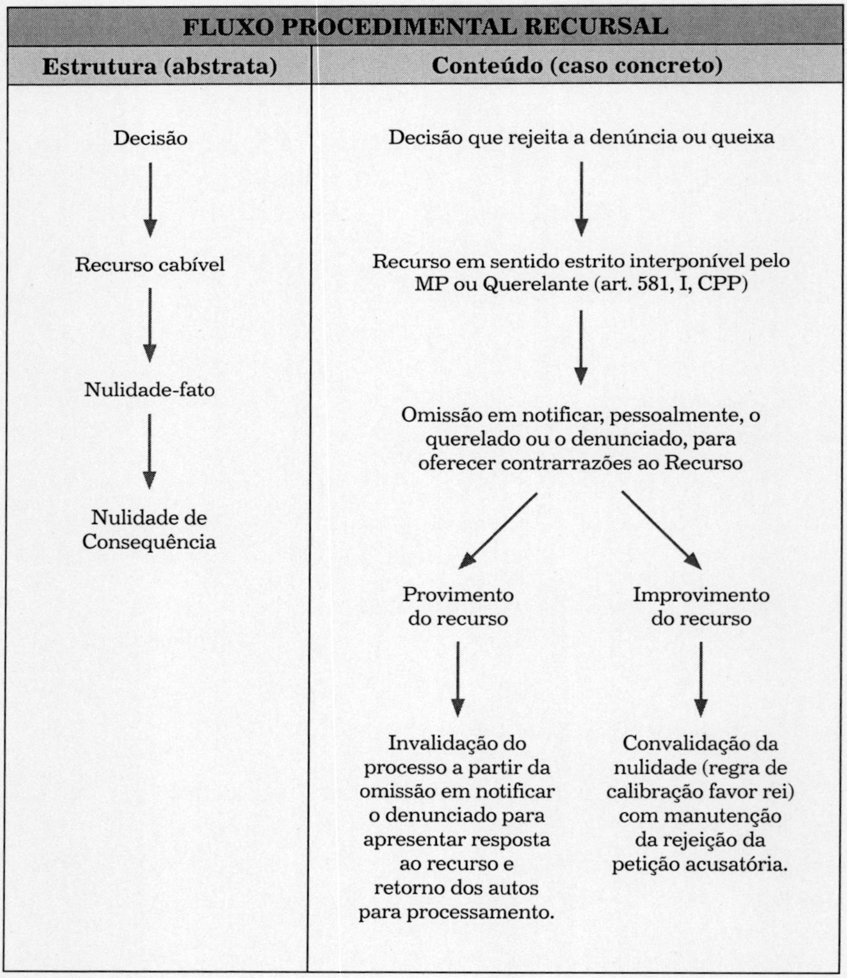

CAPÍTULO 37

AÇÕES AUTÔNOMAS IMPUGNATIVAS

37.1 Conceito

Demanda impugnativa é categoria de ação que se insere no espaço de controle dos atos processuais. Nesse campo, pode ter feição recursal corretora, preventiva ou rescisória, eventualmente com característica supletiva ou subsidiária a um recurso ou ação penal.

Inversamente aos recursos, considera-se ação autônoma de impugnação, o instrumento processual que não constitui desdobramento ou dilatação do procedimento condenatório. Cuida-se de demanda com identidade própria, conquanto dotadada, em regra, de referibilidade à ação penal em tramitação ou finda.

37.2 Espécies

As ações autônomas impugnativas podem ser agrupadas segundo critérios de similaridade dos elementos que compõem a respectiva estrutura conceitual. A ênfase para o estudo penal de uma ação será na sua essência jurisdicional. Por exemplo, é relevante o estudo de uma ação constitucional de natureza civil (a exemplo do mandado de segurança), em razão do seu conteúdo concreto descrever questão criminal.

A divisão das demandas impugnativas, segundo a natureza do conteúdo veiculado, independentemente da localização dos dispositivos de sua disciplina (legislação constitucional, penal ou civil), apresenta-se em três categorias de ação:

(1) **penal com conteúdo penal**: o *habeas corpus* (art. 5º, LXVIII, CF; arts. 647 a 667, CPP); e a revisão criminal (arts. 102, I, "j"; 105, I, "e", CF; arts. 621 a 631, CPP);

(2) **civil com conteúdo penal**: o mandado de segurança (art. 5º, LXIX, CF; Lei nº 12.016/2009); a reclamação constitucional (arts. 102, I, "l"; 105, I, "f", CF; arts. 988 a 993, CPC);

(3) **administrativa com conteúdo penal**: a correição parcial (*rectius*: pedido de providências de acordo com a legislação extravagante e os regimentos internos dos tribunais).

37.3 *Habeas corpus*

O uso tradicional de termos como **urgência**, **paciente** e **remédio heroico** constitui o **sentido** (**semântica**) do *habeas corpus*. A prisão é situação extrema que faz urgir uma providência profilática. Não há tempo a perder quando um ser humano está com a liberdade restrita.

Metaforicamente, a pessoa destinatária do *writ* é inserida em regime similar ao concedido a quem necessita de cuidados médicos urgentes, razão pela qual os órgãos do Judiciário lhe devem atenção prioritária. Os termos, hauridos, por analogia, da área da saúde, têm significados jurídicos próprios:

(1) **urgência**: processo com imputado preso deve ter tramitação célere, preferencialmente a qualquer outro,

na ordem de julgamento (art. 429, I, CPP). A teor do art. 661, CPP, em caso de competência originária de tribunal, a petição de *habeas corpus* será apresentada ao secretário, que a enviará imediatamente ao presidente do tribunal, ou da câmara criminal, ou da turma, que estiver reunida, ou primeiro tiver de reunir-se;

(2) **paciente**: é o favorecido pela impetração. Nos termos do art. 656, do CPP, uma vez recebida a petição de *habeas corpus*, o juiz, se julgar necessário, e estiver preso o paciente, mandará que este lhe seja imediatamente apresentado em dia e hora que designar, como providência decorrente do dever estatal de cuidado (audiência de custódia – arts. 287; 310, CPP);

(3) **remédio heroico**: na história do *habeas corpus*, descrita a partir do direito inglês por Pontes de Miranda, existiam quatro formas de mandados para fazer aliviar injúrias contra a pessoa detida "em qualquer parte, em casa particular ou em praça pública, pondo-a a ferros, ou tolhendo-lhe simplesmente a passagem pelas ruas". A quadra de ordens eram o *writ of mainprize* (diante de prisão com possibilidade de fiança), o *writ de odio et atia* (contra a prisão fundada em ódio ou má-fé), o *writ de homine replegiando* (face à prisão por ordem de particular) e o *writ of habeas corpus* (remédio jurídico de maior abrangência, *ad faciendum e recipiendum*, bem como *ad subiiciendum*, enquanto medida endereçada "a qualquer indivíduo que detenha outro, obrigando o dententor a apresentar o corpo do preso e comunicar, ao mesmo tempo, o dia e a causa pela qual foi preso").[1106]

Ainda sob a órbita se seu **sentido** (**semântica**), o *habeas corpus* constitui parte fundamental do conteúdo do direito de

---

1106. PONTES DE MIRANDA. *História e prática do habeas corpus*: tomo I. 8. ed. São Paulo: Saraiva, 1979. p.41-43.

defesa. Consoante relaciona Ingo Wolfgang Sarlet, a **plena eficácia do direito de defesa**:

(1) de um lado, está integrada "principalmente pelos direitos de liberdade, igualdade, direitos-garantia, garantias institucionais, direitos políticos e posições jurídicas fundamentais em geral"; e

(2) de outro, reclama "uma atitude de abstenção dos poderes estatais e dos particulares (como destinatários dos direitos)", ou seja, pode se dirigir contra "um comportamento omissivo do Estado".[1107]

Do enunciado da Constituição Federal, é possível deduzir esses aspectos semânticos. O inciso LXVIII, do art, 5º, estabelece que deve ser concedido *habeas corpus* sempre que alguém sofrer ou se achar ameaçado de sofrer violência ou coação em sua liberdade de locomoção, por ilegalidade ou abuso de poder.

Igualmente, do texto é possível inferir função e estrutura desse instrumento. Decerto, o *habeas corpus* é ação constitucional de natureza penal que pode ter dupla **função** (**pragmática**):

(1) a primeira, de enfrentamento **direto** dirigido contra a prisão ou detenção de alguém. Nesse caso, o *writ* se classifica como *habeas corpus* **repressivo** ou **liberatório**;

(2) a função secundária é de uso **indireto**, embora com feição combativa, quando oposto contra a ameaça à liberdade de locomoção. É a hipótese de habeas corpus **preventivo**. Dessa classe deriva outra, qual seja, o *habeas corpus* **trancativo**, do qual decorrem duas percepções:

(a) o HC trancativo é instrumento **repressivo** considerando o seu fito de **arquivar** o inquérito policial ou **extinguir** o processo penal;

1107. SARLET, Ingo Wolfgang. *A eficácia dos direitos fundamentais*. Porto Alegre: Livraria do Advogado, 2007. p.289-290.

(b) ao atuar trancativamente, o *writ* finda por **evitar** a aplicação de eventual sanção penal, sendo, sob esse prisma, **preventivo.**

Quanto à referência de momento e competência para julgamento, com realce na sua **estrutura** (**sintática**), embora relacionada à sua **função** (**pragmática**), o *habeas corpus* pode ser:

(1) ação que se justifica por seus próprios termos (**ação autônoma principal**), *verbi gratia*, quando manejado contra cerceio de liberdade que não tem relação com qualquer procedimento da persecução penal estatal; ou

(2) utilizado como **sucedâneo recursal**, nos casos em que não há previsão de recurso no rol legal taxativo para fazer face à situação sucumbencial conforme expressamente previsto no parágrafo único, do art. 647-A, acrescentado ao CPP pela Lei nº 14.836/2024, para conferir induvidosa e ampla eficácia;

(3) impetrado como **substitutivo de outro *habeas corpus***, distribuído a juízo de menor grau de jurisdição, com o propósito de antecipar o uso do *writ* na esfera *ad quem*, para acelerar conhecimento de matéria sensível que seria prejudicada pela demora da tramitação normal da impugnação na instância *a quo*. Essa importante funcionalidade da ordem de *habeas corpus* está entabulada, explicitamente, no supradito parágrafo único, do art. 647-A, do CPP, que prescreve a sua concessão *ex officio*, no exercício de competência originária ou recursal, **ainda que não conhecidos a ação ou o recurso** em que veiculado o pedido de cessação de coação ilegal;

(4) manejado como **sucedâneo de revisão criminal**, se a necessidade de desconstituição da coisa julgada condenatória for evidenciada por intermédio de prova documental (art. 621, CPP). A admissão do *writ* com essa função revisora tem sido difícil, apesar de se tratar de garantia fundamental que deve ter **interpretação**

extensiva em cotejo com os objetivos das formas, instituídas, historicamente, em prol do imputado. Pontes de Miranda refere julgado que condenou o réu quando já havia fluído prazo de prescrição e, contra o qual, foi ajuizado *habeas corpus*. Neste processo, "discutiu-se se cabia *a)* tal remédio jurídico, a despeito do trânsito em julgado da decisão injusta, ou se teria *b)* de ser proposta a ação de revisão criminal". A posição vencedora, por deliberação majoritária, foi a *b)*. O jurista pontuou que "o deferimento do pedido de *habeas corpus* importaria afastamento da *res iudicata*, por fundamento em injustiça, e não em nulidade da decisão", concluindo que "não é o caso de nulidade de sentença penal o erro na extensão da pena", eis que se trata de "matéria para recursos e para a ação de revisão criminal".[1108] Nessa linha, o STJ tem afastado o uso do *habeas corpus* como sucedâneo da revisão criminal.[1109] Cuida-se de entendimento limitativo das garantias fundamentais, com critério hermenêutico diferente do deduzido acima;

(5) **ação gratuita** para cuja interposição é inexigível habilitação do impetrante como advogado (**postulação leiga**);

(6) concedido **de ofício** pelo órgão do Poder Judiciário, restrito ao deferimento da tutela, malgrado sem o correlato pedido. Como verbera o § 2º, do art. 654, do CPP, os juízes e os tribunais têm competência para expedir de ofício ordem de *habeas corpus*, quando no curso de processo verificarem que alguém sofre ou está na iminência de sofrer coação ilegal.

(7) impetrado de forma geral (***habeas corpus* coletivo** ou *habeas corpus* genérico), a teor do art. 647-A, *caput*, da Lei nº 14.836/2024. A designação mais adequada é a de

1108. PONTES DE MIRANDA. *História e prática do habeas corpus*: tomo II. 8. ed. São Paulo: Saraiva, 1979. p.147.

1109. STJ – Sexta Turma – AgRg no HC 556.858/SP – Rel. Min. Sebastião Reis Júnior – DJe 04 jun. 2020.

***habeas corpus* geral**, eis que o que o caracteriza não é uma entidade coletiva que o ajuíza, mas sim o pedido de decisão constitutiva de **norma geral e concreta**, isto é, aplicável a todos os destinatários que estejam em idêntica situação jurídica de fato, a exemplo do estado de coisas inconstitucional referente à superlotação carcerária, reconhecido pelo STF.[1110] As alterações promovidas por aquele diploma legal representam importante constrangimento dogmático ao órgão judicial, atribuindo maior eficácia: (a) ao princípio *favor rei*, nos casos de empate de julgamento nos colegiados (art. 41-A, parágrafo único, Lei nº 8.038/1990; art. 615, § 1º, CPP); (b) à regra de competência para a concessão de *habeas corpus* de ofício (considerada a autoridade coatora como parâmetro – art. 647-A, *caput*, CPP); e (c) ao alcance do writ constitucional com o autorizativo explícito para emissão de normas gerais, porém concretas (*habeas corpus* geral).

37.4 Revisão criminal

Trata-se de ação de cunho rescisório da coisa julgada material condenatória ou de absolvição imprópria. Seu cabimento se norteia pelo propósito *favor rei*. Pode ser movida a qualquer tempo, sob a condição de não ser pedido reiterado (art. 622, parágrafo único, CPP).

37.4.1 Classificação

De acordo com o princípio divisor de sua **função** e **natureza jurídica**, a ação de revisão criminal se classifica em:

(1) **rescidente**: quando julgado procedente o pedido revisional para **invalidar** total ou parcialmente a decisão penal condenatória ou de absolvição imprópria

1110. STF – Pleno – ADPF 347 – Rel. Min. Marco Aurélio – Red. p/ Acórdão: Min. Luís Roberto Barroso – Dje: 19 dez. 2023.

(*judicium rescidens*). O vício de julgamento da decisão objeto de revisão é de natureza processual (*error in procedendo*); ou

(2) **rescisória**: se acolhido o requerimento revisional para **reformar** a decisão penal condenatória ou de absolvição imprópria (*judicium rescisorium*). O vício de julgamento, na hipótese, é sobre o mérito (*error in judicando*), podendo resvalar em absolvição própria, total ou parcial, ou em redução de pena.

Ambos os vícios se inserem na categoria da **rescindibilidade**.

De todo modo, diante do trânsito em julgado, o resultado da ação revisional deve impor a vedação de um novo processo (*ne bis in idem*). Mesmo quando o acórdão da ação de revisão criminal nulificar o processo condenatório, a admissão de uma nova demanda ou a reabertura da ação penal teria o efeito de violar a regra de que ninguém deverá ser processado mais de uma vez pelo mesmo fato.

No nível legislativo, o cabimento da revisão criminal é bastante restrito. No entanto, o direito à indenização pelo erro judiciário está localizado no art. 5º, inciso LXXV, da CF. O sistema constitucional indica valor que abomina situações injustas, que deneguem a liberdade com ofensa ao devido processo legal e ao postulado da inocência. Em linha de síntese, a interpretação das hipóteses de admissibilidade de revisão criminal deve ser ampliativa, sendo inadequada, por outro lado, exegese estrita.

37.4.2 Hipóteses de cabimento

Como averbado no art. 621, do CPP, a revisão dos processos findos, com trânsito em julgado, será admitida nos casos de:

(1) sentença condenatória (inclusive a de absolvição imprópria), contrária ao texto expresso da lei penal ou à evidência dos autos (ofensa ao **princípio da não contradição**, inferido do cotejo entre a decisão, o direito positivo e as provas produzidas);

(2) sentença condenatória que se lastreia em depoimentos, exames ou documentos comprovadamente falsos: inserem-se os casos de constatação de **prova ilícita** e de **progressão tecnológica** que certifique a inexatidão de um exame pericial;

(3) descobrimento de **novas provas** de inocência do condenado ou de **circunstância** que determine ou autorize diminuição especial da pena (ou de medida de segurança), em momento posterior à sentença condenatória (ou decisão de absolvição imprópria).

37.4.3 Controle de revisibilidade ou de rescindibilidade

A possibilidade de revisão criminal ou de impetração de *habeas corpus* contra a coisa julgada desfavorável ao réu não se submete ao regime das nulidades, mas ao do art. 621, do CPP. Diz-se rescindível ou revisível criminalmente o julgado condenatório ou absolutório impróprio (que aplica medida de segurança), com trânsito em julgado, que se situe em um dos casos estipulados naquele dispositivo.

A suposição de que a **nulidade** pode ser aventada em favor do réu mesmo após o trânsito em julgado padece de falta de técnica, haja vista que, no processo (que há de ter um termo final), a jurisdição se exaure com a coisa julgada.

Daí a aplicação do rótulo da **rescindibilidade**, e de seu respectivo regime jurídico, com o afastamento da incidência dos arts. 563 a 573, do CPP.

37.5 Mandado de segurança

Consiste em ação processual civil-constitucional que, em razão da matéria, pode ser julgada por órgão com competência penal, notadamente como sucedâneo recursal. Concorre, sob a órbita funcional (**pragmática**), com o *habeas corpus* que, para ser cabível, exige que haja, ainda que remotamente, ameaça de aplicação de limitação à locomoção do indivíduo, com previsão abstrata de pena privativa de liberdade.

Em compasso com o verberado pelo inciso, do art. 5º, inciso LXIX, da Constituição, o mandado de segurança será concedido para proteger **direito líquido e certo**, não amparado por *habeas corpus* ou *habeas-data*, quando o responsável pela ilegalidade ou abuso de poder for autoridade pública ou agente de pessoa jurídica no exercício de atribuições do Poder Público.

O rito é sumário e a cognição é estreita, porque baseada em elementos pré-constituídos. O art. 7º, da Lei nº 12.016/2009, detalha o procedimento do mandado de segurança, salientando a necessidade de notificação da autoridade coatora para prestar informações (inciso I) e a ciência do ente público ao qual estiver vinculado o impetrado (inciso II) e a possibilidade de concessão de medida liminar (inciso III).

37.6 Reclamação constitucional

É ação destinada a garantir a autoridade das decisões dos tribunais, desde que não comportem recursos (subsidiariedade) e que não tenham sido cobertas pelo manto da coisa julgada (limite temporal). Apesar da plurivocidade do vocábulo "reclamação", predomina o entendimento de que se trata de demanda autônoma (**semântica**).

Não se inclui na classe dos recursos.

Marcelo Navarro Ribeiro Dantas foi quem primeiro sistematizou o assunto em densa obra clássica. Como aduz o jurista, "é a reclamação, fundamentalmente, uma ação de conhecimento, pois a espécie de tutela que se busca nela é cognitiva, isto é, uma sentença (*rectius*, um acórdão, já que se trata de competência originária de tribunais)". A reclamação constitucional reúne características inferidas de sua função (**pragmática**):

(1) como, de sua decisão, emana uma ordem, "a reclamação permite tutela cautelar", sendo, de um lado, "tutela jurisprotetiva" e, de outro, "tutela jurissatisfativa";

(2) necessariamente, a tutela jurisdicional, em sentido estrito, requer uma declaração do direito. É "ação cognitiva, porque a matéria da reclamação será submetida

a cognição exauriente, tanto que a decisão de mérito poderá fazer coisa julgada formal e material";

(3) é "uma ação autogarantida, pois contém a possibilidade de liminar", além de possuir "procedimento especialíssimo e expedito, que não abre ensanchas à instrução probatória", porém, ao revés, "exige prova documental (portanto, pré-constituída)", similarmente aos *writs* (*mandamus* e *habeas corpus*);

(4) cuida-se de "instrumento jurídico-processual destinado à preservação das liberdades públicas", com "rito especialíssimo", ao lado da proclamação constitucional de "repulsa à usurpação da competência dos tribunais maiores do Poder Judiciário" e da insistência no cumprimento rigoroso das decisões judiciais";

(5) ao cabo, a reclamação está inserta no campo da jurisdição constitucional (art. 102, I, "l", CF)[1111].

A matéria está regulamentada no CPC (arts. 988 a 993), depois de longo amadurecimento doutrinário e jurisprudencial. O art. 988, daquele Código, dita as hipóteses de cabimento, fixando o ponto de partida para a definição da competência e do desenvolvimento estrutural da reclamação (**sintática**). Nos seus termos, caberá reclamação da parte interessada ou do Ministério Público com o fito de:

(1) preservar a competência do tribunal;

(2) garantir a autoridade das decisões do tribunal;

(3) assegurar a observância de enunciado de súmula vinculante e de decisão do STF em controle concentrado de constitucionalidade;

(4) afiançar a observância de acórdão proferido em julgamento de incidente de resolução de demandas repetitivas ou de incidente de assunção de competência.

1111. DANTAS, Marcelo Navarro Ribeiro. *Reclamação constitucional no direito brasileiro*. Porto Alegre: Sergio Antonio Fabris, 2000. p.463-470.

37.7 Correição parcial

Ação de natureza administrativa apta a deflagrar processo da mesma natureza para imposição de medidas ou providências não jurisdicionais. Está prevista na legislação específica, de organização judiciária, e nos regimentos internos.

Os efeitos da sanção eventualmente aplicável ao responsável por inversão tumultuária do processo não devem se operar diretamente no processo penal concreto.

No âmbito da justiça federal, a correição parcial depende da relação entre a vetusta Lei nº 5.010/1966 (arts. 6º, I; 9º) e a Lei nº 11.798/2008 (art. 6º, III). A competência para apreciação é da respectiva corregedoria-regional, com recurso ao colegiado administrativo competente do tribunal regional federal ao qual estiver vinculado o juiz correicionado.

Eventualmente, o juiz pode se ver constrangido dogmaticamente a retificar os atos viciados e, de *sponte sua*, prover a regularidade do processo (art. 251, CPP). Haverá, em casos assim, produção de efeitos jurisdicionais indiretos, devido à **persuasão natural** que pode emanar do conhecimento do conteúdo do pedido correicional pelo magistrado correicionado.

37.8 Aplicação a caso concreto

A jurisprudência tem adotado uma concepção limitativa da admissibilidade da revisão criminal. Como se trata de uma garantia atrelada à liberdade, a postura restritiva é incompatível com hermenêutica expansiva dos direitos de primeira dimensão.

Dentre os temas que vêm sendo rechaçados, pelo STJ, está a tese de permissibilidade de revisão criminal contra decisão absolutória própria,[1112] com o propósito de alterar a fundamentação do julgado a fim de repercutir no cabimento de ação civil *ex delicto*.

1112. STJ – Sexta Turma – AgRg no REsp 1825281/SP – Rel. Min. Antonio Saldanha Palheiro – DJe 25 jun. 2020.

Igualmente, a Corte Superior tem dito que:

(1) a mudança de jurisprudência não autoriza revisão criminal, por exigir "revolvimento do conjunto fático-probatório". Essa conclusão contraria as ideias de que os direitos devem ser interpretados extensivamente e, de outro lado, que os deveres devem receber aplicação restrita;[1113]

(2) não pode ser usada revisão criminal, fundada no art. 621, inciso I, do CPP, a título de "nova apelação", expressão dotada de caráter indeterminado. Com esse posicionamento, o STJ impôs mais uma redução de alcance do instituto, além dos estritos limites legais.[1114]

Contudo, em caso concreto favorável ao réu, o próprio STJ deixou vincadas premissas ampliativas, tendentes à admissibilidade da ação de revisão criminal. Conforme salientou:

(1) a locução "'texto expresso da lei penal', contida no inciso I do art. 621 do CPP, não deve ser compreendida apenas como a norma penal escrita, abrangendo, também, qualquer ato normativo que tenha sido utilizado como fundamento da sentença condenatória", a exemplo de "portarias, leis completivas empregadas na aplicação de uma lei penal em branco", assim como "a norma penal processual, a norma processual civil (aplicável subsidiariamente no processo penal, na forma do art. 3º do CPP) e a norma constitucional";

(2) a exegese da norma jurídica "indica que o permissivo de revisão criminal constante no inciso I do art. 621 do CPP compreende, ainda, as normas processuais não escritas e que podem ser depreendidas do sistema processual como um todo", como acontece "com o direito ao duplo grau de jurisdição, a proibição de

1113. STJ – Quinta Turma – AgRg no HC 569.287/SP – Rel. Min. Reynaldo Soares da Fonseca – DJe 30 jun. 2020.

1114. STJ – Quinta Turma – AgRg no HC 524.130/MS – Rel. Min. Reynaldo Soares da Fonseca – DJe 27 mai. 2020.

supressão de instância e a obrigação do julgador de fornecer uma prestação jurisdicional exauriente";

(3) deve ser admitida a revisão criminal lastreada no art. 621, inciso I, do CPP, mesmo sem indicar qualquer dispositivo violado, quando "suas razões apontem tanto a supressão de instância quanto a ausência de esgotamento da prestação jurisdicional como consequência de *error in procedendo* do julgado que se pretende rescindir".[1115]

37.9 Conclusão do capítulo

As ações autônomas de impugnação têm a função de completar o sistema de controle dos atos processuais penais. Elas têm cariz subsidiário. Essa característica, paradoxalmente, justifica a pressuposição de completude do direito positivo. Não pode ser alijada, do Poder Judiciário, lesão ou ameaça a direito (princípio da inafastabilidade ou da indeclinabilidade da jurisdição[1116] – art. 5º, XXXV, CF). Ademais, é garantido o direito de petição, sufragado no art. 5º, inciso XXXIV, alínea "a", da CF, reforçando o fundamento de validade das ações autônomas impugnativas.

ATIPICIDADE EM PROCESSOS DE NATUREZAS DIVERSAS	
Processo penal condenatório	**Revisão criminal**
- Nulidade → passível de ser reconhecida conforme termos preclusivos (art. 571, CPP) - O limite de seu reconhecimento para as nulidades graves (absolutas) é o trânsito em julgado da condenação.	- Revisibilidade ou rescindibilidade dos atos de processo penal, cuja sentença condenatória ou de absolvição imprópria seja objeto de pedido de desconstituição de coisa julgada - A sentença penal condenatória não é anulável mas rescindível, quando já transitada em julgado.

1115. STJ – Terceira Seção – RvCr 4.944/MG – Rel. Min. Reynaldo Soares da Fonseca – DJe 20 set. 2019.

1116. JARDIM, Afrânio Silva; AMORIM, Pierre Souto Maior Coutinho de. *Direito processual penal*: estudos, pareceres e crônicas. Salvador: Juspodivm, 2018. p.91-92.

REFERÊNCIAS

ADEODATO, João Maurício. *Ética e retórica*: para uma teoria da dogmática jurídica. 3. ed. São Paulo: Saraiva, 2007.

______. *Uma teoria retórica da norma jurídica e do direito subjetivo*. São Paulo: Noeses, 2011.

AFTALIÓN, Enrique R.; VILANOVA, José. *Introducción al derecho*: conocimiento y conocimiento científico; historia de las ideas jurídicas; teoría general del derecho; teoría general aplicada. 2. ed. Buenos Aires: Abeledo-Perrot, 1988.

ALCHOURRÓN, Carlos E. *Fundamentos para una teoría general de los deberes*. Madrid: Marcial Pons, 2010.

______. Introducción: concepciones de la lógica. In: *Lógica*. Carlos E. Alchourrón; José M. Mendez; Raúl Orayen (orgs.). Madrid: Trotta, 2005. p.11-47.

ALCHOURRÓN, Carlos E; BULYGIN, Eugenio. *Introducción a la metodología de las ciencias jurídicas y sociales*. Buenos Aires: Astrea, 1993.

ALENCAR, Rosmar Rodrigues. *Teoria da nulidade no processo penal*. São Paulo: Noeses, 2016.

______. *Efeito vinculante e concretização do direito*. Porto Alegre: Sergio Antonio Fabris, 2009.

ALEXY, Robert. *Teoría de los derechos fundamentales*. Madrid: Centro de Estudios Políticos y Constitucionales, 2002.

_______. *Direito constitucional e direito ordinário. Jurisdição constitucional e jurisdição especializada*. Tradução: Luís Afonso Heck. *Revista dos tribunais*, São Paulo, a.91, n.799, p.33-51, mai. 2002.

ALMEIDA FILHO, Márcio Antônio Pinto de; LICAR, Ana Caroline Neres Castro. Direitos humanos sob o enfoque da Constituição Federal de 1988. In: *Estado, direitos humanos e segurança pública*. Márcio Aleandro Correia Teixeira; Claudio Alberto Gabriel Guimarães; Fabio Mendonça Santiago. São Luís: Edufma, 2017. p.427-441.

ALVES, Alaôr Caffé. Fundamentos dos atos de vontade e práxis linguístico-social no direito. Kelsen e Wittgenstein II. In: *Vilém Flusser e juristas*: comemoração dos 25 anos do grupo de estudos de Paulo de Barros Carvalho. Florence Haret; Jerson Carneiro (orgs.). São Paulo: Noeses, 2009. p.79-122.

ALVES, Roque de Brito. *Dos indícios no processo penal*. Rio de Janeiro: Forense, 2003.

ALVIM, José Eduardo Carreira. *Teoria geral do processo*. 8. ed. Rio de Janeiro: Forense, 2002.

AMORIM, Pierre Souto Maior Coutinho de. O novo art. 156 do CPP: um museu com grandes novidades. In: *Comentários pontuais às reformas processuais civil e penal*. Afrânio Silva Jardim; Pierre Souto Maior Coutinho de Amorim (orgs.). Rio de Janeiro: Lumen Juris, 2011. p.131-150.

ANTUNES, Maria João. *Direito processual penal*. 2. ed. Coimbra: Almedina, 2018.ARANHA, Adalberto José Q. T. de Camargo. *Da prova no processo penal*. 2. ed. São Paulo: Saraiva, 1987.

ARAÚJO, Fábio Roque; COSTA, Klaus Negri. *Processo penal didático*. Salvador: Juspodivm, 2018.

ASSIS, Araken de. *Eficácia civil da sentença penal*. 2. ed. São Paulo: RT, 2000.

AVENA, Norberto. *Processo penal*: esquematizado. Rio de Janeiro: Forense; São Paulo: Método, 2009.

ÁVILA, Humberto. *Teoria dos princípios*: da definição à aplicação dos princípios jurídicos. 7. ed. São Paulo: Malheiros, 2006.

AVOLIO, Luiz Francisco Torquato. *Provas ilícitas*: interceptações telefônicas, ambientais e gravações clandestinas. 4. ed. São Paulo: RT, 2010.

AZEVEDO, Antônio Junqueira de. *Negócio jurídico*: existência, validade e eficácia. 4. ed. São Paulo: Saraiva, 2014.

AZEVEDO, Vicente de Paulo Vicente de. Nulidades. *Doutrinas essenciais*: processo penal (Revista dos Tribunais), n.5, p.613-635, jun. 2012.

______. Nulidades no processo penal. *Revista Forense comemorativa – 100 anos*, tomo VII [direito processual penal], Afrânio Silva Jardim (org.), Rio de Janeiro: Forense, p.109-150, 2006.

BADARÓ, Gustavo Henrique. *Direito processual penal*: tomo II. 2. ed. Rio de Janeiro: Elsevier, 2009.

______. *Processo penal*. 3. ed. São Paulo: RT, 2015.

BAPTISTA, Francisco das Neves. *O mito da verdade real na dogmática do processo penal*. Rio de Janeiro; São Paulo: Renovar, 2001.

BARATTA, Alessandro. *Criminologia crítica e crítica do direito penal*: introdução à sociologia do direito penal. Tradução: Juarez Cirino dos Santos. 6. ed. Rio de Janeiro: Revan, 2014.

BARROS, Romeu Pires de Campos. Do fato típico no direito processual penal. *Revista Forense comemorativa – 100 anos*, tomo VII [direito processual penal], Afrânio Silva Jardim (org.), Rio de Janeiro: Forense, p.343-355, 2006.

BAUR, Fritz. *Estudos sobre utela jurídica mediante medidas cautelares*. Tradução: Armindo Edgar Laux. Porto Alegre: Sergio Antonio Fabris, 1985.

BEDÊ JÚNIOR, Américo; SENNA, Gustavo. *Princípios do processo penal*: entre o garantismo e a efetividade da sanção. São Paulo: RT, 2009.

BELLO FILHO, Ney de Barros; BELLO, Ludimila Carvalho Gaspar de Barros. O delito de tráfico de entorpecentes na jurisprudência do STJ: análise da compreensão dogmática do artigo 33 da Lei nº 11.343/06. In: *Direitos humanos e execução penal*: estudos em homenagem ao desembargador José de Ribamar Froz Sobrinho. Márcio Aleandro Correia Teixeira; Ariston Chagas Apoliano Júnior; Marcelo de Carvalho Lima (orgs.). São Luís: Edufma, 2018. p.475-493.

BETIOL, Giuseppe. *O problema penal*. Campinas: LZN, 2003.

BEZERRA NETO, Bianor Arruda. *O que define um julgamento e quais são os limites do juiz?* Valores, hermenêutica e argumentação: elementos para a construção de uma teoria da decisão judicial. São Paulo: Noeses, 2018.

BINDER, Alberto M. *Introdução ao direito processual penal*. Tradução: Fernando Zani. Rio de Janeiro: Lumen Juris, 2003.

_______. *O descumprimento das formas processuais*: elementos para uma crítica da teoria unitária das nulidades no processo penal. Tradução: Angela Nogueira Pessôa. Rio de Janeiro: Lumen Juris, 2003.

_______. *El incumplimiento de las formas procesales*: elementos para uma crítica a la teoría unitaria de las nulidades en el processo penal. Buenos Aires: Ad-Hoc, 2000.

_______. Tensiones político-criminales en el proceso penal. In: *Comentários pontuais às reformas processuais civil e penal*. Afrânio Silva Jardim; Pierre Souto Maior Coutinho de Amorim (orgs.). Rio de Janeiro: Lumen Juris, 2011. p.1-24.

BOBBIO, Norberto. *O positivismo jurídico*: lições de filosofia do direito. Tradução: Márcio Pugliesi; Edson Bini; Carlos E. Rodrigues. São Paulo: Ícone, 2006.

______. *Teoria do ordenamento jurídico*. 10. ed. Tradução: Maria Celeste Cordeiro Leite dos Santos. Brasília: Universidade de Brasília, 1997.

BONAVIDES, Paulo. *Curso de direito constitucional*. 6. ed. São Paulo: Malheiros, 1996.

BONFIM, Edilson Mougenot. *Curso de processo penal*. 4. ed. São Paulo: Saraiva, 2009.

BOSCHI, José Antonio Paganella. *Ação penal*: as fases administrativa e judicial da persecução penal. Porto Alegre: Livraria do Advogado, 2010.

BRAGA, Matheus Andrade. *A decisão cautelar penal*: uma proposta de modelo lógico-racional. Belo Horizonte: D'Plácido, 2022.

BRITO, Edvaldo. *Limites da revisão constitucional*. Porto Alegre: Sergio Antonio Fabris, 1993.

______. *Direito tributário*: imposto, tributos sinalagmáticos, contribuições, preços e tarifas, empréstimo compulsório. São Paulo: Atlas, 2015.

BÜLOW, Oscar Von. *Teoria das exceções e dos pressupostos processuais*. Tradução: Ricardo Rodrigues Gama. 2. ed. Campinas: LZN, 2005.

CABRAL, Antonio do Passo. *Nulidades no processo moderno*: contraditório, proteção da confiança e validade 'prima facie' dos atos processuais. 2. ed. Rio de Janeiro: Forense, 2010.

CAMBULE, Gil. *O realismo jurídico escandinavo*: breves notas. Disponível em: https://bit.ly/3b3wKol Acesso em: 04 jan. 2021.

CANARIS, Claus-Wilhelm. *Pensamento sistemático e conceito de sistema na ciência do direito*. Tradução: Antonio Menezes Cordeiro. 3. ed. Lisboa: Fundação Calouste Gulbenkian, 2002.

CANOTILHO, J. J. Gomes. *Direito constitucional e teoria da constituição*. 3. ed. Coimbra: Almedina, 1998.

CAPEZ, Fernando. *Curso de direito processual penal*. 6. ed. São Paulo: Saraiva, 2001.

CARDOZO, Benjamin N. *A natureza do processo judicial*. Tradução: Silvana Vieira. São Paulo: Martins Fontes, 2004.

CARNELUTTI, Francesco. *Lições sobre o processo penal*: volume 3. Tradução: Francisco José Galvão Bruno. Campinas: Bookseller, 2004.

_______. *Sistema de direito processual civil*: volume I – introdução e função do processo civil. Tradução: Hiltomar Martins Oliveira. 2. ed. São Paulo: Lemos e Cruz, 2004.

_______. *A prova civil*: parte geral: o conceito jurídico da prova. Tradução: Amilcare Carletti. São Paulo: Universitária de Direito, 2002.

_______. *Sistema de direito processual civil*: volume II – composição do processo. Tradução: Hiltomar Martins Oliveira. 2. ed. São Paulo: Lemos e Cruz, 2004.

_______. *Instituições do processo civil*: volume I. Tradução: Adrián Sotero de Witt Batista. Campinas: Servanda, 1999.

_______. *Sistema de direito processual civil*: volume III – da estrutura do processo. Tradução: Hiltomar Martins Oliveira. 2. ed. São Paulo: Lemos e Cruz, 2004.

CARVALHO, Amilton Bueno. *Direito penal a marteladas*: algo sobre Nietzsche e o direito. Rio de Janeiro: Lumen Juris, 2016.

CARVALHO, Amilton Bueno; CARVALHO, Salo de. *Reformas penais em debate*. Rio de Janeiro: Lumen Juris, 2005.

CARVALHO, Aurora Tomazini de. *Curso de teoria geral do direito*: o construtivismo lógico-semântico. 3. ed. São Paulo: Noeses, 2013.

______. Interpretação e aplicação do direito. In: *Vilém Flusser e juristas*: comemoração dos 25 anos do grupo de estudo de Paulo de Barros Carvalho. Florence Haret; Jerson Carneiro (orgs.). Noeses: São Paulo, 2009. p.257-281.

CARVALHO, Paulo de Barros. *Direito tributário*: linguagem e método. 5. ed. São Paulo: Noeses, 2013.

______. *Curso de direito tributário*. 28. ed. São Paulo: Saraiva, 2017.

______. *Direito tributário*: fundamentos jurídicos da incidência. 9. ed. São Paulo: Saraiva, 2012.

CASARA, Rubens R. R. *Estado pós democrático*: neo-obscurantismo e gestão dos indesejáveis. Rio de Janeiro: Civilização Brasileira, 2017.

______. *Interpretação retrospectiva*: sociedade brasileira e processo penal. Rio de Janeiro: Lumen Juris, 2004.

______. *Prisão e liberdade*. São Paulo: Estúdio, 2014.

CASTRO JÚNIOR, Torquato da Silva. *A pragmática das nulidades e a teoria do ato jurídico inexistente*: reflexões sobre metáforas e paradoxos da dogmática privatista. São Paulo: Noeses, 2009.

CATÃO, Adrualdo de Lima. *Teoria do fato jurídico*: uma abordagem lógica da decisão judicial. Curitiba: Juruá, 2013.

CHIOVENDA, Giuseppe. *Principii di diritto processuale civile*. 2. ed. Napoli: Casa Tipografico; N. Jovene, 1923.

CHOUKR, Fauzi Hassan. *Iniciação ao processo penal*. Florianópolis, 2017.

______. Justa causa – reflexões em torno da obra de Afrânio Silva Jardim. In: *Tributo a Afrânio Silva Jardim*: escritos e estudos. Marcelo Lessa Bastos; Pierre Souto Maior Coutinho de Amorim (orgs). 2. ed. Rio de Janeiro: Lumen Juris, 2014. p.285-302.

CINTRA, Antonio Carlos de Araújo; GRINOVER, Ada Pellegrini; DINAMARCO, Cândido Rangel. *Teoria geral do processo*. 19. ed. São Paulo: Malheiros, 2003.

COMPARATO, Fábio Konder. *A afirmação histórica dos direitos humanos*. 4. ed. São Paulo: Saraiva, 2006.

CONSTANTINO, Lúcio Santoro de. *Nulidades no processo penal*. 3. ed. Porto Alegre: Verbo Jurídico, 2008.

CONSO, Giovanni. *I fatti giuridici processual penali*: perfezione ed eficácia. Milano: Giuffrè, 1955.

CORDERO, Franco. *Procedura penale*. 7. ed. Milano: Giuffrè, 1983.

CORREIA, João Conde. *Contributo para a análise da inexistência e das nulidades processuais penais*. Coimbra: Universidade de Coimbra, 1999.

COSTA, Adriano Soares. *Teoria da incidência da norma jurídica*: crítica ao realismo linguístico de Paulo de Barros Carvalho. 2. ed. São Paulo: Malheiros, 2009.

COSTA, Lincoln Pinheiro; ALENCAR, Rosmar Rodrigues. Presença do acusado durante o interrogatório de corréu: a (in) constitucionalidade do art. 191 do CPP. *Revista da Escola Superior da Magistratura do Estado de Alagoas*, Maceió/AL, n.2 (eletrônica), p.1-14, 2018.

COSTA, Pedro Jorge. *Dolo penal e sua prova*. [Coleção Ciência Criminal Contemporânea. v.3. Cláudio Brandão (org.)]. São Paulo: Atlas, 2015.

COSSIO, Carlos. *La teoría egológica del derecho y el concepto jurídico de libertad*. 2. ed. Buenos Aires: Abeledo-Perrot, 1964.

COUTINHO, Jacinto Nelson de Miranda. Antígona: mas a tirania (...) tem o privilégio de fazer e dizer o que lhe apraz. *Direito e psicanálise*: interseções e interlocuções a partir de

"Antígona", de Sófocles. Jacinto Nelson de Miranda Coutinho (org.). Rio de Janeiro: Lumen Juris, 2014. p.205-213.

COUTURE, Eduardo Juan. *Fundamentos del derecho procesal civil*. 3.ed. Buenos Aires: Roque Depalma, 1958.

CUNHA, Maria Ortegoza da. Lógica, lógicas: uma visão panorâmica. *Caderno Dá Licença*, n. 5., a.6, p.33-40, dez. 2004.

CUNHA JÚNIOR, Dirley da. *Curso de direito constitucional*. 9. ed. Salvador: Juspodivm, 2008.

DAMASCENO, Fernando Braga. *Direito probatório (stricto sensu)*: da valoração da prova. São Paulo: Tirant lo Blanch, 2023.

DAMAŠKA, Mirjan. *Evidence law adrift*. EUA: Yale University, 1997.

DANTAS, Franciso Wildo Lacerda. *Teoria geral do processo*: jurisdição, ação (defesa), processo. 2. ed. São Paulo: Método, 2007.

DANTAS, Marcelo Navarro Ribeiro. *Reclamação constitucional no direito brasileiro*. Porto Alegre: Sergio Antonio Fabris, 2000.

DESCARTES, René. *Discurso do método*. São Paulo: Martins Fontes, 2003.

DEMERCIAN, Pedro Henrique; MALULY, Jorge Assaf. *Curso de processo penal*. 9. ed. Rio de Janeiro: Forense, 2014.

DESIMONI, Luis María; TARANTINI, Ricardo Santiago. *La nulidad en el proceso criminal*: doctrina y jurisprudência. Problemática del mercosur. Internacionalización del delito. Buenos Aires: Depalma, 1998.

DEZEM, Guilherme Madeira. *Curso de processo penal*. São Paulo: RT, 2015.

DIAS, Ana Carolina Carvalho. Os limites à interpretação das normas tributárias: transformação do texto em norma. In: *Vilém Flusser e juristas*: comemoração dos 25 anos do grupo de estudos de Paulo de Barros Carvalho. Florence Haret; Jerson Carneiro (orgs.). São Paulo: Noeses, 2009. p.697-731.

DIAS, Jorge de Figueiredo; ANDRADE, Manuel da Costa. Criminologia: o homem delinquente e a sociedade criminógena. Coimbra: Coimbra, 1984.

DIAS, Karem Jureidini. *Fato tributário*: revisão e efeitos jurídicos. São Paulo: Noeses, 2013.

DIDIER, Fredie. *Sobre a teoria geral do processo, essa desconhecida*. 3. ed. Salvador: Juspodivm, 2016.

DINAMARCO, Cândido Rangel. *Capítulos de sentença*. 4. ed. Malheiros: São Paulo, 2009.

______. *A instrumentalidade do processo*. 4. ed. São Paulo: Malheiros, 1994.

______. *Litisconsórcio*. 7. ed. São Paulo: Malheiros, 2002.

DIVAN, Gabriel Antinolfi. *Processo penal e política criminal*: uma reconfiguração da justa causa para a ação penal. Porto Alegre: Elegantia Juris, 2015.

DUCLERC, Elmir. *Direito processual penal*. Rio de Janeiro: Lumen Juris, 2008.

DWORKIN, Ronald. *Levando os direitos a sério*. Tradução: Nelson Boeira. São Paulo: Martins Fontes, 2002.

EL HIRECHE, Gamil Föppel. *Análise criminológica das organizações criminosas*: da inexistência à impossibilidade de conceituação e suas repercussões no ordenamento jurídico pátrio: manifestação do direito penal do inimigo. Rio de janeiro: Lumen Juris, 2005.

______. A falência da pena de prisão. In: *Atualidades do direito*: obra em homenagem ao professor Luiz Flávio Gomes. Rogério Sanches Cunha (org.). Salvador: Juspodivm, 2020. p.369-380.

ENGISCH, Karl. Introdução ao pensamento jurídico. Tradução: J. Baptista Machado. 9. ed. Lisboa: Fundação Calouste Gulbenkian, 2004.

FALCÃO, Pablo R. de L. *A construção forense do biodireito*: descrição retórico-analítica do processo de justificação pelo STF na ADIN 3.510. 2012. 111 f. Tese (Doutorado). Universidade Federal de Pernambuco, Recife.

FEITOZA, Denilson. *Direito processual penal*: teoria, crítica e práxis. 6. ed. Niterói: Impetus, 2009.

FERNANDES, Paulo Sérgio Leite; FERNANDES, Geórgia Bajer. *Nulidades no processo penal*. 5. ed. São Paulo: Malheiros, 2002.

FERRAJOLI, Luigi. *Direito e razão*: teoria do garantismo penal. Tradução: Ana Paula Zomer Sica; Fauzi Hassan Choukr; Juarez Tavares; Luiz Flávio Gomes. São Paulo: RT, 2006.

FERRAZ JR., Tercio Sampaio. *Teoria da norma jurídica*: ensaio de pragmática da comunicação normativa. 4. ed. Rio de Janeiro: Forense, 2009.

_______. *O direito entre o futuro e o passado*. São Paulo: Noeses, 2014.

_______. *Conceito de sistema no direito*: uma investigação histórica a partir da obra jusfilosófica de Emil Lask. São Paulo: RT, 1976.

_______. Interpretação jurídica: interpretação que se comunica ou comunicação que se interpreta? In: *Vilém Flusser e juristas*: comemoração dos 25 anos do grupo de estudo de Paulo de Barros Carvalho. Florence Haret; Jerson Carneiro (orgs.). Noeses: São Paulo, 2009. p.15-49.

_______. *Introdução ao estudo do direito*: técnica, decisão, dominação. 4. ed. São Paulo: Atlas, 2003.

FERRO, Rodrigo Cavalcante. A presunção de inocência como freio às prisões de caráter cautelar: a garantia de liberdade e a excepcionalidade da prisão. In: *Temas criminais em discussão*.

Rodrigo Cavalcante Ferro (org.). Recife: Nossa Livraria, 2015. p.33-60.

FLUSSER, Vilém. *Língua e realidade*. São Paulo: Herder, 1963.

FRAGOSO, Heleno Cláudio. *Lições de direito penal*: parte geral. 12. ed. Rio de Janeiro: Forense, 1990.

FREITAS, Juarez. *A interpretação sistemática do direito*. São Paulo: Malheiros, 1995.

GALATI, Antonino. *Il comportamento delle parti nel regime delle nullità processuali penali*. Milano: Giufrè, 1970.

GAMA, Tácio Lacerda. *Competência tributária*: fundamentos para uma teoria da nulidade. 2. ed. São Paulo: Noeses, 2011.

_______. *Competência tributária*: fundamentos para uma teoria da nulidade. 3. ed. São Paulo: Noeses, 2020.

_______. Sentido, consistência e legitimação. In: *Vilém Flusser e juristas*: comemoração dos 25 anos do grupo de estudo de Paulo de Barros Carvalho. Florence Haret; Jerson Carneiro (orgs.). Noeses: São Paulo, 2009. p.231-256.

GIOVANNONI, Adrio. Los vicios formales en la realización del acto procesal. In: *Estudios de nulidades procesales*. Adolfo Alvarado Velloso (org.). Buenos Aires: Hammurabi, 1980. p.71-86.

GIOVANNI, Biagio de. *La nullità nella logica del diritto*. Napoli: Morano, 1964.

GIULIO, Gabriel H. Di. *Nulidades procesales*. Buenos Aires: Hammurabi, 2005.

GLOECKNER, Ricardo Jacobsen. *Nulidades no processo penal*: introdução principiológica à teoria do ato processual irregular. Salvador: Juspodivm, 2013.

_______. Una nuova teoria della nullità: costruzione di un nuovo sistema di principi alla luce della strumentalità costituzionale della procedura penale. *Diritto e Giustizia Minorile* [rivista giuridica trimestrale], São Paulo, anno 3, n.1, p.59-71, gennaio-marzo 2015.

GODOY, Arnaldo Sampaio de Moraes. *Introdução ao realismo jurídico norte-americano*. Brasília: Edição do Autor, 2013.

GOLDSCHMIDT, James. *Principios generales del proceso*: teoría general del proceso. Tradução: Santiago Sentís Melendo. 2. ed. Buenos Aires: EJEA, 1961.

GOMES, Décio Alonso. *Prova e imediação no processo penal*. Salvador: Juspodivm, 2016.

GONÇALVES, Aroldo Plínio. *Nulidades no processo*. 2. ed. Belo Horizonte: Del Rey, 2014.

GONZAGA, Álvaro Azevedo. Teoria tridimensional do direito. In: *Enciclopédia jurídica da PUCSP*: tomo teoria geral e filosofia do direito. São Paulo: PUC-SP, 2017.

GÖSSEL, Karl Heinz. *El derecho procesal penal en el estado de derecho*: obras completas [tomo I]. [dirigido por Edgardo Alberto Donna]. Santa Fe: Rubinzal-Culsoni, 2007.

GRINOVER, Ada Pellegrini. *Provas ilícitas, interceptações e escutas*. Brasília: Gazeta Jurídica, 2013.

_______. *As garantias constitucionais do direito de ação*. São Paulo: RT, 1973.

GRINOVER, Ada Pellegrini; GOMES FILHO, Antonio Magalhães; FERNANDES, Antonio Scarance. *As nulidades no processo penal*. 12. ed. São Paulo: RT, 2011.

_______. *Recursos no processo penal*. 6. ed. São Paulo: RT, 2009.

GUASTINI, Riccardo. *Distinguiendo*: estudios de teoría y metateoría del derecho. Barcelona: Gedisa, 1999.

_______. *Das fontes às normas*. Tradução: Edson Bini. São Paulo: Quartier Latin, 2005.

GUASP, Jaime. *Derecho procesal civil*: tomo primero [introducción y parte general]. Madrid: IEP, 1968.

GUÉNYVEAU, H. Arnault de. *Du quase-contrat judiciaire mémoire*. Poitiers: A. Dupre, 1987.

HAACK, Susan. *Filosofia das lógicas*. Tradução: Cezar Augusto Mortari; Luiz Henrique de Araújo Dutra. São Paulo: UNESP, 2002.

_______. *Perspectivas pragmáticas da filosofia do direito*. Tradução: André de Godoy Vieira; Nélio Schneider. São Leopoldo: UNISINOS, 2015.

HABERMAS, Jürgen. *Conhecimento e interesse*. Tradução: José N. Heck. Rio de Janeiro: Zahar Editores S. A., 1982.

HAGSTRÖM, Carlos Alberto. *Comentários à lei do sigilo bancário*: lei complementar nº 105, de 10 de janeiro de 2001. Porto Alegre: Sergio Antonio Fabris, 2009.

HAMILTON, Sergio Demoro. *Estudos de processo penal*: 3ª série. Rio de Janeiro: Lumen Juris, 2007.

______. Reflexos da falta de atribuição na instância penal. *Revista Forense comemorativa – 100 anos*, tomo VII [direito processual penal], Afrânio Silva Jardim (org.), Rio de Janeiro: Forense, p.413-423, 2006.

HART, Herbert L. A. *O conceito de direito*. Tradução: A. Ribeiro Mendes. 5. ed. Lisboa: Fundação Calouste Gulbenkian, 2007.

HEGEL, Georg Wilhelm Friedrich. *Fenomenologia do espírito*. Tradução: Paulo Meneses [com a colaboração de Karl Heinz Efken]. 2.ed. Petrópolis: Vozes, 1992.

HESSEN, Johannes. *Filosofia dos valores*. 3. ed. Tradução: L. Cabral de Moncada. Coimbra: Arménio Amado, 1967.

HOLMES, Oliver Wendell. *O direito comum*: as origens do direito anglo-americano. Tradução: J. L. Melo. Rio de Janeiro: O Cruzeiro, 1967.

HUNGRIA, Nelson. A prova penal. *Revista Forense comemorativa – 100 anos*, tomo VII [direito processual penal], Afrânio Silva Jardim (org.), Rio de Janeiro: Forense, p.227-236, 2006

HUSSERL, Edmund. *Ideias para uma fenomenologia pura e para uma filosofia fenomenológica*: introdução geral à fenomenologia. Tradução: Márcio Suzuki. 2. ed. Aparecida: Ideias Letras, 2006.

IVO, Gabriel. *Norma jurídica*: produção e controle. São Paulo: Noeses, 2006.

______. *Constituição estadual*: competência para a elaboração da Constituição do estado-membro. São Paulo: Max Limonad, 1997.

JARDIM, Afrânio Silva. *Direito processual penal*. 11. ed. Rio de Janeiro: Forense, 2002.

______. *Reflexões críticas sobre direito e sociedade*. Pierre Souto Maior Coutinho de Amorim [org.]. Belo Horizonte: Dialética, 2021.

______. *Da publicização do processo civil*. Rio de Janeiro: Liber Juris, 1982.

______. Arquivamento e desarquivamento do inquérito policial. In: *Temas atuais de direito*. Associação do Ministério Público do Rio de janeiro (org.). Rio de janeiro: Liber Juris, 1986. p.5-23.

______. Prefácio. In: BAPTISTA, Francisco das Neves. *O mito da verdade real na dogmática do processo penal*. Rio de Janeiro; São Paulo: Renovar, 2001. p.XIX-XXI.

______. Prefácio. In: MASSON, Cleber; MARÇAL, Vinicius. *Crime organizado*. Rio de Janeiro: Forense, 2015. p.8-10.

______. O ônus da prova na ação penal condenatória. *Revista Forense comemorativa – 100 anos*, tomo VII [direito processual penal], Afrânio Silva Jardim (org.), Rio de Janeiro: Forense, p.593-614, 2006.

_______. Garantismo no processo penal: breve e parcial reflexão. *Revista Eletrônica de Direito Processual – REDP*, Rio de janeiro (UERJ), a.8, n.14, p.1-10, jul.-dez. 2014.

_______. Reflexão teórica sobre o processo. *Justitia*, São Paulo, a.46, n.127, p.91-125, out.-dez. 1984.

_______. A originalidade como condição para o regular exercício do direito de ação. *In*: *Direito processual penal*: estudos, pareceres e crônicas. Afrânio Silva Jardim; Pierre Souto Maior Coutinho de Amorim (orgs.). 15. ed. Salvador: Juspodivm, 2018. p.115-119.

JARDIM, Afrânio Silva; AMORIM, Pierre Souto Maior Coutinho de. *Direito processual penal*: estudos, pareceres e crônicas. Salvador: Juspodivm, 2018.

_______. *Direito processual penal*: Estudos e pareceres. 13. ed. Rio de Janeiro: Lumen Juris, 2014.

JARDIM, Eliete Costa Silva. Tribunal do Júri – absolvição fundada no quesito genérico: ausência de vinculação à prova dos autos e irrecorribilidade. In: JARDIM, Afrânio Silva; AMORIM, Pierre Souto Maior Coutinho de. *Direito processual penal*: estudos, pareceres e crônicas. 15. ed. Salvador: Juspodivm, 2018. p.577-592.

JESUS, Damásio E. de. *Código de processo penal anotado*. 10. ed. São Paulo: Saraiva, 1993.

KANT, Immanuel. *Crítica da razão pura*. Tradução: Manuela Pinto dos Santos; Alexandre Fradique Morujão. 5. ed. Lisboa: Fundação Calouste Gulbenkian, 2001.

KARAM, Maria Lúcia. *Competência no processo penal*. 3. ed. São Paulo: RT, 2002.

KELSEN, Hans. *Teoria geral das normas*. Tradução: José Florentino Duarte. Porto Alegre: Sergio Antonio Fabris, 1986.

_______. *Teoria geral do direito e do Estado*. Tradução: Luís Carlos Borges. 4. ed. São Paulo: Martins Fontes, 2005.

______. *Teoria pura do direito*. Tradução: João Baptista Machado. 5. ed. São Paulo: Martins Fontes, 1997.

KHALED JR, Salah H. *Ambição de verdade no processo penal*: desconstrução hermenêutica do mito da verdade real. Salvador: Juspodivm, 2009.

KNIJNIK, Danilo. *Prova pericial e seu controle no direito processual brasileiro*. São Paulo: RT, 2017.

KRELL, Andreas Joachim. *Direitos sociais e controle judicial no Brasil e na Alemanha*: os descaminhos de um direito constitucional "comparado". Porto Alegre: Sergio Antonio Fabris Editor, 2002.

______. Entre desdém teórico e aprovação na prática: os métodos clássicos de interpretação jurídica. *Revista Direito GV*, São Paulo, v.10, n.1, p.295-320, jan.-jun., 2014.

LACERDA, Galeno. *Despacho saneador*. Canoa: La Salle; Porto Alegre: Livraria Sulina, 1953.

______. *Teoria geral do processo*. Rio de Janeiro: Forense, 2008.

LARENZ, Karl. *Metodologia da ciência do direito*. Tradução: José Lamego. 5. ed. Lisboa: Fundação Calouste Gulbenkian, 2009.

LEITE, Carlos Henrique Bezerra; PIMENTA, Paulo Roberto Lyrio; PELÁ, Carlos. *A validade e a eficácia das normas jurídicas*. Barueri: Manole, 2005.

LIEBMAN, Enrico Tullio. *Manuale di diritto processuale civile*: I. 4. ed. Milano: Giuffrè, 1980.

______. *Manuale di diritto processuale civile*: II. 4. ed. Milano: Giuffrè, 1981.

LIMA, Alberto Jorge Correia de Barros. *Direito penal constitucional*: a imposição dos princípios constitucionais penais. São Paulo: Saraiva, 2012.

LIMA, Marcellus Polastri. *Curso de processo penal*. 8. ed. Brasília: Gazeta Jurídica, 2014.

______. *A prova penal*: de acordo com a reforma processual penal. 3. ed. Rio de Janeiro: Lumen Juris, 2009.

______. *A tutela cautelar no processo penal*. 3. ed. São Paulo: Atlas, 2014.

LIMA, Renato Brasileiro de. *Curso de processo penal*. Niterói: Impetus, 2013.

LINS, Robson Maia. *Curso de direito tributário brasileiro*. São Paulo: Noeses, 2019.

______. *La mora en el derecho tributario*. Lima: Grijley; São Paulo: Noeses, 2018.

LISI, Gaetano Contursi. *Le nullità nel codice di procedura penale*. Milano: SEL, 1937.

LOCKE, John. *Segundo tratado sobre o governo civil*: ensaio sobre a origem, os limites e os fins verdadeiros do governo civil. Tradução: Magdala Lopes; Marisa Lobo da Costa. Petrópolis: Vozes, 1994.

LOPES JR, Aury. *Direito processual penal*. 16. ed. São Paulo: Saraiva, 2019.

______. *Direito processual penal e sua conformidade constitucional*: volume II. 3. ed. Rio de Janeiro: Lumen Juris, 2010.

LOPES JR, Aury; GLOECKNER, Ricardo Jacobsen. *Investigação preliminar no processo penal*. 5. ed. São Paulo: Saraiva, 2013.

LOPES JR, Aury; RITTER, Ruiz. A imprescindibilidade do juiz das garantias para uma jurisdição penal imparcial: reflexões a partir da teoria da dissonância cognitiva. *Revista Duc In Altum Cadernos de Direito*, vol. 8, nº16, p. 55-91, set.-dez. 2016.

LOPES, Ivonete Bernardes Oliveira. *Sentenças, nulidades e recursos no processo penal*: uma abordagem doutrinária sobre a complexidade dos temas. Leme: LED, 2004.

LOUREIRO, Antônio Tovo. O descumprimento das formas processuais penais como maximização do poder de punir: por uma nova teoria das nulidades. *Revista da Faculdade de Direito da Universidade Federal do Rio Grande do Sul* (Porto Alegre: UFRGS), n.26, p.7-29, dez. 2006.

LOUREIRO, Osman. *Modificativos da pena no direito brasileiro*. Rio de Janeiro: Paulo Pongetti & Cia, 1927.

LUHMANN, Niklas. *Introdução à teoria dos sistemas*. Tradução: Ana Cristina Arantes Nasser. 2. ed. Petrópolis: Vozes, 2010.

_______. *Legitimação pelo procedimento*. Tradução: Maria da Conceição Côrte-Real. Brasília: Universidade de Brasília, 1980.

MACHADO, Antônio Alberto. *Curso de processo penal*. 6. ed. São Paulo: Atlas, 2014.

MACHADO NETO, A. L. *Compêndio de introdução à ciência do direito*. São Paulo: Saraiva, 1988.

MAHON, Eduardo. Presunção de inocência: fuga é direito constitucionalmente reconhecido. *Consultor jurídico (Conjur)*, 25 jan. 2008. Disponível em: https://bit.ly/2Xatn6M Acesso em: 05 jan. 2021.

MAIA, Alexandre da. *Ontologia jurídica*: o problema de sua fixação teórica (com relação ao garantismo jurídico). Porto Alegre: Livraria do Advogado, 2000.

MAIER, Julio B. J. *Cuestiones fundamentales sobre la libertad del imputado y su situación en el proceso penal*: análisis doctrinario y jurisprudencial. Buenos Aires: LEA, 1980.

_______. *Derecho procesal penal argentino*: 1a fundamentos. Buenos Aires: Hammurabi, 1989.

_______. *Función normativa de la nulidad*. Buenos Aires: Depalma, 1980.

MALATESTA, Nicola Framarino Dei. *A lógica das provas em matéria criminal*. Tradução: Paolo Capitanio. 3. ed. Campinas: Bookseller, 2004.

_______. *Lógica de las pruebas en materia criminal*. Buenos Aires: General Lavalle, 1945.

MANZANO, Luís Fernando de Moraes. *Curso de processo penal*. 3. ed. São Paulo: Atlas, 2013.

MANZINI, Vicenzo. *Trattato di diritto processuale penale italiano*: volume primo. 3. ed. Torino: Unione Tipografico; Torinense, 1949.

_______. *Tratado de derecho penal*: tomo 5 (primeira parte: teorias generales: volumen V). Traducción: Santiago Sentis Melendo. Buenos Aires: Ediar, 1950.

MARCÃO, Renato. *Curso de processo penal*. São Paulo: Saraiva, 2014.

MARQUES, José Frederico. *Elementos de direito processual penal*: volume I. 2. ed. Campinas: Millennium, 2000.

_______. *Elementos de direito processual penal*: volume II. 2. ed. Campinas: Millennium, 2000.

_______. *Elementos de direito processual penal*: volume III. 2. ed. Campinas: Millennium, 2000.

_______. *Elementos de direito processual penal*: volume IV. 2. ed. Campinas: Millennium, 2003.

_______. *Da competência em matéria penal*. Campinas: Millennium, 2000.

MARTINS, Rui Cunha. *O ponto cego do direito*: "the brazilian lessons". 3. ed. São Paulo: Atlas, 2013.

_______. O mapeamento processual da "verdade". In: *Decisão judicial*: a cultura jurídica brasileira na transição para a democracia. Geraldo Prado; Rui Cunha Martins; Luis Gustavo

Grandinetti Castanho de Carvalho (orgs). São Paulo: Marcial Pons, 2012. p.71-86.

MATIDA, Janaína. *Em defesa de um conceito jurídico de presunção*. Rio de Janeiro: Marcial Pons, 2023.

MATIDA, Janaína; HERDY, Rachel. As inferências probatórias: compromissos epistêmicos, normativos e interpretativos. *Revista do Ministério Público do Estado do Rio de Janeiro*, Rio de Janeiro, n.73, p.133-155, jul.-set. 2019.

MAURÍCIO, Ubiratan de Couto. Caráter normativo (validade) das regras programáticas: um ensaio introdutório. *Revista da ESMAFE – TRF5*, Recife, n.1, a.1, p.249-280, 2001.

MEDEIROS, Flavio Meirelles. *Nulidades do processo penal*: doutrina, jurisprudência, sistemática. Porto Alegre: Síntese, 1982.

_______. *Manual do processo penal*. Rio de Janeiro: AIDE, 1987.

_______. Princípios de direito processual penal. *Revista Forense comemorativa – 100 anos*, tomo VII [direito processual penal], Afrânio Silva Jardim (org.), Rio de Janeiro: Forense, p.497-547, 2006.

MEIRA, José Boanerges Meira. *Inquérito Policial*. Belo Horizonte: Fumec/Faculdade de Ciências Humanas; Mandamentos, 2009.

MEIRELLES, Hely Lopes. *Direito administrativo brasileiro*. 25. ed. São Paulo: Malheiros, 2000.

MELO, João Paulo dos Santos. *Duração razoável do processo*. Porto Alegre: Sergio Antonio Fabris, 2010.

MELLO, Celso Antônio Bandeira de. *Conteúdo jurídico do princípio da igualdade*. 3. ed. São Paulo: Malheiros, 2001.

MELLO, Marcos Bernardes de. *Teoria do fato jurídico*: plano da existência. 7. ed. São Paulo: Saraiva, 1995.

_______. *Teoria do fato jurídico*: plano da validade. 2. ed. São Paulo: Saraiva, 1997.

MESA, Marcelo López. *Ineficacia y nulidad de los actos jurídicos*: procesales y administrativos. 2. ed. Buenos Aires: BF, 2015.

METZKER, David. *Lei anticrime*: comentários às modificações no CP, CPP, LEP, Lei de Drogas e Estatuto do Desarmento. Timburi: Cia do e-Book, 2020. p.47.

MIGLIORINI, Cloter. O direito como imperativo. *Revista Semina*, Londrina, n.9, a.2 p.101-110, 1988.

MINAHIM, Maria Auxiliadora. *Autonomia e frustração da tutela penal*. São Paulo: Saraiva, 2015.

MIRABETE, Julio Fabbrini. *Processo penal*. 14. ed. São Paulo: Atlas, 2003.

MIRANDA, Jorge Manuel Moura Loureiro de. Direitos e deveres fundamentais do homem. In: *Estado, direitos humanos e segurança pública*. Márcio Aleandro Correia Teixeira; Claudio Alberto Gabriel Guimarães; Fabio Mendonça Santiago. São Luís: Edufma, 2017. p.29-55.

MITTERMAIER, Carl Joseph Anton. *Tratado de la prueba en materia criminal*. 10. ed. Tradução: Pedro Aragoneses Alonso. Madrid: Reus, 1979.

MOORE, Michael S. Interpretando a interpretação. In: *Direito e interpretação*. Andrei Marmor (org.). Tradução: Luís Carlos Borges. São Paulo: Martins Fontes, 2004. p.3-46.

_______. *O novo processo civil brasileiro*: exposição sistemática do procedimento. 24. ed. Rio de Janeiro: Forense, 2006.

MOREIRA, José Carlos Barbosa. *Temas de direito processual*: nona série. São Paulo: Saraiva, 2007.

MOREIRA, Rômulo Andrade. *Direito processual penal*. Rio de Janeiro: Forense, 2003.

_______. Apontar nulidades é buscar ganho fácil, disse o juiz. *Empório do direito*, 31 mai. 2015. Disponível em: https://bit.ly/38ROikB Acesso em: 02 jan. 2021.

MORELLO, Augusto Mario. Las nulidades procesales. Hacia una interpretación dinámica funcional. In: *Estudios de nulidades procesales*. Adolfo Alvarado Velloso (org.). Buenos Aires: Hammurabi, 1980. p.148-168.

MOSSIN, Heráclito Antônio. *Nulidades no direito processual penal*. 3. ed. Barueri: Manole, 2005.

MOUSSALLEM, Tárek Moysés. *Revogação em matéria tributária*. São Paulo: Noeses, 2005.

MURICY, Marília. *Senso comum e direto*. São Paulo: Atlas, 2015.

NASCIMENTO, Bruno Dantas. Súmula vinculante. *Revista Jus Navigandi*, Teresina, a.14, n.2093, 25 mar. 2009. Disponível em: http://jus.com.br/artigos/12519. Acesso em: 5 mai. 2015.

NASCIMENTO, Edna Maria Magalhães do. Pragmatismo: uma filosofia da ação. *Revista do GT*: pragmatismo e filosofia americana, v.3, n.1, p.42-57, 2011.

NASSIF, Aramis; NASSIF, Samir Hofmeister. *Considerações sobre nulidades no processo penal*. 2. ed. Porto Alegre: Livraria do Advogado, 2012.

NICOLITT, André. *Manual de processo penal*. 7. ed. Belo Horizonte: D'Plácido, 2018.

_______. *Manual de processo penal*. 5. ed. São Paulo: RT, 2014.

_______. *A duração razoável do processo*. 2. ed. São Paulo: RT, 2014.

_______. *As subversões da presunção de inocência*: violência, cidade e processo penal. Rio de Janeiro: Lumen Juris, 2006.

_______. *Lei nº 12.403/2011: O novo processo penal cautelar, a prisão e as demais medidas cautelares*. Rio de Janeiro: Elsevier, 2011.

NINO, Carlos Santiago. *Introdução à análise do direito*. Tradução: Elza Maria Gasparotto. São Paulo: Martins Fontes, 2015.

NUCCI, Guilherme de Souza. *Manual de processo penal e execução penal*. 6. ed. São Paulo: RT, 2010.

_______. *Princípios constitucionais penais e processuais penais*. 2. ed. São Paulo: RT, 2012.

OLIVEIRA, Carlos Alberto Alvaro de. *Do formalismo no processo civil*. 2. ed. São Paulo: Saraiva, 2003.

ORLANDO, Luiz Antonio; BOTTO, Cyrdemia da Gama. *Das nulidades no processo penal*. São Paulo: APMP, 1992.

PACELLI, Eugênio. *Curso de processo penal*. 18. ed. São Paulo: Atlas, 2014.

PACCELI, Eugênio; FISCHER, Douglas. *Comentários ao Código de Processo Penal e sua jurisprudência*. 5. ed. São Paulo: Atlas, 2013.

PACHUKANIS, Evgeny Bronislavovich. *Teoria geral do direito e marxismo*. Tradução: Sílvio Donizete Chagas. São Paulo: Acadêmica, 1988.

PALMER, Richard E. *Hermenêutica*. Tradução: Maria Luísa Ribeiro Ferreira. 13. ed. Lisboa: Edições 70, 2006.

PASCHOAL, Jorge Coutinho. *O prejuízo e as nulidades processuais penais*: um estudo à luz da jurisprudência do Supremo Tribunal Federal e do Superior Tribunal de Justiça. Rio de Janeiro: Lumen Juris, 2014.

PASSOS, José Joaquim Calmon de. *Esboço de uma teoria das nulidades aplicadas às nulidades processuais*. Rio de Janeiro: Forense, 2005.

PAULA, Leonardo Costa. *As nulidades no processo penal*: sua compreensão por meio da afirmação do direito como controle ao poder de punir. Curitiba: Juruá, 2013.

PEDROSO, Fernando de Almeida. Competência penal: princípio do esboço do resultado e crimes qualificados pelo evento. *Justitia*. São Paulo, v.54, n.158, p.17-26, abr.-jun. 1992.

PEIRCE, Charles Sanders. *Semiótica*. Tradução: José Teixeira Coelho Neto. 4. ed. São Paulo: Perspectiva, 2008.

______. Manuscrito 310: 1-14: conferências sobre o pragmatismo. *Cognitio*: Revista de Filosofia. Tradução: Lauro Marques, v.4, n.2, p.227-231, 2003.

PENTEADO, Jaques de Camargo. *Manual de processo penal*. São Paulo: RT, 2013.

PEREIRA, Diogo Abineder Ferreira Nolasco. *Justiça penal negociada*: uma análise do princípio da obrigatoriedade da ação penal pública. Rio de janeiro: Lumen Juris, 2019.

PESSOA, Nelson R. *La nulidad en el proceso penal*: estudio de los "silencios normativos aparentes". 3. ed. Santa Fe: Rubinzal-Culzoni, 2013.

PLATÃO. *Crátilo*. Tradução: Maria José Figueiredo. Lisboa: Instituto Piaget, 2001.

PONTES DE MIRANDA, Francisco Cavalcanti. *História e prática do habeas corpus*: tomo I. 8. ed. São Paulo: Saraiva, 1979.

______. *História e prática do habeas corpus*: tomo II. 8. ed. São Paulo: Saraiva, 1979.

______. *Sistema de ciência positiva do direito*: introdução à ciência do direito: tomo I. 2. ed. Campinas: Bookseller, 2005.

______. *Sistema de ciência positiva do direito*: introdução à ciência do direito: tomo II. 2. ed. Campinas: Bookseller, 2005.

______. *Tratado de direito privado*: parte geral: tomo IV: validade, nulidade, anulabilidade. Campinas: Bookseller, 2000.

______. *Tratado das ações*: tomo 1. Campinas: Bookseller, 1998.

POPPER, Karl. *Lógica das ciências sociais*. Tradução: Estevão de Rezende Martins, Apio Cláudio Muniz, Vilma de Oliveira Moraes e Silva. 3. ed. Rio de Janeiro: Tempo Brasileiro, 2004.

PRADO, Geraldo. *A cadeia de custódia da prova no processo penal*. São Paulo: Marcial Pons, 2019.

_______. *Estudos de direito criminal*. Rio de Janeiro: Lumen Juris, 2023.

_______. *Estudos jurídicos*. São Paulo: Contracorrente, 2018.

_______. Limite às interceptações telefônicas e a jurisprudência do Superior Tribunal de Justiça. In: *Acesso à justiça e efetividade do processo*. Geraldo Prado (org.). Rio de Janeiro: Lumen Juris, 2005. p.49-104.

_______. *Limite às interceptações telefônicas e a jurisprudência do Superior Tribunal de Justiça*. 2. ed. Rio de Janeiro: Lumen Juris, 2006.

_______. Notas sobre proteção de dados, prova digital e o devido processo penal. *Conjur*. Disponível em: https://bit.ly/2MqW2T4 Acesso em: 02 jan. 2021.

_______. *Prova penal e sistema de controles epistêmicos*: a quebra da cadeia de custódia das provas obtidas por métodos ocultos. São Paulo: Marcial Pons, 2014.

_______. *Sistema acusatório*: a conformidade constitucional das leis processuais penais. 4. ed. Rio de Janeiro: Lumen Juris, 2006.

_______. Il sistema di giustizia criminale brasiliano e le comunità di tradizione giuridica democratica. *Diritto e Giustizia Minorile* [rivista giuridica trimestrale], São Paulo, anno 3, n.1, p.23-32, gennaio-marzo 2015.

_______. *Transação penal*. 2. ed. Rio de Janeiro: Lumen Juris, 2006.

PRESUTTI, Adonella. *La declaratória delle nullità nel regime delle impugnazioni penali*. Milano: Giufrè, 1982.

PUCCINI, Lapo. *Studi sulla nullità relativa*. Milano: Giuffrè, 1967.

QUEIJO, Maria Elizabeth. *O direito de não produzir prova contra si mesmo*: o princípio 'nemo tenetur se detegere' e suas decorrências no processo penal. 2. ed. São Paulo: Saraiva, 2012.

RABENHORST, Eduardo. *Dignidade humana e moralidade democrática*. Brasília: Brasília Jurídica, 2001.

______. O que são direitos humanos? In: *Direitos humanos*: capacitação de educadores [volume I: fundamentos histórico-filosóficos e político-jurídicos da educação em direitos humanos]. Maria de Nazaré Tavares Zenaide (org.). João Pessoa: Editora Universitária (UFPB), 2008. p.13-21.

RANGEL, Paulo. *Direito processual penal*. 22. ed. São Paulo: Atlas, 2014.

REALE, Giovanni; ANTISERI, Dario. *História da filosofia*: Antiguidade e Idade Média [volume 1]. Tradução: Ivo Storniolo. São Paulo: Paulus, 1990.

______. *História da filosofia*: do Humanismo a Kant [volume 2]. Tradução: Ivo Storniolo. São Paulo: Paulus, 1990.

______. *História da filosofia*: do Romantismo até nossos dias [volume 3]. Tradução: Ivo Storniolo. São Paulo: Paulus, 1990.

REALE, Miguel. *Fundamentos do direito*: contribuição ao estudo da formação, da natureza e da validade da ordem jurídica positiva. São Paulo: RT, 1940.

______. *Filosofia do direito*. 13. ed. São Paulo: Saraiva, 1990.

______. *Lições preliminares de direito*. 24. ed. São Paulo: Saraiva, 1998.

REBOUÇAS, Sérgio. *Curso de direito processual penal*: volume 2. 2. ed. Belo Horizonte: D'Plácido, 2022.

REIS, Alexandre Cebrian Araújo; GONÇALVES, Victor Eduardo Rios. *Direito processual penal esquematizado*. 4. ed. São Paulo: Saraiva, 2015.

RIBEIRO, José do Espírito Santo Domingues. *A denúncia e suas nulidades*: teoria, prática e jurisprudência. Rio de Janeiro: Aide, 1992.

RIOS, Josué. *A defesa do consumidor e o direito como instrumento de mobilização social*. Rio de Janeiro: Mauad, 1998.

RITTER, Ruiz. *Imparcialidade no processo penal*: reflexões a partir da teoria da dissonância cognitiva. 2. ed. São Paulo: Tirant, 2019.

ROBERTO, Welton. *Paridade de armas no processo penal*. Belo Horizonte: Fórum, 2011.

ROBLES, Gregorio. *As regras do direito e as regras dos jogos*: ensaio sobre a teoria analítica do direito. Tradução: Pollyana Mayer. São Paulo: Noeses, 2011.

_______. *El derecho como texto*: cuatro estudios de teoría comunicacional del derecho. Madrid: Civitas, 1998.

RODRIGUES, Ronald Pinheiro. *A formulação histórica do princípio da insignificância e a reincidência como obstáculo ao seu reconhecimento pelos tribunais brasileiros*. Rio de Janeiro: Lumen Juris, 2019.

ROIG, Rodrigo Duque Estrada. *Execução penal*: teoria crítica. São Paulo: Saraiva, 2014.

RORTY, Richard. *Consequências do pragmatismo*: ensaios: 1972-1980. Tradução: João Duarte. Lisboa: Instituto Piaget, 1982.

ROSA, Alexandre Morais da. *Guia do processo penal conforme a teoria dos jogos*. 6. ed. Florianópolis: EMais, 2020.

_______. *Guia do processo penal conforme a teoria dos jogos*. 5. ed. Florianópolis: EMais, 2019.

ROSA, Alexandre Morais da; ALENCAR; Rosmar Rodrigues. No processo penal, a instrumentalidade é do direito material. *Conjur*, 23 ago. 2019. Disponível em: https://bit.ly/2Mr77DE Acesso em: 02 jan. 2021.

ROSA, Alexandre Morais da; RUDOLFO, Fernanda Mambrini. A teoria da perda de uma chance probatória aplicada ao processo penal. *Revista Brasileira de Direito*, Passo Fundo, vol. 13, n. 3, p.455-471, Set.-Dez., 2017.

ROSS, Alf. *Direito e justiça*. Tradução: Edson Bini. Bauru: Edipro, 2003.

______. *Teoría de las fuentes del Derecho*: una contribución a la teoría del derecho positivo sobre la base de investigaciones histórico-dogmáticas. Tradução: José Luis Muñoz de Baena Simón; Aurelio de Prada García; Pablo López Pietsch. Madrid: CEPC, 2007.

ROXIN, Claus; ARZT, Gunther; TIEDEMANN, Klaus. *Introdução ao direito penal e ao direito processual penal*. Tradução: Gercélia Batista de Oliveira Mendes. Belo Horizonte: Del Rey, 2007.

SABOYA, Keity. *Ne bis in idem*: história, teoria e perspectivas. Rio de Janeiro: Lumen Juris, 2014.

SACCONE, Antonio. *Nulittà e decadenze nella procedura penale e con particolare riguardo al ricorso per cassazione*. [Collezione di opere giuriche ed economiche]. Roma: Athenaeum, 1918.

SALDANHA, Nelson. *Filosofia do direito*. 2. ed. Rio de Janeiro: Renovar, 2005.

SALES, José Luis. O problema das nulidades no processo penal. *Revista Forense comemorativa – 100 anos*, tomo VII [direito processual penal], Afrânio Silva Jardim (org.), Rio de Janeiro: Forense, p.189-210, 2006.

SAMPAIO, André Rocha; RIBEIRO, Marcelo Herval Macêdo; FERREIRA, Amanda Assis. A influência dos elementos de informação do inquérito policial na fundamentação da sentença penal condenatória: uma análise das sentenças prolatadas pelas varas criminais de Maceió/AL. *Revista Brasileira de Direito Processual Penal*, Porto Alegre, vol. 6, n. 1, p. 175-210, jan./abr. 2020.

SAMPAIO JÚNIOR, José Herval; CALDAS NETO, Pedro Rodrigues. *Manual de prisão e soltura sob a ótica constitucional*: doutrina e jurisprudência. 2. ed. São Paulo: Método, 2009.

SANTIAGO, Mariana Ribeiro. A repercussão da causa na teoria do negócio jurídico: um paralelo com a função social dos contratos. *Revista da Faculdade de Direito UFPR*, Curitiba, n.58, p.147-171, 2013.

SANTIAGO, Nestor Eduardo Araruna. *Do recurso ex officio no processo penal*. Belo Horizonte: Mandamentos, 2002.

SANTOS, Alexandre Cesar dos. *Investigação criminal defensiva*: direito fundamental à produção da prova na persecução penal. Rio de Janeiro: Lumen Juris, 2022.

SANTOS, Cleopas Isaías. *Justa causa para a investigação criminal*: fundamentos e limites constitucionais da investigação policial no Brasil. Belo Horizonte: D'Plácido, 2022.

SANTOS, Juarez Cirino dos. *Direito penal*: parte geral. 7. ed. Florianópolis: Empório do Direito, 2017.

_______. Prefácio. In: EL HIRECHE, Gamil Föppel. *Análise criminológica das organizações criminosas*: da inexistência à impossibilidade de conceituação e suas repercussões no ordenamento jurídico pátrio: manifestação do direito penal do inimigo. Rio de janeiro: Lumen Juris, 2005.

SANTOS, Juliana Pinheiro Damasceno e. *Limites constitucionais à iniciativa do juiz no processo penal democrático*. Rio de Janeiro: Câmara Brasileira de Jovens Escritores, 2011.

SANTOS JÚNIOR, Rosivaldo Toscano dos. *Controle remoto e decisão judicial*: quando se decide sem decidir. Rio de Janeiro: Lumen Juris, 2014.

SARLET, Ingo Wolfgang. *A eficácia dos direitos fundamentais*. Porto Alegre: Livraria do Advogado, 2007.

SAUSSURE, Ferdinand de. *Curso de linguística geral*. Tradução: Antônio Chelini; José Paulo Paes; Isidoro Blikstein. 27. ed. São Paulo: Cultrix, 2006.

SCHREIBER, Simone. *A publicidade opressiva de julgamentos criminais*: uma investigação sobre as consequências e formas de superação da colisão entre a liberdade de expressão e informação e o direito ao julgamento criminal justo, sob a perspectiva da Constituição brasileira de 1988. Rio de Janeiro: Renovar, 2008.

SCHREIBER, Simone; AMARAL, Thiago Bottino. *Direito processual penal 1*. 3. ed. São Paulo: Saraiva, 2010.

SHECAIRA, Sérgio Salomão. *Criminologia*. São Paulo: RT, 2004.

SILVA, Ademar Raimundo da. Atos processuais penais. *Revista Forense comemorativa – 100 anos*, tomo VII [direito processual penal], Afrânio Silva Jardim (org.), Rio de Janeiro: Forense, p.237-246, 2006.

______. Execução penal. *Revista Forense comemorativa – 100 anos*, tomo VII [direito processual penal], Afrânio Silva Jardim (org.), Rio de Janeiro: Forense, p.247-257, 2006.

SILVA, Allan Jones Andreza; SILVA, Luciano Nascimento; SILVA, Andrey Jonas Andreza. O instituto da delação premiada no combate as organizações criminosas. *Revista do Direito Público*, Londrina, v. 13, n. 1, p. 110-149, abr. 2018.

SILVA, Beclaute Oliveira. *A garantia fundamental à motivação da decisão judicial*. Salvador: Juspodivm, 2007.

SILVA, Ricardo Perlingeiro Mendes da. *Teoria da inexistência no direito processual civil*. Porto Alegre: Sergio Antonio Fabris, 1998.

SILVA JÚNIOR, Walter Nunes da. *Curso de direito processual penal*: teoria (constitucional) do processo penal. Rio de Janeiro: Renovar, 2008.

______. *Curso de direito processual penal*: teoria (constitucional) do processo penal. 3. ed. Natal: OWL, 2021.

_______. *Os princípios da presunção de inocência e do devido processo legal no direito processual criminal*. Natal: OWL, 2023.

SILVA, Ovídio A. Baptista da. *Curso de processo civil*: volume 1: processo de conhecimento. 5. ed. São Paulo: Forense, 2000.

_______. *Sentença e coisa julgada*: ensaios e pareceres. 4. ed. Rio de Janeiro: Forense, 2003.

SÓFOCLES. Antígona. Tradução: Donaldo Schüler. Porto Alegre: L&PM, 1999.

STRECK, Lenio Luiz. *Jurisdição constitucional e hermenêutica*. 2. ed. Rio de Janeiro: Forense, 2004.

_______. As súmulas vinculantes em face da hermenêutica filosófica e da jurisdição constitucional. In: *Acesso à justiça e efetividade do processo*. Geraldo Prado (org.). Rio de Janeiro: Lumen Juris, 2005. p.125-177.

TAPOROSKY, Paulo Silas; Edson Luiz, FACCHI JUNIOR. Superando a nulidade relativa no processo penal. *Empório do direito*, 12 jul. 2015. Disponível em: https://bit.ly/3hCekvV Acesso em: 02 jan. 2021.

TARUFFO, Michele. *La prueba de los hechos*. Tradução: Jordi Ferrer Beltrán. 3. ed. Madrid: Trotta, 2009.

TAVARES, André Ramos. *Manual do Poder Judiciário brasileiro*. São Paulo: Saraiva, 2012.

TAVARES, Juarez. *Teoria do injusto penal*. 2. ed. Belo Horizonte: Del Rey, 2002.

TAVARES, Juarez; CASARA, Rubens. *Prova e verdade*. São Paulo: Tirant lo Blanch, 2020.

TÁVORA, Nestor; ALENCAR, Rosmar Rodrigues. *Novo curso de direito processual penal*. 15. ed. Salvador: Juspodivm, 2020.

_______. *Curso de direito processual penal*. 11. ed. Salvador: Juspodivm, 2016.

TEIXEIRA, Márcio Aleandro Correia. A formação social da violência e da segurança. In: *Estado, direitos humanos e segurança pública*. Márcio Aleandro Correia Teixeira; Claudio Alberto Gabriel Guimarães; Fabio Mendonça Santiago (orgs.). São Luís: Edufma, 2017. p.197-198.

TFOUNI, Fabio Elias Verdiani. O deôntico como manifestação do alético na psicanálise e no discurso. *Fractal: Revista de Psicologia*, Rio de Janeiro [UFF], v.27, n.3, p. 318-323, dez. 2015.

TIAGO, Gláucio Gonçalves. *Aquicultura, meio ambiente e legislação*. 2. ed. São Paulo: Annablume, 2002.

TOMÉ, Fabiana Del Padre. *A prova no direito tributário*. 3. ed. São Paulo: Noeses, 2011.

TORNAGHI, Hélio. *Curso de processo penal*: volume 2. 6. ed. São Paulo: Saraiva, 1989.

_______. *Curso de processo penal*: volume 1. 8. ed. São Paulo: Saraiva, 1991.

_______. *Compêndio de processo penal*: tomo I. Rio de Janeiro: José Konfino, 1967.

_______. *Compêndio de processo penal*: tomo II. Rio de Janeiro: José Konfino, 1967.

_______. *Compêndio de processo penal*: tomo III. Rio de Janeiro: José Konfino, 1967.

_______. *Instituições de processo penal*: volume I. Rio de Janeiro: Forense, 1959.

TOURINHO FILHO, Fernando da Costa. *Processo penal*: volume 1. 19. ed. São Paulo: Saraiva, 1997.

_______. *Processo penal*: volume 2. 19. ed. São Paulo: Saraiva, 1997.

_______. *Processo penal*: volume 3. 33. ed. São Paulo: Saraiva, 2011.

_______. *Processo penal*: volume 4. 31. ed. São Paulo: Saraiva, 2009.

_______. *Manual de processo penal*. 5. ed. São Paulo: Saraiva, 2003.

TOVO, Paulo Cláudio. *Nulidades no processo penal brasileiro*: novo enfoque e comentário. Porto Alegre: Sergio Antonio Fabris, 1988.

TOVO, Paulo Cláudio; TOVO, João Batista Marques. *Nulidades no processo penal brasileiro*: novo enfoque e comentário. Rio de Janeiro: Lumen Juris, 2008.

TUCCI, Rogério Lauria. *Do corpo de delito no direito processual penal brasileiro*. São Paulo: Saraiva, 1978.

_______. *Direitos e garantias individuais no direito processual penal brasileiro*. 4. ed. São Paulo: RT, 2011.

VALENTE, Manuel Monteiro Guedes. *Teoria geral do direito policial*. 5. ed. Coimbra: Almedina, 2017.

VALOIS, Luís Carlos. *Processo de execução penal e o estado de coisas inconstitucional*. 2. ed. Belo Horizonte: D'Plácido, 2021.

VALVERDE, Gustavo Sampaio. *Coisa julgada em matéria tributária*. São Paulo: Quartier Latin, 2004.

VASCONCELOS, Vinícius Gomes de. *Acordo de não persecução penal*. São Paulo: RT, 2022.

VESTING, Thomas. *Teoria do direito*: uma introdução. Tradução: Gercélia B. de O. Mendes. São Paulo: Saraiva, 2015.

VILANOVA, Lourival. *Causalidade e relação no direito*. 2. ed. São Paulo: Saraiva, 1989.

_______. *Estruturas lógicas e o sistema de direito positivo*. São Paulo: Noeses, 2005.

VIVALDI, Julio E. Salas. *Los incidentes y en especial el de nulidad procesal*. 2. ed. Santiago: EJC, 1981.

VOLK, Klaus. *Curso fundamental de derecho procesal penal*. Tradução: Alberto Nanzer; Noelia T. Núñez; Daniel R. Pastor; Eugenio Sarrabayrouse. Buenos Aires: Hammurabi, 2016.

WAMBIER, Teresa Arruda Alvim. *Nulidades do processo e da sentença*. 6. ed. São Paulo: RT, 2007.

WATZLAWICK, Paul; BEAVIN, Janet Helmick; JACKSON, Don D. *Pragmática da comunicação humana*: um estudo dos padrões, patologias e paradoxos da interação. Tradução: Álvaro Cabral. São Paulo: Cultrix, 2007.

WEDY, Miguel Tedesco. *Eficiência e prisões cautelares*: Porto Alegre: Livraria do Advogado, 2013.

WITTGENSTEIN, Ludwig. *Investigações filosóficas*. 5. ed. Tradução: Marcos G. Nontagnoli. Bragança Paulista: Universitária São Francisco; Petrópolis: Vozes, 2008.

_______. *Tratado lógico-filosófico. Investigações filosóficas*. 4. ed. Lisboa: Fundação Calouste Gulbenkian, 2008.

WRIGHT, Georg Henrik von. *Norm and action*: a logical enquiry. London: Routledge & Kegan Paul,1963.

ZAFFARONI, Eugênio Raúl; PIERANGELI, José Henrique. *Manual de direito penal brasileiro*: parte geral. 4. ed. São Paulo: RT, 2002.

ÍNDICE REMISSIVO DE ARTIGOS DO CÓDIGO DE PROCESSO PENAL

(Artigo – Página)

ÍNDICE ALFABÉTICO REMISSIVO DE ASSUNTOS

(Assunto – Página)

POSFÁCIO

O "Curso de Direito Processual Penal, Em Conformidade com a Teoria do Direito", de Rosmar Rodrigues Cavalcanti, faz valer o provérbio romano *nomen est omen*. Como indica o título, a obra apresenta um modelo de processo penal, ancorado em uma racionalidade sistêmica, a partir das estruturas das normas processuais penais e das diretrizes argumentativas que devem ser obedecidas no processo decisório. Com ênfase na tipologia dos atos processuais penais, o autor indica o problema da nulidade como eixo central do processo penal, considerando sua função de controle do exercício da potestade de punir do Estado. Para mim, o melhor de tudo, é o acoplamento dos seus construtos teóricos a diversas decisões de tribunais, por meio de um intenso diálogo entre a teoria e a prática, resgatando a tão almejada contribuição da dogmática penal à jurisprudência.

Keily Saboya

Juíza de Direito (RN); Professora da UFRN

***

O Professor Rosmar Rodrigues produziu uma obra prima. Em um mundo hiperbólico, eu sei que pode parecer exagero ao leitor, no entanto é o simples reconhecimento do trabalho fora de série que o leitor encontrará. Com sólidos fundamentos de teoria geral do direito, há inovadora discussão dos temas processuais penais com correlações raramente vistas antes.

A pesquisa do Professor Rosmar abre inúmeras novas possibilidades de se encarar o fenômeno processual penal tornando-se desde já um clássico do direito de consulta obrigatória para todos aqueles que desejam profunda e inovadora discussão do Direito Processual Penal.

Recomendo enfaticamente a leitura da obra.

Guilherme Madeira

Juiz de Direito (SP); Professor da Universidade Mackenzie

***

Esta obra não poderia ter sido gestada em um momento mais oportuno. É em momentos assim, em que se vê a flexibilização intensa de garantias fundamentais e a interpretação canhestra de institutos processuais, que livros como o do professor Dr. Rosmar fazem toda a diferença. Sempre costumo dizer aos meus alunos que o processo penal, hoje, vive um drama ciclotímico entre dois mundos: o de crise institucional completa (aparentemente permanente) e o de pobreza científica, muitas vezes derivada de um certo pedantismo pseudointelectual presente nas academias.

Rosmar, neste trabalho, representa um contraponto a essas duas tendências. Primeiro, é perceptível a densidade metodológica presente em suas colocações, inquestionavelmente fruto de seu esforço e de sua dedicação permanentes ao processo penal. O livro parece uma tentativa (mesmo que não declarada) de entregar racionalidade científica e teórica ao caos empírico do dia a dia. O livro é rico em notas de rodapé e traz uma abordagem sensivelmente profunda dos principais institutos do processo.

É com um enorme prazer que posso dizer que o livro do estimado professor Rosmar serve tanto aos estudantes da graduação quanto aos mais experimentados da pós e do mundo prático. Sem dúvidas, integra a lista daqueles que recomendo a quem pretende iniciar e aprofundar os seus estudos no processo penal.

Espero que o leitor se divirta (sempre é possível) e absorva, das próximas páginas, tudo aquilo que elas podem proporcionar.

Gamil Foppel

Pós doutorando USP. Professor Associado da UFBA.
Advogado

***

Este CURSO DE DIREITO PROCESSUAL PENAL CONFORME A TEORIA DO DIREITO, de autoria do Professor Rosmar Rodrigues Alencar, trata-se de uma obra ímpar - em vários aspectos - mas, especialmente, porque o autor - acadêmico, professor e juiz federal - conseguiu a um só tempo unir (no mesmo trabalho) a prática e a teoria do processo penal brasileiro. Isso foi possível graças ao fato que o autor, além de Professor, Mestre e Doutor em Direito, é um reconhecido e muito bem conceituado Juiz Federal. Mas, não somente a experiência e o conhecimento jurídico marcam a obra do Professor Rosmar Alencar. Marcam-na, muito especialmente também, a sensibilidade de um jurista comprometido com a democracia, com as regras e com os princípios constitucionais, sabedor que, nada obstante se dever punir quem cometeu efetivamente uma infração penal, sabe também que só se pode fazê-lo com estrita observância do devido processo constitucional. Definitivamente, não é fácil encontrar um autor com tais virtudes! Eis as razões pelas quais indico firmemente a leitura desta obra que, enfrentando "as estruturas centrais do processo penal", metodologicamente, consegue alcançar todo o conteúdo da disciplina. E, para concluir, afirmo que, conhecendo-o como o conheço, e como diria Paulo Freire, o Professor Rosmar Alencar é um autor "progressista que não teme a novidade, que se sente mal com as injustiças, que se ofende com as discriminações, que se bate pela decência, que luta contra a impunidade, e que recusa o fatalismo cínico e imobilizante."

Rômulo Moreira

Procurador de Justiça (MPBA). Professor da UNIFACS.

***

No processo penal, forma é garantia. O princípio do devido processo legal deve nortear a interpretação e aplicação das regras procedimentais. A sentença justa criminal é aquela proferida sob o devido processo legal. Se é assim, por que o respeito às formas é tão maltratado pela jurisprudência?

A obra *Teoria da Nulidade no Processo Penal*, do Professor Rosmar Rodrigues Alencar, há muito se tornou obrigatória para quem se dedica ao tema. Agora, o autor nos brinda com seu *Curso de Direito Processual Penal*, redigido a partir de seus estudos sobre a teoria da nulidade.

Para além da dogmática, o autor faz consistente análise crítica do tratamento legislativo e, especialmente, da jurisprudência de nossos tribunais superiores sobre a matéria, com tônica para o debate sobre a necessidade de demonstração pela defesa do prejuízo decorrente de vícios processuais, que acaba por reduzir a eficácia de direitos fundamentais constitucionais que definem nosso sistema.

O resultado é a análise dos institutos de processo penal a partir da teoria do direito, sem descurar, contudo, da abordagem didática, o que torna a leitura bastante prazerosa e acessível.

Sem dúvida, obra imprescindível para quem estuda Direito Processual Penal e atua no Sistema de Justiça Penal no Brasil hoje.

Simone Schreiber

Desembargadora Federal TRF2;
Professora de Direito Processual Penal da UFRJ - UNIRIO

***

Li todo o texto deste livro porque o seu conteúdo conquistou-me a cada palavra que se sucedia, fazendo-me ver como é possível produzir uma mensagem de natureza processual através da teoria do direito.

Rosmar Alencar encanta-me, com o seu alto grau de doutrinador, nessa nossa convivência acadêmica de mais de 10 anos. O leitor confirmará o que digo: o livro é um primor.

Edvaldo Brito

Professor do PPGD da UFBA

***

"Precisa-se de educadores que sejam eles próprios educados, espíritos superiores, nobres, provados a cada momento, provados pela palavra e pelo silêncio, de culturas maduras, tornadas doces" (Crepúsculo dos Ídolos, O que falta aos alemães, 5).

Rosmar é exemplo de professor que fala Nietzsche – seu conhecimento é ímpar. O livro que agora chega a público é mais uma prova de seu "espírito superior": enfrenta a dogmática processual penal com rara sensibilidade jurídica e sofisticada criatividade.

A obra, por certo, invadirá a academia e servirá de norte aos profissionais do direito – leitura obrigatória, pois.

Amilton Bueno de Carvalho

Ex-Desembargador do TJRS

***

O "Curso de Direito Processual Penal conforme a Teoria do Direito" é obra de fôlego, fruto do compromisso de Rosmar Rodrigues Alencar com a construção das bases para um processo penal brasileiro genuinamente democrático. A obra, se bem cumpre a básica função introdutória – tão necessária à adequada formação dos operadores jurídicos – nem por isso descuida de aprofundar-se naquilo que merece: Rosmar Alencar traz a teoria do direito bem como seu estudo sobre as nulidades para dar perspectiva à dogmática do processo penal, esforços que entendo mais que pertinentes à compreensão do direito como ferramenta de transformação social, e não como mera expressão de um estado de coisas. As reflexões e os conceitos aí divididos compõem ponto de partida para o estudo crítico que o processo penal requer seja realizado. Recomendo fortemente a leitura.

Janaina Matida

Professora da Faculdade de Direito